魏礼群社会文集

（上册）

中国言实出版社

图书在版编目（CIP）数据

魏礼群社会文集：上、中、下册 / 魏礼群著 . --
北京：中国言实出版社，2021.6
　　ISBN 978-7-5171-3181-6

　　Ⅰ . ①魏… Ⅱ . ①魏… Ⅲ . ①社会主义建设—中国—
文集 Ⅳ . ① D61-53

中国版本图书馆 CIP 数据核字（2021）第 117292 号

出 版 人　王昕朋
责任编辑　赵　歌
责任校对　冯素丽

出版发行　**中国言实出版社**
　　　　　地　　址：北京市朝阳区北苑路 180 号加利大厦 5 号楼 105 室
　　　　　邮　　编：100101
　　　　　编辑部：北京市海淀区花园路 6 号院 B 座 6 层
　　　　　邮　　编：100088
　　　　　电　　话：64924853（总编室）　64924716（发行部）
　　　　　网　　址：www.zgyscbs.cn
　　　　　E-mail：zgyscbs@263.net
经　　销　新华书店
印　　刷　北京盛通印刷股份有限公司
版　　次　2021 年 10 月第 1 版　　2021 年 10 月第 1 次印刷
规　　格　710 毫米 ×1000 毫米　1/16　75.75 印张
字　　数　860 千字
定　　价　398.00 元（上、中、下册）　ISBN 978-7-5171-3181-6

作者近照

作者简介

魏礼群，江苏省睢宁县人，1944 年 12 月生。历任国家计委政策研究室主任、体制改革和法规司司长，国家计委党组成员兼秘书长，中央财经领导小组办公室副主任，国务院研究室主任、党组书记，国家行政学院党委书记，第十一届全国政协委员、文史和学习委员会副主任。中国共产党第十六届、十七届中央委员会委员。兼任中央马克思主义理论研究和建设工程咨询委员会委员、全国哲学社会科学规划领导小组应用经济组组长，国际行政院校联合会副主席，中国行政体制改革研究会会长，中国西部人才开发基金会理事长，中国国际经济交流中心常务副理事长、首席专家、学术委员会主任，中国人民大学、北京师范大学教授、博士生导师。2011 年应聘担任北京师范大学中国社会管理研究院院长、2015 年同时兼任社会学院院长。

负责或参加过党中央、国务院大量重要文件和党中央、国务院领导人重要讲话的起草工作，主持过 80 多项推进中国改革开放和现代化建设重大课题研究，取得了一大批对国家决策有重要价值的学术、科研、决策咨询成果。出版了《中国经济发展与改革》等个人专著 20 多部，主编著作 130 多部。

2009 年入选"影响新中国 60 年经济建设的 100 位经济学家"，2013 年被评为"20 世纪中国知名科学家"，先后入选"2014 中国智库建设十大代表人物""2016 年度十大智库人物"，2018 年入选"致敬改革开放四十年·中国智库建设 40 人"。

自　序

　　1978 年底中国共产党十一届三中全会作出实行改革开放重大决策以后，我国进入了开创和发展中国特色社会主义的历史新时期。40 多年来，社会主义现代化事业取得举世瞩目的辉煌成就。在以往长期努力的基础上，经过全国各族人民持续艰辛奋斗，在广袤的中华大地上全面建成了小康社会，胜利实现中国共产党确定的第一个百年奋斗目标。在这段波澜壮阔的伟大历史进程中，我由于工作岗位和职责所系，在认真履职尽责的同时，紧紧围绕全面建设和全面建成小康社会的奋斗目标，既从事经济理论和经济政策研究，产生了一系列研究成果，也进行社会理论和社会政策研究，特别是 2013 年从领导岗位退下来后，主要致力于社会领域的决策咨询研究、学术理论研究和教学育人研究，并形成了一系列研究成果。无论是经济领域研究成果还是社会领域研究成果，都从一个侧面反映了我国改革开放和社会主义现代化建设的客观进程，也从一个侧面记述了我个人学习和工作的亲身经历。

　　2017 年，我被推选为改革开放进程中比较有影响力的经济学家，并应邀撰写《改革开放进程中的经济学家学术自传》一书。在这个过程中，比较全面、系统地收集整理了在改革开放 40 多年来从事经济领域研究的主要成果，由中国言实出版社 2021 年 2 月出版。结集形成《魏礼群经济文集（上、中、下册）》，接着，又比较全面、系统地收集整理了我在改革开放以来对社会领域研究的主要成果，形成了这套《魏礼群社会文集（上、中、下册）》。汇集出版社会领域研究的成果，这既是对伟大的改革开放历程的纪念，也是对自己从事社会领域研究生涯的回望。

鉴于这次结集的社会领域研究成果形成时间较长，又涉及改革开放以来多个时期、社会领域多个方面改革发展，为了方便又清晰地反映写作历程，本书在编排上以文稿形成时间的先后为序；同时，本着尊重历史的原则，只对个别文章作必要的校正、修改，各篇文章的基本观点和主要内容都保持了原样。这样做，既是真实反映中国改革开放在不同时期的历史轨迹，也是如实记述自己在不同历史时期的认知程度。收入本书的文章大多已公开发表，也有一些是首次面世。

魏礼群

2020 年 9 月

目 录 CONTENTS

（上册）

（中册）

（下册）

我国实行义务教育制度的初步探讨 [①]

（1981 年 6 月）

　　随着全国工作着重点转到社会主义现代化建设方面来，教育在国民经济中的重要地位和作用愈益为人们所认识。党和政府从来没有像现在这样重视人的智力资源开发，重视智力开发的基本方式和途径——教育工作，近两年来采取了许多重大的政策措施，促进了我国教育事业的恢复和发展。现在，我们应当进一步研究如何更好地发展教育事业，加强智力开发，做到早出和多出人才，以利于国民经济的发展和现代化事业的前进。在思索这个问题的过程中，我认为，尽早地在我国推行义务教育制度是一个应当研究的重要课题。

　　对于在我国实施义务教育，最近几年有些同志提出过积极的建议，也有不少人持否定意见。究竟怎样看待这个问题，包括如何理解义务教育制度？世界各国推行义务教育制度的状况怎样？为什么我国应该尽早实行义务教育制度以及应当怎样去实行？这些是很需要加以明确和探讨的。本文拟就上述问题

---

① 本文刊载于《北京师范大学学报》杂志社会科学版（双月刊）1981 年 04 期，署笔名：卫国强。

谈一点初步看法。

一

所谓义务教育制度，就是一个国家或地区以法律规定并采取经济和社会措施，保证一定年龄的儿童和青少年必须接受一定程度的教育，发展教育事业的制度。从世界各国开展义务教育的情况看，义务教育制度的基本含义有三方面：一是采取多种形式和方法实行免费或半免费（绝大多数国家是免费）教育，解决受教育者的学杂费用和生活困难。二是通过国家宪法和教育立法保证一定年龄的儿童和青少年能够受到教育。例如，有些国家在法律上明确规定，儿童家长有责任送子女入学，父母不送子女完成义务教育，其子女有权提出控告，父母应受法律制裁。三是对进入学龄期的儿童，国家可以采取必要措施强制他们入学，接受一定年限的基本教育。各国义务教育年限的长短，由该国的经济发展水平而定，经济发达国家年限较长，经济不发达国家年限较短。世界各国的经验证明，推行义务教育制度，是有计划有步骤地普及不同水平的教育，提高全体国民科学文化水平，促进国民经济发展的有效途径。义务教育制度的实施和发展，反映出一个国家或地区的教育制度对于该国或地区经济生活具备内在的适应性。

世界上开始实行义务教育制度，至今已有120多年历史。早在19世纪70年代，欧美资本主义国家为了适应生产力发展的需要，相继颁布了义务教育法令。当时义务教育是以普及初等教育为主，年限在4—8年不等。20世纪初，各主要资本主义国家先后进入帝国主义阶段，生产向机械化、电气化发展，许多国家延长了义务教育年限，提高了义务教育的水平。第二次世界大战后，出现了科学技术的飞跃发展，生产力突飞猛进，科学技术人才的数量和质量成为世界性经济和军事实力竞争的一个重要内容，而科技人才的培养，有赖于教育的普及和提高。为了进行国际间实力地位的竞争，许多国家都进行了教育改革，进一步发展义务教育，实施义务教育制度的国家越来越多。据联合国教科文组织《1977 年统计年鉴》，目前世界上已有 156 个国家和地区实行义务教育，义务教育的年限最短的是 5 年，最长的是 13 年。年限在 5—6 年的国家有 41 个，年限在 7—8 年的有 47 个，9—13 年的有 68 个（计算口径是，如果一个国家实施义务教育的年限有两个，取低的年限）。

值得着重指出的是，由于教育对国民经济发展的巨大作用日趋明显，当今世界各国推行义务教育出现了三个突出特点：（一）不论经济发展水平和社会政治制度如何，推行义务教育制度已成为共同潮流。1972 年世界上实行义务教育制度的国家和地区只有 101 个，到 1977 年就增加到 156 个。一些经济发展比较落后的国家也积极实行义务教育制度，例如泰国实行 6 年制，印度、缅甸为 5 年制。（二）经济发达国家的义务教育仍有延长的趋势。其办法：一种是提前实施，组织 3 岁至 6 岁儿童接受教育，不少国家的 5 岁儿童几乎全部入学；另一种是往后逐年延长时间。西欧有些国家开始发展义务教育后的职业教育，把职业教育也列为义务教育，例如，西德规定 18 岁以前受完义务教育而没有继续升学的青年，必须接受义务职业教育。（三）不少国家根据本国国情采取灵活多样的方式推行义务教育。例如朝鲜民主主义人民共和国，1967 年开始实行 9 年制义务教育，1976 年又开始实行 11 年制义务教育（由幼儿园到高中毕业）。11

年制义务教育学生不缴学费，教材费由国家负担70%，发给学生校服（夏季服装每年发一套，冬季服装每两年发一套）。罗马尼亚已经实行10年制义务教育，1978年"教育法"规定，全部教育免费。许多经济发达国家在完成普及中、小学教育之后，目前正在普及高中教育；不少发展中国家也都完成了普及小学教育，正在推行普及初中、高中教育。

随着社会经济的不断发展，世界各国在重视智力资源开发的思想指导下，都极为重视普及教育及其有效方式——义务教育。我们应当积极地和认真地研究世界各国这方面的经验，作为我们的借鉴。

二

在我国现实条件下，要不要和能不能实行义务教育制度呢？我认为，应当作出肯定的答案。

首先，从我国教育事业同国民经济关系的现状看。新中国成立30多年来，我国教育事业有了很大发展。但是总的看来，由于工作上的种种失误，特别是"文化大革命"的破坏，教育事业同国民经济发展的需要严重地不相适应，拖了经济建设的后腿。教育落后，最突出的表现为目前文盲多，各种专业人才匮乏。由于普及小学教育的任务远没有完成，老文盲不仅没有被扫除，新文盲还继续大量产生。据有关部门提供的材料，当前全国小学教育的普及状况大体是：学龄儿童入学率从统计数字上看虽然达到90%（这个数字含有不少水分），但坚持读到小学毕业的只有60%左右（例如1975年全国共招收小学生3350余万人，到1980年小学毕业生只有2050余万人，占入学人数的 61%）。在这部分小学毕业生中，真正达到小学毕业程度的又只有 30% 左右。有十几个省、自治区还达不到这个水平。在 39000 万农村青少年和壮年中，文盲半文盲占 30%。从我国职工的状况来看，1978 年全国工业部门平均每百名职工中，只有技术人员 2.8 人（苏联为 18 人）；就是技术密集的机械工业部门也才有 5 人（日本为 30 人）；轻工业系统还达不到 1 人。农民队伍的文化技术水平更低，农业中平均每万人口只有技术人员 4 人（日本为 18 人），有不少技术人员的文化技术水平也没有达到起码的要求。全国平均每万人口中，只有专职科研人员 3 人（美国 25 人、日本 34 人）。经济管理人才也极为缺乏。据有的省和部门对所属工交企业和县社调查，现有的工厂党委书记、厂长中懂业务知识的只有 20% 左右，各级农业党政领导干部中学过专业知识的不超过 5%。在车间、科室、社队的领导干部中，真正懂现代科学技术知识的也很少。这种人才奇缺的状况，给国民经济的发展造成了很大影响。例如，由于职工的科技文化水平低，极不适应现代化建设的需要，进口设备不会使用，贵重仪器经常出故障，先进的技术装备不能充分地发挥作用，甚至给生产建设造成严重损失。据调查，现在全国 1700 万农机人员中，约有 2/3 的人不合格，每年出事故数万起，触电、中毒等事件各地时有发生。

造成教育这种落后状况的原因，主要有三：其一，长期以来"左"的思想和错误做法在发展国民经济中居于主导地位。轻视知识，不尊重科学，没有摆正教育在国民经济中的应有地位。其二，教育投资、经费太少，不成比例。新中国成立 30 年间，全国基建总投资增长 33.6 倍，而教育投资只增加 19 倍；教育投资占总投资的比重，第一个五年计划时期为 3.16%，第

二、三、四个五年计划时期只有 1.55%、0.71%、0.86%。中小学生人均开支经费下降，小学生由 1965 年的 20 元下降到 1978 年的 16.5 元；中学生由 1965 年的 88.9 元下降到 1978 年的 39.8 元。其三，同没有一套强有力的社会经济措施来保证教育事业的发展有关。这就造成无论经济条件较好的地区或经济条件较差的地区都不重视教育。有些地方教育部门和学校对组织儿童入学抓得不紧，放任自流。一些经济基础好的农村，生产门路广，收入多，有的社员为了增加眼前收入，不愿送孩子上学；那些经济基础薄弱的农村，群众生活困难，更无力送子女上学。虽然在 20 多年前就提出全国普及小学教育的目标，至今这方面问题还如此严重。如果我国能够较早地提出和有选择、有步骤地实施义务教育制度的话，教育的发展和专业人才的培养可能不会像现在这样。

第二，从我国的伟大前程来看。我们的目标是要把现在还很贫穷落后的国家建设成现代化的、高度民主的、高度文明的社会主义强国。实现现代化的中心问题，就是要不断地提高劳动生产率，使社会生产力得到飞跃发展。而提高劳动生产率的一个重要条件，"就是发展群众的文化教育事业"[①]。这是因为，在影响劳动生产率诸因素中，起决定作用的是人，是劳动者的质量。正如马克思指出的，现有人口的技术程度始终是整个生产的先决条件，因而也是财富的主要积累。我们是否拥有数量上、质量上都能满足需要的人才，包括掌握各种生产技能、职业知识技巧，精通本行业务的工人、农民、技术人员、管理人员、干部、教师、服务人员等等，将在很大程度上决定着现代

---

① 《列宁选集（第 3 卷）》，人民出版社，1972 年，第 510 页。

化建设能否顺利进行。同时，我们的社会主义现代化建设，不仅要建设高度的物质文明，还要建设高度的精神文明；在革新和完善社会主义经济制度的过程中，还要不断革新和完善社会主义政治制度。社会主义精神文明本身就包括教育发达、科学昌盛、文化繁荣、讲究道德等目标。经济体制的合理改革也是以政治上的社会主义民主不断加强为前提的。如果全体人民的科学文化水平没有普遍提高，不仅将要延缓建设物质文明的进程，而且也难以实现高度民主和高度文明的目标。中外有识之士都认为，现代化的第一要素是要发展教育，培养人才。如今不大力抓教育，现代化建设就会发生严重的"人才危机"。万丈高楼平地起，发展教育必须从基础抓起。中小学教育是提高中华民族科学文化水平的起点，是改进整个教育质量的基础。群众性的科学文化水平的提高，是群星灿烂人才辈出的土壤。中小学教育水平不提高，高等教育水平也很难提高，大批出类拔萃的专门人才很难出现。所以，我们必须注意抓好中小学的普及教育。20多年的经验表明，要搞好普及教育，只说在嘴上，写在文件上，是不能奏效的，必须舍得花本钱，舍得下大力量，这就有必要推行义务教育制度。

第三，从今后发展国民经济的战略方针来看。过去，我们发展国民经济主要靠大量投资建设新的工厂，大量增加能源和原材料的消耗，轻视知识的力量，忽视科学技术的作用，因而走着"高积累、高消耗、低效率、低消费"的路子。这是一条"少、慢、差、费"的路子。通过总结过去经济建设的经验教训，从现实条件出发，今后经济建设主要依靠现有企业，通过提高效率、降低消耗、改进质量、合理组织生产力的途径来实现。走这条路子，除了要合理调整产业结构、改组工业企业、改造落后技术、改革经济体制外，一个极为重要的方面，是靠发展教育，发展科技，以提高劳动者的政治素质和业务技术素质。国内外现实生活中的大量事实都证明，单纯增加设备、原材料，不如通过教育提高人的能力去改革和掌握技术，更能促进生产的发展。所以，从端正我国今后经济建设的方针来说，也应当合理地调整投资方向，适当增加教育投资和经费，逐步推行义务教育制度，以利加强智力开发，走健康发展国民经济的新路子。

总之，无论从我国教育已经落后于经济建设发展的现状来看，还是从今后经济、社会发展的宏伟目标及其实现这一目标的途径来看，都需要我们尽早实施义务教育。当然，实施义务教育，需要创造一定的条件，解决一系列具体问题，这是应当努力去做的。

但是在目前，首先是一个思想认识的问题。

"我国现在生产力水平低，当务之急是要把生产搞上去，搞义务教育就会影响生产的发展"这种把发展教育同发展生产对立起来的观点，长期以来广泛流行着。认为只有直接从事生产物质产品的劳动才是生产劳动，从事教育事业就是非生产劳动，因而也就不能创造国民收入。可以说，这是过去不重视教育、轻视人才培养的所谓"理论"根据。这种"理论"既不符合社会发展的实际，也不符合马克思关于物质产品生产的论述。事实上，任何生产劳动都是脑力劳动与体力劳动相结合。完全没有脑力作用、单纯是体力作用的生产劳动是不可思议的。正如马克思所说："资本主义生产方式的特点，恰恰在于它把各种不同的劳动，因而也把脑力劳动和体力劳动，或者说，把以脑力劳动为主或者以体力劳动为主的各种生产劳动分离开来，分配给不同的人。但是，这一点并不妨碍物质产品是所有这些人的共同劳动的产品"[1]。对于什么叫从事生产劳动，马克思指出，现代化生产"不一定要亲自动手，只要成为总体工人的一个器官，完成他所属的某一种职能就够了"，随着生产社会化的发展，"生产劳动和它的承担者即生产工人的概念也就必然扩大"[2]。因此，现在很有必要像马克思指出的那样，应当科学地判定和扩大生产劳动的概念。

事实上，在一定意义说来，教育本身就是一种生产力，它对于发展国民经济和增加国民收入起着明显的作用。有一位外国经济学家经过分析大量资料后指出：一个人受一年初等教育可使劳动生产率提高 30%；一个熟练工人进修学习科技文化一年时间，可以比他待在生产岗位上提高的劳动生产率高 1.6 倍。还有一位经济学家的统计材料表明，从 1950 年到 1962 年间，某些国家通过教育对增加国民收入所起的作用：美国为 15%，比利时为 14%，英国为 12%。罗马尼亚在 1950 年到 1970 年的国民收入增长额中有 14.6% 归功于教育。正因为教育在社会再生产中的重大作用日益为人们所认识，所以不少经济学家认为，当代各国经济和军事实力的竞争，实际上是科技和人才的竞争，谁在发展教育、培养人才方面取得优势，谁就是夺得了经济和军事实力的优势。因此，相当一个时期以来，许多国家都把教育投资当作非常重要的智力投资，其增长速度也超过其他方面投资。据美国教育经济学家 S·舒尔茨推算，1900 年到 1956 年间美国教育投资增长约 8.5 倍，而传统资本的投资只增长约 4.5 倍。他认为："人力资本的大小及其增长率是揭开经济发展之谜

---

① 《马克思恩格斯全集（第 26 卷）》，人民出版社，1973 年，第 444 页。
② 《马克思恩格斯全集（第 23 卷）》，人民出版社，1972 年，第 556 页。

的重要关键。"为了促进经济增长，近20多年来，不少国家政府都注意增加教育经费。例如，1960年到1975年间，法国高等教育经费增加3倍，英国增加4倍，西德增加6倍，日本则增加10倍。我国科学文化水平很低，本应努力发展教育。可惜，过去由于"左"的思想和做法的影响以及小生产观念的束缚，对发展教育的必要性和重要性缺乏应有的认识。在经济建设中，只看到对生产手段投资的迫切性，很少考虑劳动者质量在物质生产中的积极作用，因而教育长期被忽视，教育投资的比重一减再减，造成教育发展与经济建设的比例极不协调，使我国长期处于文化落后、人才缺乏的状态。教训是很深刻的。实施义务教育，适当增加一些教育投资，表面上看来，用于生产手段的投资相应减少了一些，短时期内可能（也不一定）会影响生产增长，但从长远来看，这样做是为将来的生产开发智力资源。巨大的智力开发之功，必然结出丰满的经济之果，这是肯定无疑的。

"我国现在经济有困难，不具备实施义务教育的条件。"乍听起来，颇有道理。其实，并不尽然。诚然，发展教育，特别是推行义务教育制度，是受一定历史时期的生产力水平所制约的，不能脱离社会所能提供的物质条件、不顾国家财力物力的可能而盲目发展。目前我国生产力水平很低，特别是由于"文化大革命"造成经济、社会问题成堆，确实困难很多。不充分看到这一点是错误的。但是为了培养建设现代化事业的一代新人，为了替现代化事业准备知识技术条件，多花费一些心血，多占用一些财力和物力还是非常必要的，值得的。虽然我国现在经济上还有不少困难，只要各方面紧紧手，是完全可以挤出一些财力物力的。甚至可以说，只要生产建设减少一点浪费，经济效果提高一些，就完全可以挤出一定数量的资金为教育。

例如，据有关部门计算，我国国营企业每百元资金提供的利润税金只要由目前的水平提高到第一个五年计划时期曾经达到过的水平，一年就可增加利润税金 700 多亿元。解决目前经济的困难，应从提高经济效果上找出路。这是问题的一个方面。另外，是不是国家经济困难就不能搞义务教育呢？全然不是。这方面世界上许多国家已经提供了宝贵的经验。例如，列宁在十月革命胜利前夕就提出，宪法应当保证对未满 16 岁的男女儿童一律实行免费的普遍义务综合技术教育。由于战争破坏，苏联普及义务教育推迟到 1925 年付诸实施。在国民经济刚刚恢复，人均国民收入水平同我们现在差不多的情况下，于 1933 年至 1934 年苏联全境普及了四年制初等义务教育，并在城市和工矿地区普及了七年制义务教育。列宁和斯大林领导时期的苏联极为重视教育，较早地实施义务教育，为以后的经济发展提供了必要的知识技术条件。又例如，日本在 1947 年人均国民收入只有 100 多美元的情况下，就把全国义务教育的年限由 6 年延长为 9 年。日本人自己总结说："日本战后能迅速取得辉煌的经济发展，是从战前就积累起来的知识和技能这一人的因素，是过去几十年积累起来的教育的成果。"应当说，我们现在提出实施义务教育的条件，比起日本当时的经济情况是要好一些。所以，我们不能以经济困难为理由，推迟实行义务教育的日程。

综上所述，人才培养问题，决定着我国现代化建设的成败。而大力发展教育，在可能的条件下尽早实施义务教育，又是培养大批建设人才的重要措施。最近，党中央要求全党全国人民都要重视教育，提出力争 80 年代使我国教育事业有一个大的发展；并且强调搞好普及教育，使小学在 80 年代求得一个较大的发展。这是高瞻远瞩振兴中华、实现四化的重大战略决策。我国目前正在进行经济调整，为建设社会主义强国奠定坚实基础。而加强智力资源开发，培养大批多方面的专门人才，是一个极为重要的组成部分。在这种情况下，明确提出实施义务教育制度，无疑具有重大而深远的意义。

三

在我国怎样推行义务教育制度？根据国情的特点和外国的经验，提出如下几点想法，以供研究参考：

（一）把推行义务教育当作推进现代化事业的重要国策。为此，一要重新评价教育在发展国民经济中的地位和作用，全面认识教育的职能。既然教育对生产力中最活跃的因素——人有极重要的影响，对发展生产起着巨大的推动作用，那么，就应该把教育看作是生产力的基本因素之一。这样做，既是教育职能的内在要求，也有利于计算教育的投资效果和它对物质生产的直接贡献，同时对于从事教育事业的人也是一种巨大的鼓舞。二要使教育先行。既然科学是生产力，科学研究要走在国民经济发展的前面，作为促进科学发展的基本手段的教育，理所当然地要走在国民经济发展的前面。大体说来，教育事业的发展要比国民经济长期计划先行5—10年。这应当成为我国今后经济和社会发展的一条重要原则。最近两年，在国民经济调整中，国家在财力比较紧张、大力压缩开支的情况下，不仅适当提高了教育基建投资在国家总投资中的比重，并且还尽可能地增加了教育事业费，支持教育事业在调整期间继续有所发展，这是完全正确的，今后还应当继续坚持下去。三是坚定不移地搞好普及教育，把实施小学、中学义务教育列入长期计划远景蓝图中。培养人才一定要从儿童抓起，从小学抓起。现在的儿童，20 年后就是社会主义建设的栋梁，要肩负现代化事业的重担。根据人才培养周期长、连续性强的特点，教育事业的发展应当按照当前和长远、需要和可能相结合的原则，提前做好安排，以适应将来国民经济发展的需要。

（二）实行"全面规划、因地制宜、区别对待、逐步实施"的方针。一个国家实行义务教育年限的长短，发展速度，地区差异和普及率的高低等，均取决于一定时期的经济状况和发展社会经济所选择的措施。鉴于我国有十亿人口而八亿多在农村，社会生产力水平很低、人民生活水平不高，并且各地经济文化基础极不平衡的实际情况，齐头并进地提高教育水平非但不必要而且也不可能。在推行义务教育过程中，应当根据各地区经济文化基础和其他条件的不同特点，提出不同的要求，分批分期逐步实现。可否设想在今后 15 年时间内全国实行小学 6 年义务教育，在这个最低目标下，东部沿海地区和西部内地省、自治区，城市和乡村，大城市和中小城市，依据经济文化基础较好或较差，对于实行义务教育的时间先后、年限长短和方式方法，允许多种多样，不搞全国性的整齐划一。可能有的省、市在近一两年内就能实施义务教育，有的省、自治区到 1990 年也不一定能实施。各地区应当根据自己的实际情况，制定实施义务教育的规划及其政策措施，保证如期实现。世界上许多国家在实施义务教育的过程中，也都是地区有先后、免费形式不相同。例如美国，1852 年在马萨诸塞州颁布"义务教育法"，实行 8—14 岁的义务教育，以后各州才相继实行，直到现在各州义务教育的年限也不一样。再如西德，1946 年实行 9 年制义务教育，目前虽然有 90% 的青年受 12 年制义务教育，但免费范围多少各州也有不同，大多数州仅负担书本费和部分劳作用具费。

（三）国家应当尽可能地逐步增加教育经费。目前财力有限，教育经费不可能一下子增加很多，是可以理解的。但从全局来看，经济水平低是问题的一个方面，还有另一个方面就是财力物力使用方向不合理。由于长期以来轻视教育和智力开发，我国教育经费实在太少。据有关部门计算，1975 年我国人均教育经费在世界 150 个国家和地区中居于第 141 位。从教育经费占国民生产总值的比重来看，不仅远远落后于经济发达国家，而且也低于许多经济水平低的发展中国家。据联合国教科文组织《1977 年统计年鉴》，1975 年教育经费占国民生产总值的比重，美国为 6.2%，日本 5.5%，埃及 5.7%，泰国 3.6%，斯里兰卡 3.1%，印度 2.8%。而我国 1978 年只为 2%。教育经费同其他事业经费不成比例或没有比例，是影响我国教育事业发展的一个重要原因。虽然我们不可能一下子把这方面的比重提高到经济发达国家的水平，但是今后十年，随着经济的发展，逐步增加教育经费（包括教育部门基建投资和教育事业费）是完全必要的。大体说来，从现在起应该使这两项费用的增长速度超过国民收入的增长速度，把它们在国民生产总值中所占的比重逐步提高并且稳定在 3%—4% 以上。同时，对一些困难较大的特殊地区，国家要给予一些特殊支持和照顾。

（四）广开兴办义务教育的渠道。我们这样一个经济不发达的大国、穷国实行义务教育，单靠国家一个方面的资金渠道是远远不够的，必须坚持"两条腿走路"，以国家办学为主，充分调动社队集体、厂矿企业等各个方面办学的积极性。教育是人民的事业，人民的事人民办。许多国家推行义务教育，也都是利用多种渠道筹集资金办学。例如，南斯拉夫就是由群众直接办教育，教育经费直接来自社会各方面，不再由国家拨款，学前教育和初等教育的经费以区为单位，从劳动者毛收入中扣除，一部分来源于联合劳动组织的总收入，由区的教育自治利益共同体按法令规定通过协商筹集并分配。当然，我国与南斯拉夫的经济体制不同，但他们依靠群众办教育的方法是值得借鉴的。我国过去和现在的大量事实也证明多种形式办学是普及教育和发展教育事业的行之有效的途径。只要采取相应的经济措施和行政办法，充分调动各方面办学的主动性和创造性，就可以疏通渠道，广开财路，解决义务教育中的某些实际困难。例如，国家应当明确要求各地方，宁可适当压缩其他方面开支，也要尽可能多的挤出一点资金搞义务教育，大力培养人才；动员地方各级财力，包括财政体制分成、城市维护费、农业税附加等部分，安排一定比例用于发展教育；可以规定工矿企业要在生产发展基金中，农业社队要在公积金和公益金中，提取适当的比例设立教育基金；在某些经济比较富裕的地区也可以提倡群众自己兴资办学，等等。

（五）大力培养足够数量和较高质量的中小学教师，提高教师的社会地位和生活待遇。这是实施义务教育的重要问题。目前我国中小学教师队伍，一是数量不足，二是质量不高。例如北京市 1979 年统计，在全市五万多名中学教师中，不到大学水平的达 56%；在 4.5 万多名小学教师中，不到中师水平的占 36%。北京市文化水平基础较好尚且如此，其他地区特别是偏远地区，更可想见了。还有相当部分的人不安心本职工作。重要的原因是他们社会地位和物质待遇低。据资料表明，现在小学教师平均月工资居于全国各行业之末，中学教师是倒数第二，这是极不合理的。同时，目前还有约占全国教职工总数一半的中小学民办教师，他们生活水平更低，以致不少教师辞职或自动离职，使相当一部分学校垮了，大批学生失学。这种情况不改变，普及中小学，推行义务教育就是一句空话。列宁曾经指出："应当把我国人民教师提高到从未有过的，在资产阶级社会里没有也不可能有的崇高的地位。这是用不着证明的真理。为此，就必须进行有步骤的、坚持不懈的工作，来提高他们的思想意识，使他们具有真正符合他们的崇高称号的各方面的素养，而最最重要的是提高他们的物质生活条件。"[①]这一教诲对我们今天发展教育依然具有很大的启示。我们应当作切实有效的工作，培养和造就大批名副其实的又红又专的中小学教师，并且真正提高他们的社会地位和生活待遇。根据当前情况，应当抓好以下几条：第一，努力增建一批师范院校和教师进修院校，以培养更多的中小学教师，提高教师的政治觉悟、文化知识水平和教学业务能力。第二，全党全民都要尊重教师，普遍提高中小学教师的社会地位，经常组织教师听取一些必要的政治报告和文件传达，大兴尊敬教师的良好社会风气。第三，逐步适当地提高中小学教师的工资水平和其他福利待遇。应当使中小学教师平均月工资高于同年龄的工人、接近于高等院校教师的水平。要有计划地逐步提高民办中小学教师的生活水平，有选择地分批使他们转为国家职工；有些人不一定都转为公办教师，但要采取措施努力使他们的政治和生活待遇同公办教师相接近。第四，要建立我国的"教师节"，并且要明文规定教师的休假、疗养、旅游等制度，以利增强人民教师的光荣感、责任感和激励他们奋发向上的进取精神。

[①]《列宁选集（第4卷）》，人民出版社，1972年，第678页。

（六）把推行义务教育同改革劳动制度和干部制度结合起来。过去曾经片面地批判过"技术决定一切""干部决定一切"的口号，在某种程度上造成了忽视干部和其他劳动者文化知识水平的状况。今后，对作一个工人、军人、干部都应当有文化知识水平和技术业务水平的基本要求。劳动招工制度要相应进行改革，招工要以职业学校、技术学校的毕业生为主要对象，使职业教育同安排就业结合起来。同时，要真正实行择优录用、量才录用，使人们认识到做一名工人、军人、干部是很不容易的。不这样办，就难以调动广大青少年学习的自觉性以及家长送子女入学的积极性。否则，即使实行义务教育，也未必取得应有的效果。

（七）尽快制定和颁布"义务教育法"，并且纳入国家宪法。鉴于我国将进入全面振兴的历史时期，可取名为"兴国义务教育法"。纵观世界各国推行义务教育的历史，大多数国家在开始实施义务教育时都制定过义务教育法令。有的是全国性颁布施行的，有的是某地区颁布施行的。"义务教育法"的颁布，能够有利于教育事业的顺利发展。

实行义务教育制度，是发展我国教育事业，开发智力资源，推进现代化事业的重大措施，应当尽快地有步骤地实施。但是，在我们这样人口众多、经济水平很低的国家里实行义务教育，问题是十分复杂的，任务是极其艰巨的，有着许多特殊困难，需要作认真的研究，周密的计划，长远的打算，不能急于求成，一哄而起。这方面，我们也应当吸取某些国家盲目推行义务教育的教训，防止流于形式主义，以致图虚名招实祸。

以上是一些不成熟的、粗浅的看法，谬误之处一定不少，只是想把问题提出来，欢迎批评指正。

大力发展教育和科学事业 [1]

（1982 年 9 月 28 日）

解决好教育和科学问题，是党的十二大确定的我国经济发展战略重点之一。大力发展教育和科学事业，不仅对于今后 20 年的经济发展，而且对于整个中华民族的文明昌盛、兴旺发达，都将产生巨大深远的影响。

把教育和科学作为经济发展的战略重点，首先是由它们在社会主义现代化建设中的重要地位决定的。我们知道，四个现代化的关键是科学技术现代化，没有现代化的科学技术，就不可能建设现代化的工业、现代化的农业和现代化的国防。而教育事业则是为四化建设培养和造就人才的。从这个意义上说，它不仅是科学技术现代化的基础，也是整个现代化事业的基础。许多国家经济发展的经验证明，教育和科学事业的发展，是以经济发展为前提的，但反过来又能有力地促进经济的发展。据有关资料介绍，一些发达国家的经济增长，60% 以上是靠科学技术的进步。现在各国之间的经济竞争，在很大程度上可以说是智力竞争，即人才培养和科学技术发展竞争。各发达国家为

① 本文发表于《解放军报》1982 年 9 月 28 日。

了保持经济上的领先地位，都极为重视教育和科学的发展。如从 1960 年到 1975 年，日本用于高等教育和科学研究的经费分别增长了 10 倍和 8.8 倍，西德则分别增长了 6 倍和 7.6 倍。如果我们不加快教育和科学事业发展的步伐，我国经济就难以进入世界先进行列。

把教育和科学作为经济发展的战略重点，是走出经济建设的新路子，实现今后 20 年宏伟目标的关键措施。我国的耕地和其他农业资源相对于人口来说都不多，能源紧张，资金不足，今后经济的发展必须充分有效地利用自然资源，尽可能地减少物资和资金的投入，从提高社会生产经济效益上求得较快的速度。为了不断提高经济效益并且促进经济持续增长，对科学技术和人才培养提出的任务是很艰巨的。今后 20 年，我们一方面要对现有企业进行大规模的技术改造，采用新的设备、工艺、材料，使产品得到不断更新，并积极开展科研项目的攻关，使一些重要和急需的生产技术接近或达到国外先进水平。另一方面要加强经济科学和管理科学的研究和应用，使国民经济的计划、管理水平和企业经营管理水平有一个大的提高。同时，还要依靠新的科学技术成就，建立和发展一批如电子、信息、石油化工等新兴工业部门。所有这些，都离不开发达的教育和科学事业这个重要条件。

把教育和科学作为经济发展的战略重点，还由于我国这方面现有水平远不适应经济建设的要求，而改变它们的落后状态需要一个较长的时间。新中国成立以来，我国教育和科学事业虽然取得了很大进步，但是由于过去一个时期中存在着不够重视科学文化建设的偏向，特别是十年内乱期间，林彪、江青反革命集团摧残科学和教育事业，使我国人才培养和科技发展受到严重损害。目前，我国主要科学技术领域和世界先进水平相比落后了许多年，科学技术的研究和成果的推广应用也存在不少问题。教育和科学事业不发达，各种专业人才严重不足，已经在很大程度上影响了经济建设的发展。人才培养和科学研究都具有周期长的特点。人才的成长，就是从小学到大学，再到实践中发挥作用，也需要十几年、二十来年时间。许多重大科研项目从探索到发明、发现，再到实际应用于生产领域，往往需要几年、十几年甚至几十年。可见，为了尽快改变我国目前人才缺乏和科学技术落后的状况，我们从现在起就必须高度重视和大力加强教育和科学事业。只有这样，才能顺利地开创社会主义现代化建设的新局面，保证今后 20 年宏伟目标的胜利实现。

改革和健全退休、养老保险制度的初步设想[①]

（1982 年 10 月 20 日）

　　改革和健全我国劳动者退休、养老保险制度，对于整个经济和社会发展具有十分重要的意义，是一项重大的战略问题。这里，我们就为什么要改革和健全退休、养老保险制度，怎样进行改革和健全，以及改革和健全这项制度有哪些好处等问题，谈一些不成熟意见。

一、改革和健全退休、养老保险制度势在必行

　　新中国成立以来，随着社会主义建设事业的发展，我国在一部分职工中逐步建立了退休制度，充分体现了党和国家对劳动人民的关怀和社会主义制度的优越性，对于解除广大职工的"老年后顾之忧"，鼓舞他们的劳动热情，促进生产建设的发展，起到了积极作用。

　　但是，我国现行的职工退休制度，基本上还是新中国成立初期从苏联搬过来的，存在的弊病不少，与国民经济的发展很

---

① 本文刊载于《计划经济研究》杂志 1982 年 33 期，与李铁军合作。

不适应。主要有以下问题。

一是职工退休金由国家和企业包下来，国家和企业的负担越来越重。1981年底，全民所有制单位退职退休人数为740万人，退职退休费59亿元，分别比1978年底增长1.6倍和2.9倍。城镇集体所有制单位退职退休人员和费用也急剧增加。据初步测算，到1990年，全民所有制单位退休职工相当于职工总数的百分比，将由1980年的8.6%上升到12.5%，其退休金相当于工资总额的百分比，将由1980年的5.2%上升到9.4%；城镇集体所有制单位退休职工相当于职工总数的百分比，将由1980年的4.3%上升到8%，其退休金相当于工资总额的百分比，将由1980年的3%上升到6%。随着时间的推移支付退休金越来越多的趋势，将给国家和企业带来非常沉重的负担。

二是某种程度上扩大了企业间的苦乐不均。企业的退休费用是作为营业外支出，从利润中扣除。退休职工越多，冲减的利润就越多。这就造成一些同类企业之间、新老企业之间的苦乐不均。产品价高利大的企业，对逐年增多的退休费用，可能感到压力不大，而对于利润少，甚至有亏损的企业，就难以承受愈益增多的退休费用的巨大压力。一些老企业，退休人员逐年增多，退休费用逐年加大，而一些新建企业，新职工多，退休人员少，所支付的退休费用也少。同样的经营管理水平，老企业比新企业的负担就重得多。实行了利润留成制度以后，企业利润和职工个人利益同企业的经营成果、利润大小挂了钩，退休人员及退休费用的多少，关系到企业利润留成数额的大小。有些经营得好的企业，本应得到更多的物质利益，只是由于支付的退休费用过多，减少了企业和职工的收入，从而挫伤了这些企业和职工的生产积极性。

三是退休金发放标准不利于激励劳动者在职时期的积极进取。现行职工退休金的支付标准，是按工龄和退休时的基本工资水平来确定的，不能充分体现对在艰苦的岗位工作以及做出突出贡献的职工的优待。

四是实行退休、养老保险制度的范围不广泛。目前只是在全民所有制单位和部分城镇集体所有制企业中实行职工退休制度，尚有相当多的小企业没有建立退休制度。城乡个体劳动者和广大农民基本上没有相应的养老保险措施。不尽快建立全社会劳动者的退休、养老保险制度，就不利于城镇集体所有制经济的壮大，不利于作为公有制经济必要补充的个体经济的发展，不利于控制农村人口向城市流动。同时，也不利于搞好计划生育和控制人口的增长。

五是国家没有统一管理劳动者退休、养老保险的机构，影响了社会保险事业优越性的发挥。我国现行退休制度的社会化、专业化程度太低，而且主要依靠行政办法管理，退休者的生活福利、医疗保健等都由原单位负责，加重了基层单位的负担，妨碍基层单位集中精力抓工作。

二、改革和健全退休、养老保险制度的初步设想

针对上述现行退休、养老保险制度存在的问题，改革和健全这一制度的基本原则和方向应该是：

（一）逐步地在全体劳动者中实行退休、养老保险制度。人大常委会通过的宪法（草案）规定，每个中华人民共和国公民在年老或丧失劳动能力的情况下，都有从国家和社会获得物质帮助的权利，国家也应当发展为公民享受这种权利所需要的

社会保险。本着这个精神，我们不仅要改进和完善全民所有制单位已经实行的职工退休、养老保险制度，而且应当在各种类型的城镇集体所有制企业职工中普遍实行这一制度。同时，还要根据实际条件，并且通过经济的、法律的手段，在广大农民中，在城乡个体劳动者中逐步地、广泛地推行这一制度。

（二）推行退休、养老保险金预先定期提取、缴纳的制度。要发挥社会保险的职能，使退休、养老保险金做到提前缴纳储备，社会统筹规划，合理调剂使用。每个实行退休、养老保险制度的单位或个人，都要为本单位的劳动者或为自己按期预付一定数额的退休、养老保险金。新职工从参加工作之日起即开始预付；现有职工也可考虑按规定提前缴纳。农民和个体劳动者在从实行养老保险制度起，就缴纳养老保险金。这样做，社会上就可以保持相当数额的退休、养老保险金，从而避免过去那种退休、养老保险金平时既不提取，又不统筹，而是集中在短期内大量支付，急剧增加企业和国家负担的被动现象。

（三）采取多种方法筹集退休、养老保险金。根据不同情况，可采取公助与自助相结合、强制和自愿相结合的原则，从国家、集体、个人三个方面筹集和建立退休、养老保险基金。实行这种原则，是把提前建立的退休、养老保险基金分为两种：

一种是"基本退休、养老保险基金"，即维持基本生活需要的费用。这部分基金来源，在全民所有制单位，仍然由单位支付，企业支付的退休金，一部分继续列营业外支出，一部分可从企业利润留成中提取（还可以考虑适当提高职工工资水平，规定职工个人必须按一定比例缴纳一部分，实行单位和个人共同缴纳，以单位缴纳为主）；在城镇集体所有制企业，由企业和职工个人共同按一定比例分摊缴纳，以企业缴纳为主，国家也适当少量补助一部分；在农村，由基层生产单位（从公益金中提取）和农民个人共同缴纳，以集体缴纳为主；城乡个体劳动者，则全部由他们个人缴纳。

一种是"附加退休、养老保险基金"。这部分保险基金完全由个人缴纳，采取强制和自愿相结合的办法，促使一部分劳动者从个人收入中建立更多的退休、养老保险基金。国家可以通过法律规定，对那些收入水平超过一定界限的全民所有制职工（例如按家庭人口计算，每人平均月收入在 100 元以上的人），按收入的一定比例缴纳养老保险基金，在规定的收入水平界限以下的劳动者，提倡量力建立这种保险基金。为了鼓励人们积极建立这种保险基金，可以适当提高这笔基金的利息率，使其高于同期的银行存款的利息率，以增加吸引力。

（四）制定有区别的、鼓励上进的退休、养老金发放标准。这里主要指全民所有制和城镇集体所有制单位职工的基本退休、养老金发放标准的确定。这部分退休、养老金是国家和社会对丧失劳动能力者的帮助，不是实行按劳分配的原则。因此，基本退休、养老金的标准，主要应按劳动者工龄的长短、退休时基本工资的水平、退休前十年平均月工资水平而确定。基本工资低的人，其退休金占基本工资的比例应适当高一些；基本工资高的人，其退休金占基本工资的比例应适当低一些。这样，既可以避免退休的劳动者生活高低悬殊，也可节省一部分国家财政开支。为了鼓励人们乐于到艰苦的地方去工作，激励人们为社会作出更大的贡献，在确定职工基本退休金发放标准时，还应对那些长期从事特殊工种（如高温、井下等工种），在特殊条件下（如高山、荒野、边疆、海洋、航空等）工作和对社会作出特殊贡献者酌情提高一点标准。此外，为了更好地推行计划生育，鼓励一对夫妇只生一个孩子，国家可以考虑为独生子女的父母建立"优待退休金"。现在不少地方对独生子女的父母发了一笔"独生子女费"，可将这笔钱作为建立"优待退休金"的费用。

对于集体生产单位中的农民和城乡个体劳动者基本退休、养老金发放标准的确定，主要按其缴纳养老金时间的长短和数额的多少计算比例，符合退休、养老年龄后，退休养老金可以一次或几次发放，也可以定期支付。

劳动者退休、养老金的发放标准，应当在生产发展的基础上逐步调整、提高，使所有老年人的生活水平也能同广大在职劳动者一样，随着生产发展而逐步有所提高。同时，还应当考虑物价上升因素，定期适当提高退休、养老金标准，以保障退休、养老者生活水平不致下降。

（五）普遍建立社会保险机构，统一管理退休、养老人员。为适应改革和健全退休、养老保险制度的需要，建议成立全国劳动者退休、养老保险公司。这个社会保险机构，应当是一个相对独立的、自负盈亏（国家也要适当帮助）的经济组织系统。它的主要任务：一是负责所属地区劳动者退休、养老保险基金的提取、收缴、发放和保管、使用；二是负责所有退休、养老人员的人事管理、思想教育工作，安排退休养老人员的生活福利事宜；三是组织所有退休、养老人员以不同的方式继续为社会做贡献；四是开展多种有益于老年人身心健康的文化、体育活动；五是发展和壮大退休、养老保险事业，扩建用于劳动者养老的住宅、养老院、疗养所以及卫生保健、文化体育场所等设施；六是搞好多种社会服务事业。这一机构的建立及其职能作用的发挥，一定会大大推进我国退休、养老保险事业向企业化、专业化、社会化发展。

（六）制定我国公民退休、养老保险法。明确规定改革和健全我国退休、养老保险制度的指导思想、方针政策以及一些基本原则，使退休、养老保险工作做到有章可循，有法可依，从而促进我国新的退休、养老保险制度的建立和不断完善。

三、实行以上退休、养老保险制度的主要好处

对我国退休、养老保险制度实行上述改革，可有以下八个好处。

第一，有利于减轻国家和企业，特别是老企业的负担。实行上述退休、养老保险制度后，由于劳动者退休、养老金是逐年按一定比例预先提取；也由于社会上建立了退休、养老保险机构，退休、养老金是由社会集中起来统筹调剂使用，对每一个单位来说，不会发生退休人员越多，退休金负担越重的情况，从而也可以避免上面所说的由于退休人员多少不同而造成新老企业苦乐不均的现象。

第二，有利于改善经营管理。企业经营管理得好，得到的利润多，在扣除一定的退休金之后，就可以从利润中提取更多的部分，用于发展生产、集体福利和职工奖金。这样，既有利于促进企业讲求经济核算，又有利于激发在职职工的劳动积极性。

第三，有利于把一部分消费基金转化为积累基金，弥补国家建设资金不足的困难。实行上述制度后，全社会每年将集中一笔相当数额的退休养老金。扣除当年应该支付的退休、养老金，每年还会有不少数额可以转化为生产、建设的发展基金。

把这部分钱统筹使用好，对经济和社会的发展将会起到很好的促进作用。

第四，有利于巩固、壮大集体所有制经济和适当发展个体经济。实行上述制度后，城乡集体所有制单位同全民所有制单位一样，都为职工建立了退休、养老保险基金，个体经营者也将用自己的收入建立养老基金，老年后基本生活有了社会保障。这样，已经从事集体经济和个体经济的劳动者将会安心自己的工作。新达到劳动年龄的青年也会乐于到集体所有制企业工作或从事各种个体经营。因此，积极推行上述退休、养老保险制度，对于适应我国现阶段生产力水平、坚持在社会主义公有制经济为主的条件下发展多种经济形式和经营方式，有着重要的意义。

第五，有利于控制人口增长。上述退休、养老保险制度推行得越广泛，"养儿防老"的思想就会越来越少，自觉实行计划生育的人就会大大增多。

第六，有利于增加就业。实行上述改革制度，全国上下建立了退休养老社会保险机构网，既能为社会提供大量劳务，又可以解决一批劳动者的生活出路，这对于安置日益增多的过剩的劳动力很有好处。

第七，有利于推动整个社会保险事业的发展。退休养老保险制度实行专业化、社会化管理，必然带动其他社会保险事业，如卫生保健保险、待业保险、事故保险、财产保险、人身保险等广泛发展起来。

第八，有利于经济发展和社会发展的紧密结合，相互促进。上述退休、养老保险制度的实行，不仅可以坚定广大人民对社会主义的信心，改善人与人之间的关系，保持社会安定，推动社会进步；而且经济建设将会有一个良好的社会条件，对整个经济事业的进展也一定能起到重大的保证和促进作用。

以上我们仅仅对改革现行退休、养老保险制度的方向、原则提出了一些粗浅看法。至于改革的具体方案、措施、步骤和方法，还需要根据我国的经济发展水平，国家财力的可能，以及经过广泛的调查研究，深入的讨论和科学的计算、论证。从根本上改革和健全劳动者退休、养老保险制度，是一项涉及面广和极为复杂的问题，在这方面，我们还缺乏经验。因此态度要积极，步骤要稳妥，制定方案后，要经过试点，取得经验，逐步推广。近期内，急需统一认识，集思广益。在这个基础上，拟订出一个切实可行的方案，并付诸试验。争取尽早能建立起符合我国国情的，能够充分发挥社会主义制度优越性的，促进经济和社会协调发展的退休、养老保险制度。

进一步加强新形势下的干部培训工作①

（1994 年 1 月 5 日）

这次会议的中心任务，是以邓小平同志建设有中国特色社会主义的理论和党的十四届三中全会《决定》为指导，认真贯彻全国经济工作会议和全国计划会议精神，全面总结 1993 年培训工作，研究在改革开放和现代化建设迅猛发展，特别是全面推进建立社会主义市场经济体制新形势下培训工作面临的任务，具体部署 1994 年培训工作，尽快把计划系统干部培训工作提高到一个新水平。

下面，我讲几点意见，供大家研究工作时参考。

一、站在干全新事业的高度，
进一步增强搞好培训工作的自觉性和紧迫感

党的十一届三中全会以后，特别是 1982 年开始，全国计委系统全面开展了计划干部培训工作。十多年来，培训工作坚持为改革开放和现代化建设服务，为搞好计划工作和全面提高计

---

① 本文系 1994 年 1 月 5 日在全国计委系统干部培训工作会议上的讲话。

划干部素质服务的方向，紧紧围绕深化改革、扩大开放、经济发展和计划工作中的重大问题，开展多层次、多形式、多渠道的国内外培训活动。目前为止，国家计委和各省、自治区、直辖市和计划单列城市共培训各级计划干部 10 万多人次。干部培训活动的开展，有力地促进了计划干部队伍政治思想和业务素质的提高，加强了对改革开放和经济计划工作中重大理论问题和实践问题的研究，密切了国家计委与各地计划部门之间以及各地方计划部门之间的相互联系，推动了计划管理职能转变和计划工作的改革。同时，干部培训系统自身建设也逐步得到充实和加强，培训工作水平不断提高。现在，除了个别省计委之外，都有了培训中心、培训用房，形成了一支近千人的专兼职教师队伍，培训工作转入了制度化、经常化的轨道。事实说明，全国计委系统培训工作多年来的工作方向是正确的，工作是扎实有效的，成绩是显著的。今天参加会议的，都是从事培训工作和人事工作的同志，我国计委系统的干部培训从无到有、从小到大，发展到今天的局面，大家克服了很多困难，做了大量工作，付出了很大的辛劳。这里，我代表国家计委党组向大家致以诚挚的感谢，并通过大家向计委系统从事培训工作的全体人员表示深切的慰问！

我们要充分肯定已经取得的成绩，以增强继续前进的信心。同时也要清楚地看到，与我们党和国家所从事的伟大事业相比，我们计委系统干部培训工作还处于起步阶段，今后的路更长，任务更艰巨。我们要从所处时代及其所赋予的历史任务，来加深认识和进一步加强培训工作。

怎样认识我们所处时代的社会历史任务呢？邓小平同志强

调指出："我们干的事业是全新的事业。①"这个全新的事业，就是从中国的实际出发，把马克思主义的普遍真理同我国的具体实际结合起来，建设有中国特色的社会主义，把我国建设成为富强、民主、文明的社会主义现代化国家。干建设有中国特色社会主义这个全新的事业，是我们党从十一届三中全会以来的基本实践和基本理论，也是我国新的历史时期的根本指导思想和根本任务。如何干好这个全新的事业？邓小平同志又指出："我们现在所干的事业是一项新事业，马克思没有讲过，我们的前人没有做过，其他社会主义国家也没有干过，所以，没有现成的经验可学。我们只能在干中学，在实践中摸索。"②江泽民同志也指出："建立具有中国特色的社会主义，是一项开创性的事业。在加快改革开放的新形势下，我们不断遇到新情况、新问题，过去行之有效的一些做法很多已不再适应，而我们不了解、不懂的、不熟悉的东西很多，必须不断加强学习，努力提高各级领导干部的素质，以利于改进和做好经济工作。"邓小平同志和江泽民同志这些话是对全党和全国干部讲的，对于干部培训工作更加有着极大的针对性和指导意义，为我们干部培训工作不断适应新形势、不断打开新局面、不断提高新水平，提出了根本性的要求和任务。

在邓小平同志 1992 年南方谈话和党的十四大精神指引下，我国改革开放和现代化建设进入了新的蓬勃发展阶段，建设有中国特色社会主义的伟大事业展现了新的时代画卷，我国社会经济正加快进行广泛深刻而充满希望的转变。这方面可以从多方面来观察、分析和把握，但就经济工作方面来看，以下三个

---

① 《邓小平文选（第三卷）》，人民出版社，1993 年，第 253 页。
② 《邓小平文选（第三卷）》，人民出版社，1993 年，第 258—259 页。

方面转变是至关重要的。一是传统的计划经济继续向社会主义市场经济转变。把建立社会主义市场经济体制，作为改革的总体目标，是邓小平同志建设有中国特色社会主义理论的重要组成部分，是振兴中华、实现中国现代化的必然选择，它已经并将继续对解放和发展社会生产力产生巨大作用。党的十四届三中全会作出的《决定》，标志着建立社会主义市场经济体制的改革进入整体推进和重点突破的新阶级。这必将对我国经济、政治和社会生活产生广泛而深刻的影响。二是对外开放继续向高层次、宽领域、纵深化方面转变。对外开放是我们的基本国策。在已经形成的对外开放格局基础上，对外开放步伐将进一步加快。积极参与国际竞争和国际经济合作，国内经济与国际经济逐步接轨，整个经济的开放程度将更加扩大，这将有利于充分利用国际国内两个市场、两种资源，优化资源配置，同时，也要求以更大的气魄、更高的智慧、更强的能力迎接更加激烈的国际竞争。三是经济发展模式继续由粗放型向集约型转变。抓住时机加快发展，争取国民经济隔几年上一个新台阶；同时，又要贯彻邓小平同志关于科学技术是第一生产力的光辉论断，使加快发展建立在真正依靠科技进步、优化结构和提高效益的基础上，既快又好地发展社会生产力。这是有中国特色社会主义的根本要求。经济发展必须有新思路，即从长期以来忽视经济效益、片面追求产值，投入多、产出少的老路，转到既有较高速度又有较好效益的国民经济发展新路子。以上这些确实是一些带根本性的重大转变，都关系到中国特色社会主义的全局。反映了我国社会经济发展的必然趋势，体现了我们党对社会主义建设规律认识的飞跃。在实现这些转变的过程中，必然会遇到许多新情况，有不少矛盾和问题必须解决，需要各方面创造性地进行工作。任何一个部门、一个地方和一个方面的工作，在新时期的地位和作用如何，都必然同这些趋势密切相关。计划工作是涉及改革开放和经济发展全局的一项重要工作，必须研究、把握和适应这些大转变、大趋势，找准位置，发挥优势，在建设有中国特色社会主义这个全新的事业中发挥积极作用。

新时期的历史任务和发展趋势，给计划工作改革、计划部门职能转变和计划干部培训提出了新的水准和要求。党的十四大和十四届三中全会的《决定》，根据我国国情和邓小平同志建设有中国特色的社会主义理论，明确了在实行社会主义市场经济条件下计划工作的性质、职能、任务和作用。强调国家计划是宏观调控的重要手段，计划手段是宏观调控体系中的重要组成部分；强调计划工作的任务，是合理确定国民经济和社会发展的战略、宏观调控目标和产业政策，搞好经济预测，规划重大经济结构、生产力布局、国土整治和重点建设；强调计划工作要突出宏观性、战略性、政策性，把重点放到中长期计划上，综合协调宏观经济政策和经济杠杆的运用；强调国家计划要以市场为基础，总体上应当是指导性的计划，要求建立新的国民经济核算体系，完善宏观经济监测预警系统。这些说明，在新的形势下，计划工作的任务不是轻了而是更重了，计划部门的责任不是小了而是更大了。正确运用计划手段，切实履行计划部门职责，必须按照发展社会主义市场经济的要求，从根本上转变计划管理职能，改革计划工作。而要使计划工作与新时期的历史任务相适应，与日新月异变化着的改革开放和现代化建设新形势相适应，与转变计划管理职能、建立新型的计划体制相适应，固然应当从多方面努力，但关键在于加强计划队伍的建设，在于全面提高干部素质。从总体上看，全国计委系统有一支好的队伍，干部基本素质是比较高的。但从新时期历史任务和新形势的要求看，无论是从事计划工作多年的老同志，还是参加工作不久的新同志，都存在一些不适应的地方。主要是思想观念不适应，知识结构不适应，业务技能不适应，不少同志还没有从传统的计划经济模式中摆脱出来，有关社会主义市场经济的许多新观念、新知识、新办法知之不多，现代科学技术方面的知识也不足。不下大力气解决这些不适应的问题，我们的计划工作就很难在新形势下发挥应有的作用，甚至会妨碍改革开放和现代化建设的大步前进。

总之，建设有中国特色社会主义的全新事业和突飞猛进的新形势，对计委系统的全体工作人员提出了新的、更高的要求。我们的计划工作能否在社会主义市场经济中找准、站住和扩大位置，能否登上新台阶、开创新局面，以崭新的姿态发挥更大的作用，完全可以说在很大程度上取决于我们能否通过加强学习使干部素质有显著的提高。我们的重要任务就是学习学习再学习，在实践中学习，在学习中前进。理论功底深厚了，思想观念更新了，各种知识丰富了，开拓精神才能得以发挥，创造能力才能得到提高，工作才能做得更好。这些学习任务，都需要计委系统的培训部门来组织完成。因此，我们务必进一步提高搞好培训工作的自觉性和紧迫感，把不断提高计划工作人员的政治、业务素质作为自己的崇高职责，再接再厉，积极进取，推动干部培训工作不断打开新局面，登上新台阶。

二、全国计划系统干部培训工作面临的主要任务

为了适应新形势的需要，去年初国家计委干部培训中心提

出了加强干部培训工作的意见，国家计委已批转各地计委结合实际情况贯彻执行。在这个《意见》中，明确了计划干部培训工作的指导思想、主要目标和基本要求，这些都是正确的，各地方要继续认真贯彻执行。根据党中央、国务院的要求和当前的实际情况，当前要突出抓好以下几项重要工作。

（一）坚持把学习《邓小平文选》第三卷作为一项主要任务。干中国特色社会主义的全新事业，必须用中国特色社会主义的理论武装头脑。邓小平同志是我国社会主义改革开放和现代化建设的总设计师，是建设有中国特色社会主义理论这一当代中国马克思主义的创立者。不久前出版的《邓小平文选》第三卷，汇集了邓小平同志在形成和发展建设有中国特色社会主义理论过程中的最重要最富有独创性的著作。这是当代中国的马克思主义的奠基之作，是马克思主义理论进入新境界、达到新高度的集中体现，是我们党和中华民族极为珍贵的精神财富，是教育干部和人民、统一思想、坚定信念，积极、全面、正确地贯彻执行党的基本路线的最好教材和最有力的武器。各级计委培训工作都要按照党中央的决定和江泽民同志的讲话精神，把《邓小平文选》第三卷的学习摆在主要地位。国家计委党组已作出决定，从去年12月开始，分期分批举办轮训班，把委机关副处长以上干部轮训一遍。在此基础上，还要有计划地组织所有干部进行轮训学习。各地计委也要切实组织好《邓小平文选》第三卷的学习。在学习中，要认真研读原著，力求融会贯通，掌握精神实质，并在理论联系实际和统一思想上多下功夫。通过组织学习，使全体计划工作干部认真掌握建设有中国特色社会主义的战略思想和理论观念，认真学习邓小平同志运用马克思主义立场、观点、方法，研究新情况，解决新问题的科学态度、创造精神和革命风格，在任何时候和任何情况下，坚持党的基本路线不动摇。

（二）深入开展社会主义市场经济基本理论和基本知识的学习培训。江泽民同志指出："在经济体制转换过程中，工作千头万绪，要做的事情很多。目前最紧迫的任务之一，是要在广大干部中尽快普及社会主义市场经济的基本知识。"这一点，对于我们从事计划工作的部门和人员更是有特殊重要的意义。如果计划工作干部连社会主义市场经济的基本知识都不了解、不掌握，就很难在建立社会主义市场经济体制的改革中有所作为，甚至会形成口头上说的是社会主义市场经济，而脑子里想的和实际上做的都仍然是过去计划经济的一套做法，或者把我们要搞的社会主义市场经济，错误地理解为就是搞资本主义。这样，不但不能成为改革的动力，反而会变为改革的阻力。各级计划部门必须进一步用很大的力量抓好社会主义市场经济知识的普及，作出全面规划，认真贯彻落实，争取用两年时间把处长以上干部普遍轮训一次。学习社会主义市场经济知识，首先要侧重于学习和掌握十一届三中全会以来党的各项重要方针政策，特别是要学好党的十四大报告，学好十四届三中全会通过的《中共中央关于建立社会主义市场经济体制若干问题的决定》。这个《决定》，把党的十四大提出的建立社会主义市场经济体制的目标和原则具体化、系统化了，勾画了新经济体制的基本框架，对有关的重大问题都作出了明确的原则性规定，既有比较完整的总体设想，又紧紧抓住了当前改革和发展中的突出矛盾和问题，具有很强的指导性。同时，大胆研究、吸收和借鉴西方发达国家和一些后起的比较发达国家的成功做法，这些国家搞市场经济已经多年，积累了许多经验。要通过培训学习，使广大计划工作干部全面、正确地了解社会主义市场经济的基本理论概念、基本原则和基本要求。特别要真正弄明白在社会主义条件下必须而且能够搞市场经济，对建立社会主义市场经济体制的改革目标不动摇，同时要了解建立和完善社会主义市场经济体制，是一个复杂的社会系统工程，需要经历较长时期的艰辛探索；真正弄明白社会主义市场经济体制必须反映和体现市场与市场经济的一般规律，同时要了解社会主义市场经济体制是同社会主义基本制度结合在一起的，在所有制结构、分配制度和宏观调控等方面都是有社会主义基本制度内在要求的特征；真正弄明白发挥市场对资源配置的基础性作用，建立完善的市场体系，与加强和改善国家对经济的宏观调控，建立完善的宏观调控体系，都是社会主义市场经济体制的重要组成部分，二者是相互结合、相辅相成、缺一不可的；真正弄明白建立社会主义市场经济体制必须坚持以公有制为主体、多种经济成分共同发展的方针，必须深化企业改革、建立现代企业制度，必须建立全国统一开放的市场体系，必须转变政府管理经济的职能、建立以间接手段为主的宏观调控体系；必须建立以按劳分配为主体，效率优先、兼顾公平的收入分配制度；必须建立多层次的社会保障制度；必须围绕社会主义市场经济体制的基本框架，建立健全相应的法律体系。如此等等。总之，通过培训学习，大大增强全体计划工作人员投入建立社会主义市场经济体制的改革的自觉性、坚定性和原则性，为推进改革贡献我们的智慧和力量。

（三）紧紧围绕国家和计委系统的中心工作安排好培训活动。1994年是我国改革开放和经济发展非常关键的一年。这一年，既要努力促进国民经济持续、快速、健康发展，又要大步推动建立社会主义市场经济体制的进程。任务十分繁重。我们要按照去年底全国经济工作会议和全国计划会议的部署，从培训工作方面抓好和促进各项任务的完成。今年是我国重点领域经济体制改革方案出台较多的一年，财税体制、金融体制、外贸外汇体制、投资体制、计划体制、物价体制、国有资产管理体制和建立现代企业制度等改革方案有的已经出台，有的将相继出台。这些改革，从根本上说来，都是对传统计划经济模式的改革，都直接或间接地与计划体制和计划工作相关。计划部门是综合经济管理部门，计划工作人员应当十分熟悉所有改革方案措施和相关的专业知识，真正以积极的态度参与、支持各个方面的改革，推动各项改革顺利进行，并达到预期效果。为此，各级计划部门要积极组织干部培训学习各项改革方案的内容及相关的方针政策，以利于更好地投身于各项改革，并正确分析改革方案出台后对经济全局的影响，及时提出对策建议。今年经济发展方面的任务也相当繁重。例如，如何抓好国民经济的薄弱环节，力争农业有一个好收成，使基础设施和基础工业切实得到加强；如何真正搞好国有大中型企业，使其在国民经济中发挥骨干作用；如何将加快发展建立在依靠科技进步、优化结构、全面提高经济素质和效益的基础上，使国民经济隔几年迈上一个新台阶；如何严格控制全社会固定资产投资总规模，合理调整投资结构，加强重点建设，提高投资效益，等等，这些都需要培训工作积极开展活动，研讨和提出行之有效的对策建议。特别是在加快改革和发展的情况下，如何避免严重通货膨胀，协调好改革、发展和稳定的关系，需要认真加以研究。今年计划部门还有一个重要任务，就是研究制定"九五"计划和中长期规划，这里也有许多重大问题需要进行研讨。培训工作只有与国家和计划工作的中心任务密切相配合，才能发挥应有的作用，也才能不断提高培训工作的水平和质量。

（四）继续积极有效地开展国际合作培训工作。培训工作同样要体现对外开放的方针。我们建设有中国特色社会主义的一个重要指导思想，就是大胆放手地吸收和借鉴人类社会创造的一切文明成果，吸收和借鉴当今世界各国包括资本主义发达国家的一切反映现代社会化生产规律的先进经营方式、管理方法，来发展社会主义。国际合作培训是计划部门了解学习国外经济管理、科学技术知识和进行国际交流的重要渠道。国家计委和省区市计委要进一步加强同国外有关部门和国际组织在引进智力和合作培训方面的联系，积极发展讲求实效的国际合作培训和引进智力工作。要积极稳妥地开辟新的国际合作培训渠道，大胆地与国外培训机构建立业务联系，争取国际组织和外国政府、团体对计划工作人员培训的资助。国际合作培训活动的组织要以请进来为主，送出去培训为辅。要继续有目的、有计划地派出计委系统业务骨干到国外进修、研讨、交流，组织出国培训，要十分强调目的性，讲求实效。要注意培训成本的控制和培训效果的提高；注意培训教材、资料、考察和研讨报告等的积累和整理，以及有关信息的收集与传播，扩大培训受益面。在派出人员到国外学习的同时，要注意吸引国外的经济、企业界人士到国内来参加培训活动。把培训作为一个"窗口"，宣传我国的社会主义现代化建设，宣传我国的改革开放政策，使国外经济、企业界人士更多地了解中国，了解中国的投资环境和投资政策，帮助他们寻找和发现更多的投资和贸易机会。这是一项新的工作，有条件的培训机构可以在这方面做一些尝试。

（五）认真搞好国家公务员培训活动。《国家公务员暂行条例》国务院已经公布实施，这是我国为适应建立社会主义市场经济体制对干部人事制度的一项重大改革。抓好这项工作，对于提高计委系统干部政治、业务素质，提高工作水平和质量有着重要意义。国家计委和人事部已经联合发文，要求各级计委抓紧抓好这项工作。各地计委要根据国家公务员制度的实施进度，商同当地人事和组织部门，有计划地安排好国家公务员培训工作。争取用两到三年的时间，把公务员补课性的培训任务完成。国家公务员制度实施进度较快的地区，今年可以把公务员初任培训和处、科级领导职务公务员的任职培训搞起来。在此基础上，逐步建立正常的公务员培训制度。

三、进一步搞好培训工作的几点要求

（一）各级计委要把培训工作摆在更加重要的议事日程。这是陈锦华主任在全国计划会议上提出的要求。各级计划部门一定要认真加以落实。从计委系统培训工作的实践看，领导重视是搞好培训工作的关键。在新的形势下，各级计委领导要进一步提高对培训工作重要性的认识，采取切实有效的措施，把提高计划工作人员政治、业务素质这件事关全局的大事抓紧、抓好。领导同志首先要带头参加培训，更新、补充知识，在学习上要作出表率。委党组每年应当专门研究一两次培训工作，听取培训部门的工作报告，对培训工作给予指示，帮助培训部门解决一些实际困难。

（二）坚持正确的培训工作方向。培训工作的方向和质量好坏，直接影响到计划工作人员素质和工作能力，影响到计委工作职能的履行和管理水平的提高。因此，坚持正确的培训工作方向，始终是培训机构应当注意的大问题。这里再次强调，为建设有中国特色社会主义服务、为建立社会主义市场经济体制服务、为改革开放和现代化建设服务、为转变计划工作职能服务、为提高计划工作人员素质服务，培养适应发展社会主义市场经济的新型计划工作人才，这是计委系统培训机构应当始终坚持的工作方向。我们不是民办的培训机构，更不是文化商人，不能什么赚钱搞什么。培训基地在空余时间利用客房增加一点收入，或者搞一些经营性活动，这是允许的，但搞这些活动的目的是增强培训机构的实力，解决培训经费不足的问题。计委系统的培训机构必须坚持把各项培训工作的社会效益放在首位，大力提高培训质量和效果。

（三）创造性地搞好培训工作。参加这次会议的有许多是从事培训工作多年的同志，在以往的培训工作中，总结出不少行之有效的培训形式和培训方法，取得了很好的培训效果。这些在今后的培训工作中要继续保持和发扬。同时也希望我们从事培训工作的同志，在当前改革开放不断深入发展的形势下，要进一步解放思想，善于发现新问题，敢于提出解决问题的新思路和新办法，要增强改革创新意识，要以培训需求为导向，创造性地开展工作，积极探索培训工作的新路子。特别是培训机构的领导同志，要有开创新局面的智力、能力和魄力，把队伍带好，使计委系统培训工作的路子越走越宽，为计委工作人员素质的提高提供更为有效的优质的培训服务。为了有计划地组织好培训活动，一些带有普遍轮训性质的培训内容，例如：《邓小平文选》第三卷的学习、社会主义市场经济知识的培训和国家公务员补课性质的培训，各地计委培训机构都应该制定专项培训计划，限期完成。在坚持以计委系统干部培训为主的前提下，努力拓宽培训面，逐步扩大面向社会提供的培训服务。培训工作离不开各方面的支持和配合。各级培训部门要树立强烈的服务意识，搞好协作关系。要积极争取计委领导对培训工作的重视和支持，要与计委人事部门和业务处室密切联系和配合，要搞好与有关部门的协作关系，要加强与省区市培训部门的联系与协作。

（四）进一步加强培训机构的建设。在新的形势下，培训机构的任务相当繁重，地位很重要，要发挥好应有的作用，必须切实加强自身建设。一是各地计委在机构改革中，要重视和加强培训中心的建设。国家计委机关"三定方案"已经基本确定下来了，下一步将研究培训中心的"三定方案"。总的原则是要加强培训中心的建设。希望各地计委在研究机构改革问题时，要重视人员培训问题，加强培训中心的力量，不能使培训工作受到削弱。二是要把政治、业务素质高，组织协调能力强，有开拓进取精神的同志，配备到培训机构，要严格把好培训机构的"进门关"，努力提高培训人员队伍的整体素质。三是从事培训工作的同志要注意提高自身素质，搞培训的同志首先要接受培训，要争取多学一些，学深一些。培训机构内部的业务学习要有规划、有要求、有目标、有考核，要形成制度。培训中心领导班子要加强团结，坚持民主集中制，抓好自身的思想建设、作风建设和业务建设。四是要改善培训工作条件，管好用好培训基地。为了适应培训工作发展的需要，改变国家计委干部培训长期以来缺少必要场所的状况，委党组已经决定在北京建设培训基地，这项工作要加快进度，争取早日投入使用。从各地情况看，目前大部分省区市计委有了培训用房。有的地方正在建设，希望各地在资金上、工作上予以支持尽快建成。对已有的资产要认真管好、用好，充分发挥作用。各地计委要尽可能增加培训经费，努力改善培训基地的设施条件，增添必要的培训设备，为培训活动的开展创造一个较为适宜的环境。还有一点必须明确，建设培训基地是为了培训计委系统的干部，基地的基本用途应该是干部培训，各地不得把培训基地作为纯赢利性质的招待所，或把基地的某些部分无偿地挪作他用。在省区市计委培训基地的建设过程中，国家计委都给予了一定数额的投资补助，地方任何部门和单位都不能对这些培训基地搞"一平二调"，各地计委在这个问题上态度要明确。

我国社会主义改革开放和现代化建设正处于非常关键的时期。从事计划干部培训工作的同志肩负着历史的重任和时代的重托。大家的工作同建设有中国特色社会主义这个全新事业的兴旺发达密切相关，同社会主义市场经济体制的建立和完善密切相关，同改革开放和现代化进程密切相关。我们要切实负起责任来，把干部培训工作提高到一个新水平，为培养高素质的计划工作干部队伍而努力奋斗。

加强生态环境保护 走可持续发展之路 ①

（1994 年 5 月）

在世界临近世纪之交，人类即将告别一个千年，迎来另一个千年的时候，举办以中国环境与发展为主题的研讨会，引发社会各界对这一重大问题的深入思考，为国家领导人和实际工作部门进行决策提供智力支持，非常及时，十分必要。会议产生的成果将对我国整个改革开放和现代化建设起着重要的积极推动作用。

借此机会，讲以下三个问题。

一、协调环境与发展的关系是我国现代化建设中一项重大而紧迫的任务

环境保护，是关系人类生存、经济与社会协调发展的大事。经济的发展，离不开良好的社会环境和自然环境。经济的增长，

---

① 本文系 1994 年 5 月在"二十一世纪中国环境与发展"研讨会上的发言，原载国家计委政策研究室编印《研究与建议》（总第 101 期）。后来收入《绿色战略》一书，青岛出版社 1997 年 1 版。

社会的发展，不仅依赖于科学技术的进步，还取决于环境资源的支撑能力。在发展经济中，如果没有强有力的保护环境政策和措施，就会使环境进一步恶化，从而导致延缓、甚至破坏经济的顺利发展。因此，环境和发展问题，是世界各国共同关心的焦点。在现今世界，既面临着环境恶化的严峻挑战和威胁，也存在着繁荣和发展的机遇和活力。如何协调好环境与发展的关系，是世界面临的迫切任务。

重视环境保护，促进环境与发展相协调，对于我们国家更具有特殊的现实意义。这主要是因为：

其一，我国现阶段的国情是，人口众多，劳动力充足，为国民经济的发展提供了极为丰富的人力资源，同时也给经济和社会的发展以及环境保护增加了很大的压力。我国幅员辽阔，自然资源和矿产资源总量丰富，但人均占有量相对不足，人口多、耕地少的矛盾尤为突出。国民经济有了很大发展，奠定了比较雄厚的物质技术基础，但是产业结构不合理，地区发展不平衡，经济效益差。我国是一个发展中国家，长期以来把发展经济、增强国力、提高人民生活水平放在第一位。由于生产力水平所限，我国的经济一直以粗放外延式发展为特征，以高投入、高消耗、高污染实现经济的较快增长。其结果导致资源供给不足，环境污染严重，生态平衡破坏加剧。每年仅环境污染所造成的经济损失就达上千亿元。目前，生态环境问题相当严重。我国是世界上水土流失最严重的国家，水土流失面积估计有 179 万平方公里。我国还是世界上沙漠和沙漠化土地分布较多的国家之一。北方地区沙漠、戈壁、沙漠化土地相互交错，总面积达 153.3 万平方公里，占全国土地总面积的 15.9%。我国高等植物相当部分处于濒危或受威胁状态，近 50 年来约有 200

种高等植物灭绝；野生动物中约400种处于濒危或受威胁状态。我国大气污染主要是燃煤造成的，因二氧化硫排放量增长过快，酸雨的危害日趋严重。目前，累计堆存的固体废弃物占地5.45万公顷，成为严重的二次污染源。现在许多农村环境污染也相当突出。

其二，展望未来时期，环境问题的压力将进一步加大。从现在起到21世纪初，我国人口仍继续增长，本世纪末可能达到13亿，2010年大约为14亿。同时，这一时期，我国经济成长将进入以重化工业为主导的加速工业化、现代化阶段，人民生活向小康水平以至更高标准前进。这样，对资源的需求量将大幅度增加，资源的消耗和环境污染负荷会更大。我国淡水资源供需矛盾更加突出，特别是华北及山东地区、西北地区、辽中南地区及部分沿海城市，缺水地区的经济和社会发展受水资源不足的制约将日趋严重。我国以煤为主的能源结构近期内难以改变，2000年耗煤将达到16亿吨左右，加上其他燃料燃烧和工艺过程中产生的二氧化硫，2000年二氧化硫排放量将达到2100万—2300万吨。2010年，若以能源总需求量18.5亿吨标准煤计，则二氧化硫的产生量预计将达到3400万吨。与此同时，随着机动车的迅速增加，在前些年尚不严重的机动车尾气污染将进一步突出。随着国民经济的持续发展和大量农村剩余劳动力的转移，城市人口将大量增加。由于居民生活水平的提高，城市环境将主要面临两个方面的问题：一是生活垃圾问题突出，预计到2000年，全国城市垃圾粪便产生量将超过2.5亿吨；二是城市生活污水大大增加，预计到2000年达170亿吨左右，使城市水环境的有机污染将呈发展趋势。

其三，国际社会对实现全球可持续发展和切实履行各项环境条约的呼声日益高涨，并要求对氟利昂、二氧化碳等受控物质的排放加以控制，将对我国形成较大压力。

总之，我国环境问题已经并将更加成为影响经济和社会发展的重大问题。问题的严重性还在于，时至今日，不少地方还在一味不惜浪费资源、破坏生态环境，单纯追求经济的高增长。以上这些情况表明，协调好环境与发展的关系，不仅极大地关系到国民经济能否做到长期持续、快速、健康发展，而且极大地关系到中华民族的生存和能否跻身于现代化民族之林。加强环境保护和治理，恢复和保持生态平衡，确实刻不容缓。

二、运用计划和市场两种手段协调好环境与发展之间的关系

在进行社会主义现代化建设的整个过程中，我们都必须正确处理环境与发展的关系，而党和国家关于建立社会主义市场经济体制的改革目标，又为我们处理好二者关系提供了强大思想武器，也提出了新的要求。

建立社会主义市场经济新体制，就是要使市场在社会主义国家宏观调控下对资源配置起基础性作用。发挥市场机制对资源配置的基础性作用，这是增强经济活力和效率，优化资源配置，促进国民经济既快又好发展的必由之路。因此，对那些凡是应当由市场调节而又有条件发挥市场作用的经济社会活动，要坚决地让市场起调节作用，特别是属于企业的微观经济活动，要落实企业的生产经营自主权，使之成为市场竞争的主体，从根本上改变过去国家计划包揽过多、统得过死的做法。这既是经济体制改革的基本方向，也是处理环境与发展关系的重要原则。

同时，理论与实践都表明，现代市场经济都是有政府调控和管理的经济，完全自由的市场经济是不存在的。所以如此，主要是因为，市场对配置资源和调节经济活动固然有许多优点和长处，但也有其自身的弱点和消极方面。市场行为往往只注重短期利益和局部利益，由于受短期利益和局部利益驱动，市场调节经济活动有一定的盲目性、自发性，而且它的后果又往往是在事后才能反映出来。同时，社会经济活动的某些方面单靠市场是管不了或管不好的。例如，单纯的市场调节只能解决微观平衡问题，而不能解决宏观平衡问题；市场机制只能反映现有的生产结构和需求结构，而不能有效反映国民经济发展的长远目标和结构。又如，许多社会事业发展领域，包括城乡公共设施的建设，环境保护和生态平衡，只靠市场作用难以达到目标，而必须由政府有意识有计划地加以调控。政府的宏观调控和计划指导作用，可以依据客观规律的要求，正确处理局部利益与整体利益、当前利益与长远利益之间的关系，正确处理经济效益、社会效益、环境效益之间的关系，正确处理经济建设、城乡建设、环境建设之间的关系。因此，正如邓小平同志1990 年 12 月在《善于利用时机解决发展问题》的谈话中所强调："计划和市场都得要。"①充分发挥市场机制的作用和加强国家宏观调控，都是社会主义市场经济体制的内在要求，二者是统一的和相辅相成的。在总结国内外经验的基础上，党的十四届三中全会的《决定》中，又明确地把制定和执行宏观调控政策，搞好基础设施建设，创造良好的经济发展环境，以及控制人口增长，保护自然资源和生态环境等作为政府管理经济的职

---

① 《邓小平文选（第三卷）》，人民出版社，1993 年，第 364 页。

能；明确地规定，计划工作的任务，是合理确定国民经济和社会发展的战略，宏观调控目标和产业政策，搞好经济预测，规划重大经济结构、生产力布局、国土整治和重点建设。在实行社会主义市场经济的条件下，要强调发挥市场的作用，但绝不是要忽视甚至排斥国家计划的指导作用，关键是要努力探索适应新形势的正确有效的计划指导形式和方法。

进入 80 年代以后，党中央决定把保护环境作为我们的一项国策，并制定了"经济建设、城乡建设、环境建设同步规划、同步实施、同步发展"的重要方针。在这一决策和方针指导下，我们在计划工作中逐步重视环境保护，努力协调环境与发展的相互关系。自从制定国民经济和社会发展第六个五年计划起，就把保护环境作为国家计划的一个重要方面，国家计委还组织开展了全国国土整治规划工作，其主要内容包括自然资源的合理开发利用，生产力的合理布局，产业结构的优化升级，环境的治理与保护，目的是通过规划协调经济发展与人口、资源、环境的关系。经过十余年的努力，现在这一工作已在全国范围内展开，取得了较好的效果。在国家环境保护局配合下，国家计委也已开始制定环境保护计划，将其纳入国民经济和社会发展计划中实施，地方政府也制定相应的计划。国家计委还规定，凡应由国家计委审批的项目，必须先做环境影响评价，并得到环境保护部门的批准，否则不予审批。同时，还要求环境保护设施与主体工程同时设计、同时施工、同时投产，从制度上防止新建项目产生污染。近年来，国家计委支持建设了一批环境保护示范工程，以推动环境保护工作，并支持国家环境保护局和地方政府积极利用外资进行环境保护工程建设，包括环境监测、环境信息收集与传递、环境软科学研究、环境保护示范工程建设等。此外，还安排利用世界银行、亚洲开发银行以及日本等国政府的贷款建设一批环境保护工程。在建设资金十分紧张的情况下，国家对环保的投入逐年有所增加，从 1981 年的 25 亿元增加到 1990 年的 109 亿元，"七五"期间的环保投资达到 477 亿元，比"六五"期间的 170 亿元增加了近 2 倍，占国民生产总值的比重由 0.49% 提高到 0.7%。投资的较大幅度增加对于控制环境污染和生态恶化的趋势发挥了一定作用，收到了显著的经济效益和社会效益。当然，已做的工作与客观要求相比还很不够。但它毕竟在进行国土整治和环境保护工作中迈出了步子，并积累了宝贵的经验。我们要总结实践经验，坚持改革开放，适应新的情况，更好地发挥国家计划的指导作用，加强环境保护工作，促进环境与发展相互协调和统一。

三、今后时期协调环境与发展关系的一些初步设想

从现在到本世纪末和 21 世纪初叶，是我国现代化建设极为重要的关键时期。为了保证和促进这一时期现代化建设事业的健康发展，根据中央的部署和要求，国家计委已着手组织研究制定"九五"计划和 2010 年长远发展规划，研究制定中国社会事业发展纲要。这些是涉及方方面面的跨世纪的社会系统工程，需要研究解决一系列重大课题。目前这项工作正在抓紧进行中，还没有形成完整的思路和设想。就经济总体发展以及协调环境与发展二者关系来说，我个人认为在制定中长期规划中应当特别注意把握好以下几点。

第一，确立正确的指导思想。要坚持以邓小平同志建设有中

国特色社会主义的理论和党的基本路线为指导，认真贯彻党中央提出的我国现代化建设三步走的战略部署和党的十四大精神，全面总结15年来改革开放和现代化建设的经验，并研究借鉴国外特别是发展中国家在工业化、现代化过程中实现赶超先进水平的经验，走有中国特色的工业化、现代化道路。坚持深化改革，扩大开放，充分体现抓住机遇，加快发展，力争使经济隔几年上一个新台阶的战略思想，并大力促进社会的全面发展与进步。

第二，坚决实行可持续发展的战略。正确处理经济、人口、资源、环境之间的相互关系，合理确定发展的规模和速度。中国目前经济落后，人口众多，无论是增强国力，改善人民生活，还是解决劳动就业和人口老龄化等种种社会矛盾，都需要经济有一个较快的发展速度，没有持续较快的增长速度是不行的。也只有不断增强经济实力，才能更好地为解决环境问题提供物质条件。但是经济的快速增长必须充分考虑资源和环境的承受能力，以及防治环境污染，促进社会全面进步的要求。只有使经济增长速度与环境保护要求相协调，才能实现经济和社会的持续健康发展。

第三，明确制定经济建设和环境保护协调发展的目标。在制定中长期规划中，不仅应当有经济发展、人民生活提高的目标，还应当有环境保护的目标。90年代，经济建设要在优化结构、提高效益的前提下，实现国民生产总值年均增长8%—9%的目标，使人民过上小康水平生活；在环境保护方面，到本世纪末要控制环境污染和生态恶化的趋势，力争部分重点城市和地区的环境质量有所改善。在考虑21世纪初叶奋斗目标时，也应同时考虑合理确定经济发展与环境保护的各自目标，明确提出经济发展与环境保护的双重目标，有助于实现可持续发展战略。

第四，选择非传统的工业化、现代化方式。世界上不少国家在实现工业化和现代化过程中，大都建立了高消耗的生产体系、高消费的生活体系、高投入的经济体系，这种方式，是以浪费资源、污染环境为代价的。我们如果用传统的道路实现经济高增长，对中国本身和世界来说，都是一个环境噩梦。由燃煤和汽车扩张造成的空气污染，由工业和农业造成的水资源紧张和污染，以及土地侵蚀和土质退化，这些都是不堪想象的。为此，要选择适应我国国情。形成把环境资源保护与经济健康发展相统一的产业结构、生产结构、能源结构、消费结构、贸易结构、技术结构、城市结构；同时，必须实行全面节约的战略，从根本上改变高投入、低产出，高消耗、低效益的局面。要选择资源节约型、质量效益型、科技先导型、环境保护型的发展方式，切实做好节煤、节油、节电、节材、节水工作，切实贯彻对环境资源"谁开发谁保护、谁破坏谁恢复、谁利用谁补偿、谁污染谁治理"的原则，把经济建设、资源合理开发利用和环境保护治理有机结合起来。

第五，制定与实施节约资源和保护环境的政策、措施。主要包括实行有效的经济政策、强化环境资源管理、依靠科学技术进步和逐步增加投入。

在经济政策方面，要研究制定合理的价格政策、税收政策、信贷政策、外贸政策和投资政策。例如：要按市场经济的要求，逐步理顺价格关系，彻底改变由于某些资源低价或无价造成的资源、能源浪费和环境污染现象。又如，对"三废"综合利用和环境保护工程项目应给以必要的税收优惠；根据不同情况，征收适当的资源使用税和环境保护税。

在强化环境管理方面，加快建立市场手段和政府调控相结合的自然资源管理体系。工业污染防治要从终端控制为主向生产全过程控制为主转变，从分散治理向集中控制转变，从浓度控制向浓度与总量控制相结合转变。严格控制小工业锅炉的盲目发展，通过建立区域性供热中心、热电联产等方式进行集中供热，有效地减少大气污染物的排放；建立区域性污水处理厂，实行污水集中处理，以达到区域的水环境质量目标；通过建立集中的固体废物特别是有毒有害废物的处理场、处置厂和综合利用设施，对固体废物进行有效的集中控制。要研究建立完善的环境保护计划体系，并使之切实纳入国民经济和社会发展计划。在国民经济和社会发展的综合指标体系中，要包括环境保护的投资计划；环境保护的项目要根据各种不同的情况，分别纳入国民经济和社会发展的各类项目计划，其中大中型污染治理项目、自然生态保护项目和重大环境保护示范工程项目要纳入国家级的国民经济和社会发展计划。在建设项目时，坚持先进行环境评价后开工建设，继续执行"三同时"的原则。

在依靠科技进步方面，要积极研究、开发无废、少废、节水、节能的新技术、新工艺；推广清洁煤技术和工程；开发和推广环境保护适用技术，开发符合国情的污染治理技术和生态破坏恢复技术，研究和推广资源综合利用技术，加强环境保护监测技术、新仪器、新设备，以及环境管理现代化研究，还要开展全球环境问题研究和国际环境保护科技合作。大力推进科技进步，是解决中国环境问题，协调环境与发展关系的最积极和最根本出路。

在增加投入方面，要研究建立资源保护和环境综合整治资金机制。多方开辟资金来源，在经济发展的基础上，从中央到地方各级政府都应逐步增加用于环境保护的资金，努力提高这部分资金占整个建设资金的比重。随着多种经济成分的发展，还应引导各类企业和社会资金用于环境保护。目前，国际金融机构和主要发达国家已纷纷将环境保护作为其借贷的重点领域和重要条件，我们应多做工作，积极创造条件，争取利用外国政府和国际金融组织的资金与技术，进行城市和区域环境综合整治。由于历史上遗留的问题较多以及经济实力所限，目前的投资水平尚不能完全满足保护环境的需求，只能尽可能逐步增加。我们要有计划地建设一批环境保护项目，特别是《中国21世纪议程》中列出的第一批优先项目要逐步落实资金，有的可以建议列入开发银行解决，有的在利用外资计划中应优先考虑。

按照建立社会主义市场经济体制的要求，国家计委正在进一步转变计划管理职能，改进计划工作方法。其中一个重要方面，是扩大制定国家计划的开放度和社会各界的参与度，以提高计划工作的民主性、科学性和有效性。为了制定好"九五"计划和2010年长远发展规划，不久前我委邀请了中国科学院技术部、化学部、地学部16位院士和学部办公室负责人进行座谈，诸位科学家对本世纪末和21世纪初科学技术发展的趋势和编制国民经济与社会发展中长期规划发表了许多很重要的意见。我们将采取请进来、走出去等多种形式，广泛听取专家们的意见和建议，改进计划工作，全面履行国家计委的职能，积极推进我国的改革开放和现代化建设，促进环境与发展的协调前进。

中国社会学会社会发展与社会保障研究会筹备工作情况的报告 ①

（1994 年 12 月 25 日）

各位领导、各位来宾、各位代表：

现在，我代表中国社会学会社会发展与社会保障研究会筹备领导小组向大会作筹备工作情况的报告。

社会发展与社会保障研究会的筹备工作，是在中国社会学会会长袁方同志亲自倡导和国家计委领导同志直接关怀下进行的。今年年初，袁方会长和中国社会学会几位副会长研究，委托国家计委刘风同志牵头筹组本研究会，并希望挂靠国家计委。刘风同志向国家计委领导汇报请示，国家计委领导支持袁方同志的建议，赞成组建本研究会，并同意挂靠国家计委学术委员会，给予业务指导。同时，要我来和大家一起开展这方面的研究工作。3 月中旬成立了筹备小组，4 月初，在深圳召开的中国社会学会常务理事会议上，作出了关于建立社会发展与社会保障研究会的决定，并批准了研究会筹备组。随后，筹备组于 5

---

① 本文原载《社会发展与社会保障》内刊，1994 年。

月初发出了商请函，邀请各有关方面的理论工作者和实际工作者为研究会理事，得到了各方面的响应。半年多来，在各方面的积极支持配合下，筹备组开展了一系列工作，为今天召开成立大会作了充分准备。在这个过程中，刘风同志做了大量富有成效的工作，为研究会的成立付出了很大努力。昨天晚上筹备领导小组开会，郭崇德教授转来了袁方同志的口信，让我在大会上对刘风同志的努力工作表示感谢和赞赏。

社会发展与社会保障研究会是中国社会学会专业性研究会，是从事研究社会发展与社会保障同建立社会主义市场经济体制相适应、促进社会事业同经济协调发展理论与实践问题的全国性民间学术组织。研究会的宗旨，是以邓小平同志建设有中国特色社会主义的理论和党的基本路线为指针，围绕加快改革开放和建立社会主义市场经济体制的要求，坚持理论与实际相结合、理论工作者与实际工作者相结合，深入开展社会发展与社会保障的理论、战略与政策问题的研究，为促进经济与社会的协调发展，把我国建设成为富强、民主、文明的社会主义现代化国家服务。研究会的主要任务是，组织和推动会员积极开展对我国社会发展与社会保障问题，进行有针对性的调查研究和广泛的学术交流，力求从理论与实际相结合的角度研究问题，集思广益，总结实践经验，探索理论难点，为发展和繁荣中国社会发展和社会保障的理论，活跃社会领域的学术交流进行开拓性的研究，提供科研成果。为研究制定符合中国国情的社会发展战略、政策、促进改革开放、推动社会全面发展与进步，提供有益的咨询与建议。概括地说，我们研究会的任务就是四句话：开展学术研究与交流；提供咨询与建议；推动经济改革与开放；促进社会全面发展与进步。

　　社会发展与社会保障是整个国民经济的一个重要方面，也是建立社会主义市场经济体制的重要组成部分。90年代以至21世纪上半叶，我国国民经济与社会发展的宏伟目标是实现第二步、第三步战略部署。到本世纪末我国国民经济整体素质和综合国力将迈上新的台阶，国民生产总值将超过原定比1980年翻两番的要求，人民生活由温饱进入小康。在此基础上，21世纪上半叶，进一步向中等发达国家水平迈进。当前国际国内环境为我国改革开放和发展提供了不可多得的良好条件和机遇，我们必须按照邓小平同志南方谈话和党中央的部署，抓住机遇，加快改革开放和社会主义现代化建设步伐，集中精力把国民经济搞上去。同时，发展经济，深化改革，扩大开放，要求有一个稳定的社会环境，要求各项社会事业能够与经济协调发展，要求我们的各项社会政策能够与加快改革开放和经济建设步伐相适应。特别是在建立社会主义市场经济体制过程中，社会发展与社会保障方面的新情况、新问题已经相当多，而且还会进一步增多。教育、文化、卫生、体育等各项事业，如何深化改革和加快发展；如何建立合理的个人收入分配和社会保障制度，体现效率优先、兼顾公平的原则，建立多层次的社会保障体系；如何搞好城乡布局和服务体系的建设以及国土整治和环境保护；如何研究制定能够适应社会主义市场经济体制要求的各项社会政策；如何统筹兼顾国家、集体、个人三者利益、局部利益与全局利益、目前利益与长远利益；如何充分发挥我国丰富的劳动力资源优势，妥善安排劳动就业，特别是解决农村剩余劳动力转移的问题；如何控制人口增长，提高人口素质，妥善解决老龄人口增长过快的问题；在经济发展的基础上如何提高人民生活水平和生活质量等，都应是我们研究会开展各项调查研究与学术交流活动的重要课题。

党的十四届三中全会作出的《关于建立社会主义市场经济体制若干问题的决定》，是实现我国从旧经济体制向新经济体制过渡的总体规划，是指引全党和全国人民不失时机地加快改革，促进国民经济持续、快速、健康发展的行动纲领。我们研究社会发展与社会保障方面的问题；就是为了从一个侧面促进社会主义市场经济体制的建立。例如：加快城镇社区建设，提高社会化管理水平，妥善解决就业与提高企业经济效益的矛盾，可以促进企业经营机制的转换和建立现代企业制度；加快劳动人事制度改革，尽快形成劳动力市场，有利于市场体系的发育；研究农村社会化服务体系和农村小城镇的建立，改善农村教育卫生状况，有利于农村经济体制改革的顺利进行和生产力的发展；研究建立不同层次的社会保障方式、不同类型的社会保障资金来源，合理确定与我国生产力水平相适应的社会保障水准，形成社会保险基金筹集、使用、管理、运营的良性循环和保值增值的机制，等等，有助于社会保障体系的建立。

我们研究会成立之际，正值《邓小平文选》第三卷发行和全国人民学习《邓小平文选》第三卷的热潮，这对我们更好地开展社会发展与社会保障的研究工作具有重大意义。《邓小平文选》第三卷是我们开展各项工作的强大思想武器，开卷头一篇就明确提出"把马克思主义的普遍真理同我国的具体实际结合起来，走自己的道路，建设有中国特色的社会主义"①。这是自党的十一届三中全会以来邓小平同志全部思想理论的主题。我们进行研究工作，必须认真学习《邓小平文选》第三卷，深刻领

①《邓小平文选（第三卷）》，人民出版社，1993年，第3页。

会其精神实质，切实把解放思想和实事求是统一起来，既要注意学习、借鉴外国有益经验，又不照抄照搬，真正从中国实际情况出发，研究提出与中国社会主义市场经济体制相适应的社会发展与社会保障改革模式的咨询建议。

各位代表，关于研究会的性质、宗旨、任务以及有关事项，在筹备组起草的研究会章程草案中都作了规定，并在会前寄给了各位代表征求意见，根据大家提出的意见又作了修改。这里我就不多作说明了，请各位代表认真讨论、进一步修改，提请大会审定，通过后即作为研究会章程，大家共同遵守。由于时间较短，又缺乏经验，筹备工作还有一些不足之处，欢迎大家提出批评。

1996—2010：中国社会全面发展战略研究 [①]

（1995 年 4 月）

导　言

0.1 发展观的转变

1978 年以来，我们逐步确立了以经济建设为中心，以满足人民生活基本需要为主要目标的发展战略。党的十二大确定，从 1981 年到 20 世纪末的 20 年，在不断提高经济效益的前提下，力争使全国工农业的总产值翻两番。但当时的国家计划仍然主要是经济计划，当时仍未改变偏重于经济的发展。1982 年 12 月，全国人大五届五次会议才正式把第六个五年计划易名为《国民经济和社会发展计划》，增加了"社会发展"的一些内容和指标。第七和第八个五年计划又进一步有所前进。

① 本文系受国家计委委托项目、魏礼群作为总负责人的《1996—2010 年中国社会全面发展战略研究主报告》，课题组组长刘风，副组长李培林、宁吉喆、吴军、牛文元、李守信等，课题组主要成员有任珑、朱庆芳等。此研究主报告刊载于《1996—2010 年中国社会全面发展战略研究报告》一书，辽宁人民出版社 1996 年 8 月第 1 版。

实际上，从单纯追求经济增长到追求整体的社会发展，这是世界性的发展观的转变，也是大多数发展中国家走过的历程。第二次世界大战以后，许多发展中国家从帝国主义的殖民统治下独立出来，他们面临的首要问题，是尽快提高非常低下的生产力，缓解和消除贫困，增强国家的实力。在这种情况下，多数发展中国家都确立了以经济增长，更确切地说是以提高人均国民生产总值（或人均国民收入）为目标的发展战略。因为一般来说，国民生产总值和国民收入的提高会相应地改善人民生活水平，况且这也是西方国家走过的成功之路。联合国关于第一个发展 10 年（1960—1970）的报告、1969 年应世界银行要求提出的皮尔逊发展报告，以及作为联合国第二个发展 10 年规划底本的 1970 年延伯根发展报告，都是把国民生产总值的增长作为社会发展的首要目标，实行"先增长后分配的战略"。但是，把经济增长等同于社会发展的传统发展观在几十年的实践中遇到诸多问题，发展中国家在只要是"经济的"就是"合理的"观念指导下，资源消费和短缺加剧，环境污染和生态破坏严重，贫富差距拉大，产业结构畸形，债务有增无减，造成"有增长而无发展"，平民教育、劳动保护、社会福利、医疗卫生、生态环境、社会公正等与人民的利益息息相关的进步因素，都被当作经济增长的代价牺牲掉了。这种实践结果，使人们的发展观产生变化，各种"替代发展战略"和"新发展观"随之出现。较有代表性的，就是 1976 年国际劳工组织在世界就业大会上提出的"基本需求战略"、1992 年联合国环境与发展大会提出的"持续发展战略"以及联合国开发计划署在《1994 年人类发展报告》中提出的"新的人类安全观"。各种新发展观的一个共同点，就是从追求单纯的经济增长转而追求社会的全面发展，从单纯追求当代人的发展转向同时也追求未来人类的发展，把消除贫困、公平分配、大众参与、资源节约、生态保护等多种社会价值作为发展目标，其中人的基本需求和发展是中心目标。

0.2 确立新的社会发展观

从发展中国家走过的道路和我国 40 多年的发展历史，特别是从近十几年的实践来看，我们的新发展观应当有三个预设前提或者说三个基本判断，即关于社会发展和社会进步的基本判断、关于综合国力的基本判断和关于社会总资源合理配置的基本判断。

关于什么是社会发展和社会进步，基于不同的价值观人们可能会有不同的认识，但是有一点是可以达到世界性共识的，那就是不能仅仅以经济增长的指标来衡量，特别是不能仅仅以人均国民生产总值的数量增长来衡量。社会发展是一个整体的概念，它应包括经济增长在内的社会结构、人民生活、科技教育、社会保障、医疗卫生、社会秩序等各个方面，因而应当建立一套较完备的社会发展描述体系和指标体系。同时，对社会发展和社会进步的评价不仅要考虑到当代的生存和发展，而且要顾及未来人类的生存和发展利益。联合国开发计划署在其发表的《1994 年人类发展报告》中，用人均预期寿命、识字率和按购买力平价计算的人均国内生产总值三项指标来推算人文发展指数（HDI），对世界上 173 个国家和地区进行比较，结果表明，1992 年中国的人文发展指数排在第 94 位，比人均 GNP 排序高 49 倍，属于"中等人文发展水平"。

衡量一个国家在国际上具有的真正实力以及确立其在国际局势中的位置，应当首先考虑综合国力。综合国力是一个国家可以动员起来投入社会发展、施加国际影响和进行国际抗衡的综合力量，它包括资源力量、经济力量、政治力量、社会力量、军事力量、科技力量和文化力量。换句话说，地理特征、人口规模、资源多寡、经济技术水平、财力、军备状况、人才资源、民族特性、社会整合程度、政治和生活的稳定性、国民士气、政策和战略选择等都是综合国力的构成要素。在人均国民收入水平相同的情况下，不同国家的综合国力是会迥然而异的。根据中国军事科学研究院战略研究室所进行的综合国力动态分析，中国的综合国力1949年列世界第13位，1988年上升到第6位，预计到2010年（包括港、澳）的综合国力可能达到世界第5位。

社会总资源的合理配置应当作为衡量经济与社会协调发展的一个重要标准。对资源配置的考察不应只局限于经济领域，而应扩展到整个社会领域，因为社会的人口、生活、科技、教育、社会保障等任何一个方面都有可能成为阻碍经济发展的瓶颈。在社会领域，资源合理配置不能完全依靠市场导向，而应有行政干预，但这种干预应以促进经济发展为前提，而不能作为超经济的主宰力量与市场力量相抗衡。我们不追求设立某种理想的最佳方案，但是，我们可以在经验统计和理论分析的基础上，建立起自然资源、资金、物力、人力、智力和信息在总体上趋向合理的分配模式和比例关系。

一、中国改革开放以来社会发展的回顾与总结

1.1 结构转型和体制转轨"两个转变同时并进"，是现阶段中国社会发展的重要特征

中国目前处在两个转变之中。一是从农业的、乡村的、封闭半封闭的传统社会，向工业的、城镇的、开放的现代化社会

转变，这是社会结构的转型；二是从高度集中的计划经济体制向社会主义市场经济体制转变，这是经济体制转轨。中国的改革和发展取得的一切成就和经验，面临的一切困难和挑战，无不与这两个转变相联系。

社会结构转型和经济体制转轨同时并进，形成相互推动的趋势，这在其他发展中国家的现代化过程中是很少见的，是建设有中国特色社会主义的题中应有之义。一般来说，社会结构转型本身就包含体制改革的内容，因为它通常是从结构变动弹性较大的生产结构层次的变化向体制结构变革的过渡过程，但中国的体制改革是通过自下而上和自上而下两个程序进行的，并使结构转型进入加速期，所以体制变革和政策导向对社会发展具有特别重要的意义。

结构转型和体制转轨并非同一个过程。由于发展起点低、基础薄弱、人口众多、人均资源紧缺、发展不平衡等各种条件的限制，结构转型不可能在一个短时期内完成，而是一项贯穿于整个现代化过程的长期任务。即便是中国达到小康生活水平、达到了中下等收入国家的发展程度，中国在总体上也依然是一个发展中国家，一个依然处于结构转型时期的国家。

相对于结构转型来说，中国的体制转轨并非从一种传统体制向另一种现代体制的过渡，而是从一种完备的但缺乏效率的现代体制向另一种更有效率的现代体制的转变。这种转变更重要的是一个效率问题，而不是一个"发展程度"或"发展阶段"的问题。当然，中国社会结构转型和中国的现代化不可能在短期内完成这一现实（不管增长速度多快也不可能），必然对体制转轨的程序、形式和时段产生这样或那样的影响。改革中速度观点和稳定观点的争论，单项突破观点和整体配套观点的争论以及各种关于改革力度和改革程序的争论，从深层次上说都是中国社会结构转型的特征对体制改革方式的影响，而不仅仅是经济理论或政治观点上的差异。

不过，尽管体制改革在中国是一个渐进的变革过程，但体制转轨并不是社会结构转型的全部内容，与整体的现代化过程相比较，体制转轨应当在一个相对来说不是太长的时距中完成，这是降低改革成本所必需的。

两个转变的同时并进，一方面形成相互推动的趋势，另一方面也使结构冲突和体制摩擦交织在一起，增加了改革和发展的难度。中国在进行各项政策选择时，都不能忽略"两个转变同时并进"这一现阶段中国社会发展的根本特征。

1.2 经济增长是发展的基础

1979—1992 年，国内生产总值按可比价格计算，平均每年增长 8.9%，增长速度在世界上处于前列；其中第一产业平均每年增长 5.2%，第二产业 10.7%，第三产业 9.9%；同期国民收入平均每年增长 9.9%。与此同时，全国人口平均每年增长 1.4%，社会劳动者人数平均每年增长 2.8%。人均国民生产总值按当年价格计算，已从 1978 年的 375 元提高到 1992 年的 2048 元，增长了 4.5 倍、1993 年国内生产总值突破了 3 万亿元大关，达到了 31380 亿元，按可比价格计算比上年增长 13.4%，人均国内生产总值达到 2648 元，国民经济社会发展十年规划和"八五"计划重申的 1980—2000 年国民生产总值翻两番的经济增长目标，从目前的发展速度来看，可望在 1995 年提前 5 年实现。

经济增长是社会发展的物质基础和前提。只有经济在提高效益的前提下长期保持相对较高的增长速度，才能具有持续的较强的扩大再生产能力，才能有更多的剩余产品用于分配，人民生活才能得到稳步提高，我们与发达国家的发展差距才能逐步缩小。"发展才是硬道理"的道理也正在于此。

1.3 转换运行机制是发展的动力

改革开放的实质性目标，就是转换经济社会运行机制，提高资源的配置效率和效益，并调动起社会各方面的积极性，建设有中国特色的社会主义。十几年来的改革开放，都是围绕着这个主题。

家庭联产承包责任制使农民逐步成为相对的商品生产者，有了生产、经营、交换的自主权，极大地调动了农民的积极性；农村非农产业的发展，特别是乡镇企业的崛起，改变了农村中的单一经济成分，使市场经济因素首先在农村得到迅速成长。取消了农副产品统购统销制度，开放了农村集市贸易，农业经济和农民生活消费基本打破自给自足，农副产品的商品率和农民生活消费支出的商品率都大大提高。城市的经济体制转轨集中表现在两个方面，一是改革高度集中的计划体制，二是引入市场竞争机制，这两个方面又是密切相连的。城市改革从企业放权让利开始，实行利改税和多种形式的经营责任制后，企业有了更多的自主权；企业的股份制改造开始触及深层的企业产权问题；财政、金融、外贸外汇体制的改革将为国有企业改革的最后攻坚战铺平道路；各种经济成分迅速成长，成为国民经济新的增长点；市场价格调节机制已基本建立，在全国工业总产值中，国家指令性计划的比重，已由 1979 年的 70% 下降到目前的 5% 左右，国家管理的零售商品物价，已由 1979 年的占销售总额比重的 95% 以上，下降到 5.9%，综合评价的市场对商品和劳务价格的调节范围已达 90% 左右，市场对服务价格的调节范围明显扩大，对生产要素价格逐步发挥调节作用；在完善消费资料市场的同时，也逐步建立起发育程度不同的资金市场、技术市场、劳务市场、信息市场、房地产市场和股票证券市场，等等。总体的资源配置效率和劳动生产率得到显著提高。

随着改革的不断深入，对外开放也逐步从设立经济特区、沿海开放城市、经济开发区发展到沿海、沿边、沿江、沿城市的全方位开放格局。1978—1994年，中国实际吸收外商直接投资957亿美元，仅1994年就达338亿美元。1994年与1980年相比，进出口总额由381亿美元增加到2367亿美元，增长5.2倍，已相当于国民生产总值的45.9%，其中出口总额由181亿美元增加到1210亿美元，进口总额由200亿美元增加到1157亿美元。中国出口贸易占世界贸易总额的比重，在世界各国的排序中由1978年的第32位上升到1993年的第11位。进出口商品结构也发生很大变化，工业制成品占出口总额的比重由1980年的49.7%，上升到目前的80%以上，初级产品的比重则由1980年的50%以上下降到目前的不足20%。对外开放的更深刻意义，不仅仅在于引进资金和技术，而且在于通过与国际市场接轨，转换经济运行机制，所以说，开放也是改革。

社会发展并不是一个可以人为控制的过程，推动社会结构变动的基础性力量，并非理性的强有力政府或古典意义上的市场（完全的自由价格和自由竞争），而是蕴藏在亿万人的心底的那种求生存、求发展的强烈欲求。在各种社会资源中，人依然是最宝贵的资源，只要把亿万人民发展生产的积极性调动起来，就可以化为巨大的社会财富。中国改革的一条重要经验，就是通过改革转换经济社会运行机制，顺应了人民群众的要求，为人民群众提供更广阔的"发展空间"，调动起一切可以调动的积极因素进行社会主义现代化建设，在等量投入的情况下获得更大的产出效益。

没有人民群众发展的积极性的持续推动，没有社会运行机制的转换和资源配置效率的提高，仅靠高投入维持的"速度效益"，是不可能持久的。

1.4 结构转变是发展的实质性内容

结构转变并非经济增长的自然结果，恰恰相反，发展的实质性内容是经济社会结构的转变。

从十几年的改革发展过程中我们可以看到，结构转变与改革的进程、经济的增长以及人民生活水平的提高都有密切的正相关关系。中国改革的一个很重要的特点：就是它首先是从结构变动弹性很大的农业和农村领域启动，经济结构的迅速变动，使改革很快取得了成效，并奠定了发展的基础。

改革十几年来，伴随着人均国内生产总值从 1978 年的 375 元增加到 1994 年的 3675 元（虽然由于汇率的变动以美元计算的人均 GNP 变动不大），社会结构的一些重要方面，如产业结构、就业结构、城乡结构等，都发生了很大变化。1978—1994 年，在国内生产总值中，农业所占的比重从 28.4% 下降到 18.8%，工业和建筑业所占的比重有所上升，服务业的比重有明显上升，从 23.0% 增加到 32.7%。由于统计口径的不同，我国第三产业（服务业）的比重有漏算的部分，根据世界银行《1994 年世界发展报告》的数据，以购买者价值计算，在中国国内生产总值中，服务业产值所占的比重 1992 年已达到 38%，第一产业和第二产业的比重分别是 27% 和 34%。

就业结构是社会结构的另一个重要方面。1978—1993 年，在社会从业人员总数中，农业从业人员所占的比重从 70.5% 下降到 57.4%，工业从业人员所占的比重从 17.4% 上升到 22.4%，服务业从业人员所占的比重从 12.1% 上升到 20.2%。城乡结构的转换是实现现代化的必要条件。1978—1994 年，中国市镇人口占总人口的比重从 17.9% 上升到约 30%，如果考虑到统计口径偏小的因素，估计目前已达到 35% 左右。但必须指出，我国的就业结构和城乡结构都严重滞后于产业结构的变化。

目前发展中国家都面临着发展战略调整的问题，即从追求单纯的产值增长转向追求全面的社会结构转变，从单纯追求经济增长的速度转向同时追求经济增长的效益和关切增长的结果。从一些新兴工业国的经验来看，结构转变和利用先进科学技术是加速发展的两个最主要因素。相对于发达国家来说，在中国这样的发展中国家中，生产要素的合理流动、劳动力的转移和资源再配置是更重要的增长因素，因而结构转变形成的加速力量会更加明显，也更为重要。

1.5 人的生活水平的提高是稳定发展的保障

广大人民群众从改革和发展中获得了"实惠"，这是在结构转型和体制转轨中社会得以保持稳定的重要保障。

改革开放以来，城乡居民实际收入得到较快增长。1978—1994 年的 16 年间农村居民人均纯收入从 134 元增加到 1220 元，年均实际增长 8.2%，而 1958—1978 年的 21 年间仅增加 61 元；同期城镇居民人均生活费收入从 316 元增加到 3179 元，年均实际增长 6.5%；职工平均工资也从 615 元增加到 4216 元，实际平均工资年均增长 4.0%，而改革前的 26 年平均每年仅增长 0.5%。

城乡居民的消费水平也有了显著的提高，1978—1993 年，全国居民人均消费水平从 175 元增加到 1148 元，平均每年实际增长 7.0%，农民年平均消费支出从 132 元增加到 774 元，平均每年增长 6.8%，非农业居民年平均消费支出从 383 元增加到 2480 元，平均每年增长 6.3%。农村居民家庭生活消费支出的恩格尔系数（食品支出比重）从 1978 年的 0.68 下降到 1993 年的 0.58，同期货币性支出所占的比重从 39.7% 上升到 63.7%。

随着人民收入水平的提高和各项社会事业的发展，人民的物质生活状况得到明显改善。1978—1993 年，全国平均每人储蓄存款余额从 21.9 元增加到 1245.7 元；平均每人居住面积，城镇从 3.6 平方米提高到 7.5 平方米，农村从 8.1 平方米提高到 20.8 平方米；每万人口拥有医生从 10.7 人增加到 15.5 人；婴儿死亡率接近高收入国家水平；人均预期寿命增加到 70 岁左右，成人增长率提高到 80% 以上，均达到中等偏上收入国家的水平；平均每万人口的大学生人数也由 1978 年的 8.9 人增加到 1993 年的 21.4 人；城镇平均每一就业者负担人数（包括就业者本人）从 2.06 人下降到 1.73 人，农村平均每一劳动力负担人口从 2.53 人下降到 1.65 人；全国每百万人拥有的电视机从 0.3 台增加到 19.4 台，每百万人每天拥有报纸从 3.7 份增加到 4.5 份；平均每万人口拥有商业服务网点数从 13 个增加到 116.5 个。到 1993 年，全国已有 31.5% 的乡镇建立了农村的社会保障基金会，各类社会福利院床位达到 95.4 万张，制定的各类环境保护标准已达 313 项，各级环境保护站已达 2290 个，在全国 472 个城市建成了 293 个烟尘控制区，在 363 个城市中建成了 1774 个环境噪音达标区，仅 1993 年就投入 25.4 亿元用于环境污染限期治理。

改革是一个利益格局的调整过程，如果在这个过程中一部分人的获益要以大部分人的丧失利益为代价，那就会造成剧烈的利益冲突和社会的不稳定。中国在 15 年的改革中之所以能够保持基本的社会稳定，就是始终坚持了使绝大多数人从改革和经济增长中获得"实惠"的原则，这也就是我们一切方针政策的出发点都要以广大人民群众的利益为出发点的原则。

二、中国持续发展的条件

2.1 发展的机遇

苏联的解体以及东欧国家的变化使世界两大阵营对峙的格局发生深刻变化。冷战的结束使各种国际力量进行了重新组合，政治对抗压力的减弱暂时降低了军备竞赛的狂热，经济摩擦和冲突进一步加剧，区域性经济贸易联盟使世界进入多极状态。虽然世界南北差距和矛盾仍在扩大和加剧，区域性的战火不断，但和平与发展是当今世界的主题。中国正处于新中国成立以来与周边国家和地区关系最好的时期，对外开放使中国的对外经济合作和贸易大踏步进入世界经济舞台。

与此同时，世界经济发展的重心正在从大西洋向太平洋和亚太地区转移，亚太地区成为世界新的经济增长中心，从60年代初期到90年代初期的三个10年中，该地区年平均经济增长率达到7%左右，远远超过其他地区2%—5%的增长率。进入90年代以后，这种发展势头仍在继续，1993年中国、"四小龙"和东盟国家的经济平均增长率为8%。处在亚太增长中心区域的中国正面临着一次新的发展机遇。

发达国家和新兴工业国的产业结构调整为中国大量的劳动—资本密集型经济提供了更多的发展空间和市场，中国乐观的经济增长前景和潜在的庞大的市场吸引了国外资金和技术的进入，高增长率和相对较低的劳务价格使中国的发展资本进入较快的积累阶段，中国将用1980—1995年的15年时间完成其他国家过去用几十年甚至上百年时间完成的人均产值翻两番。

2.2 结构变动弹性

发达国家的产业结构已处于刚性状态，第二产业就业早已进入饱和，第三产业吸收就业的能力也已渐入峰区，所以高失业率成为普遍的发展障碍。而中国目前仍然是一个农业大国，产值结构中农业产值仍占 20% 左右，就业结构中农业劳动力仍占 55% 左右，城乡结构中乡村人口仍占 70% 以上，结构变动的弹性很大，不仅第二产业仍有进一步吸纳劳动力的能力，第三产业吸纳劳动力的潜力更大，中国的各类城市特别是小城镇也处于迅速的扩张时期。

在基本解决温饱问题以后，大众消费结构正在发生出乎预料的快速变化，农村正在从以食品为主的消费转向以家电等生活耐用品为主的消费，城镇则从以家电轻工产品为取向的消费转向与住宅、交通等基础产业相联系的消费，这将会使国内市场的容纳能力和需求结构发生更加深刻的变化。

对于中国来说，在今后相当长一个时期内，结构变动将会是最重要的经济增长推动力，从某种意义上说，它所产生的经济效益将会比科技投入的产出更大。

2.3 体制改革和创新

15 年的经济体制改革给经济注入的活力和带来的发展成就是有目共睹的。现在，改革已从突破旧的体制框架和双轨制过渡进入一个全面体制创新的新阶段，建立现代企业制度的目标和体制框架已经提出，国有企业的清产核资、转换运行机制都在加速进行。这一改革必将会对国民经济的发展产生至关重要的影响。

所有制逐步形成了以公有制为主体，多种经济成分共同发展的新格局，各种经济成分迅速成长和壮大，成为国民经济新的增长点。1978—1993年，在工业总产值中，国有工业所占的比重从原来的78.0%下降到54.6%，集体工业所占的比重从22.0%上升到35.5%，各种非公有制工业的比重从可以忽略不计达到9.8%。根据近10年各类经济成分的平均增长情况预测，1995—2000年，集体工业将平均年增长15.7%，个体工业22%，"三资"及其他工业31.9%。按此速度，到2000年，在工业总产值中，国有工业占29%，集体工业占41.3%，个体工业占10.7%，"三资"及其他工业占19%。在今后的经济增长中，各种经济成分将会发挥更大的推动作用。对外开放使东南沿海形成的新的经济增长中心也将会对全国经济产生巨大的辐射和牵动力量。

此外，如果在社会保障、劳动就业、收入分配、行政管理等方面的体制改革和创新能够取得明显成效，工作和劳动效率也会大为改观。

2.4 社会秩序的稳定

根据世界各国发展的一般经验，人均GNP从100美元到1000美元是一个经济社会结构快速变动的时期，其间由于发展的各种不平衡现象，必然导致出现一些剧烈的摩擦和冲突，只有大多数人过上相对宽裕的生活以后，社会结构才会进入相对稳定时期。按照目前的增长速度和1980年的价格和汇率，中国1996年可达到人均800美元的目标，2000年可达到人均1000美元。到本世纪末，现有的8000万贫困人口可基本脱贫，绝大多数人过上"小康"生活，从而形成一个占人口绝大多数的"小康大众"，这将是社会利益格局进入相对稳定时期的基础。

当然，中国社会的稳定还将依赖于以下因素：

——长期保持有权威的政治领导；

——把物价上涨率和失业率控制在可接受的范围内；

——坚决整治贪污腐败和严厉打击各种刑事犯罪；

——防止贫富悬殊和缩小地区间发展差距；

——逐步减少和消除贫困人口；

——解决好民族和宗教问题。

三、中国社会发展的制约因素

3.1 人均资源相对不足

从总量上看，我国是一个资源大国，按自然资源总量的综合排序，我国居世界第 4 位。其中矿产资源探明储量潜在价值居世界第 3 位；水能、太阳能和煤炭资源分别居世界第 1、2、3 位；石油资源居世界第 8 位；耕地、草原面积居世界第 4 位；森林面积居世界第 6 位。但从人均资源占有量上来看，我国又是一个资源缺乏的国家。人均耕地面积只为世界人均水平的 1/3，人均水资源为 1/4，人均森林与林地面积为 1/6，人均草场面积为 1/2，人均矿产资源占有量为 1/2，人均能源消费量为 40%。

随着人口的增长，人均资源占有量更趋紧张。据中国科学院自然资源综合考察委员会预测，我国人均耕地实际面积到 2020 年将从现在的约 1.3 亩下降到不足 1 亩，人均占有水量从 2700 立方米下降到 1800 立方米，城市用水会出现严重问题，以耕地为中心的农业资源接近或达到承载能力的临界状态。与此同时，人均粮食间接消费量迅速增长，预计到 2000 年人均粮食需求量将达到 500 公斤，2020 年上升到 600 公斤。随着家用电器的普及，居民生活用电将大幅度增长，据测算今后居民消费水平每增长1%（按不变价格计算），人均生活用电量将增长约2%。

3.2 农村、农民、农业的难题

中国是一个农业大国，直到1992年，按社会劳动者就业划分，在全国近6亿就业人口中，有近3.5亿人从事农业生产，占58%左右；按人口居住划分，在11.7亿人口中，乡村人口约8.5亿，占72%左右；按所持户籍划分，在11.7亿人口中，有9.2亿人持农业户口（农业人口），占79%左右。在这样一个农业大国中实现现代化，难度最大的任务就是实现农村的现代化，而农村的现代化首先是农村的工业化和城市化。但是，在未来15年，我国在农村现代化方面需要克服的矛盾是很多的。

第一大难题，就是农村数亿劳动力的出路问题。据各方推测，到2000年农村将有5.2亿劳动力，农业只能容纳2亿，由于农业生产的季节性，农业内部尚有一半的剩余劳动时间，城市吸收农村劳力根据现在的预测只有2000万，扣除乡镇企业现有的1亿多职工，尚有2亿多农村剩余劳动力需要安排。能否解决这2亿多人的就业，不仅是个吃饭和谋生问题，这是社会和政治能否稳定的重要因素。按照国家计委和国家统计局的计算，城镇每安排一个人就业需花3万至4万元，按3万元计算，2亿多人就需要6万多亿元，这几乎相当于我们目前水平的两年国民生产总值之和。农业劳动力转移必须寻找更广泛的渠道。1993年末，中共中央在《关于建立社会主义市场经济体制若干问题的决定》中提出，"逐步改革小城镇的户籍管理制度，允许农民进入小城镇务工经商，发展农村第三产业，促进农村剩余劳动力的转移"[1]。根据对来自各方抽样调查结果的综合分析，

---

[1] 《中共中央关于建立社会主义市场经济体制若干问题的决定》，《人民日报》1993年11月17日。

1994 年全国跨区域流动的农村劳动力达到 5000 万人左右。在外出农村劳动力中，主要停留在大城市的占 27.8%，主要停留在中小城市的占 45.1%，停留在外省市农村的占 20.8%，另有 2% 难以确定；从外出时间看，全年外出在 10 个月以上的占到 53.2%。

第二大难题，就是全国 9 亿多农民生活水平怎样提高，怎样达到小康的问题。如果仅靠人均 1.3 亩耕地（约合 0.09 公顷）谋生，无论种什么样的高产、高效经济作物，也难于大幅度提高农民的收入水平。而且这样的农业也只能是吃饭的保险农业，难以与其他粮食大国经营十几公顷甚至几十公顷的农户竞争。1989—1991 年农民人均年纯收入由 1988 年 544.94 元增加到 708.55 元，增长 163.61 元，但同期物价总指数上涨 27.1%，所以 3 年实际只增长 2.2%，平均每年只增长 0.7%。从全国来看，1992 年农民人均纯收入的增长略有提高，实际增长 5.9%，1993 年实际增长 3.2%，1994 年实际增长约 5%，但在物价上涨率超过 20% 的情况下，平均增长数字所掩盖的是，相当一部分粮棉种植者的实际生活水平下降。在今后经济加速时期通货膨胀率居高难下的情况下，以种植业为生的农民要使其收入的增长超过物价上涨水平是有一定困难的。

第三大难题，就是农村城市化建设的资金从哪里来。农村搞城市化建设，发展各种福利事业和建设各种公共设施，这笔钱从哪里来？国家目前无力承担，农业自身又积累不起来，只能靠农村的非农产业积累资金，主要是乡镇企业。1992 年全国乡镇企业仅用于支持农村各项建设（农村福利事业、农村教育、小城镇建设）的费用就达 190 亿元，远高于当年国家财政支出中的城市建设费（149.6 亿元）。但是在乡镇企业在短时期内还难以发展起来的那些地区，农村的城市化所需资金将更为困难。

第四大难题，就是吃饭农业的维持和发展问题。虽然全国大部分农村地区已经解决了温饱问题，但我国的农业从本质上说仍是吃饭农业、保险农业，其维持和发展都需要大量外来资金的注入和补贴。第一，直到 1992 年，全国人均占有粮食 380 公斤左右，虽然略超过世界平均水平（1989 年为 360 公斤），但由于我国的食品结构，人均摄取的热量主要来自碳水化合物，所以粮食还不能说有绝对剩余，一遇到荒年，就只能靠动用粮食储备，我国的外汇储备有限，靠进口粮食过日子至少在目前是行不通的。第二，我国未开垦的荒地资源有限，靠增加耕地增加产量不现实，唯一途径是靠增加单位面积产量，但这样做的成本和投入都是很高的。第三，农业和各种非农业相比，比较利益较低，特别是粮食种植业，无论如何也难以达到非农产业的平均利润率，人多地少的情况下难以形成规模经济效益，粮食价格经多次调整也已接近国际市场上价格水平，今后调整的余地已很小，入关后会受到新的冲击，因此要维持所需量的粮食生产，要维持和发展农业，必须有农业补贴，需要大量资金注入。

3.3 城乡结构转换滞后

城乡结构是社会结构最基本的方面之一，城乡结构的转换是实现现代化的必要条件。目前世界上高收入国家，城市人口占总人口的比重平均已达到约 80%，中上收入国家一般为 60%，中下收入国家约 55%，低收入国家平均也在 35%。我国的城乡结构和就业结构严重滞后于生产结构的变动，目前的城市化水平在 43 个低收入国家中，仍然是中位偏低的。根据第四次人口普查的结果，1990 年我国城市人口占总人口的比重为 26.23%，这一数字到 1994 年上升到约 30%，这固然与我国是一个农业大国有关，但也有城乡管理体制上的问题，特别是从 1 亿多乡镇企业职工的职工身份（工人）与其社会身份（农民）背离的现实看，城市化过程缓慢的体制和政策因素更为重要。

中国城市化速度过缓不仅表现在全国平均水平上，就是东南沿海经济发展较快、城镇密集的地区，也存在着城乡结构严重滞后于生产结构的现象，从广东、福建、浙江、江苏、山东沿海 5 省的情况看，到 1994 年，这 5 省的市镇人口占总人口的比重却都没有超过 40%。中国的城市化水平不仅大大低于新兴工业国家和地区，也低于马来西亚和菲律宾，大致相当于泰国和印度尼西亚。由于发达国家和中上收入国家大多数都早已完成城市化过程，所以近 30 年城市人口增长较快的一般是低收入国家和中下收入国家。中国的城市化若不采取断然措施，很可能拖整个现代化的后腿。

亚洲若干国家城市化水平比较

单位：%

	城市人口占总人口比重		城市人口年平均增长率	
	1970	1992	1965—1980	1980—1992
韩国	41	74	5.8	3.4
印度尼西亚	17	32	4.8	5.1
马来西亚	27	45	4.6	4.8
菲律宾	33	44	4	3.8
泰国	13	23	5.1	4.5
中国大陆	18	27	2.3	4.3

资料来源：引自《1994 年世界发展报告》第 222—223 页，中国财政经济出版社，1994 年版。

结构转换的滞后形成了城乡之间的巨大差距，加剧了中国的双重二元结构，即农业和工业二元结构以及乡村和城市的二元结构。

中国的农业生产和工业生产之间的比较利益上存在着明显的差异。根据住户调查，1993 年城镇居民人均生活费收入与农民人均纯收入的比差为 2.6 倍，比上年的 2.3 倍扩大了 0.3 倍，比改革前 1978 年的 2.4 倍扩大了 0.2 倍，如果加上城镇居民的各种补贴、社会福利和住房补贴等，在农民收入中扣除各种不合理负担后，实际的城乡收入差距可能会达到 4 倍多。农民人均纯收入 1957—1978 年年均增长 2.9%，1980—1984 年年均增长 15.1%，1985—1988 年年均增长 4%，1989—1991 年年均增长 0.7%，1992 年增长 5.8%，1993 年增长 3.2%。城镇居民收入增长和农民人均纯收入增长之比，1981 年为 2∶1，1983—1984 年为 1.7∶1，1986 年为 1.95∶1，1987 年为 2∶1，1990 年为 2.2∶1，1993 年扩大到 3.1∶1。如果用城市 20% 的高收入户和农村 20% 低收入户的平均收入来比较，比差高达十几倍。城乡居民的人均消费比差，也大体出现类似的情况。

农副产品价格和农业生产资料价格的剪刀差是造成这种收入差距的原因之一。1992 年农副产品价格指数上升 31.2%，而后者却上升 16% 左右。但更重要的原因，是中国在人多地少和土地产权难以转让的情况下农业形不成规模经济，农业劳动生产率远低于工业劳动生产率。1992 年全国乡以上全部独立核算工业企业的全员劳动生产率以 1990 年不变价计算为 34437 元 /人·年，而以当年价计算的农业劳动生产率（农业总产值与农业劳动者人数之比）仅为 2613 元 / 人·年。从理论上说，这就意味着在各种产业中，农业已成为"最不经济"的部门，同时也是变动弹性最大的部门，农业劳动力（不管其是否属于"剩余"部分）从农业向其他产业的转移和流动，从总体上说都意味着劳动生产率的提高和产出的增加。

3.4 区域差距扩大

中国是一个大国，由于发展的不平衡，历史上就存在着区域发展差距。但近年来，这种区域差距越来越呈现出一种刚性结构，出现经济发展水平由东向西递减，自然资源状况（包括未开发的）由东向西递增的梯度格局。这种梯度格局不仅仅表现在经济发展上，也表现在人口、自然地理和技术水平上，东部从总体上看是人口密度较高、自然地理条件较好和技术水平、人口素质较高的地区。从地理位置和统计上来说，东部地区包括海南、广东、广西、福建、浙江、江苏、上海、山东、河北、天津、北京、辽宁12个沿海省、市、自治区，约4.9亿人；中部地区包括黑龙江、吉林、山西、内蒙古、安徽、江西、河南、湖南、湖北9个省、自治区，约4.6亿人；西部地区包括四川、云南、贵州、西藏、陕西、甘肃、青海、宁夏、新疆9个省、自治区，约2.4亿人。改革开放以来，原有的差序发展格局与对外开放从沿海到内地的分层次推进格局自然重叠，地区之间的差距也愈来愈大。1980—1991年，东部、中部、西部的人口比重几乎没有什么大的变化，但占国民生产总值的比重发生明显变动，东部从52.2%上升到55.8%，中部从31.2%下降到29.3%，西部则从16.6%下降到14.9%。1980年东部五个收入最高的省、直辖市与西部五个收入最低的省、自治区的农民人均纯收入之比（以后者为1）为1.98∶1，1991年这一差距扩大到2.88∶1。1992年东、中、西三大地带农村经济总收入增长速度分别为35.7%、30%和23.2%，人均总收入分别为3677元、1707元和1328元，差距由1991年的2.5∶1.2∶1扩大为

2.8：1.3：1。1992 年的农村居民人均生活消费额，东部地区为
828 元，比中部地区高 241 元，比西部地区高 305 元，东部地
区农民生活消费支出的增长率，也比中、西部地区的增幅分别
高出 3.7 和 3.5 个百分点。由于增长速度上的差距，这种收入和
生活差距还在急剧拉大，并越来越形成一种刚性结构，影响着
改革的进程。

东、中、西部地区的经济增长速度存在着明显的差距，现
在东部地区占全部工业生产增量的 75% 左右，仅江苏、浙江、
福建、山东、广东五省就占全部增量的 60% 左右。1993 年，
东、中、西部农民人均纯收入的比差（以东部为 1）由 1992 年
的 1：0.69：0.66 进一步扩大到 1：0.66：0.54。如果考虑到各种账
外收入、工资外收入约占全部货币收入的 20% 左右和较发达地
区这部分隐形收入的比重更大的事实，那么实际的区域差距要
比统计数字反映的还大。现在中国的 8000 万贫困人口也多数集
中在贵州、云南、甘肃等西部地区。

更应当引起高度注意的是，少数民族和宗教信民聚居的地
区多数分布在中国西部地带。1992 年，少数民族县的农民人
均纯收入比全国平均水平低 25%，在全部农民人均纯收入低于
300 元的县中，少数民族县占 61%，在低于 500 元的县中，少
数民族县占 38%。边区的技术人才近几年也出现"孔雀东南飞"
现象。1991—1992 年新疆仅通过劳动人事部门外流的各类专业
技术人员就达 6500 人；1983—1992 年，宁夏通过正常手续调
出的各类技术人员达 5000 人。这种情况若持续下去，地区差距
问题容易和民族、宗教问题交织在一起，产生各种社会不稳定
因素，而任何难以预料的突发事件都可能成为导火索。

差序发展（或称梯度发展）的现象实际上在世界许多国家

中普遍存在，美国的工业化首先是从东北区开始的，然后经历了西移东渐的过程。日本现代经济也首先从东京湾、大阪湾开始，形成面积仅占全国22%，而工业总产值却一度占全国约80%的"三湾一海"经济区，即东京湾、大阪湾、伊势湾和濑户内海沿岸四个区域。但中国改革开放以来地区差距的拉大，除了自然条件、历史背景以及其他各种社会条件（基础设施、教育等）外，还有一些特殊的原因。主要有以下几个方面：

A. 政策上的倾斜带来发展机遇的不同。改革开放以后，中央实行了"允许一部分人和地区先富起来"的政策，先后在沿海地区建立了经济特区、经济开发区和开放城市，并在税收、吸引外资、经济和行政自主权（甚至立法权）等方面给予这些地区一些特殊的优惠政策。如1994年之前，企业所得税经济开发区一般征24%，特区一般征15%，还有一些自己制定的减免税政策。东部较发达地区较早建立起以市场调节为主的新经济体制，并较早开始与国际市场接轨，大量引进技术和资金，使经济注入新的活力；那里的企业也较早实行以销定产，根据国际和国内市场的变化调整产业结构。

B. "增长极"效应带来的经济投入上的差异。东部地区既是增长中心又是利润中心，这使资金、技术和劳力都向这一地区流动。

C. 工农业比较利益的差别。中国工业和农业之间不存在平均利润率，由于中国人多地少、农业劳动力的"过剩"和土地产权对土地转让的限制，农业难以实行规模经营，农业生产利润远低于工业生产，成为"最不经济"的产业。发展水平和收入水平较低的地区也恰恰是农业比重较高的地区。

D. 乡镇企业和其他非国有经济带来的差别。东部地区乡镇企业和其他非国有经济在整个经济中占的比重远远超过全国平均水平。1978—1992年，乡镇企业总产值占全社会总产值的比重从7.2%上升到32.3%，乡镇工业产值占工业总产值的比重也从9.0%上升到34.4%。而广东、江苏、山东、浙江、福建沿海五省乡镇企业产值就占全国乡镇企业总产值的约50%。这些省份非国有经济产值占其工业总产值的60%—70%。乡镇企业在增长速度、资金利润和吸纳农村剩余劳动力等方面比国有企业有明显的优势。

区域格局的这种变化对社会结构产生了一些至关重要的影响。一是区域差序格局越来越成为一种刚性结构，区域差距扩大的趋势难于扭转；二是地方成为相对独立的利益主体，从全局考虑制定的政策会在不同地方产生不同的反应，各地面对的问题有了明显的差别；三是地区之间的社会结构和运行机制的异质性增强，社会发展的驱动力量和资源配置方式在地区之间有显著的不同。

3.5 社会分配中的问题突出

改革开放以来，由于实行了让一部分地区和一部分人通过勤劳致富先富裕起来的大政策，地区之间、职业阶层之间以及个人之间的收入差距都有所拉大，这对于打破平均主义的"大锅饭"和建立旨在提高效率的激励机制，是十分必要的。但是，在这个过程中，也出现了一些社会分配方面的突出问题。

第一，某些方面的贫富悬殊已经明显。到1993年，全国年收入在5万元以上的高收入户已有500多万户，占全国总户数的2%，个人家庭资产在百万元以上的约有100多万户，资产上亿元的户也已有不少。另据工商管理部门统计，到1994年6月，全国注册登记的私营企业有32.8万户，平均每户注册资金31.8

万元，其中企业资产规模达到百万元以上的约有 5000 户。在城乡居民储蓄存款余额中，占存户 5% 的高收入户拥有存款总额 30% 以上。与此同时，农村中人均年纯收入不足 300 元的贫困户占农村总户数的 7%，涉及近 8000 万人，城镇中人均月收入不足百元的贫困户占城镇总户数的 5%，涉及约 500 万人。按照国际上通用的衡量贫富差距的五等分法，即以住户调查中 20% 高收入户的平均收入与 20% 低收入户的平均收入相比较，那么根据抽样调查获得的数据，这一比差中国农村居民由 1978 年的 2.9 倍扩大到 1992 年的 6.2 倍，城镇居民由 1983 年的 2.3 倍扩大到 1992 年的 2.6 倍，而如果用城市 20% 高收入户与农村 20% 低收入户相比较，中国 1992 年的贫富差距达到 11 倍，若按居民拥有的金融资产计算，1993 年中国居民高低收入户的贫富差距为 9.6 倍。

第二，高收入户中有一些是非法致富者，引起群众强烈不满。根据国家有关部门和一些研究单位的调查，目前中国社会中的高收入群体主要包括以下 14 类人员：股票证券经营中的获高利者、部分收入很高的个体工商户、部分私营企业主、出场费很高的歌星影星舞星、部分新办公司的负责人、部分企业经营者与承包者、部分"三资企业"中的中方管理人员、某些市场紧缺的专业人员、开发高效益科技成果的承包人、出租汽车司机、部分金融机构工作人员、经济效益好的企业职工、部分从事第二职业的人员、再就业的部分离退休人员。但是，在这个群体当中，也掺杂着相当比例的非法致富者。实际上，群众最为不满的分配问题集中在这样几个方面：一是部分干部通过以权谋私、贪污受贿、挥霍公款、变相侵吞国有资产而非法致富，仅 1994 年上半年，全国纪检监察机关就新立案 6 万余件，查处了 4.4 万多名干部，其中县处级以上的 1200 多人，涉及可挽回的违法款项就达 9.74 亿元；二是近几年来通过权钱交易等不正当手段"炒批文""炒贷款""炒股票""炒房地产""炒国有资产"的暴富者，他们通过权钱交易获取巨额价差、利差、汇差和租金；三是钻体制的空子和公然违背法律，通过偷税漏税、制造假冒伪劣产品、制贩黄色音像品、走私贩毒等不法行径致富的；四是分配关系紊乱，即所谓"造导弹的不如卖茶叶蛋的"问题；五是一部分人享受着体制内的国家福利，赚着体制外的个人收入。

第三，财富占有差距日趋扩大。中国目前实行的是以按劳分配为主，多种分配形式并存的分配体制，但按资分配在整个分配当中所占的比重正在急剧扩大，财富占有的贫富差距大大高于收入水平的贫富差距。高收入阶层的财富占有量在整个财富存量中的比重迅速上升，总体财富增量中资本收益所占的比重也在不断上升，资本收益按几何级数增长而工资收入只按算术级数增加的趋势日趋明显。换句话说，面对资本收益差距的急剧扩大，工薪阶层中的工资收入差距已经显得无足轻重了。对于一个社会主义国家来说，最为让人疑虑的是，这种趋势如果长期发展下去，是否会导致社会生活中严重的两极分化，从而背离共同富裕的方向？

最后，分配中的"大锅饭"问题依然根深蒂固地存在。尽管按劳动时间取酬而不是按劳动效率取酬的原则在总体上已经打破，单位与单位之间因经济效益的不同而在收入上产生重要差别，但同一国有单位内部的平均主义倾向并没有完全消除，一切旨在破除平均主义分配制度的改革在现实中都受到顽强抵抗。奖金的设立原本是要使收入与劳动贡献挂钩，但具体实行中由于利益均衡这一深层分配观念的制约，经济奖励的效用随劳动贡献的增加而呈递减趋势，奖金实际上变成附加工资而不是对超额劳动的奖励，奖金的分配比工资更平均。所有的国有部门合理拉开收入差距的体制变动，经过一段时间的摩擦和磨合，又通过各种形式迂回地得以修复。奖金和福利的相互攀比在一定情况下更加使分配上的平均主义扩展到国有单位之间，而不仅仅是在单位内部。更有甚者，在冗员过多和工作低效率的问题长期得不到解决的情况下，迫于经费的拮据，一些国有部门把注意力转向业外创收，甚至使创收渗入到一些机关、学校、司法部门和军队的职业工作，从而导致严重的行业不正之风，群众意见很大。

分配问题涉及千家万户的生活和敏感的社会利益格局，关系到能否建立有效率的激励机制，也决定着对社会价值选择的导向和社会秩序的稳定。我们的分配政策，既要有利于激励人们通过合法经营和勤劳努力致富，体现诚实劳动、知识和技术的价值，合理拉开收入差距，同时又要防止贫富过于悬殊和两极分化，坚持共同富裕的道路，在促进效率提高的前提下体现社会公平。

3.6 社会保障制度改革相对迟缓

社会保障制度由于涉及现有利益格局的刚性部分，一直是一个非常敏感的领域，虽然这方面的改革已经开展多年，但进展很慢，没有太多实质性的突破。随着企业改革的深入，社会保障制度的改革已经是一个无法回避和绕过的问题。人们已经越来越感到这项改革的紧迫性，因为实际上社会保障制度改革的迟缓和滞后，已经拖了国有企业改革的后腿，而且这种完全由国家和企业包下来的"大锅饭"福利保障制度已经很难再维持下去了。

由于普遍的社会养老保障制度尚未建立起来，企业的离退休职工至今仍主要依赖"单位保障"。1978—1993年，全国离退休职工占总职工人数的比重从3.3%上升到18.5%，在全国全部离退休职工中，国有单位的离退休职工占到了80%以上，一些老工业基地和老企业的离退休职工人数已经等于甚至超过在职职工人数。与此同时，国有企业离退休职工的工资和保险福利费用所占比重的上升比其人数所占比重的上升增长得更快。在国有企业亏损问题严重的情况下，很多亏损企业发不出工资或者只能发40%—60%的工资。据劳动部门统计，1994年城镇停产半停产企业2.8万户，涉及职工580万人，其中减发工资的有314万人，占城镇职工总人数的2%，因故不能及时领到离退休金的约有50万人，占离退休总人数的1.8%，而同年物价上涨率高达20%以上，35个大中城市居民消费价格平均上涨约25%。

目前国有单位和保障体制仍然具有"高就业、低效率"的特点。从统计数字上来看，城镇失业率近几年虽然略有上升，但从未超过3%。与此同时，国有亏损企业的亏损额却一直居高不下，国家财政对国有企业的亏损补贴每年高达400亿—500亿元，以企业个数计算的国有企业亏损面1994年达到49%左右。由于是"单位保障"而不是"社会保障"，为了社会稳定，国有企业即使严重亏损和资不抵债也无法破产，不仅有相当比例的国有企业停产半停产，而且所有的国有单位总体上约有1/3的富余人员，处于1个人的活3个人干的无效率和低效率状态。单位保障的"大锅饭"使现在有不少人置本职工作不顾，把"第二职业"当成主业，但保障和福利待遇却仍然要国家供给，实际上成了国家为私人赚钱偿付成本，严重挫伤了国有单位职工的工作积极性。

在国有单位保障功能泛化的情况下，本应纳入市场体系的服务机构（食堂、浴室、幼儿园、住房、理发店、学校、医疗所等）往往内化于企业和单位之中，国有单位本身成了一个"小社会"，由此形成的国有企业保障功能"大锅饭"体制，在整体的经济转型中却变化甚微。国有单位职工的生、老、病、死、孩子入托上学、上下班交通、住房、煤气、部分副食品供应甚至职工的家庭纠纷，都要单位和企业来管。1978—1993年，全国职工的保险福利费用总额（包括医疗、丧葬抚恤、困难补助、文娱体育、集体福利、计划生育、上下班交通、洗理卫生等）相当于职工工资总额的比重已从 13.7% 上升到 33.3%，目前，仅国家的公费医疗费用每年就以 20% 的速度增长，超过了国家财政的增长幅度，劳保医疗费的提取已占企业工资总额的10%，而且超支和浪费严重、漏洞很大，同时现在拖欠职工医疗费的现象已十分普遍，全国由于经费紧张造成拖欠待公费报销的医疗费已经是一个相当庞大的数字，根据对若干省市的调查，估计全国在几十亿元。

现行"单位保障"体制的弊病，除了不能奖勤罚懒、维护竞争机制和完全由国家包下来财政不堪重负而且漏洞、消费很大外，还有一个重要的方面就是保障的覆盖面较小。直到1993 年，全国城镇享受社会保障的有 1 亿多人，占城镇人员的43.5%，而农业人口中享受社会保障的仅有 7750 万人，占农业总人口的 8.5%（其中参加农村养老保险的有 3600 万人，优抚对象得到国家定期抚恤补助的有 395 万人，集体给予优待的有240 万人，贫困户得到国家定期救济的有 50 万人，扶持发展生产的有 3220 万人，"五保户"得到国家补助和供给的有 245 万人）。特别是社会救济、社会福利和优抚安置等方面社会保障资金的投入与实际需要之间的矛盾突出，社会救济对象和优抚对象保障标准偏低，生活相对贫困。随着市场竞争的加剧和优胜劣汰以及居高不下的物价上涨率，由于各种原因在竞争中处于不利地位的人生活比较困难，而社会保障的基本功能之一就是扶持弱者、为他们提供最基本的生活保障。但是，如果全由国家包下来，每人增加 1 元的社会保障费，全国就需十几亿元的财政开支，而且解决不了任何问题。

所以说，以国家、集体和个人共同承担社会保障费用为原则，实行社会统筹和个人账户相结合，加速保障体制改革，通过保障的社会化逐步把国有企业从繁重的养老、就业、医疗和住房保障中解放出来，已经是势在必行而且刻不容缓了。

3.7 人口与就业的长期压力

尽管在强有力的行政干预下，我国在低收入水平上出现了一般在较高收入水平才会出现的"低出生率、低死亡率、高预期寿命"情况，但人口压力并未因此而减轻。人口"低增长率、高增长量"的现象仍将持续相当长的一个阶段。1995 年中国人口比原先预计提前 5 年达到 12 亿多，而且仍以每年净增 1300 万—1400 万人口的速度增加，大体相当于每年新增加一个澳大利亚的人口。1978—1994 年，中国累计净增人口约 2.5 亿人，大体相当于德、英、法、意四国的总人口，换句话说，有 20% 多的新增国民收入被用于自然增加的人口的消费。根据预测，2000 年中国大陆总人口将接近 13 亿，2010 年接近 14 亿。

与此同时，中国过早地进入了社会老龄化加速过程。一般认为，60 岁以上人口占总人口的 10% 以上，或 65 岁以上人口占总人口的 7% 以上就是老龄社会。根据 1990 年全国人口普查，全国 60 岁以上老年人口占总人口的 8.6%，上海、浙江、北京、天津 5 个省、市均超过 10%，上海则达到近 14%。全国老龄人口比重 1995 年会达到 9.3%，而 2000 年则将达到 10% 以上。从发达国家的老龄化过程来看，60 岁以上人口所占的比重从 5% 上升到 10% 一般需 40 年甚至更长，而我国老龄人口比重从 1982 年的 4.9% 预计到 2000 年上升到 10% 仅用 18 年。据联合国预测，2025 年全世界 60 岁以上老龄人口将达到 11.7 亿，那时中国老龄人口将占世界老龄人口的 1/5，居世界首位，更加让人忧虑的是，中国每年新增的 1300 万—1400 万人口的 80% 以上都出生在农村，农村每年转移的"剩余"劳动力还不如新增的农村人口多。随着城市和乡村在出生率和自然增长率上出现的明显差异，"人口逆淘汰"的现象越来越严重。

根据一般的发展理论，劳动力的无限供给是发展中国家经济增长的优越条件之一，但是中国这样的劳动力无限供给国家却似乎正在经受着劳动力"剩余"之苦。农村有 1.2 亿剩余劳动力有待转移，城市 1 亿多国有单位职工大约有 1/4 的富余人员，遗漏甚多的统计上失业率也在呈上升趋势。

与此同时，劳动年龄人口在今后相当长时期内呈迅速增加趋势。据预测，15—59 岁的劳动年龄人口到 2000 年将从目前的 7.6 亿多人增加到 8.1 亿人，到 2010 年增加到 9 亿人，劳动就业压力和潜在的失业威胁将长期存在。

3.8 教育科技发展后劲不足

从新兴工业国家和地区以及发展中国家的成功经验来看，必须把教育、科技作为立国之本，作为兴国之路，作为人力资本的战略产业来对待。我国教育、科技虽有了很大的发展，但较之经济增长仍处于滞后状况。

根据发展的一般规律，人均 GNP300—500 美元的国家，财政教育拨款约占 GNP 总额的 4.2%，而我国目前预算内的教育经费仅占 GNP 的 2.5% 左右（1992 年）。1993 年颁布的《中国教育改革和发展纲要》提出，国家财政性教育经费支出占 GNP 的比例，到本世纪末达到 4%，这也只是发展中国家 80 年代的平均水平。

教育经费不足成为制约基础教育和 9 年义务教育的突出问题。尽管教育经费逐年有所增加，但大多数用于"人头费"，公用部分所占比例逐年下降，加之物价上涨因素，办学经费严重不足，不少县乡学校公用教育经费为零。而且，自 1992 年底以来，全国出现历史上从未有过的大范围拖欠教师工资的严重现象。中小学教师队伍很不稳定，35—45 岁中年专业教师流失率甚高，师范院校招生留人困难。根据世界银行 1993 年公布的数据，在家庭总消费支出中，中国家庭的教育支出只占 1%，这不仅低于中等收入国家的水平，也低于低收入国家的平均水平。

研究开发经费占 GNP 的比例，发达国家占 3%—4%，韩国和印度也分别在 2% 和 1.5%，我国目前只有 1% 左右。受高等教育人数占适龄年龄组人口的比重，高收入国家为 33%，中等收入国家平均为 16%，低收入国家平均为 4%，我国只有 2%。

科技、教育的投入产出效益也较低。我国每年研制出 3 万多项国家重大科技成果，但能得到应用的不到 30%，能及时用于生产的仅为 10% 左右。我国科技进步因素在国民经济中的贡献虽然已从 80 年代中期的 19% 提高到目前的 35% 左右，但差距仍然很大，发达国家这一比例在 70 年代就达到 50%—70%。

由于"文革"造成的"教育断层"和随着目前在教育、科研方面支撑局面的 1966 年以前的大学毕业生在 2000 年之前先后退休，科研、教育的人才后继会成为严重问题，培养科技、教育跨世纪人才的工作压力很大。到 2000 年，国家需要受过高等教育的人才 5000 万左右，而院校培养出的人员只能满足一半的需求，其他初中级人才也大量缺乏。

3.9 环境治理成本加重

环境问题越来越成为全球关注的问题，我们绝不能走一些发达国家和发展中国家"先污染，后治理"的老路，那会付出沉重的代价，严重影响经济社会的持续增长和发展。近十几年来，虽然我国环保工作取得了很大成绩，但环境状况依然严峻，生态潜力的损害有可能成为制约中国经济发展的最重要因素之一。

在农业生态方面，由于植被的破坏，全国水蚀面积 179 万平方公里，风蚀面积 188 万平方公里，有 393 万公顷的农田受沙漠化的威胁，全国每年因风沙造成的直接损失达 45 亿元，每年流失土壤达 50 亿吨，流失的氮、磷、钾相当于 4000 多万吨化肥，接近全国化肥的年产量。目前全国不同污染程度的农田达 1000 万公顷，其中污灌造成农田污染 330 万公顷，受酸雨和氟为主的大气污染的农田 530 万公顷，固体废物堆存侵占农田与垃圾和污泥使用不当污染农田 90 万公顷，由于农田污染每年损失粮食 120 亿公斤。

虽然全国森林覆盖率已上升到 13.6%，但根据发展规律，一般要达到 30% 才能起到稳定农业环境和保持生态平衡的作用。中国人均占有森林木材积蓄量只有 8.4 立方米，是世界人均水平的 10.9%，而且我国森林的幼林比重大，可供采伐的成熟林蓄积量日趋减少，木材资源供需矛盾在相当长的时期内难以缓解。中国目前的 3.2 亿公顷草原，也有 7300 万公顷严重退化，缺水草场面积 2600 万公顷，草原鼠虫害发生面积 2000 万公顷，受沙漠化威胁的 399 万公顷。草原恶化的情况影响了中国畜牧业的发展。

水资源也严重不足。目前全国有 300 个城市缺水，缺水量 1000 万立方米，严重缺水的城市有 50 个。北方和西北农村有 5000 多万人口和 3000 多万头牲畜得不到饮水保障。水污染也在加剧，全国 82% 的湖泊受到不同程度污染，据 15 个省、区、市 29 条江河的不完全统计，有 800 多公里河段鱼虾基本绝迹，2.5 万公里的河流水质不符合渔业水质标准。

中国是燃煤大国，煤炭占商业能源总消费的 73%。75% 的工业燃料和动力，65% 的化工原料，85% 的城市民用燃料，都是由煤炭提供的。中国的废气排放量、废气中的煤尘排放量以及二氧化硫排放量都在呈上升趋势，中国城市大气层煤烟污染严重，本溪、沈阳、北京被列入世界十大污染城市当中。

环境保护的投资应当被视为生产性投资，中国现在这方面的投资约占 GNP 的 0.5%—0.7%，很难解决那些紧迫的环境问题。

四、1996—2010 年中国社会发展的战略构想

中国的社会发展与社会进步，已经取得了举世瞩目的成绩。目前，虽然我国人均国民生产总值在世界上的排序，居于中等偏下的水平，但是主要的社会发展指标如生活质量指标、人口素质指标、成人识字率、人口平均预期寿命、人文发展指数等，都居于世界排序的中等或中等偏上水平。1994 年在哥本哈根举

行的世界首脑会议，其中心命题是全球的社会发展问题，中国的社会发展事业在多方面的突出特点，必将进一步受到与会各国的重视。

为了完善中国社会发展的总体框架，更加深入地探讨我国社会发展的方向和途径，从以下八个方面阐述建立中国社会发展体系的战略构想：

4.1 建立"经济发展主要靠市场，社会发展主要靠政府"的总体调控战略

社会发展，是整个国家体系中的重要组成部分。现代国家的理论指出，国家体系由四个基础系统构成：自然系统（国土、资源、环境）是立国的基础；政治系统（制度、法律、决策）是立国的灵魂；经济系统（实业、供需、市场）是立国的硬性支撑；社会系统（人口、公正、发展）是立国的最终归宿。上述四个系统的互相作用、互相协调、互相补充，才能达到整个国家"持续、快速、健康"的发展。其中，经济系统和社会系统，是每个国家重点倾斜和积极培育的两个最富生命力的系统，前者着重于国家的"发展"，后者着重于国家的"稳定"，二者共同决定着生产力和生产关系的优化程度。因此，有人恰当地将它们比喻为一只飞鸟的"两翼"，由此可见它们在国家体系中的作用和价值。

中国的社会发展具有特殊性。目前，我们正在经历着一个重要的时刻，即面临着"社会结构转型"和"经济体制转轨"的历史性变革。前者指具有中国特色的工业化、城市化和现代化的基本构建；后者指培育和发展社会主义市场经济体系。在这个历史性变革的重要时期，我们始终面临着"社会结构、社会行为、社会观念、社会发展"随着经济变革、经济实力增长所发生的整体而深刻的变化。

长期以来，我们国家是注重社会发展的。在经济水平不高和生产能力较小的状况下，中国政府始终未放松对于全体国民基本生存保障能力的提高。目前，我国人均国民生产总值虽然居世界后列（排名第 70 位之后），但是人口素质指标居世界第 57 位；成人识字率居世界第 47 位；生活质量指标居世界第 43 位；人口平均预期寿命居世界第 46 位。由此看出，经济水平虽居世界后列，而社会发展水平却居世界中列，其根本原因归结为中央政府认真调控的结果。从 1996—2010 的 14 年间，经济增长将会有一个较大的步伐，尤其是社会主义市场经济发育并成熟后，中国的经济将与国际接轨，进入世界大循环之中，但中国的社会发展事业，不能完全指望市场运行机制会自发地去加以促进，而必须依靠强大的公权力和公信力，去引导、去约束、去调控中国的社会发展事业，才能使经济增长与社会发展相协调。否则，将会导致三个严重的后果：其一，社会贫富的差异扩大；其二，地区发展水平的差异扩大；其三，中央政府的施政控制能力下降。这些必然引起社会的不稳定、社会的不公正和社会的不规范，从而反过来又会影响到经济的发展。

综上所述，我们必须始终坚持"经济发展主要靠市场，社会发展主要靠政府"的总体调控战略。在社会发展问题上，政府的宏观调控力度更进一步加大，充分显示公权力和公信力的强大作用。通过对于公共收入的合理分配，通过对于一系列政策、法规的实施，通过对于贫困地区的倾斜扶持，通过对于社会保障体系的进一步完善，通过对于社会公益型事业的政策性优惠，从而使得社会发展能够与经济增长相协调，并逐步地实现物质文明和精神文明的良性互补。

4.2 中国社会发展的战略目标，应当建立在"保证生存"与"持续发展"的基础之上

从国家范围去考察，所谓"保障生存"，即保障整个民族和全体国民的基本生存条件、生存空间的生存能力。以各项社会事业和各项社会工程的建设为标志，通过强有力的政府调控和全民的积极参与，在有效的管理体系下，为每一个国民的基本生存权利奠定物质的和精神的基础。在社会公正的前提下，积极扶持落后地区，大力倡导教育、科技、文化事业，着重关怀妇女、儿童、老年人和残疾人。在政府的全面主导下，积极鼓励企业、个人兴办社会发展基金与社会慈善事业等。通过这些，去实现社会发展的最低目标。所谓"持续发展"，是指在社会事业的范围内，逐步提高全民的生活质量、生活水平和丰富生活内容，并且不断满足人们日益增长的需求，在居住空间、环境质量、休闲方式、医疗保健、教育水平、创造能力和社会保障等方面，完善和提高社会发展的优化标准。同时，所有这些举措均应建立在不对后代的生存基础和发展能力构成威胁的前提下。可以看出，社会发展长期战略的最高目标，在于充分认识和合理协调"人与人"之间的关系。

中国社会发展战略的最低目标与最高目标，从质和量两个方面规定了我国现阶段和 21 世纪的社会发展水平和社会发展方向，同时也是建设有中国特色社会主义的重要组成部分。它既是"贫穷不是社会主义，社会主义要消灭贫穷"的具体体现，同时也是对于"共同富裕，民富国强"远大目标的追求。二者的有机结合与充分衔接，在制定社会发展战略规划时，应当予以充分的把握。

实践证明，在"保障生存"的初级阶段，不应当与"持续发

展"的高级阶段截然分开。社会发展事业本身有短期的"应急措施"，也有长期的"基本建设"，无论是物质的形式，也无论是政策的形式，它们都要服从统一的原则，即只有把社会发展战略的主要点，纳入"保障生存"与"持续发展"的总体目标之中，才能制定出比较完备的国家社会发展计划。

4.3 中国社会发展战略的出发点，是坚持经济与社会的协调发展

研究认为："经济增长"与"社会发展"达到协同进步、互为调适和良性互补，才是一个国家综合国力总体水平不断上升的健康体现。一般说来，经济发展必然涉及区域开发和"资源—生产—市场"的链式过程，它十分注重"人与自然"之间关系的优化；而社会发展必然涉及社会稳定、生活富足、环境舒适、文明道德和整体有序的内在表达，它更加注重"人与人"之间关系的优化。只有当这两个方面的优化满足特定发展阶段的要求时，我们才能说社会发展的长期战略是成功的和可取的。

经济增长以利润作为驱动力，社会发展以公正与道义作为驱动力。前者鼓励了个体、利益集团的积极性和创造力，求得日复一日、年复一年的经济成长；后者鼓励了整体、社会的爱心与公德，求得公正、协调的全民幸福。经济发展和社会发展是相互依存、相互促进的。经济发展是社会发展的前提和基础，社会发展则是经济发展的结果和目的。一方面，只有毫不动摇把发展经济放在第一位，紧紧围绕经济建设这个中心，以求得社会发展的基础动力。但另一方面，经济发展不可能自动带来社会发展，不可能自动解决社会问题，诸如自然环境的破坏、灾害的发生、资源的利用率降低、社会财富分配不均等，这要靠社会发展事业去解决。而社会发展又可以通过社会的全面进

步，通过保持社会的稳定，为经济发展创造更有利的条件。二者相辅相成，协调发展，将成为中国社会发展战略的主要点。

4.4 本世纪末，中国社会发展的基本目标是"进入小康社会"

所谓"小康社会"，是在中国经济发展水平上，对于社会发展所规定的有限指标。在我们较详细地分析了北欧福利社会、欧共体的社会发展计划、世界银行的"社会发展报告"后，对于中国这个世界上人口最多的发展中国家，可能在 2000 年达到"小康社会"，而后再经过 50 年到 2050 年时，伴随着中国经济达到中等发达国家的水平，人民将过上比较富裕的生活，社会发展将由小康社会的低级阶段进入较高级阶段。

中国进入小康社会，有关的指标应当保持在某种合理的范围内，有关的增长率应当控制在相应的"度"内。为此，所拟定的小康社会标准如下：

1. 总人口自然增长率：低于 1.2%
2. 城市化率：高于 50%
3. 第三产业从业人员比重：25%—30%
4. 居民消费水平增长率：4%—5%
5. 通货膨胀率：小于 8%
6. 城镇失业率：小于 4%
7. 恩格尔系数：小于 50%
8. 人均粮食：380—400 公斤
9. 人均生活用电：城镇 150—200 度，农村 35—40 度
10. 城镇人均居住面积：8 平方米以上
11. 文盲与半文盲人口：低于 1.5 亿人
12. 人均日需热量：2400 大卡
13. 人均日需蛋白质：70 克

14. 人均预期寿命：72 岁

15. 婴儿死亡率：小于 10%

16. 社会保险覆盖面：城镇 95%，农村 30%

17. 全民受教育水平：平均 5 年以上

18. 全国自然保护面积：不低于国土面积的 1%

19. 环境保护投资：不低于 GNP 的 1%

20. 每万人口刑事案件立案率：15—20 件

21. 平均闲暇时间：建立每周五日工作制

22. 每千人口医生数：2.0—2.2 人

23. 每万人口在校大学生：30—35 人

24. 教育经费占 GDP 比重：3%—4%

25. 城市每万人口绿地面积：40—45 公顷

4.5 1996—2010 年社会发展战略的基本任务在于建立国家级十大调控体系

社会发展战略构想，必须要促进全社会转变观念，将"自助—互助"与"自律—互律"建立在统一的政府调控的基础上。一个有序的、健康的和安定的社会，是经济发展的基本保证；而经济发展本身又为社会发展提供了必需的物质基础、能量基础和消费基础。此二者相辅相成，缺一不可。既不能简单地将二者看成是"因果关系"，也不能简单地将二者看成是"平等关系"，它们互相促进，互为条件，构成了一个复杂的互动系统。

为了充分发挥政府在社会发展事业上的宏观调控作用，必须提供为政府可操作的"手柄"，这些手柄表述在以下的十大调控体系之中：

1. 社会福利公正调控体系（社会稳定的基础）

2. 区域发展均衡调控体系（空间互补的基础）

3.国民教育普及调控体系（人力资本的建设）

4.社会保障制度调控体系（社会有序的基础）

5.生活环境舒适调控体系（利己利他的平衡）

6.社会道德认同调控体系（自律互律的基础）

7.社会抗逆能力提高的调控体系（自动互助的基础）

8.科技、文化提高的调控体系（社会文明的基础）

9.社会公益事业扩大的调控体系（认识人的价值）

10.社会可持续发展的调控体系（社会发展的目标）

4.6 社会发展的最终目的，在于提高全国人民的生活质量与社会公德水平

面对 1996—2010 年的社会发展，必须努力提高全社会的生活质量；必须努力统一全社会的价值观念；必须努力整理全社会的有序能力；必须努力健全全社会的道德约束。全世界各国在制定他们的社会发展计划时，都要从以上一些基本方面作出积极的回答。中国社会发展的基本任务是：

1.在今后的 15—20 年内，社会发展至少要为 13 亿人口提供生存与发展必需的物质条件、能量条件和身心愉悦条件。其中，既包括满足吃、穿、住、行、烧的基本需求，也包括教育、医疗、科技、文化、娱乐等基本享受。

2.为今后 15—20 年内大约新增 1 亿劳动力提供和创造就业机会和工作岗位。

3.为今后 15—20 年内大约 6 亿劳动者创造良好的劳动环境和工作环境，以保证社会劳动生产率和整个社会经济效益的不断提高。

4.为今后 15—20 年内大约 1 亿以上老年人口提供基本的赡养资金和社会保障，并保证其生活水平不下降，而且逐步有所

提高。

5. 为今后 15—20 年内大约 8000 万人口提供脱贫的基本条件和资金，使他们在生存条件上得以保障。

6. 为今后 15—20 年内消除 2 亿左右文盲和半文盲、提高全民族的文化素质和普及九年义务教育提供各类设施。

7. 为今后 15—20 年 4 亿到 5 亿城镇人口提供清洁和充足的生活用水，为他们提供相应的住房面积和绿地面积。

8. 为今后 15—20 年的经济发展提供一个稳定的社会环境。一般说来，政治系统保证了改革，经济系统保证了发展，社会系统应当对稳定起到保障作用。

9. 今后 15—20 年的社会发展立法，应建立完备体系。例如"社会保障法""社会保险法""社会救济法""社会基金法""社会公正法"等，使社会发展事业走上法制化的轨道。

总之，社会发展必须坚持以人的全面发展和提高为中心。它既是社会发展的出发点，也是社会发展的落脚点。在中国社会发展战略构想的内容中，无论制定政策，还是作出规划，都必须满足全体国民多方面、多层次的需求，保障人民的合法权益，提高他们的物质文化水平、道德修养和身心健康水平，促进国民素质的全面提高。

4.7 社会发展战略的一个重要方面，是寻求和维系"环境与发展"的广义平衡

由于环境与经济之间存在着一种"非线性"的联系和反馈，追寻二者之间的广义平衡，就成为社会发展战略的一项重要内容，也成为社会发展世界性关注的焦点之一。特别需要指出：环境问题对于社会生活有着重大的影响，同时对于经济增长也有着明显的滞后影响，例如根据目前大气层中臭氧的污损，可

以确切地推导出源自 30 多年前所作出的大规模投资决定。它意味着，我们现在的经济发展和市场行为中的重大举措，肯定会影响到几年甚至几十年之后的未来。社会发展的长期战略，必须要认识到这一点，在处置"环境与发展"这个两难问题时，应当考虑到以下的九大约束条件：

约束一：保持环境质量的艰巨性

约束二：有效的资源利用的困难性

约束三：社会保障体系的完备性

约束四：保持对于未来选择的可能性

约束五：实现人口数量的零增长

约束六：保护自然资本的能力

约束七：教育水平提高与科技进步的能力

约束八：可持续性的国内国际保证能力

约束九：社会稳定性的保持能力

化解九项约束条件，积极贯彻有效的对策，是中国社会发展战略长远考虑的基本内容，也是寻求"环境与发展"广义平衡的社会发展响应能力的具体途径。

4.8 社会发展战略的推行，必须促进发展观念的转变及发展模式的正确选择

中国社会发展的长期战略，还应当全面地促进发展模式的转变，即由传统的发展模式向可持续发展模式的转变。而发展模式转变的前提，是发展观念的转变。在我国，发展观念的转变，可以集中地归纳于以下 10 个方面：

1. 建立工业生态化的技术体系。

中心思想是将传统的高投入、高消耗、单目标、单方向的"链状"，向合理投入、适当消耗、多目标、多方向与综合利用

的"网状"转变；从注重外部投入、外部条件、硬性支撑向注重内部协调、内部优化和柔性变换的方向转变；从注重数量与指标，向注重质量和效益的方向转变。

2. 建立资源节约化的技术体系。

中心思想是从注重物质投入的外延，向注重内涵的方向转变；从注重开源到注重节流的方向转变；从注重硬设备、硬投资向注重流程合理与管理先进的方向转变。

3. 建立废物资源化的技术体系。

中心思想是要大力削减废弃物的数量，提高有效产出，把浪费资源和污染环境的趋势，通过再利用、多级利用、多途径利用与循环再生的技术体系，去改变资源要素的构成。

4. 建立能源清洁化的技术体系。

中心思想是改变我国现行的能源结构，找出理想的可代替性方案，大力发展氢能、太阳能、风能、水力能等清洁性能源，大力改造以直接燃煤为主的能源体系。

5. 建立农业持续化的技术体系。

中心思想是改变目前高投入、低产出的农业现状，以中国特有的"生态农业"体系为主要模式，构建农业的总体发展战略，发挥土地的持续生产力。

6. 建立食品绿色化的技术体系。

中心思想是为了普遍提高中国人民的生活质量，从健康、营养、保健的目的出发，从饮料、饮水、主食、肉、蛋、奶、水果、蔬菜等的总体构成，从种植、管理、收获、加工、产品、市场的统一体系，全面形成合乎人类发展标准（依照不同的发展阶段）的绿色食品系列。

7. 建立城市花园化的技术体系。

中心思想是从人民的居住环境、社区建设、城市结构、文化内涵、绿地林网等出发，提供一个适应于持续发展功能的生活空间。

8. 建立区域环境恢复与重建的技术体系。

中心思想是当某个区域系统失调时，或者环境受到破坏后，如何应用一整套综合技术去积极、快速地恢复区域的生产能力与环境能力。

9. 建立高新环保产业技术体系。

中心思想是为了进一步协调与发展之间的关系，以技术手段、工程手段和生物手段，以维持和改善环境的质量与性能。

10. 建立环境与发展的伦理道德体系。

中心思想是转变人们长期以来形成的自然无价值、环境无责任的观念，建立自然是财富、环境会报复的道德观。只有当人们向自然的索取，与人们对自然的回馈相平衡时，真正的社会发展基础才得以具备，人们的良知也才算被自觉地唤醒。

以上各种体系的核心，是现代发展观念的具体化，也是选择正确发展模式的基本参考。唯有发展观念和发展模式的准确把握，中国社会发展战略的制定，才具备了坚实的基础；社会发展目标的实现，才具备了可靠的支撑；社会发展水平的提高，也才具备了有效的手段。

五、促进我国社会全面发展的主要政策措施

5.1 坚持计划生育的基本国策，严格控制人口增长

我国是世界上人口第一大国，人口多是我国的首要国情，也是我们考虑一切社会经济问题的基本出发点。近年来，我国

人口自然增长率虽然略有下降，但因人口基数大，育龄人口多，每年新增总人口仍高达 1400 万人左右。受年龄结构因素的影响，"九五"我国人口正处于 50 年代以来的第三个生育高峰期。据预测，到 2000 年全国人口将达到 12.82 亿人，到 2010 年全国总人口将达到 13.73 亿人。如果现行控制人口的措施稍有松动，人口将增加更多。这将对今后 15 年我国社会发展产生重大影响。因此，要高度重视人口问题，继续坚持计划生育的基本国策，继续严格控制人口增长，不能有丝毫懈怠。

为了控制人口的过快增长，应继续贯彻现行计划生育政策，落实各项行之有效的措施。

重点做好广大农村和流动人口的计划生育工作，扭转"传宗接代""多子多福""养儿防老""无后为大"等传统生育观念，提高文化教育水平，解决影响计划生育的一些实际问题，引导和教育农民自觉少生少育。抓紧研究在市场机制条件下控制人口的有效政策，综合运用经济、法律以及必要的行政手段，逐步建立利益调节型的人口控制机制。深入持久地开展计划生育和优生优育的宣传教育工作，增强全社会的人口意识和人均意识，更多地采用人均指标分析与衡量国民经济和社会发展状况。继续实行各级政府领导的人口目标管理责任制，严格要求农村干部带头执行计划生育政策。努力增加对计划生育工作的资金投入，加强计划生育科学研究和技术推广应用工作。加强人口统计工作，杜绝瞒报、谎报和作假现象。认真搞好避孕节育和优生优育技术服务和医疗服务工作，提高优生优育水平和人口质量。把控制人口增长与建立健全城乡社会保障制度结合起来，高度重视人口老龄化将要到来的问题，努力为老龄人口创造一个好的社会经济环境。

5.2 把科教兴国作为基本战略，优先发展科学技术和教育

科学技术是第一生产力，科技与经济的结合是社会主义市场经济发展的强大动力，科技现代化是我国现代化建设的重要内容和根本源泉，以科技实力和经济实力为主的综合国力的竞争成为世界各国特别是大国之间生存与发展竞争的重点。而科技、经济和综合国力的竞争最终又体现为人才和国民素质的竞争。教育的基础如何，教育能否面向未来、面向世界、面向现代化，成为我国经济、社会和科技发展能否立于不败之地的关键。加快培养更多更好的新型适用人才，普遍提高国民素质，是我国教育发展光荣而伟大的历史性任务。而目前我国科技与经济脱节的现象仍相当严重，教育的基础比较脆弱，难以适应现代化建设迅速发展的要求。因此，突出地提出以科教兴国作为基本国策，把科学技术和教育放到优先发展的战略地位，具有十分重要的现实意义。

大力发展科学技术，应全面落实科学技术是第一生产力的思想，促进全社会的科技进步。从体制、政策、战略、规划、计划等各方面推动科技经济一体化，把解决经济和社会发展中的难点、热点和重大问题，作为科技工作的首要问题。深化科技体制改革，尽快形成以企业为主体、直接面向市场需求的科技开发机制，形成技术开发、应用研究和基础研究合理分工与结合的科技运作机制，加快科技成果的市场化、产业化和工程化步伐。把引进国外先进技术与加快消化吸收和自主研究开发组织结合起来，推动国内外科技成果的有效转化和广泛应用。集中力量解决生产、建设、流通领域中的关键技术，开发应用先进制造技术、节能降耗技术、电子信息技术、环境保护技术等共性技术，抓好现有先进适用技术的重组配套、系统集成和

推广应用，培育技术市场，推动技术创新。积极开发信息技术、生物工程、微电子、新材料、新能源、航天航空等高新技术并大力扶植其产业化，促进军民结合、产学研结合，发展民营科技企业和高新技术产业区。突出重点，精选目标，加强基础科研，在一些具有优势的领域跟踪前沿并力争有所突破。加速培养和造就优秀科技人才，创造有利于具有真才实学者成长和发挥作用的机制，引进竞争机制，促进人才流动，注重实践效果，保护知识产权。调动全社会财力，尽可能地多增加科技投入，加大财政投入力度，拓宽金融资金渠道，鼓励个人创业投入。发展技贸结合，推动技术及其产品出口，引进科技人才，广泛开展国际科技合作与交流。

优先发展教育，应把重点放在加强基础教育上，大力普及义务教育，积极发展职业技术教育和成人教育，提高高等教育的质量和办学效益。贯彻落实《教育法》，使学校真正成为具有依法办学自主权的实体。在加强中央政府对教育实行宏观管理的前提下，增强地方政府管理教育的决策权和统筹权。加强各级地方政府办好初等、中等教育和管理成人教育、职业技术教育的职责。逐步实行高等教育由中央和省两级管理、以省级为主的办学体制。多层次、多渠道地增加教育投入，充实改善办学条件。尽快改变政府包揽办学的状况，逐步形成政府办学为主与社会各界参与办学相结合的新体制。改革招生和毕业生就业制度，逐步实行非义务教育阶段"上学收费""择业自主"的招生、就业新体制。加强规范化管理和社会监督，坚决制止义务教育阶段"乱收费"和非义务教育阶段超标准收费的现象。实行多种形式的奖学金和提供贷款上学资金的制度。加强师资队伍建设，提高教师的业务素质和政治素质，提高教师的社会地位，改善教师的工作、学习和生活条件。积极采用先进的、现代化的科学教学方法和手段。加强国际教育交流与合作，吸收和借鉴世界各国发展和管理教育的成功经验。继续派遣留学生，创造条件吸引海外学子和学者为国效劳。积极鼓励多种形式的业余自修提高，加强岗位培训，鼓励自学成才。

5.3 坚定不移地执行环境保护的基本国策，实施可持续发展战略

经过几千年的开垦开发，养育数亿人口直至目前的十几亿人口，我国的环境基础和平衡条件原本比较脆弱。随着工农业的大规模开发和居民消费水平的迅速提高，环境污染的问题日益突出，与消耗型的生产方式和治理条件不足的矛盾十分尖锐。以废水、废气、废渣以及噪音、丢弃物为主的公害在许多地方肆虐，水土流失和缺水现象蔓延扩大，抗御自然灾害的能力相当低下。迫切需要加强环境保护、生态建设和国土整治。

落实环境保护的基本国策，应坚持经济建设、城乡建设和环境建设同步规划、同步实施、同步发展的方针，摒弃"先发展、后治理"，实行"边发展，边防治"。加强政府在环境管理工作中的职能，明确中央和地方各级政府组织管理环境保护的责任。强化环境保护法制建设，加快立法，严格执法，加强普法和司法。使环境保护、生态建设和国土整治规划与政策成为经济和社会发展规划与政策体系的重要组成部分。制定和推行有利于环境保护的产业政策、经济政策和技术政策。切实保障环境保护和国土整治资金的筹集和投入。加强工业污染治理，结合产业结构调整和企业改造，大力推行清洁生产，改善能源结构，加快重点污染源治理，逐步实行污染全过程治理。开展城市环境综合整治，加快城市污水集中处理、垃圾处理、集中

供热、气化和绿化等建设。加大乡镇企业污染控制的力度，引导乡镇企业逐步优先发展轻污染、无污染的行业，加快乡镇企业环境保护的技术改造，对严重破坏生态、污染环境而又没有治理能力的企业实行关停并转迁。积极发展生态农业，大力植树造林，增加植被面积，逐步消灭荒山、荒坡，建设好三北防护林工程、长江中上游防护林工程、太行山绿化工程、沿海防护林工程、平原绿化工程和城市绿化工程等重大生态工程，加快提高森林覆盖率和城乡绿化率。加强大江、大河、大湖的治理，规划建设好跨区域调水工程。改造和建设草原，防止土地沙漠化面积的扩大，重点治理水土流失严重的地区。加强对物种的保护，逐步扩大自然保护区的数量和面积，形成类型齐全、布局合理的自然保护区网络和物种迁地保护网络。兴办和发展环境保护用品和"绿色产品"的产业。

5.4 推行全面节约战略，合理保护和利用自然资源

我国资源总量虽然不小，但因人口众多，人均资源相对贫乏。人均占有资源不到世界平均数的1/4，人均占有耕地面积不到世界平均数的1/3，大多数矿产资源的人均占有量均低于世界平均水平。与此同时，我国物质生产的资源消耗水平又明显高于国际水平。单位能源创造的国内生产总值只有世界平均水平的不到1/4，单位国内生产总值消耗的原材料明显偏高。从人均资源偏少和单位产值资源量偏高的现实国情出发，要促进社会经济的可持续发展，必须走节约的发展道路。

全面实行节约战略，应当节能、节材、节水、节地同时并举，在节约生产的同时适当节制消费。节约能源，应加强节能立法和执法监督，制定节能标准和规范，强制淘汰高耗低效产品，大力推广高效节能产品；依靠技术进步，重点对冶金、有

色、化工、建材、能源及交通行业进行节能技术改造；实行优惠政策，增加对节能、新能源和可再生能源的资金投入，建立稳定的资金渠道；加强节能科研、示范和推广工作，推进产业化建设；积极开展能源领域的国际合作，引进国际先进技术和经验。节约原材料，应加快用高新技术及先进适用技术改造传统产业的步伐，加强机电轻纺工业的技术改造，促进机电仪一体化，提高加工工业及其企业的科学管理水平。节约水资源，应大力发展节水农业，推广节水品种、节水灌溉等技术；加强工业节水技术改造，推广循环用水、处理用水技术，限制高耗水企业及项目的发展；大力提倡节约生活用水，合理提高水价，推行用水计量处置，搞好城镇污水处理；大兴水利建设，加强水资源保护，合理调度水源，科学管理供水、用水和排水。节约土地资源，应把保护和节约耕地资源放在首位，严格控制生产、建设和生活占用耕地，加强土地复垦，开发可垦资源，合理规划各种非农业用地，强化法制管理。节约、保护和利用各种资源，都要形成负责节约的主体，建立企业自主节约的利益机制，强化政府促进节约的监督机制，合理提高自然资源的使用价格，逐步建立资源更新的经济补偿机制，不断提高资源的利用效率。

5.5 全面振兴农村经济，努力提高农民收入

农村、农业和农民问题是关系我国社会发展水平的根本性问题。我国 12 亿人口中有 9 亿农民，6 亿劳动力中有 3.5 亿从事农业，75% 的人口居住在农村和 55% 的劳动力从事农业是我国的现实国情。农村经济不稳则大多数人的生计受影响，农民收入不高则大多数人的生活水平难提高。只有切实加强农业，全面振兴农村经济，努力提高农民收入，才能为解决许多社会

问题创造基本条件。

提高农民收入，首先要从种植业入手，大力扶持粮食等主要农产品生产，积极发展各种经济作物种植业，倡导精耕细作，支持规模经营，节约成本，提高效益，通过发展高产、优质、高效农业，促进农民增收。二要树立大农业的观念，促进农、林、牧、副、渔各业全面发展，充分利用山水田地资源，增产各种农副产品，发展乡土经济、庭院经济，增加农民创收。三要大力发展乡镇企业，发挥资源优势、市场优势和劳动力优势，促进资源产品加工增值，利用中小企业比较适应市场的灵活机制，发扬农村劳动力吃苦耐劳传统和成本较低特点，因地制宜地发展工业、建筑业、运输业、商业以及其他第三产业等各种乡镇企业，带动农民增收致富。提高农民收入与加强农业和振兴农村经济一样，一靠政策，即贯彻落实家庭联产承包责任制、促进乡镇企业发展以及调整农副产品价格、疏导农副产品流通、保障农业生产资料供应等经济政策；二靠科学，即加强农业科技攻关和科技成果推广应用，促进科教兴农，搞好农业技术服务，提高乡镇企业的科技管理水平等；三靠投入，即调动农民、地方政府、中央政府以及社会其他方面投入农业和农村经济的积极性，不断增加资金投入和资源配置。还要建立健全农村社会化服务体系，发展新的市场组织形式；加强对农业和农村经济的领导，建立健全组织管理机制和工作责任制等。

5.6 加快小城镇建设，促进农业剩余劳动力合理转移

我国农村存在大量农业剩余劳动力，据保守估计总量也有1.5亿人之众，农业和农村的问题要走出去寻求解决方案。由于过去长期实行城乡分立体制，我国城镇化的水平明显落后于经济发展水平。目前非农业产值比重已超过80%，非农业劳动力

比重达到 45% 左右，而城镇人口比重却只有 30% 左右。这是阻碍我国经济和社会发展水平进一步提高的主要因素之一。改革开放以来，发展乡镇企业已经转移了 1.1 亿农业劳动力。在此基础上，进一步促进农业剩余劳动力合理转移，对我国社会发展意义非同一般。

促进农业剩余劳动力转移有三条主要途径。一是离土不离乡，继续靠大力发展乡镇企业特别是村及村以下办企业吸纳农业剩余劳动力。二是离土又离乡，引导部分农业剩余劳动力进入大中小型各类城市寻求工作，或跨区域流动到容量相对较大的发达地区打工。三是就近就地进入小城镇，发展和建设小城镇。看来这三条途径都不可或缺。但比较合理、现实和相对稳妥的做法是通过小城镇建设吸纳农业剩余劳动力。为此，应加强小城镇的统一规划和合理布局，引导乡镇企业集中连片进入小城镇寻求发展，加快小城镇的市场建设、交通建设、公用设施建设以及住房建设，小城镇建设资金的筹集和使用，率先改革小城镇的户籍制度，积极发展小城镇的个体经济、私营经济，发展中小型第三产业企业，搞活现有县办企业和大集体企业，鼓励把劳动密集型、资源加工型的企业从城市转到小城镇，吸纳更多的农业剩余劳动力。与此同时，也要因地制宜地发挥各级乡镇企业吸纳劳动力的作用，引导一部分有条件的农业剩余劳动力合理转入城市和跨区域合理流动。

5.7 加大内地开发和开放的力度，促进地区经济协调发展

由于历史的和自然条件等多种原因，我国沿海与内地的经济差距久已存在，在发展市场经济过程中，这种差距有扩大的趋势。如果任其发展下去，将不利于国家统一、民族团结和社会共同进步。从现在起就应考虑如何解决地区经济差距拉大的

问题。

为了协调沿海与内地经济关系，在沿海地区经济继续增长的条件下，应尽快加大内地经济开发和对外开放的力度。内陆地区要破除迷信、解放思想、实事求是，加快当地市场发育和商品经济发展，加快改革步伐，大力发展多种经济形式、乡镇企业、第三产业和中小企业，增强经济的内在动力和活力。按照国家产业政策，统筹规划生产力布局，充分发挥内地的资源优势和潜力，改善投资环境，加强基础设施建设。加大对内地政策性投资的力度，增加利用国外贷款和国内政策性贷款的份额，支持内地发展农业、水利、交通、通信、能源、原材料等基础设施和基础产业，多上一些资源开发型的大中型项目，创造条件积极发展资源加工产业。加快内陆地区对外开放和横向联合的步伐，研究制定必要的优惠政策，吸引国内外建设和发展资金。提高中央财政向内地实行转移支付的能力，支持内地经济开发。鼓励沿海与内地以多种形式进行联合开发、技术合作、对口支援和人才交流，帮助内地加快经济和社会发展步伐。

5.8 建立健全调节机制，合理控制居民收入分配差距

社会不同群体、不同阶层之间收入分配的差距，与城乡差距、地区差距一起，构成影响社会经济稳定发展的三大差距。铁饭碗和大锅饭有所打破后，收入分配存在一些差距理所当然。但在计划与市场二元分配机制并存、按劳分配和按资分配等多种分配形式并存的格局下，收入分配差距中的复杂因素甚多。特别是在经济约束机制、宏观调节体制和社会法律制度不健全的条件下，收入分配差距带来的社会问题不少，必须引起高度重视。

调节和控制居民收入分配差距，应从初次分配和再分配两方面加以努力。在初次分配方面，要加快建立激励与约束相结合的工资机制，采取有效措施，保证收入增长不高于生产增长和平均工资增长不高于劳动生产率增长；对部分处于垄断经营地位的国有企业或单位，应加强管理和监督，防止垄断性收入向个人倾斜；在现代企业制度尚不健全的情况下，仍要发挥财政、银行和劳动等部门对国有单位工资、资金和收入的监督管理作用；合理规定经营者和承包人的最高工资或收入。在再分配方面，应强化对个人所得税的征收，合理开征遗产税、赠予税等个人收入税种；创造条件实行个人收入申报制度，逐步实行银行存款实名制和公职人员财产公布制。

5.9 集中力量攻克难点，着力消除贫困现象

减轻和消除贫困是社会发展的重要目标。我国目前尚有 8000 万农村贫困人口未解决温饱问题，城市也有少数贫民收入在最低生活费标准之下。使 8000 万人脱离贫困，实现温饱，是《国家八七扶贫攻坚计划》的基本要求，是保障到本世纪末全国人民生活总体上达到小康的重要方面。

为消除贫困，国家应从财政和金融上对贫困地区继续实行支持政策，加强以工代赈，增加扶贫贷款，实行转移支付，进行定期或不定期补助等。实行科教扶贫，提高贫困地区劳动力素质和生产技术水平，办好以脱贫为目标的培训班和扫盲班，普及科学文化知识。坚持开发和开发式扶贫，帮助兴办骨干企业，发展各类经济实体，引导不具备办企业条件的贫困乡村带资带劳到条件较好的地区进行异地开发。对没有生存条件、生态环境恶劣的地区，鼓励志愿实行开发式移民。提倡和鼓励先富起来的地区和城市，通过联合开发资源、提供技术支持、帮

助开辟市场、扩大吸收劳务、提供就业机会等多种形式，带动和帮助贫困地区发展经济。动员国内各方面社会力量，帮助贫困地区发展，如兴办"光彩事业"等。鼓励港、澳、台同胞和海外侨胞支持贫困地区开发建设，积极争取国际支持，扩大国际社会合作。因地制宜地研究制定不同城市最低生活费标准，加强社会救济，帮助城市极少数贫民解决生产困难问题。

5.10 促进经济健康发展，保持社会基本稳定

社会问题与经济问题密切关联，经济增长中存在的失业、通货膨胀和经济周期等现象，不仅引起经济的不稳定，而且会引发社会的不稳定。新中国成立以来的历史经验表明，经济增长每遇大起大伏之后，社会矛盾问题随之尖锐突出。这告诫我们，为保持社会基本稳定，必须促进经济健康发展。

促进经济健康发展的良方很多，但求直接与社会稳定相关，择其要者有三。一是要合理控制失业率，千方百计地增加劳动就业。继续拓宽城镇就业渠道，大力发展劳动容量比较大的第三产业，发展劳动机制较为灵活的多种经济形式，加强失业保障和再就业培训。农业剩余劳动力除合理向乡镇企业、小城镇、一些城市及地区有序转移外，还应扩大第一产业本身的就业容量，向农业的深度和广度进军，鼓励劳动积累和劳动开发。二是要合理控制通货膨胀率，努力将其抑制在社会能够承受的范围之内。为此在通货膨胀上走时，应实行偏紧的货币政策和财政政策，不放松投资需求和消费需求总量，积极增加农副产品等有效供给，慎重出台调价措施，加强市场物价管理。三是要实行反周期的宏观政策导向，逆对经济风向行事，努力烫平经济周期波动，尽量减少经济波幅可能带来的不稳定和不安定因素。

5.11 建立健全社会保障体系，保证改革开放和经济发展顺利进行

随着改革开放的深入推进，无论是深化现代企业制度改革，还是企业更多地参与国际竞争，都要求加快建立健全社会保障体系。这是保障全体人民基本生活权益和在市场经济条件下维护社会稳定的重要措施。

建立合理的多层次的社会保障制度，当前重点是完善养老、失业、医疗和工伤保险制度，同时建立合理的规范化的社会救济制度，大力发展城乡社会福利事业，推进优抚安置和社会互助。要逐步建立统一的社会保障制度，推行城镇法定的基本养老保险制度，实行社会统筹和个人账户相结合，由国家、单位和个人共同承担。农村养老既要强调家庭保障为主，发扬子女赡养老人的优良传统，又要采取多种集体供养形式；有条件的地方，可根据自愿原则，实行个人储蓄积累养老保险，加强集体扶持程度，逐步发展层次不同、标准有别的农民老年保险事业。逐步建立范围覆盖全部职工，费用由国家、集体、个人三方合理负担，失业救济与再就业相结合的失业保险制度。积极探索城镇职工医疗改革办法，逐步建立社会统筹医疗基金与个人医疗账户相结合的医疗保险制度。在农村，根据不同情况，推行合作医疗或大病合作医疗，逐步引进医疗保险机制。城镇各类企业和农村乡镇企业，按照工伤保险与工伤预防、职业病康复相结合的原则，建立健全企业工伤保险制度，逐步提高工伤保险待遇水平。加强对各类社会保险基金的监督与管理，实行基金的运营和管理严格分开。养老保险储备基金主要投资于国家债券，确保增值和按期偿还。实行社会保险与商业保险相结合，充分发挥商业保险的补充作用。对达不到最低生活费用保障线的城

市居民，给予必要的救济和帮助。加强城乡福利设施和社区服务建设，发展慈善事业，逐步调高优抚对象的抚恤补助标准。安置好退伍义务兵、志愿兵、军队转业干部和离退休干部。提倡多种形式的社会互助活动。加强社会保障的立法和执法建设。

5.12 扶助社会特殊群体，保护妇女、儿童、老年人、残疾人的合法权益

妇女、儿童、老年人、残疾人是社会中比较脆弱的群体，在社会生活中往往处于不利地位，需要政府和社会各界给予特殊保护和扶助。在发展市场经济过程中，社会尤应对此问题高度重视和积极关照。

保护社会特殊群体权益，要实行少生优育，加强妇幼保健，进一步降低孕产妇和婴儿死亡率，保障女童和女性受教育的权益，加强妇女职业培训，增加妇女就业机会，促进妇女就业结构合理化，保障女性与男性的就业机会均等与同工同酬。杜绝童工现象，动员社会力量积极救助因贫困失学的农村少年儿童返回学校。坚决打击拐卖妇女儿童的犯罪行为，保障青年特别是农村青年的婚恋自由权利。保障老年人的基本生活，逐步满足老年人的特殊需求，增加老年人继续受教育的设施。大力推动康复和残疾预防工作，增加社会福利设施和特殊用品用具供应，在公共建设中推广无障碍设施，加强残疾人的教育和职业培训，继续办好社会福利企业，促进残疾人普遍、稳定和合理就业。扩大妇女、老年人、残疾人对社会的参与面，提高他们的社会地位，发挥他们在社会事务活动中的积极作用。丰富妇女、儿童、老年人、残疾人的文化生活。坚持反对虐待行为，加强社会对妇女、儿童、老年人、残疾人的权益保护立法和执法工作。充分发挥全国和地方性妇女、儿童、老年人、残疾人

权益保护组织和工作机构的作用。大力宣传人道主义和保护妇女、儿童、老年人、残疾人权益的意义和做法。

5.13 发展卫生体育事业，推动卫生保健和全民健身

卫生体育事业的发展与人民身体健康状况密切相关。医疗卫生本来就是人民的基本需要，随着人均收入的提高和消费结构的变化，对健身体育的需要逐渐增加。卫生体育事业发展水平成为衡量人民生活质量和社会发展水平的重要标志。

大力发展卫生体育事业，提高人民身体健康水平，要逐步建立起适应人民多层次需求的，包括医疗卫生服务、预防保健和卫生监督执法的卫生体系；推行全民健身计划，普遍增强人民体质，明显改善青少年身体素质。巩固、完善和加强农村三级医疗预防保健网建设，着力改善农村居民饮水质量和卫生状况。大力普及卫生知识，加强对传染病的监控。逐步推行卫生区域规划管理模式，重点改善人民群众基本的医疗卫生保健。发展和振兴中医药，促进中西医协调发展。改善中等医学教育，加强以培育乡村医生为主要目标的卫生职业教育，制定具体措施鼓励专业卫生技术人才到农村和边远地区定期服务，在农村各县乡建立卫生示范村。重点围绕全民健身计划，大力开展群众体育活动，建立社会化的群众体育组织网络，建立并完善国民体质测试系统，鼓励家庭健身和自我健身。把竞技体育与群众体育更好地结合起来，以群众体育为基础，努力提高竞技体育水平。

5.14 履行政府管理职能，加强对社会发展的规划引导和政策指导

发展社会主义市场经济，迫切要求转变政府职能，改革政府机构。要转变政府管理经济的职能和方式，不直接干预企业

的生产经营活动，主要运用经济手段、法律手段和必要的行政手段管理国民经济，从直接调控为主转向间接调控为主。与此同时，要加强政府的社会管理职能，保障良好的社会秩序，保证国民经济正常运行。

加强政府对社会事业的管理，履行政府的社会管理职能，首先要做好社会发展规划和计划工作。社会发展规划、计划与经济发展规划、计划有机结合，同步实施。社会发展计划管理体制也要改革。从过去的偏重于指标管理、项目管理，转向以政策性管理为主、以指标管理和项目管理为辅的综合性管理，运用宏观政策引导和协调社会事业的发展，逐步建立适应社会主义市场经济要求的在总体上是指导性的社会发展计划管理制度。建立社会发展国家报告制度，以中长期规划和定期社会发展评价为基本手段，调控和指导社会发展的方向。加强社会发展规划和计划的综合协调作用，明确国民经济和社会管理综合部门的职责。加大对社会发展进行政策调节的力度，综合协调宏观经济政策和社会政策的配套运用，发挥经济杠杆和社会利益杠杆的协同作用。

5.15 合理划分职责，更多地发挥地方政府进行社会管理的作用

按照政企分开、提高效能、缩短管理距离和精简管理层次的原则，地方政府应对社会管理承担更多的职责。在政府职能转变和机构改革中，要明确各级政府对社会事业的管理职责，在合理划分中央与地方事权的基础上，逐步建立中央与地方合理分工、以地方政府为主的社会发展管理体制。

按照宏观管理的要求，中央政府管理社会发展的主要职责可以考虑为：制定国家社会发展战略和规划，研究制定社会管

理的法规，制定实施重大的社会政策，指导各项社会政策在行业和区域间的协作，重点支持带有全局性的社会事业薄弱环节和重大项目，管理代表国家级水平的大型社会事业单位和设施。中央政府对社会发展的管理工作，具体由国务院社会发展综合管理部门和行业主管部门共同承担。综合部门侧重协调决策，专业部门侧重指导实施。

按照区域覆盖的原则，地方政府对推动区域内各项社会事业应负主要责任。其职责可以考虑为：按照国家总体发展战略、目标和规划，制定并实施区域内社会发展规划和政策，为区域内各项社会事业筹措资金，逐步增加对社会事业的投入；促进发展具有区域特色的社会事业和社会活动；分级管理区域内社会事业单位和设施。

发挥基层政权机构管理社会事业的基础作用十分重要。城市居民委员会和农村村民委员会是联结基层政府与城乡居民的有效组织形式，应发挥其在社区事业发展和社区管理中的积极作用，走出一条有中国特点的社区建设和发展道路。

5.16 推进社会事业管理体制改革，形成新的社会发展运行机制

适应社会主义市场经济的要求，社会事业管理体制的改革，在逐步建立起中央与地方分工明确、综合部门与专业部门协调统一的管理体制的同时，要重点建立事业性质划分明确，以社会效益为主、兼顾经济效益，效率与公平相结合、提高运行效率的社会发展运行机制。

建立新的社会发展运行机制，有必要合理划分三种类型的社会事业单位。社会发展运行的微观基础是各种社会事业单位。在传统体制下，绝大多数的社会事业单位由国家兴办，以公益

型为特色，长期依靠国家财政的扶持，失去了自我积累和发展的活力。因此，有必要按照公益型、经营型和混合型的运营性质，对社会事业单位进行合理划分。

公益型单位，是那些为满足广大人民基本需要的没有盈利条件的非经营性机构。这些机构的特点是，活动的社会效益与直接经济效益有较大的矛盾，但对于国家和民族的发展极其重要，国家要继续从各个方面予以扶持。这类单位的正常运营，由国家财政拨款解决。

经营型单位，是那些完全具有经营能力和盈利条件的机构。这些机构能够通过向社会提供精神产品和服务，取得明显的经济效益，完全有必要和条件进入市场，通过竞争向人民提供多样优质的产品和服务，并寻求自我发展的机会。今后要按照现代企业制度的要求对这些事业单位进行改制，在内部建立起自负盈亏、自我积累、自我发展的良性循环机制；执行统一的企业财务会计制度和税收制度，建立经营行为约束机制，国家不再给予财政补贴。

混合型事业单位，是那些具有有限经营和盈利能力的组织。一方面，它们因为社会需求大，行业垄断性强而可能盈利；另一方面，又因为直接以满足广大人民物质文化需要为目的而不能以盈利为目的。国家将继续按照社会效益为主的原则规范这些单位的行为，同时也允许它们从事有限创收活动。这类单位应逐步将其经营性收入和社会公益性收入分开核算，国家根据其承担的社会公益性任务和社会效益、经济效益状况，核定财政补助数额。

5.17 扩大社会参与，鼓励社会事业社会办

借鉴国际社会事业发展的经验，总结改革开放以来一些地

方走社会化路子兴办社会事业的成功做法，在发展社会主义市场经济的进程中，要善于调动社会各方面发展社会事业的积极性，形成社会各界广泛参与社会发展的机制，促进社会事业更快更好地发展。

社会事业社会办是社会事业繁荣昌盛的有效途径，也是促进全社会关心社会发展的积极方式。在坚持政府主办和主管部门统一规划、具体指导的前提下，鼓励和争取更多的社会各界力量广泛参与促进社会事业发展。鼓励民间组织和个人参与社会发展活动，投资社会经营型事业，兴办实体，政府在各个方面提供咨询、服务、政策优惠等条件。逐步放开对公益型和混合型社会事业领域的政策限制，允许民间组织、社会团体、私营机构以及海外华侨和私人等，以各种形式参与管理。在不损害社会效益的前提下，鼓励更多的社会非经营型内部设施向社会统一开放，提供有偿服务。在革除传统体制下企业办社会的弊病的同时，也要积极探索企业参与社会事业的新路子。建立社会发展专家咨询系统，为国家采取重大社会决策提供智力支持。借鉴一些国家采用经济手段支持公益性社会事业发展的做法，凡捐助非营利型社会事业建设和运营的，免征或大幅减征所得税及赠予税、遗产税，同时予以宣传鼓励，弘扬捐助者名声。

5.18 采取多方面综合措施，加大社会发展投入力度

社会事业发展的产出功在人间，利在社会，具有明显的社会效益。但社会事业的投入则不可或缺，并不能简单地用经济效益去衡量投入产出比。考虑到这一特点，在市场经济条件下，要采取综合措施拓宽社会发展的筹资渠道，建立多元化的社会资金筹措机制。

各级财政用于社会事业发展的资金，应随着经济增长和财政状况改善逐步提高比例。考虑分级设立与社会发展管理体制相一致，由各级社会发展综合管理部门统一管理的社会发展固定资产更新改造基金，主要用于公益型单位固定资产的更新改造。扩大利用银行信贷资金的渠道。鼓励国内外经济、社会组织和个人对社会发展事业的财力赞助。扩大社会事业对外开放程度，划出一些领域允许外商按照国家政策投资经营。改变一部分社会事业低收费的政策，采取渐进的方式，逐步合理地提高收费标准，实现按成本收费到按经营价格收费的转换。建立社会发展领域综合和各种专项基金，基金主要来源于国内外各项捐赠，用于有特殊困难的公益型社会事业发展。努力创造条件，积极考虑筹备成立社会发展银行，融通各方面资金，用于社会事业的发展。

根据社会事业单位不同的运营性质，采取不同的筹资方式。公益型单位，发展资金主要来自四个方面：财政资金；国家统借的国外贷款；国内外无偿援助和赞助资金；社会发展领域固定资产的更新改造基金。经营型单位，发展资金主要来自：银行信贷资金；外商直接投资；自我积累的资金；经国家有关部门批准的各种有偿社会集资；通过参股、合资、合作经营等多种投资方式吸引的资金。混合型单位，发展资金除财政要保证一定比例的投资外，还要辅之以银行贷款、经国家有关部门批准的各种有偿社会集资、赞助以及增加经营性收益等多种方法筹集资金。

5.19 加强社会主义民主和法制建设，加快社会领域的立法步伐

社会主义民主和法制建设，不仅是社会运行秩序的重要基

础，而且是社会主义市场经济的有力保障。加强社会主义民主法制建设，有利于规范社会经济行为合理化，有助于提高包括干部群众在内的全体国民的法制意识和社会政治素质，是促进社会主义市场经济健康发展的基本工程。

加强社会主义民主法制建设，进一步完善人民代表大会制度和共产党领导下的多党合作与政治协商制度，不断扩大人民群众参与社会政治生活的广度和深度。充分发挥社会团体和民间组织的积极作用。加强民主政治的具体制度、运作机制和操作程序方面的建设，充分实现和切实保障宪法和有关法律赋予公民的广泛权利。加强基层民主建设，不断推进城乡基层的群众自治，进一步发挥社会舆论的监督作用，完善民主监督制度。提高国家事务管理的社会参与度。建立健全保障公民参与国家事务的制度和信息渠道，培育人民的参与意识，提高其参政议政和实行民主监督的能力与水平。采取灵活多样、生动活泼的方式和途径，动员广大人民和职工群众参与国家政治、经济和社会事务的管理。国家重大改革方案、国民经济和社会发展计划、发展战略、重要法规等的制定和实施，都要努力提高透明度，广泛听取社会各界的意见，努力使计划、政策、法规的制定过程成为政企民学达成共识的过程。坚持和完善民族区域自治制度，贯彻执行党和政府的宗教政策。巩固和发展平等、团结、互助的社会主义民族关系，促进各民族的全面进步和共同繁荣。建立健全法律服务机构，深入开展法制教育，提高全社会的法律意识和法制观念，增强全体公民履行各项法律义务的意识和自觉性。加强和改善公安、司法、行政执法和执法监督，坚决纠正有法不依、执法不严、违法不究的现象。加强廉政建设，完善国家机关及其工作人员的廉洁自律和监督机制，切实纠正部门和行业不正之风。认真搞好社会治安综合治理。严格实行社会治安综合治理领导责任制，强化社会安全防范机制，坚持专门机关和群众工作相结合，把社会治安综合治理的措施落实到基层。

加快社会领域的立法步伐，是促进社会发展和社会管理逐步走上法制化轨道、保障社会事业正常运行的重要举措，也是加强社会主义民主法制建设的重要内容。要按照发展社会主义市场经济的基本要求，规范社会主体行为，调整社会利益关系，贯彻落实《科技进步法》《教育法》《环境保护法》《劳动法》等社会立法，抓紧制定各项新的法律和法规，争取社会领域里的立法与经济立法基本同步。加强社会领域的执法、司法和普法工作。

5.20 加强社会主义精神文明建设，形成全社会公民健康向上的发展格局

在新的社会经济发展时期，能否形成有利于社会主义现代化建设和社会主义市场经济健康发展，有利于正确处理改革、发展、稳定三者关系的舆论力量、价值观念、道德规范和文化条件，有力地抵制资本主义和封建主义的腐朽思想，防止种种迷失方向的危险，振奋全国各族人民的巨大热情和创造精神，努力促进国民经济发展和社会全面进步，事关重大。要靠提高全民族的思想道德素质和科学文化素质，培育有理想、有道德、有文化、有纪律的社会主义公民。这有赖于加强社会主义精神文明建设，坚持物质文明建设和精神文明建设两手抓，两手都要硬。加强社会主义精神文明建设，进一步繁荣和发展社会主义文化。文学艺术、广播电影电视、新闻出版等各项文化事业，应坚持文化艺术"为人民服务，为社会主义服务"的基本方向和"百

花齐放，百家争鸣"的基本方针，弘扬主旋律，以正确的舆论引导人，以高尚的精神塑造人，以优秀的作品鼓舞人，全面繁荣社会主义文化。以社会的稳定、繁荣、文明、进步为主导，充分调动社会各方面力量，加快文化事业建设步伐，最大限度地满足人民群众不同层次、健康向上的精神文化需求，引导、提高人民群众文化生活的层次和质量。继承和发展民族优秀传统文化，建设以民族文化为核心的，现代化、多元化的文化艺术体系。在坚持把社会效益放在首位的同时，鼓励发展能够同时取得社会效益和经济效益的文化事业。政府重点扶持高品位的艺术和民族文化精粹，努力提高文艺作品的思想性和艺术质量。加强图书馆、博物馆、档案馆、剧场（音乐厅）、美术馆、图书发行网点等公共文化设施的建设，不断提高广播电视的人口覆盖率。加强文物保护。搞好农村文化网和"边疆文化长廊"建设。各项文化事业的机构和设施都应努力利用现代科技手段，扩大服务功能，提高服务质量，增强社会效益。积极推广和普及普通话，促进语言文字规范化和标准化。广泛开展国际文化交流与合作。大力开发我国民族文化资源，扩大文化交流领域和商演市场，促进文化交流向高标准、深层次发展。

加强全社会的思想道德建设，在邓小平同志建设有中国特色社会主义的理论和党的基本路线指导下，以培养有理想、有道德、有文化、有纪律的一代新人为目标，坚持不懈地大力开展爱国主义、集体主义、社会主义教育，加强社会公德和职业道德教育，提倡勤俭节约和艰苦奋斗精神，反对拜金主义、极端个人主义和腐朽的生活方式，全面提高整个社会的思想道德水平，形成良好的社会风尚，保障社会主义市场经济的健康发展。运用多种方式和宣传手段，深入有效地开展以关心人、理解人、尊重人、教育人为核心的思想政治工作。认真贯彻中共中央印发的《爱国主义教育实施纲要》，重点在青少年中开展包括中华民族优秀文化传统教育，近、现代史教育和国情教育在内的爱国主义教育以及法制教育，引导人们坚定社会主义信念，培养集体主义观念，发扬艰苦创业精神，树立为人民服务思想，增强遵纪守法意识，抵御各种腐朽思想的侵蚀，养成良好的社会行为规范和健康文明的生活方式。加强社会公德、职业道德和行业文明建设，使社会成员养成"爱祖国、爱人民、爱劳动、爱科学、爱社会主义"的基本社会道德和尊老、爱幼、助残的良好风尚，逐步形成社会各行业适合自身特点的道德规范；继承和发扬中华民族的传统美德。大力表彰具有时代精神的英雄模范人物，弘扬社会正气，同时要建立各种社会奖励基金，在给英雄模范人物以精神鼓励的同时给予物质奖励和生活保障。鼓励和引导开展社会志愿者活动；高度重视哲学社会科学工作，加强理论建设。

社会主义精神文明建设是全社会的共同任务，是经济和社会发展的强大精神支柱。应制定精神文明建设的规划，纳入社会发展的总体规划，建立必要的物质保障，逐年增加投入。精神文明，重在建设，应加强领导，检查督促，评比表彰，总结经验，研究政策，组织协调，扎实工作，以精神文明建设的丰硕成果，促进国民素质的普遍提高和社会经济的全面进步。

关于中国社会保障制度基本模式研究 [1]

（1995 年 4 月）

导 言

0.1 社会保障是社会化大生产的产物，是市场经济体制的重要支柱

经济发达国家近百年来发展社会保障事业，对缓和劳资关系、促进社会稳定与经济发展起了不可忽视的积极作用。19 世纪上半叶，英国颁布新的《济贫法》，认定社会救济属于公民的合法权益，社会负有保障公民生存的义务。19 世纪下半叶，德国实现统一，为了加快工业发展，先后颁布了疾病保险法、老年与病残保险法和失业保险法，把调和劳资关系、解决社会问题放到重要位置。20 世纪 30 年代，美国为了解决经济危机造成的严重后果，罗斯福总统制定了世界上第一部《社会保障

① 本文系受国家计委委托项目、魏礼群作为总负责人的《关于中国社会保障制度基本模式研究》主报告，课题组组长刘风，副组长郭崇德、侯文若、戴桂英、冯汉湘、易卜仁、袁守启，主要成员有田军、李荣时等。

法》，把建立社会保障制度作为建国方略，强调国家干预社会经济生活，取代家庭保障，消除人们由于年老、失业、病残失去劳动能力和生活来源而产生的恐惧心理与贫穷状态。第二次大战后，不少国家社会保障事业进入了充实、发展阶段，在社会民主党"福利社会主义"和某些著名专家"扩大公共消费、刺激经济增长"的理论指导下，英国首先宣布建成"从摇篮到坟墓"均有保障的"福利国家"。之后，又有许多国家相继宣布为福利国家，实施普遍福利原则和高福利政策。经过几十年的实践，一些经济发达国家感到急速膨胀的社会福利费用的压力和对发展经济的制约，纷纷提出增强个人保障责任的改革措施。经济发达国家的社会保障，目前处于改革阶段。亚洲一些发展中国家推行的社会保障政策和制度，与发达国家比较，有自己的特点，更接近于东方文化的要求。

0.2 社会保障是我国建立社会主义市场经济体制的重要组成部分，是促进经济发展、深化体制改革、保持社会稳定的重要条件

要建立社会主义市场经济新体制，就是要使市场在国家宏观调控下对资源配置起基础性作用。我们要建立的社会保障体系，要适应市场经济体制的要求，适应中国国情和现实生产力发展水平，具有中国社会主义的特色。也就是切实从中国人口多、生产力水平低、老龄化进程快、城乡差距大、地区经济发展不平衡等基本国情出发，从深化改革、促进发展、保持稳定的高度认识社会保障制度改革的重要性和迫切性，总结国内各地区试点的成功经验，借鉴国外的有益做法，不断完善改革方案，尽快建成具有中国特色的社会保障体系。

一、现状 目标 原则

1.1 我国社会保障制度的演变与当前存在的主要问题

我国城镇公有制单位现行的社会保障制度，是新中国成立后在总结解放区供给制经验的基础上，以"必要扣除"理论为指导，按照计划经济体制的要求建立起来的。当时国际国内主要背景是：西方一些发达国家大幅度提高社会福利，宣称建成"福利国家"；东欧和中国参照苏联模式，对城镇职工的社会福利采取了由国家包下来的社会保险办法，以体现社会主义制度优越性。1951 年公布的《中华人民共和国劳动保险条例》，本着保护工人职员身体健康、减轻其生活困难的精神，对养老、疾病、工伤、生育、死亡抚恤等各项保障待遇都作了明确规定。实行了退休养老和公费医疗制度，为职工直系亲属建立了半公费医疗制度。对失业工人和城乡贫困居民给予社会救济。对军烈属和伤残军人实行优抚安置。1978 年，国务院又颁布了关于安置老弱病残干部和工人退休退职的暂行办法，随后又颁布了关于老干部离职休养的暂行规定。对广大职工与干部的生老病死伤残都有所保障，基本上改变了旧社会老无所养、病无所医的困境，对激发群众生产积极性、促进经济发展、保持社会稳定起到了积极作用。

进入 80 年代之前，这种以国家包揽为特征的国家单一型社会保险体制，由于职工年龄结构处于年轻型，保障费用支出数额不大，对财政和企业都没有形成很大压力。进入 80 年代以来，随着改革开放的逐步深入和职工年龄结构趋于老化，现行保障体制的弊端日益突出。通过十多年来的改革，虽已取得一定进展，但总体上还属于试点性质，同建立社会主义市场经济体制的目标与深化企业改革、建立现代企业制度的要求相比，还有很大差距。

当前存在的主要问题是：社会保障体制改革滞后，与经济发展、深化改革、社会稳定的要求不相适应。当前我国正处于社会结构转型、经济体制转轨两个转变同时并进的阶段。遵照邓小平同志关于建设有中国特色社会主义的理论和抓住机遇、深化改革、扩大开放、促进发展、保持稳定的指导思想，加快建立社会主义市场经济体制，加快社会主义现代化建设的进程。在这一过程中，就所有制来说，坚持公有制为主体、多种经济成分共同发展；第一产业劳动力向第二、三产业转移，农村人口向城镇（主要是小城镇）转移；计划经济向市场经济转变，市场竞争机制发挥越来越大的作用。这种具有历史性的巨大转变，要求社会保障机制必须相应改变，调整社会保障资金渠道，为统一劳动力市场的形成创造必要条件。而多年来，社会保障体制改革的步伐缓慢，很不适应加快经济发展和深化改革的要求。主要表现在：

1.1.1 国家包揽过多、企业负担过重的局面还没有从机制上加以解决，社会保障与个人自我保障相结合的体制尚未确立。公有制单位职工养老、医疗等重大保障项目的费用，多年来完全由国家和企业承担。1991 年国务院关于企业职工养老保险制度改革的决定虽已明确要改变这种完全由国家和企业包下来的办法，职工个人要缴纳一定费用，但至今落实得还很不理想，特别是能够激发职工群众自动缴费的机制尽管在少数地区已有试点经验，但离全面推广还有很大距离。

1.1.2 失业保险发展缓慢，资金投向不尽合理。1986 年开始着手建立失业保险制度以来，取得了一定成绩，解决了一部分失业工人的生活问题，对保持社会稳定起到了积极作用。据统计，1986—1993 年为 103 万失业人员提供了失业救济，1994 年又为 100 多万失业人员发放了失业救济金。总的趋势是逐步发展的，但进展比较缓慢，特别是从建立现代企业制度、提高企业效率、解决大量冗员和促进劳动力市场形成的高度来要求，还有很大差距。失业保险基金用于失业人员的比重过小、账面积累过多、挪作他用和管理费用比重过大等状况，亟待改进完善。

1.1.3 城镇非公有制企业从业人员的应有权益尚无保障，亟待建立适合自身特点的社会保障制度。改革开放以来，"三资企业"、私营企业、个体工商业已经有了很大发展，并将继续有较大发展，但他们的社会保障制度尚未建立，其从业人员的应有权益得不到保障。拖延下去，一是可能构成潜在的社会问题；二是不能预筹社会保险基金，助长一部分人消费结构扭曲；三是不利于拓宽就业渠道，吸纳企业富余人员。这些非公有制单位的社会保障不宜照搬国有企业现行办法，必须按照市场经济原则和他们的自身特点，建立新的社会保障制度。

1.1.4 广大农民的养老、医疗问题日益突出。推行计划生育是我国的基本国策，控制人口过快增长的重点、难点在农村。广大育龄农民对少生优生的道理是容易理解的，但由于没有养老保障措施，养儿防老、多子多福的传统观念不易改变，对计划生育仍有后顾之忧。在有关部门的积极推动下，农村的社会保障试点工作正在逐步展开。根据农村经济特点，适应各地经济发展水平和农民承受能力，积极而又稳妥地建立农村老年保障和医疗保障制度，是建立有中国特色社会保障体系的重要组成部分。

1.2 改革目标

改革和完善现行社会保障制度，建立覆盖全社会的，与社会主义市场经济体制、社会生产力水平和各方面承受能力相适应的社会保障体系，既要保障那些因年老、失业、疾病、贫困、伤残而丧失生活来源的劳动者，通过社会分配、互助互济和个人强制性储蓄保险，得以生存并使基本生活有所保障，达到社会安定的目的；又要促进经济增长，增强国家实力，把发展社会保障事业与发展经济统一起来，使之成为经济增长的有利支柱。

建立有中国特色的社会保障体系，从长远看，应建成城乡一体化的社会保障制度，以利形成统一的社会主义市场经济体制和统一的劳动力市场。这个长期的奋斗目标，需要随着农业现代化和农业劳动力转移而逐步实现。

当前，在相当长的一个阶段内，还是要从城乡仍然存在较大差别这一现实情况出发，按照城乡有别的原则，分别设计城镇和农村的社会保障体系。包括保障方式、保障程度、资金来源、筹资办法，以及养老、医疗等具体规定，依据城乡经济发展的不同水平，制定阶段性目标，采取切实有效措施，逐步推进。

到本世纪末的目标应当是，初步建立起同发展社会主义市场经济和生产力水平相适应、权利义务相统一、兼顾公平与效率、合理的多层次的社会保障体系；初步形成由社会保险、社会福利、社会救助、社会优抚等组成的社会保障制度，重点应是完善养老、失业、医疗、工伤保险制度。在城镇，要建立健全以养老、失业、医疗、工伤等为主要内容的社会保险体系，使以工资收入为主要生活来源的社会劳动者的社会保险覆盖面达到 90% 左右。加快住房和教育制度改革，使社会福利更加适应社会主义市场经济体制的要求。规范社会救助制度，进一步保障低收入者的基本生活。完善社会优抚制度，保障优抚对象的生活逐步有所提高。在农村，要依据各地不同的经济发展水平和农民的承受能力，采取灵活多样的保障形式，发展农村老年保障事业与合作医疗。到 2000 年，农村参加保险的覆盖面达到 40% 左右。要强调农村劳动者自身和家庭子女的保障作用。凡有条件的地方，都要在坚持自愿原则的基础上，发展劳动者个人以及劳动者个人为主、集体补助为辅相结合的储蓄积累养老保险，到本世纪末使储蓄养老保险覆盖面达到老年人口的 30% 左右。同时，积极发展其他形式的老年保障事业与社会救助，逐步形成层次不同、标准有别的农民老年保障体系。

1.3 改革原则

建立新的有中国特色的社会保障体系，特别是老年保障体系，要发挥社会再分配功能与强制储蓄型保险和个人自愿储蓄三根支柱的作用。应当遵循以下原则：

1.3.1 保障水平与经济发展水平相适应。社会保障作为消费资料的一种特殊分配形式，同其他分配形式一样，必须受制于生产力的发展水平，并要有利于调动劳动者的生产积极性。社会保障的项目、范围和待遇水平，要从我国人口多、生产力水平低和老龄化进程快的国情出发，兼顾长远利益和眼前利益，兼顾国家、集体和个人利益，同各方面的经济承受能力相适应。社会保障待遇具有能上难下的刚性，一旦定下来，就不是只管三年五年，而是要管一个历史时期。超越生产力发展的现实水平，追求过高的保障程度，会挫伤劳动者的积极性，最终由于负担过重而使福利政策、保障制度难以为继。西方一些福利国家由于社会保障水平定高了，导致社会保障费用的增长大大超过生产力的增长，严重制约经济的发展。这个深刻教训，我们应引以为戒。

1.3.2 协调国家、集体、个人三者关系，权利与义务相统一。在计划经济条件下建立的社会保障制度，是与国家直接进行收入分配，并实行低工资政策相联系的，一切保障费用都由国家和企业包下来。在社会主义市场经济条件下，市场对资源配置起基础性作用，职工的收入取决于企业经营的效益和成果，企业有独立自主的经营权和分配权，工资政策、分配政策发生了重大变化。新的社会保障制度，必须从机制上协调国家、集体、个人三者之间的关系，改变完全由国家和企业包下来的办法，贯彻权利与义务相统一的原则，明确劳动者个人的责任与义务。在履行规定义务的前提下，有依法享受社会保障待遇的权利。改革社会保障（主要是社会保险）制度，要着重增强个人的自我保障意识，引入个人缴纳社会保险费用的机制。

1.3.3 兼顾公平与效率。社会主义市场经济体制下的收入分配，要处理好公平与效率的关系。初次分配，要体现效率优先的原则；再分配，要兼顾公平，也要促进效率的提高。社会保障属于社会收入的再分配，主要功能是调节收入差距，维护公平分配，保障失去劳动能力者的基本生活需要。社会保障必须坚持公平与效率相统一的原则。维护公平分配的目的是激发劳动者的生产积极性，保持社会稳定，促进经济发展，而不是助长懒汉思想的滋长。特别是当前我国仍处于社会主义初级阶段，生产力水平还很低，现行社会保障制度又存在包揽过多和铁饭碗、大锅饭等弊端，改革和完善社会保障制度，必须注意发挥其应有的激励功能，待遇水平应与其贡献挂钩。兼顾公平与效率，就能在保障基本生活需要的同时，促进生产发展，从而在发展生产的基础上不断增强社会保障的物质基础。

1.3.4 保障方式和保障水平多层次。我国人口众多，幅员辽阔，城乡之间、地区之间、部门之间和不同所有制单位之间经济发展水平和劳动者收入水平都有很大差异。

经济发展的不平衡性和经济结构的多层次性，决定了社会保障不可能采取一个模式，只能是多层次、多样性的。

（1）城乡有别。在现阶段，无论保障方式或保障水平，城乡之间还不可能做到一体化，必须确定不同的保障方式、保障水平和保障项目。

（2）社会保障体系中不同的组成部分，担负不同层次的保障任务。社会救济主要保障处于贫困线人群的最低生存需要，是属于低层次的社会保障。社会保险是对由于年老、有病、伤残等原因而丧失劳动能力、中断生活来源的社会劳动者，按照约定的条件，提供保障其基本生活的物质帮助，属于较高层次的社会保障。社会优抚是对退伍军人、烈军属等特殊群体提供的优抚保障。不同的组成部分，覆盖不同的群体，从而使城乡居民都能得到安全网不同程度的保障。

（3）覆盖面最广的社会保险，还有基本保险与补充保险两个层次。基本保险要通过国家立法强制执行，补充保险要根据单位和个人承受能力自愿投保，作为基本保险的补充。基本保险保障广大劳动者的基本生活需要，补充保险则体现单位和个人经营成果和收入水平的高低，满足劳动者不同程度的需求。

（4）法定的基本保险，在地区之间、行业之间、不同所有制经济单位之间，由于经济发展的不平衡，其保障水平也会有一定的差异。社会保障的多层次性，是现阶段我国经济发展的客观反映，是不以人们意志为转移的。

除上述原则外，还要坚持服务管理社会化的方向和政策统一、分级管理的原则。强化社会保障部门的服务功能，加强社区建设，逐步改变企业办社会的状况。在政策统一、基本模式统一的前提下，进行分级管理，发挥地方政府的积极作用。

二、城镇养老保险改革

城镇养老社会保险是我国社会保障体系的重要组成部分。深化城镇养老社会保险制度改革，对于转化企业经营机制、建立现代企业制度、提高企业效率，对于促进整个改革、发展和社会稳定，都具有十分重要的作用。

党中央、国务院对社会保险制度改革一直非常重视，从 80 年代中期各地就开始了这项改革的探索，恢复并发展了养老保险基金的社会统筹。1991 年，国务院在总结各地改革实践经验的基础上，发布了《关于企业职工养老保险制度改革的决定》。1993 年，党的十四届三中全会《决定》中又进一步明确提出了社会保险制度改革的方向、目标、原则。根据两个《决定》的精神，参照各地区创造的有益经验，本报告试图从理论与实际相结合的角度，对城镇养老保险制度改革的基本模式提出以下建议。总的设想是，逐步建立统一的社会保险制度，推行城镇法定的基本养老保险，实行社会统筹和个人账户相结合。具体建议如下。

2.1 建立城镇一体化养老保险体制，各种所有制企业共同承担养老保险公积金

社会保险作为保障劳动者生活安全的经济活动，具有分摊

和补偿的职能。分摊是补偿的前提，补偿是分摊的目的，二者是社会保险两个密不可分的基本职能。分摊职能是，将参加社会保险的一些成员中因丧失劳动能力或失业等原因而造成的经济收入损失，通过"收入再分配"合理地分派给其他社会成员承担。由于在一定时间内发生风险的成员总是少数，因此，多数成员可以分散承担少数成员的损失。合理分摊职能，在社会保险学上称为"社会风险，共同承担"。在发达经济国家，这种分摊职能，形式上表现为雇主与雇员分摊，实际上各方分摊的保险基金，通过纳入产品成本，转嫁给产品消费者和消费国。补偿职能是，将参加社会保险的全体成员缴纳的保险基金用于少数成员的损失补偿。这种补偿可以使原来靠个人、少数人自身经济力量不可能得到的补偿成为可能。分摊与补偿充分反映了社会保险的互助互济性质。

我国养老保险制度，同样具有分摊与补偿的职能，不仅表现在社会成员之间、代与代之间的互助互济，还表现在企业单位和地区之间。新中国成立初颁布的《劳动保险条例》，在单位之间、地区之间具有较强的调剂功能，30%的保险金上缴总工会，用于全国调剂和筹办集体劳动保险事业。"文化大革命"期间破坏了这一功能，社会保险变成了企业保险，养老基金的征缴与支付完全由企业单位负责。1984年以来，恢复并发展了养老保险基金的社会统筹，加强了单位之间的调剂功能，比较地均衡了企业负担。但是在不同所有制企业之间，仍然没有打破界限，截止到1994年底，近3000万退（离）休人员的养老、医疗保险费用，完全由公有制单位承担，不同所有制企业之间不平等的竞争条件日趋加重。

广大退（离）休人员，为民主革命、社会主义革命和建设作出了巨大贡献，他们所创造的革命成果和经济建设成果为全社会所享用，他们今天所需要的庞大养老保险费用，亦应由全社会负担。城镇非公有制企业随着改革开放的不断深化迅速发展，队伍越来越大。截止1993年底已达722万人，加上个体劳动者为1652万人，而且每年都以较高速度增长。他们享用前人创造的劳动成果，亦应承担前人所需要的社会保障费用。根据社会保险分摊与补偿的功能要求，城镇一体化的养老保险体制，应建立基本（法定）养老保险公积金，由城镇所有企业（包括公有制企业和非公有制企业以及个体工商业）缴纳，用于统筹共济，体现社会保险的分摊功能，创造平等的竞争条件，促进市场经济的建立。

2.2 转换筹资机制，由国家单一保险型向单位、个人共负型转换，增强个人保障意识

从世界各国的实践来看，社会保险基金的筹措，在国家、集体、个人三者关系方面，大致可分为三种：一是投保资助型筹资机制，单位与个人共同承担保险费用。经济发达国家的法定养老保险，多是采取此种模式，雇主与雇员各承担一半。二是强制储蓄型筹资机制，劳动者从参加工作之日起，逐月逐年缴费，强制储蓄。个人缴费是前提，单位以同样比例缴纳。储蓄的本金和利息，作为退休后的养老基金，逐月领取。新加坡的公积金制，就是强制储蓄型筹资机制。三是国家保险型，保险费用完全由国家和企业支付。如苏联和东欧一些国家采取的筹资机制。

我国原有的社会保险制度，实质上是一种国家保险机制。其特点是国家把一切费用都包下来，职工个人不用缴纳任何费用。这种筹资机制，在计划经济体制下是有其道理的，国民收

入的初次分配和再分配，分配主体是国家，

企业没有分配权。分配形式、工资标准、奖金多少都由国家规定。执行的分配政策是低工资、高就业、多福利、多补贴，职工的工资主要用来吃饭、穿衣等。

改革开放以来，情况发生了很大变化。生产的目的性更加明确了，发展生产的目的是不断满足人们日益增长的物质文化需要；分配政策改变了，由过去的"大体平均"，转到允许一部分地区、一部分个人通过诚实劳动与合法经营先富起来，克服了长期存在的平均主义；分配机制与分配体制改变了，特别是初次分配，分配主体由国家转到了企业，分配机制由政府为主转向了国家宏观调控下的市场机制，市场将起基础性作用。经过十多年的改革开放，人民得到了实惠，整个分配格局发生了重大变化。城镇居民家庭人均生活费收入，由 1978 年的 316元增加到 1993 年的 2337 元，职工年平均工资由 615 元增加到3236元，城乡居民年底储蓄存款余额 1994 年末已超过 2 万亿元。国民生产总值的分配格局，国家所得份额由 32% 下降到 14% 以下，城乡居民个人所得份额由 50% 上升到 65% 以上。

改革开放以来，我们在社会保险筹资机制方面的变化不大，依然是国家保险型为主。国家包揽过多、筹资渠道单一、企业负担过重的局面没有得到根本改变。这与建立社会主义市场经济体制的要求不相适应，严重影响现代企业制度的建立，财政也难以为继。1978 年全国退（离）休人员只有 314 万，为在职职工的 3.3%，与在职职工之比为 1∶30.3。退（离）休费用总额17.3 亿元，相当于工资总额的 3.0%。1993 年退（离）休人员增加到 2780 万，为在职职工的 18.5%，与在职职工之比为 1∶5.3。退（离）休费用总额增加到 913.7 亿元，平均每年增长 30.3%，退（离）休费用总额相当于工资总额的 18.6%。退（离）休费用增长的速度，大大超过国内生产总值平均每年增长 15.6%（按当年价格计算）的速度。而且随着人口老龄化进程的加快，退（离）休费用的增长还要加速。为了适应社会主义市场经济体制的需要，必须在机制上进行转轨，由国家保险型向单位、个人共负型转换，通过立法明确规定养老保险费用由单位与个人共同担负。

2.3 由"现收现付制"向"现收现付与部分积累相结合"模式过渡，迎接人口老龄化的挑战

纵观世界各国养老保险的筹资模式，主要是三种类型：一是"现收现付制"，当年需要支付的养老金，靠当年征缴，以支定收、略有节余。这种筹资模式的实质是代际转移，已经退下来的老一辈人的养老金，由在职职工即下一代人缴纳的保险费用支付，逐代转移。这是当今世界多数国家采取的模式，其优点是保险基金不是积累式的，因而不存在贬值问题，可以不受通货膨胀的影响。在人口年龄结构正常发展的国家是宜于采用的。二是"完全积累制"，一代人需要的养老金，靠本代人在职时储蓄积累，积累的本金加利息供退休后养老使用。参与储蓄积累的，除劳动者本人缴费外，劳动者工作单位也要予以缴费，打入劳动成本。新加坡、智利等国的强制性储蓄保险，属于这种"完全积累制"。此种模式不存在代际转移问题，不会产生代与代之间的矛盾。但需要良好的经济环境，宜于在新建社会保险制度和物价水平波动不大的情况下实行，企业没有退（离）休人员的负担，能够承受得住，通货膨胀率不高，可以使积累基金保值增值。三是"部分积累制"，即现收现付与部分积累相结合，取上述两种模式的优点，避免其不足。美国从 80 年代初

开始由"现收现付制"向"部分积累制"转换，以适应其人口老龄化不断发展的需要。

我国现行的养老保险筹资模式基本上是"现收现付制"，当年支付的退（离）休费用基本上是靠当年征缴的。"现收现付制"的筹资模式，同我国人口老龄化迅猛发展的形势要求很不适应。我国50年代和60年代曾出现两次生育高峰，自70年代以来大力推行计划生育基本国策，人口年龄结构已经发生并将继续发生重大变化。根据四次人口普查情况，0—14岁人口占全国人口的比重，1953年为36.28%，1964年为40.7%，1982年为33.59%，1990年为27.62%。60岁以上人口占全国人口比重，在上述年份分别为7.32%、6.08%、7.63%和8.58%。按照现有人口年龄结构推算和现行计划生育政策预测，60岁以上人口占全国人口比重，2000年上升到9.81%，2020年上升到15.23%，2040年上升到24.28%，即60年代出生的人口到2020—2030年期间，陆续进入退休年龄；2030—2050年将是我国老龄化高峰期，这一发展趋势已成定局。届时，全国人口总量也是最高峰，将达到16亿左右。平均每4人中就有一位老人，老人总量将接近4亿。城镇退休职工与在职职工之比将达到1∶2。如果我们的养老保险筹资模式维持"现收现付制"，届时退休老人的养老金完全由届时的在职职工和所在单位支付，企业和职工个人的缴费率将达到职工工资总额的40%—50%，不仅企业和职工都承受不了，经济发展亦会受到严重制约，将影响第三步经济发展战略目标的实现。

我国的养老保险筹资模式能否实行"完全积累制"？抛开通货膨胀这一影响因素外，就承受能力而言，不能完全否定，需根据不同领域的具体情况进行具体分析。农村乡镇企业和富裕地区的农民，原来是家庭养老，不存在原有养老制度的束缚，职工是年轻型的，没有支付现有退休职工养老金的负担，新建立的保险制度有条件实行"完全积累制"，靠本代人自己储蓄积累用于未来养老。城镇非公有制企业，有同样优势与条件，即使缴纳一些城镇养老保险公积金，其负担程度远轻于公有制企业，从业人员的年龄结构多是年轻型，走储蓄积累的路是可行的。公有制企业情况大不相同，一是有庞大的退（离）休队伍，每年需要支付相当于工资总额 20% 的巨额费用；二是职工年龄结构逐步老化，年轻职工比重较小，相当一批职工的年龄接近退休，储蓄积累的年份有限。如果实行"完全积累制"，既要支付已退休人员的养老，又要为在职职工缴纳储蓄积累基金，双重负担，企业无法承受。

公有制企业比较现实可行的，是实行"现收现付制"与"部分积累制"相结合的模式，在现收现付制基础上，依据条件可能，逐步储蓄积累部分养老基金，为老龄化高峰作必要的战略储备。储蓄积累基金的保值增值必须解决好，消除通货膨胀的贬值影响。

2.4 社会统筹与个人账户相结合，发挥社会再分配与个人强制储蓄型保险两种机制的优越性

党的十四届三中全会根据上海等地的实践经验，在《决定》中明确的"社会统筹与个人账户相结合"的原则是一个重大创举，是在吸取国外有益经验的基础上密切结合中国国情对建立具有中国特色的基本养老保险制度提出的一项重大原则。

经济发达国家基本养老保险基金一般都是在全社会范围内统筹共济、进行社会再分配的。企业雇员与雇主每月缴纳的养老保险费用，都参与统筹共济，虽然每个成员都有自己的社会

保障号码，所缴费用按照本人号码记录在案，但费用的所有权不归个人，按照社会再分配的功能，统一由社会保险部门调剂使用。缴费是义务，享用是权利，缴费是享有养老保险待遇的前提。缴费多少与退休后的养老金水平无关，养老金待遇水平高低主要取决于本人在职时的工资水平和国家规定的养老金替代率水平。本人死亡后，不存在其子女继承所缴费用问题。他们不是强制储蓄型保险，是强制个人投保、企业资助型，而且多是现收现付制，在职人员缴纳的费用，主要用来支付已退（离）休人员的费用，逐代转移。

新加坡、智利等国实行的是强制储蓄型保险，是个人账户制，企业雇员与雇主缴纳的保险费用，统统记入个人账户，所有权归个人，子女有继承权。在社会成员之间不能调剂使用。虽然他们近年也在强调社会成员之间的互助互济，但其养老保险基金的基本制度是个人账户制，社会成员之间不能调剂使用。是完全积累制，本代人的养老金靠本代人劳动年龄期间储蓄积累，不存在代际转移。

我国现在提出的社会统筹与个人账户相结合，是在吸取东西方两种模式优点的基础上，结合中国国情制定的，具有中国特色。社会统筹与个人账户相结合，其主要含义是：（1）基本养老保险基金由两部分组成，即由社会统筹养老基金和个人账户养老基金两部分基金组成。（2）社会统筹养老基金负有互助互济功能，属社会再分配性质，其所有权归全体投保成员，不归个人所有，在受益成员之间进行再分配，调剂使用。（3）个人账户养老基金，具有个人所有性质，所有权归个人，本人用不完的，其直系亲属有继承权。个人账户养老基金不负有互助互济功能。（4）社会统筹养老基金，由职工所在单位缴纳，或由单位与职工缴纳的养老保险基金的一半，形成统筹养老基金；个人账户养老基金，由职工个人缴纳，或由个人与单位缴纳的保险基金的一半，形成账户养老基金。两部分养老基金构成职工的基本养老基金。

社会统筹与个人账户相结合这一具有中国特色的基本养老保险模式，具有以下优越性：（1）仍具有社会保险性质。社会成员之间互助互济的功能依然保存，寿命短的老人有保障，寿命长的老人同样有保障。（2）具有较强的激励功能。有了个人账户，职工在观念上会有转变，从原来直接为其他老人做贡献，转成也为自己储蓄积累养老基金，数量直观，透明度高，能够激励职工缴费积极性和勤奋工作。（3）有利于促进劳动力市场的形成。有了个人账户，职工工作调动、就业间断和城乡之间、地区之间劳动力流动，都可以把在不同单位、不同时期储存的养老保险基金，在个人账户上累计相加，随工作单位变动而转移。（4）有利于"现收现付"与"部分积累"相结合筹资模式的实现。社会统筹养老基金实行现收现付制，按照"以支定收、略有节余"的原则征缴，不作积累，减轻企业负担。个人账户养老基金，实行积累制，按照储蓄积累的原则，逐月逐年积累，在达到法定退休年龄前不得中途领取。两者结合，既可满足当前退（离）休人员的需要，又能为老龄化高峰期储备必要的养老基金。（5）有利于基本模式统一、保障水平有别的养老保险制度的建立。社会统筹与个人账户相结合，能够适应我国不同地区、不同部门、不同所有制企业收入差别较大的具体情况，工资水平较高的企业、行业和沿海地区职工，记入个人账户的养老金就多，退休后的待遇水平就高，效率优先的原则易于体现。把基本模式的统一性与保障水平的差别性融为一体，是中国养老保险制度的一大特征。（6）有利于城乡接轨。我国农村的养老保险，原来基本上没有制度。现在较富裕地区逐步发展起来的投保资助养老保险，都是以个人账户为基础的，属储蓄积累型。城市养老保险有了个人账户，便于城乡劳动力流动，也便于城乡养老保险制度接轨，为将来城乡养老保险一体化管理创造有利条件。

2.5 实现社会统筹与个人账户相结合是一个长过程，需及早转轨，平稳过渡

如前所述，我国现行养老保险基金是现收现付与统筹共济，企业从实现利润中缴纳养老保险基金，由社会保险部门统筹安排，在不同企业不同成员之间调剂使用，没有个人账户，也没有个人的储蓄积累。

实行社会统筹与个人账户相结合的模式后，个人账户属新建制度，由制度完善到能够发挥个人储蓄积累基金的作用，需要一个长期过程。（1）职工个人缴费，需要逐步提高。非公有制企业的从业人员，工资水平较高，缴费比例可以一步到位。公有制企业的从业人员，多数人承受能力有限，缴费比例很难一步到位，开始时不宜过高，以工资收入的 3% 为宜，即使每两年提高一个百分点，达到 8%—10% 左右，也需要 10 年以上的时间。（2）个人缴费比例达到 8%—10% 以后，其一年储蓄积累的绝对额还是有限的，真正达到社会统筹基金与个人账户基金各占一半的程度，并能够支撑退休后余期寿命的使用，包括个人账户储蓄积累的本金和利息，需要 20 年或更多的时间。

实现社会统筹与个人账户相结合的过程，从长远看是个人账户基金逐步加大、社会统筹基金逐步收缩直至两者基本均衡的过程。达到两者各占一半的程度时，也即新体制建成之日。

如果从 1996 年开始，要到 2026 年—2030 年建成，是一个长期转变过程，需要早下决心，早日立法，及早推行。2020—2040年正是我国老龄化高峰期，这一新体制的建成，将大大有利于顺利渡过老龄化高峰期，届时企业缴费率完全可能控制在一定的水平之内，对社会持续发展、经济高速增长和实现现代化建设第三步战略目标都是有利的。从近期看，个人账户基金还难以发挥作用之前，随着退休人员的增加，社会统筹基金将是继续加大的趋势，企业缴费率在一定时期内还会上升，企业负担还会加重。但只要坚决把个人缴费制度建立起来，个人账户制度真正确定并实施，逐步把个人缴费比例提到应有程度（约占个人工资性总收入的 8%—10%），企业缴费率会由上升转为下降，直至稳定在一个合理的水平上。

2.6 社会统筹与个人账户相结合的具体形式，应与其内涵相一致

社会统筹与个人账户相结合，有个结合形式问题。统筹基金是用来统筹安排、调剂使用的，成员之间可以互助互济，不归个人所有。账户基金是属个人所有，逐年累存，本人退休后使用。两种基金结合的形式，即两种基金的记账形式与管理形式，应与基金本身的功能性质相一致。统筹基金应记入统筹账户，按统筹基金承担的任务进行管理。账户基金应记入有名有姓的个人账户，按储蓄积累基金性质进行管理。分别记账、分开管理，是社会统筹与个人账户相结合这一新模式自身要求提出的。

社会统筹与个人账户相结合，既不同于经济发达国家主要是进行社会再分配的完全社会统筹，个人缴费统统归入统筹基金；也不同于新加坡等国的完全储蓄积累制，单位缴费统统归

入个人账户。分别记账，分开管理，可以有效地发挥两种机制的积极作用，可以避免"空帐"，防止给职工造成不必要的误解。

单位缴费或单位与个人缴纳费用的一半不记入个人账户，会不会伤害职工群众积极性呢？应该说不会的。本来个人缴费应是一种义务，是享受基本养老保险待遇的前提条件，将个人缴费完全归入到统筹基金也是合情合理的。现在将个人缴费的全部或个人与单位缴费的一半不作统筹基金处理，记入个人账户，明确所有权归个人所有，用不完时直系亲属有继承权，提前用完由于寿命长而不够用时，还可从统筹基金补足，这已是非常优惠了，只要把道理向职工群众讲清楚，是会接受的。对职工群众通情达理的觉悟程度，应有足够的估计。

2.7 合理确定退休金待遇水平，使其与生产力水平相适应

合理确定退休金待遇水平，主要是合理确定退休金替代率（即相当于退休前工资收入的百分比）。新中国成立初颁布的《劳动保险条例》和 1978 年国发 104 号文件，对中华人民共和国成立后参加工作的职工，其退休金待遇水平都作了如下规定，工作年限满 20 年的，按本人标准工资的 75% 发给；工作年限满 15 年不满 20 年的，按本人标准工资的 70% 发给；工作年限满 10 年不满 15 年的，按本人标准工资的 60% 发给。退休费低于 25 元的，按 25 元发给。正常情况下的退休职工，都是按本人标准工资的 75% 发给。当时，广大退休职工对这一规定是接受的，也是多年行之有效的。改革开放以来，特别是 1984 年城镇经济体制改革以来，在物价水平不断上升、标准工资以外收入不断增加的同时，由于没有及时建立在职职工标准工资和退休职工退休金标准的正常调整机制，各个地区纷纷增发了退休

金补贴，把退休金替代率由 75% 提到 85%—90%，有的还要高，形成当前全国极不统一的局面。

随着个人收入分配制度的深化改革和企业分配自主权的确立，职工标准工资已不标准，各个企业的职工工资构成已不尽相同，标准工资占全部工资收入的比重有高有低，差距很大，标准工资已失去作为计发退休金基数的作用。目前较为普遍的做法是以个人全部工资性收入作为计发退休金基数，这比以社会平均工资为基数更能体现与贡献挂钩，也符合国际一般惯例。计发比例定多高，是值得探讨的问题。定低了，退休职工的基本生活难以保障。定高了，保障水平超过生产力发展水平，企业无法承受，经济发展受到制约。

确定退休金替代率，需要考虑以下因素：（1）历史的连贯性。过去按职工标准工资的 75% 计发，当时标准工资占全部工资收入的比重为 85%，退休金相当于个人全部工资收入的63.7%。（2）国际比较。经济发达国家的退休金替代率，一般为退休前若干年平均月工资收入的 60% 左右，美国只有 40% 左右。但很多国家的计发办法是保低收入、适当限制高收入的，对不同收入水平的人员，规定不同的替代率。低收入者高于平均替代率，高收入者低于平均替代率。（3）恩格尔系数的高低。我国目前多数从业人员生活消费的恩格尔系数还是比较高的，即用于吃饭穿衣等基本生活消费占全部支出的比重较高，一般在 50% 或更多一些。但随着工资收入水平的提高，恩格尔系数发展的趋势是逐步降低的。（4）生产力水平。社会保障水平要与生产力水平相适应，特别是基本养老保险，主要保障基本生活，使绝大多数企业能够承受得起。

根据上述因素分析，我国城镇职工退休金替代率总水平，相当于退休前一段时间平均月工资性收入的 60%—65% 为宜。个人账户储蓄积累多的，应允许高于平均替代率，体现多交多得。对低收入人员，要有一定保障措施，使其替代率高于平均数。

2.8 退休金计发办法应简明易懂，透明度高，易于被职工群众掌握

按照社会统筹与个人账户相结合的原则，职工退休后领取的基本养老金，应由统筹养老金和账户养老金两部分组成，前者由统筹基金支付，后者由账户基金支付。统筹养老金和账户养老金各占基本养老金的比重，将是一个变化过程。统筹养老金比重由高到低，账户养老金由低到高，最终达到各占一半为止。在职职工中年龄越大、越接近退休年龄的，统筹养老金比重越大，甚至全部都是统筹养老金。反之，越年轻，退休越晚，账户养老金比重越大，直至占到 50%。

计发基本养老金的基数，应统一按职工退休前个人工资性全部收入为基数，不宜采取以社会平均工资为计发基数的办法，便于职工个人掌握，透明度高。为了防止出现退休前突击加工资的倾向，可按职工到达法定退休年龄前在本单位工作一段时间（如 5 年）的最高平均月工资（即缴纳养老保险费的个人收入基数）为计发基数。

计发办法：

方案实施后十年内到达退休年龄的职工，基本上维持现行办法，由社会统筹公积金支付，主要是将养老金替代率逐步调整到合理水平。十年内储蓄积累的账户养老基金，用来弥补替代率下调后减少的收入，可一次发给或多次发给。

方案实施十年后到达退休年龄的职工，个人账户基金已经

达到一定程度，可以作为账户养老金逐月发放，并逐步加大其所占比重。统筹养老金替代率可在 60%—65% 的基础上，继续有计划有步骤地调低，调低幅度可与账户养老金上升幅度相对应，使两者之和维持在基本养老金替代率不低于 60%—65% 的水平，直至调整到统筹养老金和账户养老金比重各占一半为止。高寿老人，账户养老基金用完后，可完全由统筹基金支付，总替代率仍不低于 60%—65%。在统筹养老金替代率降到 30%—33% 之后，账户基金多的职工，总替代率水平可以高于 60%—65%，体现多缴多得。账户基金少的职工，总替代率仍要保持 60%—65% 的水平，由统筹基金补足。

基本养老金计算公式：

基本养老金 = 统筹养老金 + 账户养老金

统筹养老金 = 替代率（%）× 退休前 5 年平均月工资统筹养老金替代率：（1）以现行替代率水平为基础，逐步调低，每年调低两个百分点。（2）经过 10 年，调到 60%—65% 的水平。（3）10 年后，在账户养老金逐步发挥作用的同时，继续按每年降低两个百分点的速度调整替代率水平，经过 15 年左右的时间，将统筹养老金替代率调到 30%—33% 的水平后稳定住，不再调低。使统筹养老金占基本养老金比重稳定在一半的水平上。

$$账户养老金 = \frac{个人账户基金累计 + 利息总息}{120 个月（10 年）}$$

$$账户养老金替代率 = \frac{账户月养老金}{退休前 5 年平均月工资} \times 100\%$$

基本养老金替代率 = 统筹养老金替代率 + 账户养老金替代率

上述公式较简明易懂，职工群众容易掌握，除利息总额计算较复杂外，其他部分本人均可计算。只要有个人账户，进行储蓄积累，就有如何计算利息的问题，很难避免。

对低收入职工应有所照顾，可将统筹养老金替代率，按不同档次另加若干个百分点，以体现公平原则。照顾低收入职工所需费用，应从统筹基金中解决。

2.9 加强基金管理，建立同基本模式相适应的基金管理体制和运营机制

社会统筹与个人账户相结合的模式，要求建立与其特点相适应的基金管理体制和运营机制。在基金管理体制方面，应将统筹养老基金与账户养老基金分开管理，不宜混在一起。前者为现收现付基金，以支定收，当年收、当年付，不作积累。略有节余，主要是为了调剂使用和应付急需。账户基金为储蓄积累性质，要月月相加，年年相加，而且要计算利息，计算增值，本金和利息总额构成计发账户养老金基数，管理任务繁重，计息方法复杂。而统筹养老金原则上不存在运营问题，主要是如何进行严格的科学管理，堵塞漏洞，防止贪污与挪用。

账户养老基金，必须保值、增值，增值率应不低于银行的利息率与保值率之和。对账户养老基金的管理与运营，是建立并能健康发展个人账户制的关键一环。为此，提出以下建议：（1）对账户养老基金，不应分散在地、市、县，应集中在省市或中央部门一级进行管理。（2）要建立严格管理措施，不准在规定范围以外，挪作他用。（3）要开辟没有风险的增值渠道，保证有较大幅度的增值。增值部分，全部并入基金并免征税费，以保护投保者的利益。（4）通过立法规定账户基金的绝大部分（不低于80%），要购买由国家发行的社会保险基金特种定向债券或国家财政债券，任何单位和个人不得自行决定基金的其他

用途。

2.10 基本养老保险与补充养老保险相结合，发挥商业保险的补充作用

基本养老保险由国家立法强制实施，主要保障退休职工的基本生活。同时，应鼓励有条件的企业建立商业性的补充养老保险和职工个人自愿参加的储蓄性养老保险，积极发展商业人寿保险和社会互助，作为社会保险的补充。

企业按规定缴足统筹养老保险基金后，经济效益好、有条件的单位，可以为本单位职工建立年金式的补充养老保险，提高单位凝聚力。企业为职工购买的补充保险费用，不应列入成本，应坚持从企业自有资金中支付，自主选择经办机构。对个人储蓄性养老保险，应给予免缴所得税优惠政策。开展社会互助活动，要发挥各级工会等社会团体作用，组织社会力量，进行互助互济。

三、失业保险、医疗保险、工伤保险制度改革

3.1 失业保险制度改革

失业保险是通过国家立法建立失业保险基金，对非本人原因造成失业、中断收入的劳动者，在一定时期内提供援助的保障制度。根据我国农村劳动者拥有土地使用权这一基本国情，我国失业保险制度目前主要适用于城镇以工薪收入为主要生活来源的劳动者。现行失业保险制度与建立社会主义市场经济体制的要求还不完全适应，覆盖面不够宽，筹资机制同市场经济体制要求不符，资金使用不尽合理，服务项目与企业存在的大量富余人员状况结合不够，还没有形成中国失业保险

制度的特色。

建立和完善失业保险制度的主要目标和要求应当是：逐步建立范围覆盖全社会劳动者，根据所有制性质的不同，国家、企业和个人合理负担，或企业与个人共同负担，失业救济与再就业相结合的失业保险制度。其主要途径：一是要扩大覆盖面，城镇各种所有制企业的从业人员，首先是合同制职工，都应纳入失业保险范围，为尽快建立劳动力市场创造条件。二是变国家包揽为个人投保、企业资助，改变完全由企业一方缴纳失业保险金的局面。我国人口多，就业难度大，在市场经济条件下，失业率有扩大之趋势，失业风险应由企业与职工个人共同承担。企业职工，特别是失业风险较大的各类企业的合同制职工，应建立个人投保观念和缴纳失业保险金的制度，树立自我保障意识，体现权利与义务的统一。许多市场经济国家的失业保险基金，不是由企业一方而是由雇主与雇员双方缴纳的。个人投保、企业资助办法，有利于失业保险机制作用的发挥和失业保险基金使用的监督。建立了个人缴费制度，职工观念将会改变：首先会树立起失业风险观念，自己要努力工作；其次在真正遇到失业风险时会由完全依赖企业转而依赖失业保险机构。同时也有利于减轻国有企业的负担。三是扩大失业保险服务范围，加强转业、转岗和就业等各种培训功能，建立与企业合作共同解决大量富余人员的机制。对企业中不能辞退的富余人员，可由失业保险基金给企业提供资助，进行转业培训、生产自救，或发给待工生活费，允许离岗不离编，自谋出路，发展服务业等第三产业。把解决显性失业和隐性失业结合起来，突出中国失业保险的特色。四是与贯彻破产法、社会救济法结合起来，通过一次性失业补偿等办法，保障破产企业未能予以安置的人员基本生活。五是改善失业保险基金使用结构，基金的绝大部分（至少在 80% 以上）应用于失业人员的失业救济和培训。要严格控制管理费的提取。管理费的核定应与本年度内实际救济和安置失业职工人数挂钩。基金的收缴与支付，应为两条线，实行严格的预决算管理。

3.2 医疗保险制度改革

城镇职工医疗保险制度改革的目标是：由国家保险型，逐步走向社会医疗保险型，增强个人自我保障意识与责任。建立社会统筹医疗基金与个人医疗账户相结合的社会医疗保险制度，覆盖城镇所有社会劳动者。其要点是：

——职工医疗保险费用由用人单位和职工个人共同缴纳。个体工商业者的医疗保险费用，按照当地平均水平，全部由个人缴纳。

——统筹医疗基金与职工个人医疗账户基金相结合。用人单位为职工缴纳的医疗保险费用的大部分（不低于 50%）和职工缴纳的医疗保险费用，记入个人医疗账户，用于支付个人的医疗费用。个人医疗账户中个人交的本金和利息为职工个人所有，可以结转和继承。用人单位为职工缴纳的其余部分医疗保险费用，进入社会统筹医疗基金，由医疗保险机构管理，集中调剂使用。

——建立制约机制。职工个人看病需要的医疗费用，首先从个人医疗账户支付，当其不足以支付时，不足部分超过本人年工资收入一定比例的以上部分，由社会统筹医疗基金支付。个人负担的比例随费用的升高而降低。

——加强对医疗单位和药厂的有效制约。医疗保险制度改革，必须与医疗、预防机构相配套。在医疗单位之间，逐步引入竞争机制，改变"独此一家"的医疗体制。实行医疗服务与药品销售分开核算制度，允许病人持处方到就诊医院外购药。对定点医疗和销售药品的单位进行资格审定，制定医疗诊治技术规范和分档次的医疗收费标准，提高医疗单位服务质量。同时，对药厂售价应进行调控与监督，防止药品滥涨价。

3.3 工伤保险制度改革

工伤保险不同于医疗保险，有自身的特点。工伤保险制度改革，既要有利于保障伤员治疗与护理，又要有利于减少工伤事故。工伤保险应强调企业自身的责任，加强劳动保护，注意安全生产，减少工伤事故。工伤保险经费，应主要由企业自身负责，不宜过多强调社会统筹，削弱企业责任。主要是制约企业更加注意安全生产。

四、社会救助、社会福利与社会优抚

4.1 社会救助

社会救助是最低限的社会保障安全网，是保障社会成员生存权的基本手段。通过制定社会救助法，赋予每个公民以保障最低基本生活的权利，即在其不能维持最低生活水平时，有权提出申请，由政府或社会团体按照规定的标准向其提供满足最低生活需要的物质救助。社会救助的对象主要是生活在贫困线以下的贫困人口和温饱问题尚未解决的人群。为了在现有社会救济基础上逐步规范化，一应建立法规，赋予公民以权利；二应制定严格的法定工作程序，确定申请救助者"家庭经济情况调查"规范表，准确掌握其困难程度；三应制定明确的贫困线标准；四是提供的救助只满足其最低生活需求，促其生产自救，防止产生依赖心理。

4.2 社会福利

社会福利是保障城乡居民生活安定的重要组成部分。

要根据国情国力，发展社会福利事业，逐步增加福利设施，如社会福利院、儿童福利院、职工疗养院、残疾人福利企业等。过去在计划经济条件下，在全民所有制范围内，我国的社会福利水平较高，福利项目繁多。有些项目的福利标准过高，企业负担过重，易于助长职工的依赖心理，而且与发展社会主义市场经济的要求不相适应。在社会福利方面，需要进一步改革和完善的，一是改革住房制度，变无偿分房为住房商品化，提租与售房并举。把目前用于职工建房、住房的暗补津贴，逐步转化为职工工资，增加职工收入，以提高职工支付房租或买房的能力，尽快改变当前"国家建得起房、职工买不起房或住不起房"的状况。对低收入者，可以保留必要的住房补贴，但要放在明处。二是改革高等教育全部公费制度。发展高等教育，除继续增加国家投入外，要逐步扩大自费生比重，公费生也要适当收费，同时建立奖学金制度，既要拓宽教育资金渠道来源，又要激励学生勤奋学习，奖励学习优秀者。建议尽快逐步推行非义务教育阶段"上学收费""择业自主"的招生和就业体制。

4.3 社会优抚

社会优抚是我国拥军优属拥政爱民工作的重要内容，也是社会保障体系的重要组成部分。社会优抚主要是对退伍军人、伤残军人和军烈属给予优待与抚恤，保障其基本生活，安置退伍军人就业。经过有关部门多年的积极工作，对这一特殊人群的优抚保障体系已初步建立。当前存在的主要问题是，抚恤补助标准偏低，有些优抚对象存在生活难、住房难、治病难和相当一部分优抚医院、光荣院房屋破旧、设备简陋等。根据抚恤优待与国家经济发展相适应、与人民生活水平同步提高的原则，应适当增加投入、改善设施、调整抚恤补助标准，加强抚恤优待工作，进一步健全完善社会优抚保障体系。

五、农村老年保障与合作医疗

5.1 农村老年保障

目前农村尚不具备建立国家统一立法、强制实行的养老保险条件。农村老年保障问题的解决，应与生产方式、经济体制相适应。现阶段仍应强调以家庭保障为主，集体补助为辅，继续发扬尊老敬老、子女养老的优良传统。农村老年保障，要根据不同地区农村经济发展水平，因地制宜地建立与完善。

大城市郊区和乡镇企业比较发达的农村地区，收入水平和管理水平较高，有条件逐步发展以个人储蓄积累为主、集体补助为辅的养老保险。保险部门应按照高于个人长期储蓄利率和国库券利率的原则，给予较高利率。其增值部分，除提取必要的管理费、手续费外，全部本金和95%以上的增值额应归投保者个人所有。有条件的乡镇企业，可以为职工购买年金保险，资金来源仍以个人为主，集体补助为辅。可按"三七开"或"四六开"，最多集体补助不超过投保金额的一半。企业年金保险，总的讲应以个人账户为基础，不宜强调社会统筹，防止发生"平调"。有条件进行社会统筹的地区，也要实行社会统筹与个人账户相结合的办法，与城市接轨，以利城乡劳动力流动和劳动力市场的形成。

以农业生产为主和乡镇企业不很发达的广大农村，要强调家庭的保障作用和子女赡养老人的义务。同时也要发动劳动者个人进行力所能及的个人储蓄积累养老保险，以提高其保障程度，减少后顾之忧。乡、村政府，对五保户和困难老人要予以妥善安排，可以采用实物的或货币的不同形态，从集体经济中适当划出一部分养老基金，保障老人基本生活。有条件的地区，可以将独生子女补贴或其他补贴，作为独生子女家长的养老基金，按照个人储蓄积累养老保险政策对待，以利计划生育政策的贯彻执行。

贫困地区，是社会救助和国家扶贫的重点地区，农民的老年保障问题，除主要依靠家庭、劳动者个人自身力量解决外，还可以与社会救助、国家扶贫相结合。使救济金、扶贫费的安排使用，有利于贫困农民老年保障问题的解决。

为了使农村老年保障管理体制与城市养老保险制度有利于将来并轨和城乡劳动力流动，应建立城乡居民统一的社会保险号码制度。以身份证或以国家技术监督局颁布的"社会保险号码"为基础，制定城乡通用的"养老保险个人账户制号码卡"，凡计入个人账户的（包括个人交的与单位为个人交的）养老基金和个人储蓄积累养老基金，都按此号码卡记账。同时，应在各县（市）一级设置农村社会养老保险事业管理机构，把农民缴纳的个人储蓄养老保险基金和农民工由城市转回的养老保险基金管理好，确保增值。

5.2 农村合作医疗

合作医疗制度是与农村当前生产力发展状况相适应的，应逐步发展与完善。合作医疗的对象是农村居民，包括农村中小学师生和乡镇企业职工。合作医疗基金的筹集，由农民个人负担为主，集体扶持为辅。坚持自愿、适度原则，并要根据不同地区经济发展水平的不同，确定集资合作程度不同的合作医疗体制。管理形式可采取"村办村管""村办乡管"，经济发达地区，也可试办"全乡统筹"。同时，要合理调整城乡卫生事业费的比例，增加对农村卫生事业的投入。

六、加强统一领导与宏观调控

社会保障制度改革和社会保障体系的建立，是一项复杂的庞大的系统工程，涉及方方面面，触及每个劳动者的切身利益，对深化改革、促进发展和社会稳定都会产生深远影响，必须加强统一领导与宏观调控。

6.1 建立统一领导体制

当前在社会保障体系建立的过程中，涉及很多政策性问题和部门之间的协调工作，需要加强对社会保障工作的统一领导，制定明确的目标要求，加快体系的建立。（1）建议国务院成立领导小组或专门机构，统一负责社会保障制度改革和组织实施，做好政策的制定和部门协调，推动工作加快进展。（2）吸收在社会保障方面有较深研究的专家、学者和有经验的实际工作者，组成比较超脱的智囊团，为领导小组决策和制定方案作参谋。（3）对社会保障体系的建立，既要有整体规划，又要有分阶段的目标要求，切实组织实施。

6.2 加大改革力度，尽快推出有决定意义的举措

（1）研究制定贫困线标准，使社会救助工作逐步走上规范化、正常化轨道。（2）尽早完善城镇一体化的强制执行的基本养老保险制度，以便尽快在全国推行。在几个重要方面需要作出决策：一是扩大社会统筹范围，减轻国有企业负担。把负担

支付现有离退休职工养老金、医疗费的单位，由国有企业扩大到城镇各种所有制企业。各类企业都要缴纳一定比例的养老公积金，均衡负担，创造平等的竞争环境。二是在城镇范围内普遍实行在业职工（包括三资企业中方职工和私营企业从业人员）和个体工商业者个人缴费制。1991年的暂行规定虽已明确提出这个问题，但没有完全落实。这是对现行养老保险制度的一项重大改革，需要认真切实贯彻，并做好舆论宣传工作。起始的步子可以适当大一些，以示新的制度诞生。三是建立个人养老保险账户，明确规定基本养老保险制度实行社会统筹与个人账户相结合的办法。个人缴费记入个人账户，累计储存，个人所有，供退休后养老使用。四是下决心调整养老金替代率水平。经过10年努力，调整到合理程度。五是建立养老金随居民消费价格指数的变动而适当调整的机制，保障离退休职工的生活稳定。六是把企业离退休职工的管理服务工作从企业分离或半分离出来，主要服务照料事宜交由社会保障部门负责，逐步形成以社会保障部门为主、与企业社区相结合的服务管理体制。（3）失业保险，由国家保险型转换为个人投保、企业资助型，增强失业风险意识。同时，扩大失业保险培训功能。要把解决社会显性失业与解决企业内部隐性失业结合起来，扩大失业保险机构的培训功能，加强企业多余职工转岗、转业、就业培训，为企业多余职工的转移开辟渠道，使失业保险制度更加符合中国国情。（4）扩大医疗保险制度改革试点范围，及时总结经验，完善改革办法，抓住时机加以推广。

6.3 建立宏观调控机制，促进社会保障事业健康发展

（1）建立社会保障统计指标体系。及时反映制度改革和体系建立的进展情况，为推进社会保障体系的建立和发展提供科

学数据。（2）建立社会保障宏观调控机制。对社会保障体系建立过程中几个重要环节，如社会保障覆盖面，社会保障费用占国民生产总值比重，企业、个人缴费率、储备基金积累率、养老金替代率和积累基金的保值增值等，要进行宏观调控。在深入调研和科学论证的基础上，对这些重要环节，应纳入国家计划管理，定出一定的"度"。这些环节的决策正确与否，不仅关系到社会保障事业本身的健康发展，对企业劳务成本和经济长期发展都将产生重大影响。（3）不断地进行国际比较，促进我国的社会保障体系更加完善。

6.4 建立社会监督机制，加强对社会保障基金收支的监督和管理

一要建立国家权力机关的监督。社会保障主管部门定期向全国人民代表大会报告保险基金收支运营状况，人大常委会有权派员检查这方面的执行情况。二是加强社会监督。建立由有关部门和工会、群众代表组成的社会保险基金监督组织，监督社会保险基金的征收、支付、积累运营和保值增值情况，定期向社会公布。三要建立审计监督。国家和地方审计部门对经办机构的财务收支、资金管理和运营情况，定期进行审计，并将审计结果向社会保障统一领导机构直至全国人民代表大会报告。

6.5 搞好配套改革，保证新的社会保障制度顺利实施

社会保障体系的建立和制度的改革不能孤立进行，必须搞好有关方面的配套改革。如在社会保障制度中引入个人缴费机制、住房逐步实行商品化等举措，都需要分配制度改革的配合，从总体上讲必须在个人收入水平不断提高的基础上推出这些改革措施方能取得预期效果。

在 1995 年社会发展与社会
保障研究会年会上的工作报告[①]

（1995 年 4 月 29 日）

各位理事、同志们：

这次社会发展与社会保障研究会年会，是在我们国家党和政府从来没有像现在这样重视经济和社会协调发展，重视促进社会全面进步，召开了新中国成立以来首次全国社会发展工作会议，制定了今后 15 年全国社会发展纲要之后召开的。这次会议的主要任务，是总结研究会成立以来的工作，交流重点课题研究和学术研究情况，讨论研究今后的工作。刚才山西省刘泽民副省长、国家计委王春正副主任和山西省计委张奎主任作了非常重要的讲话，对我们是很大的启发，既有理论深度，又有大量实际情况，他们的讲话对我们开好这次年会，有很好的指导作用。现在，我向大家报告研究会成立以来的工作情况，提出下一步工作建议。

---

① 本文原载于《中国社会学会》（1995 年 8 月出版）一书。

一、研究会成立以来的主要工作情况

我们研究会是 1993 年底成立的，至今已近一年半的时间。在这段时间里，在有关部门和有关方面的关心和支持下，积极开展工作，包括组织重点课题研究、进行学术交流和研究会自身建设，取得了比较明显的成绩。

我们研究会的工作，得到了国家计委和中国社会学会的指导与支持。在国家计委和有关方面关心和支持下，为研究会的顺利工作提供了必要的工作条件。需要特别指出的是，我们研究会顾问、国家计委副主任王春正同志对我们研究会的工作给予了格外的关心和支持，从研究会的成立到为研究会创造必要的工作条件，从课题的选择、研究到这次年会的召开，给予了非常热情的支持。中国社会学会和中国社科院社会学所对研究会也给予了大力支持。袁方会长对研究会工作的开展和课题研究非常关心，多次给予帮助和指导。国际工程咨询公司、有关部门以及很多省市计（经）委和有关单位、团体也都给予热情支持和帮助。研究会还得到了上海市社会保险事业局、杭州市下城区区委以及各团体单位理事在经济上给予的支持。在这里，请允许我代表研究会向给予我们热情支持、关心和帮助的所有领导同志和单位，表示诚挚的感谢！

从理论与实际结合上进行社会发展和社会保障问题的研究，是我们研究会的主要任务。研究会成立以来，一方面成立了跨部门、跨单位的课题组集中力量抓了几个重点课题，进行攻关研究。特别是着重集中力量抓了《1996—2010：转型时期中国社会发展战略构想研究》和《社会保障制度模式研究》，按照计划进度完成了任务，取得了水平较高、实用性较强的成果。另一方面，各位理事在各自的工作岗位上。结合本岗位及其有关方面的需要，开展了广泛的多方面的课题研究，不少研究成果都很有深度，对推进理论研究和实际工作发挥了重要的积极作用。总结去年以来的课题研究和学术交流工作，我们认为有如下几个特点：

（一）紧密结合当前深化改革和社会经济发展的需要，确定研究课题，并注重理论与实际相结合。关于《1996—2010年：转型时期中国社会发展战略构想研究》课题，是受国家计委委托，配合编制"九五"计划和到2010年远景目标这一任务而确定的。主报告分析了持续发展条件和发展制约因素，提出了新的社会发展观以及发展战略构想和若干重大政策建议，思路比较开阔，内容比较丰富，对编制"九五"计划和长远规划很有参考价值。除主报告外，还围绕提高生活水平和质量、消除贫困现象、提高国民素质、发展科技教育、国土开发整治和生态环境保护、扩大劳动就业和社会发展指标体系等问题，写出了十多个分报告，提出了一些有新意的观点和见解。关于《社会保障制度基本模式研究》课题抓住了当前深化改革和社会发展中的一个重要环节。转换企业经营机制、转变企业办社会的状况、缓解企业沉重负担、安置企业多余人员，创造企业平等竞争条件，这些都与建立和完善符合中国国情的社会保障体系有关。在城镇养老保险制度改革方面，如何按照社会统筹与个人账户相结合的原则，建立多层次的、兼顾效率与公平的、既能保障老年基本生活又能有利于经济持续增长的社会养老保险制度，也是当前亟待研究解决的大问题。针对失业、养老、医疗等保险资金的筹措和管理方面存在的问题，研究报告都提出了一些新的认识和建议，对进一步做好这方面的改革试点是有益的。这个课题除主报告外，也写出了内容各有侧重的十几个分报告。

（二）集中智慧，群策群力，发挥专长，组织尽可能多的理事参与课题研究。去年以来研究的几个重点课题，把与课题有关的理事，不论是在北京的还是在各地的，凡是有条件参加并愿意参与的理事，都组织到课题组了。这里有高等院校和科研单位的教授、学者，有机关单位的实际工作者，有在经济部门多年从事经济工作的同志，也有多年从事社会发展与社会保障工作的同志，课题组成员具有较大的广泛性与代表性，便于掌握各方面的情况和集中大家的智慧，有利于提高课题研究质量。在组建课题组时，还注意了与其他科研单位专家、学者的合作，发挥各自专长。例如，关于《1996—2010 年：转型时期中国社会发展战略构想研究》课题，我们邀请了中国社科院社会学研究所副所长、研究员李培林同志参加课题组，并与中国科学院牛文元教授、国家计委长期规划司宁吉喆博士共同承担课题主报告的撰写任务，发挥了他们的各自专长，使主报告第一稿就有一个较高的起点，把握了课题的重心与主要环节，思路清晰，视野宽广，较好地完成了主报告的写作任务。关于《社会保障制度基本模式研究》课题，是一个实用性较强的课题，需要有较强的可操作性。为此，在去年 12 月课题组研讨会议以后，今年二三月间，又专门召开了两次部分课题组成员会议，听取实际工作部门同志的意见，发挥了他们的特长，进行了修改与完善，使课题主报告具有较大的实用性与针对性，利于为实际工作服务。

（三）立足本岗位，从本单位工作需要出发，广泛开展课题研究，积极参与社会学术活动。除研究会组织的重点课题研究外，各位理事都立足于本岗位，从各自单位从事的实际工作需要出发，选课题，立项目，进行学术研究。很多理事都在本单位或上级单位、有关单位争取到了课题研究经费，创造了一定的研究条件，取得了较好的研究成果。有些实际工作部门，虽然没有科研经费，由于工作的需要，也开展了学术研究。有的地区，如广州市计委，市政府成立了社会保障制度改革协调领导小组，办公室设在计委，他们来这里开会，也带来了他们的经验。还有一些理事，不仅认真研究自身的课题，还积极参与有关部门组织的改革方案研讨和学术交流活动，为深化改革和推进实际工作作出了贡献。

在学术交流方面，也有了一定的进展。一年多来，研究会秘书处印发了 3 期会刊，11 期简报，所登研究报告都是由研究会理事提供的，起到了学术交流的作用。这次印发大会的重点课题研究成果，是两个重点课题的主报告，还有 20 多个分报告没有来得及印发，每个分报告都在某一个侧面进行了深入系统的研究，花了心血，费了心思，对学术交流起到了一定作用。

在研究会自身组织建设方面，研究会成立时有 125 名理事，研究会成立后，又有许多单位和个人要求参加。截止到现在，由理事介绍、本单位推荐，已填写理事名单的有 20 个，提交这次年会上，请各位理事审议。我们研究会的特点是，学术研究与实际工作相结合，为解决当前存在的一些突出社会问题服务。所以这次增加的理事单位，很多是企业和管理部门，他们参加研究会，更加有利于工作的开展。我们希望有更多的企业单位和管理部门参加，把研究会办得更好。另外，有的理事单位，由于干部工作调动，需要更换理事人选。这次会议上一并提请大家审议。

在深入开展重大课题研究的同时，积极参与中心工作，推进社会事业的发展和社会保障体系的建设。研究会成立之后，各位理事都在自己的工作岗位上积极参与中心工作，为社会事业的发展作出了贡献。我们国家去年在社会事业发展方面抓了几件大事，包括举办全国社会发展事业成就展览会，召开全国社会发展工作会议，制定全国社会发展纲要，等等。这些工作，都是首创性的、全局性的，涉及我国经济社会长远和当前的发展。这几项工作主要是国家计委组织领导的，社会司张司长他们做的，去年我们国家在社会发展方面有突破性的发展。我们研究会的许多理事都积极参加了这几方面的工作。为了筹备展览会，国家计委和国务院有关部门，各省市的同志，特别是各部门、各省市计委负责社会事业工作的同志，夜以继日地工作，在很短的时间里，完成了繁重的筹备任务，使全国首次举办的社会发展事业成就展览会取得了很大成功，在全国引起了强烈反响。去年的社会事业这几项工作，不仅推动了当前的社会事业的发展，也为今后制定正常性规划提供了基础。

二、进一步明确研究会进行课题
研究和学术交流的指导方针

经过一年多的课题研究和参加社会发展方面的实际工作，我们不仅取得了一批有较高理论水平和实用价值的科研成果，为推进社会学理论研究和社会事业发展作出了应有的贡献，而且思想认识上获得了很大提高。特别是进一步明确了我们研究会的工作方向和指导方针。应该说，1994 年全国社会发展工作会议确定的社会发展方针，也是我们研究会进行课题研究和学术交流的指导方针。概括起来说有这样几条：

（一）坚持以建设有中国特色社会主义的理论为指导。邓小平同志关于建设有中国特色社会主义的理论，包含着极其丰富的内容，有关社会发展的许多精辟论述，是其中的重要组成部分。邓小平同志明确提出，贫穷不是社会主义，社会主义要消灭贫穷。他高瞻远瞩地提出了我国现代化建设分三步走的战略，这就是：第一步，实现国民生产总值比1980年翻一番，解决人民的温饱问题；第二步，到本世纪末，使国民生产总值再增长一倍，人民生活达到小康水平；第三步，到下个世纪中叶，人均国民生产总值达到中等发达国家水平，人民生活比较富裕，基本实现现代化。他还指出，社会主义的原则，第一是发展生产，第二是共同富裕。并提出允许一部分地区一部分人靠诚实劳动和合法经营先富起来，先富带动后富，最终达到共同富裕这个重大政策。邓小平同志一贯重视科技与教育，把科技与教育作为我国发展的战略重点，明确提出经济发展得快一点，必须依靠科技与教育，科学技术是第一生产力，靠科技才有希望，要尊重知识，尊重人才，大力发展教育事业。反复强调社会主义物质文明建设和社会主义精神文明建设必须两手抓，两手都要硬。并提出了一手抓改革开放，一手抓打击犯罪；一手抓经济建设，一手抓民主法制。邓小平同志的这些论述，为我们加深认识社会全面发展的重要意义，开展社会发展方面的理论研究，提供了强大的思想武器，我们要认真学习、深刻领会，贯彻到实际工作中去。

（二）坚持经济与社会协调发展，使两者互相适应，相互促进。经济发展与社会发展是相互依存、相互促进的。经济发展是社会发展的前提和基础，社会发展是经济发展的目的和保障。

只有经济不断发展，才能为社会全面发展提供必要的物质基础，才能有条件逐步提高人民的生活质量和水平，消除贫困现象，也才有可能缓解巨大的劳动就业压力，促进社会的稳定和全面进步。必须毫不动摇地把发展经济放在第一位，社会发展工作要紧紧围绕经济建设这个中心来开展。同时，也要看到，经济发展不能自动带来社会全面发展，不能自动解决各种社会问题。诸如自然环境的破坏、灾害的频繁发生、城市病的产生、就业难度的增加、社会财富分配不公等社会问题，这些不是经济增长所能自然而然直接解决的。必须在重视经济发展的同时，十分注意妥善解决各种社会问题，推动社会全面进步。社会发展各个领域同人民群众的切身利益息息相关，通过促进社会发展，调节社会矛盾和利益关系，提高国民素质和文明程度，保持社会和睦，为国民经济更好发展创造良好的社会大环境。

（三）坚持从我国的国情出发，走有中国特色的社会发展道路。刚才王春正同志已经向我们提出了这样的要求，我们研究社会发展问题必须从我国国情出发，这应作为我们研究问题的重要指导方针。社会发展领域的问题在世界范围内有一定的普遍性，但是各个国家的历史文化传统、社会制度、自然环境、人口状况以及经济发展所处的阶段不同，解决社会发展问题的侧重点以及政策措施也不可能一样，特别是发达国家和发展中国家所面临的任务和重点会有相当大的差异。我国是一个发展中社会主义国家，人口众多，人均资源相对较少，经济和科学技术水平比较落后，国土辽阔且各地发展很不平衡。我国有着悠久的历史文明，凝聚着东方文化的精髓。我国的社会发展，必须充分体现这些基本国情的特征，走符合中国国情的社会发展道路。

（四）坚持以人的全面发展为中心，促进国民素质的全面提高。经济和社会发展要以实现人的全面发展作为出发点和落脚点。马克思主义的一个基本观点，就是在物质生产发展的基础上使社会成员享受各种权益，在体力、身心、精神、道德和个性等诸方面全面发展。要着眼于人民大众，服务于人民大众，把人民大众的当前利益与长远利益结合起来，局部利益与全局利益结合起来。制定社会经济政策，都要以保障人民的合法权益、促进人的全面发展为中心，满足人民多方面、多层次的需求，提高他们的物质文化生活水平、道德修养和身心健康水平，促进国民素质的全面提高。

（五）坚持深化改革，多渠道增加投入。吸收社会广泛参与。发展社会事业，既要加强政府的指导与投入，也要重视社会的大力支持和参与，动员全社会各方面力量同心协力地促进社会发展。推进改革，是经济发展的强大动力，也是推进社会全面发展的关键。要通过深化改革，逐步建立适应社会主义市场经济体制的社会发展运行机制和管理体制。社会事业相当大的部分具有社会公益性质，不具备盈利性，不能主要依靠市场机制，而要靠各级政府来组织、管理、协调和支持，要正确运用计划和市场两种手段，促进社会事业全面、健康发展。社会发展是人民群众自己的事业，要广泛组织人民大众积极参与。随着改革的不断深化和政府职能的转变，各级政府应当也有可能把社会发展工作列入政府的重要议事日程。同时，要重视和加强社会发展理论研究工作，组织理论工作者和实际工作者一道，相互配合，不断探寻建设有中国特色社会发展的客观规律；鼓励和提倡社会事业社会办，鼓励民间组织和个人参与社会发展活动，投资社会经营型事业，兴办实体，促进社会事业更快更好地发展。

三、关于下一个年度学术研究课题的建议

关于研究会下个年度工作如何开展，希望大家充分发表意见，深入讨论，在这次会议上大体确定下来。这里，我先提出一些设想意见，供讨论时参考。

1995 年是继续推进改革开放和现代化建设的重要一年。各方面工作要继续贯彻党中央、国务院关于"抓住机遇，深化改革，扩大开放，促进发展，保持稳定"的工作大局和指导方针。在经济发展方面，要保持适当的经济增长速度，坚决抑制物价上涨幅度，促进农村经济全面发展，努力提高经济增长的质量和效益，继续扩大对外开放。在深化改革方面，要以推进国有企业改革为重点，进行以养老和失业保险为主要内容的社会保障体制改革；巩固和完善已出台的各项宏观管理改革措施。同时，要解决好群众所关注的其他一些社会问题，任务是十分繁重的。

1995 年我们国家还要研究制定"九五"计划和 2010 年远景目标，这是党中央和国务院今年的一项重要工作。今后 15 年是我国推进改革开放和现代化建设极为重要的时期。这一时期，我国经济建设和社会发展既有难得的历史机遇，也面临着严峻的挑战。抓住机遇，迎接挑战，积极发展，是摆在全国人民面前的光荣而艰巨的任务。其中，保持社会稳定，促进社会全面进步，是一项重大的历史性任务。这里，许多社会发展和社会保障方面的问题都有待进一步研究。

根据我们研究会的具体情况，要抓住目前的热点、难点和重点问题，组织力量攻关。初步考虑，今明两年准备侧重研究

以下几方面的问题：

（一）关于理顺收入分配关系，合理把握收入分配格局问题。目前，社会收入分配方面存在不少矛盾和问题，为社会各方面所关注。一方面，国民收入分配格局中，较长时期里过分向个人倾斜，国家所得比重过低。另一方面，工农之间、城乡之间、地区之间和社会成员之间收入差距不合理的现象比较突出。平均主义与高低悬殊同时并存。这个问题解决不好，会妨碍社会稳定，也会挫伤群众的积极性，从而会影响改革开放和现代化建设。如何进一步理顺分配关系，建立同社会主义市场经济体制相适应的收入分配机制；如何进一步贯彻既要允许一部分地区、一部分人先富起来，又要最终实现共同富裕的政策；如何处理东、中、西部地区之间，经济发达地区与欠发达地区之间的关系，实施反贫困战略，逐步消除贫困现象，促进各地区协调发展，共同进步；如何规范国民收入初次分配和再分配关系，建立健全合理有效的个人收入调节手段，防止收入差距悬殊和消费基金不合理的过快增长；如何采取正确政策和措施，协调社会成员之间的关系，增加社会和睦等，都亟待深入进行研究。

（二）关于劳动就业与农业剩余劳动力转移问题。随着改革的深化和工业化进程的加快，我国面临着尖锐的劳动力就业矛盾。这个问题解决得好不好，直接关系经济社会发展的全局，关系我国工业化和现代化进程。采取正确有效的改革措施，解决好劳动就业问题，不仅可以充分发挥丰富的劳动力资源优势，加快经济发展，而且可以为改革开放和经济建设创造良好的社会环境。否则，劳动就业的矛盾会越来越尖锐，非但不利于经济发展，还会影响社会的安定。因此，需要深入研究我国劳动就业方面的基本战略和重大政策。包括：如何在企业经济效益和劳动生产率不断提高的前提下，增加更多生产性就业岗位，如何在农业生产稳定增长的前提下转移剩余劳动力，合理把握规模速度；如何有计划有秩序地向中小城市转移农业剩余劳动力，减少对大城市的盲目流动；如何统筹规划和协调城乡劳动力就业，合理调整我国各产业的劳动力结构和城乡人口结构；如何创办"再就业工程"，改革教育制度，改革劳动制度，改革工作制度，广泛开拓就业门路，缓解就业矛盾的压力；如何建立统一、开放的劳动力市场，合理引导劳动力流动，等等。这些都需要提出一些大主张、大思路、大政策。

（三）积极参与社会保障体制改革的试点调研，为改革方案的进一步完善提出建议。建立和完善社会保障体系，对于深化改革，保持社会稳定，顺利推进建立社会主义市场经济体制的改革和现代化建设，有十分重大的意义。可以说，健全社会保障体系，不仅是当前改革和发展的重大任务，也是今后 15 年改革和发展中必须突出抓好的重大历史性课题。以养老、失业和医疗保险为重点的社会保障体制改革，今年要以城市为单位积极试行。城镇基本养老保险，由用人单位和职工个人共同负担，实行社会统筹基金和个人账户相结合。具体实施方案，目前提出了两种试行办法，通过试点进一步完善。我们这次会上提交大家讨论的社会保障研究课题，是就基本模式进行了研究，对城镇基本养老保险，也提出了一些新的思路，但还不是具体实施办法。目前试行的两种实施方案，反应不一。通过试点，可能会产生更加完善的方案。研究会有条件的理事，应该积极参与试点调研，跟踪调查，为进一步完善改革方案作出贡献，特别是国务院有关部门的理事，更应积极参与试点调研。有些部门是按系统统筹，本单位职工分布在全国各个地区，试行任何一种方案，都会在全国引起强烈反响。为了顾全大局，需要慎重行事。我们认为应在深入调研、精心测算的基础上，从整体利益出发，为进一步完善改革方案作出更多贡献。我们不仅要研究养老保险制度改革，还要深入研究失业、医疗和工伤保险制度的改革；不仅要认真研究城镇社会保障体系的建设，还要大力进行农村社会保障体系的研究。既要研究建立统一的社会保障政策，管理的法制化，还要研究建立统一的社会保障管理机构，提高社会保险的管理水平，建立社会保险基金筹集、运营的良性循环机制。

（四）关于其他方面的研究。借此机会简要介绍一下中央考虑今年要研究的几个大的战略问题：

在新的历史条件下，一要建立可持续发展战略；二要建立以集约型为主的经济发展战略，由粗放型转为集约型；三要实施科教兴国战略，优先发展科学技术和教育事业。要适应这三个基本战略转移的要求，社会发展方面，还要研究控制人口过快增长，提高人口质量；发展教育、文化、卫生、体育事业，全面提高国民素质；加强生态环境和城乡环境保护与治理，促进经济建设与人口、资源、环境协调发展，实行可持续发展战略；加强社会主义精神文明建设和民主法制建设，等等。这些方面都有不少问题需要深入研究。

为了进一步搞好学术研究，提高研究成果的质量和水平，我们必须注重理论与实际相结合，实用性研究与基础性研究相结合，重点研究与全面研究相结合，依靠全体理事，结合各自单位工作需要，发挥各自所长，群策群力，集思广益，把学术研究搞得更加活跃。这样，才能出更多更好的科研成果。

除了重点抓好学术研究外，还要继续做好学术交流、专题研讨和发展组织的工作，继续办好会刊、简报，会同有关单位试办专业培训，按照我们研究会的宗旨和任务，更好地发挥研究会的积极作用。让我们高举建设有中国特色社会主义的伟大旗帜，解放思想，实事求是，深入思考，勇于探索，团结进取，争取在学术、研究、专题调研和其他各个方面取得新的更大的成绩。

如何建立城镇养老社会保险制度 [①]

（1995 年 8 月）

　　城镇养老社会保险是我国社会保障体系的重要组成部分。深化城镇养老保险制度改革，对于转化企业经营机制、建立现代企业制度、提高企业效率，对于促进改革、发展和社会稳定，都具有十分重要的作用。日前，本刊记者就城镇养老社会保险制度改革问题，访问了中央财经领导小组办公室副主任魏礼群同志。

　　魏礼群说：党中央、国务院对社会保险制度改革一直非常重视，从 80 年代中期各地就开始了这项改革的探索，恢复并发展了养老保险基金的社会统筹。1991 年，国务院在总结各地改革实践经验的基础上，发布了《关于企业职工养老保险制度改革的决定》。1993 年，党的十四届三中全会作出的《决定》中，又进一步明确提出了社会保险制度改革的方向、目标、原则。根据两个《决定》精神，参照各地区创造的有益经验，我们对

---

① 本文系接受《学习·研究·参考》杂志记者的采访，原载于《学习·研究·参考》杂志，中共中央政策研究室、国务院研究室联合主办，1995 年第 8 期。

城镇养老保险制度改革的基本模式有一个总的设想，就是逐步建立统一的社会保险制度，推行城镇法定的基本养老保险，实行社会统筹和个人账户相结合。

本刊记者问：请问为什么要建立城镇一体化养老保险体制？

魏礼群说：建立城镇一体化养老保险体制的意义在于，要使城镇不同所有制的企业都来合理承担社会保障费用，共同承担养老保险基金。从公有制企业来说，如果只靠公有制企业支付养老保险基金，那是非常不合理的。因为广大离退休职工奋斗一生所创造的劳动成果和经济建设成就是为全社会所享用的，所以他们所需要的庞大养老保险费用，也应由全社会来负担。从非公有制企业来看，队伍越来越大，他们享用前人创造的劳动成果，也应承担前人所需要的社会保障费用。

社会保险作为保障劳动者生活安全的经济活动，具有分摊和补偿的职能。分摊是补偿的前提，补偿是分摊的目的，二者是社会保险两个密不可分的基本职能。分摊职能是，将参加社会保险的一些成员中因丧失劳动能力或失业等原因而造成的经济收入损失，通过"收入再分配"合理地分派给其他社会成员承担。由于在一定时间内发生风险的成员总是少数，因此，多数成员可以分散承担少数成员的损失。合理分摊职能，在社会保险学上称为"社会风险，共同承担"。补偿职能是，将参加社会保险的全体成员缴纳的保险基金用于少数成员的损失补偿。这种补偿可以使原来靠个人、少数人自身经济力量不可能得到的补偿成为可能。分摊与补偿充分反映了社会保险的互助互济性质。

我国养老保险制度，同样具有分摊与补偿的职能，不仅表现在社会成员之间、代与代之间的互助互济，还表现在企业单位和地区之间。新中国成立之初颁发的《劳动保险条例》，在单位之间、地区之间具有较强的调剂功能，30%的保险金上缴总工会，用于全国调剂和筹办集体劳动保险事业。"文化大革命"期间破坏了这一功能，社会保险变成了企业保险，养老基金的征缴与支付完全由企业单位负责。1984年以来，恢复并发展了养老保险基金的社会统筹，加强了单位之间的调剂功能，比较均衡了企业负担。但是在不同所有制企业之间，仍然没有打破界限。截止1994年底，近3000万退（离）休人员的养老、医疗保险费用，完全由公有制单位承担，不同所有制企业之间不平等的竞争条件日趋加重。根据社会保险分摊与补偿的功能要求，城镇一体化的养老保险体制，应建立基本（法定）养老保险公积金，由城镇所有企业（包括公有制企业和非公有制企业以及个体工商业）缴纳，用于统筹共济，体现社会保险的分摊功能，创造平等的竞争条件，促进社会主义市场经济的建立。

本刊记者问：党的十四届三中全会提出，基本养老保险制度要坚持"社会统筹与个人账户相结合"的原则，请问其含义是什么？有何优越性？

魏礼群答：社会统筹与个人账户相结合，其主要含义是：基本养老保险基金由两部分组成，即由社会统筹养老基金和个人账户养老基金两部分基金组成。社会统筹养老基金负有互助互济功能，属社会再分配性质，其所有权归全体投保成员，不归个人所有，在受益成员之间进行再分配，调剂使用。个人账户养老基金，具有个人所有性质，所有权归个人，本人用不完的，其直系亲属有继承权，个人账户养老基金不负有互助互济功能。

社会统筹养老基金，由职工所在单位缴纳，或由单位与职工的养老保险基金的一半，形成统筹养老基金；个人账户养老基金，由职工个人缴纳，或由个人与单位缴纳的保险基金的一半，形成个人账户养老基金。两部分养老基金构成职工的基本养老基金。

社会统筹与个人账户相结合这一具有中国特色的基本养老保险模式，优越性在于：

——仍具有社会保险性质。社会成员之间互助互济的功能依然保存，寿命短的老人有保障，寿命长的老人同样有保障。

——具有较强的激励功能。有了个人账户，职工在观念上会有转变，从原来直接为其他老人做贡献，转成也为自己储蓄积累养老基金，数量直观，透明度高，能够激励职工缴费积极性和勤奋工作。

——有利于促进劳动力市场的形成。有了个人账户，职工工作调动、就业间断和城乡之间地区之间劳动力流动，都可以把在不同单位、不同时期储存的养老保险基金，在个人账户上累计相加，随工作单位变动而转移。

——有利于"现收现付"与"部分积累"相结合筹资模式的实现。社会统筹养老基金实行现收现付制，按照"以支定收、略有节余"的原则征缴，不作积累，减轻企业负担。个人账户养老基金，实行积累制，按照储蓄积累的原则，逐月逐年积累，在达到法定退休年龄前不得中途领取。两者结合，既可满足当前退（离）休人员的需要，又能为老龄化高峰期储备必要的养老基金。

——有利于基本模式统一、保障水平有别的养老保险制度的建立。社会统筹与个人账户相结合，能够适应我国不同地区、不同部门、不同所有制企业收入差别较大的具体情况，工资水平较高的企业、行业和沿海地区职工，记入个人账户的养老金就多，退休后的待遇水平就高，效率优先的原则易于体现。把基本模式的统一性与保障水平的差别性融为一体，是中国养老保险制度的一大特征。

——有利于城乡接轨。我国农村养老保险，原来基本上没有制度。现在较富裕地区逐步发展起来的投保资助养老保险，都是以个人账户为基础的，属储蓄积累型。城市养老保险有了个人账户，便于城乡劳动力流动，也便于城乡养老保险制度接轨，为将来城乡养老保险一体化管理创造有利条件。

总之，社会统筹与个人账户相结合，可以发挥社会再分配与个人强制储蓄型保险两种机制的优越性。

本刊记者问：实行社会统筹与个人账户相结合的模式后，个人账户属新建制度，需要注意哪些问题？

魏礼群答：由制度完善到能够发挥个人储蓄积累基金的作用，需要一个长期过程。首先职工个人缴费，需要逐步提高。非公有制企业的从业人员，工资水平较高，缴费比例可以一步到位。公有制企业的从业人员，多数人承受能力有限，缴费比例很难一步到位，开始时不宜过高，以工资收入的3%为宜，即使每两年提高一个百分点，达到8%—10%左右，也需要10年以上的时间。其次，个人缴费比例达到8%—10%以后，其一年储蓄积累的绝对额还是有限的，真正达到社会统筹基金与个人账户基金各占一半的程度，并能够支撑退休后余期寿命的使用，包括个人账户储蓄积累的本金和利息，需要20年或更多的时间。

实现社会统筹与个人账户相结合的过程，从长远看是个人账户基金逐步加大、社会统筹基金逐步收缩直至两者基本均衡的过程。达到两者各占一半的程度时，也即新体制建成之日。如果从 1996 年开始，要到 2026 年至 2030 年建成，是一个长期转变过程，需要早下决心，早日立法，及早推行。2020—2040 年正是我国老龄化高峰期，这一新体制的建成，将大大有利于顺利渡过老龄化高峰期，届时企业缴费率完全可能控制在一定的水平之内，对社会持续发展、经济高速增长和实现现代化建设第三步战略目标都是有利的。从近期看，个人账户基金还难以发挥作用之前，随着退休人员的增加，社会统筹基金将是继续加大的趋势，企业缴费率在一定时期内还会上升，企业负担还会加重。但只要坚持把个人缴费制度建立起来，个人账户制度真正确定并实施，逐步把个人缴费比例提到应有程度（约占个人工资性总收入的 8%—10%），企业缴费率会由上升转为下降，直至稳定在一个合理的水平上。

本刊记者问：退休金是许多老职工关心的问题，您认为新的养老保险制度应该如何确定退休金待遇水平？

魏礼群答：合理确定退休金待遇水平，要适应生产力发展水平。合理确定退休金待遇水平，主要是合理确定退休金替代率，即相当于退休前工资收入的百分比。从新中国成立初期到改革前都是这样做的。

但是随着个人收入分配制度的深化改革和企业分配自主权的确立，职工标准工资已不标准，各个企业的职工工资构成已不尽相同，标准工资占全部工资收入的比重有高有低，差距很大，标准工资已失去作为计发退休金基数的作用。目前较为普遍的做法是以个人全部工资性收入作为计发退休金基数，这比以社会平均工资为基数更能体现与贡献挂钩，也符合国际一般惯例。计发比例定多高，是值得探讨的问题。定低了，退休职工的基本生活难以保障。定高了，保障水平超过生产力发展水平，企业无法承受，经济发展受到制约。

确定退休金替代率，需要考虑历史的连贯性、恩格尔系数的高低，以及社会生产力发展水平。过去退休金按职工标准工资的 75% 计发，当时标准工资占全部工资性收入的比重为 85%，退休金相当于个人全部工资性收入的 63.7%。经济发达国家的退休金替代率，一般为退休前若干年平均月工资收入的 60% 左右，美国只有 40% 左右。我国目前多数从业人员生活消费的恩格尔系数还是比较高的，即用于吃饭穿衣等基本生活消费占全部支出的比重较高，一般在 50% 或更多一些。但随着工资收入水平的提高，恩格尔系数发展的趋势是逐步降低的。社会保障水平要与生产力水平相适应，特别是基本养老保险，主要保障基本生活，使绝大多数企业能够承受得起。

我认为，我国城镇职工退休金替代率总水平，相当于退休前一段时间平均月工资性收入的 60%—65% 为宜。个人账户储蓄积累多的，应允许高于平均替代率，体现多交多得。对低收入人员，要有一定保障措施，使其替代率高于平均数。

本刊记者问：是不是按照社会统筹与个人账户相结合的原则，职工退休后领取的基本养老金，由统筹养老金和账户养老金两部分组成，前者由统筹基金支付，后者由账户基金支付呢？

魏礼群答：对，是这样。统筹养老金比重由高到低，账户养老金由低到高，最终达到各占一半为止。目前，在职职工中年龄越大、越接近退休年龄的，统筹养老金比重越大，甚至全部都是统筹养老金。反之，越年轻，退休越晚，账户养老金比重越大，直至占到 50%。

计发基本养老金的基数，应统一按职工退休前个人工资性全部收入为基数，不宜采取以社会平均工资为计发基数的办法，便于职工个人掌握，透明度高。为了防止出现退休前突击加工资的倾向，可按职工到达法定退休年龄前在本单位工作一段时间（如5年）的最高平均月工资（即缴纳养老保险费的个人收入基数）为计发基数。

魏礼群最后说：建立新的有中国特色的社会保障体系，特别是老年保障体系，要发挥社会再分配功能与个人储蓄型保险两根支柱的作用。其目的在于，既要使那些因年老、失业、疾病、贫困、伤残而丧失生活来源的劳动者基本生活有所保障，又要促进经济增长，增强国家实力，把社会保障事业与发展经济统一起来，使之成为经济增长的有利条件。

研究社会发展和社会保障
问题应当遵循的原则 ①

（1996 年 8 月）

　　社会发展与社会保障是我国社会主义现代化建设的重要方面，也是建立社会主义市场经济体制的重要组成部分。为了系统和深入地开展我国社会发展和社会保障问题的研究，1993 年底，经中国社会学会同意，国家计委领导批准，成立了社会发展与社会保障研究会。这个研究会是中国社会学会专业性研究会，是研究社会发展和社会保障与建立社会主义市场经济体制相适应、社会事业和经济协调发展的理论与实践问题的学术组织。研究会的宗旨，是以邓小平同志建设有中国特色社会主义理论和党的基本路线为指针，围绕加快改革开放和建立社会主义市场经济体制的要求，坚持理论与实际相结合、理论工作者与实际工作者相结合，深入开展社会发展与社会保障的理论、战略与政策问题的研究，为促进经济与社会的协调发展，把我国建设成为富强、民主、文明的社会主义现代化国家服务。

① 本文系为魏礼群主编《1996—2010 年中国社会全面发展战略研究报告》一书所写的序言，辽宁人民出版社 1996 年 8 月第 1 版。

为了搞好社会发展和社会保障方面问题的研究，我们应当遵循以下原则：

（一）坚持以建设有中国特色社会主义的理论为指导

邓小平同志关于建设有中国特色社会主义的理论，包含着极其丰富的内容，有关社会发展的许多精辟论述，是其中的重要组成部分。邓小平同志明确指出："贫穷不是社会主义，社会主义要消灭贫穷。"[1]他高瞻远瞩地提出了我国现代化建设分三步走的战略。这就是：第一步，实现国民生产总值比 1980 年翻一番，解决人民的温饱问题；第二步，到本世纪末，使国民生产总值再增长一倍，人民生活达到小康水平；第三步，到下个世纪中叶，人均国民生产总值达到中等发达国家水平，人民生活比较富裕，基本实现现代化。邓小平同志还指出，社会主义的原则，第一是发展生产，第二是共同富裕，并提出允许一部分地区一部分人靠诚实劳动和合法经营先富起来，先富带动后富，最终达到共同富裕这个重大政策。邓小平同志一贯重视科技与教育，把科技与教育作为我国发展的战略重点，明确提出经济发展得快一点，必须依靠科技与教育，科学技术是第一生产力，靠科技才有希望，要尊重知识，尊重人才，大力发展教育事业。反复强调社会主义物质文明建设和社会主义精神文明建设必须两手抓，两手都要硬。并提出了一手抓改革开放，一手抓打击犯罪；一手抓经济建设，一手抓民主法制。邓小平同志的一系列重要论述，为我们加深认识社会全面发展的重要意义，开展社会发展方面的理论研究，提供了强大的思想武器，我们要认真学习、深刻领会，贯彻到实际工作中去。

---

[1]《邓小平文选（第三卷）》，人民出版社，1993 年，第 116 页。

（二）坚持经济与社会协调发展，互相适应，相互促进

经济发展与社会发展是相互依存、相互促进的。经济发展是社会发展的前提和基础，社会发展是经济发展的目的和保障。只有经济不断发展，才能为社会全面发展提供必要的物质基础，才能有条件逐步提高人民的生活质量和水平，消除贫困现象，也才有可能缓解巨大的劳动就业压力，促进社会的稳定和全面进步。必须毫不动摇地把发展经济放在第一位，社会发展工作要紧紧围绕经济建设这个中心来开展。同时，也要看到，经济发展不能自动带来社会全面发展，不能自动解决各种社会问题。诸如自然环境的破坏、灾害的频繁发生、城市病的产生、就业难度的增加、社会财富分配不公等社会问题，都不是随着经济增长所能自然而然直接解决的。必须在重视经济发展的同时，十分注意妥善解决各种社会问题，推动社会全面进步。社会发展各个领域同人民群众的切身利益息息相关，只有通过促进社会发展，调节社会矛盾和社会关系，提高国民素质和文明程度，保持社会稳定，才能为国民经济更好地发展创造良好的社会大环境。

（三）坚持从我国的国情出发，走有中国特色的社会发展道路

社会发展领域的问题在世界范围内有一定的普遍性。但是，各个国家的历史文化传统、社会制度、自然环境、人口状况及经济发展所处的阶段不同，解决社会发展问题的侧重点以及政策措施也不可能一样。特别是发达国家和发展中国家所面临的任务和重点会有相当大的差异。我国是一个发展中的社会主义国家，人口众多，人均资源相对较少，经济和科学技术水平比较落后，国土辽阔且各地发展很不平衡。我国有着悠久的历史，创造过极为宝贵的文明，凝聚着东方文化的精髓。我国的社会

发展，必须充分体现这些基本国情特征，走符合中国国情的社会发展道路。

（四）坚持以人的全面发展为中心，促进国民素质的全面提高

经济和社会发展要以实现人的全面发展作为出发点和落脚点。马克思主义的一个基本观点，就是在物质生产发展的基础上使社会成员享受各种权益、在体力、身心、精神、道德和个性等诸方面全面发展。要着眼于人民大众，把人民大众的当前利益与长远利益结合起来，局部利益与全局利益结合起来。制定社会经济政策，都要以保障人民的合法权益、促进人的全面发展为中心，满足人民多方面、多层次的需求，提高他们的物质文化生活水平、道德修养和身心健康水平，促进国民素质的全面提高。

（五）坚持深化改革，多渠道增加投入，吸收社会广泛参与

发展社会事业，既要加强政府的指导与投入，也要重视社会的大力支持与参与，动员全社会各方面力量同心协力促进社会发展。推进改革，是经济发展的强大动力，也是推进社会全面发展的关键。要通过深化改革，逐步建立适应社会主义市场经济体制的社会发展运行机制和管理体制，社会事业相当大的部分具有社会公益性质，不具备营利性，不能主要依靠市场机制，而要靠各级政府来组织、管理、协调和支持。要正确运用计划和市场两种手段，要广泛组织人民大众积极参与。随着改革的不断深化和政府职能的转变，各级政府应当也有可能把社会发展工作列入政府的重要议事日程。同时要重视和加强社会发展理论研究工作，组织理论工作者和实际工作者一道，相互配合，不断探寻建设有中国特色社会发展的客观规律；鼓励和提倡社会事业社会办，鼓励民间组织和个人参与社会发展活动，

投资社会经营型事业，兴办实体，促进社会事业更快更好地发展。

我国改革开放已经进入第 17 个年头，经济社会发展取得了举世瞩目的伟大历史性成就，各个方面都发生了极为深刻的变化。总的来看，整个经济将有可能长期保持较快发展的势头。目前，世界经济政治格局正经历重大变革。我国面临难得的历史性机遇，也存在严峻的挑战。今后 15 年是全面实现现代化建设第二步战略部署，向第三步战略目标迈出重大步伐，建立和完善社会主义市场经济体制的重要时期，在促进国民经济持续、快速、健康发展的同时，如何推动社会全面发展与进步，实现经济与社会协调发展，是一个十分重要的问题。广大理论工作者和实际工作者要携起手来，遵循正确的指导原则，围绕制定经济与社会协调发展战略，进行深入地研究。

大力推动我国社会全面发展和进步 ①

（1996 年 10 月 5 日）

各位理事、各位代表、同志们：

中国社会学会社会发展与社会保障研究会成立已经三年多了。三年多来，在大家的共同努力下，研究会的研究工作很有成效，取得了丰硕的成果，其中有些研究成果受到国家有关部门的重视，为中央和各级政府制定跨世纪的战略决策提供了依据，对促进我国社会全面发展发挥了重要作用。三年来的实践证明，我们这个研究团体，确实团结和聚集了一大批在我国社会发展研究方面的优秀专家、学者和实际工作者。许多同志思维活跃、视野开阔、学术造诣深厚、注重理论联系实际，是我国社会发展理论研究和实践方面的一支重要力量。

从去年 5 月研究会太原年会以来，我国社会经济生活中一件最为重要的大事，就是我们党和国家制定了跨世纪的现代化建设战略和行动纲领。1995 年 9 月，党的十四届五中全会通过了《中共中央关于制定国民经济和社会发展"九五"计划

---

① 本文系 1996 年 10 月 5 日在中国社会学社会发展研究会年会上作的报告，原载于《宏观经济管理》1996 年第 11 期。

和 2010 年远景目标的建议》（以下简称《建议》），1996 年 3 月，八届全国人大四次会议审议通过了《中华人民共和国国民经济和社会发展"九五"计划和 2010 年远景目标纲要》（以下简称《纲要》）。这两个具有重要历史意义的会议所完成的共同使命，是按照邓小平建设有中国特色社会主义理论和党的基本路线，明确提出了今后 15 年我国经济与社会发展的奋斗目标、主要任务和一系列重要方针、政策、措施，为我国改革开放和现代化建设绘制了宏伟蓝图，从跨世纪的中国如何行动的高度，动员全党全国人民齐心协力，再接再厉，开拓前进，把一个经济持续发展、社会全面进步、充满生机和希望的中国带入 21 世纪。

我国跨世纪的发展战略和宏伟纲领中明确提出："必须把社会全面发展放在重要战略地位，实现经济与社会相互协调和可持续发展。"[①]这是我们党和政府对经济社会发展规律认识的一个飞跃，也是社会上各个方面理论研究和实践经验的光辉结晶。

现在，我们的前进航程已经开通，奋斗目标已经指明。全面贯彻跨世纪的宏伟纲领，是我们国家和全体人民的根本利益之所系。我们这个从事社会全面发展理论研究和实践探索的团体，应该有所作为，我们也一定能够有所作为。在新的形势下，我们希望通过这次年会，进一步提高认识，增强责任感和使命感，明确研究的方向、任务和重点，更好地组织起来，力争在社会发展研究方面取得新的成绩和进步。

下面，我就当前社会发展研究中的问题，讲一些看法和意见，供大家讨论参考。

[①]《中共中央关于制定国民经济和社会发展"九五"计划和2010年远景目标的建议》，《人民日报》1995 年 10 月 5 日。

一、把推动社会全面发展放在重要战略地位 是历史进步的必然抉择

在我国跨世纪的现代化建设战略部署和宏伟纲领中，明确地把社会全面发展放在重要战略地位，这是一个具有全局意义的重大决策，它是建立在世界发展大趋势和科学理论的基础上的，是完全正确和及时的历史性抉择。

在人类社会经济发展的历史长河中，人们对经济和社会发展关系的认识是不断深化的。根据人类社会发展的历史和社会经济发展规律，马克思主义经典作家曾对经济和社会发展关系作过许多精辟的论述，明确指出经济与社会必须协调发展，物质文明和精神文明必须共同进步。这是大家都知道的。这种科学的理论和深刻的思想，已经为当今世界所共识。

我们不必追溯过长的社会发展历史，仅从本世纪 50 年代以来世界范围的对发展观的演进来看，随着社会实践的发展和时代的进步，国际上对发展观也在不断地充实和完善，甚至可以说发生了思想飞跃。在五六十年代里，国际上通常把经济发展作为发展的全部追求，把经济发展问题等同于全部发展问题。以联合国于 1951 年发表的"欠发达国家经济开发方略"为代表，这一时期的关于发展问题的研究和论述，主要集中于探讨不发达国家之所以不发达的原因以及摆脱不发达的途径。其基本结论是把追求国民生产总值和人均国民收入的增长速度，作为全部发展政策的主要目标。这一时期的发展观基本上是单纯的经济发展观。进入 70 年代以后，发展观朝着被称之为"发展目标的社会化"的方向前进一大步。这是由于许多发展中国家

的实践表明，单纯的经济增长并不能自然而然地使贫困、失业、分配不公等社会问题得到解决，有些情况下甚至出现恶化趋势。70 年代初期，国际劳工组织在对一些发展中国家实际调查考证的基础上，提出了以增加就业、匡济贫困阶层为主体的发展思路建议；1975 年进一步向国际社会推荐"满足人们基本需求为主"的发展战略。这种发展战略，致力于优先满足公众的基本需求，注重提高贫困阶层的最低收入、增加就业、兴办与人民基本生活需要的社会福利事业，并强调要给予公众更多地参与社会活动的机会。这一发展观的演进，为不少国家所重视和运用，取得了推动经济与社会全面发展的积极效果。

在这时期之后，历史车轮进入 80 年代。基于对人类社会发展面临问题的认识和估量，国际社会又逐步提出和普及"可持续发展"的概念。1987 年世界环境与发展委员会在一篇题为"我们的共同未来"的报告中，首次比较全面地阐述了"可持续发展的战略"。当时将"可持续发展"定义为，"既满足当代人的需要，又不至于对后代人满足需要的能力构成危害的发展"。为了实现可持续发展，人类社会必须致力于：消除贫困和经济的适度增长；控制人口和开发人力资源；合理开发和利用自然资源，尽量延长资源的可供给年限，不断开辟新的能源和其他资源；保护环境和维持生态平衡；满足就业和生活的基本需求，建立公平的分配原则；推动技术进步和对造成社会危害的有效控制。可持续发展战略，体现了人口、资源、环境、经济、社会必须协调发展的思想，反映了经济和社会全面发展的规律，是人类对于人与自然界关系以及人类自身社会经济活动的认识深化。近几年来，可持续发展战略已成为一系列全球性大会的中心议题。1992 年联合国里约热内卢环境与发展大会通过了

《里约环境与发展宣言》和作为具体行动计划的《21世纪议程》。1995年3月在哥本哈根召开的社会发展世界首脑会议宣言中，再次把促进各国社会全面发展的任务，变成国际社会的共识和协调行动的纲领。最近，联合国开发计划署官员在1996年进行的研究报告中指出，发展经济和人类的公正发展应当同时进行，实行不平衡发展政策的国家最后都出现了危机。大量事实证明，经济发展与社会发展之间并不存在自动的联系，现在提出的可持续发展是人类跨入21世纪的最佳选择。

在我国，注重经济发展，并大力促进社会全面发展与进步，是建设有中国特色社会主义的重要内容和基本要求。邓小平建设有中国特色社会主义的理论，是我们建设社会主义现代化国家的强大理论武器和伟大旗帜。这一理论，是马克思列宁主义基本原理与当今时代特征和中国实际相结合的最新成果，是毛泽东思想的继承和发展，是当代中国的马克思主义。这一理论内容丰富，博大精深，涵盖着现阶段党和国家工作的各个方面，涉及经济和社会发展各个领域。

以江泽民同志为核心的党中央高举邓小平建设有中国特色社会主义理论的旗帜，以马克思主义的远见卓识，大力倡导和推动经济与社会协调发展和全面进步。江泽民同志在党的十四届五中全会上所作的《正确处理社会主义现代化建设中的若干重大关系》的著名讲话中，深刻地论述了我国现代化建设中经济和社会全面发展的战略思想。特别是精辟地阐明经济建设和人口、资源、环境的关系，明确提出，"在现代化建设中，必须把实现可持续发展作为一个重大战略。要把控制人口、节约资源、保护环境放到重要位置，使人口增长与社会生产力的发展相适应，使经济建设与资源、环境相协调，实现良性循环。"①同时，江泽民同志还全面论述了"东部地区和中西部地区的关系"，提出解决地区发展差距，坚持区域经济协调发展，是今后改革和发展的一项战略任务；论述了"收入分配中国家、企业和个人的关系"，提出"必须坚持按劳分配为主体、多种分配方式并存的原则，体现效率优先、兼顾公平，把国家、企业、个人三者的利益结合起来"②；论述了物质文明建设和精神文明建设的关系，提出"要把物质文明建设和精神文明建设作为统一的奋斗目标，始终不渝地坚持两手抓，两手都要硬"③。根据邓小平建设有中国特色社会主义的理论和我国社会经济发展的客观趋势，在我们党和国家确定的今后 15 年跨世纪的宏伟纲领中，不仅把加强社会事业的全面发展放到了重要的战略地位，而且明确制定了社会发展的主要任务和基本政策。包括：控制人口增长，提高生活质量，扩大劳动就业，完善社会保障，加强环境保护。同时提出，根据社会事业的不同类型，建立与社会主义市场经济相适应的、各具特色的运行机制和体制；鼓励和吸引社会各界广泛参与社会事业发展，多渠道筹措发展资金；搞好经济发展政策与社会发展政策的协调。这个跨世纪的宏伟纲领在我国社会经济发展的历史上，树立了重视社会全面进步，推动经济与社会协调发展的重要里程碑。

我国以制定和实施今后 15 年跨世纪宏伟纲领为标志，社会主义现代化建设进入了新的重要时期。在这个时期，我们要全面实现现代化建设第二步战略目标，并向第三步战略目标迈出

① 江泽民：《正确处理社会主义现代化建设中的若干重大关系》，《人民日报》1995 年 10 月 9 日。
② 同上。
③ 同上。

重大步伐；我们要加速推进传统产业革命进程，基本实现工业化的历史使命，并要迎头赶上世界新的技术革命和产业革命的进程；我们要在世界范围各种思想文化的相互激荡中，迎接综合国力剧烈竞争的挑战。这一切，不仅要求经济建设有一个大的发展，而且要求社会事业有一个大的发展。摆在我们社会发展和社会保障研究工作者面前的任务是光荣而艰巨的。我们应当不负历史的重托和人民的期盼，积极研究新问题，不断提供研究新成果，为我国在新的历史时期取得社会全面发展和进步作出应有的贡献。

二、当前社会发展中需要深入研究和解决的一些主要问题

改革开放以来，我国社会主义现代化建设取得了历史性的伟大成就。国民经济迅速发展，综合国力显著增强，整个国家焕发出勃勃生机。与此同时，各项社会事业也获得了空前的大发展。随着改革开放的不断推进，经济建设规模的不断扩大，经济体制和经济增长方式的不断转变，许多社会发展方面的问题日益突出起来，已经并将进一步成为社会关注的热点和难点。从当前情况和今后时期趋势看，社会发展领域需要认真研究和解决的问题很多。这里，仅就以下几个主要方面谈一些情况和看法。

（一）关于劳动就业和劳动力流动的问题。我国人口多，劳动力资源增长快，就业压力一直很大。虽然改革开放以来由于经济快速发展城乡净增了近1.8亿个就业岗位，但过去累积的和新出现的就业问题还很多。一是城镇失业人员逐年增多。1995年末在劳动部门就业服务机构登记的失业人数达520万

人，城镇失业率为 2.9%。加上未登记的失业人员，数量还要大。据国家统计局 1995 年底对全国 1% 人口抽样调查，城镇失业率为 4.03%，如包括停产、半停产企业下岗职工和休长假人员，则为 5.02%。若按这两个比例推算，城镇失业人员数则分别为 728 万人和 917 万人。二是隐性失业和就业不充分问题严重。国有和集体企事业单位富余人员约 2200 万人，占其职工总数 14031 万人的 15% 左右；在乡村，农业剩余劳动力约 13000万人，超过农林牧渔业劳动者总数的 1/3。三是农村劳动力流动规模巨大，流向集中，带有一定的盲目性，引发许多矛盾。近年来，春节期间的"民工潮"就是这一问题的突出反映。据测算，目前流动就业的农民工有 6000 万人左右，其中进入城镇的约 4500 万人。大多数流向珠江三角洲、长江三角洲、京津地区和一些大中城市。一些人找不到工作，形成新的就业压力。四是行业性、地区性就业困难。煤炭、森工、军工、纺织等行业，由于资源枯萎、转产改造困难，经济效益不高，亏损严重，积压了一批富余人员，分流难找门路。例如，1995 年末，全国国有重点煤矿共有职工 331 万人，其中富余人员约 100 万人。今后 5—15 年，城乡新增劳动力仍以较大规模持续增加。据预测，"九五"期间为 7200 万人，平均每年 1440 万人；21 世纪前十年为 16000 万人，平均每年 1600 万人。同时，随着国有企业改革不断深入，分流安置富余人员的力度不断加快。城乡就业将面临严峻的形势。

可以说，深化和推进改革、转变经济增长方式，我们遇到的一个最大难题是合理安置劳动力问题。失业人员过多和劳动力流动无序，会给改革和发展带来多方面的重大影响。目前一些地方社会治安状况不好、犯罪问题严重，与就业不充分和盲目流动人口过多有很大关系。我们必须高度重视和妥善解决这个问题。

解决这一问题的指导思想应当是：充分发挥现阶段劳动力资源丰足的优势，搞好劳动力资源的开发利用，将就业压力转化为经济发展的推动力；把促进就业作为关系全局的一件大事，摆在重要地位，兼顾经济增长和就业增加，坚持标本兼治和城乡统筹；实行国家政策引导扶持，社会提供帮助服务，鼓励和推动劳动者靠自己努力实现就业，发挥全社会的积极性，把就业渠道和形式进一步放开搞活；集中力量化解企业富余人员和农村剩余劳动力这两个突出的矛盾。在实际工作中，要把促进就业作为宏观调控的重要任务和目标，千方百计增加就业岗位，包括重视发展吸纳就业较多的劳动密集型产业、行业、企业，继续大力发展城乡集体经济、乡镇企业、个体经济等非国有经济。加大实施"再就业工程"的力度，认真解决好困难企业富余职工和长期失业者的再就业问题。积极引导农村剩余劳动力就地就近转移以及多渠道和有序流动。采取有利于扩大就业的对外经济技术交流与劳务政策。大力培育和规范劳动力市场。可以考虑实行阶段性就业、非全日制工作等多种灵活的就业形式。大力发展职业教育，强化就业前培训和转业、转岗培训。还可以考虑把城镇就业年龄提高到18岁，初中毕业不能升学者一律进行不同形式的职业培训，以缓解求职人数增加的矛盾，提高劳动者的技能素质。

（二）关于收入分配领域的问题。经济利益的分配，是一个带有全局性意义的重大问题。由于我国处于经济体制转轨时期，收入分配机制还不规范、不完善，致使分配领域中存在不少突出问题。主要是：国民收入的分配过分向个人倾斜；部分社会成员间收入差距拉得过大，出现了分配不公现象；分配秩序混乱，一些地方、部门和单位甚至出现了收入分配失控的严重情况。这里有一些统计数字，很能说明问题。

一是国民收入分配过分向个人倾斜，国家所得的比重过低。据财政部匡算，1978年以来，无论是GDP初次分配，还是再次分配，都明显向个人倾斜。从最终分配格局看，1978年国家、集体、个人分配比例为33：16：51，1995年演变为14：17：69。财政收入占国内生产总值的比重，由1978年的31.2%下降到1995年的10.8%（如果加上各种政府性基金收入，占13.6%）。国家所得比重过低，入不敷出，不仅许多该由国家重点支持的事业无法给予强有力的财政支持，而且政府机构正常运转的必要开支也难以保证。债务规模越来越重。内债发行规模由1982年的44亿元，上升到1995年的1510亿元，中央财政的债务依存度已达53.8%。1995年底，国家内债余额已达3300亿元；政府外债余额约400亿美元（折成人民币约3350亿元）。这种状况，今后一个时期还难以从根本上改变。

二是部分社会成员之间收入差距悬殊。据国家统计局对住户抽样调查，1995年占总户数10%的最高收入户，人均可支配收入相当于占总户数10%的最低收入户的3.8倍。年收入在5000元以下的贫困家庭占家庭总数的3.8%；年收入在5000—10000元的温饱型和年收入在1万—3万元的小康型家庭，分别占家庭总数的36.1%和50.1%；富裕型家庭年收入3万—10万元，占家庭总数的8%；年收入在10万元以上的富有型家庭占总数的1%。金融资产收益已经成为拉大居民收入差距的一个重要因素。据有关部门分析，1995年居民银行存款利息收入约3000亿元，有关债券利息、红利和股息约为1000亿元，这

4000亿元收入占同期个人收入的10.5%。由于金融资产占有差距大于居民收入差距，金融资产收益对居民收入差距带来不可忽视的"马太效应"。衡量居民收入差异程度，国际上通常用"基尼系数"为尺度。基尼系数在0.3以下的为平均状态，在0.3—0.4之间为合理状态，而0.4以上则属于收入差距过大，如果达到0.6，暴发户和赤贫阶层同时出现，则社会动乱随时可能发生，所以0.6被定为警戒线。西方发达国家的基尼系数一般在0.3—0.4之间。据世界银行测算，1994年我国城镇居民个人收入基尼系数达到0.37；农村居民个人收入基尼系数达到0.41。需要指出，以上两个测算是分别在城市和乡村进行的，因而它还不能反映城乡之间的收入差距，如果把城乡统一计算，我国基尼系数会相对高一些。目前我国居民收入的差距不仅已高于若干发展中国家（如印度、印尼、韩国、保加利亚、匈牙利等），而且超过了若干发达资本主义国家（如日本、德国、瑞典等）。

三是行业收入分配差距扩大。（1）国有企业的行业间工资分配差距明显拉大。按国民经济16个大行业比较，职工工资水平最高的行业与最低之比，由1978年的1.52倍扩大到1995年的2.19倍。17年增加了0.67倍，年工资绝对差额由256元增加到4207元。按细化一级后的52个国民经济行业小类比较，工资分配的差距更大，最高与最低之比由1990年的2.67倍扩大到1995年的3.86倍。5年增加了1.19倍，年工资绝对差额由2511元增加至9012元。（2）基本产业职工队伍工资水平偏低，在各行业中的位次相对下降。按国民经济16个大行业排序，1995年职工工资水平最高的4个行业依次是：电力、煤气业，金融、保险业，交通、仓储、邮电业及房地产业。采掘业人均工资5944元，排在第11位；制造业人均工资5352元，排在第 14 位。当前拖欠职工工资的企业，多数集中在军工、煤炭、森工、纺织、机械等行业。（3）行业之间的工资外收入差距大于工资差距。经济效益好、工资水平高的行业，企业一般提供给职工住房、食品、各种实物、现金等工资外收入多。如，据审计部门审计，某进出口单位的一个公司，1994 年的年度工资报表为 6302 元，而实际人均收入 28000 元，未统计进工资的收入达 21698 元，相当于工资的 3.44 倍。与此相反，经济效益不好、工资水平低的行业，特别是处于停产半停产状态的困难企业，往往发放职工工资和报销药费都有困难，大多没有能力给职工增加工资外收入。据国家统计局抽样调查，城镇职工工资外收入占总收入的比重，已由 1985 年的 8.9% 上升到 1995 年的 31%，而且由于漏报情况比较普遍，实际上这个比重可能更高。如果说，在工资收入分配中存在失控现象，那么最大的失控在于对工资外收入缺乏管理和调控。

实行改革开放政策以前，国民收入的分配格局中，国家集中财力过多，积累挤占消费，个人收入增长缓慢。改革开放以后，调整过去不合理的国民收入分配格局是必要的，但又出现了较长时期个人收入增长过快，造成国家所得比重持续下降的局面。进入 90 年代后，国家就着手解决这个问题，但由于体制和机制上的原因，尚没有明显见效。某些社会成员收入分配和行业之间收入差距拉大的现象，其中有合理的成分，但也存在明显的不合理问题，在一定程度上挫伤了一部分群众的积极性。

解决收入分配领域问题的基本思路，应该是坚持按劳分配为主、多种分配方式并存的原则，体现效率优先、兼顾公平，把国家、企业、个人三者利益结合起来。要逐步提高财政收入比重，增加企业积累。关于个人收入分配，一方面要承认在社会主义初级阶段社会成员之间收入存在一定程度的差距的必然性和合理性，继续坚持允许和鼓励一部分人先富起来、最终实现共同富裕的政策，保护合法收入；另一方面，要把调节个人收入分配、防止两极分化作为全局性的大事来抓，取缔非法收入，调节过高收入，保障低收入者的基本生活。要从初次分配和再次分配两个环节双管齐下，规范收入分配方式。深化分配体制改革，整顿收入分配秩序，强化财政职能。积极推进企业改革，以资产保值增值为中心，建立国有资本经营、管理、监督制度，强化收入分配约束机制，使企业工资增长切实做到"两个低于"。改革垄断行业工效挂钩办法，确定行业工资水平控制线，严格控制高收入行业工资水平的过快增长。加快推行收入工资化、工资货币化的进程，减少实物和福利性收入，增加收入的透明度、规范性。进一步深化税制特别是个人所得税制的改革，尽快建立个人收入申报制和储蓄存款实名制，完善个人所得税制度。逐步开征遗产税、赠予税、利息税、股息税和不动产税。有选择地征收特别消费税。完善和强化税收征管。加快社会保障制度建设，保障低收入居民的基本生活。

我们国家大，人口众多，发展又很不平衡，分配问题十分复杂。近几年，党和国家都在一直关注和研究解决这个问题，但至今尚未完全理顺分配关系，尚未形成一个明确的合理的总体方案和相关的一套规定。不管情况如何复杂，解决的难度有多大，必须下定决心，深入研究，积极解决分配领域中出现的突出问题。这是保持社会稳定、实现国家长治久安的重要之举。

（三）关于地区经济发展差距问题。这既是经济发展的问题，也是社会发展的问题。改革开放以来，我国各个地区经济都有了很大发展，但由于多种不同原因，发展很不平衡，地区之间发展差距扩大。地区经济发展差距表现在东部、中部和西部三大经济地带间差距、省区间差距和省区内部不同地区间差距等多方面，从总体上看，东部与中西部地区的发展差距最具有代表性，其差距扩大主要表现在：

——人均国民生产总值，东、中、西部地区之比，由1978年的1∶0.67∶0.54（以东部地区为1）扩大到1993年的1∶0.33∶0.28，1994年的1∶0.35∶0.28。1990年东部地区GDP总额占全国的54%，中部为30%，西部为16%。到1995年，东部地区GDP总额占全国的58%，5年内上升了4个百分点；中部地区为28%，西部为14%，中部和西部地区都下降2个百分点，东部与中西部地区的差距进一步拉大。人均国民收入水平，西部地区与东部地区在1978年相差为106元，1985年为477元，1992年为1164元，1995年达到3876元。东部地区的基础设施条件有了较大的改观，中西部地区基础设施发展明显滞后。

省内地区发展差距拉大也是很明显的。例如，江苏省也大体分为苏南、苏中、苏北三个经济地带。1984—1994年，三个地带国民生产总值占全省的份额分别由31.5%、29.4%和39.2%变为41.9%、36.7%和21.4%，苏南、苏北上升10.4个百分点和7.3个百分点，苏北则反向移动17.7个百分点。1994年人均国民生产总值差距也是明显的。以苏北为1，苏南、苏中、苏北三大地带之比为4.12∶2.06∶1。

如何看待地区经济发展差距扩大的现象呢？这要用邓小平同志的战略思想来认识问题。为了更好地实现"三步走"战略，邓小平同志提出了要正确认识和处理地区之间不平衡发展的战略思想。他说："像中国这样的大国，也要考虑到国内各个不同地区的特点才行。"①我国地域广阔，各地条件差异很大，经济发展不平衡。邓小平同志强调沿海地区要充分利用有利条件较快地先发展起来，千万不要贻误时机。沿海一些地区要走在全国的前面，率先实现现代化，以更好地带动全国的现代化。内地要根据自己的条件加快发展。邓小平同志认为，沿海先发展起来，这是一个事关大局的问题。内地要顾全这个大局。反过来，发展到一定的程度，又要求沿海拿出更多的力量来帮助内地发展，这也是个大局。那时沿海也要服从这个大局。

地区经济差距扩大，有着历史的、地理的和政策的等多方面因素。东部地区由于有较好的经济基础和有利的地理环境，加上国家政策上的一些支持，发展比中西部地区更快一些。对于地区经济发展中出现的差距扩大问题，必须认真对待，正确处理，这个问题已经引起党中央的高度重视。江泽民同志在党的十四届五中全会的讲话中指出："要用历史的、辩证的观点，认识和处理地区差距问题。一是要看到各个地区发展不平衡是一个长期的历史的现象。二是要高度重视和采取有效措施正确解决地区差距问题。三是解决地区差距问题需要一个过程。应当把缩小地区差距作为一条长期坚持的重要方针。"②在十四届五中全会《建议》和八届全国人大四次会议通过的《纲要》中都把协调地区经济发展作为重要内容，明确提出：从"九五"开始，要更加重视支持中西部地区经济的发展，逐步加大解决地区差距继续扩大趋势的力度，积极朝着缩小差距的方向努力。东部地区要继续充分利用有利条件，进一步增强经济活力，在

---

① 《邓小平文选（第二卷）》，人民出版社，1994年，第313页。
② 江泽民：《正确处理社会主义现代化建设中的若干重大关系》，《人民日报》1995年10月9日。

深化改革、转变经济增长方式、提高经济素质和经济效益方面迈出更大的步伐。中西部地区，要适应发展市场经济的要求，加快改革开放步伐，充分发挥资源优势，积极发展优势产业和产品，使资源优势逐步转变为经济优势。国家要采取有力措施，支持中西部不发达地区的开发，支持民族地区、贫困地区脱贫致富和经济发展。东部地区也要通过多种形式帮助中西部欠发达地区和民族地区发展经济，促进地区经济协调发展。各省区内部地区经济发展不平衡的问题，也应当采取有效措施，加大扶持欠发达地区发展的工作力度。

（四）关于环境保护和生态平衡问题。这是社会全面发展的重要内容。我国人均耕地、水、矿产等重要资源都相对不足。几十年来，我们经济发展很快，但由于走粗放经营的路子，造成了对资源的大量消耗，自然环境和生态平衡受到严重破坏。改革开放以来，我们党和国家非常重视环境保护和维护生态平衡，把它作为一项基本国策，并且制定了经济建设、城乡建设、环境建设同步规划、同步实施、同步发展，实现经济效益、社会效益、环境效益相统一的指导方针，颁布《环境保护法》等一批关于环境保护和资源管理的法律法规，制定并实施了《中国环境与发展十大对策》以及《中国21世纪议程》。近10多年来，在经济快速增长的情况下，环境质量和生态平衡基本避免了急剧恶化的局面，在我们这样一个发展中的大国，环境和生态保护方面取得的成绩，应该说是非常不容易的。

同时，我们必须清醒地看到，我国环境保护和生态平衡的形势还相当严峻。由于我国现在正处于迅速推进工业化和城市化的发展阶段，对自然资源的开发强度不断扩大，加之粗放型的经济增长方式，技术水平和管理水平比较落后，污染排放量不断增加，各种资源消耗量也相当巨大。从全国总的情况来看，以城市为中心的环境污染仍在加剧，并且正在向农村蔓延，生态破坏的范围仍在扩大。一些地区环境污染和生态破坏已经阻碍了经济的健康发展，甚至对人民群众的健康构成直接威胁。例如，水是生命之源。人可五日不食，但不可一日无水。据资料，目前全国300多个城市不同程度的缺水。水污染每年以10%的数量增加，全国每年排放的污水350多亿吨，人间流行病中有80%左右是由污水传播的。现在全国78%的淡水污染超标，50%的地下水被污染，40%的水源已不能饮用，中国已成为世界上少数几个最缺水的国家之一。淮河流域目前的水污染已危及1.2亿居住人口的身体健康和经济发展。北方的海河、辽河、汾河也已污染得非常严重。大江大河城市段水质继续恶化。大气污染也相当惊人。全国500多个城市中，大气环境质量全面符合一级标准的不到1%。因此，在环境保护问题上，我们应当高度重视。未来15年，一方面我国经济仍将以较快的速度增长，加之人口继续增加，对资源的需求总量越来越大；另一方面，在温饱问题解决以后，人民群众对环境质量的要求越来越高。因此，资源、环境和生态面临着更大的压力。我们要实现国民经济持续、快速、健康发展，既要解决历史遗留下来的环境污染和生态破坏问题，又要控制发展过程中出现新的环境和生态问题，环境和生态保护工作的任务是非常艰巨的。

我们在发展经济、推进工业化和现代化的过程中，必须认真实施可持续发展战略。为此，首先应当解决思想认识问题，正确处理近期发展与长期发展、局部利益与全局利益的关系，绝不能近期的、局部的发展损害长远的、全局的发展。建设有中国特色的社会主义，实现现代化，包括保护和创造良好的生活环境与生态环境。不论从我国现代化建设所面临的客观条件来说，还是从我国现代化建设所追求的最终目的来说，加强环境和生态保护都是当前和今后我国经济、社会发展的客观需要和必然选择。第二，要根据我国国情，选择有利于节约资源和保护环境的生产结构和消费方式。绝不走那种资源消耗大甚至浪费资源和破坏环境的经济发展路子，也绝不走先污染、后治理的现代化建设路子。第三，必须积极推进经济增长方式由粗放型向集约型转变。发展社会生产，要从主要依靠经济规模扩张、铺新摊子，转变到主要依靠结构优化升级，实行规模经营，提高结构优化效益、规模经济效益和区域分工效益；从主要依靠增加能源、原材料消耗，转变到主要依靠科技进步，加强科学管理，提高劳动者素质，降低消耗，使同样的物质消耗创造出更多的社会财富。第四，要努力增加投入。随着经济的发展，应逐步提高环境和生态保护投入占国民生产总值的比重。完善自然资源有偿使用制度和价格体系，逐步建立资源更新的经济补偿机制。第五，加强环境保护立法和执法。依法保护并合理开发利用土地、水、森林、草原、矿产和其他自然资源。城乡建设和工业建设都要合理规划，严格控制用地。

（五）关于社会主义精神文明建设的问题。社会主义精神文明是社会主义的重要特征，也是社会主义现代化的重要目标和重要保证。建设社会主义精神文明，关系到跨世纪宏伟蓝图的全面实现，关系到我国社会主义事业的兴旺发达。在把物质文明建设搞得更好的同时，切实把精神文明建设提到更加突出的地位，认真解决当前一系列紧迫问题，进一步打开新形势下精神文明建设的新局面，已经成为全社会关注的大事。

改革开放一开始，党中央就提出两个文明一起抓的战略方针。在党的历次重要会议上作出一系列重大决定，明确了社会主义精神文明的指导方针和主要任务，开展了精神文明建设的一系列工作，推动了经济和社会的发展。1992年邓小平同志南方谈话和党的十四大以后，明确要求在建立社会主义市场经济体制和扩大对外开放的同时，把社会主义精神文明建设提高到新水平。这几年，精神文明建设取得了积极进展。同时必须看到，在社会精神生活方面仍然存在不少问题，有的还相当严重。一些领域道德失去规范，拜金主义、享乐主义、个人主义滋长；不少地方黄赌毒和封建迷信等丑恶现象沉渣泛起；文化事业受到消极因素的冲击；腐败现象在一些地方蔓延。还应当看到，建设社会主义精神文明是长期的、复杂的任务。这是因为，向社会主义市场经济体制转变势必会引起经济和社会生活的许多重大变动，而体制、政策、法规、管理的完善需要一个过程；社会主义世界范围内出现的严重曲折，在一些人中造成思想混乱；发达资本主义国家经济、科技占有优势的压力和西方意识形态的不断渗透；封建主义、资本主义腐朽思想和小生产习惯势力仍有相当影响。对于精神文明建设的这种长期性、复杂性，要有充分认识和足够思想准备。

在新的形势下，精神文明建设面临着一系列新的需要认真研究的问题。例如，如何在以经济建设为中心的前提下，使物质文明建设和精神文明建设相互促进、协调发展，防止和克服一手硬、一手软；如何在深化改革、建立社会主义市场经济体制的条件下，形成有利于社会主义现代化建设的共同理想、价值观念和道德规范，防止和遏制腐朽思想和丑恶现象的滋长蔓延；如何在扩大对外开放的情况下，吸收外国优秀文明成果，弘扬祖国传统文化精华，防止和消除文化垃圾的传播，抵御国际敌对势力对我国"西化""分化"的图谋。所有这些，我们在推进改革开放和社会主义现代化进程中，都必须深入研究，很好解决。

根据党在社会主义初级阶段的历史任务，根据新中国成立以来特别是改革开放以来的历史经验，我国社会主义精神文明建设，必须以马克思列宁主义、毛泽东思想和邓小平建设有中国特色社会主义理论为指导，坚持贯彻党的基本路线和基本方针，大力发展教育科学文化，以科学的理论武装人，以正确的舆论引导人，以高尚的精神塑造人，以优秀的作品鼓舞人，培育有理想、有道德、有文化、有纪律的社会主义公民，提高全民族的思想道德素质和科学文化素质，团结和动员各族人民把我国建设成为富强、民主、文明的社会主义现代化国家。这是社会主义精神文明建设总的指导思想，也是精神文明建设总的要求。我们要切实按照精神文明建设的这个指导思想和总的要求，深入开展精神文明建设的理论研究和实践问题，把建设社会主义精神文明的伟大事业不断推向前进。

以上几个重点方面之外，社会发展领域需要深入研究的问题还有不少。诸如，控制人口增长和提高人口质量问题，提高人民生活水平和建设小康社会问题，社会保障制度建设和改革问题，人口老龄化和关心特殊群体问题，以及城市和乡村建设与管理问题，等等。我们应当搞好规划，突出重点，合理组织力量，发挥各方面优势，把社会发展研究不断引向深入。

三、社会发展研究中应当注意
处理好的若干重要关系

第一，正确处理经济发展与社会发展的关系。经济发展和

社会发展是相互依存、相互促进的。经济发展是社会发展的前提和基础，社会发展是经济发展的目的和保障。因此，在我国现阶段，必须把经济发展放在第一位，各项工作都应当紧紧围绕经济建设这个中心。离开经济建设这个中心，就有丧失物质基础的危险。只有经济不断发展，才能为社会全面发展提供必要的物质基础，才有条件逐步提高人民的生活水平和生活质量，消除贫困现象，才能扩大劳动就业，缓解巨大的就业压力，也才能为科学、文化、教育等精神文明建设创造条件。同时，世界各国和我国的实践都证明，经济发展不会自动地带来社会的全面发展和进步，有时经济发展了，社会在某些方面出现退步的现象也屡有发生，甚至有时经济发展的同时直接对社会发展产生负面作用（例如环境污染等）。因此，我们在坚持以经济建设为中心的同时，必须自觉地高度重视社会发展。要在不以牺牲社会发展为代价的基础上，实现经济持续、快速、健康发展。这是经济与社会协调发展的重要原则和基本要求。当然，这在实践中是不容易处理好的，特别是经济发展的成果往往比较明显，看得见、摸得着，容易显示出政绩，而社会发展往往是隐性的，有的一时看不清直接效果，有些则无法直接计量成绩。所以，有些人往往更重视经济的发展，对社会的发展则口惠而实不至，讲的不少，落实得不够。这是一个应该切实解决的问题。

第二，正确处理物质文明建设与精神文明建设的关系，真正做到两手抓、两手都要硬。自从党的十一届三中全会决定全党全国工作重心转移到经济建设上来之后，总的看来，我国物质文明建设抓得是相当有成绩的，为举世瞩目。这毫无疑问是正确的、必要的。问题是对于精神文明建设，有些时候有些地方抓得不够有力。甚至出现过一手硬、一手软的现象，造成不良后果。我们应当如实地把精神文明建设看作为物质文明建设提供强大动力、智力支持和思想保证。要把精神文明建设渗透到经济、政治、文化以及理想、道德、纪律、秩序等社会各个领域。要把人们对精神文明建设的认识提高到与物质文明建设同等重要的地位。例如，在经济活动中，如果缺乏职业道德、敬业精神，必将导致生产、生活秩序混乱，产品质量和服务质量低下，假冒伪劣产品泛滥，坑蒙拐骗行为猖獗，最终损害经济的健康发展。如果缺乏理想、道德、纪律的建设，就会极端个人主义膨胀，出现唯利是图、见利忘义、以权谋私、腐化堕落、精神空虚、追求封建落后和腐朽生活方式等问题，甚至诱发大量的犯罪，造成社会的不稳定。从当前我国的实际情况看，大力加强精神文明建设，使这一"手"真正硬起来，使物质文明建设与精神文明建设协调发展，是一个重要的、紧迫的任务。

第三，正确处理劳动就业与经济增长的关系。随着改革开放的深入和经济上两个根本性转变的推进，就业问题在我国势必愈加突出起来。随着市场在资源配置方面的基础性作用日益增强，劳动就业对经济的影响力也越来越大，就业与经济增长之间将产生更为紧密的相关关系。为增加劳动岗位，保证必要的就业，防止失业率过高，必须保持一定的经济增长率。而经济增长率过高，又可能引发严重的通货膨胀，造成经济波动和社会不稳定。比较妥当的做法是，在社会可能承受的失业率和通货膨胀率的基础上，求得经济的合理增长。但要做到这一点不是很容易的，需要进行大量的调查研究和认真总结经验，选择最佳的结合点。这里，还有一个正确认识集约经营与扩大就业的关系问题。走集约经营之路，提高劳动生产率与扩大劳动就业，从根本上说是不矛盾的。这是因为，提高经济效益，提高劳动生产率，可以为扩大社会再生产提供更多的积累，从而能够创造更多的就业机会。加快技术进步和优化结构，可以开辟更多的生产领域和就业岗位。也可以说，劳动就业的扩大，最终要靠经济发展、社会进步去实现。因此，不能把实行集约经营同扩大劳动就业对立起来。当然，鉴于我国劳动就业压力很大，在深化改革和实行两个根本性转变过程中，必须统筹考虑和妥善处理劳动就业问题。这方面关系处理得好，经济发展、两个转变和扩大劳动就业就可以相得益彰，协调前进；如果处理得不当，就会使各方面受到不良影响。

第四，正确处理效率与公平的关系。在个人收入分配方面，我们必须坚持按劳分配为主体、多种分配方式并存，体现效率优先、兼顾公平的原则，这是社会主义市场经济条件下的基本分配制度和分配原则。实行效率优先，就是要按劳分配，利用收入分配的经济杠杆作用，激发和调动劳动者的生产积极性、创造性，提高劳动生产率，提高产品和服务质量，增进企业经济效益。兼顾公平，就是要使收入分配比较合理，防止差距过大。在处理效率与公平关系中，应注意两点：一是要使收入差距保持在合理范围之内。所谓合理，就是差距既不能过小，搞平均主义，又不能过大，以致出现高低悬殊。要参照国际经验并结合我国的实际情况，来制定相应的评价标准，例如基尼系数多少为合适，行业之间的收入差距多大为合理，企业内部经营者与职工收入差距多少为适当，以及收入分配方式如何确定，等等。二是要坚决取缔非法收入，控制非劳动收入，使劳动者主要依靠诚实劳动和合法经营致富。目前在如何看待公平分配问题上，各方面的研究不少，涉及的问题也很多。例如，是以起点公平为标准，还是以过程或结果的公平为着眼点，或者三方面兼顾？这里也包括许多复杂的因素，有分配问题本身的，也有诸如道德、权利等其他方面的，需要进行多方面研究。总起来说，收入差距过小会影响效率，过大则会影响社会稳定。解决这个矛盾，必须发挥政府的调控和管理作用。目前在这方面我们的研究工作仍是比较薄弱的。在收入分配中，现在既有不少方面平均主义未有根本解决的问题，也有一系列新出现的差距过分悬殊的问题。我们在继续执行允许和鼓励一部分人、一部分地区先富起来这个大政策的同时，要防止某些社会成员之间收入差距的过分悬殊，否则，就会引发多方面的严重后果。邓小平同志指出："社会主义最大的优越性就是共同富裕，这是体现社会主义本质的一个东西。如果搞两极分化，情况就不同了，民族矛盾、区域矛盾、阶级矛盾都会发展，相应地中央和地方的矛盾也会发展，就可能出乱子。"[1]我们在处理效率与公平，先富、后富、共富的关系时，要从大局看问题，防止引起社会动荡。我们要把调节个人收入分配、防止两极分化，作为一个重要问题来研究。

第五，正确处理社会事业发展中国家、企业、个人三者的投入关系。要适应发展社会主义市场经济的要求，建立有效的筹资机制，逐步形成多渠道的投入体制。从各国的实践看，社会事业的相当大部分不具备盈利能力，不能主要依靠市场机制，而要依靠政府的必要投入。例如义务教育，许多文化设施、公共设施，重要的环境和生态保护工程，都应当由各级政府承担起重要的责任。但历史经验也表明，社会事业完全由国家包下

---

[1]《邓小平文选（第三卷）》，人民出版社，1993年，第364页。

来也是不行的。特别是在我国经济条件尚不宽裕，经济建设本身任务很重的情况下，国家也包不了多少，硬要包下来，其结果就会阻碍社会事业的更快发展。因此，在社会事业建设方面，有必要适当引入市场机制，有些能够进行经营性建设与发展的，可以向企业化的方向转变，不能完全企业化的，也可在内部管理上引进市场机制，以激励提高工作效率和质量。同时，应提倡社会事业社会办，鼓励广大群众及社会各方面力量积极参与和支持社会事业的发展。有许多社会事业实际上不需要太多的资金投入，只要把群众动员起来了，也是能办好的。例如，社区环境卫生和绿化、美化，一些群众性的文化、卫生、体育活动等。即使需要一些资金，也可采取国家、企业、个人都投入一点的方式来筹措。一般来说，只要是群众喜爱的社会活动，个人往往会自愿出一些钱的，政府只要进行必要的组织和引导就可以办成。动员群众广泛参与社会事业的建设，不仅能有效地解决资金投入问题，而且可以把社会全面发展变成群众的自觉行动。总之，要深入研究政府、企业、个人在社会事业发展中投入的范围、界限、程度和渠道，建立合理的、规范化的机制和体制。

第六，正确处理社会效益与经济效益之间的关系。就总体而言，社会事业发展主要应是公益性的，因此应坚持以社会效益为主，不可过分强调经济效益。特别是在精神文明建设的领域，包括思想教育、舆论宣传、大众传媒、民主法制建设、义务教育与基础性科学研究、卫生医疗、疾病防疫和社会保障等方面，更是如此。但随着社会主义市场经济的发展，社会事业的一些领域也要注意经济效益。否则，全部由国家包下来也是不现实的，因此，在社会发展方面，我们在总体上讲求社会效益，在不损害社会效益的前提下，适当讲求经济效益，以支持社会事业更快更好地发展。这里面要解决不少实际问题，包括政策性问题。如哪些事业是主要由政府办的，哪些可以完全放开或放开一部分。对政府不能包下来的一些社会事业，资金不足的部分应通过何种合理的、规范化的方式去筹集，现行的"创收"办法有些什么问题，对社会事业发展中追求的经济效益怎样进行监督、调控等，这些也需要开展广泛的调查研究，拿出具体的办法来。

社会发展领域十分广泛，涉及的矛盾和各种关系也是错综复杂的。以上仅把几个比较重要的关系问题提出来，目的是引起大家的重视和深入讨论，以推动社会发展理论的深入展开和提出更多更好的政策建议，促进我国社会全面健康的发展。

各位代表、同志们，1997 年将是我国经济和社会发展史上极为重要的一年。世人瞩目的香港回归祖国将在这一年实现。香港主权平稳交接和保持其繁荣稳定，不仅将实现中华民族百年雪耻的愿望，而且对实现祖国统一大业和整个中国乃至亚太地区的稳定和发展，都具有重大的意义。明年还将召开党的第十五次代表大会，这次大会对我国改革开放和社会主义现代化建设将产生重大和深远的影响。1997 年经济和社会发展任务是十分光荣而繁重的，这将对社会发展研究工作提出更高的要求。我们应加倍努力，积极进取，抓住重点项目，多出研究精品，以更多的高质量的研究成果，迎接香港回归和党的十五大召开，为做好明年的经济和社会发展工作，为建设有中国特色的社会主义而积极奋斗。

完善分配结构和分配方式 ①

（1998 年 3 月）

　　江泽民同志在党的十五大报告中指出："坚持按劳分配为主体、多种分配方式并存的制度。把按劳分配和按生产要素分配结合起来，坚持效率优先、兼顾公平，有利于优化资源配置，促进经济发展，保持社会稳定。"这里，进一步论述了实行按劳分配为主体、多种分配方式并存制度的必要性，提出了正确处理分配问题的指导原则。认真学习和贯彻执行这些重要精神，是建立和完善社会主义市场经济体制的重要内容。

　　改革开放以来，我们党坚持按劳分配为主体、多种分配方式并存的制度，并对分配关系和分配政策作了重大调整，激发了各类企业和广大人民群众的积极性，促进了国民经济发展和人民生活水平的提高。城镇居民人均可支配收入，由 1978 年的 316 元增加到 1996 年的 4377 元，扣除物价上涨因素，实际年均增长 6.2%；农村居民人均纯收入，由 1978 年的 133.6 元增加到 1996 年的 1926 元，实际年均增长 8.1%。但是也要看到，分配领域的问题仍然十分突出，主要是国民收入分配过分向个人倾

①本文系 1998 年 3 月在一次学习报告会上讲话的一部分。

217

斜，国家所得的比重过低；部分社会成员之间差距悬殊，分配秩序混乱和分配机制不健全的状况相当严重。例如，我国国民生产总值最终分配格局中，个人所得从 1978 年的 51.2% 上升到 1996 年的 70.3%，企业所得从 1978 年的 16.1% 下降到 1996 年的 14.7%，而国家所得则从 1978 年的 32.7% 下降到 1996 年的 15%。又如，不同行业之间职工的工资差距扩大。据有关资料测算，1990 年行业之间平均工资最高与最低之比为 2.7∶1，而 1995 年这种差距扩大到 3.9∶1。至于工资外收入数量也很大，1995 年全国职工工资外收入相当于工资收入的 40% 左右，有的甚至超过 100%。再如，城镇居民中的最高收入户和最低收入户差距悬殊。据统计，1990 年城镇居民中最高收入户和最低收入户各占 10%，人均收入的差距为 2.9 倍，1995 年扩大到 3.8 倍。上述收入分配上的问题，必须引起高度重视，认真对待。

我们既要坚持已经确定的分配制度和分配原则，又要从实际出发采取相应的对策。

第一，坚持实行按劳分配为主体、多种分配方式并存的制度。所有制结构决定分配结构，所有制实现形式决定分配方式。所有制形式和经营方式的多样化决定收入分配形式和分配方式的多样化。我国是社会主义国家，必须把坚持公有制和按劳分配作为社会主义经济制度的基础。同时，我国又处在社会主义初级阶段，需要在坚持公有制为主体和按劳分配为主体的条件下，发展多种所有制经济，实行多种分配方式。在我国社会主义市场经济条件下，实行按劳分配为主体、多种分配方式并存的制度，既坚持了社会主义的基本分配原则，有效地防止两极分化，逐步实现共同富裕，又可以为多种所有制经济的共同发展，提供动力机制和市场机制，增强经济活力和提高经济效率。我们必须正确认识和把握按劳分配为主体和多种分配方式并存的关系，使它们之间相互依存和相互促进。目前出现的部分社会成员收入差距悬殊、分配不公的现象，根本原因不在于分配制度本身，而在于收入分配秩序缺乏规范，合理有效的分配机制尚未真正建立起来。因此，在实行按劳分配为主体、多种分配方式并存制度的过程中，必须规范收入分配方式和分配秩序，建立和完善初次分配和再分配的机制。

第二，坚持把按劳分配和按生产要素分配结合起来。随着所有制结构的调整和完善，生产要素市场的培育和发展，出现了公有制实现形式和分配方式多样化的局面，出现了按劳分配的方式和按生产要素分配的方式相结合的格局。生产决定分配，分配影响生产。随着混合所有制经济的出现和发展，各种分配方式混合组合的分配结构和分配方式已成为新的分配形式。股份制经济中，它的所有者和投资主体都是多元化的，不论是谁控股、参股，也不论是法人持股和职工持股，收入分配方式也必然是多样化的，按劳分配和按生产要素分配是并存的。以劳动者的劳动联合和劳动者的资本联合为主的股份合作制，劳动者既可以取得按劳分配的收入，又可以取得按资分红的收入。至于通过按生产要素分配取得的其他收入，例如，债权人取得的利息收入、股息分红和债券、股票交易收入，私营企业主生产经营取得的税后利润，都属资本要素收入；出租土地、房屋和利用级差地租取得的收入，属于土地要素收入；科技工作者、信息工作者提供高新技术和信息资料取得的收入，属于技术、信息收入，等等。因此，把按劳分配和按生产要素分配结合起来，是社会主义市场经济发展的必然要求，也是分配理论上的新突破。必须正确引导，完善收入分配方式。

第三，坚持效率优先、兼顾公平的分配原则。实现效率和公平的正确结合，是社会主义市场经济的基本要求。所谓效率，是可以按经济生活中劳动数量、质量同劳动成果的比率来度量，多劳多得，少劳少得，不劳不得；也可以按投入的生产要素同所得的经济成果的比率来度量，投入多，效率高，收入高，反之就收入低，甚至没有收入，发生亏损。所谓公平，是指人们之间利益和权利分配的合理化，无论是劳动者和生产要素投入者，在收入分配过程中都应遵守机会均等、规则平等的原则，并允许合理拉开差距，防止两极分化。同时，在不同的分配层次，效率和公平应有所不同。初次分配，应当坚持效率优先的原则，更多地讲究效率为主，引导人们不断提高效率，增加社会财富；再分配，应当坚持兼顾公平的原则，更多地提倡公平，使收入分配趋向合理，把蛋糕切好。因此，正确处理效率与公平的关系，既是一个关系改革、发展、稳定全局的重大问题，也是经济工作中的一个难题。我们必须按照效率优先、兼顾公平的原则，结合实际生活中的问题，制定和实施合理的收入分配政策，促进经济发展和社会进步。

完善收入分配结构和分配方式，关键在于正确制定和实施调节收入分配的政策。

第一，坚持依法保护合法收入。允许和鼓励一部分人通过诚实劳动和合法经营先富起来，允许和鼓励资本、技术等生产要素参与收益分配，这是我国社会主义初级阶段处理分配问题的基本政策，也是我们把按劳分配和按生产要素分配结合起来的主要内容。执行这项基本政策的关键在于诚实劳动和合法经营，劳动者通过诚实劳动取得更多的收入，经营者通过合法经营取得更多的利润，都是正常的、合理的。只有坚持这项基本政策，让一部分人先富起来，并提倡带动和帮助后富，才能逐步实现共同富裕。一切企业、事业单位，也要按照把按劳分配和按生产要素分配结合起来的要求，建立健全适应各自特点的工资制度与正常的工资增长机制；行政机关则实行和规范国家公务员制度，由国家根据经济发展并参照企业平均工资水平，建立正常的晋级和工资增长机制。

第二，坚决取缔非法收入。对侵吞公有财产和用偷税逃税、行贿受贿、权钱交易等非法手段牟取利益的，要依法惩处。根据近几年来牟取非法收入的发展趋势，最近全国人大审议颁布的我国《刑法》和其他有关法律、法规，对采取非法手段牟取利益的行为，都作出了明确的惩处规定。这是我们取缔非法收入的主要法律依据。凡是非法牟取收入，不论作为企业和职工个人，还是作为政府公职人员，属于目前法律、法规已作出明确规定的，必须依法惩处；属于目前法律、法规尚未作规定的，应当抓紧制定法律、法规，进行规范和纠正。从目前看，取缔非法收入必须同惩治腐败密切结合起来，坚决打击一切腐败行为。

第三，严格整顿不合理收入。对凭借行业垄断和某些特殊条件获得的额外收入应予以规范，转化为个人收入的，必须纠正。例如，有些部门和地方凭借行业、部门、商品、服务的垄断，取得高于官方定价的额外收入；有些部门和地方通过对某类商品发放生产和销售许可证、进口配额和进口许可证，取得高于收费成本的额外收入；有些部门和地方通过控制贷款额度、提高规定利率和汇率，取得额外收入；还有些部门和地方凭借特权，以政府行为，通过收费、摊派、集资等手段，取得高于规定标准的额外收入，等等。目前收入分配秩序混乱，不合理的额外收入相当普遍，引起了人民群众的严重不满。因此，严肃整顿收入分配秩序，加强监督收入分配，取消和规范不合理的收入，已成为当前迫切需要抓紧解决的重大问题。

第四，切实调节过高收入。主要是通过完善税制，包括完善个人所得税制，开征遗产与赠予税等新税种，并加强税收征管，加大收入调节力度，同时规范收入分配秩序，完善收入分配机制，使地区之间、行业之间、社会群体之间收入差距趋向合理，防止两极分化。目前我国开征的税种中，向个人收入只征收个人所得税，征收额很小，到1996年只占国内生产总值的0.3%，大大低于世界上其他国家的水平。据国际货币基金组织的统计，从1989年到1992年平均计算，西方发达国家个人所得税在国内生产总值中的比重，美国占7.55%，英国占9.63%，法国占5.23%，德国占4.62%，澳大利亚占11.5%；亚洲、美洲发展中国家中，印度和印度尼西亚约占0.93%，泰国占1.97%，墨西哥占2.11%。为了加大收入调节力度，应当抓紧完善个人所得税制，加强个人所得税征管，并择机开征利息所得税、遗产赠予税。同时，要完善收入分配机制，加强收入分配监控，使收入分配规范化、合理化。

第五，努力保障低收入者基本生活。根据各地方不同情况，制定和逐步实施职工最低工资收入标准和城镇居民最低生活费标准，并加大扶贫工作力度，努力完成农村扶贫攻坚任务。最近几年我们成功地解决了2200万农村贫困人口的温饱问题，每年还新增加700万个以上的就业岗位。1996年，由于实施再就业工程，使243万名国有企业下岗职工重新走上工作岗位。同时，在100多个大中城市普遍实行了职工最低工资收入标准和城镇居民最低生活费标准。今后要进一步采取措施，加快实施农村扶贫攻坚计划，进一步做好企业下岗职工基本生活和再就业工作，努力使城乡低收入者基本生活得到切实保障。

在调整国民收入分配格局中，要把集中财力、振兴国家财政放在十分重要的位置。振兴国家财政是全面履行政府职能、调节收入分配关系的重要手段，也是推进社会主义市场经济体制改革、增强国家宏观调控能力的迫切要求。改革开放以来，随着改革的深化和经济的发展，财税体制作了一系列重大改革，目前适应社会主义市场经济体制要求的财税体制框架已初步确立，国家财政实力也不断增强。但是，由于分配格局发生变化，国家财力严重不足，宏观调控能力不强，从1978年到1996年，财政收入占国民生产总值的比重由31.2%降低到10.9%；中央本级财政收入如果扣除返还地方和补助地方支出后再加上地方上缴收入，则由45.8%降低到27.6%。我国财政收入占国民生产总值的比重和中央财政收入占全国财政收入的比重过低，不但低于发达国家，而且也低于发展中国家。集中财力、振兴国家财政，是保证经济和社会各项事业发展的重要条件。

第一，逐步提高财政收入占国民生产总值的比重和中央财政收入占全国财政收入的比重。根据需要和可能，应经过几年努力，争取把财政收入占国民生产总值的比重提高到20%以上，把中央本级财政收入占全国财政收入的比重提高到60%以上，并保持相对稳定。必须继续完善税制改革，适当调整相关税率，扩大税源基础，合理开征新的税种，逐步取消税收减免；完善分税制的财政体制，适当调整中央与地方的收入范围，按照中央与地方事权的划分，建立比较规范的转移支付制度；规范国家与国有企业的利润分配关系，逐步建立起国有资产经营收益按资分利、按股分红等税后利润分配制度。健全财政职能，加强财政管理，重点是加强财政收入、财政支出和预算外资金管理。整顿和规范财政收支秩序，防止收入流失和支出浪费。

第二，适应所有制结构变化和政府职能转变，调整财政收入结构。目前我国财政收入主要来自国有经济。以 1996 年的工商税收为例，国有经济占 58.6%，集体经济占 17.7%，非公有制经济占 23.7%。今后一个时期，随着经济结构和所有制结构调整，具有应税行为的经济活动将更加活跃。因此，要使税收结构进一步适应所有制结构的变化，并合理调整税收政策，加大税收征管力度，扩大来自非国有经济和居民个人的财政收入来源。与此同时，要适应政府职能转变，调整财政支出结构。把不应由政府行使的职能逐步转给企业、市场中介组织。目前国家财政支出包揽过多，负担沉重，难以为继。今后财政支出结构应当作进一步调整，凡是应当由企业和社会承担的支出，财政不应再列支；凡是应由政府承担的支出，也要明确范围，制定标准，严格控制，节约使用。

第三，建立稳固的、平衡的国家财政。1954 年，邓小平同志曾提出财政工作的六条方针，并指出："六条方针有一个重大的政治目的，就是要把国家财政放在经常的、稳固的、可靠的基础上。"[①]他还要求财政工作要有全局观念和战略观念。多年以来，国家财政收不抵支，连年发生赤字，债务规模过大，财政包袱沉重，财政困难增加。从 1979 年到 1996 年，除了 1981 年、1985 年财政略有结余以外，其余 16 年都有赤字，累计赤字达 3363 亿元。从 1981 年到 1996 年，国内发行债务，扣除已偿还

---

① 《邓小平文选（第一卷）》，人民出版社，1994 年，第 195 页。

的本息，债务余额仍有 4319.43 亿元；由财政统借统还的外债，扣除已偿还的本息，余额为 70.1 亿美元。因此，建立稳固的、平衡的国家财政，既是振兴国家财政的主要目标，也是保持经济总量平衡，为经济发展创造良好的宏观环境的重要条件。我们必须随着经济的发展．把"开源"和"节流"结合起来，真正做到生财有道、聚财有方、用财有效，大力减少财政赤字，努力控制债务规模，逐步建立财政后备制度。

反腐倡廉 警钟长鸣 ①

（1999 年 4 月 20 日）

人类社会即将告别风风雨雨和铸造辉煌的 20 世纪，跨入充满良好机遇和严峻挑战的 21 世纪。在这个世界格局大调整、社会经济大变革的重要历史时刻，各个国家都在精心谋划和展示自己在新世纪竞争中的雄姿和位置。我们党早在 1997 年中国共产党第十五次全国代表大会上，就站在时代的制高点上，统观未来世界走势，高瞻远瞩地制定了我国跨世纪的国民经济和社会发展战略，使中国以巨人般的雄健步伐、充满活力和生机的面貌进入人类的新纪元，在世界新格局中占据有利的地位。实现中国共产党确定的跨世纪的历史使命，各级政府将起着重要的作用。

世界在注视着中国。中国人民也在注视着自己的政府。向 21 世纪跨越的中国政府肩负着重大的历史责任和人民的殷切重托。为此，朱镕基同志在九届全国人大二次会议上作的《政府工作报告》中，根据党的十五大精神和人民政府的职责，旗

---

① 本文为《中国廉政史鉴》（《廉洁·勤政·务实·高效》丛书之一）的序言，师少林著，中国经济出版社 1999 年 5 月版。

帜鲜明地提出："从严治政，建设廉洁、勤政、务实、高效政府。"①这是对我们党历来坚持的根本宗旨的高度概括，也是在新的形势下对各级政府和政府工作人员的庄严要求。

真正做到从严治政，把各级政府建设成廉洁、勤政、务实、高效的政府，才能保证中国特色社会主义事业在新世纪有一个崭新的开局。我们的政府是人民的政府，根本宗旨是全心全意为人民服务。我们政府的权力是人民赋予的，必须一心为人民着想、一切对人民负责。廉洁、勤政、务实、高效，这八个字、四个方面的要求，是互相联系的有机整体。廉洁是为政的首要标准，为政不廉，毁政害民。勤政是为政的基本要求，为政不勤，荒政误民。务实是为政的内在要求，为政不实，损政伤民。高效是为政的综合表现，只有真正廉洁、勤政、务实才能达到高效。任何一级政府或每个政府工作人员，如果不讲廉洁，就无勤政可言，既不廉洁，又不勤政，何来务实和高效？把"廉洁"放在第一位，建设廉洁的政府，做廉洁的公务员，勤政为民，务实高效，体现了党中央和国务院对各级政府和工作人员的严格要求和殷切希望。这种要求和希望有着很大的现实针对性。如今一些腐败现象给我们的事业造成的不良影响和损失已经非常严重。任何一个有责任、有良知的人都无法容忍腐败现象的蔓延，以实践为人民服务宗旨为天职的共产党人和政府工作人员，更应坚决反对任何形式的腐败行为。对那些还想往贪渎腐败这条路上走的人，仅大喝一声、猛击一掌已经不足为重，而应让他们睁开眼睛看看悬在面前的法律利剑。

历览古今中外，治国之道，治吏为要。反腐倡廉，峻法惩

———————————
① 朱镕基：《政府工作报告》，《人民日报》1999 年 3 月 18 日。

贪，史有明鉴。新中国成立后，中国共产党成为掌握政权的执政党，我们党和政府一向十分重视防治腐败变质的问题。反对腐败是关系党和国家生死存亡的严肃政治斗争，在整个改革开放和现代化建设的过程中，都要坚决反对腐败，做到警钟长鸣。我们要认真总结古今中外防治腐败的历史经验，从中引出鉴戒。中国经济出版社编辑出版的《廉洁·勤政·务实·高效》丛书，比较系统地介绍了国外反腐败的经验与教训，回顾了新中国成立以来反腐败斗争的历程，探寻了产生腐败现象的根源，为加强廉政建设提供了史鉴。其目的在于为反腐倡廉服务，使人们学习那些光明磊落、心怀天下、清正廉明的古今志士，看看那些中外腐败之躯如何同粪土一样坠落尘埃。大量正反事例昭示人们，在极为复杂的经济和社会生活中，必须学会把握自己。要坚持不懈地讲学习、讲政治、讲正气，真正做到自警、自励、自持、自重，严格自律，廉洁奉公，不奢不贪，两袖清风，一身正气，全身心地效力于国家和社会，大气磅礴地站到新世纪的潮头。

中国就业现状分析与对策思路 ①

（2000 年 1 月）

对当前就业现状的分析和未来趋势的预测研究表明，我国已进入新一轮失业高峰。城镇下岗失业和农村不充分就业等问题，直接影响经济体制改革和国民经济发展，已到了非解决不可的地步。党和政府高度重视就业问题，党的十五届四中全会明确提出要大力做好再就业工作，采取有效的政策，广开就业门路，增加就业岗位。积极发展和规范劳动力市场，形成市场导向的就业机制。为做好下一阶段的就业工作，必须认真分析当前就业形势与失业问题，剖析政策效果，有针对性地采取措施。

一、当前我国城乡就业现状

20 世纪 70 年代末，中国开始改革计划经济体制及其管理模式，致力于发展经济，改善人民生活，20 年来在经济取得近两位数高速增长的同时，城乡从业人员数量大幅增长，就业结

---

① 本文系 2000 年 1 月撰写的研究报告。

构经过不断调整已有所改善，职工素质有较大提高，已初步形成中国特色的就业管理服务体系，政府所采取的一系列扩大就业的政策取得明显成就。但是，随着改革的深化和结构调整力度的加大，过去长期积累的国有企业富余人员问题逐步显现出来，城镇下岗失业人员增多，失业时间延长，再就业难度加大。与此同时，农村劳动力不充分就业严重，转移渠道不畅。

（一）改革开放以来城乡就业的历史成就

1978—1998 年的 20 年间，我国国内生产总值平均每年增长 9.7%。与之相对应，城乡就业格局也发生了显著变化，主要体现在以下几个方面：

——就业总量逐年增长。1998 年底，我国城乡从业人员 6.99 亿人，较 1978 年增长近 3 亿人，年均增加就业 1500 万人，基本上吸纳了新增劳动力就业，并解决了 1979 年由于知识青年大返城形成的就业问题（当年城镇待业人员达 1700 万人）。1998 年农村就业首次出现负增长，比上年减少就业 114 万人，这是继 1992 年农业从业人员净减少后农村就业发生的又一质的变化。

——就业结构明显改善。从产业结构看，1978 年从事农业和非农业劳动力比重为 70.5 ∶ 29.5，1998 年为 49.8 ∶ 50.2，就业结构发生了质的变化。第一产业就业于 1992 年起绝对量逐年减少，成为劳动力净输出部门，第三产业就业持续上升，20 年共增加就业 1.4 亿个，年均 700 万，吸纳了 46.3% 的新增就业量。从所有制结构看，非国有企业迅速发展，其中个体、私营经济自 1994 年以来已连续几年新增就业 300 多万。从企业规模看，中小企业吸纳就业能力大，目前中小企业数量占全国企业总数的 99%，吸纳了城镇新增就业的 80%。

——就业人员文化素质和职业技能提高。20 年来，城镇新增就业人员中，来自大专院校和中等专业技术学校的毕业生所占比例，1978 年为 6.9%，1997 年为 31.7%，提高 25.8 个百分点。

——劳动生产率有较大提高。1978—1998 年，社会劳动生产率平均每年增长 6.7%，国有工业劳动生产率年递增 6.3%。

——国有企业富余人员逐渐分离出来，国有企业效益有所提高，下岗人员基本生活有了保障，近 50% 实现了再就业。1999 年 1—9 月国有及国有控股工业企业实现利润比上年同期增长 1.5 倍，大多数工业行业和省、自治区、直辖市的国有企业效益好于去年。

（二）当前城乡就业面临的主要矛盾与问题

——就业增长弹性下降，就业需求相对减少。在 20 世纪 80 年代，中国经济处于"高增长、高就业增长弹性"状态，经济增长强有力地带动了就业增长。1980—1989 年，GDP 年均增长 9.3%，就业增长弹性系数为 0.323，平均每年增加就业 1400 万个。但在"八五"期间，GDP 年均增长 11.9%，由于就业增长弹性降为 0.109，每年增加就业降至 800 万个。1993年以来，增加就业岗位一直处于 700 万—720 万之间。1998 年，GDP 增长率降至 7.8%，就业弹性仅 0.064，当年增加就业 357万个。

——国有企业下岗职工人数增加，再就业难度大。自 1998年以来，随着国有企业下岗分流、减员增效力度的加大，下岗职工人数持续增加，在整个就业环境不宽松的条件下，下岗职工再就业难度很大。

——失业率上升，失业周期延长。1993 年以来，我国登记失业人员迅速上升。1993 年全国城镇登记失业人员为 420 万人，登记失业率 2.6%，1998 年登记失业人数上升到 571 万，失业率 3.1%。失业周期也呈上升趋势。1995 年全国平均失业周期为 4 个月，1996 年上升为 7 个月，1997 年达到 10 个月。

——农村就业问题趋于突出。据测算，1998 年，我国农业剩余劳动力 1.5 亿，占农村从业人员总数的 30.4%。目前农村就业出现两个下降和一个反弹：一是由于城市再就业压力加大，进城务工农村劳动力增长速度下降。1999 年预计外出农村劳动力 4700 万人，其中 3500 万人进入城市，年增长 3%，低于 1998 年的增长速度。二是乡镇企业就业量相对下降。1997 年和 1998 年，乡镇企业分别减少就业 458 万和 513 万，两年减少近千万人。三是农业就业人数反弹上升。1998 年，第一产业就业人数增加 108 万人，这一情况是在第一产业就业自 1992 年以来连续下降的基础上出现的，也是在我国农产品供求平衡、丰年有余的背景下出现的，加剧了农业不充分就业状态。

二、我国城乡就业的政策与效果

就业问题是一个十分重要的经济社会问题，直接关系到经济发展、人民生活和社会稳定，社会各界十分关注，党和政府对此一直十分重视并采取了一系列的方针政策。党的十五届四中全会明确提出，要积极发展和规范劳动力市场，形成市场导向的就业机制。围绕建立市场就业机制，我国制定了针对多种群体、多个层面的就业政策，主要包括国有企业下岗职工基本生活保障和再就业、劳动力市场、农村劳动力就业、职业技能培训等几个方面。

（一）国有企业下岗职工基本生活保障和再就业政策

再就业工作是当前及今后一个时期各级党委和政府的一项十分重要的工作。再就业工作的主要对象是国有企业下岗职工，主要任务是解决其基本生活保障和再就业问题，包括三项基本内容：一是普遍建立再就业服务中心，保障国有企业下岗职工基本生活，并组织下岗职工参加职业指导和再就业培训，引导和帮助他们实现再就业。二是按企业、社会和政府各方负担的"三三制"原则筹集基本生活保障资金。三是发展经济，尤其是发展就业弹性大的产业和经济形式，加强对下岗职工的再就业培训和就业服务，促进再就业。1998年初，劳动保障部实施"三年千万"再就业培训计划，以创业培训和第三产业的"短""平""快"专业为重点，以需求和市场为导向，增强了培训的针对性和有效性。到1998年底，全国已有26个省区市和石油等6个行业出台了再就业培训实施方案，全年培训下岗职工390万人次。开展"一三一"的就业服务，即在每个下岗职工进入再就业服务中心后的半年内，至少免费对其进行一次职业指导，提供三次就业信息或职业介绍；对每个需要并自愿参加职业技能培训的下岗职工提供一次免费（或部分免费）的培训机会。工作开展以来，各地都建立了免费为下岗职工服务的窗口，一些地方还提出了"即时服务"等具体服务承诺，取得了较好的效果，树立了政府公共就业服务的良好形象。

虽然存在一些问题，国有企业下岗职工基本生活保障和再就业工作仍然进展顺利。绝大多数国有企业下岗职工进入再就业服务中心，基本生活得到了有效保障。再就业工作取得较大进展，1998年全年共有609万国有企业下岗职工实现再就业，再就业率50%。

（二）劳动力市场政策

1. 以建立市场导向的就业机制为目标，积极开展劳动力市场科学化、规范化和现代化的"三化"建设。1993 年党的十四届三中全会明确提出"改革劳动制度，逐步形成劳动力市场"。6 年来，劳动力市场迅速发展，市场体系已初步形成。1998 年底，全国职业介绍机构发展到 3.5 万个，接受求职登记 1184.3 万人（包括上年结转共 1863.4 万人），接受用人登记 934.2 万人，介绍成功 798.8 万人，成功率为 42.9%。与此同时，在农村地区积极发展乡镇劳动服务机构，为农村劳动者就地就近转移就业和外出务工提供就业登记、职业介绍和培训服务。截至 1999 年 6 月底，全国已有乡镇劳动服务机构 3.1 万个，工作人员 7 万多人。但从整体上判断，我国的劳动力市场仍处在发育过程之中，市场机制在劳动力资源配置中的基础性作用未得到充分发挥；管理手段相对落后，信息网络建设进展缓慢；当前市场秩序还比较混乱，农村劳动力流动中的盲目、无序问题仍比较突出等。为加快劳动力市场建设，1999 年下半年，劳动保障部确定 100 个大中城市开展劳动力市场"三化"建设试点，试点范围覆盖了绝大多数人口在 100 万以上的大城市。

2. 发展劳动就业服务企业。20 世纪 70 年代末，为解决严重的城镇就业问题，中央决定拨出资金，在大中城市建立劳动服务公司，担负介绍就业、输送临时工，组织生产、服务，进行职业教育等任务。随后，劳动服务公司在一些国有企业成立起来，成为附属企业的集体企业，独立核算、自负盈亏，安排富余职工和待业青年就业。经过近 20 年的发展，劳动就业服务企业从无到有，已成为安置企业富余人员、解决失业问题的一条重要渠道。1998 年，全国已有劳服企业 11.3 万个，其中股份制企业 7757 个，年末从业人员 649.2 万人，全年纯利润 54.1 亿元。但目前也存在吸纳就业下降的问题。1998 年新增就业 70.5万人（其中失业人员 13.4 万人，富余人员 25 万人），同期减少就业 154.4 万人，净减少 83.9 万人。

3. 建立失业保险制度。失业保险是就业服务的重要内容之一。1986 年，中国开始建立失业保险制度。去年 12 月底，国务院发布《失业保险条例》，覆盖面扩大到所有的城镇企事业单位，失业保险金缴费比率由职工工资总额的 1% 提高到 3%，并规定基金的支出范围包括"领取失业保险金期间接受职业培训、职业介绍的补贴"。《条例》发布以来，失业保险工作成效显著，参保人数逐月增长。截至 9 月末，全国共有失业保险经办机构2300 多家，参加失业保险的人数已达 9481 万人，比上年增长19.6%。1—9 月全国失业保险基金比去年同期增加 45.6 亿元，增加 1.5 倍。领取失业保险金的人数已近 100 万人。存在的主要问题是地区和企业发展不平衡及欠费问题严重，联营、股份、港澳台、外商投资企业和私营企业职工参保率还比较低，缴费不规范、企业困难缴不起等。

（三）农村劳动力就业政策

针对 20 世纪 80 年代前期开始显现、中后期不断突出的农村劳动力剩余问题，中国政府开始农村就业的战略研究和部署，提出了城乡就业统筹的工作方针。顺次组织开展了"中国农村劳动力开发就业试点项目"和"农村劳动力跨地区流动有序化工程"，并在一些重点地区开展农村劳动力流动就业重点监控工作。

1. "中国农村劳动力开发就业试点项目"。该项目由原劳动部、农业部和国务院发展研究中心等部门于 1991 年发起，起初在 50 个县（市）进行，1993 年起试点范围扩大到省一级，覆盖了广东、四川等 8 个省市，试点工作的目的是探索方式方法，研究制定政策，促进农村就业。通过试点产生了一些好的案例。如河南扶沟县发展集约农业，不仅消化了本地十多万富余劳动力，还吸引大量外地劳动力从事季节性劳动；浙江苍南县龙港镇依靠农民集资建城，发展劳动密集型加工产业，几年内把偏僻落后的渔村建设成一座 7 万人的小城市，为数万进城的农村劳动力提供了非农就业岗位。试点探索出来的一些成功经验和政策思路，目前正体现在国家的国民经济发展计划和农村经济政策中。存在的主要问题是项目缺乏经费支持，以及户籍制度、土地制度等对农村劳动力流动和土地资源优化配置的限制。为进一步探索农村就业促进的有效途径，1996 年起，劳动部在国际劳工组织的支持下实施"中国农村就业促进试点项目"，通过对低收入农户提供小额贷款等支持，促进农民实现就业，增加收入。促进农村就业各方面的试点工作，我们还将会同有关部门进一步深入开展。

2. "农村劳动力跨地区流动就业有序化工程"。为规范和引导大量的农村劳动力外出务工和缓解一年一度的"民工潮"，1993 年国家实施有序化工程。主要内容是加强流动就业管理和服务，建立信息导向机制，开展劳务协作，实行流动就业凭证管理制度，建立多部门协调配合齐抓共管的工作机制等。通过多年探索已形成一系列管理和服务政策措施，减少了农村劳动力外出的盲目性，提高了民工外出务工的成功率，也相应减少大规模民工盲目外出对交通运输、输入地劳动力市场、城市社会生活的压力。目前，"民工潮"现象基本缓解。1998 年春夏之交，中国发生了历史上罕见的特大洪涝灾害，大片村庄、农田被淹，农民纷纷外出打工，湖南华容县一些乡村外出人数比正常情况增加 10 倍以上。有些农民因灾借钱外出，找不到工作、盘缠用尽后不得不返回。针对这一苗头，政府利用多年来组织民工有序流动的工作经验和组织管理体系，及时采取了引导调控措施，大灾之年没有出现大规模民工盲目外出的情况，保证了灾区的重建和恢复生产，也保护了灾区农民的切身利益。目前的主要问题是制度要进一步规范，信息导向机制要进一步建立，劳动管理要进一步加强，如加强民工权益保障、劳动合同管理等。

3. 重点监控。1998 年起，劳动保障部在全国农村劳动力流动量大的省（自治区、直辖市）中确定 100 个农村劳动力输入城市、输出县（市）和中转城市，作为农村劳动力流动就业重点监控地区。并在监控点中选取 174 个乡镇、318 个村、480 个企业、136 个职业介绍机构及 28 个主要车站作为固定监测点，开展流动信息监测和规模、速度调控引导，并制定扩大农村就业的政策措施，积极拓宽就业门路，输出地为就地安置农村剩余劳动力创造条件。

（四）职业培训政策

职业培训是就业促进的必要措施，政府坚持培训和就业结合，培训为就业服务的工作方针，按照社会化、市场化的方向，在发展和完善学校培训、在职培训的基础上，针对一些特殊群体，实施了相应的培训政策措施。

1. 普遍实行劳动预备制度。这是提高新成长劳动力职业技能、缓解劳动力供给压力的一条重要措施。1999 年 6 月，国务院办公厅转发劳动保障部等部门《关于积极推进劳动预备制度加快提高劳动者素质的意见》，正式推行这一制度。制度的基本内容是：青年劳动者在就业前须接受 1—3 年的职业培训和职业教育，取得相应的职业培训合格证书，方可就业。目前，一些地方已进行了初步探索，如湖北省在全国率先推行这一制度。鞍山市建立从中学到培训单位再到用人单位的直接联系，通过资源、培训和就业体系的整体联动，提高了劳动预备制度的吸引力；湘潭市劳动部门会同教育部门，对中、高考落榜生及时进行宣传，使绝大部分符合劳动预备制培训的人员都能到职业培训机构参加培训。这一制度目前也存在培训经费不足、培训质量有待提高、职业培训和素质教育及就业的衔接有待加强等问题。

2. 再就业培训。为实现"三年千万"（即从 1998 年至 2000 年 3 年共培训 1000 万下岗职工）的再就业培训计划，政府正在推广几种有效的培训模式。第一，伙伴计划模式。这一模式由北京、陕西等地创造并得到劳动保障部的支持。基本思路是选定一批培训机构作为再就业培训定点单位，并指导这些培训机构与企业再就业服务中心建立伙伴关系，签订培训协议，为下岗职工提供培训。第二，政府购买培训成果模式。这一模式由上海市首创，基本思路是按市场化机制方式运作，通过政府设立培训项目并招标，各培训机构投标，进行公平竞争，最后由政府根据培训成果和就业率补贴培训经费。上海按这一机制运行了两年，参与培训的机构已达 300 多家，初步实现了培训的社会化。第三，创业培训模式。这一模式由劳动保障部发起，借鉴了国际上的一些经验，1997 年始在苏州、北京、上海等几个城市同时进行试验，目前已扩大到 30 多个城市。主要机制是对具有创业意愿的下岗职工和失业人员进行创业能力培训，帮助他们成功地创办企业。如苏州市劳动局在市政府支持下，成立了创业培训咨询委员会，由工商、经贸、税务、公安、卫生、物价等部门有关人员参加，咨询委员会的主要作用是定期接受学员咨询，帮助学员修订企业创办计划，协助学员解决开业登记、贷款及业务经营等方面的具体问题。

3. 职业资格证书和就业准入制度。1995年、1996年和1999年，政府三次公布了劳动者就业上岗前必须接受培训的技术工种目录。1999年公布的全国性实行就业准入的工种有66个。这一制度的实施，对于提高广大劳动者的素质和职业技能起到了重要作用，职业技能鉴定的规模扩大，质量提高，每年通过考核鉴定取得职业资格证书的人数近300万人。存在的问题是，高技能人才成长通道不畅，技师、高级技师占技术工人总数的比例较低的问题仍比较突出，职业资格证书在社会上的影响力和权威性还没有真正树立起来。

三、未来3年至5年我国就业形势预测及对策

今后几年，我国劳动力供大于求的矛盾将进一步加剧，就业压力日趋加大，必须采取切实可行的措施，在作好就业长远规划的基础上，综合运用积极的宏观经济政策、劳动力市场政策等措施，缓解失业压力，促进失业人员再就业。

（一）形势分析

影响劳动力市场供求矛盾加剧的主要原因包括：

1. 城市劳动力供给量大。预计"十五"期间，城镇每年新增劳动力大约在800万左右。下岗、失业人员还会继续增加。新增劳动力加上下岗失业人员，每年需解决的就业量达2000万左右。

2. 就业需求短期内难以有较大增加。由于前几年经济发展速度和就业增长弹性双下降的惯性，今后几年就业需求量将与近几年基本持平。按今后 5 年年均 GDP 增长 7%，每个百分点增加就业 100 万计算，年增加就业量在 700 万左右，不足以抵消新生劳动力的增加，每年将净增加失业人员 100 万左右。

3. 农村向城镇净派出劳动力的压力进一步加大。一是乡镇企业由于资本有机构成提高和结构调整，吸纳就业能力将继续下降；二是农业由于技术的进步和劳动生产率的提高，就业逐年减少是必然趋势。目前我国农业生产已实现供求基本平衡，丰年有余，对农产品增量需求的减少必将直接导致农业就业的减少。因此农村就业减少的趋势将进一步加大，更多的农村劳动力将不得不转向城镇（1998 年农业就业量反弹意味着今后更大的农村劳动力转移压力）。

4. 加入世贸组织之后，我国经济将进一步融入世界经济，就业形势将进一步复杂化。预计纺织等劳动密集型产业就业将增加，一些领域将减少就业，如农业等部门。据专家分析，加入世贸组织对我国就业净增加的影响要 3 年至 5 年后才能显现出来，刚加入的几年由于结构调整的制约，增加的就业和减少的就业大体持平。

缓解就业问题也有一些有利条件：其一是新的消费热点经过近几年的酝酿已趋于形成。一旦以住房、电子信息产品及家庭用小轿车成为消费热点后，国内需求就会大幅度提高。其二是国有企业经过多年改革，效益已开始回升。其三，农村就业量的绝对下降标志着城市化加快发展的时代到来，城市化的发展可能成为我国解决第三次失业高峰的关键点。从世界范围看，1992 年世界上已有 70 多个国家和地区城市人口占总人口的一半以上，高收入国家的城市化水平已达到 78%，中等收入的国家为 62%，低收入国家也达到 27%。而 1998 年底，我国城市化水平仅为 30.4%。目前中国已经步入城市化的加速发展阶段，根据国际经验和规律，预计到 2010 年，中国城市化水平将达到 45% 左右。

（二）对策

解决目前的就业问题，必须从国情出发，充分利用有利条件，采取多渠道、全方位的就业促进措施。概括说来，面临如此严峻的就业形势，政府应继续采取积极的宏观经济政策，加大基础设施的投资，加快结构调整和产业升级，继续实行扩大内需的政策，发展经济，形成就业增长的良好经济环境。发展第三产业等劳动密集型产业和部门，发展个体、私营经济和中小企业，发展社区服务业，创造就业机会，提高经济发展的就业弹性。此外，还应采取如下促进就业的政策措施：

1. 做好下岗职工基本生活保障和再就业工作。首先是要保证下岗职工的基本生活，加大政策的执行力度，切实保证"三三制"资金到位。其次是规范再就业服务中心运作。三是加大促进再就业的工作力度，促进下岗职工再就业。认真落实促进再就业的各项政策措施，加大再就业培训的工作力度，保证资金投入。四是对于年龄较大、工龄较长的下岗职工，制定合理可行的过渡性措施和适当照顾的办法。完善破产企业职工安置办法，出台一次性安置的政策。五是加快建立和完善市场导向的就业机制。为此，要加快完善失业保障制度，增强基金支撑能力。

2. 加快劳动力市场科学化、规范化和现代化建设。建设现代化的劳动力市场信息网络，强化信息收集工作，提高利用效率；加强积极主动的就业服务，完善就业服务体系，特别是要加强职业指导，对于下岗职工等困难群体，有针对性地开展免费和专门服务；健全劳动力市场管理制度，规范市场运行，严格打击非法职业中介行为；加强劳动力市场和失业保险、职业培训及再就业服务中心的衔接。

3. 加强职业培训，使之与促进下岗职工再就业和促进经济结构调整结合起来。大力开展再就业培训，增强培训的针对性、实用性和有效性，提高再就业培训的效果。加大力度，全面推行劳动预备制度，调节劳动力供给，提高新增劳动力素质。政策上应保证实施劳动预备制所需经费，完善运行机制，提高预备制培训的质量和社会认可度。发展和完善职业技能体系，提高职工中技术工人的比重及提高技师、高级技师在技术工人队伍中的比重。面向信息时代，加大对职业技能培训的投入，逐步实现全民、终身的职业培训体系。

4. 正确处理城乡就业关系，促进农村就业。发展农业生产产业化经营，制定农业深度和广度开发的政策措施，扩大农业领域的就业空间。发展乡镇企业，促进农业劳动力向非农产业转移。加快小城镇建设，尽快解决小城镇建设中涉及的户籍制度等问题，制定小城镇就业促进办法。加强农村职业技能培训，尽快研究出台在农村实行劳动预备制度的方法和模式。根据农村就业出现的一些新特点，做好农村劳动力流动就业的监测和引导，进一步处理好农民进城务工和城市再就业的关系，加强对流动就业农村劳动力的权益保障和登记管理。在有条件的地方，逐步实现城乡劳动力市场一体化，实行城乡一体的就业管理和服务体制。

加快完善社会保障制度 [1]

（2000 年 10 月）

加快完善社会保障制度，是我国"十五"期间经济和社会发展的一项重要工程，也是新世纪完善社会主义市场经济体制所要完成的重大任务。

一、加快完善社会保障制度的必要性和紧迫性

我国在 20 世纪 50 年代建立了适应计划经济体制要求的社会保障制度，对保障职工生活和社会稳定曾起过积极作用，但随着向社会主义市场经济的转轨，原有社会保障制度的弊端日益暴露。随着改革开放和经济发展，我国初步建立了城镇企业职工基本养老保险制度、基本医疗保险制度、失业保险制度和城市居民最低生活保障制度，形成了社会保障体系的基本框架。进入新世纪，加快完善社会保障制度的作用越来越重要，已成为历史发展的必然趋势。

---

[1] 本文原载于《〈中共中央关于制定国民经济和社会发展第十个五年计划的建议〉辅导读本》，人民出版社 2000 年 10 月版。

　　第一，加快完善社会保障制度，是在新世纪全面建设小康社会的必然要求。朱镕基在报告中指出，逐步向更加宽裕的小康生活迈进，是今后五年的重要任务。这体现了发展社会主义经济的根本目的，体现了江泽民关于"三个代表"重要思想。建立和完善社会保障制度，关系亿万人民群众的基本权益和基本生活，关系千家万户以及整个社会的稳定。

　　第二，我国现行的社会保障制度尚不健全，必须进一步加快建设。这些年来我国社会保障制度建设取得了重要进展，特别是1998年以来建立"三条社会保障线"，实行"两个确保"，全国国有企业累计有2100万下岗职工进入再就业服务中心，1300万人实现了再就业，对于稳定社会发挥了重要作用。但是，我们也应该看到，现行的社会保障体系还不能适应经济发展和建立社会主义市场经济体制的要求，存在许多矛盾和问题。主要是：社会保障的管理和服务还没有实现真正的社会化。不少企业和事业单位仍然是社会保障的主要承担者，即使是实现社会化管理的地方，管理服务社会化的程度还比较低，技术手段还比较落后。中央提出的"三三制"筹资办法，实际上企业和社会落实不了，财政兜底资金占到70%。在社会保险基金收缴上，一些企业该收的收不上来。养老保险基金当期收支缺口逐年扩大，资金入不敷出。拖欠下岗职工基本生活费和离退休职工养老金的问题仍然存在。这些问题在一些地方已经成为影响社会稳定的因素。因此，加快完善社会保障体系建设，已刻不容缓。

　　第三，加快完善社会保障制度，是我国经济结构战略性调整的重要条件。今后5—10年，是我国经济结构调整的重要时期。这种调整不是一般意义上的适应性调整，而是包括所有产业、所有地区的全面性、战略性调整。在这个过程中，必须淘汰落后、压缩部分行业的过剩生产能力，依法关闭一些长期亏损、严重污染环境和资源枯竭的企业。这就必然会引起较大规模的职工岗位转换，在一定时期内失业人员的增加是难以避免的。只有加快建立完善的社会保障制度，妥善解决职工离开企业以后的基本生活问题，才能避免对社会稳定造成冲击。否则，产业结构的调整和升级就难以顺利进行。随着我国加入世界贸易组织，企业将会面临更加激烈的国际竞争，优胜劣汰将成为一种必然趋势，劳动力的岗位变换和流动也会更加频繁，失业和再就业将成为经常发生的社会现象。在这种情况下，只有建立一个完善的社会保障制度，才能在进一步扩大开放的同时，提高我国企业和职工的抗风险能力，维护社会稳定。

第四，加快完善社会保障制度，是应对新世纪人口老龄化挑战的迫切需要。目前，我国 60 岁以上的人口已达到 1.26 亿人，65 岁以上的人口达到 8600 万人，分别占总人口的 10% 和 7%，按照国际通行标准，我国已进入老龄化社会。到本世纪 30 年代前后，我国将达到老龄化高峰时期，届时，每 4 个人中就有一位老年人。能否在保持国民经济持续、快速、健康发展的前提下，平稳渡过人口老龄化高峰，对我国社会保障制度建设是一个严峻的挑战。近几年我国参加养老保险社会统筹的企业离退休人员每年增加 200 万人，养老金支出越来越大。今后离退休职工费用还将激增，社会保障任务越来越重。无论就眼前还是从长远看，我们都要未雨绸缪，抓紧完善养老、医疗等社会保障制度，千方百计积累资金，以应对老龄化高峰的到来。

总之，加快完善社会保障制度是当务之急，关系到我国改革、发展、稳定的大局，关系到国家的长治久安。要把改革不断推向前进，实现第三步现代化建设宏伟目标，必须加快社会保障制度改革，探索建立一整套适应我国基本国情的、符合社会主义市场经济要求的社会保障制度。

二、完善社会保障制度的基本目标和要把握好的几个问题

关于完善社会保障制度的基本目标，朱镕基在报告中明确指出，加快形成独立于企业事业单位之外、资金来源多元化、保障制度规范化、管理服务社会化的社会保障体系。这是从我国改革实践中得出的结论，是对社会主义市场经济体制下社会保障制度特征的高度概括。

社会保障体系独立于企业事业单位之外，一直是我国社会保障制度改革的重点和难点。确立这个改革目标，就是要将计划经济体制下"企业保障""单位保障"，改为适应市场经济要求的真正意义上的"社会保障"。今后企业事业单位只履行依法缴纳社会保险费的义务，不再承担发放基本社会保险金和管理社会保障对象的工作。完善社会保障制度，要注意把握好以下几个问题。

第一，社会基本保障的标准要与我国经济发展水平以及各方面的承受能力相适应。我国现在处于社会主义初级阶段，生产力发展水平还比较低，这就决定了我们在完善社会保障体系时，不能追求过高的保障水平。水平定得太高，企业负担过重，财政承受不了，必然影响国家的经济发展和企业竞争力。当然也不能过低，必须能够满足人民群众的基本需要，保证保障对象的基本生活。要吸取国外社会保障的经验教训，避免重蹈西

方"福利国家"的覆辙。具体来说，基本养老保险的标准，要使职工在退休以后能够维持中等生活水平；失业保险的标准，要使失业人员能够维持基本生活；基本医疗保险的标准，要能够满足职工一般的基本医疗需求；城市居民最低生活保障的标准，要能够保证贫困居民的基本生存条件。高层次的社会保障需求，应通过企业等单位的补充保险和商业保险来解决。要制定全国大体统一又有地区差别的社会基本保障支付标准、项目和范围，以利于促进劳动力的合理流动。

第二，建立稳定、可靠的社会保障资金筹措机制。社会保障资金的主要来源，一是用人单位和职工个人缴纳的社会保险费，二是各级政府的社会保障财政预算。这两条资金来源渠道稳定了，社会保障的资金就有了保证。同时，还要开辟新的资金筹集渠道，弥补社会保障资金的不足。为了加强对全国性社会保障资金的管理，国家已成立"全国社会保障基金"，并设立"全国社会保障基金理事会"，负责管理中央财政拨入的资金、通过变现部分国有资产所获得的资金以及其他形式筹集的资金，并挑选、委托专业性的资产管理公司对基金资产进行运作，保证基金安全，并实现增值。

第三，加强社会保障制度的法制建设。要依法规范和管理社会保障工作。这几年，国务院出台了一些有关社会保障行政法规和规章，比如《失业保险条例》《城市居民最低生活保障条例》《社会保险费征缴暂行条例》等。但还很不够，今后要进一步加快社会保障立法进程，同时要加大执法力度，将社会保障体系建设纳入规范化、制度化、法制化的轨道。

第四，建立社会化的科学管理体制。这是形成独立于企业事业单位之外的社会保障制度的核心。要抓紧建立管理统一、行为规范、运转协调的社会保障资金发放系统和社会保障对象的管理服务体系。当前主要任务是实行养老金的社会化发放，探索将退休、失业、生活困难人员纳入社区管理的有效方式。今后，要大力加强社区的组织建设和基础设施建设，强化社区服务功能，提高社区管理和服务水平。同时，要广泛运用现代信息技术手段，建立统一的覆盖全国的社会保障服务信息网络，应用高新技术，实现社会保障管理的现代化。

三、当前需要做好的主要工作

第一，继续把"两个确保"作为首要任务抓紧抓好。当前，社会保障工作第一位的任务仍然是"两个确保"。今年一定要确保按时足额发放国有企业下岗职工的基本生活费，并代他们缴纳养老、医疗和失业保险费。一定要确保按时足额发放离退休人员的养老金。绝不能再发生新的当期拖欠。各级政府在工作中要坚持"三个不变"：一是"两个确保"的工作目标不变。二是"两个确保"工作的现行政策不变。三是"两个确保"的工作要求不变，继续实行"两个确保"党政主要领导负责制。今年两个确保的任务很重，必须加大工作力度，采取切实办法落实好资金。要继续坚持"三三制"的筹资原则，落实国有企业下岗职工生活保障资金，对企业和社会筹集不足部分，实行财政兜底。要坚决改变社会保险费差额缴拨的做法，今年各地都要按规定改为全额收缴。要继续提高基金收缴率，堵塞各种漏洞，做到应收尽收。各级财政要切实调整支出结构，预算要足额安排社会保障支出，不能留有缺口。同时，要加强群众和舆论的监督，定期向社会公布各省区市"两个确保"的落实情况。

第二，精心做好完善城镇社会保障制度的试点工作。国务院近日下发了《关于完善城镇社会保障体系的试点方案》。按照试点方案，今年在辽宁全省和其他省、自治区、直辖市选定的具备条件的一个城市进行试点。试点的主要内容，一是在坚持社会统筹与个人账户相结合的基础上，调整和完善城镇企业职工基本养老保险制度，实行个人账户完全由个人缴费形成，实账运营，与社会统筹基金分开管理，以实现养老基金从实际上的现收现付制向部分积累制转变。二是逐步实现国有企业下岗职工基本生活保障向失业保险并轨。从今年起，试点地方的国有企业原则上不建新的再就业服务中心，企业新的下岗职工原则上不再进入再就业服务中心，由企业依法与其解除劳动关系，按规定享受失业保险待遇。各地区、各有关部门要充分认识试点工作的重大意义，切实加强组织领导，严格选定试点城市，精心组织实施，及时总结经验，并切实解决工作中遇到的问题，确保试点工作顺利进行。

第三，进一步健全失业保险制度。从今年起进入再就业服务中心的下岗职工三年期满，将要大量出中心，失业保险的任务越来越重。各地区要认真贯彻执行《失业保险条例》。凡是符合条件的，都要纳入失业保险范围，按规定享受失业保险待遇。同时，要认真做好失业保险的管理和服务工作。

第四，加强城市居民最低生活保障制度。1999年，国务院颁布实施了《城市居民最低生活保障条例》，全国所有县级以上城市和县政府所在镇都已基本建立了这项制度。这是覆盖全体城镇居民的最大"安全网"，要切实发挥兜底作用。今后凡是符合条件的所有城镇贫困居民，都将纳入最低生活保障范围，并注意做好与其他社会保障线的衔接。同时，要健全各项规章制度，建立规范化、现代化的管理服务体系，严格进行家庭收入调查，核实保障对象的家庭经济状况和实际生活水平，规范申请、评审和资金发放的程序，努力做到公开、公平、公正。

第五，积极稳妥地推进城镇职工基本医疗保险制度改革。为推进医疗保险制度改革，国务院作出了医疗保险制度、医药卫生体制和药品流通体制"三改并举、同步推进"的决策。当前工作的重点是，努力扩大新制度的覆盖范围，督促尚未开始实施的地区尽快启动。同时，还要研究解决改革过程中遇到的新情况、新问题，充分发挥统账结合机制的作用。要区别情况，分类指导，妥善处理好特殊人群的医疗保障，逐步探索出一个能满足不同群体需要的多层次的医疗保险制度。

第六，建立可靠、稳定的社会保障资金筹措、有效运营和严格管理机制。加快完善社会保障制度，必须多渠道筹集资金，并建立资金的保值增值机制，严格规范资金的管理和使用。一是依法扩大社会保险覆盖面，加大征缴力度。二是进一步调整财政支出结构，逐步提高社会保障支出比例。今后当年新增的财政收入，应主要用于社会保障方面。三是对工作到位而资金确有困难的地区，中央财政通过转移支付予以补助，但也要防止和克服依赖中央财政的倾向。四是必须按照国家政策和有关规定，严格社会保障基金的筹集和管理。中央建立社会保障基金，主要用于弥补困难地区社会保障资金缺口。地方主要通过核实缴费基数、加大征缴力度、调整财政支出结构、加强基金调剂等办法筹集资金。五是要清理规范社会保障统筹支出项目，各地不能自行提高社会保障待遇水平，不能把统筹外的项目纳入社会基本保险的支付范围。

第七，切实加强领导，做好各项政策的宣传解释工作。各级政府一定要以对国家、对人民、对历史高度负责的精神，把加快完善社会保障制度作为一件大事，放在突出重要的位置。要把更多的精力放在完善社会保障制度建设上。大力宣传党和政府关于"两个确保"的方针政策和工作要求，宣传完善社会保障制度试点方案。切实加强思想教育，积极化解可能出现的各种思想问题和障碍，争取广大干部群众的理解和支持。特别要注意做好完善社会保障制度各项工作的衔接，确保社会稳定。

积极促进就业和再就业 [1]

（2002 年 9 月）

我国改革开放和现代化建设大势磅礴地胜利前进，取得了举世瞩目的伟大成就。当前，国民经济保持良好发展势头，经济增长质量不断提高，经济结构调整步伐加快，各项改革深入推进，社会政治保持稳定，总体形势很好。前进中的一个突出问题，是下岗失业人员增加，就业和再就业压力大。这个问题解决得好坏，直接关系到改革发展稳定的大局，关系到人民群众的根本利益，关系到国家的长治久安，关系到社会主义现代化事业的进程。积极促进就业和再就业，势在必行。

一、必须把促进就业和再就业作为一项重大而紧迫的任务

党中央、国务院高度重视就业和再就业问题，近几年来作出了一系列重大决策。1997 年，针对深化国有企业改革中遇到

---

[1] 本文原载于《开拓再就业之路——国内外促进就业的做法》一书，中国言实出版社 2002 年 9 月版。

的新问题，及时提出了实行鼓励兼并、规范破产、下岗分流、减员增效和实施再就业工程的方针。1998年，党中央、国务院召开了国有企业下岗职工基本生活保障和再就业工作会议，提出建立国有企业下岗职工基本生活保障制度，积极促进下岗职工再就业。同时，加快改革和完善城镇职工养老、失业、医疗保险制度，实行"两个确保"和"三条保障线"，建立城市居民最低生活保障制度。实践证明，中央制定的一系列方针政策是完全正确的。就业和社会保障工作取得了显著成效。主要表现在：一是创造了大量就业岗位。1998年到2001年底，全国净增加就业岗位3400多万个，从总体上稳定了就业大局。这几年，国有企业下岗职工累计2550万人，已实现再就业1700万人。二是建立起"三条保障线"，即国有企业下岗职工基本生活保障、失业保险和城市居民最低生活保障制度，从而保证了下岗职工、失业人员和低保对象的基本生活。这几件事情意义十分重大。在推进改革和发展的同时，维护了社会稳定。可以说，没有这些决策和工作，我国就没有今天这样好的政治、经济形势。对于已取得的显著成绩，必须予以充分肯定。

同时，我们也要清醒地看到，我国仍然面临着严峻的就业形势。一是我国人口多，正处在劳动力增长高峰时期，劳动力总量供过于求的矛盾将长期存在。"十五"期间，新增加劳动力和结存的下岗失业人员，每年城镇需要就业的人数将达到2200多万人；同时，农村还有1.5亿剩余劳动力需要转移，就业压力巨大。二是产业结构调整要继续推进，企业改革仍要深化，加入世贸组织后，国内外市场竞争更加激烈，企业减人增效成为必然选择，有些职工下岗失业难以避免。三是就业弹性下降，就业难度加大。20世纪80年代，我国国内生产总值每增长1

个百分点，可吸纳劳动力 120 多万人。近 10 年来，国内生产总值每增长 1 个百分点，仅能增加 80 万个就业岗位。下岗职工再就业率逐年降低，1998 年再就业率还在 50% 以上，2001 年已经下降到 30% 以下。现存的下岗失业人员中，年龄大、文化水平低、技能差、失业时间长、生活困难的，占了相当比例，这些也增加了再就业的难度。

因此，就业和再就业问题已成为全社会关注的热点问题，必须给予高度重视。采取更有力的措施，积极促进就业和再就业，这是当前和今后时期一项重大而紧迫的任务。

二、研究借鉴国外市场经济国家
解决就业问题的做法

我们是在实行社会主义市场经济改革和对外开放的情况下，研究解决艰巨的就业问题的。市场经济有自己的运行特点和规律性，要正确解决就业问题，固然必须要充分考虑我国的国情，同时也需要借鉴国外市场经济国家的做法。"他山之石，可以攻玉"。研究和学习国外的有益经验，无疑有助于更好寻找扩大就业的有效之策。从目前掌握的材料看，国外解决就业和再就业的做法，大体有以下几个主要方面：

（一）实行积极的就业政策，扩大就业需求

许多国家都把失业率作为反映经济形势好坏和宏观经济调控的重要指标，实施有利于增加就业岗位的经济社会政策。美国、日本、韩国等在经济发展低迷时期，都采取国家干预的办法，增加公共投资，促进经济增长，以带动就业。一些发展中国家还积极开展劳务输出，鼓励到国外就业。意大利、希腊等国积极投资开发落后地区，增加新的就业岗位。不少国家还采取缩短劳动时间、降低退休年龄等办法，尽可能多地创造就业机会。

（二）大力调整就业结构，积极开拓就业岗位

首先是发展第三产业，扩大服务业就业。目前发达国家第三产业就业比重普遍达到了60%以上，一些国家甚至达到了70%以上。第三产业涵盖面广，不但包括运输、商业、餐饮、修理、家务劳动等传统服务业，而且包括金融、保险、信息、咨询等新兴服务业，能够创造大量就业机会。其次是扶持中小企业发展，以增加更多的就业岗位。许多国家大量的就业岗位是由中小企业提供的。美国、欧盟、日本等都制定了许多优惠政策，包括提供信贷、鼓励出口、改进管理等方面的服务，为中小企业发展创造条件。有的国家还积极推行灵活多样的弹性就业方式。最近10多年来，不少国家发展非全日制就业、派遣就业、自营就业、临时性就业等形式，都取得了明显效果。欧盟国家还完善和制定法律法规，依法承认和保护灵活就业方式，并通过补助措施鼓励灵活就业。

（三）实行就业优惠政策，促进失业人员再就业

许多国家加大政府对就业经费的投入，提供就业资金保障。英国、美国、韩国等还针对失业高峰期，采取专项筹款用于促进就业。一些国家实行就业补贴政策，鼓励企业雇用失业人员。例如，美国对雇用失业人员的企业，在一定时间内给予不同程度的减税；英国对雇用失业人员的企业在一定时间内给予一定的工资补贴，对自谋职业人员，减免各种费用。欧盟一些国家对失业人员从事自营就业，给予一定的就业津贴，并提供小额贷款、经营场地、信息技术等方面的服务。自营就业在发达国家已占有较高比重，一般占到就业人口的1/4左右。

（四）加强就业培训，完善就业服务

许多发达国家非常重视职业技术培训。德国建立了系统的培训制度，全方位提高劳动者的职业技能，"终身学习""继续培训"已成为社会风尚。德国、美国、加拿大、法国等都建立起合作培训机制，采取市场化和社会化的培训管理方式，政府委托或通过招标由培训公司负责培训，政府购买培训成果。许多国家的劳动行政部门都设立了就业服务机构，建立起比较完善的就业服务体系。美国还实行"一站式""个性化"的就业服务方式，有针对性地解决失业者的就业问题。

（五）加强劳动就业立法管理，完善失业保险制度

许多国家都建立起完备的劳动就业法律法规体系，实行依法管理。有些发达国家近年来针对失业保险待遇过高、许多人自愿失业、政府财政负担加重的问题，大力改革失业保险制度。强化失业保险登记，严格享受失业津贴条件，同时加强失业保险的促进就业功能，从保障基本生活转向促进失业者就业。例如，英国将失业保险制度改为"求职津贴"制度；日本、加拿大改为"就业保险"制度；德国将失业保险与职业培训结合起来，促使失业人员尽快实现再就业。

总之，世界上许多国家都根据自己的实际情况，实行有利于促进就业的政策措施，取得了很好效果，我们应当认真研究和借鉴。

三、认真总结和推广国内各地
促进就业的经验

近几年来，我国各地在促进下岗职工和失业人员再就业方面进行了积极探索，成效明显，也积累了许多经验。

首先，强化政府职责，建立就业目标责任体系。一些地方党委和政府高度重视，普遍建立再就业工作领导小组，实行工作目标责任制。不少地方都把促进就业作为"一把手工程"和为民办实事的重要内容，纳入当地经济和社会发展计划，加大了再就业工作的力度，明确规定了下岗失业人员再就业率、城镇登记失业率，并把其作为考核工作业绩的重要指标。同时，制定了促进再就业政策，把扩大就业与经济发展和结构调整结合起来，积极探索扩大就业的新路。

其次，大力开拓就业领域，努力创造就业岗位。主要是积极扩大第三产业就业，拓宽就业空间。一方面，发展传统商业服务业，如商品批发零售、衣食住行服务，也包括新兴的商场超市、连锁店、配送中心、快餐业等；另一方面，发展现代服务业，如房地产、物业管理、家庭装修、旅游、保险、通信、电脑网络、会议展览、现代物流等。大力发展社区服务业，特别是环保、家政服务业。进一步发展有市场、有效益的劳动密集型加工工业，如纺织、服装、食品、轻工等，尽可能多地吸纳就业人员。大力发展个体私营、城乡集体等多种所有制经济，重视发展各种类型的中小企业。充分利用国有企业现有条件，通过主辅分离、改制兴办或转产创办独立核算、自负盈亏的法人经济实体，尽力在企业内部安置富余人员。有的地方还实行"退二进一"，即从第二产业转向第一产业，扶持下岗失业人员到农村承包"三荒一塘"，从事种植业和养殖业。

第三，发展灵活多样的弹性就业方式，积极开发公益性就业岗位。各地结合发展社区服务业，创造了许多适合下岗失业人员特点的灵活就业方式，包括钟点工、非全日制工，以及临时性就业、阶段性就业等，这些就业方式已成为促进下岗职工再就业的重要途径。与此同时，针对下岗失业人员中的就业特困群体，开展就业援助活动。通过政府出资、社会扶持，建立社区公益性就业组织，就近安置下岗职工，主要从事卫生清洁、环保绿化、交通管理、治安联防等工作，对就业困难的下岗失业人员起到了"雪中送炭"的作用。一些地方还重视发展"打工经济"，开展劳务输出，有组织地到省外或境外就业，拓展了就业空间。

第四，实行就业优惠政策，加大扶持力度。一些地方对吸收特困群体就业或提供公益性就业岗位的，给予财政补贴。对下岗失业人员自谋职业从事个体经营或到社区就业的，实行一些环节的免费措施；对于从事公益性岗位就业的下岗失业人员，给予一定的工资补贴和社会保险补贴。许多地方都以不同形式开辟了"再就业一条街""再就业市场"，为下岗失业人员提供经营场地，简化登记注册手续。有些地方还建立信贷基金，对录用下岗失业人员达到一定比例的企业，以及下岗失业人员组织起来就业或自谋职业的，给予贴息贷款。与此同时，为解除大龄下岗失业人员再就业的后顾之忧，通过"内退""协保""续保"等办法，及时接续他们的社会保险关系。

第五，加强职业培训和就业服务，加快劳动力市场建设。各地积极开展职业技能培训，有针对性地把职业培训与职业介绍结合起来。劳动部门建立起面向下岗失业人员的劳务市场，定期举办各种招聘会，开展再就业"一条龙"服务，免费提供职业信息和就业指导。加快就业信息网络建设，实现计算机联网发布职业供求信息。同时，强化劳动力市场监管，整顿劳动力市场秩序，为下岗失业人员再就业创造良好的环境。

事实和经验都证明，我国现阶段扩大就业的潜力是很大的。只要采取有力的政策措施，加大工作力度，就会取得明显的成效。

四、注意研究解决我国就业和
再就业面临的难点问题

我国目前就业问题是多方面的，需要全面加以研究解决。从各地反映的情况看，当前促进就业工作的着力点，应该放在妥善解决以下一些难点问题。

一是国有企业下岗失业人员和老工业基地再就业面临着越来越大的困难。在我国就业和失业问题上，现在最突出的是两个方面：一个是国有企业下岗失业再就业困难的人员；另一个是下岗失业比较集中的资源枯竭矿区。这应该成为就业政策倾斜和扶持的重点。目前留在"再就业中心"和失业的，大都是就业困难人员，基本上是年龄大、文化水平低、职业技能差的一些人。这些人家庭生活困难，亟待再就业。问题比较大的就业困难地区，主要是老工业基地和资源枯竭城市，以及煤炭、军工、森工等行业。这些地区和行业破产关闭的企业多，下岗职工集中，就业空间狭窄，问题更加突出。

二是下岗职工出中心、解除与企业的劳动关系，向失业保险并轨比较困难。应该说，建立国有企业下岗职工基本生活保障制度，是根据我国国有企业改革的特殊情况所采取的一种过渡办法，是通向市场经济就业体制的桥梁。不少企业已到了下岗职工大批出中心，向失业保险并轨的阶段。目前遇到的问题主要是：（1）再就业和建立新的劳动关系困难。现在还没有就业的下岗失业人员，很难找到长期固定的岗位就业，只能采取灵活就业的方式，甚至其中一部分人可能无法就业，只能采取失业保险和"低保"的办法解决基本生活问题。（2）经济补偿金问题。下岗职工解除劳动关系，按规定企业应付给一次性经济补偿。有些困难企业无力支付这笔资金。（3）企业所欠职工的各种债务。包括所欠工资、医药费、集资款、欠缴的社会保险费等，而大多数下岗职工的原企业处在停产、半停产状态，也没有能力偿还这些债务。

三是集体企业下岗职工再就业的问题也很突出。近年来，城镇集体企业职工大量下岗，减员总数达 1500 多万人。集体企业下岗职工没有享受国有企业下岗职工基本生活保障的政策，而是靠困难补助和直接进入城市"低保"的办法加以解决。集体企业下岗职工文化水平、劳动技能普遍较低，再就业更加困难。现在反映较大的是厂办集体，特别是国有大中型企业的厂办集体，下岗职工往往与国有企业职工攀比。近来，集体企业下岗职工群体性上访有增加的趋势，影响到社会稳定。

四是下岗失业人员中存在的隐性就业问题需要解决。下岗失业人员中隐性就业大量存在，其中一些人已经有经常稳定的收入，不同于就业困难人员。现在的问题是，许多下岗失业人员就业观念没有转变，不认为隐性就业就是就业，他们还抱着希望安排固定单位就业的观念，一些人一边从事隐性就业，一边领取基本生活费或失业救济金，同时还要求解决他们的再就业问题。隐性就业中劳动合同管理比较混乱，社会保险关系接续困难。

以上这些问题，是在深化改革和调整结构的特殊时期产生的，应当采取特殊的有效政策和措施。这些问题解决好了，不仅有利于维护企业和社会稳定，而且有利于推动整个再就业工作。

五、务必妥善解决我国就业和 再就业问题

为了妥善解决我国就业和再就业问题，必须借鉴国外市场

经济国家的做法，总结国内各地的经验，结合我国现阶段的实际情况，形成促进就业和再就业的正确思路。

中国的就业和再就业问题具有其特殊的复杂性和艰巨性，主要表现为"三个并存"：劳动力总量长期供过于求与结构性下岗失业并存；传统的计划经济体制就业机制与新的市场化就业机制并存；农村大量剩余劳动力问题与城镇就业压力大问题并存。我们是在继续推进改革开放和加快工业化、发展信息化的特殊背景下来研究解决中国的就业问题的。在这样的新形势下，解决我国的就业问题，必须既遵循市场经济规律，又充分考虑我国国情特点，尤其要注意把握好以下几个方面：

第一，正确认识和处理效率与就业的关系，既要着力增强经济竞争力，又要积极缓解就业压力过大的矛盾。要适应国内外市场竞争更加激烈的新情况，继续深化企业改革，广泛应用先进技术，这就要求进一步解决国有企业人浮于事的问题，以提高劳动生产率，增强市场竞争力；同时，面对我国严重的就业问题，尽量增加就业岗位，把失业率控制在社会可承受的限度。为此，必须兼顾效率和就业。企业不提高效率、增强竞争力，企业就没有前途，国家也没有希望，就业问题就会更加严重。而如果不考虑就业问题，就会造成下岗失业人员过多，社会难以稳定，也就会妨碍改革开放和现代化建设的顺利进行。所以，要在着力增强经济竞争力的同时，充分考虑扩大就业的需要。这就要求正确处理改革与稳定的关系、发展高新技术产业与发展劳动密集型产业的关系，以及发展大型企业集团与发展中小型企业的关系，把增进经济效率同扩大就业恰当地统一起来。

第二，正确认识和处理市场和政府的关系，既坚持市场化就业取向，又高度重视政府的宏观调控和管理。在我国实行社会主义市场经济条件下，促进就业和再就业，必须充分发挥市场机制的基础性作用，坚持市场化就业的方向，政府不能包，也包不下来。同时，我国是社会主义国家，政府更有责任帮助有劳动能力者就业。因此，必须高度重视政府的调控和促进作用，努力创造劳动力市场需求，实行积极促进再就业的政策，千方百计扩大就业和再就业。要继续坚持扩大内需的方针，增加投资和消费需求，拉动经济持续较快增长，尽量多创造就业岗位。积极扩大对外开放，通过利用外资和扩大出口，增加就业岗位。积极实施西部大开发战略，扩大经济发展和就业空间。要大力调整就业结构，广辟就业领域，把解决就业问题的重点，转变到服务行业就业、非公有制经济就业和灵活多样的就业形式上来。要在工商登记、税费减免、场地安排、财政信贷等方面加大扶持力度，并加强督促检查，真正把各项优惠政策落到实处。对于就业特困人员，实行就业援助政策和措施，提供公益性就业岗位。要切实抓好劳动力市场建设，整顿和规范劳动力市场秩序，健全再就业服务体系，促进市场化就业健康发展。

第三，正确认识和处理就业与社会保障的关系，在加快完善社会保障体系的同时，下大力气做好就业和再就业工作。扩大就业和加强社会保障工作二者必须并进，不可偏废。有就业就必然会有失业，有失业就必须有社会保障。对于有就业能力的下岗失业人员，积极帮助他们实现再就业；而对于那些由于各种原因无法实现再就业的困难人员，还是要立足于保障基本生活，确保"人人无饥寒"。当前社会保障工作的重点，仍然是搞好"两个确保"，加强"低保"，做好"三条保障线"的接续工作。要在进一步完善社会保障体系的基础上，积极促进和扩大再就业，从根本上缓解就业和社会保障的压力。要认真研究和解决下岗职工出中心、解除劳动关系过程中遇到的问题，善始善终地做好下岗职工基本生活保障工作，积极稳妥地实现向失业保险并轨，进一步加强城市"低保"制度建设，切实做到应保尽保。

第四，正确认识和处理解决当前就业问题与长远就业的关系，既高度重视解决当前就业面临的紧迫问题，又把促进就业作为我国经济社会发展一项长期的战略任务。要立足于当前，通过采取特殊性的扶持政策和措施，抓紧解决当前国有企业下岗失业人员再就业的突出矛盾，妥善解决老工业基地和资源枯竭矿山城市的再就业问题；也要重视解决其他方面的就业问题，包括集体企业下岗失业人员问题。同时，又要着眼于长远，通过深化改革和体制创新，加快建立与社会主义市场经济相适应的就业机制和社会保障体系，统筹考虑和解决城乡劳动力的就业问题，促进农村劳动力的合理流动，逐步建立起全国统一、竞争、有序的劳动力市场体系，使我国解决就业问题走上制度化、规范化的轨道。

解决好我国的就业和再就业问题，确实难度很大。我们必须充分认识这项工作的艰巨性和长期性。同时也必须充分看到有利条件，增强信心。我国经济将保持快速增长，会创造大量的就业机会；经济结构调整和升级将开辟新的就业空间；党中央、国务院高度重视就业和再就业问题，已经制定了一系列有力的政策措施；各地也探索和积累了丰富的经验。只要各方面齐心协力，扎实工作，开拓进取，我们就一定能够取得就业和再就业工作的更大成绩，把改革开放和现代化建设更好地推向前进。

在庆祝李集中学建校 50 周年大会上的讲话^①

（2002 年 10 月 2 日）

尊敬的各位老师，各位同学、各位校友、各位来宾：

在李集中学建校 50 周年庆典之际，我有机会回到母校，同大家欢聚一堂，共度这一令人难忘的时刻，心中无比高兴和激动。

母校让我作为校友代表讲几句话，十分荣幸。首先，请允许我们向亲爱的母校 50 华诞，致以最热烈的祝贺！献上最诚挚的感激之情和最美好的祝福！

三个星期之前，即 9 月 8 日，我荣幸地被邀请在雄伟的人民大会堂，参加了我的大学母校——北京师范大学的百年校庆。那时，我便决意回来参加我的中学母校——李集中学的 50 周年庆典。这是因为，李集中学的 6 年岁月，是我一生之中至关重要和极为美好的时光。没有这 6 年的奠基，我就不可能到北京师范大学深造，也就不可能有步入社会 30 多年来工作上取得的成绩和进步。

作为一名普通学子，此时此刻，我最想说的一句话，就是"感激"。我对在中学母校受到扎实良好的学业教育充满感激之情，更为中学母校师长给予的洁美人格和基本素质教育充满感

———————————
① 魏礼群于 1957 年至 1963 年在李集中学读初中、高中。

激之情。可以说，我之所以能够几十年如一日，为国家发展和人民事业不懈奋斗，之所以能够有机会进入中央国家机关重要岗位工作，履职尽责，正是中学母校的培育奠定了我世界观、人生观、价值观的基础，奠定了我做好各项工作的知识和业务素质的基础。

我是李集中学一九六〇届初中、一九六三届高中毕业生。从1957 年 9 月进校，到 1963 年 7 月高中毕业，在李中学习、生活了 6 年。这 6 年，是李集中学发展史上很值得怀念的重要时期。那时候的李中，校风正、学风好，坚毅质朴，励学敦行，严谨求实；那时候的李中，良师荟萃，敬教劝学，兴贤育才。记忆最深的，是在国家三年经济困难时期，全校师生同心同德，艰苦创业，励精图治，学校还为一些家庭困难的学生提供特殊帮助。可以说，中学 6 年，我是在温饱难以为继的艰难条件下，依靠学校、老师、同学的特殊关爱才得以完成学业的。因此，我对母校、对老师、对同学有着特殊的感情。各位师长谆谆教诲，深情厚爱；同窗学友情同手足，亲密无间，许多感人情景，至今仍历历在目。从高中毕业到现在已有 39 年，我始终没有也永远不会忘记，母校是我成长的摇篮，老师是我人生的向导，同学之间纯真、诚挚的友谊则是我最美好的回忆。所有这些，已经融入我整个人生旅程。

我在 1963 年 7 月考入北京师范大学历史系。走上工作岗位后，先是在内蒙古大兴安岭林业企业工作 10 年，以后调任国家计委这个宏观经济管理部门工作 16 年，又经过中央财经领导小组办公室工作 3 年多，在国务院研究室岗位上也将近 5 年。30多年来，虽然变换过多个工作环境，从边疆基层到中央国家机关；学的是历史专业，而主要是从事经济社会政策研究和文件起草工作。特别是近 10 年来直接为党中央、国务院领导同志服务，各方面的要求更高。总的说来，每到一个新的岗位，我都能够比较快和比较好地适应工作的需要，这正是由于中学母校给予我的不仅是一些具体知识和技能，而更多的是无形的素质培养和锻炼。如果没有母校良好校风学风的陶冶砥砺，如果没有当年许许多多德高望重老师的言传身教，就没有成千上万个像我这样的学生去身体力行。所以，我今天回到母校，要说的第一句话，就是由衷地感谢：谢谢母校的培养，谢谢那些已经退休或已经过世或仍然在教学战线上辛勤耕耘的老师们！

除了感谢之外，我要说的第二句话，就是"祝福"。李集中学过去50年与新中国同行，如同我们国家一样，母校也走过了艰辛而又光荣的历程。50年的风雨沧桑，50年的执着追求，铸就了历史辉煌。如今，我们的母校桃李满天下，千万名学子都在各自岗位上为社会做出积极贡献。母校各方面也在不断发展。在高中毕业后将近40年的漫长岁月中，我有机会三次重返母校。第一次是1987年，当时我看到的李中除了校本部范围有所拓展、四区进一步整合外，没有多大的变化；第二次是1996年春节，总体印象仍然和前10年差不多，而校舍、设备的老化更为严重。相隔六年，也就是今天，确实是今非昔比，面貌焕然一新。去年，又被批准为全省重点中学。这一切，都是各级党委、政府关心支持的结果，是李中教职员工辛勤付出的结果。我们为母校取得的巨大进步和成就，感到无比自豪和骄傲。

跨入新世纪，我们国家已开始向现代化建设第三步战略目标进军。百年大计，教育为本。党中央、国务院比以往任何时候都更加重视教育事业，大力实施科教兴国战略。江泽民同志在庆祝北师大建校100周年大会上，明确提出了不断推进教育创新的要求，并对全国广大教师提出了希望。这为我国整个教育事业指明了前进的方向和目标。睢宁县委、县政府对教育工作非常重视。无论是教育事业规模，还是教师队伍，都比我读中学的年代有了很大的变化。特别是近几年，睢宁县国民经济快速发展，这就为进一步办好教育事业提供了必要的物质基础。

我作为国务院研究室主任，直接为国务院领导服务，肩负政策研究和咨询之责，深知教育事业在国家发展全局和战略中的重要作用，也深知应该如何在本职工作中更好服务教育事业发展。大力推动教育创新和发展，义不容辞，责无旁贷。我将始终牢记师长教诲，一如既往，常勤精进，恪尽职守，竭诚为国家和社会效力，更好地为母校增光添彩。

"风雨多经人未老，关山初度路犹长。"刚才，我的老同学刘呈义校长说，李集中学虽然已届"知天命"之年，但依然任重而道远，因为她追求的是"更高、更美、更好"，是"建一流校园、用一流师资、教一流学生"。这种志向高远、追求卓越的决心和抱负，确实难能可贵和值得钦佩。

"得道"还需"多助"。我的老师邱宗池先生说得好："看今朝盛世年华仁人志士共创业丰碑竟成。"李中的进一步发展，仍需要各级党组织和政府、各界贤达和历届校友给予关心、支持和帮助。我愿意继续为母校的更加繁荣尽微薄之力，添砖加瓦。

我衷心期望母校以庆贺 50 华诞为契机，弘扬质朴励学、严谨求实的优良传统，再接再厉，与时俱进，勇于推进教育创新，切实抓好素质教育，站在新的历史起点，开创新的发展局面，再铸新的时代辉煌。我坚信，春华秋实，天道酬勤，李集中学不仅有着不平凡的过去和骄人的现在，而且必将会拥有更加光辉灿烂的未来。

谢谢！

大力发展文化产业 [1]

（2003 年 5 月 22 日）

一、大力发展文化产业势在必行

党的十六大确定了我国在新世纪头 20 年全面建设小康社会的奋斗目标，并对中国特色社会主义的经济、政治、文化建设和体制改革作了全面部署。全面建设小康社会的一个重要任务，就是通过建设和改革，加快发展社会主义先进文化。而大力发展文化产业，则是今后时期文化建设和文化体制改革的一个重大课题。

当今世界，文化与经济和政治相互交融，在综合国力竞争中的地位和作用越来越突出。全面加强文化建设和推进文化体制改革，积极发展各类文化事业和文化产业，把文化产业做大做强，推动社会主义文化的大发展、大繁荣，是增强综合国力和提高国际竞争力十分重要的方面。

---

① 本文系 2003 年 5 月在中共中央宣传部召开"发展文化产业座谈会"上的书面发言。

当今世界，各种思想文化相互激荡。我国加入世贸组织后，全方位、宽领域、多层次对外开放的新格局，必将对文化建设和文化产业带来巨大的影响、冲击和挑战。建设面向现代化、面向世界、面向未来的中国特色社会主义先进文化，需要大力推进文化体制改革，建设强大的文化产业。

我们面临着发展文化产业的一个重要战略机遇期。人民群众对精神文化的需求快速增长，文化消费在人们日常消费中所占的比重不断上升，广大群众对文化产品和服务的质量要求越来越高，文化消费更趋多样化、市场化。这既使文化产品的生产与人民群众日益增长的精神文化需求不相适应的矛盾更加突出，也为文化建设和文化产业的发展提出了新的更高要求。同时，我国经济体制改革继续深化和对外开放不断扩大，也为加快文化体制改革和发展文化产业带来契机和强大动力。

根据社会主义精神文明建设的特点和规律，适应社会主义市场经济发展和推进文化体制改革的要求，发展文化产业的总体思路应是：（一）坚持解放思想，实事求是，与时俱进。积极推进理论创新、体制创新、机制创新、文化创新。（二）加快文化产业的战略性调整。从战略布局、文化企事业规模和结构等方面，优化资源配置。（三）改革文化产业的投融资体制。拓宽融资渠道，实现文化产业投融资主体多元化，国家要加大投入力度，并运用财税、金融等手段支持文化产业的发展。（四）以资产和业务为纽带，遵循市场经济规律，按照专业分工和规模经营的要求，着力培育大型文化企业集团，形成我国文化产业走向世界和参与国际竞争的主体力量。（五）运用高新技术推动文化产业升级。提高技术创新能力，提高文化产品的生产、传播、服务的科技含量。（六）促进文化行业之间相互渗透，以及文化产业与其他产业之间的联系。包括推动新闻、出版、影视、文艺、演出等行业相互渗透与交融，推动文化产业与教育、科技、体育、旅游、信息等相关产业的联动发展。（七）深化文化产业和企事业单位内部改革，积极探索与社会主义市场经济相适应的文化产业发展模式和文化企事业运行机制，形成优秀人才脱颖而出和优秀成果不断涌现的竞争机制和管理机制，激发活力，提高竞争力。

二、发展文化产业必须与发展经济和政治相结合

"产业"原本是关于工业生产的名词。从手工业生产过渡到机器生产。传统产业升级到现代产业。家电产业、IT产业、农业的产业化，等等。文化生产在几千年的历史中，主要是个体和手工生产，文化生产者是自由职业者，形不成一种产业。像原始社会的岩画；唐诗宋词，在文人之间酬唱传阅，后来才流传到民间；戏曲、民间艺术也是如此。

在迅猛发展的高新技术的支持下，科技向文化的生产传播消费等领域广泛渗透，文化产业群作为国民经济新的增长点，正显示出广阔的发展前景。既然称为产业，毫无疑问具有工业生产的一些特征。文化产品生产、传播方式和手段更加科技化、现代化。这方面，新闻、出版、印刷、广告、影视业，甚至文化市场营销网络，由于其与信息产业等相关，出现了飞速的发展。文化产业在一些国家特别是发达国家已经成为重要的支柱产业，在国民经济中占有相当大的比重，其中有的文化企业已经跻身于全球500强企业。文化产业的高速增长，是在当代科技进步和经济全球化条件下文化发展的一个世界性重要趋势，

也是当今世界日趋激烈的综合国力竞争的一个重要方面和新特点。

我国的文化产业起步较晚。我国实行改革开放政策以来，一方面建立和发展社会主义市场经济体制，文化市场逐渐兴起；另一方面不断扩大对外开放，积极学习、引进和借鉴外国先进的文明成果。在文化建设中引入产业机制和市场机制，推动高新技术与文化紧密结合，特别是进入 20 世纪 90 年代后，我国的文化产业逐渐加速发展。2000 年 10 月十五届五中全会通过的《中共中央关于国民经济和社会发展第十个五年计划的建议》，第一次在中央全会文件中使用了文化产业的概念，提出了完善文化产业政策、加强文化市场建设和管理、推动有关文化产业发展的任务和要求。这对于我国文化产业的进一步发展起了有力的推动作用。

在社会主义市场经济条件下，文化产品和服务不仅具有商品属性，也具有社会意识形态性。发展各类文化事业和文化产业，必须始终把社会效益放在首位，努力实现社会效益和经济效益的统一。文化产业生产精神产品，与单纯的物质生产不同，其产品的价值实现更重要地表现在社会效益上，这就是说要注重社会效果。比如，新闻出版业既有一般行业属性，又有意识形态特殊性，既是大众传媒，又是党的思想宣传阵地，事关国家安全和政治稳定，负有重要社会责任。总之，我国文化产业要发展壮大，既必须遵循社会主义条件下文化发展规律的要求，又必须遵循市场规律和经济规律。产品有市场，受到人民群众欢迎，不但宣传效果好，而且经济效益也好，这有助于壮大自身的力量，加速文化的建设和发展。

政府增加投入支持以非营利性为主要特征的文化公益事业。

扶持党和国家重要的新闻媒体、社科研究机构、重大文化项目和某些艺术院团、重要文化遗产和优秀民间艺术的发掘抢救保护，加强对基层文化建设的投入力度，加强对西部地区、老少边穷地区文化的扶持力度等。要完善支持公益性文化事业发展的政策措施，增强发展实力。同时，通过改革和调整，打造一批高素质的充满活力的文化骨干企（事）业，促进文化公益事业发展。

三、加快文化产业发展必须高度重视市场的作用

我们是在建立和完善社会主义市场经济体制过程中发展先进文化的。文化市场是我国社会主义市场体系的一个重要组成部分。市场经济的主要特征，就是以市场为基础性手段调节资源配置和利益分配。只有适应市场经济的要求，根据市场需求合理配置资源和确立市场定位，并建立与市场经济相适应的高效、灵活的管理体制和运行机制，文化产业化才能不断发展。

"市"在古汉语中就有"买卖"的意思，并不专指买卖货物的固定场所，《晋书·祖逖传》中有"听互市，收利十倍"。市场既有有形的，也有无形的、潜在的。文化市场更是呈现出千姿百态，有不同的传播、流通、消费特点与规律，以及不同的"产品积压"方式。如广播电视方面，近几年实施"村村通广播电视工程"，提高广播电视人口综合覆盖率，同时也有一个节目收视率、收听率的问题。"覆盖率"与"收视率"就是两个不同指标。后者与文化产品的质量有关，体现了是不是为人民群众所喜闻乐见。图书报刊也是如此，发行渠道和销售网点的建立，还有一个就是发行量，即群众买不买。

发展文化产业，需要有一个好的市场环境。这样，才能有利于公平竞争，有利于多出精品力作，才能增强我国文化产业的整体实力和竞争力。加强执法力度，继续整顿文化市场秩序，加强市场监管和社会监管。深入持久地开展"扫黄""打非"斗争，加强知识产权保护。建立全国统一、开放、竞争、有序的文化市场体系，为改革开放和文化建设提供良好的舆论和社会环境，促进我国文化产业健康发展。

进一步培育和开拓文化市场。经济学家保罗·索尔曼说："炼钢与炼出钞票是两回事。如果市场起飞，那些恰好在起飞点之前或起飞点上进入市场的人，将享受超过一般数字期望值的投资报酬率。"我国不论是城镇还是农村市场，都有一个深入拓展的过程。在美国、日本等发达国家，人均年购书约11册，而我国人均年购书不到6册，数量上有很大的差距。从图书市场的构成来说，也不尽合理，对课本的依赖度大，占了全国总销售册数的一半以上。由于中国人口众多，地区发展不平衡，市场细分情况千差万别，而文化消费又有很强的个性化特点，要把潜在的需求变成现实的消费，把文化市场的培育与不同地区、不同时期的教育、科技、文化的发展结合起来。

加入世贸组织后，将逐步放开书报刊的国内批发和零售权，将取消所有数量和地域的限制，取消所有股权或企业设立形式的限制，允许外资在全国设立独资公司。这意味着我们将在国内市场与外国出版公司开展竞争与较量。这就需要坚决打破地方保护，加快出版物批销中心、新华书店连锁经营以及物流配送系统建设，确保我们在图书市场中发挥主导作用。

我国潜力巨大、发展迅速的文化市场需求，必将吸引外国文化产业前来激烈竞争。出现这种局面，有益于我们借鉴和汲取外国文化中的养分，有益于我们学习外国文化产业的成功经验，但也将面临资本主义文化产业的严峻挑战，在竞争中一些企事业单位有被外国文化企业挤垮的危险。如果我们不抓住机遇，积极地推动我国文化产业加速发展，就不能跟上文化发展的世界性潮流，也不能迅速增强社会主义文化的竞争力以有效地维护我国文化安全、扩大我国文化在世界的积极影响。对此，我们必须有清醒的认识。

四、全面深化改革，增强文化产业的活力与竞争力

随着社会主义市场经济体制的初步建立，我国的文化产业无论在规模还是在体制、机制方面都有了很大的变化。近年来，已经在全国组建了一批报业集团、出版集团、发行集团。这些集团的成立，在一定程度上改变了过去新闻出版业均衡布局、不大不小、重复建设的情况，推进了新闻出版业从粗放型向集约型、由数量规模向质量效益的转变。一些新闻出版单位已经借助现代企业管理理论，面向市场，在全面推进体制改革和机制创新等方面积累了宝贵经验，走出了一条成功之路，取得了良好的社会效益和经济效益。

我国新闻出版业产业的集约化程度、质量、效益及经营管理水平，与发达国家相比存在明显的差距。在国民经济中的地位和比例还比较低。当今世界新闻出版业发展更加向跨媒体的大型、超大型集团发展，兼并、联合成为重要趋势。投资主体多元化、产业结构的立体化、经营方向的跨媒体化、市场的国际化趋势，使世界性传媒出版集团的市场聚合能力、应变风险

能力、主导市场能力大大增强。我国新闻出版业集团化建设，处于起步阶段，集约化程度低，产业规模不大。一家出版社加几家出版社、一家报纸加几家子报子刊式的集团，产业构成比较单一，抗风险能力不强。出版发行集团基本还是局限于书、刊、部分报纸等传统纸介质出版物，多媒体发展的能力较弱，资本不雄厚，跨地区、跨行业、跨国经营尚需一个过程。

推进文化产业的分类管理和经营改革。现在，许多文化企事业单位还不是完全意义上的市场竞争主体，程度不同地存在定位不明、机制不活、管理混乱的问题，自主开发能力差，运行成本高。由于文化领域涉及面广，覆盖新闻出版、广播影视、文艺团体、演出市场、文化娱乐等各个方面，需要在调查研究的基础上进行分类指导。其中包括：哪些领域实际上已经企业化，但仍作为事业管理？在已经企业化的领域有哪些尚未开放市场，由国家垄断经营？在各类文化产业和服务业中，哪些领域可以由市场机制主导，哪些是政府必须垄断经营的？针对不同类型的文化事业或文化服务，政府可以选择的财政供养方式和事业管理体制有哪些？在搞好调查研究的基础上，实行政企（事）分开、企业与事业分开、营利机构与非营利机构分开。

加快适宜于产业化经营的文化事业改革。随着我国国民经济市场化程度不断提高，特别是随着社会生产力发展，许多原来作为公共服务和社会事务进行管理的活动，逐步成为经营性市场活动，表现出巨大的产业发展空间和吸纳社会就业的潜力。通过定性、定量地对文化事业领域进行实证分析，在借鉴世界其他国家经验的基础上，研究消除制约文化事业发展的体制性障碍。

尽快提出支持文化产业发展的政策和措施，推进文化产业在政府调控指导下健康有序地发展。加强和改善党对文化工作的领导，理顺政府与文化企事业单位之间的关系，健全规范化的文化行业组织，探索建立党委领导、政府管理、行业自律、企事业单位依法运营的管理体制。

加快文化产业的战略性结构调整和资产重组，增强我国文化产业的整体实力和竞争力。规模狭小、重复建设、资源分散、效益低下，是当前阻碍我国文化产业发展的一个重要因素。产业结构调整，要以市场为基础，以政策为导向，努力打破条块分割和行业壁垒，反对地方保护和垄断，通过提高产业的社会化程度，促进文化产业和相关行业联动发展。要提高产业的集约化程度，以资产为纽带，引导文化产业跨行业、跨地区进行深度整合。按照专业分工和规模经营的要求，重点发展新闻传媒业、出版音像业、文化娱乐业、文化演出业等，组建大型文化产业集团，形成我国文化产业走向世界和参与国际交流与竞争的主要力量。

积极运用高新技术推动我国文化产业升级，不断提高文化产品的科技含量和市场竞争力。当前蓬勃发展的文化产业，是文化与高新技术联姻的结晶。以信息技术为代表的高新技术迅猛发展，多媒体出版、网络出版等新的出版业态竞争更加激烈。外国文化产业发展的实践表明，积极跟踪高新技术的发展，及时运用科技进步的最新成果推动文化产业升级，推动新闻出版业从数量扩张向素质提高转变，是文化产业加速发展、在市场竞争中夺取和保持优势地位的关键。计算机进入新闻出版、影视、广告和文化市场后，大大降低了生产和流通成本，应大力推广应用。

要特别注意到我国文化产业尚处于起步阶段、在国际竞争中处于弱势的客观现实，努力建立和完善既符合世贸组织规则，又符合我国国情和社会主义文化发展需要的文化产业政策体系。及时调整和完善我国现有的文化产业政策，是一个学习、借鉴外国文化产业发展经验的过程，有利于我国文化产业在新的规制环境下增强竞争力并走向世界。因此，借鉴外国在世贸组织规则的前提下保护民族文化产业的经验，积极运用财税和金融等手段支持我国文化产业的发展，应成为当前完善文化产业政策的一个重要内容。

加大文化企业事业单位内部体制改革的力度，转变经营机制和管理方式，健全激励机制和约束机制，建立保证正确导向、富有经营活力的运行机制。文化企业单位要按照现代企业制度，建立科学有效的运营机制。加强人才培养，充分调动文化工作者的积极性，使他们的创造力与创新精神得到充分发挥。

坚持有步骤地扩大对外开放，加强对外文化交流。实施"走出去"战略，积极推动我国文化艺术产品，通过各种渠道走向世界，扩大优秀民族文化产品在国内外市场的份额。吸收国外优秀文化和先进技术，抵制腐朽文化。

深化文化管理体制改革。要改变现在文化系统多部门管理、职能分散交叉、权力责任脱节的状况，积极建立相对集中、管理统一、调控健全、监管有力的宏观管理体制。这无论对于加快文化产业的健康发展还是促进文化事业的大繁荣，乃至加快建设中国特色社会主义先进文化，都具有十分重大的意义。这方面改革涉及面广，但应当加以研究，创造条件，择机进行。

中华文明博大精深、源远流长，为人类文明进步作出了巨大贡献。在当今世界文化建设和文化产业蓬勃发展的浪潮中，我们一定能建设好无愧于伟大时代的先进文化，使我国民族的科学的大众的社会主义文化更加异彩纷呈，绚丽灿烂。

解决中国就业问题的战略思考 ①

（2004 年 6 月）

一、必须高度重视解决就业问题

就业问题是人类面临的共同课题和最大难题，越来越引起各国政府和国际社会的重视。我们国家是社会主义国家，我们的政府是人民政府，更应该高度重视解决就业问题，把做好就业工作摆到各项工作的优先位置。

第一，就业是民生之本。就业是人们获得收入的主要来源，是满足劳动者及其家庭基本生活需求的根本保障，同时也是他们改善生活的基本前提和途径。只有实现比较充分的就业，人民群众才能安居乐业，不断提高物质和文化生活水平。

第二，解决好就业问题是实现我们党根本宗旨和实践"三个代表"重要思想的必然要求。全心全意为人民服务，代表最广大人民群众的根本利益，是我党的根本宗旨，是"三个代表"重要思想的核心。只有解决好就业问题，使广大人民群众的生

---

① 本文系 2004 年 6 月所写的研究报告。

活得到切实保障和不断改善，才能把人民群众的根本利益保护好、发展好、维护好。

第三，解决好就业问题是坚持科学发展观的根本要求。以人为本，保护和增进人民利益，促进人的全面发展，是科学发展观的灵魂。有工作、有收入，是人民群众最基本的利益，是实现人的全面发展的根本前提和保证。

第四，解决好就业问题是维护社会稳定的重要保证。劳动力资源丰富具有两重性。一方面，我国现代化建设所需要的劳动力资源比较充足，经济社会发展不会受到劳动力资源供给的瓶颈制约，这是我国的特殊优势；另一方面，劳动人口数量巨大，增加了解决就业问题的难度，而如果就业问题解决不好，大量劳动人口失业，基本生活没有保障，就会导致社会不稳定，甚至引发社会动乱。

总之，就业问题关系到人民群众的切身利益，关系到改革发展稳定的大局，关系到全面实现建设小康社会的宏伟目标，关系到实现全体人民的共同富裕，必须引起高度重视，依靠国家和全社会的共同努力，千方百计解决好。

二、充分认识中国就业问题的
长期性、艰巨性、复杂性

党中央、国务院一贯高度重视就业问题。近年来，中央陆续制定和采取了一系列促进和支持就业、再就业的政策措施，形成了具有中国特色的积极就业政策体系，并将城镇新增就业人员和控制失业率纳入国民经济宏观调控的重要目标。经过各方面的共同努力，我国就业工作取得了巨大成绩。近年来我国经济的持续快速发展，提供了越来越多的就业岗位。据统计，近 10 年来，中国共创造了 8000 万个就业岗位。2003 年，在防治非典、抗击自然灾害的困难情况下，我国全年新增就业岗位 859 万个，下岗失业人员再就业 440 万人，城镇登记失业率 4.3%。这些成绩的取得是很不容易的。

但是，我们也要看到，中国是一个发展中的人口大国和劳动力大国，劳动力供求总量矛盾和结构性矛盾并存，城镇就业压力加大与农村富余劳动力转移速度加快同时出现，新成长劳动力与下岗失业人员再就业问题相互交织，解决中国就业问题，是一项长期、艰巨和复杂的任务。

第一，从总量上看，我国人口占世界人口总量的 21.3%，劳动力占世界劳动力总量的 25.9%。从目前到 2030 年，是我国人口和劳动力增长的高峰期，这决定了劳动力供大于求的矛盾将长期存在，短期内难以缓解。

第二，从劳动力素质和结构看，2002 年我国劳动年龄人口中，初中以下教育水平的占 79%，在农村这一比重高达 91%，技术工人特别是高级技工严重短缺。这种状况与我国工业化、现代化建设进程加快，特别是与承接国际产业转移、建设世界制造业基地的要求很不适应，不仅会影响今后的经济发展，也会产生结构性失业问题。

第三，从改革开放和经济发展的趋势看，随着我国加入世贸组织、对外开放不断扩大，国际、国内市场竞争更加激烈，要求降低劳动力成本，减少企业用工数量，以提高企业和国家整体竞争力。随着改革不断深化，国有企业作为市场主体参与市场竞争，要求改革企业用工制度，按企业生产经营需要配置劳动力资源，一个时期内下岗失业人员还会继续增加；转变经济增长方式，实行集约化经营，推进工业化、现代化，工业生产自动化、机械化水平将持续提高，高新技术产业比重将不断提高，同样生产规模用人将越来越少，这些因素都必然导致就业弹性降低。据统计，20 世纪 80 年代，我国国内生产总值每增长 1 个百分点，可增加 240 万个就业岗位，到了 90 年代，国内生产总值每增长 1 个百分点，只能增加 70 万个就业岗位。

中国的国情决定了解决就业问题的长期性、艰巨性和复杂性，对此我们必须有清醒的认识，要有做长期艰苦努力的思想准备。

三、解决就业问题的基本方针和主要途径

中央确定的"劳动者自主择业、市场调节就业、政府促进就业"[①]的就业方针，反映了社会主义市场经济条件下就业工作的客观规律，为新形势下解决就业问题指明了方向，是完全正确的，必须毫不动摇地坚持。要逐步加快和发展劳动力市场，完善就业服务体系，建立以劳动者自主择业为主导、以市场调节就业为基础、以政府促进就业为动力的就业机制。

在坚持正确就业方针的前提下，应根据我国国情，主要采取以下措施，积极促进就业问题的解决。

第一，加快经济发展，增加就业岗位。解决中国一切问题的关键在发展，解决就业问题的根本出路也在于发展经济。要抓住新世纪头 20 年的重要战略机遇期，以改革开放和科技进步为动力，在保证质量、效益的前提下，加快经济发展，扩大经

---

① 《中共中央国务院关于切实做好国有企业下岗职工基本生活保障和再就业工作的通知》，《人民日报》，1998 年 6 月 23 日第二版。

济总量，创造更多就业岗位。同时，制定和实施正确的经济发展战略，在经济发展中关注就业容量的扩大，使经济总量增长与就业岗位增加同步推进。

第二，实行积极就业政策，鼓励扩大就业。要继续贯彻落实中央制定的促进就业、再就业的政策措施；协调好政府部门的管理和服务职能，形成共同支持就业的工作机制和良好氛围；完善有关政策措施，鼓励和引导企业多吸纳就业，动员社会各方面为解决就业问题贡献力量。

第三，创新就业方式，拓宽就业渠道。通过灵活就业方式或"非正规就业"实现就业，已成为当今世界的发展趋势。灵活就业包括非全日制、非固定单位、临时性、季节性就业、钟点工、社区管理服务等多种形式，要通过制定和完善鼓励发展的政策，大力提倡。当前的重点是要对灵活就业人员实行相应的社会保障制度，保护他们的合法权益，使灵活就业在健康、宽松的环境中发展。

第四，完善就业服务，改善就业环境。在改变政府直接配置劳动力资源、市场调节就业发挥主导作用的条件下，就业服务必须跟上。因此，要努力建立健全劳动力市场，建设必要的设施和信息网络，发展非营利性的职业介绍机构，为劳动者提供就业培训和就业指导，对困难群体实行就业援助。同时，要整顿劳动力市场秩序，切实保护劳动者的合法权益。

第五，加强职业培训，提高就业能力。通过培训，提高劳动者就业技能，是促进就业的重要基础和有效手段。要充分利用各种政府和民间教育培训资源，根据劳动力市场需求开展多层次、多形式的就业培训，实行"订单式"培训，增强培训的有效性和实用性。要积极搞好创业培训，开展创业咨询，提供创业指导，提高劳动者自主创业能力。

四、解决中国就业问题的战略思考

我国就业问题是一个全局性的问题，必须从整个国民经济发展的视角，从改革开放的大背景出发，进行全面的、战略性思考，确立正确的战略思路，正确处理各种重大关系，有力促进就业问题的解决。

第一，正确处理市场与政府的关系。在社会主义市场经济条件下，必须既坚持市场化就业方向，又发挥政府促进就业的积极作用。要充分发挥市场机制在配置劳动力资源中的基础性作用，就业问题政府不能包，也包不下来。同时，就业与广大群众生活、生计密切相连，帮助一切有劳动能力的劳动者实现就业，是政府的重要职责和使命，政府必须有所作为。一方面，政府要通过制定和实施积极的就业政策，采取各种有效措施，弥补市场缺陷；另一方面，政府要在建立和完善劳动力市场方面发挥主导作用。

第二，正确处理工业化、信息化、城镇化与扩大就业的关系。从根本上说，工业化、信息化、城镇化将大大促进产业结构调整与经济跨越式发展，导致经济规模总量扩大，迅速增加就业岗位，从而有利于就业问题的解决。同时，社会生产过程中越来越多地采用先进技术特别是信息技术，必将导致劳动生产率的提高，使就业弹性降低，用人减少。因此，我们要积极探索既有利于推进工业化、信息化、城镇化，又有利于扩大就业的发展模式，走出一条既有利于提高效率，又能够充分利用我国劳动力资源丰富的优势、具有中国特色的新型工业化道路、信息化道路和城镇化道路。

第三，正确处理体制改革、结构调整与扩大就业的关系。目前，我国体制改革进入攻坚阶段，结构调整处于关键时期。我们必须处理好体制改革和结构调整与扩大就业的关系，既要不断深化改革，调整优化结构，又要通过改革、调整促进就业问题的解决。在国有企业改革过程中，企业职工下岗分流要充分考虑财政、企业、职工和社会保障的承受能力，量力而行。国有企业要积极挖掘内部潜力，发展多种经营，改制分流，多渠道安置富余人员，尽量不推向社会。实行企业破产关闭，要切实做好职工的安置工作。在结构调整过程中，在提高产业科技含量的同时要重视发展劳动密集型产业，特别是大力发展第三产业和服务业；在加强国有经济竞争力的同时要加快发展多种所有制经济；在培育一批大型企业集团的同时要大力发展中小企业，充分发挥各种产业和企业在吸纳就业方面的作用。

第四，正确处理城乡就业、新增劳动力就业与再就业的关系。我国就业问题是多方面的，需要立足当前，着眼长远，突出重点，统筹兼顾。在重点做好国有企业下岗失业人员再就业工作的同时，要通过多方面努力解决城镇其他人员的就业问题，特别是加强就业指导和培训，搞好高校毕业生的就业工作。要统筹考虑和解决城乡劳动力就业问题，通过发展农村经济，积极推进小城镇建设，发展乡镇企业和服务业，为农村劳动力开辟更多的就业门路。对农民工进城务工要公平对待、合理引导、完善管理、搞好服务，组织和引导农村富余劳动力有序流动，加强信息服务和职业培训，维护农民工合法权益，促进农村富余劳动力向非农产业转移。

我国的就业问题是前进中的问题、发展中的问题，这与一些国家经济衰退中出现的严重失业问题有本质的不同。在看到我国就业形势严峻的同时，我们要充分认识到解决就业问题的各种有利条件。党中央、国务院对就业问题高度重视，是解决就业问题的强有力政治保证；我国经济持续快速增长，为解决就业问题提供了巨大空间。只要我们坚持正确的就业方针和积极的就业政策，各级政府和全社会共同努力，一定能够走出一条解决中国就业问题的新路子，实现比较充分就业，保证人民安居乐业和社会团结稳定。

全社会都要关心和保护农民工 [①]

（2006 年 3 月 27 日）

新春伊始，《国务院关于解决农民工问题的若干意见》正式发布了。这是中央落实科学发展观，统筹城乡发展、解决"三农"问题的又一重大举措，对于切实保障广大农民工的合法权益，进一步改善农民工的就业环境，引导农村富余劳动力合理有序转移，推动社会主义新农村建设和中国特色的工业化、城镇化、现代化健康发展，具有重大的意义。

农民工是我国改革开放和工业化、城镇化进程中涌现的一支新型劳动大军，他们广泛分布在国民经济的各个行业，为城市繁荣、农村发展和国家现代化建设作出了重大贡献。农民外出务工，一头连着城市和发达地区，一头连着农村和落后地区，为改变城乡二元结构、解决"三农"问题闯出了一条新路，是工业带动农业、城市带动农村、发达地区带动落后地区的有效形式。我国正处在工业化、城镇化加快发展的阶段，将有越来越多的农村富余劳动力逐渐转移到非农产业和城镇中来，大量

---

① 本文在《国务院关于解决农民工问题的若干意见》文件发表的同时，为《人民日报》写的 2006 年 3 月 27 日社论。

农民工在城乡之间流动就业在我国将长期存在。解决好农民工问题，既是关系改革发展稳定全局的迫切任务，也是建设中国特色社会主义的战略任务。

党中央、国务院高度重视保障农民工权益和改善农民工就业环境问题，近年来制定了一系列政策措施，各地区各部门做了大量工作，取得了明显成效。但当前农民工在培训就业、劳动工资、社会保障、公共服务等方面仍然面临不少问题，侵犯农民工合法权益的事情仍时有发生。国务院出台《若干意见》，充分肯定了农民工在我国经济社会发展中的地位和作用，深刻阐述了解决好农民工问题的重要性、紧迫性和长期性，明确提出了做好农民工工作的指导思想、基本原则和政策措施。落实好这个文件，解决好农民工外出务工遇到的困难和问题，必将会极大地保护和调动广大农民工的积极性，推动城乡共同繁荣，促进社会和谐稳定。

贯彻落实《若干意见》，必须把握文件的精神实质。一是坚持以人为本、公平对待，尊重和维护农民工的合法权益。既要充分体现社会公平和正义，使农民工和城市职工享有同等的权利和义务，又要引导农民工全面提高自身素质，努力适应新的工作、生活环境。二是坚持"两条腿走路"的方针，从我国国情出发引导农村劳动力合理有序流动。既要积极引导农民进城务工并安居乐业，又要大力发展乡镇企业和县域经济，扩大农村劳动力在当地转移就业。要坚持农村基本经营制度，依法保障进城农民工的土地承包权，使他们进退有路。三是坚持当前和长远相结合、方向性和渐进性相统一，城乡统筹解决农民工问题。既要抓紧解决农民工最关心、最直接、最现实的问题，又要依靠体制改革和制度创新，逐步解决长期城乡分割的二元结构带来的深层次问题。

农民工是活跃在城镇和乡村中最积极、最能干、最可敬的新生力量，他们在创造社会财富的同时也在塑造自己，已经与城市发展和居民生活、与农村繁荣和文明进步密不可分。各级政府要切实加强和改善对农民工工作的领导，真心实意地为农民工办实事、解难事、做好事。输入地政府要把农民工纳入城市公共服务体系，统筹解决他们在就业培训、子女就学、公共卫生、居住场所、文化生活等方面存在的问题。各级工会、共青团、妇联组织要成为广大农民工温暖的家，充分发挥在维护农民工合法权益和服务工作中的重要作用。所有企业和用人单位都要强化社会责任，珍惜和爱护农民工的劳动和创造，不得违反国家法律法规和政策规定损害农民工权益。城市社区要积极发挥在农民工管理和服务中的作用，为他们融入城市、同市民和谐相处创造良好环境和条件。新闻媒体要大力宣传农民工在改革开放和现代化建设中的重要贡献和先进典型。社会各个方面都应该尊重农民工、理解农民工、保护农民工，在全社会形成关爱农民工的舆论氛围。

"东方风来满眼春"。《若干意见》的出台，不仅农民工高兴，而且广大农民也高兴，全国人民都高兴。我们坚信，只要各地区、各部门真正把《若干意见》中的各项方针政策落到实处，就一定能够进一步激发广大农民工的积极性和创造性，有力推动全面建设小康社会和整个现代化事业的进程。

正确认识和高度重视解决农民工问题 [1]

（2006 年 4 月）

农民工是我国改革开放和工业化、城镇化进程中涌现的一支新型劳动大军，是工业带动农业、城市带动农村、发达地区带动落后地区的有效载体。胡锦涛同志在党的十六届四中全会上的讲话中提出了"两个趋向"的重要论断："综观一些工业化国家发展的历程，在工业化初始阶段，农业支持工业、为工业提供积累是带有普遍性的趋向；但在工业化达到相当程度以后，工业反哺农业、城市支持农村，实现工业与农业、城市与农村协调发展，也是带有普遍性的趋向。"这是对我国经济发展进入新阶段的科学判断。温家宝同志在十届全国人大三次会议所作的《政府工作报告》中明确指出："适应我国经济社会发展新阶段的要求，实行工业反哺农业、城市支持农村的方针，合理调整国民收入分配格局，更多地支持农业和农村发展。""进一步研究制定涉及农民工的各项政策。"[2]这些重要论述，为我们从全

---

[1] 本文为《中国农民工问题调研报告》一书代序言，中国言实出版社 2006 年 4 月出版，并发表于 2006 年 4 月 26 日《人民日报》。

[2] 温家宝：《政府工作报告》，《人民日报》2005 年 3 月 15 日。

面建设小康社会和我国经济社会发展全局出发，正确认识和高度重视解决农民工问题指明了方向，具有重大的现实意义和深远的历史意义。

一、充分认识解决农民工问题的重要性和紧迫性

改革开放以来，随着我国工业化和城镇化进程加快，越来越多的农村富余劳动力转移到城镇和乡镇企业就业。农民工户籍仍在农村，主要从事非农产业，有的在农闲季节外出务工、亦工亦农，有的长期在城市就业，是推动城乡经济社会发展的重要力量。据国家统计局的调查，2004 年全国进城务工和在乡镇企业就业的农民工总数超过 2 亿，其中进城务工人员 1.2 亿左右。农民工分布在国民经济的各个行业，在加工制造业中占到 68%，在建筑业、采掘业中接近 80%，在环卫、家政、餐饮等服务业中已达到 50% 以上，已成为产业工人的重要组成部分，对我国现代化建设作出了重大贡献。

近年来，党中央、国务院高度重视农民工问题，制定了一系列保障农民工权益和改善农民工就业环境的政策措施，各地区各部门做了大量工作，取得了积极成效。但农民工面临的问题仍然十分突出。主要是：工资偏低，拖欠工资现象严重；劳动时间长，安全条件差；缺乏基本社会保障，职业病和工伤事故多；培训就业、子女上学、生活居住等方面也存在诸多困难，经济、政治、文化权益得不到有效保障。这些问题引发了不少社会矛盾和纠纷。解决好这些问题，关系到维护社会公平正义，保持社会和谐稳定，关系到顺利推进工业化和城镇化，全面建设小康社会进程。

解决农民工问题是统筹城乡发展的客观要求。贯彻落实科学发展观，必须实行以工补农、以城带乡的方针，建立健全统筹城乡发展的体制和制度，逐步缩小工农差别、城乡差别和地区差别。农民进城务工直接冲破了城乡二元结构的束缚，突破了劳动力资源配置的产业界限、城乡界限、地域，促进了市场导向、自主择业、竞争就业机制的形成，闯出了一条城乡融合发展、解决"三农"问题的新路。农民工一头连着农村和落后地区，一头连着城市和发达地区，为城市创造了财富，为农村增加了收入，为城乡发展注入了活力。切实做好农民工工作，是从根本上解决"三农"问题、协调工农关系、实现城乡共同发展的有效途径。

解决农民工问题是建设社会主义和谐社会的重大任务。农民工群体涉及几亿农村人口生产生活方式的历史性变迁，他们当前在就业环境、劳动工资、公共服务和权益保障方面存在的问题，对各级政府坚持以人为本、执政为民的基本理念提出了新的更高要求。建设一个民主法治、公平正义、诚信友爱、充满活力的社会主义和谐社会，就是要使包括农民工在内的广大人民群众共享改革发展成果。实现这一目标很重要的方面，就是要制定和完善涉及农民工利益的政策措施，切实保障农民工的政治、经济和文化权益，真心实意地为农民工办实事、做好事、解难事，为农民工创造一个公平、良好的工作和生活环境，充分调动广大农民工的积极性、主动性、创造性。

解决农民工问题是走中国特色的工业化、城镇化道路的必然选择。农业劳动力向非农产业和城镇转移，是世界各国工业化、城镇化的必然趋势。我国农村劳动力数量众多，正处在工业化、城镇化加快发展的阶段，越来越多的富余劳动力将逐渐转移出来。农民工的产生，有历史必然性，又有中国特色，大量农民工在城乡之间流动就业的现象在我国将长期存在。必须从我国国情出发，顺应工业化、城镇化的客观规律，引导农村富余劳动力向非农产业和城镇有序转移。我们要站在建设中国特色社会主义事业全局和战略的高度，充分认识解决好农民工问题的重要性、紧迫性和长期性。

二、解决好农民工问题需要把握的基本原则

解决好农民工问题，要以邓小平理论和"三个代表"重要思想为指导，按照落实科学发展观和构建社会主义和谐社会的要求，坚持解放思想，实事求是，与时俱进；坚持从我国国情出发，统筹城乡发展；坚持以人为本。认真解决涉及农民工利益的问题，要把握好以下几个基本原则：

第一，公平对待，一视同仁。尊重和维护农民工的合法权益，体现社会公平和正义，不仅两亿多农民工高兴，而且八亿多农民也高兴。必须在全社会树立理解农民工、尊重农民工、善待农民工的意识，消除对农民进城务工的歧视性规定和体制性障碍，使农民工和城市职工享有同等的权利和义务。这一原则不仅要体现在用人单位的用人观念上，也要体现在各项涉及农民工的政策措施中，体现在各地方各部门的日常工作中。

第二，强化服务，完善管理。长期以来，面对日益庞大的农民工队伍，许多地方和部门存在重管理、轻服务的倾向。解决好农民工问题要切实转变政府职能，加强和改善对农民工的公共服务和社会管理，在管理体制上实现由以治安为主的防范式管理向以政府主导的服务式管理转变，在公共产品提供上实

现由面向城镇户籍人口向面向包括农民工在内的所有常住人口转变。同时，要发挥企业、社区和中介组织作用，为农民工生活与劳动创造良好环境和有利条件，使他们尽快适应在城市工作、生活的新要求。

第三，统筹规划，合理引导。我国的国情决定了在工业化、城镇化过程中，必须坚持"两条腿走路"的方针，坚持大中小城市和小城镇协调发展，坚持农村劳动力异地转移与就地转移相结合。既要积极引导农民进城务工和安居乐业，又要大力发展乡镇企业和县域经济，扩大农村劳动力在当地转移就业，还要坚持农村基本经济制度，依法保障农民工的土地承包权，保证农民出得去、回得来。只有这样，才能实现农村劳动力合理有序的流动，防止大量农民工盲目涌进城市，特别要避免一些国家出现过的大城市人口膨胀、贫富悬殊的现象。

第四，因地制宜，分类指导。我们国家地域辽阔，各地经济社会发展不平衡，农民工输出地和输入地面临的情况大不一样。解决农民工问题，一定要考虑到各地差异，从实际出发确定工作方针。近些年来，许多部门和地区在解决涉及农民工利益问题方面进行了有益的尝试，积累了许多有益的经验。当前和今后时期，中央政府需要加强对做好农民工工作的统筹协调和分类指导，输出地和输入地更要有针对性地解决农民工面临的各种问题，共同探索保护农民工权益、促进农村富余劳动力有序流动的办法。

第五，立足当前，着眼长远。农村富余劳动力转移流动将是一个长期的历史过程，农民工这一特殊群体也将伴随我国工业化、城镇化、现代化的始终。我们应该坚持当前和长远相结合、方向性和操作性相统一，既要抓紧解决农民工面临的最直接、最现实的问题，又要依靠改革和发展，逐步解决深层次问题，形成从根本上保障农民工权益的体制和制度。特别是对有些暂时解决不了的问题，要指出政策方向和解决的思路，为今后和各地进一步探索留有空间。

三、当前需要着力研究解决的问题

农民工问题是事关改革发展稳定全局和亿万农民切身利益的一个重大问题，做好农民工工作是当前和今后时期各级政府的一项重要职责。我们要着力完善政策和管理，推进体制改革和制度创新，逐步建立城乡统一的劳动力市场和公平竞争的就业制度，建立保障农民工合法权益的政策体系和执法监督机制，建立惠及农民工的城乡公共服务体制和制度，拓宽农村劳动力转移就业渠道，从而保护和调动农民工的积极性，促进城乡经济繁荣和社会全面进步，推动社会主义新农村建设和中国特色的工业化、城镇化、现代化健康发展。当前，特别要着力研究解决农民工面临的几个带普遍性的问题。

一是关于农民工就业培训和劳动合同管理问题。关键是要统筹城乡就业，为城乡劳动者提供平等的就业机会和服务，进一步清理和取消各种针对农民工进城就业的歧视性规定和不合理限制。各级政府都要把帮助农村富余劳动力转移就业作为公共服务的重要内容，城市公共职业介绍机构要向农民工开放，免费提供政策咨询、就业信息、就业指导和职业介绍，依法规范职业中介、劳务派遣和企业招用工行为。各地要适应工业化、城镇化和农村劳动力转移就业的需要，大力加强农民工职业技能培训，大力发展面向农村的职业教育，提高农民转移就业能力。各有关部门要加强对用人单位订立和履行劳动合同的指导和监督，制定和推行规范的劳动合同文本，建立权责明确的劳动关系。特别要依法保护女工和未成年工权益，严格禁止使用童工。

二是关于农民工工资收入和生产生活环境的问题。这是农民工最直接的切身利益问题，也是社会反映最强烈的问题。在解决农民工工资问题上，要通过建立工资支付监控制度和工资保证金制度，从根本上解决拖欠、克扣农民工工资行为，特别要做到农民工工资发放月清月结或按劳动合同约定执行，加大对拖欠农民工工资用人单位的经济处罚力度。同时，必须规范农民工工资管理，严格执行最低工资制度，制定和推行小时最低工资标准，建立农民工工资合理增长机制，切实改变农民工工资偏低、同工不同酬的状况。在改善农民工生产生活环境上，有关部门要切实履行职业安全和劳动保护监管职责，企业必须按规定配备安全生产和职业病防护设施，强化用人单位职业安全卫生的主体责任。要监督用人单位严格执行国家关于职工休息休假的规定，延长工时和休息日、法定假日工作要依法支付加班工资。要多渠道改善农民工居住条件，保证农民工居住场所符合基本的卫生和安全条件，并通过完善社区公共服务和文化设施，丰富农民工业余文化生活。

三是关于积极稳妥地解决农民工的社会保障问题。农民工的社会保障是一个必须研究解决又相对复杂一些的问题，也是各方面都比较关注的问题。要根据农民工最紧迫的社会保障需求，坚持分类指导、稳步推进，优先解决工伤保险和大病医疗保障问题，逐步解决养老保障问题。农民工的社会保障，要适应流动性大的特点，能够转移接续，使农民工在流动就业中的社会保障权益不受损害；要兼顾农民工工资收入偏低的实际情况，实行低标准进入、渐进式过渡，调动用人单位和农民工参保的积极性。各地都要认真贯彻落实《工伤保险条例》，依法将农民工纳入工伤保险范围，所有用人单位必须及时为农民工办理参加工伤保险手续。当前，要加快推进农民工较为集中、工伤风险程度较高的建筑、采掘等行业参加工伤保险。各统筹地区要采取建立大病医疗保险统筹基金的办法，重点解决农民工进城务工期间的住院医疗保障问题，农民工也可自愿参加原籍的新型农村合作医疗。有关部门要抓紧研究探索低费率、广覆盖、可转移，并能够与现行的城乡养老保险制度衔接的农民工养老保险办法。有条件的地方，可直接将稳定就业的农民工纳入城镇职工基本养老和医疗保险。

四是关于农民工享受城市相关公共服务问题。输入地政府要转变思想观念和管理方式，对农民工实行属地管理，在编制发展规划、制定公共政策、建设公用设施等方面，统筹考虑长期在城市就业、生活和居住的农民工对公共服务的需要，逐步健全覆盖农民工的城市公共服务体系。当前，子女上学是长期在城市工作农民工面临的现实问题，也是各级政府必须切实解决好的问题。输入地政府要承担起农民工同住子女义务教育的责任，以全日制公办中小学为主接收农民工子女入学，城市公办学校对农民工子女接受义务教育要与当地学生在收费、管理等方面同等对待。同时，输入地政府还要加强农民工疾病预防控制和适龄儿童免疫工作；实行以输入地为主、输出地和输入地协调配合的管理服务体制，进一步搞好农民工计划生育管理和服务等。

五是关于健全维护农民工权益的保障机制问题。目前，涉及农民工的高发侵权案件屡屡发生，由于多种原因致使农民工维权困难重重，健全维护农民工权益的保障机制至关重要。首要的是保障农民工依法享有的民主政治权利，农民工在评定技术职称、晋升职务、评选劳动模范和先进生产者等方面要与城镇职工同等看待，依法保障农民工人身自由和人格尊严，严禁打骂、侮辱农民工的非法行为。要按照建立城乡统一的户籍管理制度的改革方向，逐步地、有条件地解决长期在城市就业和居住的农民工户籍问题。要加大维护农民工权益的执法力度，健全农民工维权举报投诉制度，做好对农民工的法律服务和法律援助工作，充分发挥各级工会、共青团、妇联组织在农民工维权工作中的作用。

六是关于扩大农村劳动力就地转移就业问题。这已被实践证明是一条符合我国国情的成功之路，是我们必须长期坚持的重大方针。目前全国已转移的农村劳动力中，县域经济范围内吸纳了65%，其中乡镇企业和县域中小企业吸纳了80%，浙江、江苏、山东、广东等经济发达省份省内就地、就近转移的农村劳动力都占到90%以上。因此，一定要大力发展乡镇企业和县域经济，扩大农村富余劳动力在当地转移就业容量；努力引导相关产业向中西部转移，增加农民在当地就业机会；深入开展农村基础设施建设，促进农民就业和增收；提高小城镇产业集聚和人口吸纳能力，鼓励外出务工农民回到小城镇创业和居住。特别要保护农民工土地承包权益，这是降低农民工在城市失业风险、保持社会稳定的重大问题。

我们编辑出版这本《中国农民工问题调研文集》，汇集了中央和国务院有关部门、部分省市政府有关部门和一些专家的研究成果。这些研究成果，坚持解放思想、实事求是，注重理论创新、管理创新、制度创新、政策创新，丰富了对农民工的重要作用和一系列相关问题的认识。农民工这一新事物还在不断发展变化中，请广大读者和我们一起继续深入研究农民工问题，努力在全社会形成关心农民工的良好氛围。

加强社会主义民主政治建设研究 [①]

（2006 年 12 月）

决策科学化、民主化是社会主义民主政治建设的重要任务，是实行民主集中制的重要环节。正确决策是保证党和国家各项事业成功的重要前提。党领导全国人民实现中华民族的伟大复兴，必须坚持科学执政、民主执政、依法执政，必须不断完善党和国家决策机制，充分发挥中国特色社会主义制度的优越性，推进现代化建设的进程，确保党和国家长治久安。本报告主要就完善党和国家决策机制，推进决策科学化、民主化、法制化问题进行了研究。

一、党和国家决策机制建设
重要进展和存在的问题

我们党历来十分重视科学民主决策。党的十一届三中全会以来，社会主义民主法制建设得到重大进展，党和国家不断完善决策机制，作出了一系列关系党和国家前途命运的重大决策，

---

① 本文系 2006 年 12 月主持完成中央交办的课题研究报告。

各项事业取得了前所未有的显著成就。

（一）形成了一系列科学民主决策的思想理念，为党和国家决策机制建设提供了理论基础。我们党在长期革命和建设实践中，特别是近30年来，提出了一系列关于科学民主决策的重要思想。比如，用马克思主义的立场观点方法认识问题、分析问题、解决问题的思想；从群众中来，到群众中去的思想；民主基础上的集中，集中指导下的民主的思想；用"三个有利于"判断决策正确与否的思想；尊重知识、尊重人才的思想；科学民主依法决策的思想；没有调查就没有决策权的思想；以人为本、科学发展的思想；深入了解民情，充分反映民意，广泛集中民智，切实珍惜民力的思想，等等，科学民主决策的思想不断发展创新。这些观点，是党和国家决策机制建设的重要指导思想。

（二）党和国家决策机制基本建立，为科学民主决策提供了有力保障。一是形成了一套科学民主决策原则。特别是近些年来，党中央、国务院制定并带头实行科学民主决策和依法决策的规章制度。如：实行党内决策与党外协商相结合的原则，领导决策与群众参与、专家咨询相结合的原则，集体决策和分工负责相结合的原则，民主与集中相结合的原则，等等。再如："不经过深入的调查研究不决策，不经过系统的咨询论证不决策，不充分征求各方面意见不决策"等，已成为越来越多领导干部的自觉意识。二是决策制度逐步完善。按照党总揽全局、协调各方的原则，规范了党委和人大、政府、政协及民主党派的关系，坚持在重大决策前进行协商。各级党委和政府在决策中，实行重大事项集体决策制度，逐步引入听证制度、咨询制度、公示制度等。三是决策程序不断规范。许多地方党委和政府不断完善决策程序，在决策事项的提出、论证、确定、执行、反馈和监督等方面进行了规范，避免出现重大失误。

（三）实行科学民主决策，调动了全党全社会的积极性和创造性。逐步推行党务公开、政务公开，党员对党内决策的知情权和参与权不断扩大，对党内民主决策发挥的作用越来越大。可以说，这些年来，我们党和政府的重大决策都是全党全国上下共同参与的结果。各级党委政府对民主决定重大事项越来越重视，普遍明确，凡属重要干部任免、重要项目安排、大额度资金使用以及关系人民群众切身利益的重大事项等，在广泛征求各方面意见的基础上，经过充分讨论集体作出决定。各级人大代表、政协委员、各民主党派、工青妇等群众团体以及社会各界人士积极建言献策，参与各项重大决策，推动了决策的科学化、民主化。

（四）在实践中创造了一些行之有效的经验和做法。不少地方在制定出台重大决策前，通过各种形式，广泛征求社会各界和广大群众的意见。部分省市改变了重要文件起草的次序，将先起草再征求意见的做法变为先广泛征求意见，然后再确定文件基本内容，使文件更加贴近党心民意。各地普遍开展了电子政务建设，通过网上公告、政务论坛、新闻发布会、听证会等方式为公众提供信息。普遍设立了政府主要领导公开电话、信箱、接待日以及投诉热线等，拓宽群众参政议政的渠道。如江西省委公开向社会开通了"全天候"专用手机电话、电子信箱和短信平台，建立起"民声通道"。

回顾党和国家决策机制建设的历程可以看出，决策正确与否，关系党和国家事业的兴衰成败。什么时候决策正确，党和国家的事业就兴旺发达，充满生机；什么时候决策出现错误或失误，党和国家的事业就会出现严重挫折。多年来，党和国家在决策机制建设方面积累了丰富的经验。举其荦荦大端：一是必须坚持实事求是，一切从实际出发，解放思想，开拓创新。二是必须坚持依靠群众、相信群众，走群众路线，把维护和实现最广大人民的根本利益作为出发点和落脚点。三是必须坚持权责统一，加强对权力的制约和监督。四是必须坚持正确处理民主与集中、民主与法制的关系。在决策过程中，既要防止独断专行、个人说了算，又要防止分散主义、无政府主义和极端民主化倾向。五是必须坚持规范化、制度化，从党长期执政、国家长治久安的需要出发，不断适应形势发展的需要，建立健全党和国家决策机制的法律、法规体系，逐步实现决策的规范化、制度化。

目前党和国家决策机制建设还存在一些不容忽视的问题，一些地方和部门决策仍处于由经验型、封闭型向科学化、民主化过渡的阶段，同中央关于深入了解民情、充分反映民意、广泛集中民智、切实珍惜民力的要求还有较大的差距。不少地方党委、政府在决策工作中存在着"五重五轻"现象，即：重集中、轻民主，重经验、轻理性，重结果、轻程序，重权利、轻责任，重决策、轻执行。各级决策机制发展不平衡。综合起来，主要有以下几方面问题：

（一）民主渠道不够畅通。党务、政务公开透明度不高，致使党员对党内事务、群众对国家事务了解不够，党员、群众的知情权、参与权、管理权、监督权未能很好地落到实处，在重大事项决策方面的民主权利难于行使。有的地方虽然建立了政府网站，但发布的信息少，时效性、针对性差，对群众反映的意见建议不能马上回应甚至没有回应，和群众没有形成互动，形同虚设。

（二）决策制度不健全。目前，中央与地方的不少事权和决策权限没有界定清楚，一些政府部门集决策权和执行权、监督权于一身，导致错误决策得不到及时纠正以及执法不公等问题；国家权力部门化、部门权利利益化、部门利益合法化现象比较严重。多年来，各级党政机关在决策机制建设上建立了一些制度，但总的看，有些制度还比较原则，没有细化，有些制度在实施过程中走样。比如，有些重要事项的听证制度，由什么人参加听证，如何保证听证的公正性和广泛性，听证结果与决策的关系等没有作出规定，导致一些听证会流于形式。再比如，专家咨询制度，有些问题专家不敢讲真话，迎合领导意图讲违心话等。有的对专家一些好的建议未能认真研究和吸收。已有的制度缺乏有机衔接，有些应建的制度还未建立，制度实施的程序不规范。

（三）决策权责不明确。邓小平同志在1980年指出的"权力过分集中"问题还没有得到很好解决。这个问题在横向和纵向都不同程度地存在。不少地方、部门党政决策的权力集中于党委领导班子，党委、政府领导班子中往往又集中于"一把手"。决策是否科学民主以及科学民主的程度，大多取决于"一把手"的素质甚至个人魅力，而不是建立在科学民主的机制上。不少事情中央与地方决策权限划分不够明确、执行不够严格、行为不够规范，有些事情存在上面决策包揽过多和下面越权决策的现象，一些中央部门垂直管理和地方块块管理在决策权限和工作分工上也存在一些矛盾。

（四）决策监督机制不完善。在一些地方和部门，决策者的权力还没有得到有效制约，纪检、监察、审计等部门的监督作用难以充分发挥，特别是对同级机关决策的监督缺乏有效的制度保证。决策权责不清，决策过程没有详细记录，决策失误很难追究责任，名为集体决策集体负责，实为无人负责。

二、完善党和国家决策机制的基本思路

当前，国际局势处于大调整、大变动之中；国内正处于改革发展的关键时期，经济体制深刻变革，社会结构深刻变动，利益格局深刻调整，思想观念深刻变化，面临不少新情况、新问题。到 2020 年，我国将基本建成惠及十几亿人口的更高水平的小康社会，经济更加发展，民主更加健全，依法治国基本方略得到全面落实，人民的权益得到切实尊重和保障，社会更加和谐，国际化水平全面提高。所有这些，对党和国家决策机制建设提出了新的更高的要求。进一步完善党和国家决策机制，推进决策科学化、民主化，关系到党和国家事业的兴衰成败，对于加强社会主义民主法治建设，巩固党的执政地位，提高党的领导水平和执政水平，构建社会主义和谐社会，具有十分重要的意义。

完善党和国家决策机制要以马克思主义、毛泽东思想、邓小平理论和"三个代表"重要思想为指导，坚持科学执政、民主执政、依法执政，从中国共产党执政、民主党派参政议政的国情出发，围绕加强社会主义民主法制建设、提高党的执政能力和构建社会主义和谐社会，以中国特色社会主义事业兴旺发达和民富国强为着眼点，以扩大党内民主和人民民主为前提，以科学划分和严格规范决策主体权限为关键，以完善各项制度规则为保证，以实现好、维护好、发展好最广大人民的根本利

益为出发点和落脚点，充分发挥广大党员和人民群众的积极性和创造性，逐步建立起一套与现代化事业发展和时代要求相适应的科学化、民主化、法制化的决策机制，确保党的执政地位和国家长治久安。

完善党和国家决策机制，必须按照民主集中制原则和"深入了解民情，充分反映民意，广泛集中民智，切实珍惜民力"的要求进行。

一是坚持扩大民主，通过不断拓宽民主渠道，真正体现人民群众的主体地位。要相信群众、依靠群众、尊重群众，切实落实人民群众在决策中的知情权、参与权和建议权，接受人民群众的监督。

二是坚持把解决地方党委政府决策权责不分的问题作为完善决策机制的重要环节。权力的合理配置是实现决策科学化、民主化的前提。要按照中央的要求，进一步明确和规范各自的权责。

三是坚持完善决策机制与国家政治体制、经济体制和社会管理体制改革相适应。完善党和国家决策机制涉及许多体制改革方面的内容，应当与政治、经济和社会体制改革的其他措施相互协调配合。既要充分认识决策机制建设的紧迫性、重要性，对决策机制进行相应的改革和完善，也要注意把它放在社会主义民主法制建设的全局中予以把握。

四是坚持做到权责统一。决策权力有多大，就应当承担多大的责任。落实决策权责一致原则就是要做到权力行使有保障，有权必有责，用权受监督，违法受追究。

五是坚持健全程序、规则，重在制度建设。制度是管根本、管长远的，是科学民主决策的前提和重要保证，应当把建立健全必要的制度作为决策机制建设的重中之重，下功夫抓好。

六是坚持加强对决策机制建设的理论研究和战略性研究，增强决策工作的前瞻性、预见性和科学性。

总之，通过理论创新、制度创新、管理创新，建立起一套符合中国共产党执政规律和中国特色社会主义建设规律，符合时代特征和要求，既明确规范又高效管用的决策机制。

三、完善党和国家决策机制的具体建议

完善党和国家决策机制，推进决策科学化、民主化，最根本的是要加强决策的制度建设，建立健全各项基本制度，并严格贯彻执行。初步研究，建议完善以下十项制度：

（一）调查研究制度。这是科学正确决策的基础和前提。要把不深入调研不决策作为一条基本原则。各级领导机关在进行决策特别是进行重大决策之前，都要通过多种方式进行调查研究，特别是对重大事项进行决策的主要负责人，一定要亲自深入实际调查研究，掌握真实情况，抓住关键矛盾，作出准确判断。要大兴调查研究之风。中央领导同志除每年几次到各地视察工作并召开座谈会议进行调研听取意见外，还要有一些敢于讲真话的"诤友"。要进一步落实中央关于各级领导干部调查研究制度，一级抓一级，一级带一级。省部级领导干部要落实每年至少抽出一个月时间、市（地）县级领导干部要落实每年至少有两个月以上时间深入基层调研。各级党政机关干部特别是从事政策研究和决策咨询任务的人员，每年至少要有两个月以上时间深入基层、深入实际调查研究，掌握第一手材料，撰写有情况、有分析、有见解的调研报告，为领导同志当好参谋。

县以上各级党政主要领导干部都要确定一个联系点，保持密切联系，随时了解点上的情况，每年要亲自动手撰写高质量的调研报告和决策建议向上级报送。

（二）社情民意反映制度。主要是对社情民意反映渠道、受理机构、处理方式等进行规范。要开辟多种形式的民意表达途径。把各级党员代表、人大代表和政协委员联系群众作为反映社情民意的主要渠道，进一步完善提案议案制度。充分发挥工会、共青团、妇联等人民团体及各类群众团体联系不同社会阶层群众的桥梁和纽带作用。充分发挥信访工作社情民意晴雨表作用。继续通过领导人接待日、建立联系点、便民热线、新闻通气会等渠道，密切与人民群众的联系。充分运用现代信息手段，广泛收集信息。要高度重视各级政府网站建设，充实人员，真正办成同老百姓切身利益息息相关、同政府领导直接对话的平台。要把这种方式作为经常性工作，广泛征集对相关决策的意见和建议，并善于从中发现经济社会发展中的突出问题，确立重大决策事项。各级党委、政府要真正做到同党员群众平等互动，对所有重要意见和建议件件有回声、事事有结果。

（三）重大决策听证制度。这要作为决策的一项重要制度。主要是对听证的事项和内容、听证人员的确定、听证意见的处理等作出明确规定。特别要注意听取不同意见，"千人之诺诺，不如一士之谔谔"。要尊重和正确对待少数人的意见。凡是涉及广大人民群众利益的重要事项不经过听证不能决策。

（四）依法决策制度。主要是通过宪法、法律和法规，规范和约束决策主体、决策行为、决策程序，实现决策于法有据，决策行为依法进行，决策违法依法追究责任。决策制度的落实要由规则和程序保证，决策程序是决策过程中必须经过的工作步骤。必须对决策活动的环节和次序作出明确规定，并通过法律法规固定下来，确保制定重大决策有共同遵循的程序。从方案到最后形成决策，至少要经过提出议题、调查研究、制定方案、征求意见、充分论证和法律审查等几个必要程序。要树立违反程序就是违法的观念，严格按照法定的程序进行决策。

为强化法制在完善党和国家决策机制中的地位和作用，严格实行依法决策，建议将决策法制化摆在与科学化、民主化并重的位置。随着我国法制建设的快速发展，法制化已成为我们党在新的历史条件下治国理政的重要方略，党和国家决策机制建设只提科学化、民主化不够全面。科学化、民主化、法制化三位一体，是互相联系的整体。任何决策如果没有法定的规则和程序，科学化和民主化都难以落到实处，从这个意义上讲，法制化更重要。

（五）决策咨询制度。要构建多层次、多渠道、高水平的决策智力支持体系。一是充分发挥科研院所和大专院校的作用。目前，我国科研院所和大专院校的科研机构很多，有雄厚的研究力量，每年都有大量的和有价值的研究成果，但是为决策服务的作用还不明显。一些研究课题与党和国家的中心任务、人民群众关心的热点难点问题联系不紧，一些有价值的意见建议未能在决策中充分吸收。要进一步整合力量，在一些重要的研究领域逐步培育和形成一批权威的品牌研究机构。将一些事关国家经济社会发展重大问题的课题更多地交由科研院所和大专院校承担。二是加强党政机关内部研究机构建设，并充分发挥这支力量的重要作用。党政机关内部研究机构是决策咨询的重要力量。这些部门及其工作人员所处的位置比较高，眼界广，且少有部门利益，看待问题比较客观公正。应加强这支队伍建设，强化决策咨询的职能，更好地发挥参谋助手作用。要加强党政机关研究机构与科研院所、大专院校的联系，充分发挥各自在政策研究和理论研究方面的特长，实现优势互补。三是重视培育和发展民间咨询机构，开辟信息收集、民意调查等新的渠道，拓展信息来源。四是加大改革力度，将一些事业制科研机构逐步转为非政府、非营利的社会服务机构，或者转为市场中介组织。要积极培育咨询市场，采取委托、招标等方式，让各类咨询机构平等竞争地承接研究课题。还可借鉴国外的做法，由政府出资购买民间机构的咨询报告。五是鉴于当前国内外形势复杂多变，为保证决策科学正确，党委和政府主要领导人员都可以配备经济、科技、金融、法律、城市建设和管理等方面的高层次的专家顾问或顾问组，还可以选聘一批优秀企业家参与咨询工作。

（六）决策公开制度。广大党员充分了解党内事务，广大群众充分了解国家事务，不仅是落实知情权的具体体现，也是参与讨论党和国家事务，提出意见和建议的前提。应当进一步完善党务公开、政务公开制度。凡属重大事项，除重要机密外，属于党内的，都应向党员公开；属于国家和政府的，应向社会公开。凡与人民群众利益密切相关的重大决策事项，都要实行公示。党内重要文件起草前，可以先征求广大党员的意见；政府重要文件起草前，应充分听取人民群众的意见。文件起草后，进一步扩大征求意见范围，党内的重要文件，可以在全党范围内征求意见；政府的重要文件，可拿到全社会征求意见。

（七）重要决策评估制度。主要是对决策评估的标准、组织、方法、技术等作出明确规定，这样做既有利于衡量决策的实效，也有利于总结经验、改进决策、落实责任，保证决策执行。要将决策评估贯穿于决策及执行的全过程。决策前评估重点是在调研、论证、咨询的基础上，对议案的可行性进行综合分析和预测，最大限度地降低决策风险。决策执行中的评估主要是对决策的实施过程进行全方位跟踪，随时收集和掌握决策实施中出现的情况和问题，及时反馈到决策机关，适时调整和完善有关决策，对于实施中发现明显决策错误并造成危害的要及时补救直至停止执行。决策后评估主要是对重大决策事项的实施结果，从政治、经济、社会、生态等方面进行全面分析和评价，总结经验教训。

（八）决策监督制度。主要是明确监督的主体、内容、依据、方式和结果，保证监督有效和客观公正。监督的核心是制约权力，重点是对遵守决策制度、程序、规则情况以及决策执行情况进行监督，保证决策目标和内容的科学性、可行性和决策方案的顺利实施，排除来自各方面的干扰，保证各级党委、政府的决策得到正确和有效贯彻执行。

（九）决策失误责任追究制度。按照"谁决策，谁负责"的原则，对违反决策制度、程序、规则，以及作出错误决策造成重大损失的，依照有关规定追究有关决策者和责任人的责任。在决策执行过程中，背离决策精神造成工作失误的，追究有关部门负责人和执行人的责任。

（十）党委、政府适当分工决策制度。落实党的十六届四中全会决定的要求，进一步理顺地方党委与政府的关系，明确各级党委与政府的决策权限，各负其责。党委和政府重大事项决策的内容、方式既有联系，又有区别。涉及国民经济和社会发展规划、重大方针政策、工作总体部署以及关系国计民生的重要问题，由党委集体讨论决策。经常性工作由政府及其部门按照职责权限决策。

建议由中央对重大决策的事项、权限、原则、程序、制度、执行等进一步作出明确规定，更好地指导实践。

完善党和国家决策机制，除了要有一套健全的制度并严格执行外，还有一些重要问题需要研究解决，就此提出几点具体建议。

1. 进一步明确地方党委常委会和全委会的职权范围。地方党的全委会和常委会都有决策权。由于对各自的决策内容没有明确具体的规定，实践中决策职责不清，应对常委会和全委会的决策权限作出明确具体的规定。近些年一些地方创造了不少经验，可以认真总结推广。

目前，一些地市和县市的党委书记高配，由上一级党委常委兼任的情况比较普遍。"一把手"既是同级党委成员，又是上级领导，客观上强化了"一把手"的特殊地位，不利于党内民主决策的正常开展，应该尽量减少这种配置，或者取消这种做法。

2. 完善决策权、执行权、监督权既适当分开又相互配合的权力结构。将传统体制下政府部门集决策、执行、监督于一体的权力运作模式，分解为决策、执行、监督三部分，通过科学化、程序化的制度设计，使承担决策、执行、监督的部门在职能相互分离的基础上，各司其职，各负其责，既相互制约，又相互协调。从体制上保证决策更民主科学，执行更透明公正，监督更有效有力。

3. 优化人大代表和人大常委的结构，更好地履行职责，发挥作用。目前人大代表中领导干部所占比重较高，建议适当提高专业技术人员、专家学者和群众代表的比例。人大代表应有一定比例的专职人员，使他们能够集中精力深入了解民情，反映民意。各级人大常委会委员绝大多数是党政领导机关退下来的老同志，安置性较为明显，又不坐班，不利于更好地履行职责。人大常委应该扩大年富力强、经验丰富的专职委员比例。人大常委和专门委员会委员（包括政协）的任职年龄应逐步过渡到与党政机关同职级人员相一致。同时，改变离退休干部管理制度，对于党政机关退下来的领导干部不再安排到同级人大（包括政协）任职，而应鼓励和支持他们接受社会中介、科研机构、学校、企业等非政府机构的聘请，使他们的才智和经验得以充分发挥。

4. 建立健全强有力的信息统计和支持系统。随着经济和科技的快速发展，信息在决策中的重要作用日益凸显。准确、全面的信息是正确决策的基础。信息不对称是影响正确决策的突出问题。要充分利用现代信息技术和手段进行资料的收集、整理和加工，为决策提供客观、真实、全面的信息资料。改革统计制度和方法，建立和完善国家基本数据库体系，对党和国家决策需要而尚不健全的统计指标，应尽快健全起来。

健全社会公平正义保障体系[①]

（2006 年 12 月）

完善收入分配制度、健全社会保障体系，是维护社会公平正义的重要举措。本报告主要对这两个问题进行了研究。

一、我国收入分配和社会保障现状

改革开放以来，我国收入分配制度发生了深刻变化。早在改革开放之初，邓小平同志就指出，让一部分人先富起来，让一部分地区先富起来，好起来后再去帮助落后的地区，实现共同富裕。他多次强调"这是一个大政策"。随着改革开放的深入和社会主义市场经济的发展，我国收入分配制度已经由传统体制下的平均主义分配转变为按劳分配为主体、多种分配方式并存，劳动、资本、技术和管理等生产要素按贡献参与分配的新制度。收入分配制度改革，大大激发了人民群众的积极性、创造性，极大地增强了我国经济活力，有力地推动了经济社会发展。

[①] 本文系 2006 年 12 月主持完成中央交办的课题研究报告。

一是劳动者积极性不断增强，生产效率大幅度提高。收入分配制度改革改变了过去分配过于集中、平均主义倾向严重、忽视微观主体利益的弊端，更好地体现了按劳分配原则，拉开了收入差距，发挥了分配对生产的激励和促进作用。1978年我国平均每个就业人员创造的GDP只有908元，2005年增加到24045元。

二是各种资源有效配置，社会财富迅速增加。收入分配制度改革使各种生产要素获得了平等参与分配的权利，推动了知识创新、技术进步、管理改善和资本积累，促进了各种资源的有效利用和社会生产力的发展。1978年以来，我国GDP连续翻番，经济实力和综合国力显著增强。

三是城乡居民收入不断增加，人民群众普遍得到实惠。1978—2005年，剔除价格因素，农民家庭人均纯收入年均增长7.0%，城镇居民家庭人均可支配收入年均增长6.9%。城乡居民储蓄存款年底余额由21.6亿元增加到14万亿元。农村居民人均住宅面积由8.1平方米增加到29.7平方米；城市人均住宅建筑面积由6.7平方米增加到26平方米以上。农村贫困人口由2.5亿减少到2365万。

四是社会保障体系建设取得重大进展，人民基本生活得到保障。经过多年努力，我国社会保障体系初步建立，城镇基本养老保险已覆盖了多数从业人员，城镇职工基本医疗保险制度基本建立，新型农村合作医疗制度试点工作顺利推进。

同时，收入分配领域中存在不少矛盾和问题，有的还相当突出。

一是收入差距过大。在不同社会成员收入差距方面，1988—1990年我国基尼系数稳定在0.34左右，2000年开始超过 0.4 的国际警戒线。据世界银行测算，2005 年我国基尼系数接近 0.47。2000 年 20% 的高收入户的平均收入是 20% 的低收入户的 3.6 倍，2005 年扩大到 5.7 倍。在城乡收入差距方面，城镇居民人均可支配收入与农民人均纯收入之比，由 1978 年的 2.57∶1 扩大到 2005 年的 3.22∶1，大大高于发展中国家平均 1.5 倍的水平。在地区收入差距方面，20 世纪 90 年代中期以来，收入最高省份与最低省份之比一直在 2 倍以上。2005 年，上海人均收入最高，为 18645 元；新疆最低，为 7790 元，二者之比为 2.4∶1。

二是收入分配不公。主要表现为机会不平等带来的收入分配不合理，如垄断行业通过各种形式将部分垄断收益转化为本行业、本企业的高工资和高福利。目前，电力、电信、金融、保险、烟草、石油、水电气供应、民航、新闻媒体等行业职工平均工资是其他行业的 2—3 倍，如果加上工资外收入和各种福利，实际收入差距约为 5—10 倍。

三是收入分配秩序不规范。主要是一些国有部门和单位分配秩序比较混乱，特别是灰色收入和福利非货币化现象严重；一些非公有制企业拖欠农民工工资、超时劳动、不给农民工上社会保险等问题比较普遍；公务员工资收入制度不规范。

四是收入分配格局不合理。工资在 GDP 中的比重不断降低，存在"强资本、弱劳动"现象。据统计，1989 年我国职工工资占 GDP 的比重为 15.4%，1997 年降低到 11.9%，2005 年进一步降低到 10.6%。同时，中等收入者比重较低，低收入者比重过大，收入分布格局呈"金字塔"形。

五是社会保障体系不健全。主要问题是覆盖范围窄、保障水平低、制度不完善等。2005 年全国城镇基本养老保险覆盖 1.75 亿人，只占全国城镇职工的 67%。基本医疗保险覆盖城镇 1.38 亿人，约占城镇居民的 30%，而多数发达国家 20 世纪 60—70 年代就已覆盖全部城乡人口。城市最低生活保障线平均为每月 156 元，不到城镇家庭人均消费支出的 1/4。参保人员个人负担医疗费用的比例为 40% 左右，高于世界平均水平 22 个百分点。农村社会保障制度建设刚刚起步，新型农村合作医疗和农村"低保"制度处于试点阶段，保障水平过低；农村贫困人口中约 1300 万人得不到社会救助。2 亿多农民工和 4000 多万被征地农民的社会保障尚未得到制度性安排。

总的看，当前我国收入分配总格局大体符合现阶段我国生产力发展水平，符合社会主义市场经济的改革方向，存在的问题是发展中的问题、前进中的问题。但是，收入差距问题已经到了应当高度重视、下大力气解决的时候。特别是随着工业化、城镇化加快推进，如果任其发展，收入差距还会继续扩大，各种问题还会更加严重，必将成为影响经济社会发展和社会稳定的重大隐患。因此，从现在起就要抓紧研究采取切实有效的政策措施，着手解决收入分配中存在的突出问题。

二、解决收入分配问题的基本思路和政策措施

在今后的 15 年中，要完善收入分配制度，遏制收入差距扩大趋势，缓解收入分配矛盾，健全社会保障体系，务必防止两极分化，为改革发展创造稳定和谐的社会环境。

理顺收入分配关系，必须坚持正确的思路和指导原则：

一是坚持按劳分配为主体、多种分配方式并存的分配制度，防止平均主义的回归。确立按劳分配为主体、多种分配方式并存的分配制度，是发展社会主义市场经济的必然要求，有利于

促进我国经济社会发展，最终也有利于收入分配问题的解决。要继续鼓励一部分人通过诚实劳动、科技创新、经营管理、增加资本投入先富起来，切实保护合法收入和私人财产，激发广大劳动者、科技人员和管理人员的劳动积极性和创新、创业精神，鼓励更多地积累资本并投入经济建设。同时，要下力气解决一些领域中仍然存在的平均主义问题。

二是坚持走共同富裕的道路，防止两极分化。邓小平同志指出，"社会主义的目的就是要全国人民共同富裕，不是两极分化。如果我们的政策导致两极分化，我们就失败了；如果产生了什么新的资产阶级，那我们就真是走了邪路了"①。我们提倡一部分人和一部分地区先富裕起来，这是大局；当一部分人和一部分地区先富起来以后，帮助没有富裕的人和地区富起来，也是大局。要实行东部支持西部、城市支持农村、工业反哺农业的方针，提倡先富起来的人回报社会，调整和优化财政支出结构，完善财政税收政策，逐步缩小城乡、地区和不同社会成员之间的收入差距。

三是坚持兼顾效率和公平，更加注重公平，防止社会矛盾激化。要全面认识和正确处理效率与公平的关系，没有效率就没有公平，没有公平也没有效率。当前收入分配中的主要矛盾是分配不公、差距悬殊。理顺收入分配关系，再分配和初次分配都要体现公平原则。初次分配要注重发挥市场机制的作用，创造公平的竞争环境，实行机会均等，并逐步提高劳动收入占GDP 的比重；再分配要增加公共支出和强化税收调节，向低收入地区和人群提供更多更好的公共产品和服务。

四是坚持形成合理的收入分配格局，防止社会财富向少部

---

① 《邓小平文选（第三卷）》，人民出版社，1993 年，第 110—111 页。

分人过分集中。以共同富裕为目标，扩大中等收入者比重，提高低收入者收入水平，逐步形成高收入者和低收入者占少数、中等收入者占多数的"橄榄型"分配格局。要坚决取缔非法收入，打击非法暴富。加快形成随着经济发展工资相应提高的机制，鼓励个体、私营等非公有制经济发展，使更多人进入中等收入者行列。

五是坚持逐步理顺分配关系，防止脱离国情和实际。要根据我国经济发展水平和各方面的承受能力，区分主要矛盾和次要矛盾，有急有缓，有先有后，逐步解决收入分配问题。先解决绝对贫困问题，再解决相对贫困问题；先解决机会不平等的问题，再逐步解决收入不公平的问题。特别要重视提高低收入者收入水平，使他们的生活得到改善；重视解决民生问题，把医疗、教育、住房、就业等群众最关注、反映最强烈的问题解决好，保证低收入群体的基本生活。

解决收入分配问题可采取以下政策举措：

（一）逐步解决不同社会成员收入差距过大问题。坚持努力增加中低收入者收入，保护合法收入，调节过高收入，取缔非法收入，保障低收入者基本生活，在加大国民收入再分配力度的同时，完善初次分配政策。一是提高低收入者的收入。重点是增加农民收入和城镇低收入者的收入。实施有利于低收入者的公共政策，增加公共产品供给。二是加大对高收入的调节力度。完善个人所得税制度，适时开征物业税、遗产税和赠予税，提高高档消费品和服务的消费税率。对公益事业的捐赠款项实行全额税前列支或抵税，鼓励发展社会慈善事业。加强个人收入信息体系和个人信用体系建设，减少税收流失。三是严格规范国有企业经营管理人员收入。建立根据经营管理绩效、风险和责任确定薪酬的制度，并对职务消费作出制度规定。

（二）缓解城乡收入差距扩大趋势。坚持工业反哺农业、城市支持农村和"多予、少取、放活"的方针，统筹城乡发展，建立农民收入持续增长的长效机制。一是保护农民种粮收入。继续执行各项"直补"政策，完善粮食最低收购价等农产品价格保护制度，加强对化肥、农药等农业生产资料价格的调控。二是提高农业效益和附加值收入。加快发展畜牧、园艺和水产养殖业，鼓励粮食主产区发展农产品加工业，推动农业产业化进程。三是大幅度增加用于农村发展的财政资金投入。重点加强农村道路、水利、电力、文化、教育、通信、沼气等基础设施和公共事业建设，改善农村居民的生产生活条件。加快构建功能比较完善的农村金融服务体系，加大金融支农力度。四是增加农民务工收入。认真落实中央关于农民工问题的各项政策，切实保护农民工权益，重点解决农民工工资偏低和拖欠、劳动安全、子女就学和社会保障等方面的问题，促进农村富余劳动力转移就业。五是创新扶贫方式。把一些生态环境脆弱、不适合人类生活居住地区的居民逐步迁移到发展条件较好的地区，实行生态移民、易地扶贫。

（三）逐步缩小地区收入差距。继续实施中央已经确定的区域发展总体战略，促进区域经济协调发展。对中西部地区实行比沿海地区更加开放、更加宽松的经济政策，促进这些地区发挥优势加快发展，逐步缩小地区发展差距。一是在财税政策上，加大对欠发达地区的转移支付力度，将增值税转型试点尽快扩大到中西部地区，在中西部地区继续实行吸引外资的税收优惠措施。二是在金融政策上，研究成立区域发展基金和中西部银行，建立长期稳定的开发资金渠道，对欠发达地区实行贷款贴息。三是在价格政策上，尽快调整资源类产品价格并建立资源开发补偿机制，平衡资源产出地区与加工利用地区之间的利益关系。四是在人员政策上，进一步加强人力资源开发和人才对口支援，采取有吸引力的政策措施，鼓励大中专毕业生到"老、少、边、穷"地区工作。

（四）取缔非法收入，规范灰色收入。一是坚决堵住国企改制、土地划拨、金融运营中的漏洞，严厉打击商业贿赂行为。二是严厉打击走私贩私、偷税漏税、操纵股市、制假贩假、贪污受贿、非法买卖集体土地、权钱交易、骗取贷款或外汇等经济犯罪活动，堵塞违法违规收入渠道。三是推行政务公开与社会监督制度，严禁用乱收费、乱罚款和各种摊派等办法提高部门奖金、福利。四是调整和规范职工工资收入结构，将各种渠道发放的、各种形式的收入统一纳入工资管理范围，规范、减少工资外的福利和补贴。适当提高和规范公务员工资收入。推进事业单位工资收入制度改革。积极解决企业退休人员与机关事业单位退休人员待遇差别过大问题。

（五）加强对垄断行业收入的规范与监管。一是进一步打破垄断。对自然垄断的业务，积极推进投资主体多元化，允许非公有资本以参股等方式进入；对非自然垄断领域，允许非公有资本以独资、合资、合作、项目融资等方式进入。二是健全国有资本经营预算体系，加快研究建立国有资本收益上缴制度。三是规范垄断行业收入分配制度。坚持走用工市场化的路子，平衡行业间特别是垄断行业与竞争性行业间的收入分配差距。完善对垄断行业工资总额和工资水平双重调控政策，对垄断行业适度限薪。对少数必须由国有独资企业经营的垄断行业，可借鉴法国等一些国家的做法，比照执行公务员工资制度。

（六）稳步提高职工工资占 GDP 的比重。确保最低工资标准的落实，加大对违反最低工资规定行为的处罚力度。随着经济发展和城镇生活费用增加，逐步提高最低工资标准。完善工会和职工代表大会制度，推动各类企业特别是非公有制企业建立工资集体协商制度。大力发展职业教育，提高劳动者技能水平和获得较高工资收入的能力。切实解决目前普遍存在的劳动定额过高、职工工作时间过长问题。

三、加快建立健全社会保障体系

今后一个时期，要适应人口老龄化、城镇化、就业方式多样化，多渠道筹集资金，完善各项制度，提高保障水平，加快建立健全社会保险、社会救助、社会福利、慈善事业相衔接的覆盖城乡居民的社会保障体系，为城乡居民特别是低收入者提供基本生活和医疗保障。

（一）完善城镇职工基本养老保险制度。一是加快做实个人账户。由于前些年基本养老保险实际上按现收现付模式运行，职工实际缴费形成的个人账户资金没有积累起来，而是被用来支付退休职工养老费用，形成了个人账户空账，给以后的养老金支付留下了隐患。据统计，到 2005 年底，全国基本养老保险个人账户空账规模约 7500 亿元。随着人口老龄化加剧，个人账户空账运行的风险不断加大。从东北三省试点情况看，在中央和地方政府的共同努力下，做实个人账户是完全可行的。要抓住当前财政收入情况比较好的有利条件，下决心用 5—10 年左右的时间完成这项工作。二是尽快完善跨省流动人员养老保险关系转移接续法。可将企业缴费部分量化到参保人员，与个人账户资金一并转移，或对不转移的企业缴费部分，根据各省的流动就业人员养老保险关系转入转出情况，在中央补助地方养老金缺口分配方案中予以统筹考虑。此外，还要积极探索农村基本养老保险制度问题。坚持个人缴费、政府补贴的筹资模式，探索建立保障水平适度、缴费方式灵活的农村基本养老保险制度。可考虑先在有条件的地方试点，取得经验后逐步推开。

（二）完善城乡医疗保障制度。一是建立以大病统筹为主的城市居民基本医疗保险制度。根据我国经济发展总体水平较低、城乡发展不平衡的实际情况，基本医疗保险应先从目前覆盖城镇职工逐步扩大到覆盖所有城镇就业人员，再从覆盖就业人员逐步扩大到覆盖城镇非就业人员。建立城镇非就业人员基本医疗保险，可借鉴新型农村合作医疗制度，采取政府补助和个人缴费相结合的做法。筹资水平可从相当于城镇职工基本医疗保险总费（单位缴费与个人缴费之和）的1/4起步，经过若干年逐步达到1/2。重新定位和完善个人账户，对于城镇职工，可以考虑将个人账户与社区卫生、公共卫生相结合，扩大个人账户对社区基本医疗和预防保健方面的支付功能；对于城镇非就业人员，可以不搞个人账户，只搞大病统筹基金，重点解决住院医疗保障问题。合理调整个人负担医疗费用的比例，减轻参保者的经济压力。二是加快推进新型农村合作医疗制度。自2003年新型农村合作医疗制度试点开展以来，截止到2006年9月底，参加试点的县市已达1433个，占全国县市的50.07%；试点县市农民参合率为80.49%，参加人数4亿人，占农业人口比重达45.77%。新型农村合作医疗制度深受农民欢迎，应继续增加政府补助数额，适当提高农民缴费标准，提高保障水平。2007年新型农村合作医疗试点将扩大到80%的县市，要保证财政资金拨付，做好农民缴费和各项组织工作。2008 年在全国农村基本建立起这项制度。同时，出台税收优惠政策，支持发展商业性医疗保险，加快构建包括基本医疗保险、补充医疗保险和社会医疗救助制度的多层次城乡医疗保障体系。

（三）健全城乡社会救助体系。争取到"十一五"末，在全国基本建立以最低生活保障和灾民救助制度为主体，以医疗、教育、住房、司法等专项救助为辅助，"覆盖城乡、水平适中、制度统一、待遇有别"的城乡社会救助体系。一是健全以低保为核心的城市综合性救助制度。各级财政都必须将低保资金列入刚性支出，增加低保预算，建立稳定的资金来源。确定各级财政合理分担比例。健全和加强低保管理，根据家庭成员结构（如区分鳏寡孤独、单亲和多人家庭）和有无劳动能力制定不同的"低保线"，并完善"能进能出"的低保机制。还要对残疾人、病人、老人、未成年人和单亲家庭进行"分类救助"，在教育、医疗、住房等方面进行"配套救助"。二是加快建立农村社会救助体系。整合现有救助资源，在全国范围推进以农村最低生活保障和灾民救助为主体的社会救助体系。取消农村"五保"、特困户救助以及各种临时性、应急性救助项目，用统一的最低生活保障制度取而代之。制定不同的"低保线"，使"五保户"的待遇不降低且略高于一般的困难家庭。从现在 21 个省份实行农村低保的情况和我国各级财政财力状况看，应该说资金不是大问题，条件基本是成熟的，关键是下大决心并研究具体办法加快推进。农村"低保"待遇可适当低于城市。最低生活保障制度应以省区市为主，中央财政给予支持。发达地区的"低保线"可以高一些，欠发达地区低一些。同时，要搞好对灾民的生活救济，适当提高救助标准，切实安排好受灾群众的生产生活。三是完善城乡社会医疗救助制度。明确各级财政的投入责任，由中央、省、市三级财政共同分担救助资金，中央财政给予欠发达地区重点支持。合理确定救助对象。创新社会医疗救助方式，可采取现金补助和医疗服务两种做法。合理确定社会医疗救助的标准，根据医疗救助资金而不是病人的医疗需求，来确定救助标准。四是大力发展社会互助和慈善事业。实行政府救助与社会救助相结合，完善组织动员社会参与救助的机制，提高群众参与度。实行税收优惠政策，扩大社会福利彩票发行规模，发展以社会救助为目的的非营利公益性社会救助组织，发展义工、志愿者等形式的社会救助。

（四）加强社会保险扩面征缴工作。以外资、个体私营等非公有制经济为重点，扩大各项社会保险覆盖面。现在，一些非公有制企业只为部分管理和技术骨干参保，不为一般职工参保；一些地方政府把企业不参保作为吸引投资的优惠条件，这种情况亟待改变。必须加快社会保险法律法规建设，严格用人单位劳动合同管理，加大社会保障监察力度，加强对企业和职工参保的监督检查，及时严厉查处不依法参保缴费等行为。

（五）加快充实全国社会保障保险基金。一是尽快研究实施上市公司部分国有股划转为社保基金的方案。社保基金会主要享有这部分股份的分红权和处置权，不参与公司日常经营。二是继续加大财政对社会保障基金的拨付力度。三是稳步扩大社会保障基金投资渠道。社会保障基金投资运营必须遵循"安全第一，收益第二"的原则，审慎选择投资品种，加强基金运营监管。目前应主要投资国债，并尝试将部分资金投资国家与地方重点工程企业债券。条件具备时可逐步拓宽投资渠道，增加投资品种。

（六）加大特殊人群社会保障的力度。重视解决农民工、被征地农民、残疾人和遗属的社会保障问题。工伤保险和大病医疗保障，是农民工最迫切的社会保障需求，要优先加快解决，并逐步解决养老保障问题。对被征地农民，要按照"土地换社保""谁征地，谁出资"的原则，由征地单位依法承担将被征地农民纳入社会保障的责任，并抓紧解决历年被征地农民社会保障遗留问题。在我国城镇困难群体中，残疾人和遗属两部分人群处境比下岗职工、失业人员更困难，需要建立专门的保障制度。残疾人和遗属保障的待遇水平应高于低保，对具体覆盖范围、资金来源、制度模式等要组织力量加快研究，提出实施方案。

（七）完善城市廉租房制度。廉租住房制度是针对住房困难的最低收入家庭实施的一种社会救助，是住房保障体系的重要组成部分。目前，我国廉租住房制度建设还处于起步阶段。截至2005年底，全国累计用于最低收入家庭住房保障的资金为47.4亿元，已有32.9万户最低收入家庭被纳入廉租住房保障范围，但仍然有70个地级以上城市尚未实施廉租住房制度。目前最大的问题是没有稳定的廉租住房建设资金来源。完善廉租房制度，重点要解决四个方面的问题：一是建立稳定的廉租房建设资金来源。城市政府应从土地出让金中提取不低于20%的专项资金用于建设廉租房。同时也可以通过财政、住房公积金等支出。廉租房可以是政府新建，也可以是经济适用房更改用途或闲置二手公房。二是合理确定廉租房的适用范围，覆盖面不应超过城市人口的20%。三是实行与家庭收入挂钩的弹性房租制度。借鉴国外做法，我国廉租房可按占家庭收入的30%左右设计弹性房租。四是加强对廉租房的管理。加强对廉租房的分配、回收和监控，严格审查租房户的条件。

完善政府社会管理和公共服务 [1]

（2006 年 12 月）

社会管理和公共服务是与人民群众切身利益密切相关的公共产品。贯彻落实科学发展观，坚持以人为本，建设社会主义和谐社会，必须大力加强和改善社会管理和公共服务。

一、当前我国社会管理和公共服务存在的主要问题

改革开放以来，我国在经济发展取得巨大成就的同时，科技、教育、卫生、文化、体育等社会事业也得到了长足的发展。特别是十六大以来，中央采取更加有力的措施，大力加强社会管理和公共服务职能，取得了明显成效。国家大幅度增加义务教育、公共卫生等社会事业投入。2005 年国家财政用于社会文教的费用达到 8953 亿元，比 2000 年增加了一倍多。将农村义务教育全面纳入公共财政保障范围，确立了"以县为主、分级负责"的农村义务教育办学体制，对中西部地区和农村困难家

---

① 本文系 2006 年 12 月主持完成中央交办的课题研究报告。

庭学生实行"两免一补"，新型农村合作医疗制度试点扩大到全国 50% 的县。逐步完善基本养老保险、失业保险、医疗保险等社会保障制度，城市低保制度更加完善，救助人群达到 2200 万人，基本做到应保尽保。从中央到地方建立了应急管理的体制机制，制定了各类突发公共事件应急预案 2.4 万多件，提高了突发公共事件应对处置能力。在一些公共服务领域开始引入市场机制。通过这些措施，我国经济社会发展中"一条腿长、一条腿短"的问题得到了缓解。

我国已经进入全面建设小康社会、加快推进现代化的新阶段。2006 年人均 GDP 接近 2000 美元，在工业化、城镇化快速发展与经济体制转轨、社会转型的过程中，人们对公共产品需求增长迅速，社会问题增多，社会矛盾复杂，社会管理和公共服务面临更大的挑战。主要表现为：

第一，公共产品供给总量不足，不适应公共服务需求数量急剧增长的新要求。长期以来，由于受经济发展水平限制和思想认识的影响，我国社会事业发展一直被摆在次要位置，处于"短腿"状况。近年来，随着国民经济发展和人民收入水平的提高，城乡居民在教育、医疗卫生、社会保障等方面公共需求快速增长，公共产品供给不足的问题凸显出来。如公共卫生和基本医疗投入严重不足，群众对"看病难、看病贵"问题反映强烈。据卫生部数据，政府预算卫生支出占卫生总费用的比重由 1982 年的 39% 下降到 2004 年的 17%，而同期居民个人承担的卫生费用由 22% 上升到 54%。据世界卫生组织统计，2003 年我国公共筹资占卫生总费用的比重为 36%，比中低收入国家平均水平低 12 个百分点，甚至低于一些最贫穷国家。在义务教育中，不少地方还要靠向学生收费弥补开支缺口，城镇困难家庭教育负担重。我国的社会保障体系覆盖面比较窄，统筹层次比较低。截至 2005 年底，城镇基本养老保险和基本医疗保险的参保职工，分别只占城镇就业人员（不含机关事业单位职工）的 47.9% 和 36.4%；农民参加农村养老保险的只有 700 万人，不到农民总数的 8%。

第二，公共产品供给结构不合理，不适应公共服务公平性和均等化的新要求。我国公共服务资源分配存在着严重的不公平问题，城乡、地区和群体之间的差距较大，农村公共服务水平明显落后于城市，流动人口享受的公共服务大大低于户籍人口。公共产品短缺和公共资源浪费现象并存。如医疗卫生资源大约 80% 集中在城市，其中 2/3 又集中在城市的大医院，而中西部地区农村缺医少药的问题普遍存在。教育资源过度向城市倾斜，在城市又过度向重点学校倾斜，而不少贫困地区农村中小学却达不到义务教育规定的标准。屡禁不止的"择校"问题和乱收费现象就是城市义务教育资源配置不合理的直接反映。人口老龄化趋势不断加快，也对公共产品供给结构提出了新的要求，特别是养老保险、医疗保险等社保资金承载着巨大的支出压力。

第三，社会管理和公共服务的体制机制僵化，不适应经济体制转轨和社会转型的新要求。随着经济体制转轨和社会转型，社会呈现出利益主体多元化、所有制结构多元化、就业方式多元化和组织形式多元化等新特征、新趋势。例如，越来越多的"单位人"成为"社会人"，越来越多的人在非公有制组织就业，越来越多的流动人口异地就业，管理和服务的难度加大。收入分配差距明显扩大，20 世纪 80 年代我国的基尼系数大约在 0.28 左右，2000 年达到 0.41，2005 年达到 0.47，不同利益群体之间的矛盾加剧。现在一方面社会矛盾在大量增加，另一方面计划经济体制时代形成的社会管理和公共服务体制机制没有进行彻底改革，不能有效地调节社会利益关系，化解社会矛盾。一些地方出现群体性事件增多、公共安全事故频发、社会治安潜在危害增大、生态破坏和环境污染严重等问题，都是这种不适应的反映。比如，20 世纪 90 年代我国每年发生群体性事件大约 1 万起，2005 年已经达到 2.9 万多起。社会发展领域中的体制改革滞后，垄断性的公共事业限制了各种社会资金的进入。我国各类民间组织发育缓慢，参与社会管理和公共服务的空间很小，难以成为政府职能转移的有效载体。

第四，政府履行职能存在着"缺位"和效率不高的问题，不适应建设服务型政府的新要求。加强社会管理和公共服务，建设高效率的服务型政府是世界各国政府改革的大趋势。目前，我国政府在经济领域包揽过多，存在"越位"现象。而在一些事关基本民生问题和社会和谐稳定方面的管理和服务中，政府的主导作用明显地滞后和弱化，造成管理和服务严重"缺位"，财政用于社会管理和公共服务的投入不足，效率不高。

二、完善社会管理和公共服务
基本思路和重点任务

完善社会管理和公共服务，要贯彻落实科学发展观，按照建设服务型政府的要求，以解决民生问题和促进社会和谐为出发点，建立健全与我国国情相适应，与经济发展水平相适应，与社会主义市场经济体制相适应的社会管理和公共服务体系。

（一）完善社会管理和公共服务的基本目标。在社会管理方面，要着力整合管理资源，健全基层网络，创新管理方式，规范发展社会组织，培育社会协同、公众参与、社会自律机制，建立健全社会管理的法律法规，提高依法民主科学管理水平，增强管理能力，逐步建立起广泛覆盖、高效运转、协调有序的社会管理体系，有效回应社会诉求，化解社会矛盾，维护公平正义和社会稳定。在公共服务方面，要强化政府主导作用，优化公共服务的结构和布局，增加公共产品供给，创新公共服务方式，提高公共服务水平，逐步建立起惠及全民、水平适度、可持续发展的公共服务体系，确保人人享有基本公共服务。

（二）完善社会管理和公共服务的基本思路。一是坚持以人为本，把实现好、维护好、发展好最广大人民的根本利益作为出发点和落脚点。随着经济增长，要不断增加公共产品总量，满足人民日益增长的需求，维护群众合法权益，促进人的全面发展。

二是要与我国国情和现阶段生产力发展水平相适应，为人民提供基本而有保障的公共服务。我国是一个发展中国家，要充分考虑发展阶段和经济承受能力，量力而行、尽力而为，防止超越阶段不切实际地提高标准。

三是广泛覆盖、公平公正，实现基本公共服务均等化。政府发挥主导作用，优化公共资源配置，增加农村、欠发达地区和贫困群体公共产品的投入，促进城乡和区域均衡发展，保证各个社会阶层都能分享经济社会发展成果。

四是深化体制机制改革，提高社会管理和公共服务的效率。引入市场机制，打破部门和行业垄断，通过竞争降低管理和服务成本，为人民群众提供优质价廉的公共产品。

五是创新公共服务和社会管理方式，在服务中实施管理，在管理中体现服务。要以提高公共服务和社会管理的质量、效益为中心，整合各类相关资源，拓宽服务领域，提高行政效能，改进服务质量，努力做到以最低廉的行政成本做好公共服务和社会管理各项工作，提高人民群众对政府的满意度。

六是积极发挥各类社会组织的作用，促进公共产品供给多样化。大力发展各类社会组织，降低一般性社会组织登记审批门槛。在政府的主导作用下，鼓励和支持社会组织参与社会管理和公共服务，探索建立多元化的社会治理机制，努力扩大公共产品提供渠道，满足人民群众多层次的需求，促进社会和谐。

（三）社会管理和公共服务领域的重点任务。按照十六届六中全会构建和谐社会目标，以及转变职能、建设服务型政府的要求，要全面加强社会管理和公共服务职能，重点加强以下领域：

一是提高义务教育水平。按照促进教育公平的要求，应加快推进全民免费义务教育。在农村要重点落实农村义务教育经费保障机制，提高办学水平，完善对家庭经济困难学生教育救助政策，保障农民工子女接受义务教育。在城市也要逐步实行免费义务教育，重点加强薄弱学校建设，促进教育优质资源合理配置，解决义务教育阶段的"择校"问题。对完成义务教育后准备就业的学生继续提供为期1年的职业培训，并纳入义务教育范围。强化素质教育，建立评价标准体系，培养学生的创新能力。

二是完善城乡基本医疗卫生制度。按照政事分开、管办分开、医药分开、营利非营利分开的原则，改革公立医疗机构的管理体制和运行机制，注重优化结构，调整存量，鼓励有序竞争，降低医疗费用。引导社会力量参与医疗卫生服务体系建设，积极支持民营医院的发展，满足不同群体的医疗卫生服务需求。完善农村三级卫生服务网络，建立以社区卫生服务为基础的新型城市卫生服务体系，为群众提供安全有效、方便价廉的公共卫生和基本医疗服务。

三是大力促进社会就业。强化就业援助制度，普遍建立政府出资购买公益性就业岗位的稳定机制，促进困难群体就业。加强就业指导和服务，建立多层次、多渠道的就业服务体系。将基本职业技能培训纳入公共财政保障范围，扩大职业教育招生规模。统筹城乡就业，加快建立全国统一的劳动力市场。

四是完善城乡社会保障体系。提高社会保险统筹层次，加快推进城镇职工养老保险省级统筹，条件具备时实行基本养老金基础部分全国统筹。推进新型农村合作医疗试点，加快建立覆盖全体城镇居民的医疗保险。解决好被征地农民的社会保障问题，建立适应流动就业人口特点的低费率、可转移的社会保障制度。推动农村低保制度建设，完善城乡社会救助体系。

五是健全突发公共事件应急管理体制机制。完善应急预案体系，健全应急管理的体制、机制和法制，建立统一高效的应急管理平台，提高危机管理和抗风险能力。建立健全社会运行状况的监测体系和危机预警系统，实现社会预警、社会动员、快速反应、应急处置的整体联动。

六是加强社会治安综合治理。治安管理要从"维护社会稳定"向"促进社会和谐"转变。完善社会治安综合治理机制、诉求表达机制、利益协调机制、社会矛盾纠纷调处机制和权益保障机制，逐步建立健全社会治安防控体系。完善政法保障机制，加强基层基础建设。积极推行社区矫正，广泛开展人民调解，发挥群众在维护社会稳定中的主体作用。

七是推动城乡社区自治。社会管理和公共服务的重心要放在基层，以社区为重要载体和平台。探索新型城乡社区管理体制和运行机制，完善民主管理机制，促进政府行政管理和社区自治管理有效衔接、政府依法行政和居民依法自治良性互动。加强城乡社区基础和服务设施建设，鼓励社会资源进社区，建立城乡社区建设的多渠道投入机制。

八是改善流动人口管理和服务。按照常住地原则，建立有效覆盖流动人口的社会管理和公共服务体系，解决好流动人口的就业、医疗卫生、子女就学、计划生育、政治参与和权益保护等问题。改革户籍制度，可先在同一地市范围内放开县城户口，以后逐步在省范围内放开。对在大中城市就业、居住达到一定年限的流动人口，按当地规定加入当地户籍，按当地标准享受公共服务和城镇"低保"。

三、加强社会管理和公共服务的主要措施

（一）增加公共服务和社会管理的财政投入。增加国家财政投资规模，加大财政对教育、卫生、文化、就业、社会保障、公共安全、生态环境保护、公共基础设施建设、新农村建设等方面的投入力度，确保公共产品供给能力显著增强。力争到"十一五"末：财政性教育经费占 GDP 比重达到 4%，财政性卫生经费能够满足公民公平享有基本医疗卫生服务需要，财政性社会保障支出能够保证社保制度安全运行并不断提高保障水平。在财力分配上要实行"两个倾斜"：一是向农村、基层、欠发达地区倾斜，特别是加大农村义务教育、新型农村合作医疗、城市社区卫生等方面的投入；二是向贫困群体、弱势群体

倾斜，加大社会救助、社会福利、扶贫开发、流动人口服务管理等方面投入，为生活困难群体编织安全网。发挥财政资金的示范、引导作用，带动社会资金进入公共服务领域，不断增强公共服务的供给能力。改革资金投入方式，减少重复投入和中间流失，提高政府投入的效率。

（二）健全社会管理和公共服务的政策体系。一是建立我国社会管理和公共服务基本标准、基本规范。包括健全应急管理、社区管理、社会组织管理、流动人口管理、环保、公共安全的目标、责任、程序、范围、监督考核办法等。在城乡居民最低生活保障、基本医疗、基础教育、社会救济与社会福利方面，都要健全均等化的基本标准和保障措施。

二是健全调节社会利益关系的政策。包括缩小城乡差距、地区差距、贫富差距的政策等，消除社会管理和公共服务中各类歧视性政策。特别要完善对弱势群体的权益保护、利益倾斜和社会援助政策，建立流动人口就业指导、职业培训、劳动保护、法律维权等一整套政策体系，规范在征地、拆迁中利益受损的农民和城镇居民补偿办法。

三是制定和完善支持社会管理和公共服务的经济政策。逐步分类放宽对非基本公共服务领域的市场准入和投资限制，制定引入和规范社会资金运作的办法。建立规范的价格形成机制，着力解决医疗、教育等领域价格虚高和乱涨价、乱收费问题，涉及民生的重要公共产品定价成本和成本监审结果要向全社会公布。对举办养老、社会救济、慈善捐助、就业培训等领域的社会事业要重点实行税收减免等政策扶持。

（三）建立完善的公共财政制度。按照满足基本公共产品需求和基本公共服务均等化的要求，深化财政体制改革。一是合理调整财政支出结构，财政投入重点转向支持农村生产生活设施建设，转向支持社会事业发展、生态建设和环境保护，为社会管理和公共服务建立可持续的财政支持体系。二是健全财力与事权相匹配的财税体制。合理划分各级政府在社会管理和公共服务领域的财政支出责任。加快调整共享税分成办法，增加地方社会管理和公共服务的可使用财力。三是建立规范化、法制化的财政转移支付制度。加大财政转移支付力度，特别要加大国家对革命老区、民族地区、边疆地区、贫困地区以及粮食主产区、矿产资源开发地区、生态保护任务较重地区的转移支付，加大对人口较少民族的支持。财政转移支付资金重点着力解决县乡财政困难，特别是社会管理和公共服务能力不足的问题。规范转移支付管理，建立转移支付监督评价体系。

（四）优化政府职能配置和机构设置。按照建设服务型政府的要求，深化行政管理体制改革。一是加快职能转变。继续推进政企分开、政资分开、政事分开、政府与中介组织分开，使政府的社会管理和公共服务职能切实得到强化。深化行政审批制度改革，进一步减少和规范行政审批事项，使政府有更多的精力用于社会管理和公共服务。二是加强社会管理和公共服务的管理部门。对现有公共服务和社会管理部门的职能和权力进行调整，将相同和相近的职能划归一个部门承担，实行"大部制"，科学界定部门职责，变外部协调为内部协调，实现上下级之间、部门之间职责明确，权责一致，减少交叉扯皮，避免管理真空，提高效能。完善岗位设置，充实人员，提高队伍素质。三是决策、执行、监督职能分开。社会管理和公共服务方面的执行职能，原则上应从决策部门分离出来，由专门的执行机构承担。四是建立绩效评估制度，推行行政问责制。建立科学合理的绩效评估指标体系，把可持续发展状况、公共服务水平、人民群众的生活质量、社会和谐稳定以及政府自身建设等，作为政府绩效考核的主要内容。建立客观、公正、透明的绩效评估机制，特别要引入第三方评估，评估内容和标准公开、评估过程和结果公开，接受群众的民主监督。重点加强对行政首长的行政问责，实行更加严格的行政责任追究。

（五）创新公共服务方式。围绕提高公共产品供给效率，在强化政府作为公共服务提供主体地位的同时，逐步实现政府从公共服务的主办者向主导者的转变，凡是市场和社会能够承担的服务，政府要逐步退出。对于属于公益性范围的基本公共服务项目：一种是政府不具体承办，采取出资向市场主体和社会组织购买的方式提供，"花钱买服务"，"养事不养人"。同时，鼓励和引导社会力量以多种方式参与，推进基本公共服务主体多元化。一种是必须由政府直接举办的，也要引入市场竞争机制，强化成本核算和绩效管理，提高服务效率和服务质量。同时，全面推行办事公开和财务公开制度，广泛实行社会听证，确保公共服务机构不以赢利为目的，确保提供的公共产品更加符合群众的需要。对于经营性公共服务项目，要加快社会化、市场化改革步伐，放开市场准入门槛，坚决消除垄断，让各类公共服务提供者平等参与市场竞争。当前，要大力推进事业单位分类改革。对那些承担行政执法职能和部分公益性服务的事业单位，要重新纳入政府行政序列，由财政供养，不应再出现靠行政性收费来维持运转的事业单位；对那些经营性的事业单位要推向市场，实行管办分离，政府从直接拥有和管理事业单位，转变为制定规划、规则和监督评估。

（六）发挥社会组织在社会管理和公共服务中的作用。一些国家的经验证明，社会组织以其非营利性、民间性、公益性和自愿性为特征，在社会管理和公共服务中发挥了独特的作用。我国历史上是一个缺乏公民社会传统的国家，目前虽然有一些社会组织，但大都依附于行政系统运作和生存。一要大力发展中介组织、志愿团体、慈善机构等社会组织，发挥其利益表达、行业自律、中介服务、社会救助、社会监督、民事调解等方面的作用，把政府的一些社会管理和公共服务职能交给社会组织，并通过社会组织协助政府建立新的民主管理机制。二要改革社会组织的归属体制，社会组织要与行业管理部门脱离行政隶属关系。改善对社会组织的监管，克服行政化倾向，引导社会组织健康有序发展。三要为社会组织的发展提供良好的政策环境，通过政府购买服务、税收减免等政策措施，支持社会组织发展，帮助社会组织提高管理和服务能力。

着力促进科学发展和社会和谐 [①]

（2007 年 4 月 4 日）

　　十届全国人大五次会议审议通过了温家宝同志所作的《政府工作报告》（以下简称《报告》）。《报告》是做好今年政府工作的行动纲领，我们要深入学习领会、认真贯彻落实。这里，就《报告》的基本精神谈几点认识和体会。

一

　　坚持以科学发展观统领经济社会发展全局，促进经济又好又快发展，是《报告》提出的基本任务。把过去"又快又好"的要求改为"又好又快"，这不是简单的文字顺序调换，而是有着深刻含义的。这一改变，是在总结历史经验的基础上，从我国发展新阶段的实际出发作出的，是对经济发展指导思想的重要调整。又好又快，既要求保持经济平稳较快增长，更要求把好放在首位，坚持好中求快。

　　对我国来讲，解决所有问题归根到底要靠发展，必须努力

---

① 本文载于《人民日报》2007 年 4 月 4 日。

使经济保持较快发展速度。但这个速度应当是在结构优化、效益提高、节约资源、保护环境基础上的速度，是经济增长质量和竞争力不断提升、能够稳定持续发展的速度，是重大关系比较协调、人民得到实惠比较多的速度。促进经济又好又快发展，从根本上说，就是要加快推进经济增长方式转变和经济结构调整，更加注重提高发展的质量和效益，更加注重增强发展的全面性和协调性，更加注重实现发展的稳定性和可持续性。这是贯彻科学发展观的基本要求，是解决经济发展中突出问题的迫切需要，也是实现全面建设小康社会乃至整个现代化目标的重要保障。

促进经济又好又快发展，必须坚持加强和改善宏观调控。宏观调控与市场机制都是社会主义市场经济体制的有机组成部分。成熟的市场经济，不仅在于市场作用发挥得好，而且在于宏观调控作用也发挥得好。只有把市场机制和宏观调控有机结合起来，才能使经济充满活力、富有效率、健康运行。今年加强和改善宏观调控，需要着力把握好三个方面：一是保持宏观经济政策的稳定性和连续性，继续实行稳健的财政政策和货币政策。适当减少财政赤字和长期建设国债规模，政府预算支出和政府投资要优化结构、突出重点。运用多种货币政策工具，调整和优化信贷结构，合理调控货币信贷总量，并采取综合性措施，有效缓解银行资金流动性过剩的问题，逐步改善国际收支不平衡的状况。二是调整投资和消费的关系。投资和消费关系失衡是经济发展中的一个突出问题，如果任其发展下去，势必会影响经济持续稳定发展。必须坚持扩大内需的方针，重点扩大消费需求。当前，经济运行中投资反弹压力依然很大，投资盲目扩张、投资结构不合理、投资效益不高的现象仍然比较普遍。因此，必须坚持搞好对投资活动的宏观调控，保持固定资产投资适度增长，着力优化投资结构，提高投资效益。坚持有保有压，在控制一般性建设的同时，加强关系经济社会发展全局和长远发展的重大项目建设。积极引导社会资金更多地投向农业农村、社会事业、自主创新、资源节约、环境保护和中西部地区。三是加强房地产市场调控和监管，促进房地产业健康发展，逐步解决好人民群众的住房问题。

促进城乡、区域协调发展，增强经济发展的协调性，是促进经济又好又快发展的重要方面。《报告》坚持统筹城乡发展，把"三农"工作放在突出位置。做好今年的"三农"工作，要以加快发展现代农业为重点，扎实推进社会主义新农村建设。关键是抓好五项任务：稳定发展粮食生产；提高农业综合生产能力；加强农村基础设施建设；多渠道增加农民收入；着力推进农村实用人才队伍建设和农村人力资源开发。为此，必须落实四项措施：巩固、完善和加强支农惠农政策；加大对农业农村的投入力度；加快农业科技进步；全面推进农村综合改革。需要强调的是，推进新农村建设必须把重点放在发展农村经济、增加农民收入上。要尊重农民意愿、维护农民权益，反对形式主义和强迫命令，保证新农村建设沿着正确方向前进。要按照统筹兼顾、合理规划、发挥优势、落实政策的原则，继续推进西部大开发，积极推进东北地区等老工业基地振兴，促进中部地区崛起，鼓励东部地区率先发展，进一步推动区域协调发展。

大力抓好节能降耗、污染减排和节约集约用地，是促进经济又好又快发展的迫切需要。消耗高、污染重、占地多的粗放型发展模式，不仅使经济增长付出的资源、环境代价过大，而且是不可持续的，必须坚决加以改变。要按照科学发展观的要求，走符合我国国情的新型工业化、新型城镇化路子，坚持节约发展、清洁发展、安全发展，实现可持续发展。为此，《报告》强调，"十一五"规划确定的节能减排两项约束性指标，是一件十分严肃的事情，不能改变，必须坚定不移地去实现。今年要把节能降耗、保护环境和节约集约用地作为转变经济增长方式的突破口和重要抓手。同时，一定要守住全国耕地不少于18亿亩这条红线，坚决实行最严格的土地管理制度。必须把这些要求真正落到实处。

加快推进产业结构升级和自主创新，是促进经济又好又快发展的重要环节。优化产业结构，重点是大力发展服务业，提升工业层次和水平。提高服务业的比重和水平，有利于改变经济增长过度依靠工业拉动的格局，既可以大量增加就业岗位、扩大消费需求，又可以减少能源消耗和污染排放、提高经济效率和效益。要加快发展高新技术产业，振兴装备制造业，广泛应用先进技术改造提升传统产业，加快产能过剩行业调整，促进工业由大变强。要围绕建设创新型国家，认真落实国家中长期科学和技术发展纲要提出的目标任务与政策措施，不断提高自主创新能力。

二

积极推进社会主义和谐社会建设，是《报告》提出的一个重点任务。社会和谐是中国特色社会主义的本质属性，是国家富强、民族振兴、人民幸福的重要保证。《报告》按照构建社会主义和谐社会的总要求，以解决人民群众最关心、最直接、最现实的利益问题为重点，在着力发展社会事业、解决民生问题、促进社会公平正义、加强民主法制建设等方面，提出了一系列更加有力的措施。

在发展社会事业方面，突出加强教育和卫生事业。教育是国家发展以至实现现代化的基石。促进教育发展和教育公平，是《报告》的一个亮点。《报告》强调，要坚持把教育放在优先发展的战略地位，加快各级各类教育发展。总体布局是，普及和巩固义务教育，加快发展职业教育，着力提高高等教育质量。促进教育发展和教育公平，需要突出抓好增加投入、加强制度建设这两个环节。今年要在全国农村全部免除义务教育阶段的学杂费，继续对农村贫困家庭学生免费提供教科书并补助寄宿生生活费，同时完善农村义务教育经费保障机制，不断提高保障水平。在农村实行真正的免费义务教育，是我国教育发展史上具有里程碑意义的大事。同时，把发展职业教育放在更突出的位置，使职业教育真正成为面向全社会的教育。为了促进教育发展和教育公平，今年将采取两项重大措施：一是在普通本科高校、高等职业学校和中等职业学校建立健全国家奖学金、助学金制度，较大幅度增加财政支出，进一步落实国家助学贷款政策，使困难家庭的学生能够上得起大学、接受职业教育。二是在教育部直属师范大学实行师范生免费教育，并建立相应的制度。着眼于建设覆盖城乡居民的基本卫生保健制度，加快卫生事业改革发展，是《报告》的又一个亮点。《报告》强调，积极推行新型农村合作医疗制度，扩大试点范围，并推进农村卫生服务体系建设，努力让广大农民享有安全、有效、方便、价廉的医疗卫生服务。加快建设以社区为基础的新型城市卫生服务体系，优化城市医疗卫生资源配置，重点发展社区卫生服务，方便群众防病治病。启动以大病统筹为主的城镇居民基本医疗保险试点，政府对困难群众给予必要的资助。做好重大传染病防治工作。国务院今年还将研究制定深化医药卫生体制改革方案。抓好这些方面的工作，将会逐步缓解广大群众看病就医难的问题。

在改善民生方面，着力加强就业和社会保障工作。就业是民生之本。针对当前就业方面存在的矛盾，要继续实施积极的就业政策，重点做好下岗失业和关闭破产企业人员再就业工作，积极帮助"零就业家庭"和就业困难人员就业，加强高校毕业生就业指导和服务，推进退役军人安置改革。发展和谐劳动关系，全面推行劳动合同制度，保障劳动者合法权益，是解决就业问题、促进社会和谐的重要措施，必须认真贯彻落实。加快完善社会保障体系，保障群众基本生活，是促进和谐社会建设的重要举措，也是实现国家长治久安的根本之策。随着经济持续发展和国家财力的增长，要不断加大财政投入，并多渠道筹集社会保障基金，加快完善社会保障制度。《报告》提出，今年要在全国范围建立农村最低生活保障制度，这对于促进社会公平、构建和谐社会具有重大而深远的意义。让城乡广大人民群众都能享受到改革发展的成果，既是我们党和政府践行为人民服务宗旨的要求，也是促进和谐社会建设的关键。

发展民主，健全法制，是社会主义制度的内在要求。《报告》对加强民主法制建设、完善社会管理作出了明确部署。

三

坚持推进改革开放，也是《报告》提出的一个重点任务。落实科学发展观，实现经济又好又快发展，构建社会主义和谐社会，都必须继续推进改革开放。要坚持社会主义市场经济的改革方向，适应经济社会发展要求，不断推进体制改革和创新，全面提高对外开放水平。

推进经济体制改革。一是深化国有企业改革。按照有进有退、合理流动的原则，继续推动国有资本更多地向关系国家安全和国民经济命脉的重要行业和关键领域集中。继续推进国有大型企业股份制改革。今年深化国有企业改革和国有资产管理体制改革的一项重要任务，是进行国有资本经营预算编制试点。建立国有资本经营预算制度，规范国家与企业的分配关系，有利于国家履行出资人职责，保障所有者权益；有利于完善国有及国有控股企业收入分配制度，抑制部分企业经营者收入过度增长；有利于增强政府宏观调控能力，防止企业进行低水平重复建设。同时，还要抓紧解决国有企业历史遗留问题，加快推进垄断行业改革。二是继续鼓励、支持和引导个体私营等非公有制经济发展。非公有制经济的迅速发展，对扩大就业、增加财政收入、增强经济活力与效率具有重要作用。三是推进财税体制改革。今年财税改革的一项重点任务，是做好统一内外资企业所得税工作。改革开放以来，我国对外资企业实行了不同于国内企业的税收优惠政策，这对于吸引外资、促进开放发挥了重要作用。现在统一内外资企业所得税，有利于完善我国社会主义市场经济体制，有利于为企业创造公平竞争的税收环境，有利于促进经济增长方式转变和产业结构升级，有利于促进区域经济协调发展，有利于提高我国利用外资的质量和水平。同时，要加快公共财政体系建设，完善财政转移支付制度，改革预算管理制度，制定全面实施增值税转型方案和措施，建立规范的政府非税收入体系。四是加快金融体制改革。继续深化国有银行改革，加快农村金融改革，大力发展资本市场，推进金融对外开放，切实加强和改进金融监管。这将有力地推动现代金融体系和制度建设，促进我国金融业持续健康安全发展，充分发挥金融在全面建设小康社会、加快现代化建设中的重要作用。

提高对外开放水平。随着加入世贸组织过渡期结束，我国对外开放进入新阶段。面对新的机遇和挑战，必须坚持实行互利共赢的开放战略，不断提高对外开放水平。要继续发展对外贸易。我国人口多、就业压力大的问题将长期存在。通过发展对外贸易促进经济发展、增加就业，是我们必须长期坚持的方针。要努力解决外贸顺差过大的矛盾，关键是加快转变外贸增长方式，优化进出口结构。要进一步做好利用外资工作，注重提高引进外资质量和优化结构，更多地引进先进技术、管理经验和高素质人才。要不断优化投资环境，规范招商引资行为。引导和规范企业对外投资合作，支持有实力、有信誉、有竞争力的各种所有制企业走出去，按照国际通行规则对外投资和跨国经营。

加强政府自身改革和建设。当前和今后一个时期，要以转变政府职能为核心，规范行政权力，全面提高行政效能，增强政府执行力和公信力。今年要集中力量抓好三项工作：一是完善宏观调控体制，二是加强社会管理和公共服务，三是依法规范行政行为。今年政府自身改革和建设的一项重要任务是大力加强政风建设，重点是解决一些行政机关存在的严重铺张浪费问题。必须采取切实措施，把深化政府自身改革、加强政风建设的要求落到实处、见到实效，以真正取信于民。

魏礼群社会文集

（中册）

中国言实出版社

作者近照

作者简介

魏礼群，江苏省睢宁县人，1944 年 12 月生。历任国家计委政策研究室主任、体制改革和法规司司长，国家计委党组成员兼秘书长，中央财经领导小组办公室副主任，国务院研究室主任、党组书记，国家行政学院党委书记，第十一届全国政协委员、文史和学习委员会副主任。中国共产党第十六届、十七届中央委员会委员。兼任中央马克思主义理论研究和建设工程咨询委员会委员、全国哲学社会科学规划领导小组应用经济组组长，国际行政院校联合会副主席，中国行政体制改革研究会会长，中国西部人才开发基金会理事长，中国国际经济交流中心常务副理事长、首席专家、学术委员会主任，中国人民大学、北京师范大学教授、博士生导师。2011 年应聘担任北京师范大学中国社会管理研究院院长、2015 年同时兼任社会学院院长。

负责或参加过党中央、国务院大量重要文件和党中央、国务院领导人重要讲话的起草工作，主持过 80 多项推进中国改革开放和现代化建设重大课题研究，取得了一大批对国家决策有重要价值的学术、科研、决策咨询成果。出版了《中国经济发展与改革》等个人专著 20 多部，主编著作 130 多部。

2009 年入选"影响新中国 60 年经济建设的 100 位经济学家"，2013 年被评为"20 世纪中国知名科学家"，先后入选"2014 中国智库建设十大代表人物""2016 年度十大智库人物"，2018 年入选"致敬改革开放四十年·中国智库建设 40 人"。

目　录 | CONTENTS

（中册）

1

加快推进以改善民生为重点的社会建设 ①

（2007 年 11 月 16 日）

　　胡锦涛同志在党的十七大报告中提出，要加快推进以改善民生为重点的社会建设，并对此作了明确部署：必须在经济发展的基础上，更加注重社会建设，着力保障和改善民生，推进社会体制改革，扩大公共服务，完善社会管理，促进社会公平正义。这是我们党着眼于发展中国特色社会主义事业，推动科学发展，促进社会和谐，实现全面建设小康社会奋斗目标作出的重大决策和部署。

一、深刻认识加快推进以改善民生为重点的社会建设的重大意义

　　将社会主义经济建设、政治建设、文化建设三位一体，发展为社会主义经济建设、政治建设、文化建设、社会建设四位一体的总体布局，并强调以改善民生为重点加快推进社会建设，这是我们党对中国特色社会主义事业的新认识、新概括，在理

---

① 本文刊载于《求是》2007 年第 22 期。

论上和实践上都具有重大意义。

体现了中国特色社会主义本质的要求。"社会主义的本质，是解放生产力，发展生产力，消灭剥削，消除两极分化，最终达到共同富裕。"①邓小平关于社会主义本质这一科学和精辟的论述，体现了生产力和生产关系的统一，既要求大大发展生产力，为提高人民生活水平提供物质基础，又要求不断完善生产关系和分配关系，使全体人民走共同富裕的道路。我们党关于社会主义现代化建设三步走的战略部署，每一步都把经济发展的目标同改善人民生活和促进社会进步的目标有机地结合起来，作出统一部署。着力解决关系人民群众切身利益的生活、生产和生命安全问题，保障人民群众的经济、政治、文化和社会权益，努力实现人的全面发展，是我们党和国家一切工作的出发点和落脚点。强调以改善民生为重点加快推进社会建设，这是我们党牢牢把握中国特色社会主义本质特征的集中体现，也是发展中国特色社会主义的重要部署，反映了全体人民的共同愿望。

体现了深入贯彻落实科学发展观的要求。科学发展观第一要义是发展，核心是以人为本，基本要求是全面协调可持续，根本方法是统筹兼顾。发展是我们党执政兴国的第一要务，只有抓住机遇实现又好又快发展，才能不断增强综合国力，推动社会全面进步，提高人民生活水平。离开发展，一切无从谈起。发展必须坚持以人为本，尊重人民主体地位，发挥人民首创精神，做到发展为了人民、发展依靠人民、发展成果由人民共享。科学发展观要求发展必须坚持全面协调可持续，全面推进经济建设、政治建设、文化建设、社会建设，统筹城乡、区域、经

---

① 《邓小平文选（第三卷）》，人民出版社，1993年，第373页。

济社会发展，统筹人与自然和谐发展，统筹国内发展和对外开放，兼顾和协调好改革发展进程中的各种利益关系，促进现代化建设各个环节、各个方面相协调。其中一个重要方面，就是要在经济发展的基础上，注重保障和改善民生，加强社会建设，推动经济和社会协调发展。

体现了构建社会主义和谐社会的要求。加快推进以改善民生为重点的社会建设，抓住了维护和实现社会公平正义的关键，抓住了解决经济社会发展不平衡和影响社会和谐安定问题的关键。构建社会主义和谐社会是贯穿中国特色社会主义事业全过程的长期历史任务，是在发展的基础上正确处理各种社会矛盾的历史过程，同时又是十分重要而紧迫的工作。其基本要求，就是要以解决人民群众最关心、最直接、最现实的利益问题为重点，着力发展社会事业、促进社会公平正义；就是要扩大公共服务，逐步实现基本公共服务均等化；就是要理顺分配关系，增加城乡居民收入，处理好公平和效率的关系；就是要完善社会管理，增强社会创造活力，维护社会安定团结。这样，才能形成全体人民各尽所能、各得其所而又和谐相处的局面，人们的积极性、主动性、创造性才能充分发挥出来，万众一心地把中国特色社会主义事业推向前进。

体现了全面建设小康社会的要求。十六大以来，我国全面建设小康社会的伟大事业取得了重要进展，但也面临不少问题，突出的是：城乡、区域、经济社会发展仍然不平衡；农业稳定发展和农民持续增收难度加大；劳动就业、社会保障、收入分配、教育卫生、居民住房、安全生产、司法和社会治安等方面关系群众切身利益的问题仍然较多，部分低收入群众生活比较困难。这些问题如果解决不好，就会严重影响社会和谐稳定和全面建设小康社会的大局。同时，人民群众在新的发展阶段，期待过上更加美好的生活，对教育、卫生、社会保障、公共服务、生活环境以及个人全面发展等方面提出了更高的要求，全社会的公共需求快速增长，也更加需要加快社会事业发展。要完成这样的历史任务，就必须坚持经济建设、政治建设、文化建设和社会建设协调发展，缺少其中任何一个方面，都很难实现建成全面的更高水平小康社会的目标。

二、加快推进以改善民生为重点的社会建设的主要任务

以改善民生为重点的社会建设，内容丰富，涵盖的面很广。其基本要求是：积极解决好教育、就业、收入分配、社会保障、医疗卫生和社会管理等直接关系人民群众根本利益和现实利益的问题，努力使全体人民学有所教、劳有所得、病有所医、老有所养、住有所居，推动和谐社会建设。

（一）优先发展教育，建设人力资源强国。坚持把教育放在优先发展的战略位置，努力办好人民满意的教育。第一，全面贯彻党的教育方针，培养德智体美全面发展的社会主义建设者和接班人。发展教育的根本任务是培养人，提高全体国民素质，包括思想道德素质、科学文化素质、身体素质、心理素质和劳动技能素质。特别要切实加强德育工作，把思想道德素质放在首要位置，促进学生养成良好的思想品德和行为习惯，做一个全面发展的人。第二，优化教育结构。要坚持按照教育发展规律和经济社会发展的需要，优化教育资源配置，促进义务教育均衡发展，加快普及高中阶段教育，大力发展职业教育，提高

高等教育质量，重视发展学前教育，关心特殊教育，形成各级各类教育全面协调可持续发展的良好格局。第三，推进教育改革创新。关键是要更新教育观念，改进人才培养模式，深化教学内容和方式、考试招生制度、质量评价制度等改革，减轻中小学生课业负担，特别要推进教育教学与生产劳动和社会实践的紧密结合，使学生得到主动的、生动活泼的发展，注重培养学生的独立思考能力、创造能力和就业能力、创业能力。第四，坚持教育公益性质。教育是关系社会公共利益，对全体国民、对国家和民族现在和未来具有重大影响的公共事业，政府负有义不容辞的重要责任，必须加大财政对教育投入，规范教育收费，健全公共财政投入和保障机制，为全体国民提供接受良好教育的机会和条件。要扶持贫困地区、民族地区教育，健全学生资助制度，保障经济困难家庭子女、进城务工人员子女平等接受义务教育。鼓励和规范社会力量兴办教育。推动我国教育改革和发展，还必须全面提高教师队伍特别是农村教师素质，把广大教师的积极性、创造性更好地发挥出来。

（二）实施扩大就业的发展战略，促进以创业带动就业。就业形势严峻是我国今后较长时期面临的一个重大课题。因此，必须把扩大就业放在经济社会发展的突出位置。第一，千方百计扩大就业。坚持发展经济与促进就业互动，以发展促进就业。扩大就业规模，改善就业结构。这就需要大力发展劳动密集型产业、服务业和各类中小企业，发展有利于扩大就业的新行业、新产业，鼓励、支持、引导非公有制经济发展，推进小城镇建设和加快县域经济发展，尽可能多地增加就业岗位。第二，以创业带动就业。这是解决就业问题的一个重大方针。创业不仅是创业者自己实现就业，还可以通过发展多元化创业主体和多种创业形式，带动更多的人就业。要完善支持自主创业、自谋职业的政策，运用财税、金融政策，增加融资渠道，放宽市场准入限制，加强技能培训和信息服务，积极培育创业主体，使更多劳动者成为创业者，推动创业型社会建设，扩大就业容量。第三，推进就业体制改革创新。要培育和完善统一开放、竞争有序的人力资源市场，形成城乡劳动者平等就业的制度，健全覆盖城乡的就业服务体系。要完善面向所有困难群众的就业援助制度，及时帮助零就业家庭解决就业困难。积极做好高校毕业生就业工作，鼓励和引导大学生面向农村、面向基层就业。第四，规范和协调劳动关系。要依法规范企业行为，认真实施工时、休息休假、最低工资、女职工和未成年工劳动保护等方面的标准，继续完善和落实对农民工的政策。国家为解决农民工问题已制定了平等就业、工资支付、劳动保护、社会保障、子女上学等政策，都应认真加以落实。要加强劳动执法监督，特别要解决好非法用工、超时加班、劳动条件差等问题。

（三）深化收入分配制度改革，增加城乡居民收入。第一，坚持和完善按劳分配为主体、多种分配方式并存的分配制度，进一步健全劳动、资本、技术、管理等生产要素按贡献参与分配的制度。这是与社会主义初级阶段基本经济制度相适应的分配制度，目的在于让一切劳动、知识、技术、管理和资本的活力竞相迸发，让一切创造财富的源泉充分涌流，以造福人民。在这里，合理兼顾效率和公平，是一个重要的理论和实际问题。一个时期以来，人们往往关注初次分配解决效率问题，再分配解决公平问题，实际上目前许多分配不公问题产生于初次分配领域。十七大报告强调初次分配和再分配都要处理好效率和公平的关系，再分配要更加注重公平，这是对我国收入分配制度内涵的丰富和完善，具有很强的现实针对性。这既有利于提高经济效率，不断增加社会财富，又有利于促进社会公平正义，充分发挥各方面的积极性。第二，逐步提高城乡居民收入在国民收入分配中的比重，提高劳动报酬在初次分配中的比重。提高这"两个比重"，是对国民收入分配格局的重要调整。一个时期以来，在我国国民收入分配中，政府和企业所占比重持续提高，而居民收入所占比重明显偏低，劳动报酬在初次分配中的比重偏低。这是多年来固定资产投资增长过快、投资率持续偏高，消费增长缓慢、消费率偏低的重要原因。提高这"两个比重"，有利于理顺国家、企业和个人三者的分配关系，有利于增加广大劳动者收入，维护劳动者权益，也有利于合理调整投资与消费关系，促进经济社会协调健康发展。第三，加大个人收入分配调节力度，合理调整收入分配格局。总的原则是，"提低、扩中、调高、打非"。"提低"，就是着力提高低收入者收入水平。要强化支农惠农政策，促进农民持续增收，建立企业职工工资正常增长和支付机制，逐步提高扶贫标准、最低工资标准和最低生活保障标准，使城乡居民特别是低收入者收入随着经济发展逐步较多地增加。"扩中"，就是努力扩大中等收入者比重。创造条件让更多群众拥有财产性收入，进入中等收入者行列。"调高"，就是切实对过高收入进行有效调节。要正确运用税收手段，使过高收入者的一部分收入通过税收等形式由国家集中用于再分配。"打非"，就是坚决取缔非法收入。要严格执法，对偷税漏税、侵吞公有财产、权钱交易等各种非法收入依法取缔和惩处。还要规范垄断行业的收入，引入竞争机制，消除垄断性利润；同时规范垄断性企业资本收益的收缴和使用办法，合理分配利润。总之，要通过改革和发展，扩大转移支付，强化税收调节，创造机会公平，整顿分配秩序，逐步扭转收入分配差距扩大的趋势，防止两极分化，使全体社会成员逐步共同致富。

（四）加快建立覆盖城乡居民的社会保障体系，保障人民基本生活。健全的社会保障体系，历来被称为人民生活的"安全网"、社会运行的"稳定器"和收入分配的"调节器"，是国家的一项重要社会制度，是维护社会稳定和国家长治久安的重要保障。在新的形势下，加快完善社会保障体系，应着重抓好以下几个方面：一要完善基本养老保险制度。要促进城镇职工基本养老保险制度规范化，完善社会统筹与个人账户相结合的企业职工基本养老保险制度，推进机关、事业单位基本养老保险制度改革，探索建立农村养老保险制度。二要完善基本医疗保险制度。要全面推进城镇职工基本医疗保险、城镇居民基本医疗保险和新型农村合作医疗制度建设，使基本医疗保险制度覆盖城乡全体居民。三要完善最低生活保障制度。在城市要继续健全最低生活保障制度，做到应保尽保。在农村要将符合条件的贫困人口全部纳入最低生活保障范围，切实解决他们的基本生活问题。此外，社会救助与慈善事业具有不可替代的促进社会和谐的特殊功能，应当支持加快发展。完善社会保障体系，还要积极发挥商业保险的补充作用。同时，要采取多种方式充实社会保障基金，搞好基金投资运营，实现保值增值；要加强基金监管，杜绝非法侵占、挪用，确保社保基金安全。要逐步提高社会保险统筹层次，制定全国统一的社会保险关系转续办法，这有利于发挥社会保障制度的功能，也有利于促进劳动人口在全国范围的流动就业。住房是重要的民生问题，也是当前人民群众十分关注的问题，应当把解决住房问题摆在重要位置，加快建立适应全体居民需要的多层次住房保障体系，特别要健全廉租房制度，加大廉租住房建设力度。

（五）建立基本医疗卫生制度，提高全民健康水平。多年来，我国医疗卫生事业取得了显著成就，但与人民群众对医疗卫生的需求仍然差距较大。要加快建立基本医疗卫生制度，实现人人享有基本医疗服务的目标。总的原则和要求是：坚持公共医疗卫生的公益性质，坚持预防为主、以农村为重点、中西医并重，实行政事分开、管办分开、医药分开、营利性和非营利性分开，强化政府责任和投入，完善国民健康政策，鼓励社会参与，建设覆盖城乡居民的公共卫生体系、医疗服务体系、医疗保障体系、药品供应保障体系，为群众提供安全、有效、方便、价廉的医疗卫生服务。这是我国基本医疗卫生制度建设的基本框架和主要目标，要围绕这个框架和目标，加快推进医疗卫生事业改革和发展。

（六）完善社会管理，维护社会安定团结。一要推进社会管理体制改革创新。要健全党委领导、政府负责、社会协同、公众参与的社会管理格局，健全基层社会管理体制。坚持以人为本，创新社会管理理念和管理方式，在服务中实施管理，在管理中实现服务，最大限度地激发社会创造活力，最大限度地增加和谐因素，最大限度地减少不和谐因素。二要妥善处理人民内部矛盾。要完善信访制度，健全党和政府主导的维护群众权益机制，统筹协调各方面利益关系，有效预防和化解各类社会矛盾。三要重视社会组织建设和管理。社会组织具有提供服务、反映诉求、规范行为的积极作用，把它们的作用利用好、保护好、发挥好，有利于降低政府社会管理成本，有利于增强公民的社会认同感。要支持各类社会组织承担社会事务，参与社会管理和服务。四要强化安全生产管理和监督。要坚持安全第一、预防为主、综合治理的方针，完善安全生产体制机制，健全安全生产责任制度，维护安全生产秩序，坚决遏制重特大安全事故，维护人民生命财产安全。要完善突发事件应急管理机制，提高保障公共安全和处置突发事件的能力；全面加强综合减灾能力建设，提高防范和应对自然灾害能力。五要完善社会治安防控体系。要加强社会治安综合治理，深入开展平安创建活动，改革和加强社区和农村警务工作，依法防范和打击违法犯罪活动。完善国家安全战略，高度警惕和坚决防范各种分裂、渗透、颠覆活动，切实维护国家安全。

三、需要正确认识和处理的几个重要关系

加快推进以改善民生为重点的社会建设，是发展中国特色社会主义的重大任务，关系社会主义现代化建设的全局和长远发展。因此，在指导思想和实际工作中必须正确认识和处理好以下四个重要关系。

一是正确认识和处理经济建设与社会建设的关系。历史唯物主义和社会主义发展规律告诉我们，经济建设是社会建设的基础与重要保证；社会建设是经济建设的重要目的，为经济建设提供强大动力和支撑。我们必须毫不动摇地坚持以经济建设为中心，不断增强国家经济实力，从而为改善民生、加快社会建设奠定物质基础；否则，改善民生和社会建设就会成为无源之水、无本之木。同时，我们必须高度重视和加强社会建设，使社会建设和经济建设相协调。如果社会建设滞后，各方面的矛盾得不到解决，必然会对经济建设形成制约与阻碍；而且经

济建设如果不以改善民生为出发点和归宿，也就会失去动力和支撑。鉴于当前我国社会发展滞后于经济发展的问题比较突出，不少涉及人民群众切身利益的问题亟待解决，必须在经济发展的基础上，更加注重加快社会建设，更加注重改善民生。总之，要坚持合理统筹经济建设和社会建设，使二者相互促进、协调发展。

二是正确认识和处理尽力而为和量力而行的关系。我们是一个发展中的大国，人口多、底子薄，正处于并将长期处于社会主义初级阶段，目前经济发展总体水平不高而且发展很不平衡。因此，解决民生问题和发展社会事业需要长期不懈的努力。我们既要积极进取，尽最大努力加快社会建设，抓紧解决群众关心的突出问题，又要从实际出发，充分考虑各方面的条件和承受能力。要立足当前，着眼长远，随着经济发展逐步解决问题，稳步提高社会事业发展和社会保障水平，而不能要求过高过急，那样既不利于解决问题、维护人民群众的根本利益，也会影响经济社会协调发展、损害人民群众的长远利益。要坚持从办得到的事情做起，一步一个脚印地做好工作。必须清醒地认识到，实现全面建设小康社会的目标还需要继续奋斗十几年，基本实现现代化的目标还需要继续奋斗几十年，巩固和发展社会主义制度则需要几代人、十几代人甚至几十代人坚持不懈地努力奋斗。在今后相当长的时间里，必须始终提倡和实行艰苦创业，发扬勤俭节约、勤俭办一切事业的精神，坚决反对各种奢侈浪费现象。

三是正确认识和处理政府主导和社会参与的关系。改善民生，加快社会建设，必须正确发挥政府和社会的积极性。教育、医疗卫生、社会保障等社会事业，具有明显的公益性质，直接关系社会公众利益和福祉，直接关系社会公平正义。推进这些事业，要从指导思想、制度建设和资金投入等方面，坚持体现公益性原则，切实强化政府职责，充分发挥政府主导作用，特别要不断增强政府公共产品和公共服务的供给能力，减轻群众在教育、医疗、养老、住房等方面的支出负担。调节收入分配、扩大社会就业、加强社会管理也是政府的重要职责，政府理应更多地承担起责任。同时必须认识到，在发展社会主义市场经济的条件下，公益性事业发展形式不是单一的，运行机制也是不一样的，政府不应当也不可能包办一切。广大人民群众的多样性、多层次和不断变化的社会需求不可能完全由政府直接提供。要充分发挥各类市场主体和社会组织的作用，对能够实行市场运作的公共服务，应该发挥市场机制的作用。现在的问题，一方面是对有些社会事业的发展，政府还没有履行好该由政府承担的责任；而有些社会事业的发展该由市场和社会组织解决的，政府却包揽过多。必须按照政事分开、营业性与非经营性分开的原则，加快事业单位分类改革，积极引导和支持各类市场主体和社会组织参与社会管理和公共服务，建立公共服务供给的社会参与机制。要把那些适合或可以通过市场、社会提供的公共服务，以适当的方式交给社会组织、中介机构、社区等基层组织承担，引进竞争激励机制，以扩大公共服务的供给，并降低服务成本，提高服务效率和质量。

四是正确认识和处理增加投入和深化改革的关系。加快发展社会事业，一要靠增加投入，二要靠深化改革。不增加投入，社会事业就不能加快发展；而不深化改革，增加的投入也难以有效发挥作用。所以，必须把增加投入和深化改革这二者很好地结合起来。随着国民经济持续快速发展，国家实力不断增强，财政收入明显增加，我国现在有条件较大幅度地增加用于改善民生和社会事业建设的投入。要进一步调整国民收入分配结构和财政支出结构，切实增加对社会建设的投入，为加快社会事业发展提供更多、更有力的支持。同时，要实行有利于加快社会事业发展的财税、金融政策，鼓励和引导社会力量增加对社会发展领域的投入。既要扩大公共服务供给总量，又要大力调整供给结构，特别要注重向农村、向困难地区、向中西部倾斜，努力改变公共服务设施分布不合理的状况。要正确认识和处理社会建设领域中事业和产业的关系。既要加快发展满足人民群众基本公共服务需求的各项社会事业，又要发展那些面向市场需求的各类服务产业，以事业带产业，以产业促事业，逐步形成社会事业和服务产业相互协调、相互促进、蓬勃发展的局面。我国社会事业发展滞后，与社会领域改革滞后直接相关。必须针对管理体制、运行机制存在的弊端，加大社会体制改革力度，推进体制机制制度创新；否则，增加投入的效果就会大打折扣，就难以有效地转化为增加公共服务，也难以实现社会事业的持续健康发展。还要加强社会领域的法制建设，把社会建设和管理纳入法治化、规范化、制度化轨道。只有这样，才能逐步使我国成为社会建设更加发展、各方面制度更加完善、社会更加充满活力而又和谐安定的国家，形成社会和谐人人有责、和谐社会人人共享的生动局面，把中国特色社会主义伟大事业全面推向前进。

科学发展观的重大指导意义 ①

（2008 年 10 月 20 日）

在全党开展深入学习实践科学发展观活动，是党的十七大作出的战略决策。搞好这场学习实践活动，要求对科学发展观在认识上有新的提高，在联系实际解决问题上有新的突破，在学习、宣传、贯彻上有新的进步。下面，我结合个人的学习和学院的实际，就这些方面谈几点认识和体会，同大家一起研究和交流。

一、深刻认识科学发展观的丰富内涵

深入贯彻落实科学发展观，首先要进一步深化认识，全面、完整、准确地理解和把握科学发展观。只有在认识上不断加深理解和把握，才能增强学习实践的自觉性和坚定性。科学发展观是以胡锦涛同志为总书记的党中央，以邓小平理论和"三个代表"重要思想为指导，立足社会主义初级阶段基本国情，深

---

① 本文系 2008 年 10 月 20 日在国家行政学院开展深入学习实践科学发展观活动报告会上报告的一部分。

入分析我国发展的阶段性特征，总结我国发展实践，准确把握世界发展趋势，借鉴国外发展经验，适应新的发展要求提出来的。科学发展观提出5年多来，内容不断展开，思想不断深化，实践不断创新，越来越显示出强大的真理力量，越来越得到全党全国人民的高度认同；国际社会也予以广泛关注，认为这反映了中国发展思路和发展模式的新转变。那么，为什么要提出科学发展观，科学发展观的主要内涵、基本依据和指导意义是什么？弄清楚这些问题，是学习实践科学发展观的前提。

科学发展观有"两个关键词"：一是科学，二是发展观。先要搞清楚什么是"发展观"？"发展观"是关于经济社会发展的世界观和方法论，包括对发展的本质、目的、内涵和要求的总体看法和根本观点，实质是发展什么、为什么发展和怎样发展的理论、道路和模式的总概括。一个国家在一定时期有什么样的发展观，就会有什么样的发展道路、发展模式和发展战略，就会对社会发展实践产生根本性、全面性的重大影响。"科学"，是反映自然、社会、思维等客观规律的知识体系。科学发展观进一步回答了什么是发展、为什么发展、怎样发展；深刻回答了我国社会主义经济建设、政治建设、文化建设、社会建设和党的建设的一系列重大问题，是中国特色社会主义理论体系的重要组成部分和最新成果。党的十七大对科学发展观的主要内涵、精神实质、根本要求，作出了全面的阐述。其主要内涵，概括起来就是四大科学论断：第一要义是发展，核心是以人为本，基本要求是全面协调可持续，根本方法是统筹兼顾。只有全面地而不是片面地、准确地而不是模糊地、系统地而不是零碎地理解和掌握，才能真正学懂弄通，自觉地用科学发展观武装头脑、指导工作。

第一，科学发展观的第一要义是发展。发展是当代中国的主题，科学发展观是用来指导发展的，离开发展这个主题，科学发展观就成了无源之水、无本之木，深入贯彻落实科学发展观也就无的放矢。社会主义的根本任务是发展生产力，中国解决所有问题的关键是要靠发展。发展对于全面建设小康社会、加快推进社会主义现代化，对于开创中国特色社会主义事业新局面，具有决定性意义。科学发展观强调第一要义是发展，就是要牢牢扭住经济建设这个中心，不断解放和发展社会生产力，满足人民日益增长的物质文化需要，为发展中国特色社会主义奠定坚实的物质基础。对我国来说，能不能保持较快的经济发展速度，不仅是重大的经济问题，而且是重大的政治问题，是关系中国特色社会主义前途命运的问题。以经济建设为中心，任何时候任何情况下都绝不能动摇、绝不能放松。同时，科学发展观强调的发展，是科学发展、和谐发展、和平发展，是速度与结构质量效益相统一的发展，是协调、稳定、可持续的发展；特别是要把质量放在首位，实现节约发展、清洁发展、安全发展。

第二，科学发展观的核心是以人为本。这体现了马克思主义历史唯物论的基本原理，体现了我们党全心全意为人民服务的根本宗旨，体现了我们推动经济社会发展的根本目的，体现了社会主义制度的本质特征。马克思说过，未来的新社会，是以每个人的全面而自由的发展为基本原则的社会形式。我们从事的是中国特色社会主义伟大事业，理所当然地必须坚持以人为本，一切为了人民，一切依靠人民。以人为本，就是要坚持从人民的利益出发谋发展、促发展，始终把实现好、维护好、发展好最广大人民的根本利益作为推动发展的根本出发点和落脚点,不断满足人们的多方面需要和促进人的全面发展。进一步说,以人为本,就是在经济发展的基础上,不断提高人民群众物质文化生活水平和健康水平;就是要尊重和保障人权,依法维护公民的经济、政治、文化权益;就是要实现发展成果由人民共享,不断使人民得到更多的实惠,使全体人民朝着共同富裕的方向稳步前进;就是要不断提高人们的思想道德素质、科学文化素质;就是要创造人们平等发展、充分发挥聪明才智的社会环境。

第三,科学发展观的基本要求是全面协调可持续。全面协调可持续,作为科学发展观的基本要求,反映了我们党对社会主义现代化建设规律的深化。全面,就是指发展要有全面性、整体性,就是要按照中国特色社会主义事业总体布局,以经济建设为中心,全面推进社会主义经济建设、政治建设、文化建设、社会建设以及生态文明建设和党的建设,实现经济发展和社会全面进步。协调,就是指各方面发展要有协调性、均衡性,就是要促进社会主义现代化建设的各个领域、各个环节相协调,促进生产关系与生产力、上层建筑与经济基础相协调,实现中国特色社会主义各方面事业有机统一、社会成员团结和睦的和谐发展,实现既通过维护世界和平发展自己、又通过自身发展维护世界和平的和平发展。可持续,就是指发展要有持久性、连续性,不仅当前要发展,而且要保持长远发展,就是要坚持走生产发展、生活富裕、生态良好的文明发展道路,建设资源节约型、环境友好型社会,促进人与自然的和谐,使人民群众在良好生态环境中生产生活,实现经济社会永续发展。全面协调可持续发展,是经济、政治、文化、社会等各方面的发展与人的全面发展的辩证统一、有机协调。这就要求我们正确处理经济与社会发展、城市与农村发展、东中西部发展、人与自然发展、国内发展与对外开放、改革发展稳定等社会主义现代化建设中的一系列重大问题；这就要求我们必须把社会主义物质文明、政治文明、精神文明、生态文明建设和人的全面发展，看成彼此相互联系、相互促进、相互协调、不可分割的统一过程。

第四，科学发展观的根本方法是统筹兼顾。统筹兼顾作为科学发展观的根本方法，深刻反映了马克思主义关于发展的世界观和方法论，是辩证唯物主义思想方法在现代化建设中的具体运用。统筹兼顾，就是要从我国发展的全局和最广大人民的根本利益出发，正确反映和兼顾不同方面群众的利益，调动一切积极因素，调整并处理各种具体的利益关系，促进整个经济社会协调发展。党的十七大报告要求，要统筹城乡发展、统筹区域发展、统筹经济社会发展、统筹人与自然和谐发展、统筹国内发展与对外开放，统筹中央与地方关系，统筹个人利益与集体利益、局部利益与整体利益、当前利益与长远利益，统筹国内国际两个大局。统筹兼顾是实现全面建设小康社会奋斗目标新要求的根本方法。党的十七大提出了全面建设小康社会的奋斗目标，要实现这一宏伟蓝图，就要正确认识和妥善处理社会主义现代化建设中的重大关系，就要正确处理好各种复杂的矛盾和问题，既要总揽全局、统筹规划，又要抓住牵动全局的主要工作、事关群众利益的突出问题，着力推进，重点突破。

以上四个方面集中起来说，科学发展观的基本精神实质，是要实现经济社会又好又快发展。也就是说，科学发展观不但关注发展，更注重发展必须以人为本；不但关注发展的规模和速度，更注重发展质量的提升；不但关注社会财富的创造和涌流，更注重社会财富的合理分配和调节；不但关注经济实力的增长，更注重经济、政治、文化、社会以及生态等方面的协调发展；不但关注开发和利用自然为人类造福，更注重人与自然和谐发展；不但关注群众基本需求的满足，更注重生活质量的提高和人的全面发展。

党的十七大报告提出，深入贯彻落实科学发展观，必须把握四个方面的根本要求：就是要始终坚持"一个中心、两个基本点"的基本路线；积极构建社会主义和谐社会；继续深化改革开放；切实加强和改进党的建设。党的基本路线是党和国家的生命线，是实现科学发展的政治保证，任何时候任何情况下都绝不能动摇、绝不能放松。社会和谐是中国特色社会主义的本质属性，科学发展和社会和谐是内在统一的。改革开放是中国特色社会主义的强大动力，深化改革开放才能构建有利于科学发展的体制机制。发展中国特色社会主义关键在党，加强和改进党的建设才能为科学发展提供可靠的政治和组织保障。这四个根本要求，也是科学发展观的应有之义。对于这些根本要求，我们要深刻理解、准确把握。

二、科学发展观提出的依据

科学发展观的形成不是偶然的，而是应运而生的历史必然。认识是实践的反映，任何理论都不是凭空产生的。科学发展观的提出，有着深厚的现实依据、理论依据和国际依据。

第一，我国现阶段经济社会发展状况和发展要求是科学发展观提出的现实依据。进入新世纪以后，我国改革开放和现代化建设进入一个新的发展阶段。一方面，随着消费结构升级，工业化、信息化、城镇化、国际化进程加快，我们面临一个必须紧紧抓住而且可以大有作为的战略机遇期。另一方面，随着经济快速发展，经济结构、社会结构的变动也在加快，这又是一个各种社会矛盾凸显的时期。我们要抓住机遇，加快发展，但资源环境对经济增长的约束明显增强，靠消耗大量资源、牺牲环境的方式加快发展，已难以为继，迫切要求探索和走出一条新型工业化、城镇化道路；在一部分地区、一部分人先富起来的同时，城乡和区域差距扩大，迫切要求在发展中必须更加注重社会公平，解决好发展不平衡的问题；在经济快速增长的同时，社会建设滞后，特别是在与非典斗争的过程中，经济发展和社会发展"一条腿长、一条腿短"的问题凸显，迫切要求更加注重教育、卫生、文化等各项社会事业的发展。同时，有些地区片面追求经济增长速度带来生态环境破坏，迫切要求必须处理好人口、资源、环境的关系，更加注重人与自然的和谐发展。这里想用几个数据说明问题。2003 年，我国能源利用效率仅为 31.2%，与发达国家相比相差约 10 个百分点，主要工业产品单位能耗比发达国家先进水平高出 30% 以上；工业万元产值用水量为 100 立方米，是国外先进水平的 10 倍。2003 年我国消费钢材 2.6 亿吨、煤炭 15 亿吨、水泥 8.2 亿吨，分别相当于世界总产量的 36%、30% 和 55%；消费原油 2.6 亿吨，超过日本，仅次于美国，居世界第二，消耗棉花占世界棉花产量的 1/3。我国消费了这样巨额的资源，而创造出的国内生产总值只约占世界的 4%。这样的消耗，资源环境的代价太大。据测算，到 2020 年，如果我国主要资源的人均消费量达到美国现在的水平，届时我国年消费能源将达到 175 亿吨标准煤、石油 47 亿吨、钢 6.2 亿吨、铝 3000 万吨。这样，全球能源和石油储量也仅够我国消费 66 年和 30 年。这是不可想象的！显然，传统的发展道路是绝对走不下去的。同时，随着对外开放的不断扩大，我国与世界经济的相互联系也日益紧密，在经济全球化和国际环境复杂多变的情况下，迫切要求我们统筹国内发展与对外开放，内外兼顾，趋利避害。对发展实践中日益凸显的这些矛盾和问题，必须给予科学的回答和正确的解决。科学发展观正是顺应经济社会发展的客观需要提出来的。

第二，马克思主义关于发展的理论是科学发展观提出的思想渊源。科学发展观继承和发展了马克思列宁主义关于发展的重要思想和我们党的三代中央领导集体关于发展的理论精髓。早在新中国成立初期，我们党就开始探索社会主义建设规律问题，毛泽东同志于 1956 年发表了著名的《论十大关系》，提出了一系列重要理论观点，要求实行统筹兼顾、综合平衡、"两条腿走路"等方针和原则，有力地推进经济社会各项事业发展。"文化大革命"结束后，以邓小平同志为核心的中央领导集体作出把党和国家的中心工作转到经济建设上来、实行改革开放的重大决策，并提出走经济建设新路子。以江泽民同志为核心的中央领导集体强调发展是党执政兴国的第一要务，明确要求正确处理现代化建设中的一系列重大关系。以胡锦涛同志为总书记的党中央提出的科学发展观，标志着我们党对共产党执政规律、社会主义建设规律、人类社会发展规律的认识达到了新高度新水平。

第三，科学发展观是全面分析世界发展趋势，对人类社会发展经验的深刻总结和高度概括。据估算，在 20 世纪的 100 年时间里，占世界人口 15% 的发达国家陆续实现了工业化和现代化，但消耗了全球 60% 的能源和 50% 的矿产资源。进入新世纪的 100 年或更长时间，包括中国、印度、巴西等在内的占世界人口 85% 的发展中国家，将陆续实现工业化和现代化。从人类已经走过的历史过程来看，工业化是社会财富积累快、生活水平提高迅速的历史阶段，同时也是能源资源消耗大的历史阶段。特别是第二次世界大战结束后，人类创造了前所未有的经济增长奇迹，但由于不少国家一味追求经济增长，不重视社会发展和社会公平，忽视环境保护和能源、资源节约，以致出现了经济结构失衡，生态环境急剧恶化，能源、资源日趋紧张，收入分配两极分化，失业大量增加，社会政治动荡。一些国家经济增长并没有给广大人民带来更多的实惠，未能实现持续的增长和真正的发展。世界发展实践表明，发展绝不仅仅是经济的增长，而应该是包括经济、政治、文化、社会的全面发展，必须解决人口、资源、环境、气候与工业化加快、经济快速增长的矛盾，必须解决经济社会发展结构失衡的现象。20 世纪 70 年代初，国际社会开始对传统的发展模式进行反思和研究，陆续提出"以人的发展为中心"的理念、"增长极限论"的警示、实现"可持续发展"等。我们党的科学发展观，是在汲取了世界各国发展经验教训、借鉴国外发展理论的有益成果基础上提出来的。

三、科学发展观的重大指导意义

党的十七大明确指出，科学发展观，是对党的三代中央领导集体关于发展的重要思想的继承和发展，是马克思主义关于发展的世界观和方法论的集中体现，是同马克思列宁主义、毛泽东思想、邓小平理论和"三个代表"重要思想既一脉相承又与时俱进的科学理论，是我国经济社会发展的重要指导方针，是发展中国特色社会主义必须坚持和贯彻的重大战略思想。这是我们党对科学发展观的历史地位和指导意义的高度概括。

第一，科学发展观是中国特色社会主义理论体系中宝贵的精神财富。科学发展观是我们党运用马克思主义立场、观点、方法，分析和解决当今中国发展问题的重大理论创新成果，用一系列新思想、新观点、新论断深化了对社会主义建设规律的认识，深刻揭示了我国经济社会发展的客观规律，极大地丰富了马克思主义的发展理论，标志着我们党对发展的意义有了更深刻的理解，对发展的要求有了更清醒的认识，对发展的内涵有了更全面的概括。面对新的发展实践，只有深入贯彻落实科学发展观，更好地掌握和运用社会主义现代化建设的规律，才能推动我国经济社会又好又快地发展，使中国特色社会主义事业进一步显示出强大的生机与活力。

第二，科学发展观是全面建设小康社会的重大指导方针。党的十七大提出了到2020年实现全面建成小康社会奋斗目标的新要求，这就是：增强发展协调性，努力实现经济又好又快发展；扩大社会主义民主，更好保障人民权益和社会公平正义；加强文化建设，明显提高全民族文明素质；加快发展社会事业，全面改善人民生活；建设生态文明，基本形成节约能源和保护生态的产业结构、增长方式、消费模式。这一宏伟目标是全面发展的目标，是包括经济、政治、文化、社会与生态环境，以及人的全面发展在内的综合性、系统性目标。实现这一目标，需要我们不断地更新发展理念，创新发展思路，完善发展战略，拓宽发展途径；需要我们更加注重发展的人文内涵，更加注重发展的整体协调，更加注重发展的持久永续，不断提高发展的质量和水平。科学发展观集中反映了全面建设小康社会的本质特征和内在要求。只有深入贯彻落实科学发展观，始终坚持以经济建设为中心，妥善处理涉及全局的各种重大关系，才能推动经济社会全面进步和人的全面发展，顺利实现全面建设小康社会的宏伟目标。

第三，科学发展观是解决前进中各种矛盾和问题、应对各种风险和挑战的强大思想武器。2003年我国人均国内生产总值超过1000美元，2007年达到2400美元。改革开放和现代化建设正处于一个非常关键的发展阶段。我国经济社会发展既蕴藏着巨大潜力和动力，同时也存在着诸多深层次矛盾和问题，主要是经济发展方式落后，核心竞争力不强，地区发展不平衡，收入差距扩大，就业和社会保障压力加大，教育、卫生、文化等社会事业发展滞后，人口增长、经济发展同生态环境、能源资源的矛盾加剧。我国经济对国外资源和国际市场的依赖程度增强，国际经济摩擦和贸易冲突日益频繁。近年来，环境污染恶性事件增多，安全生产事故频发，土地征用、城市拆迁矛盾突出。不坚决转变经济发展方式，资源难以为继，环境难以承受，社会难以稳定。从国际上看，制约发展的全球性、区域性问题对我国影响越来越大，"中国威胁论""中国崩溃论"等敌视中国的论调时有出现，我国发展的外部环境日趋复杂。在今后一个发展阶段，必须更加注重处理好经济社会各方面的重大关系，推动科学发展，促进社会和谐。科学发展观深刻揭示了中国自身发展与人类共同进步的紧密联系，为我们汲取世界其他国家发展过程中的经验教训，正确处理各种矛盾、破解发展难题，指明了新的途径。只有深入贯彻落实科学发展观，切实解决好发展中的突出问题，善于从国际国内形势的相互联系中把握发展方向，从国际国内条件的发展变化中用好发展机遇，从国际国内资源的优势互补中创造发展条件，才能战胜来自国际国内的各种风险和挑战，牢牢掌握发展的主动权。

第四，科学发展观进一步丰富了党的执政理念，是我们党治国理政、富民安邦的行动纲领。我们党要在中国这样一个有13亿人口的发展中大国执好政、掌好权，必须提高党的执政能力，而首先要提高党领导发展的能力。科学发展观赋予党的执政理念以鲜明的时代内涵，为我们党更好地领导发展提供了新的思路、新的指导，标志着对党的执政使命、执政任务的认识达到了一个新的境界。按照科学发展观的要求，不断完善党的执政方略、健全党的执政体制、改进党的执政方式、巩固党的执政基础，是加强党的执政能力建设、提高党的执政水平的战略选择。只有深入贯彻落实科学发展观，把发展的成效作为衡量党的执政能力的重要尺度，把坚持党的先进性落实到发展先进生产力、发展先进文化、实现最广大人民的根本利益上来，才能得到人民群众的衷心拥护和广泛支持。

总之，深入贯彻落实科学发展观，关系党和国家工作大局，关系实现全面建成小康社会的宏伟目标，关系中国特色社会主义事业的长远发展。我们一定要从这样的高度，充分认识深入贯彻落实科学发展观的重大意义，不断增强学习实践的自觉性和坚定性，要真学、真信、真懂、真用，为把党和人民的事业更好推向前进作出应有贡献。

建立促进城乡经济社会发展一体化制度[①]

（2008 年 10 月 31 日）

党的十七届三中全会通过的《中共中央关于推进农村改革发展若干重大问题的决定》（以下简称《决定》）提出，要建立促进城乡经济社会发展一体化制度，并对此进行了部署。这是我们党对统筹城乡发展作出的重要决策，对于推进改革创新、打破城乡二元结构、加强农村制度建设，对于加快农业农村发展、促进农民富裕、实现全面建设小康社会的奋斗目标，具有重大意义。我们要深刻领会、全面贯彻、积极推进。

一、建立促进城乡经济社会发展
一体化制度的重要性和紧迫性

正确处理工农、城乡关系，历来是我国革命和建设的重大问题。党的十一届三中全会以来，我们党全面把握国内外发展

[①] 本文刊载于 2008 年 10 月出版的《〈中共中央关于推进农村改革发展若干重大问题的决定〉辅导读本》一书。

大局，不断推进体制改革和扩大对外开放，农村经济社会发展取得了举世瞩目的成就。现在，我国改革发展进入关键阶段，面对新形势新任务，加快建立促进城乡经济社会发展一体化制度，既十分重要，又相当紧迫。

第一，建立促进城乡经济社会发展一体化制度，是从根本上消除城乡二元结构的必然要求。30年来，我国改革开放不断深入，中国特色工业化、城镇化、现代化加快推进。但是，由于历史条件的制约，特别是长期形成的城乡二元结构没有根本消除，工农关系不协调、城乡关系失衡的局面尚未根本改变，制约农业农村发展的深层次矛盾依然存在，城乡居民收入差距和城乡发展差距呈扩大趋势。针对这种情况，党的十六大以来，中央科学把握世界各国现代化发展的一般规律，深刻总结新中国成立以来特别是改革开放后我们党处理工农、城乡关系问题的经验教训，提出了统筹城乡经济社会发展的重大战略，明确了把解决好农业、农村、农民问题作为全党工作重中之重的基本要求，作出了我国总体上已到了以工促农、以城带乡发展阶段的重要判断，制定了工业反哺农业、城市支持农村和多予少取放活的基本方针，规划了建设社会主义新农村的总体任务，并出台了一系列强农惠农政策，工农、城乡关系出现了积极的变化。在此基础上，党的十七大进一步提出要形成城乡经济社会发展一体化新格局，明确了构建新型工农、城乡关系的方向和目标。实现这一目标，关键在于建立起科学、合理、有效的制度保障，因为制度才具有根本性、全局性、稳定性和长远性。中央在这次《决定》中强调，要"建立促进城乡经济社会发展一体化制度"。这是落实加快形成经济社会发展一体化新格局要求的重大举措，也是贯彻统筹城乡经济社会发展战略方针的具体部署。只有从体制改革、制度建设上着手，建立统筹城乡发展、构筑支持农业农村发展的保障体系，才能从全局上、根本上突破城乡分割的体制和结构。只有在统筹城乡改革和发展上取得重大突破，才能给农村发展注入新的动力和活力，促进城乡共同发展和协调发展。这个重大举措和部署充分反映了我们党对中国特色社会主义发展规律的深刻认识和把握，充分彰显了我们党对逐步缩小乃至最终消除工农、城乡差别的信心和决心，充分体现了时代进步的要求和全国人民的愿望。

第二，建立促进城乡经济社会发展一体化制度，是深入贯彻落实科学发展观的必然要求。科学发展观，是党中央立足社会主义初级阶段的基本国情，总结我国发展实践，适应新的发展要求提出来的，是对党的三代中央领导集体关于发展的重要思想的继承和发展，是我国经济社会发展的重要指导方针，是发展中国特色社会主义必须坚持和贯彻的重大战略思想。科学发展观，第一要义是发展，核心是以人为本，基本要求是全面协调可持续，根本方法是统筹兼顾。当前，农业基础仍然薄弱，最需要加强；农村发展仍然滞后，最需要扶持；农民增收仍然困难，最需要加快。贯彻落实科学发展观，就必须统筹城乡改革，加快农村经济社会发展，促进城乡基本公共服务均等化，形成城乡良性互动、协调发展格局。坚持以人为本，要求我们着眼于城乡全体居民，让占人口大多数的农民群众平等参与现代化进程、共享改革发展成果，走共同富裕的道路。实现全面协调可持续发展，要求我们着眼于所有城镇乡村，重视把农村的事情办好，进一步解放和发展农村生产力，促进农村繁荣和全面发展。只有广大农民的生活不断得到改善，农民各项权益得到充分尊重和保障，发展才能真正体现以人为本；只有尽快改变农村经济社会发展严重滞后的状况，发展才能真正做到全面协调可持续。因此，建立促进城乡经济社会发展一体化制度，是深入贯彻落实科学发展观的重大举措。全面推进城乡经济建设、政治建设、文化建设、社会建设，促进现代化建设各个环节、各个方面相协调，是实现科学发展、又好又快发展的内在要求和重大任务。

第三，建立促进城乡经济社会发展一体化制度，是加快构建社会主义和谐社会的必然要求。构建社会主义和谐社会，是我们党从中国特色社会主义事业总体布局和全面建设小康社会全局出发提出的重大战略任务。促进社会和谐，必须在发展的基础上统筹兼顾各方利益关系，正确处理各种社会矛盾，保障社会公平正义。当前，农村安定和谐面临许多压力，存在不少不稳定因素。农村富余劳动力转移压力加大，农民养老等社会保障不健全，农村基层民主政治和政权建设需要加强，一些农民权益受到侵犯。促进城乡经济社会发展一体化，深化农村改革，加快农村发展，改善农村民生，抓住了维护和实现社会公平正义的关键，抓住了解决经济社会发展不平衡和影响社会和谐稳定问题的关键。我们统筹城乡经济社会发展，必须从法律、制度、政策上努力营造社会公平正义的环境，从收入分配、劳动就业、社会保障、公民权利保障、基本公共服务等方面采取措施，着力解决农民最关心最直接最现实的利益问题，切实保障农民经济、政治、文化、社会权益，使广大农民安居乐业、生活富足，使广大农村安定有序、充满活力。只有这样，才能调动全国各个方面的积极性，激发全社会的创造活力，形成全体人民各尽所能、各得其所而又和谐相处的局面。

第四，建立促进城乡经济社会发展一体化制度，是全面建设小康社会的必然要求。党的十六大以来，我国经济社会发展取得了重要进展，经济实力大幅提升，社会建设全面展开，人民生活显著改善，为实现全面建设小康社会的伟大事业奠定了扎实基础。但是应当看到，城乡发展很不平衡，农业基础薄弱，生产力水平较低，农民增收难度很大，农村公共事业发展滞后，公共服务水平较低，城乡面貌反差较大。近年来，随着我国工业化、信息化、城镇化、市场化、国际化步伐的明显加快，农村土地、资金、人才等要素流失的速度也在加快，城乡二元结构矛盾更加突出。这些矛盾和问题，有的是长期历史发展中积累下来的，有的是在现实发展中形成的，而且它们互相交织，解决起来难度较大。全面建设小康社会，最艰巨最重要的任务在农村；加快推进现代化，必须妥善处理工农、城乡关系。没有农业现代化就没有国家现代化，没有农村繁荣稳定就没有全国繁荣稳定，没有农民全面小康就没有全国人民全面小康。只有统筹城乡改革发展，从制度上构筑经济社会发展一体化新格局，才能不断强化农业基础，加快农村经济发展，促进农民持续增收，推动农村全面进步，也才能确保到2020年实现全面建设小康社会的奋斗目标。

总之，我们要从党和国家事业发展的全局和战略高度，着眼于深入贯彻落实科学发展观，统筹城乡改革发展，形成城乡经济社会发展一体化新格局，着眼于统筹工业化、城镇化、农业现代化建设，为推进科学发展、促进社会和谐提供强大动力和制度保障，着眼于推进全面建设小康社会伟大事业，来深刻领会和全面把握建立促进城乡经济社会发展一体化制度的重大意义，切实把思想和行动统一到党中央的决策和部署上来。

二、建立促进城乡经济社会发展一体化制度的基本要求和主要方面

建立促进城乡经济社会发展一体化制度，是一个复杂的社会系统工程，需要认真研究解决一系列矛盾和问题，既要立足现实，又要着眼长远。至关重要的是，必须大力推进改革创新，坚决打破城乡分治的体制，拆除城乡分割的樊篱，形成城乡平等对待、城乡统筹指导、城乡协调发展的制度环境。基本要求是：加快形成统筹城乡发展的体制机制，特别是在统筹城乡规划、产业布局、基础设施建设、公共服务一体化等方面取得突破，促进公共资源在城乡之间均衡配置、生产要素在城乡之间自由流动，推动城乡经济社会发展融合。为此，需要重点抓好以下几个方面。

第一，统筹土地利用和城乡建设规划。这是实现资源合理配置、促进城乡经济社会发展一体化的重要前提。国家规划是引导经济社会发展和资源配置的重要依据和重要手段。过去长期受城乡二元结构和体制的制约，重视城市发展规划、忽视乡村发展规划，而且城市发展规划与乡村发展规划互相脱节。这就造成农业、农村发展与工业化、城镇化的推进基本上是相互隔离的，不仅导致农村发展滞后、城乡差距拉大，而且也导致城乡建设无序扩展，降低了土地资源配置效率，影响了城市健康发展。因此，必须切实改变城乡分割的行政管理体制，理顺规划体系，打破城乡规划分离的状况，统筹城乡规划，建立城乡一体的规划制度。按照促进城乡发展一体化的要求，通盘考虑和安排城市发展和农村发展，统一制定土地利用总体规划和

城乡建设规划。在制定统一的城乡发展规划中，按照自然规律、经济规律和社会发展规律，明确区分功能定位，合理安排市县域城镇建设、农田保护、产业聚集、村落分布、生态涵养等空间布局。这样，不仅可以优化资源配置，节约集约利用土地等资源，而且可以使城乡发展相互衔接、相互促进。

第二，统筹城乡产业发展。这是改变城乡二元结构、促进城乡经济社会发展一体化的重要环节。要从规划、体制、政策上解决城乡产业分割问题，顺应城乡经济社会发展不断融合的趋势，统筹规划和整体推进城乡产业发展，引导城市资金、技术、人才、管理等生产要素向农村合理流动。按照一、二、三产业互动、城乡经济相融的原则，促进城乡各产业有机联系、协调发展。要以现代工业物质技术装备改造传统农业，以现代农业的发展促进二、三产业升级，以现代服务业的发展推动产业融合，促进三次产业在城乡科学布局、合理分工、优势互补、联动发展。要积极推进农业专业化生产、集约化经营和区域化布局，引导农村工业向城镇集聚，鼓励乡镇企业转型升级，加快农村服务业发展步伐，引导城市劳动密集型产业向农村转移和扩散，着力形成城乡分工合理、区域特色鲜明、生产要素和资源优势得到充分发挥的产业发展格局。

第三，统筹城乡基础设施建设和公共服务。这是改变农村面貌、促进城乡经济社会发展一体化的着力点。我国城乡经济发展差距大，基础设施和公共服务差距更大。目前，农村饮水、电力、道路、通信等公共设施落后，上学、看病问题和社会保障水平低等问题突出。要着眼于统筹城乡基础设施建设和公共服务，创新管理体制和运行机制，加大资源整合力度，切实使公共资源向农村倾斜，着重改变农村基础设施薄弱和公共服务不足的状况，逐步实现基本公共服务均等化。要针对目前城乡基础设施差异大、功能布局不合理、设施共享性差等突出问题，切实把城市与农村作为一个有机整体，着眼于强化城市与农村设施连接，加大农村基础设施投入力度，特别要增加对农村饮水、电力、道路、通信、垃圾处理设施等方面的建设投入，实现城乡共建、城乡联网、城乡共用。着力推进城乡环境综合治理。加强农村防灾减灾能力建设。要巩固和发展城乡义务教育制度，健全覆盖城乡的公共卫生体系和基本医疗制度，完善城乡公共文化服务体系，加快健全覆盖城乡居民的社会保障体系，积极解决好农村教育、卫生、文化、社会保障、住房等关系农民群众的切实利益问题，全面提高财政保障农村公共事业的水平，使广大农民学有所教、劳有所得、病有所医、老有所养、住有所居，共享改革发展成果。

第四，统筹城乡劳动就业。这是改善人民生活、促进城乡经济社会发展一体化的重要条件。我国城乡劳动力资源丰富，是促进经济长期持续较快发展的有利条件。同时，就业压力大、就业形势严峻，将是我国今后较长时期面临的一个重大课题。因此，必须把扩大城乡就业放在经济社会发展的突出位置。要坚持实施积极的就业政策，坚持劳动者自主择业、市场调节就业、政府促进就业的方针，多渠道扩大城乡就业。特别是要通过深化改革，加快建立城乡统一的人力资源市场，将农民就业纳入整个社会就业体系，形成城乡劳动者平等就业制度，引导农民有序外出就业，鼓励农民就近转移就业，扶持农民工返乡创业。要健全覆盖城乡的就业服务体系，完善人力资源市场信息发布制度，强化就业服务机构为劳动者提供免费就业服务的责任，同时要做好农村劳动力就业培训，增强其外出适应能力、就业能力和创业能力。要加强农民工权益保护，进一步完善和规范劳动力市场的服务与管理，彻底清理对农民工进城务工的不合理限制政策和乱收费，逐步实现农民工劳动报酬、子女就学、公共卫生、住房租购等与城镇居民享有同等待遇。切实改善农民工劳动条件，建立健全农民工社会保障制度，扩大农民工工伤、医疗、养老保险覆盖面，尽快制定和实施农民工养老保险关系转移接续办法，同逐步实现城乡各项社会保障制度相互衔接。这对于形成城乡统一的劳动力市场、保障劳动者权益有着重要作用。

第五，统筹城乡社会管理。这是保持社会和谐稳定、促进城乡经济社会发展一体化的重要基础。随着改革开放不断深入和社会主义市场经济不断发展，我国的经济体制、社会结构、利益格局等发生深刻变化，城乡融合趋势加快、人口流动加速。这种空前的社会变革，既给我国经济社会发展带来巨大活力，也增加了社会服务和管理的难度和复杂性。要适应城乡经济社会发展一体化的需要，大力推进社会管理创新，改变城乡分割、条块分割的管理方式，着力转变职能、理顺关系、优化结构、提高效能，逐步形成城乡社会管理一体化的体制，形成城市工作与农村工作对接、良性互动的新格局。积极稳妥推进户籍制度改革，在统筹考虑农民工权益、城镇化进程和城市承载能力等多方面因素的基础上，放宽中小城市落户条件，使在城镇稳定就业和居住的农民有序转变为城镇居民，逐步融入城市社会。同时，随着工业化、城镇化进程深入发展，城乡之间、地区之间流动的农民工愈来愈多，要推动流动人口服务和管理体制机制创新，将流动人口纳入整个社会服务和管理体系，推进流动人口服务和管理法制化、规范化、信息化建设，为他们创造良好的工作与生活环境。

以上五个方面统筹，既是促进城乡经济社会协调发展的重要任务和抓手，又是重要举措和制度建设。在实际工作中，最根本和最重要的是，必须切实转变思想观念和传统做法，注重推进体制机制创新，从各方面建立健全统筹城乡发展一体化的制度。

三、建立促进城乡经济社会发展一体化制度 需要把握好的几个问题

促进城乡经济社会发展一体化，目的在于适应工业化、城镇化、现代化发展的新形势，构建平等、和谐的新型工农、城乡关系，加快农村发展，逐步缩小工农、城乡差距，巩固和加强工农联盟，实现城乡共同繁荣，全面发展中国特色社会主义事业。因此，必须把加强"三农"工作作为统筹城乡发展的基本着眼点和立足点，坚持合理调整国民收入分配格局，坚持工业反哺农业、城市支持农村和多予少取放活方针，加快建立健全以工促农、以城带乡长效机制，推动农村经济社会又好又快发展。同时，要坚持走中国特色工业化、城镇化、农业现代化道路，促进工农、城乡协调发展。在实际工作中要注意把握好以下几个方面。

第一，加快建立覆盖城乡的公共财政制度。完善公共财政制度，加强农村公共产品和服务体系建设，这是促进城乡经济社会协调发展的关键性、制度性建设。特别要进一步形成有利于加强"三农"的国民收入分配格局，巩固和完善强农惠农政策，健全农业投入保障制度。要切实调整财政支出、固定资产

投资、信贷投放结构，保证各级财政对农业投入增长幅度高于经常性收入增长幅度，切实把国家基础设施建设和社会事业发展的重点转向农村，不断缩小城乡公共服务差距。要大幅度增加国家对农村基础设施建设和社会事业发展的投入，大幅度提高政府土地出让收益、耕地占用税新增收入用于农业的比例，大幅度增加对中西部地区农村公益性建设项目的投入。要积极利用财政贴息、补助等手段，引导社会资金投向农村。要通过深化农村金融改革，创新农村金融体制，加大对农村金融政策支持力度，引导更多信贷资金投向农村。同时，要采取更加有力的政策措施，引导和鼓励工业支持农业、城市支持农村，加快形成以工业支持农业、城市支持农村的良好机制。这样，才能不断增加农业农村发展的物质技术基础，不断增强农村发展的实力和后劲。

第二，发展壮大县域经济。县域涵盖城镇与乡村，兼有农业与非农产业，既是功能相对完备的国民经济基本单元，又是统筹城乡发展的重要载体。要充分发挥县（市）在城乡发展一体化中的重要作用，统筹配置县域范围内各种生产要素，有效集成各项支农惠农政策，着力建设现代农业，壮大二、三产业。要着眼于发挥县域的资源优势和比较优势，明确县域主体功能定位和生产力布局，科学规划产业发展方向，积极培育特色支柱产业。引导城市企业与县域企业加强合作，支持劳动密集型、资源加工型产业向县域集聚，鼓励农产品加工业特别是精深加工业向主产区集中。鼓励有条件的县（市）自主或联合建立技术研发机构和公共技术服务平台。为进一步促进县域经济发展，要扩大县域发展自主权，增加对县的一般性转移支付，加强对县域发展的支持。从根本上说，要深化财税体制改革，促进财力与事权相匹配，增强县域经济活力和实力。完善地方行政管理体制，推进省直接管理县（市）财政体制改革，优先将农业大县纳入改革范围；有条件的地方可依法探索省直接管理县（市）的体制。进行这方面改革，要根据各地区经济社会发展和行政区划的实际状况，综合考虑各种因素，因地制宜作出决策。要认真总结实践经验，遵循经济发展规律，正确处理相关方面关系，注意合理发挥城市功能和县级的积极性，促进城乡全面协调健康发展。

第三，构建城镇化和新农村建设互促共进机制。城镇化与新农村建设"双轮驱动"，是中国特色现代化建设道路的重要特点，必须从战略上协调好二者的关系。城镇化是现代化的必然趋势，必须坚定不移地推进。要坚持走中国特色城镇化道路，促进大中小城市和小城镇协调发展，形成城镇化和新农村建设互促共进机制。要充分发挥大中城市对农村的辐射带动作用，促进城市资金、技术、人才、管理等生产要素向农村流动，推进城市教育、医疗、文化等公共服务向农村延伸，现代文明向农村传播。大力发展小城镇，依法赋予经济发展快、人口吸纳能力强的小城镇相应行政管理权限，把小城镇建设成为人口、产业、市场、文化、信息适度集中的经济社会发展平台，发挥其承接城市、带动乡村的桥梁纽带作用。同时，必须深刻认识到，我国人口规模巨大，即使将来城镇化达到较高水平，仍然会有大量人口继续在农村生活。世界上有不少国家在推进工业化、城市化过程中，由于忽视农业和农村发展而导致农业衰退、农村凋敝，城市特别是大城市人口过度膨胀，付出了沉重的代价。这方面教训必须注意切实吸取，引为鉴戒。因此，我们在推进城镇化的同时，一定要把农村建设好，创造良好的人居环境。要坚持把发展现代农业、繁荣农村经济作为社会主义新农村建设的首要任务，加强农村基础设施和公共服务体系建设，健全农村市场和农业服务体系，注重保持乡村特色、民族特点、地域特征，保护秀美的田园风光和优秀的乡土文化，努力把现代文明引向农村，逐步实现农村现代化。

第四，积极稳步促进城乡经济社会发展一体化。形成城乡经济社会发展一体化新格局，是发展中国特色社会主义的重大任务，各地都要积极推进。同时也要看到，我国地域辽阔，各地自然条件、资源禀赋和经济社会发展水平差异很大，存在的矛盾和问题各不相同。促进城乡经济社会发展一体化，必然是起点有差距、进程有快慢、水平有高低、重点有不同，不可能有统一的模式。同时还要看到，我国城乡差距是由历史、体制等多种原因形成的，缩小城乡差距需要有一个过程，不可能一蹴而就。必须坚持科学规划，因地制宜，分类指导，有步骤、有重点地加以推进。最重要的是，要牢牢把握我国社会主义初级阶段的基本国情和当前发展的阶段性特征，适应农村改革发展新形势，顺应亿万农民过上美好生活新期待，在统筹城乡发展上迈出更大步伐，努力开创农村改革发展新局面，坚定不移地向全面建设小康社会的宏伟目标迈进。

加强社会建设理论研究 ①

（2008 年 11 月 9 日）

　　社会建设是国民经济和社会发展的重要组成部分，党的十七大将我国现代化建设的总体布局由社会主义经济建设、政治建设、文化建设三位一体，发展为社会主义经济建设、政治建设、文化建设、社会建设四位一体，这是我们党对中国特色社会主义事业的新认识、新概括，在理论和实践上都具有重大意义。加强社会建设体现了中国特色社会主义的本质要求，体现了深入贯彻落实科学发展观、构建社会主义和谐社会的必然要求，也体现了实现全面建设小康社会奋斗目标的迫切要求。

　　加强社会建设，就要加强对社会领域重大问题的调查研究和理论研究，包括加强对社会结构发展变化的调查研究，深刻认识和分析阶层结构、城乡结构、区域结构、人口结构、就业结构、社会组织结构等方面情况的发展变化和发展趋势，以利于正确把握在发展社会主义市场经济和对外开放的条件下我国社会发展的特点和规律，更好地推进社会建设和管理。要加强

---

① 本文系 2008 年 11 月 9 日在"中国社会建设理论与实践"研讨会暨《北京社会建设 60 年》出版发布会上的讲话（节录）。

对社会利益关系发展变化的调查研究，深刻认识和分析我国社会利益结构、利益关系等方面情况的发展变化和发展趋势，以利于不断完善政策措施，更好地统筹各方面的利益关系和利益诉求。要加强对维护社会稳定问题的调查研究，深刻认识和分析公共安全、社会治安等方面情况的发展变化和发展趋势，以利于健全维护社会稳定的有效机制，更好地推进社会建设和管理，保证广大人民群众安居乐业和国家长治久安。

做好任何一项工作都离不开理论指导。与社会主义经济、政治、文化建设一样，我们对社会主义社会建设的理论研究和实践探索还有大量工作要做，尤其需要在实践的基础上推进理论创新。要加强马克思列宁主义、毛泽东思想、中国特色社会主义理论体系中关于社会建设理论的研究，并用来指导我们构建社会主义和谐社会的各项工作。要通过深入系统的理论研究，深化对社会建设特点和规律的认识，使我们推进中国特色社会主义的伟大事业更加富有成效。

《北京社会建设60年》一书是对北京社会建设进行全面、系统调查研究的重要成果。这部著作从社会结构、社会事业等诸多方面，对北京社会建设60年历程进行回顾和总结，不仅指出了北京在社会建设中取得的巨大成就和积累的宝贵经验，也指出了北京社会建设面临的严峻挑战和繁重任务，并提出了相关的政策建议。这部著作不仅是对北京多年来社会建设的重要总结，同时对于总结和推进全国社会建设具有重要借鉴意义。

当前我国处于改革发展的关键时期，经济体制深刻变革，社会结构深刻变动，利益格局深刻调整，思想观念深刻变化。这种空前的社会变革，给我国社会发展进步带来巨大活力，也必然带来这样那样的矛盾和问题。随着工业化、信息化、城镇化、市场化、国际化、现代化深入发展，我国各项事业发展面临着一系列新课题。人民群众对经济社会发展提出了新要求新期待，社会建设和社会管理面临许多新任务。正是这样，党的十七大提出了全面建设小康社会目标的新要求，特别是强调加快推进以改善民生为重点的社会建设。我们要继续加强社会建设方面的理论研究，进一步拓展研究领域，为推动科学发展、促进社会和谐，为形成和发展中国特色的社会学理论，夺取改革开放和社会主义现代化事业的新胜利，作出更大的贡献。

在省部级领导干部"突发事件应急管理"专题研讨班开班式上的讲话

（2008 年 11 月 18 日）

同志们：

经党中央批准，由中组部、国务院办公厅和国家行政学院共同举办的省部级领导干部"突发事件应急管理"专题研讨班今天开班了。参加本期研讨班的有，各省区市党委、政府，新疆生产建设兵团，中央和国家机关有关部门，解放军总参谋部、武警部队的负责同志。首先，我代表主办单位，对参加本期研讨班的全体同志表示热烈的欢迎！

党中央、国务院对加强领导干部应急管理能力建设高度重视。今年初，胡锦涛同志作出重要批示："提高党的执政能力要求提高各级领导干部处置公共事件的能力。需认真研究，并采取有效的措施，对干部进行必要的培训，在实践中不断总结经验，得到提高。"温家宝同志在今年 3 月《政府工作报告》中指出，要"加强应急体系和机制建设，提高预防和处置突发事件能力；加强对现代条件下自然灾害特点和规律的研究，提高防灾减灾能力"。党中央、国务院领导同志的重要指示，从加强执政能力的高度，深刻阐明了新形势下提高领导干部处置突发事件能力的重大意义和实现途径。

举办这期研讨班，就是认真落实党中央、国务院的要求。主要任务是：以党的十七大精神为指导，高举中国特色社会主义伟大旗帜，深入贯彻科学发展观，认真实施《突发事件应对法》，掌握应急管理理论和知识，研究新形势下突发事件的特点和规律，总结近年来突发事件应急管理的经验教训，探讨加强应急管理体制和机制建设的有效途径，提高省部级领导干部应对突发事件的能力和水平。

一、充分认识举办本期研讨班的重要意义

国家应急管理的能力，是国家有效应对和化解各种公共危机的实际能力。举办本期研讨班，加强应急管理能力建设，有着重要意义。

第一，这是深入贯彻落实科学发展观的重要举措。科学发展观的核心是以人为本，基本要求是全面协调可持续。政府的一切工作都是为了人民，为了实现经济社会全面协调可持续发展。综合分析各种因素，随着经济社会快速发展和现代化程度的不断提高，经济、社会、自然方面存在的安全风险会不断加大。突发事件往往具有难以预测和危害大的特点。如果预防不周、应对不力、处置不当，就会使人民群众的生命财产遭受巨大损失，使经济社会发展受到重大影响，甚至引发社会不稳定。只有始终坚持人民的利益高于一切，树立科学的发展观和正确的政绩观，切实加强突发事件应急管理工作，实现科学发展、和谐发展、安全发展，才能保障人民群众的生命财产安全和社

会和谐稳定，也才能实现长时期、高质量、高水平的发展。在中央统一安排下，现在省部级单位正在开展深入学习实践科学发展观活动。举办本期研讨班，就是要使领导干部从理论与实践的结合上，研究解决新问题，进一步增强做好突发事件应急管理工作的新本领和责任感，提高贯彻落实科学发展观的自觉性和坚定性。

第二，这是适应应急管理工作新形势的迫切需要。当前，我国改革开放和现代化建设正处于关键时期。我们面临着良好的发展机遇，但也面临着包括公共安全方面严峻的挑战。在经济体制深刻变革、社会结构深刻变动、利益格局深刻调整、思想观念深刻变化的新形势下，经济社会发展的活力不断增强，同时也不可避免地会引发各种各样的矛盾和问题。我国是世界上自然灾害发生最为严重的少数国家之一，全球气候变化更加剧了我国极端气象灾害的频率和强度。一些不明原因的群体性疾病和重大疫情的跨地区、跨国传播不断出现，防控难度也在增大。今年初，我国南方部分地区发生了历史罕见的低温雨雪冰冻灾害，5月12日，四川汶川发生了新中国成立以来破坏性最强、波及范围最广、救灾难度最大的地震灾害。不久前，又发生了涉及面很广、影响很大的问题奶粉事件等。在社会政治生活中，出现了西藏"3·14"打砸抢烧暴力犯罪事件和贵州瓮安"6·28"群体性事件。频繁发生的重大公共安全事件，使人民群众的生命财产和经济社会发展蒙受了巨大损失，还影响了和谐稳定的社会局面，给政府工作造成了巨大的压力。桩桩事件发人深省，教训十分深刻。举办本期研讨班，就是为了全面分析我国公共安全所面临的复杂形势和严峻挑战，认真总结突发事件应对处置的经验教训，进一步增强危机意识、忧患意识和责任意识，提高应对突发事件的能力，预防和减少各类突发事件。

第三，这是提高领导干部应急管理能力的有效方式。应急管理能力是一项重要的行政能力，是新时期各级领导干部的基本功、必修课。近些年来，各级政府处置突发事件的能力不断提高，特别是在四川汶川特大地震抗震救灾中，生动展现了党和政府强有力的领导和指挥能力。但是，应急管理依然还是政府工作中的薄弱环节。相当多的干部没有经过系统培训，缺乏应急管理的科学知识，经验不多，处置突发事件能力不强，以致工作中出现一些失误。大家都是省部级领导干部，担负着领导本地区本部门应急管理工作的重要职责，通过培训班学习，提高预防和处置突发事件的能力，对加强本地区本部门应急管理工作具有重要的作用。

二、如何加强突发事件应急管理能力建设

加强应急管理能力建设是一项系统工程，内容十分复杂，任务非常繁重。从当前情况看，至关重要的是需要抓好以下三个方面。

第一，学法懂法执法，严格依法办事。法律手段是应对突发事件的基本手段。做好应急管理工作，加强法治是根本。近年来，我国先后修改或制定了《传染病防治法》《防震减灾法》等单行法律30余部、行政法规40余部和部门规章50多件。截止目前，包括企事业单位应急预案在内，我国已有各级各类应急预案246万件，其中国家级应急预案1461件。近年来制定的这一系列应急预案在突发事件应对处置过程中发挥了积极作用，但也暴露出不少预案缺乏衔接、内容不完整、可操作性差、启

动标准难以把握、预警等级不够明确和实战演练不够充分等问题，不同程度影响了处置效果。2007年11月开始实施的《突发事件应对法》，为各级政府全面履行政府职能、加强应急管理工作提供了法律依据。本期研讨班的第一课，我们就邀请国务院法制办公室主任曹康泰同志给大家讲授贯彻实施《突发事件应对法》的问题，帮助大家深入学习领会这部法律的立法背景、基本精神和确立的主要制度。我们一定要学法懂法执法，坚持有法必依、执法必严、违法必究，切实把依法行政的原则贯穿于应对突发事件的全过程，运用法律手段解决各种矛盾和问题，努力将应急管理工作的全部活动纳入法治化轨道。

第二，掌握科学知识，提高实际能力。突发事件是指突然发生，造成或者可能造成严重社会危害，需要采取应急处置措施予以应对的自然灾害、事故灾难、公共卫生事件、社会安全事件等。应急管理包括预防与应急准备、监测与预警、应急处置与救援、事后恢复与重建等各个环节，理论性、实践性都很强。许多内容对于我们来讲都是新东西，需要认真学习和掌握。本期研讨班将邀请有关负责人讲授突发公共事件的信息发布和新闻媒体管理。这些同志都是中央、国务院部门的领导同志，具有比较深厚的理论功底和比较丰富的实践经验，直接或间接地参与了国家许多应急管理的重要决策和处置突发事件工作。除以上专题讲授外，还安排了四川汶川特大地震抗震救灾、松花江水污染事件案例介绍，贵州瓮安"6·28"群体性事件案例讨论，还要到公安部指挥中心、北京市应急指挥中心进行现场教学，抗震救灾预案桌面推演等。为研究借鉴国外的成功经验，还将邀请德国内政部危机管理总司、灾难救援署、技术救援署的负责人介绍德国突发事件应急管理的做法。整个培训设计，着眼于提高省部级领导干部应对突发事件的实际能力，既有专题讲授，又有经验介绍；既有案例分析，又有现场教学；既有分组研讨，又有大会交流；既总结国内实践，又借鉴国际经验；既注重教学相长，又提倡学学相长，体现了针对性、系统性和实效性。相信大家通过学习研讨，会进一步提高突发事件的预测判断能力、应对决策指挥能力和组织协调能力。

第三，完善体制机制，夯实物质基础。要在认真总结经验的基础上，全面加强应急管理能力建设，特别要推进体制机制创新、充实物质技术手段，包括完善应急管理机制、健全应急管理保障体系，加强应急队伍建设，增加应急管理投入，提升防灾减灾的科技水平，增强灾害监测预警能力，加强防灾减灾基础设施建设，充实防灾减灾资金和物资储备，确保及时有效地应对各类自然灾害和处置各种突发事件，以切实保障国家安全和人民生命财产安全。

三、几点希望和要求

国务院领导同志对本期研讨班十分重视，马凯同志将出席研讨班结业式，听取大家的汇报，并作重要讲话。为实现培训目标，取得实际效果，对大家提出几点希望和要求。

（一）高度重视，认真学习。公共危机管理是我国现代化建设进程中始终面临的重大课题。提高防灾减灾能力，是保卫人民生命安全、保卫改革开放和社会主义现代化建设成果的必然要求。从全球范围看，公共危机事件呈增多趋势，今后面临的任务将更加艰巨。应对公共危机的能力，不仅可以反映出一个国家、一个地方的经济社会发展水平和实力，而且可以反映出一个地方、一个部门的执政理念和管理能力，也可以反映出一个领导干部的整体素质和领导本领。因此，一定要在思想上高度重视，务必从提高科学行政能力和全面履行政府职能的高度，增强学习掌握应急管理知识、能力的紧迫感和自觉性。

（二）联系实际，学以致用。学习的目的在于应用，学习的成效在于指导实践、解决问题。大家都来自政府工作一线，对当前经济社会发展中的突出矛盾和问题有切身的体会，不少同志还亲自指挥过各种突发事件的应对与处置，对如何完善应急管理体制机制进行过深入思考，积累了宝贵的实践经验。希望大家坚持理论联系实际，深入分析现状，认真思考案例，努力破解实际工作中的难题，积极建言献策，使研讨班成为提高认识、增加知识、开阔视野、拓宽思路、研究对策、增强能力的平台。学院也要及时归纳总结大家提出的建议，向国务院和有关领导报告，为政府决策发挥参谋咨询作用。

（三）集中精力，遵守纪律。这次培训时间有限，日程安排比较紧张，对大家的要求很高。现在处于年末岁首，各地方、各部门工作千头万绪，任务相当繁重，特别是应对国际金融危机的冲击，都在加紧贯彻落实中央新近采取的一系列措施。希望大家珍惜难得的机会，集中精力，排除干扰，全身心地投入到学习中来，以高度的责任感，认真听讲，深入思考，积极研讨，真正做到学有所获、思有所悟。今年10月，胡锦涛同志在同全国党校工作会议代表座谈时强调指出，党校要牢固树立纪律意识，始终把从严治校、从严管理作为党校工作必须贯彻的重要方针。今年7月，李源潮同志在全国干部教育培训工作会议上指出，党校学员要兴平民百姓之风，每一个参加培训的干部尤其是领导干部都是普通学员，不准带秘书陪读，不准请人代写论文，不准用公款请吃请玩。培训期间，要住学员宿舍，吃学员食堂，守学员纪律，任何人都不能搞特殊。中央对党校的这些要求，也同样是对国家行政学院的要求。希望大家积极支持学院贯彻落实中央关于加强学风院风建设的要求，自觉遵守学院院规院纪，树立良好的学风。

（四）热情服务，科学管理。研讨班主办单位和全体工作人员要以高度的政治责任感和严谨细致的工作作风，明确职责分工，搞好协调配合，认真做好各项教学组织、学员服务工作，保证研讨班有序进行。各组召集人要切实负起责任，做好研讨交流的组织工作。大家在学习和生活中有什么困难和要求，可以随时提出来，我们一定会竭诚做好各项服务保障工作。同时，我们也热诚欢迎大家对学院工作提出宝贵意见和建议，帮助我们搞好学习实践科学发展观活动，推进学院建设和发展再上新台阶。

应对国际金融危机中加快完善
社会保障体系的建议 ①

（2009 年 4 月 18 日）

近几年，国务院不断加大社会保障体系建设力度，取得了重要进展。温家宝同志在今年 3 月的《政府工作报告》中又把完善社会保障体系、提高社会保障水平放在突出位置，提出了一系列重要措施。这是完全必要和十分正确的。

我们认为，当前加快完善社会保障体系的步伐，既是应对国际金融危机冲击的迫切要求，也是一个重要历史机遇。抓住和用好机遇，加大力度完善社会保障体系，关系改革发展稳定的全局，也将成为本届政府留给子孙后代最为宝贵的制度财富之一。

一、我国社会保障体系建设的进展与问题

党中央、国务院历来高度重视社会保障体系建设。经过多

---

① 本文系 2009 年 4 月 18 日报送国务院领导的研究报告，与龚维斌、丁元竹合作。

年的努力，中国特色社会保障体系框架基本建立：由城镇职工养老保险、城镇居民养老保险和新型农村社会养老保险组成的养老保险体系初步形成；城镇职工医疗保险、城镇居民基本医疗保险和农村新型合作医疗制度取得突破性进展；失业保险、工伤保险和生育保险制度不断得到完善；以城乡最低生活保障为基本内容的救助制度逐步建立；社会慈善事业蓬勃兴起。

但我们必须清醒地认识到，目前社会保障体系还存在明显不足。

第一，保障制度体系不完善。一是现行养老保险制度不健全，覆盖面不宽，特别是农村养老保险制度建设滞后，城乡养老保险制度分割严重。据估计，我国城乡 60 岁以上老年人中有 60% 没有养老金，有 70% 没有被养老保障制度覆盖。二是医疗保险保障程度不高，"看病难、看病贵"现象还存在，甚至部分居民"因病致贫""因病返贫"。一些地区新型农村合作医疗对参合患者的补偿水平不高，对大病患者的财务风险保护能力很弱。三是失业保险、工伤保险和生育保险也同样存在问题。据全国总工会调查，私营、个体单位职工参加养老、医疗、失业、工伤、生育五项保险的比例分别为 36.9%、31.3%、22.1%、34.8%、12.5%，均明显低于国有单位和全部被调查职工平均水平。四是统筹层次低，全国统一的社会保险关系转续办法尚未建立，造成一些参保人员退保现象。

第二，历史遗留问题较多。一是由于分灶吃饭的财政体制和财力有限，政府提供的相应保障发展不平衡。现实的情况是，地方财政实力越强，地方社会保障水平越高；地方财政捉襟见肘，则社会保障水平低，甚至社会保障制度缺失。中西部农村低保标准很低，一些地方尚未做到全覆盖。二是新旧制度转型中形成的对中老年职工历史欠账等问题还有待于解决，国企老职工历史欠账数额巨大，2000年以前参保人口的缴费远远不能满足自身养老金发放的需要。另外，国有企业"老工伤"人员约有100万人，城镇非就业人群中65岁以上老年人口大约有500万人。

第三，社会保障投入不足。一是我国用于社会保障的财政支出仅占全部财政支出的12%左右，与一些国家相差较大。二是城乡低保和救助水平总体不高，目前大部分城市最低生活保障标准相当于当地居民人均实际收入的20%或更低。三是慈善事业起步晚、规模小、社会援助能力弱。

第四，社会保障管理薄弱。一些地区社会保障办法补丁打补丁，相互叠加。社会保障多头管理，尤其是农村社会保障管理条块分割、各自为政。专业化社会化程度低、经办机构管理能力不高、运行效率低、运行机制不完善。基层社保人员缺乏，许多工作处于应付状态，造成基层社会保障信息失真。

二、加快完善社会保障体系的意义十分重大

第一，这是保民生的重要举措。社会保障是国家的一项基本社会经济制度，是人民群众最关心、最直接、最现实的利益问题。如果说就业是民生之本，那么，社会保障就是民生之盾。越是经济困难时期，越显得社会保障体系重要。当前，国际金融危机还在蔓延和加深，克服经济困难可能需要一个较长的时期。加快完善覆盖城乡居民的社会保障体系，是保障和改善民生的重要之举。

第二，这是扩大内需的根本所在。消费需求是最终需求，

从全局和长远看，在扩大投资需求的同时，只有明显增加消费需求，才能形成经济良性循环。完善社会保障体系能够直接增加城乡居民收入，提高居民消费水平。如果把社会保障体系建设延伸到农村，所产生的刺激消费效果将更明显。让老百姓增加消费，解除后顾之忧，已成为扩大内需特别是消费需求的关键所在。在国际金融危机继续蔓延形势下，政府在社会保障领域加大投入，可以迅速带动和刺激消费；同时，养老金规模大、投资周期长，与基础设施投资可以形成很好的匹配。

第三，这是调整国民收入分配格局的关键一招。投资和消费长期失衡是困扰我国经济社会发展的突出问题。完善社会保障体系，进一步提高社会保障水平，从而提高消费所占比重，有利于协调投资与消费的比例关系。最近为帮助困难企业应对国际金融危机冲击，中央和一些地方允许困难企业在一定期限内缓缴社会保险费，为困难企业提供社会保险补贴、岗位补贴、在岗职工职业技能培训补贴等，实际上是在发挥社会保障的再分配功能。

第四，这是维护社会和谐稳定的基本前提。社会保障是安民之基。当前我国很多群体性事件与社会保障体系不完善有关，一些地方失地农民、部分企业职工社会保障问题没有得到妥善解决，已经成为社会稳定的隐患。只有加快社会保障体系建设，才能稳定社会大局，促进和谐安定。

第五，这是全面建设小康社会目标的内在要求。基本建成覆盖城乡居民的社会保障体系，基本形成合理有序的收入分配格局，城乡、区域发展差距扩大的趋势得到扭转，广大人民能更多分享改革发展的成果。这些是全面建设小康社会的重要内容。

第六，这是党和政府凝聚人心的有效方法。加快完善社会保障体系体现了政府以人为本，对人民的关心，对人民群众有利，也可以提高党和政府凝聚力、公信力。特别是在当前经济困难情况下，更需要为人民群众切身利益着想，以动员和团结全国人民共克时艰。

第七，这是国际上应对经济危机的通常做法。历史上很多国家都是在应对经济危机中加快建立社会保障制度体系的。20世纪 30 年代世界经济大萧条使美国和欧洲等国家在危难之中找到了建立社会保障制度的理论依据和社会基础。1938 年的一次盖洛普民意调查显示，尽管经济萧条，90% 以上的美国人赞成养老金计划。同期，不少国家设立国家协调基金来帮助那些没有能力为居民提供基本公共服务的地区。

三、加快完善社会保障体系的几点建议

第一，进一步完善社会保障制度。更加积极推进社会保险、社会救助、社会福利和慈善事业的协调发展，努力打破体制分割、城乡分割和地区分割，充分发挥基本养老、基本医疗、最低生活保障和社会救助制度的作用，加快形成无漏洞和无分割的社会保障体系。进一步完善失业、工伤、生育保险制度。积极鼓励发展商业保险。大力发展社会慈善事业。

第二，进一步扩大社会保障覆盖面。一是把基本社会保障体系覆盖到各类人群、各类企业，特别是个体、外资企业的职工和农民工。中央虽然已有政策规定，但不少地方落实不够好，应加大政策的推行力度。二是加快解决历史遗留问题的步伐，加紧解决国有关闭破产企业退休人员医疗保障、未参保集体企

业已退休人员养老、国有企业"老工伤"人员的待遇以及城镇非就业老年人口缺乏生活保障和困难企业退休人员医疗保障等历史遗留问题。三是在农村低保"应保尽保"的基础上，提高农村困难人口的救助水平。

第三，进一步完善有关政策和法规。国家已经明确出台的政策要抓紧落实。同时，要及时总结和推广那些在实践中被证明是好的政策和经验。对试点的改革举措，要及时发现和解决问题，加强对各类试点工作的跟踪与评估。一是加快出台探索跨省区范围的社会保险转移接续办法，既要转移个人账户基金又应转移社会统筹基金。二是在建立全国统一的城镇内部各种医疗保险及其与农村医疗保险接续机制的同时，逐步缩小接续后各种医疗保险的待遇水平差别。三是积极改善有8000多万人规模的城乡残疾人福利状况，提供更加完善的康复服务。四是着力解决经济欠发达地区农村养老保障和护理服务问题。积极探索符合中国国情的养老服务模式。

第四，进一步加大社会保障投入力度。继续较大幅度地提高社会保障支出在财政支出中的比例。中央和地方政府都要增加投入，提高社会保障水平。多渠道筹集资金，消化社会保障成本。认真落实中央关于通过变现部分国有资产拓宽社会保障筹资的规定。还可以通过加快征收社会保障税等方式解决社保资金的问题。

第五，进一步动员社会力量广泛参与。政府与社会协同完善社会保障体系，充分发挥社会组织和慈善团体的积极性和创造性。鼓励"民办公助""公建民营""政府购买服务"等形式，形成政府对社会福利和服务机构的资助机制。把政府财政支持、社会保险使用、慈善捐赠和志愿服务有机结合起来，确保服务体系的良性运行。

第六，进一步强化管理，健全社会化服务体系。要从制度、体系、机制、运行等方面全面提高社会保障管理水平。一是努力提高统筹层次，进一步发挥中央和省级政府在社会保障体系建设中的作用。二是严格管理各项社会保障基金，加强监督，确保社会保障基金安全，防范各种风险。三是加强社会保障经办机构建设和社会保障人力资源能力建设。提高执行力度和运行效率，改善服务方式，降低运行成本。四是通过合理的资金投向，兼顾供需，在确保供给方利益基础上，最大限度提高社会保障的服务水平和质量。

最后，建议国务院在适当的时候召开全国社会保障工作会议。进一步提高各级领导干部对经济困难时期加快健全社会保障体系特殊意义的认识，全面检查各方面社会保障建设的进展情况，总结经验，找出问题；进一步动员各方面的力量参与社会保障体系建设；进一步制定和完善加快社会保障体系建设的有关规定与政策措施，从而大大加快推动完善社会保障体系建设的步伐。

宝贵的历史经验 巨大的精神财富 [①]

（2009 年 9 月）

　　党的十七届四中全会通过的《中共中央关于加强和改进新形势下党的建设若干重大问题的决定》（以下简称《决定》），从我们党长期执政的伟大实践中，总结出加强党的建设的宝贵经验，即"六个坚持"。这是我们党围绕建设什么样的党、怎样建设党这个重大课题，不断总结和运用自身建设正反两方面经验，借鉴世界上一些执政党兴衰成败的经验教训，逐步探索形成的我们党作为马克思主义执政党加强自身建设的基本经验。这"六个坚持"的宝贵经验，对于加强和改进新形势下党的建设，推动党和国家事业的继往开来，具有十分重要的意义。

一、坚持把思想理论建设放在首位，
提高全党马克思主义水平

　　列宁说过，没有革命理论就没有革命运动。这深刻地揭示

---

① 本文刊载于《〈中共中央关于加强和改进新形势下党的建设若干重大问题的决定〉辅导读本》，人民出版社 2009 年 9 月第 1 版。

了科学理论对马克思主义政党的极端重要性。我们党历来把思想建设放在党的建设的首位，始终以思想理论建设为根本建设，坚持党的思想路线，解放思想、实事求是、与时俱进，坚持真理、修正错误，不断推进马克思主义中国化、时代化、大众化，坚持以马克思列宁主义、毛泽东思想、邓小平理论和"三个代表"重要思想为指导，深入贯彻落实科学发展观，提高运用科学理论改造主观世界和客观世界能力，使党的理论和实践始终体现时代性、把握规律性、富于创造性。这是我们党能够领导中国革命、建设和改革不断取得胜利的一个根本原因。

加强党的思想理论建设，提高全党马克思主义水平，最重要的是必须坚持两条：一是"老祖宗"不能丢，就是要真正掌握和坚持运用马克思主义的立场、观点、方法去观察、分析和解决问题。我们党是在马克思主义指导下发展壮大起来的，我们党的世界观、历史观都根源于马克思主义基本原理。任何时候都不能丢掉马克思主义，丢了就丧失根本。二是坚持与时俱进，就是要随着时代的进步和实践的发展，来学习、运用、丰富和发展马克思主义，不断推进马克思主义中国化。以毛泽东同志为主要代表的中国共产党人，把马克思列宁主义的基本原理同中国革命的具体实践结合起来，创立了毛泽东思想。毛泽东思想是马克思列宁主义在中国的运用和发展，是被实践证明了的关于中国革命和建设的正确的理论原则和经验总结，是马克思主义中国化的重要成果。党的十一届三中全会以后，以邓小平同志为主要代表的中国共产党人，总结新中国成立以来正反两方面经验，实行改革开放，开辟了社会主义事业发展的新时期，创立了邓小平理论。党的十三届四中全会以后，以江泽民同志为主要代表的中国共产党人，在建设中国特色社会主义的实践中，积累了治党治国新的宝贵经验，形成了"三个代表"重要思想。党的十六大以来，以胡锦涛同志为总书记的党中央提出了科学发展观等一系列重大战略思想，为推进马克思主义中国化增添了崭新成果。包括邓小平理论、"三个代表"重要思想以及科学发展观等重大战略思想在内的中国特色社会主义理论体系，坚持和发展了马克思列宁主义、毛泽东思想，凝结了几代中国共产党人带领人民不懈探索实践的智慧和心血，是马克思主义中国化最新成果，是党最可宝贵的政治和精神财富。《共产党宣言》发表160多年来的实践证明，马克思主义只有与本国国情相结合、与时代发展同进步、与人民群众共命运，才能焕发出强大的生命力、创造力、感召力。中国特色社会主义理论体系是不断发展的开放的理论体系，一定要以新的历史条件下我国改革开放和社会主义现代化建设的实际问题，以我们正在做的事情为中心，着眼于马克思主义基本原理的运用，着眼于对实际问题的理论思考，着眼于新的实践和新的发展，进行科学理论概括。一定要始终坚持用发展着的马克思主义中国化理论武装全党、教育人民，不断提高全党的马克思主义理论水平。

二、坚持把推进党的建设伟大工程同推进党领导的伟大事业紧密结合起来，保证党始终成为社会主义事业的坚强领导核心

党的建设必须紧紧围绕和服务党领导的伟大事业，着力提高党的创造力、凝聚力、战斗力，为实现党的历史任务提供根本保证，这是党的建设必须遵循的根本指导原则，也是党的建

设的一条根本经验。我们党执政 60 年来，坚持把对客观世界的改造同对主观世界的改造结合起来，既紧紧围绕党领导的伟大事业推进党的建设，又通过加强和改进党的建设来推进伟大事业，不断提高党的执政能力和拒腐防变能力，使党始终成为社会主义事业的坚强领导核心。

党的建设必须按照党的政治路线来进行。毛泽东同志说过："一个政党要引导革命到胜利，必须依靠自己政治路线的正确和组织上的巩固。"①党的政治路线关乎党和国家事业发展的方向、道路，是党和国家的生命线。党的建设只有按照党的政治路线来进行，才能保证党的建设始终沿着正确的方向前进，也才能保证党和国家事业兴旺发达。在社会主义初级阶段，我们党的基本路线概括起来就是以经济建设为中心，坚持四项基本原则、坚持改革开放。按照《决定》的要求，加强和改进党的建设，必须紧紧围绕党的基本路线，坚持把以经济建设为中心同坚持四项基本原则、改革开放这两个基本点统一于发展中国特色社会主义的伟大实践，贯穿于党的思想建设、组织建设、作风建设、制度建设和反腐倡廉建设的全部工作之中。特别是在国内外形势发生重大变化的时候，在改革发展的关键时刻，在遇到各种干扰的时候，要教育和引导广大党员干部保持清醒头脑，把思想统一到党的基本路线上来，增强贯彻执行党的基本路线的自觉性和坚定性。这是中国特色社会主义事业战胜种种困难和风险顺利向前发展的根本保证。

党的建设必须围绕党的中心任务来展开。在改革开放历史新时期，党的建设要紧密联系社会主义经济建设、政治建设、

---

① 《毛泽东著作选读（上册）》，人民出版社，1986 年，第 142 页。

文化建设、社会建设以及生态文明建设来进行，说到底要紧密联系发展这个党执政兴国的第一要务来进行。马克思主义最重视解放和发展生产力，社会主义的根本任务就是发展生产力，社会主义的优越性就在于最终能够创造出比资本主义发展得更好更快的劳动生产率，更能保证发展成果为广大人民群众所共享。新中国成立以来特别是近30年来，我们党的一条基本经验，就是一定要始终把促进发展作为第一位的任务，坚持聚精会神搞建设、一心一意谋发展，不断解放和发展生产力，任何时候任何情况下都不动摇。加强和改进新形势下党的建设，仍然要站在完成党的执政兴国使命的高度来谋划党建工作，努力把党建优势转化为国家发展的优势，把党建成果转化为国家发展的成果，使党的建设更加符合社会主义现代化事业科学发展的要求。

党的建设必须朝着党的建设总目标来加强。新中国成立特别是改革开放以来，我们党围绕建设一个什么样的执政党和怎样建设党的问题，进行了大量卓有成效的探索，逐步确立了面向新世纪党的建设新的伟大工程的总目标。党的十七大在党的十五大、十六大精神的基础上，进一步提出了"要把党建设成为立党为公、执政为民，求真务实、改革创新，艰苦奋斗、清正廉洁，富有活力、团结和谐的马克思主义执政党"的总目标。这个总目标，鲜明而集中地体现了我们党的根本宗旨、思想路线、工作作风和精神风貌，既坚持了马克思主义政党的基本原则，又具有鲜明的中国特色和时代特色，更加符合改革开放和中国特色社会主义事业发展对党的要求，更加符合党的自身建设的实际需要。我们要坚持与时俱进、改革创新、团结奋斗，朝着这个总目标不断加强和改进党的建设。

三、坚持以执政能力建设和先进性建设为主线，保证党始终走在时代前列

我们党成为执政党，是历史的选择、人民的选择。加强党的执政能力建设，是时代的要求、人民的要求。先进性是马克思主义政党的根本特征，坚持党的先进性，是党能够得到最广大人民信任和拥护的根本条件。执政能力建设和先进性建设，是我们党的建设的根本任务，关系我们党的生死存亡和国家的长治久安，关系社会主义事业兴衰成败，关系中华民族的前途命运。只有坚持加强党的执政能力建设和先进性建设，才能使我们党的理论和路线方针政策顺应时代发展的潮流和我国社会发展进步的要求，反映全国各族人民的利益和愿望。

我们党始终高度重视执政能力建设。党的三代中央领导集体领导全党紧紧围绕提高领导水平和执政水平、提高拒腐防变和抵御风险能力这两大历史性课题，着重从思想和作风、体制和机制、方式和方法、素质和本领等方面加强和改进。党的十六大明确把加强党的执政能力建设作为党的建设的重要任务，党的十六届四中全会把坚持科学执政、民主执政、依法执政，不断完善党的领导方式和执政方式作为一条重要的执政经验。可以说，党执政后的全部实践活动，都是围绕着执政展开，都是围绕着提高执政水平、完成执政使命来进行的。执政能力建设是党自身建设的重要组成部分，贯穿于党的建设各个方面。

我们党始终高度重视先进性建设。中国共产党成立88年来，所以能够团结和带领人民取得革命、建设、改革的伟大胜利，最根本的原因是始终坚持党的先进性建设，党能够始终代

表中国先进生产力发展要求、代表中国先进文化前进方向、代表中国最广大人民根本利益，始终走在引领中国社会发展进步的前列，因而对广大人民群众具有极大的感召力、凝聚力。党的十六届四中全会进一步把推进先进性建设作为加强党的执政能力建设的重要内容，对提高党的执政能力、巩固党的执政基础、履行党的历史使命，提出了明确要求，有力地推进了党的先进性建设。

党的执政能力建设和先进性建设是紧密联系、相互促进的。先进性建设是执政能力建设的基础和前提，离开了党的先进性，党的执政基础不可能巩固，执政能力不可能提高。党的执政能力是执政条件下党的先进性的现实体现。一个执政党，如果不能通过提高执政能力完成执政使命，就不可能促进社会的发展与进步，也就谈不上保持和发展先进性。把党的执政能力建设和先进性建设作为主线，贯穿于党的思想建设、组织建设、作风建设、制度建设和反腐倡廉建设之中，凸显了这两大建设的根本性作用。只有坚持不懈地进行这两个方面的建设，不断提高党的执政能力和拒腐防变能力，始终保持和发展党的先进性，才能确保党在世界形势深刻变化的历史进程中始终走在时代前列，在应对国内外各种风险和考验的历史进程中始终成为全国人民的主心骨，在发展中国特色社会主义的历史进程中始终成为坚强的领导核心。

四、坚持立党为公、执政为民，保持党同人民群众的血肉联系

立党为公、执政为民，是我们党的性质、宗旨和指导思想

所决定的。党必须坚持全心全意为人民服务根本宗旨，坚持以人为本，贯彻马克思主义群众观点和党的群众路线。要始终把为人民谋利益作为党的全部活动的出发点和归宿。党在长期斗争中创造和发展起来的一切为了群众、一切依靠群众，从群众中来、到群众中去的群众路线，是党的根本工作路线，是中国共产党的优良传统和政治优势。历史经验反复证明，什么时候党的群众路线执行得好，党群关系密切，我们党的事业就顺利发展；什么时候党的群众路线执行得不好，党群关系受到损害，我们党的事业就遭到挫折。

我们党执政 60 年来，正是由于警钟长鸣，常抓不懈，始终实践全心全意为人民服务的根本宗旨，使党保持同人民群众的血肉联系，所以才经受住了长期执政的考验。改革开放以来，我们党继承和发扬党在长期实践中积累的群众工作经验和优良传统，坚持人民是历史创造者的马克思主义根本观点，充分尊重人民群众的首创精神，不断改进新的历史条件下党的群众工作，不断增强党的阶级基础、扩大党的群众基础，按照构建社会主义和谐社会的要求，从全局和战略的高度妥善处理各种利益关系，兼顾不同阶层、不同方面群众的利益要求，团结一切可以团结的力量，形成既充满活力又安定团结的和谐局面，使改革开放和社会主义现代化建设不断取得新胜利。实践证明，我们党的根基在人民、血脉在人民、力量在人民。加强和改进党的建设，最重要的就是要实现好、维护好、发展好最广大人民根本利益，始终保持党同人民群众的血肉联系，使党始终得到群众的支持和拥护。这样，我们党就会永远无往而不胜。

五、坚持改革创新，增强党的生机活力

坚持继承和创新相结合，坚持用时代发展要求审视自己、以改革创新精神提高和完善自己，是我们党在长期执政实践中不断推进党的建设、始终保持党的团结统一、不断增强党的创造活力的重要法宝和强大动力。

加强党的建设，必须坚持党的优良传统，积极探索在新的形势下搞好党的建设的新经验。我们党在领导中国革命和建设的长期斗争中，形成了许多优良传统，这是我们党的宝贵精神财富，也是中国共产党人力量和智慧的结晶。我们不能割断历史，必须继承这些优良传统。同时，更要坚持改革创新。创新是一个民族的灵魂，是一个国家兴旺发达的不竭动力，也是一个政党永葆生机与活力的源泉。改革开放和社会主义现代化建设的宏伟事业，为党的建设注入了新的活力，也使党的建设面临许多新情况和新问题，这就必须解放思想、实事求是、与时俱进，以马克思主义为指导，不断推进党的建设实践创新、理论创新、制度创新。改革开放以来我们党领导人民取得举世瞩目的伟大成就，是与不断推进党的建设实践创新、理论创新、制度创新分不开的。党的十七大报告突出强调，要以改革创新精神全面推进党的建设新的伟大工程，充分体现了我们党准确把握时代进步潮流和世界发展大势，具有与时俱进的远见卓识。

加强党的建设，必须建立健全以党章为根本、以民主集中制为核心的制度体系，推进党的建设科学化、制度化、规范化。在党的各项建设中，制度建设更带有根本性、全局性、稳定性和长期性，不断推进制度创新是我们党在新的历史条件下提高执政能力、永葆自身生机活力的关键环节和治本之策。改革开放以来，我们党深刻总结党和国家的历史经验，把制度建设作为一项重要基础性建设贯穿于党的建设的各个方面，既用制度建设来促进党的思想建设、组织建设、作风建设和反腐倡廉建设的深入发展，又用制度建设来巩固党的建设取得的成果，努力探索注重从制度上建设党的新经验新路子。我们党把发扬党内民主作为党的生命，积极推进党内民主制度建设并取得重大进展，党的代表大会制度得到健全，党内选举制度不断完善，党的集体领导制度更加规范。这些制度的不断完善和创新，保证了新时期党的朝气蓬勃和团结统一。

党的事业的发展没有止境，党的建设的创新也没有止境。必须清醒地看到，任何一个政党，无论实力多强、资格多老、执政时间多长，如果因循守旧、故步自封、保守僵化、不思进取，其创造力就会衰竭，生命力就要停止。加强和改进党的建设，就要顺应形势的发展和时代的变化，深入思考关系党的建设理论和实践的全局性、前瞻性、战略性问题，不断深化对推进党的建设新的伟大工程的规律性认识，不断以新的举措、新的经验、新的认识和新的成效推进党的建设，不断提高党的建设工作水平。

六、坚持党要管党、从严治党，
提高管党治党水平

坚持党要管党、从严治党，是我们党的优良传统和宝贵经验，也是我们党的一贯方针。坚定不移地贯彻这个方针，是保持党的先进性和纯洁性、增强党的凝聚力和战斗力的重要保证。

　　党执政的时间越长，越要抓紧自身建设，越要从严要求党员和干部。在新的历史时期，党所处的环境和肩负的任务有了很大的变化，党的自身建设出现了许多新情况和新问题，一些不正之风和违法乱纪行为时有发生。江泽民同志指出："党内存在的一些消极腐败现象之所以屡禁不止，有的情况还日趋严重，一个重要原因，就是相当一些地方和单位的党组织和领导者治党不严，对党员、干部特别是领导干部疏于教育、疏于管理、疏于监督。"①能不能坚持党要管党、从严治党，不仅关系到党的兴衰，而且关系到改革开放和社会主义现代化建设的成败。

　　坚持党要管党、从严治党，最重要的是要抓好以下几个环节。一是实行党建工作责任制。各级党委要切实负起责任，把党的建设放在工作的首位，列入重要议事日程。党委书记要把抓党的建设作为自己的首要职责，把主要精力放在党的建设上。要真正使从严治党的方针贯穿于党的思想、政治、组织、作风、纪律、制度建设的各个方面，切实落实到对各级党组织、广大党员和干部进行严格要求、严格教育、严格管理、严格监督等各个环节中去。二是必须健全党内生活，认真开展批评和自我批评。批评与自我批评是我们维护党的纯洁性、增强党的战斗力的有力武器，所有党员都必须在党内生活中学会运用这个武器。三是必须严肃党的纪律。全党纪律严明，朝气蓬勃，就能够从胜利走向新的胜利。严肃党纪，最根本的就是各级党组织和全体党员、干部，都要做到严格按照党章办事，按照党内政治生活准则和党的规定办事。要坚持和完善党的民主集中制，完善党内民主决策机制。特别是要严守党的政治纪律，始终同

---

① 《江泽民文选（第二卷）》，人民出版社，2006年，第497页。

党中央在思想上政治上行动上保持高度一致。四是必须不断加强党风廉政建设，坚持不懈开展反腐败斗争。党风廉政建设事关人心向背和党的生死存亡。必须按照标本兼治、综合治理、惩防并举、注重预防的方针，坚持不懈开展反腐败斗争，坚决纠正损害群众利益的不正之风，不断解决党内存在的问题，始终保持党的先进性和纯洁性。

总起来说，这"六个坚持"的基本经验，既以深邃的历史眼光回顾过去，全面、深刻、科学地总结了我们党执政的成功经验，又站在时代高度面向未来，系统、深入、精辟地阐明了我们党在新的形势下加强和改进党的建设的重大原则。这些基本经验，体现和深化了对共产党执政规律、社会主义建设规律、人类社会发展规律的认识，必须倍加重视、倍加珍惜，必须作为加强和改进新形势下党的建设的重要指导原则长期坚持，并在实践中不断丰富发展。

携手应对公共危机挑战 [①]

（2009 年 9 月 29 日）

一、关于中德应急管理合作项目的
政治意义及专业意义问题

近年来，中德关系发展良好，两国高层接触频繁，经贸合作不断扩大，科技、教育、文化、青年等领域的交流富有成果，在国际事务中沟通与协作日益增强。今年初，中国国务院总理温家宝成功访德，对推进中德具有全球责任伙伴关系的发展，起到了重要的作用。温家宝总理访欧期间，在与欧盟委员会主席巴罗佐会谈时明确提出："加强中国国家行政学院与欧盟有关国家及机构在应急管理方面的合作。"并将"中欧双方同意加强在应急管理方面的合作"[②] 写入了会谈后发表的中欧联合声明。今年 3 月 24 日，在中国北京签署了中德关于应急管理合作项目执行协议。我认为，这一协议的签署和实施，对于中国学习研究借鉴德国在

---

① 本文系接受德国《公民保护》杂志采访的提纲，全文发表于德国《公民保护》2009 年第 4 期。
②《中欧联合声明》,《人民日报》2009 年 1 月 31 日第 3 版。

应急管理方面的经验，提高各级政府和领导干部应对突发事件的能力和水平，进一步完善中国特色应急管理体系，提升应急管理教学培训、科研咨询和国际交流合作能力，具有重要的专业意义；同时，对于进一步加强中德之间的关系，增强战略共识，扩大合作交流，共同分享发展机遇，共同应对各种挑战，为建设持久和平、共同繁荣的和谐世界，也具有重要的政治意义。

二、关于德国怎样在应急管理合作项目框架内帮助中国改善灾难保护体系问题

中国是世界上自然灾害最为严重的国家之一。灾害种类多、分布地域广、发生频率高、造成损失重。洪涝、干旱、台风、冰雹、雷电、高温、沙尘暴、地震、地质灾害、风暴潮、赤潮、森林草原火灾和植物森林病虫害等灾害在中国都有发生。70%以上的城市、50%以上的人口分布在气象、地震、地质和海洋等自然灾害严重地区。仅 2008 年，全国就有 4.7 亿人次受灾，死亡和失踪 88928 人，因灾直接经济损失达 13547 亿元。在中国政府的坚强领导下，依靠全国人民的共同努力，我们虽然取得了抗击南方雨雪冰冻灾害和四川汶川大地震等自然灾害的重大胜利，但也暴露了中国在巨灾综合应对体系、灾难保护体系等方面还有不少需要进一步改进的地方。

德国在"灾难风险管理项目"的框架内可以从以下一些方面帮助中国改善灾难保护体系。在灾难的预测预警方面，如何充分利用现代科学技术特别是信息技术，建立起比较完善的预测预警体系；在综合减灾科普宣传教育方面，可以帮助中国建立面向中高级公务员、减灾工作者以及普通民众的，集教育培训和模拟演

练为一体的教育培训体系；在非营利组织与志愿者参与综合减灾方面，可以帮助支持中国群众团体、民间组织和基层自治组织开展防灾避险知识宣传，指导中国基层民众掌握预防、避险、自救、互救和减灾等基本技能；在综合减灾法律和保险等制度建设方面，德国可以帮助中国进一步完善灾难保护的法律和保险体系，尤其是在巨灾综合应对方面的法律体系和保险体系，等等。

三、关于在中德应急管理合作项目中可以学到什么的问题

中华人民共和国成立以来，中国政府在领导中国人民应对各种灾难过程中积累了丰富的经验，德国可以在中德应急管理合作项目中从中国学到很多东西。比如，学习中国应对灾难的强大社会动员能力。中国在应对各种灾难时，政府能够广泛进行社会动员，全民参与，政府、企业与各种社会组织之间有效地组合力量，形成政府主导、全社会共同参与的救灾格局，在各种灾害特别是巨灾面前，显示出强大的社会动员能力。又比如，学习中国应对灾难的统一指挥、协调联动机制。中国应对各种灾难时，政府进行统一领导和部署，公安、消防、气象、水利、电力、交通、民政、医疗、防疫等政府部门之间协调联动，一方有难，八方支援，打破条块分割、部门分割、地域分割、军地分割的界限，形成了协同应急救灾的巨大合力，发挥了社会主义集中力量办大事的体制优势。再比如，中国应对灾难实行军民结合、平战结合的有效做法。中国武装力量具有顽强的意志、严密的组织和超常的快速反应能力、应急机动能力及远程投送能力等，执行抢

险救灾等非军事任务，具有体制优势，等等。可以说，中德应急管理合作项目是一个互利共赢的项目，不仅中国可以从德国学到很多先进的应急管理技术和经验，德国从中国同样能学到很多成功的做法和经验。

四、关于在应急管理协调方面中国能在
多大程度上借鉴德国的经验问题

中国是一个单一制国家，德国是一个联邦制国家。由于中德在行政管理体制和政治、经济等体制上的不同，两国在应急管理协调的侧重点和机制方面也有很大的差异，但注重应急管理过程中的协调沟通则是两国共同之处。由于中国幅员辽阔，人口众多，地区、部门之间差别大，行政结构和层次复杂，而且目前正处在社会转型时期，各种利益矛盾的协调任务比德国繁重，因此，在应急管理过程中对政府协调能力的要求更高。在这个问题上，我认为中德之间应相互学习借鉴，互相取长补短，达到共同提高的目的。比如，中国可以学习借鉴德国在协调政府部门与非政府组织之间关系的经验；德国也可以学习借鉴中国在协调整合政、军、民等各方面资源方面的经验，等等。

五、关于中国在应急预案工作方面
有哪些需要改进的问题

中国非常重视应急预案工作。2003年"非典"后，国务院成立了应急预案工作小组，研究制定国家应急总体预案，组织国务院部委拟定专项预案和部门预案，指导各省（区、市）政

府制定相应的应急预案。2005 年 1 月颁布了《国家突发公共事件总体应急预案》，还编制了 25 件专项预案、80 件部门预案。截至目前，在国家层面中国已经制定各类应急预案 135 万多件，各省（区、市）、97.9%的市（地、盟）和 92.8%的县（市、区）和 100%的中央企业均制定了应急预案，高危行业绝大部分规模以上企业也制定了应急预案，全国所有街道、乡镇、社区、村庄和各类企事业单位也完成了应急预案编制工作。中国已经形成从国家总体应急预案到专项应急预案、部门应急预案、地方政府应急预案、企事业单位应急预案、社区应急预案和重大活动应急预案，"纵向到底、横向到边"，贯通行政和各类组织层级，覆盖社会各个层面的应急预案体系，而且在各类突发事件应对过程中发挥了重要作用。

当然，中国的突发公共事件应急预案体系还有不少需要进一步改进的地方。比如，中国的应急预案内容比较原则，操作性不太强，大多应急预案缺乏实战演练；应急预案的专业化、标准化、规范化还不够，修订也不太及时等。这些问题已经引起中国政府的高度重视，并积极采取措施加以解决。例如，加强应急预案的定期评估与检查工作，据此对应急预案进行定期修订；加强应急预案实战演练，强化其可操作性；引入专家机制，提高应急预案的专业化、标准化、规范化水平等。

六、关于中德通过应急管理项目合作形成的人际关系如何利用的问题

中德之间开展的长达 3 年的这一合作项目，双方不仅投入大量的人、财、物，而且在这期间一定会产生很多新的、融合

大量相关经验和专业水平的高层人际关系网，这是一笔十分宝贵的财富。充分利用好这一财富，不仅对深化中德之间在应急管理方面的合作交流，具有十分重要的意义，而且对扩大中德在经济、政治、文化、科技等各方面的合作交流，推进中德具有全球责任伙伴关系的进一步发展，也具有重要的推动和促进作用。要利用好这一财富，关键要寻找一个有效载体，在我们之间架起一座能够进行长期合作交流的桥梁。国家行政学院愿意在这方面做更多的工作，一方面，做好这3年的合作项目的实施、协调等工作；另一方面，我们要充分利用这3年合作的成果为长期合作打下基础等。关于这个问题，我们可以进一步讨论研究。

七、关于类似德国这样的志愿者体系 是否适合中国的问题

从我们的考察了解来看，德国的应急救援志愿者体系比较发达，组织有序、运转高效、救灾效果突出。德国在加强应急救援志愿者体系建设方面的一些成功做法，值得中国研究借鉴。

近年来，中国的志愿者体系发展迅速。1994年12月5日，中国青年志愿者协会正式成立，这标志着中国志愿者活动进入了有组织、有秩序阶段。中国青年志愿者协会与社区志愿者组织是中国规模最大的两个志愿者组织，他们都与政府机构有一定联系。中国青年志愿者协会隶属于共青团中央，它主要通过组织大型活动，推动全国性志愿者服务项目。社区志愿者组织隶属于民政系统，它的各级组织都与各级民政部门有一定联系，最基层的志愿者组织在街道居委会，并接受相应政府组织的领导与指导。截止2008年，中国的志愿者大约有500多万人。

中国的志愿者也大量地参与各种应急救援活动。例如，直接参与四川汶川大地震救灾的志愿者多达 400 多万，而全国间接参与汶川大地震救灾的志愿者人数就更多。当然，中国的志愿者参与应急救援活动还存在一些需要改进的问题。比如说，不少政府部门、志愿者组织和公众认为，应急救援是政府和专业人员的事，对志愿者的组织和队伍建设重视不够；志愿者组织缺乏必要的应急救援培训，专业化水平不高，救援能力不强；志愿者组织与政府之间缺乏制度化的联系沟通，志愿者组织发育滞后等。德国从志愿者组织的定位和培训、组织建设、社会参与渠道开拓、资金来源、运作模式、管理体制、法律保障等诸多方面入手，强化志愿者的组织体系建设和应急救援能力建设，这些做法值得中国研究借鉴。

深化医药卫生体制改革
解决好"世界性难题"①

（2010 年 5 月 12 日）

　　党中央、国务院高度重视医药卫生体制改革。2009 年 4 月，《中共中央国务院关于深化医药卫生体制改革的意见》和《国务院关于印发医药卫生体制改革近期重点实施方案（2009—2011年）的通知》颁布实施，标志着我国深化医药卫生体制改革全面启动。我们要进一步深入学习领会中央关于深化医药卫生体制改革的指导思想、基本原则和主要内容，进一步认清当前医药卫生体制改革的形势和任务，进一步提高对推进医药卫生体制改革重要性、紧迫性和艰巨性的认识，沟通进展情况，交流做法经验，研讨重点问题，提出对策措施，提升领导科学发展的能力，更好地把医药卫生体制改革推向前进。

---

① 本文系 2010 年 5 月 12 日在国家行政学院省部级领导干部"深化医药卫生体制改革"专题研讨班开班式上的讲话（节录）。

一、充分认识举办医药卫生体制改革
专题研讨班的重要意义

深化医药卫生体制改革是党中央、国务院的重大决策，今年是医药卫生体制五项重点改革承前启后、攻坚克难的关键一年。举办这期研讨班的主要考虑有以下几点。

（一）这是进一步推动医药卫生体制改革的需要。医药卫生事业关系亿万人民的健康，关系千家万户的幸福，关系人民群众切身利益，是重大而基本的民生问题。深化医药卫生体制改革，建设覆盖城乡居民的基本医疗卫生制度，是贯彻落实科学发展观、促进经济社会全面协调可持续发展的必然要求，是维护社会公平正义、提高人民生活质量的重要举措，也是全面建设小康社会和构建社会主义和谐社会的重大任务。认真贯彻落实深化医药卫生体制改革方案，是党和政府实现向人民群众作出的郑重承诺。胡锦涛同志在 2010 年 2 月省部级主要领导干部"深入贯彻落实科学发展观加快经济发展方式转变"专题研讨班上的讲话指出，要"落实医药卫生体制改革方案，加强覆盖城乡居民的公共卫生服务体系、医疗服务体系、医疗保障体系、药品供应体系建设"。温家宝同志在十一届全国人大三次会议所作的《政府工作报告》中，郑重地把加快推进医药卫生事业改革发展作为 2010 年政府的重点工作，并作出明确具体部署，强调"要克服一切困难，把这个世界性难题解决好"[①]。这些说明，党中央、国务院极为重视深化医药卫生体制改革工作部署的贯

---

① 温家宝：《政府工作报告》，《人民日报》2010 年 3 月 16 日。

彻落实。当前，加快推进医药卫生体制改革，促进卫生事业健康发展，关乎经济社会发展的全局，既可以有效缓解群众"看病难""看病贵"的问题，维护社会公平正义，让人民生活得更加幸福更有尊严，又可以减轻群众医疗卫生负担，提振城乡居民消费信心，增加即期消费，扩大内需，继续有效应对国际金融危机影响，保持经济平稳较快发展；还可以促进民族医药业的快速发展，促进产业结构优化升级，有利于创业和扩大就业，转变经济发展方式，提升经济增长质量。同时，历经三年时间广泛调研、科学论证的深化医药卫生体制改革方案，已为社会各界知晓，广大群众热切盼望贯彻落实。能否实施好医药卫生体制改革方案，关乎党和政府的公信力和执行力。因此，要进一步提高认识，增强搞好医改工作的紧迫感、责任感和使命感；进一步把思想统一到中央的决策部署上来，增强推进医改的自觉性、主动性和坚定性；进一步加大工作力度，切实把深化医改摆在更加重要的位置。

（二）这是深入学习领会医药卫生体制改革文件精神实质的需要。中央关于医改指导意见的制定，是在广泛征求各方面意见和借鉴世界各国医疗改革实践经验的基础上，立足于我国基本国情和现代化建设实际提出来的。应当说，各方面都作出了明确的决策部署。这里包括：基本方向是坚持卫生事业为人民健康服务、为人的全面发展服务、为经济社会发展服务。核心理念是坚持公共医疗卫生的公益性质，把基本医疗卫生制度作为公共产品向全民提供，逐步实现人人享有基本医疗卫生服务，努力做到病有所医。总体目标是建立健全覆盖城乡居民的基本医疗卫生制度，为群众提供安全、有效、方便、价廉的医疗卫生服务。基本原则是坚持以人为本，把维护人民健康权益放在第一位；坚持立足国情，建立中国特色医药卫生体制；坚持公平与效率统一，政府主导与发挥市场机制作用结合；坚持统筹兼顾，把解决当前突出问题与完善制度体系结合起来。主要任务是全面加强公共卫生服务体系、医疗服务体系、医疗保障体系、药品供应保障体系的建设，形成四位一体的基本医疗卫生制度，还要完善医药卫生的管理、运行、投入、价格、监管体制机制，加强科技与人才、信息、法律建设，保障医药卫生体系有效规范运转。可以说，这个医改方案全面体现了科学发展观的要求，是我国医药卫生事业发展从理念到体制机制的重大创新，既从中长期战略高度规划了医药卫生事业发展的布局，也有针对性地明确了近期工作重点，内容丰富，含义深刻，在基本理念、基本思路以及制度设计和政策措施等方面都有许多新思维、新观点、新举措。学习领会和贯彻中央医改文件精神，需要一个不断深化认识和不断进行创新的过程。只有深刻领会和准确把握医改文件的精神实质，进一步明确改革的方向、理念、原则、目标、任务和政策措施，才能保证医改工作沿着正确的道路推进。

（三）这是确保医药卫生体制改革取得实效的需要。制定好医药卫生体制改革方案很不容易，"三年磨一剑"。而实施好方案更不容易，遇到的矛盾和问题会更多、更复杂，需要的时间会更长。这里包括中央和地方各级政府增加投入、医疗机构改革和运行机制转换、医疗卫生队伍建设等。一年多来，各地区、各部门按照党中央、国务院的决策部署，做了大量工作，取得了重要进展，积累了宝贵经验。同时，医改工作中也存在一些问题，突出的是各地进展不平衡，有的地方存在畏难情绪，有的地方还在观望；随着改革的推进，也出现了一些新情况、新问题，改革的配套性、复杂性、艰巨性进一步凸显。举办本期研讨班，各地区、各部门负责医改工作的同志以及参与设计改革方案的同志聚集一堂，交流情况，总结工作，探讨问题，研究对策，有助于我们进一步开阔思路、破解难题，更有力、有效地把医改的各项任务和政策措施落到实处。

（四）这也是提高政府领导科学发展能力的需要。深化医药卫生体制改革，既是一项重大的民生工程，也是贯彻落实科学发展观的重大实践行动。搞好医药卫生体制改革，是提高政府领导科学发展能力的重要体现。我国经济建设和社会发展中长期存在"一条腿长""一条腿短"的问题，社会事业发展滞后。我们要践行科学发展观，必须全面履行政府职能，当前尤为重要的是，切实强化社会建设和管理、提供公共产品和服务的职能，包括加快医药卫生体制改革，建立健全覆盖城乡居民的医疗保障制度，大力发展卫生健康事业。深化医药卫生体制改革必须完善医药卫生体制机制，保障医药卫生体系有效规范运转；必须创新政府管理方式，有效动员和综合利用社会资源来加强和改善医疗卫生服务，进一步调动全社会参与医疗卫生事业的积极性。这些改革将进一步完善有利于科学发展的体制机制。我们要不断适应医药卫生体制改革的新形势、新任务、新要求，探索深化行政管理体制改革、加快转变政府职能、建设服务型政府的途径和措施，进一步提高政府领导科学发展的能力和水平。

二、深入学习研讨医药卫生体制改革的重点问题

深化医药卫生体制改革是当今世界许多国家面临的一项重大社会改革，涉及社会各方面利益的重大调整和社会治理模式、

经济发展方式的重大变革。这项改革头绪多、难度大，十分复杂，非常艰巨，必须明确思路，把握方向，抓住重点，攻克难点，才能确保改革稳步向前推进和达到预期效果。下面，我先提出需要深入学习研讨的几个重点问题。

（一）深入学习领会和准确把握"保基本、强基层、建机制"的医改重大原则。医药卫生体制改革任务千头万绪，各地方、各时期工作重点有所不同，但"保基本"是共同的要求。这次医改的最大特点，就是区分了"基本"和"非基本"。政府的主要责任就是"保基本"，包括基本保障、基本医疗、基本公共卫生和基本药物，强调人人有基本保障，人人享有基本医药服务。高端的、选择性的、个性化的医药卫生服务要逐步交给社会和市场。"强基层"，就是要强化基层、面向基层、依靠基层。当前要进一步把工作重心下沉到基层、到区县、到乡村，以基层为着力点，夯实基本医疗卫生制度的基础。"建机制"，就是要高度重视体制机制创新。我国医药卫生事业领域存在的问题是多方面因素造成的，主要根源在于体制机制不合理。没有体制机制上的重大突破，就难以实现医药卫生事业可持续健康发展。在推进医改的过程中，必须把增加投入和健全机制结合起来，在加大资金投入的同时，更加注重推进机制改革，为医药卫生事业科学发展提供有力的制度保障。

（二）深入学习领会和准确把握政府主导与市场作用有机结合的基本要求。公益性是医药卫生事业的基本特征。在社会主义市场经济条件下，政府的主要职责是要保障公共医疗卫生服务的公益性，满足人民群众的基本医疗卫生服务需求，促进社会公平正义。目前，我们在这方面做得还不到位。进一步加强公共服务职能，加快建立覆盖全民的基本医疗卫生服务体系，这是政府义不容辞的责任。同时也要看到，人民群众对健康的需求呈现多层次和多样性，必须合理确定政府的责任范围，正确划分政府主导与市场作用的界限，这是医改中一个十分重要的问题。现在政府办了许多应当交给市场和社会办的事，用公共资源办高端的医疗服务，满足了少数人的需求，加剧了分配不公和群众不满。中央要求，在包括医药卫生在内的社会事业领域，都要进一步放宽准入条件，调动全社会参与的积极性。这方面思想要解放一点，胆子要大一点，步子要快一点。我们要深入研究如何引导社会力量办医药卫生事业的问题，这样，既能够利用更多的社会资源加快医药卫生事业发展，又有利于政府集中力量办好应该办的事情。

（三）深入学习领会和准确把握近期医改工作的重点任务。医药卫生体制改革的前三年，是改革攻坚克难的关键时期，尤其需要突出重点，在关键环节上取得突破。中央确定，近三年要着力抓好五项重点改革任务，这就是：加快推进基本医疗保障制度建设、初步建立国家基本药物制度、健全基层医疗卫生服务体系、促进基本公共卫生服务逐步均等化、推进公立医院改革试点。抓好这五项重点改革，旨在针对突出矛盾，有效缓解群众看病难、看病贵问题，使群众看得上病、看得起病、看得好病、少得病；旨在增强改革的可操作性，以重点突破带动医药卫生体制全面改革。可以说，这五项改革既是各级政府推动医改的首要任务，也是做好医改工作的重要抓手。一年来，在各方面的共同努力下，五项重点改革有了个好开局。2010年是关键的一年，能否做好今年的工作不仅关系到三年重点改革任务能否完成，而且关系到长期目标能否实现。各方面应再接再厉，加大工作力度，把2010年的任务完成好。

（四）深入学习领会和准确把握基本药物制度建设与公立医院改革试点的主要思路。基本药物制度与公立医院改革这两项改革，是整个医药卫生体制改革的重点，也是难点，都涉及对利益关系的深刻调整。基本药物制度一头连着医疗卫生机构和医务人员，一头连着药品生产流通领域，影响医疗机构和医务人员的行为，影响药品企业的生存发展，涉及生产、定价、招标、流通、配送、使用、报销各个环节。这项改革实施一年来，取得了一定成效，但暴露的问题也不少，比如药品定价、药品种类、招标采购、医疗机构的补偿等问题，都需要认真研究，逐步加以完善。

公立医院集中了我国95%以上的医疗卫生资源，当前医药卫生事业发展面临的许多问题主要反映在公立医院。各项医改措施能否让人民群众得到实惠，很大程度上要通过公立医院改革来体现。因此，公立医院改革的进程和成效，最终决定医改的进程和成效，甚至决定医改的成败。当前，中央对公立医院改革的思路、原则和方向都已明确，国务院也下发了公立医院改革试点指导意见，在全国选择16个城市作为改革试点城市。对于下一步如何推进，尚未制定具体实施方案，主要是给地方留出试点的空间，鼓励地方解放思想，勇于创新，大胆试点，探索具体有效的途径和办法。所以，有以下几个方面值得深入研究和讨论：一是如何推进政事分开、管办分开、医药分开、营利性和非营利性分开。二是如何调整公立医院的数量和布局。三是如何建立医院新的补偿机制和改革医疗系统人事制度。四是如何建立由利益相关方和专家参与的医疗服务协商定价机制和监管评价制度。弄清楚了这些问题，公立医院改革就可以有大的突破。

努力构建中国特色应急管理体系 ①

（2010 年 6 月 19 日）

各位来宾，女士们，先生们：

在北京美好的仲夏时节，来自世界 20 多个国家（地区）和有关国际组织的官员、应急管理专家学者与实际工作者，相聚在一起，就全球关切的应急管理问题进行深入探讨，这对于推动应急管理方面的国际交流合作，相互取长补短，共同应对人类面临的各种危机和挑战，具有重要的现实意义和战略意义。

预防和应对危机，始终贯穿于人类历史发展的进程，一部人类文明发展史，从一定意义上说，就是不断应对各种危机、战胜各种灾难的奋斗史。当今世界，人类面临的发展希望和机遇增多，同时，面临的风险和挑战也在增加。各种传统的和非传统的、自然的和社会的安全风险相互交织，重大灾难频繁发生，重大疫情传播范围扩大，能源资源紧缺和生态环境恶化，跨国犯罪和恐怖主义活动增加，民族宗教矛盾和地区冲突不断，经济社会发展不稳定不确定因素增多。预防和应对各种风

---

① 本文系在"2010 年应急管理国际研讨会"上的主旨演讲。

险、危机及突发事件，成为国际社会和世界各国政府面临的重大课题。

一、中国应急管理体系建设的进展情况
和面临的重点任务

中国政府高度重视应急管理工作，改革开放 30 多年特别是近些年，坚持把构建中国特色应急管理体系，作为预防和应对各种风险、危机，促进科学发展、和谐发展的重大任务，围绕应急管理预案、体制、机制、法制，即"一案三制"建设，进行了坚持不懈的努力，开展了多方面卓有成效的工作。

应急管理思想理念不断明确。坚持以人为本，把保障公民生命财产安全放在第一位，把加强应急管理体系建设作为全面履行政府职能、提高政府行政能力的重要内容，全国上下防范风险和应对各种危机的观念明显增强。

应急管理预案体系基本形成。从 2006 年国务院颁布《国家突发公共事件总体应急预案》以来，全国已制定各级各类应急管理预案 200 多万件，基本形成了一个覆盖各类突发事件，"纵向到底、横向到边"的预案体系。

应急管理体制初步建立。以各级政府应急管理办公室成立和综合协调职能的加强为标志，形成了统一领导、综合协同、分类管理、分级负责、属地管理为主，以及全社会共同参与的应急管理体制架构和工作格局。

应急管理机制不断完善。按照统一指挥、反应灵敏、协调有序、运转高效的要求，各级政府和各部门建立了信息通报、预防预警、应急处置、恢复重建、社会动员、跨地区跨部门协

作机制，应急管理效率不断提高。

应急管理法制得到健全。以《中华人民共和国突发事件应对法》的颁布实施为标志，目前，国家已有应对各种自然灾害、事故灾难、公共卫生事件和社会安全事件的法律、法规和部门规章200多部，为应急管理工作的全面开展提供了法律依据和法治保障。

应急管理队伍体系已经形成。全国上下形成了以公安、武警、军队为骨干和突击力量，以防汛抗旱、抗震救灾、森林消防、海上搜救、矿山救护等专业队伍为基本力量，以企事业单位专兼职队伍和应急志愿者为辅助力量的应急队伍体系。

应急管理保障能力逐步提升。各级政府不断加大财政投入，重点加强了应急物资储备和应急队伍装备，灾害监测网络日趋完善，预警系统建设进一步加强，保障能力明显提升。

应急管理教育培训明显加强。国家级应急管理培训基地建设进展顺利，各级应急管理教育培训逐步展开，国际应急管理交流合作日趋频繁，公务员和社会公众的应急管理知识、公共安全意识，以及应急管理能力、自救互救能力等不断增强。

由于国家重视应急管理体系建设，使我国应对各种突发公共事件的动员能力、反应能力、处置能力和恢复重建能力有了明显提高。近些年来，我们在预防和应对各种重大突发公共事件中取得了比较显著的成效，包括及时、有力、有效地应对了破坏力极强的地震灾害和极端气候灾害，以及重大突发事件，保障了我国改革开放不断深化和经济社会的持续发展。同时，我们也清醒地看到，目前中国正处在工业化、信息化、城镇化、市场化深入发展的过程中，面临着体制转换、结构调整、保护环境、改善民生、消除贫困等多重压力，社会利益关系错综复杂，各种自然灾害频繁发生，安全生产事故难以避免，公共安全面临许多新的挑战，应急管理工作形势严峻。这就要求我们必须增强忧患意识，更加重视应急管理工作，为全面建设小康社会、加快推进现代化建设提供一个稳定、安全、和谐的社会环境。我们要认真研究探索应急管理工作的规律，学习借鉴世界各国应急管理的成功做法和经验，继续全面构建中国特色应急管理体系。

当前和今后一段时期，我国加强应急管理体系建设的基本任务，就是以提高全社会应急管理综合能力为主线，以强化基层应急管理工作为重点，以健全完善突发公共事件预测预警预防体系、综合协调机制和社会矛盾化解机制等为主要内容，形成统一指挥、结构合理、功能完善、反应灵敏、协调有序、运转高效、特色鲜明的应急管理体系，使全社会预防各类风险和危机的意识进一步增强，应对各种突发公共事件的能力水平显著提高，为促进经济社会的科学发展、和谐发展提供有力保障。

为此，我们将遵循以下一些重要原则：一是始终坚持以人为本、生命至上、民生第一的理念，把保障人民群众的生命财产安全放在首位，作为构建应急管理体系的根本出发点和落脚点；二是始终坚持预防为主，预防与应急相结合、常态管理与非常态管理相结合，加强风险防范，完善预测预警机制，提高应急管理工作的预见性、科学性和有效性；三是始终坚持统一领导、加强协调配合、强化协同应对，完善上下贯通、左右配合、综合协调、区域协作、全社会参与的体制机制；四是始终坚持依法应急、科学应急、民生应急，以法制规范应急管理行为，以科技引领支撑应急管理工作，以民主确保应急管理公开公正公平；五是始终坚持以加强应急管理基础能力建设为重点，强化基层、广泛动员，发挥各方面优势，整合各方面资源，提高全社会防范应对突发公共事件的综合能力。这"五个始终坚持"，既是我们近些年来应急管理工作实践经验的科学总结，也是我们进一步构建中国特色应急管理体系必须坚持的基本原则。

二、进一步构建中国特色应急管理体系，需要着力抓好的几个重点工作

第一，全方位推进应急管理体制机制建设。要以提高基层应急能力为重点，进一步理顺各级应急管理体制，强化综合协调，完善应急决策指挥机制，形成快速反应、高效运转的应急管理体制机制。要完善突发事件监测预警机制，强化风险管理，实现对各种风险和隐患治理的制度化、规范化和常态化。要完善信息报告、信息共享、信息发布和舆论引导机制，强化应急处置协调联动机制，加强各方面的协同配合，形成有效处置突发事件的合力。要完善社会动员机制，充分发挥群众团体、企业、社会组织、基层自治组织及公民在突发事件预防、应对和处置等方面的作用。

第二，全面强化应急管理基础能力建设。要把防灾减灾纳入城乡建设发展规划，在做好灾害风险评估的基础上，重点加强电力、交通、通信等各类基础设施的抗灾和保障能力建设，提高学校、医院、大型商场等人员密集场所抗灾设防标准。要督促各类生产企业加大安全技术投入力度，改善安全生产条件，大力提高矿山、危险化学品等高危行业安全生产水平，切实加强安全生产基础能力建设。要完善城乡医疗救治体系和疾病预

防控制体系，提高重大传染疫情、群体性不明原因疫病等监测、检测、处置能力，健全食品安全检验检测体系，加强公共卫生保障能力建设。要健全科学有效的利益协调机制、诉求表达机制、矛盾调处机制、救助保障机制和社会治安防控体系，积极化解各种社会矛盾，夯实社会安全的基础。

第三，进一步完善应急管理法律和预案体系建设。依法预防和处置各种公共应急事件，是实施依法治国方略的重要方面，也是推行依法行政的重要方面。要进一步完善各类突发公共事件应对方面的法律法规，抓紧制定各项配套规定，并认真抓好贯彻实施，使应急管理纳入法制化、规范化、科学化轨道。要全面开展应急管理规划和预案评估工作，定期组织规划实施情况的检查和预案的演练，及时修订完善各类规划和预案，不断提高针对性、实用性和可操作性。

第四，切实加强应急管理保障体系建设。要进一步加强应急物资储备和管理体系建设，优化应急物资储备布局，改进应急物资调拨配送方式，合理确定储备品种和规模，加强跨部门、跨地区、跨行业的应急物资协同保障。要以提高基层应急保障能力为重点，加大应急管理资金投入力度，开辟多元化的筹资渠道，实行政府、企业、社会各方面相结合的应急保障资金投入机制。要加快建立国家巨灾保险体系，充分发挥各类社会保险的应急功能，建立应急管理公益性基金，提高灾害救济补助标准，有效分散风险、减少损失。要研究制定应急管理方面的资金、税收等优惠政策，支持应急管理企业产业发展。加快推进应急管理平台建设，提高应急管理的信息化、社会化、科学化水平。

第五，注重提高全社会风险防范和灾害应对能力。要加大应急管理知识宣传普及力度，充分发挥各级政府和政府各部门，以及新闻媒体和社会各界的作用，深入开展应急管理科普教育活动，大力推进防灾避险、自救互救等应急救援知识、技能进社区、进农村、进企业、进学校活动，大力提高全社会的防灾避险意识和自救互救能力。要全面加强应急管理教育培训工作，加快国家应急管理人员培训基地建设，完善各级各类应急管理教育培训网络，提高各级领导干部应对突发事件的指挥协调能力和处置能力。增强全社会成员预防和应对灾害的意识与能力。加强应急管理志愿者队伍建设，提高组织化、专业化水平。加强各类应急管理人才培养和专家队伍建设，积极开展应急管理科学技术研究和决策咨询工作。要加强对现代条件下各类突发事件特点和应对手段的研究，建立科技应急管理支撑系统，为科学应急提供现代化服务和手段保障。

友谊在交流中加深，智慧在碰撞中升华。这次研讨会的召开，为我们了解掌握国际应急管理最新动态，学习借鉴各国应急管理先进理念、做法和经验，提高构建中国特色应急管理体系水平提供了机会，也为加强国际应急管理的交流合作搭建了平台。中国国家行政学院作为中国政府培训中高级公务员、培养高层次公共管理和政策研究人员的重要机构，开展公共行政理论和政府管理创新研究的重要基地，以及为政府提供决策咨询服务的重要思想库，我们正在按照中国政府的要求，创建国际一流行政学院，特别是坚持高起点高标准，加快国家应急管理人员培训基地建设。开展全方位、多渠道、宽领域的国际应急管理交流合作，既是中国政府赋予国家行政学院的重要职责，也是我们创建国际一流行政学院的重要目标。我们真诚希望各位代表围绕研讨会的主题，广泛交流、深入研讨，为构建中国特色应急管理体系发表箴言良策，为提高国家应急管理人员培训基地的教学培训和科研、咨询水平提出建议。让我们在相互交流中加深了解，在相互研讨中形成共识，在互相学习中提高水平，在相互借鉴中实现共赢。

深入研究加强和创新社会管理问题 [①]

（2010 年 11 月 2 日）

一、充分认识加强和创新社会管理
课题研究的必要性和重要性

刚刚胜利闭幕的十七届五中全会，审议通过了《中共中央关于制定国民经济和社会发展第十二个五年规划的建议》，提出了今后五年我国经济社会发展的主要目标，特别强调"社会建设明显加强"，提出要"加强和创新社会管理，正确处理人民内部矛盾，切实维护社会和谐稳定"。这是中央全面审视我国经济社会发展形势和进程作出的重大决策部署。

改革开放以来，我国经济社会建设取得了举世瞩目的成就。但是，经济的高速增长也伴生了一系列社会矛盾，出现了一系列社会问题，我国社会管理面临新的形势、新的挑战。如何正确认识、客观分析这些新形势、新挑战，通过加强和创新社会管理解决这些新问题、新矛盾，成为摆在我们面前的一

---

① 本文系在"加强和创新社会管理研究"课题启动会议上的讲话（节录），发表于《国家行政学院学报》2011 年第 1 期。

个重大课题。

（一）我国经济社会发展的新形势新情况要求必须加强和创新社会管理。1978年以来，我国经济高速发展，年均近10%的增长率成为世界经济发展史上的奇迹。2009年，人均GDP达到3700多美元，我国进入中等发展国家行列。作为后发现代化国家，中国用30多年时间走完了西方发达国家上百年走过的道路，工业化、城镇化、市场化、信息化、国际化等人类社会的重大变革，在中国短时期展开。发展时序上的时空压缩，不可避免地会导致地区发展不平衡、经济社会发展不协调等问题，西方国家在不同时期渐次出现的许多社会矛盾和社会问题在我国相对集中的较短时间里表现出来，有些问题还相当突出，有些问题甚至会在较长时期内存在。

从我国近几年经济社会运行情况看，虽然总体形势较好，但经济和社会发展"一条腿长、一条腿短"的状况并未根本改变，区域发展不平衡仍在持续，各社会阶层和群体之间的利益冲突趋于明显，全国刑事犯罪、社会治安事件居高不下，群体事件易发多发。随着社会主义现代化建设进程的加快，特别是随着经济体制、社会结构、社会利益格局、社会思想观念、社会需求结构发生深刻变化，新情况、新问题不断产生，我国社会管理已经并将长期面临新的形势、新的挑战。这些情况表明，我们必须加强和创新社会管理，妥善协调各方面的利益，妥善处理各种社会问题和社会矛盾，应对各种社会风险。

（二）深入贯彻落实科学发展观要求必须加强和创新社会管理。科学发展观是中国特色社会主义必须坚持和贯彻的重大战略思想。第一要义是发展，核心是以人为本，基本要求是全面协调可持续，根本方法是统筹兼顾。社会管理目标是在维护社会秩序基础上，激发社会活力，推进社会管理主体协作，达到社会的善治。良好的社会运行秩序，能够为经济社会发展提供基础保障；各社会主体积极性、主动性、创造性的发挥，能够为经济社会持续发展提供根本动力，推动相互间的合作，达到社会的良好治理。

从实践看，当前我国的社会管理体制还不完善，机制还不健全，政府社会管理存在越位、缺位和错位现象，基层社会管理还存在空白点和薄弱环节。城乡社区治理的思路仍欠明晰，社会组织的管理有待改进，基层自治和行政职能冲突加剧，不利于社会和谐稳定发展。户籍管理制度创新滞后，新型人口管理制度尚未建立，对流动人口服务不够，未能充分体现以人为本的理念。

为此，必须坚持以人为本，坚持统筹兼顾，加强和创新社会管理，保障并不断丰富公民的基本社会权利，加强对流动人口的管理和服务，妥善协调各种社会群体的利益，促进各类社会组织和基层社区健康发展，实现经济社会的全面协调可持续发展。

（三）发展中国特色社会主义事业要求必须加强和创新社会管理。党的十六大以来，中国特色社会主义事业总体布局扩展为经济建设、政治建设、文化建设、社会建设以及生态建设。这就要求我们，在经济发展基础上，更加注重社会建设，着力保障和改善民生，推进社会体制改革，扩大公共服务，完善社会管理，促进社会公平正义，推动建设和谐社会。社会建设包括发展教育、扩大就业、调整收入分配、建立全民社会保障体系、建立基本医疗卫生制度、完善社会管理等多个方面。

社会管理作为中国特色社会主义事业的重要组成部分，是构建和谐社会的重要方面。但是，由于种种原因，我们对社会管理的了解和熟悉程度，远远不如我们对经济管理的了解和熟悉程度。在中央政治局第23次集体学习会议上，胡锦涛同志指出，正确处理人民内部矛盾，要以邓小平理论和"三个代表"重要思想为指导，深化贯彻落实科学发展观，强化责任，创新机制，统筹兼顾，落实措施，认真解决影响社会稳定的源头性、根本性、基础性问题，加快推进改善民生为重点的社会建设，依法保障人民权益，不断提高正确处理人民内部矛盾能力和水平，扎实做好正确处理人民内部矛盾各项工作。伟大的实践需要科学的理论支持。这就要求我们，必须通过不断的理论创新，通过对我国社会管理的深入分析，深化对社会管理规律和特点的认识，探索适合我国国情的社会管理体制机制，提高社会管理的能力和水平。

（四）建设小康社会要求必须加强和创新社会管理。党的十六大提出了我国全面建设小康社会的奋斗目标，党的十七大勾勒出小康社会建设的新内涵，强调要增强发展协调性、扩大社会主义民主、加强文化建设、加快发展社会事业、建设生态文明。而健全的社会管理模式对小康社会建设具有极大推动作用。总的来看，当前我国的社会管理模式，依然是传统计划经济体制下的社会管理模式，在思想观念上，重经济建设、轻社会管理；在管理主体上，重政府作用、轻多元参与；在管理方式上，重管制控制、轻协商协调；在管理环节上，重事后处置、轻源头治理；在管理手段上，重行政手段、轻道德自律。这些与我国小康社会建设的总体要求是不相匹配的。如何再造与市场经济相适应、与构建和谐社会要求相适应的中国特色社会管理模式有着极大的现实紧迫性。

总之，我们要立足于我国社会发展的新形势、新情况，通过对社会管理基本理论、社会管理现状和存在的问题进行深入细致的研究，从全球治理格局变化和中国现实国情出发，提出加强和创新社会管理的思路与对策，为党和政府改革社会体制、制定社会政策，加强和创新社会管理，提供科学决策的参考依据。因此，大家一定要高度重视这个课题研究。

二、准确把握课题研究的重要任务

"加强和创新社会管理研究"这个课题，涉及社会管理的多个领域和主题，为了做好这个课题，必须把握课题研究的重要任务。

（一）如何认识社会管理的内涵和边界。人们对社会的内涵有不同的理解，对管理的内涵有不同的看法，对社会管理的内涵就形成了不同的界定和理解。有的学者认为，社会和自然界相对，社会管理是对整个人类社会的管理，包括政治、经济、社会、文化等广阔的领域和范围。有的学者认为，社会是与政治、经济、文化相对应的，社会管理是对人类活动的社会领域的管理。有的学者认为，社会是指和政府、企业相对应的非政府组织、民间组织等社会性组织，社会管理是指社会组织所进行的社会协作管理。这些看法都有可取之处，但似乎都不尽完善。我们的课题研究，需要从这些纷纭多样的认识中，找到研究的起点和立足点，认真研究和回答，什么是社会管理？社会管理的主要内涵是什么、边界在哪里？

（二）如何把握中国特色社会管理应遵循的基本原则。原则是根本性的问题，反映的是立场，是出发点。不同立场会产生不同的观察问题、处理问题的准则。我想，中国特色社会管理所遵循的原则，一方面应当遵循人类社会发展的普遍规律，把加强和创新社会管理放在世界多极化、经济全球化的大背景下，深刻认识和总结各个国家和地区社会管理的经验和教训，找到一些共性的原则和做法，拿来为我所用。更重要的是，必须遵循中国特色社会主义建设的特殊规律，从当前中国从传统社会走向现代社会的深刻变革大背景出发，立足我国历史传统和现实国情，找到中国特色社会管理应遵循的基本原则，依此来指导我国的社会管理体制机制转型，创新社会管理模式。

（三）如何总结提升创新出来的社会管理新鲜经验。面对日益复杂的社会形势和不断增多的社会问题、社会矛盾，各级、各地政府在社会管理方面做了大量卓有成效的探索和实践。例如，强化基层社区建设的"楼宇党建"、发挥社会组织作用的"枢纽型组织"、强化企事业单位社会管理责任、提高公民社会管理参与、在社会管理中引进专业社会工作，等等。如何总结和升华这些鲜活的经验，从中找到可以加以推广的做法和思路，进而上升到理论层次，是一件很有意义的事情。我们的课题研究应当在这个方面有所作为，有所突破。

（四）如何改革和创新社会管理体系。建立健全社会管理体系，是加强和创新社会管理的关键。当前，我国社会管理的主体尚未多元化，各主体在社会事务和社会管理中的地位作用尚未明确，各主体间的关系和运行机制尚未形成制度化安排。这就需要创新社会管理理念，通过总结我国社会管理的已有经验，借鉴国外社会管理的理论及实践，准确界定社会管理的主体、各主体的地位和作用以及相互关系、社会管理体系的运行机制等，从而建立起一整套科学分工、合理分权、相互联系、相互补充、相互匹配的社会管理体制机制。

（五）如何实现社会管理向社会治理转变。治理，也叫社会治理，是从西方引入的概念，也是当前世界社会管理的发展趋势。社会治理应当有三层含义，其一是，社会治理是目标，管理只是手段。为实现治理目标，还可以有服务、自我管理等多种手段。其二是，社会治理是多元管理主体，而不是将社会简单分为管理者和被管理者，所有社会的参与者都应当是管理者。其三是治理的手段不限于以国家强制力为保障的单向管理，而是包含国家的社会管理、公共服务、社会自治和公民个人自我管理等多种方式。可见，我国传统的社会管理，与现代社会所倡导的社会治理还有相当的差别。如何科学限定政府的社会管理职责，明确其公共服务的义务？如何推动政府之外的各种力量进入社会管理领域，界定其职责，发挥其作用？换言之，如何找到一条科学的路径，尽快使我国走上善治之路，也应当是加强和创新社会管理研究的题中之义。

除了以上问题，如何加强法治在社会管理中的作用？如何培育社会管理人才？如何加强社会管理投入？如何建立社会管理评价机制？如何借鉴国外社会管理经验？如何加强社会管理的能力建设？当然仍有许多问题也很重要，在此不一一详举。这一系列问题，都需要大家在研究中深入探究和思索，作出科学的回答和解释。

另外，应当看到，与社会管理相比，社会体制是更为根本性、全局性的问题。正如我国经济改革首先确立社会主义市场经济体制一样，社会建设、社会管理也亟待确立一个科学、合理、与国情相适应的社会体制。只有确定了社会体制，我们的社会建设和社会管理才能把握正确的方向，各项社会建设才能制定明确的目标和措施。因此，我们的课题研究还要着眼于探索建立与市场经济体制相适应的社会体制。

三、做好课题研究的几点要求

加强和创新社会管理课题研究涉及问题重大，需要精心组织，运用科学方法，扎实推进研究工作，务求取得重要研究成果。

（一）明确任务、服务大局。解决我国经济社会发展的阶段性矛盾需要加强和创新社会管理，贯彻落实科学发展观、发展中国特色社会主义事业、建设小康社会都需要加强和创新社会管理。加强和创新社会管理是时代的要求，我们要从党和国家事业发展大局出发，做好课题研究，服务于这个大局。既要做基础性、战略性、长远性研究，又要做实证性、应用性、可行性研究。特别是要紧紧围绕当前和今后一段时期内社会体制和社会管理的重大问题深入研究，为全面完成"十二五"规划任务、为到2020年全面建设小康社会献计献策。

（二）解放思想、改革创新。我国经济社会处于不断发展变化中，我们的思想观念也应该不断发展，要善于根据我国经济社会发展实践和要求大胆进行理论创新。在研究中，要做到理论与实践相结合，破除迷信，与时俱进。我们在课题研究中，不能拘泥于已有的结论和看法，要敢于冲破传统理论和观念束缚，大胆学习和借鉴我国历史上和国外有益的社会管理经验，根据我国经济社会发展中出现的新情况、新问题，研究中国特色社会管理的新理念、新任务、新模式、新措施。

（三）突出重点、攻克难点。社会管理研究涉及面宽，既涉及社会管理的基本概念、基本理论、价值取向，也涉及社会管理的体制机制，还涉及社会管理的方式方法及能力建设，同时也还涉及社会管理与社会体制、社会建设等问题，内容十分丰富。在研究中，要善于发现和抓住重大问题，集中力量，攻坚克难。要善于探索和把握社会管理规律，避免一般性议论和罗列社会现象。

（四）深入实际、调查研究。课题研究要密切联系实际，充分总结和吸收各地社会管理的成功经验。例如，北京、上海等参加会议的城市都是我国经济社会发展的先行者，这些地区目前遇到的问题，往往也是几年、十几年后其他城市和地区会遇到的问题。近年来，北京、上海在社会体制改革和社会管理方面进行了多方面的探索和实践，取得了很好的成绩；广州、长沙、苏州、唐山等地在社会管理的多个方面进行了大胆探索；重庆、成都是全国统筹城乡综合配套改革试验区，近年来成渝在统筹城乡发展、协调城乡利益、改善城乡社会结构等方面开始积极探索。这些地方的社会管理改革实践都积累了不少有益的经验，值得我们去调查了解、提升总结、积极推广。

（五）通力合作、集思广益。各个分课题负责同志都在本单位和本部门承担重要工作，工作十分繁忙。希望大家能够切实抽出时间，抽调精干人员，组成若干课题组，认真开展研究。课题组内部同志要加强合作和交流，各个分课题之间也要加强合作和交流，要有分有合，对于重要问题要进行集体攻关。一些重要信息、重要情况要及时交流、通报，要建立研究情况、研究成果定期通报和交流机制，做到信息共享、观点共享、成果共享，要避免出现各自为战、甚至信息相互封锁的情况，避免重复劳动，提高研究效率，拓宽研究视野，提升研究水平。

（六）注重质量、讲求实效。课题研究的关键在于研究成果的质量，各个分课题要按照高标准、高水平的要求进行研究，要严把研究的质量关。各参与单位在研究中还要讲求实效，争取出精品、出大作。在研究过程中，各分课题要根据研究的进度安排按时保质完成各项研究任务，争取在研究中陆续拿出有分量的研究成果，为我国社会体制改革、社会管理创新作出积极贡献。

切实加强和创新社会管理 ①

（2010 年 12 月 6 日）

党的十七届五中全会审议通过的《中共中央关于制定国民经济和社会发展第十二个五年规划的建议》(以下简称《建议》)，强调要加强和创新社会管理。这是我们党从发展中国特色社会主义伟大事业全局出发、科学分析我国经济社会发展面临的新形势新任务作出的战略决策。正确把握和全面贯彻落实这一重大决策，具有极大的现实意义和长远意义。

一、加强和创新社会管理，是
推动科学发展的必然要求

党的十七届五中全会的一个重大贡献，是明确提出"十二五"规划的主题是科学发展，并指出："在当代中国，坚持发展是硬道理的本质要求，就是坚持科学发展，更加注重以人为本，更加注重全面协调可持续，更加注重统筹兼顾，更加注重保障和改善民生，促进社会公平正义。"这是深入贯彻落实

---

① 本文为应邀撰写，2010 年 12 月 6 日由新华社播发通稿。

科学发展观的内在要求和集中体现，也是对中国特色社会主义发展规律认识的新升华。

实现科学发展的一个重要任务和途径，就是加强和创新社会管理。社会管理，是指党委和政府以及其他社会主体，运用法律、法规、政策、道德、价值等社会规范体系，直接或间接地对社会不同领域和各个环节进行服务、协调、组织、监控的过程和活动，它与中国特色社会主义经济建设、政治建设、文化建设、社会建设以及生态文明建设密切相关，是社会建设的重要内容。它的核心目的是维系社会秩序、促进社会和谐，主要任务是规范社会行为，协调社会关系，解决社会问题，化解社会矛盾，应对社会风险，控制社会冲突，维护社会治安，促进社会公平正义，创造既有秩序又有活力的社会发展环境。社会管理的内涵、目的、任务，规定了它对科学发展的重要作用。科学发展和社会管理是内在统一的。没有社会管理就没有科学发展。加强和创新社会管理，既是科学发展的内在要求，又是推动科学发展的重要保障。

加强和创新社会管理有着多方面的意义。只有加强和创新社会管理，尊重人民主体地位，保障人民各项权益，发挥人民首创精神，走共同富裕道路，促进人的全面发展，才能落实以人为本的发展思想；只有加强和创新社会管理，更好地推进经济、政治、文化、社会建设以及生态文明建设，促进现代化建设各个环节各个方面相协调，促进生产关系与生产力、上层建筑与经济基础相协调，增强经济发展和社会进步的协调性，才能实现经济社会全面协调可持续发展；只有加强和创新社会管理，统筹经济和社会发展，统筹城乡发展，兼顾不同地区、不同部门、不同方面群众的利益，才能落实科学发展的统筹兼顾的要求；只有加强和创新社会管理，正确处理人民内部矛盾和其他社会矛盾，最大限度激发社会创造活力、最大限度增加和谐因素、最大限度减少不和谐因素，妥善协调各方面的利益关系，才能更好地保障和改善民生，促进社会公平正义。总之，只有加强和创新社会管理，才能为实现全面建设小康社会奋斗目标、加快推进社会主义现代化事业创造良好的社会秩序和发展环境。

二、社会管理，一要加强，二要创新

社会管理是维系社会正常运行的基本要求。在不同国家和不同发展阶段，进行社会管理的要求有所不同。这次中央《建议》明确提出加强和创新社会管理，是在准确把握我国发展的阶段性特征、深刻认识我国现代化事业面临的新情况新任务所作出的重要决策部署。随着改革开放和社会主义市场经济的深入发展，随着工业化、信息化、城市化、市场化、国际化进程加快，我国社会经济发展呈现一系列新的阶段性特征。由于经济体制深刻变革、社会结构深刻变动、利益格局深刻调整、思想观念深刻变化，由于发展不平衡、不协调、不可持续的问题短期内难以根本解决，人民内部各种矛盾难免经常地、大量地表现出来。现代化进程的加快和社会经济各个领域的深刻变革，一方面使社会生产力得到巨大发展，人民生活水平不断提高，另一方面许多社会矛盾和社会问题也凸显出来，造成社会不稳定因素增多。在这种情况下，社会管理越来越重要，任务越来越繁重，社会管理也随之面临一系列亟待解决的新课题。从社会管理的现状看，虽然近些年来从中央到地方都十分重视社会管理，但由于多种原因，在一些地方和部门对经济建设"一手硬"、对社会建设和社会管理"一手软"的问题仍然比较突出，社会管理工作薄弱，社会管理法制欠缺，社会管理体制改革滞后，社会管理能力建设不足。问题还在于，由于传统的社会管理思想观念、思维模式还没有完全改变，社会管理的方式和手段陈旧、单一，以致有些社会管理效果不佳，甚至有的事与愿违。以上这些情况说明，在新的情况下，社会管理既要加强，更要创新。

加强社会管理，关键是要从思想上、工作布局上更加重视社会管理，彻底克服轻视、放松社会管理的思想和做法，必须下更大的决心、采取更加有力的措施，切实把加强社会建设和社会管理放在突出重要的位置，全面提高社会管理和服务水平。一要加强法律法规和政策体系建设。加快社会管理领域的立法工作，依靠法律来规范个人、组织的行为，协调社会关系；进一步制定完善有关经济政策和社会政策，健全社会规范体系，弥补社会政策的不足；加快建立和完善个人行为的规范体系，探索建立公民个人信用制度，健全违反社会公共行为准则的惩戒制度。二要加强公共安全体系建设。健全对事故灾难、公共卫生事件、食品安全事件、社会安全事件的预防预警体系建设；加强流动人口服务管理，做好对特殊人群帮教管理和服务工作；完善矛盾纠纷排查调处工作制度和长效机制，提高效率和水平；实行人民调解、行政调解、司法调解有机结合，把矛盾化解在基层、解决在萌芽状态；进一步加大公共安全投入力度。三要加强社会管理能力建设。通过集中培训和基层实践锻炼等途径，切实加强各级政府和社会组织的社会管理能力建设，着力提高政府社会管理决策能力、处理社会纠纷和维护社会稳定的能力、有效开展群众工作和激发创造社会活力的能力；加强社会管理基层基础建设，健全基层管理和服务体系，提高基层党组织和基层政权的社会管理和依法办事能力，提高基层群众自治组织自我管理、自我服务、自我教育、自我监督能力；加强社会管理信息系统建设，提升社会管理信息化水平，健全社会舆情汇集和分析机制，着力提高社会管理快速反应力。四要加强社会管理人才队伍建设。进一步加强高等教育对社会管理人才的培养，强化对社会管理人员的在职培训，为社会管理提供人才保证；积极营造尊重、支持社会管理人才工作的良好社会环境，激励他们的工作热情，发挥他们的工作潜能；搞好社会管理人才的选拔和引进，多渠道、多方位选拔政治素质好、业务素质好的人员，充实加强社会管理队伍。

创新社会管理，首先是创新管理理念。要坚持以科学发展观为指导，准确把握当前我国社会建设和社会管理领域出现的新情况新问题，主动适应改革开放和社会主义市场经济发展的变化，自觉顺应人民群众过上更加美好生活的新期待，坚决改变那些片面地认为社会管理就是单纯"管控"的思想观念和思维模式。要创新管理理念，切实做到以人为本、服务优先，把实现好、维护好、发展好最广大人民的根本利益作为出发点和落脚点，寓管理于服务之中，实行依法管理、科学管理、柔性管理、人性化管理，推动社会管理科学化、规范化和常态化，努力让人民群众切实感受到服务更到位、管理更有序、社会更和谐。要按照发展社会主义民主政治的要求，扩大人民民主，保证人民当家作主，进一步健全民主制度，丰富民主形式，拓宽民主渠道，从各个领域、各个层次扩大公民有序政治参与，依法保障人民的知情权、参与权、表达权、监督权。

同时，要创新管理主体，创新管理方式，创新管理环节，创新管理手段，创新管理制度。一是在管理主体上创新。要从单纯重视政府作用向社会共同治理转变，既发挥党委、政府的领导和主导作用，又要鼓励和支持社会各方面参与社会管理，发挥多元主体的作用，从传统的社会管理向现代社会"治理"转变。二是在管理方式上创新。要从偏重管制控制向更加重视服务、重视协商协调转变，坚持更多地运用群众路线的方式、民主的方式、服务的方式，教育、协商、疏导的方式，化解社会矛盾，解决社会问题。三是在管理环节上创新。要从偏重事后处置向更加重视源头治理转变，把工作重心从治标转向治本、从事后救急转向源头治理，使社会管理关口前移。四是在管理手段上创新。要从偏重行政手段向多种手段综合运用转变，在运用行政手段进行社会管理的同时，更多地运用法制规范、经济调节、道德约束、心理疏导、舆论引导等手段，并加强道德建设和思想政治工作。五是在社会管理制度上创新。要坚持加强源头治理体系建设、强化动态协调机制建设、推进应急管理制度建设，构建相互联系、相互支持的规范、机制和制度体系。

总之，创新社会管理就是要实现从以政府单一主体、以单位管理为主要载体、以行政办法为主要手段、以管制为主要目的的传统模式，转向政府行政管理与社会自我调节、居民自治管理良性互动、社区管理与单位管理有机结合，多种手段综合运用，管理与服务融合、有序和活力统一的多元治理、共建共享的新模式，使社会管理与发展社会主义市场经济、民主政治、先进文化，以及与建设和谐社会要求相适应。

三、加强和创新社会管理必须健全社会管理格局

中央《建议》提出，要"按照健全党委领导、政府负责、社会协同、公众参与的社会管理格局的要求"，加强和创新社会管理。党委领导是根本，政府负责是关键，社会协同是依托，公众参与是基础，四位一体，有机联系，不可分割。这是对我国多年来社会管理实践的科学总结，符合我国现阶段社会管理的客观要求，具有中国特色、体现时代特征。在新的形势下，加强和创新社会管理必须切实加以遵循。

党委领导，就是要发挥党委在社会管理格局中总揽全局、协调各方的领导核心作用。认真贯彻党的路线、方针、政策和工作部署，支持政府依法行政和依法管理，引导各种社会组织、群众组织、自治组织和人民群众积极有序参与社会管理，充分发挥基层党组织和共产党员在社会管理中的作用。合理配置党政部门社会管理职责权限，切实解决多头管理、分散管理、难以形成有效合力的问题。在坚持党的领导的同时，要不断改善党的领导，发挥政治优势，善于舆论引导，充分发挥各种媒体作用，不断提高化解各种社会矛盾、构建和谐社会的能力。

政府负责，就是要强化政府的社会管理职能，做到职能到位，既不越位，也不缺位。凡是公民、法人和其他组织通过自律能够解决的，行业和中介组织能够解决的问题，政府不干预。该由政府管理的事项应当管住管好。国家要通过制定法律法规、完善社会政策、健全社会管理体系、培育和管好社会组织、畅通公民参与渠道等，来发挥政府在社会管理中的主导作用。要建立和完善社会管理考核机制，研究制定科学的社会管

理考核指标，把考核结果作为政府及其工作人员奖惩和使用的重要依据。

社会协同，就是要发挥各类社会组织的作用，组织社会力量参与社会管理。基层单位是社会协同管理的基础，要加强以城乡社区为重点的基层基础建设，在基层构建横向到边、纵向到底的社会管理体系，切实把社会问题和社会矛盾解决在基层。各类社会组织是社会协同管理的重要力量，要发挥社会组织的作用，推动包括社会团体、行业组织、中介机构、志愿者团体等在内的各种社会组织发展壮大，坚持鼓励发展和监管引导，提高社会组织在社会管理中的协同能力。要规范发展社会组织，加强社会组织管理和服务体系建设，发挥各类社会组织提供服务、反映诉求、规范行为的作用。企业事业单位负有社会管理的重要责任，要强化各类企事业单位社会管理责任，鼓励和支持它们继续承担有关社会管理和社会服务的责任，包括发挥好各类所有制企业在社区建设、安全生产、处理劳资关系、发展慈善事业、促进社会和谐稳定等方面的作用。

公民参与，就是要充分发挥人民国家人民管理的作用，引导公民依法理性有序参与社会管理。大力培育公民参与意识，履行公民义务，探索公民参与社会管理的机制和途径，拓宽公民参与渠道，为公民参与社会管理创造条件。要提高基层群众自治组织自我管理、自我服务、自我教育、自我监督能力。在加强政法队伍建设同时，加快组建专业社会工作者队伍，大力发展信息员、保安员、协管员、巡防队等多种形式的群防群治力量，真正把社会管理建立在广泛的群众基础之上。积极开展志愿服务活动，健全社会志愿者服务长效机制，努力形成社会管理人人参与、人人共享的良好局面。

　　加强和创新社会管理，是我们在新的历史时期面临的重大任务，关系到人民群众的切身利益，关系到改革发展稳定的大局，关系到国家长治久安。我们要深入学习贯彻党的十七届五中全会精神，按照《建议》提出的要求，紧紧把握科学发展的要求，大力加强和创新社会管理，为全面建设小康社会、发展中国特色社会主义事业提供有力保障。

大力加强食品安全工作 ①

（2011 年 5 月 5 日）

  由中央组织部、国务院食品安全委员会办公室、国家行政学院共同举办的省部级领导干部加强食品安全监管专题研讨班，今天开班了。首先，我代表主办单位对参加本期研讨班的各位学员表示热烈的欢迎！

  党中央、国务院高度重视食品安全工作。党的十七届五中全会把加强食品安全工作作为创新社会管理机制、保障和改善民生的重要内容作出了明确部署。胡锦涛同志在今年 2 月中央举办的省部级主要领导干部社会管理及其创新专题研讨班上强调，要进一步加强和完善公共安全体系，健全食品药品安全监管机制。中央经济工作会议和温家宝同志的《政府工作报告》都对做好食品安全工作提出了明确要求，强调要抓好食品药品安全监管工作，坚决防范和遏制重特大事故发生。加强食品安全监管工作，是当前党和政府工作中非常重要和迫切的任务。举办这期省部级领导干部加强食品安全监管专题研讨班的目的，

---

① 本文系在中共中央组织部、国务院食品安全委员会办公室举办的省部级领导干部加强食品安全监管专题研讨班开班式上的讲话（节录）。

就是要深入贯彻落实科学发展观，进一步深入学习领会中央关于加强食品安全监管工作的指导思想、基本原则和主要内容，进一步认清当前食品安全工作的严峻形势和重点任务，进一步提高对加强食品安全监管重要性和紧迫性的认识，沟通情况、交流经验、研讨问题、提出建议，努力提升食品安全监管的能力和水平。

下面，我主要就办好这期研讨班讲几点意见。

一、为什么要举办这期研讨班

本期研讨班是经中央批准举办的，是贯彻中央关于食品安全工作重要部署、落实《国务院办公厅关于2011年食品安全重点工作安排通知》要求的实际举措，具有十分重要的意义。这主要体现在以下几个方面：

（一）这是应对当前食品安全严峻形势和艰巨任务的迫切需要。民以食为天，食以安为先。食品安全事关人民群众身体健康和生命安全，事关经济社会发展全局，事关社会和谐与稳定，事关党和政府形象。食品安全已经成为人民群众最关心、最直接、最现实的利益问题之一。近年来，党中央、国务院采取一系列有力措施加强食品安全工作。去年2月，国务院成立了食品安全委员会，由中央政治局常委、国务院副总理李克强同志任主任，政治局委员、国务院副总理回良玉、王岐山同志任副主任，成立了办事机构。一年多来，食品安全工作力度不断加大，进行了大规模食品安全整顿治理。最近，全国人大常委会组织开展了食品安全执法检查。当前，我国食品安全形势总体保持平稳，但食品安全基础薄弱，工作难度加大，形势依然十分严峻，食品安全案件时有发生，有的性质十分恶劣，社会影响很大，群众强烈不满。例如，最近一段时间曝光了"瘦肉精""染色馒头""牛肉膏""毒生姜""毒豆芽""毒血旺"等食品安全事件。这些事件的集中曝光，一方面说明我国食品安全形势严峻，必须以最大的决心、采取最有力的措施加以解决；另一方面，也反映了政府监管措施在加强、社会监督力度在加大，使得过去隐藏在地下的食品违法行为暴露在光天化日之下，对问题食品形成了"老鼠过街，人人喊打"之势。这种社会氛围又十分有利于我们把食品安全工作提升到一个新水平。在这种形势下举办本期研讨班，进一步提高对食品安全工作重要性、艰巨性的认识，学习食品安全监管知识，增强监管能力，对于我们履行好监管职责，做好食品安全工作具有十分重要的现实意义。在这个班招生中，各地报名非常踊跃，31个省、自治区、直辖市和新疆生产建设兵团全部到齐，也反映了大家对举办这个班是高度重视和大力支持的。我们在总结这个班经验的基础上，还要在下半年和明年对各地市负责食品安全工作的厅局级领导干部轮训一遍。

（二）这是增强领导干部食品安全监管责任意识的迫切需要。我国与食品相关的产业在国民经济中占有重要地位，是吸纳城乡就业人员最多、与农业依存度最大、与其他行业关联最强的产业。食品人人都消费，每天都消费。市场对食品消费需求越来越大，对质量、品种、花样等的要求越来越高。我们扩大内需是在对外开放的背景下进行的，如果国内产品质量不合格，不仅会直接影响国内消费信心，而且会影响我国的国际形象，将导致外国产品乘虚而入，对国内产品造成更大的竞争压力。加强食品安全监管，促进食品产业健康有序发展，对于增加就业、扩大内需、促进农业增效，促进国民经济平稳较快发展具有重要和特殊的意义。当前，我国的宏观经济环境依旧复杂多变，促发展、调结构和管理好通胀预期的任务十分繁重。在这种情况下，一旦出现食品安全事件，就会带来一系列连锁反应，不仅会使广大消费者身体受害、经济受损，而且往往导致企业产品滞销，甚至企业关闭破产、职工失业，成为引发社会矛盾、影响和谐稳定的导火索。近几年发生的一些食品安全事件，影响范围广，处置难度大，都不同程度地引起经济纠纷、群体上访、恶意炒作、社会恐慌等社会问题。搞好食品安全监管，是各级政府最基本的社会管理和公共服务职能，是"政府应该管的事"。政府该管的事就一定要管住、管好，否则就会严重影响政府公信力。所以说，食品安全既是一个重要的经济问题，也是一个重要的政治问题，食品安全无小事。

深入分析当前食品安全问题产生的原因，很重要的一点就是一些地方和部门思想上对食品安全工作重视不够，食品安全意识淡漠，重效益、轻安全的问题比较突出，甚至对一些严重问题的苗头熟视无睹。一些地方，工作措施不够得力，任务落实不够到位；一些领导，抓经济工作非常内行，但抓社会管理总觉得劲头不足。我国食品安全法规定，县级以上地方人民政府统一负责、领导、组织、协调本行政区域的食品安全监督管理工作。李克强同志强调，让群众吃得安心，吃得放心，各级政府守土有责。举办本期研讨班，就是要使大家进一步认清形势，明确任务，增强做好食品安全监管工作的责任感和紧迫感，把食品安全工作摆到政府工作更加重要的位置，努力提高我国食品安全水平。

（三）这是增强食品安全监管能力的迫切需要。由于食品种类多、数量大、生产链条长、环节多，加上我国食品生产企业量多、面大，规模小、技术和管理水平低，生产经营者社会诚信和道德水准不高，安全监管难度很大。我国食品安全监管从体制机制、人员素质、技术水平、社会参与等各方面，都存在与新形势、新要求不相适应的地方，总体表现就是食品安全监管的能力亟待加强。温家宝同志在今年《政府工作报告》中强调，要完善食品安全监管体制机制，健全法制，严格标准，完善监测评估、检验检测体系，强化地方政府监管责任，加强监管执法，全面提高食品安全保障水平。加强食品安全监管，既是一项重要的民生工程，也是贯彻落实科学发展观的重大实践行动。食品安全监管能力薄弱，既反映了政府在市场监管方面存在缺位，也反映了政府的社会管理和公共服务职能相对薄弱，是我国经济社会发展中长期存在"一条腿长""一条腿短"的具体体现。我们举办这期研讨班，就是要进一步认识和把握食品安全监管的特点和规律，进一步深入研讨和有效解决当前食品安全监管中存在的突出矛盾和问题，进一步转变政府职能、加强薄弱环节、大力增强食品安全监管能力。

二、这期研讨班学习研讨的几个重点问题

加强食品安全监管，是当前政府工作中的一件大事，也是一件难事，涉及一系列体制改革和政策调整，面临许多亟待解决的难点问题。研讨班时间短，要明确目标，突出重点，着力学习研讨以下一些重点问题。

（一）深入学习领会党中央、国务院关于食品安全工作的方针政策和工作部署。近年来，党中央、国务院对食品安全工作

作出了一系列重要的决策部署。2009 年，我国食品安全法颁布实施。食品安全法体现了预防为主、科学管理、明确责任、综合治理的食品安全指导思想，对食品安全监管工作的各个环节作出规范。李克强同志在国务院食品安全委员会第三次全体会议上发表重要讲话，对 2011 年食品安全工作作出全面部署，对加强食品安全工作提出明确要求。今年 3 月，国务院办公厅下发了 2011 年食品安全重点工作安排。4 月 21 日，召开了全国严厉打击非法添加和滥用食品添加剂专项工作电视电话会议。李克强同志强调要以坚决的态度、过硬的举措、更大的力度，持续深入整治食品非法添加行为，切实解决食品安全的突出问题。接着，国务院下发通知，对严厉打击食品非法添加行为作出全面部署和要求。加强食品安全工作是深入贯彻落实科学发展观的具体体现，是中央着眼于经济社会发展全局作出的重大部署，研讨班要把党中央、国务院关于加强食品安全工作的方针政策和工作部署作为学习研讨的重点，认真学习中央领导同志的一系列指示精神，认真学习贯彻食品安全法及其实施细则，全面把握当前食品安全工作的形势和任务。通过学习研讨，进一步提高对食品安全重要性的认识，把思想统一到中央的决策部署上来，切实增强工作的责任感和紧迫感。

（二）深入研讨食品安全监管体制改革问题。国务院食品安全委员会和国务院食品安全委员会办公室成立后，在国家层面初步建立起食品安全多部门协调联动的工作机制，这是完善我国食品监管体制的重要举措。但总体来说，目前我国食品安全监管体制不顺的问题依然比较突出，表现在多部门分段监管，存在职能交叉和监管空白，有的部门虽有职能却没有相应的执法队伍，监管力量分散，难以形成监管合力，发生食品安全事件时，往往造成部门之间职能不清、责任不明，容易产生推诿扯皮。食品安全工作仅靠政府"一条腿走路"，社会参与不够，行业自律水平整体不高。一些地方食品安全综合协调机构还很不健全，监管工作和责任落实不到位，没有建立起有效的基层"防火墙"，等等。完善管理体制是推进食品安全监管工作的当务之急。中央国家机关的领导同志与地方负责同志一起共同研讨食品安全监管体制问题，有利于大家全面了解情况，在一些重要问题上达成共识。大家要深入研讨如何适应我国食品安全监管新形势和新任务的要求、创新我国食品安全监管体制，目的是要明确责任，统筹协调，集中力量，提高效能，消除监管漏洞，完善全程监管，着力构建统一协调和分工负责相结合的监管体制。

（三）深入研讨实际工作中的重点难点问题。食品安全监管基础薄弱、监管能力不强是影响监管效能的重要原因。基础薄弱表现在很多方面。例如：相对高速发展的食品产业，当前我国食品安全监管的检测标准和检测手段落后，难以适应发展和监管的需要。有的食品安全标准不协调、不统一，甚至相互矛盾；部分标准的实施状况较差，甚至强制标准也未得到很好的实施。此外，食品安全检测设备和技术落后；监管人员和经费不足，人员素质有待提高；资源缺乏统筹使用，等等。这些问题往往越到基层越突出，导致一些食品安全事故发生时，在第一时间和第一现场处置不力，或处置失当，形成蔓延之势，造成很大影响。大家都是来自食品安全监管工作的第一线，在实际工作中遇到的亟待解决的问题一定还有很多，也积累了宝贵的经验，我们一定要利用研讨班这个难得的机会和平台，深入分析研究，找准问题根源，对症下药，提出可行、管用的措施。

（四）深入研讨完善食品安全监管长效机制。做好食品安全工作，必须切实整治和严格规范市场秩序。要坚持事后惩处和事前预防相结合；集中打击和日常管理相结合；政府监管和社会监督相结合；法律手段、经济手段、行政手段和宣传教育相结合；既解决当前的突出问题，也要健全长效机制。建立食品安全长效机制，必须进一步强化监测预警、强化协调联动、强化诚信自律、强化社会监督、强化科普宣教，特别是要健全食品安全监管法规体系，大力推进依法行政。有的食品生产经营者采取各种手段谋取不正当利益，有的违法手段十分隐蔽，违法手法也在不断花样翻新，有的钻法律的空子，力图逃避监管和打击。"魔高一尺，道高一丈"，要做好食品安全监管工作，就要不断加强制度建设，修补制度缺口，做到"法网恢恢，疏而不漏"。治乱要用重典，依法加大惩处力度，切实改变违法成本低的问题，真正达到对违法犯罪的惩处和警示作用。我国《食品安全法》颁布以来，发挥了重要作用，但也需要尽快完善配套法规、制度和政策。大家在学习研讨中，要深入剖析食品安全工作中的典型案例，系统分析各种因素，总结经验教训，提高对工作规律性的认识，进一步完善食品安全法律法规体系，健全工作长效机制。

在北京师范大学中国社会管理研究院成立暨首届中国社会管理论坛上的讲话

（2011 年 5 月 7 日）

尊敬的各位领导，各位来宾，老师们、同学们：

大家上午好！

在这百花争艳、充满希望的春天，北京师范大学中国社会管理研究院今天在这里举行成立大会暨首届中国社会管理论坛。首先，我本人并代表中国社会管理研究院，对大家前来参加会议和论坛表示热烈的欢迎和诚挚的谢意。对刚才各位来宾发表的热情洋溢的致辞表示衷心的感谢！

借此机会，我想向各位报告以下几个问题：为什么要成立中国社会管理研究院？我为什么要出任研究院的院长？要办什么样的研究院？怎样办好研究院？

北京师范大学成立中国社会管理研究院，是顺应当今世界发展的新变化和我国发展新阶段、新要求而作出的重要决策。从国际上看，世界正处在大发展、大变革、大调整时期，经济政治格局发生新变化，国际力量对比出现新态势，全球思想文化交流交锋呈现新特点。综合国际竞争和各种力量较量日趋激烈，世界不稳定、不确定的因素增多，我国发展的外部环境更加复杂。从国内看，经过 30 多年的改革开放和现代化建设，我国经济社会发生了巨大的历史性变化。工业化、信息化、城镇化、市场化、国际化进程不断加快，经济体制转轨和社会发展全面推进。当前和今后一个时期，是全面建设小康社会、推进社会主义现代化的关键时期。正如党中央作出的判断那样，我们国家发展仍处于重要的战略机遇期，可以大有作为，同时又处于社会矛盾凸显的时期，面临着许多可以预见和难以预见的矛盾和问题、风险和挑战。

近些年来，社会领域的问题不断增多，这是我国经济社会发展水平和阶段性特征的集中反映，加强和创新社会管理势在必行。党中央、国务院总揽全局、审时度势，作出了一系列重要决策和部署。党中央、国务院把加强社会管理放在现代化建设更加突出的战略位置，是我们党对执政规律、社会主义建设规律、人类社会发展规律认识的新升华，是深入分析我国发展阶段性特征新要求作出的重大战略部署，也是人民群众对党和政府的新期待。

顺应时代发展新变化和我国发展的新要求，一年以前，中共北京师范大学党委和校务委员会就提出成立社会管理研究院。经过一段时间的酝酿，于去年 10 月份正式决定成立中国社会管理研究院。我认为，这是颇有政治敏锐性和历史眼光的重要决策。也就是说，中国社会管理研究院是在国内外新的大背景下诞生的。

国务院领导同志对北京师范大学成立中国社会管理研究院高度重视，刘延东国务委员和马凯国务委员兼秘书长多次听取我当面汇报和请示问题，作出了一些重要指示。刚才钟秉林校长已经宣读了刘延东国务委员和马凯国务委员的重要批示。刘延东同志在重要批示中指出："北京师范大学成立中国社会管理研究院，是教育系统贯彻中央加强和创新社会管理决策部署的一个新举措。""希望充分发挥北师大在教育管理研究上的优势，有效整合资源，坚持高标准、高质量、高水平，重视加强理论和实践的创新研究，积极开展政策咨询服务，为社会管理人才培养和学科建设提供智力支持，为完善中国特色社会管理体系、提高社会管理科学化水平、建设和谐社会贡献力量。"马凯国务委员在重要批示中，对北京师范大学中国社会管理研究院正式成立表示祝贺，并提出殷切希望："希望研究院坚持正确的办院方向，坚持理论联系实际，坚持有特色高水平，大力培养高素质的社会管理人才，积极提供高质量的社会管理科研、咨询成果，为完善中国特色社会管理体系，提高社会管理科学化水平、建设和谐社会作出应有的贡献。"刘延东同志和马凯同志的重要批示，是对中国社会管理研究院的极大关心、支持和鼓励，我们一定要认真学习领会和认真贯彻落实。

北京师范大学领导邀请我担任中国社会管理研究院院长，我做了慎重考虑后，作了应允，是基于以下四点考虑。

第一，我深知社会建设和社会管理十分重要。加强和创新社会管理，既是我们国家新形势、新任务的迫切需要，又是发展中国特色社会主义事业的内在要求，也是我们国家长治久安、人民幸福安康的关键所在。致力于社会管理研究工作意义重大。服务于党和国家大局需要，是我毕生的追求。

第二，我长期在党中央、国务院重要综合部门工作，主要从事宏观经济管理和政策研究工作，同时也一直重视社会建设和社会管理方面的政策研究。30多年来，我参与或者主持了党中央、国务院一系列重要文件的起草，主持过许多重大课题的研究。这些重要文件起草和重大课题研究，许多都涉及社会建设和社会管理方面。在这个过程中，我对社会管理积累了一些知识，也取得了一些富有价值的研究成果。

第三，北京师范大学是我的母校，为母校贡献自己的所能义不容辞。20世纪60年代，我在北京师范大学历史系读书五年，令我受益匪浅，终生难忘。我对母校北京师范大学充满感激之情，理应回报母校的培养。

第四，北京师范大学领导邀请我出任研究院院长之后，我首先征求了教育部部长袁贵仁同志的意见，而后我又请示了国务委员兼国务院秘书长马凯同志，他们都表示支持。因此，我愿意为办好社会管理研究院贡献绵薄之力。

近几个月来，对于办什么样的社会管理研究院，怎么样办好社会管理研究院，我做了一些思考，同时也听取了师大领导和国务院有关方面的意见，形成了一些思路，有些已经写入中国社会管理研究院的章程。下面，我就研究院的主要职责、工作原则以及办院理念和院风作一些说明，也是求诸大家。

第一，关于研究院的主要职责，概括起来是四个方面八个字，就是育人、科研、资政、合作。

一是育人，就是培养社会管理方面的高层次人才。加强和创新社会管理，关键在人才。早在2006年党的十六届六中全会通过的《中共中央关于构建社会主义和谐社会若干问题的决定》中就指出："建设宏大的社会工作人才队伍，造就一支结构合理、素质优良的社会工作人才队伍，是构建社会主义和谐社会的迫切需要。"胡锦涛同志在对一封专家学者的来信所作的重要批示中强调，"要从人才培养入手，逐步扩大社会学研究队伍，推动社会学发展，为构建社会主义和谐社会服务。"这些都为我们办好社会管理研究院指明了方向。我们院要把培养高层次、高素质的社会管理人才作为重要任务。

二是科研，就是开展社会管理领域的理论研究和学术研究，推动社会管理学科建设。社会需要产生伟大的实践，伟大的实践需要科学理论作指导。研究院将开展社会管理领域的理论研究，推动社会管理学科发展和相关知识库的建设，积极适应社会管理需求，开展社会管理现实性、战略性、前瞻性和创新性研究；在重视基础研究的同时，重点进行应用性研究，努力提高学术水平和研究成果的质量。要建设社会管理创新平台和队伍，服务于推进理论创新和实践创新。

三是资政，就是紧紧围绕党和政府提出的社会管理需求，深入进行调查研究，积极开展政策咨询服务。着力就加强和创新社会管理开展实证研究、对策研究，努力为党和国家科学决策、民主决策提供智力支持。

四是合作，就是加强国内外合作交流。坚持开放开门办院，开展与国外学术组织、国际组织、国内各级政府、高校、科研机构、企业以及相关机构多方面的合作交流。

总之，我们要把研究院办成社会管理人才培养的重要基地、社会管理理论研究的重要中心、社会管理政策咨询服务的重要智库、社会管理研究方面对外合作的重要平台。这是中国社会管理研究院的主要职责。

第二，关于研究院的工作原则，我们要坚持以下六条。

一是坚持高举旗帜、服务大局。这是研究院的根本方向。要紧紧围绕党和国家的中心任务，围绕服务完善中国特色社会管理体系，积极开展教学、科研、咨询工作，培养人才，研究问题，总结经验，探索规律，提升服务水平。

二是坚持解放思想、与时俱进。提倡独立思考、自由探索，敢于冲破不合时宜的观念束缚，善于用新观念、新思想、新办法研究和解决社会领域的问题，大胆探索，勇于实践，不断创造。

三是坚持发挥优势、彰显特色。北京师范大学有100多年深厚博大的文化积淀和优良光荣的革命传统，是国家首批重点建设的十所大学之一，特别是长于教育管理教学和研究。近年来大力实施国际化战略，与几百所境外大学和研究机构建立了合作关系，社会影响和国际声誉不断提升，在创办世界一流大学的征途上迈出了坚实步伐，取得了显著成就。这些都是北京师范大学的巨大优势。中国社会管理研究院要充分依靠这个优势，发挥好这个优势，同时要彰显特色，形成教学、科研、咨询三位一体、良性互动的格局。

四是坚持知行合一、注重调查研究。贴近实际，贴近群众，贴近基层，大胆创造，勇于实践，树立理论联系实际的学风，做到理论与实践相统一，言与行相统一。

五是坚持包容多样、博采众长。以马克思主义为引领，鼓励百花齐放、百家争鸣，努力创造宽松、平等、和谐的学术氛围，搭建学术自由交流的平台，允许不同学术思想的论争和并存，积极学习、研究和借鉴世界各国一切有益的社会管理理念和做法，广泛吸收人类文明进步的成果，特别是现代化社会管理的理念和经验。

六是坚持注重质量、打造品牌。要站在高起点，对照高标准、高质量、高水平，着力形成集群优势，多培养优秀人才，多产出有价值的科研成果，多提供高质量的决策咨询建议，充分发挥研究院应有的作用。

第三，关于研究院的办院理念和院风。

从根本上说，就是要秉承北京师范大学"爱国进步、诚信质朴、求真创新、为人师表"的优良传统和践行"学为人师、行为世范"的校训，这是北京师范大学的办学精神和校训，我们一定要认真践行。同时，我们又根据中国社会管理研究院的定位和功能提出了八个字作为院训，就是"厚德、唯实、创新、卓越"。

厚德，就是要树立高尚的道德和品行。我国先贤哲人十分重视立德。《左传》中说："太上有立德，其次有立功，其次有立言，虽久不废，此之谓不朽。"这是把立德作为最高境界和标准，品德高尚是为先，建功立业次之，著书立说再次之。我们党的领导历来都把思想道德建设放在第一位，立德不仅是立命之本，也是从政之基。研究院的师生，既要学会教学、做学问，更要学会怎样做人，首先要学会做人。从根本上说，忠诚于国家和人民事业是最大的德，要坚持以实现国家富强、民族振兴、人民幸福为己任。同时，要注重道德品行修养，做一个道德高尚的人。

唯实，就是一切从实际出发。不唯书、不唯上、不唯洋、只唯实，实事求是，察实情、说实话、出实招、办实事。只有忠实于事实，才能忠实于真理。要树立求真务实的工作态度，按照客观规律办事，不夸大，也不缩小，不跟风，也不人云亦云。崇尚科学，追求真理。只有这样，我们的教学、科研、咨询成果才会有真知灼见，于世有补，经得起实践和历史的检验。

创新，就是革故鼎新。《诗经》中的"周虽旧邦，其命维新"和《诗品》中的"如将不尽，与古为新"，都强调改革创新决定着中华民族的前途和命运。创新是一切发展与进步的不竭动力。要推进研究院工作理念创新、体制创新、机制创新、制度创新、管理创新、业务创新，大力营造改革创新的氛围，使每一个人的创新愿望得以实现，创新才华得到展示，创新智慧竞相迸发。

卓越，就是要志存高远、勇于超越。积极向上、不懈进取、止于至善，让追求卓越成为一种习惯，建设一流的队伍，创造一流的业绩，多出堪称精品、高质量的成果。

我们之所以把这些作为院训，既有古香古色之雅韵，又有新世新意之美词，它体现了人之素质的整体之美，也反映了研究院未来发展的美好愿景。

各位领导、各位来宾、各位老师、各位同学，中国社会管理研究院的成立，承载着重要的使命和任务。作为研究院院长，我将践行研究院的宗旨，忠于职守，不辱使命。为此，要努力做到三点：

一是要把握正确方向。全面贯彻党的教育方针，遵循教育规律，服务国家发展战略，使研究院始终沿着正确的道路发展。

二是要搞好服务。虚心向北师大领导学习，向师生学习，积极开拓资源，为研究院发展创造良好的外部环境。

三是要营造内部环境。充分发挥师生员工的积极性和创造性，不断增强研究院的吸引力、凝聚力、创新力和影响力。

同志们，办好中国社会管理研究院要靠北京师范大学党政的坚强领导，要靠学校有关部门的支持和帮助，要靠全体老师和同学的辛勤努力，也要靠全社会各界的关心和支持。我们一定要在大家的支持、关心和帮助下，努力把中国社会管理研究院办好，决不辜负国务院领导的殷切期盼，也决不辜负北京师范大学领导和师生的期盼，为完善中国特色社会管理体系、提高社会管理科学化水平、全面建成小康社会和实现国家现代化，作出积极的贡献。

今天，在中国社会管理研究院成立的同时，还要举办首届中国社会管理论坛，围绕"中国特色社会管理体系建设和社会管理创新实践"为主题进行深入研讨，很有意义。预祝首届中国社会管理论坛取得圆满成功。

谢谢大家！

加快构建中国特色社会管理体系 [①]

（2011 年 5 月 10 日）

2011 年 2 月 19 日，在中央党校举办的省部级主要领导干部社会管理及其创新专题研讨班开班式上，胡锦涛同志指出：加强和创新社会管理，要紧紧围绕全面建设小康社会的总目标，牢牢把握最大限度激发社会活力、最大限度增加和谐因素、最大限度减少不和谐因素的总要求，以解决影响社会和谐稳定突出问题为突破口，提高社会管理科学化水平，完善党委领导、政府负责、社会协同、公众参与的社会管理格局，加强社会管理法律、体制、能力建设，维护人民群众权益，促进社会公平正义，保持社会良好秩序，建设中国特色社会主义社会管理体系，确保社会既充满活力又和谐稳定。

这是以胡锦涛为总书记的党中央审时度势，面对我国发展新形势新特点作出的重大战略部署。加强和创新社会管理作为一个时代的重大课题，日益凸显其重要性、紧迫性。

近些年来，我国经济社会发展出现了哪些新变化？怎样制定科学之策应对社会领域的新变化？怎样完善社会管理格局？

---

① 本文刊载于《紫光阁》杂志，2011 年第 5 期。

474

社会管理创新的方向在哪里？这些，都是加强和创新社会管理、健全中国特色社会管理体系的题中应有之义。

一、加强和创新社会管理是时代提出的新课题

适应我国经济社会发展的新形势新情况，必须加强和创新社会管理。改革开放以来，我国经济以年均近10%的速度增长，成为世界经济发展史上的奇迹。2010年，人均国内生产总值达到4400多美元。中国用30多年时间走完了西方发达国家上百年走过的道路，工业化、信息化、城镇化、市场化、国际化等人类社会的重大变革，在中国短期内同时展开。发达国家在不同时期渐次出现的许多社会矛盾和社会问题，在我国相对集中的较短时间里显现出来，有些问题还相当突出，有些问题将会在较长时期内存在。随着社会主义现代化建设进程的加快，特别是随着经济体制、社会结构、利益格局、思想观念等发生深刻变化，新情况、新问题不断产生，我国社会管理已经并将长期面临新的课题、新的挑战。我国经济社会发展呈现新的阶段性特征，决定了我们必须通过加强和创新社会管理，妥善处理各种社会问题，应对各种社会风险，以推动经济社会持续健康发展。

深入贯彻落实科学发展观，必须加强和创新社会管理。社会管理是维系社会正常秩序、促进和谐社会建设、营造经济社会发展环境的活动。科学发展观的内在要求，是必须搞好社会管理，也只有加强社会管理，才能促进科学发展。从现实情况看，当前我国经济社会发展总体形势是好的，但经济和社会发展"一条腿长、一条腿短"的状况并未根本改变，城乡、区域

发展不协调，各社会阶层和群体之间的利益冲突趋于明显，全国刑事犯罪、社会治安案件居高不下，群体事件易发多发。社会管理体制不完善、制度机制不健全，基层社会管理存在着不少空白点和薄弱环节。城乡社区治理思路不够明晰，社会组织、基层自治与行政管理的关系不顺，社会服务需要加强。只有坚持以人为本，用统筹兼顾的方法，加强和创新社会管理，协调各社会阶层、群体、成员间的利益关系，加强对流动人口的服务和管理，促进各类社会组织和基层社区健康发展，才能推动经济社会全面协调可持续发展。

发展中国特色社会主义事业，必须加强和创新社会管理。党的十六大以来，中国特色社会主义事业总体布局扩展为经济建设、政治建设、文化建设、社会建设以及生态建设。这就要求我们，在推动经济发展的同时，更加注重社会建设，着力保障和改善民生，推进社会体制改革，扩大公共服务，促进社会公平正义，推动和谐社会建设。社会建设包括发展教育医疗卫生事业、扩大就业、调整收入分配、健全社会保障体系、完善社会管理等多个方面。社会建设和社会管理是中国特色社会主义事业的重要方面。但是，由于种种原因，人们对社会管理的了解和熟悉程度，远远不如我们对经济管理的了解和熟悉程度。这里十分重要的是，需要正确认识和处理新形势下的人民内部矛盾问题。伟大的实践需要科学的理论支持。这就要求，必须对我国新形势下的社会矛盾状况进行深入分析，研究和把握社会管理规律和特点，完善适合我国国情的社会体制机制，提高社会管理的能力和水平。

实现到 2020 年全面建成小康社会的宏伟目标，必须加强和创新社会管理。党的十六大提出了我国全面建设小康社会的奋斗目标，党的十七大丰富了全面小康社会的内涵，强调要增强发展协调性、扩大社会主义民主、加强文化建设、加快发展社会事业、建设生态文明等。而创新社会管理模式，对全面建成小康社会具有重大的作用。总的来看，当前我国的社会管理还没有完全摆脱传统计划经济体制下的社会管理模式。在思想观念上，重经济建设、轻社会管理；在管理主体上，重政府作用、轻多元参与；在管理方式上，重管制控制、轻协商协调；在管理环节上，重事后处置、轻源头治理；在管理手段上，重行政手段、轻法制规范和道德自律。这些与我国全面建成小康社会的总体要求是不相适应的。构建与社会主义市场经济发展相适应、与社会主义和谐社会建设相适应的中国特色社会管理模式，具有很大的紧迫性。

二、准确认识社会管理的内涵

科学认识社会管理的内涵和边界。长期以来，人们对社会的内涵有不同的理解，对管理的内涵有不同的看法。因此，对社会管理的内涵就形成了不同的认识和界定。有人认为，社会与自然界相对，社会管理是对整个人类社会的管理，包括政治、经济、社会、文化等广泛的领域和范围。有人认为，社会是与政治、经济、文化相对应的，社会管理是对人类活动的社会领域的管理。有人认为，社会是指与政府、企业相对应的非政府组织、民间组织等社会性组织，社会管理是指社会组织所进行的社会协调与管理。这些看法都有一定道理，但似乎都不尽然。我认为，在我国社会、政治体制下，社会管理是指党委和政府以及其他社会主体运用法律、法规、政策、道德、价值等社会规范体系，直接或间接地对社会领域各方面、各环节进行服务、协调、组织、监控的过程和活动。社会管理的根本目的是维护社会秩序、促进社会和谐，其基本任务包括协调社会关系、规范社会行为、解决社会问题、化解社会矛盾、促进社会公正、应对社会风险、保持社会稳定，创造既有活力又有秩序的经济社会发展环境。

正确把握加强和创新社会管理应遵循的基本原则。原则是根本性的问题。不同的原则会产生不同的观察问题、处理问题的视野和方法。中国特色社会管理所遵循的原则，一方面应当遵循人类社会发展的普遍规律，把加强和创新社会管理放在世界多极化、经济全球化的大背景下，深刻认识和总结世界不同国家和地区社会管理的经验和教训，找到一些共性的原则和有益做法，为我所用。更重要的是，必须遵循中国特色社会主义发展的特殊规律，从中国由传统社会向现代社会深刻变革的大背景出发，根据我国历史传统和现实基本国情，确立中国特色社会管理应遵循的基本原则，深入探讨加强和创新社会管理的理念、思路、任务和举措。

全面总结我国在改革开放实践中积累的新鲜经验。近些年来，不少地方在加强和创新社会管理方面进行了卓有成效的探索和实践。例如，把城镇基本公共服务延伸到流动人口身上，使他们也进入城镇社会管理工作范围；对特殊人群特殊关爱，使他们更好地融入社会；实行社会稳定风险评估，从源头上预防和减少社会矛盾；构建大协调工作体系，有效化解社会矛盾；强化基层社区建设，发挥社会组织作用的"枢纽型组织"，增强企事业单位社会管理责任；提高公民社会管理参与度、在社会管理中引进专业社会工作，等等。我们要善于总结升华这些鲜活的经验，从中找到可以推广的思路和做法，为社会管理理论创新和实践创新服务。

三、不断提升社会管理科学化水平

提高社会管理科学化水平，既要加强社会管理，也要创新社会管理。加强社会管理，关键是要从思想上、工作布局上更加重视社会管理，必须下更大的决心、采取更加有力的措施，切实把加强社会建设和社会管理放在突出重要的位置，全面提高社会管理和服务水平。一要加强法律法规和政策体系建设。加快社会管理领域的立法工作，依靠法律来规范个人、组织的行为，协调社会关系；进一步制定完善有关经济政策和社会政策，健全社会规范体系，弥补社会政策的不足；加快建立和完善个人行为的规范体系，探索建立公民个人信用制度，健全违反社会公共行为准则的惩戒制度。二要加强公共安全体系建设。健全对事故灾难、公共卫生事件、食品安全事件、社会安全事件的预防预警体系建设；加强流动人口服务管理，做好对特殊人群帮教管理和服务工作；完善矛盾纠纷排查调处工作制度和长效机制，提高效率和水平；实行人民调解、行政调解、司法调解有机结合，把矛盾化解在基层、解决在萌芽状态；进一步加大公共安全投入力度。三要加强社会管理能力建设。通过集中培训和基层实践锻炼等途径，切实加强各级政府和社会领域其他组织的社会管理能力建设，着力提高政府社会管理决策能力、处理社会纠纷和维护社会稳定的能力、有效开展群众工作和激发创造社会活力的能力；加强社会管理基层基础建设，健全基层管理和服务体系，提高基层党组织和基层政权的社会管理和依法办事能力，提高基层群众自治组织自我管理、自我服务、自我教育、自我监督能力；加强社会管理信息系统建设，提升社会管理信息化水平，健全社会舆情汇集和分析机制，着力提高社会管理快速反应力。四要加强社会管理人才队伍建设。进一步加强高等教育对社会管理人才的培养，强化对社会管理人员的在职培训，为社会管理提供人才保证；积极营造尊重、支持社会管理人才工作良好的社会环境，激励他们的工作热情，发挥他们的工作潜能；搞好社会管理人才的选拔和引进，多渠道、多方位选拔政治素质好、业务素质好的人员，充实加强社会管理队伍。

创新社会管理，第一，要创新管理理念。切实做到以人为本、服务优先，把实现好、维护好、发展好最广大人民的根本利益作为出发点和落脚点，寓管理于服务之中，实行依法管理、科学管理、柔性管理、人性化管理，推动社会管理科学化、规范化和常态化，努力让人民群众切实感受到服务更到位、管理更有序、社会更和谐。要按照发展社会主义民主政治的要求，扩大人民民主，保证人民当家作主，进一步健全民主制度，丰富民主形式，拓宽民主渠道，从各个领域、各个层次扩大公民有序政治参与，依法保障人民的知情权、参与权、表达权、监督权。第二，要创新管理主体。要从单纯重视政府作用向社会共同治理转变，既要发挥党委、政府的领导和主导作用，又要鼓励和支持社会各方面参与社会管理，发挥多元主体的作用，从传统的社会管理向现代社会治理转变。第三，要创新管理方式。要从偏重管制控制向更加重视服务、重视协商协调转变，坚持更多地运用群众路线的方式、民主的方式、服务的方式，教育、协商、疏导的方式，化解社会矛盾，解决社会问题。第四，要创新管理环节。要从偏重事后处置向更加重视源头治理转变，把工作重心从治标转向治本、从事后救急转向源头治理，使社会管理关口前移。第五，要创新管理手段。要从偏重行政手段向多种手段综合运用转变，在运用行政手段进行社会管理的同时，更多地运用法制规范、经济调节、道德约束、心理疏导、舆论引导等手段，并加强道德建设和思想政治工作。第六，要创新管理制度。要坚持加强源头治理体系建设、强化动态协调机制建设、推进应急管理制度建设，构建相互联系、相互支持的规范、机制和制度体系。

四、社会管理格局四位一体、相辅相成

党的十七届五中全会通过的《中共中央关于制定国民经济和社会发展第十二个五年规划的建议》和我国《国民经济和社会发展第十二个五年规划纲要》提出，要"按照健全党委领导、政府负责、社会协同、公众参与的社会管理格局的要求，加强社会管理法律、体制、能力建设"。党委领导是根本，政府负责是关键，社会协同是依托，公众参与是基础，四位一体，有机联系，不可分割。这是对我国多年来社会管理实践的科学总结，符合我国现阶段社会管理的客观要求，具有中国特色，体现时代特征。在新的形势下，加强和创新社会管理必须切实加以遵循。

党委领导，就是要发挥党委在社会管理格局中总揽全局、协调各方的领导核心作用。认真贯彻党的路线、方针、政策和工作部署，支持政府依法行政和依法管理，引导各种社会组织、群众组织、自治组织和人民群众积极有序参与社会管理，充分

发挥基层党组织和共产党员在社会管理中的作用。合理配置党政部门社会管理职责权限，切实解决多头管理、分散管理、难以形成有效合力的问题。在坚持党的领导的同时，要不断改善党的领导，发挥政治优势，善于舆论引导，充分发挥各种媒体作用，不断提高化解各种社会矛盾、构建和谐社会的能力。

政府负责，就是要强化政府的社会管理职能，做到职能到位，既不越位，也不缺位。凡是公民、法人和其他组织通过自律能够解决的，行业和中介组织能够解决的问题，政府就不去干预，而该由政府管理的事项则应当管住管好。国家要通过制定法律法规、完善社会政策、健全社会管理体系、培育和管好社会组织、畅通公民参与渠道等，来发挥政府在社会管理中的主导作用。要建立和完善社会管理考核机制，研究制定科学的社会管理考核指标，把考核结果作为政府及其工作人员奖惩和使用的重要依据。

社会协同，就是要发挥各类社会组织的作用，组织社会力量参与社会管理。基层单位是社会协同管理的基础，要加强以城乡社区为重点的基层基础建设，在基层构建横向到边、纵向到底的社会管理体系，切实把社会问题和社会矛盾解决在基层。各类社会组织是社会协同管理的重要力量，要发挥社会组织的作用，推动包括社会团体、行业组织、中介机构、志愿者团体等在内的各种社会组织发展壮大，坚持鼓励发展和监管引导，提高社会组织在社会管理中的协同能力。要规范发展社会组织，加强社会组织管理和服务体系建设，发挥各类社会组织提供服务、反映诉求、规范行为的作用。企业事业单位负有社会管理的重要责任，要强化各类企事业单位社会管理责任，鼓励和支持它们继续承担有关社会管理和社会服务的责任，包括发挥好各类所有制企业在社区建设、安全生产、处理劳资关系、发展慈善事业、促进社会和谐稳定等方面的作用。

公民参与，就是要充分发挥人民国家人民管理的作用，引导公民依法理性有序参与社会管理。大力培育公民参与意识，履行公民义务，探索公民参与社会管理的机制和途径，拓宽公民参与渠道，为公民参与社会管理创造条件。要提高基层群众自治组织自我管理、自我服务、自我教育、自我监督能力。在加强政法队伍建设的同时，加快组建专业社会工作者队伍，大力发展信息员、保安员、协管员、巡防队等多种形式的群防群治力量，真正把社会管理建立在广泛的群众基础之上。积极开展志愿服务活动，健全社会志愿者服务长效机制，努力形成社会管理人人参与、人人共享的良好局面。

加强和创新社会管理的重要性和重点任务^①

（2011 年 5 月 24 日）

　　社会管理是人类社会必不可少的一项管理活动。作为发展中国家的中国正在进行的是一场人类历史上规模空前的社会变革，社会管理任务更为艰巨和繁重。因此，必须认真贯彻落实中央关于加强和创新社会管理的重大决策，深入研究社会管理领域存在的突出问题及其原因，完善社会管理格局，创新社会管理体制机制，加强和改进群众工作，努力提高社会管理水平，为实现"十二五"时期经济社会发展目标凝聚强大力量。

一、充分认识加强和创新社会管理的重大意义

　　正确理解和科学界定社会管理的内涵和边界，是当前深入研究加强和创新社会管理的重要前提。我国理论界和实际工作部门对社会和社会管理都有不同的理解和看法。概括起来，大体有三种意见：一种是，大范围的社会和社会管理，社会即人

---

① 本文系在国家发展和改革委员会举办的"发展改革大家谈"研讨会上所作的报告（节录）。

类社会，与自然界相对应，社会管理是对整个人类社会活动的管理，包括政治、经济、社会、文化等广泛的领域和范围。一种是，中范围社会和社会管理，社会与经济相对应，社会管理是对人类从事经济活动以外的各类社会活动的管理。一种是，小范围社会和社会管理，是指经济、政治、文化以外的社会建设与管理，社会管理范围相应较小。显然，大范围社会和社会管理过于宽泛，中范围社会和社会管理也偏宽。中央明确强调的社会管理，是中国特色社会主义经济建设、政治建设、文化建设、社会建设以及生态文明建设总体格局中关于社会建设的一部分。社会管理，是指党委和政府以及其他社会主体运用法律、法规、政策、道德、价值等社会规范体系，直接或间接地对社会领域各方面、各环节进行服务、协调、组织、监控的过程和活动。社会管理的根本目的，是维护社会秩序、促进社会和谐；基本任务包括协调社会关系、规范社会行为、解决社会问题、化解社会矛盾、促进社会公正、应对社会风险、保持社会稳定，创造既有活力又有秩序的经济社会发展环境。只有准确把握社会管理的内涵和边界，才能正确研究和提出社会管理的思路、任务和举措。

党中央、国务院始终高度重视社会管理，为形成和发展适应我国国情的社会管理制度进行了长期探索和实践，取得了重大进展，积累了宝贵经验。特别是党的十六大以来，中央从时代发展和战略高度，更加重视社会管理问题，作出了一系列重要决策和部署。2004 年党的十六届四中全会明确提出，"加强社会建设和管理，推进社会管理体制创新"[①]。2007 年党的十七

[①]《中共中央关于加强党的执政能力建设的决定》，人民出版社，2004 年，第 25 页。

大强调，要"完善社会管理"，健全社会管理格局，健全基层社会管理体制，最大限度激发社会创造活力，最大限度增加和谐因素，最大限度减少不和谐因素。2010年党的十七届五中全会进一步作出"加强和创新社会管理"的战略部署。2011年2月，中央举办了省部级主要领导干部社会管理及其创新专题研讨班，胡锦涛同志等中央领导同志作了重要讲话，深刻阐述了加强和创新社会管理的重要性和紧迫性，并明确提出了重点任务和要求。2011年3月温家宝同志在十一届全国人大四次会议上作的《政府工作报告》，对加强和创新社会管理作出了明确部署。在《国民经济和社会发展第十二个五年规划纲要》中，专门用第九篇分五章全面部署了今后5年"标本兼治，加强和创新社会管理"的重大任务。近些年来，我国在社会管理的理论和实践都有创新。党中央、国务院把社会管理放在现代化建设更加重要的战略位置，是我们党对共产党执政规律、社会主义建设规律、人类社会发展规律认识的新升华，是深入分析我国发展新的阶段性特征作出的重大战略，也是人民群众对党和政府的新期待。我们要按照中央的部署和要求，切实加强和创新社会管理，加快构建中国特色社会主义社会管理体系。

加强和创新社会管理是一个事关全局的重大决策，具有十分重要的现实意义和长远战略意义。

（一）这是我国发展新的阶段性特征的客观要求。改革开放以来，我国经济总量以年均近10%的速度增长，2010年人均国内生产总值达到4400多美元，跃居全球第二大经济体。中国用30多年时间走完了西方发达国家上百年走过的道路，工业化、信息化、城镇化、市场化、国际化等人类社会的重大变革在中国短期内同时展开，谱写了宏伟壮观的历史画卷。也正因为如此，发达国家在不同时期渐次出现的许多社会矛盾和社会问题，在我国相对集中的较短时间里显现出来。当前我国既处于发展的重要战略机遇期，又处于社会矛盾凸显期，社会管理领域问题不少，有些问题还相当突出，有些问题也将在较长时期内存在。主要表现在以下几个方面：

第一，人民内部矛盾多样多发。近年来，因各种人民内部矛盾、社会矛盾引发的群众上访和群体性事件已成为影响社会和谐稳定的第一位问题。2010年，全国信访总量970万件（人）次，群体性事件20800多起，虽然比2009年分别下降6%、3.1%，但仍在高位运行，并呈现一些新的特点。一是矛盾主要集中在农村土地征用、城镇房屋拆迁、国有企业改制、涉法涉诉等领域。二是矛盾涉及各行业各阶层。既有农民、城镇居民、离退休人员、个体工商业者、出租车司机、学生，也有军队退役人员、原民办教师、国企退休教师等特定人群。三是触点增多、燃点降低。一些一般性矛盾纠纷因处理不及时、不妥当，容易演化为大规模群体性事件。四是关联性增强，历史遗留问题和改革发展中的问题、经济领域问题和社会领域问题、合理诉求和不合法方式、多数人合理诉求和少数人无理要求、群众自发行为和敌对势力插手利用相互交织。

第二，流动人口和特殊人群管理和服务问题增多。一是流动人口大量增加，给社会管理带来了巨大压力。最为突出的是农民工现象。据统计，我国大约有2.3亿农民工，其中有1.5亿左右在异地"打工"。农村劳动力大范围流动不仅造成了数以千万计的农村留守儿童、留守妇女、留守老人，而且导致城市的违法犯罪行为增多。二是老龄人口快速增长，目前全国60岁以上人口已近1.7亿人，到2015年将达到2.1亿人，而相应社会服务明显不适应。三是孤残流浪儿童和有不良行为的青少年增多。据有关部门不完全统计，目前全国有闲散青少年2820万人。闲散青少年违法犯罪呈增加趋势。四是境外来华人员快速增多，近年来每年出入境外国人达5000万人次，目前在我国常住的外国人有近50万。境外来华人员增多促进了我国经济社会发展，同时也使非法入境、非法居留、非法就业问题突出起来，给社会管理带来新的课题。

第三，公共安全事故频繁发生。一是安全生产事故增多，2010年全国发生安全生产事故36.3万起、造成7.96万人死亡，其中重大安全生产事故74起，特别重大安全生产事故11起；涉及人员伤亡的道路交通事故21.95万起，发生火灾事故13.17万起，给人民群众生命财产造成重大损失。二是食品药品安全问题突出，毒大米、假酒、假药等时有出现，严重影响人民群众的生命和健康安全。三是自然灾害频发，地震、泥石流、台风、洪涝、干旱、低温雨雪冰冻恶劣天气等自然灾害严重危害人民生命财产安全。

第四，非公有制经济组织和社会组织的管理和服务问题突出。改革开放以来，我国非公有制经济组织、社会组织大量增加，但相关管理服务工作跟不上。一是非公有制经济组织中的党组织和工青妇组织不健全、作用发挥不充分；一些非公有制经济组织片面追求经济效益，没有承担起管理和服务员工的社会责任，导致停工、聚集、上访事件时有发生。二是各类社会组织迅速增多。截至2009年底，全国依法登记的社会组织43.1万个，专职工作人员540万人，兼职工作人员500多万人；还有上百万个没有登记就开展活动的社会组织。大多数社会组织在各个领域发挥着积极作用，但发展培育不足、规范引导不够、结构和分布不合理问题也很突出。

第五，信息网络建设管理面临严峻挑战。以数字技术、网络技术为代表的现代信息科学技术突飞猛进和广泛应用，带来了社会生产方式、生活方式的深刻变革，对人们思想观念和行为方式的影响越来越大，互联网已经成为人们丰富文化生活的重要途径，成为社会思想文化的集散地和社会舆论的放大器，成为社会组织动员的重要手段。目前，我国有 4.57 亿网民、8.59 亿手机用户，博客用户超过 2.94 亿，互联网普及率达 34.3%，是世界上使用互联网人口最多的国家。这既为传播先进文化搭建了平台，为文化繁荣开辟了新的空间。同时，也给社会管理带来了不少新情况、新问题。一是现实社会违法犯罪向虚拟社会蔓延，利用互联网和手机等新兴媒体传播淫秽色情信息和进行赌博诈骗等违法犯罪活动猖獗。二是虚拟社会对现实社会的影响日益增强，一些影响较大的公共事件网上网下遥相呼应，导致各种社会矛盾和热点敏感问题快速扩散放大，造成严重后果，影响社会稳定。三是国家信息安全和网络运行安全面临较大风险，网上窃密泄密事件频发，危害国家安全和利益。

以上社会管理领域存在的一些突出问题，如果处理不当、解决不好，就会影响甚至干扰党和国家工作大局，影响和干扰中国特色社会主义事业的发展。搞得不好，已经取得的改革开放成果也可能付诸东流。当前社会管理领域存在的问题，原因是多方面的，既有现阶段经济社会发展水平限制带来的问题，也有工作不到位带来的问题；既有长期的历史遗留问题，也有社会深刻变革带来的现实问题；既有思想观念上的问题，也有体制机制上的问题。这也决定了我们必须通过加强和创新社会管理，妥善处理各种社会问题，应对各种社会风险，以推动经济社会持续健康发展。

（二）这是我国深入贯彻落实科学发展观的必然要求。社会管理是维系社会正常秩序、促进和谐社会建设、营造经济社会发展环境的活动。科学发展观的内在要求，是必须搞好社会管理，唯有加强社会管理，才能促进科学发展。只有坚持以人为本，用统筹兼顾的方法，加强和创新社会管理，协调各社会阶层、群体、成员间的利益关系，加强对流动人口的服务和管理，促进各类社会组织和基层社区健康发展，才能推动经济社会全面协调可持续发展。

（三）这是我国发展中国特色社会主义事业的内在要求。党的十六大以来，中国特色社会主义事业总体布局扩展为经济建设、政治建设、文化建设、社会建设以及生态建设。这就要求我们，在经济发展基础上，更加注重社会建设，着力保障和改善民生，推进社会体制改革，扩大公共服务，促进社会公平正义，推动和谐社会建设。社会建设包括发展教育医疗卫生事业、扩大就业、调整收入分配、健全社会保障体系、完善社会管理等多个方面。社会建设和社会管理是中国特色社会主义事业的重要方面。但是，由于种种原因，人们对社会管理的了解和熟悉程度，远远不如我们对经济管理的了解和熟悉程度。伟大的实践需要科学的理论支持。这就要求，必须对我国新形势下的社会矛盾状况进行深入分析，研究和把握社会管理规律和特点，完善适合我国国情的社会体制机制，提高社会管理的能力和水平。

（四）这是如期实现全面建成小康社会的迫切要求。党的十六大提出了全面建设小康社会的奋斗目标，党的十七大提出到 2020 年全面建成小康社会的目标要求，丰富了全面小康社会的内涵，强调要增强发展协调性、扩大社会主义民主、加强文化建设、加快发展社会事业、建设生态文明等。而创新社会管理模式，对全面建成小康社会具有重大的作用。构建与社会主义市场经济发展相适应、与社会主义和谐社会建设相适应的中国特色社会管理模式，具有很大的紧迫性。

加强和创新社会管理还是吸取一些国家和地区经验教训的重要启示。一些国家和地区的发展历程表明，国民收入从中等收入向高收入提升的时期，往往是经济关系容易失衡、社会秩序容易失常、人们心理容易失衡的时期。拉美和东南亚一些国家之所以陷入"中等收入陷阱"，除了经济发展模式转型滞后，一个重要原因是大批农民进入城市以后基本享受不到社会保障和公共服务，在农村又失去土地，成为城市的边缘人群，从而形成影响社会稳定的贫民窟问题；由于两极分化、贫富悬殊，不能为经济社会发展提供持续的动力，从而使经济社会停滞不前甚至倒退，进而导致社会矛盾加剧、政局持续动荡。我国正从中等收入向高收入国家迈进，如何防止落入所谓的"中等收入陷阱"，这是同样面临的重大挑战。最近，西亚、北非一些国家相继发生骚乱，造成社会剧烈动荡，有的甚至导致政权更迭，就是重要的教训。这些国家有的经济发展得还很好，之所以会爆发严重的社会问题，固然有多方面原因，包括国内高通胀率、高失业率和政治腐败等，其中很重要的原因在于，国家未能实施行之有效的社会管理，包括对互联网和手机疏于管理，一些国家的骚乱就是由一些"热血愤青"在网络和微博中所传播的信息煽动下，短期内搞起来的街头抗议活动，一发不可收拾。网络和手机普及后，信息在民众中传播有了新形式，容易在短期内迅速将民众动员起来，甚至触发社会动乱。当前，我国既要继续发展经济，又要确保社会和谐稳定，必须充分吸取和借鉴国外经验教训，切实加强和创新社会管理，谨防一切不可预测的风险。

总之，加强和创新社会管理，是继续抓住和用好我国发展重要战略机遇期、推进党和国家事业的必然要求，是维护国家长治久安、构建社会主义和谐社会的必然要求，是维护最广大人民根本利益的必然要求，是提高党的执政能力、巩固党的执政地位的必然要求，对于落实科学发展观、实现全面建成小康社会宏伟目标具有重要战略意义。各部门、各地区一定要把思想认识统一到中央的决策部署上来，必须深刻认识加强和创新社会管理的极端重要性和紧迫性，以强烈的政治责任感和历史使命感，切实把加强和创新社会管理置于更加突出的位置。

二、社会管理既要加强也要创新

在不同国家和不同发展阶段，进行社会管理的内容和要求有所不同。中央明确提出加强和创新社会管理，这是在准确把握我国发展新的阶段性特征、深刻认识我国现代化事业面临的新情况、新任务，以及全面分析社会管理的现状，所作出的重要战略部署。

之所以要加强，这是因为，在我们这样一个有 13.5 亿人口、经济社会快速发展的国家，社会建设和社会管理任务十分艰巨繁重；从现实情况看，当前我国经济社会发展总体形势是好的，但是社会管理工作相当薄弱，经济和社会发展"一条腿长、一条腿短"的状况并未根本改变；各社会阶层和群体之间的利益冲突趋于明显；全国刑事犯罪、社会治安案件居高不下，群体事件易发多发；社会管理体系不完善、制度不健全，基层社会管理存在着不少空白点和薄弱环节；城乡社区治理思路不够明晰，社会组织、基层自治与行政管理的关系不顺，基层社会管理和服务资源没有形成合力。因此，必须切实加强社会管理。

之所以要创新，主要是因为，随着30多年中国历史上从未有过的大改革大开放，使我国成功实现了从高度集中的计划经济体制到充满活力的社会主义市场经济体制、从封闭半封闭到全方位开放、从人民生活温饱不足发展到总体小康的伟大历史性转变，使我国社会管理环境和因素发生了深刻变化。特别是随着工业化、信息化、城市化、市场化、国际化进程不断加快，社会活力大为增强，经济结构、社会结构和社会组织形式发生深刻变动，社会流动性、开放性、活跃性前所未有，越来越多的人由"单位人"变成"社会人"，人们思想活动的独立性、选择性、多变性、差异性不断增强，社会思想更加活跃更加复杂。在这种情况下，过去行之有效的管理理念、管理制度、管理手段、管理方法已难以完全适应社会管理的需要。当前我国的社会管理还没有完全摆脱传统计划经济体制下的社会管理模式。在工作布局上，重经济建设、轻社会建设；在管理主体上，重政府作用、轻多元参与；在管理方式上，重管制控制、轻协商协调；在管理环节上，重事后处置、轻源头治理；在管理手段上，重行政手段、轻法制规范和道德自律。必须深化认识，推进理论创新和实践创新，全面提高社会管理科学化、专业化水平。因此，社会管理既要加强，又要创新，只有创新社会管理，才能真正做到加强社会管理。

（一）要加强社会管理。加强社会管理的关键，是要从思想上、工作布局上更加重视社会管理，必须真正把加强社会建设和社会管理放在突出重要的位置，采取更加有力的措施，切实改变经济建设与管理和社会建设与管理"一手硬""一手软"的现象。要按照中央关于"加强社会管理法律、体制、能力建设"①的要求，全面提高社会管理和服务水平。一要加强法律法规和政策体系建设。加强社会管理领域立法工作，依靠法律来规范个人、组织的行为，协调社会关系；完善有关社会政策，健全社会规范体系；加快建立和完善个人行为的规范体系，建立公民个人信用制度，健全违反社会公共行为准则的惩戒制度。二要加强公共安全体系建设。健全对事故灾难、公共卫生事件、食品安全事件、社会安全事件的预防预警体系建设；完善矛盾纠纷排查调处工作制度和长效机制，提高效率和水平；实行人民调解、行政调解、司法调解有机结合，把矛盾化解在基层、解决在萌芽状态。三要加强社会管理能力建设。通过集中培训和基层实践锻炼等途径，切实加强各级政府和社会组织的社会管理能力建设，着力提高政府社会管理决策能力、处理社会纠纷和维护社会稳定的能力、有效开展群众工作和激发创造社会活力的能力；加强社会管理基层基础建设，健全基层管理和服务体系，提高基层党组织和基层政权的社会管理和依法办事能力，提高基层群众自治组织自我管理、自我服务、自我教育、自我监督能力；加强社会管理信息系统建设，提高社会管理信息化水平，健全社会舆情汇集和分析机制，着力提高社会管理快速反应力。进一步加大公共安全投入力度。四要加强社会管理人才队伍建设。加强社会管理人才的培养，强化社会管理人

---

① 《中共中央关于制定国民经济和社会发展第十二个五年规划的建议》，《人民日报》2010 年 10 月 28 日。

员的在职培训，为加强社会管理提供人才保证；积极营造尊重、支持社会管理人才工作的良好社会环境，激励他们的工作热情，发挥他们的工作潜能；搞好社会管理人才的选拔和引进工作，多渠道、多方位选拔政治素质好、业务素质好的人员，充实加强社会管理的人才队伍。

（二）要创新社会管理。首先，创新社会管理理念。总的说来，是要树立与社会主义初级阶段基本国情相适应，与社会主义市场经济体制和我国社会政治制度相适应，与开放、动态、信息化社会环境相适应的社会管理理念，确保社会管理更好地体现时代性、把握规律性、富于创造性。一要树立以人为本、服务为先的理念。始终把实现好、维护好、发展好最广大人民的根本利益作为出发点和落脚点，践行全心全意为人民服务的根本宗旨，坚持人民主体地位，充分尊重人、理解人、关心人，寓管理于服务之中，在服务中实施管理，努力实现管理与服务的有机统一，让人民群众切实感受到服务更到位、管理更有效、社会更和谐。二要树立多方参与、共同治理的理念。现代社会管理既是政府向社会提供公共服务并依法对有关社会事务进行规范和调节的过程，也是社会自我服务并根据法律和道德进行自我规范和自我调节的过程。在社会管理中，一方面要不断提高政府的社会管理能力和成效，另一方面要不断增强政府自我管理的能力和效果。要按照发展社会主义民主政治的要求，扩大人民民主，保证人民当家作主，进一步健全民主制度，丰富民主形式，拓宽民主渠道，从各个领域、各个层次扩大公民有序政治参与，依法保障人民的知情权、参与权、表达权、监督权。三要树立关口前移、源头治理的理念。要及时发现矛盾问题，弄清原因、变化规律，不断增强工作的前瞻性、主动性、有效性，从源头上主动解决问题、减少矛盾，最大限度地实现社会矛盾不积累、不激化。这不仅仅是社会管理部门的责任，也是各级党委和政府、各部门各单位的共同责任。四要树立统筹兼顾、协商协调的理念。正确反映和协调各个方面、各个层次的利益诉求和社会矛盾，既要"左顾右盼"，又要"瞻前顾后"，使社会管理能够体现维护公平正义的"刚性"、协调各方利益的"柔性"、应对新情况新问题的"弹性"，促进社会动态平衡。五要树立依法管理、综合施策的理念。牢固树立依法管理，加强社会管理领域立法、执法工作，使各项社会管理工作有法可依、有法必依、违法必究、执法必严；同时，要综合运用经济调节、行政管理、道德约束、心理疏导、舆论引导等手段，规范社会行为，调节利益关系，减少社会问题，化解社会矛盾。

第二，创新社会管理主体。要从单纯重视政府作用向社会共同治理转变，既发挥党委、政府的领导和主导作用，又要鼓励和支持社会各方面，包括各类社会组织、社会团体、企事业单位和公民参与社会管理，发挥多元主体的作用，促使传统社会管理向现代社会治理转变。

第三，创新社会管理方式。要从偏重管制控制向更加重视服务、重视协商协调转变，坚持更多地运用群众路线的方式、民主的方式、服务的方式，教育、协商、疏导的方式，化解社会矛盾，解决社会问题。

第四，创新社会管理环节。要从偏重事后处置向更加重视源头治理转变，把工作重心从治标转向治本、从事后救急转向源头治理，使社会管理关口前移。

第五，创新社会管理手段。要从偏重行政手段向多种手段综合运用转变，在运用行政手段进行社会管理的同时，更多地运用法制规范、经济调节、道德约束、心理疏导、舆论引导等手段，加强道德建设和思想政治工作。

第六，创新管理体制。要加强源头治理体系建设、动态协调机制建设、应急管理制度建设，构建相互联系、相互支持的制度体系。

总之，创新社会管理就是要实现从以政府为单一主体、以单位管理为主要载体、以行政办法为主要手段、以管制为主要目的的传统模式，转向政府行政管理与社会自我调节、居民自治管理良性互动、社区管理与单位管理有机结合，多种手段综合运用，管理与服务融合、有序和活力统一的多元治理、共建共享的新模式，使社会管理与发展社会主义市场经济、民主政治、先进文化，以及与建设和谐社会要求相适应。

在加强和创新社会管理中，应当高度重视和坚持做到以下几点：

一是，坚持改革正确方向和思路。加强和创新社会管理，是社会管理领域一场深刻的革命，改革沿着什么方向，按照什么思路进行，事关中国现代化事业的成败。最重要的是坚持两条原则，一条是坚持和加强党的领导，一条是坚持和发展社会主义制度。共产党是领导中国现代化事业的核心力量，削弱了共产党领导，就会天下大乱。我们进行的各项改革事业都是对社会主义制度的完善和发展，加强和创新社会管理也是这样。必须从巩固党的执政地位、维护人民根本利益、保证国家长治久安的战略高度来考虑，确保改革创新始终沿着中国特色社会主义方向前进。

二是，坚持继承和创新结合。我国社会管理与基本国情和社会主义制度总体上是适应的，这是一个基本判断，也是加强和创新社会管理的基本出发点。我们要在这个基础上，以中国特色社会主义理论体系为指导，全面认识和科学分析面临的问题，从中国由传统社会向现代社会深刻变革的大背景出发，重视弘扬我国优秀传统文化，发挥长期形成的各种优势，结合现实情况，与时俱进，开拓创新，既继承好的做法，又突破旧的陈规，积极稳妥地处理各种矛盾和问题，彰显中国特色、中国风格的社会管理制度优越性。

三是，坚持尊重实践和创造。尊重实践，尊重群众，善于概括群众的经验和创造，是我们党领导革命、建设和改革的根本方法。多年来特别是近些年来，许多地方在加强和创新社会管理方面进行了卓有成效的探索和实践。例如，把城镇基本公共服务延伸到流动人口身上，使他们也进入城镇社会管理覆盖范围；对特殊人群特殊关爱，使他们更好地融入社会；实行社会稳定风险评估，从源头上预防和减少社会矛盾；强化基层社区建设，发挥枢纽型社会组织的作用；增强企事业单位社会管理责任；提高公民社会管理参与度；在社会管理中引进专业社会工作，等等。实践是检验真理的唯一标准。我们要善于总结丰富实践中的鲜活经验，敏锐地把握时代发展的脉搏，大力扶持新生事物，积极推广新鲜经验，推动社会管理理论创新和实践创新。

四是，坚持树立世界眼光。"他山之石，可以攻玉"。邓小平讲过，社会主义要赢得与资本主义相比较的优势，就必须大胆吸收和借鉴人类社会创造的一切文明成果，吸收和借鉴当今世界各国包括资本主义国家的一切反映现代社会化生产规律的先进经营方式、管理方法。在加强和创新社会管理中，我们应积极研究借鉴世界不同国家和地区进行社会管理的重要经验和有益做法，或为我所用，或开阔思路。特别是完善法律法规、综合利用各种力量参与社会管理、健全公共服务体系、注重对公民进行爱国主义教育和公民意识教育、充分利用传统文化和伦理关系凝聚人心、运用多种手段缩小贫富差距、大力推行政务公开和电子政务，以及运用疏堵并举、宽严相济办法解决突出问题等，都有借鉴意义。当然，学习借鉴国外经验，要立足我国现实国情，不能照抄照搬，要坚持走中国特色社会主义社会管理道路。

三、加强和创新社会管理需要抓好的重点任务

（一）完善社会管理工作格局。党中央明确提出，要"按照健全党委领导、政府负责、社会协同、公众参与的社会管理格局的要求"①，加强和创新社会管理。这是建设中国特色社会主义社会管理体系的基本框架。党委领导是根本，政府负责是关键，社会协同是依托，公众参与是基础，四位一体，有机联系，不可分割。这是对我国多年来社会管理实践的科学总结，符合现阶段社会管理的客观要求，具有中国特色，体现时代特征。在新的形势下，加强和创新社会管理必须切实加以遵循。党委领导，就是要发挥党委在社会管理格局中总揽全局、协调各方的领导核心作用。我国社会主义的社会管理，与西方资本主义社会管理有着本质的不同，我们党是执政党，有着广泛、深厚的社会基础和群众基础，也拥有巨大的社会资源。坚持党委领导，

---

① 《中共中央关于制定国民经济和社会发展第十二个五年规划的建议》，《人民日报》2010 年 10 月 28 日。

是我们的政治优势和制度优势，也是社会管理沿着正确方向前进的根本保证。要合理配置党政部门社会管理的职责权限，支持政府履行社会管理职能，引导社会多方面积极参与社会管理和服务，切实解决多头管理、分散管理、难以形成有效合力的问题。在坚持党的领导的同时，要不断改善党的领导，充分发挥基层党组织和党员服务群众的作用，同时善于舆论引导，充分发挥各种媒体作用，不断提高化解各种社会矛盾、构建和谐社会的能力。政府负责，就是要强化政府的社会管理职能，做到职能到位，既不越位，也不缺位。各级政府要按照转变职能、理顺关系、优化结构、提高效能的要求，健全政府职责体系，该由政府管理的事项应当管住管好，切实发挥政府在社会管理中的主导作用。社会协同，就是要发挥好工青妇等群众组织、基层群众性自治组织、各类社会组织、企事业单位的作用，组织社会力量共同参与社会管理。要加强以城乡社区为重点的基层基础建设，推动包括社会团体、行业组织、中介机构、志愿者团体等在内的各种社会组织发展壮大，发挥各类社会组织提供服务、反映诉求、规范行为的作用，强化各类企事业单位的社会管理责任。公民参与，就是要充分发挥人民国家人民管理的作用，动员组织群众依法、理性、有序参与社会管理和公共服务，实现自我管理、自我服务、自我发展。要加快组建专业社会工作者队伍，大力发展信息员、保安员、协管员、巡防队等多种形式的群防群治力量，健全群众参与的长效机制，充分发挥群众参与社会管理的基础作用；同时，要加强对群众的教育引导，使广大群众不断增强遵纪守法意识，切实履行公民义务。

（二）加强动态调节和化解机制建设。社会管理不是要消除所有社会矛盾，也不可能消除所有社会矛盾。事物的矛盾法则和矛盾的普遍性规律说明，矛盾存在于人类社会发展的各方面和全过程。在社会发展中旧的矛盾和问题解决了，新的矛盾和问题又会不断涌现出来。加强和创新社会管理，必须构建动态调节和化解机制，形成科学有效的利益协调机制、诉求表达机制、矛盾调处机制和权益保障机制，统筹协调各方面利益关系，切实维护群众合法权益，使社会处于动态平衡、动态优化、井然有序、健康运行的状态。

一要建立和完善诉求表达机制。这是及时解决社会问题和社会矛盾、提高社会动态平衡能力的重要条件。要充分尊重和保护人民群众表达诉求的权利，积极引导群众依法合理地表达诉求与维护权益，对群众合理要求一定要妥善处理。要建立方式多样、规范有序、畅通高效的诉求表达渠道。要完善政务公开制度、民主决策制度，提高公众参与程度。要加强和改进信访制度，落实领导干部接访、下访、回访、联系群众制度。

二要建立和完善矛盾预警和排查机制。这是有效预防社会问题、社会矛盾积累和激化、促进社会运行动态优化的重要措施。要针对社会管理中的热点、重点和难点问题，进行经常性的分析和排查，按照"见微知著、抢得先机、争取主动、防止激化"的要求，及时发现各种苗头性、倾向性、潜在性问题，千方百计把矛盾消除在萌芽状态。

三要建立和完善社会矛盾调解机制。社会矛盾调解是当前有序解决社会难题的主要方式。要构建和完善人民调解、行政调解、司法调解相互衔接的大调解工作机制。建立健全由各级政府负总责、政府法制部门牵头、各职能部门为主体的行政调解工作新机制。建立全程、全员、全面的立体司法调解格局。

要充分挖掘民间资源，充分利用乡规民约，调动各种社会力量参与化解调处矛盾纠纷。

（三）加大流动人口和特殊人群管理与服务。流动人口和特殊人群的管理与服务工作，是加强和创新社会管理的一项基础性工程，对社会和谐稳定具有十分重要的影响。

一要建立覆盖全国人口的国家人口基本信息库。在加快完善居民身份证制度的基础上，融合人口和计划生育、人力资源和社会保障、住房和城乡建设、民政、教育、交通、工商、税务、统计等部门和金融系统相关信息资源，建立一套能够覆盖全部实有人口的动态管理体系，提高对流动人口的管理服务水平。例如，美国以高度电子化和网络化方式管理公民资料，记录公民资料的证件主要是驾驶执照和社会保障卡。几乎所有适龄公民都有驾驶执照，其作用基本上等同于身份证。"社会保障卡"及相对应的社会安全号，该号码终生不变和使用。公民的所有银行账号、税号、信用卡号、社会医疗保障号等都与之挂钩。这些值得研究借鉴。

二要积极稳妥地推进户籍管理制度改革。放宽中小城市、小城镇特别是县城和中心镇落户条件，建立城乡统一的户口登记管理制度，积极探索流动人口管理新办法，逐步剥离附着在户籍上的福利和待遇，实现公共服务覆盖人群由户籍人口向常住人口转变。

三要对特殊人群实行特殊关爱。按照以人为本、服务为先的要求，真正把由于种种因素造成困难的困难群体作为最需要帮助的人群来对待，关注民生重点领域的措施向他们倾斜，努力使他们感受到党和政府的温暖，感受到社会的关怀，和谐地融入社会。

四要加强社会心理服务工作。在全社会开展个人心理健康知识的宣传，普及相关知识。建立健全个人心理医疗服务体系，积极开展个人心理调节疏导工作，耐心帮助那些因生活和工作等受到挫折而失去信心、法治观念淡薄、对生活没有希望的人重振生活信心，避免他们走向极端。

（四）提高基层社会管理和服务水平。基层基础建设是整个社会管理的根基。当前社会管理方面存在的许多问题，大多与基层基础工作不扎实、不到位有关。因此，要把更多的工作精力和注意力放到基层，把人力、财力、物力更多投到基层，努力在基层构建一个横向到边、纵向到底的社会管理体系，为社会管理创新奠定坚实基础。

一要加强基层组织建设。加快街道、办事处的职能转变，强化街道、办事处履行社会管理和公共服务的职能、职责，为人民群众提供更加便捷的公共服务。

二要完善基层群众团体和自治组织职能。加强农村村民委员会和城市居民委员会建设，强化城乡社区区域性社会管理职能，发挥好社区内物业管理、业主委员会、专业合作组织、驻社区的各类机构在社会管理中的积极作用。

三要整合基层社会管理资源。整合政法、信访、司法、民政以及与群众关系密切的部门职能、职责，实行一个窗口服务群众、一个平台受理反馈、一个流程调解到底、一个机制监督落实，实现社会治安联防、矛盾纠纷联调、重点工作联动、突出问题联治、基层平台联创、工作实绩联考。

（五）健全公共安全体系。随着我国工业化、城镇化进程的不断加快和受极端气候变化影响，社会管理领域面临的突发性公共安全事件，包括自然灾害、事故灾难、公共卫生事件和社会安全事件不断增多，维护社会秩序、保障社会健康运行的公共安全体系受到挑战，需要不断提高预知、预警、预防、应急处理能力，多管齐下加以应对。

一要加强食品药品安全监管。完善食品药品安全管理体制机制，全面提高监管水平。健全法制、严格标准，完善监测评估、检验检测体系。建立食品药品质量追溯制度，健全食品药品安全应急体系。特别要完善相关法律法规和严格执法，用重典治乱。

二要加强安全生产管理。建立健全安全生产监管体制，完善安全生产相关体系建设，加大公共安全投入，深化安全生产专项治理，落实企业安全生产责任。

三要完善社会治安防控体系。充分发挥公安警务力量的主导作用和保安、志愿者的辅助作用。建立健全由街区防控网、社区防控网、单位内部防控网、视频防控网、虚拟社会防控网等组成的治安防控体系。加强群防群治组织、110系统以及区域警务协作的防控组织建设。充分利用现代科技手段，创新安防手段，实现人防、物防与技防的有效结合。

四要推进应急管理体制建设。健全和完善突发事件监测预警机制、信息报告和信息共享机制、风险评估和事故调查机制、应急处置救援机制等应急管理机制。完善突发事件的法律、法规和应急预案体系。通过宣传相关知识和普遍加强培训，不断提高全民风险防范和应急处置能力。加快完善应急管理领导体制，建立健全各级各类应急管理机构。

（六）健全非公有制经济组织、社会组织的管理。随着我国经济社会的快速发展，非公有制经济组织和社会组织逐步成为社会管理的重要力量，并将在社会管理和服务中发挥更加重要的作用。要认真研究非公有制经济组织、社会组织进行管理和服务的规律和特点，把社会管理和公共服务职能延伸到非公有制经济组织、社会组织中。这是加强和创新社会管理面临的一个新课题。

一要明确非公有制经济组织管理和服务员工的社会责任。推动在非公有制经济组织建立健全党组织、群众组织，指导和帮助非公有制经济组织完善内部治理结构，健全规章制度。建立健全非公有制经济组织经营管理者、工会、员工共同参与的员工工资集体协商机制、正常增长机制、支付保障机制，完善三方协调劳动关系的机制，建立非公有制经济组织与员工的利益共享机制，健全劳动关系预警和争议处理机制，构建和谐劳资关系。

二要推动社会组织健康有序发展。要建立一手积极引导发展、一手严格依法管理的分类发展、分类管理机制，促进社会组织有序、健康发展。重点扶持和壮大经济类、公益慈善类、城乡社区类社会组织和民办非企业单位，提高它们在社会管理中的协同能力。进一步完善法制监督、政府监督、社会监督、自我监督相结合的制度体系。支持工会、共青团、妇联等人民团体依照法律和各自章程开展工作，参与社会管理和公共服务，维护群众合法权益。

三要建立健全境外非政府组织在华活动管理机制。遵循积极稳妥、趋利避害、抓住重点、注重策略的原则，明确管理主体，落实管理责任，健全管理机制，既保护其正当交往和合作，又坚决抑制和防范其渗透破坏活动。

（七）改进和完善虚拟社会管理。人类面临的是一个互联网社会。加强和改进虚拟社会管理既是当前一项极为重要而紧迫的工作，也是今后一项长期而艰巨的任务。

一要改善信息网络综合管理格局。以促进互联网健康发展为目的，建立党委统一领导、政府严格管理、企业依法运营、行业加强自律、全社会共同监督的综合管理机制，形成法律规范、行政监管、行业自律、技术保障、公众监督、社会教育相结合的互联网管理体系，提高对虚拟社会的管理水平。

二要健全网上舆情引导处置机制。坚持及时准确、公开透明、有序开放、有效管理、正确引导的原则，建立舆情监测体系，跟踪舆情动态、研判舆情走势、评估舆情影响，积极主动地引导网上舆论。

三要健全网上网下结合的综合防控体系。把虚拟社会与现实社会作为一个整体来考虑，建立网上动态管理机制，加强对网络的实时动态管控，提升网络攻防技术能力和对网上煽动策划指挥、网下串联行动事件的处置能力。

四要完善互联网法律法规，依法加强社会管理和服务，依法加强互联网发展和监管。韩国实行网络和手机实名制，提高公众意识。目前法律规定：日访问量度 10 万人以上的网站实行"强制实名制"，违规网站被处罚；手机实行号码一体，个人购号入网需提交身份证，机关、企业购买手机，需提交营业执照或相应代码，从而较好地监管了网络内容。

（八）着力提高全民族文明素质。充满活力与和谐包容的社会秩序，只有成为全体社会成员高度认同、自觉遵守、共同维护的价值规范，才能牢固稳定。必须把提高全民族文明素质作为加强和创新社会管理的基础性工作。要持之以恒地加强社会主义精神文明建设，特别要加强思想道德建设。

一要加强社会主义核心价值体系建设。坚持用马克思主义中国化最新成果作为指导思想武装全国各族人民，用中国特色社会主义共同理想凝聚力量，用以爱国主义为核心的民族精神和以改革创新为核心的时代精神鼓舞斗志，用社会主义荣辱观引领风尚，引导人民树立正确的世界观、人生观、价值观，巩固全党全国各族人民团结奋斗的共同思想基础。

二要加强道德文化建设。深入推进社会公德、职业道德、家庭美德、个人品德教育，引导人们自觉履行法定义务、社会责任、家庭责任。加快建立和完善个人行为规范体系，重视积极运用伦理关系，通过自律、互律、他律，将个人行为尽可能地纳入共同行为准则的轨道。

三要加强诚信文化建设和诚信制度管理。抓紧制定社会信用管理法律法规，建立完善社会诚信行为规范，建立公民个人基本信息制度、个人信息管理制度，建立公民个人和企事业单位失信惩戒机制。

四要增强全社会法制意识。要维护社会主义法制尊严，树立社会主义法制权威，坚持公民在法律面前一律平等，依法保障公民权利和自由。加快建设法治政府，深入推进依法行政，严格按照法定权限和程序行使权力、履行职责。加强对权力运行的制约和监督，推进权力公开透明运行，切实防止公共权力对公民合法权益的侵犯。坚持公正司法，充分发挥司法维护社会公平正义的职能。

五要加强公民意识教育。以培育现代公民意识为核心，积极开展权利意识、规则意识、责任意识和道德教育，引导人民群众牢固树立社会主义民主法治、自由平等、公平正义观念，依法行使权利、履行义务，不断提高人民群众参与社会公共生活、管理社会公共事务的素质和能力。

更加注重保障和改善民生，是解决社会突出矛盾的根本之策和任务。要把保障和改善民生为重点的社会建设作为加快转变经济发展方式的根本出发点和落脚点，加快发展教育、卫生、体育等各项社会事业，完善保障和改善民生的制度安排，使改革发展成果惠及全体人民。把就业作为民生之本，最大限度地使有劳动能力的人能够实现就业。坚持优先发展教育，更加重视教育公平，满足群众多样化的教育需求。坚持公共医疗卫生的公益性质，努力健全覆盖全国城乡的基本医疗卫生制度，逐步实现人人享有基本医疗卫生服务的目标。加大保障性住房建设和农村危房改造力度，努力解决城乡低收入家庭和各类棚户区家庭的住房问题。加快完善社会保险制度，进一步完善城镇居民养老、医疗、失业、工伤、生育保险制度，健全农村社会保险的各项制度，扩大社会保险覆盖面，提高社会保障水平。建立健全社会救助体系，充分发挥慈善机构在社会管理中的作用。要更加注重促进社会公平正义，这是改善社会管理的基本要求。要完善公共财政体系，加大基本公共服务的投入，重点向农村和中西部地区倾斜、向弱势社会群体倾斜。要合理调整收入分配关系，初次分配和再分配都要处理好效率与公平的关系，再分配更加注重公平，提高居民收入在国民收入分配中的比重，提高劳动报酬在初次分配中的比重，着力提高低收入者的收入，逐步提高最低工资标准，保障职工工资正常增长和支付，规范收入分配秩序，努力缩小城乡、区域、行业和社会成员间收入差距。

近年来，党和政府对改善民生和社会建设越来越重视，采取了很多措施，取得了很大成绩，但还需要进一步加大解决问题的力度，以社会建设的加强和民生的改善更好地推进社会管理。同时，要针对困难群众权益易受侵害的实际情况，建立平等保护与特殊保护相结合的制度，保障他们的平等参与。要通过行政体制、司法体制、教育体制、卫生体制、社会保障体制等方面改革，保障行政、执法公正廉洁和基本公共服务均等。

四、进一步加强和改进群众工作

党的群众工作是党的执政能力建设和先进性建设的重要内容，是维护和实现最广大人民根本利益的现实要求，是建设社会主义和谐社会的基本途径。新形势下，我们要不断提高群众工作的能力和水平，探索群众工作的新途径和新办法，增强群众工作的实效。这不仅是密切党群关系、巩固执政地位的需要，也是加强和创新社会管理体制的需要。

（一）重视做好群众工作是我们党的优良传统。党的群众工作，是党的全部工作的基础和重要组成部分。我们党无论在革命战争年代，还是在和平发展时期，都始终注意发动、鼓舞、相信和依靠群众，加强和改进群众工作。毛泽东同志曾经从马克思主义认识论的高度对党的群众工作做了科学的论证，指出："在我党的一切实际工作中，凡属正确的领导，必须是从群众中来，到群众中去。"①邓小平同志也反复强调："群众是我们力量的源泉，群众路线和群众观点是我们的传家宝。党的组织、党员和党的干部，必须同群众打成一片，绝对不能同群众相对立。"②江泽民同志告诫全党："党的全部任务和责任，就是为人民群众谋利益，团结和带领人民群众为实现自己的根本利益而

---

① 《毛泽东选集（第三卷）》，人民出版社，1991年，第899页。
② 《邓小平文选（第二卷）》，人民出版社，1994年，第368页。

奋斗。"党的十六大以来，以胡锦涛同志为总书记的中央领导集体更加重视加强和改进党的群众工作，胡锦涛同志指出："我们党的根基在人民、血脉在人民、力量在人民。保持党同人民群众的血肉联系，是我们党无往不胜的法宝，也是我们党始终保持先进性的法宝。"①应该说，经过90年来的不懈努力，我们党在做好群众工作方面已经取得了宝贵的经验。社会管理的核心是对人的服务和管理，说到底就是做好群众的工作，坚持群众的观点。在新的形势下，加强和创新社会管理应该把群众工作作为一项基础性、经常性、根本性工作来抓。继续发扬我党群众工作的优良传统，吸取和借鉴群众工作的经验，与时俱进地做好联系群众、宣传群众、组织群众、服务群众、团结群众的各项工作，把群众工作渗透到社会管理的各个方面、各个环节，真正实现一切都是为群众谋利益、一切都是为群众服好务的社会管理工作宗旨。

（二）准确把握新形势下群众工作的新特征。在不同历史时期和不同发展阶段，群众工作的环境、对象、内容都呈现新情况和新特征。在当前情况下，群众工作的新特征表现在以下几个方面。

群众工作对象更加多样化。随着改革开放的深化和社会主义市场经济体制的完善，我国出现了很多新的经济组织和社会组织，人民群众中也分化出许多新的社会阶层，由过去单一的农村社员和企事业职工发展为农民、市民、公务员、企业员工以及众多个体劳动者、私营企业主、自由职业者等等。这些不同利益诉求的群体都成为群众工作的对象，导致群众反映问题、

---

① 《十六大以来重要文献选编（中）》，中央文献出版社，2006年。

群众利益需求和群众工作主体的多元化。群众工作内容更加丰富。

从工作领域和范围来说，由于社会组织结构变化和人们活动范围扩大，许多问题的解决超出了传统体制的工作范畴，解决难度加大；同时，信息传播的速度和手段发生变化，在信息化迅速发展的背景下搞好舆论和政策引导、做好党的群众工作也成为一个全新的课题。

从群众工作手段来说，需要更多地运用以利益驱动为杠杆的经济手段、以诚实守信为核心的伦理手段、以契约为主体的法律手段来开展社会动员和协调指导工作，使党的群众工作更趋于法制化、理性化和平等化。

群众工作环境越来越复杂。境外因素与境内因素、网上互动与社会互动更加容易相互交织。群众民主意识、自由意识、平等意识、竞争意识、权利意识不断增强。这些情况都说明，新形势下群众工作面临的环境越来越复杂，任务越来越艰巨。

群众工作机制需要进一步健全。一些地方，党的群众工作长效机制尚未建立，很多工作只局限在表面上、口头上，带有很强的临时性和随意性，这样不仅降低了群众工作的实效性，致使党的路线和主张难以在群众中落实，而且还不同程度地引发群众对党组织和党员领导干部的不信任和对立情绪。这就迫切需要我们建立、健全群众工作机制，构建纵横结合、全面覆盖的群众工作组织网络，才能把群众工作做细做实，使党群工作在新的平台上推进。

（三）把加强和创新社会管理作为群众工作的着力点。从人民群众最关心最直接最现实的利益问题入手，着力解决和保障民生，才能奠定社会管理深厚的群众基础，才能从根本上做好群众工作，真正找到社会管理的治本之策。

一要正确把握新形势下群众工作的特点和规律。继承和发扬群众工作的优良传统，做到深入群众而不是脱离群众，服务群众而不是与群众争利，宣传群众而不是与群众相对立，特别是领导干部要适应群众而不是让群众来适应领导干部。要加强群众观念和群众路线再教育，努力使广大干部增进同群众的感情，增强为群众服务的自觉性。要开展机关干部下基层、"大接访""大走访"等活动，努力使机关干部学会与群众打交道、交朋友，增强干群相互信任。积极稳妥推进基层民主建设，尊重和维护人民群众的民主权利，依靠群众自身力量做好群众工作。

二要积极探索群众工作的新思路、新方式。要建立社情民意调查、收集、分析机制。综合运用法律、政策、经济、行政等手段以及教育、协商、疏导等办法，采用群众喜闻乐见的方式，有的放矢开展群众工作。要掌握、运用各种新技术新手段，尤其要深入研究网上舆情引导的特点和规律，掌握网络技能，通过网络倾听群众呼声，回应群众关切。要发挥制度的长期性、稳定性、根本性、全局性优势，把群众工作中的一些新思路、新做法通过制度固定下来，使群众工作创新的要求切实成为自觉意识和实际行动。

三要高度重视和切实加强基层工作。基层组织是加强和创新社会管理、做好群众工作最基本、最直接、最有效的力量。要抓好以党组织为核心的村级组织和社区组织配套建设，确保人力、物力、财力等基层组织建设的基础保障。要努力做到情况掌握在基层、问题解决在基层、矛盾化解在基层、工作推动在基层、感情融洽在基层，促使知民情、解民忧、化民怨、暖民心转变成为基层组织的经常性工作。要进一步突出重视基层的用人导向，通过多种方式使那些适合基层工作、作风好能力强的干部留在基层，让那些在基层工作有经验、有实绩的优秀干部得到更好的培养和使用。要帮助基层干部不断提高新形势下群众工作能力。

四要加强和改进干部作风建设。党的事业是人民群众的事业，党的事业能否成功，根本在于能否得到人民群众的支持，因此做好群众工作是领导干部的重要职责。各级干部要把群众立场作为根本的政治立场，最大限度地维护广大人民群众的根本利益。要将以人为本、执政为民的理念始终贯穿于言行之中，提高做好群众工作的本领。要深入基层、深入群众，及时发现新情况和新问题，紧紧依靠群众解决问题。

国家宏观调控部门在加强和创新
社会管理中的重要作用 ^①

（2011 年 5 月 24 日）

　　国家发展改革委员会作为国家最大的综合宏观调控部门，是中央关于发展改革的参谋部，又是作战部。多年来在经济社会发展和改革开放中行使着重要职能，发挥着重要作用，为推进改革开放和现代化建设，作出了突出贡献。在新的历史条件下，肩负着加强和创新社会管理的重要使命。

　　（一）促进科学发展。这是发展社会生产力、增强社会财富的根本，也是做好社会管理工作的基础。要切实贯彻科学发展观，更加注重以人为本，更加注重全面协调可持续发展，更加注重统筹兼顾，更加注重保障和改善民生，促进社会公平正义。特别要大力推进经济发展方式转变，正确处理经济社会发展中的一系列重大关系，包括内需与外需的关系、投资和消费的关系，一、二、三产业的关系，经济增长速度与结构、质量、效益的关系，经济发展与人口、资源、环境的关系，经济建设与社会

---

① 本文系在国家发展和改革委员会举办的"发展改革大家谈"研讨会上所作报告的一部分。

建设的关系，以及改革、发展和稳定的关系。只有处理好这些重大关系，才能提高发展的稳定性、全面性、协调性和可持续性，从而减少社会矛盾，增强解决社会问题的物质基础和条件。

（二）加强和改善宏观调控。宏观调控是保持经济平稳、健康发展和促进和谐社会建设的重要手段。宏观经济的非正常波动不仅会增加经济增长的风险，影响经济增长的质量和可持续性，而且会对社会运行带来不良后果，增加社会摩擦和社会不稳定。历史上每一次宏观经济的巨大波动都伴随着社会矛盾和社会风险的加剧。因而，必须加强和改善宏观调控。

在新的历史条件下，宏观调控要综合运用计划、投资、分配、财政、金融政策，加强社会建设和社会管理。同时，要加强社会经济运行监测。不仅要加强经济运行情况的监测评价，还要加强社会运行情况的监测评估。要构建宏观层面的社会运行监测评估机制，及时掌握和反映重大民生政策落实和重大改革推进情况，对重大宏观决策、重大改革举措、重大工程项目等可能引发的社会影响进行综合研判和预测预警。建立信息公开披露制度，对于可能影响社会稳定的信息及时披露，做好预防工作。

（三）加大社会建设和管理投入。进一步优化公共投资结构，加大固定资产投资向民生领域和社会建设的倾斜力度，逐步提高政府投资用于改善民生和社会建设的比重，切实保障重大民生和社会建设政策的实施。加快推进城乡公共服务体系建设，逐步完善基本公共服务体系，积极促进城乡基本公共服务均等化。要引导和鼓励社会、企业投资进一步向民生和社会事业、农业农村、科技创新、生态环保、资源节约等领域倾斜；特别要高度重视和大力支持社会管理人才的培养、培训工作。

（四）全面推进体制改革创新。既要统筹推进经济体制改革，还要深入推进收入分配、户籍管理、事业单位、教育、医药卫生、城乡基本公共服务等社会领域的改革，创造有利于社会管理改革创新的制度环境。充分发挥综合部门的职能优势，从国家全局和长远发展考虑，加强改革的顶层设计、系统规划和整体推进；推动改革行政体制，转变政府职能，完善机构运行机制，提高公共服务绩效，创新公共服务供给方式，推动发展多元化、多形式的公共服务。

（五）加强政策咨询研究。要充分发挥国家发改委职能作用，就必须加强政策咨询研究，更好地成为党中央、国务院的重要智库。要主动围绕发展改革稳定中的重大问题、战略问题和长远问题进行超前研究，紧紧围绕经济社会发展和改革开放中的热点、难点、重点问题深入研究和跟踪研究，更加重视社会政策研究。国家发改委有着为中央决策服务的重要职责和义务，也有这方面的多种优势和能力。在新的形势下，充分发挥各种优势和能力，就一定会在党和国家事业发展中发挥更大的作用。

加强保障性住房建设和房地产市场调控 ①

（2011 年 7 月 18 日）

由中央组织部、住房和城乡建设部、国家行政学院共同举办的省部级领导干部"住房保障与房地产市场调控"专题研讨班，今天开班了。本期研讨班以"住房保障与房地产市场调控"作为主题，十分重要，很有意义。加强保障性住房建设和房地产市场调控，是推动科学发展、加快转变发展方式、保障和改善民生的重大举措，党中央、国务院高度重视这项工作。

实现广大人民群众住有所居，健全廉租房制度，加快解决城市低收入家庭住房困难，这是党的十七大作出的重要战略部署。根据党的十七大部署，党的十七届五中全会通过的"十二五"规划建议和十一届全国人大四次会议审议批准的"十二五"规划纲要，都明确规定：完善符合国情的住房体制机制和政策体系，规范房地产秩序，促进房地产业平稳健康发展。近年来，党和政府更加重视解决中低收入家庭住房困难问题，特别是大规模实施保障性安居工程，加强房地产市场调控，把

---

① 本文系在中共中央组织部、住房和城乡建设部、国家行政学院共同举办的省部级领导干部"住房保障与房地产市场调控研讨班"开班式上的讲话。

保障基本住房、稳定房价和加强市场监管纳入各地经济社会发展的工作目标。"十二五"规划纲要确定：五年内城镇保障性安居工程建设 3600 万套，其中 2011 年开工建设 1000 万套。今年2 月，国务院召开会议部署更大规模推进保障性安居工程建设，各地都签订了目标责任书。今年以来，各地区、各有关部门认真贯彻落实中央关于房地产调控各项措施，着力推进保障性安居工程建设，取得初步成效。同时，各地建设进展不平衡，当前房地产市场调控还处于相持阶段，商品房价格呈现胶着状态。今年是调控的关键时期，措施稍有放松，就有可能前功尽弃。7月 14 日，温家宝同志主持国务院常务会议，分析当前房地产市场形势，研究部署继续加强调控工作。保障性安居工程能不能实现既定的目标任务，房地产市场调控能不能尽快取得实效，是对政府执行力和公信力的重要检验。本期研讨班就是在这样的背景下举办的。

这期研讨班的主要任务是，深入贯彻落实科学发展观，认真学习领会中央关于保障性住房建设与房地产市场调控工作的指导思想和工作部署，进一步提高对保障性住房建设与房地产市场调控工作重要性和紧迫性的认识，认清形势、明确任务、交流经验、研讨问题、寻求对策，进一步增强做好保障性住房建设与房地产市场调控工作的能力，更好地把加强保障性住房和房地产市场调控的各项任务与政策措施落到实处。

保障性住房建设和房地产市场调控工作需要研究的问题很多，由于时间较短，应当突出重点，主要是在以下几个方面加强学习研讨。

一要深入学习领会党中央、国务院关于保障性住房建设与房地产市场调控的方针政策和工作部署。近年来，党中央、国务院就加强保障性住房建设与房地产市场调控工作作出一系列重要决策部署。2010年4月，国务院发出《关于坚决遏制部分城市房价过快上涨的通知》。今年1月，国务院办公厅又印发了《关于进一步做好房地产市场调控工作有关问题的通知》。今年6月26日，温家宝同志主持召开国务院常务会议，研究部署进一步做好房地产市场调控工作，确定了促进房地产市场平稳健康发展的8项政策措施。6月11日，李克强同志在部分省份保障性安居工程工作会议上作了重要讲话，对保障性安居工程建设做出全面部署，提出明确要求。中央的方针政策和工作部署为我们做好工作指明了方向。这次研讨班，我们要进一步深入学习、深刻领会党中央、国务院的方针政策和工作部署，学习中央领导同志的重要指示精神，全面分析、正确认识和准确把握当前保障性住房建设和房地产市场调控的形势，进一步明确任务、方针政策和工作要求，切实增强贯彻落实中央关于做好住房保障和房地产市场调控工作的自觉性和坚定性。

二要深入研讨保障性住房建设中的重点难点问题。加快推进保障性安居工程建设是当前政府工作中十分重要和紧迫的任务，实际工作中有许多矛盾需要解决，有许多困难亟待克服。目前反映较为集中的问题有以下五个方面。

一是土地供应问题。保障性住房建设用地需求较大，土地储备不足，拆迁难度增加，新增土地审批周期长等都是当前面临的难题。在高房价、高地价的形势下，在增加保障性住房用地上需要处理好经济效益与社会效益、短期效益与长期效益的矛盾。应加大土地政策支持力度。土地供应要坚持民生优先，切实满足保障性安居工程建设需要。

二是资金保障问题。保障性住房建设资金需求大，但由于投资回报较低，社会资金不愿进入，地方政府面临很大资金压力。要深入研讨如何建立和完善保障性安居工程投融资机制问题。包括加大中央财政补助，抓紧到位地方财政资金，加大信贷、债券等融资支持力度，减免相关税费等。

三是确保工程建设质量问题。百年大计，质量第一。在加快审批和建设速度的同时，必须加强设计、建材、施工、验收等全过程监管，保证工程质量，现在有些地方已经反映的建设质量的问题需要引起高度重视。

四是公平分配问题。能不能公平分配保障性住房，社会关注，群众期待，稍有不慎就可能引发社会和群众不满。要实现公平合理分配的目标，必须建立一套严格的标准和程序，关键是要公开透明，让群众对公平公正看得清清楚楚。

五是加强管理问题。要健全准入退出机制，有进有退才能使保障性住房成为"一潭活水"，要完善保障性住房管理，更好地利用好有限的房源，尽可能多地解决群众困难。这些问题都是面临的普遍性问题，要利用好这个研讨班的机会和平台，深入剖析典型案例，广泛交流经验做法，找到更加有效的对策和办法。

三要深入研讨完善房地产市场调控政策问题。近年来部分城市商品房价格上涨过快、幅度过大，是我们经济社会发展中面临的一个突出问题。从国际经验教训看，很多经济发达国家发生的经济和金融危机都与房地产泡沫直接相关。我国的房地产市场发展已引起世界不少国家的高度关注。为抑制部分城市房价过快上涨，中央采取了一系列房地产市场调控措施，包括加强保障性住房建设，努力增加公共租赁住房供应。这些政策措施取得了初步成效，房地产市场出现积极变化，房价过快上涨势头得到初步遏制，但还需要解决不少问题。比如，首先要统一认识，要不要坚持调控？如何调控？这方面国务院有明确要求，就是必须坚持调控方向不动摇、调控力度不放松。思想认识必须到位。思想认识不统一，就会导致执行政策不坚决。又比如，政策的落实问题，如何完善差别化住房信贷政策、相关税收政策、相关土地政策，等等。这些问题涉及复杂的利益调整。大家都要开动脑筋，深入剖析问题的表现、性质、原因，找到解决问题的钥匙，对症下药，提出可行、管用的措施，继续打好房地产市场调控的攻坚战。

四要深入研讨建立保障性住房建设和房地产市场调控的长效机制问题。保障性住房建设和房地产调控工作不是阶段性任务，而是打基础、管长远的工作。我们不仅要看到眼前，更要着眼长远；不仅要研究解决当前面临的具体问题，也要深入研究规律性、制度性问题，完善相关制度和长效机制。比如，如何编制好"十二五"保障性住房规划，明确各阶段的目标任务？如何健全住房保障法律法规体系，推行依法行政？如何综合运用经济、行政、法律等手段，建立高效的市场调控体系？如何进一步完善房地产调控政策体系？如何处理好房地产调控与保持经济平稳较快发展的关系？保障性住房建设与完善房地产市场调控，是解决群众住房问题、促进房地产稳定发展的两把钥匙，它们是相辅相成的，通过加强和完善房地产市场调控，稳定了房价，将会降低保障性住房的供应压力，同时，加强保障性住房建设，增加房屋有效供给，将有利于房价的稳定和房地产的平稳健康发展。从根本上说，就是要通过完善保障性安居工程体系，把政府保障与市场供应结合起来，以发展公共租赁住房为重点实施好保障性安居工程，促进住房市场平稳健康发展，形成符合社会主义市场经济要求的住房体系和住房制度。所以，要以全面的而不是片面的、系统的而不是零碎的观点，来分析保障性住房建设和房地产调控问题，处理好局部与整体、近期与远期、需要与可能、发展与民生的关系，使政策措施更加统筹兼顾、互相协调，更具有科学性、有效性和可操作性。

五要深入研讨如何进一步增强保障性住房建设和房地产市场调控能力问题。保障性住房建设和房地产市场调控是一个发展中的问题，也是一个需要坚持解决好的大问题。随着经济社会发展，人民群众改善生活质量的需求逐步提高，要求住得更加舒适，这是我们发展的目的，也是发展的动力。但在促进房地产业快速发展的同时，坚持从我国国情出发，从各地实际情况出发，必须高度重视可能带来的影响社会经济稳定的因素，如何认识和处理好这些问题，如何增强各级政府加强保障性住房建设和房地产调控的本领，是摆在我们面前的一个重要课题，是增强领导干部推进科学发展能力的重要方面。我们既要进一步完善政府的经济调节和市场监管职能，更要加强社会管理和公共服务职能，更加重视解决好人民群众最关心最直接最现实的利益问题。大家要通过研讨班的学习培训，进一步提出转变政府职能、加强政府自身建设的建议，不断增强领导能力、协调能力，提高执行力和创新力。

同志们，研讨班三家主办单位高度重视，做了大量筹备工作。有关部门反复调研，精心准备。抽调三家单位工作人员组成研讨班办公室，具体负责研讨班的组织服务工作。研讨班虽然时间短，但主题重大、任务很重。为把研讨班办出实效，我代表主办单位提出几点希望和要求。

（一）珍惜机会，认真学习。大家都是各地方、各部门分管领导同志，在做好保障性住房建设和房地产市场调控工作中肩负重要职责。在当前正在抓紧推进保障性安居工程建设和加强房地产市场调控的关键时期，把大家集中起来进行学习研讨，说明中央对这个研讨班高度重视、寄予希望。我们一定要珍惜机会，集中精力，充分利用好时间，认真学习研讨，努力做到认识上有新提高、知识上有新增长、思路上有新拓展，解决问题有新措施。

（二）联系实际，学以致用。中央历来强调干部教育培训要坚持理论联系实际。大家都在实际工作的第一线，对保障性安居工程建设和房地产市场调控工作中存在的问题最了解，对解决问题的思路和办法最有发言权。在学习研讨中，要发扬理论联系实际的优良学风，紧密联系贯彻落实科学发展观的实际，联系本地区经济社会发展的实际，联系保障性住房建设和房地产市场调控工作的实际，联系本人思想和工作实际，坚持学习不忘实践、学习为了实践、学习针对实践，努力做到理论与实际、学习与实践、知与行的统一，通过学习研讨，提出解决问题、推动工作的好思路、好办法、好措施。我们要把研讨班的学习研讨成果带到工作中去接受实践检验，取得推动工作的实效。

（三）深入研讨，集思广益。我们办的是省部级领导干部研讨班，不同于一般的培训班，要突出研讨特色，着力提高思维能力和解决问题能力。各地各部门在实际工作中积极探索，推进实践创新，积累了丰富经验，都有不少好思路、好办法。大家可以将自己的工作体会和经验讲出来让大家共同分享，把实际工作中碰到的难点和不清楚的问题提出来，让大家共同研究，共谋破解之策。希望大家在学习中，敞开思想，畅所欲言，相互交流，互相启发，共同提高。我们不仅要重视研讨方法，也要重视研讨成果。按照研讨班的安排，在认真学习研讨的基础上，每位学员都要围绕做好住房保障与房地产市场调控工作提出政策建议。这也是国家行政学院实行教学培训、科学研究、决策咨询三位一体的办学格局的要求。学员们提出的政策建议既是研讨班的成果，也是做好决策咨询工作的依据。在以往举办的重要研讨班上，我们都认真总结学员提出的政策建议，向党中央、国务院领导同志报送，不少意见和建议得到了中央领导的高度重视，作出重要批示，对推动实际工作发挥了重要作用。

（四）精心组织，热情服务。主办单位要加强协调配合，各负其责。研讨班工作人员一定要以高度负责的精神，认真细致地做好各项教学组织和服务工作，营造良好的学习生活环境，保证研讨班顺利进行。大家在学习和生活中有什么困难和要求，请随时提出来，我们一定会尽最大努力做好各项服务保障工作。同时也希望学员们自觉遵守研讨班的纪律和制度，为建设良好的干部培训学风作出表率。

国家行政学院是培训公务员特别是高中级公务员的新型学府，是开展科学研究特别是公共行政等领域理论研究的重要机构，是为中央提供决策咨询服务的思想库。党中央、国务院高度重视国家行政学院事业发展，国务院领导明确要求，国家行政学院要"坚持高标准严要求，更加突出特色，创建国际一流行政学院"。2009年12月，国务院相继颁布了《行政学院工作条例》和《国务院关于加强和改进新形势下国家行政学院工作的若干意见》两个纲领性文件，为行政学院事业又好又快发展提供了制度保障。2010年12月14日，中共中央政治局常委、中央书记处书记、国家副主席习近平同志专程来国家行政学院视察工作，充分肯定学院近些年来的成绩，并提出了明确的任务要求。在中央的正确领导和亲切关怀下，国家行政学院各方面工作都取得重要进展。当前，全院上下都在深入学习贯彻胡锦涛同志在庆祝中国共产党成立90周年大会上的重要讲话，为建设有特色高水平的国际一流行政学院而努力奋斗。广大学员既是学院服务的对象，也是学院发展的依靠力量和重要资源。希望大家多提宝贵意见和建议，帮助我们改进和做好工作，使学院更好地履行职能，在党和国家事业发展大局中发挥更大的作用。

加强文化人才队伍职业道德建设和作风建设 [①]

（2011 年 10 月）

推动社会主义文化大发展大繁荣，队伍是基础，人才是关键。《中共中央关于深化文化体制改革推动社会主义文化大发展大繁荣若干重大问题的决定》中，特别把加强文化人才队伍职业道德建设和作风建设放在突出位置，这是完全必要和十分正确的。

一、文化工作者要成为优秀文化的生产者和传播者，必须加强自身修养，做道德品行和人格操守的示范者

广大文化工作者担负着发展和繁荣社会主义文化的历史使命，而每个文化工作者特别是名家名人要创造优秀文化和传播优秀文化，就必须加强自身修养，做道德品行的模范，做人格操守的模范。

---

① 本文刊载于《〈中共中央关于深化文化体制改革推动社会主义文化大发展大繁荣若干重大问题的决定〉辅导读本》，人民出版社 2011 年 10 月第 1 版。

（一）文化工作者只有加强自身修养，完善道德人格，才能生产出优秀的文化产品。我国自古就有将文品与人品联系起来考察的传统。人品有优劣，文品有高下。文如其人、从文鉴品。以品辨人，说的都是人品与文品的一致性。一个人的修养和品行，决定了一个人的思想和境界；一个人的思想和境界又决定了文品的高下。说到底，文品的高下是由人的修养和道德品格决定的。以诗歌为例。古人认为"诗言志"，"诗者，志之所之也，在心为志，发言为诗"。就是说，内心怎样想的，诗就该怎样写。又说："人禀七情，应物斯感；感物吟志，莫非自然。"这就是说，诗歌应当反映诗人的真实思想，是人品的艺术性表现。所以，古人十分重视通过磨砺品格、完善道德来提高文品。强调立业先立德，为文先为人。主张德之不立，无以立言。良好的人格修养和优秀的道德品质是文化工作者成就事业的基石。重视人品和文品的一致性，也为现代中国知识分子所继承。鲁迅的名言"从喷泉里喷出来的都是水，从血管里流出来的都是血"，说的也是这个道理。

马克思主义认为，文化工作者创造的文化产品，必然体现其世界观、人生观、价值观，也必然体现其审美倾向。文化工作者只有树立正确的世界观、人生观、价值观，才有可能创造出反映社会进步和人民群众所欢迎的优秀文化作品。

（二）文化工作者只有加强自身修养，做到道德人格高尚，才能适应伟大的时代发展变化。我们正处在一个伟大的时代。在中国共产党领导下，走中国特色社会主义道路，全面建设小康社会、实现中华民族的伟大复兴，是极其光荣、豪迈的宏伟事业。在开创美好未来的历史进程中，文化将为经济持续发展和社会全面进步提供强大的精神动力。文化要发挥引导社会、教育人民、推动发展的功能，迫切需要一大批高素质的文化工作者站在时代的前列，反映我们这个时代波澜壮阔的生活，展现人民群众创造历史的激情，激励广大人民投身创造更加美好生活的历史洪流中。要做到这一点，就要求广大文化工作者加强道德人格修养，做到信仰坚定、人格高尚、胸襟开阔、志趣高雅。正如德国大文学家歌德所说：想写出雄伟的风格，必须要有雄伟的人格；有闪光的思想，才能够写出闪光的文字。

文化工作者要成为道德品行和人格操守的示范者，这既是创造先进文化的需要，也是传播先进文化、营造良好社会风尚的需要。在经济社会转型过程中，利益群体的变化，带来了社会价值观的多元化，各种思潮、风尚此起彼伏、泥沙俱下。文化工作者作为社会的高端人群，其言行举止具有引领风尚的作用。这就要求文化工作者加强自身修养，培养道德情操，率先垂范，传播先进文化，弘扬健康文化，抵制腐朽文化，引导社会齐心协力繁荣和建设社会主义文化。

二、文化工作者要加强职业道德建设

文化工作者特别是名家名人加强自身修养，培养高尚的道德品行和人格操守，就要切实加强职业道德建设。重点是做到以下四个方面。

（一）自觉践行社会主义核心价值体系，增强社会责任感。党的十七大明确提出了"建设社会主义核心价值体系，增强社会主义意识形态的吸引力和凝聚力"，这是我们党总结历史经验、科学分析形势提出的重大战略任务。

社会主义核心价值体系核心是四句话：不断巩固马克思主

义的指导地位；用中国特色社会主义共同理想凝聚力量；用以爱国主义为核心的民族精神和以改革创新为核心的时代精神鼓舞斗志；用社会主义荣辱观引领风尚。对文化工作者来说，自觉践行社会主义核心价值体系，就是要把握中国特色社会主义文化的性质，坚持先进文化的前进方向，做到以科学的理论武装人，以正确的舆论引导人，以高尚的精神塑造人，以优秀的成果鼓舞人，使自己的作品释放出陶冶心灵、烛照前行的光辉。文化事业是塑造人们精神和灵魂的崇高事业。用优秀作品引领广大干部群众追求崇高、向往美好，积极引领先进文化并使其不断成为广大人民群众的自觉追求，是时代赋予文化工作者的神圣使命和历史责任。

文化界的名家名人以他们的文化贡献受到社会尊重。从某种意义上说，他们是时代的文化标志。作为公众人物，他们的言行举止受到社会关注，有广泛的影响力。因此，各类文化工作者特别是名家名人自觉践行社会主义核心价值体系、增强社会责任感就具有特别重要的意义；名家名人加强自身修养，做道德品行和人格操守的示范者，其带动作用也就更大。

（二）弘扬科学精神和职业道德。弘扬科学精神和职业道德是文化工作者必须遵守的基本行为准则。对于从事社会科学和人文科学研究的工作者来说，弘扬科学精神和职业道德，关键是要尊重和反映自然、社会等的客观规律，要求真务实、勇于追求真理，不唯上，不唯书，只唯实。要坚持解放思想、实事求是、与时俱进，要遵循文化生产规律，坚持为人民服务、为社会主义服务的方向，真实地展现现实生活和人民群众的喜怒哀乐。只有这样，文化生产也才能有正确的方向和丰富的内容。

（三）发扬严谨笃学、潜心钻研、淡泊名利、自尊自律的风尚。文化工作者是人类灵魂的工程师，这既是赞誉，也是很高的要求。要做到这一点，文化工作者要不断学习和刻苦钻研。一是要严谨笃学。要坚持科学严谨的治学态度，勤奋学习科学理论和知识，踏踏实实地研究问题，一步一个脚印，不好高骛远。二是要潜心钻研。文化创造是一种艰辛的智力劳动，需要文化工作者潜下心来辛勤耕耘，有一种"坐穿板凳"的精神，耐得住寂寞，心无旁骛，不断有所积累，有所深化，有所突破。三是淡泊名利。要全心全意地把自己的一切才华献给人民和国家，做到不为名所惑，不为利所诱，矢志不渝，勇攀艺术高峰。四是自尊自律。要有强大的自我约束能力，强大的人格力量，做到坚定正确的政治方向、精湛深厚的艺术造诣、奉献进取的品行操守的有机统一。这些是文化工作者职业道德和人格风范的突出表现，应在文化界蔚成风气。

（四）努力追求德艺双馨，坚决抵制学术不端、情趣低俗等不良风气。德艺双馨有着丰富的内涵，是对文化工作者的人格品行、职业道德、艺术成就、艺术贡献和社会影响的最高评价。德，既是指文化工作者的个人思想品德，也指其所从事行业的职业道德。德，体现了文化工作者的价值取向、社会信誉，以及理想信念、思想境界、精神追求等，是中华民族优秀传统文化和社会主义先进文化精髓的集中体现，是文化工作者立身处世之根。艺，就是指艺术才华、艺术能力、艺术风格、艺术境界等，是一个文化工作者的艺术水平和艺术成就的集中体现，是文化工作者成就事业之本。德与艺相辅相成、相互促进。唯有德艺双馨，才能使高尚的人品和高超的艺品相得益彰、行之久远。德艺双馨不是行政任命的，是文化工作者用艰辛劳动铺就的人生轨迹,是历史和人民的客观评价。广大文化工作者要自觉把德艺双馨作为一生为之奋斗的追求。

要做到德艺双馨,就必须自觉抵制在学术上弄虚作假、抄袭模仿、沽名钓誉的不良风气,自觉抵制在文艺上格调低下、情趣低俗的丑恶现象,坚持把社会效益放在首位,最大限度地发挥文化引导社会、教育人民、推动发展的功能。

三、文化工作者要加强作风建设

文化工作者要通过加强作风建设,增进文化工作者与实际、与基层、与人民群众的联系,促进文化创造和文化生产,不断创造出优秀产品,不断推进文化创新。当前,文化工作者加强作风建设,重点要做好两方面工作。

(一)鼓励文化工作者深入实际、深入生活、深入群众,增强对国情了解,增加基层体验,增进群众感情。文化工作者特别是文化名家、中青年骨干深入实际、深入生活、深入群众,这既是文化生产源泉的根本要求,也是文化工作服务对象的必然要求。作为观念形态的各种文化产品,都是一定的社会生活在人类头脑中反映的产物,人民群众的社会生活实际情况,是一切文化产品取之不尽、用之不竭的唯一源泉;社会主义文化是为最广大人民群众服务的,这就决定了文化工作者必须深入实际、深入生活、深入群众。就是要坚持马克思主义唯物主义世界观作为根本的指导方法,坚持从实际出发作为理论和实践的出发点,自觉地向现实社会生活课堂人民群众学习。文化创作如果脱离实际,就会变成无源之水,无本之木。文化生产工作者只有加强调查研究,了解国情,深入实际,深入群众,才能做到文化产品来源于实践，并能够影响实践。好的作品不是凭空产生的。文化工作者只有深入生活，从人民群众的伟大实践和生动的创造中汲取营养，发掘素材、提炼主题，才能创作出人民群众喜闻乐见、反映时代特征、经得起历史检验的文化精品。因此，文化工作者要把深入群众、走进群众作为一种理念、一种常态，把社会当作课堂，走出高楼、走出书斋，深入群众生活，感悟群众生活，从广大百姓的朴素话语中发现智慧的闪光，从人民大众的生产劳动中汲取创造的元素，从读者受众的各种反映中了解群众的期盼，使自己的文化生产活动始终保持鲜活的生命力。

增进对群众的感情就是必须摆正自己同人民群众的关系。文化工作者的生命力来源于同人民的血肉联系，要始终坚持以人为本、为人民服务，这是社会主义文化建设的根本目的决定的。人民群众是社会主义文化创造和建设的主体，又是服务的对象，繁荣社会主义文化的根本目的和任务就是为了满足人民群众不断增长的精神文化需求，提高精神生活质量和水平，实现人的自由全面发展。一切进步文化工作者的生命力都来源于同人民的血肉联系，忘记和隔断这种联系，文化创造的源泉就会干涸，艺术的生命就会枯萎。因此，各类文化工作者都要牢固树立群众观点，树立以人民为中心、以普通大众为对象的创作导向，弄清楚给谁看、给谁演、给谁读，真正把了解群众、服务群众作为基点和归宿。群众是真正英雄，要拜人民为师。一切优秀的文化工作者、有出息的文化工作者都要经常到基层去、到群众中去，到最火热的社会中去，到唯一的最广大最丰富的源泉中去，观察、体验、研究，分析一切人、一切群众、一切生动的生产、生活形式。这样，才能真正大有作为。

（二）文化工作者要相互尊重、平等交流、取长补短，共同营造风清气正、和谐奋进的良好氛围。文化工作者个人的成长，离不开整个行业的活力和群体的创造。因此，形成良好行业风气至关重要。要认真贯彻百花齐放、百家争鸣的方针，尊重文化发展的规律，尊重文化的创造性活动，充分发扬艺术民主和学术民主，不横加指责，不妄下断语。在文化创作上提倡不同形式和风格的自由发展，在学术理论上提倡不同观点和学派的充分讨论，在艺术发展上提倡不同品种和业态的积极创新，真正形成百花争艳、万紫千红的局面。只有这样，才能为文化人才的成长营造积极健康的氛围，才能推动艺术家们创作出更多形式丰富、风格多样、流派纷呈、思想健康、品位高雅的优秀作品。

繁荣和发展社会主义文化，还需要形成和谐文化氛围。不同个性、观点和追求的文化工作者之间，不同的文化门类之间，都要相互尊重，宽容包容，求同存异，取长补短，在和谐的文化氛围中开展批评与自我批评。充分发扬艺术民主、学术民主，在畅所欲言中获得发展。文化工作者只有相互尊重彼此的创造性劳动，不同流派、不同风格、不同观点相互切磋、取长补短、共同进步，才可能更好形成推动文化大发展大繁荣的文化新格局，才能推动文化工作者的创造精神和创造活力竞相迸发，不断结出累累硕果。

完善和发展中国特色社会管理体系 ①

（2011 年 10 月 24 日）

2011 中欧社会管理论坛以"新形势下的社会管理：挑战与机遇"为主题，顺应了人类社会发展的历史潮流，反映了当前国际社会的普遍关切，有着重大的现实意义和长远意义。借此机会，本人主要就加强和创新社会管理、完善和发展中国特色社会管理体系谈一些看法，与大家一起交流。

社会管理是人类社会十分重要的管理活动。要形成和保持良好的社会秩序，就必须有一定形式的社会管理。而不同国家和不同发展阶段有着不同的社会管理。在现代社会中，社会管理地位日益重要。当今世界经历着快速、广泛、深刻、巨大的变革，国际形势风云变幻，各种矛盾错综复杂，不稳定不确定因素增加，对各国经济、政治、社会发展都会有直接或间接的影响。面对新形势新情况，世界各国都必须加强和创新社会管理。

中国政府始终高度重视社会管理。新中国成立以来，为形成和发展适应中国国情的社会管理制度进行了长期的探索和实践，取得了重大成就，积累了宝贵经验。特别是改革开放以来，

① 本文系在"2011 中欧社会管理论坛上的主旨演讲"。

根据国内外形势发展变化，不断就加强和改进社会管理制定方针政策，作出工作部署，推动社会管理改革创新，不断解决社会管理领域出现的新情况新问题，保证了改革开放和社会主义现代化建设事业的顺利进行。

当代中国正在进行一场人类历史上规模空前的社会大变革，社会主义现代化建设各项事业突飞猛进，同时也面临许多前所未有的新情况新问题新挑战，社会管理的任务更为繁重和艰巨。随着中国工业化、信息化、城镇化、市场化、国际化进程的加快，一些发达国家在不同发展阶段渐次出现的诸多社会矛盾和社会问题在中国较短时期内同时显现出来；随着改革开放和社会主义市场经济的深入，在封闭半封闭环境和计划经济条件下形成的社会结构发生全方位的深刻变化，社会流动性、开放性大为增强；随着社会经济快速发展、民主法治进程加快，人们的思想意识、价值取向、道德观念多元多样多变，各种思想文化交流交融交锋趋于激烈；随着互联网等新兴媒体迅猛发展，网络虚拟社会对现实社会的影响越来越大；随着中国人口总量继续增多，流动人口、老龄人口和特殊人群不断扩大，社会管理的难度增加；随着国际经济、政治格局的深刻调整，各种传统安全和非传统安全威胁相互交织，也会对中国产生这样或那样的影响。所有这些表明，中国社会管理已经并将长期面临新的课题、新的挑战和新的要求，原有的社会管理理念思路、体制机制、法律政策、方法手段等许多方面难以适应国内外形势发展变化，必须切实加强和创新社会管理。能否加强和创新社会管理，提高社会管理科学化水平，事关国家长治久安，事关人民根本利益，事关中国特色社会主义事业兴衰成败。近些年来，中国政府顺应时代的变化，将加强和创新社会管理放在社会主义现代化建设更加重要的战略位置，这是具有历史和世界眼光的重大决策。

加强和创新社会管理是社会管理领域的一场深刻变革。综合分析中国基本国情和现实情况，必须坚持做到以下几点：一是坚持正确方向和思路。30多年来，中国进行的各项改革事业都是对社会主义制度的完善和发展，加强和创新社会管理也必须始终沿着中国特色社会主义方向前进。二是坚持继承和创新结合。总体上看，中国社会管理与基本国情和社会主义制度是相适应的。我们要全面认识和科学分析当前面临的社会矛盾和问题，从中国由传统社会向现代社会深刻变革的大背景出发，重视弘扬中国优秀传统文化，充分发挥长期形成的社会制度优势，结合现实情况，与时俱进，开拓创新，既善于继承好的传统做法，又敢于突破不合时宜的陈规旧制。三是坚持尊重实践和创造。多年来特别是近些年来，中国许多地方在加强和创新社会管理方面进行了大量卓有成效的探索与实践。我们要认真学习总结和推广各种成功的做法和经验，推动社会管理理论创新和实践创新。四是坚持树立世界眼光。"他山之石，可以攻玉"。要积极研究借鉴世界不同国家、地区进行社会管理的有益做法，或为我所用，或启迪思路，努力使社会管理体现时代性、把握规律性、富于创造性。这"四个坚持"，既是我们近些年来加强和创新社会管理的基本经验，也是我们进一步构建中国特色社会管理体系的重要准则。

加强和创新社会管理最重要的，就是不断完善和发展中国特色社会管理体系，使社会管理与发展社会主义市场经济、民主政治、先进文化以及与建设和谐社会的要求相适应。加强和创新社会管理的基本思路和目标任务是，紧紧围绕全面建成小康社会的总目标，牢牢把握最大限度激发社会活力、最大限度增加和谐因素、最大限度减少不和谐因素的总要求，完善党委领导、政府负责、社会协同、公众参与的社会管理格局，加强社会管理法律、制度、体制、机制、能力建设，完善社会管理服务，为社会主义现代化建设事业发展营造良好的社会环境。

完善和发展中国特色社会管理体系，是一个系统工程、长期任务，既要整体推进，又要重点突破。当前和今后一个时期，需要着力做好以下几项工作。

一、进一步完善社会管理工作格局体系

党委领导、政府负责、社会协同、公众参与的社会管理工作格局，是建设中国特色社会管理体系的基本框架。党委领导是根本，政府负责是关键，社会协同是依托，公众参与是基础，四位一体，有机联系，不可分割。在发挥党委在社会管理中总揽全局、协调各方的领导核心作用的同时，要强化政府社会管理和公共服务职能，发挥政府在社会管理中的主导作用。按照转变职能、理顺关系、优化结构、提高效能的要求，健全政府职责体系，办好主要由政府承担的社会管理和公共服务事务。要发挥社会各方面的协同作用，组织社会力量参与社会管理。发挥人民团体和群众组织在社会管理和公共服务中的桥梁纽带作用，加强企事业单位在社会管理服务中的责任，培育与引导其他各类社会组织（如行业组织、中介机构、志愿者组织）参与社会管理与服务，发挥居（村）民委员会在以城乡社区为重点的基层社会管理与服务中的重要作用。发挥群众参与社会管理服务的基础作用，扩大基层民主，扩大公民有序政治参与，

动员和组织群众依法理性有序参与社会管理和公共服务，积极探索群众参与社会管理服务的有效途径。

二、进一步完善社会管理制度体系

社会管理制度是中国特色社会管理体系的基础和支柱。要按照有利于保障人民群众根本利益、有利于激发社会活力、有利于促进社会公平正义、有利于维护社会和谐稳定的要求，统筹规划事关社会管理全局和长远的制度建设，及时把社会管理的成功经验上升为制度和法律，并随着实践发展不断修订完善，推进社会管理制度化、规范化、法治化。要大力推进社会管理基础性制度建设，探索建立社会保护体系，建立健全保障就业权、健康权、教育权、居住权等公民基本社会权利的基本制度。要加快人口管理制度改革，建立覆盖全国人口的国家人口基础信息库。在加快完善居民身份证制度的基础上，融合人口和计划生育、人力资源和社会保障、住房和城乡建设、民政、教育、交通、工商、税务、统计等部门和金融系统相关信息资源，建立一套能够覆盖全部实有人口的动态管理体系。要积极稳妥地推进户籍管理制度改革，放宽中小城市、小城镇特别是县城和中心城镇落户条件，建立城乡统一的户口登记管理制度，积极探索流动人口管理服务有效办法，创新特殊人群管理服务体系，以适应城市化的发展进程和社会管理面临的新形势。

三、进一步完善维护群众权益机制体系

健全政府主导的维护群众权益机制，是完善中国特色社会

管理体系的出发点和重点任务。要正确把握最广大人民根本利益、现阶段群众共同利益、不同群体特殊利益的关系，建立科学有效的利益协调机制，统筹协调各方面利益。探索构筑群众利益协调机制、群众权益保障机制、劳动关系协调机制、社会矛盾调处机制、社会稳定风险评估机制。要健全群众权益保障机制。建立信息公开制度和诉求表达机制。信息公开是听取群众意见，实现群众参与公共决策的基础。诉求表达是协调利益关系、调处社会矛盾的前提。没有诉求表达就难以实现准确有效的利益协调和矛盾化解。同时，要建立发展成果共享机制和侵害群众权益的纠错机制。着力解决农村土地征用、城镇房屋征收拆迁、企业改制、涉农利益、教育医疗、社会保障、环境保护、安全生产、食品药品安全、城市管理、涉法涉诉等方面群众反映强烈的问题，坚决纠正损害群众利益的行为。要健全劳动关系协调机制，依法实行劳动合同制度和集体合同制度，完善企业职工工资集体协商机制、正常增长机制、支付保障机制。要健全社会矛盾纠纷排查预警、调解处置机制。还要健全社会稳定风险评估机制，凡是与人民群众利益密切相关、影响面广、容易引发社会不稳定的重大决策事项，都要进行社会稳定的风险评估。

四、进一步完善公共服务体系

扩大公共服务，是完善社会管理体系的重要方面。要加快推进公共服务体系建设，逐步完善基本公共服务体系，积极促进城乡基本公共服务均等化。特别要进一步加强农村和中西部地区基层基本公共服务体系建设。进一步优化政府投资结构，加大向公共服务体系建设倾斜的力度，积极引导和鼓励社会、企业参与发展民生和各项社会事业，切实保障民生工程和社会政策的实现。要把流动人口管理和服务纳入流入地经济社会发展规划，逐步实现基本公共服务由户籍人口向常住人口扩展。

五、进一步完善社会规范体系

社会规范体系是中国特色社会管理体系的基石。要在社会生活的各个领域加快建立和完善个人行为的规范体系，通过自律、互律、他律，把人们行为尽可能地纳入共同行为准则的轨道。在加强社会法律体系建设的同时，推进行业规范、社会组织章程、村规民约、社会公约建设，充分发挥社会规范在调整成员关系、约束成员行为、保障成员权益等方面的作用。要健全社会诚信制度，大力推进政务诚信、商务诚信、社会诚信和司法公信建设。完善社会诚信行为规范，建立符合中国国情的公民个人和企事业单位信用管理制度，探索建立统一的信用记录平台。理顺社会信用管理体制机制，加强社会信用管理，完善信用服务市场体系。强化对守信者的鼓励和对失信者的惩戒。通过完善制度、加强教育，努力营造诚实、自律、守信、互信的社会信用环境。

六、进一步完善公共安全体系

公共安全体系建设是完善社会管理体系的重要任务。要坚持预防和应急并重、常态和非常态结合的原则，建立健全突发事件应急体系，加强全民风险防范能力和应急处置能力建设。

完善相关机制，提高对自然灾害、事故灾难、公共卫生事件、社会安全事件等突发公共事件的风险管理水平。要健全食品药品安全监管机制，制定和完善食品药品安全标准，完善食品药品质量追溯制度，加强食品药品安全风险监测评估预警和监管执法。要完善安全生产监督制度机制，加强安全生产法律法规、政策标准、技术服务、应急处置和救援、社会监督、宣传教育培训体系建设，加强安全管理和监管。要完善社会治安防控体系，健全点线面结合、网上网下结合、人防物防技防结合的立体化治安防控体系，严密防范和依法打击各种违法犯罪活动。

七、进一步完善虚拟社会管理体系

随着信息网络的发展，加强和改进虚拟社会管理已经成为完善社会管理新的迫切任务。信息网络技术的飞速发展和广泛应用，带来了社会生产方式、生活方式的深刻变革，丰富和发展了人们的物质文化生活，成为社会活动和各种思想文化交流的重要平台，同时也对社会管理提出了新课题新要求。要按照积极利用、科学发展、依法管理、确保安全的方针，坚持建设与管理并重、发展与管理同步，加快形成法律规范、行政监管、行业自律、技术保障、公众监督、社会教育相结合的信息网络管理体系，着力提高对虚拟社会的管理水平。健全网上舆论引导机制，广泛开展文明网站创建，推动文明办网、文明上网，培育文明理性的网络环境。鼓励网民通过网络平台参与社会管理。要加强对虚拟社会特点的研究，全面把握网上、网下两个社会之间的联动关系，建立网上网下综合管理体系。建立网络安全评估机制，维护公共利益和国家信息安全。

进一步完善和发展中国特色社会管理体系，尤其需要抓好以下六个方面：

一是树立科学发展理念。加强和创新社会管理、完善和发展中国特色社会管理体系，是深入贯彻落实科学发展观、构建和谐社会的必然要求和重要举措。唯有牢固树立科学发展观，才能有效推进中国特色社会管理体系建设。要进一步牢固树立以人为本、服务为先的理念。坚持人民主体地位，把群众满意作为加强和创新社会管理的出发点和落脚点。要寓管理于服务之中，在管理服务中加强群众工作，着力解决好群众最关心最直接最现实的利益问题。要坚持统筹协调、源头治理。按照统筹经济社会发展的要求，把科学发展作为解决社会管理领域存在问题的基础，建立健全源头治理、动态协调、应急处置相互衔接、相互支撑的机制，从源头上、根本上、基础上解决问题，减少矛盾。要积极改变目前经济社会之间、城乡之间、区域之间发展不协调的问题。坚持走共同富裕道路，合理调整收入分配关系，尽快缩小城乡、区域、行业、社会成员之间收入差距，让广大人民群众共享改革发展成果。

二是全面深化体制改革。中国社会管理体系建设涉及各方面的体制改革创新，既要统筹推进经济体制改革、政治体制改革、文化体制改革，又要深入推进社会体制改革，创造有利于加强和创新社会管理的体制制度环境。要从全局和长远出发，加强改革的顶层设计，系统规划，整体推进。积极稳妥地推进行政体制改革、司法体制改革，加快转变政府职能，整合政府社会管理资源，完善运行机制，提高政府社会管理和公共服务效率。要切实解决好政府社会管理缺位、越位和错位等突出问题，为城乡居民基层自治和公民参与社会管理创造宽松的环境和有利的条件。

三是增加社会建设投入。加强社会建设，更加注重保障和改善民生，是解决社会突出矛盾的根本之策，也是加强社会管理的有效措施。要大力发展公共教育、医疗卫生、体育等各项社会事业；坚持实施扩大就业的发展战略，促进以创业带动就业；加快建立覆盖城乡居民的社会保障体系，健全社会救助体系，提高社会保险和社会救助水平；加快住房保障体系建设，大力发展公共租赁住房，缓解部分群众的居住困难。要加大投资力度，加快公共设施和公共服务项目建设，特别要重视现代科学技术在社会管理中的应用，加强社会管理信息化建设和社会信用体系工程建设。切实把更多财力、物力和人力用于城乡基层和欠发达地方，做到社会管理服务人员有保障、经费有保障、装备有保障、场地有保障。

四是推进社会管理法治化。完善中国特色社会管理体系，必须认真贯彻依法治国方略，依法治理社会。要加强社会管理领域立法、执法工作，使各项社会管理工作有法可依、有法必依。特别要研究和制定社会组织发展规范、舆论引导和媒体管理、劳动关系协调、合理诉求表达和权益维护等方面法律法规。要加强社会主义法治教育，坚持依法行政、公正司法，真正依法协调社会关系、规范社会行为、查处违法犯罪活动，维护群众合法权益，维护社会和谐稳定。要在全社会树立依法办事、守法光荣的风尚，引导群众理性合法地表达利益诉求。

五是提高社会管理科学化水平。完善中国特色社会管理体系，必须不断提高领导社会建设和社会管理的本领。要建立科学高效的领导机制和工作机制，加强社会管理和公共服务部门建设，增加社会工作专门人员。各级领导干部要学习社会管理理论和知识，学会科学分析社会形势和社会问题，提高社会管理能力。要大力培养造就宏大的社会工作人才队伍，提高社会工作人员职业素质和专业水平，推进社会工作职业化、专业化和科学化。各级各类教育机构要适应加强和创新社会管理的要求，增设社会管理相关课程，加强社会管理相关学科、教材、师资队伍建设，培养社会管理专门人才。要建立健全科学的社会管理工作考核评价指标体系，完善领导责任制、部门责任制、目标责任制和奖惩机制，把加强和创新社会管理的责任逐级落实到位。

六是深化社会管理理论创新和政策研究。完善和发展中国特色社会管理体系，是建设和发展中国特色社会主义事业的重要组成部分，是一个关系国家发展全局和长远的重大课题，必须加强社会管理理论研究和政策研究。社会管理的理念、内容、形式会随着经济社会发展变化而不断调整，需要对社会管理领域进行全面研究、深入研究、跟踪研究。要加强对社会管理实践创新和现实问题的调查研究，及时对社会管理创新的实践经验进行科学总结和理论升华，服务理论创新，提出决策咨询；同时，要广泛研究国外社会管理的一切有益理念和做法，为加强和创新社会管理，完善和发展中国特色社会管理体系提供借鉴。

中国特色社会主义制度的形成和长期积累的物质财富，为加强和创新社会管理奠定了坚实的政治基础和物质基础；全国人民有着谋发展、思稳定、求富裕的强烈愿望，参与社会管理的积极性很高，为加强和创新社会管理奠定了坚实的群众基础。尽管中国社会建设和社会管理面临不少问题和困难，我们完全有条件、有能力不断完善和发展中国特色社会管理体系，不断提高社会管理科学化水平，使中国社会既充满活力又有序运行，为全面推进中国特色社会主义伟大事业创造良好的社会条件。

努力提高人民幸福指数 ①

（2011 年 11 月 11 日）

我们党和国家始终高度重视加强和创新社会管理，在社会主义革命、建设和改革中，总是把维护人民群众的根本利益作为社会管理的出发点和落脚点，充分调动社会活力，不断增进人民福祉，满足人民群众日益增长的物质文化需求，获得了广大人民群众的一致拥护和支持。当前和今后一个时期，我国既处于发展的重要战略机遇期，又处于社会矛盾凸显期。社会管理领域问题不少，有些问题还相当突出，有些问题也将在较长时期内存在。面对日益复杂的形势和更加繁重的任务，以胡锦涛同志为总书记的党中央多次强调，要加快推进以改善民生为重点的社会建设，提高人民幸福指数，并对此作了明确部署。这是具有历史和世界眼光的重大决策，为我们加强和创新社会管理，妥善处理各种社会问题，应对各种社会风险，以推动经济社会持续健康发展，更好地保障和改善民生，促进社会公平正义，指明了前进的方向。

---

① 本文系为徐珂著《"管"出幸福》一书所写的序言，新华出版社 2012 年 1 月版。

徐珂同志的著作《"管"出幸福》，是在深刻领会中央精神特别是胡锦涛同志重要讲话精神的基础上而写成的，反映了广大人民群众的现实心声。该书的标题"管"出幸福，就是顺势而为，乘势而上，通过加强和创新社会管理，充分激发社会活力，提高人民幸福指数，实现不同历史时期人民追求的幸福目标。该书的前言部分运用历史与逻辑相统一的方法，以社会主义革命、建设和改革的宏伟历程为背景，证明了这样一条颠扑不破的真理：只有中国共产党才能领导全国各族人民完成历史任务，真正实现人民幸福，而只有真心为人民谋幸福，才能得到人民的真正拥护和爱戴，从而指明了"管"出幸福的领导力量和源泉动力。该书第一部分从个体、社会、国际三个不同视角，论述了"管"出幸福的必要性、重要性和紧迫性，回答了"管"出幸福的意义和动因。第二部分从幸福、社会管理、"管"出幸福本身三个不同角度，阐释了"管"出幸福的内涵。第三部分从借鉴国外经验、社会体制改革、社会管理基础建设、社会精神文化创新四个不同方面，提出了"管"出幸福的措施和方法。因此，《"管"出幸福》是对中央提出让人民过上幸福生活的一个理论注脚和一次普及宣传，对于广大干部群众更好地理解和贯彻中央的战略部署，具有一定的辅导作用。

徐珂同志的著作《"管"出幸福》围绕加强和创新社会管理，提高人民幸福指数这一主题，用十章四十个小标题的篇幅，探索了为什么能"管"出幸福，"管"出幸福意味着什么，如何"管"出幸福等一系列重大理论和现实问题，主题重大，内容丰富，现实针对性强。该书从国际国内、历史和现实情况出发，以马克思主义、毛泽东思想和中国特色社会主义理论为指导，按照科学发展观的要求，论述"管"出幸福的一系列问题，内容沉稳大气，观点辩证犀利，创新性强。比如，提出在维护中央权威的前提下，平衡和界定"管"出幸福的多元主体权力，使之相互制约；提出不能简单地弱化、取缔或强化某种手段，而是科学界定"管"出幸福多元手段各自的适用范围，使之在合理合法的范围内运用；提出实现善治是我国"管"出幸福的基础价值取向，实现好、维护好、发展好人民根本利益是"管"出幸福的核心价值取向，维护社会公正是"管"出幸福的根本价值取向，实现社会和谐进步是"管"出幸福的目标价值取向；提出协调培育个人心理和社会心理，进而构建与时俱进的科学理论体系，打造健康向上的社会精神文化，是"管"出幸福的必然要求；提出要积极稳妥推进社会管理体制改革，优化权力配置、维护中央和各级领导权威，激发社会活力、不断提升社会创造力，协调利益关系、增进人民团结和睦，维护社会秩序、保持社会和谐稳定；等等。该书对于我们党和国家在新形势下更好地推动社会建设，增进人民福祉，会起到一定的参谋咨询作用。

徐珂同志已出版的专著《政府执行力》，被网上评为"对当今中国政府甚至是社会分析最透彻的著作"；在《"管"出幸福》中，他继续沿用这一风格，把自己在行政体制改革、经济政治社会文化等方面的政策研究，以及政府决策咨询等方面的多年经验进行了提炼，既有历史的沧桑感、责任感和使命感，又有现实的忧患意识、乐观情怀和决心信心，还有对未来的美好憧憬和必胜信念。该书不流于抽象的理论演绎，而是在占有大量材料的基础上，选取生动鲜活的事例、案例加以深入浅出的剖析，既有学术理论的深度和广度，又能通俗易懂，使人读来既饶有兴趣，又从中获得许多启迪，是一部难得的佳作。

　　我愿将此书推荐给广大读者，以启迪思路，凝聚力量，在以胡锦涛同志为总书记的党中央的领导下，奋力投身于中国特色社会主义宏伟事业，积极贡献自己的智慧和力量，为不断增进人民福祉而不懈奋斗！

全面推进中国特色应急管理体系建设①

（2011 年 11 月 26 日）

尊敬的领导、各位专家，同志们：

第十届中国国家安全论坛今天在这里隆重举办，首先，我代表这次论坛的主办方之一中国行政体制改革研究会，对论坛的举办表示热烈的祝贺！对各位领导和来宾致以诚挚的欢迎！

这次论坛以"社会管理创新与国家安全"为主题，体现了党中央、国务院在新形势下加强和创新社会管理的决策部署，顺应了我国当前社会各界的普遍关切，有着重要的意义。全面推进中国特色应急管理体系建设，是进行社会管理创新、维护国家安全的重要任务，我想主要就这个问题讲一些看法，与大家一起交流。

预防和应对各种公共危机，确保国家安全，是各国政府长期面临的共同课题。当今世界正处在大发展大变革大调整时期，各种传统的、非传统的安全威胁相互交织，经济、政治、文化、社会、自然等方面的公共危机和突发事件增加，人类社会进入公共安全问题多发的高风险时代。面对复杂多变的公共安全形

---

① 本文系在第十届中国国家安全论坛上的主旨演讲。

势，各国都把建立健全符合本国实际的应急管理体系，作为化解各类危机、确保国家安全的重要举措。当代中国仍处于可以大有作为的重要战略机遇期，推进发展改革的有利条件很多。同时，又处于各种矛盾凸显期，面临的安全风险和社会矛盾前所未有，应对各种危机和挑战的艰巨性、复杂性世所罕见。加快推进中国特色应急管理体系建设，全面提升防范和应对各种危机及突发事件的能力，尤为重要和紧迫。

党中央、国务院高度重视各种危机的应对和突发事件管理，特别是 2003 年初发生"非典"严重疫情以后，更加注重加强应急管理体系建设，在应急管理法制、体制、机制、能力建设等方面做了大量工作，不断总结实践经验，深入探索应急管理规律，使我国应对各种危机和突发事件的综合能力得到了显著提升。

一是应急管理理念不断明确。坚持以人为本、生命至上，把保障公民的生命财产安全放在第一位；坚持以预防为主、预防与应急并重、常态与非常态结合，把加强应急管理作为全面履行政府职责、提高行政能力的重要方面。全国上下防范和应对各种危机的观念明显增强。

二是应急管理预案体系大体形成。从 2005 年国务院颁布《国家突发公共事件总体应急预案》以来，全国已制定各级各类应急管理预案 200 多万件，大体形成了"横向到边、纵向到底"的覆盖各类突发事件的应急预案体系。

三是应急管理体制基本确立。建立了统一领导、综合协调、分类管理、分级负责、属地为主、全社会共同参与的应急管理体制。各级党委、政府在预防和应对各种危机和突发事件中的领导责任及相关部门的工作职责不断明确。

四是应急管理机制逐步完善。加强了各类风险评估排查、监测预警预防、信息报告发布、应急处置救援、灾后恢复重建，以及舆论引导、军地协作等各个环节的工作，应急管理预防、处置等协同机制不断完善。

五是应急管理法制建设得到加强。国家颁布实施了突发事件应对法，组织制定了一系列配套法规，各部门、各地方制定有关应急管理的法规和规章200多部，为应急管理工作全面开展提供了法律依据和保障。

六是应急管理保障能力明显增强。各级政府加大了财政投入，加强了应急物资储备、应急科技研发、应急技术装备等各方面建设。全国上下形成了以公安、武警、军队为骨干，行业专业队伍为基本力量，企事业单位专兼职队伍和应急志愿者为辅助力量的应急管理队伍体系。

七是应急管理科普宣教工作不断深入。加快了国家应急管理人员培训基地建设，加大了应急管理知识和技能的宣传普及力度，全社会的安全防范意识和应急管理能力不断提高，初步形成了全社会共同参与防范处置各种危机和突发事件的良好局面。

总之，经过多年的努力，具有中国特色的应急管理体系初步形成，并在应对近年来发生的各种重特大突发事件中发挥了重要作用，取得了显著成效，同时也积累了许多宝贵经验。

在充分肯定成绩的同时，我们也要清醒地看到，由于我国特殊的国情和发展阶段，目前的应急管理体系与复杂多变的公共安全形势还不完全适应，主要是：应急管理体制机制不完善，组织管理"条块"分割、权责脱节的现象比较严重；跨部门、跨区域的综合应急监测预警体系和信息共享制度还没有建立起来；应急队伍建设规模、标准、专业化水平有待提升；应急保障能力比较弱、技术含量偏低，应急设施和救援装备难以满足实际需要，特别是巨灾防范应对能力亟待进一步提高；对全民的公共安全教育薄弱，应急管理人才不足等等。中国特色应急管理体系建设任重而道远。

全面推进中国特色应急管理体系建设，事关广大人民的福祉，事关和谐社会建设，事关国家的长治久安，是加强和创新社会管理的重点工作。同时，这也是一项复杂而又艰巨的系统工程，既是紧迫任务，也是长期任务；既要立足当前，又要着眼长远；既要坚持从我国基本国情和现实情况出发，又要大胆学习借鉴国外的成功做法和先进经验；既要勇于从理论上探索，又要敢于在实践中创新。当前和今后一段时期的主要任务应当是：以提高全社会应急管理综合能力为主线，以强化基层应急管理工作基础为重点，以健全突发事件预测预警预防体系、综合协调联动机制和社会矛盾化解机制为主要内容，大力推进改革创新，完善体制机制，加强能力建设，加快形成统一指挥、结构合理、功能完善、反应灵敏、协调有序、运转高效、特色鲜明的应急管理体系，使全社会预防各类风险和公共危机的意识明显增强，应对各种突发事件的能力和水平不断提高，为实现经济社会科学发展、维护国家安全提供更加有力的保障。具体地说，要继续全面推进"六个体系建设"。

（一）全面推进中国特色应急管理规划和预案体系建设。科学的应急管理规划和预案，是推动应急管理事业科学发展和确保应急管理工作有效开展的前提和基础。要着眼于促进科学发展和维护国家安全，抓紧制定全国应急管理体系建设中长期规划，地方各级政府也应制定这样的中长期规划。应急体系建设规划要与经济社会发展规划、城乡建设规划、社会建设规划等相衔接，重点加强应急能力建设，优化各类资源配置，制定支持政策措施，以有效发挥作用。要完善预案体系，规范预案编制、修订的程序，加强对预案编制的科学论证和实施检查，克服有些应对突发事件预案上下一般粗、相互之间照搬照抄、定位不准、衔接不紧、操作性不强等问题。要加快对国家各类专项及配套标准、规范的完善工作，特别要加强应急预案的评估、人员培训和实践演练，不断增强应急预案的针对性、可行性和实效性，避免有些应急预案不合乎实际或者形同虚设，公共安全事件发生后就手忙脚乱，随意决策和造成损失。

（二）全面推进中国特色应急管理法律法规体系建设。完善的法律法规体系是应急管理法治化的基础，也是应急管理工作得以有序有效开展的制度保证。要加快应急管理法律法规体系建设，健全公共安全领域的法律法规，根据各种不同危机和突发事件预防处置的需要，及时做好相关配套法律法规的制定、修订和完善工作，特别要通过立法进一步明确中央与地方在突发事件预防处置中的权责关系，以及各级政府和领导干部在应对和处置突发事件中的责任，为有序、有效、有力应对各种突发事件提供全面、系统、具体的法制保障。要严格执法，特别要认真抓好《突发事件应对法》等各项法律法规的实施，严格依法预防和处置各种公共危机和突发事件，依法规范各种应急管理行为，切实维护好广大人民群众的权益，使各种公共危机和突发事件的防范处置纳入法治化、规范化、制度化的轨道。

（三）全面推进中国特色应急管理监测预警体系建设。健全的监测预警体系是有效预防和应对各种危机和突发事件的关键环节。要坚决克服那种重事后处置，轻事前预测、预警和预防的倾向，将防范安全风险的关口前移，按照预防为主、预防和应急并重、常态与非常态结合的原则，全面开展各种公共危机、突发事件和社会管理的风险评估，建立健全各种风险分级分类管理制度，加强对风险隐患及危险源的普查、监测和预警工作，落实风险排查、监测预警预防职责和综合防范处置措施，实现对各种危机、风险、隐患管理的科学化、规范化和常态化。大力推进"天—空—地—现场"一体化突发事件监测预警体系和群测群防体系建设，完善公共危机和突发事件信息报告和预警制度，提高报告和预警的及时性、规范性和科学性。加快推进国家和各级应急平台体系建设，合理布局各级各类突发事件监测系统，切实提高监测预警和风险识别、评估及防范能力。

（四）全面推进中国特色应急管理处置救援体系建设。完善应急管理处置救援体系，是有效应对各种危机和突发事件的重要任务。要进一步理顺行政应急管理体制，明确定位、规范职能，推进各地区、各部门以及高危行业大中型企业完善应急管理体制和工作机制建设，着力加强地方、部门、军队之间信息共享、协调联动机制建设。加强公共安全和突发事件应急管理指挥决策系统建设，进一步形成以国家和省级指挥平台为骨干，市、县级信息网络为支撑，具备指挥调度、现场监控、异地会商、全面保障等功能的综合应急指挥系统。切实加强各级各类综合应急救援体系建设，整合各方面资源和力量，积极构建覆盖国内外的安全保障体系，提升应急处置救援水平。特别要以社区、乡村、学校、企业等基层单位为重点，加大人、财、物投入，增强第一时间应对处置各类危机和突发事件的反应和救援能力，显著提高城乡基层的应急救援水平。

（五）全面推进中国特色应急管理保障体系建设。健全高效的应急保障体系是有效应对各种危机和突发事件的重要保证。要进一步加强应急物资储备和管理体系建设，优化应急物资储备布局，加强跨部门、跨地区、跨行业的应急物资协同保障管理。加强应急救援队伍体系建设，理顺体制，改善装备，强化培训，提高能力，进一步完善以公安、武警、军队为骨干和突击力量，以防汛抗旱、抗震救灾、海上搜救、矿山救护等专业队伍为基本力量，以企事业单位专兼职队伍和社会志愿者为辅助力量，各负其责、优势互补的应急队伍体系。要学习借鉴国外的做法，大力加强志愿者队伍建设，有效整合青年、社区、环保、红十字、医疗等各级各类志愿者资源和力量，建立健全相对统一的志愿者队伍协调机构，完善相关法律法规和激励支持政策，推动志愿者队伍建设的系统化、规范化、专业化和常态化及作用的发挥。以提高基层应急保障能力为重点，加大应急管理资金投入力度，建立政府、企业、社会各方面相结合的应急管理保障资金投入机制。加快建立国家巨灾保险体系，建立应急管理公益性基金。支持和鼓励应急管理企业和产业的发展，建立公共安全科技支撑体系，不断提高应对各种危机和处置突发事件的科技保障水平。

（六）全面推进中国特色应急管理文化体系建设。应急管理文化是应急管理工作的重要支撑。要大力推进中国特色应急管理文化建设，在全社会加大公共安全教育力度，加强应急管理科普宣传工作，深入开展各类应急预案、预防、避险、自救、互救、减灾等知识和技能教育，提高全社会的公共安全危机防范意识和能力。高度重视公共安全危机和突发事件的信息发布、舆情分析和舆论引导工作，建立健全媒体沟通协调机制、快速反应机制和舆情收集分析引导机制。全面加强应急管理教育工作，高度重视在各级各类学校进行公共安全教育，大力进行应急管理教育培训。积极开展应急管理国际交流合作，研究借鉴世界各国在应急管理体系建设方面的有益经验，积极宣传我国在应对各种危机和突发事件方面的政策措施和成功做法，在扩大国际交流合作中提高我国应急管理工作的科学化水平。

各位领导、各位专家、同志们：

蓬勃发展的中国特色社会主义事业呼唤着中国特色应急管理体系建设的全面推进，广大人民群众期待着全面加快中国特色应急管理体系建设。经国家有关部门批准、由国家行政学院主管的中国行政体制改革研究会成立以来，坚持把全面推进中国特色应急管理体系建设作为研究会的重要任务和职责，开展了一系列的活动。这里我还想告诉大家，一年前成立的国家行政学院应急管理培训中心，作为国家级应急管理人员培训基地，正在按照中央提出的整合各方面资源，广泛借鉴国外成功经验，努力把基地建设成为全国应急管理教育培训中心、政策研究和咨询中心及国际交流合作中心的要求加快建设。国家行政学院应急管理培训中心围绕全面推进中国特色应急管理体系建设，先后开展了一系列的国内外培训、重大课题研究和国际交流合作活动。我们愿以这次论坛的举办为契机，进一步加强与各方面的交流合作，共同为全面推进中国特色应急管理体系建设、加强和创新社会管理、维护国家安全，作出不懈努力和应有贡献。

加强和创新社会管理 全面推进社会建设 ①

（2011 年 12 月 4 日）

2011 年 2 月 19 日，在中央党校举办的省部级主要领导干部社会管理及创新专题研讨班开班式上，胡锦涛同志指出，加强和创新社会管理，要紧紧围绕全面建设小康社会的总目标，牢牢把握最大限度激发社会活力、最大限度增加和谐因素、最大限度减少不和谐因素的总要求，以解决影响社会和谐稳定突出问题为突破口，提高社会管理科学化水平，完善党委领导、政府负责、社会协同、公众参与的社会管理格局，加强社会管理法律、体制、能力建设，维护人民群众权益，促进社会公平正义，保持社会良好秩序，建设中国特色社会主义社会管理体系，确保社会既充满活力又和谐稳定。

这是以胡锦涛为总书记的党中央审时度势，针对我国发展新形势新特点作出的重大战略部署。加强和创新社会管理作为一个时代的重大课题，日益凸显其重要性、紧迫性。

近些年来，我国经济社会发展出现了哪些新变化？社会管理创新的方向在哪里？怎样响应党的号召全面推进社会建设？

---

① 本文系接受新华社记者的专访。

记者就相关问题采访了国家行政学院常务副院长、北京师范大学中国社会管理研究院院长魏礼群。

没有有效的社会管理就没有科学发展

记者：近年来，我们一直秉承科学发展观，指导着政府的工作。为什么说加强和创新社会管理是实现科学发展的重要途径？科学发展观与加强和创新社会管理的内在关系和外在联系又主要表现在哪些方面？

魏礼群：党的十六大提出了建设和谐社会的目标，而构建和谐社会必须贯彻科学发展观。加强和创新社会管理，既是科学发展的内在要求，又是推动科学发展的重要保障。没有有效的社会管理，就不可能实现科学发展。社会管理，说到底就是对人的管理和服务，这涉及广大人民群众切身利益。总体来看，我国社会管理与我国国情和社会主义制度是适应的，社会大局稳定。当前，我国仍处于发展的重要战略机遇期，又处于社会矛盾凸显期，社会管理的任务就显得更加艰巨繁重了。特别是随着发展改革形势的变化，原来的社会管理理念思路、体制机制、法律政策、方法手段有很多不适应的地方，解决社会管理领域存在的问题十分紧迫。只有加强和创新社会管理，才能最大限度地激发社会活力、最大限度地增加和谐因素、最大限度地减少不和谐因素，这就需要积极推进社会管理理念、体制、机制、制度、方法的创新，建立起具有中国特色的社会主义社会管理体系。

只有加强和创新社会管理，才能贯彻落实以人为本的发展理念，尊重人民的主体地位，保障人民的各项权益，发挥人民的首创精神，带领人民走共同富裕的道路，从而促进人的全面发展；只有加强和创新社会管理，才能实现经济社会全面协调可持续发展，更好地推进经济、政治、文化、社会建设以及生态文明建设，更好促进现代化建设各个环节各个方面相协调，促进生产关系与生产力、上层建筑与经济基础相协调。只有加强和创新社会管理，统筹经济和社会发展，统筹城乡发展，统筹地区发展，兼顾不同地区、不同领域、不同方面群众的利益，才能落实科学发展的统筹兼顾的要求；只有加强和创新社会管理，才能更好地保障和改善民生，促进社会公平正义。

总之，只有加强和创新社会管理，才能为实现全面建成小康社会奋斗目标、加快推进社会主义现代化事业创造良好的社会环境。

社会管理格局四位一体、不可分割

记者：党的十七届五中全会审议通过的《中共中央关于制定国民经济和社会发展第十二个五年规划的建议》，提出了健全社会管理格局的要求。如何理解构成这一管理格局各个方面的关系，哪一方面的问题是社会管理的核心要素？

魏礼群：是的。党中央提出了要"按照健全党委领导、政府负责、社会协同、公众参与的社会管理格局的要求"①，加强和创新社会管理。从这个管理格局的要求来看，党委领导是根本，政府负责是关键，社会协同是依托，公众参与是基础，这四位一体有机联系，不可分割。这也是对我们多年来社会管理实践

---

① 《中共中央关于制定国民经济繁荣发展第十二个五年规划的建议》，《人民日报》2010年10月28日。

的科学总结，符合我国现阶段社会管理的客观要求，体现了我国特色和时代的特征。

党委领导，就是要发挥党委在社会管理格局中总揽全局、协调各方的领导核心作用。明确党政部门社会管理职责权限，切实解决多头管理、分散管理、难以形成有效合力的问题。在坚持党的领导的同时，要不断改善党的领导，发挥政治优势，善于舆论引导，充分发挥各种媒体作用，不断提高化解各种社会矛盾、构建和谐社会的能力。

政府负责，就是要强化政府的社会管理职能，做到职能到位，既不越位，也不缺位。该由政府管理的事项应当管住管好。凡是公民、法人和其他组织通过自律能够解决的，行业和中介组织能够解决的问题，政府都不要干预。要建立和完善社会管理考核机制，研究制定科学的社会管理指标，并把它作为考核政府及其工作人员的依据。

社会协同，就是要发挥各类社会组织的作用，组织社会力量积极参与社会管理。积极促进社会团体、行业组织、中介机构、志愿者等团体的发展，发挥它们提供服务、反映诉求、规范行为的作用。同时，也强化各类企事业单位社会管理责任。

公民参与，就是要充分发挥人民国家人民管理的作用，引导公民依法理性有序参与社会管理。要提高基层群众自治组织自我管理、自我服务、自我教育、自我监督的能力，提高社会组织参加社会管理的能力。在这方面，要加快组建专业社会工作者队伍，大力发展信息员、保安员、协管员、巡防队等多种形式的群防群治力量，健全社会志愿者服务长效机制。

既要加强 又要创新

记者： 我们知道，社会管理涉及的问题是多方面、多层次、多个时间断面的。那么在"加强"的同时，还要强调"创新"。请问"加强点"是否有所侧重？"创新点"是否有所特指？

魏礼群： 近年来，从中央到地方都十分重视社会管理，但由于多种原因，在一些地方和部门对经济建设"一手硬"、对社会建设和社会管理"一手软"的问题仍然比较突出，主要表现在社会管理工作薄弱，社会管理法制不健全，社会管理体制改革滞后，社会管理能力建设不足。同时，由于传统的社会管理思想观念、思维模式还没有完全改变，社会管理的方式和手段陈旧、单一，以致社会管理效果不佳，甚至有的事与愿违。因此，社会管理既要加强，更要创新。应该说，这是相互支撑、相互促进的关系。

我们强调的创新社会管理，首先是要创新管理理念。这需要准确把握当前我国社会建设和社会管理领域出现的新情况新问题，坚决改变那些认为社会管理就是单纯"管控"的思想观念和思维模式。同时，还要实行依法管理、科学管理、柔性管理、人性化管理，推动社会管理科学化、规范化和常态化。还要进一步健全民主制度，从各个领域、各个层次扩大公民有序政治参与，依法保障人民的知情权、参与权、表达权、监督权。

我认为，创新社会管理主要体现在五个方面：在管理主体上，要从单纯重视政府作用向社会共同治理转变，从传统的社会管理向现代社会"治理"转变；在管理方式上，要从偏重管制控制向更加重视服务、重视协商协调转变，更多地运用群众路线的方式、民主的方式、服务的方式，教育、协商、疏导的方式，化解社会矛盾，解决社会问题；在管理环节上，要从偏重事后处置向更加重视源头治理转变，把工作重心从治标转向治本、从事后救急转向源头治理，使社会管理关口前移；在管理手段上，也要从偏重行政手段向多种手段综合运用转变，更多地运用法制规范、经济调节、道德约束、心理疏导、舆论引导等手段；同时在管理制度上，还要坚持加强源头治理体系建设、强化动态协调机制建设、推进应急管理制度建设，构建相互联系、相互支持的机制和制度体系。

记者：正如您所阐述的，社会管理包含着运用法律、法规、政策、道德、价值等社会规范体系一系列内容。而针对当前的社会状况和经济形势，您认为加强社会管理面临的主要挑战和重要任务在哪里？

魏礼群：随着现代化进程的加快和社会经济领域的深刻变革，我们可以看到，社会管理面临着一系列亟待解决的新课题。

当前的关键，是要从思想认识上、工作布局上更加重视社会管理，彻底克服轻视、放松社会管理的思想和做法。要加强法律法规和政策体系建设，探索建立公民个人信用制度，对违反社会公共行为准则的要给予惩戒；要加强公共安全体系建设，健全预防预警体系建设，对流动人口要加强服务和管理，实行人民调解、行政调解、司法调解有机结合，力争把矛盾化解在基层、解决在萌芽状态；同时还要加强社会管理能力建设，提高基层党组织和基层政权的社会管理和依法办事能力，提高基层群众自治组织自我管理、自我服务、自我教育、自我监督的能力，加强社会管理信息系统建设，提升社会管理信息化水平，健全社会舆情汇集和分析机制，着力提高社会管理快速反应力；

在社会管理人才队伍建设方面，要注意选拔政治素质好、业务素质好的人员，充实加强到社会管理队伍中。

同时，我们应该看到，公共服务和社会管理是政府的两项基本职能，两者紧密联系在一起。在服务中实施管理，在管理中体现服务。在目前深化改革开放和加快转变经济发展方式的攻坚时期，我们的公共服务制度和体制供给能力不足，满足不了人民群众日益增长的对公共服务的需求。所以，加强公共服务是创新社会管理的重要体现，要把加强公共服务放在更加突出的位置。

加强以改善民生为重点的社会建设

记者：社会主义经济建设、政治建设、文化建设、社会建设四位一体的总体布局，并强调以改善民生为重点加快推进社会建设，是我们党对中国特色社会主义事业的新认识、新概括，在理论上和实践上都具有重大意义。推进社会建设如何体现以民生为重点？

魏礼群：我们要加快推进以改善民生为重点的社会建设，涉及的范围很广，具有丰富的内涵，需要积极解决好教育、就业、收入分配、社会保障、医疗卫生、住房等直接关系人民群众根本利益和现实利益的问题，努力使全体人民学有所教、劳有所得、病有所医、老有所养、住有所居。只有这样，才能建设和谐社会。改善民生需要着重抓好以下几个方面的工作。

教育是民族振兴的基石，教育公平是社会公平的重要基础，发展教育也是把我国巨大人口压力转化为人力资源优势的根本途径。必须坚持把教育放在优先发展的战略位置，办好人民满意的教育。

就业是民生之本，是保障和改善人民生活的重要条件。我国劳动力资源十分丰富，这是促进经济持续较快发展的有利条件。同时，扩大就业的压力很大，就业形势严峻将是我国今后较长时期面临的一个重大课题。因此，必须把扩大就业放在经济社会发展的突出位置。要坚持实施积极的就业政策，坚持劳动者自主择业、市场调节就业、政府促进就业的方针，多渠道扩大就业。

合理的收入分配制度是社会公平的重要体现。改革开放以来，我国收入分配制度改革不断深化，打破了平均主义、"大锅饭"制度，形成了按劳分配为主体、多种分配方式并存的分配制度，有力地促进了经济社会发展，同时也出现了城乡、地区、行业和部分居民之间收入差距持续拉大的现象。必须深化收入分配制度改革，调整国民收入分配结构，整顿和规范分配秩序，加快形成合理有序的收入分配格局。

健全的社会保障体系，历来被称为人民生活的"安全网"、社会运行的"稳定器"和收入分配的"调节器"，是维护社会稳定和国家长治久安的重要保障。近些年来，我国社会保障体系建设取得了重要进展，但还不够完善，存在着覆盖面小、保障水平低、制度不健全等问题。在新的形势下，必须加快完善社会保障体系。坚持"广覆盖、保基本、多层次、可持续"的指导方针，以社会保险、社会救助、社会福利为基础，以基本养老、基本医疗、最低生活保障制度为重点，以慈善事业、商业保险为补充，加快完善覆盖城乡居民的社会保障体系。

健康是国民素质的重要体现。多年来，我国医疗卫生事业取得了显著成就，但与人民群众对医疗卫生的需求仍然差距较大，存在着看病难、看病贵的问题。大力发展医疗卫生服务，是广大人民群众的迫切愿望。要加快建立基本医疗卫生制度，实现人人享有基本医疗服务的目标。要坚持公共医疗卫生的公益性质，坚持预防为主、以农村为重点、中西医并重，实行政事分开、管办分开、医药分开、营利性和非营利性分开，强化政府责任和投入，完善国民健康政策，鼓励社会参与，建设覆盖城乡居民的公共卫生服务体系、医疗服务体系、医疗保障体系、药品供应保障体系，为群众提供安全、有效、方便、价廉的医疗卫生服务。

社会稳定是人民群众的共同心愿，是改革发展的重要前提。随着改革开放不断深入和社会主义市场经济不断发展，我国的经济体制、社会结构、利益格局和人们的思想观念发生了深刻变化。这种空前的社会变革，给我国经济社会发展带来巨大活力，同时也必然带来这样那样的矛盾和问题，增加了社会管理的难度和复杂性。所以，我们必须把完善社会管理作为改善民生和促进社会和谐的重要任务来看待。这样，才能实现我们国家的宏伟目标。

不断深化对社会管理规律的认识 ①

（2011 年 12 月 9 日）

今天，我们在这里召开"加强和创新社会管理研究"重大课题成果交流会议。这一重大研究课题，由国家行政学院、民政部、北京市、河北省有关领导同志担任课题负责人，有关科研机构、高等院校、中央部门、地方政府联合开展科研攻关，对加强和创新社会管理的理论和实践进行研究，不断深化我国社会管理规律的认识，为提高我国社会管理科学化水平提供智力支持，具有重要的现实意义和深远意义。这次会议的主要任务是，共同总结一年来的研究工作情况，相互交流研究成果，商议进一步深化这一重大课题研究思路，力求取得更多更好的成果。

下面，我先讲讲一年来课题研究的进展情况和下一步的初步考虑，供大家讨论参考。

---

① 本文系在"加强和创新社会管理研究"重大课题成果交流会上的讲话。

一、充分估计一年来"加强和创新社会管理研究"的重要进展

2010 年 11 月 2 日，启动《加强和创新社会管理》这一重大课题研究。一年多来，课题组全体成员、各个分课题组、专题课题组收集和整理资料，深入进行理论研究，总结实践创新经验，进行重要理论探索，形成了一系列多种形式的研究成果，实现了预定的工作目标，有些方面比预计的成效还要好。

（一）所有分课题组和地方专题组都完成了所承担的课题任务。我们课题组全体成员紧紧围绕党和国家工作大局，以中国特色社会主义理论体系为指导，深入开展课题研究，截至 2011 年 11 月，19 个分课题组以及 9 个地方专题研究课题组，都完成了各自所承担的研究工作，提交了研究报告。这些报告，或者侧重社会管理某一方面的理论创新研究，或者侧重特定地区的社会管理实践经验总结。许多报告主题重要、内容丰富，很有分量，提出了创新性的理论观点，总结了社会管理实践的创新做法，具有重要的理论和实用价值。

（二）不少研究成果已转化为决策咨询服务，为中央和地方党政决策发挥了重要参考作用。不完全统计，共有 30 多篇咨询报告，通过国家行政学院《送阅件》和白头件报送中央领导的达 20 多篇，有些课题组还利用其他渠道报送了 10 多篇内部研究报告。一些重要决策咨询成果受到中央领导同志、地方领导同志的高度重视，一些省市领导作出了重要批示。2011 年春节期间，课题组办公室以及民政部、中央编译局、中国社会科学院、中国人民大学等课题组成员还参与了中央举办的省部级主

要领导"社会管理及其创新专题研讨班"有关资料的收集整理工作，直接为中央作出决策提供智力服务。

（三）研究成果产生了广泛而积极的社会影响。有些课题研究成果公开出版或者发表。由魏礼群担任主编，窦玉沛、梁伟、赵勇等担任副主编的《社会管理创新案例选编（上、中、下）》，魏礼群为主编的《加强和创新社会管理讲座》，以及《新形势下加强和创新社会管理研究》等著作已经分别由人民出版社、学习出版社、国家行政学院出版社出版发行。《人民日报》对前两本书作了报道和推介。多位国家领导人、许多中央部门和省区市负责人通过写信、电话等形式对研究成果给予好评。据不完全统计，各分课题、专题研究课题已公开发表论文、研究报告100多篇。部分地方专题研究课题组还认真总结本地区社会管理的典型经验，形成了许多社会管理案例。这些成果对于推动社会管理研究和指导社会管理实践发挥了积极的作用。

另外，多位课题组成员还就加强和创新社会管理接受《人民日报》、新华社、中央电视台、人民网、新华网等中央主流媒体采访。一些同志受邀到中央和国家机关、各省市为各级党政领导干部授课，产生了广泛的社会影响。

二、这个课题研究深化了对社会管理规律的认识

（一）深化了对加强和创新社会管理内涵的认识。目前，对于何谓社会管理存在着一些不同的观点，应当允许进行各种观点的理论研究和学术探讨。我们课题组通过研究认为，社会管理是中国特色社会主义事业总体布局中关于社会建设的重要的有机组成部分。在当代中国，社会管理既要加强，也要创新。

加强和创新社会管理，是指党委和政府以及其他社会主体运用法律、法规、制度、政策、道德、价值观等社会规范体系，直接或间接地对社会领域各方面、各环节进行服务、协调、组织、监控的过程和活动。通过加强和创新社会管理，增强社会活力、维系社会秩序、规范社会行为、协调社会关系、维护社会治安、促进社会认同、推进社会和谐；化解社会矛盾、解决社会问题、应对社会风险、减少社会摩擦、控制社会冲突、弥合社会分歧，为构建和谐社会、促进社会健康发展创造既有秩序又有活力的良好运行条件和社会环境。加强和创新社会管理首先是社会管理理念和内容的创新，同时是社会管理体制机制和手段方法的创新。这样理解社会管理的内涵、外延，以及社会管理的主体、客体、手段、目标、任务、作用等问题，揭示了社会管理中主体与客体、社会管理与社会建设、社会管理与社会服务等之间的关系，既符合中央关于新形势下加强和创新社会管理的决策部署，也反映了社会管理规律的内在要求。

（二）深化了对加强和创新社会管理实质的认识。当前，对加强和创新社会管理有一些不同的理解和认识。有的人认为，加强和创新社会管理就是强化社会控制，把流动人口管住，把各类市场主体管住，甚至要用计划经济时期政府对社会各方面实行严密监管的做法；也有的人认为，加强和创新社会管理就是对社会危机管理和社会问题管理；还有的人认为，加强和创新社会管理，就是更加注重行政管控。这些都是片面的。课题组研究认为，加强和创新社会管理的实质，是要着眼于发展中国特色社会主义事业，通过深化改革，实现从以政府管理为单一主体、以单位管理为主要载体、以行政办法为主手段、以管控为主要目的的传统模式，向在党的领导下，国家行政管理与社会组织自我管理、基层群众自治管理有机衔接、良性互动，社区管理与单位管理有机结合，多种手段综合运用，管理与服务融合，有序与活力相统一的多元治理、共建共享的新模式转变，提高社会管理科学化水平，最大限度激发社会活力、最大限度增加和谐因素、最大限度减少不和谐因素，维护人民群众权益、促进社会公平正义，保持社会良好秩序，有效应对社会风险。应当说，加强和创新社会管理，不单是强化控制，还要激发活力；不单是约束，还要激励；不单是管理，还要服务；不单是应急治乱，还是常态治理；不单是"堵"，还要"疏"；不单是强化政府责任，还要重视社会各方面作用。总之，要形成与中国特色社会主义道路和中国特色社会主义制度相适应的社会管理体系、体制、机制、制度、方式、方法，实现社会管理的科学化、规范化、制度化、法治化，不断促进社会建设和社会进步。

（三）深化了对加强和创新社会管理原则的认识。加强和创新社会管理，是中国特色社会主义社会管理自我完善和发展过程，必须坚持正确方向，一切从实际出发，创造性地开展工作。加强和创新社会管理应当遵循如下基本原则。一是坚持党委、政府主导，多方参与。要发挥好党委领导核心作用，强化政府社会管理和公共服务职能，同时又要引导、动员社会各方面有效参与社会管理，形成合力。二是坚持统筹兼顾、源头治理。科学发展是解决社会管理领域存在问题的基础，要按照统筹经济社会发展的总要求，从源头上、根本上、基础上解决社会问题，减少社会矛盾。三是坚持以人为本、服务为先。社会管理说到底是对人的管理和服务，要把群众满意作为加强和创新社会管理的出发点和落脚点，着力解决好群众最关心、最直接、最现实的利益问题。四是坚持依法管理、综合施策。要从立法、执法、监督、规范各个环节，提高社会管理的法治化水平。要综合运用好法律法规、经济调节、行政管理、道德约束、心理疏导、舆论引导等各类手段，多用人性化、柔性化的方式来促进社会矛盾化解。五是坚持科学管理、提高效能。要通过科学配置管理资源、充分利用现代科技手段、加强社会管理绩效考评等方式，不断提高社会管理的针对性、实效性。六是立足国情、改革创新。要及时总结我国社会管理的成功经验，积极研究借鉴国外社会管理有益成果，做到在继承中创新、在借鉴中创新、在实践中创新，积极稳妥地推进社会管理理念、制度、体制、机制、手段、方法创新，努力使社会管理体现时代性、把握规律性、富于创造性。

（四）深化了对加强和创新社会管理内在要求的认识。追求善治是当今世界政府创新的历史潮流。这就要求社会管理必须处理好四个关系：一是社会管理目标上，要处理维护社会秩序与激发社会活力的关系。做到既保证社会的安定有序、规范运行、调控有力，又有利于激发全社会的创造活力，降低社会运行成本，提高社会运行效率，从而在有序的基础上达到最大限度激发社会活力、最大限度增加和谐因素、最大限度减少不和谐因素的目的。二是社会管理主体上，要处理好党政主导和社会多元参与的关系。既要发挥好党和政府在社会管理中的方向引领、公共服务、资源配置、社会组织和动员的主导作用，又要充分利用我们的群众工作和政治工作优势，调动群众参与社会管理和服务的积极性、主动性、创造性，充分发挥群团组织、企事业单位、城乡基层组织、"两新组织"和公民个人在社会管理中的协同、自治、自律、他律、互律作用。三是社会秩序的形成上，要处理好"自上而下"的社会管理与"自下而上"的基层社会自治的关系。要处理好国家与社会的关系，国家的社会管理要走法治化道路，要明确责任政府、有限政府的概念，约束、规范和监督公共权力，发挥城乡基层社区、社会组织等自我管理、自我服务、自我约束、自我发展的作用。四是社会管理的方法上，要处理好刚性管理和柔性管理的关系。在新的历史时期，社会管理要从单纯追求管控社会，变为推动社会进步、建设良好的社会。为此，社会管理的手段必须创新。要用人民群众更愿意接受的方式、更愿意参与的方式进行社会管理。特别注重依法管理、科学管理、人性化管理。

（五）深化了对发展和完善中国特色社会管理体系的认识。加强和创新社会管理，最重要的就是不断发展和完善中国特色社会管理体系，使社会管理与发展社会主义市场经济、民主政治、社会主义先进文化以及与建设社会主义和谐社会的要求相适应。发展和完善中国特色社会管理体系是一个系统工程，既要总体推进又要重点突破。当前和今后一个时期需要着力做好以下七个方面：一是进一步完善社会管理工作格局体系。就是"党委领导、政府负责、社会协同、公众参与"四位一体的工作格局。党委领导是根本，政府负责是关键，社会协同是依托，公众参与是基础。四位一体，有机联系，不可分割。二是进一步完善社会管理制度体系。要推进社会管理制度化，建立社会保护体系，健全保障就业权等公民基本权利的制度、加快人口管理制度改革、建立覆盖全国人口的国家人口基础信息库等。三是进一步完善维护群众权益的体系。探索群众利益协调机制、群众权益保障机制、劳动关系协调机制、社会矛盾调处机制、社会稳定风险评估机制。四是进一步完善公共服务体系。

逐步完善基本公共服务体系，积极促进城乡基本公共服务均等化，特别是进一步加强农村基本公共服务体系建设。五是进一步完善社会规范体系。在加强社会法律体系建设的同时，推进行业规范、社会组织规章、村规民约等建设。大力推进政务诚信、司法公信建设。六是进一步完善公共安全体系。建立健全突发事件应急体系，加强全民风险防范能力和应急处置能力建设，完善相关机制，提高对自然灾害等突发公共事件的风险管理水平。加强食品药品安全监管机制、安全生产监督制度机制、安全管理和监管。七是进一步完善虚拟社会管理体系。坚持建设与管理并重、发展与管理同步，加快形成法律规范，行政监管、行业自律、技术保障、公众监管、社会教育相结合的信息网络管理体系。另外，要从树立科学发展理念、全面深化体制改革、增加社会建设投入、推进社会管理法制化、提高社会管理的科学化、深化管理理论创新和政策研究六个方面加强实际工作，不断完善和发展中国特色社会管理体系，不断提高社会管理的科学化水平，使中国社会既充满活力又有序运行。

除此之外，有些课题成果还对社会体制改革、加强法治在社会管理中的作用、培养社会管理和社会工作人才、规范和发挥社会组织作用、建立社会管理评价机制、借鉴我国历史上和国外社会管理经验等重大问题进行了较为深入系统的研究，形成了许多很有价值的观点。

三、进一步深化加强和创新社会管理的研究

新形势下加强和创新社会管理有许多理论和实际问题还需要深入研究，是阶段性的、初步的，有些开了头，有些还没有

破题。例如：

（一）如何进一步统筹城市和农村的社会管理。根据第六次全国人口普查数据，2010 年我国的城市化率已经达到 49.68%，今年全国城市化率要跨过 50% 这一关口。这将意味着我国城乡结构、人口结构和社会结构已经并将发生重大而深刻的变化，也意味着我国城乡社会管理体制机制需要进行多方面相应的调整。根据城市化的国际发展规律和当前我国城市化的发展趋势，我国的城市化仍然在加速发展过程之中。中国社会正在由一个传统的农村、农民社会，转变成为现代化的城乡一体化社会。在城市化过程中，城市社会问题日益突出，许多农村社会问题有待破解，一些偏远地区农村的衰败，出现了村庄"空心化""留守儿童""留守老人"等现象。城市和农村的社会问题是有机联系在一起的。仅就城市社会管理而言，我国目前的城市社会管理体制、资源配置、社会事业发展模式等，基本都形成于计划经济时期，管理的科学化、精细化、人性化程度与城市发展的要求还有很大的差距，农民工进城落户、城市人口老龄化、特殊人群管理、城乡社区治理、城乡接合部管理等方面存在很多困难和问题。

（二）如何进一步协调政府对社会的管理和社会自我管理。经过多年改革，我国行政体制改革取得了重要进展，政府职能不断转变，社会管理和公共服务职能不断得到加强。尽管如此，政府仍然承担了许多不该管、管不了也管不好的事务。在社会管理过程中，我们要做到党政主导，以确保社会管理的正确方向和稳定性。同时，我国社会领域的改革，也离不开政府的强力推动。如何科学界定政府社会管理的职能和边界，解决好政府社会管理服务中的错位、越位和缺位的问题，是我们在加强和创新社会管理过程中必须着力解决好的一个问题。另一方面，社会管理和服务必须发挥公众和社会各方面的协同作用，争取形成党政机关、各类群团组织、企事业单位、社会组织、城乡社区、公民个人等心往一处想、劲往一起使的整体合力，特别是在新时期要通过推动城乡社区自治、培养各类社会组织、促进公民自律等来促进社会基层结构的稳固和平衡。科学推动社会自我管理和服务，是我们在加强和创新社会管理过程中必须着力研究解决好的又一个难题。更加重要的是，政府社会管理和社会自我管理相辅相成，如何统筹好这两者之间的关系，避免权力失衡、制度失效和社会失序，是新时期加强和创新社会管理的重大任务。

（三）如何统筹社会建设与社会管理。党的十六届四中全会提出"社会建设"这一重要概念。党的十六届六中全会通过的《中共中央关于构建社会主义和谐社会若干重大问题的决定》明确提出到 2020 年构建社会主义和谐社会的主要目标和任务。党的十七大报告将社会建设单列一节，与经济建设、政治建设、文化建设并列为"四位一体"的社会主义建设格局中重要内容。《十二五规划》中也将社会建设提高到更加重要的地位。近年来，全国政法系统深入开展了化解社会矛盾、创新社会管理和公正廉洁执法为主要内容的三项重点工作。2011 年 2 月，中央召开了省部级主要领导干部社会管理及其创新研讨班，胡锦涛同志、习近平同志等中央领导作了重要讲话。5 月份中共中央政治局专题研讨社会管理问题，7 月下发了中共中央、国务院《关于加强和创新社会管理的意见》。9 月，中央决定将中央社会治安综合治理委员会更名为中央社会管理综合治理委员会，调整职责任务和成员单位，充实工作力量，赋予其协调、指导加强和创新社会管理工作的重要职能。可见，社会建设和社会管理都是目前党和国家的重点工作任务。从一定程度上说，社会建设搞好了，社会领域的突出矛盾和问题就会相应减少；而搞好社会管理、维护社会秩序和激发社会活力，又为社会建设创造良好的社会环境和条件。在实践中如何统筹协调好两者间的关系，如何做到财力、物力、人力的合理配置，协调推进社会建设与社会管理，需要理论工作者和实践工作者不断深化理论研究，总结实践经验，提供政策建议。

（四）如何统筹虚拟社会管理与现实社会管理。现代信息技术尤其是互联网的快速发展，使得人类社会进入了信息时代。这极大地方便了人民群众的生产生活，人们获取各种信息和相互沟通交流的便捷性大大提升。但是，网络所造就的虚拟社会也带来了社会管理难题。网络上不健康思想和情绪化表达泛滥，人为炒作事件突出，黄赌毒现象严重，虚拟社会对现实社会正在产生越来越大的影响。特别是现实社会中的一些偶发事件、个体性事件，在与虚拟社会结合后，产生难以预料的放大效应，引发了诸多不良社会反响。2011 年英国伦敦爆发的骚乱、美国发生的"占领华尔街"运动，以及西亚北非事件等体现出现实社会与虚拟社会互动的特点，表明社会组织方式、社会动员方式在新的历史时期和信息社会条件下都在发生着深刻的变化。面对新技术革命特别是信息网络化带来的挑战，需要研究虚拟社会的规律和特点，研究虚拟社会和现实社会相互影响，研究如何加强和改进对网络和虚拟社会的管理，实现虚拟社会良性发展，推进虚拟社会与现实社会的良性互动。

以上是我简单列举社会管理领域需要重点关注和研究的问题。除此之外，社会管理领域中还有很多重大理论和现实问题迫切需要进行深入细致的研究。

四、加强组织协调，不断把
社会管理研究引向深入

这次课题一共组织了 28 个分课题，参加研究的上百人。这么多的人员参与研究这个课题、来完成这个课题，在我国课题研究中是很少见的。课题组中既有中央部门的同志，也有地方的同志；有领导干部，也有专家学者；有理论研究者，也有实际工作者；既有从事社会学和政治学的专家学者，也有从事行政学、领导学、应急管理学方面的专家学者等，大家在研究中进行思想碰撞，不同部门、高校、科研机构和地方的同志在一起交流思想，取长补短、共同提高，做到理论和实际相结合。在一年多的合作研究中，各个分课题和地方专题研究课题积极配合和支持课题研究工作，按照课题总体设计和要求有序推进研究进度，及时报送研究成果。课题办公室认真做好联系沟通、组织协调、情况反映、成果整理报送、经费管理等方面的工作。正是因为大家认真负责，精诚合作，才取得了丰硕的研究成果。应该说，这次课题研究是一次多学科、多部门、多机构、多地区、多层次、参与人数众多的成功合作。

这次会议只是标志着我们完成了阶段性的研究任务，我希望我们这个研究队伍能够继续加强合作，不断深化对"加强和创新社会管理"这个重大课题的研究。

（一）围绕社会管理重大理论和现实问题，进一步做好课题研究规划和组织工作。社会管理领域研究任务重，有大量需要加以深化研究的重要课题。各地出现的新做法、新经验有待于认真总结提升；社会管理创新的顶层设计、体制机制、法律政策、方法措施等方面仍有不少研究的薄弱环节。希望大家借这次会议之机既交流前一段的研究成果和工作体会，并就下一步的合作课题和合作方式进行讨论，畅所欲言，开阔思路，共同谋划，集思广益。课题组办公室要根据本次课题完成情况，结合这次会议大家的意见和建议，提出下一阶段社会管理重大课题研究规划和方案，精选研究题目，协调研究力量，优化资源配置，创新研究方法，改进组织管理和服务方式，更好提高课题研究水平。

（二）围绕多出成果、多出人才，加强统筹协调和对外研究交流工作。任何研究领域的蓬勃发展，都要通过人才和成果两种方式表现出来。社会管理研究要有大发展，就必须及时发现人才、凝聚人才、造就人才、用好人才。要培养和吸引各方面优秀人才加入社会管理研究，支持具有发展潜力的中青年优秀人才和高水平创新团队，包括有计划地吸收在校硕士生、博士生、博士后参与研究，努力打造一支结构合理、勇于创新的社会管理研究队伍。要推动跨学科交叉融合和思想碰撞。要以事业凝聚人才、以实践造就人才、以机制激励人才，从而争取多出快出高水平的研究成果。

为避免重复研究和力量分散，同时充分发挥各单位的研究专长，通过统筹协调，实行研究方向和研究专题的适当分工是必要的。我们这次重大课题的成功就说明了这一点。下一阶段，仍将通过课题合作、课题招标、建立研究基地、提供成果报送通道等方式，调动各方面重视和支持社会管理研究的积极性。同时，通过课题组织、成果出版、研究交流、合办论坛等方式，做好社会管理课题研究的协调服务工作。

　　加强国际交流合作是提高研究水平的重要措施。虽然社会管理是中国的概念，但是国际社会的治理理念、社会政策、第三部门发展、非营利组织管理等，对于提高我国的社会管理水平，具有值得借鉴的价值。要广泛吸收境外相关专家和学者参与研究交流，采取措施构建有效的交流合作平台。

　　（三）国家行政学院近年来十分重视社会管理方面的教学、研究工作。《行政学院工作条例》和《国务院关于加强和改进新形势下国家行政学院工作的若干意见》都将社会管理学列为重点学科。行政学院系统要继续将社会管理方面的教学培训、科学研究、决策咨询等工作放在突出地位。在这次重大课题研究中，国家行政学院作为牵头单位，投入了相当大的力量，从组织协调、文献服务、成果编辑、修改、汇集、报送等方面，支持和参与这个重大课题研究，同时也使学院职能得到更好的发挥，学科建设得到加强，也锻炼了队伍。今后，我们要更好地加强和改进工作，为大家提供支持条件和工作服务。

改革社会体制 推进科学发展 [1]

（2012 年 5 月 27 日）

各位领导、各位来宾、各位专家：

在这桃李芬芳、百花争艳的美好时节，第二届中国社会管理论坛今天在这里成功举办。首先，请允许我本人并代表中国社会管理研究院，对各位前来参加论坛，表示热烈欢迎和衷心感谢！

本次论坛以"深化社会体制改革与推进科学发展"为主题，对社会体制和科学发展的理论和实践问题进行深入研讨，提出思路和对策，具有十分重要的现实和深远意义。这不仅是我国现阶段经济社会发展的迫切需要，也是中国特色社会主义事业长远发展的战略要求。我相信，经过与会人员的共同努力，论坛一定会取得丰硕成果。

这里，我主要围绕这次论坛的主题，讲一些个人的看法，与大家一起研讨交流。

在当代中国，发展是党执政兴国的第一要务，而发展必须

---

[1] 本文系在北京师范大学中国社会管理研究院举办的"第二届社会管理创新论坛"上的主旨演讲。

是科学发展。科学发展的基本要求，就是更加注重社会建设，促进经济社会全面协调可持续发展，这是全面建设小康社会的重大任务。

加强社会建设包括更加注重改善和保障民生，也包括更加注重社会管理。社会管理是作为主导力量的党委和政府以及其他社会主体，运用法律、法规、制度、政策、道德、价值等社会规范体系，直接或间接地对社会不同领域和各个环节进行服务、协调、组织、监管、控制的过程和活动；其基本任务是：协调社会关系、规范社会行为、解决社会问题、化解社会矛盾、促进社会公正、应对社会风险、维护社会稳定、激发社会活力、增强社会凝聚力，为构建和谐社会、促进科学发展营造既充满活力又富有凝聚力和井然有序的社会环境。

从我国现实的情况看，加强社会建设和社会管理，需要加快社会体制改革，创新社会管理。一般来说，社会体制是一种社会治理的方式和制度安排，也是一种社会行为的规范，决定着人的社会关系、行为准则和社会运行。我们现在讲的社会体制改革，有着特定的内涵和范围，就是构建适应中国特色社会主义发展要求的，与社会主义经济体制、政治体制、文化体制相一致的社会体制。我国现行的社会体制总体上是符合社会主义发展方向的，近些年来也进行了许多改革探索，但仍存在着不少缺陷和问题，主要是：社会管理的理念、组织、形式、手段、方法不适应社会经济迅猛发展，特别是社会结构、利益结构多层次、多元化和互联网新兴媒体异军突起出现的新情况、新挑战、新要求；政府、社会、企业、中介机构的社会管理职能不清、关系不顺；社会管理体系、制度、机制不健全，难以有效发挥应有作用。解决这些问题必须进行社会体制改革。唯有如此，才能全面推进社会建设和加强社会管理，提高现代社会管理的科学化水平，实现全面建设小康社会的目标，加快中国社会主义现代化进程。

党中央高度重视社会体制改革问题。2006 年，党的十六届六中全会提出，要"坚持社会主义市场经济的改革方向，适应社会发展要求，推进经济体制、政治体制、文化体制、社会体制改革和创新"。[①] 在我们党的历史文献中，首次提出社会体制改革这个重大命题。2007 年，党的十七大强调，"更加注重社会建设"，"推进社会体制改革"[②]。2010 年，党的十七届五中全会进一步提出："必须以更大决心和勇气全面推进各领域改革"，"大力推进经济体制改革，积极稳妥推进政治体制改革，加快推进文化体制、社会体制改革"，"使上层建筑更加适应经济基础发展变化，为科学发展提供有力保障。"[③] 近年来，党中央把加快社会体制改革、加强和创新社会管理放在更加突出的战略位置，作出了一系列重要决策和部署，这是我们党对共产党执政规律、社会主义建设规律、人类社会发展规律认识的新升华，也是顺应人民群众在全面建设小康社会的新形势下对党和政府的新期待。

深化社会体制改革是一个庞大复杂的社会系统工程。必须坚持从中国国情出发，以科学理论为指导，解放思想、与时俱进、整体设计、统筹规划、因地制宜、分类施策，积极探索具有中国特色、地方特点、时代特征的社会管理体制新模式。

---

① 《〈中共中央关于构建社会主义和谐社会若干重大问题的决定〉辅导读本》，人民出版社，2006 年，第 7 页。
② 《十七大报告辅导读本》，人民出版社，2007 年，第 36 页。
③ 《中共中央关于制定国民经济和社会发展第十二个五年规划的建议》，《人民日报》2010 年 10 月 28 日。

从理论和现实情况看，深化社会体制改革需要正确认识和处理以下一些重要关系。

一是政府和社会的关系，即政府行政管理与多元主体社会治理的关系。长期以来，我国政府职能和社会自治不分，政府职能缺位、错位、越位现象突出，该由政府发挥社会管理主导作用的方面，政府职能不到位，而有些该由社会多元主体自身调节和治理的方面，政府却管了不少不应该管也管不好的社会事务。应实行政社分开、权责统一，明确划分政府社会管理和由社会多元治理的范围和权限，正确发挥政府在社会管理中的主导作用，并创新政府社会管理方式，规范和监督公共权力的运用；同时，要充分发挥社区、企事业、基层单位、社会组织等多元社会主体在社会治理中的重要作用。

二是条条和块块的关系，即中央（部门、行业）与地方的关系。条块分割、各自为战，特别是基层各类社会服务管理资源分散，形成不少服务"盲点"、管理"真空"，这是我国当前社会体制中的一大弊端。我们是社会主义国家，幅员辽阔，人口众多，社会治理的基本制度框架，必须由中央统一决策，需要中央有关部门（行业）加以指导，以建立全国统一的、科学的社会体制。同时，又必须由地方因地制宜采取符合当地实际情况的社会管理制度，以建立灵活的、有效的社会体制。应充分发挥中央和地方两个积极性，在中央统一领导下发挥各级地方的积极性。中央主要负责制定社会管理的基本规范、大政方针，各级地方负责各自范围的社会管理事务和提供公共服务。同时，正确处理社会管理中宏观调控与微观组织的关系，坚持基层在先、重在基层，通过社区、基层统筹条与块的各类服务管理资源，把中央和地方各级社会管理措施落实到社区、基层单位。

三是民生和民主的关系，即改善人民生活与发展民主政治的关系。保障民生和发扬民主都是人民群众切身权益之所在，也都是做好社会管理工作的根本要求。要坚持以人为本，把保障民生和发扬民主紧密结合起来，坚持把改善和保障民生放在首位，积极解决人民群众最关心最直接最现实的利益问题。同时，要充分尊重人民群众的主体地位。人民当家作主是社会主义民主政治的本质要求，也是中国特色社会主义社会体制的核心。要健全民主制度，丰富民主形式，拓宽民主渠道。让群众参与民生问题的讨论，既是发扬民主、集中民智、汇聚民力的过程，也是保证解决民生问题的政策措施得到群众理解和支持的途径。

四是德治和法治的关系，即思想道德教育和法治建设保障的关系。"礼法融合"一直是我国历史上社会管理的重要经验，现代社会管理更需要把德治与法治结合起来。既要重视发挥思想道德的教化作用，更要注重法治的保障作用；既要注重行为管理，更要注重人文关怀和心理疏导。要坚定不移地推进依法治国和以德治国相结合，健全法制，把社会行为纳入法治化轨道；同时，弘扬中华民族传统美德，推行社会主义先进文化和社会主义核心价值观，提升全民族现代文明程度。

五是社会体制和其他体制的关系，即深化社会体制改革与推进其他体制改革的关系。社会体制是整个中国特色社会主义制度的重要组成部分，社会体制改革是整个体制改革的重要内容，必须与其他方面体制改革相协调。要统筹经济体制、政治体制、文化体制、社会体制各方面改革创新。既要加快社会体制改革，争取在重点领域和关键环节不断取得新突破，又要从更高层次和更宽领域协调推进经济体制、政治体制、文化体制和社会体制改革。要把握好各方面体制改革相互联系、相互促进的规律，审时度势，科学决策，全面推进。

从根本上说，深化社会体制改革就是要构建完善的中国特色社会主义社会管理体系和社会运行体制，包括形成科学合理的社会管理权力结构和机制、社会管理组织结构和机制、社会管理功能结构和机制、社会管理动力结构和机制、社会管理保障结构和机制。进一步说，就是社会管理要实现从过去以政府为单一主体、以单位管理为主要载体、以行政管理为主要手段、以管控为主要目的的传统模式，向在党的领导下，政府行政管理与社会自我管理、基层居民自治管理良性互动，社区管理与单位管理有机结合，经济、法律、行政、教育手段综合运用，服务与管理相融合，有序与活力相统一的多元主体共同治理、全体人民共建共享的新模式转变。

当前和今后一个时期，深化社会体制改革应当把解决面临的突出问题同实现长远目标结合起来，按照最大限度激发社会活力、最大限度增加和谐因素、最大限度减少不和谐因素的总体要求，着眼于维护社会秩序、激发社会活力、推进科学发展、建设和谐社会，着力抓好以下几个方面。

（一）强化政府社会管理职能。社会管理是政府的重要职能。创新社会管理体制，必须发挥政府的主导作用。要加快政府职能转变，更加重视履行社会管理职能。政府社会管理主要是制定法规政策、规范制度标准、增加公共财政投入、加强社会行为监管。要尽可能把一些社会公共服务和具体事务，以适当方式转交给社区、社会组织和中介机构。这样，既可以使政府更好履行应尽职能，又可以降低服务成本，提高服务效率。

要推进公共服务供给多元化、多样化，探索政府行政管理与企事业单位、各类社会组织和城乡基层群众自治在社会运行中有效衔接与良性互动的体制。政府购买公共服务、公共服务外包，是现代社会管理的一个重要形式，应积极推行。大力构建政府提供社会管理和公共服务的综合性系统，整合各类社会服务管理资源。要加快行政体制改革，建立职能相对集中、权责密切结合、组织协调有力的综合性社会管理机构，以利于提高政府社会管理的效能和水平。

（二）扩大公民参与和社会协调功能。这是深化社会体制改革的重要方向。公民参与是中国特色社会主义社会体制的基础。城乡基层群众自治制度是我国一项基本政治制度。深化社会体制改革，必须顺应经济社会发展要求和人民群众政治参与的新期盼，保障人民群众享有宪法规定的各项民主权利。要健全基层民主制度，保障人民依法直接行使民主权利、管理基层公共事务和公益事业，实行自我管理、自我服务、自我教育、自我监督。要推进城乡社区自治，有序扩大基层群众自治范围，规范政府组织与基层群众自治的关系，增强基层社会自治功能。要积极探索农村再组织化的形式和途径，形成既有活力又有秩序的组织体系。同时，充分发挥企事业单位和各类社会组织应有的作用，支持企事业单位和社会组织参与社会服务和管理，承接政府转移的社会管理服务。加快事业单位改革和社会组织体制改革，完善治理结构，健全现代社会组织制度。要推动城市社区和农村社会管理服务由条块分割的单位体制向属地化、社会化的体制转变，健全覆盖全社会的社会治理和公共服务体系。要积极推进城乡社会管理体制改革，减少基层行政管理环节，提升基层组织的社会管理和服务能力，充分发挥基层社会治理的功能作用。

（三）拓展群众权益保障机制。保障群众权益是加强和创新社会管理的根本着眼点，也是深化社会体制改革的关键。要进一步加强和完善党和政府主导的维护群众权益机制，切实维护和保障群众利益。适应我国社会结构和利益格局的发展变化，形成科学有效的利益协调机制、诉求表达机制、矛盾调处机制、权益保障机制。特别是要适应新形势下群众诉求的多样性、多变性的特点和规律，创新方式方法，拓宽诉求表达的渠道，搭建多种形式的沟通平台，健全公共政策社会公示制度、公众听证制度，健全社会矛盾调处机制和多元调解体系，充分发挥人民调解、行政调解、司法调解联动的大调解工作体系的作用。强化从源头解决社会矛盾纠纷，把预防社会稳定风险的关口前移。

（四）健全各类人群服务管理体制。坚持以人为本，突出人文关怀，在服务中实施管理，在管理中体现服务，努力实现各类人群服务管理全覆盖。加强"两新组织"人员和"社会人"的服务管理，是市场经济条件下社会管理中难度很大的问题，必须转变传统思维模式，积极探索新的管理体制和机制。要不断提高各类人群服务管理信息化、精细化、科学化水平。建立覆盖城乡的全员人口统筹管理的信息系统，推进国家人口基础信息库建设，加强流动人口动态监测工作。全面推行居住证制度，行政区域内流动人口实行"一证（卡）通"，积极稳妥推进户籍管理制度改革，建立城乡统一的户口登记管理制度，实现基本公共服务覆盖户籍人口和常住人口。采取积极、稳妥的措施，使农民工有序、和谐地融入城市和城镇。加强和创新特殊人群的教育、引导、服务和管理工作，根据不同类型人群特点分类施策。

（五）加快社会规范建设。规范社会主体行为，建设现代社会文明，是社会体制改革创新的基础性工作。至关重要的，一是法制，二是诚信。要建立健全社会管理的法制保障体系，加强社会管理领域立法，加快形成完善的社会管理法律法规体系。充分发挥社会法制规范在调整关系、约束行为、保障权益、创新社会管理等方面的作用。强化公正执法和严肃执法。要建立健全社会诚信制度，制定社会诚信规范，加强社会公德建设。大力推进政务诚信、商务诚信、社会诚信和司法公信建设。建设覆盖全国的征信系统，推动信用信息在全国范围的互联互通，规范和完善信用服务市场体系，健全激励惩戒机制，充分发挥信用信息对失信行为的监督和约束作用。

（六）构建虚拟社会管理制度。虚拟社会的服务和管理越来越重要，也是新形势下社会管理的重点和难点。要坚持积极利用、科学发展、依法管理、确保安全的方针，加强和改进互联网的应用和管理，坚持建设与规范并重，发展与管理同步，把互联网建设好、利用好、管理好。要加快完善网络管理的法律法规和政策，明确相关主体的权利义务，形成法律规范、行政监管、行业自律、技术保障、公众监督、社会教育相结合的互联网服务管理体系，提高依法、规范、科学、系统、动态管理水平。加快信息化基础设施建设，构建全国统一的社会管理数据中心、服务中心，尽快推行网络实名制，规范网络传播秩序。健全网上网下结合的综合服务和管理体系、统筹实施虚拟社会和现实社会管理，建立网上动态管理机制，着力完善网上影响社会稳定和国家安全问题的监测、研判、预警、处置机制和有害信息监管、查处机制。

（七）加强公共安全体系。围绕提高预知、预警、预防和应急处置能力，加强和完善主动防控和应急处置相结合，传统方式和现代手段相结合的公共安全体系。健全食品药品监管体制机制，形成政府、企业、行业组织、消费者和媒体共同参与的监管格局。完善安全生产监管体制机制，健全安全生产综合监管、行业监管、属地监管责任体系。健全立体化社会治安防控体系，全面提高社会治安综合治理水平。完善应急管理体系，加强危机管理和抗风险能力建设，提升对自然灾害、事故灾难、公共卫生事件、社会安全事件等突发公共事件的风险管理水平。

（八）完善社会管理工作格局。深化社会体制改革，加强和创新社会管理，必须充分发挥党的领导核心作用。要完善党委领导、政府负责、社会协同、公众参与的工作格局和体制。坚持把加强社会建设和社会管理作为党和政府的重大任务。健全社会管理的政策体系，加强社会工作的统筹协调和督促检查。充分发挥社会协同和公众参与的作用。要建立和完善社会管理科学有效的评价、考核体系和机制，促进提升社会管理的科学化水平。要加强社会工作人才队伍建设，完善社会工作人才培养、评价、使用、奖励制度，充分发挥他们在深化社会体制改革、创新社会管理中的聪明才智。

经济体制改革是一场深刻的革命，社会体制改革更是一场深刻的革命，任务艰巨繁重。深化社会体制改革的许多重要问题摆在我们面前，而任何一个重要问题都没有简单的答案。我们要坚持以中国特色社会主义理论体系为指导，勤于思考，勇于探索，敢于实践，善于总结，努力为深化社会体制改革、促进科学发展、发展中国特色社会主义伟大事业作出积极的贡献。

把握创新社会管理的任务和要求 [①]

（2012 年 8 月 15 日）

同志们：

经过北京市工商行政管理局、中国行政体制改革研究会和北京师范大学中国社会管理研究院的充分酝酿和精心筹备，北京市工商系统参与推动社会管理创新培训班正式开班。我非常高兴参加今天的开班式。首先祝贺本期培训班在这里成功举办！对参加培训班的各位同志表示热烈欢迎！刚才，北京市政府副秘书长马林同志代表市政府作了讲话，对工商参与推动社会管理创新给予了充分肯定，提出了殷切希望和要求，我非常赞同。下面，我讲几点看法，与大家交流。

一、深刻认识加强和创新社会管理
的现实意义和长远意义

加强和创新社会管理，是以胡锦涛同志为总书记的党中央

---

① 本文系在北京市工商系统参与推动社会管理创新培训班开班式上的讲话。

科学分析、正确把握国内外形势新变化新任务，着眼于党和国家事业全局和长远发展作出的重大战略决策。当前，我国发展正处于可以大有作为的重要战略机遇期，同时也是历史进程中难以避免的社会矛盾凸显期，社会管理任务极为繁重和艰巨。一是随着我国工业化、信息化、城镇化、市场化、国际化进程加快，一些在发达国家渐次出现的社会矛盾和社会问题在我国较短时期内同时显现出来；二是随着改革开放和社会主义市场经济的深入发展，我国社会结构发生全方位的深刻变化，社会流动性、开放性大为增强；三是随着社会经济快速发展、民主法治进程加快，人们思想意识、价值取向、道德观念多元多样多变，各种思想文化交流交融交锋趋于激烈；四是随着互联网等新兴媒体迅速发展，网络虚拟社会对现实社会的影响越来越大；五是随着我国人口总量继续增多，流动人口、老龄人口和特殊人群不断扩大，社会管理的难度加大；六是当今世界正处在大发展大变革大调整时期，随着国际经济、政治格局的深刻调整，各种传统安全和非传统安全威胁相互交织。所有这些表明，我国社会管理已经并将长期面对新课题、新挑战、新要求，原有的社会管理理念思路、体制机制、法律政策、方法手段的许多方面难以适应国内外形势发展变化，难以满足人民群众的期盼要求，必须把加强和创新社会管理摆在社会主义现代化建设更加重要的战略位置。

加强和创新社会管理有着多方面的重要意义。加强和创新社会管理，是建设和发展中国特色社会主义事业的客观要求。党的十六大以来，中国特色社会主义事业总体布局扩展为经济建设、政治建设、文化建设、社会建设以及生态文明建设。这就要求在推动经济发展的同时，更加注重社会建设，着力保障和改善民生，扩大公共服务，促进社会公平正义，提高社会管理水平。加强和创新社会管理，也是深入贯彻落实科学发展观的必然要求。统筹经济和社会发展，增强经济建设和社会建设之间的协调性，才能实现经济社会全面协调可持续发展。加强和创新社会管理，还是如期全面建设小康社会的迫切要求。正确处理人民内部矛盾和其他社会矛盾，妥善协调各方面的利益关系，最大限度激发社会创造活力、最大限度增加和谐因素、最大限度减少不和谐因素，才能更好地应对前进道路上的困难和挑战，完成改革发展的各项任务，胜利实现到2020年全面建成小康社会的目标。近年来，各地区、各部门都在认真贯彻落实中央关于加强和创新社会管理的决策部署，做了大量工作，取得了重要进展，但从总体上看，加强和创新社会管理仍任重道远，还需要社会各界和各方面共同努力奋斗。

二、正确把握创新社会管理的主要任务和要求

社会管理，是指党委和政府以及其他社会主体，运用法律、法规、制度、政策、道德、价值等社会规范体系，直接或间接地对社会不同领域和各个环节进行服务、协调、组织、监控的过程和活动。其基本任务是：协调社会关系，规范社会行为，解决社会问题，化解社会矛盾，促进社会公正，应对社会风险，维护社会稳定，为构建和谐社会、促进科学发展营造既充满活力又富有凝聚力和井然有序的社会环境。它与中国特色社会主义经济建设、政治建设、文化建设、社会建设以及生态文明建设密切相关，是社会建设的重要内容。

从我国当前实际情况看，社会管理既要加强，又要创新，

只有创新社会管理，才能更好加强社会管理，提高社会管理科学化水平，取得良好的社会效果。创新社会管理，包括 8 个方面：创新社会管理理念、创新社会管理主体、创新社会管理内容、创新社会管理体制、创新社会管理制度、创新社会管理环节、创新社会管理方式、创新社会管理手段。

——在创新社会管理理念上，就是要从传统的社会管理理念向现代社会管理理念转变。牢固树立以人为本、服务为先的理念，坚持人民主体地位，充分尊重人、理解人、关心人，寓管理于服务之中，在服务中实现管理，努力实现管理与服务的有机统一。

——在创新社会管理主体上，就是要从单纯重视政府作用向社会多元主体共同治理转变。既要发挥党委、政府的领导和主导作用，强化政府社会管理职能，又要扩大社会协同和公民参与功能，要鼓励和支持社会各方面，包括各类社会组织、社会团体、企事业单位和公民参与社会管理，形成社会治理合力。

——在创新社会管理内容上，就是要拓宽社会管理和服务领域，要加强公共服务体系建设、拓宽群众权益保障、增加公共服务产品，强化对流动人口和特殊人群的管理与服务，努力实现各类人群管理服务全覆盖，完善食品药品安全监管、风险应急管理等公共安全体系，健全非公有制经济组织、社会组织的管理，加快社会诚信建设，特别要加强和改进虚拟社会管理，把互联网建设好、利用好、管理好。

——在创新社会管理体制上，就是要构建中国特色社会主义管理体系和社会运行机制，包括形成科学合理的社会管理权力结构和机制、社会管理组织结构和机制、社会管理功能结构和机制，特别要充分发挥城乡社区的重要作用。

——在创新社会管理制度上，就是要健全和发展与社会主义市场经济、社会主义民主政治和社会主义先进文化，以及与开放、动态、信息化社会相适应的法律法规和一系列具体工作制度，全面实施依法治国、依法行政、依法治理社会，推进社会管理科学化、规范化、制度化。

——在创新社会管理环节上，就是要从偏重事后处置向更加重视全方位治理转变，做到源头预防、动态治理、应急处置相结合，使社会管理关口前移，从治标转向治本，健全科学的多维化社会管理评价体系。

——在创新社会管理方式上，就是要从偏重于管住、控制向更加重视服务、协商、教育、疏导转变，注重运用群众路线的方式、发扬民主的方式、人情感化的方式，及时化解社会矛盾，有效解决社会问题。

——在创新社会管理手段上，就是要从单纯运用行政手段管理社会向各种手段综合运用转变，在运用行政手段进行社会管理的同时，更多地运用经济调节、社会规范、道德教化、舆论引导等手段，特别要重视运用信息化手段，加强网络技术手段和管理服务能力建设，提高社会管理的信息化、现代化水平。

总之，创新社会管理就是要按照坚持和发展中国特色社会主义的要求，加快社会体制改革，健全社会管理体制，完善公共服务体系，实现社会管理从过去以政府为单一主体、以单位管理为主要载体、以行政管理为主要手段、以管控为主要目的的传统模式，向在党委领导下，政府行政管理与社会自我管理、基层居民自治管理良性互动，社区管理与单位管理有机结合，多种手段综合运用，管理与服务融合，有序与活力统一的社会多元治理、共建共享的新模式转变，构建起与发展社会主义市场经济、民主政治、先进文化以及构建和谐社会要求相适应的中国特色社会主义社会管理体系。

三、工商部门要在加强和创新
社会管理中积极有为

工商行政管理与加强和创新社会管理有着直接的、广泛的、密切的联系。以上讲的社会管理创新各个方面，都同工商行政管理密切相关，都应当参与和推动。这里的关键是要强化、改进和规范政府的社会管理职能，做到职能到位，既不越位，也不缺位。积极参与推动社会管理创新，就是工商部门适应新形势、新任务的要求，主动转变工作模式，转变政府职能，创新社会管理的具体体现。

2011年12月8日，国家工商行政管理总局发布了《关于充分发挥工商行政管理职能作用积极参与加强和创新社会管理工作的意见》，要求各级工商行政管理机关要立足职责，开拓创新，找准工商行政管理与加强和创新社会管理的切入点和着力点，充分发挥职能作用，积极参与加强和创新社会管理工作。2012年8月13日，北京市工商行政管理局又发布《参与推动社会管理创新，全面提升工商履职效能，建设首都良好市场生态环境的工作意见》，提出要通过全景式服务、参与式监督、互动式合作、联动式执法，发挥在"经济调节、市场监管、社会管理、公共服务"方面的积极作用，大力提升工商监管和服务效能，推动良好的市场生态环境和社会环境建设。我认为，国家工商行政管理总局的文件和你们的工作部署比较全面、比较清晰，切入点和着力点也比较准确，具体举措具有可行性，希望你们狠抓落实，取得实效。工商行政管理系统在加强和创新社会管理中完全可以大有作为，也一定能够大有作为。

四、几点希望

工商系统参与推动社会管理创新，是工商部门面对新形势、应对新挑战的创新之举，也是一个新的课题，举办此次培训班，非常及时，也非常重要，是响应党中央、国务院加强和创新社会管理决策部署的一次实际行动，也是参与推动社会管理创新的再学习、再动员、再部署。我想提出三点希望。

一是解放思想，提高认识。在新的形势下，加强和创新社会管理的任务越来越繁重，也越来越紧迫。加强和创新社会管理，关键是要从思想上、工作部署上更加重视社会管理，真正把加强和创新社会管理放在突出重要的位置，以高度的使命感和时不我待的精神，积极参与加强和创新社会管理工作。

二是坚定信心，勇于探索。加强和创新社会管理，事关国家长治久安，事关人民根本利益，事关中国特色社会主义事业的兴衰成败。我国社会管理面临不少困难和挑战，任何一个重要问题都没有简单的答案。要坚持以中国特色社会主义理论体系为指导，立足本职，勤于思考，勇于探索，敢于实践，善于总结，不断提高社会管理科学化水平。

三是理论联系实际，学以致用。新的形势对工商队伍社会化工作能力提出了新要求，希望你们通过培训中精心设置的各环节，包括理论学习、经验介绍、分组研讨等，坚持理论与实际统一，用理论指导实际工作，用实践创新推动理论创新，学用结合，学以致用，主动适应社会需求，更新思想观念，更好地掌握和运用新的工作方法，不断提升监管能力、执法能力、服务能力、协调合作能力、做群众工作的能力和公共关系处理能力。

　　最后，预祝此次培训班取得圆满成功！祝学员们学有所获、学有所成！祝北京市工商行政管理局和北京市工商系统在社会管理创新中不断取得新成绩，为发展中国特色社会主义伟大事业、实现全面建成小康社会宏伟目标作出积极贡献！

坚持教师教育特色 建设世界一流大学 [①]

（2012 年 9 月 1 日）

在这硕果飘香的金秋时节，我们迎来了北京师范大学 110 华诞。很高兴参加这个中央国家机关校友代表庆祝母校建校 110 周年座谈会。首先，我谨向挚爱的母校致以衷心的祝贺，向全体师生员工和所有校友表示亲切问候和良好祝愿！向为母校的建设和发展作出贡献的学校老领导、老教师、老教育工作者致以崇高的敬意！

110 年前，在中华民族内忧外患、风雨飘摇的历史背景下，北京师范大学的前身——京师大学堂师范馆开始招生，开启了中国现代高等师范教育的先河。110 年来，北京师范大学伴随着民族独立、人民解放和国家富强的伟大历程不断成长和发展，培养了数以万计的人民教师和国家需要的优秀人才，为党和人民的事业作出了重要贡献。同时，形成了"爱国进步、诚信质朴、求真创新、为人师表"的优良传统和"学为人师、行为世范"的校训，积聚了宝贵的精神财富和办学经验。特别是百年校庆以来，坚持以教师教育为主要特色，大力推进教育改革创

---

① 本文系在北京师范大学110周年校庆中央国家机关校友代表座谈会上的发言。

新，全面提升办学水平，在建设世界知名大学的进程中取得可喜成绩，为建设世界一流大学打下了坚实基础。我们为母校的巨大成就和辉煌业绩感到欣慰和自豪。

现在，我们国家处于全面建设小康社会的关键阶段，经济社会发展任务非常繁重艰巨，对教育事业发展提出了新的更高要求。110 周年是北京师范大学历史进程中的重要里程碑，也是实现更大发展的新起点。在新的历史起点上，必须用战略思维、创新思维、辩证思维去谋划北京师范大学的长远发展。最为重要的，是要更加明确学校的功能定位和奋斗目标。今天座谈会以"坚持教师教育特色，建设世界一流大学"为主题，清晰地反映了学校的功能定位和更高水平的奋斗目标，也可以说是抓住了学校未来科学发展的主题主线，希望紧紧围绕这一主题和主线，继往开来，凝心聚力，彰显特色，创建一流。为此，我提出几点建议：

（一）坚持突出办学特色。特色是学校的生命力，是学校的综合实力，是学校的核心竞争力，必须大力实施特色立校战略。要充分发挥已有优势，积极创造新的优势，大作特色文章，全力彰显特色。突出学校发展特色，就要坚持办好以教师教育为主要特色的综合性研究型大学。百年大计，教育为本；教育大计，教师为本。教师是教育事业发展的基础，是提高教育质量、办好人民满意教育的关键。要充分认识教师教育在党和国家事业大局中的重要作用。

长期以来，师范教育在我国教育体系中具有独特的地位，并发挥了十分重要的作用。北京师范大学是培养高素质教师和教育家的摇篮，是师范教育的排头兵，是教师教育的一面旗帜，在教育理论创新、教师教育改革、国家宏观教育决策和基础教育改革等方面发挥了卓越的作用。突出办学特色，必须准确把握师范大学的功能特色。温家宝同志在北京师范大学建校105周年之际亲临北师大并发表重要讲话，他指出："师范大学和一般大学有共同点，也有不同点。一是师范大学学习的综合性更强。一般大学的学生可以'独善其身'，而师范大学的学生则要'兼善天下'。二是师范大学造就的应是堪称人师的教育家，要学为人师，行为世范。师范教育必须贯彻教学和科研相结合，学知识、教书、做人相结合。"我认为，这里进一步明确了师范教育的方向和要求，要形成完整的有特色的办学体系，包括创新教师教育理念体现需求特色，创新教师教育内容体现学科特色，创新教师教育方式体现教学特色，创新运行机制体现学校功能特色。应深入研究教师教育的特点和规律，把握规律性、体现时代性、富于创造性。

（二）坚持提高教育质量。百年大计，质量第一。必须大力实施质量兴校战略，把提高质量贯穿于学校各个领域、各个方面。高等教育的根本任务是培养高素质的人才。要更新教育理念，把促进人的全面发展和适应社会需要作为衡量教育质量的根本标准。高校是开展科学研究的重要机构，必须大力增强科学研究能力，要站在党和国家事业发展全局的高度，积极开展国家急需的战略性研究、前瞻性研究、公益性研究，提供高质量的决策咨询成果。近年来，母校高度重视科学研究，基础理论研究呈现出繁荣发展的良好态势，应用对策研究方面也取得了很大进展，赢得了良好的声誉。我认为，学校在为国家经济社会发展提供咨询服务的能力和水平上还有较大的提升空间，要进一步形成鼓励科研资政的良好氛围。有效发挥学校在党和政府决策中"思想库、智囊团"作用，这不仅是学校科研工作的重要职责，更是提升学校社会影响力的重要途径。全面提高教育质量，还必须不断增强服务经济社会发展的能力和推进文化传承创新的能力，为推进经济建设、政治建设、文化建设、社会建设、生态文明建设提供形式多样的教育服务。

（三）坚持高标准高水平。母校要实现更大的发展，不仅要注重特色、注重质量，还必须大力实施一流建校战略，要瞄准更高标准、更高水平的奋斗目标。母校提出建设世界一流的大学，较之于建设世界知名的大学，立意更高、目标更高，这符合我国教育事业发展的新要求，也反映了北师大的雄心壮志。什么是世界一流大学，有哪些要素和标准，需要作深入研究，形成共识。高标准、高水平，不仅指有一流的教学大楼、硬件设备，更重要的是，办学能力强、教研水平高、优秀成果多、国内外影响大。这就要求，要树立与时俱进的现代化办学理念，建设高素质堪称一流的人才队伍和名师大家，形成若干特色鲜明的重点学科和优势学科，不断产生有较高价值和重大影响的科研咨询精品，还要有一流的科学管理和校风学风。实现这样的奋斗目标，既要巧借外力，更要苦练内功；既要坚定决心，更要坚忍不拔；既要积极奋斗，更要注重实效，力争早日进入世界一流行列。

（四）坚持推进改革开放。更加突出办学特色，建设世界一流大学，必须以改革为动力，大力实施创新强校战略，要不断解放思想，用改革创新的思路推进各项工作，建设创新型大学。要积极推进教学理念创新、教学内容创新、教学方式创新和教学体制创新，在全校进一步形成鼓励创新、敢于创新的良好氛围。要进一步推进学校对内对外开放，不断提高学校的社会知名度和国际影响力。

我们坚信，北京师范大学不仅有着绚丽辉煌的历史，而且必将拥有更加光辉灿烂的未来。衷心祝愿母校在新的历史征程上，团结奋斗、真抓实干、锐意进取，出名人、育精英、创一流，不断开创学校发展的新局面，奋力迈上更高的新台阶，为国家和人民的事业作出更大的新贡献！

在庆祝李集中学建校 60 周年大会上的讲话

（2012 年 10 月 2 日）

尊敬的各位领导、各位来宾，校友们、老师们、同学们：

大家上午好！

金秋时节，硕果飘香，又正值举国上下欢渡中秋、国庆双佳节之际，来自祖国四面八方的校友和全体师生员工聚集一堂，共同庆祝李集中学建校 60 周年。我作为一名老校友，感到十分高兴。借此机会，谨向挚爱的母校 60 华诞致以衷心的祝贺！向李集中学全体师生员工和各位校友表示亲切问候和良好祝愿！向为母校建设和发展作出贡献的学校老领导、老教师、老教育工作者致以崇高敬意和诚挚祝福！

今天再次回到母校，往日那快乐、艰苦和充满激情的中学时代又浮现在眼前。我是 1957 年 9 月考入李集中学的，1960 年 7 月初中毕业之后，继续在李集中学读三年高中，1963 年 7 月毕业，在母校度过了六年宝贵的时光。虽然已经离开学校 49 年，但回想起在母校的学习生活，一切都历历在目，倍感亲切。

我记忆最深的是，在母校的六年，既经历了国家和学校的大发展时期，又度过了我国经济极为困难的三年，全校师生同心同德，砥砺奋进，共建校园，共度时艰。学校领导还为一些家庭特别困难的学生提供了特殊的帮助。我是在温饱难以为继的艰难情况下，依靠学校、老师、同学的厚爱才得以顺利完成学业的。因此，我对母校、对老师、对同学一直怀有感恩之心、感激之情。各位师长的谆谆教诲，同窗学友的亲密相处，许多感人情景，几十年来不时在脑海中浮现。

我也始终牢记，母校全面贯彻党的教育方针，悉心教书育人，注重立德立行，着力营造质朴、坚毅、严谨、求实、勤奋的校风学风，对学生进行知识、志向和品格全方位的培养教育，提升报效祖国、服务人民的素质和本领，使我们这些莘莘学子受益终生。中学阶段是一个人奠定知识基础、掌握科学方法的重要时期，也是形成正确的世界观、人生观、价值观的重要阶段。母校不仅使我们受到了良好的知识教育，更在信仰确立、能力培养、作风养成等方面给予了深刻的影响。这种影响如春风化雨，潜移默化，历久弥新，成为我们受用终身的宝贵精神财富。

我于1963年9月考入北京师范大学，1968年走上工作岗位，先是在内蒙古大兴安岭林区工作10年，以后在党中央、国务院多个重要部门工作长达30多年。从基层单位到中央国家机关多个岗位，我每到一个岗位都能比较快地适应工作需要和比较好地完成工作任务，为国家、为人民作了一些有益的事情，这些都与母校培养和老师们教诲分不开，与母校优良风气的熏陶分不开。饮水思源，我对母校的教育培养一直铭记在心，充满感激；对曾经教育过我的老师一直深情感怀，铭记师恩；对真诚相处的同学一直牢记心间，没齿不忘。这些年来，我无论走到哪里，都始终关注着母校，始终惦记着当年关爱过我的老师和同学。今天回到了母校，与老师和同学在这里相聚，心中十分激动和无限喜悦。

李集中学过去的 60 年与新中国同行，走过了艰辛而又光荣的历程。60 年的风雨沧桑，60 年的执着追求，铸就了历史的辉煌，为国家建设、改革和发展作出卓越的贡献。春华秋实，桃李满天下；英才辈出，栋梁遍中华。我们母校培育的万千学子活跃在政界、教育界、科技界、文化界、企业界和各行各业，在各自岗位上辛勤耕耘，建功立业，真诚奉献，以突出的成就和良好的风貌为李集中学赢得了声誉和赞扬。60 年特别是近十年来母校不断发展壮大。今天的校园环境旧貌换新颜，今非昔比。松柏夹道、小桥流水、长廊古亭、假山喷泉、绿地花圃，古朴靓丽。雄伟教学楼、壮观实验楼，曲廊相连，遥相呼应；教学区、运动区、生活区、服务区，区区分明，错落有致；图书馆、标准化实验室、校园网络中心雄踞其间，办学条件大为改观。同时，学校确立了"为学生全面发展负责，为学生终生发展奠基"的办学理念，实施了"质量立校、科研兴校、文化强校"的办校方略，全力打造和谐教育、文明教育、安全教育，努力为师生营造安全、舒适、文明的学习环境，教学质量、综合实力、社会声誉不断提升，多次受到省、市、县各级政府和教育主管部门的表彰和奖励。今年 4 月，学校又顺利晋升为江苏省四星级普通高中。我们为母校取得的巨大成就感到自豪和骄傲！

60 年一个甲子届满，这是李集中学发展的重要里程碑，又是一个新的甲子的开端，迈向未来更高目标的新起点。当前，我们国家正沿着中国特色社会主义道路阔步前进，全国人民正为到 2020 年实现全面建成小康社会积极奋斗。江苏省、徐州市也在全力推进"两个率先"。睢宁县在小康社会建设中正展现出后发优势的魅力，经济社会发展全面驶入了快车道。百年大计，教育为本。党中央、国务院高度重视教育发展，作出了一系列重要部署。江苏省委、省政府，徐州市委、市政府都把教育放在优先发展的突出位置，睢宁县委、县政府也大力实施"教育兴县、人才强县"战略。新的形势和任务对全县教育发展提出了更高的要求。李集中学面临新的发展机遇。事业催人奋进，前景无限美好。

值此庆祝母校60华诞的美好时刻，我提出以下几点希望。

希望我们的母校，以这次校庆为新的起点，认真总结办学经验，发扬学校优良传统，紧紧围绕"教书育人、立德树人"的中心任务，以办让人民满意的教育为目标，以科学发展为主题，进一步解放思想，与时俱进，推进改革创新，注重素质教育，提高教育教学质量，培养更多的高素质人才，形成更多的优秀科研成果，追求卓越标准，争创一流业绩。

希望老师们，忠诚于人民教育事业，志存高远，勤勉敬业，为人师表，严谨笃行，乐于奉献，更好肩负起人民教师的光荣使命，成为学生健康成长的指导者和引路人。

希望同学们，珍惜美好年华，树立远大理想，厚德励志，勤学笃行，在学习中加强修身，在奋斗中锤炼品格，在实践中提高能力，提高服务家乡、报效祖国、回报社会的素质和本领。

希望广大校友，一如既往地关心李集中学的建设和发展，加强与母校的联系，在各自的岗位上尽其所能，反哺和服务母校，积极为母校提供多方面的支持和帮助。

希望各级党委、政府和社会各界，进一步重视教育、关心教育、支持教育，更加关心教师的工作和生活，为李集中学和全县教育事业更大发展创造更好的环境。

"雄关漫道真如铁，而今迈步从头越。"回顾过去，筚路蓝缕，栉风沐雨，硕果累累；展望未来，任重道远，仍需奋斗，再创辉煌。我们坚信，在新的历史征程中，李集中学全体师生一定会凝心聚力，继往开来，再接再厉，奋发进取，不断开创学校发展的新局面，迎来更加光辉灿烂的明天！

最后，祝各位身体健康、工作顺利、生活幸福、万事如意！

谢谢大家！

关于"加强社会管理学科建设"的建议 [①]

（2012 年 10 月 20 日）

一、增设"社会管理"为国家一级学科的必要性

（一）这是顺应国家经济社会发展趋势的战略举措。社会管理是人类社会十分重要的管理活动，要形成和保持良好的社会秩序，就必须有一定形式的社会管理。而不同国家和不同发展阶段有着不同的社会管理。在现代社会中，科技进步日新月异，经济发展在带来空前巨大的财富积累的同时，也带来前所未有的环境污染、贫富分化等大量社会问题。人类的社会生活和经济生活、文化生活、政治生活一样，在呈现出从未有过的多元化的同时，也进入了一个纷繁多样、复杂多变的时代。社会管理地位日益重要。当今世界经历着快速、广泛、深刻、巨大的变革，国际形势风云变幻，各种矛盾错综复杂，不稳定不确定

[①] 本文系主持"加强社会管理学科建设"重大课题的研究报告（摘要）；课题组成员有李强、王名、赵秋雁、尹栾玉。此研究报告报送国务院领导并作出批示。

608

因素增加，对各国经济、政治、社会发展都产生直接或间接的影响。面对新形势新情况，世界各国都必须加强和创新社会管理。

当代中国正在进行一场人类历史上规模空前的社会大变革，社会主义现代化建设各项事业突飞猛进，取得了举世瞩目的巨大成就，同时也面临许多前所未有的新情况新问题新挑战，社会管理的任务更为繁重和艰巨。随着中国工业化、信息化、城镇化、市场化、国际化进程的加快，一些发达国家在不同发展阶段渐次出现的诸多社会矛盾和社会问题在较短时期内同时显现出来；随着改革开放和社会主义市场经济的深入发展，在封闭半封闭环境和计划经济条件下形成的社会结构发生全方位的深刻变化，社会流动性、开放性、活跃性大为增强；随着社会经济快速发展、民主法治进程加快，人们的思想意识、价值取向、道德观念多样多变，各种思想文化交流交融交锋趋于激烈；随着互联网等新兴媒体迅猛发展，网络社会对现实社会的影响越来越大；随着中国人口总量继续增多，流动人口、老龄人口和特殊人群不断扩大，社会管理的难度增加；随着国际经济、政治格局的深刻调整，各种传统安全和非传统安全威胁相互交织，也对中国产生这样或那样的影响。所有这些表明，中国社会管理已经并将长期面临新的课题、新的挑战和新的要求，原有的社会管理理念思路、体制机制、法律政策、方法手段等许多方面难以适应国内外形势发展变化，必须切实加强和创新社会管理。能否加强和创新社会管理，提高社会管理科学化水平，事关国家长治久安，事关人民根本利益，事关中国特色社会主义事业兴衰成败。近些年来，中国政府顺应时代的变化，将加强和创新社会管理放在社会主义现代化建设更加重要的战略位置，这是具有历史和世界眼光的重大决策。

加强和创新社会管理最重要的，就是不断完善和发展中国特色社会管理体系，使社会管理与发展社会主义市场经济、民主政治、先进文化以及与建设和谐社会的要求相适应。由此，迫切需要系统地研究社会管理活动的基本规律和一般方法的科学——社会管理学。

（二）这是加快社会管理人才培养的迫切需要。新中国成立以来，为形成适应中国国情的社会管理制度进行了长期的探索和实践，取得了重大成就，积累了宝贵经验。特别是改革开放以来，根据国内外形势发展变化，我们党不断就加强和改进社会管理制定方针政策，作出工作部署，持续推动社会管理改革创新，积极解决社会管理领域出现的新情况新问题，保障了改革开放和社会主义现代化建设事业顺利进行。加强和创新社会管理对推动和谐社会建设意义重大，而其中社会管理专业人才队伍建设是基础和关键。当前，社会管理专业人才供给严重匮乏，专业人才数量和质量难以与加强社会管理的任务相适应，迫切需要开展社会管理领域学位教育，加强党政人才社会管理创新理论和知识技能培训，加快培养社会公共管理、信息网络管理、法律服务、社会救助和青少年教育等方面的专业人才。2010 年 6 月，中共中央发布的《国家中长期人才发展规划纲要（2010—2020 年）》，将社会工作专业人才提升为与党政人才、企业经营管理人才、专业技术人才、高技能人才和农村实用人才相并列的第六支主体人才地位，明确到 2015 年培养 200 万社会工作专业人才、到 2020 年培养 300 万社会工作专业人才的发展目标。2011 年 7 月，中共中央、国务院发布的《关于加强和创新社会管理的意见》，也强调要发展社会工作专业服务机构，加强社会工作专业人才队伍建设，开展社会关爱行动，关心帮助困难家庭和个人。2011年11月，中央组织部、中央政法委、民政部等18个部门和组织联合发布了《关于加强社会工作专业人才队伍建设的意见》，这是我们党第一个关于社会工作专业人才的专门文件，具有里程碑意义。2012年4月，中央19个部委和群团组织联合发布了《社会工作专业人才队伍建设中长期规划（2011—2020年）》，该规划指出，社会工作专业人才是具有一定社会工作专业知识和技能，在社会福利、社会救助、扶贫济困、慈善事业、社区建设、婚姻家庭、精神卫生、残障康复、教育辅导、就业援助、职工帮扶、犯罪预防、禁毒戒毒、矫治帮扶、人口计生、应急处置、群众文化等领域直接提供社会服务的专门人员。可见，中国特色社会主义赋予了"社会工作专业人才"独特的内涵和外延，已经远非国际传统意义的"社会工作（Social Work）"和"社会工作者（Social Worker）"，以及远非中国现有社会工作专业学位人才培养体系所能够涵盖。

20世纪80年代后期开始，社会工作教育在中国恢复重建，特别是进入21世纪以来，由于党中央、国务院大力支持及解决社会问题的迫切需要，中国社会工作教育得到了迅猛发展。截至2011年底，全国258所高校开设了社会工作本科专业，60所高校和科研院所开展了社会工作硕士专业学位教育，每年毕业学生近2万人。同时，通过职业水平考试，产生了5万多名持证社会工作专业人才。目前，全国社会工作专业人才达20余万人，已成为我国社会建设的一支重要力量。但是，中国社会工作人才"供给大于市场需求"的尴尬境地日益严峻，仅有10%—30%的学生选择了相应的社会工作，其他相当部分则进了机关、企业等单位从事"不对口"的工作，不少社会工作专业的学生认为"就业前景极不乐观"。从宏观环境来看，这与我国的传统社会体制有一定关系。从社会工作人才培养模式来看，其培养目标存在重视城市社区服务，轻视农村服务需求；重视福利性服务，轻视专业性服务等问题。此外还普遍存在着社工职业进入门槛较低，缺少严格的职业资格认定，低端岗位无序竞争严重，专业技术含量较高的职位又被政府公务员所替代等问题。由此，有中国特色的"社会工作专业人才"——社会管理人才成为构建社会主义和谐社会、加强和创新社会管理不可或缺的重要力量，迫切需要改革人才培养体系，将"社会管理人才"队伍建设纳入和谐社会建设的总体规划，开展社会管理国家一级学科建设，完善社会管理岗位设置和社会管理人才配置，不断提高社会管理岗位在相关行业内的设置比例。国家已经制定了海外社会管理专家需求计划。2012年2月，根据《国家中长期人才发展纲要（2010—2020）》，以及"十二五"规划战略目标的总体要求，国家外国专家局首次制定社会管理领域海外专家专项引进计划，目的是通过引进海外社会管理领域专家，在加强和创新社会管理上借鉴其他国家和地区的经验和做法，加快我国社会管理人才的培养，为推动中国特色社会主义社会管理之路奠定坚实的人才基础。

各省市也纷纷拟定社会管理人才需求规划。就我国目前的人才培养模式而言，仅有培养社会管理和社会服务类职业教育、社会工作本科教育和专业学位研究生教育，以及少数研究机构开展的社会管理方向的专业学位研究生和学术学位研究生教育，与整个社会对社会管理专业人才强烈需求相比，还相差甚远。因此，推动社会管理一级学科的建设和发展，设定专门的培养目标、招收对象、课程设置和培养方式，已成为满足社会需求，促进经济社会协调发展的当务之急。

（三）这是加强学科体系建设和发展的内在要求。一般而言，自有人类社会以来，就有一定的社会管理。但是在人类社会漫长的发展过程中，人们的社会生活往往"嵌入"在政治生活、经济生活乃至宗教及文化生活之中，社会管理长期以来被置于政治、经济、宗教等实践及相应的管理活动中，成为其中的附属部分。社会管理或者表现为建构在权力金字塔中的君臣、领属、官民等依附关系，或者表现为市场交易中赤裸裸的金钱关系，或者表现为披着宗教外衣的繁文缛礼，乃至成为以家庭为单位的私人领域的事情。近代以来，人类的社会生活日益纷繁复杂，一个相对独立的社会体系逐渐在国家体系和市场体系之外形成并发展起来，国家、市场、社会三大体系之间既相互独立又相互联系、相互制约的现代社会格局逐渐形成。科学随着人类的进步而发展，并逐渐分化成不同的学科。市场体系的发展和人类的各种经济活动催生了经济学和工商管理学等相关学科；国家体系的发展和人类的政治、行政活动催生了政治学、公共管理学等相关学科。随着社会体系从市场体系、国家体系中逐渐独立出来，随着人类社会生活的不断发展和各种社会问题的大量发生，社会学作为一门独立学科逐渐发展起来，并日益建构起其丰富、宏大和有着必然性的学科体系，成为认识和揭示人类社会活动客观规律的一门重要的基础学科。同时，也进一步提出了发展作为应用学科的社会管理的客观要求。

社会管理学科作为应用科学从基础理论研究中独立出来，符合学科发展的内在规律和发展趋势。纵观社会科学学科发展的脉络和体系，总是先有基础理论研究，后有应用科学研究。经济学学科的独立设置始于20世纪20年代的剑桥大学，作为其应用学科的工商管理则兴起于20世纪50年代；从政治学学科到公共管理学科的发展也遵循了这一规律。社会学是研究社会现象和发展规律的基础理论学科，它主要是通过人们的社会关系和社会行为来研究社会的结构、功能、发生和发展。从学科设置来看，其二级学科主要包括社会学、人口学、人类学和民俗学研究。其显著特征是基础理论研究，而社会管理虽然以社会学理论为研究基础，但其本质上属于应用科学研究，两者在研究对象和研究方法上存在重大差异。在社会学理论的基础上发展作为其应用学科的社会管理科学，既是时代进一步发展的迫切要求，也是完善社会科学理论体系和学科建设的必然选择。

根据社会管理学科作为应用科学的基本特征，应把其划分在管理学门类之下。按照现有的学科划分标准，管理学门类下辖工商管理、管理科学与工程、农林经济管理、图书情报档案管理和公共管理5个一级学科。工商管理是研究营利性组织经营活动规律以及企业管理的理论、方法与技术的学科。管理科学与工程是一门以管理科学基础理论、管理技术、管理方法与工具等为主要研究对象的学科。农林经济管理和图书情报档案管理两大学科与社会管理学科的研究对象更是相去甚远。这五个一级学科中与社会管理学科最为相近的是公共管理学科。社会管理与公共管理的最大相似之处在于二者皆属于管理学门类下的一门应用科学。从公共管理学科的设置来看，其二级学科主要包括行政管理、社会医学与卫生事业管理、教育经济与管理、社会保障和土地资源管理五项内容，这些已经无法应对当今中国在转型期发生的主要社会问题。

综上所述，随着社会管理实践的不断深入，社会管理已成为国内政治学、社会学和管理学等领域学术研究的热点，跨学科的研究视角为社会管理问题的探索提供了更为多样的方法和更为广阔的视野。但是，这些已有一级学科的研究内容和课程设置与社会管理所涵盖内容仍然存在很大差异。只有明确划分学科界限，尽快使社会管理独立于其他理论研究，才能真正促进社会管理的学科建设和发展，并最终为指导加强和创新社会管理的伟大实践发挥应有的作用。

二、增设"社会管理"为国家一级学科的可行性

近年来，我国经济和社会结构深刻变革，由此引发的各种利益冲突和社会矛盾日渐凸显，社会建设和社会管理工作被提升到空前的战略高度，党委和政府以及其他社会主体方兴未艾的社会管理创新实践初见成效；社会对该学科人才已经形成比较稳定和一定规模的需求，多个学位授予单位已开展了较为深入的科学研究和较为系统的人才培养工作；中国学术界广泛开展理论探讨，形成了比较成熟的专家队伍，普遍认同社会管理是一门新兴的、重要的、亟待建设的学科；"社会管理"已经发展成为具有比较确定的研究对象、自成体系的基础理论和相对独立的研究方法的一门完整的学科，若干可归属的二级学科也蔚然成型；此外，社会管理教学科研也与国际相关教学科研领域相衔接，如"社会治理（Social Governance）""公共管理（Public Administration）""社会政策（Social Policy）"等。这些都为建设"社会管理"国家一级学科创造了良好的发展环境，奠定了较为坚实的理论和实践基础。

（一）党中央、国务院高度重视加强和创新社会管理工作。这为形成和发展适应我国国情的社会管理制度进行了长期探索

和实践，取得了重大进展，积累了宝贵经验。特别是党的十六大以来，中央从时代发展和战略高度，更加重视社会管理问题，作出了一系列重要决策和部署。2004年党的十六届四中全会明确提出，"加强社会建设和管理，推进社会管理体制创新"。2007年党的十七大报告强调，要"完善社会管理"，健全社会管理格局，健全基层社会管理体制，最大限度激发社会创造活力，最大限度增加和谐因素，最大限度减少不和谐因素。2010年党的十七届五中全会进一步作出"加强和创新社会管理"的战略部署。2011年2月19日，中央举办了省部级主要领导干部社会管理及其创新专题研讨班，胡锦涛等中央领导同志作了重要讲话，深刻阐述了加强和创新社会管理的重要性和紧迫性，并明确提出了重要任务和要求。3月，温家宝同志在十一届全国人大四次会议上作的《政府工作报告》，对加强和创新社会管理作出了明确部署。在《国民经济和社会发展第十二个五年规划纲要》中，专门用第九篇分五章全面部署了今后5年"标本兼治，加强和创新社会管理"的重大任务。7月5日，党中央、国务院印发了《关于加强和创新社会管理的意见》。8月21日，中央办公厅、国务院办公厅印发通知，将原中央社会治安综合治理委员会更名为中央社会管理综合治理委员会，赋予协调和指导社会管理工作的重要职能，并充实领导力量，增加成员单位，加强工作机构。党中央、国务院把社会管理放在现代化建设更加重要的战略位置，是我们党对共产党执政规律、社会主义建设规律、人类社会发展规律认识的新升华，是深入分析我国发展新的阶段性特征作出的重大战略部署，也是人民群众对党和政府的新期待。这为推动社会管理学的学科建设和发展提供了宝贵的历史机遇和良好的发展环境。

（二）各地区各部门社会管理创新实践方兴未艾。国家加强和创新社会管理的战略需求，正在有力地推动社会管理研究的发展。各地各部门积极探索，勇于实践，创造了不少社会管理新经验，不仅需要相关理论研究的支持，更为社会管理相关理论的发展创造了肥沃的土壤。一些地方深入推进网格化管理、组团式服务模式，提升了精细化管理、人性化服务水平；一些地方继续探索人口管理服务新办法，将基本公共服务逐步向流动人口覆盖；一些地方实行社会稳定风险评估，从源头上预防和减少社会矛盾；一些地方将社会管理创新落实到具体项目，实现了社会管理和服务的实化量化细化；一些地方实行"虚拟社会管理"工程，加强互联网管理；一些地方探索适合本地实际的城乡社区治理模式，整合社会服务管理资源，增强社区服务管理合力和效能；一些地方探索社会组织直接登记办法，推动政府向社会组织转移职能、购买服务；一些地方培育综合性社会组织，把各类社会组织纳入党委和政府主导的社会组织体系；一些地方构建组织化的社会稳定保障体系、多元化的社会矛盾化解体系、立体化的社会安全防控体系、人本化的社会事务管理体系、信息化的社会管理网络体系和规范化的社会公平执法体系，形成了科学、高效、惠民的社会管理新路子，等等。这些实践活动既为社会管理理论研究提供了丰富的研究对象和有价值的目标选择，同时也呼唤着社会管理的系统研究，对实践发挥更为有力的指导性作用。建设中国特色社会主义，既要求我们面向现实，深入实际，切实解决问题，又要求我们树立科学的发展观，用理论创新去观察现实和解决现实问题。

（三）社会管理理论研究日趋深入。社会管理学科诞生的时代背景和社会管理问题的高度复杂性，决定了新兴的社会管理学科建设，更要付出极其艰苦的努力，才能真正推动这门学科的可持续发展。

从社会管理学研究阶段来看，新中国成立后主要经历了传统社会管理学和现代社会管理学两个阶段。第一阶段是传统社会管理学研究阶段。20 世纪 80—90 年代，随着有计划的商品经济向社会主义市场经济过渡，以及改革开放的深化，学者们开始了社会管理学的探索，提出了社会管理、社会控制、社会沟通、社会计划、社会管理领导、社会群众组织等概念。总体上，该时期的研究还带有一定的计划经济的色彩，所界定的社会管理的理念、组织、形式、手段、方法不适应社会经济迅猛发展，特别是社会结构、利益结构多层次、多元化和互联网新兴媒体异军突起出现的新情况、新挑战、新要求。第二阶段是现代社会管理学研究阶段。当前，加强和创新社会管理，是我们党着眼于推动科学发展，促进社会和谐，实现全面建成小康社会奋斗目标作出的重大决策部署。学者们在"新社会管理学"研究价值上达成共识。社会管理作为一门重要的新兴学科，加强社会管理学学科建设的研究对于学科建设具有重要的现实意义和理论价值。尤其是探索社会管理学的内涵和外延、理论体系、研究方法等非常重要。北京师范大学成立的中国社会管理研究院主要职责是育人、科研、资政、合作。其中，科研就是开展社会管理领域的思想理论研究，推动社会管理学科建设。社会需要产生伟大的实践，伟大的实践需要科学理论做指导。研究院将开展社会管理领域的科学理论研究，推动社会管理学科发展和相关知识库的建设，积极适应社会管理需求，开展社会管理战略性、前瞻性和创新性研究，在重视基础研究的同时，重点进行应用性研究，努力提高学术水平和研究成果的质量。

著名社会学家、中国社会科学院荣誉学部委员陆学艺撰文"把社会管理作为一门学科来建设",呼吁社会管理作为一门重要的新兴学科,亟须社会学界、管理学界和政治学界投入力量,研究社会管理的规律,构建社会管理的理论体系,确定社会管理的研究对象、内涵和外延,形成社会管理学科的研究方法。著名社会学家、中国人民大学一级教授郑杭生在《社会管理与社会建设:历史、战略、未来》一文中强调,从学理上看,社会建设并不是一个全新的概念,而是一个历史概念。例如,政治家孙中山先生在《建国方略》中就曾明确提出过"社会建设",并把"社会建设"看作是一种提高四万万同胞素质、把他们团结起来的途径。同样,在20世纪30年代社会学家孙本文出版了以《社会建设》命名的杂志。既然这样,我们今后研究的重点,应当放在揭示社会建设的新的时代内容上。新的时代内容主要包括:新的时代提出了新的任务和新的挑战;较之于20世纪前期的社会建设,现在社会建设影响力的无可比拟;社会建设的本质内涵得到了明确揭示;它与民生为重、为民谋利、落实公平正义的联系得到清楚宣示;它与社会管理、社会服务的关系得到系统展开;等等。此外,以中国知网(CNKI)显示的研究文章作为首要数据来源、北京大学《中文核心期刊要目总览(2011年版)》作为二级数据来源,进行社会管理研究文献的分析显示和研究发现,"社会管理"研究在我国整体呈上升的趋势,1979—1990年,仅为49篇,2011年是"社会管理"研究急剧增多的一年,相关文献的数量呈几何倍数增加,全年的文献数量达2585篇,超过了1979—2010年30多年间文献数量的总和。

与社会管理研究成长同步,我国与社会管理有关的研究机构也如雨后春笋，层出不穷，并日渐完善。表现为原有机构拓展社会管理研究和新机构专注社会管理研究两种形态。第一种是已有研究机构在原有社会学、管理学、法学等研究范畴上延伸或转型到社会管理研究领域，包括高校下设的社会科学学院、社会学院、公共管理学院，中国社科院，中央编译局、部委下属有关机构等。如中国社会科学院社会学研究所、西南大学心理学与社会管理研究中心、北京大学中国政府创新研究中心等。第二种是各地响应国家关于社会管理人才战略需求，成立了专注于社会管理研究的新机构，加强了社会管理相关理论研究和实践探讨。如北京师范大学中国社会管理研究院（2010）、南开大学社会建设与管理研究院（2012）、天津市社会管理学会（2012）、广东省社会管理研究会（2012）、中国人民大学国家社会发展研究院（2012）等。在社会管理研究领域，已经涌现出大量具有影响力的知名专家学者，他们为推动该学科的完善和发展作出了不懈的努力和积极的贡献。

（四）社会管理人才培养模式不断创新。《国家中长期教育改革和发展规划纲要（2010—2020年）》指出，一定要把改革创新作为教育发展的强大动力，加快解决经济社会发展对高质量多样化人才需要与教育培养能力不足的矛盾、人民群众期盼良好教育与资源相对短缺的矛盾、增强教育活力与体制机制约束的矛盾，为教育事业持续健康发展提供强大动力。因应实践战略需求，当前，社会管理人才培养模式呈现多样化趋势，包括高等教育（本科教育、专业学位研究生教育、学术学位研究生教育）和职业教育等。

20世纪80年代后期开始，社会工作教育在中国恢复重建，1987年9月民政部举行社会工作教育论证会，同年原国家教委批准北京大学、中国人民大学、厦门大学、吉林大学建立社会工作专业，中国社会工作教育由此正式开始恢复重建。到 1999年底，中国开办社会工作本科专业的学校为 27 个。1998 年国家教育部重新颁布《高等院校本科专业目录》，并将社会工作专业由"控制发展"的专业改为"非控制发展"的专业。另外，1999 年中国政府作出了扩大高等院校招生规模的决定。更为重要的是，21 世纪初，中国共产党提出了构建社会主义和谐社会、加快推进以改善民生为重点的社会建设奋斗目标及战略部署，为社会工作教育的快速发展提供了重要的契机。从 2000 年起，新开设社会工作专业的院校数量快速增长，招生规模也在不断扩大，招生层次也在不断升级、完善，发展速度无论是在中国还是在国际上，都是史无前例的，目前，全国 258 所高校开设了社会工作本科专业。

学术学位和专业学位是现代高等教育研究生学位体系不可缺少的两大组成部分，既相互联系又相互区别。学术学位主要面向学科专业需求、培养在高校和科研机构从事教学和研究的专业人才，其目的重在学术创新，培养具有原创精神和能力的研究型人才。北京师范大学中国社会管理研究院于 2011 年开始招收学术型博士，2012 年开始同时招收学术型硕士和博士。专业学位为具有职业背景的学位，培养特定职业高层次专门人才。我国自 1991 年开始实行专业学位教育制度以来，特别是 2009年以来，专业硕士发展迅速，招生比例和招生专业都有大幅度的增加，目前已经设置了 39 种专业硕士，其中包括社会工作。2008 年 12 月，国务院学位委员会第 26 次会议审议通过《社会工作硕士专业学位设置方案》，设置的目的是为深入贯彻落实科学发展观，坚持以人为本，建设宏大的社会工作人才队伍，促进社会主义和谐社会建设。社会工作硕士专业学位教育的人才培养目标是：具有"以人为本、助人自助、公平公正"的专业价值观，掌握社会工作的理论和方法，熟悉我国社会政策，具备较强的社会服务策划、执行、督导、评估和研究能力，胜任针对不同人群及领域的社会服务与社会管理的应用型高级专业人才。目前，招收社会工作专业硕士的院校有 60 所。此外，开展社会管理方向专业学位教育的有 2 家，北京师范大学中国社会管理研究院于 2011 年招生，广东省社会管理研究会 2012 年招生。

职业教育是对受教育者施以从事某种职业所必需的知识、技能的训练，与基础教育、高等教育和成人教育地位平行的四大教育板块之一。比较具有代表意义的是培养了大量社会管理和社会服务职业人才的北京社会管理职业学院。该学院于 2007 年 6 月经民政部和北京市人民政府批准，以民政部管理干部学院为基础成立，报国家教育部备案，是民政部主管的高等职业院校。民政部培训中心、民政部职业技能鉴定指导中心、民政部社会工作研究中心设在学院。该学院坚持特色办学，确立了面向基层社区、特殊群体和特殊行业"三大岗位群"的办学思路，目前，设有社会福利系、民政管理系、社会工作系、社区服务系、殡仪系、假肢矫形康复系、人文科学系 7 个教学单位，开设了社区管理与服务、家政服务、社会福利事业管理（儿童服务与管理方向）、老年服务与管理、社会工作（救助社会工作方向、社区社会工作方向）、民政管理（婚姻服务与管理方向）、现代殡仪技术与管理、假肢与矫形器设计与制造、物业管理等 10 个特色鲜明的专业和专业方向，对应社会管理和社会服务领域的相关岗位。年招生约 1300 人，一次就业率为 96% 以上。

可以说，这些可贵的探索为社会管理人才培养模式创新注入了生机活力，也奠定了社会管理作为国家一级学科的人才培养基础。

三、增设"社会管理"为国家一级学科的基本构想

学科门类和一级学科是国家进行学位授权审核与学科管理、学位授予单位开展学位授予与人才培养工作的基本依据，二级学科是学位授予单位实施人才培养的参考依据。社会管理国家一级学科，是设置在管理学门类下的应用学科。具体而言，与工商管理、公共管理、管理科学与工程、农林经济管理、图书馆、情报与档案管理学科共同构成管理学这一应用学科门类，并成为其中相对独立的一个新兴一级学科，适用于社会管理的学士、硕士、博士和相应的专业学位的授予及人才培养，并用于社会管理学科建设和相应的教育统计分类等工作。

（一）社会管理的研究对象。作为一门应用学科，社会管理学科的研究对象是人类各种社会事务的管理和服务，包括人类社会生活中微观、中观和宏观层次各种社会事务的管理协调，以及与之相应的社会服务的提供与管理。

在人类社会生活中，有着纷繁复杂的各种社会事务。这些社会事务大体可从微观、中观和宏观三个视角进行粗略的划分。一般而言，微观层次的社会事务具有较强的自治特征，中观层次的社会事务具有较强的共治特征，宏观层次的社会事务则具有较强的公共治理特征。按照这样的思路，可将作为社会管理学科研究对象的人类社会事务及其管理和服务，具体区分为如

下三个层次。

1. 微观层次的社会事务，指处于整个社会的基础层次的社会基本单元内部的各种社会事务及相应的社会服务。这些社会基本单元包括家庭、族群、村落、部落、社区等基层社会共同体，以及各种具有微观结构的社会组织等，是每一个社会成员与其他社会成员彼此联系、相互依存、建构和发展各种社会关系的基本单元。微观层次的社会事务具有很强的自治特征，相应的社会服务具有自助、互助和共益等特征。微观层次的社会管理包括家庭事务管理、民族事务管理、社区事务管理、各种社会组织运作管理等，是整个社会结构的基础与社会管理的基石。

2. 中观层次的社会事务，指处于整个社会的中间层次的各种社会事务及相应的社会服务。中观层次的社会事务包括社会成员跨越其社会基本单元彼此之间的种种社会联系，以及各种不同类型的社会基本单元彼此之间产生或构成的社会连带、社会网络、社会体系、社会价值及社会规范等。中观层次的社会事务具有协商、对话、谈判、妥协等共治特征，形成社会系统得以运转和存续的种种机制与秩序，如社会交换、社会认同、社会制裁、社会表达、社会对话、社会矛盾调解、社会冲突化解、社会对抗、社会包容、社会治理等等，相应的社会服务具有共同利益及一定程度的公益特征。中观层次的社会管理包括对地域层次、行业层次的种种社会机制的建构、协调、规范与管理，是整个社会结构的中枢与社会管理的核心。

3. 宏观层次的社会事务，指处于一定社会顶层的各种社会事务及相应的社会服务。宏观层次的社会事务及其管理具有公共治理的特征，是社会自治及共治得以实现的体制、政策和制度的保障及其管理，主要包括国家和地方各级政府的社会管理体制、社会政策体系、社会保障体系、社会法制及社会道德规范，以国家为主体建构的、在特定时期生效的"维稳型"社会应急管理的体制、政策及相应的机制，以及政府所履行的其他主要社会管理职能及其实现形式。宏观层次的社会管理是整个社会结构与社会管理的根本保障。

（二）社会管理学的学科体系。学科门类、一级学科和二级学科三者之间既是不同的学科层次，又相互联系。在学科专业目录中，二级学科（专业）的设置是极其重要的基础，因为专业是培养人的基本单元，与学科分类和社会职业分工密切相关。以人类各种社会事务的管理和服务为研究对象的社会管理学科，按其研究对象的分类组成相应的学科体系。社会事务的管理和服务可按不同标准进行分类，除上述微观、中观、宏观的分层分类外，还可按功能、主体、领域、结构、属性等进行多种分类，并因此形成多视角的不同学科。从实践发展和现实需要出发，现阶段较为成熟的社会管理学的学科，应由如下六个具有共同理论基础、内在逻辑联系且发展比较成熟的二级学科组成为一个统一的应用学科集合。

1. 二级学科一：社区管理。社区管理二级学科，研究作为社会管理基层场域的城乡社区，包括社区的自治实践及其发展；研究特殊社区的构成与发展，如民族聚居社区、流动人口社区、城中村社区等的构成和管理；研究社区层次实现官民共治、多部门共治的实践及其发展；研究社区层次的公共服务、公益服务和市场化社会服务及其供求机制等。开设社区发展的相关课程。培养致力于城乡社区发展的社会管理专门人才。

2. 二级学科二：社会组织管理。社会组织管理二级学科，研究作为社会管理主体的各类社会组织，包括基金会、社会团体、民办非企业单位、社区基层组织及转型中的事业单位、人民团体等；研究这些社会组织的改革、培育、规制、发展及其作用的发挥；研究社会组织在社会自治与共治中的功能及其实现机制；研究社会组织的内部治理与管理；研究社会组织与政府的关系；研究社会组织管理体制及其法制规范等。开设社会组织管理相关课程。主要培养致力于社会组织发展与管理的社会管理专门人才。

3. 二级学科三：社会服务。社会服务二级学科，研究作为社会管理重要内容之一的各种社会服务，包括市场化的社会服务，基于互助与共益的社会服务，福利类公益服务，志愿服务与公益慈善事业，以及公共服务的政府购买等；研究各类社会服务的供给、组织和管理，包括资源动员、信息共享、组织协调、问责监管等。开设社会服务相关课程。主要培养致力于各类社会服务业的社会管理专门人才。

4. 二级学科四：社会工作。社会工作二级学科，研究作为社会管理和社会服务基本手段的社会工作，包括社会工作的体系、制度、机制及其规范化建设，社会工作的供给与需求及其价格体系，社会工作专业职称系列的设置及其内容、标准等。开设社会工作相关课程。主要培养致力于社会工作的社会管理专门人才。

5. 二级学科五：社会政策。社会政策二级学科，研究作为宏观社会管理核心内容之一的社会政策，包括各种社会政策的制定协调、实施执行及实验评估等；研究公民和社会组织对社会政策的参与和倡导机制等。开设社会政策相关课程。主要培养致力于社会政策的社会管理专门人才。

6. 二级学科六：社会应急管理。社会应急管理二级学科，研究在社会稳定、社会秩序遭受重大威胁的危机状态下，以国家为主导形成的社会应急管理的体制、政策及相应的各种机制等。开设社会应急管理相关课程。主要培养致力于社会应急管理的社会管理专门人才。

（三）社会管理的人才培养体系。

1. 社会管理专业培养目标。秉承"立足中国现实、借鉴国际经验以及教学与实践并重"的三项原则，主要培养德才兼备、适应社会主义市场经济和社会主义和谐社会建设需要的高层次、复合型、应用型、创新型的社会管理人才。具体包括：牢固把握社会管理的基本理论，具备扎实的理论功底；具有社会管理实践所要求的创新理念、思维方法和职业技能；能够灵活运用社会管理学及相关社会科学领域的理论和方法，独立从事社会管理领域相关的实务工作。

2. 社会管理专业就业方向。社会管理毕业生的主要工作方向可以分为五大类：第一类是司法、公安、劳动和社会保障、民政、环保、安全生产、食品和药品监督等政府职能部门；第二类是工会、共青团、妇联等人民团体和教育、卫生等系统承担一定行政职能的事业单位，以及社区服务中心、居委会、村委会等城乡自治组织；第三类是社会福利院、救助管理站等公营的社会服务机构；第四类是非政府、非营利的社会组织；第五类是旨在通过市场机制解决社会问题的社会企业。

3. 课程体系。学科建设中人才培养体系的建设应当实现课程体系、教学内容和教学过程的整体优化，其核心是课程体系设计。社会管理一级学科的教学课程，可根据需要开设学科基础课、应用基础课、方向基础课和方向必修课。建议基本框架如下：学科基础课，包括社会学、政治学、国家与（公民）社会、社会伦理、社会管理思想史、社会科学方法论、社会调查与社会统计；应用基础课，包括社会管理学、社会政策学、社会管理法治；方向基础课，包括社区治理、社会组织、社会服务、社会工作、社会应急管理；选修课，包括治理理论、组织与项目评估、组织社会学、社会保障与社会福利。

（四）社会管理学的研究方法。研究方法是指在研究中发现新现象、新事物，或提出新理论、新观点，揭示事物内在规律的工具和手段。学术创新，往往会伴随产生许多新的研究方法，而新的研究方法同时会推动学术更大的发展。当前，在社会管理学术创新研究方面，呈现出"社会响应性"和"政策主导性"两大特征。一是社会响应性，即"社会管理"研究在一定程度上反映了当时社会的现状。学者多从解决社会问题的角度开展研究，尝试创新管理模式，达到促进社会进步、缓解社会矛盾的目的。二是政策主导性，即"社会管理"研究受国家政策影响显著，特别是受党的全国代表大会和"五年规划"等导向性内容的影响尤其明显。这充分说明，社会管理创新研究具有非常鲜明的实践性，需要在学术研究和实际工作中不断探索，使二者真正结合起来，互相促进。据此，社会管理研究既需要实证研究方法（研究"是什么"），也需要规范研究方法（研究"应该是什么"），二者相辅相成，是社会管理学研究的重要方法。

实证研究方法主张通过对社会生活中以自治及共治为核心的社会管理和社会服务活动进行大量的观察、实验和调查，获取尽可能客观、全面、真实的材料，通过分析、归纳、比较等，努力探寻社会管理的本质属性和发展规律。具体包括田野调查法、实地观察法、关键人物访谈法、典型案例分析法、历史事件分析法、口述史研究法和实验法等。

规范研究方法注重从逻辑性方面概括指明"应该怎样"的问题，因而必然涉及伦理标准和价值判断。规范研究方法的形式化共性具有以下几个方面的体现：一是研究基本上都面向"元问题"而展开，这里的"元问题"指的就是人类社会无法回避的基本问题；二是研究受研究者基本价值理念的引导，它无须像实证研究似的宣称价值中立；三是阐释方式的多重路径并存，即规范研究是阐释的，而不是解释的，而且其阐释路径是多种多样的。

在清华大学社会科学学院成立大会上的致辞

（2012 年 10 月 27 日）

尊敬的徐匡迪主席、陈吉宁校长、胡和平书记、老师们、同学们：

　　值此清华大学社会科学学院成立之际，我本人并代表北京师范大学中国社会管理研究院，表示热烈的祝贺，对社会科学学院全体师生表示诚挚的问候。

　　清华大学是我国最为著名和在世界上享有盛誉的高等学府。清华大学成立以来，培养出一代代治学之师、兴业之才和治国栋梁，为国家和人民事业作出了卓越的贡献，在中国高等教育和科学文化事业发展史上谱写了璀璨华章。

　　清华大学的社会科学学科有着悠久的历史传统。老清华的经济学、政治学、社会学、心理学四大学科曾拓现代中国社会科学之荒，涌现出一批学术造诣深厚、社会影响广泛的杰出学者。20 世纪 80 年代以来，清华大学相继复建社会科学学科，迎来清华大学社会科学发展的新气象。1984、1993 年分别成立社会科学系和人文社会科学学院。2012 年，在清华大学新百年的起始之年，在原人文社会科学学院的基础上分别成立社会科学学院和人文学院。学术薪火传承至今，清华大学社会科学学院的成立，必将为清华大学社会科学发展开创更加美好的未来。

社会科学是以社会现象为研究对象的科学。它的任务是研究与阐述各种社会现象及其发展规律。在现代科学的发展进程中，新科技革命为社会科学的研究提供了新的方法手段，社会科学与自然科学相互渗透、相互联系的趋势日益加强。在改革开放中蓬勃发展的中国社会科学也以空前的广度和深度不断繁荣发展。当前，世界经济社会格局正发生快速、重大的变化，我国经济社会正经历广泛、深刻的变革。我国发展面临前所未有的机遇和挑战，需要研究破解一系列新矛盾新课题。这为我国社会科学领域提出了新任务新要求，社会科学应为我们这个时代承担起更多的责任，给予中国这个巨大的社会科学试验场以新的阐释，为中国社会的建设与治理提供更有深度更有价值的智力支持。

在这种大背景下，清华大学成立社会科学学院，加强社会科学研究和人才培养，无论是对清华大学创新发展模式、进入世界一流大学的前列，还是对中国加强和创新社会管理、坚持和发展中国特色社会主义，都具有重要的现实意义和深远的历史意义。确实是值得庆贺的一件大事、好事。

我本人由于工作岗位关系，长期从事宏观经济理论和政策研究，同时也进行了社会建设和社会管理的一些理论和政策研究。特别是近些年，我以更多的精力投入社会管理创新方面的研究工作。我深切感到，当今中国社会发展和社会治理的复杂性、艰巨性是人类社会空前未有的。我们必须通过科学的方法、实证的方法，从理论上和实践上对当今世界和当代中国社会科学进行全面、系统、深入的研究。社会科学研究其乐无穷，大有可为。正因为如此，去年初，我应北京师范大学领导之邀，担任新成立的北京师范大学中国社会管理研究院院长。北京师范大学中国社会管理研究院也是在党和国家高度重视社会建设和社会管理的重要历史时刻应运而生的，我们对研究院的定位是：围绕发展中国特色社会主义事业，吸引、汇聚社会管理领域资源，开展多学科合作，致力于建设研究型、创新型、开放型研究院，成为培养社会管理高层次人才的教育基地，成为中国社会管理领域具有重要影响力的思想库，成为北京师范大学建设知名高水平大学、服务国家战略与社会发展的重要平台，努力为繁荣发展中国社会科学和国家现代化建设提供服务。

清华大学社会科学学院门类齐全、人才荟萃、基础雄厚、潜力巨大。北京师范大学中国社会管理研究院是新成立起来的，起步较晚基础较弱，但我们有信心把研究院办好。我们两家有着共同的使命和目标，衷心希望两院加强交流与合作，相互支持，携手并进，一道为促进我国社会科学繁荣发展和经济社会持续健康发展作出应有的贡献。

衷心祝愿清华大学社会科学学院越办越好！

谢谢大家！

创新社会管理 建设和谐中国 ①

（2013 年 1 月）

中国共产党第十八次全国代表大会，是在我国进入全面建成小康社会决定性阶段召开的一次十分重要的会议，也是我们党的奋斗历程中又一次承前启后、继往开来的大会。大会高举中国特色社会主义伟大旗帜，明确提出了全面建成小康社会和全面深化改革开放的目标要求，对当前和今后一个时期我国经济建设、政治建设、文化建设、社会建设、生态文明建设和各方面体制改革作出了一系列新决策、新部署。特别是明确提出，要在改善民生和创新管理中加强社会建设，这表明我们党对建设社会主义和谐社会，即建设和谐中国，实现"中国梦"，思路更加清晰，目标更加明确，要求更加迫切。

一、"中国梦"与建设社会主义和谐社会

（一）构建社会主义和谐社会的指导思想和基本原则。"中国

---

① 本文为中共北京市委讲师团、中共北京市委宣传部组织编写的《中国梦学习读本》中之一章，北京出版社 2014 年 9 月版。

梦"的深刻内涵，就是在中国特色社会主义伟大旗帜指引下，让国家更富强、社会更和谐、人民更幸福，实现中华民族伟大复兴。社会和谐是中国特色社会主义的本质属性，是实现国家富强、人民幸福、民族振兴的重要保证和目标。构建社会主义和谐社会，是我们党适应我国改革开放和现代化建设进入新阶段的客观要求，从全面建成小康社会、推进中国特色社会主义事业全局出发作出的一项重大战略决策，体现了广大人民群众的根本利益和共同愿望。中国特色社会主义道路，就是在中国共产党领导下，立足基本国情，以经济建设为中心，坚持四项基本原则，坚持改革开放，解放和发展社会生产力，建设社会主义市场经济、社会主义民主政治、社会主义先进文化、社会主义和谐社会、社会主义生态文明，促进人的全面发展，逐步实现全体人民共同富裕，建设富强民主文明和谐的社会主义现代化国家。因此，建设社会主义和谐社会，是国家现代化的重要目标，也是"中国梦"的重要内容。

在以往一个较长的历史时期中，我国社会建设一直是我国发展道路上的短腿。党的十六届四中全会首次将社会建设纳入我国现代化建设的总体布局，由"三位一体"发展成为经济、政治、文化、社会建设"四位一体"，进而提出建设社会主义和谐社会的战略任务。党的十六届六中全会又进一步作出了《中共中央关于构建社会主义和谐社会若干重大问题的决定》，全面系统地阐明了构建社会主义和谐社会的指导思想、目标任务、基本原则和重大部署。党的十八大报告专门列出一部分阐述在改善民生和创新管理中加强社会建设。加强社会建设，是社会和谐稳定的重要保证。必须从维护最广大人民根本利益的高度，加快健全基本公共服务体系，加强和创新社会管理，从而推动社会主义和谐社会建设。

我们要构建的社会主义和谐社会，是在中国特色社会主义道路上，中国共产党领导全体人民共同建设、共同享有的和谐社会。总的指导思想是：坚持以马克思列宁主义、毛泽东思想、邓小平理论、"三个代表"重要思想和科学发展观为指导，坚持党的基本路线、基本纲领、基本经验，坚持以科学发展观统领经济社会发展全局，按照民主法治、公平正义、诚信友爱、充满活力、安定有序、人与自然和谐相处的总要求，以解决人民群众最关心、最直接、最现实的利益问题为重点，着力发展社会事业、促进社会公平正义、建设和谐文化、完善社会管理、增强社会创造活力，走共同富裕道路，推动社会建设与经济建设、政治建设、文化建设、生态建设协调发展。

促进社会主义和谐社会建设，要遵循以下原则。

——必须坚持以人为本。始终把最广大人民的根本利益作为党和国家一切工作的出发点和落脚点，实现好、维护好、发展好最广大人民的根本利益，不断满足人民日益增长的物质文化需要，做到发展为了人民、发展依靠人民、发展成果由人民共享，促进人的全面发展。

——必须坚持科学发展。切实抓好发展这个党执政兴国的第一要务，统筹城乡发展，统筹区域发展，统筹经济社会发展，统筹人与自然和谐发展，统筹国内发展和对外开放，转变经济发展方式，提高发展质量，推进节约发展、清洁发展、安全发展，实现经济社会全面协调可持续发展。

——必须坚持改革开放。坚持社会主义市场经济的改革方向，适应社会发展要求，推进经济体制、政治体制、文化体制、社会体制改革和创新，进一步扩大对外开放，提高改革决策的科学性、改革措施的协调性，建立健全充满活力、富有效率、更加开放的体制机制。

——必须坚持民主法治。加强社会主义民主政治建设，发展社会主义民主，实施依法治国基本方略，建设社会主义法治国家，树立社会主义法治理念，增强全社会法律意识，推进国家经济、政治、文化、社会生活法制化、规范化，逐步形成社会公平保障体系，促进社会公平正义。

——必须坚持正确处理改革发展稳定的关系。把改革的力度、发展的速度和社会可承受的程度统一起来，维护社会安定团结，以改革促进和谐、以发展巩固和谐、以稳定保障和谐，确保人民安居乐业、社会安定有序、国家长治久安。

——必须坚持在党的领导下全社会共同建设。坚持科学执政、民主执政、依法执政，发挥党的领导核心作用，维护人民群众的主体地位，团结一切可以团结的力量，调动一切积极因素，形成促进和谐人人有责、和谐社会人人共享的生动局面。

（二）改革开放是建设社会主义和谐社会的强大动力。改革开放本质上是我们党在新的历史条件下领导人民进行的新的伟大革命，是各项事业发展进步的不竭动力。改革开放的根本目的，就是要解放和发展社会生产力，实现国家现代化，让中国人民富裕起来，振兴伟大的中华民族；就是要推动我国社会主义制度自我完善和发展，赋予社会主义新的生机活力，建设和发展中国特色社会主义；就是要在引领当代中国发展进步中加强和改进党的建设，保持和发展党的先进性，确保党始终走在时代前列。只有坚持改革开放，才能不断破除阻碍生产力发展的桎梏，加快实现国家富强和人民富裕；才能不断调整和完善社会主义的生产关系和上层建筑，为科学社会主义注入新的活力；

才能使我们党始终保持与时俱进的精神状态，始终保持和发展党的先进性、纯洁性，提高党的执政能力。正是因为我们党对改革开放有着清醒、明确、坚定的认识，才郑重地把改革开放作为党的重要指导方针，作为党在社会主义初级阶段基本路线的重要组成部分，并且同建设富强民主文明和谐的社会主义现代化国家这个总任务、总目标紧密地联系在一起，从而不断有力地推进改革开放，促进党和人民事业的发展。

2012 年 7 月 23 日，胡锦涛同志在省部级主要领导干部专题研讨班开班式上的重要讲话中再次强调："只有改革开放才能发展中国、发展社会主义、发展马克思主义。"这进一步指明了改革开放在坚持和发展中国特色社会主义、推进我国现代化事业中的重要地位和作用。30 多年来，我们所取得的每一项成就，在前进道路上能战胜各种困难，都是同坚持并不断深化改革开放分不开的。

——改革开放大大解放和发展了社会生产力，推动我国以世界上少有的速度持续快速发展起来。我国经济从一度濒于崩溃的边缘发展到总量跃至世界第二，人均国内生产总值跨入中等收入国家行列；出口和进口贸易总额分别位居世界第一位和第二位；人民生活从温饱不足到总体小康，并正向全面小康迈进；政治建设、文化建设、社会建设取得举世瞩目的成就。中国的快速发展，不仅使中国人民稳定地走上了富裕安康的广阔道路，而且为世界经济发展和人类文明进步作出了重大贡献。

——改革开放推动社会主义制度自我完善和发展，坚持和发展了中国特色社会主义。通过改革开放，我们突破了社会主义只能实行单一公有制和计划经济的束缚，建立了公有制为主体、多种所有制经济共同发展的基本经济制度，建立和完善社会主义市场经济体制；把推动经济基础变革同推动上层建筑改革结合起来，坚持党的领导、人民当家作主、依法治国的有机统一，发展社会主义民主政治；把对内改革和对外开放结合起来，在与世界合作共赢中展示开放、包容、负责任的大国形象。30多年来，通过不断深化经济体制、政治体制、文化体制、社会体制以及其他各方面体制改革，形成了一整套相互衔接、相互联系的制度体系，彰显了中国特色社会主义制度的巨大优越性。

——改革开放推动思想解放和理论创新，开辟了马克思主义中国化新境界。30多年来，我们党在改革开放伟大实践中，既坚持马克思主义基本原理，又不断谱写新的理论篇章，系统回答了建设什么样的社会主义、怎样建设社会主义，建设什么样的党、怎样建设党，实现什么样的发展、怎样发展等一系列重大问题，形成了中国特色社会主义理论体系，社会主义和马克思主义在中国大地上焕发出勃勃生机。

事实雄辩地证明，改革开放始终是推动党和人民事业发展的强大动力，也是实现"中国梦"、构建社会主义和谐社会的必然要求和根本途径。

改革开放之所以取得巨大成功，最根本的经验就是始终坚持中国特色社会主义的正确方向。其关键在于，既坚持科学社会主义的基本原则，又根据我国实际和时代特征赋予其鲜明的中国特色。这就是坚持在中国共产党领导下，立足基本国情，以经济建设为中心，坚持四项基本原则，坚持改革开放，解放和发展社会生产力，巩固和完善社会主义制度，建设社会主义市场经济、社会主义民主政治、社会主义先进文化、社会主义和谐社会，建设富强民主文明和谐的社会主义现代化国家。没有改革开放，就没有今天中国全面繁荣发展的大好局面，创造中国的美好未来，必须坚定不移依靠改革开放。当前，世情国情党情继续发生深刻变化，我国发展中不平衡、不协调、不可持续问题依然突出，制约科学发展的体制机制障碍躲不开、绕不过，必须通过深化改革加以解决。我国要到 2020 年全面建成小康社会，到本世纪中叶基本实现社会主义现代化。实现这样的宏伟目标，必须更加自觉、更加坚定地推进改革开放。

——坚持中国特色社会主义方向不动摇。在新的历史起点上推进改革开放，必须始终不渝地坚持中国特色社会主义方向，坚持解放思想、实事求是、与时俱进，绝不走封闭僵化的老路，也绝不走改旗易帜的邪路，不为任何风险所惧，不被任何干扰所惑，使改革开放始终沿着正确的方向前进。

——坚持改革创新精神不懈怠。当前，改革的复杂性、艰巨性明显加大，面临着不少"硬骨头"，要打一些"攻坚战"。我们必须弘扬改革创新精神，锐意进取，攻坚克难，绝不回避矛盾，绝不畏惧困难，坚持把改革创新精神贯彻到治国理政各个环节。

——坚持推进改革开放不停步。全面审视当今世界和当代中国发展大势，全面把握我国发展新要求和人民群众新期待，认真总结 30 多年改革开放的成功经验，不断在制度建设和创新方面迈出新步伐；充分尊重人民群众的主体地位和首创精神，正确处理各方面利益关系，使改革发展成果更多更公平惠及全体人民。这样，就一定能够把改革开放不断推向前进，党和人民事业必将在中国特色社会主义道路上蓬勃发展。

（三）准确把握构建社会主义和谐社会的主要任务。《中共中央关于构建社会主义和谐社会若干重大问题的决定》指出，到二〇二〇年，构建社会主义和谐社会的目标和主要任务是：社会主义民主法制更加完善，依法治国基本方略得到全面落实，人民的权益得到切实尊重和保障；城乡、区域发展差距扩大的趋势逐步扭转，合理有序的收入分配格局基本形成，家庭财产普遍增加，人民过上更加富足的生活；社会就业比较充分，覆盖城乡居民的社会保障体系基本建立；基本公共服务体系更加完备，政府管理和服务水平有较大提高；全民族的思想道德素质、科学文化素质和健康素质明显提高，良好道德风尚、和谐人际关系进一步形成；全社会创造活力显著增强，创新型国家基本建成；社会管理体系更加完善，社会秩序良好；资源利用效率显著提高，生态环境明显好转；实现全面建设惠及十几亿人口的更高水平的小康社会的目标，努力形成全体人民各尽其能、各得其所而又和谐相处的局面。

在经济发展基础上逐步提高人民生活水平，是改革开放和社会主义现代化建设的根本目的，也是推动经济持续健康发展、保持社会和谐稳定的重要保证。改革开放以来特别是近些年来，我们在保障和改善民生方面作出极大努力，取得明显成效。同时也要看到，人民群众对过上更好生活的要求也在增强，对加快解决民生领域突出问题的期盼也在提高。党的十八大报告顺应各族人民过上更好生活的新期待，在党的十七大报告提出的社会事业发展目标基础上提出了新要求，作出了新部署。概括起来说，保障和改善民生是重点，加强和创新社会管理是关键，深化社会体制改革是根本。

二、保障和改善民生是建设社会主义和谐社会的基本任务

社会建设作为中国特色社会主义事业总体布局的重要组成

部分，其内涵主要包括发展社会事业、扩大公共服务、协调利益关系、完善社会管理、调处社会矛盾、促进社会公平正义等，以及这些方面的改革和建设。党的十八大报告确立了社会主义经济建设、政治建设、文化建设、社会建设、生态文明建设五位一体的总体布局，并强调以改善民生为重点加快推进社会建设，这是我们党对中国特色社会主义事业的新认识、新概括，也是构建社会主义和谐社会的基本任务，在理论上和实践上都具有重大意义。

（一）深刻认识以保障和改善民生为重点的社会建设的重大意义。"社会主义的本质，是解放生产力，发展生产力，消灭剥削，消除两极分化，最终达到共同富裕。"[1] 邓小平同志关于社会主义本质的这一科学和精辟的论述，体现了生产力和生产关系的统一，既要求大力发展生产力，为提高人民生活水平提供物质基础，又要求不断完善生产关系和分配关系，使全体人民走共同富裕道路。我们党领导人民进行社会主义现代化建设的根本任务和根本目标，就是通过解放和发展生产力，极大地增加社会物质财富，努力满足人民群众日益增长的物质文化需求，不断提高人民生活水平；同时，坚持走共同富裕道路，大力促进社会公平正义，极大地激发全社会创造活力，不断促进社会全面进步。我们党关于现代化建设"三步走"的战略部署，每一步都把经济发展的目标同改善人民生活和促进社会进步的目标有机地结合起来，作出统一部署。着力解决关系人民群众切身利益的生活、生产问题，保障人民群众的经济、政治、文化和社会权益，努力实现人的全面发展，是我们党和国家一切工

---

[1]《邓小平文选（第三卷）》，人民出版社，1993年，第373页。

作的出发点和落脚点。强调以改善民生为重点加快推进社会建设，这是我们党牢牢把握中国特色社会主义本质特征的集中体现，也是发展中国特色社会主义的重要部署，反映了全体人民的共同愿望。

科学发展观，是马克思主义同当代中国实际和时代特征相结合的产物，是马克思主义关于发展的世界观和方法论的集中体现，是中国特色社会主义理论体系的最新成果。科学发展观，第一要义是发展，核心是以人为本，基本要求是全面协调可持续，根本方法是统筹兼顾。发展是我们党执政兴国的第一要务，只有抓住机遇实现经济持续健康发展，才能不断增强综合国力，推动社会全面进步，提高人民生活水平。离开发展，一切无从谈起。发展必须坚持以人为本，尊重人民主体地位，发挥人民首创精神，做到发展为了人民、发展依靠人民、发展成果由人民共享。科学发展观要求发展必须坚持全面协调可持续，全面推进经济建设、政治建设、文化建设、社会建设、生态文明建设，统筹城乡发展，统筹区域发展，统筹经济社会发展，统筹人与自然和谐发展，统筹国内发展和对外开放，兼顾和协调好改革发展进程中的各种利益关系，促进现代化建设各个环节、各个方面相协调。其中一个重要方面，就是要在经济发展的基础上，注重保障和改善民生，加强社会建设，推动经济和社会协调发展。这是深入贯彻落实科学发展观的重要任务。

构建社会主义和谐社会，是我们党从中国特色社会主义事业总体布局和全面建设小康社会全局出发提出的重大战略任务。加快推进以改善民生为重点的社会建设，抓住了维护和实现社会公平正义的关键，抓住了解决经济社会发展不平衡和影响社会和谐安定问题的关键。构建社会主义和谐社会是贯穿中国特色社会主义事业全过程的长期历史任务，是在发展的基础上正确处理各种社会矛盾的历史过程和社会结果，同时又是十分重要而紧迫的工作。其基本要求，就是要以解决人民最关心、最直接、最现实的利益问题为重点，着力发展社会事业，促进社会公平正义；就是要扩大公共服务，逐步实现基本公共服务均等化；就是要理顺分配关系，增加城乡居民收入，处理好公平和效率的关系；就是要完善社会管理，增强社会创造活力，维护社会安定团结。这样，才能形成全体人民各尽所能、各得其所而又和谐相处的局面，把人们的积极性、主动性、创造性充分发挥出来，万众一心地推进中国特色社会主义事业。

党的十六大以来，我国全面建设小康社会的伟大事业取得了重要进展，目前社会经济发展总体形势很好，我们拥有加快推进现代化事业的许多有利条件。但是，在前进中还面临不少困难和问题，突出的是：经济增长的资源环境代价过大；城乡、区域、经济社会发展仍然不协调；农业稳定发展和农民持续增收难度加大；劳动就业、社会保障、收入分配、教育卫生、居民住房、安全生产、司法和社会治安等方面关系群众切身利益的问题依然较多，部分低收入群众生活比较困难；等等。这些问题如果解决不好，就会严重影响社会和谐稳定和全面建设小康社会的大局。同时，人民群众在新的发展阶段，期待过上更加美好的生活，对教育、卫生、社会保障、公共服务、生活环境以及个人全面发展等方面提出了更高的要求，全社会的公共需求快速增长，也更加需要加快社会事业发展。我们党提出全面建设更高水平的小康社会，目标是经济更加发展、民主更加健全、法制更加完备、科教更加进步、文化更加繁荣、社会更加和谐、人民生活更加富足。这就必须坚持经济建设、政治建设、文化建设和社会建设协调发展，缺少其中任何一个方面，都不可能实现全面建成小康社会的奋斗目标。加快推进以解决民生问题为重点的社会建设，切实改变经济发展和社会发展"一条腿长一条腿短"的状况，是全面建成小康社会的必然要求和重要课题。

总之，我们要从全局和战略的高度，着眼于发展中国特色社会主义伟大事业，着眼于推动科学发展、促进社会和谐，着眼于实现全面建成小康社会的奋斗目标，深刻认识、全面把握加快推进以改善民生为重点的社会建设的精神实质，为夺取全面建成小康社会新胜利、开创中国特色社会主义事业新局面而奋斗。

（二）认真领会和贯彻落实党的十八大对保障和改善民生的新要求。加强社会建设必须以保障和改善民生为重点。民生连着民心，民心关系全局。只有不断改善人民生活，使广大人民群众共享改革发展成果，人民群众才能发自内心地拥护党的领导和社会主义制度、赞成党的理论和路线方针政策、支持党领导的改革开放和社会主义现代化建设。现在，我们满足人民日益增长的物质文化需要的基础还比较薄弱，特别是教育、就业、社会保障、医疗、住房等方面关系群众切身利益的问题较多。要坚持把保障和改善民生作为社会建设的重点，多谋民生之利，多解民生之忧，解决好人民最关心最直接最现实的利益问题，在学有所教、劳有所得、病有所医、老有所养、住有所居上持续取得新进展，使发展成果更多更公平惠及全体人民，努力让人民过上更好生活。为此，党的十八大报告作出了一系列新部署新要求。

——努力办好人民满意的教育。要坚持教育优先发展，全面贯彻党的教育方针，坚持教育为社会主义现代化建设服务，把立德树人作为教育的根本任务，全面实施素质教育；深化教育领域综合改革，着力提高教育质量，培养学生社会责任感、创新精神、实践能力；大力促进教育公平，合理配置教育资源，重点向农村、边远、贫困、民族地区倾斜；支持特殊教育，提高家庭经济困难学生资助水平，积极推动农民工子女平等接受教育。

——推动实现更高质量的就业。实施就业优先战略和更加积极的就业政策，鼓励多渠道多形式就业，促进创业带动就业，加强职业技术培训，增强就业稳定性，增强失业保险对促进就业的作用，健全劳动标准体系和劳动关系协调机制。

——千方百计增加居民收入。深化收入分配制度改革，努力实现居民收入增长和经济发展同步、劳动报酬增长和劳动生产率同步，提高居民收入在国民收入分配中的比重，提高劳动报酬在初次分配中的比重。这两"同步"、两"提高"是党的政治报告首次提出，实现了这个要求，将会明显增加城乡居民收入。初次分配和再分配都要兼顾效率和公平，再分配更加注重公平。多渠道增加居民财产性收入。规范收入分配秩序，保护合法收入，增加低收入者收入，调节过高收入，取缔非法收入。

——统筹推进城乡社会保障体系建设。坚持全覆盖、保基本、多层次、可持续方针，以增强公平性、适应流动性、保持可持续性为重点，全面建成覆盖城乡居民的社会保障体系。建立兼顾各类人员的社会保障待遇确定机制和正常调整机制。完善社会救助体系，健全社会福利制度，支持发展慈善事业，建立市场配置和政府保障相结合的住房制度。

——提高人民健康水平。健康是促进人的全面发展的必要要求。建立人人享有的基本医疗卫生服务制度，不但是对医疗卫生事业的准确定位，也是让全体人民共享改革发展成果的突出体现。坚持为人民健康服务的正确方向，重点推进医疗保障、医疗服务、公共卫生、药品供应、监管体制综合改革，为群众提供安全有效、方便价廉的公共卫生和基本医疗服务。改革和完善食品药品安全监管体制机制。开展爱国卫生运动，促进人民身心健康。逐步完善人口政策，促进人口长期均衡发展。

三、加强和创新社会管理是构建社会主义和谐社会的重要保障

随着经济社会不断发展，我国经济体制深刻变革、利益格局深刻调整、思想观念深刻变化，社会活力显著增强，同时社会结构和社会组织形式发生深刻变动，社会管理领域出现了一些新问题：人民内部矛盾多样多发，流动人口和特殊人群服务管理问题突出，刑事犯罪居高不下，公共安全事故频发，非公有制经济组织、社会组织服务管理相对滞后，信息网络建设管理呈现新特点，外部势力千方百计插手，对我国社会管理提出严峻挑战。这些都表明，我国社会管理环境发生了深刻变化，过去行之有效的管理理念、管理制度、管理手段、管理方法难以完全适应。这就要求我们必须从维护最广大人民根本利益的高度，加强和创新社会管理，提高社会管理科学化水平。

为此，党的十八大报告作出新部署新要求。强调必须加强社会管理法律、体制机制、能力、人才队伍和信息化建设，改进政府提供公共服务方式，加强基层社会管理和服务体系建设，增强城乡社会服务功能，强化企事业单位、人民团体在社会管

理和服务中的职责，引导社会组织健康有序发展，充分发挥群众参与社会管理的基础性作用。完善和创新流动人口和特殊人群管理服务。正确处理人民内部矛盾。建立健全重大决策社会稳定风险评估机制。强化公共安全体系和企业安全生产基础建设。深化平安中国建设，完善立体化社会治安防控体系。还提出了完善国家安全战略和工作机制，确保国家安全。

　　加强和创新社会管理是时代提出的新课题，适应我国经济社会发展的新形势新情况，必须加强和创新社会管理。深入贯彻落实科学发展观，必须加强和创新社会管理。发展中国特色社会主义事业，必须加强和创新社会管理。实现全面建成小康社会的宏伟目标，必须加强和创新社会管理。完善和发展中国特色社会管理体系是一个系统工程、长期任务，既要总体推进又要重点突破。当前和今后一个时期需要着力做好以下几方面工作：

　　——进一步完善社会管理体制。党委领导、政府负责、社会协同、公众参与、法治保障的管理体制是健全社会管理体系的基础。党委领导是根本，政府负责是关键，社会协同是依托，公众参与是基础，法治保障是法宝。

　　——进一步完善社会管理制度体系。推进社会管理科学化、制度化、规范化，建立社会管理保护体系，建立健全保障就业权等公民基本权利的制度。加快人口管理制度改革，建立覆盖全国人口的国家人口基础信息库。建立起一套能够覆盖全部人口的动态管理体系。

　　——进一步完善维护群众权益体系。探索群众利益协调机制、群众权益保障机制、劳动关系协调机制、社会矛盾调处机制、社会稳定风险评估机制。健全群众权益保障机制，建立信息公开制度和诉求表达机制。同时，要建立发展全国共享机制和侵害群众权益的纠错机制。

——进一步完善公共服务体系。逐步完善基本公共服务体系，积极促进城乡基本公共服务均等化，特别是进一步加强农村基本公共服务体系建设。

——进一步完善社会规范体系。在加强社会法律体系建设的同时，推进行业规范、社会组织、村规民约。大力推进政务诚信，司法公信建设。

——进一步完善公共安全体系。建立健全突发事件应急体系，加强全民风险防范能力和应急处置能力建设，完善相关机制，提高对自然灾害等突发公共事件的风险管理水平。加强食品药品安全监管机制、安全生产监督制度机制、安全管理和监管。

——进一步完善网络社会管理体系。坚持建设与管理并重、发展与管理同步，加快形成法律规范，行政监管、行业自律、技术保障、公众监管、社会教育相结合的信息网络管理体系。

四、加快推进社会体制改革是构建
社会主义和谐社会的必由之路

完善的社会体制机制和制度体系，是促进社会和谐、实现社会公平正义的重要保证。当前，我国既处于发展的重要战略机遇期，又处于社会矛盾凸显期，积极稳妥地解决好社会领域存在的突出问题，必须加快推进社会体制改革。只有建立科学、合理的社会体制，社会管理的科学化水平才能全面提高，改善人民生活、促进社会和谐的社会基础才会更加坚实。要紧紧围绕构建中国特色社会主义社会管理体系，加快推进社会体制改革，建立确保社会既充满活力又和谐有序的体制机制。

从我国现实的情况看，加强社会建设和社会管理，需要加快社会体制改革，创新社会管理。一般说来，社会体制是一种社会治理的方式和制度安排，也是一种社会行为的规范，决定着人的社会关系、行为准则和社会运行。我们现在讲的社会体制改革，有着特定的内涵和范围，就是构建适应中国特色社会主义发展要求的，与社会主义经济体制、政治体制、文化体制相一致的社会体制。我国现行的社会体制总体上是符合社会主义发展方向的，近些年来也进行了许多改革探索，但仍存在着不少缺陷和问题，主要是：社会管理的理念、组织、形式、手段、方法不适应社会经济迅猛发展，特别是社会结构、利益结构多层次、多元化和互联网新兴媒体异军突起出现的新情况、新挑战、新要求；政府、社会、企业、中介机构的社会管理职能不清、关系不顺；社会管理的体系、制度、机制不健全，难以有效发挥应有作用。解决这些问题必须进行社会体制改革。唯有如此，才能全面推进社会建设和加强社会管理，提高现代社会管理的科学化水平，实现全面建设小康社会的目标，加快中国社会主义现代化进程。

党中央高度重视社会体制改革问题。2006 年，党的十六届六中全会提出，要坚持社会主义市场经济的改革方向，适应社会发展要求，推进经济体制、政治体制、文化体制、社会体制改革和创新。在我们党的历史文献中，首次提出社会体制改革这个重大命题。2007 年，党的十七大强调更加注重社会建设，推进社会体制改革。2010 年，党的十七届五中全会进一步提出，必须以更大决心和勇气全面推进各领域改革，大力推进经济体制改革，积极稳妥推进政治体制改革，加快推进文化体制、社会体制改革，使上层建筑更加适应经济基础发展变化，为科学发展提供有力保障。党的十八大报告提出了推进社会体制改革的总体要求和基本框架，这就是"四个加快"，即加快形成党委领导、政府负责、社会协同、公众参与、法治保障的社会管理体制，加快形成政府主导、覆盖城乡、可持续的基本公共服务体系，加快形成政社分开、权责明确、依法自治的现代社会组织体制，加快形成源头治理、动态管理、应急处置相结合的社会管理机制。近年来，党中央把加快社会体制改革、加强和创新社会管理放在更加突出的战略位置，作出了一系列重要决策和部署，这是我们党对共产党执政规律、社会主义建设规律、人类社会发展规律认识的新升华，也是顺应人民群众在全面建设小康社会的新形势下对党和政府的新期待。

加快社会体制改革，应当围绕构建中国特色社会主义社会管理体系，加快形成党委领导、政府负责、社会协同、公众参与、法治保障的社会管理体制，加快形成政府主导、覆盖城乡、可持续的基本公共服务体系，加快形成政社分开、权责明确、依法自治的现代社会组织体制，加快形成源头治理、动态管理、应急处置相结合的社会管理机制。当前和今后一个时期，要着力抓好以下几个方面。

——强化和改进政府社会管理。社会管理是政府的重要职能。创新社会管理体制，必须发挥政府的主导作用。要加快政府职能转变，更加注重履行社会管理职能。政府社会管理主要是制定法规政策，规范制度标准，增加公共财政投入，加强社会行为监管。改进政府提供公共服务方式，加快把一些社会公共服务和具体事务，以适当方式转交给社区、社会组织和中介机构，还可以通过委托或购买公共服务，来改进政府提供社会服务方式。这样，既可以使政府更好履行应尽职能，又可以降低服务成本，提高服务效率。要加快行政体制改革，建立职能相对集中、权责密切结合、组织协调有力的综合性社会管理机构，以利于提高政府社会管理的效能和水平。

——加快形成政府主导、覆盖城乡、可持续的基本公共服务体系。提供公共服务是政府的基本职能，政府必须承担保障基本公共服务的职责。同时，政府不是唯一的供给主体，要推进公共服务供给多元化、多样化，探索政府行政管理与企事业单位、各类社会组织和城乡基层群众自治在社会运行中有效衔接与良性互动的体制；覆盖城乡，强调的是城乡基本公共服务一体化的问题，要人人共享基本公共服务；可持续，强调的是基本公共服务的供给标准要保持合理的持续增长，并且要切实体现公平性。

——扩大公民参与和社会协同功能。这是深化社会体制改革的重要方向。公民参与是中国特色社会主义社会体制的基础。城乡基层群众自治制度是我国一项基本政治制度。深化社会体制改革，必须顺应经济社会发展要求和人民群众政治参与的新期盼，保障人民群众充分享有宪法规定的各项民主权利。要健全基层民主制度，保障人民依法直接行使民主权利、管理基层公共事务和公益事业，实行自我管理、自我服务、自我教育、自我监督。要推进城乡基层自治，有序扩大基层群众自治范围，规范政府组织与基层群众自治的关系，增强基层社会自治功能。同时，加快事业单位改革，充分发挥企事业单位和各类社会组织应有的作用，支持企事业单位和社会组织参与社会服务与管理，承接政府转移的社会管理事务。

——加快形成政社分开、权责明确、依法自治的现代社会组织体制。政社分开，就是政府的行政职能和社会的自我管理相分离，即行政权力与自治权利分离；权责明确，就是要通过法律明确社会组织的权利和责任，权利和责任要对等；依法自治，就是要以法律为自治根基。根据我国现代化进程的要求，并研究借鉴国外的有益做法，加快培育和规范发展各类社会组织，尤其要加快培育公益类、服务类、慈善类社会组织，建立健全符合中国国情的城乡社区组织，充分发挥各类社会自治组织的自治功能，落实自我管理、自我监督、自我教育、自我服务的要求。要理顺社区内部治理关系，健全相关自治制度，规范决策办事程序，要积极探索农村再组织化的形式和途径，形成既有活力又有秩序的组织体系。

——拓展群众权益保障机制。保障群众权益是加强和创新社会管理的根本着眼点，也是深化社会体制改革的关键。要进一步加强和完善党和政府主导的维护群众权益机制，切实维护和保障群众利益。适应我国社会结构和利益格局的发展变化，形成科学有效的利益协调机制、诉求表达机制、矛盾调处机制、权益保障机制。特别是要适应新形势下群众诉求多样性、多变性的特点和规律，创新方式方法，拓宽诉求表达渠道，搭建多种形式的沟通平台，健全公共政策社会公示制度、公众听证制度。健全社会矛盾调处机制和多元调解体系，充分发挥人民调解、行政调解、司法调解联动的大调解工作体系的作用。强化从源头解决社会矛盾纠纷，把预防社会稳定风险的关口前移。

——健全各类人群服务管理体制。坚持以人为本，突出人文关怀，在服务中实施管理，在管理中体现服务，努力实现各类人群服务管理全覆盖。加强"两新组织"人员和"社会人"的服务管理，是市场经济条件下社会管理中难度很大的问题，必须转变传统思维模式，积极探索新的管理体制和机制。要不断提高各类人群服务管理信息化、精细化、科学化水平。建立覆盖城乡的全员人口统筹管理的信息系统，推进国家人口基础信息库建设，加强流动人口动态监测工作。全面推行居住证制度，行政区域内流动人口实行"一证（卡）通"，积极稳妥推进户籍管理制度改革，建立城乡统一的户口登记管理制度，实现基本公共服务覆盖户籍人口和常住人口。采取积极、稳妥的措施，使农民工有序、和谐地融入城市和城镇。加强和创新对肇事肇祸精神病人、吸毒人员、有不良行为青少年等特殊人群的教育、引导、服务和管理工作，根据不同类型人群特点分类施策。健全社会关怀帮扶体系，帮助他们解决在就业、就学、就医和生活、家庭等方面的实际困难。

——加快社会规范建设。规范社会主体行为，建设现代社会文明，是社会体制改革创新的基础性工作。至关重要的，一是法制，二是诚信。要建立健全社会管理的法制保障体系，加强社会管理领域立法，加快形成完善的社会管理法律法规体系。充分发挥社会法制规范在调整关系、约束行为、保障权益、创新社会管理等方面的作用。强化公正执法和严肃执法。要建立健全社会诚信制度，制定社会诚信规范，加强社会公德建设。大力推进政务诚信、商务诚信、社会诚信和司法公信建设。建设覆盖全国的征信系统，推动信用信息在全国范围的互联互通，规范和完善信用服务市场体系，健全激励惩戒机制，充分发挥信用信息对失信行为的监督和约束作用。

——构建网络社会管理制度。网络社会的服务与管理越来越重要，也是新形势下社会管理的重点和难点。要坚持积极利用、科学发展、依法管理、确保安全的方针，加强和改进互联网的利用与管理，坚持建设与规范并重、发展与管理同步，把互联网建设好、利用好、管理好。要加快完善网络管理的法律法规和政策，明确相关主体的权利义务，形成法律规范、行政监管、行业自律、技术保障、公众监督、社会教育相结合的互联网服务管理体系，提高依法、规范、科学、系统、动态管理水平。加快信息化基础设施建设，构建全国统一的社会管理数据中心、服务中心，尽快推行网络实名制，规范网络传播秩序。健全网上网下结合的综合服务和管理体系，统筹实施网络社会和现实社会管理，建立网上动态管理机制，着力完善网上影响社会稳定和国家安全问题的监测、研判、预警、处置机制和有害信息监管、查处机制。

——加强公共安全体系。加快形成源头治理、动态管理、应急处置相结合的社会管理机制。党的十八大报告首次对"社会管理机制"的基本构成要素进行了论述。源头治理，就是社会管理关口前移，从源头上维稳；动态管理，针对中国流动社会、开放社会的基本特性，强调社会管理的全过程；应急处置，针对突发社会公共事件，这是影响社会稳定的重要风险源，并最能体现政府应对风险的能力。围绕提高预知、预警、预防和应急处置能力，加强和完善主动防控和应急处置相结合、传统方式和现代手段相结合的公共安全体系。健全食品药品监管体制机制，形成政府、企业、行业组织、消费者和媒体共同参与的监管格局。完善安全生产监管体制机制，健全安全生产综合监管、行业监管、属地监管责任体系。健全立体化社会治安防控体系，全面提高社会治安综合治理水平。完善应急管理体系，加强危机管理和抗风险能力建设，提升对自然灾害、事故灾难、公共卫生事件、社会安全事件等突发公共事件的风险管理水平。

——完善社会管理体制。相对于党的十七大报告而言，党的十八大报告对社会管理体制的论述增加了"法治保障"，从而实现了从"社会管理格局"到"社会管理体制"的完善。它表明了更加重视依法治国、依法治理的基本理念和手段。社会管理必须依靠制度建设，要有坚实的制度保障，从"格局"提升到"体制"，关键和核心在于制度建设，而法律正是最为核心的制度要素。深化社会体制改革，加强和创新社会管理，必须充分发挥党的领导核心作用。坚持把加强社会建设和社会管理作为党委和政府的重大任务，发挥总揽全局、协调各方作用，确保加强和创新社会管理的正确方向。健全社会管理的政策体系，加强社会工作的统筹协调和督促检查。政府负责，就要充分发挥各级政府的主导作用，健全政府职责体系，整合政府资源，明确任务分工，形成各负其责、运转高效的合力。要充分发挥社会协同和公众参与的重要作用，强化人民团体、企业事业单位社会管理服务职能，促进社会组织体系发展，动员和组织广大群众参与社会管理与服务，形成社会和谐人人参与、和谐社会人人共享的良好局面。要重视发挥法治的保障作用，依法管理是现代社会运行的基本特点，一切社会管理活动都要于法有据，领导者要善于运用法治思维和法治方式管理社会，把各项社会管理纳入法治化轨道。要建立和完善社会管理科学有效的评价、考核体系和机制，促进提升社会管理的科学化水平。要加强社会工作人才队伍建设，完善社会工作人才培养、评价、使用、激励制度，充分发挥他们在深化社会体制改革、创新社会管理中的聪明才智。

经济体制改革是一场深刻的革命，社会体制改革更是一场深刻的革命，任务艰巨繁重。深化社会体制改革的许多重要问题摆在我们面前，而任何一个重要问题都没有简单和现成的答案。我们要坚持以中国特色社会主义理论体系为指导，勤于思考，勇于探索，敢于实践，善于总结，努力为深化社会体制改革、促进科学发展、发展中国特色社会主义伟大事业作出积极的贡献。

重视社会预期管理研究 ①

（2013 年 3 月 16 日）

当今世界各国的经济社会发展越来越表明，人类社会正在经历空前广泛和深刻的大变革和大变动时期。在这个时期，社会管理显得越来越重要。伴随加强和创新社会管理的需要，社会预期管理正越来越受到社会各界的高度关注。社会预期是社会预期主体基于一定的社会利益对社会变化趋势的看法、判断或估计。有时，社会预期不利于社会的良性运行和协调发展。这就需要进行社会预期管理。社会预期管理是社会管理部门利用所掌握的各种工具对公众的社会预期形成和变化进行引导和调节的过程。进行社会预期管理研究不仅具有重大的理论意义，而且也具有重大的现实意义。它可以丰富社会管理理论和预期理论，对更好地进行社会管理具有重要的参考价值和现实指导性。在实践中产生和发展的社会预期管理理论本身就拓展了社会管理理论和预期理论空间，进行社会预期引导和调节本身就是一种实践。近年来，江世银教授在预期理论与预期问题研究的基础上将预期引入社会管理研究中，这是一种重大创新。这

<hr>

① 本文系为江世银著《社会管理预期理论》一书所写的序言。

657

本专著《社会预期管理论》是江世银教授在所完成的国家社科基金西部课题《在创新社会管理中加强社会预期管理研究》基础上修改而成的。

预期从心理学中引进到经济学中，预期理论大大向前发展了，罗伯特·卢卡斯和托马斯·J·萨金特两位经济学大师获得了诺贝尔经济学奖。预期从经济学中引进到社会管理中，其理论又大大向前发展了。社会预期管理研究具有重要的学术价值。它已引起学术界的关注，并拓宽了学术研究领域，社会预期管理研究更具有综合性的特征。不仅如此，它还引起了学术界的争鸣，如社会预期管理有无用处和有多大的用处，社会预期在社会管理中的地位与作用如何，如何进行社会预期管理，如何处理好传统社会管理与进行社会预期管理的关系，等等。可见，《社会预期管理论》具有重要的学术价值。

社会预期管理研究还具有重要的应用价值。任何社会决策和社会管理特别是现代社会管理要想做到现实可行和有预见性，就必须详尽、准确地了解社会预期，从而在此基础上作出顺乎民意、合乎现实的正确决策或管理来。要了解社会预期，就必须研究社会预期，才能为社会预期管理提供科学的依据。本书的研究价值正是如此。它可以应用于社会预期管理，特别是指导社会预期管理实践。创新社会管理，需要进行社会预期管理。在创新社会管理中进行这方面的研究可以引起有关社会管理部门对社会预期引导的重视。有时，社会预期引导比采取强有力"管控卡压"更重要。"管控卡压"只能解决暂时的问题，不能从根本上消除引起社会不稳定的因素，是治标不治本的管理。进行社会预期管理研究，可以更好地指导社会管理实践。在社会管理中，在预期形成前管理者需要为社会预期管理作好准备。

在社会预期形成过程中，正是公众往往会对将要实施的政策变化形成预期，于是，政府对公众所可能作出的预期进行预期，从而引导公众顺应社会管理政策的预期并弱化其相逆的预期。在预期形成后确保公众的正确预期是在社会管理目标达到后的社会预期管理。可见，《社会预期管理论》具有重要的应用价值。

——可以创新社会管理理论。社会管理理论是随着社会管理实践的产生而产生的，并随着社会管理的创新而不断地得到丰富和发展。传统的社会管理主要进行的是一种硬管理，采取软管理的心理预期引导和调节则很少。现代的社会管理主要进行的是一种软管理，采取硬管理的办法和措施越来越少。现代的社会软管理正在取代传统的社会硬管理。创新社会管理非常需要加强社会预期引导和调节。通过社会预期引导和调节实践，大大丰富了社会管理理论。

——可以丰富预期理论。随着社会实践的发展，预期被引入社会管理中，变成了社会预期理论而得到了丰富和发展。在本书中所总结出的社会管理中的社会预期管理理论和方法，是对预期理论和方法的丰富和发展。丰富和发展预期理论就需要进行社会预期管理，从社会管理中总结出经验教训，由此上升到理论高度。本书所进行的社会预期管理研究不仅为实际工作部门提供了一个社会预期管理框架，而且为国内外社会管理科学带来新的理论素材。进行社会预期管理研究是丰富和发展预期理论的需要。越进行社会预期管理，预期理论越得到丰富和发展。

——可以指导社会管理。《社会预期管理论》对于社会管理具有很强的现实指导性。书中所提出的在社会管理中，在预期形成前管理者需要为社会预期管理作好准备；在预期形成过程中，恰当地进行社会预期管理；在预期形成后确保公众的正确预期是在社会管理目标达到后的社会预期管理，这是很重要的观点，对当前正在进行的社会管理具有很强的现实指导意义。这也为越来越需要加强和创新社会管理的国家提供了参考和借鉴。

加快构建中国特色社会主义社会体制 ①

（2013 年 5 月 25 日）

各位来宾、各位专家：

第三届中国社会管理论坛今天在这里成功举办。本届论坛以"贯彻十八大精神，加快社会体制改革"为主题，集中研讨社会体制改革的理论和实践问题，这对于推动社会体制改革、加强社会建设、促进社会现代化，很有意义。

这里，我主要围绕这次论坛的主题，讲一些个人的看法，与大家一起研讨交流。

社会体制，一般是指社会管理和服务模式、社会资源配置机制，以及各社会主体权利责任义务和行为的规范或制度安排，包括社会主体定位、社会治理方式、公共服务体系、社会组织制度和社会管理机制等。我们这里研讨的社会体制，是指中国特色社会主义制度体系中与经济体制、政治体制、文化体制、生态体制相并列的具体制度，是社会现代化建设的重要组成部分。

党中央高度重视社会体制改革问题，十八大把加快推进社

---

① 本文系在第三届中国社会管理论坛上的主旨演讲。

会体制改革放在更加突出位置，作出了重大决策和部署，第一次把社会管理体制、基本公共服务体系、现代社会组织体制和社会管理机制等一系列既有联系、又有区别的范畴，概括为中国特色社会主义社会体制的基本任务和重点方面。这些是对近些年来我国社会体制改革理论探索和实践创新成果的新升华、新发展。加快社会体制改革，势在必行，意义重大。

第一，加快推进社会体制改革，是加强社会建设、全面建成小康社会的内在要求。我们党对社会主义现代化建设规律的认识不断深化，其中把社会建设作为中国特色社会主义"五位一体"总体布局的重要组成部分，作为全面建成小康社会的重要任务。社会建设包括保障和改善民生，发展社会事业，完善公共服务体系，加强社会管理，创新社会体制，促进社会公平正义。社会体制是社会建设中有机联系的重要内容。总体上看，一个较长时期以来，社会建设是我国现代化建设中的一个短板和瓶颈，而社会建设中与改善民生和社会管理相关的就业、教育、医疗卫生、收入分配、住房、社会治安等方面许多问题，在很大程度上又与社会体制不合理、不健全直接相关。不加快社会体制改革，社会建设中的许多问题就难以从根本上加以解决。因此，要实现全面建成小康社会的目标，必须大力加强包括社会体制在内的社会建设。

第二，加快推进社会体制改革，也是全面深化改革、完善中国特色社会主义制度的重要内容。中国特色社会主义制度，是包括建立在中国特色社会主义根本政治制度、基本政治制度、基本经济制度基础上的经济体制、政治体制、文化体制、社会体制、生态体制等各项具体制度。这些具体制度随着我国经济社会发展而不断完善、发展。十八大报告强调，必须以更大的政治勇气和智慧，不失时机深化重要领域改革，"构建系统完备、科学规范、运行有效的制度体系，使各方面制度更加成熟更加定型"，并明确提出了建立确保社会既充满活力又和谐有序的社会体制目标。显然，加快推进社会体制改革，是全面深化体制改革的重要组成部分，是构建成熟的中国特色社会主义制度的一项重大任务。

第三，加快推进社会体制改革，还是加强和创新社会管理、提高社会管理科学化水平的必由之路。目前，我国仍处于大有可为的重要战略机遇期，也是各种社会矛盾的凸显期，社会领域中面临着不少亟待解决的问题。特别是社会体制不适应社会结构、利益结构多层次、多元化发展的新情况、新要求；政府、社会组织、企业、公民的社会职责不清，政府在社会管理中既有包揽社会事务过多的问题，也有职能不到位的问题；现代社会组织发育缓慢，体制不顺，活力不足，缺乏规范；社会事业体制改革滞后，基本公共服务体系不健全；社会治理体系、规制、机制不合理，放活、管控、协同的体制性功能难以有效发挥作用。解决这些问题，必须推进社会体制改革创新，围绕解决突出的社会问题，创新社会管理理念，创新社会管理主体，创新社会管理内容，创新社会管理方式。只有加快社会体制改革，才能从根本上加强和创新社会管理，不断提高社会管理科学化水平，也才能有效协调社会关系、规范社会行为、化解社会矛盾、解决社会问题、实现社会公正、应对社会风险、激发社会活力、维护社会稳定，从而为改革发展创造良好的社会环境。

加快推进社会体制改革的总体目标，从根本上说，就是构建起中国特色社会主义社会体制。这是一项宏大的涉及多方面改革的历史任务。十八大提出："要围绕构建中国特色社会主义社会管理体系，加快形成党委领导、政府负责、社会协同、公众参与、法治保障的社会管理体制，加快形成政府主导、覆盖城乡、可持续的基本公共服务体系，加快形成政社分开、权责明确、依法自治的现代社会组织体制，加快形成源头治理、动态管理、应急处置相结合的社会管理机制。"可以说，这"四个加快"就是深化社会体制改革的基本任务和基本要求。它们之间既密切联系，又各有侧重。社会管理体制侧重于明确各类社会主体作用，保持社会关系协调、富有活力、有序运行；基本公共服务体系侧重于满足公众基本需求，保障和改善民生；现代社会组织体制侧重于创新社会治理方式，由大政府向"大社会"转变；社会管理机制侧重于社会全过程重要环节的调节、治理。这些方面，构成新型社会体制的基本框架和主要支柱。

（一）加快形成党委领导、政府负责、社会协同、公众参与、法治保障的社会管理体制。这是加快社会体制改革的根本任务。党的十八大对社会管理体制作出新概括，将2004年党的十六届四中全会首次提出的建立"党委领导、政府负责、社会协同、公众参与"的社会管理格局，提升为"社会管理体制"，并把"法治保障"纳入社会管理体制中来。这样，不仅深化了对社会管理体制框架的认识，而且丰富了社会管理体制的内涵，彰显了法治在社会管理中的重要作用，进一步明确规定了社会管理体制不同主体作用和如何创新社会管理的问题。党委领导是核心，政府负责是关键，社会协同是依托，公众参与是基础，法治保障是基石。五位一体，有机联系，密不可分。党委领导，就是要发挥各级党委在社会管理中总揽全局、协调各方的领导核心作用。主要是把握方向，制定政策，整合力量，营造环境，发挥基层党组织服务社会、凝聚人心、促进和谐的作用。政府负责，就是要发挥政府担当主要责任的作用，各级政府必须切实履行社会管理和公共服务的职能，明确部门责任，健全职责体系，培育社会组织，创新公共政策体系，把社会管理工作落到实处。社会协同，就是要发挥各类社会团体、社会组织、社会单位的协助配合作用。最充分、最广泛地调动社会上一切积极因素和积极力量共同治理社会，特别是要支持和促进社会组织体系发展，健全基层服务和社会管理网络，推动社会管理专业化、组织化、社会化。公众参与，就是要发挥人民群众参与社会管理的基础作用。社会管理是对人的管理和服务，社会成员既是管理和服务的对象，也是管理和服务的主体。必须充分相信群众、依靠群众，动员和组织广大群众参与社会管理与服务，形成社会治理人人参与、和谐社会人人共享的生动局面。法治保障，就是要发挥法治在社会管理中的保障作用。现代社会是法治社会，实行法治原则才能切实体现公平正义，也才能真正建设民主政治。社会管理必须全面落实依法治国基本方略，提高领导干部运用法治思维和法治方式治理社会的能力，突出加强社会领域立法、执法和监察工作，切实保障法律法规的有效实施，把各项社会管理纳入科学化、规范化、法制化的轨道。

（二）加快形成政府主导、覆盖城乡、可持续的基本公共服务体系。这是加快社会体制改革的重要方面。党的十八大提出的加快健全基本公共服务体系，明确回答了由谁提供、向谁提供和如何提供基本公共服务等问题。政府主导，就是要明确政府在提供基本公共服务中的主导作用。各级政府应切实加强公共服务的职责，积极提供满足公众和社会需要的优质公共服务。要建立中央统一领导、地方为主、统一与分级相结合的基本公共服务体制，完善公共财政体系，增加公共财政投入。同时，积极探索政府与企事业单位、各类社会组织和城乡社区自治组织在社会管理中有效衔接与良性互动的体制。要着力创新政府提供公共服务方式，加大购买基本公共服务的力度，凡适合社会组织承担的公共服务，都可以通过委托、承包、采购等方式交给社会组织承担，充分发挥社会力量的积极性和创造性，推进公共服务供给多元化、多样化。覆盖城乡，就是要实现基本公共服务对象覆盖全体人民。必须统筹城市与农村、发达地区与贫困地区、户籍人口与流动人口，实现城乡均衡、区域均衡和群体均衡，着力编织覆盖全社会、保障基本民生的安全网，特别要"补短板""兜底线"，不留空白，使人人共享基本公共服务，促进社会公平正义。这就要求加快完善城乡一体化体制机制，破除城乡二元结构；加快社会事业单位体制改革，使基本公共服务覆盖各类人群。可持续，就是要立足我国仍处于社会主义初级阶段的最大实际，坚持量力而行、尽力而为，着眼长远、循序渐进。要合理确定服务标准，实行适合中国国情的基本公共服务供给方式，在发展中逐步扩大范围、提高水平、缩小差距。

（三）加快形成政社分开、权责明确、依法自治的现代社会组织体制。这是加快社会体制改革的中心环节。党的十八大充分肯定社会组织在社会建设中的重要作用，并为加快形成现代社会组织体制指明了方向。提出建立现代社会组织体制，是基于我国从计划经济体制向市场经济体制转变、从传统社会向现代社会转变、顺应世界现代化趋势而作出的一种现代社会制度安排。深化社会体制改革的核心问题，是处理好政府和社会的关系，处理好"政府管理"与"社会自治"的关系，要切实尊重市场经济条件下社会运行规律，更好发挥政府作用。必须实行政社分开，使政府行政职能和社会组织自我管理相分离，即行政权力与社会自治权利分开；同时，政府要向社会组织转移职能，放权让利，并充分发挥社会组织的作用。要加快政府职能转变和行政体制改革，既要切实改变政府包揽社会事务的做法，也要切实改变社会组织行政化和成为"二政府"的现象，推进政府向社会组织转移权力和职能，支持社会组织发挥参与社会管理和服务，实现政府与社会优势互补、良性互动。必须实行权责明确，通过法律明确规定社会组织的权利和责任，权、责、利相统一、相对等。服务公众利益和社会利益是现代组织的基本功能和制度安排。要在赋予社会组织社会管理和服务职能的同时，对其承担的责任提出明确要求，促进社会组织健康有序发展，切实发挥其在社会管理和社会服务中的协同作用。必须实行依法自治，以法律为自治准绳。根据我国现代化进程的要求，并借鉴国外的有益做法，着力研究社会组织体制的特色、社会组织定位功能，加快培育和规范发展各类社会组织、社会企业，尤其要加快培育公益类、服务类、慈善类社会组织，充分发挥各类社会自治组织的自治功能。构建和谐社会，基层是关键。当务之急是要完善城乡社区发展的体制、机制，从各地实际出发，健全符合中国国情的新型城乡社区组织。要给社会组织以更充分的信任和更广阔的发展空间。同时，要引导社会组织完善内部治理结构和规章制度，在法律法规范围内进行自我管理、自我服务、自我发展和自我完善。党的十八届二中全会和十二届全国人大一次会议通过的《国务院机构改革和职能转变方案》中，对推进政社分开、发展社会组织、扩大社会组织权力、发挥社会组织作用提出了重要改革措施，这些是加快形成现代社会组织体制的重要决策，是完善中国特色社会主义行政体制和社会体制的重要步骤，有着标志性意义。

（四）加快形成源头治理、动态管理、应急处置相结合的社会管理机制。这是加快社会体制改革的基本要求。党的十八大根据社会管理规律，提出全过程实施管理、各个环节相互关联和相互支撑的社会管理机制。这是健全社会体制、提高社会管理科学化水平的科学思维和制度安排。源头治理是治本之策，要将社会管理的关口前移，树立民生为先、服务为先理念，切实保障和改善民生，坚持科学、民主、依法决策，从源头上预防和减少社会矛盾。这就需要牢固树立以人为本的发展思想，尊重人民主体地位，加强社会预期管理。动态管理是化解之策，要建立健全诉求表达、矛盾调解、利益协调、权益保障机制，使社会矛盾得到及时发现和化解，保持社会有序平稳运行。应急处置是保全之策，要加强应急能力建设，围绕提高预知、预警、预防和应急处置能力，建立主动防控和应急处置相结合、传统方式和现代手段相结合的公共安全体系，及时有效应对和妥善处置突发事件，最大限度减少对群众生命财产的危害，或者对社会秩序的冲击。

深化社会体制改革，加快建立中国特色社会主义社会体制是一项艰巨、复杂的系统工程，在推进改革中需要把握好以下几个方面。

（一）坚持社会体制改革正确方向。改革朝着什么方向推进，事关中国现代化事业的成败。社会体制是中国特色社会主义总布局中社会建设的重要组成部分。加快推进社会体制改革，必须始终坚持中国特色社会主义的根本方向，坚持与社会主义市场经济改革相配合、相适应。社会体制改革同经济体制等其他方面体制改革一样，都是社会主义制度的自我完善和发展，而不是社会主义制度改弦易张。我们要以世界眼光和宽广胸怀积极借鉴世界各国在社会治理文明中的一切有益做法，但是，绝不能照抄照搬别国经验、别国模式，要自觉抵制各种错误思想和主张的影响，确保社会体制改革沿着中国特色社会主义道路前进。

（二）坚持问题意识和制度导向。马克思有一句名言，问题就是公开的、无畏的、左右一切个人的时代声音。问题就是时代的口号。每个时代总有属于它自己的问题，深化社会体制改革就是一个解决当今中国社会问题的过程。我们国家发展的阶段性特征，决定了我们在加强和创新社会管理过程中面临着许多与别的时代、别的国家所不同的社会问题。特别是社会管理体制问题、社会建设中与群众利益密切相关的问题比较突出。这些就是时代的口号、时代的声音。必须树立强烈的问题意识，提出有针对性解决问题的办法，而不能只是从概念出发，更不能从概念到概念。同时，必须标本兼治，强化制度导向。要着眼于建立和完善相关制度机制，推进改革措施，注重加强制度建设。因为只有制度才具有根本性、长期性和稳定性。绝不能光治标不治本。

（三）坚持继承和创新有机统一。我国社会治理文明源远流长、博大精深。新中国成立以来特别是改革开放以来，不断推进社会管理改革创新取得重要进展。在新的形势下，加快社会体制改革必须坚持从中国基本国情出发，围绕构建中国特色社会主义社会管理体系和提高社会管理的实际效果，高度重视弘扬和继承我国传统的社会治理优秀文明成果，包括重视道德教化和重视家庭的作用；同时，高度重视发扬和继承我们党在推动社会建设中形成的鲜明的政治优势、制度优势、组织优势以及群众工作优势，这是中国特色社会主义社会体制的基本内核和可靠支柱。同时，我们必须与时俱进，革故鼎新，勇于用时代发展要求审视社会建设现状，推进社会管理理念创新、实践创新、体制创新、制度机制创新，加强社会预期管理理论和方法研究，用新思路、新办法解决新问题，努力使社会建设和社会管理体现时代性、把握规律性、富有创新性。

（四）坚持在各方面体制改革协同配合中推进。加快社会体制改革是全面深化改革、完善中国特色社会主义制度体系的有机部分，必须与其他方面体制改革相协调、相配合，要在全面推进经济体制、政治体制、文化体制、生态体制改革创新中统筹谋划，协同推进。要坚持以经济体制改革、社会体制改革为重点，加大改革力度，从而带动和促进其他方面改革。要把握好各方面体制改革相互联系、相互促进的规律，审时度势，科学决策，全面协调地推进。

（五）坚持加强宏观指导和鼓励基层创造相结合。构建现代社会体制、建设社会现代化，是一个重大的、崭新的课题，需要积极稳妥推进。要坚持30多年来行之有效的"摸着石头过河"的领导改革方法。重视加强社会体制改革的顶层设计和宏观指导，从国家发展全局和战略高度，并从整体上和系统地研究社会体制改革的目标、任务、路线图和时间表，更加注重改革的系统性、整体性、协同性，不断把改革引向深入。同时，要继续充分尊重基层和群众的首创精神。近年来，各地在社会体制改革方面进行了积极的探索和实践，积累了不少值得重视的经验，要善于总结社会体制改革中丰富的实践创造，及时推广新鲜经验。同时，要继续鼓励大胆试验、勇于创新、敢于突破。

当前，我国正站在全面建成小康社会和全面深化改革开放新的起点上。深化社会体制改革的任务艰巨、繁重，许多重要课题需要我们去研究、去探索。从某种意义上说，社会体制改革比其他体制改革的复杂性和困难程度更大，这是一场更为广泛、更为深刻的社会变革，需要以更大的勇气、智慧和能力攻坚克难。我们要以党的十八大精神为指导，不断解放思想，弘扬改革精神，凝聚改革共识，深入开展社会体制改革理论研究，积极投入社会体制创新实践，为加快建成中国特色社会主义社会体制、推进社会现代化、实现中华民族伟大复兴的"中国梦"作出应有的贡献。

谢谢大家！

"彩烛工程"小学校长培训公益项目的报告 [1]

（2013 年 7 月 18 日）

2012 年 12 月 30 日，习近平总书记在河北省阜平县考察扶贫开发工作时的讲话中指出，治贫先治愚。要把下一代的教育工作做好，特别是要注重山区贫困地区下一代的成长。下一代要过上好生活，首先要有文化，这样将来他们的发展就完全不同。义务教育一定要搞好，让孩子们受到好的教育，不要让孩子们输在起跑线上。古人有"家贫子读书"的传统。把贫困地区孩子培养出来，这才是根本的扶贫之策。

为贯彻落实习近平总书记重要讲话精神，中国西部人才开发基金会联合国家开发银行、北京师范大学中国社会管理研究院，共同发起实施"彩烛工程"西部地区小学校长培训公益项目，旨在以西部地区小学校长这一群体为培训对象，力争达到"培训一名校长，提升一所学校，带动一个地区"的效果。从2012 年 2 月至 2013 年 7 月，已在北京师范大学举办 4 期培训班，

---

① 本文系向国务院领导报送的报告，获得重要批示，推动了相关工作。

每期培训班 7—10 天，为四川省泸州市古蔺县以及贵州省遵义市务川县、正安县、道真县培训小学校长 185 名（据调查，这些小学校长绝大多数是第一次到北京），取得很好的社会效应、教育效应和人才效应，得到西部贫困地区广大干部群众特别是教育工作者的普遍好评和高度赞扬。

一、"彩烛工程"缘起

中国西部人才开发基金会（以下简称"基金会"）是顺应国家西部大开发战略而成立的全国性公募基金会，宗旨是支持西部地区和为西部地区服务的人才培养与培训，为西部大开发提供人才和智力支持。自 2006 年成立以来，基金会围绕西部大开发实施了一系列卓有成效的公益项目，既有创业型的"泛海扬帆大学生创业行动""春雨工程农村致富带头人培训项目"，又有素质型的"中国 MBA 师资开发及办学能力建设计划""中国石油西部人才开发工程"，也有基础型的"山村教师公益计划""小学生营养午餐工程""务工者暖春行动"等。其中，"中国 MBA 师资开发及办学能力建设计划"是国务院副总理马凯同志提倡和关心的国际合作项目；"中国石油西部人才开发工程"得到新疆维吾尔自治区党委书记张春贤同志的关注和重视。在扶持西部人才开发的过程中，我们充分认识到，教育是太阳底下最光辉的事业，教师是人类灵魂的工程师，而校长既是教师，又是教师的管理者，在基础教育中扮演着关键角色。

国家开发银行（以下简称"国开行"）是国有商业性银行，近年来，在支持国家经济建设的同时，积极支持基础教育发展。2012 年投入教育贷款 1071 亿元。其中，高中教育 245 亿元，职业教育 87 亿元，教育基础设施 410 亿元，助学贷款 329 亿元。与此同时，国开行扎实履行社会责任，参与公益事业。仅此次举办"彩烛工程"就捐助 400 万元。

为切实有效发挥"彩烛工程"的作用，形成品牌效应，基金会与国开行组织人员多次赴四川、贵州等贫困山区调研，深入山村学校了解情况，组织小学校长研讨培训内容，把培训工作建立在实际需要的基础之上，做到有的放矢。贵州省务川县砚山镇毛田村小学蒋雪松校长说："和城里的孩子、东部地区的孩子相比，在学校的硬件设施、师资水平和成长环境方面，我们偏远山区的孩子从小就输在了起跑线上；可就让我们永远戴着这顶贫穷落后的帽子，我们不甘心。"像蒋雪松这样边远贫困山区的小学校长，提升业务水平的需求十分迫切，提高教育质量的愿望格外强烈。针对西部地区的教育现状和实际需求，我们精心设计、细心组织，共同实施"彩烛工程"——西部地区小学校长培训公益项目，并且先期在国开行 6 个定点扶贫县展开。

二、"彩烛工程"效果与启示

为做好"彩烛工程"，基金会、国开行和北师大为参训学员设计了丰富的课程菜单，由学员点菜确定最想学的课程，邀请国内顶尖教育专家授课，先后开设了"校长领导力提升""新课程标准下的校长责任""班主任管理艺术""基于学生成长规律的育人策略""教师心理工作坊"以及"教育故事分享"等课程，安排到北京师范大学亚太实验学校、北京市朝阳区芳草地国际学校、门头沟大峪二小、崇文小学等学校参访交流，重点针对校园安全、留守儿童关爱、教师激励、校园文化建设等议题进行了结构式研讨。此外，还安排时间让学员亲身感受北京浓厚的文化氛围，这对一些第一次到首都的学员来说，将成为终身难忘的美好记忆。

学员普遍反映参加培训获益良多，并且表示回去后一定要把所学经验和方法转授给学校的老师，积极运用到实际教学和管理中。校长们在培训感言中写道："走出大山，才知道天有多高，地有多宽"；"切合实际的面对面交流、沟通，很有指导意义，具有可操作性，看得见，摸得着"；"来时空空如也，走时满载而归。脑海里又融进了不少新的思想、新的观念。虽谈不上是脱胎换骨，但一定会使我受益终身"。

实施"彩烛工程"，我们总结有三点启示。

一是根据需求，设计项目。公益资金，来之不易。把善款用在最需要的地方，是做好社会公益事业的基本要求。"彩烛工程"瞄准的就是西部贫困山区的小学校长，让中国最基层的小学校长和中国最优秀的师范大学结对子，本身就是"雪中送炭"、促进公平的举措。选准对象，更要聚焦内容。我们精心设计了培训需求问卷和课程评估问卷，让校长对自己"学什么""怎么学"有充分的选择权。可以说，学的都是解渴的、对基层有用的、跳一跳就能够得着的。

二是创新方式，力求实效。"彩烛工程"充分考虑培训的实效性，设计了多样化的培训方式，既有课堂讲授、互动问答，也有学校参访、校长对话，还有结构研讨、经验交流；既有能力型的"校长领导力提升"课程，也有最头疼的校园安全和留守儿童关爱研讨。教学相长、学学相长、用学相长，让学员对培训产生兴趣，乐意去观察、聆听、交流、学习。值得一提的是，我们组织了贵州务川、正安、道真三县共三期混合编班，每县 15 名学员，倡导他们每县一名校长，三人成行，架起桥梁，以便培训后开展对接交流、资源共享等活动。

三是以人为本，贴心关爱。公益事业就是要以情感人，用爱扶人，用心育人。来自西部偏远山区的学员们，虽然离家千里，却有着宾至如归的感觉。基金会、国开行和北师大把"尊师重教"的理念贯穿培训的始终，悉心安排照顾，真诚提供服务。并且还精心制作图文并茂的培训纪念画册，在学员们离京之前就能拿到手中。教育是爱的奉献与传递。"彩烛工程"带给小学校长的不仅仅是知识的更新和能力的提升，更是智慧的觉醒和爱心的传承。

三、下一步打算和建议

鉴于已办"彩烛工程"的巨大社会效果，国家开发银行领导表示以更大的资助力度，进一步把这个公益项目做实做大；北京师范大学有关单位也将予以更大的支持。我们将认真总结实践经验，着力在三个方面下功夫。

一是继续"走出来"。今年下半年，将面向重庆市黔江区和秀山县举办 2 期培训班，再举办 1 期四川古蔺培训班，力争把国开行 6 个扶贫县的优秀校长轮训一遍。针对确有潜力的小学校长，我们将争取为他们提供到东部地区挂职锻炼的机会，真正培育出名校长，让他们在贫困山区起到示范带头作用。

二是探索"请进去"。公益资金是有限的，大规模的"走出来"不现实。我们将积极探索以"送教下乡"的方式，把名校名师请进贫困山区，让当地更多的校长、老师，同样能够接触到最优质的教育资源和最先进的教育理念、方法。在"请进去"的同时，进一步调研地方需求，探索策划更多帮扶活动。

三是扩大受益面。在国开行六个扶贫点深耕细作的基础上，我们将以小学校长为帮扶重点，探索建立扶持基础教育的机制。如果有可能，我们将动员更多爱心企业，把公益事业与扶贫开发结合起来，把"彩烛工程"的好经验、好模式推广到西部其他地区，让更多的农村地区、偏远地区、民族地区和薄弱学校的小学校长培训提升，让更多的山村娃娃受益，更好地服务西部大开发。

为了把"彩烛工程"办得更好，使西部地区基层小学校长培训取得更大成效，我们建议教育部以适当方式关心和支持这个公益工程。

加快干部人事制度改革的建议 ①

（2013 年 7 月 25 日）

党的十八大提出了"深化干部人事制度改革"的重大战略任务。习近平总书记在最近召开的全国组织工作会议上对干部制度改革的新情况作了深刻、精辟的阐述，要求认真总结，深入研究，不断改进。党中央对推进干部人事制度改革做了全面部署，提出"加强顶层设计，进行科学谋划"。这些论述和部署意义重大。今年初，中国行政体制改革研究会开始组织有关理论工作者和实际工作者，着眼于党和国家事业发展的大局，对全面深化干部人事制度改革中一些重大问题做了较为系统、深入的研究。现将初步研究成果摘要报告如下。

---

① 本文系中国行政体制改革研究会 2013 年度重大课题研究总报告的摘要。课题组组长为魏礼群，课题组副组长为赵世洪、李沛，课题组成员为胡敏、蒲实。此项研究形成 1 个总报告，11 个分报告，成果获得党中央多位领导重要批示。

一、全面深化干部人事制度改革的
战略意义和主要原则

（一）战略意义。从古今中外历史看，选人用人制度决定国家治乱兴衰。从巩固党的执政地位看，最根本的是要有一个好的干部人事制度。从党的使命看，能不能实现伟大的"中国梦"，根本取决于干部人事制度改革的实际成效。从现实状况看，我国最短缺的资源是人才，最浪费的也是人才，用人腐败更是最大的腐败，要解决选人用人问题，根本出路在深化干部人事制度改革。

（二）历史方位。我国正深入推进计划经济模式向社会主义市场经济体制转变，从传统社会向现代化社会转变，这是推进干部人事制度改革需要深入考虑的历史方位。必须按照科学执政、民主执政、依法执政的要求，健全适应发展社会主义市场经济要求的干部选拔任用机制，形成科学化、规范化、法制化的选人用人制度，最大限度发挥干部这一宝贵资源的作用。

（三）主要原则。一是坚持党管干部原则，加强和改善党对干部工作的领导。二是坚持统筹谋划，顶层设计，分类施策。全面推进干部提名推荐、选拔任用、考核评价、有序流动、管理监督等各项制度改革。规范委任制、选任制、考任制、聘任制，完善公务员制度，加快国有企业和事业单位人事制度改革。三是坚持德才兼备，任人唯贤，知人善用。四是坚持标本兼治，着力完善制度机制，特别是建立科学的激励约束机制。五是坚持睿智兼容，博采众长，善于汲取古今中外一切可以借鉴的选人用人制度的智慧。六是坚持有效管用、简便易行，避免形式主义、搞繁琐哲学。

总之，要着眼于建设高素质干部队伍、人才队伍，充分调动各类干部、人才干事创业积极性和创造性，形成各方面优秀干部、各类优秀人才充分涌现，各尽其能、才尽其用的体制制度，形成能上能下、能进能出、充满生机和活力的干部、人才流动制度机制，形成法制健全、科学规范、运行有序、监督有力的选用、评价、考核制度体系。

二、全面深化干部人事制度改革
需着力解决的突出问题

（一）坚决改变使未到退休年龄干部提前离职的做法，最大限度用好干部宝贵资源

1.存在问题。改革开放以来，我国在废除干部职务终身制、推进干部队伍年轻化方面，成绩显著。但在地方用"一刀切"办法使未到退休年龄干部提前离职问题突出。按国家规定，处级公务员退休年龄为60岁。但实际上，提前离职年龄层层递减，在不少地方退居二线年龄，一般正科级53岁，副科级52岁，其他干部51岁，出现了"123"现象。违法悖理的强制退休屡禁不止。这就带来：（1）影响了工作。越往县乡提前离职越早，而基层一线直接面对矛盾，需要经验丰富、能够处理复杂事务的年纪大一些的干部，如"孟连事件"的发生就与年轻干部缺乏基层经验有关。（2）县处级干部正值精力充沛、经验丰富之时，提早七八年离职，不少干部退居二线无所事事，游手好闲，使大量宝贵的干部人才资源严重浪费。（3）严重挫伤干部积极性，影响干部队伍稳定。（4）出现违纪违法问题。退

到二线后许多人从事经营企业活动或其他第二职业，法不责众，造成应管未管的灰色地带。出现这种现象的原因是多方面的，很重要的是市县领导者急于提拔一批属于自己的干部，而让不到退休年龄的干部退居二线。

2. 经验借鉴。世界上一些发达国家，不是让官员未到退休年龄提前离职，而是依工作性质分类设置退休年龄，即使有的官员到法定年龄了，也根据国家利益决定是否延迟退休。

3. 对策建议。（1）在全国范围内作全面、系统、详细调查研究，制定规范意见，坚决纠正在年龄上"一刀切"让干部提前退位离职的做法。（2）坚持各级领导班子"老中青"三结合，优化老干部在班子成员年龄结构的比例，越往基层班子越注意老中青搭配，重点解决县乡两级干部未到退休年龄提前离职问题。（3）实行干部提前退居二线上报一级审批或备案制度，建立未到年龄提前离职干部反映诉求的受理平台。（4）建立干部分类分级退居二线考评机制，根据需要和绩效而不是仅仅根据年龄确定退线杠杠。（5）按照工作性质和岗位设定不同的退休年龄标准，探索特殊岗位干部延长退休试点工作。

（二）打破选人用人体制壁垒，探索建立中国特色"旋转门"制度

1. 存在问题。改革开放以来，与发展社会主义市场经济相适应的干部、人才流动和身份转换体制机制逐步建立，干部、人才流动和身份转换逐步扩大，但妨碍干部、人才流动和身份转换的不同体制之间的壁垒依然存在，缺乏流动的"旋转门"，相关制度和法律条款过于简单，缺乏系统性和可操作性。

2. 经验借鉴。所谓"旋转门"制度是指干部在公共行政部门和企事业、社团组织之间双向转换角色、交叉任职的制度。

西方国家的"旋转门"制度在政府和智库之间的人才流动方面发挥了重要作用。"旋转门"现象最早起源于美国，也在美国最具特色。比如，在布什政府担任财长的鲍尔森离开政府之后进入霍普金斯大学做访问研究员；原劳工部部长赵小兰进入传统基金会担任荣誉研究员；原布什政府的国家安全事务委员会东亚主任丹尼斯·怀德现在是布鲁金斯学会的访问学者；原尼克松和福特政府国务卿基辛格（已年届90岁）卸任后曾长期在智库工作，至今仍活跃在国际舞台最前沿；等等。美国智库之所以乐于聘用这些前政府官员，一则因为他们能够带来在政府内任职的经验；二则也有利于智库在政策领域的公信力；三则为他们提供一个再次"旋转"的平台。我国政治制度虽然不同于美国制度，但实行选人用人"旋转门"制度，是具有启发和借鉴意义的。

3.对策建议。（1）正确认识干部、人才流动"旋转门"制度的本质属性。它是现代政治文明的产物，从根本上反映了政府与企事业、社团组织的良性互动。（2）积极试行公务员聘任制，打破干部"铁饭碗"终身制。全面实行人事代理，新聘任公务员由"单位人"变"社会人"，实现人力资源社会化。实行协议工资制，实现薪酬由档案工资向以绩定酬的转变。（3）把智库作为"旋转门"制度的一个有效载体。一是选拔聘任智库研究人员到党政机关部门任职，创造条件让在职的党政机关干部到智库工作，实行智库与党政部门人员的双向旋转。二是积极推进"反向旋转门"机制建设，扩大面向社会公开招聘公务员的范围和比例。三是充分发挥退休干部资源优势，鼓励已退休领导干部参与智库建设。（4）健全我国干部流动"旋转门"的制度和法律体系。一是调查研究制定相关政策，建立相关保障制度。二是完善并严格执行公务员离职后利益回避、经济审计等配套制度和法律条款，保证干部流动的良性运行。

（三）克服干部频繁变动的"走马灯"现象，严格党政领导干部职务任期制

1. 存在问题。自 2006 年出台《党政领导干部职务任期暂行规定》以来，干部职务任期制得到贯彻落实，比较好地推进了干部的新老交替。但不少地方一些干部任职时间过短，省市县五年换三任书记、四任省长、市长、县长的不乏其例，群众对这种干部变动频繁的"走马灯"现象颇有意见，甚至极端不满。（1）不利于工作的持续性和稳定性。（2）助长干部的浮躁心态和不实作风，造成大量"形象工程""政绩工程"。（3）破坏了选人用人的权威性、严肃性。（4）不利于形成干事创业、注重实绩、群众公认的用人导向。（5）造成不少干部心神不定，随时处于要适应新的领导人的状态。

2. 对策建议。（1）各级党委及组织部门应严格落实干部任期制规定，切实减少干部任职期间过快变动。（2）落实科学执政、民主执政、依法执政和建设现代政治文明的要求，科学、有效解决经过党代会、人代会等选举干部的任期内变动问题。（3）加强制度配套约束"走马灯"行为。除了执行任期制规定外，还必须有领导干部考核制以及离任审核制等其他配套制度。（4）把执行任期制纳入法治和民主的轨道。建议将任期制的条例从目前的"暂行规定"提升为党和国家的法律制度，同时，探索把任命制下的任期制逐步转变为选举制下的任期制，使党政干部在民主监督中完成由法律所规定的任期。

（四）适应不同岗位需要，完善干部选拔任用制度体系

1. 存在问题。改革开放以来，我国积极探索符合国情的干

部选拔任用制度，成绩显著。但是，总体来看，委任制、选任制、考任制、聘任制以及公务员制等几种选拔制度混杂在一起使用，适用范围应加以进一步区分和明确，分类管理水平有待提高，公务员制度有待完善。

2.经验借鉴。古今中外选官都不是靠单一制度。我国古代吏治有军功制、荐举制、察举制、九品中正制，还有科举制等。西方现代文官制度也分为政务类和事务类，根据不同的岗位特点确定不同的选拔制度，根据不同的选拔制度采用不同的选拔方式，实行科学的分类施策、分别管理。

3.对策建议。一方面，完善领导干部选拔制度，探索建立选任制、委任制、考任制、聘任制的干部选拔体系。一是完善选任制。适用于选拔经过党代会、人代会及按照群团章程选举产生的领导干部，当前重点在完善民主推荐、民主测评环节，组织具有选举投票权的人员对拟任人选进行民主推荐和测评，把党组织决定和按照法律、章程制定的决定统一起来，选举任期内原则上不变动。二是完善委任制。适用于选拔高中级领导干部、各级机关部门领导干部及其他不需要选举产生的干部，重点应在科学化和民主化方面加以改进和完善。三是完善考任制，包括公开选拔、竞争上岗、公推公选等竞争性选拔制度。只有在无法产生合适人选特别是紧缺专业人才时才适用竞争性选拔，绝不能搞"凡提必竞"。四是完善聘任制。适用于选拔国有企业、事业单位、高校、科研院所领导人员。当前重点要进一步完善双向选择、严格聘期管理，防止变相委任制，也不能变成终身制。需要明确的是，无论采用哪种选拔制度，都要落实党管干部原则、发挥党组织在干部选拔任用中的领导和把关作用，都要坚持群众公认、实绩晋升的原则，都要严格执行任期聘期规定。完善公务员制度，即按照《公务员法》，实施分类分级管理，选任、委任类公务员与考任、聘任类公务员分成两大序列，两者之间不能交叉、混用、重叠。委任制与选任制公务员严格按照领导干部选拔任用制度产生。对于业务性、技术性、专业性较强的岗位，探索实行公务员聘任制度，聘期满考核后重新办理聘任手续，不再聘任的哪来哪去，续聘的也不能转到委任制与选任制公务员的序列。对考任制公务员在入门考试上注重基层实践，没有一定期限的基层实践，原则上不得报考公务员；同时，对实践经验丰富、实绩突出的在基层工作的人员，开辟绿色通道，专门组织公务员入门考试，从入口处优化公务员队伍结构。

（五）完善领导干部交流制度，更有效配置干部资源

1. 存在问题。近些年来，从上到下各层次干部交流力度加大，培养锻炼了干部，加强了领导班子建设，推动了工作，但也存在一些问题。（1）目的任务不够明确，存在为交流干部而交流干部问题。（2）从发达地区到欠发达地区、从基层向上级机关的交流，力度需要加大。（3）缺乏对交流干部的正确引导和有效管理，有的交流干部急功近利心理严重，存在临时做客思想和短期行为。（4）缺少干部向艰苦地区交流的激励政策措施，缺乏干部交流后家庭生活面临一系列困难的解决办法。（5）有的地方交流下派干部过多，挡住了本地干部发展通道，有的交流干部"水土不服"，往往与本地干部产生矛盾。

2. 对策建议。（1）处理好推进工作和培养干部的关系，把推进工作作为干部交流的主要目的。（2）处理好沿海发达地区和中西部欠发达地区带动发展的关系，大力度激励沿海地区干部向中西部欠发达地区交流。（3）处理好向上交流和向下交流

的关系，更注重从基层向上级选拔交流干部。（4）处理好交流干部和使用本地干部的关系，着眼于调动两个积极性。（5）处理好激励和约束的关系，加强对交流干部任期内的政绩考核。（6）处理好工作和生活的关系，制定更完备、更人性化的干部交流政策和保障措施。

（六）切实解决副职过多问题，加快实行干部职务和职级相结合制度

1. 存在问题。党中央高度重视解决副职过多问题。早在改革开放之初，邓小平同志就从"党和国家领导制度的改革"的高度强调指出："副职不宜过多"，"副职过多，效率难以提高，容易助长官僚主义和形式主义。"[①] 党的十七大、十八大都强调"减少领导职数"。党的十八届中央政治局常委由9位减少为7位，国内外都高度赞扬。但从中央部门到地方各级各方面副职过多问题仍很突出，从党委、政府到人大、政协，副职干部队伍数量过大，问题明显。（1）助长形式主义、官僚主义、文牍主义，增加行政成本。（2）领导成员分工过细、相互交叉，造成相互推诿，加大协调难度，增加工作程序的复杂性。（3）影响工作效率和执行力。

2. 经验借鉴。许多国家采用"辅佐型副职模式"，副职在正职空缺时代理或者递补，这样就使得副职数量总体可控，比如美国一般部委设专业副职多为1—2名。这样还使决策和执行相对分开，"协调"和"整合"的工作量将会减少，有利于提高决策与执行的效率。此外，通过增加专家助理岗位和咨询组织为正职提供专业咨询，代替副职承担的大量咨询、信息、监督等

---

① 《邓小平文选（第二卷）》，人民出版社，1994年，第319—320页。

工作。

3.对策建议。（1）从地方和部门实际出发，实事求是核准领导班子职数规定，切实严格按职数配备干部。（2）逐步较大幅度减少副职数，特别是减少平衡照顾的领导职数。（3）实行职务和职级相结合的激励保障机制，以解决副职过多问题。一是加快实行职务与级别分开制度，职务不变，级别可升，薪水待遇可增。二是建立科学的职位分类制度，加密职务与级别的对应等级，完善职级晋升渠道。三是完善专业技术职务晋升渠道。四是完善公务员薪酬制度，实行年功绩效工资制度和职业养老金制度。（4）勇于解决干部"能上不能下"的难题，在规定职数内引入竞争机制，实行"补充新人、淘汰旧人"，既不超职数规定，又给班子压力和活力。

（七）切实提高民主推荐质量，着力改进干部推荐考察制度

1.存在问题。近些年来，中央要求各级党组织完善民主推荐和民主考察制度，着力提高民主推荐和考察的可信度。但各地缺乏有效措施，效果不尽如人意。初始提名权、以票取人、拉票贿选、推荐者不知情、考察失真等问题仍然相当普遍存在，影响着民主推荐和民主测评质量。

2.对策建议。（1）规范初始提名权。解决"由谁提名"问题。一是提名程序规范化，提高初始提名的透明性，解决"怎样提名"问题。二是提名责任明确化，提高初始提名的严肃性，落实"谁提名谁负责"问题。（2）科学确定民主推荐参加范围和程序。（3）对被推荐者引入实绩评价机制。一是全面推行政绩公示制度。二是实行自愿报名并提交任职说明书制度。三是实行述职测评制度。（4）积极推行署名推荐制。（5）科学分析并合理使用民主推荐结果。一是分层分类统计。二是综合比

较。三是差额考察。（6）加强监督和对不正之风的查处，加大对拉票行为的追责力度。

（八）健全监督和问责制度，形成风清气正的选人用人环境

1. 存在问题。中央办公厅 2010 年颁布实施的"四项干部监督制度"，初步构建了干部选拔任用工作监督体系，在监督制度创新方面迈出了重要步伐。但是，现实中违反规定提拔干部、跑官要官、买官卖官、"带病提拔"等现象仍多有发生，严重败坏了党的形象。在监督和问责方面主要问题是：（1）少数领导干部不愿接受监督。（2）上级组织疏于监督。（3）同级班子成员不想监督。（4）下级怕打击报复，不敢监督。（5）监督制度仍不完善，不能有效监督。

2. 经验借鉴。西方一些国家比较重视对政府高级官员任命行为的监督。任命政府高级官员一般要经过一个比较复杂的监督、挑选、审查过程。一是任命权的分立。二是批准机关的审查。通过听证会调查候选人的阅历、品德、才能、政治观点、社会关系、经济关系等问题，允许公众旁听和新闻采访。三是侦查机关的"暗查"。四是廉政机关的协助。除了任命监督外，还有对高级官员问责的弹劾机制。西方国家高级政府官员的任命，听证过程比较复杂，有时会拖很长时间，效率很低。但是，他们在任命过程中监督制约到位有力，事后问责毫不含糊。这些做法启示我们，在做好事后监督制约的同时，应更加注重事中监督制约；在制定好监督制度的同时，应以更大力度抓好问责制度执行。

3. 对策建议。（1）注重选人用人全过程监督，实行干部选拔任用工作全程纪实制度。（2）实行"一把手"用人述职审责。（3）监督在选人用人上走群众路线情况。一是监督是否尊重群

众的知情权。二是监督是否尊重群众的参与权。三是监督是否尊重群众的选择权。四是监督是否尊重群众的监督权。（4）整合力量，构建全方位选人用人监督网络。一是加强党内联动监督。二是畅通党外监督渠道。三是形成社会监督合力。四是引导媒体网络监督。（5）鼓励如实举报，奖励举报有功者。（6）问责查处，实行干部选拔任用工作责任倒查制度。

（九）完善领导干部考核制度，树立科学、正确的政绩导向

1. 存在问题。中组部印发的《体现科学发展观要求的地方党政领导班子和领导干部综合考核评价试行办法》，产生了积极作用。但还没有有效抑制住一些干部在追求表面政绩中的问题。（1）群众参与考核的力度不够，造成干部只对领导负责不对群众负责。（2）考核内容新瓶装旧酒，单纯看 GDP 现象没有根本改变。（3）考核办法比较单一，除了部分从统计部门调取数据外，大多数是依靠背对背谈话形成定性类的考评结果。（4）考核力量主要是组织部门，没有充分发挥其他部门和干部群众作用。（5）绩效认定不够科学准确。（6）考核结果运用不好，没有真正把考核结果作为干部奖惩、升降的依据。

2. 对策建议。完善政绩考核机制，把贯彻科学发展观、为民、务实、清廉的要求落实到考核内容中，充分发挥政绩考核的积极作用，完善干部政绩考核机制着重抓"七个转变"。（1）从单纯偏重经济建设考核向经济、政治、文化、社会、生态建设等全面考核转变。（2）从偏重 GDP 考核向注重以人为本、强化民生幸福指标考核转变。（3）从偏重即期和短期效应考核向注重中长期效应考核转变。（4）从偏重一刀切、齐步走考核向注重分类指导考核转变。（5）从偏重以领导评价为主考核向注重领导评价与群众评价相结合考核转变。（6）从偏重职能部门

考核向注重职能部门考核与社会评价相结合考核转变。（7）从偏重考核激励导向到注重考核激励和约束并重转变。

（十）完善竞争性选拔制度，切实形成民主、公开、竞争、择优的科学用人机制

1. 存在问题。邓小平同志在 1980 年《党和国家领导制度的改革》这篇著名讲话中，曾经三次讲到要用考试的方式选拔干部，我们党正是沿着这一思路，开辟了探索竞争性选拔领导干部制度的新途径。群众有一个形象的说法："卷子总比条子好，考官总比跑官好。"但在实践中还存在一些问题和不足。（1）竞争性选拔领导干部制度在执行上存在一定程度的随意性。（2）干部的德行、实绩和公认度在竞争性选拔中体现得不够。（3）少数竞争性选拔产生的干部存在"高分低能"的现象。（4）对竞争性选拔干部的考察存在"异地考察失真失实"的问题。（5）竞争性选拔存在"成本过高"的问题。（6）竞争性选拔存在制度不够配套的问题。

2. 经验借鉴。（1）坚持竞争择优。如新加坡人民行动党在选拔党的领导骨干时，始终坚持把竞争择优放在第一位，从群众党员到干部党员的选拔都要经过基层组织推荐、笔试、一般性考察、面试、中执委考察、票决决定的严格程序，使该党始终充满生机和活力，走出了一条精英治国的道路。中国古代科举制，从隋至清的 1300 多年，录取的进士不过 12 万人，年平均不超过 93 人，这种择优的严格程度可想而知。（2）坚持人职匹配。如美国 1923 年就正式通过了《职位分类法》，并成立了人事分类委员会，推行职位分类，建立一个以工作为中心的规范管理制度。（3）坚持制度选人。我国科举制之所以优于以前的"察举制""荐举制""九品中正制"，在于有同一的评判尺度，

形成一个"上者服众、不上者服气"的选人用人机制。（4）坚持技术支撑。考察古今中外人事管理，如果没有弥封、糊名等管理技术，科举制度也不会有这么长久的生命力；如果没有人才选拔评价技术，现代西方文官制度就难以有效运行。

3. 对策建议。（1）建立竞争性选拔领导干部工作计划申报制度，进一步规范组织实施和加强检查指导。（2）改进操作办法，在竞争性选拔中落实以德为先、注重实绩和群众公认的鲜明导向。（3）逐步建立科学的考试制度，提高效率、降低成本和改进考试质量。（4）完善考试测评制度，提高考试测评的科学性，解决"高分低能"问题。（5）健全面试考官管理制度，加强规范化、专业化建设。（6）健全异地考察协调和责任制度，着力解决异地考察"失真失实"问题。（7）完善竞争性选拔领导干部相关制度，加强各项制度的配套衔接。

（十一）推进企事业单位人事制度分类改革，逐步去行政化

1. 存在问题。近些年来，我国大力推进企事业单位改革，取得了一定成效。但是企事业单位行政化倾向仍然比较明显。（1）从高校看，领导任命、资源分配、评价机制等行政化，导致办学行为"唯上""唯权"，影响了大学自主权的发挥，影响了大学民主管理的实施，官本位渗透到学术领域，难以办出特色和提高水平。（2）从国有企业看，政企不分，不利于企业适应市场经济要求搞好科学管理和提高经营效益。（3）从社会团体看，主要是组织人事、工作程序、经费来源行政化，影响社团组织功能的有效发挥。

2. 对策建议。（1）在高校、科研单位，探索在党组织领导下，建立理事会，遴选校（院）长实行党管干部和理事会任命的统一；推进校（院）长职业化建设；精减高校领导人数和管

理机构。（2）在国有企业，充分发挥党组织的领导核心作用，推进企业领导体制和监管方式改革，取消实际上存在的划分行政级别的现象。（3）在社会团体，依法进行社团管理，建立现代社会组织制度，加快理顺社团组织和行政组织的关系，与行政机关脱钩；经费来源和管理逐步采用基金会筹集和管理方法。

开展跨学科合作研究 推动社会管理科学化[①]

（2013 年 9 月 17 日）

　　值此系统科学与社会管理学术论坛暨北京师范大学系统科学学院揭牌仪式举行之际，我本人并代表北京师范大学中国社会管理研究院，表示衷心的祝贺！对各位来宾和专家前来参加论坛，表示热烈欢迎！

　　北京师范大学系统科学学科建设起步较早，已经成为有较强竞争力和发展潜力的优势学科。在北京师范大学成立 111 周年之际，由优势学科组建成一个系统科学学院，这是北京师范大学系统科学学科发展史上的一个重要里程碑。

　　北京师范大学中国社会管理研究院是在党和国家高度重视社会建设和社会管理的重要历史时刻应运而生，两年多来围绕社会管理创新的重大问题，从国家重大战略需求和现实需要出发，开展基础性、关键性问题研究，提出了多项具有前瞻性、针对性的对策建议。部分建议得到了中央高层领导的重要批示，为推进社会管理创新实践起到了积极作用。

[①] 本文系在北京师范大学系统科学与社会管理学术论坛暨北京师范大学系统科学学院揭牌仪式上的主旨演讲。

今天，北京师范大学中国社会管理研究院和系统科学学院联合主办"系统科学与社会管理学术论坛"，集中研讨系统科学与社会管理相关的问题，这对于推动文理学科交叉、自然科学与社会科学融合，很有意义。这里，我主要围绕"开展跨学科研究，推动社会管理科学化"这一主题，讲一些个人的看法，与大家一起研讨交流。

一、充分认识系统科学在社会管理中的重要作用

当今世界，社会经济不断发展，科技进步日新月异。在这种大背景下，系统科学和社会管理研究密切结合，有着重要的理论意义和实践价值。

第一，开展跨学科研究是现代科学发展的必然趋势。在现代科学的发展进程中，科学、技术与经济、社会相互渗透、相互联系的趋势日益增强，这使科学研究进入了跨学科行动的一种大科学时代。这种学科的多对象化和对象多学科化趋势，必然导致跨学科研究与"跨界行动"成为普遍的现象，使人类的研究从以往的无学科阶段经由学科研究为主导和学科间交叉渗透阶段，进展到跨学科整合研究的高度。跨学科研究有助于增加相关学科之间的交流，培育新的学术共同体，从而实现科学理论研究的重大突破，推动社会实践问题的有效解决。

第二，社会领域是系统科学研究的重要方面。前不久，我看到中国科协原主席、著名科学家周光召院士在2002年一次科普高峰讲坛上作的报告，题目为《复杂适应系统与社会》，获益匪浅，对于运用系统科学研究社会发展和社会管理具有很强的指导意义。系统科学是研究系统的结构与功能关系和演化规律

的科学，它以不同领域的复杂系统为研究对象，从系统和整体的角度，探讨复杂系统的性质和演化规律，加深人们对现实世界的认识。社会领域毫无疑义是一种复杂的适应系统，用系统科学的思维和方法研究社会领域的问题，不仅有助于探索社会发展的规律，优化社会管理方式和方法，也有助于推动系统科学自身的创新和发展。

第三，运用系统科学研究是推动社会管理科学化的有效支撑。20世纪后半叶特别是21世纪以来，由于技术、市场与交往的普遍化需求所带来的经济全球化以及相应社会关系的变化，导致社会领域问题复杂化，向人类提出了前所未有的挑战，世界各国都必须加强和创新社会治理。当今世界格局正在发生快速、深刻的变化，当代中国正在经历广泛、深刻的变革。我国发展面临前所未有的机遇和挑战，需要研究和破解一系列新矛盾新问题。一个较长时期以来，社会建设和社会管理是我国现代化建设中的一个短板。创新和加强社会管理必须制定科学有效的政策，而这又是一个复杂的过程，包括运用系统科学对现实问题作系统的了解和分析。也就是说，社会领域面临的种种问题不是某一两个学科的研究所能够解决的，亟须运用包括社会管理科学、系统科学在内的多学科多方面力量开展集成性、创新性的研究，从而为中国社会建设和社会管理提供更有价值、更有成效的智力支持。

二、加强和创新社会管理研究的主要任务

社会是一个复杂系统，也是有自身规律的运动。进行社会管理或社会治理是人类社会必不可少的社会活动，其根本目的和任务，是协调社会关系、化解社会矛盾、维护社会秩序、促

进社会和谐、应对社会风险、保持整个社会有序稳定运行。党中央提出的"加强和创新社会管理研究"，涉及对社会整体运行的把握和复杂系统的分析，涉及对社会建设和社会管理多个方面的研究。包括，怎样认识社会管理系统，现代社会管理与传统社会管理有哪些不同特点？如何推进社会管理向社会治理的转变？在社会管理中如何强化法治的作用？如何建立社会管理评价体系？如何加强社会管理的能力建设？这一系列问题，都需要进行全面、系统、深入的研究，作出科学的回答和解释。但最根本的是，不断完善和发展中国特色社会主义社会管理体系。这里我简要阐述以下需要深入研究的方面。

（一）加快推进社会体制改革研究。这是完善中国特色社会管理的支柱。什么是社会体制？有不同认识、理解和概括，可以深入研究。我认为，社会体制，一般是指社会管理和服务模式、社会资源配置机制，以及各社会主体权利责任义务和行为的规范或制度安排，包括社会主体定位、社会治理方式、公共服务体系、社会组织体制和社会管理机制等。社会体制改革的任务是什么？按照党的十八大要求，推进社会体制改革的基本任务是："要围绕构建中国特色社会主义社会管理体系，加快形成党委领导、政府负责、社会协同、公众参与、法治保障的社会管理体制，加快形成政府主导、覆盖城乡、可持续的基本公共服务体系，加快形成政社分开、权责明确、依法自治的现代社会组织体制，加快形成源头治理、动态管理、应急处置相结合的社会管理机制。"①这"四个加快"既密切联系，又各有侧重。

---

① 胡锦涛：《坚定不移沿着中国特色社会主义道路前进　为全面建成小康社会而奋斗——在中国共产党第十八次全国代表大会上的报告》，《人民日报》2012 年 11 月 18 日。

社会管理体制侧重于明确各类社会主体地位和作用，党委领导是核心，政府负责是关键，社会协同是依托，公众参与是基础，法治保障是基石。这五位一体有机联系，密不可分，侧重于保持社会关系协调、富有活力、有序运行；基本公共服务体系侧重于满足公众基本需求，保障和改善民生；现代社会组织体制侧重于创新社会治理模式，充分发挥社会组织在社会治理中的作用；社会管理机制侧重于社会全过程的调节、治理。这些方面构成了新型社会体制的基本框架。这里需要深入研究社会体制框架的丰富内涵、各组成部分相互联系和相互作用的机理。

（二）健全社会管理制度研究。社会管理制度是中国特色社会管理体系的重要基础。要按照有利于保障人民群众根本利益、有利于激发社会活力、有利于促进社会公平正义、有利于维护社会和谐稳定的要求，系统研究事关社会管理全局和长远的制度建设，推进社会管理制度化、规范化、法治化。要大力推进社会管理基础性制度建设，包括研究建立健全保障就业权、健康权、教育权、居住权等公民基本社会权利的基本制度。统筹设计社会保障体系，建立符合中国国情的社会保障制度，也包括研究在加快完善居民身份证制度的基础上，融合人口和计划生育、人力资源和社会保障、住房和城乡建设、民政、教育、交通、工商、税务、统计等部门和金融系统相关信息资源，建立一套能够覆盖全社会的信息编码系统与制度，实现居民身份证、驾照、医保卡、社保卡、收入、不动产等基础信息一体化链接。还包括研究积极稳妥地推进户籍管理制度改革，放宽中小城市、小城镇特别是县城和中心城镇落户条件，建立城乡统一的户口登记管理制度，积极探索流动人口管理服务有效制度，创新特殊人群管理服务制度，以适应新型城市化发展进程中社会管理面临的新情况新形势。

（三）完善维护群众权益机制研究。健全政府主导的维护群众权益机制，是完善中国特色社会管理体系的重点任务。要深入研究最广大人民根本利益、现阶段共同利益、不同群体特殊利益的关系，建立科学有效的利益协调机制，统筹协调各方面利益关系。研究构建群众权益保障机制、劳动关系协调机制、社会矛盾调处机制、社会稳定风险评估机制。信息公开是听取群众意见、实现群众参与公共决策的基础。诉求表达是协调利益关系、调处社会矛盾的前提。要研究建立信息公开制度和诉求表达机制，研究建立发展成果共享机制和侵害群众权益的纠错机制，着力解决土地征用、房屋征收拆迁、企业改制、社会保障、环境保护、安全生产、食品药品安全、城市管理、涉法涉诉等方面群众反映强烈的问题。要研究健全依法实行劳动合同制度和集体合同制度，完善企业职工工资集体协商机制、正常增长机制、支付保障机制。要研究健全社会矛盾纠纷排查预警、调解处置机制。还要研究健全社会稳定风险评估机制，凡是与人民群众利益密切相关、影响面广、容易引发社会不稳定的重大决策事项，都要进行社会稳定的风险评估。

（四）扩大公共服务体系研究。这是完善中国特色社会管理体系的重要方面。要研究加快推进公共服务体系建设，逐步完善基本公共服务体系，积极促进城乡基本公共服务均等化。要研究公共服务体系和基本公共服务体系的范围、领域、载体、形式、标准和途径。研究优化政府投资结构，加大向公共服务体系建设倾斜的力度，积极引导和鼓励社会、企业参与改善民生和发展各项社会事业，切实保障民生工程和社会政策的实现。对于基本公共服务，要研究根据社会需求、不同领域、服务对象进行合理分类，采取不同形式和方法，明确政府和市场、政府和社会的功能和作用，特别要改进政府提供公共服务方式，推进政府购买公共服务。要加强基层服务体系建设，增强城乡社区服务功能。

（五）构建社会规范研究。社会规范体系是中国特色社会管理体系的基石。要研究在社会生活的各个领域加快建立和完善个人行为的规范体系，通过自律、互律、他律，把人们行为纳入共同准则的轨道。现代社会是法治社会，要研究加强社会法律体系建设，充分发挥法制规范在调整社会成员关系、约束社会成员行为、保障社会成员权益等方面的重要作用。现代社会是诚信社会，要研究健全社会诚信制度，大力推进政务诚信、商务诚信、社会诚信和司法公信建设。完善社会诚信行为规范，探索建立统一的信用记录平台。理顺社会信用管理体制机制，加强社会信用管理，完善信用服务市场体系，强化对守信者的鼓励和对失信者的惩戒。通过加强社会规范建设，努力营造法治、诚信、文明、和谐的社会氛围和社会环境。

（六）加强公共安全建设研究。公共安全体系是完善中国特色社会管理体系的重要方面。要坚持预防和应急并重、常态和非常态结合的原则，建立健全突发事件应急体系，加强全民风险防范能力和应急处置能力建设。研究完善相关机制，提高对自然灾害、事故灾难、公共卫生事件、社会安全事件等突发公共事件的风险管理水平。研究健全食品药品安全监管机制，制定和完善食品药品安全标准，完善食品药品质量追溯制度，加强食品药品安全风险监测评估预警和监管执法。完善安全生产监督制度机制，加强安全生产法律法规、政策标准、技术服务、应急处置和救援、社会监督、宣传教育培训体系建设，加强安全管理和监管。要完善社会治安防控体系，健全点线面结合、人防物防技防结合的立体化治安防控体系，严密防范和依法打击各种违法犯罪活动。

（七）强化网络社会管理研究。加强和改进网络社会管理已经成为迫切的任务。互联网的裂变式发展正在深刻地改变着社会结构、社会关系，网络化生存、网络化生活成为常态。我国网民有近6亿人，手机网民有4.6亿多人，其中微博用户达到3亿多人，很多人不看主流媒体，大部分信息都从网上获取。信息网络技术的飞速发展和广泛应用，带来了社会生产方式、生活方式的深刻变革，丰富和发展了人们的物质文化生活，成为社会活动和各种思想文化交流的重要平台；同时，互联网正在重塑媒体格局、舆论生态，真实的、虚假的，理性的、非理性的，正确的、错误的，各种思想舆论在网上相互叠加，这对社会管理提出了新挑战新要求。要按照积极利用、科学发展、依法管理、确保安全的方针，坚持建设与管理并重、发展与管理同步，加快形成法律规范、行政监管、行业自律、技术保障、公众监督、社会教育相结合的信息网络管理体系。要加强对网络社会特点和规律的研究，鼓励网民通过网络平台参与社会治理。建立网上网下综合管理体系。要创新管理理念，从被动管理向依法治理转变，推进网络依法规范有序运行，保护正当信息，打击网络谣言。健全网络安全评估机制，维护公共利益和国家信息安全。

以上这些社会管理方面的研究任务，既需要运用社会管理科学理论，也需要运用系统科学理论和其他科学理论，并要将多种科学理论密切结合起来。这样，才能有效创新社会管理思路、方式、方法，也才能显著提高社会管理科学化水平。

三、推进跨学科研究的几个基本问题

第一，跨学科研究的起点问题。究竟是以学科的研究为起点还是以问题的研究为起点？学科的研究不断朝着深化和细化的方向发展，其系统性和稳定性越来越强，而问题的研究则是按照社会现实的要求设定，以解决问题的需要组织不同学科人员开展研究。系统科学工作者和社会管理科学工作者合作研究必须坚持问题意识。马克思有一句名言，他指出，问题就是公开的、无畏的、左右一切个人的时代声音。问题就是时代的口号。每个时代总有属于它自己的问题，加强和创新社会管理就是一个解决当今中国社会领域问题的过程。我们国家当前发展的阶段性特征，决定了我们在加强和创新社会管理过程中面临着许多与别的时代、别的国家所不同的社会问题。这些就是时代的口号、时代的声音。当今中国的时代特征，就是变革、创新、开放、竞争、现代化，这是主旋律。由此带来了一系列新情况、新问题、新趋势。必须坚持从实际情况出发，树立强烈的问题意识，敏锐察觉、及时抓住、系统研究、科学分析、正确提出有针对性的解决问题的办法，而不能只是从概念出发，更不能从概念到概念。要加强对社会问题状态和演化趋势的研究，及时作出问题演变趋势的预测和提出有效应对之策，这是中国当代科学研究工作者的重要使命和职责。

第二，跨学科研究的方法问题。跨学科研究的目的是达到知识和技术的融合与创新。跨学科研究方法的优点在于各种研究方法的相互借鉴与渗透。当前，社会管理创新研究呈现出"社会响应型"和"方向主导型"两大特征。社会响应型，就是社会管理研究主要着眼于社会问题的现状，主要从解决存在问题的角度进行研究，探索创新管理模式，达到促进社会进步、缓解社会矛盾的目的。方向主导型，就是社会管理研究要从战略高度，把握国家发展方向、发展大势，提出社会管理创新的方向和目标，包括顶层设计、整体设计、系统设计，具有鲜明的导向性。我们在实际研究工作中需要使二者结合起来、互相促进。系统科学方法则具有整体性、综合性、动态性、模型化和最优化的特征。所以，系统科学和社会管理科学合作研究既需要实证研究方法，也需要规范研究方法，二者相辅相成。

第三，跨学科研究的保障问题。至关重要的是，要进一步对跨学科研究达成深度共识，并转化为行动上的高度自觉。要进一步破除来自体制机制、组织管理和学术价值观念等方面的制约。具体地说，需要营造有利于跨学科研究的环境、建立适应跨学科研究的组织与管理形式、评价制度与机制、推进跨学科研究机构、跨学科团队的建设，培育形式多样的跨学科学术交流平台，从而为跨学科研究凝聚力量、激发智慧提供有利条件和保障。

当前，我们国家正站在全面建成小康社会和全面深化改革开放新的起点上。加强和创新社会管理的任务非常艰巨、繁重，许多重要课题需要我们去研究、探索，特别需要探求和把握现代社会管理的基本规律和有关活动的规律。我们要以党的十八大精神为指导，不断解放思想，弘扬改革精神，凝聚改革共识，深入开展理论探讨，加强多学科结合研究，积极投入创新实践，为促进和谐社会建设、实现中华民族伟大复兴的"中国梦"作出应有的贡献。

明确定位 精心设计 切实建设好
中国社会管理创新研究信息库 ①

（2013 年 11 月 27 日）

今天的会议，既是"中国社会管理创新研究信息库建设"重大工程项目的启动会和开题研讨会，也是贯彻落实党的十八大和十八届三中全会精神的实际行动和重要举措。今天会议开得很好！这么多社会管理领域理论工作者和实际工作者相聚在一起，沟通思想，交流智慧，献计献策，提出了不少颇有价值的观点、思路、建议。这对搞好中国社会管理创新研究信息库建设很有帮助。我们既增长见识，开阔视野，受益匪浅，又感到压力很大、任务繁重、难度不小。我们要认真研究、吸纳研讨会上的意见和建议，进一步解放思想，拓宽思路，运用系统性、战略性、创新性、辩证性思维，增强开放意识、协同意识、实用意识，完善设计，彰显特色，突出重点，攻坚克难，努力提高这个重大委托项目建设的质量和水平，提高国家社科基金使用效益和价值，多出优秀成果，多出优秀人才。下面，我根

---

① 本文系在国家社科基金特别委托重大项目"中国社会管理创新研究信息库建设"启动会和开题研讨会上的讲话。

据会议讨论的情况，讲几点看法。

第一，认清形势，抓住机遇，积极服务国家社会治理现代化战略需求。这个信息库建设面临着三大良好机遇。一是国家全面深化改革的重要机遇。刚刚闭幕的党的十八届三中全会，提出了全面深化改革的目标，即完善和发展中国特色社会主义制度，推进国家治理体系和治理能力现代化。加强社会管理建设、创新社会治理体制，是实现这一战略目标的重要任务。这为建设好中国社会管理创新研究信息库指出了明确方向，也提供了广阔前景。中国社会管理创新研究信息库建设就是要服务推进国家治理体系和治理能力现代化、创新社会治理体制的战略需求。实践出真知，伟大的社会实践是中国特色社会治理理论创新的沃土，社会管理创新研究又会为社会治理实践提供有力的智力支持。二是加快建设中国特色新型智库的机遇。党中央、国务院高度重视智库建设。党的十八大报告提出，要坚持科学决策、民主决策、依法决策，健全决策机制和程序，发挥思想库作用。党的十八届三中全会进一步强调："加强中国特色新型智库建设，建立健全决策咨询制度。"①党的十八大以后，习近平总书记多次指示要发挥智库的重要作用，要求积极探索中国特色新型智库的组织形式和管理方式，采取有效措施，引导各类智库加强自身建设，积极建言献策，为中央科学决策提供高质量的智力支持。国务院副总理刘延东也指出，高校作为我国哲学社会科学事业的生力军和各学科人才聚集的高地，是建设中国特色新型智库的重要力量，要努力打造一批"国家急需、世界一流、制度先进、贡献重大"的中国特色新

---

① 《〈中共中央关于全面深化改革若干重大问题的决定〉辅导读本》，人民出版社，2013 年，第 30 页。

型高校智库。这些论述对我们社会管理创新研究信息库建设、使之打造成为我国高校社会管理领域一流的智库，有着重要指导意义。这个信息库建设正是中国特色新型高校智库建设的内在要求和重要组成部分。三是推进社会管理新兴学科建设的机遇。学科建设是高校科学研究和人才培养的重要基础，学科的综合实力体现了学校的水平，世界一流大学都有若干学科位居世界前列。研究推进社会管理学科建设是中国社会管理研究院一项重要任务。在广泛听取有关方面包括我们社会管理研究院意见的基础上，国务院学位委员会今年已正式将社会管理列入国家学科体系，明确社会管理和社会政策"是指一门系统地研究社会管理活动基本规律和一般方法的新兴学科"，作为社会学二级学科。这些已发布在国务院学位委员会第六届学科评议组编《学位授予和人才培养一级学科简介》，这是社会管理学科建设的重要里程碑，我们应为社会管理学科建设作出更大的贡献。总之，我们这个社会管理创新信息库建设顺应了国家多方面的战略需求，我们应抓住各种机遇，一定把这个社会管理创新研究信息库建设好。

第二，明确定位，突出特色，充分发挥中国社会管理创新研究信息库的功能作用。明确功能定位，这是信息库建设的前提和基础，也是信息库能否建成的关键。北京师范大学中国社会管理研究院是北京师范大学顺应当今世界发展的新形势和我国发展新要求，响应国家重大战略需求、创建中国特色新型大学智库而成立的，肩负着"育人、科研、资政、合作"的重要使命。社会管理创新研究信息库建设也理所当然地承担"育人、科研、资政、合作"四位一体职能的重要载体和平台。中国社会管理创新研究信息库建设涉及许多方面，但必须明确主要功能定位，突出科研性、资政性、应用性。既要有硬件建设，又要有软件建设。信息库建设使命光荣，任务艰巨，需要付出巨大的努力。我们一定要明确任务，瞄准有限目标，奋发作为，致力于充分发挥信息库建设的功能作用。

第三，精心设计，协同创新，争取建成国家社会管理领域一流的、现代化的新型智库和大型公益专业数据库。这个信息库要建设成为"知识之库""智慧之库""精品之库"，必须坚持高起点、高水准、高质量。要充分吸收这次会议上的重要意见和建议，丰富和完善信息库的内容、框架、路线图以及中长期规划。我们要以宽广的视野来审视发展路径，以博大的胸怀来汇聚力量，以合作的心态来筹划发展蓝图。要以这个信息库建设为战略支点，吸引、汇聚各方力量，合作协同创新，充分发挥杠杆效应和增量效应。一是以信息库建设为网络平台，凝聚和吸引中外社会管理专家，搭建和打造阵容强大的高端、高效、高质和多方面的社会管理研究团队。二是以信息库建设为协作平台，通过组织和联合国内相关部门、地方、科研机构、高等院校、企业，进行全国性大型社会调查项目，增强依托信息库实施高水平大型科研项目的实力。三是以信息库为宣传平台，推介和发布高质量、高水准的社会管理学术研究成果和决策咨询成果，构建具有高端品牌效应的社会管理成果推介窗口，以促进社会管理文化繁荣、理论创新、实践发展，使社会各方面共享信息库建设各类成果。四是开放合作，汇聚社会力量共同创建社会管理创新研究信息库。要同有关高等院校已有的相关数据库机构进行真诚合作和资源交换，发挥优势，取长补短。要与中央和地方相关职能部门合作，尤其是要加快推动建立和完善各类有关的社会调查系统和数据监测观察点。还要与有关企业和社会组织合作，或者通过购买、委托、合作、共建等多种形式进行数据搜集和积累。

第四，注重实效，打牢基础，确保中国社会管理创新研究信息库建设持续健康发展。"中国社会管理创新研究信息库建设"是面向国家重大战略需求、面向国家现代化发展的重大科研工程，是一项具有开拓性意义的重大工程。因此，必须立足现实，从国家发展实际需求出发，讲求实际应用效果，而不能脱离社会治理创新实践单纯追求系统性、完整性。同时，由于这个信息库建设将伴随国家治理现代化和发展现代化进程，要着眼长远建设，打牢基础，以利于逐步建成比较系统的、完整的社会管理创新研究信息库。此外，由于社会管理和社会治理属于一个新兴的学科领域，这就要求我们必须扎实做好信息库的基础理论和方法论框架工作，进而明晰信息库的汇聚焦点和特色优势。同时，为保证信息库的持续健康发展，必须以用户需求为本位，以方便实用为原则，切切实实为党政部门和学术机构提供高质量服务和有效支撑。要加快建立健全多元化的资源整合和筹措机制。

第五，解放思想，攻坚克难，以改革创新精神探索新型智库建设的组织形式和管理方式。信息库建设不仅需要高起点、高标准的软硬件设计，而且更需要配置良好的制度环境和条件。既要充分认识信息库建设的长期性、复杂性和艰巨性，同时又需要群策群力、勇于担当、攻坚克难，尤其是要大力破除影响信息库建设的体制、机制性困境和障碍。为此，一要创新学科建设模式，加快实现独立自主招生和培养。二要创新科研工作机制，加快形成若干战略性科研平台，并使之与信息库建设主体模块实现有机对接和融合。三要创新人才队伍体系，加快构建一支优秀的师资团队和管理团队，为信息库建设提供有力的人才资源支撑。四要创新科研评价体系，加快构建以资政为基本导向、以跨域合作为基本单位的新型科研评价标准。

中国社会管理研究院要以建设社会管理创新研究信息库为契机和抓手，全面深化和推进改革，创新发展理念，创新建设模式，创新功能作用，创新组织结构，创新体制机制，为社管院的进一步发展壮大奠定坚实根基和持续动力，为北京师范大学建设世界一流大学贡献力量，不断开创新局面，为发展中国特色社会主义事业、推进国家治理体系和治理能力现代化，实现中华民族伟大复兴的"中国梦"作出应有的贡献。

深入开展社会治理创新研究 ①

（2013 年 12 月 23 日）

　　加强社会建设和管理，创新社会治理体制，是党中央在新的历史条件下作出的重大战略决策部署，具有极大的重要性和紧迫性。这既是适应我国经济社会发展新形势的迫切需要，又是发展中国特色社会主义事业和实现全面建成小康社会目标的必然选择。

　　社会管（治）理，是指党委和政府以及其他社会主体，运用法律、法规、制度、政策、道德、价值等社会规范体系，直接或间接地对社会不同领域和各个环节进行服务、协调、组织、管控的过程和活动。它通过规范社会行为、协调社会关系、促进社会认同、解决社会问题，化解社会矛盾，维护社会安全，应对社会风险，为经济社会发展创造良好的社会秩序和社会环境。

　　我们党和政府历来高度重视社会管（治）理，为形成和发展适合国情的社会管理制度进行了不懈探索和实践，取得了显

---

① 本文系为《新时代社会管理创新研究》系列论丛作的序言。云南出版集团公司、云南教育出版社 2014 年 6 月出版。

著成就，积累了宝贵经验。同时，也要看到，随着经济社会不断发展、经济体制深刻变革、利益格局深刻调整、思想观念深刻变化，社会活力显著增强，社会结构、社会组织形式和社会管理环境已经并将继续发生深刻变化，过去行之有效的管理理念、管理制度、管理方式、管理方法难以完全适应新形势的需要，加强和创新社会管理任务繁重而艰巨。我们必须从维护最广大人民根本利益和国家长治久安的高度，深入研究社会管（治）理问题，既要加强社会管（治）理，也要创新社会管（治）理，着力提高社会管（治）理科学化水平。

2010年11月，经国务院领导同意，由国家行政学院牵头成立的"加强和创新社会管理研究"重大课题正式启动，我担任课题组组长。该重大课题设立19个分课题和9个地方专项研究课题，取得了一大批有较高价值的研究成果。课题组前期已陆续出版了5部著作，公开发表了80多篇理论文章，撰写了30多篇政策咨询研究报告。其中，《加强和创新社会管理讲座》《社会管理创新案例选编（上、中、下）》等著作产生了广泛的社会影响，不少成果成为党和国家决策的重要参考，为深化社会管理研究提供了重要基础。此次，课题组再从28个课题成果中精选7个成果，形成7本书，汇编成《新时代社会管理创新研究》系列论丛，以为社会领域理论界和实际工作者提供参考和借鉴。

加强和创新社会管（治）理研究是一项长期性的基础工程。党的十八届三中全会提出了新形势下全面深化改革的总目标，就是完善中国特色社会主义制度，推进国家治理体系和治理能力现代化。这对加强和创新社会管（治）理提出了新的要求，也赋予社会管理新内涵、新任务。"社会治理"是国际学术界比较流行的一个概念，也是当前世界社会管理的发展趋势。将

"社会治理"正式列入中央文献中，这是我们党对社会发展和社会管理规律认识的新飞跃，实现了我国社会建设理论和实践的与时俱进。这就要求加快推进社会治理体制创新，改进社会治理方式，激发社会组织活力，有效推动从"社会管理"研究向"社会治理"研究的转变，实现政府治理和社会自我调节、居民自治良性互动的多元共治格局。针对社会领域一系列基础性、全局性、前沿性的重大战略问题进行深入系统研究，将大大有助于促进我国社会治理体制创新和实践发展。从这个角度来讲，本套丛书的出版，不仅是对已有社会管理研究成果的系统性梳理、总结、提炼和升华，而且也是贯彻落实党的十八大和十八届二中、三中全会精神的实际行动和具体体现。希望本套丛书的出版，能够对我国社会治理理论创新和实践创新有所裨益。

积极推进社会治理体制创新 [①]

（2014 年 5 月 18 日）

创新社会治理体制，是党的十八届三中全会提出的新要求、新部署。将"社会管理"改为"社会治理"，由"管理"到"治理"，只有一字之差，但含义更深刻、内容更丰富、要求更明确。这标志着由传统的社会体制向适应时代发展要求的现代社会体制转变，也就是要通过深化体制改革和管理创新逐步实现国家社会治理的现代化。这是我们党对中国特色社会主义建设规律、人类社会发展规律认识的新飞跃，是社会建设理论和实践的创新发展。

一、创新社会治理体制的基本要求

总的看来，我国现行社会体制与基本国情和社会主义制度是大体相适应的，这是一个基本判断，也是创新社会治理体制的基本出发点。也就是说，推进社会治理体制创新，绝不是对现行社会基本制度的改弦易辙，而是在党的领导下对中国特色

---

① 本文刊登于 2014 年 6 月 20 日《光明日报》头版。

社会主义制度的自我完善和发展，使基本制度优势得到更好的发挥。其基本要求是，着眼于维护最广大人民的根本利益，最大限度调动社会各方面积极性，最大限度增强社会发展活力，最大限度增加社会和谐因素，不断提高社会治理科学化、现代化水平，更好保障和改善民生、促进社会公平正义，加快形成科学有效的社会治理体制，确保整个社会既充满活力又和谐有序，为实现全面建成小康社会和国家现代化提供良好的社会环境。为此，需要着重推进以下七个方面创新。

（一）创新社会治理理念。正确的社会治理理念是实施有效治理的前提和基础。这里最为重要的，是坚持以人为本，牢固树立社会治理一切为了人民的理念，做到为民、亲民、爱民、利民。要始终把实现好、维护好、发展好最广大人民根本利益作为社会治理的出发点和落脚点。随着改革发展和人民生活水平的提高，人民群众的物质文化生活需求日趋多样化、个性化，公平意识、民主意识、权利意识、法治意识不断增强，对促进社会公平正义、实现安居乐业的要求越来越高。当前，各种人民内部矛盾和社会矛盾中大量问题是由利益问题引发的。这就要求我们一方面要积极满足人民群众日益增长的、不同层次的社会需求，发展社会生产，优化经济结构，注重保障和改善民生；另一方面，要切实处理好"维稳"和"维权"的关系，要把群众合理合法的利益诉求解决好，完善对维护人民权利和切身利益具有重大作用的制度，切实体现公众社会需求导向，更加尊重人的尊严，更好保障人民权益，让人民群众共享改革发展成果。

（二）创新社会治理主体。社会治理主体是实施治理行为的能动力量。不同社会主体之间的相互关系及其地位角色构成了治理的基本格局。在新的社会治理格局中，社会治理主体多元化，党委领导是根本，政府主导是关键，社会协同是依托，公众参与是基础。多元社会主体合作共治，是社会治理走向现代化的重要标志。在当前我国的社会治理中，重政府包揽、轻多方参与的现象还较为普遍，社会治理工作往往成了政府的"独角戏"。创新社会治理体制，就要进一步优化社会治理主体格局，从单纯重视党委政府作用向党委政府与社会多元主体共同治理转变，既发挥党委、政府的领导和主导作用，又要鼓励和支持社会各方面参与，包括各类社会组织、企事业单位和公民个人参与社会治理，充分发挥多元主体各自应有的功能和作用，使多元主体良性互动，形成社会治理整体合力。

（三）创新社会治理方式。治理方式反映了治理行为运行的特点和规律。改进社会治理方式，不仅是创新社会治理体制的重要方面，而且是转变我国社会发展方式的必然要求。社会治理要讲究辩证法，既要管理又不能管得太死，要做到刚柔相济、宽严适度，使社会活跃起来而又有序运行。关键是改进社会治理方式。一要坚持系统治理，实现政府治理与社会自我调节、居民自治良性互动，充分发挥党委总揽全局、协调各方的领导核心作用。二要坚持依法治理，运用法治思维和法治方式化解社会矛盾，实现治理方式从单纯行政管控向注重法治保障转变。三要坚持综合治理，实现社会治理手段从单一向行政、法律、经济、教育等多种手段综合并用转变，特别要注重诚信建设，规范社会行为。四要坚持民主治理，要按照发展社会主义民主政治的要求，更加注重健全民主制度，丰富民主形式，拓宽民主渠道，从各层次、各领域扩大公民有序政治参与和社会参与。五要坚持源头治理，预防为先，动态治理，实现治理环节前移，标本兼治，重在治本，健全基层综合服务管理平台，及时反映和协调人民群众各方面各层次利益诉求。

（四）创新社会治理体系。构筑全面、系统、有效的供给、服务和保障体系，是创新社会治理体制的重要方面。一要扩大公共服务体系。既要推进教育、文化、卫生、体育等社会事业发展与体制创新，也包括推进就业、住房、社会保障、收入分配等民生事业发展与改革。特别要完善基本公共服务体系，加快基本公共服务均等化进程。二要健全公共安全体系。食品药品安全、生产安全、防灾减灾救灾、社会治安防控、网络安全是公共安全治理的重要内容。要抓紧完善统一权威的食品药品安全监管机构，建立最严格的覆盖食品生产、流通全过程的监管制度，健全食品原产地可追溯制度和质量标识制度，保障食品药品安全。建立隐患排查治理体系和安全预防控制体系。健全防灾减灾救灾体制。创新立体化社会治安防控体系，依法严密防范和惩治各类违法犯罪活动。特别是要主动适应社会信息化的大趋势，健全网上网下管理体系，维护公共利益和国家网络信息安全。三要完善应急管理体系，关键在于进一步完善"一案三制"。四要加强国家安全体系。既要加强传统安全体系建设，更要加快非传统安全体系建设，完善国家安全体制和国家安全战略，确保国家安全。

以上这些社会治理体系建设都不是孤立进行的，而是在社会治理的实践过程中构成一个相互联系、相互影响的有机整体。这就要求我们的社会治理改革创新要注重系统性、协同性和整体性。

（五）创新社会治理制度。推进社会治理现代化，最根本的在于制度的改革和创新。当前，相关制度的缺失、滞后和不规范是许多社会矛盾产生的重要根源；社会转型过程中新旧制度接续之间出现一些断裂、真空地带。有效解决这些问题，需要我们大力推进社会治理制度改革创新：一要加强社会建设和社会治理领域的基础制度供给和制度设计，加快建立和完善与社会主义市场经济体制相适应的新型社会治理制度体系。二要实现从传统的重视命令式、运动式、动员式的社会治理制度向法治型、互动式、规范化的社会治理制度的转变，显著提高社会治理的制度化、规范化和程序化水平。

（六）创新社会治理机制。当前，我国社会治理机制的主要问题是：群众权益表达渠道不够畅通、公众参与公共政策制定程度较低；矛盾纠纷的各种调解机制彼此互动衔接不够。为此，应注重社会治理体制机制创新。一要健全重大决策社会风险评估机制。凡是推出涉及人民群众切身利益的重大决策，都要把社会风险评估作为前置程序、刚性门槛，使重大决策的过程成为党委、政府倾听民意、改善民生、化解民忧的过程，最大限度地预防和化解社会矛盾的发生。二要建立通畅有序的诉求表达、心理干预、矛盾调处、权益保障机制。充分发挥人大、政协和人民团体、行业协会以及大众传媒等社会利益表达功能，完善公共决策社会公示制度、公众听证制度、专家咨询论证制度；建立健全个人心理医疗服务体系，开展个人心理调节疏导工作。三要建立调处化解矛盾纠纷综合机制。进一步完善人民调解、行政调解、司法调解联动工作体系。四要改革信访工作机制，实行网上受理信访制度，健全及时就地解决群众合理诉求机制；把涉法涉诉信访纳入法制轨道解决，建立涉法涉诉信访依法终结制度。

（七）创新社会治理能力。要全面提高各个社会治理主体的治理能力，包括党委、政府创新社会治理的能力、各类社会组织参与社会治理的能力，社会自我调节的能力和社区、居民自治的能力。这样整个国家社会治理体系才能更加有效运转。为此，要围绕提高全社会的治理能力，加强和创新干部教育培训的形式和内容，加快建设一支宏大的社会工作人才队伍和志愿者队伍；注重运用云计算、物联网、互联网、"大数据"等信息化手段开展基础信息采集工作和分析处理，在学习借鉴国外先进信息技术的同时，加强社会治理信息技术自主研发的能力和水平，加快制定社会治理领域信息技术系统和平台的行业标准。要加快制定和完善社会治理规则体系，加大社区居民自治知识的宣传教育力度，搭建和营造良好的社会治理框架和环境氛围。

二、着力把握创新社会治理体制五个关键环节

创新社会治理体制，是在党的领导下提高运用中国特色社会主义制度有效治理社会的深刻社会变革，需要从多方面着力，特别应当把握好政府善治、合作共治、基层自治、社会法治、全民德治五个关键环节。

（一）政府善治：创新政府治理方式，发挥政府的主导作用。党的十八届三中全会提出，社会治理要"发挥政府主导作用"。应当说，将之前的"政府负责"改为"政府主导"，是对建立现代化政府、实现政府善治的更加明确要求。政府在社会治理中的主导作用主要体现在：制定相关社会治理规制、政策和标准体系，制定与实施社会建设总体规划和专项规划，提供社会治理基础设施和公共产品服务，依法行政和依法监管，维

护社会良好秩序、保障公共安全等。目前，我国政府治理存在的突出问题是："全能型政府""管制型政府"在地方还大量存在，政府社会治理缺位现象还较为普遍；公共权力运行不够规范，依法监管意识和能力薄弱。为此，要全面正确履行政府职能，加快转变政府职能，推动政府职能向创造良好发展环境、提供优质公共服务、维护社会公平正义转变；改进政府提供公共服务方式，推广政府购买服务，凡属事务性管理服务，原则上要向社会放权，都可以通过合同、委托等方式向社会购买。还要建设效能型政府，增强政府公信力、执行力和服务力，建设人民满意政府。

（二）合作共治：激发社会组织活力，发挥社会组织的桥梁作用。社会组织是现代社会治理不可或缺的重要主体，是解放和激发社会发展活力的重要能量。现代社会治理需要更加重视充分调动和发挥社会组织的桥梁作用，实现政府与社会组织的合作共治。现阶段我国社会组织管理体制存在不少弊端，解决这些问题，一要加快实施政社分开，规范发展现代社会组织体系，推进社会组织明确权责、依法自治、发挥作用。二要加快形成现代社会组织体制，改革社会组织管理制度，降低社会组织登记门槛，使之做到权责明确、依法自治。三要营造良性社会生态，发展合作关系，在国家与社会、政府与社会、社会组织与社会组织、社会组织与公众之间建立一种广泛、平等的合作关系，构建开放型现代社会组织生态系统。四要加快社会组织立法进程，优化社会组织发展制度环境。特别要抓紧研究制定指导、规范各类社会组织发展的基本法律——《社会组织法》，保障合法权益，实行依法监管。同时，要强化各类企事业单位的社会治理责任，使它们发挥在社区建设、安全生产、处理劳资关系、发展公益事业、促进社会和谐稳定方面的重要作用。

（三）基层自治：重视基层社会自治，发挥群众参与的基础作用。群众参与社会治理是坚持人民主体地位的基本要求。从某种意义上讲，社会治理首先需要社会的自我组织和自我管理，这是维持社会和谐稳定和社会安全秩序的自动调节机制。要积极探索社会治理新途径、新形式，形成社会治理人人参与、成果人人共享的生动局面。一要健全基层群众自治机制，增强基层社会自治功能，扩大群众参与范围和途径，丰富自治内容和形式，努力实现民事民议、民事民办、民事民管，实现政府治理与基层群众自治的有效衔接和良性互动。二要加强和改进城乡社区建设，注重发挥社区作用，规范和提升居民自治和村民自治水平，夯实基层民主制度建设，使之更好地适应和服务于社会治理创新的发展趋势和要求。三要大力推动社会组织参与社会治理，建立政府与社会组织之间的平等合作关系，提高社会组织自治与服务社会的能力。四要建立健全公民参与社会治理的制度保障，搭建多样化、多层次的参与机制，并从组织、人力、财力、设施等方面创造条件保障基层自治。

（四）社会法治：推行法治社会建设，发挥法治的保障作用。法治是社会治理的基本准则和手段，全面推行法治，是实现社会治理现代化的最重要标志。要全面推进法治中国建设，坚持依法治国、依法执政与依法行政共同推进，法治国家、法治政府与法治社会一体建设，立法、执法、司法、遵法、守法普遍提升。一要加快社会领域立法进程，尤其要加大规范社会组织、城乡社区、社会保障等方面的立法力度，建议抓紧制定《社会稳定法》。二要深化执法、司法体制改革，促进社会公平正义，包括深化执法、司法公开，提高执法司法透明度，严格、规范、公正、文明执法，加快建设公正、高效、权威的司法制度，切实维护人民权益。三要大力增强全社会法治观念和法治意识，深入开展法治社会宣传教育，使广大干部和群众做到"学法、知法、遵法、用法、守法"，在全社会树立法律至上的基本信念和行为准则，显著提高全社会的法治水平。

（五）全民德治：加强思想道德建设，发挥核心价值观的引领作用。实现社会治理现代化，既要靠法治，又要靠德治，做到法治与德治相结合、二者并用。人类社会发展的历史表明，对一个民族、一个国家来说，最深厚、最持久的力量是全社会一致认同的核心价值体系和核心价值观。富强、民主、文明、和谐，自由、平等、公正、法治，爱国、敬业、诚信、友善，是社会主义核心价值观的基本内容，它把涉及国家、社会、公民的价值要求融为一体，体现了社会主义本质要求。要充分发挥社会主义核心价值观引领社会治理现代化的灵魂作用，为此，要积极开展社会主义核心价值观宣传教育，壮大主流思想舆论阵地，增强人们的认同感和归属感，激发广泛的社会共鸣；要加强社会思潮动态分析，强化正面引导，凝聚社会共识；要树立"全民德治"观念，以社会主义核心价值观引领公民道德建设，加强公民道德教育，使之成为公民行动的准则。

改革学科建制和提升社会学地位的建议 ①

（2014 年 7 月 8 日）

　　党的十八大以来习近平总书记系列重要讲话和党的十八届三中全会通过的《中共中央关于全面深化改革若干重大问题的决定》，标志着改革开放和社会主义现代化建设迈入了新的发展阶段。

　　在新的发展阶段，发展和完善中国特色社会主义事业，需要全面发展和繁荣社会科学特别是社会学。目前，我国社会学发展的一大障碍是不合理的学科建制：社会学不是一个独立门类，仅仅为隶属法学门类下的一级学科，这种学科建制不仅混淆了社会学和法学的学科关系，更重要的是降低了社会学在社会科学领域的地位，严重制约了社会学的发展和繁荣，与我国社会经济不断发展和改革开放全面深化的形势极不相适应，更与加强社会建设、改革社会体制、创新社会管理，实现社会治理现代化的历史任务极不相适应。无论是在国际上还是国内，

---

① 本文系课题研究报告，魏礼群为组长，课题组成员有李培林、李强、龚维斌、丁元竹、赵秋雁、赵孟营、陈鹏等，此研究报告得到党中央、国务院多位领导重要批示，推动了相关工作。

学科建制都在科学研究、人才培养、学位授予、学科建设中发挥着重要的引导和"指挥棒"作用。因此，我们建议抓紧改革现行的不合理学科建制，特别是尽快把社会学提升为社会科学领域单独的学科门类。

一、把社会学提升为学科门类的必要性

（一）这是全面完善和发展中国特色社会主义伟大事业的必然要求。我国社会学经历了曲折发展历程，党的十一届三中全会后，社会学在党中央关怀下得以重建和发展。1979年3月30日，邓小平同志在理论工作务虚会上指出："政治学、法学、社会学及世界政治的研究，我们过去多年忽视了，现在也需要赶快补课。"35年来，社会学在改革开放和社会经济发展中不断发展，并发挥着日益重要的作用。但是，总的看来，我国社会学发展滞后的现象仍然突出存在，无论社会学科学研究、学科建设，还是学位授予、社会专业人才培养，都不适应国内外形势的快速发展变化。

当代中国正在经历一场人类历史上规模空前的社会大变革。随着改革开放和现代化事业的深入发展，社会领域出现许多前所未有的新情况、新矛盾，面临着一系列新课题、新挑战，社会建设和社会治理在中国特色社会主义事业中的地位越来越突出、越来越重要。党的十八大明确提出了坚持和发展中国特色社会主义的经济建设、政治建设、文化建设、社会建设、生态文明建设五位一体的总体布局，把社会建设放在整个现代化建设中更加突出的位置；十八届三中全会的《决定》确定了全面深化改革的总目标，把推进国家治理现代化和创新社会治理，作为发展和完善中国特色社会主义制度的重大任务。这更加为中国社会学的发展繁荣提出了新要求。

社会学是现代社会科学中一门基础性学科，主要研究人类社会基本活动发展变化的规律性，它以整体性、系统性、综合性的方法来全面、深入地研究社会行为、社会关系、社会结构、社会文化、社会运行、社会变迁和社会治理的基本状况、基本进程、基本规律。加强社会学建设，对于引导和推动社会建设、社会体制改革和社会治理现代化有着重大的作用。我们要更好地推进社会发展和社会文明进步，更好推进社会体制改革和社会治理创新，夺取中国特色社会主义事业全面胜利，应该高度重视和充分发挥社会学的重要作用。因此，改革学科建制、提升社会学学科的地位，势在必行。

（二）这是加快培养社会领域专业人才和优化国家人才结构的迫切需要。长期以来，我们由于对社会学科重视不够，社会建设和社会治理专业人才培养规模小、能力低。据统计，目前全国2198所普通高校中只有295所设置了社会学类的本科专业，而具有社会学一级学科博士学位授予权的高校和科研机构仅为19个。这种状况，造成社会领域专业人才严重匮乏，人才结构很不合理，党政人才社会管理创新理论和知识技能不足，这与迅猛扩张的社会发展需求严重不相适应。

从长远来看，我国社会领域人才需求缺口问题更加突出。国家发布的《国家中长期人才发展规划纲要 2010—2020》明确提出：到2020年，我国人才资源总量需要增加到1.8亿人，其中"社会发展重点领域"培养开发紧缺人才需要达到800万人，社会工作人才总量需要达到300万人。2012年4月，中央19个部委和群团组织联合发布的《社会工作专业人才队伍建设中长期规划（2011—2020 年）》也明确提出，随着国家事业的快速发展，需要一支庞大的专业化的社会服务队伍，在社会福利、社会救助、扶贫济困、慈善事业、社区建设、婚姻家庭、精神卫生、残障康复、教育辅导、就业援助、职工帮扶、犯罪预防、禁毒戒毒、矫治帮扶、人口计生、应急处置、群众文化等领域直接提供社会服务。只有尽快把社会学由一级学科提升为单独的学科门类，增强社会学的吸引力和发展能力，才能加快社会领域专业高端人才培养，相应提升社会学领域的一级学科，才能迅速改变社会学学科研究薄弱的现象，改变社会治理能力不足和社会工作人才匮乏的局面，也才能培养更多治党治国的社会专业人才队伍。

（三）这是提升我国社会科学影响力和强化国际话语权的战略举措。让中国声音成为世界最强音，是中华民族的共同愿望。要更大程度赢得国际社会对中国的尊重，扩大中国的世界影响力，就需要让全世界了解中国社会的历史、结构和演变，特别是需要让全世界了解中国特色社会主义的理论、制度、道路。而要做到这一点，发展繁荣中国特色社会学尤为重要。为此，必须明显提升社会学在整个社会科学学科建制中的地位。

当前国际关系错综复杂，以话语为载体的国际竞争十分激烈。因此，如何强化中国的国际话语权是一个需要系统研究、深入研究并作出科学决策的战略问题。总体上看，我国社会学应该是一个有力挑战发达国家话语主导权的领域。我国历史悠久、文化积淀深厚，特别是新中国成立以来的沧桑巨变，社会发展的规模、体量、格局、结构变化，无论是在人类历史进程中还是在全球化大背景中都是无与伦比的，这就为争取现代人类社会文明进步话语主导权提供了现实基础。只有发展繁荣社会学，大力提高社会学学术水平，科学地、系统地把中国社会领域演变的特征、规律研究透彻，才能更好地宣传中国的社会文明进步。

（四）这是研究借鉴国际上发达国家重视社会学发展经验的重要启示。据研究，一些发达国家高度重视社会学学科建设，把社会学放在与经济学同等重要的地位，同样作为一门"显学"，无论是学科布局上，还是教学、科研机构建制上，都放在社会科学体系中突出重要的位置。

在学科布局上：美国人口普查局把 188 个授予学士学位的专业分为 5 个大研究领域和 15 个子领域，社会学专业明确列在社会科学子领域的第一个专业，法律专业则是属于艺术和人文科学类中"其他"子类的专业。英国高等教育与大学招生委员会把所有学科分为 20 个学科群，其中"社会学"学科群明确列在人文社会科学类的第一位，"法律"学科群排位在"社会学"学科群之后。

在教学、科研机构建制上：美国在 21 世纪初就有 651 所大学设立社会学系，有 271 个社会学硕士点、138 个社会学博士点；英国有 110 多所大学，其中有 80 多所大学设立了社会学系（这些数据只包括对应于我国的理论社会学和应用社会学这两个专业领域的人才培养机构，不包括发达国家在社会管理、社会政策、人类学、人口学、社会工作等领域的人才培养机构）。这些都大大超过我国社会学教学和科研机构的比重。

总之，改革学科建制，提升社会学地位，有利于更好繁荣发展我国社会学科学研究，有利于加快培养社会专业高端人才，有利于推进社会建设和社会治理现代化，有利于全面推进中国特色社会主义事业，从而有利于实现我国"两个一百年"的奋斗目标和中华民族伟大复兴中国梦。因此，把社会学由一级学科提升为单独学科门类，具有十分重要的政治意义、理论意义和实践意义。

二、社会学由一级学科提升为学科门类的可行性

社会实践创新理论，催生学科发展。改革开放以来社会主义现代化事业的伟大实践，为中国社会学发展繁荣提供了丰壤沃土；蒸蒸日上的中国特色社会主义事业呼唤着中国社会学大发展大繁荣。从社会学学科现实条件看，经过35年社会学理论和应用的深度探索，我国社会学已经发展成为一门学科领域广泛、学科知识体系相对成熟、研究方法和理论体系相对完整的社会科学学科。因此，把社会学由一级学科提升为学科门类，不仅十分必要，而且非常可行。

（一）社会学已经形成较完整的学科体系。目前，社会学一级学科下有七个学科方向，包括理论社会学、应用社会学、人口学、人类学、民俗学、社会管理与社会政策、社会工作，都有了学科意义上的机构建制，特别是社会管理、社会工作、应用社会学这三个领域近年来发展势头良好。一大批高等院校和科研机构设立了社会管理研究机构和社会工作本科专业，在应用社会学领域，已经形成了较为成熟的分支学科体系。这些分支学科包括：社会研究方法、发展社会学、农村社会学、城市社会学、家庭社会学、性社会学、医学社会学、劳动社会学、教育社会学、企业社会学、工业社会学、体育社会学、法律社会学，等等。以上说明，社会学学科体系已经具有相当基础。

（二）社会学已经具备较为成熟的科学研究架构。社会学一级学科科研项目的申请、论证、实施、评审、应用都已经走上了国际化轨道。目前高等院校和科研机构的科研项目中，包括四种类型：一是国家社科基金和省区市社科基金项目，二是中央政府部门和地方政府部门委托的专项项目，三是企业委托的专项项目，四是各种基金会委托的专项项目。这些项目机构能够支撑学科门类的发展。

（三）社会学已经形成健全的人才培养体系和模式。虽然社会学一级学科在人才培养规模上远远落后于国家发展需要，但是已经建立了较为完整的社会人才培养体系和发展模式。在人才培养结构上，包括了本科生、学术型硕士生、专业硕士生、博士生、博士后人员五个层次。在学科训练方面，已经形成了成熟的本科生教学计划、硕士研究生培养计划、博士生培养计划，学科训练注重课程完整、理论和实践相结合。

（四）社会学已经确立服务国家发展和社会需要的学科定位意识。20世纪80年代以来，社会学学科围绕小城镇发展、计划生育、边区开发、珠江三角洲总体开发、长江三角洲总体开发、发展社会工作专业、农村发展问题、中国社会分层、和谐社会、社会建设等开展的经验研究和理论研究，都在国家决策层面得到回应，发挥了智力支持的重要作用，赢得了良好的社会声誉。这就为社会学进一步发展提供了指导模式。

（五）社会学已经建立一系列全国性的学术组织。除了社会学一级学科建立了全国性学术团体外，社会学一级学科下的人口学、民俗学、社会工作等二级学科都分别建立了全国性学术组织，人类学二级学科则是和民族学一级学科联合建立了全国性学术团体。除全国性学术团体外，各省市自治区都已经分别建立社会学一级学科或者为社会学一级学科下的二级学科的学术团体。

三、社会学学科门类下的一级学科设置设想建议

我们建议，社会学学科门类下，可设立八个一级学科，这八个一级学科构成社会学门类的学科群。

1.社会学理论。研究综合社会现象，系统分析社会现象的一般规律和宏观发展趋势。

2.社会管理。主要系统研究社会管（治）理活动基本规律和一般方法。

3.应用社会学。研究具体社会现象，以获得对各类社会现象与社会问题的具体认识，并提升出相应的观点和相对的应对措施。

4.人类学。研究人类全部生活方式的生物基础和文化编码。

5.人口学。研究人口诸变量之间的相互关系以及发展变化规律，研究人口变量与社会经济、生态环境等变量之间的相互关系。

6.民族学。研究人类不同群体的社会和文化，主要对不同群体、民族的社会、文化的研究，重点是通过对当代的社会与文化进行实地调查研究。

7.民俗学。研究各国各民族长期传承的关于自然、社会和人生知识体系及其物质产品和相关风俗习惯。

8.社会工作。研究如何培养社会成员养成以利他主义为指导，以科学知识为基础，助人自助服务能力。

《加强社会保障管理体制研究》序言 [1]

（2014 年 7 月 16 日）

改革开放以来，我国经济社会发展取得了举世瞩目的巨大成就。在这场伟大的历史变革中，经济体制改革一直是主要的方面和重要的推动力。特别是我们较好地处理了政府和市场的关系。20 世纪 70 年代末，我国改革开放总设计师邓小平提出了社会主义也可以搞市场经济，可以把市场经济当作发展生产力的方法。这一论述，实际上成为我国开启改革开放伟大历程的重要指导思想。20 世纪 80 年代中叶，我们党又提出了建立"国家调节市场，市场引导企业"的社会主义有计划商品经济体制，转变了以计划经济为主的思想，进一步突出了市场的作用。1992 年，党的十四大明确提出建立社会主义市场经济体制的改革目标，"就是要使市场在社会主义国家宏观调控下对资源配置起基础性作用" [2]。2013 年 11 月，党的十八届三中全会进一步提出，经济体制改革是全面深化改革的重点，核心问题是处理好政府和市场的

---

[1] 本文是为郑秉文《加强社会保障管理体制研究》一书写的序言，人民出版社 2016 年 12 月出版。

[2] 江泽民：《加快改革开放和现代化建设步伐 夺取有中国特色社会主义事业的更大胜利》，《人民日报》1992 年 10 月 21 日。

关系，使市场在资源配置中起决定性作用和更好发挥政府作用，从而为进一步深化经济体制改革指明了方向。

回首改革开放历程，可以说，与经济体制改革所取得的重大进展相比，我国的行政体制改革相对滞后。30多年来，我们在逐步重视市场重要功能和作用的同时，没有充分认识到市场调节存在的自发性、盲目性、局限性等不足方面；我们在逐步加强政府自身改革，简政放权，强调政府不再干"不该干的事情"的同时，却没有充分强调政府"该干的事情"。这使得政府在行使社会管理、公共服务、环境保护、社会建设、维护社会公平正义，在实现基本公共服务均等化、避免收入两极分化等方面的职能做得不够好。行政体制中的一些问题也日益突出，成为制约我国进一步深化改革和经济社会健康发展的重要因素。

进入21世纪以来，党中央提出了以人为本的科学发展观，并制定了构建社会主义和谐社会的宏伟目标。这要求我们既要突出市场在资源配置中起决定性作用，又要强调更好地发挥政府作用。行政体制改革已经被置于十分重要的地位。要按照推动政府职能向创造良好发展环境、提供优质公共服务、维护社会公平正义转变的要求，加快行政体制改革步伐，切实转变政府职能，创新行政管理方式，增强政府公信力和执行力，建设法治政府、服务型政府。现代化服务型政府应该在提供公共产品和公共服务上发挥更加积极和更为重要的作用，而完善社会保障体制则是其中的重要任务。

我国社会保障制度改革经历了一个不断探索的过程，逐步从政府大包大揽的传统国家（单位）保障制度模式转变为以社会保险为主体的现代社会保障制度模式。我国社会保障制度基本框架体系已经确立，随着社会保障体系的不断完善、社会保障项目的增多、参保人数和受益人数的快速增长，社会保障经办管理任务更为复杂、更为艰巨。这就要求我们必须将社会保障管理体制问题研究放在更为重要的位置。

作为行政体制改革的重要组成部分，我国社会保障管理体制改革已经取得了明显的进展。主要表现在，政府仍保持主导地位；用人单位、个人、社会机构等各种市场力量、社会力量的作用得到逐渐强化；政府和市场二者在社会保障管理体制中的关系逐步理顺。然而，与快速发展的社会保障事业所要实现的目标相比，我国目前的社会保障管理体制仍存在不少矛盾和问题。包括：一些政府部门职能重叠或界定模糊，经办管理机构人员配置不合理和缺乏有效的激励机制，信息管理体系建设薄弱，社会力量和市场力量难以有效地参与相关活动，等等。这些已经成为影响社会保障事业发展的重要因素。

《社会保障管理体制研究（上、中、下册）》一书是郑秉文教授领衔的科研团队对我国社会保障管理体制改革进行深入探讨的著作，是一项重要研究成果。该项成果的突出贡献，是为社会保障管理体制研究提供了一个好的框架。该书的上册，涵盖了社会保障管理体制的主要领域，将理论论证与解决突出问题相结合，针对社会保障管理体制改革中的一系列重大问题提出了独到的观点和解决办法；中册，集中探讨了社会保障项目管理中的主要问题，突出了不同项目管理之间的差异性，所提出的政策建议针对性较强，也有可操作性；下册，由很有分量的调研报告构成，并附有详细的调研日志，使得项目研究更为贴近我国社会保障管理体制的现实状况，提出的观点和政策建议更加符合中国国情，因而也就有了更强的可实践性。

这本书具有重要的理论价值，不仅有助于丰富和发展中国特色社会保障制度的理论，而且对于公共产品理论乃至服务型政府理论的研究都具有借鉴意义。这本书也具有重要的实践价值，有助于提高社会保障管理的效率，使有限的资源得到更好的配置，促进社会保障制度更好运行发展，向广大人民群众提供更多的优质服务，更好地发挥社会保障制度促进社会公平与社会和谐的功能作用。

建立和完善中国特色社会保障管理体制是一个十分复杂的问题，既要正确认识和处理政府和市场的关系这一体制改革中的核心问题，也要全面考虑我国社会保障制度改革的整体状况与特殊国情。因此，还有不少的问题需要探讨。这本书可以被看作是对中国特色社会管理体制进行深入研究的重要起点。可以相信，郑秉文教授领衔的科研团队也会在该项重要成果的基础上继续推进这个领域的研究工作，并取得更多的优秀科研成果。

魏礼群社会文集

（下册）

中国言实出版社

作者近照

作者简介

　　魏礼群，江苏省睢宁县人，1944年12月生。历任国家计委政策研究室主任、体制改革和法规司司长，国家计委党组成员兼秘书长，中央财经领导小组办公室副主任，国务院研究室主任、党组书记，国家行政学院党委书记，第十一届全国政协委员、文史和学习委员会副主任。中国共产党第十六届、十七届中央委员会委员。兼任中央马克思主义理论研究和建设工程咨询委员会委员、全国哲学社会科学规划领导小组应用经济组组长，国际行政院校联合会副主席，中国行政体制改革研究会会长，中国西部人才开发基金会理事长，中国国际经济交流中心常务副理事长、首席专家、学术委员会主任，中国人民大学、北京师范大学教授、博士生导师。2011年应聘担任北京师范大学中国社会管理研究院院长、2015年同时兼任社会学院院长。

　　负责或参加过党中央、国务院大量重要文件和党中央、国务院领导人重要讲话的起草工作，主持过80多项推进中国改革开放和现代化建设重大课题研究，取得了一大批对国家决策有重要价值的学术、科研、决策咨询成果。出版了《中国经济发展与改革》等个人专著20多部，主编著作130多部。

　　2009年入选"影响新中国60年经济建设的100位经济学家"，2013年被评为"20世纪中国知名科学家"，先后入选"2014中国智库建设十大代表人物""2016年度十大智库人物"，2018年入选"致敬改革开放四十年·中国智库建设40人"。

目　录 CONTENTS

（下册）

大力推进社会治理现代化 ①

（2014 年 9 月 23 日）

按照这期专题研讨班课程的安排，我讲的题目是"大力推进社会治理现代化"。准备讲三个问题：（一）推进社会治理现代化的重大意义；（二）推进社会治理现代化的基本内涵和要求；（三）推进社会治理现代化的关键环节。

一、推进社会治理现代化的重大意义

推进社会治理体系现代化，是党的十八届三中全会提出的新思想、新要求、新部署。以往多年讲加强社会管理，主要是指党委和政府直接或间接对社会领域活动进行组织、管控的过程和活动。"治理"作为现代意义的用语，是世界银行在 20 世纪 80 年代末首先提出来的，20 多年来越来越普遍地为各国、国际组织官方所使用，并赋予其新的意涵。1995 年联合国全球治理委员会对"治理"的定义是"诸多方式的总和"。"治理"

---

① 本文系在中央、国家机关干部选学"加强社会治理理论创新与实践探索专题班"上的授课提纲。

比"统治""管理""领导"等相关语汇有更广泛的含义。将"社会管理"改为"社会治理"，只有一字之差，但含义更深刻、内容更丰富、要求更明确。社会管理往往强调的是自上而下的管控，而社会治理至少有三个"更加突出"：更加突出党委和政府主导下的多元社会主体共同参与、良性互动；更加突出民主、法治，重视运用协商民主、法治思维和民主、法治方式；更加突出系统治理、源头治理、综合施策、标本兼治、健全机制。这标志着由传统的社会治理向适应时代发展要求的现代社会治理转变，也就是要逐步实现国家社会治理的现代化。这是我们党对中国特色社会主义建设规律、对人类社会发展规律认识的新飞跃，是社会建设理论和实践的与时俱进和创新发展。

推进社会治理现代化具有以下多方面的重大意义。

（一）这是推进国家治理现代化的重要方面。党的十八届三中全会的一个重大历史贡献，是站在时代发展和国家现代化全局的高度，提出了全面深化改革的总目标，就是完善和发展中国特色社会主义制度，推进国家治理体系和治理能力现代化。这是我们党治国理政思想的新概括、新发展。实现这个总目标，实质上就是要推动中国特色社会主义制度更加成熟、更加定型，为党和国家事业发展、为人民幸福安康、为社会和谐稳定、为国家长治久安提供一整套更完备、更科学、更规范、更管用的制度体系、治理体系、能力体系和充分反映中国特色、民族特点、时代特征的价值体系。这项改革工程极为宏大，包括经济、政治、文化、社会、生态文明等领域全面的、系统的改革和改进，是各领域改革和改进的联动，在国家治理体系和治理能力现代化上形成总体效应、取得总体效果。而推进社会治理现代化，是实现全面深化改革总目标的重要内容和重要途径。由于多年来我国社会治理体系和能力建设滞后于其他领域治理体系和能力建设，这就要求我们必须推进社会领域体制改革和现代化建设。只有加快社会治理体制创新，实现社会治理现代化，才能真正实现国家治理体系和治理能力的现代化，更好完善和发展中国特色社会主义制度。

（二）这是国家现代化客观进程的必然选择。改革开放以来，我国经济社会发展取得了举世瞩目的巨大成就，在前进中也出现了一系列新的社会矛盾和社会问题，面临许多前所未有的社会风险和挑战。发展中国特色社会主义是一项长期的、艰巨的历史任务，必须准备进行具有许多新的历史特点的伟大斗争。当前，我国社会主义现代化建设进入到一个新的发展阶段，工业化、信息化、城市化、市场化、国际化加速推进。这"五化并举"给当今中国社会带来巨大变化，社会活力大为增强，经济结构、社会结构、利益结构不断调整，社会流动性、开放性、活跃性、复杂性前所未有。大家都知道，近些年来，人民内部矛盾多样多发，流动人口和特殊人群管理服务问题增多，公共安全事故频繁发生，各类社会组织发展培育不足，特别是网络社会蔚然兴起，"网络发声""网络问政""网络沟通""网络交易"等成为时尚。在网络系统，我们既能看见传播正能量的"天使"，也能看到发泄不满、招摇撞骗、混淆是非、制造和散布虚假信息等释放负能量的"魔鬼"。我国改革处于攻坚期和深水区，社会稳定进入风险期，发展正值转型期，维护国家安全和社会稳定的任务十分繁重，社会治理面临许多新情况、新问题。从全局看，我国社会领域改革面临三大课题：一是计划经济体制遗留下的一些老问题，亟待继续解决；二是改革开放以来出现的一些新矛盾不断积累，必须抓紧消化；三是信息技术瞬息万变，网络社会和现代化事业快速发展，将给社会治理和建设提出更多的新课题，也需要积极应对、预为之谋。在这种特殊的历史条件下，社会领域种种复杂的情况交织在一起，必须创新社会治理理念、方式、手段，实行更加有效的社会治理。从国际经验看，在追求现代化的过程中，社会转型最为艰难，相对应的社会体制、社会结构、社会形态的演变往往曲折、复杂，充满矛盾和变数。因此，加快社会治理体制创新，推进社会治理现代化，不仅是适应中国现代化发展形势的需要，而且是对今后现代化总体进程中所面临的种种严峻矛盾和挑战的主动应对。

（三）这是提高社会治理科学化水平的迫切需要。总体上看，随着改革开放的不断推进，我国社会治理体系和治理能力不断提升，在社会大变动中保持了社会大局的稳定和发展。但当前社会治理还存在着不少问题和弊端：例如，重经济建设、轻社会建设，重政府作用、轻多元主体参与，重管理控制、轻协商服务，重事后处置、轻源头预防，重人治、轻法治，重行政约束、轻道德教化，重解决具体问题、轻制度机制建设。当前社会治理的基本状况，既有社会活力不足的问题，需要进一步解放和增强社会活力，也有社会秩序紊乱、活而无序的问题，需要提高治理水平，促进社会和谐有序运行。从维护社会稳定来说，多年来尽管从上到下花了不少精力、增加了不少投入，维护社会稳定成本不断增加，但并没有达到预想的应有成效。主要原因是，在错综复杂的社会问题和局面下，传统的社会管理模式、手段和制度越来越难以应对，更难以从根本上解决层出不穷的新矛盾、新问题。只有创新社会治理体制、完善社会治理体系、增强社会治理能力，提升社会治理科学化、现代化水平，才能更加有力、更加有效解决各种社会矛盾和问题，既使社会增强活力，又使社会和谐健康前进。

综上所述，推进社会治理现代化既是实现全面深化改革总目标、顺应时代发展潮流和现代化客观进程而作出的重大战略决策部署，也是解决我国社会领域突出问题的必然选择和迫切需要。因此，积极推进社会治理现代化，势在必行，意义重大。

二、推进社会治理现代化的基本内涵和要求

这里，要从党中央提出的推进国家治理现代化说起。国家治理现代化具有丰富的科学内涵。习近平总书记明确指出："国家治理体系和治理能力是一个国家制度和制度执行能力的集中体现"；他还强调，推进国家治理体系和治理能力现代化，要解决好价值体系问题，大力培育和弘扬社会主义核心价值体系和核心价值观。这些阐述，科学地界定了国家治理现代化的深刻内涵。我体会，概括起来可以说，国家治理现代化就是一个总要求、四个基本要素，即制度、体系、能力、价值，四位一体，进一步说，就是按照完善和发展中国特色社会主义的总要求，统筹推进社会制度建设、治理体系建设、治理能力建设和价值观建设，做到四位一体，有机结合，以共同适应社会主义现代化建设总体进程。这是实现社会主义现代化的应有之义。这些方面是相互辩证统一、密不可分的。进一步说，一是完善和发展中国特色社会主义制度与推进国家治理体系现代化是辩证统一的。制度的完善要以治理体系和治理能力现代化

为总要求，推进治理体系和治理能力现代化要以坚持和发展中国特色社会主义制度为根本前提。二是治理体系和治理能力现代化是辩证统一的。有了好的治理体系才能提高治理能力，提高治理能力才能充分发挥治理体系的效能。"光有制度，光有体系，如果没有能力，现代化将成为一纸空文"。三是制度建设、治理体系和治理能力现代化与核心价值观的培育践行是辩证统一的。这是因为，制度的完善、体系的现代化和能力的现代化都要有价值观作为精神支柱。社会治理体系和治理能力现代化必须以社会主义核心价值观作为引领和支撑。治理体系和治理能力现代化往什么方向走、什么样价值观来引领，这是一个带有全局性、根本性的问题。以上所讲的国家治理现代化，不仅反映了我们党对全面改革的认识的深化和系统化，而且体现了我们党对实现国家治理现代化认识的深化和系统化。总之，我们要从制度、体系、能力、价值观四个维度，全面地、完整地理解和把握国家治理现代化的丰富内涵。这也是正确认识和推进社会治理现代化必须把握好的基本内涵和总体要求。

我们是搞中国特色社会主义现代化，而不是照搬别的国家的现代化模式，这就决定了我们推进中国社会治理现代化的性质、特点和规律。总的看来，我国现行社会治理体系和治理能力与基本国情和社会主义制度是大体相适应的，这是一个基本判断，也是推进社会治理现代化的基本出发点。也就是说，推进社会治理体制创新，绝不是对现行社会基本制度的改弦易辙，而是在党的领导下对中国特色社会主义制度的自我完善和发展，使基本制度优势得到更好的发挥。其基本要求，就是顺应基本国情和时代的变化，改革不适应实践发展要求的理念、体制、机制、制度；就是更加注重社会治理体系和能力建设，提高社会治理的科学化、现代化水平；就是要切实加强社会主义核心价值体系建设。以维护好最广大人民的根本利益，最大限度调动社会各方面积极性，最大限度增强社会发展活力，最大限度增加社会和谐因素，确保整个社会既充满活力又和谐有序，确保人民安居乐业、国家长治久安，顺利实现全面建成小康社会和国家现代化的宏伟目标。按照推进国家治理现代化和社会治理现代化的目标要求，针对当前社会治理中存在的突出矛盾和问题，推进社会治理现代化需要着重推进以下八个方面改革创新和制度体系建设。

（一）更新社会治理理念。理念是行动的先导。正确的社会治理理念是实施有效治理的前提和基础。一旦治理理念出现偏差，不但会严重误导治理行为，而且有可能会引发治理危机。这里最为重要的，是彻底改变治理是治民的观念，要牢固树立社会治理一切为了人民、为了人民一切的理念，坚持人民主体地位，更好保障人民权益，更好保证人民当家作主，这是我国社会主义基本制度决定的，也是中国共产党人治国理政的根本宗旨。要始终把实现好、维护好、发展好最广大人民根本利益作为推进社会治理现代化的出发点和落脚点。随着改革发展和人民生活水平的提高，人民群众的物质文化生活需求日趋多样化、高端化、个性化，公平意识、民主意识、权利意识、法治意识不断增强，对促进社会公平正义、实现安居乐业的要求越来越高。当前，各种人民内部矛盾和社会矛盾中大量问题大多是由于利益问题引发的。这就要求我们：一方面要积极满足人民群众日益增长的、不同层次的社会需求，发展社会生产，优化经济结构，注重保障和改善民生；另一方面，要切实处理好

"维稳"和"维权"的关系。从人民内部和一般意义上说，维权是维稳的基础，维稳的实质是维权。我国一些地方在社会治理中普遍存在一些观念误区，就是只讲"维稳"，不讲"维权"，简单地采取关、卡、压的办法，以致有些社会矛盾长期得不到解决，甚至不断激化。因此，对涉及维权和维稳问题，首先要把群众合理合法的利益诉求解决好。单纯维稳，不解决利益问题，那是本末倒置，最终也难以真正稳定下来。在新的历史条件下，创新社会治理必须把保障和改善民生放在更加突出的位置，抓紧完善对维护人民权益和切身利益具有重大作用的制度，切实体现公众社会需求导向，让人民群众共享改革发展成果。

（二）健全社会治理主体。社会治理主体是实施治理行为的能动力量。不同社会主体之间的相互关系及其地位角色构成了社会治理的基本格局。在新的社会治理格局中，社会治理主体多元化，党委领导是根本，政府主导是关键，社会协同是依托，公众参与是基础。各个主体，不是平起平坐，而是各有定位，有机联系，不可分割。多元社会主体合作共治，是社会治理走向现代化的重要标志。目前，我国社会治理中，重政府包揽、轻多方参与的现象还较为普遍，社会治理工作往往成了政府的"独角戏"。创新社会治理体制，就要进一步优化社会治理主体格局，从单纯重视党委、政府作用向党委政府与社会多元主体共同治理转变，既发挥党委、政府的领导和主导作用，又要鼓励和支持社会各方面参与，包括各类社会组织、企事业、基层单位、家庭和公民个人参与社会治理，更加重视社会组织和市场力量参与社会治理，充分发挥多元主体各自应有的功能和作用，形成社会治理的整体合力。

（三）改进社会治理方式。治理方式反映了治理行为运行的特点和规律。改进社会治理方式，不仅是推进社会治理现代化的重要方面，而且是转变我国社会发展方式的必然要求。从总体上看，我国现行的社会治理方式单纯注重自上而下管制；单纯注重行政手段关卡压，显得比较僵化、生硬。这就常常会导致社会体制机制运行不畅、滞阻，并产生和引发大量的社会矛盾和冲突。社会治理必须讲究辩证法，管得太死，一潭死水不行；管得太松，波涛汹涌也不行。既要管理又不能管得太死，要做到刚柔相济、宽严适度，使社会活跃起来而又有序运行。关键是改进社会治理方式。一要坚持协同治理，实现政府治理与社会自我调节、居民自治良性互动，充分发挥党委总揽全局、协调各方的领导核心作用。二要坚持依法治理，运用法治思维和法治方式化解社会矛盾，实现治理方式从单纯行政管控向注重法治保障转变，充分彰显法治维护社会公正的作用。三要坚持综合治理，实现社会治理从过去单纯依靠行政管理转向行政、法律、经济、科技、教育手段等综合施用，特别要注重加强价值观和思想道德建设，引导和规范社会行为。四要坚持民主治理，要按照发展社会主义民主政治的要求，更加注重健全民主制度，丰富民主形式，拓宽民主渠道，从各层次各领域扩大公民有序政治参与和社会参与，推进协商民主广泛多层次发展，深入开展立法协商、行政协商、民主协商、参政协商、社会协商，更多地运用群众路线的方式、民主的方式、协商的方式、疏导的方式，化解社会矛盾、解决社会问题。五要坚持源头治理，预防为先，动态治理，改变以事后应急为主的"救火"式管理，加强源头事前把关的"防火"治理，实现治理环节前移，标本兼治，重在治本，以网格化管理、社会化服务为方向，健全基层综合服务管理平台，及时反映和协调人民群众各方面各层次利益诉求。

（四）构建社会治理体系。构建全面、系统、有效的供给、服务和保障体系，是推进社会治理现代化的重要方面。一要扩大公共服务体系。既要推进教育、文化、卫生、体育等社会事业发展与体制创新，也要推进就业、住房、社会保障、收入分配等民生事业发展与改革。特别要完善基本公共服务体系，如果没有基本公共服务均等化，没有牢靠的社会保障底线，人们就很难有安全感和幸福感。因此，要加快基本公共服务均等化进程。前些天，李克强总理主持召开国务院常务会议，决定全面建立临时救助制度，进一步织密织好社会保障安全网，帮助群众应对突发性、紧迫性、临时性生活困难，做到兜底线、救急难，填补社会救助体系"缺项"，就是履行政府保基本民生的重要职责。要坚持从当地实际情况出发，建立健全基本公共服务标准、项目、覆盖群体和正常增长机制等。创新基本公共服务供给方式，优化财政支出结构和投资结构。要加快推进居民身份信息统一识别系统建设。以人口基本信息为基础，以公民身份号码为唯一代码，集合居民婚姻、住房、就业、社保等相关信息的数据共享和应用网络，是改善公共服务和加强社会治理的基础性工程，这项工程自 2004 年国家启动人口基础信息共享试点后，人口信息地域隔绝现象有所改观，但信息跨部门交换共享未能取得明显进展，数据质量有待提升，信息利用不够充分，亟待加速推进建设。二要健全公共安全体系。公共安全危机频发，是现代社会的重要特征。公共安全危机涉及自然灾害、生产事故、公共卫生事件、社会安全等，不同领域需要不同的专业机构和应对系统。最近，新疆莎车县发生严重暴力恐怖事件，江苏昆山中荣金属制品有限公司发生爆炸，云南昭通鲁甸县发生 6.5 级地震，都造成重大人员伤亡，属于重大公共安全案例。加强食品药品安全、生产安全、防灾减灾救灾、社会治安防控、网络安全，是公共安全治理的重要内容。党的十八大提出，改革和完善食品药品安全监管体制机制。十八届三中全会决定明确要求，要抓紧完善统一权威的食品药品安全监管机构，建立最严格的覆盖食品生产、流通全过程的监管制度，健全食品原产地可追溯制度和质量标识制度，保障食品药品安全。这方面体制改革已顺利实施，制度建设也抓紧进行，但还有不少问题需要研究解决。在安全生产方面，要强化公共安全体系和企业安全生产基础建设。全面推行"自下而上"保安全生产的原则，一方面立法规定企业主应对企业安全生产保障负责，另一方面规定所有企业都要针对自己的实际情况制定出个性化的生产规范和安全保障措施，强化严格的安全生产培训、评估和监管。苏州昆山中荣金属制品车间发生爆炸就是车间安全设施、知识教育和监管不到位造成的，必须建立隐患排查治理体系和安全预防控制体系。要健全防灾减灾救灾体制。要创新立体化社会治安防控体系，依法严密防范和惩治各类违法犯罪活动。特别是要主动适应社会网络化、信息化的大趋势，针对互联网的开放性、自主性、迅捷性的特点，创新社会治理工作的理念、思路、机制和方法，健全网上网下管理体系，维护公共利益和国家网络信息安全。三要完善应急管理体系。全方位推进应急管理体制机制建设、全面强化应急管理基础能力建设、切实加强应急管理预案体系和保障体系建设。加快形成源头治理、动态管理、应急处置相结合的社会治理机制。在现实生活中，仍有一些地方、部门认为，危机管理就是单纯地应付突发事件，危机管理多局限于以行政手段，而缺乏从风险管理的角度做到未雨绸缪。必须把应对风险从行政化管理向法治化治理转变。四要加强国家安全体系。既要加强传统安全体系建设，更要加快非传统安全体系建设，完善国家安全体制和国家安全战略。党的十八大提出："完善国家安全战略和工作机制"，"确保国家安全"。①去年底，党中央成立了国家安全委员会，这是健全社会治理体系的重要战略举措。以上这些社会治理体系建设都不是孤立进行的，而是在社会治理的实践过程中构成一个相互联系、相互影响的有机整体。这就要求我们的社会治理改革创新要注重系统性、协同性和整体性。

（五）创新社会治理制度。推进社会治理现代化，最根本的在于制度的改革和创新。邓小平指出："制度问题更带有根本性、全局性、稳定性和长期性。"他说："我们过去发生的各种错误，固然与某些领导人的思想、作风有关，但是组织制度、工作制度方面的问题更重要。这些方面的制度好可以使坏人无法任意横行，制度不好可以使好人无法充分做好事，甚至会走向反面。"②这些论述是何等深刻啊！加强社会治理现代化建设，必须在创新和加强社会治理基本制度和具体制度方面下功夫。制度建设可以增强人们行为的规范性和预测性，避免发生决策失误或工作失误。多年来，我国社会治理领域的制度建设取得重要进展，但仍存在不少问题。相关制度的缺失、滞后和不规范是许多社会矛盾产生的重要原因；社会转型过程中新、旧制

---

① 胡锦涛：《坚定不移沿着中国特色社会主义道路前进 为全面建成小康社会而奋斗——在中国共产党第十八次全国代表大会上的报告》，《人民日报》2012 年 11 月 18 日。

②《邓小平文选（第二卷）》，人民出版社，1994 年，第 333 页。

度接续之间出现一些断裂、真空地带。我们要大力推进社会治理制度改革创新：一要加强社会建设和社会治理领域的基础制度供给和制度设计，加快建立和完善与发展社会主义市场经济、社会主义民主政治相适应的新型社会治理制度体系。包括健全社会主义民主制度和社会主义法治制度，反对特权思想和特权现象等。二要加紧建设对保障社会公平正义有重大作用的制度，逐步建立以权利公平、机会公平、规则公平为主要内容的社会公平保障体系，努力营造公平的社会环境。三要实现从传统的重视行政命令式、运动式、动员式的社会治理制度向法治型、互动式、科学化的社会治理制度的转变，把干部权力关进制度的笼子里，坚持用制度管权管事管人；把各社会主体行为纳入制度规范的笼子里，坚持按制度办事、活动。通过创新和严格执行社会治理制度，显著提高社会治理的制度化、规范化和程序化水平。

（六）完善社会治理机制。当前，我国社会治理机制的主要问题是：群众权益表达渠道不够畅通，矛盾纠纷的各种调解机制彼此互动衔接不够。为此，应注重社会治理机制创新，尤为重要的是以下两个方面：一要建立健全重大决策社会稳定风险评估机制。就是对涉及群众利益的重大决策在出台前或审批前以及在实施中可能出现的影响社会稳定的因素进行先期预测、分析和评估，以避免或减少可能出现的影响社会稳定的因素，以促进社会和谐稳定发展。应坚持做到：凡是推出涉及人民群众切身利益的重大决策，都要把社会风险评估作为前置程序、刚性门槛，使重大决策的过程成为党委、政府倾听民意、改善民生、化解民忧的过程，最大限度地预防和化解社会矛盾的发生。建立健全重大决策社会稳定风险评估机制，需要把握好三个环节，即由谁评估、评估什么、怎样评估。在由谁评估上，要确保社会稳定评估主体构成的合理性。按照评估学的一般原理，只有确保评估主体构成的合理性，才能保证评估结果的客观、公平、公正性。为此，必须遵照独立性、多元化、利益相关性原则，确定评估主体。组织相关部门、专家或有资质的第三方评估机构参加。在评估什么上，要确保社会稳定内容的全面性，包括对决策的合法性进行评估，对决策的合理性进行评估，对决策的可行性进行评估，对决策实施安全性进行评估，对决策实施出现问题可控性进行评估。在怎样评估上，要确保评估程序的科学性。为此，要制定评估方案，准确把握评估内容、重点、责任；要广泛收集社情民意，通过走访群众、问卷调查、召开座谈会等，全面掌握第一手资料；要形成评估报告，对可能引发的社会稳定风险作出风险很大、有风险、风险较小的预警性风险评估；要作出评估决定，形成评估报告。建立重大决策社会稳定评估机制，还要建立一套科学、完整的评估指标体系；要选择独立、专业、具有公信力的第三方评估机构。最近，国务院对新一届政府成立以来实施的部分政策措施落实情况开展第三方评估，收到良好效果。这是一个重要的行政创新。二要建立健全维护群众权益机制。包括通畅、有序和规范的群众诉求表达、利益协调、矛盾调处、权益保障机制。充分发挥人大、政协和人民团体、行业协会以及大众传媒等社会利益表达功能，完善公共决策社会公示制度、公众听证制度、专家咨询论证制度；建立健全个人心理医疗服务体系，开展个人心理调节疏导工作。要完善和创新流动人口和特殊人群管理服务。要建立调处化解矛盾纠纷综合机制。进一步完善人民调解、行政调解、司法调解的联动工作体系。改革信访工作机制，实行网上（电话、邮件）信访受理、信访代理制度，健全及时就地解决群众合理诉求机制，强化信访法治，把涉法涉诉信访纳入法治轨道解决，建立涉法涉诉信访依法终结制度。

（七）增强社会治理能力。推进社会治理现代化，必须切实提升社会治理能力。要全面提高各个社会治理主体的治理能力，包括党委、政府创新社会治理的能力、各类社会组织参与社会治理的能力，社会自我调节的能力和社区、居民自治的能力。要以提高党的执政能力、政府行政能力为重点，尽快把各级干部、各方面管理者的思想政治素质、科学文化素质和工作本领都提高起来，尽快把国家机关、企事业单位、人民团体、社会组织等工作能力都提高起来，尽快把基层单位和居民自治本领都提高起来，这样整个国家社会治理体系才能更加有效运转。就党委、政府方面来说，需要着力抓好以下八个环节。

一要更加重视社会治理现代化建设，努力掌握推进社会治理体系和治理能力现代化所需要的科学理论、专业知识和先进手段，不断提高面向未来、面向世界、面向现代化的自觉性。"以其昏昏，使人昭昭"，是不可能的。

二要加强和创新干部教育培训的形式和内容，运用现代社会治理的理念、方式、体系提高各级干部社会治理的能力和水平。

三要加快建设一支规模宏大的社会工作人才队伍和志愿者队伍，让更多的社会工作人才和志愿者加入社会治理中来。要制定专业社会工作人才认定标准、完善专业社工人才培养、评定、使用、晋升和政府购买专业社工人才服务等制度。要动员和组织各年龄段的人员当义工。

　　四要加强社会治理技术的研究推广，包括社会治理过程中运用到的工具、方法和方案，尤其要运用云计算、物联网、互联网、"大数据"等信息化手段开展基础信息采集工作、分析处理和大数据的社会行为研究，提高社会治理的能力和水平。特别要高度重视"大数据"技术给社会治理创新带来的机遇。运用大数据技术，可以推进社会治理从碎片化到网格化的转变，推动各部门、各地区在社会治理方面的协同与合作；可以推进社会治理从静态治理到动态治理的转变，治理主体及时掌握社会现象的变动情况和变动趋势；可以推进社会治理由粗放型到科学决策的转变，提高社会治理决策的科学化和社会治理过程的精细化。要加强社会治理信息技术自主研发，加快制定社会治理领域信息技术系统和平台的行业标准，加大社会信息化基础设施建设力度。

　　五要提升网络社会管理能力，善于运用网络传播规律，改进创新网上宣传，发展健康向上的网络文化，推进网络依法有序规范运行，确保互联网可管可控。要推动传统媒体和新兴媒体融合发展。8月18日，中央全面深化改革领导小组会议审议通过《关于推动传统媒体和新兴媒体融合发展的意见》，要求"将技术建设和内容建设摆在同等重要的位置"。要顺应互联网传播移动化、社交化、视频化的趋势，积极运用大数据、云计算等新技术，发展手机网络等新应用、新业态。同时，要求一手抓融合，一手抓管理，确保融合发展始终沿着正确的方向前进。

　　六要加快制定和完善社会治理规则体系，使社会治理纳入制度化、常态化、科学化的轨道。

　　七要加大社区基层自治知识的宣传教育力度，增强社区处理基本社会事务的能力。基础不牢，地动山摇。社会治理的重心必须落实到基层，落实到城乡社区。社区服务和管理能力越强，社会治理的基础就越实。要把更多的资源、服务、管理放到基层，使基层有职有权有物，更好为群众提供精准有效的服务和管理。农村社会治理是党在农村执政的基础，特别要加强和改进农村社会治理。农村社会治理主体包括党政基层组织、村民自治组织、农村社会组织和农民，必须加强党的领导，强化各治理主体协同治理的理念和平等参与的网络。

八要搭建和营造良好的社会治理平台和环境，提升社会协同治理能力。

（八）筑牢社会治理精神支柱。推进社会治理现代化必须切实加强思想道德建设，大力培育和弘扬社会主义核心价值体系和核心价值观，努力抢占人类价值制高点。要将社会主义核心价值体系和核心价值观贯穿于推进社会治理现代化的各方面和全过程。用社会主义核心价值体系和核心价值观定向导航、凝魂聚气、强基固本。人类社会发展的历史表明，对一个民族、一个国家来说，最深厚、最持久的力量是全社会一致认同的伦理规范、核心价值体系和核心价值观。当今世界，无论东方还是西方国家，各国都十分重视公民教育，注重给公民注入主流或正统的伦理规范和价值观，让公民树立国家观念、认同国家特征、维护国家利益、遵守权利义务，把本国的核心价值观、国家观、社会观注入公民的灵魂，使公民成为合格的公民。例如，新加坡以国会法案的形式确立本国的"共同价值观"，要求在全社会推行"国家至上、社会为先，家庭为根、社会为本，社会关怀、尊重个人，协商共识、避免冲突，种族和谐、宗教宽容"等价值观念，有力地促进了新加坡这个多民族国家的稳定和发展。美国一贯把自由、民主、平等作为自己国家的核心价值观，注重国家利益和爱国教育。今年3月，美国大学理事会宣布，"学术能力评估测试"将从2016年春季开始启动8项改革，其中有一项改革措施是将美国建国文献和重要的全球对话的内容，如《独立宣言》《美国宪法》和《权利法案》等列入考试范围，主要目的是增强学生对美国价值观的认同。美国"学术能力评估测试"类似我国的高考，不仅适用于美国本土的学生考试，也是其他国家高中生申请美国大学本科及奖学金的重要参考依据。中国传统医学认为，一个人只有培养元气、巩固根本，身体才能充满活力，保持强健，益寿延年。对一个民族、一个国家来讲，这个"元"、这个"本"，就是全社会共同认同的核心价值观。在我们这样一个拥有13亿多人口、56个民族的大国，更需要用共同的价值观固本培元、凝魂聚气。这样，国家凝聚力和社会稳定才能有坚实的基础和保证。我们正处在一个急剧变革的时代，这是一个既充满梦想又不乏困惑的时代。当前，我国社会生活中的一个突出问题，是相当部分的人缺乏理想信念，不懂得起码的道德伦理和价值观标准。最近，我看到两个材料：一个是华东师范大学中国现代思想文化研究所，曾经做过一个全国性的抽样调查，其中有个问题："你是否同意：人们的价值观各不相同，没有什么好坏对错之分"，竟然有将近6成的受访者同意这个看法。另一个材料是，《人民日报》主管的《人民论坛》问卷调查中心的调查显示，当前我国存在十大社会病症：超过半数的网友认为官员群体存在信仰缺失危机；超过8成受调查者认为当前社会处于亚健康状态。这些惊人的数字，很大程度上反映当今中国社会价值观的危机。这也是一个时期以来不少人思想道德滑坡、社会秩序紊乱的重要原因。我们党明确提出的"三个倡导"，12个词、24个字，即倡导富强、民主、文明、和谐，自由、平等、公正、法治，爱国、敬业、诚信、友善，是社会主义核心价值观的基本内容，这凝练概括了国家的价值目标、社会的价值取向、公民的价值准则，三个层面密切联系、相辅相成，形成一个整体，实际上提出了我们要建成什么样的国家、建设什么样的社会、培养什么样的公民的重大问题。这个核心价值观既体现了社会主义本质要求，继承和弘扬了中华优秀传统文化，也吸收了世界文明有益成果，体现了时代精神。培育和弘扬社会主义核心价值观，必须立足中华优秀传统文化。一年多来，习近平总书记多次指出，要以科学态度对待传统文化，他强调："不忘本来才能开辟未来，善于继承才能更好创新。"牢固的核心价值观，都有其固有的根本。中华传统文化是我们民族的"根"和"魂"，如果抛弃传统、丢掉根本，就等于割断了自己的精神命脉。博大精深的中华优秀传统文化是我们在世界文化激荡中站稳脚跟的根基。例如，中华文化强调"民惟邦本""天人合一""和而不同"；强调"天行健，君子以自强不息""大道之行也，天下为公"；强调"仁者爱人""与人为善"；强调"出入相友，守望相助"等。这些思想和理念，不论过去还是现在，都有其鲜明的民族特色，都有其永不褪色的时代价值。我们要很好地传承和弘扬传统文化，认真汲取中华优秀传统文化的思想精华，深入挖掘和阐发其中的讲仁爱、重民本、守诚信、崇正义、尚和合、求大同的时代价值。随着我国经济体制的深刻变革、社会结构的深刻变动、利益格局的深刻调整、思想观念的深刻变化，尤其是在世界格局多元化、经济全球化、社会信息化的背景下，各种思想文化交流交融交锋更加频繁，这就使得我们加强和创新社会治理必须高度重视中国优秀的道德伦理建设，凸显社会主义核心价值体系和核心价值观，以引领社会前进的方向和凝聚奋斗的力量。

三、推进社会治理现代化的关键环节

推进社会治理现代化，是在党的领导下提高运用中国特色社会主义制度有效治理社会的深刻社会变革，需要从多方面着力。这里，主要讲讲应当把握好的五个关键环节：即政府善治、合作共治、基层自治、社会法治、全民德治。

（一）政府善治：创新政府治理方式，发挥政府的主导作用。推进社会治理现代化，政府必须有力有效地发挥作用。党的十八届三中全会提出，社会治理要"发挥政府主导作用"。应当说，将之前的"政府负责"改为"政府主导"，是对建立现代化政府、实现政府善治的更加明确要求。古人说，"政善治，事善能"。要做到"善治""善能"，就要履行职责，提高本领。政府作为公共权力的行使者、公共事务的管理者，必须切实履行社会治理的基本职能。在高度复杂、充满风险和不确定性的现代社会，政府在社会治理中的重要作用只能加强、不能削弱。这一点不容怀疑和动摇。但政府治理必须创新，要做到善治，也就是要实现科学治理、依法治理、规范治理、有效治理。政府在社会治理中的主导作用主要体现在以下几个方面：一是正确处理政府与市场、社会、个人的关系，着眼于充分发挥市场在资源配置中的决定性作用、充分发挥社会力量和公民个人在治理社会中的积极作用，简政放权，释放社会活力；二是全面分析和把握社会运行的新情况、新问题，及时研究制定行之有效的政策措施加以调控；三是科学制定社会治理的方略、任务、法制和标准体系，制定与实施社会建设总体规划和专项规划，引导社会运行；四是提供社会治理基础设施和公共产品服务；五是弥补市场失灵和缺陷，促进社会公平正义，保护生态环境，保障公共安全等。同时，要正确处理中央与地方的关系，合理划分各级政府在社会治理中的事权、职责，让地方政府承担更多的社会事务。各级干部要通过加强学习，提高社会建设和社会治理的战略思维、系统思维、辩证思维、创新思维、底线思维的能力，提高发现问题、分析问题、解决问题的能力。目前，我国政府治理存在的突出问题是：传统的"全能型政府""管制型政府"行为还大量存在，政府社会治理错位、缺位现象还较为普遍；公共权力运行不够规范，依法监管意识和能力薄弱。为此，要加快转变政府职能，全面正确履行政府职能，建设"有限政府""创新政府""服务政府""法治政府""廉洁政府"，更加重视社会建设和社会治理，推动政府职能向创造良好发展环境、提供优质公共服务、维护社会公平正义转变。前不久，李克强总理在天津召开的夏季达沃斯会议上强调："法无授权不可为"，要制定政府权力清单；"法无禁止皆可为"，要制定权力负面清单；"法定职责必须为"，要制定政府责任清单。这三句话，高度概括了创新政府治理的要求。要改进政府提供公共服务方式，推广政府购买服务，凡属事务性管理服务，原则上都可以通过合同、委托等方式向社会购买。要以更多的精力和资源投入社会治理现代化建设。还要建设效能型政府，增强政府公信力、执行力和服务力，建设人民满意政府和现代化政府。

习近平总书记在中共中央政治局第十五次集体学习时指出：

"坚持党的领导，发挥党总揽全局、协调各方的领导核心作用，是我国社会主义市场经济体制的一个重要特征。""党的坚强有力领导是政府发挥作用的根本保证。"[①]这就明确指出了党和政府的关系，党的领导是推进社会治理现代化的核心力量和根本保证。这对改进和加强党对社会治理现代化的领导提出了更高的要求。

（二）合作共治：激发社会组织活力，发挥社会组织的桥梁作用。社会组织是现代社会治理不可或缺的重要主体，是解放和激发社会发展活力的重要能量。现代社会治理仅仅依靠政府作用显然越来越不可能，而需要更加重视充分调动和发挥社会组织的桥梁作用，实现政府与社会组织的合作共治。社会组织的桥梁作用主要体现在："社会组织"充当政府与民众之间的"中间纽带"和"跨界合作平台"，既能有效聚合、沟通和表达民众的利益诉求，又能将政府的治理意图、政策举措及时吸纳和传递到民众中去，并且能提供便捷、高效的公共服务。现阶段我国社会组织管理体制存在不少严重弊端：政社不分依然普遍存在，一些社会组织行政化，实际上是"二政府"；双重管理体制使大量社会组织成为"法外组织"，也把合法社会组织管得过死，社会组织的合法权益得不到保障；有些社会组织自律自治能力不足，自身素质和管理水平比较低，还不能够有效承接政府转移的社会事项；规范发展社会组织的相关法律制度供给不足，严重滞后于社会组织发展的需要；国家、政府与社会组织之间的良性互动关系和机制还亟待完善。这些问题必须解决。一要加快实施政社分开，推进社会组织明确权责、依法自

[①]《习近平在中共中央政治局第十五次集体学习时强调正确发挥市场作用和政府作用　推动经济社会持续健康发展》，《人民日报》2014 年 5 月 28 日。

治、发挥作用。规范发展现代社会组织体系，既包括各类社团、基金会等社会组织，也包括工会、共青团、妇联等人民团体，还包括数量庞大的各类草根社会组织，以及社会公益类事业单位。二要加快形成现代社会组织体制，改革社会组织管理制度，降低社会组织登记门槛，使之做到权责明确、依法自治。积极推进社会组织的"去行政化"和"去垄断化"改革，加快实现行业协会商会与行政机关真正脱钩；完善"枢纽型社会组织"服务管理体系。三要营造良性社会生态，发展合作关系，在国家与社会、政府与社会、社会组织与社会组织、社会组织与公众之间建立一种广泛的、平等的合作关系，构建开放型现代社会组织生态系统。四要鼓励、支持公益性社会组织发展，推进事业单位向公益性社会组织转型，在产权、编制、经费、人员、社保、管理制度等方面进行一系列改革和政策调整，鼓励和支持社会力量参与事业单位转型为公益性社会组织的改革。五要建立健全政府购买公共服务制度和机制，适合由社会组织提供的公共服务和解决的事项，都交由社会组织承担。近些年，我国在实施政府购买服务的改革方面作了一些积极探索，总的看还是初步的，目前存在不少问题。主要是购买服务的对象过于狭窄，只是面对少数弱势群体，服务型社会组织数量和能力都不足，政府对服务型社会组织提供服务能力仍采用传统的审批办法。这些限制了社会组织购买服务作用的发挥。应加快改革，调整政策，构建支持社会服务业和社会型服务组织的政策体系，加快推进政府购买服务。六要加快社会组织立法进程，优化社会组织发展制度环境。特别要抓紧研究制定指导、规范各类社会组织发展的基本法律——《社会组织法》，保障合法权益，实行依法监管。同时，要强化各类企事业单位的社会治理责任，使它们发挥在社区建设、安全生产、处理劳资关系、发展公益事业、促进社会和谐稳定方面的重要作用。

（三）基层自治：重视基层社会自治，发挥群众参与的基础作用。群众参与社会治理是坚持人民主体地位的基本要求，也是推进社会治理现代化的重要力量。从某种意义上讲，社会治理首先需要社会的自我组织和自我管理，这是维持社会和谐稳定和社会安全秩序的自动调节机制。良好的社会自治，能够有效降低社会治理的成本，极大激发基层社会的活力。要积极探索社会自治的新途径、新形式，形成社会治理人人参与、成果人人共享的生动局面。目前，我国基层社会自治建设的主要问题有：社区组织不发达，群众参与意识不够强，积极性普遍不高；一些地方的公共参与平台和渠道还有限；不少地方社区功能定位存在偏差，行政化色彩浓厚，负担过重；有些地方城乡社区建设体制机制不顺，建设资金短缺。必须切实解决好这些问题。一要健全基层群众自治机制，增强基层社会自治功能，扩大群众参与范围和途径，丰富自治内容和形式，努力实现民事民议、民事民办、民事民管，实现政府治理与基层群众自治的有效衔接和良性互动。二要加强和改进城乡社区建设，注重发挥社区作用，规范和提升居民自治和村民自治水平，夯实基层民主制度建设，使之更好地适应和服务于社会治理创新的发展趋势和要求。三要大力推动社会组织参与社会治理，建立政府与社会组织之间的平等合作关系，提高社会组织自治与服务社会的能力。四要建立健全公民参与社会治理的制度保障，搭建多样化、多层次的参与机制，并从组织、人力、财力、设施等方面创造条件保障基层自治。五要合理界定社区事权，建立社区服务管理主体清单制度，解决某些地方社区工作负担过重的问题。

（四）社会法治：推行法治社会建设，发挥法治的保障作用。法治是社会治理的基本准则和手段，全面推行法治是实现社会治理现代化的最重要标志。1997年党的十五大，提出了建设社会主义法治国家的目标，加快了国家治理的法治化进程。党的十八大作出了全面推进依法治国的重大决策。党的十八届三中全会通过的决定，专门用一部分部署推进法治中国建设。这说明我们党不断重视法治的重要作用。将于今年10月召开的党的十八届四中全会主要议程，是研究全面推进依法治国的重大问题并作出重大部署，必将推进国家治理包括社会治理现代化、法制化进入新的发展阶段。要全面推进法治中国建设，坚持依法治国、依法执政与依法行政共同推进，法治国家、法治政府与法治社会一体建设，立法、执法、司法、遵法、守法普遍提升。加强社会法治建设包括两个方面：一方面，各级党政组织和各级干部要牢固树立法治社会和依法治理的理念，善于用法治精神思考社会治理、用法治思维谋划社会治理、用法治方式破解社会治理难题，把社会治理的思想和行为全部纳入法治化轨道。另一方面，社会上的其他各类社会主体，包括企事业单位、行业协会、社会团体、社会组织以及公民个人，都要依法办事，信仰法治，坚守法治。多年来，我国社会法治建设虽取得积极进展，但也存在不少问题，主要表现在：社会领域立法进程滞后，立法数量不足、位阶低、系统性不够；有些重要立法尚未制定；执法不严、司法不公问题比较突出；全社会的法律意识和法治观念仍很薄弱；部分地区依然存在"黑头"（法律文件）不如"红头"（内部文件），"红头"不如"笔头"（领导批示），"笔头"不如"口头"（领导交代）的现象。应当更加重视充分发挥法治在社会治理中的保障作用：一要加快社会领域立法进程，尤其要加大规范社会组织、城乡社区、社会保障等方面的立法力度，建议抓紧制定《社会稳定法》。二要深化执法、司法体制改革，促进社会公平正义，包括深化执法、司法公开，提高执法司法透明度，严格、规范、公正、文明执法，加快建设公正、高效、权威的司法制度，切实维护人民权益。三要大力增强全社会法治观念和法治意识，深入开展法治社会宣传教育，使各类社会主体、市场主体以及广大干部和群众做到"学法、知法、遵法、用法、守法"，在全社会树立法律至上的基本信念和行为准则，显著提高全社会的法治化水平。

（五）全民德治：强化思想道德建设，发挥核心价值观的引领作用。实现社会治理现代化，既要靠法治，又要靠德治，做到法治与德治相结合、二者并用。在加强社会治理制度和能力现代化建设的同时，必须更加注重思想道德、伦理规范和核心价值体系建设。要充分发挥社会主义核心价值体系和核心价值观引领社会治理现代化的灵魂作用。为此，一要积极开展社会主义核心价值体系和核心价值观宣传教育。教育引导是基础性工作。"国无常俗，教则移风"。只有加强教育、灌输，才能使社会主义核心价值观在人们心中生根、开花、结果。二要很好传承和弘扬优秀传统文化，并要加强对传统文化进行创造性转化、创新性发展，增强人们的认同感和归属感，激发广泛的社会共鸣。三要加强社会思潮动态分析，强化正面引导，凝聚社会共识。坚持正确舆论导向，勇于弘扬主旋律，主动引导社会思潮，不断巩固壮大积极向上的思想舆论。四要树立"全民德治"观念，融入实践精神。一种价值观的生命力在于实践，在于每个社会成员的自觉行动。要在全社会践行社会主义核心价值观，使之成为全体公民共同行动的准则。

全面推进国家社会治理现代化，是一项极为复杂、艰巨、长期的系统工程。实施这个大规模的战略工程，既要有时不我待的紧迫感，又要蹄疾而步稳。尤其应把握好六个"需要"：即需要牢牢把握完善和发展中国特色社会主义制度这个根本要求，始终坚持社会治理创新的正确方向；需要不断解放思想、与时俱进、求真务实，坚决破除各种不合时宜的旧观念、旧思想的束缚；需要坚持顶层设计和基层探索相结合，既要从战略上谋划社会治理现代化，又要及时总结推广地方社会治理创新的新鲜经验；需要坚持立足中国基本国情，高度重视继承我国传统的社会治理优秀文明成果，同时又要顺应世界发展潮流，善于学习借鉴各国社会治理的一切优秀文明成果；需要坚持统筹推进全面改革，加强社会治理体制改革、社会治理现代化建设与其他各方面改革和治理现代化的配合性、系统性、协调性，以利于各项改革的全面深化和治理现代化的全面推进；需要坚持制度建设、体系建设、能力建设、价值观建设并举，密切配合、全面推进。

关于深入反对特权问题的建议 [①]

（2014 年 10 月 8 日）

党的十八大以来，习近平总书记多次提出反对特权问题。他在十八届中央纪委二次全会的讲话中强调，要采取得力措施，坚决反对和克服特权思想、特权现象。党的十八届三中全会通过的《决定》也明确规定："防止领导干部利用公共权力或自身影响为亲属和其他特定关系人谋取私利，坚决反对特权思想和作风。"[②] 为了贯彻习近平总书记的重要思想和中央决策部署，中国行政体制改革研究会组织课题组围绕深入反对特权问题做了研究，现将初步研究成果汇报如下。

一、深入反对特权问题的重要性和紧迫性

特权是一种普遍的社会历史现象和政治现象。搞特权就是

[①] 本文系中国行政体制改革研究会 2014 年度重大课题研究总报告，课题组组长为魏礼群，课题组成员为赵世洪、李沛、胡敏。此项研究形成 1 个总报告、6 个分报告，总报告受到党中央领导的重视。

[②]《〈中共中央关于全面深化改革若干重大问题的决定〉辅导读本》，人民出版社，2013 年，第 38 页。

公权私用和法外用权，利用权力搞特殊化。我们要反对的特权问题，是违反党和国家制度的特权，是与共产党性质和人民政权性质不相符的特权，是违背社会公平正义基本价值的，不为社会大众所认同的，不合理、不合法的特殊权力和权利现象。这包括个人的特权，也包括单位的特权；包括领导干部的特权，也包括其家属和其他特定关系人利用其影响力使用的特权。

马克思和恩格斯在《神圣家族》中指出："现代发达的国家的基础并不像批判所想象的那样是由特权来统治的社会，而是废除了特权和消灭了特权的社会"，"代替了特权的是法"。恩格斯把特权归纳为"阶级特权""封建特权""世袭特权"。邓小平在《党和国家领导制度的改革》中指出，搞特权就是要谋求"政治上经济上在法律和制度之外的权利"①。

我们党一贯反对特权思想和特权现象。特别是党的十八大以来，党中央把反特权问题纳入"坚持走中国特色社会主义政治发展道路和推进政治体制改革"之中，纳入"反腐倡廉"和"严肃党的纪律特别是政治纪律"之中，提高到完善和发展中国特色社会主义制度、推进国家治理体系和治理能力现代化的这个全面深化改革的总目标中，凸显了对"反特权"问题的高度重视，并从思想、作风、制度、纪律上全面反对特权思想和特权现象。包括：开展党的群众路线教育实践活动；制定并锲而不舍落实中央八项规定；全面推进公车改革和国企负责人薪酬制度改革；决定试行官邸制；从严干部人事管理，规范和加强秘书管理；把权力关进制度的笼子里，推进行政审批制度改革，实行简政放权；坚持"老虎""苍蝇"一起打，形成反腐败的高

①《邓小平文选（第二卷）》，人民出版社，1994年，第332页。

压态势，反腐败不设禁区、没有特区。这些重要举措取得了良好的效果，深得党心民心。同时，应当如实地看到，当前"形形色色的特权现象"还没有得到有效的遏制和清除，进一步深化改革，深入反对特权问题，仍任重道远。

深入反对特权思想和特权现象意义重大。一是坚守我们党的性质和宗旨的必然要求。《党章》从党、共产党员、党的干部三个层面严格而明确地规定，党"除了工人阶级和最广大人民群众的利益，没有自己特殊的利益"。"除了法律和政策规定范围内的个人利益和工作职权以外，所有共产党员都不得谋求任何私利和特权"。党的干部要"正确行使人民赋予的权力"，"反对任何滥用职权、谋求私利的不正之风"。遵守《党章》、坚持党的性质、宗旨，就必须旗帜鲜明地反对特权思想和特权现象。二是我们党赢得群众和保持长期执政的必然要求。"政在去私，私不去则公道亡"。如果特权思想和特权现象盛行，特别是如果形成庞大的特权阶层，则势必失信于天下。如果一些干部把公仆关系颠倒了，骑在人民头上当官做老爷，必将失去民心。党的各级领导干部能否不搞特权，关乎人心向背，事关党和国家的兴衰存亡。三是全面深化改革和推进国家治理现代化的必然要求。特权思想和作风与现代社会的法治理念格格不入，深入反对特权是全面深化改革的重要命题。用法治方式和法治思维，推进经济、政治、文化、社会各领域的体制机制改革，最大限度地削弱、最大强度地约束部门和个人的权力，严格规范权力，反对滥用权力，消除特权的土壤，这也是实现国家治理现代化的应有之义。四是维护社会公平正义和深入反对腐败的必然要求。特权思想和特权现象不制止，社会价值体系会被特权观念所笼罩，干群之间势必形成不信任甚至对立的状态。人民群众对当前的一些特权问题反映强烈，反对特权思想和特权现象就是坚持和维护公平正义。同时，特权和腐败是一对孪生兄弟，反对特权思想和作风就是拆掉腐败的温床。坚持用制度管权管事管人，让人民监督权力，让权力在阳光下运行，是把权力关进制度笼子、从源头上防治腐败、建设廉洁政治和清明政治的根本之策。五是从严治党和树立良好国际形象的必然要求。反对特权思想和特权作风越彻底，特权思想和作风越少，党的先进性和纯洁性建设不断提高水平，党和国家的国际地位和影响力就越大。政治清明的中国，必然格外受到世人的尊重。

二、国外反对特权问题的一些做法

反对特权现象是世界性的问题。尽管不同国家反对特权的目的不同，范围、手段、制度也不一样，但是我们可以从中研究借鉴一些有益的启示和做法。

（一）建立严格的反对特权促廉政的法律体系。一些国家反特权兴廉政的历史和现实表明，法治比人治更可靠，成效更显著、更长久。第一类，限权性立法。即依法界定各权力主体行使权力的边界，防止出现无限度、无定规的权力，防止越权和权力滥用。一些国家在立法权对行政权的监督制衡中，设计了可以对政府提起"弹劾案"和"不信任案"，以权力约束权力。第二类，廉政规范性立法。以法律的规范告知公职人员他们什么是可以做的，什么是不可以做的。一是限制接受礼品的规定。英国文官守则规定：公职人员不得接受与工作有关的个人或组织赠送的礼品、酬金和馈赠，如果出于外交礼节不便谢却，接受礼品前应事先请示，事后礼品交公处理。二是限制政府官员兼职的规定。《联邦德国公务员法》规定，原则上公务员不得兼任社会和私人性职务。三是严禁假公济私和铺张浪费的规定。四是官员离职后限制规定。一些国家法律明文规定，官员办公用房和住房在职享受，离职后搬出。美国对公职人员离职和退休后从事与其职务或工作有关的商业活动规定了1—2年的"冷却限制期"或终身的"禁止期"。第三类，反腐败惩治性立法。新加坡《防止贪污法》规定：控方一旦证明被告生活阔气，超过他的收入所能承受的程度，或是拥有同收入不相称的财产，法庭就可以以此作为被告已经受贿的佐证。从各国实践看，制定各式各样的法律文本不难，难的是执法必严，违法必究。在清廉排名最前面的国家，上至总统下至普通官员，普遍恪守法律至上权威，不逾越法律"高压线"。

（二）确立详尽的权责利规范清单。一些国家对政府官员享有工作生活待遇有着细致的规定，必须严格遵守。韩国前总统金泳三，在就职后第三天设午宴招待各部长官每人一碗面条，并宣布除接待外宾，总统府的宴会一律只用面条待客。金大中接任总统后，也不怕人说穷，率团去英国参加亚欧首脑会议，大幅压减随行人员，只按一等舱的普通菜单进餐。韩国首尔市政府一共只有4辆公务车，所有工作人员全靠公交车上下班。欧盟作为一个国际组织，对领导人公事待遇也有严格约束。2010年欧盟主席范龙佩用组织为他配发的S级奔驰轿车做私人旅行，同时载着妻子以及4个孩子，尽管使用轿车是安全人员为便于控制而要求的，但是这次旅行的私人花费部分全部由范龙佩本人支付。"特权车"曾是俄罗斯国家的一景，普京签署总统令削减一半"特权车"，严格"特权车"使用，还颁布《对交通工具上使用的警灯和警报器进行规范管理》的总统令。美国政府的公务车喷涂"政府用车"字样，接受公众监督，如果在下班时间公务车停在饭店、娱乐场所门前，往往会受到举报，交通违章打招呼为熟人开脱属于蓄意妨碍执法，可以追究刑事责任。英国除了警车、消防车和救护车之外，其他政府用车则和普通车辆一样，必须严格遵守交通规则，不会因为政府的公务用车经过而实行交通管制，停下其他车辆来让政府用车通过。新加坡对公务员纪律和财务约束极严，使用公车需要报告每一段路程的具体去向，公务宴请也有细致的限定。

（三）实施严厉的滥用权力惩戒机制。芬兰国家规定，公务员接受金钱、珠宝、家用电器、低利息贷款、免费旅行等，都被视为接受贿赂，甚至接受荣誉头衔和有关部门的推荐也可能被视为受贿，受到惩戒。韩国对打击以特权谋私利毫不手软，前外长柳明桓因"女儿特招事件"被解除职务，并针对过去十几年间所有特别录用人员进行全面调查，2013年还通过了一项反腐败议案，即使官员所获得的贿赂与其职权无关，也将面临最高5倍于所获贿赂的罚款。2012年德国前总统伍尔夫先是被曝出找朋友私人贷款50万欧元买房子，后来又因为700多欧元的住宿费有受贿之嫌而上了法庭，黯然辞职。澳大利亚和英国等也有领导人因子女搭乘公务飞机而辞职的惩处。

（四）规范公开透明的权力监督机制。芬兰国家规定，透明与公开是政府坚持的主要原则，公共部门用权一律公开，所有档案都对公众开放，接受市民和媒体监督，公职者每年都要报告自己及配偶、子女的财产状况，由主管部门审核，任何隐瞒、谎报、转移财产的行为，都被视为有罪。各政府机构设有审查官，可对行政首长决策提出质疑，并进行独立调查，政府所有决策都要过"行政首长"和"审查官"的两道关，为防止腐败设置了双重保险。德国对领导人的权力监督也十分严格，前总理施罗德的兄弟没有工作，却不能出面为他介绍工作。德国央行行长接受德累斯顿银行邀请，到柏林出席欧元面世的活动，与家人下榻在豪华的阿德隆酒店，7661 欧元的住宿费由德累斯顿银行"埋单"，一经披露立即成社会各界关注的焦点，难以平息众怒，不得不暂时离职并接受司法部门调查。

（五）倡导形成良好的廉政文化社会环境。芬兰国家的年轻人进入公务员队伍后，最重要的就是弄清"腐败"的界限，即接受礼品或受请吃饭的上限是什么。在芬兰流传最广的一句话是："公务员可以接受一杯热啤酒和一个冷三明治，但如果喝上葡萄酒那就危险了。"体现入职公务员的良好廉政意识。在新加坡，不仇官、不仇富，但是仇贪，把担任公职却贪污受贿的人看成社会公敌，前国家发展部部长郑章远因收受贿赂 80 万新元，面对法庭和舆论压力，宁可了结生命，也不愿面对耻辱，遭到社会的唾弃。新加坡高薪养廉制度也被认为是建立廉政文化的制度基础，公务员和政府任命的部长等职位享受与市场水平相当的薪水，同时，坚持"裸薪"的原则，把各种待遇货币化，车、房或子女教育等灰色收入和隐形的福利待遇极少。

三、目前我国特权问题的种种表现和原因分析

（一）目前特权现象的种种表现。深入梳理我国目前存在的一些特权现象，有些是被国家明令禁止的，有些是制度不合理造成的，突出的是领导干部及其子女、亲属、身边工作人员特权问题。特权思想和现象有：1. 在工作和公务活动方面，颠倒主仆关系，居高临下，对待群众态度傲慢、口气大、抖威风，

盛气凌人，训斥群众。有的外出考察甚至休息，仍是警车开道，封锁交通。2. 在生活保障方面。违规占有多套多处住房，不少人职务变动后调整住房但原有住房不退；高级领导干部住房面积不断扩大，豪华装修；违规使用公车和多占用公车，一些单位不执行国家的规定，开口子、搞变通；有些干部由原籍或有关单位送保姆、用人。3. 在特权惠及亲属方面。有的搞封建社会"封妻荫子"，一人得道、鸡犬升天，不少干部配偶、子女及其他亲属变成了"飞人"，违规提拔重用，或转到好单位、好岗位。有的干部子女在教育、就业、经商、从政等方面，享有特殊的"关照"、机会。4. 在公权私用和法外用权方面。利用职权违规乱办事，以各种名目侵占公共利益，视制度、规则为橡皮泥。有的办事总想打通关节、走特权的"绿色通道"。5. 在等级制度方面。行政等级化泛滥，存在着部、局、处级企业，部、局、处级校长，甚至局、处级和尚，行政级别套用到社会各个领域，不同级别享受不同的生活待遇，加重了社会等级观念和特权思想。6. 在政治生态方面。有些地方江湖义气盛行，称领导干部为"老板""老大""大哥"等，同级干部之间称兄道弟，折射出权贵化、等级化、庸俗化思想，利益市场化、圈子化。凡此种种，不一而足。据《人民日报》主管下的人民论坛问卷调查中心2014年4月调查，68.8%受访者认为权力异化程度严重，半数以上受访者认为权力家族化危害程度更严重；公众认为房地产、组织人事方面权力异化更为突出，6成以上的受访者认为基层搞"裙带关系"现象普遍；超半数受访者认为县一级权力异化更为严重。

（二）特权思想和特权现象的原因。我国现在特权问题的存在，有多方面、多层次的原因。既有领导干部个人世界观改造、自律自警不够的主观原因，也有制度不健全、不合理、权力配置使用不当的客观原因。既有封建主义残余影响的历史原因，也有法制不健全、执法不严，监督失之于宽、失之于软，惩处机制不够严厉的现实原因。既有过分集中的权力结构容易滋生特权现象的政治方面原因，也有社会经济转型的"双轨制"为特权使用带来缝隙的经济方面原因，更有特权观念和特权崇拜滋生特权现象的社会文化方面原因。2012年人民论坛问卷调查中心的《中国公众的平等与特权观念调查报告》显示，彻底反对特权的不到两成，说明社会上对特权的容忍程度较高。这些都助长了我国反对特权问题的严重性、复杂性、艰巨性。

（三）特权思想和特权现象的危害。大量存在的特权问题，对党、对国家、对社会都造成严重影响。一是带来不少干部腐化变质，损害党的威信和政权性质。二是引发群众强烈不满，破坏干群关系。三是形成坏的社会风气。加大反对特权思想和特权现象的力度，势在必行，时不我待。

四、深入反对特权问题需要把握好的几个原则

（一）坚持以思想教育为基础。在全党全社会认真学习党中央关于反对特权思想和作风的要求，认真学习习近平总书记反对特权思想和作风的一系列重要讲话精神，把反特权思想和作风纳入党的纯洁性和先进性建设中。对领导干部工作和生活的保障，做到合理合法，严格要求。明确特权和非特权的界限，使广大干部筑牢防线、守住底线，使全党全社会提高反特权思想和作风的自觉性与坚定性。

（二）坚持以完善制度为根本。按照党的性质、宗旨和推进

国家治理现代化的要求，健全科学、规范、管用的制度。用制度管权，按制度办事，靠制度用人，凭制度理财，建立健全规范的权力运行机制，把权力关进制度的笼子里。

（三）坚持以改革创新为动力。通过简政放权来釜底抽薪，应该而且可以取消的审批事项全部取消，应该而且可以下放的审批权一律下放，全面清理、废除、修改各种不合理的特权制度，从根本上铲除特权滋生的社会土壤。

（四）坚持以健全法治为保障。反特权思想和作风应恪守法治思维和方式，坚决依据党章和党纪国法办事，不能用搞运动的方式反对特权现象。要强化法治性、程序性、规范性，既治理特权行为，也引导好反特权行为，使反特权现象和行为纳入法治轨道。

五、深入反对特权问题的对策措施

（一）深入开展调查研究，搞好顶层设计。深入调研摸清我国特权问题的现状，梳理、分析特权思想和作风的表现，找出存在问题的症结，着眼于规范权力运行、遏制特权现象，围绕党内政治生活的方方面面，制定出台中央的指导性文件，明确深入反对特权的指导方针、重点内容和具体方法，为深入反对特权提供明确、科学的依据。

（二）合理界定反对特权的范围，以上率下层层落实。对合理的、必要的特权，如党和国家领导人安全保障、生活福利制度，对公职人员工作、生活的基本保障等，该实行的应坚持实行，但要根据反对特权现象的总要求，加以修改完善，使特权的行使和保护限制在尽可能小的范围内。对一些过去曾经合理的现在变得不再合理的维护特权做法，如对国家领导人的生活保障等，应进行调整和改革；对超出了正常履行职责的需要，甚至演化成一种不应有的固定福利和待遇，对依据特殊地位、利用不合理制度和政策模糊演进出来的各种特权现象，必须坚决加以反对和破除。

（三）开展专项整治，确保取得扎实成效。着力抓好几件干部群众关注的问题，以取信于民。包括：一是抓好领导干部住房问题的专项整治。对各级领导干部多占住房进行清理和腾退。二是改革高级领导干部待遇制度，调整一些过高的待遇，并严格执行到位。三是把公车改革作为反特权问题专项治理的重要内容，按中央要求一抓到底，防止出现以"职务岗位特殊"为由和"既坐车又拿钱"的各种变通。四是把国有企业领导人员的薪酬改革作为专项治理的重要内容，落实规范薪酬、福利待遇的政策，做到不打折扣、不搞变通。

（四）加快建章立制，完善相关法律制度。抓紧开展与反对特权思想和特权现象相关的规章制度的废改立工作，清理不合时宜的制度规定，完善需要改进充实的制度规定，根据新情况新要求制定新的制度规定。同时，加快深入反特权思想和作风的立法工作，建立健全严格的反对特权问题法律体系。一是开展限权性立法，防止出现无限度、无定规的权力，防止越权和权力的滥用。二是开展用权规范性立法，以法律的规范规定可为和不可为。三是开展反特权惩治性立法，从立法层面使违规特权者付出更大的代价。四是做到执法必严、违法必究，树立制度刚性和法律至上权威。

（五）深入推进改革，规范权力运行。一是抓好权力规范配置。抓紧建立权力清单制度，规范业务流程，防止公共权力与特权行为相混杂，解决公共权力部门化、权力部门利益化、部门利益法制化、部门权力个人化、权力使用交易化等问题。要明确权力边界，落实岗位责任，分事分权、分岗设权、分级授权，防止权力缺位、越位、错位。要完善重点环节的权力配置，对管人管钱管物的岗位，实行风险岗位廉政管理，形成制约用权的工作链条，让集中的权力分散，让分散的权力相互制约，防止形成特权行为。二是抓好权力科学决策。针对借"集体研究"之名推行个人意志、以"民主决策"形式谋求个人或小团体利益的"特权决策"问题，建立健全决策权力限制性制度。三是抓好权力严格执行。缩小各项规定、政策和制度的自由裁量权，不给搞特权者留有插手和干预的空间。防止搞特权的人将规则作为谋取私利工具，防止利益攸关者量身定制规则。四是切实精兵简政。减少各类领导班子的副职职数，通过精"官"带动精兵简政，推进各级党和国家机构减少副职、减少机构、减少人员。五是抓好简政放权，深入推进行政审批制度改革，把该放的放彻底，把该管的管到位。

（六）健全监督体系，制约特权行为。一是加强党内监督，打造防止特权的免疫系统。探索下级对上级工作的建议权、批评权、质询权。二是加强群众监督。制定人民群众监督条例，规范群众监督的职责、权限以及监督活动的范围、方式、程序等，把群众监督纳入法制化轨道。三是加强媒体监督。创新网络媒体监督机制，加强网络举报系统建设，健全受理机制，建立网络媒体监督的引导、奖励、信息反馈、特约监督员等制度。四是加强社会监督。推进权力公开透明运行，完善党务、政务、财务和各领域办事公开制度，建立健全公开平台。

（七）大力弘扬党的优良传统，党内互称同志。以"同志"

相称，体现平等、自然、和谐、亲切。同德则同心，同心则同志。党内互称"同志"，是我们党的优良传统，也是中央一贯强调的党内生活准则。1921 年党的一大通过的党纲规定："凡承认本党党纲和政策，并愿成为忠实的党员者，……均……成为我们的同志。"1951 年，毛泽东在审阅李达撰写的《实践论》解说时，将书稿中出现的"毛主席"全部改写为"毛泽东同志"。1959 年 8 月，毛泽东致信刘少奇、周恩来、彭真、杨尚昆等人，建议党内一律用"同志"称呼。1965 年 12 月，党中央专门就这个问题印发了通知；1978 年 12 月，在党的十一届三中全会公报中再次指出："全会重申了毛泽东同志一贯主张，党内一律互称同志，不要叫官衔。"因此，建议：一是把"党内一律互称同志"作为一条党的纪律规定下来，不论职务高低，都互称同志。在党内会议、文件中也尽量称同志，减少或不称呼职务。不仅在文件上称同志，更在口头上叫出同志。二是领导带头，对称职务者提醒改正，对称"老板""老大""大哥"等其他称谓者严肃批评。三是以互称同志为抓手，狠刹称谓上的歪风邪气，加强风清气正的良好政治生态建设，切实凝聚起全党全社会实现中国梦的正能量。

创新社会治理 加强社会建设 [①]

（2014 年 11 月 14 日）

各位来宾，各位专家，同志们：

大家上午好！

"创新社会治理 加强社会建设" 2014（贵阳）年会今天在这里隆重举行，这是贯彻落实党的十八大、十八届三中、四中全会和习近平总书记系列重要讲话精神的实际行动，也是加强社会治理理论创新和实践创新工作交流的一次盛会。首先，我本人并代表本届年会的指导单位北京师范大学中国社会管理研究院，对会议的召开致以热烈的祝贺，对主办单位中共贵阳市委、贵阳市人民政府的精心筹备表示衷心的感谢！

加强社会建设是发展中国特色社会主义事业总体布局的一个重要部分。社会建设，包括发展社会事业，保障和改善民生，创新社会治理，这些方面密切联系、相辅相成。加强和创新社会治理，对推动科学发展、维护社会和谐稳定、深化改革开放，对全面建成小康社会、加快社会主义现代化、实现中华民族伟大复兴的中国梦，都具有十分重大的意义。加强和创新社会治

[①] 本文系在"创新社会治理 加强社会建设" 2014（贵阳）年会上的致辞。

理，推进社会治理现代化也是推进国家治理体系和治理能力现代化的一个重大任务，是我们党顺应时代发展潮流和我国现代化建设客观进程而作出的重大战略决策部署，也是加强社会建设和解决我国社会领域中突出问题的必然选择。

改革开放以来，中国特色社会主义事业取得举世瞩目的巨大成就，我国社会治理也取得重要进展，总体上是适应经济社会发展总进程要求的。现在，我国社会主义现代化事业进入到一个新的阶段。工业化、信息化、城市化、市场化、国际化深入推进，这给当今中国社会带来广泛和深刻的变化，经济结构、社会结构、利益结构加速调整。原有计划经济体制中的一些老问题亟待继续解决，改革开放中出现的一些新矛盾、新问题不断积累，特别是网络社会快速发展，已经并仍将给社会建设提出许多新课题。同时，当今世界国际风云变幻，形势复杂多变。在这种情况下，我们面对的改革发展稳定任务之重前所未有、面对的矛盾风险挑战之多前所未有。创新社会治理，在党和国家工作全局中的地位更加突出、作用更加重大。这就需要我们在党的领导下，加快推进社会治理的改革创新和建设，包括创新社会治理理念，创新社会治理主体，创新社会治理方式，创新社会治理体系，创新社会治理制度，创新社会治理机制，创新社会治理能力，创新社会治理手段，加快推进社会治理现代化，以更好适应加快社会建设的需要，适应中国特色社会主义事业持续发展的需要，适应实现"两个百年"奋斗目标的需要。

刚刚闭幕的党的十八届四中全会，从全面建成小康社会、实现国家现代化和中华民族伟大复兴"中国梦"的战略高度，对全面推进依法治国作出了全面部署，也为推进社会治理创新、建设法治社会提出了明确的方向、任务和要求。特别是强调推进社会法治建设，加快推进社会治理体制创新、法律制度建设，推进多层次多领域依法治理，坚持系统治理、综合治理、源头治理，提高社会治理法制化水平，坚持法治和德治相结合。我们一定要深入学习领会和认真贯彻执行，更好推进社会治理现代化。

贵州省是我国一个重要省份，多年来改革发展稳定各项事业取得了显著成就，社会治理积累了丰富经验。近年来，贵阳市坚持以群众工作为统揽，以群众满意为目标，以体制机制为重点，以改革创新为手段，最大限度强化统筹领导、强化服务管理、强化社会协同、强化社会稳定，初步探索了一套符合时代特征、体现贵州省情、具有贵阳特色的社会治理"加、减、乘、除"法，得到了社会各界和各级媒体的广泛关注和普遍好评。我们今天在这里举办"创新社会治理 加强社会建设"年会，是一个很好的选择，可以使我们更好地深入了解和学习贵州省特别是贵阳市社会治理创新的新鲜经验。

北京师范大学中国社会管理研究院是顺应国家加强和创新社会治理战略需求成立的、集人才培养、科学研究、政策咨询、对外合作为一体的机构，致力于建成国内一流水准和具有影响的社会治理智库。成立三年多来，紧紧围绕党和政府提出的社会治理重大决策部署以及社会建设的需要，承担多项国家重大研究任务，开展全局性、战略性、前瞻性和长远性问题的研究和探索，取得了一批重要成果，产生了一定的社会影响。我们一年一度举办已连续四年成功举办的"中国社会治理论坛"，受国家哲学社会科学规划办委托创建"中国社会治理创新研究信息库"，组织编写《当代中国社会大事典》，最近经国家新闻出版广电总局正式批准创办《社会治理》期刊，我们还紧密结合高校特点，加快社会学学科建设和培养社会建设人才。同时，与国内外有关单位开展了多方面的合作交流。我们将充分发挥高校人才培养、学科建设和科研资政的优势，为推进社会治理创新、实现国家治理现代化、加强社会建设作出自己应有的贡献。我们也愿意与各地方、各部门、各单位开展多种形式的合作交流，携手共建社会治理创新研究智库。

近几年，有关省市社工委系统一年一届的社会建设和社会治理创新的会议，已经成为一个具有吸引力、辐射力的重要品牌和平台，凝聚了一大批有思想、有见识的理论研究者和有勇气、敢担当的实践探索者，为创新社会治理理论和实践提供了宝贵的智库资源。我们希望大家在这里以党中央的决策精神为指导，深入研讨，充分交流，凝聚共识、献计献策，共同开拓中国特色社会治理创新之路！

预祝本次会议取得圆满成功！

在北京师范大学成立社会学院暨新型社会治理智库建设研讨会上的讲话 [①]

（2015 年 3 月 15 日）

各位领导，各位来宾，老师们、同学们：

大家上午好！

今天，我们相聚在这里举行北京师范大学社会学院成立大会暨"新型社会治理智库建设"研讨会。首先，我谨对各位表示诚挚欢迎和衷心感谢！北师大校领导邀请我出任社会学院院长，实在勉为其难，但既已成命，我将尽心尽力，不负信任，不辱使命。

刚才，几位领导和专家的致辞，对北师大社会学院的成立表达了美好的祝愿、寄予了很高的期待，对如何办好新型社会治理智库也发表了真知灼见。我感到压力的同时，也增强了勇气和信心。

成立社会学院是北京师范大学校领导把握国家大势、着眼全局发展、审时度势作出的重要决策。这里，我主要讲几点思

[①] 本文系在北京师范大学成立社会学院暨新型社会治理智库建设研讨会上的讲话。

考和意见。

一、北师大成立社会学院的重要意义

统观全局，成立北师大社会学院至少有以下三个方面意义。

（一）成立社会学院，加强社会学发展，是北师大顺应国家发展大势的重要举措。社会学是现代社会科学中一门基础性学科。主要研究人类社会基本社会活动发展变化的规律，包括研究社会行为、社会关系、社会结构运行和社会演变的趋势，探索社会治理的途径和手段。当代中国社会正经历空前广泛和深刻的巨大变革，改革开放和现代化事业进入新的发展阶段，社会领域面临着一系列新矛盾、新问题、新挑战。成立社会学院，加强社会学建设，对于更好研究社会发展中的理论和实践问题，推进社会治理现代化，建设和谐社会，有着重大的意义。这是北师大主动服务国家战略需求的重要之举。

（二）成立社会学院，加强社会学发展，是北师大建设世界一流大学的内在要求。北师大是以教师教育、教育科学和文理基础学科为主要特色的百年老校，社会学学科具有悠久的历史传统，培养了大批社会精英和优秀人才。但是，由于多种原因，多年来社会学发展相对滞后。当前，北京师范大学正处于创建世界一流大学的关键时期，学校已经明确提出，要建成一批进入世界一流水平的学科。调整优化学科资源，加强社会学建设，提升社会学科能力，是北师大建设世界一流大学的一项重要而紧迫的任务。

（三）成立社会学院，加强社会学发展，也是北师大建设高水平新型社会治理智库的必然选择。发展中国特色新型智库已经成为国家的重大战略。2014 年，北师大作出将中国社会管理研究院培育为国家新型智库的决定。在高校办智库必须充分发挥学科优势和人才优势。社会治理智库的建设，需要有一大批学养深厚、掌握社会学等多学科理论和方法的人才。因此，成立社会学院与中国社会管理研究院作为新型智库一体化建设，是实施高校智库体制机制改革创新的具体体现。

在我们国家，应该提升社会学的学科地位，这也是我近几年的深入思考，并向中央提出的建议。2012 年、2013 年，我先后组织学校内外有关专家研究上报的"关于'增设社会管理为国家一级学科的建议'"和"关于改革学科建制和提升社会学地位的建议"，都获得中央领导人和教育部领导的高度重视和重要批示，推动了我国社会学科的建设和发展。近两年，北师大经过充分酝酿、论证，现在成立社会学院，条件具备、时机成熟。

二、北师大社会学院的职能与使命

国家明确要求，当代中国大学应履行四个方面的职能和使命：教学、科研、社会服务以及文化传承与创新。我们新成立的社会学院也必须全面履行这些职能和使命。

（一）推进学术创新和理论创新，加强学科建设，为完善和发展中国特色社会学作出贡献。学术和理论建设，是一个学科成熟的重要标志，是决定学科发展的重要基础。一个学科在建设过程中需要大量理论的更新和完善作为支撑。中国特色社会主义事业的蓬勃发展，对完善和发展中国特色社会学不断提出新的要求，我们要增强理论自觉，致力于推进中国特色、中国气派、中国风格的中国社会学发展。这也是中国社会学先辈和同仁不懈奋斗、孜孜以求的共同追求和愿望。

（二）提高教学质量和育人能力，培养社会领域专业人才，为我国社会建设和社会治理现代化提供人才支撑。社会学和社会建设专业人才是构建和谐社会不可或缺的重要力量。我们要全面提升教学能力，既要培养高层次社会专业人才，也要开展高水平的职业教育，提高各类社会工作人员职业素质和专业水平，为国家和社会输送优秀社会专业人才。

（三）参与社会治理智库建设，围绕党和国家战略需求，开展科学研究和政策研究，承担社会服务。加强社会发展中重大战略研究，阐释科学理论和公共政策，引导社会舆论。努力为国家和社会提供多方面高质量的智力支持和咨询服务。

（四）加强社会文化传承与创新，推动社会文明进步。深入挖掘和阐发中华优秀传统文化的时代价值，研究借鉴世界各国一切有益的社会文化成果，古为今用，洋为中用，推陈出新，以中外优秀的社会文化资源不断涵养和提升我国社会治理的科学化、制度化和现代化水平。积极参与国际社会文化学术交流，推动中国社会文化走出去，提高国家社会文化软实力。

三、办好北师大社会学院的主要原则

新成立的社会学院与已建设中的中国社会管理研究院，作为国家新型智库一体化建设，实行"一个实体、两块牌子"，既加强社会学建设，又加强智库建设，这是北师大深化教育领域改革、推进体制创新的重要探索。智库建设与学科建设密不可分，在高校要建设高质量智库，必须依托强有力的学科建设，加强学科建设也有利于高质量智库建设。我们要把建设高水平的社会学院与建设高质量的新型智库密切结合，相互促进，相得益彰。在工作中，需要把握以下几项原则。

（一）坚持正确的政治方向和学术方向。无论是教学、育人、科研、资政，还是开展创新与合作交流，都要紧紧服务于中国特色社会主义的完善和发展。主动面向党和国家重大需求，围绕中心，服务大局。这样，社会学院发展才能有正确的政治方向和旺盛的生命力。

（二）坚持尊重学科发展的内在规律。推动社会学发展必须解放思想、实事求是、与时俱进，做到求真、求实、求是、求新，不迷信权威，崇尚真理，惟科学是从，惟国运顿首。要努力把握现代学科发展趋势的特征和本质，探索社会学科领域、社会学科知识体系和社会学研究方法，优化学科结构，开展跨学科研究。在尊重个人学术个性的同时，引导与组织教师进行重大教学和科研课题的攻关。

（三）坚持理论与实际相结合。大力弘扬马克思主义的教风、学风。要紧密联系当代中国社会发展中重要的理论和实践问题开展教学与研究活动，鼓励敢于触及社会学发展中带有根本性的问题，鼓励对改革发展中的重大现实问题进行社会学理论自主创新，形成推动中国社会建设和社会治理的重大学术理论成果，并形成良好的学术风气、学科风气。

（四）坚持创新治理体制机制。以全面深化改革为动力创新办院模式。要按照建设一流社会学科和一流国家智库的要求，创新办院体制、机制、制度、组织形式和治理结构，使社会学院建设与新型智库建设真正融为一体，领导体制和管理方法"去行政化"，创新绩效评价体系和考核体系，构建科学、民主、宽松、创新的治理模式和发展环境。实行开门办院、开放办院，搭建多样化、立体性的跨院系、跨机构协同创新平台，以让一切创造活力竞相迸发。

（五）坚持实施人才强院战略。办好社会学院关键在人才。要按照学校批准的社会学一级学科的建设计划，建立规模适当、结构合理、素质良好、创造力强的师资队伍。充分发挥现有人才的作用，积极吸纳引进校内外、境内外顶尖人才和优秀人才，使社会学院成为造就优秀人才的大熔炉，成为一切有志于社会学发展和新型智库建设人才的共同体。

这里，我恳切希望学校领导和学校有关部门为社会学院壮大发展提供多方面有力的支持和帮助；恳切希望学校有关院系和人员同社会学院和中国社会管理研究院加强多种形式的联系与合作；恳切希望社会学院和中国社会管理研究院教职员工和谐相处、凝心聚力，做党和人民满意的好老师；恳切希望每位学生勤于求知、勇于探索、敢于创新。让我们携手共建一流的社会学院和社会治理智库。

各位领导、各位来宾，老师们、同学们：社会学院的成立承载着重要的使命和任务。作为院长，我将努力做到三点：一是把握正确方向，全面贯彻党的教育方针，遵循教育发展规律，使中国社会管理研究院／社会学院始终沿着正确的道路发展。二是搞好协调服务，积极开拓资源，为社会治理智库和社会学院的健康发展创造较好的条件和环境。三是紧紧依靠教职员工，充分发挥全体师生的积极性和创造性，不断增强中国社会管理研究院／社会学院的吸引力、凝聚力、创新力和影响力。

同志们！今天，我们已站在新的历史起点上，接续、传承和弘扬北京师范大学百年老校的优秀传统和声誉，这既是一份光荣的责任和任务，也是一份义不容辞的担当和使命。办好中国社会管理研究院／社会学院要靠北京师范大学党政的坚强领导，要靠学校各部门的大力帮助，也要靠社会各界的关心和支持。我们一定要在各方面的关心、支持和帮助下，努力把中国社会管理研究院／社会学院早日建设成为一流的新型社会治理智库和社会学的学术重镇，为完善和发展中国特色社会主义事业、实现中华民族伟大复兴的"中国梦"作出应有的贡献。

最后，我要再一次对今天光临会议的领导和朋友们表示衷心的感谢！谢谢大家！

《社会治理》发刊词

（2015 年 4 月 3 日）

　　在神州大地生机盎然、百花盛开的时节，经国家新闻出版广电总局批准的公开刊物——《社会治理》正式出版了。这是我国社会建设领域一株含苞待放的新花。

　　《社会治理》是顺应国家发展大势和时代潮流创办的。当前中国发展阶段呈现两个方面显著特点：一方面，改革开放和社会主义现代化建设取得了举世瞩目的巨大成就，我国已成为世界第二大经济体，城乡人民生活大幅改善，国家面貌日新月异，中国特色社会主义伟大事业蓬勃发展；另一方面，随着工业化、信息化、城镇化、市场化、国际化、现代化深入发展，我国正处于社会转型的伟大变革之中，出现了一系列新的社会矛盾和社会问题，面临着许多前所未有的社会风险和挑战，需要深入研究和正确应对。综观全局，发展中国特色社会主义是一项长期艰巨的历史任务，必须准备进行具有许多新的历史特点的伟大斗争。

　　党的十八大后，以习近平同志为总书记的党中央以全局视野和战略眼光，立足中国现阶段实际，为实现国家现代化和中华民族伟大复兴的中国梦，提出了一系列治国理政的新思想、新部署、新要求，最近又提出了全面建成小康社会、全面深化改革、全面推进依法治国、全面从严治党的战略思想和战略布局，领导全国人民在中国特色社会主义道路上奋勇前进。在这样的形势下，公开出版一个集综合性、权威性、创新性于一体的服务全国社会治理的刊物，加强对社会治理理论和实践问题的研究、探索和传播，是十分必要的。

《社会治理》主要任务有两个：一是服务加强和创新社会治理，推进社会治理体系和治理能力现代化；二是服务加强和推动新型社会治理智库建设，搭建一个社会治理研究和成果交流的平台。也就是，发社会治理智库之声，助和谐社会建设之力。

为什么要提出这两项任务呢？这是因为，完善和发展中国特色社会主义、推进国家治理体系和治理能力现代化，是我们党全面分析和正确把握新形势提出的重大战略任务。在一定意义上说，这是在新的历史条件下一场国家治理领域的深刻革命。而加强和创新社会治理、推进社会治理体系和治理能力现代化，则是这场深刻革命的重要组成部分。深化社会体制改革，完善社会治理体系，创新社会治理方式，提升社会治理现代化水平，是有效应对我国社会领域面临种种复杂矛盾、推进现代化各项事业顺利发展的迫切需求，是为人民幸福安康、社会和谐稳定、国家长治久安提供一整套更加完备、更加成熟、更加管用的制度体系和更加科学、更加先进、更加有效的治理能力的必然要求，也是为实现中华民族伟大复兴的中国梦提供良好社会环境和强大动力的战略举措。《社会治理》就是要为更好加强和创新社会治理、推进社会治理现代化鼓与呼。

《社会治理》创办之际，正值党中央更加重视中国特色新型智库建设之时。前不久，中共中央办公厅、国务院办公厅印发了《关于加强中国特色新型智库建设的意见》，对建设新型智库作出了重要部署。北京师范大学响应党中央建设新型智库的号召，作出了把中国社会管理研究院建设成为国家级新型专业化社会治理智库的决定。新型智库的主要功能是咨政建言、理论创新、舆论引导、社会服务、公共外交、人才培育等。建设新型智库，既需要明晰定位、突出特色、提供高质量研究成果，也需要构建推介、交流、转化研究成果，以及传播知识和经验的媒体平台。《社会治理》就是要在建设专业化新型社会治理智库中发挥积极作用。

《社会治理》的办刊宗旨为，服务国家战略需求和党政决策、聚焦社会治理领域重大问题，围绕全面加强社会建设、深化社会体制改革、健全社会治理体系、创新社会治理方式、提升社会治理能力，深化理论研究，总结实践经验，注重咨政建言，提出决策咨询建议，重视学科建设，繁荣和发展中国特色社会学、公共行政学，提高质量，办出精品，为推进国家社会治理体系和治理能力现代化、建设社会主义和谐社会提供理论支撑和智力支持。

为了办好《社会治理》，我们将遵循以下重要原则：

——坚持正确方向，服务国家大局。牢牢把握中国特色社会主义方向，遵守国家法律法规，始终以维护人民利益和国家利益为出发点，立足中国国情，体现中国特色、中国风格、中国气派。始终围绕国家大局、服务中心，推进社会治理领域战略性、前沿性、政策性研究，为提高社会治理水平、建设和谐社会提供积极的正能量。

——坚持联系实际，求真务实。以科学理论为指引，紧紧围绕社会建设和社会治理中的重要问题，深入开展调查研究，说真话、讲实情，尊重群众首创精神，提倡多想、深思，大胆探索、实践和创造，推进理论创新、学术创新、制度创新、实践创新，提供专业化、建设性、切实管用的政策建议。

——坚持百花齐放，百家争鸣。鼓励解放思想、实事求是，弘扬科学精神，提倡独立思考，唯真理是从，唯国运顿首，提倡不同学术观点、不同对策建议进行平等讨论、切磋争鸣，努力营造平等、民主、兼容、创新的学术氛围。

——坚持改革创新，突出特色。注重用改革的办法和创新的精神办刊，改革创新体制机制，优化治理结构。主动适应移动互联网时代的媒体融合趋势，充分运用多媒体技术和移动传播技术，同步建设纸质载体、专业网站和移动终端，精心组织传播和互动。充分发挥高校建设新型智库的优势，彰显社会治理智库特色，推动高校服务社会能力整体提升，把刊物办成具有较强传播力、公信力和影响力的新型智库媒体。

"功崇惟志，业广惟勤"。《社会治理》期刊承载着推进国家治理现代化、建设新型社会治理智库的重要使命。办好刊物，任重道远，需要我们与社会各方面一道付出辛勤劳动和艰苦努力。实现人民更加幸福、国家更加繁荣富强、社会更加和谐安宁，是全国各族人民的共同愿望和梦想。《社会治理》愿做一条小小的纽带，在理论和实务、继承和创新、当前和未来、高校和社会、国内和国外之间穿针引线，传递和分享每一个经过认真思考的见解、观点和建言，满腔热忱支持各种新创造、扶持各类新事物。努力为推进社会治理创新和社会治理现代化，实现两个百年奋斗目标和中华民族伟大复兴的中国梦作出应有贡献！

真诚期待大家对《社会治理》期刊给予关心、支持和呵护。唯有各方面支持和帮助，《社会治理》才会有源头活水、真知灼见，才可能枝繁叶茂、芬芳满园！

加快青年信用体系建设 [①]

（2015 年 5 月）

为深入贯彻落实《中共中央关于加强和改进党的群团工作的意见》和习近平总书记关于共青团工作的系列指示精神，我们认为加快青年信用体系建设至关重要。最近，我们课题组分别征求了国家发改委、共青团中央和清华大学、北京师范大学等部门、高校，以及金融机构、大数据公司和专家学者的意见，并深入北京、广东等青年志愿者服务平台建设较好的地区进行了实地调研，开展了问卷调查，形成如下报告和建议。

一、加快青年信用体系建设意义重大

我国是青年人口大国，广大青年的健康成长成才关系着国家经济社会发展全局和中华民族伟大复兴中国梦的实现。而加强青年信用体系建设，对于贯彻党中央的战略部署，引导、推动青年健康成长成才和发挥重要作用具有重大意义。

（一）加快推进青年信用体系建设，是贯彻落实党中央、国

[①] 本文系 2015 年 5 月担任北京师范大学"青年信用体系建设研究"课题组首席专家形成的研究报告，受到党中央领导的重视和指示。

务院建设社会信用体系战略部署的关键。党中央、国务院高度重视社会信用体系建设。党的十八届四中全会明确提出，要"加强社会诚信建设，健全公民和组织守法信用记录，完善守法诚信褒奖机制和违法失信行为惩戒机制"[①]。国务院已颁发《社会信用体系建设规划纲要（2014—2020年）》，全面部署了加快建设社会信用体系。青年是当代社会的主力军，是国家的未来，青年时期也是人生观、价值观形成的关键时期，青年诚信，则人生诚信、社会诚信。因此，青年信用体系建设是社会信用体系建设的重要关键性工程。以加快青年信用体系建设为突破口，借助青年的关键性、成长性和延展性，有利于逐步建立全民诚信体系和全国统一的信用体系。这是贯彻和落实党中央战略部署、建设"信用中国"的重要环节。

（二）加快推进青年信用体系建设，是推动青年践行社会主义核心价值观的重要举措。青年群体思想活跃、创造力强，但容易受外界影响。近些年来，青年群殴、抢劫、杀人甚至参加暴乱等事件频发，反映了部分青年价值观错乱、是非不清、政治立场不坚定等问题。习近平总书记强调，青年的价值取向决定了未来整个社会的价值取向。加强社会道德建设，青年是关键，青年讲诚信、讲道德将会形成强大的社会力量和带动作用，促进全社会自觉遵守心中的道德律令。青年信用体系建设通过不间断地记录青年的正面与负面信息、评价青年的诚信状况，引导青年注重品行、自我约束，有利于促进青年自觉践行社会主义核心价值观。

（三）加快推进青年信用体系建设，是增强团组织凝聚力和

[①]《〈中共中央关于全面推进依法治国若干重大问题的决定〉辅导读本》，人民出版社，2014年，第27—28页。

影响力的重要抓手。《中共中央关于加强和改进党的群团工作的意见》强调，新形势下群团工作只能加强，不能削弱；只能改进提高，不能停滞不前。习近平总书记也提出共青团工作必须解决好"提高团的吸引力和凝聚力、扩大团的工作有效覆盖面"两大战略性课题。建设青年信用体系，通过整合大量资源，帮助青年在求学、就业、创业、婚恋、融资、消费等方面获得信息，吸引更多优秀青年加入团组织和志愿者队伍，增强团组织和志愿者组织的凝聚力和影响力，扩大有效覆盖面。共青团还可以通过青年信用体系，实时了解青年的动态和需求，这有利于增强共青团工作的主动性、创造性，特别是有利于解决流动团员管理、网络舆情监督、团组织服务青年能力不足等难题。

（四）加快推进青年信用体系建设，可以为青年就业创业、促进青年成长成才提供重要平台。青年是最富有创造力和潜力的劳动者，也是最容易被市场风险和社会压力击垮的脆弱者。近年来，我国就业形势日趋复杂严峻，仅 2015 年城镇新成长劳动力就有 1500 万人左右，包括高校毕业生和农村富余劳动力在内的青年成为劳动力市场的压力主体。课题组调查统计显示，赡（抚）养负担、就业、住房贷款等（占比约 77%）生活压力是击碎青年梦想的主要原因，而继续教育、技术培训、创业指导、融资等（占比约 40%）成为青年急需社会帮助与指引的主要需求。加快青年信用体系建设，通过信息搜集与积累，分析青年的能力、品行、性格与职业潜力等特点，在青年最需要帮助时提供精准、有效的服务，可以成为青年成长成才、实现梦想的平台。

二、加快青年信用体系建设的
总体思路和主要内容

（一）青年信用体系建设的总体思路。总体思路是：充分发挥共青团和青年志愿者的组织体系优势，汇集团员和志愿者身份、志愿服务、特长等方面信息，基于互联网和大数据思维与技术手段，汇集和交换青年消费、行为和社交等大数据信息，运用信用评价模型，多维度、动态化地记录与描绘青年的信用状况，并应用到青年就业、创业、婚恋、消费、融资等方面，建立兼具正面激励和负面惩戒的社会信用体系，为青年成长成才提供帮助，并以此为基础建立团组织与青年互动的互联网平台。

（二）青年信用体系建设的主要内容。青年信用体系建设主要包括三个部分：一是信息库建设，利用互联网和大数据思维和手段开发、收集和挖掘各类相关数据，构建海量、动态、智能的青年信用基础信息库；二是评估系统建设，通过构建科学的评价标准与指标，建立青年信用状况评估体系；三是应用系统建设，开发各种信用应用产品，对青年在求学、就业、创业、婚恋、融资、消费等方面提供支持。总体上，青年信用体系建设需要满足社会的多样化需求，更重要的是满足社会的大需求。在当前"大众创业、万众创新"的时代背景下，要把服务青年创新创业作为青年信用体系建设工作的重点。

（三）青年信用体系建设的三个关键环节。一是通过各种渠道进行宣传推广，动员和吸引青年主动注册成为青年信用体系用户；二是整合企业及社会资源开发信用应用产品，基于用户的信用评估得分，为用户提供满足其切实需求的信用服务，在信用服务的过程中沉淀更多信用信息并利用自身不断积累的信息获取更多外部信用信息；三是在信用服务过程中，验证信用评估模型，并结合更多的信用信息补充和改进信用评估模型。青年信用体系建设过程中必须确保以上三个环节相互促进，从而形成良性循环发展，覆盖青年人群并逐步扩展到全社会人群的社会信用体系。

三、加快青年信用体系建设的可行性

（一）信息电子化和大数据技术飞速发展，为青年信用体系建设提供了可靠的技术支撑。一方面，随着移动互联网的普及，青年所产生的电子数据越来越多，仅共青团就拥有 8900 多万团员的基础信息和 6000 多万青年志愿者的信息，将其归集整理后便可形成初步的基础信息库。另一方面，大数据技术已经成熟，能够对散落的信息碎片进行收集、筛选和分析，提炼出与信用有关的信息，勾画出完整的"信用画像"，为青年信用评价提供全面、准确的数据支持。信息电子化和大数据技术的运用还可以使开发的应用产品更具针对性，提高青年信用体系建设的实践应用性。

（二）深入人心的"互联网+"思维，为青年信用体系建设全面整合信用信息奠定了有效基础。目前，国内信用市场多存在"信息孤岛"、重复建设等问题。但随着"互联网+"思维的深入人心，打破孤岛、实现信息共建共享的趋势已不可逆转。青年信用体系建设顺应此形势，以人为本，通连目前我国社会信用体系建设中的碎片信息，一方面通过主动对接其他社会化信用体系服务系统，连接各个"信息孤岛"，实现信息互通，最终建立覆盖整个社会人群的社会信用体系；另一方面，与现有各类信息系统开展合作，进行数据交换，并反哺合作信息系统，促进合作信息系统自我演进。因此，青年信用体系建设，不但能避免新"信息孤岛"的出现，还能顺势整合现有资源，减少重复建设，提高社会信用体系的建设效率。

（三）社会资本积极参与协同共治，可以为青年信用体系建设提供资金保障。目前，我国征信机构提供的服务种类比较有限，尤其是针对个人信用的服务，因此，符合群体特点的信用产品开发需求旺盛、潜力巨大。同时，自 2014 年国务院出台《关于创新重点领域投融资机制鼓励社会投资的指导意见》后，众多社会资本纷纷瞄准信息等基础设施行业，蓄势待发。青年信用体系建设，既瞄准青年信用这一未来市场的"主力股"，又引领大数据产业发展，并致力于推动上下游机构合作共建，对社会资本有极强的吸引力。事实也证实，社会资本参与共治的愿望强烈。据调查了解，北京亦庄国投、中信信托、建信信托、熊猫金控、中金数据等多家有实力的投资、金融机构都表达了投资的意向。

（四）一些地方已对青年志愿者服务平台做了积极探索，为青年信用体系建设积累了重要经验。近些年，广东省大部分地市均已建立青年志愿者服务平台，实现网上青年志愿者注册、活动公告、活动计时等功能，注册志愿者有 660 万余人。深圳市青年志愿者服务平台建立了覆盖 110 万青年志愿者的身份信息、志愿活动的数据库。北京市青年"志愿云"系统已在北京、贵州、海南等 13 个省区市投入使用，在"志愿云"注册的志愿者已超过 800 万人，其中北京市实名注册志愿者超过 250 万人，该系统是全国唯一一个与公安部身份证信息中心联网验证的志愿者系统，包括志愿服务记录与查询、志愿服务记录异地转移接续、志愿服务组织在线管理、志愿服务需求发布和项目对接、数据统计分析等功能。这些生动的实践探索为广泛开展青年信用体系建设提供了重要经验。

四、加快青年信用体系建设的具体建议

（一）加强顶层设计，纳入国家"十三五"规划重大专项。青年信用体系建设是一项基础性、全局性、系统性的宏大工程，必须做好顶层设计，建议按照"中央统筹、分步推进、试点先行、市场运行"的原则，由共青团中央牵头，会同国家发改委、工信部、公安部、教育部、人社部以及各金融部门等，有计划、有步骤地推进。一是将青年信用体系建设纳入国家"十三五"规划重大专项以及全国社会信用体系建设重点工作；二是制定出台《关于建设青年信用体系的指导意见》和《青年信用体系规划》，立足解决整体性、长期性、基本性问题，制定科学、明确的目标和任务；三是选择基础较好的省市（如北京和广东），对重点人群（如青年志愿者）先行试点，在试点的基础上，逐步建成覆盖全社会的信用体系，并逐步实现信用数据向社会开放；四是深化研究与评估工作，由有关部门或智库按年度发布《中国青年信用发展报告》，持续评估青年信用体系建设的成效。

（二）突出建设特色，积极拓展信用应用渠道，兼顾公益性和效益性。坚持政府推动与市场运作相结合，既不能完全依靠市场化作用，也不能完全依靠政府作用，而要实现政府推动和市场化运作相结合的具有中国信用体系建设特色的模式。一方面，要充分发挥政府在收集可靠信息与市场在应用产品开发方面的优势，挖掘信用在各方面的市场需求，积极拓展信用的应用空间，并通过持续的创新创造引领市场的信用消费需求，创造出更大的市场空间。另一方面，要积极创新运营模式，兼顾公益性和效益性。运用公共资源的市场价值，结合社会资源，通过市场化开发取得盈利，支撑必需的公益性服务。研究制定政策，吸引、支持、鼓励投资机构和金融企业参与青年信用体系建设，找准公益和效益的平衡点，保证青年信用体系公益性目的和持续运作能力。

（三）重视配套建设，全方位、多视角地推进。一是拓宽数据来源，加强信用信息的科学分类和管理。能否获得可持续、高质量的数据是影响青年信用体系建设成果的关键因素。在青年志愿者数据基础上，需要通过开发贷款、交通运输、旅游、创业等方面的关联数据，收集加工互联网大数据，参与信用信息共建共享平台来获得丰富的政务数据，以有组织和市场化相结合的方式获取社会征信数据等手段保证丰富的数据来源。还要依照相关的法律法规，做好信用信息分级分类管理，合理合法地使用和发布信息。二是大力开展诚信宣传工作，实施中国青年诚信行动计划，在主流媒体做公益广告，并依托共青团基层团组织，发动各省区市、部门进行协同宣传，引导青年关注信用，培养信用意识。三是建立高校诚信教育联盟，在高校、企业等青年聚集地区开设相关课程，通过强化教育，内化青年的信用意识和信用自觉。

全面推进法治社会建设 [①]

（2015 年 5 月 17 日）

内容提要： 中国特色社会主义法治社会建设具有六个重要特征，即：人民性、普遍性、系统性、全面性、平等性、公正性。

全面推进法治社会建设，是全面推进依法治国的内在要求，是推进国家治理现代化的必然选择，是全面建成小康社会的迫切需要，是全面维护人民群众权益和实现国家长治久安的根本保障。

健全的、成熟的法治社会，将是一个政治清明、民主法制、社会公正、充满活力、平安有序、和谐友善的社会。在这样一个社会中，全社会对法律充满敬畏和信仰，宪法和法律得到有效实施和普遍遵从，社会生活法治化、规范化，全社会依照法律规范既生机勃勃又井然有序运行，人民群众的合法权益获得切实尊重和保障，社会充满公平正义，形成法治社会人人有责、法治社会人人共享的生动局面。

社会治理与法治社会建设的理论和实践对于深入贯彻党的十八大和十八届三中、四中全会精神，落实习近平总书记提出

[①] 本文系在第五届中国社会治理论坛上的主旨演讲。

的"四个全面"战略布局，研究制定"十三五"规划，加快建设社会主义法治中国，提供智力支持和服务，具有重要意义。

一、法治社会建设的内涵和重要特征

（一）法治社会的内涵。法治是人类社会发展的文明成果之一。法治社会是现代社会的基本标志，建设法治社会是社会现代化的必然要求。

什么是法治社会这一问题无论在理论界还是实际工作部门，都没有形成一个共识。目前，主要有三种观点：第一种是广义的法治社会，指立法机关科学立法，行政机关依法行政，司法机关公正司法，执政党依法执政，公民和社会组织、团体在宪法和法律范围内活动。第二种是中义的法治社会，认为法治国家与法治社会既相对独立又密切联系，两者之间属于"一体之两面"的关系。第三种是狭义的法治社会，更多强调的是公民、社会组织和社会团体等社会主体行为的法治化。以上三种看法都有合理之处，也很有启发意义，但都需要深入研究。

党的十八届四中全会提出，建设法治中国，必须坚持依法治国、依法执政、依法行政共同推进，坚持法治国家、法治政府、法治社会一体建设。这明确提出了建设法治社会的任务和要求。在法治中国建设中，"法治社会"有其特定范畴和基本内涵。所谓"法治社会"，是指法律在全社会得到普遍认同和遵从，国家立法所确立的制度、理念和行为方式能够得到有效贯彻实施，全体公民和所有社会主体都能厉行法治的一种社会运行状态，可以在法治轨道上统筹社会力量、平衡社会利益、调节社会关系、规范社会行为，依靠法治解决各种社会矛盾和问题。

（二）法治社会的重要特征。从根本上讲，全面推进法治社会建设的目标，就是建设中国特色社会主义的法治社会。进一步说，中国特色社会主义法治社会建设具有六个重要特征：即人民性、普遍性、系统性、全面性、平等性、公正性。

——人民性，就是法治社会建设坚持人民主体地位。这是由当代中国的社会性质、执政党的宗旨和宪法的属性所决定的。我国是社会主义国家，人民是国家和社会的主人，这就决定着我国的法治是全体人民的法治。法治建设是为了人民、保护人民、依靠人民、造福人民，以保障人民根本权益为出发点和落脚点，保证人民依法享有广泛的权利和自由、承担应尽的义务，人民群众通过多种形式、多样渠道广泛参与社会法治建设，维护社会公平正义，促进共同富裕。我国社会主义制度保证了人民当家作主的主体地位，也保证了人民在全面推进依法治国、建设法治社会中的主体地位，这是中国特色社会主义法治区别于资本主义法治的根本所在。

——普遍性，就是法治社会建设要使法律成为全社会的基本准则，整个社会按照法律规范运行。任何组织、机构、单位和个人都必须在宪法和法律的范围内活动，都要以宪法和法律为行为准则，依照宪法和法律维护权利或行使权力、履行义务或职责。

——系统性，就是法治社会建设是贯穿于立法、执法、司法、守法各个环节。通过科学立法，发挥立法的引领和推动作用；通过严格执法，确保法律有效实施；通过公正司法，提高司法公信力；通过全民守法，增强全社会法治观念和意识。这四者之间紧密相连、相辅相成，共同构成法治社会建设的主体架构。

——全面性，就是法治社会建设既包括经济、政治、文化、社会、生态建设和党的建设在内的全方位、立体型地厉行法治，也包括心灵、价值、行为、秩序、制度全面体现法治精神、法治规范和法治要求。法治社会建设意味着法治观念、法治精神、法治信仰不断深入人心、浸润人心、内化于心，进而实现人的心灵的治理；法治社会建设也意味着法律规范成为人们一切行动的基本准则；法治社会建设还意味着构建完善的社会规范和法律制度体系，使之成为各类市场主体、社会主体维护社会秩序的根本保障。

——平等性，就是法治社会建设坚持法律面前人人平等。平等是社会主义法治的基本属性。任何组织和个人、任何市场主体和社会主体，都必须尊重和维护宪法法律权威，都必须依照宪法法律行使权力或权利、履行职责或义务，都不得有超越宪法法律的特权，任何在社会中处于弱势的公民都不得受到歧视。

——公正性，就是法治社会建设以促进公平正义为根本依归。公正是法治的生命线。维护公平正义，是中国特色社会主义的内在要求。我国法治社会建设，从根本上讲，就是为了建设一个公平正义的美好社会。全面依法治国、推进法治社会建设，必须紧紧围绕保障和促进社会公平正义来进行，切实做到良法善治。

总起来看，健全的、成熟的法治社会，将是一个政治清明、民主法制、社会公正、充满活力、平安有序、和谐友善的社会。在这样一个社会中，全社会对法律充满敬畏和信仰，宪法和法律得到有效实施和普遍遵从，社会生活法治化、规范化，全社会依照法律规范既生机勃勃又井然有序运行，人民群众的合法权益获得切实尊重和保障，社会充满公平正义，形成法治社会人人有责、法治社会人人共享的生动局面。

全面推进法治社会建设如同全面推进依法治国一样，这是一个重大的历史任务，是国家治理和社会治理领域一场广泛而深刻的革命，需要付出长期艰苦努力，需要全体社会成员和社会组织共同积极奋斗、扎实奋斗、不懈奋斗。

二、全面推进法治社会建设的重要性和紧迫性

（一）全面推进依法治国的内在要求。党的十八届四中全会的一个重大历史贡献，是站在党治国理政和国家现代化全局的高度，提出了全面推进依法治国的总目标，这就是建设中国特色社会主义法治体系，建设社会主义法治国家。法治社会建设在全面推进依法治国中具有重要地位和作用。法治国家、法治政府、法治社会是一个有机统一的整体，三者相互依存、相辅相成。在法治中国"三位一体"建设格局中，法治社会是法治国家、法治政府建设的重要基础和基本前提，法治国家、法治政府是法治社会建设的重要保障。只有实现全社会对法治的普遍信仰，才能为全面推进依法治国提供坚实的思想基础。只有不断打造整个社会尊法、信法、守法、用法的法治环境，才能为全面推进依法治国提供广泛的社会基础。只有公平正义得到切实维护，公民权利得到有效保障，广大群众才会发自内心地崇尚和拥护法治，才能为全面推进依法治国打牢群众基础。如果不加强法治社会建设，也难以建成法治国家和法治政府。因此，全面推进依法治国，必须大力推进法治社会建设，为建设法治国家和法治政府提供坚实基础和支撑。

（二）推进国家治理现代化的必然选择。法律是治国之重

器，法治是国家治理体系和治理能力的重要依托。法治化与国家治理现代化具有同步性，国家治理现代化的过程本身就是法治化的过程。加强和创新社会治理，必须依靠法治来统筹社会力量、平衡社会利益、调节社会关系、规范社会行为，提高社会治理法治化水平，推进社会治理现代化。正如习近平总书记指出的："人类社会发展的事实证明，依法治理是最可靠、最稳定的治理。要善于运用法治思维和法治方式进行治理，要强化法治意识"①。因此，只有加快推进社会治理体制创新，全面推进法治社会建设，才能全面实现国家治理体系和治理能力的现代化。

（三）全面建成小康社会的迫切需要。"十三五"时期，我国要实现全面建成小康社会的目标，这是我们党对人民作出的庄严承诺。包括要构建系统完备、科学规范、运行有效的制度体系，使各方面制度更加成熟、更加定型。这其中一个很重要的方面，就是依法治国基本方略全面落实，全面推进国家和社会生活法治化、制度化。当前，全面建成小康社会的任务繁重，时间紧迫。特别是社会治理面临许多新情况，知识型经济、网络化社会、数字化生活的趋势越来越明显，以互联网为代表的信息技术给社会治理带来一系列新问题和新挑战。各类社会矛盾纠纷频发多发，有的群众往往不愿通过法律程序解决，成为当前社会治理面临的突出难题。在这种错综复杂的情势下，只有更加重视加强法治社会建设，完善社会治理法治，充分发挥法治对小康社会建设和全面深化改革的引领、规范和保障作用，才能将全面建成小康社会的目标任务真正落到实处、取得预期成效。

---

① 习近平：《在庆祝澳门回归祖国15周年大会暨澳门特别行政区第四届政府就职典礼上的讲话》，《人民日报》，2014年12月21日第2版。

（四）全面维护人民群众权益和实现国家长治久安的根本保障。健全的法制既是人民群众遵守的行为规范，又是保障人民各项权益的有力武器，也是社会稳定的"压舱石"。通过全面建设法治社会，增强全体人民的法治观念和法治意识，推动全面形成法治环境和法治制度安排，将会更好地保障全体人民享有广泛的权利，也会使人民群众享受幸福安康生活，各项权益得到切实尊重和保障，更好参与民主政治和社会治理。这对于进一步解放和增强社会活力、促进社会公平正义、维护社会和谐稳定、建设平安社会、平安中国，实现国家长治久安具有根本性意义。从这个意义上讲，推进法治社会建设，归根到底，就是为了实现好、维护好、发展好人民群众的根本利益，让人民群众真正共享改革发展成果，让每个人都能有人生出彩的机会，进而才能如期圆满实现中国梦。

三、全面推进法治社会建设的主要任务

改革开放以来，经过 30 多年的努力，在建设法治中国的进程中，我国全社会法治观念明显增强，法治社会建设取得重要进展。同时，也必须看到，我国法治社会建设同中国特色社会主义事业发展要求相比，同人民群众期待相比，同推进国家治理体系和治理能力现代化目标相比，仍任重道远。因此，必须加快法治社会建设，特别需要抓好以下主要任务。

（一）显著提高全社会法治观念和法治信仰。这是全面推进法治社会建设的基础。法律的权威性就是法律效力的至上性和法律权威的最高性。这个要求对于全面推进依法治国和全面推进社会法治建设有着极大的重要性和现实针对性。法律的权威

源自人民的内心拥护和真诚信仰。使人民信仰法治的实质，是要真正树立宪法和法律权威，使法律成为国家、社会最高层次的治理规则。只有崇尚法治、信仰法治，才能真正坚守法治。党的十八届四中全会通过的决定明确要求，要增强全社会厉行法治的积极性和主动性，使全体人民都成为社会主义法治的忠实崇尚者、自觉遵守者、坚定捍卫者。

当前，我国社会法治观念和法治信仰状况存在一些问题，主要表现在：一方面，一些领导干部头脑中的"人治思维"仍较为顽固，以言代法、以权压法、徇私枉法的现象在一些部门、地方和领域还较为普遍，造成法治被人治所弱化，并对法治造成严重损害；另一方面，不少公民"信权不信法""信访不信法""信关系不信法"的观念和认识还根深蒂固。因此，只有显著提高全社会的法治观念和法治意识，使尊法、信法、守法、用法、护法成为全体人民的共同追求和自觉行动，才能为法治社会建设奠定坚实的思想根基。

为此，要着力抓好以下四个方面：一要深入开展法治宣传教育。要坚持把学习宣传宪法放在首位，采取多种有效途径和形式，大力加强以宪法为核心的中国特色社会主义法律体系和国家基本法律的宣传普及，不断增强全民法治观念。二要大力弘扬社会主义法治精神。要树立宪法和法律权威，强化法律监督，及时纠正法律实施中的违法行为，维护国家法制统一，维护法律正确实施。三要扎实推进社会主义法治文化建设。要在全社会形成崇尚法律、遵守法律、维护法律权威的社会风尚，让人民群众切实感受到法治的力量，真正树立法治信仰。法律必须被全体社会成员所信仰，否则形同虚设。四要抓住领导干部这个"关键少数"和青少年这个"重要多数"。法治社会建设的基础在教育，要强化法治教育。领导干部是全面依法治国、依法治社会的决定性因素，各级干部都要带头尊法学法守法用法；做尊法学法的模范，带头崇尚法律、了解法律、掌握法律；做守法的模范，带头遵纪守法、捍卫法治；做用法的模范，带头厉行法治，依法办事。要强化对干部遵守法律、依法办事方面的考核，引导广大干部自觉树立法治观念，增强法治思维，提升法治素养。法治观念、法治思维方式和法治信仰形成的关键在学校。要把法治教育纳入国民教育体系，坚持从青少年抓起，全国中小学都要设立法治知识课程，将法治意识、法治信仰、法治思维、法治精神从一开始就根植于每个孩子的头脑深处，让法治素养伴随、滋润他们的成长。同时，要把社会法治教育纳入精神文明创建内容，大力营造守法光荣、违法可耻的社会风尚。

（二）全面加快社会领域立法进程和提高立法质量。这是全面推进法治社会建设的依据。良法乃善治之基。现在，我们国家和社会生活各方面总体上实现了有法可依，但法治社会的制度体系建设仍处于滞后的状态，主要问题有：社会领域立法数量总体不足、位阶偏低、系统性不够，有些社会领域基本法尚处于空白；一些社会领域立法理念偏颇，存在较强的"管制"色彩，"维权""赋权"功能不足；有些社会领域立法质量不够高，缺乏可操作性。

因此，必须坚持立法先行，充分发挥社会立法在法治社会建设中的引领、推动和保障作用。特别需要抓好以下几个方面。

一要加快公民权利保障方面的立法。增强全社会尊重和保障人权意识，健全公民权利救济渠道和方式。加快完善体现权利公平、机会公平、规则公平的法律制度，保障公民人身权、财产权、基本政治权利等各项权利不受侵犯，保障公民经济、文化、社会等各方面权利得到落实。

二要加快社会组织、城乡社区、社会工作等方面的立法。建立健全社会组织参与社会事务、维护公共利益、救助困难群众、帮教特殊人群、预防违法犯罪的机制和制度化渠道。加快修订《社会团体登记管理条例》《民办非企业单位登记管理暂行条例》《基金会管理条例》《城市居民委员会组织法》等，规范和引导各类社会组织健康发展。制定《社区矫正法》《反家庭暴力法》《社会工作法》等。同时，完善和发展基层民主制度，依法推进基层民主和行业自律，实行自我管理、自我服务、自我教育、自我监督，切实发挥其在社会治理中的积极作用。

三要加快公共服务、社会事业和社会保障等方面的立法。依法加强和规范公共服务，完善教育、就业、收入分配、社会保障、医疗卫生、食品安全、扶贫、慈善、社会救助和妇女儿童、老年人、残疾人合法权益保护等方面的法律法规。

四要加快公共安全和应急管理等方面的立法。推进国家安全和公共安全法治建设，加快制订《国家安全法》《反恐怖活动法》《网络安全法》等，尤其要加大依法管理网络力度。

五要着力提高社会领域立法质量。要坚持问题导向，提高立法的针对性、及时性、系统性、可操作性。认真贯彻新修订的《立法法》，切实做到科学立法、民主立法，使每一项立法都符合宪法精神，反映人民意愿，维护公民合法权益，得到人民拥护。

（三）切实推进多层次多领域依法治理。这是全面加强法治社会建设的关键。依法治理是法治社会的重要特征。随着我国当代社会呈现出社会层次立体化、社会主体多元化、社会利益差别化、社会矛盾复杂化的新情况，深入推进多层次多领域依法治理，是创新社会治理、实现社会善治的必由之路。从总体上来看，我国多层次多领域的社会治理格局尚未完全形成，主要表现在：重政府包揽、轻多方参与的现象较为普遍；社会组织的治理能力普遍还较为薄弱，还难以成为一种独立自主的主体性力量；各类治理主体之间平等合作、民主协商的体制机制仍不够畅通。为此，需切实推进多层次多领域依法治理。

一要深化基层组织和部门、行业依法治理。要深入贯彻基层群众自治法律法规，使广大基层群众在自我管理、自我服务中增强法治意识和权利义务观念，提高依法管理社会事务的意识和能力；要大力推动各级政府部门和各行业普遍开展依法治理，实现依法治理对部门行业的全面覆盖，促进各级政府部门依法行政、严格执法，社会各行业依法办事、诚信尽责。

二要发挥社会规范在社会治理中的积极作用。法治是法律之治、规则之治。依法治理是依据完备的法律法规和制度规范体系所进行的社会治理。在多层次、多样化的社会治理规则体系中，法律法规居于主导性、基础性地位；同时，也要引导公民按照宪法法律制定完善市民公约、乡规民约、行业规章、团体章程等多种形式的社会规范，充分发挥其效力所及的组织和成员个人应有的规范、引领和约束作用。重视引导和支持城乡社区基层组织、行业和社会团体通过规约章程自我约束、自我管理，规范成员行为，依法维护成员合法利益。

三要深入开展多层次多形式法治创建活动。坚持把法律规定和法治原则、法治精神体现在、落实到各类社会主体的活动之中，最大限度实现依法治理的社会参与；要探索建立科学完备的法治创建指标体系；要加强社会诚信建设，健全公民和组织守法信用记录，完善守法诚信褒奖机制和违法失信惩戒机制。

四要发挥人民团体和社会组织在法治社会建设中的积极作用。要发挥各类人民团体的组织特点和优势，依法维护团体成员和人民群众合法权益；要建立健全社会组织发挥作用的机制和制度化渠道，创新社会组织培养扶持机制，建立健全政府购买服务机制；引导社会组织发挥专业优势，开展志愿服务，构建制度化服务平台，发挥多方面作用。要有效发挥行业自律和专业服务功能，规范和促进行业健康有序发展；要切实加强对社会组织的监督管理。

五要依法深入推进社会治安综合治理。要始终坚持打防结合、预防为主、专群结合、依靠群众的工作方针；依法严厉打击严重刑事犯罪；完善立体化社会治安防控体系；加强互联网管理，全面推进网络实名登记制度，依法打击整治网络违法犯罪，全力维护网络社会安全。

总之，在新的形势下，推进多层次多领域依法治理，提高社会治理法治化水平，要更加突出党委和政府主导下的社会各方面参与，更加突出法治思维和法治方式，更加突出源头治理、综合施策，把社会治理纳入法治轨道，使法治成为社会治理的常态。

（四）加快建设完备的公共法律服务体系和服务保障。这是全面加强法治社会建设的要素。公共法律服务是基本公共服务的重要组成部分。完备的公共法律服务体系是法治社会的必备要素。当前，我国公共法律服务体系建设中存在的主要问题有：法律服务提供能力与群众日益增长的法律服务需求还有一定差距，法律服务整体水平与我国社会主义民主法治建设进程还不相适应；法律总量不足、结构不协调，法律服务网络覆盖不全，发展不平衡的矛盾日益显现；相关法律法规不健全、法律服务意识不强、法律服务资源配置保障不足，特别是对社会弱势群体的法律服务严重不足等。为此，要重视抓好以下五个方面。

一要加强公共法律服务立法。尽快制定公共法律服务方面的法律法规，对公共法律服务方面的问题进行具体规定，并使之统一化、系统化，拓宽法律援助的范围，健全司法救助体系，加强对老年人法律服务和法律援助工作，加大对弱势群体进行法律救助的力度等。

二要拓展公共法律服务内容。健全公共法律服务网络，加快建立健全符合国情、覆盖城乡、惠及全民的公共法律服务体系。重点针对民生服务领域，整合律师、公证、基层法律服务、司法鉴定等法律服务资源，将公共法律服务纳入政府公共服务体系，不断满足人民群众的基本法律需求。

三要提高公共法律服务质量。公共法律服务同整个法律服务业一样，应当树立质量至上的理念，加大公共法律服务的规范化、标准化和便利化建设，加强质量监管，努力提高公共法律服务的诚信度和公信力。

四要强化公共法律服务保障。健全完善政府财政支持保障的常态机制，将法律服务经费列入政府的财政预算当中，建立严格的政府财政拨款制度，设立法律服务专项资金；同时，要大力拓展资金的来源渠道，有效整合社会资源，吸收社会融资，使之为公共法律服务体系建设提供有力保障。

五要发展壮大公共法律服务队伍。要充分激活和利用社会法律资源，完善公职律师制度，形成社会律师、公职律师优势互补的格局。要培育和扶持更多的公益性法律服务民间组织，积极开展公益性法治宣传与法律服务，满足人民群众对法律服务的多层次需求。

（五）建立健全依法维权和化解纠纷机制。这是全面加强法治社会建设的核心。随着我国经济社会发展和民主法治进步，人民群众的权利意识日益增强，利益诉求也日益多元化，由此带来的各种社会矛盾和纠纷也频发多发，成为影响社会和谐稳定的突出问题。当前，我国在依法维权和纠纷化解方面存在的主要问题有：一方面，一些公民和社会群体在表达和维护自身权益方面，理性化和法治化程度还较为欠缺，往往通过"闹"等群体性事件甚至更为极端化的方式主张权益；另一方面，一些地方政府和官员不能正确认识和对待群众的合理合法的利益诉求，要么视而不见，要么回避躲避，要么粗暴压制，以至造成民众利益诉求不但得不到及时解决，反而埋下不少严重隐患。解决这些问题，需要抓好以下四个方面。

一要正确认识和对待人民群众的利益诉求。应当看到，大量社会矛盾和问题是由利益问题引发的。从人民内部矛盾和社会一般意义上说，维权是维稳的基础，维稳的实质是维权。对涉及维权的维稳问题，首先要把群众合理合法的利益诉求解决好。

二要强化法律在维护群众权益、化解社会矛盾中的权威地位。要推动形成运用法律手段、通过法律渠道、依照法律程序维护权益、化解纠纷的社会氛围，引导和支持人民群众依法理性表达诉求，依法维护好、解决好群众最关心最直接最现实的利益问题。

三要健全社会矛盾纠纷预防化解机制。法治社会不是没有矛盾纠纷的社会，而是矛盾纠纷出现后能够得到及时有效解决的社会。这就需要建立健全社会矛盾纠纷预防机制，大力开展重大工程项目建设和重大决策社会稳定风险评估，有效预防和化解社会矛盾；要坚持及时就地化解矛盾，最大限度地把矛盾解决在基层、解决在萌芽状态，防止矛盾激化升级。四要充分发挥不同纠纷解决制度的优势，建立完善各种纠纷解决制度有机衔接、相互协调机制。人民调解、司法调解、行政调解、行政裁决、行政复议、仲裁、诉讼等纠纷解决制度，各具特色，各有优势。要建立完善多元化纠纷解决机制，实现各种纠纷解决制度有机衔接、相互协调，形成社会矛盾纠纷化解网络和工作合力；要进一步完善调诉对接、裁审协调、复议诉讼衔接的机制，确保不同纠纷解决制度既能在各自领域和环节中有效发挥作用，又能够顺畅衔接、相互配合、相互支撑，强化纠纷解决效果。

四、全面推进法治社会建设的基本要求

全面推进法治社会建设，是运用中国特色社会主义制度治理社会的深刻社会变革。实现建设法治社会的目标，需要从多方面努力，特别应当把握好以下几个基本要求。

（一）始终坚持正确的政治方向。坚持和发展中国特色社会主义是当代中国发展进步的根本方向。全面推进法治社会建设，必须始终旗帜鲜明地坚持中国特色社会主义的方向，坚持立足中国国情，坚持和拓展中国特色社会主义法治道路、法治理论和法治制度。中国特色社会主义制度是中国特色社会主义法治体系的根本制度基础，是全面推进依法治国的根本制度保障。中国特色社会主义法治理论是中国特色社会主义法治体系的理论指导和学理支撑，是全面推进依法治国的行动指南。这些规定确保了中国特色社会主义法治体系的制度属性和前进方向。中国特色社会主义道路、理论体系、制度是全面推进依法治国的根本遵循，也是全面加强法治社会建设的根本原则。必须坚持从我国基本国情出发，同改革开放和现代化建设不断推进相适应，围绕社会主义法治建设重大理论和实践问题，推进法治理论创新和实践创新，发展具有中国特色、体现社会发展规律的社会主义法治理论和社会法治体系。十分重要的是，要善于汲取中华传统法律文化的精华。中华文明上下五千年，我国古代法制蕴含着十分丰富的智慧和资源，中华法系在世界几大法系中独树一帜，有许多优秀的法律思想和制度可以传承，民间还有大量的好习惯、好传统等非正式法律，要重视挖掘、择善而用。同时，要放眼世界，认真研究借鉴国外社会法治文明建设有益经验和成果，但绝不能照搬外国法治理念和法治模式。

（二）始终坚持人民主体地位。人民群众是依法治国、建设法治社会的主体和力量源泉。人民群众在法治社会中的主体地位是由我国宪法确定的。坚持人民主体地位是全面推进依法治国、加强法治社会建设的题中应有之义。要保证人民在党的领导下，依照法律规定，通过各种途径和形式管理国家事务，管理经济和文化事业，管理社会事务。要把体现人民利益、反映人民愿望、维护人民权益、增进人民福祉落实到依法治国和法治社会建设全过程和各方面。

（三）始终坚持法治和德治相结合。法律是成文的道德，道德是内心的法律，法律和道德都具有规范社会行为、维护社会秩序的作用。必须坚持一手抓法治、一手抓德治。以道德滋养法治精神、强化道德对法治文化的支撑作用，实现法律和道德相辅相成、法治和德治相得益彰。"礼法融合"一直是我国历史上社会治理的重要经验，现代社会治理更需要把法治与德治结合起来。既要重视发挥法律的规范作用，又要重视道德的教化作用，以法治体现道德理念、强化法律对道德建设的促进作用。要大力弘扬社会主义核心价值观，弘扬中华传统美德，培育社会公德、职业道德、家庭美德、个人品德，提高全民族思想道德水平，为建设法治社会创造良好的人文环境。

（四）始终坚持中国共产党的领导。这是全面推进依法治国、全面推进法治社会建设最根本的保证。党的领导是中国特色社会主义最本质的特征，把党的领导贯彻到依法治国全过程和各方面，是我国社会主义法治建设的一条基本经验。党和法治的关系是法治建设的核心问题。习近平总书记指出："党和法的关系是一个根本问题，处理得好，则法治兴、党兴、国家兴；处理得不好，则法治衰、党衰、国家衰。"坚持党的领导，是健全社会主义法治国家、法治社会的根本要求。党的领导和社会主义法治是一致的，只有坚持党的领导，才能保持法治社会建设的正确政治方向，人民当家作主才能充分实现，法治和德治才能有机融合，国家和社会生活制度化、法治化也才能持续有序推进。同时，要不断改善党的领导，不断提高党领导依法治国、领导法治社会建设的能力和水平。这样，才能更好加强党的领导，确保社会主义法治中国的实现。

创新社会治理，建设法治社会，是一项复杂、艰巨、长期的系统工程。"十三五"时期是确保如期实现我国全面建成小康社会目标的历史时期，也是全面推进依法治国、全面推进法治社会建设的关键时期，必须增强紧迫感、使命感。我们要在以习近平同志为总书记的党中央坚强领导下，弘扬法治精神，增强法治观念，树立法治思维，崇尚法治信仰，深入开展法治社会建设理论研究，积极探索法治社会建设规律，勇于投入法治社会建设实践，为全面推进依法治国、推进社会治理现代化，实现两个百年奋斗目标和中华民族伟大复兴的中国梦，作出应有的贡献。

做一个什么样的人

——在北京师范大学社会学院 2015 届毕业生
毕业典礼上的讲话

（2015 年 6 月 27 日）

亲爱的同学们、老师们、家长们：

下午好！

今天是一个特别值得纪念的日子！我们齐聚一堂，隆重举行北京师范大学社会学院 2015 届毕业生典礼。首先，我谨代表学院，向即将毕业的 27 名本科生、32 名硕士研究生奋力拼搏圆满完成学业，致以热烈的祝贺！同时，向悉心指导你们的老师、辛勤培育你们的家人和一路支持你们的亲友，致以诚挚的敬意和衷心的感谢！

我担任新成立的北京师范大学社会学院院长才三个多月（105 天），还没有来得及与即将离校的毕业生们熟悉起来，就要与大家告别了，确实有点遗憾！刚才，院领导介绍了毕业生的情况，进行了多项颁奖活动，毕业生代表和毕业班班主任代表作了发言，看到 59 位毕业生满载丰硕的学习成果，即将踏上人生的新征程，奔向新的梦想沃土，我又由衷地感到欣慰！

亲爱的同学们，你们是如此的幸运。你们在北京师范大学学习的时光，正是我们国家经历伟大变革的新时期。党的十八大之后，以习近平同志为总书记的党中央，继往开来，锐意创新，树立执政新风，开创事业新局，经济进入新常态，发展迈向新阶段，改革开放实现新突破，各项建设取得新进展。这些对攻读社会学专业的学子们是难得的成长成才的机遇。还有值得庆幸的是，你们经历了北京师范大学社会学院诞生的历史时刻。大家都知道，北京师范大学党政领导顺应国家发展大势和时代潮流，先后作出加强社会治理智库建设和加强社会学发展的战略决策，于 2011 年 5 月成立北京师范大学中国社会管理研究院，又于 2015 年 3 月成立社会学院，并实行"两院"一个实体、两个牌子、一支队伍，教学育人、科学研究、决策咨询三位一体，推进新型智库建设和学科建设协同发展，致力于成为国家专业化社会治理智库和社会学学术重镇。这是高校服务国家战略需求进行办学体制机制的重大改革创新。我受北师大党政领导的邀请，作为一个老校友，回到母校，发挥余热，先后受聘为两院院长。四年来，社会治理智库建设取得较为显著的成绩，已有 60 多项决策咨询成果获得国家领导人和部门、地方领导人的重视和采纳，新型智库的各项功能都逐步得到发挥。今天，拥有 110 多年历史的北京师范大学，第一次以社会学院名义举行毕业典礼，大家一起共同见证和分享 59 位同学几年来学习收获和成长进步的喜悦，开启和放飞新的美好梦想。此时此刻，对于社会学院首届毕业生来说，你们该是多么荣幸和值得自豪呀！我作为首任社会学院院长参加今天的毕业典礼，欢送你们，也感到十分高兴和激动。

几年来，你们不仅刻苦学习，勇于实践，顽强拼搏，出色完成了学业，而且积极参加学校和学院举办的各种活动，为学校和学院的建设贡献了智慧和力量！这些都是值得永远记住的努力和付出。

参加这个毕业典礼，让我情不自禁地回想起自己在北师大读书时的情景，往事记忆犹新。我是1963年考入北师大历史系，1968年毕业，转眼间已经毕业47年了。在这近半个世纪的岁月里，我曾先后在内蒙古牙克石林业管理局、国家计划委员会、中央财经领导小组办公室、国务院研究室、国家行政学院等多个单位工作。回首往事，是五年的北师大学习生活，为我以后人生道路奠定了坚实的基础。

作为一门学科，"社会学"具有自身独特的品质和品性。几年前，大家不约而同地选择了"社会学"，成为一名社会学专业的学生。经过几年的学习，我相信，你们对这门学科已经有了更加全面、系统和深入的认识和理解。社会学是现代社会科学中的一门基础性学科。主要研究人类社会基本社会活动发展变化的规律，包括研究社会行为、社会关系、社会结构运行和社会演变的趋势，探索社会治理的途径和手段。社会学的基本理论和基本知识将为你们终身受益受用。我相信，经过几年的社会学专业的学习，在你们身上已深深打下的师大烙印、积淀的社会学独有的人格特质，将助力你们的人生走向新的成功。

同学们，在你们即将步入的社会的大课堂中，你们会有更多的机遇、挑战和考验。毕业既是你们人生一段旅程的终点，又是你们人生一段新的起点。在临别之际，我作为你们的师长，也作为你们的朋友，有千言万语难以表达对你们的祝福。我再三思考，还是选择"做个什么样的人"这一主题，与大家分享个人的几点感悟与思考：

——勤奋好学，做个终身学习的人。学习求知是人生进步的阶梯和走向光辉顶点之途径。古人说过："少而好学，如日出之阳；壮而好学，如日中之光；老而好学，如秉烛之明。"这句名言的意思是：少年时爱好学习，好比早晨的阳光；壮年时爱好学习，如同中午的太阳；到了老年还爱好学习，就好像点着蜡烛一样，仍然有光亮。这句名言告诉我们，要活到老，学到老，永远不忘学习。无论什么年龄段都要好好学习。只有这样，才能增强本领，与时俱进，让自己的人生不断放出灿烂的光辉。你们经过几年的学习，掌握了社会学的基本理论和基本知识，这是十分重要的收获，但你们学习不能就此止步，还要坚持学习、勤奋学习、刻苦学习，把学习作为每天生活所必需，作为终生的一贯追求，做到工作学习化、学习工作化、生活学习化和学习生活化。要博学多识，学好科学理论，学好国家法律法规和方针政策，学好专业知识。坚持干什么学什么，缺什么学什么。在学习中开阔眼界、增长见识、提高本领。既要读"有字之书"，又要读"无字之书"。既要读书本之书，又要读实践之书。坚持理论联系实际，做到知行统一，把治学与做人紧密结合起来，做一个学习的有心人。

——砥砺德行，做个有德守道的人。德乃立身之本。做人首先要以德为先，锤炼品德修养，陶冶道德情操。做人处事，也要守道，包括遵守理想信仰、社会规范、行为准则。当今世界，人们既享受着大发展带来的新奇与惊喜，又承受着社会转型出现的道德规范和价值信仰的紊乱、迷茫以及"消费社会"所带来的种种诱惑。在步入社会之后，你们将接受社会大熔炉的锻造，面临社会大风浪的滤淘，你们将会更深切地看到、听到甚至亲身经历到形形色色的社会问题。有些问题甚至会一再触碰社会良知的底线，不断拷问并考验着你们的心灵和人格。可以说，坚守良知将是你们走上社会面临的第一个考验，也是你们终身的考验。这就使得"修身立德"变得越发重要。这也是培育良好心态和健全人格，实现社会和谐的重要保障。希望你们要注重道德品行修养，树立正确的人生观、价值观，努力做一个品德高尚的人，做一个自尊自爱、自立自强的人。要坚守良知，保持自信、理性、平和的心态，防止急功近利和浮躁情绪，戒骄戒躁、抵制诱惑，忠诚于自己心中的道德律令，忠诚于国家和人民的事业，与时代同步伐，与祖国齐奋进，与人民共命运。

——脚踏实地，做个求真务实的人。社会学是一门行动的科学。它不仅教会你思考，更塑造了你们的行动能力。我相信，经过社会学的专业训练，你们会更加充满信心，即使处于种种复杂多变的环境，也可以能动地助力于社会进步与发展。要付诸行动、有所作为，就必须求真务实、脚踏实地。古今中外，凡成就事业的，无一不是脚踏实地、苦干实干的结果。要把立志高远与脚踏实地结合起来，把全部心思和本领用在"真干事、干成事"上。不能眼高手低，不要好高骛远。谋事要实，创业要实，做人要实。想问题、办事情，不唯书、不唯上、不唯洋，只唯实。要把每一项活动都当作一次难得的历练、一次人生的积累。从"说好每句话、办好每件事"做起。踏踏实实走好每一步，扎扎实实办好每一件事，为一生之旅打下坚实的基础。正像刚才主持人讲的，"一分汗水，一分收获"。实践出真知，一切真知都是从直接经验得到的，要敢于实践、勇于实践，在实践中经受锻炼、得到提高。这样，才能真正有发展前途、成就事业。

　　——甘于奉献，做个勇于担当的人。"社会"要富有情操、充满正能量，需要每一个人作出奉献。"奉献"是一种责任，是一种境界，是一种美德。当代中国社会正经历空前广泛和深刻的巨大变革，改革开放和现代化事业任重道远，社会建设和社会治理面临一系列新问题、新挑战。这给每一位青年社会学子大展才华都提供了绝佳舞台。希望你们把握四个方面：一要爱岗敬业、勤勉工作。职业岗位是个人干事创业的平台，也是成就自我的舞台。你们59个人毕业后去向不完全相同，每个人都要热爱自己的职业岗位，对自己的工作岗位要充满感情、热情和激情。一个人只有爱岗敬业，才能做到干一行爱一行干好一行，才能尽力、尽责、尽智，也才能全力以赴，全身心投入。二要直面挑战、勇担重任。干工作都是要承担一定的风险的，特别是在现在社会矛盾复杂多变的环境下，要干好事情，不可能一帆风顺、轻而易举，而必须具有敢于冒风险、迎难而上的精神，该豁出去的时候绝不能犹豫，一往无前，无所畏惧。三要坚韧不拔、不怕挫折。在人生成长道路上，谁都会遇到挫折、失败和逆境，要想取得成功与发展，就必须始终保持昂扬斗志，愈挫愈勇，百折不挠。在逆境中奋起，更需要在绝望处求生存、谋发展。一定要有战胜困难、走出逆境的意志和智慧。四要热爱集体、奉献社会。刚才大家唱的北京师范大学校歌中，有一句歌词是"治学修身乐为公"，要牢记之、践行之，自觉秉持"先天下之忧而忧，后天下之乐而乐"的至理名言，始终把国家富强、民族振兴、人民幸福作为崇高使命，为全面建成小康社会、推进社会主义现代化、实现中华民族伟大复兴的中国梦而不懈奋斗。一个人的才华和能力，只有奉献给国家和人民的光辉事业，才能真正实现人生的价值。

亲爱的同学们，过去几年，你们选择在自己生命力最旺盛的时候，与社会学、与北师大社会学院结缘。我相信，这份缘将伴随你们一生、成为你们最珍贵、最难忘经历的一部分。此时此刻，你们正怀着美好的憧憬、满腔的热情，走向人生新的征程和新的梦想。衷心祝愿你们志存高远，奋发进取，追求卓越，不断续写精彩人生！

最后，祝愿毕业生们前程似锦，一帆风顺！

谢谢！

在首届中英社会治理现代化研讨会上的致辞

（2015 年 9 月 16 日）

各位领导，老师们、同学们：

　　大家上午好！

　　金秋九月，硕果飘香。在这美好的时节，"首届中英社会治理现代化研讨会"今天在这里隆重举行。首先我谨代表北京师范大学中国社会管理研究院／社会学院，对莅临会议的各位领导和专家表示热烈欢迎和衷心感谢！

　　本次会议的举办充分反映了中、英两国专家共同携手研讨社会治理理论和实践问题的共同愿望。2014 年 12 月，伦敦大学亚非学院中国研究院刘捷玉副院长带队访问中国社会管理研究院，双方围绕社会治理领域的重大问题和前沿课题进行了深入探讨，初步达成加强双方交流合作的良好意愿。2015 年 7 月，我带队对伦敦大学亚非学院进行了回访，并就双方共同举办社会治理研讨会进一步磋商、取得共识。应当说，这次研讨会以"中英社会治理现代化"为主题，围绕食品安全、生态环境、社会组织、公共服务、劳动关系、人口老龄化、技术革新等前沿热点问题展开广泛研讨，是经过双方充分酝酿和周密筹划的，具有重要的理论和现实意义。

当前，加强和创新社会治理已经成为世界各国共同面临的历史性课题。全球化、工业化、城市化、信息化的快速发展，带来了诸多新的社会问题，加强社会治理创新在全球范围内显得十分迫切。2010年，英国首相卡梅伦上台执政伊始，就大力倡导社会治理创新，并提出"大社会"计划的执政理念，强调要鼓励志愿活动，支持企业、社区、慈善机构参与公共服务，转变政府管理方式、提高公共服务水平。欧盟2020战略的中心任务就是加强社会治理，认为一个良好、负责、公平的社会治理体系，将有利于欧盟实现智慧、可持续与包容性增长。可以说，在社会治理领域，强化制度创新，改善治理结构，扩大社会参与，充分发挥每一个社会主体的积极性和创造性，已经成为一种全球性趋势。

作为一个拥有13亿人口的发展中大国，面对人类历史上空前的深刻变革和巨大变化，中国与世界各国一样，社会治理面临新的机遇和挑战。我国党和政府历来高度重视社会治理，为形成和发展适合国情的社会治理制度进行了不懈探索和实践。先后提出了"科学发展观"和"构建社会主义和谐社会""推进国家治理体系和治理能力现代化"等一系列重大战略思想，把社会建设与经济建设、政治建设、文化建设、生态文明建设共同纳入五位一体的中国特色社会主义事业总体布局，全面加强以保障和改善民生为重点的社会建设，大力推进社会事业改革，创新社会治理体制，解放和激发社会活力。经过35年多的改革开放，我国社会改革在取得巨大成就的同时，发展中不平衡、不协调、不可持续的问题仍较为突出，社会治理理念思路、体制机制、法律政策、方法手段等方面还存在许多不适应的地方，加强和创新社会治理的任务尤为繁重艰巨。某种意义上，当今中国社会发展和社会治理的复杂性、艰巨性是人类社会空前未有的。这就要求我们必须通过科学的、实证的方法，从理论上和实践上对当今世界和中国社会的治理变革进行全面、系统、深入的研究。

正是在这样一个基本背景下，2011 年 5 月 7 日，在党中央和国务院相关领导以及学校党政领导的直接关心和支持下，北京师范大学中国社会管理研究院应运而生，并致力于建设成为新型、高质量的专业化社会治理智库。研究院成立四年多来，紧紧瞄准国家重大需求和国际学术前沿，创新科研咨政工作，取得了一批效果显著、影响广泛的重大科研成果。截至目前，已获得各级党政领导批示和被采纳的研究成果 63 项。其中，国家领导人作出批示的研究成果 28 项，获中央国家机关部委采用的研究成果 17 项，被地方政府及其他机构采用的研究成果 18 项。2014 年，北京师范大学党委作出将中国社会管理研究院建成"中国特色新型社会治理智库"的决定，并正式列入国家级智库建设培育计划。2015 年 3 月 15 日，北京师范大学整合学科资源，成立新的社会学院，并与建设中的中国社会管理研究院实行"一个实体，两块牌子"，作为新型社会治理智库一体化建设。这为中国社会管理研究院／社会学院的建设和发展提供了重要战略机遇。当前，中国社会管理研究院／社会学院正汇聚各方面优势力量，着力重点打造"六大工程"，即一策、一库、一典、一坛、一刊、一书。"一策"是向党政建言献策，"一库"是受国家社科规划办特别委托建设"中国社会管理创新研究信息库"，"一典"是组织编写《当代中国社会大事典》，"一坛"是一年一度的"中国社会治理论坛"，"一刊"是办好《社会治理》期刊，"一书"是社会治理智库丛书。

　　世界各国面对的社会治理问题，既有各自的特殊性，又具有一定的相通性。加强和创新社会治理，既要立足本国国情，也要善于借鉴其他国家的有益经验。本次"首届中英社会治理现代化研讨会"就搭建了这样一个重要交流平台，使我们可以交流研究成果，启迪思想智慧，深入研讨问题，也可以寻求加强合作交流的途径。

　　伦敦大学亚非学院是享誉世界的中国问题研究权威机构，与作为高端智库平台的北京师范大学中国社会管理研究院／社会学院，在加强和深化社会治理创新问题研究方面有着共同的使命和追求，衷心希望两个机构以此次会议成功举办为契机，今后在人员互派、科学研究、成果发布、信息共享等方面进一步加强交流与合作，相互支持，携手并进。在此研讨会期间，北京师范大学中国社会管理研究院／社会学院同伦敦大学亚非学院中国研究院将签署合作协议，这次研讨会的召开和合作协议的签署，必将把双方合作交流提高到新的水平，使双方共同为促进中英人文交流，为推动中英两国社会治理现代化作出应有的贡献！

　　最后，预祝本次会议取得圆满成功！

　　谢谢大家！

在"社会变迁和社会治理的理论和实践：中国和法国"研讨会上的致辞

（2015 年 10 月 18 日）

各位领导、各位专家，女士们、先生们：

上午好！

金秋十月，硕果飘香。在这美好的时节，"社会变迁和社会治理的理论和实践：中国和法国"研讨会今天在这里成功举行。首先我谨代表北京师范大学中国社会管理研究院 / 社会学院，对莅临会议的各位领导和专家表示热烈欢迎和衷心感谢！

这次研讨会是落实中法两国领导人达成的共识、执行北京师范大学与图卢兹大学签订合作协议的具体行动。我们知道，去年是中法外交史上一个特别值得纪念的日子，即中法建交 50 周年。2014 年 3 月 27 日，中国国家主席习近平在巴黎出席了"中法建交 50 周年纪念大会"并发表重要讲话。在此次访问期间，习近平主席与奥朗德总统就建立中法高级别人文交流机制达成重要共识，推动中法关系进入全面提速的新时期。2014 年 9 月 18 日和 2015 年 5 月 15 日，中法高级别人文交流机制第一次会议和第二次会议分别在巴黎和北京召开，双方共同签署联合宣言，表示将在教育、科技、文化、卫生、新闻媒体、体育、旅游、地方合作、青年、妇女十大领域开展广泛的交流合作。2015 年 6 月，中国国务院总理李克强对法国进行了正式友好访问，并提出要在新的起点上深化中法政治互信和传统友谊，提升人文、科技等合作水平。李克强总理还在图卢兹出席了"中法工商峰会闭幕式"并致辞。我们也知道，两年前，即 2013 年 4 月 25 日，法国奥朗德总统首次对中国进行国事访问。这些表明，中法友好关系进入了新阶段。

本次会议的举办，充分反映了中、法两国专家携手加强人文交流的共同愿望。2014 年，北京师范大学与图卢兹大学签署框架性合作协议之后，今年 3 月，图卢兹大学资深教授吉尔伯特先生一行访问我院，双方围绕社会治理领域的重大问题和前沿课题进行了探讨，初步达成共同举办中法国际研讨会的意向，并对会议主题及预期成果进行了深入磋商。应当说，这次研讨会以"社会变迁和社会治理的理论和实践"为主题，围绕公司治理、产业关系、劳动组织、性别移民、环境健康、食品安全、留守儿童、乡村与城市治理、社会治理理论等前沿热点问题展开广泛研讨，具有重要的理论和实践意义。

当前，加强和创新社会治理已经成为世界各国共同面临的重要课题。经济全球化深入发展，工业化、城市化、信息化快速推进，带来了诸多新的社会问题，加强社会治理创新在全球范围内显得十分迫切。法国作为西方重要发达国家，在加强和创新社会治理方面作出了积极努力和探索，并在消除城乡差别，打破相互分割的壁垒，使城市和乡村走向融合，走向高度一体化方面积累了宝贵经验。欧盟 2020 战略的中心任务就是加强社会治理，认为一个良好、负责、公平的社会治理体系，将有利于欧盟实现智慧、可持续与包容性增长。可以说，在社会治理领域，强化制度创新，改善治理结构，扩大社会参与，充分发挥每一个社会主体的积极性和创造性，已经成为一种全球性趋势。

中国是一个拥有13亿多人口的发展中大国，正经历着人类历史上空前的深刻变革和巨大变化，社会治理也面临新的挑战和机遇。我国政府高度重视社会治理，为形成和发展适合国情的社会治理制度进行了不懈探索和实践。先后提出了"科学发展观""构建社会主义和谐社会""推进国家治理体系和治理能力现代化"等一系列重大战略思想，把社会建设与经济建设、政治建设、文化建设、生态文明建设共同纳入五位一体的中国特色社会主义事业总体布局，全面加强以改善民生为重点的社会建设，大力推进社会事业改革，创新社会治理体制，解放和激发社会活力。经过35年的改革开放，我国社会改革和进步取得巨大成就。同时，发展中不平衡、不协调、不可持续的问题也较为突出，社会治理理念思路、体制机制、法律政策、方法手段等方面还存在许多不适应的地方，加强和创新社会治理的任务尤为繁重艰巨。某种意义上，当今中国社会发展和社会治理的复杂性、艰巨性是人类社会空前未有的。这就要求我们必须从理论上和实践上对当今世界和中国社会的治理变革进行全面、系统、深入的研究。

正是在这样的背景下，2011年5月，北京师范大学中国社会管理研究院应运而生，并致力于建设成为新型的、高质量的专业化社会治理智库。研究院成立四年多来，紧紧瞄准国家重大需求和国际学术前沿，创新科研咨政工作，取得了不少价值较高、运用性较强的重大科研成果。截至目前，已获得各级党政领导批示和被采纳的研究成果67项。其中，国家领导人作出批示的研究成果30项。2014年，北京师范大学作出将中国社会管理研究院建成"中国特色新型社会治理智库"的决定，并正式列入国家级智库建设培育计划。2015年3月15日，北京师范大学创新办学体制、整合学科资源，成立新的社会学院，并与建设中的中国社会管理研究院实行"一个实体，两块牌子"，作为新型社会治理智库一体化建设。这为中国社会管理研究院/社会学院的建设和发展提供了重要机遇和条件。当前，中国社会管理研究院/社会学院正汇聚各方面优势力量，正致力于建设高水平的社会治理智库和社会学学术重镇。

当今世界各国面对的社会治理问题，既有着各自的特殊性，又具有一定的相通性。加强和创新社会治理，既要立足本国国情积极探索，也要善于借鉴其他国家的有益经验。本次研讨会就搭建了这样一个重要交流平台，使我们可以共享研究成果，启迪思想智慧，深入研讨问题，也可以寻求加强合作交流的途径。

图卢兹大学是欧洲最古老的大学之一，其社会科学学院学科齐全、实力雄厚，特别是在社会学研究方面享有世界性声誉。这与作为高端智库平台的北京师范大学中国社会管理研究院/社会学院，在加强社会治理创新问题研究方面有着共同的使命和追求。我们衷心希望双方以此次会议成功举办为契机，今后在教师互访、学生交换、科学研究、互开课程等方面进一步加强交流与合作，相互支持，携手并进。我们已经在这方面达成了一些合作成果，比如10月13日至17日，图卢兹大学金恩·索密斯教授已在我院开设了四个工作社会学方面的专题讲座；11月份，我院赵炜教授将赴贵校访问，并开设专题讲座；我们选派的学生也将于明年 3 月份赴贵校进行学习交流。可以说，这次研讨会的成功召开，是双方合作交流的一个良好开端。让我们共同努力，把双方合作交流不断提高到新的水平，为促进中法人文交流，推动中法两国社会文明进步、实现社会治理现代化作出应有的贡献！

最后，预祝本次会议取得圆满成功！

在中国西部人才开发基金会理事会
2015 年第二次全体会议上的讲话

（2015 年 12 月 18 日）

各位理事、各位监事、各位代表，同志们：

大家好！

中国西部人才开发基金会理事会 2015 年第二次全体会议，已经圆满完成了各项议程，会议开得很好。大家围绕基金会的改革发展问题进行了热烈而认真的讨论，发表了许多真知灼见，对 2015 年工作充分肯定、高度评价，提出了不少很好的意见、建议。这次还邀请了部分受助单位和个人参加会议，是会议开法的创新，资助方与受助方共聚一堂，直接听取和交流意见，效果很好。各位对西部大开发和基金会工作充满热情、激情、深情，令人感动，大家受到鼓舞、鞭策。在这里，要特别感谢各位理事、监事、代表一如既往的信任和支持。大家提出的宝贵意见，秘书处要认真吸收，抓好落实。

下面，我讲几点意见。

一、充分肯定 2015 年工作

一年来，在理事会的正确领导下，在国家行政学院领导的关心支持下，基金会发展取得新成绩、新突破。刚才，汪文斌秘书长作了工作报告。从这个报告可以看出，基金会 2015 年的工作做得很扎实，富有成效，多有创新，硕果累累，同时，在实践创新中又积累了新经验。主要体现以下三个方面"更加"的显著特点：

（一）战略合作更加稳固，筹资规模基本达到预期目标。近年来，我国经济下行压力持续加大，不少企业面临经营困难。在这种背景下，我们的理事单位仍然一如既往支持基金会发展，令我们十分感动。我们与泛海公益基金会、中国石油天然气集团公司、内蒙古伊利集团、国家开发银行、中国烟草总公司、国信招标集团、江苏汤沟两相和酒业有限公司等伙伴的战略合作关系更加稳固。泛海公益基金会继开启与我会第二阶段 5 年 5000 万元捐赠合作之后，还将增加合作规模，这对我们基金会是充分信任和巨大鼓舞。我们与战略合作伙伴相互信任，协作共赢，彼此建立了深厚情谊，也使得我们基金会的机构建设和发展有了稳固支撑。这是来之不易的。

（二）项目结构更加优化，公益活动取得新成绩。我们利用在基层一线开展公益项目的优势，就民生问题进行深入调查研究，真实反映基层需求，提出政策建议。今年，"伊利方舟"的项目成果和咨询报告得到中共中央政治局委员、国务院副总理刘延东同志，国务委员、公安部部长郭声琨同志的批示和认可。这是公益项目活动的升级版，做法值得肯定和坚持。

"泛海扬帆行动"又有新突破。今年 9 月，中国泛海控股集团卢志强董事长到重庆市考察，受到重庆市委、市政府的重视，并对我们开展的"泛海扬帆大学生创业行动"给予充分肯定和支持。卢志强董事长表示要加大力度、持续支持项目开展，决定增加重庆资助规模，同时在山东和武汉布点实施。"泛海扬帆行动"的资助规模明年有望翻一番，达到 1500 万元，并且将持续实施 10 年以上。这一项目已经成为我们的支柱项目、品牌项目。

此外，我们还有实施 8 年以上的"春雨工程"，实施 6 年以上的"山村教师公益计划"，实施 3 年以上的"人才工程"和"彩烛工程"等等。这些重点项目，有继承，有创新，充满生命力，展现出我们基金会可持续发展的美好前景。

（三）内部治理更加规范，成功获得民政部社会组织评估 4A 等级。今年，我们的信息披露和内部治理工作做得很好。顺利通过了民政部例行的年度检查。透明指数保持全国第一。公益事业是得民心、顺民意的崇高事业。要引导社会参与，必须有足够的透明度和公信度。从 3A 到 4A 等级，能够有效提升基金会的公信力，树立良好的社会形象，促进机构健康发展。这既是民政部对我们工作的充分认可和肯定，也是我们找差距、补短板、谋发展的有利契机。

同时，基金会秘书处党支部活动开展得卓有成效。业务学习有声有色，增加了知识储备。招聘了新员工，队伍越来越壮大。加强了第三方监督，增强了公信力。

以上这些成绩的取得，是各位理事、理事单位大力支持的结果，是各合作伙伴和受助方锐意进取、团结奋斗的结果，也是秘书处全体同志不辞辛苦、勤勉工作的结果。基金会秘书处付出了很大的努力，成绩来之不易，值得表扬，我要为你们点赞！在这里，我谨向各位理事、监事、代表，向各合作伙伴、受益方，有关个人、地方政府，以及基金会秘书处全体同志表示诚挚感谢！

二、努力做好 2016 年工作

党的十八届五中全会审议通过《中共中央关于制定国民经济和社会发展第十三个五年规划的建议》，明确提出了决胜全面建成小康社会的指导思想、主要目标任务和重大举措，提出创新、协调、绿色、开放、共享的新发展理念，为我国"十三五"乃至更长时期的发展描绘了新蓝图，也为我们基金会工作指明了方向。即将开启的"十三五"规划，是实现我国第一个百年奋斗目标、全面建成小康社会收官的五年规划。2016 年是"十三五"开局之年，做好明年工作十分重要。我们要紧紧围绕中央决策部署和国家"十三五"规划开展基金会工作，进一步提高认识，增强使命感、责任感，着力推动机构创新发展。

（一）加强资金募集，优化公益服务，推动公益成果共建共享。中共中央"十三五"规划建议明确提出："支持慈善事业发展，广泛动员社会力量开展社会救济和社会互助、志愿服务活动。完善鼓励回馈社会、扶贫济困的税收政策。"[1]基金会要抓住机会，用好机遇，提高筹资能力和水平。公益善行，人人参与，人人尽力，人人享有。要努力让捐赠单位、合作伙伴和受助群

---

[1]《〈中共中央关于制定国民经济和社会发展第十三个五年规划的建议〉辅导读本》，人民出版社，2015 年，第 49 页。

体参与基金会共建共享，让相关方有更多获得感，真正成为互利共赢的利益共同体、命运共同体。要加强筹资能力建设，维护和开发战略合作捐赠伙伴，积极主动募集善款。希望在座的各位理事和代表继续给予支持，积极出资、出智、出力。还要开拓新领域，结交新伙伴，加强与各类企业、社会组织的成果交流。要加强与捐赠单位的联系，创新途径和方式，提供优质服务，同心协力做公益。要加强本金运营，实现更有效益的基金增值。

加强宣传工作，充分利用互联网、微信、微博等工具，加大传播力度，扩大基金会影响力、公益项目知名度和捐赠单位美誉度。广泛动员社会力量，主动寻求合作，委托专业机构提供专业服务。重视志愿者作用。加强与地方政府、社会组织的互利共赢合作，共同把公益事业做好、做大、做强。

（二）突出重点，以扶贫脱贫、创业创新为主线，推动公益项目深入发展。"十三五"是全面建成小康社会的决胜期，也是"扶贫攻坚"决胜期。扶贫是最大的民生事业。农村贫困人口实现脱贫、贫困县全部摘帽，解决区域性整体贫困，是全面建成小康社会最艰巨的任务。前不久召开的中央扶贫开发工作会议上，习近平总书记提出的"五个一批"，是从实践中总结出来的、有效实现脱贫的科学之策。其中，"发展生产脱贫一批""发展教育脱贫一批"，正是我们基金会长期以来所坚持的公益行动。习总书记还指出，坚持精准扶贫、精准脱贫，重在提高脱贫攻坚成效。要在精准施策上出实招、在精准推进上下实功、在精准落地上见实效。这些都是我们所实施公益项目的特点和优势。

近日，中共中央政治局会议审议通过了《关于打赢脱贫攻坚战的决定》，要求"广泛动员全社会力量，合力推进脱贫攻坚，健全东西部扶贫协作机制、定点扶贫机制和社会力量参与机制"。我们不少理事单位都有定点扶贫任务，我们基金会做的不少公益项目正是与相关单位参与定点扶贫工作的有机结合。比如，面向国家开发银行在四川省、贵州省、重庆市6个定点扶贫县实施的"彩烛工程"，面向中国烟草总公司在湖北省、江西省4个对口支援县实施的"相守计划"，面向中国工商银行在四川省3个定点扶贫县实施的"太阳花行动"，面向国家行政学院定点扶贫的云南省大关县开展的一系列公益活动，等等。

今后，基金会要继续围绕理事单位定点扶贫工作，根据新形势下的新要求，多做雪中送炭之事，多出精准脱贫实招，专业运作，优势互补，共同携手，创新方法。在这里，我也向大家呼吁，已经有过良好合作的理事单位，今后可以加大与基金会在扶贫开发方面的合作力度；尚未合作的理事单位，基金会也要主动对接，为定点扶贫工作提供更为专业的公益服务，为国家打赢脱贫攻坚战贡献更大力量！

党中央、国务院高度重视创业创新工作，对大众创业、万众创新作了一系列重要部署。创业创新是解决就业问题的根本之策和战略之举。我们基金会既要服务社会"保基本、兜底线、促公平"，服务就业创业创新，也要助力国家"稳增长、调结构、促改革"。我们一些品牌公益项目，之所以能够持续发展，正是因为它们始于创业创新行动。

"泛海扬帆行动"要顺势而为，扩大资助规模和受益范围，创新合作领域和方式方法，真正成为我们的支柱项目。

"春雨工程"要稳固捐方，转型升级，继续服务西部地区农业现代化建设。"人才工程"和"西部行政学院系统能力提升计划"，要狠抓实效，精细服务，继续提高地方领导干部专业化水平和治理能力。"伊利方舟"要科学规划，扎实推进，为健全儿童公共安全体系发挥更大作用。"相守计划"要不断创新，形成模式，在更大范围进行推展。同时，要继续利用自身优势，组织力量深入一线开展社会问题调查研究，包括就业创业、扶贫调研等，把公益活动与调研结合起来，与创业、扶贫攻坚结合起来，力争为领导提供决策咨询服务。

（三）建设一流队伍，争创一流业绩，推动机构治理健康发展。建设国内一流基金会是我们的目标。一流基金会必须有一流的队伍和一流的业绩。一流队伍的标准是政治坚定、业务精通、纪律严明、风清气正。要始终坚持正确的政治方向，紧紧围绕党和国家大局开展工作。要加强学习培训，不断提升团队协作、筹资公关、项目设计和运营能力，不断提升工作质量和效率。要营造一流的环境氛围，根据工作绩效状况，适当提高员工福利待遇，继续吸引人才、培养人才、留住人才。要创新实行项目制，招聘高质量人员，并去行政化，运用市场手段，建立创新激励和成果激励机制。

创造一流业绩要坚持高标准、严要求。无论是筹资管理、项目实施还是内部治理，都要有高质量意识、高水平意识。要向公益事业同行里的佼佼者学习，以行业的最高标准要求自己，全力以赴做好本职工作。要严格依法办会，按章程办会，按制度办会，必要程序不可少，民主决策要发扬，做到协调顺畅，保障有力，努力干出一流的质量和水平，不负重托，不辱使命。

（四）认真做好理事会换届工作。按照基金会章程规定，明年应当进行基金会理事会换届工作。基金会发展近十年，特别是业务主管单位变更为国家行政学院后，在第二届理事会领导下，取得了有目共睹的成就。要认真总结近五年本届理事会工作，抓紧做好各方面准备，特别是新一届理事会组成工作。理事会换届是事关机构治理和长远发展的大事。作为基金会的决策机构，理事会治理结构的完善是建设一流基金会的题中应有之义。明年的理事会换届工作，要继续优化治理结构，在吸纳重点捐赠单位的同时，可以邀请高校、媒体、公益领域的专家参与，倾听多方声音，加强科学决策，更好地带领基金会争创一流。

在基金会成立十周年之际，秘书处也要认真回顾工作，总结经验，找出不足，明确方向，凝心聚力，再接再厉，谱写新篇章，作出新贡献。

各位理事、各位监事、各位代表，同志们：

2016 年，是我国"十三五"时期的开局之年，也将是很不平凡的一年。我们相信，在业务主管单位国家行政学院的指导、支持下，有各位理事的大力支持，有秘书处全体同志的共同努力，在新的一年里，基金会一定能够发扬成绩，开拓创新，为建成国内一流基金会，推进西部大开发，如期全面建成小康社会，实现中华民族伟大复兴的中国梦，作出应有的贡献！

大力开展社会调查 多出智库精品成果^①

（2015 年 12 月 20 日）

各位老师，各位同学：

我非常高兴参加今天晚上的会议。这是一次学术活动总结会，是一次优异研究成果表彰会，是一次社会调查再出发的动员会！

首先，我要向我们中国社会管理研究院／社会学院（简称"中社院"）首届"学术季"活动取得丰硕成果表示衷心祝贺！向获得全国"挑战杯"特等奖的林颖楠同学表示诚挚祝贺！向即将出发进行寒假回乡调研的同学、老师表示良好祝愿！

召开这次会议的目的有三个：第一，就是表示我们中国社会管理研究院／社会学院的领导对学术实践活动和社会实践活动，特别是社会调查，给予高度重视和积极支持；第二，我也想借此机会参与师生们的学术活动和社会调研活动，同大家进行一些交流；第三，进一步动员我们中国社会管理研究院／社会学院的全体师生为创办新型高端社会治理智库而拼搏奋斗。

---

① 本文系在北京师范大学中国社会管理研究院／社会学院首届"学生学术季"活动总结表彰会议暨"回乡调查"启动仪式上的讲话。

刚才，我听到了我们院首届"学术季"活动几位同学和老师的汇报，也目睹了即将出发进行社会调查的几位同学、老师所做的准备活动，感到非常振奋。对我们中国社会管理研究院／社会学院师生的学术研究高水平和奋发向上的精神风貌，我为之感动。大家讲得都很好，出乎我的意料之外。我50年前作为北京师范大学历史系学生的时候，从来没有参加过这样的学术活动和社会调查活动，所以毫不夸张地说，现在社会学院的学生比50年前我们那时候的学生学术水平高。总之，这次会议开得很有必要、开得很成功，充分体现了我院作为新型智库开展师生共建、培养高素质人才的重要意义，不仅有助于促进我院良好学风的养成，而且有助于增强凝聚力、影响力。

借此机会，讲四个方面的问题：第一，为什么要搞社会调查，包括寒假期间的调查；第二，社会调查要突出调查哪些问题；第三，怎样搞好社会调查；第四，社会调查的成果怎么运用转化。

一、为什么要开展社会调查？

这次寒假回乡调查活动，是经过充分酝酿和周密策划的。这是创新发展的重要活动，应该予以积极支持。中社院是积极响应国家建设世界一流大学和一流学科、打造新型高校智库的重大体制创新，实行"一个实体，两块牌子"，致力于建设成为"国家级高端社会治理智库"和"一流社会学学术重镇"。我们院的性质定位和职能使命，决定了大力开展社会调查具有多方面重要意义。

（一）这是深化教育改革培养全面发展人才的内在要求。党的十八大和十八届五中全会要求，要全面贯彻党的教育方针，坚持教育为社会主义现代化建设服务、为人民服务，把立德树人作为教育的根本任务；特别强调，全面实施素质教育，深化教育改革，着力提高教育质量，把增强学生社会责任感、创新精神、实践能力作为重点任务。这些论述和要求，大家都学习过了、知道了。应当看到，我们现在的本科教育，还是以学科为中心，以教师为中心和以课堂为中心，这种"三个中心"的教育模式，应当说对拓展学生知识是有积极作用的，但不利于提高个人综合素质、创新精神和实践能力。组织学生开展学术实践活动、开展社会调查，走向社会、走向基层、走向百姓，这是全面贯彻党的教育方针和提高学生综合素质的有效途径，有利于学生开阔视野、开动脑筋、拓展思路，有利于学生增长知识，增强社会责任感、创新精神和实践能力，从而有利于做到德智体美全面发展和主动活泼健康发展。这正是深化教育改革、提高教育质量的实际行动和迫切要求。

（二）这是打造国家高端社会治理智库的重要举措。随着党和国家对新型智库建设的高度重视，中国智库建设正进入一个新时代。特别是党的十八大以来，中央把智库建设摆在非常重要的战略位置，专门出台了《中共中央关于加强中国特色新型智库建设的意见》。最近，中央又发布了《国家高端智库建设试点工作方案》，按照专业研究领域确定了 25 个国家高端智库建设试点单位，涉及经济、政治、科技、法律等 20 多个重要领域。我院一直致力于建设成为高质量的专业化社会治理智库，对照中央提出的八个标准，可以说我们的大体框架基础构建起来了，主要应在"高端"上狠下功夫，应着力内外兼修、夯实基础、强化短板、提升水平。这其中的一个重要举措和关键突破口，就是要在全院大兴实地调查研究之风，产出高质量研究成果。这是因为智库研究主要任务在于政策咨询，光靠坐在书斋、依靠文献、搞网上搜索是断然产不出高质量的成果的。必须以调查研究为本位，树立国情意识和本土关怀，积极关注民众诉求，从丰富鲜活的实践中寻找"研究感觉"，就经济和社会发展中的重大理论和现实问题深入实际，调查研究，出主意、出对策。以党的十八届五中全会提出的"落实精准扶贫"为例，如果研究者没有对贫困对象、贫困地区进行脚踏实地的调查走访，没有对贫困根源、贫困类型等问题进行深入研判和精确分析，就不可能对这一问题有准确的认识，更不要说提出有价值的对策建议或方案设计。从这个意义上讲，我们组织开展此次回乡调查活动，正是为了从思想上、实践上更好夯实和提升新型智库建设的根底。

（三）这是推进一流学科建设的必然选择。面向社会、面向基层、面向百姓，了解现实状况，深入调查研究，是社会科学创新发展的根本源泉，也越发成为现代社会科学研究的潮流和趋势。特别是社会学是一门以人类社会为研究对象的科学，一贯重视实证调查、倡导经世致用，并拥有悠久深厚的社会调查学术传统。1892年，芝加哥大学建立世界上第一个社会学系。20世纪初至30年代，以帕克为首的芝加哥大学社会学系师生针对新兴芝加哥城市的社会问题开展了一系列的实证调查，围绕人文区位、邻里关系、人口、种族、犯罪、贫民窟等问题的研究，成了都市社会学研究的范例，形成了享誉世界的"芝加哥社会学派"，也使得芝加哥至今仍是社会学家心中的圣地。这个学派总体上具有重视经验研究和以解决实际社会问题（特别是城市问题）为主的应用研究的特征。20世纪二三十年代，以毛泽东为代表的中国共产党人，从社会革命的高度，开展了大量的社会调查，写出了影响深远的《中国社会各阶级的分析》《湖南农民运动考察报告》以及《寻乌调查》《兴国调查》等一系列调查报告，这些都成为社会学的经典作品。也就是那个时候，面对深重的民族危机，以李景汉、陶孟和、吴文藻等为代表的中国老一辈社会学者，大力开展社会调查活动，寻找拯救危机的解决方案，产出了一大批优秀的社会调查作品，从而也成就了那个辉煌的"社会学中国化"时代。面对当今中国社会结构的剧烈转型和深刻变迁，我们同样需要继承和发扬社会学先辈们的实证调查精神，做一个矢志深入社会的青年社会学者群体，从书斋走向田野，走进村庄、社区、工厂、学校，去关注社会、认识社会、了解社会，去感受和把握社会的脉搏和气息，知晓人间社会的冷暖，明辨社会的是非与正义。唯此，方能形成社会学独特的经验品格和厚重的实证之风。从这个意义来讲，建设一流社会学学术重镇，首当从扎扎实实的社会调查做起，推进社会学、公共管理学等交叉学科创新建设，用丰富的社会调查和调研成果夯实社会学重镇之根基。不久前，中央颁发文件，要求创办世界一流大学和世界一流学科，北京师范大学党政领导对我们中社院建设高水平的、一流的社会学学科寄予厚望。我们要建设一流的社会学科，根本的途径就是要了解当今社会、熟悉当今社会，从伟大的社会实践和社会变迁中深化认识，加以总结、概括、升华，这是社会学科建设的特点和规律所决定的。这也是每一个中社院社会学人义不容辞的学术担当与责任所系。

总之，深入和广泛开展社会调查活动对于全面履行中社院职能，实现教学育人、资政建言、科学研究、学科建设密切结合、良性发展，建设国家高端社会治理智库，具有十分重要的意义。我们院全体师生一定要高度重视，认真对待，躬身力行。

利用寒假做社会调查，有不少有利条件，不仅时间相对集中，而且能够了解真实情况。这里，我仅讲讲本人亲身经历过的在春节假期开展社会调查产生重大社会效果的三个案例，以进一步加深对这方面活动的认识。

第一个事例，是原中国人民大学罗杰等5位在校硕士研究生，利用2008年春节期间，对2007年国家扶持生猪养殖政策执行情况的调查及建议。2008年4月，我当时担任国务院研究室主任，接到一封写给我的信和一份调查报告。报告是通过对四川巴州、湖南沅江、江西宜丰等地方实地调查写成的，主要反映2007年国务院多次发布促进生猪生产发展稳定市场供应的方针政策执行情况和养殖户需求意见。我当时并不认识罗杰等同学，但我看到这个调研报告后认为，此调研活动很有决策咨询意义，调研报告也写得很好，就立即转报当时国务院总理温家宝，总理随即作出重要批示，要求吸收此调研报告建议制定国务院文件，进一步明确促进养猪的政策。这对解决当时猪肉价格上涨问题起到了重要推动作用。

第二个事例，是2002—2008年我任国务院研究室主任期间，提出并坚持在每年春节假期间，回家乡过年的人，要做个有心之人，注意搞点社会调查，走亲访友，都来个每事问，眼观六路，耳听八方，把看到的、听到的，都记下来，作点思考。特别是对中央的决策部署落实情况，对基层干部群众关心的问题，作点社会调研，这是"接地气"、了解实际的好机会，看到、听到的都是真实情况、第一手材料，把所见所闻所想所思的问题和建议写出来。每年春节假后上班第一天，我都亲自主持会议进行座谈交流，及时汇总成调研报告，报国务院领导参考。那时反映比较多的是基层干部作风问题，教育、卫生、社保问题，环境污染、房屋拆迁问题等。我们每次调研报告都得到国务院多位领导批示，有的领导就自己分管的工作批示有关部门，从而有力地推进了工作。《紫光阁》杂志曾经采访过我，并以《中南海的"秀才"探亲"忙"》为题发表通讯文章加以推介。之后，国务院许多部门也都效仿，一些部门专门编发干部职工春节假期调研报告文集，并评选优秀作品加以表彰，也提升了部门的工作水平。

第三个事例，是我自己利用春节假期调研。我到国家行政学院工作以后，仍坚持在国务院研究室工作时的做法，2011年春节回故乡江苏睢宁县看望老人，在与当地干部接触中得知，睢宁县沙集镇几个年轻人带头办起农村网商，很受当地农民欢迎。我于大年初三去沙集镇调研，一些年轻人包括抱孩子的妇女都在家里用电脑作商品买卖，听到的说法是"买全国、卖全国"（商品）。我肯定并鼓励他们的做法。2012年春节期间，也是大年初三，我又去这个沙集镇调研，一年之间网商购物更快发展起来。用当地网商的说法变成了"买世界、卖世界"（商品）了。当时一个带头的年轻人让我给国务院总理带个汇报材料，总理收到材料后随即批示商务部和江苏省委、政府领导，指示注意总结经验，支持他们发展。近几年这个地方网商飞快发展，销售收入由2012年的2亿元发展到今年的40多亿元，带动了全地区农村经济发展和农民增收致富。

以上三个事例，都是在春节假期间作的社会调查，虽然调查主体不同、调查对象也不同，但调查的社会效果之好都是一样的。这些说明，利用寒假做社会调查，很有好处，大有文章可做。

二、社会调查突出哪些方面问题？

我们中社院要办成新型智库，办成研究型机构，开展社会调查应当是一个基本任务，也是每个师生的必修课。要从建设现代社会巨大工程、促进社会治理现代化的战略高度，通盘设计，制定规划，有计划、有目的地组织进行。近几年来，我们院瞄准国家重大战略需求，围绕社会治理创新与社会体制改革、社会治理法治化、城市社会治理、乡村社会治理、社会组织治理、社会风险治理、网络社会治理、国外社会治理等问题，开展资政科研活动，产生了一批研究成果。随着我国全面深化改革的不断推进，特别是在全面建成小康社会进入决胜的历史阶段，加强和创新社会治理变得越发重要，并成为党和国家治国理政的重要战略。下一步社会调查，要围绕"十三五"经济社会发展和改革开放中的热点、难点问题，包括社会建设和社会变迁，社会改革和治理中的新情况、新问题和新生事物。这次寒假回乡调查活动，主要是依托我们院三位老师分别主持的《中国乡村社会治理与家族文化现状调查》《中国"成人礼"仪式的现状调查》《中国食品安全风险意识的公众调查》课题项目来展开。每个课题项目都设置了相应的调查主题、内容、方法和要求，提供了相应的调查问卷和访谈提纲，要提前做好功课、认真准备。我认为，可以不限于这三个课题，大家在假期中所到之处都可以用心观察和发现需要作深入调研的问题。"问题是时代的声音"，这里，围绕"问题意识"，我想从总体上再强调四点：

（一）聚焦决策需求。智库研究的要义，就是服务党和政府的决策需求。社会学向来倡导宏观与微观的有机贯通。这就需要能够将这种理论视角自觉地运用到决策需求分析之中。具体而言，要学会从国家发展大局和战略高度、从服务党和政府中心任务，来选择和设计调研问题，同时要着眼于当时经济社会发展的实际需要来挖掘和提炼问题。特别是要注意及时捕捉那些苗头性、倾向性、潜在性的问题，抓住那些制约经济社会发展的观念、体制、机制的问题。当然，一次调研不可能解决所有问题，关键是要把最需要研究解决的问题找出来，把"硬骨头"挑出来。

（二）聚焦人民关切。人民是社会的主人，是推动社会经济发展的根本力量，要坚持以人民为中心，了解人民群众的诉求，反映人民群众的呼声。人民群众所盼、所急、所忧、所想的问题有哪些？这是我们发现真实问题、探寻社会矛盾奥秘的关键切口。当前，我国经济社会正在发生广泛而深刻的变革，各领域各方面都出现了不少新情况、新问题。比如，健全民主法制，维护社会公平正义，食品安全、就业、教育、医疗卫生、住房、社会保障、扶贫脱贫、收入分配、征地拆迁、社会治安，等等，都是人民群众十分关切的现实问题，要注意全面了解，准确把握和研判人民群众的需求状况和时代声音。

（三）聚焦政策落地，实现决策需求与人民关切有效对接。党和政府为了推进改革发展，与时俱进地不断提出工作任务和政策举措，作出种种决策部署。现在有一种说法，中央的很多政策是好的，但有些没有落地，或者没有完全落实。调查研究的一个重要任务，就是了解党和政府作出的决策部署，提出的任务和措施是否落实到位，社会和群众的反应如何，见到哪些效果，还存在什么问题，在执行决策部署中又产生了什么新情况新问题，是否需要加以完善，以更好解决问题。

（四）聚焦学科建设。加强社会学学科建设，是我们中社院学科建设中的主要任务。我们组织社会调查，要把建设一流社会学科作为重要课题，包括社会管理与社会政策、生态和环境社会学、人类学和民俗学、社会学和社会工作、网络社会学和社会风险治理等，要把资政研究与学科建设很好结合起来。

三、如何搞好社会调查？

一般说来，要搞好社会调查、产出高质量成果，必须掌握多方面的知识、能力、技巧。这里，主要强调把握四个重要环节。

（一）精心选题。这是搞好社会调查、产出高质量成果的首要环节。正如通常所说："选好题目等于成功一半"；"选择决定结果"。这都是说选好题目的重要性。既要选择好调查研究的主攻方向、重点领域、重要内容，还要选择好调查研究的具体任务、对象。包括选择题目、题材，明确目的、用途。力求主题新、题材新、视角新、内容新。有的是重大课题，需要分步调查、长期跟踪；有的以小见大、小题大做；有的短期调查可见结果。上面列举的罗杰寒假调查生猪政策执行情况，以及刚才表彰的"全国挑战杯"获奖者赵炜教授、林颖楠同学的《乡村社会与市场经济的互嵌》社会调查报告，就源于主题新、题材新、视角新和短期调查即出的精品佳作。

（二）精心调查。深入调查是发现问题和解决问题的基本环节。搞好调查必须把握几个原则：一是客观性。就是客观、准确和真实地反映社会现象和社会事物，做到调查的情况是真实的，调查得到的数据是真实准确的，没有虚假，不掺水分。二是全面性。列宁说过："如果从事实的全部总和、从事实的联系去掌握事实，那末，事实不仅是'胜于雄辩的东西'，而且是证据确凿的东西。如果不是从全部总和，不是从联系中去掌握事实，而是片断的和随便挑出来的，那末，事实就只能是一种儿戏，或者甚至连儿戏也不如。"[①]调查工作，要充分反映社会现象和事物的方方面面，做到局部和整体相结合、现实和历史相结合、动态和静态相结合、正面和反面相结合，注意防止片面性、随意性。三是系统性。在调查中，必须用辩证的、系统的观点看待和分析问题。要系统分析构成社会现象和客观事物的各个要素，弄清楚它们之间的相互关系，不能孤立地看现象和分析问题。四是科学性。要遵循科学的调查方法。在调查工作之前，做好相关材料、文献的阅读，备好有效的理论工具箱。在调查工作之中，采取多种形式和方法，包括召开调查会、走访调查、蹲点调查、典型调查、实地调查、问卷调查、抽样调查，尤其注意用互联网等信息化技术手段进行调查活动；同时，对事实材料进行去粗取精、去伪存真、由此及彼、由表及里的筛选和加工处理，不能以偏概全。

（三）精心研究。坚持调查与研究相结合。不能简单地把调查活动单纯看作一个资料收集的过程。一般意义上的泛泛调查、浅尝辄止的调查，不能算真正意义上的调查。在调查的基础上，要进行研究。严格意义上的调查是带有研究意义、在一定目的指导下的调研，是调研基础上带有一定目的性、导向性的升华、系统研究。因此，社会调查是调查与研究二者的有机统一，既是调查者，更是研究者。要综合运用社会学、公共管理学、经

---

① 《列宁全集（第23卷）》，人民出版社，1990年，第279页。

济学、信息学、系统学等知识和手段，对已掌握的调查材料进行多层面、多角度的系统研究。基于这种认识，这次同学们在调研过程中，可以主要围绕既定的主题"乡村治理""家族文化""成人礼""食品安全"等问题，开展相关决策咨询研究和学术研究，进而形成多方面研究成果。同时，坚持学术与资政相结合。如何正确处理学术研究和政策研究的关系在当前智库建设中越发成为一个焦点问题。两者之间形似"基础"与"应用"的关系，是一种既相互依赖，又能相得益彰的辩证统一关系。好的学术研究，能够为高质量的政策咨询提供坚实支撑；而好的政策咨询，则能够有效凝练和提升学术研究的问题意识和理论底蕴。当然，如若两者的关系处理不当，也会导致不良后果。在社会调查中，既要有学术的心性和定力，又要有资政的意识和志向。要善于从深入系统的学术研究中提炼有效管用的对策建议。

（四）精心撰写。调研报告和论文是调查成果的重要载体。无论调查多么深入、研究多么深透，如果不好好撰写调研成果，仍然达不到调查研究的目的。这里强调注意以下几点：一是搞好文稿总体把握。要紧扣主题主线、布局合理、重点突出、思路清晰、条理分明，善于画龙点睛。二是成果形式多样化。可以是调研报告、决策咨询报告，也可以是论文、专著，不拘一格。三是文字表达要符合文体，用语力求准确、简明、生动。四是认真修改、推敲。

四、社会调研成果如何使用？

调研成果，既包括大量第一手的数据资料，也包括在此基础上撰写的调研报告、学术论文。这里强调的是，要注重调研成果的多样性和转化应用，让调研成果的作用充分发挥出来，价值充分体现出来，特别是要多出精品力作。我想，至少有四个方面可供考虑。

（一）服务课题研究。高质量的科研成果，一般都需要有高质量的数据资料支撑。没有好的数据资料，就不可能产出好的成果。这次寒假回乡调查同学们所获得的大量数据资料，首先将直接服务于我们院三个课题项目的研究。这对于充实、丰富和提升课题研究的质量十分重要。我相信，通过这次活动的锻炼，同学们的调查研究能力也会得到切实提高。

（二）服务信息库建设。由我担任首席专家的国家社科基金特别委托重大项目《中国社会管理创新研究信息库建设》，正在集聚全院力量加紧建设，并亟待补充大量动态、鲜活的第一手数据资料。此次社会调研获取的数据资料，通过科学处理、规范编码，能够直接进入信息库。这也是为我院信息库建设作出的重要贡献。

（三）服务决策咨询。党和政府越来越依靠数据来进行科学决策。社会调研所获得的第一手数据资料，以及在此基础上撰写的调研报告，可以成为党和政府决策的重要参考。一些优秀的调研成果，既可以在我们院主办的《社会治理》杂志上发表，也可以选登在学校新创办的《社会治理研究与建议》（送阅件），上报国务院领导和相关部门，供相关领导参阅，也可以反馈给地方政府，服务当地经济社会建设和发展。

（四）服务学位论文。通过回乡调查，撰写学位论文，在我国社会学界拥有良好的传统。著名社会学家费孝通先生富有家国情怀的博士论文《江村经济》就是基于在家乡（江苏省吴江县开弦弓村）的实地调查而写成的经典名作。希望同学们以此次寒假回乡调查为契机，深入开展调查研究，积极寻找自己感兴趣的问题点，为今后的毕业论文设计提供重要基础。

借此机会向大家通报一个决定，就是为了鼓励和支持社会调查和产出高质量调研成果，我们院建立后期资助和奖励制度，对创新性高质量研究成果给予奖励，凡在公开报刊和内部刊物发表的研究成果，特别是获奖的和领导作出批示的，以及应用于实际工作的优秀成果，给予重奖。这项决定，从2015年开始实施。

最后，预祝我们中社院全体师生在建设新型高水平社会治理智库和建设一流的社会学学术重镇过程中，充分发挥聪明才智，在社会调查中多出精品力作。

预祝此次寒假回乡调查活动顺利开展、取得丰硕成果！

在"山村教师公益计划"云南腾冲捐赠
暨发放仪式上的讲话①

（2015 年 12 月 30 日）

各位领导、各位老师、各位同学：

大家下午好！

很高兴参加今天的"山村教师公益计划"捐赠活动。

"山村教师公益计划"是一项改善优秀贫困山村教师生活条件的公益项目，也是响应党中央号召，由企业和社会组织联合开展的支持教育、尊重老师、关爱学生的公益活动。

教育是经济发展和社会进步的基石，是培养人才的基础，要实现我国"两个百年"目标，优先要搞好教育。就云南省腾冲市来讲，今后要取得更大的发展和繁荣就要重视教育、发展教育、支持教育。发展教育根本要建设一支高素质的人民教师队伍。

"山村教师公益计划"是在国信招标集团的支持下开展的。国信招标集团长期关心、支持教育，特别对西部贫困地区，给予了特殊关爱。7 年来，他们对优秀贫困山村教师给予了大力

---

① 本文原载于魏礼群公益文集《情系西部》，国家行政学院出版社 2018 年 8 月第 1 版。

关心和支持。国信招标集团是一家成功的企业，企业负责人袁炳玉是一位优秀的企业家，他们今天的捐赠既是对教育事业的支持，也是送来企业及集团职工的一份爱心。

中国西部人才开发基金会是全国性公募基金会，旨在支持西部大开发，特别是支持西部人才的培养。关心教育、支持教育是基金会的宗旨所在。在国信招标集团的支持下，基金会做了不少有益的工作，包括对山村教师的资助工作，今后还要继续做下去。

在此，我提出三点希望。一是希望受资助的教师，要按照习近平总书记视察北京师范大学时的讲话精神，做"四有"好教师①，要忠诚党和人民的教育事业，要有敬业精神，要有广博的知识，特别要有爱心。教育的本质是爱护学生。祝愿你们在教育事业发展过程中作出更大贡献，继续扎根山村，扎根贫困地区，奉献更多的聪明才智。二是希望受资助的学生，要尊敬老师，刻苦学习，多读书，读好书，长知识，争当德、智、体全面发展的新人，长大以后更好地建设家乡，建设祖国。三是希望通过今天这样的活动，能够带动和促进腾冲市教育事业的发展，在全社会形成更加重视教育、更加尊重教师、更加关爱学生的氛围，把全市教育事业办得更好。

今天是个很有意义的日子。我们相聚在一起，这标志着腾冲市教育事业一定会得到更大的发展，教师队伍会更加发展壮大，学生们会更好地健康成长。在辞旧迎新之际，我也祝愿全体老师，工作顺利，事业有成！祝愿小朋友们，好好学习，天天向上，快乐成长！祝愿在座的各位身体健康，万事如意！

---

① "四有"：有理想信念、有道德情操、有扎实知识、有仁爱之心。

注重提高刊物质量 努力推出精品力作 ^①

（2016 年 3 月 24 日）

在全国"两会"刚刚闭幕、开启决胜全面建成小康社会进程之际，今天我们在这里召开《社会治理》编委会第一次会议，主要任务是认真学习领会和贯彻落实习近平总书记在党的新闻舆论工作座谈会上的重要讲话精神，研究办好《社会治理》的问题。这次会议开得很好。根据会议讨论的情况，我讲几点意见。

一、《社会治理》创刊一年来的主要成绩

《社会治理》是经国家新闻出版广电总局批准创办的期刊。这个刊物是顺应国家发展大势和时代潮流创办的。党的十八大后，以习近平同志为总书记的党中央以全局视野和战略眼光，为实现国家现代化和中华民族伟大复兴的中国梦，提出了一系列治国理政的新思想、新战略、新要求，领导全国人民在中国特色社会主义道路上奋勇前进。在新的形势下，加强和创新社会治理是贯彻落实"四个全面"战略思想和战略布局、推进国

① 本文系在《社会治理》杂志编委会第一次会议上的讲话。

家治理现代化的重大任务。公开出版《社会治理》这个刊物，目的在于加强对社会治理理论和实践问题的研究、探索和传播。

《社会治理》创办之际，正值党中央更加重视中国特色新型智库建设之时。2014年，北京师范大学响应党中央建设新型智库的号召，作出了把中国社会管理研究院建设成为国家级新型社会治理智库的决定。《社会治理》杂志是北京师范大学中国社会管理研究院建设国家社会治理智库的重要组成部分。所以，这个刊物的使命是："发社会治理智库之声，助和谐社会建设之力。"《社会治理》的创办，得到多位党和国家领导人的关心，国家新闻出版部门予以特殊支持，教育部作为刊物主管单位，北京师范大学作为主办单位，提供了多方面指导和帮助。回顾《社会治理》刊物一年多来创办和成长的历程，总起来说，起步不易，开局良好，主要亮点有以下几个。

一是政治方向把握得好。《社会治理》在创办之始，就明确了办刊的宗旨，即紧紧围绕服务国家战略需求和党政决策，聚焦社会治理领域重大问题，围绕全面加强社会建设、推进社会体制改革、创新社会治理方式、提升社会治理能力，深化理论研究，总结实践经验，提供资政决策建议，促进学术创新和学科建设，为完善中国特色社会主义、推进国家社会治理体系和治理能力现代化、建设社会主义和谐社会提供理论支撑和智力支持。从已编发的六期内容看，没有出现什么政治问题和偏差。

二是选题定位比较准确。每期选题符合《社会治理》的定位和使命，体现了综合性、权威性、创新性，突出了理论与实践结合，也显示了作为智库型刊物的特色。栏目设计比较合理、新颖，包括：特稿、权威专论、理论探索、咨政建言、深度调查、社会观察、古镜今鉴、环球视野、撷精汇粹等。既可以一目了然，又感到内容丰富。

三是刊发了一些精品力作。围绕高层决策需求、专业理论研究和社会实践，多位党和国家领导同志撰文，刊登一些部门、省市负责人和知名专家学者重要文章，起到了服务决策、引导舆论的作用，也提高了刊物的权威性、思想性、咨询性、应用性、学术性。

四是传播方式积极创新。主动顺应移动互联网时代的媒体融合趋势，采用传统方式与网络传播相结合、线下传播与线上传播相结合，积极增建新媒体，不断建设微信公众平台和期刊网站，努力实现高端传播，增强了刊物的传播力、影响力和公信力。

这些成绩的取得，是中央有关领导和部门支持的结果，是各位编委和专家学者关爱的结果。《社会治理》杂志社全体人员筚路蓝缕、不畏困难、甘于奉献、勇于开拓，付出了很大辛劳。

同时，也要看到，我们办刊时间还不到一年时间，处于创业阶段，有一个学习、积累经验的过程。刊物的定位、特色和风格还在探索、提升；有的文章聚焦不够准、质量不够高；编排还不够生动、活泼；发展思路不够宽，发行渠道不够畅通，营销活动还没有打开等。这些都有待深入研究，认真加以改进。

二、坚持高标准高质量办好《社会治理》

习近平总书记2月19日在党的新闻舆论工作座谈会上发表重要讲话。讲话内涵丰富，深刻论述了党的新闻舆论工作的历史地位和战略作用，明确提出了做好新形势下党的新闻舆论工作的职责使命、党性原则、重要方针、根本遵循、基本要求和主要任务，精辟阐述了事关新闻舆论工作性质方向的一系列重大原则问题。讲话具有巨大的理论说服力和思想引领力，是一篇马克思主义纲领性文献，也是指导我们办好《社会治理》的行动指南和根本遵循。我们一定要认真学习、深刻领会和贯彻落实习总书记这篇重要讲话精神。一是深刻领会和贯彻落实关于党的新闻舆论工作的重要地位和战略作用的重要论述。新闻舆论工作是治国理政、安邦定国的大事，事关旗帜和道路，事关贯彻落实党的理论和路线方针政策，事关顺利推进党和国家各项事业，事关全党全国各族人民凝聚力和向心力，事关党和国家前途命运。这"五个事关"，揭示了新闻舆论工作的极端重要性和在全局工作中的重要地位。二是深刻领会和贯彻落实关于党的新闻舆论工作职责使命的重要论述。就是"高举旗帜、引领导向，围绕中心、服务大局，团结人民、鼓舞士气，成风化人、凝心聚力，澄清谬误、明辨是非，联接中外、沟通世界"。这"48个字"职责使命，提出了鲜明的职责定位，我们办刊物要牢记在心。三是深刻领会和贯彻落实关于党的新闻舆论工作必须以马克思主义新闻观为指导的重要论述。办刊要认真学习马克思主义新闻观，把坚持正确的政治方向摆在第一位。四是深刻领会和贯彻落实关于党的新闻舆论工作重要方针的重要论述。坚持"团结稳定鼓劲、正面宣传为主"。五是深刻领会和贯彻落实关于党的新闻舆论工作理念、方法和手段创新的重要论述。在信息化的历史条件下，要实行理念、内容、体裁、形式、方法、手段、业态、体制、机制的全面创新。我们全体编委和编辑部全体人员都要认真学习领会习近平总书记重要讲话的精神实质，切实办好《社会治理》。

进一步办好《社会治理》，关键在于注重提高刊物质量，努力多为时代推出精品力作。为此，需要始终把握好以下几个方面。

（一）始终坚持正确的办刊方向。方向问题，历来都是哲学社会科学的根本问题，也是理论学术刊物的根本问题。正确的政治方向和学术方向是刊物的灵魂。办刊方向发生错误，任何其他努力都将毫无意义甚至可能更加有害。因此，必须始终坚持正确的办刊方向。这就要始终高举中国特色社会主义伟大旗帜，坚持中国特色社会主义理论体系、根本道路、基本制度，坚持以完善和发展中国特色社会主义为根本方向和目标。当前，国内外形势发生着广泛而深刻的变化，思想领域呈现多元、多样、多变的态势，在这种情况下，坚持正确的办刊方向尤为重要。这就要自觉地与以习近平同志为总书记的党中央在政治上、思想上、行动上保持一致，遵守政治纪律和政治规矩。要始终保持政治上的清醒和坚定，不断增强政治敏锐性和政治鉴别力，在大是大非面前，必须旗帜鲜明。这就要增强大局意识，坚持围绕党和国家的中心任务，主动服务工作大局。在当前和今后一个时期，就是要紧紧围绕决胜全面建成小康社会、实现我国第一个百年目标，推动理论创新、体制创新、政策创新、实践创新，站在时代发展的前沿、理论创新和实践创新的前沿，围绕党和国家的中心任务确定选题、遴选文稿。引导人们深入研究具有全局性、战略性、前瞻性的重大问题，认真研究改革开放和经济社会发展中的热点、难点问题，努力为党和国家科学决策提供有价值的政策建议。这就要坚持"二为"方向，为人民服务、为社会主义服务是社会科学工作者的神圣职责，要在为人民服务、为社会主义服务中，彰显哲学社会科学独有的时代价值。要坚持刊物的政治标准和科学探索相统一，思想性、指导性和开放性、包容性相统一，广取博采，使刊物成为解放思想、求实创新、促进各种真知灼见沟通交流的平台。

（二）始终坚持明确的定位特色。特有的定位和宗旨，规定了刊物应有的特色。特色就是事物的差异性、可识别性，就是能够更加吸引人眼球的"招牌"。突出特色，就是要更加明确自己的优势、发挥自己的专长，形成对其他刊物的独特竞争力。《社会治理》的定位特色，就是在社会治理领域既是综合性、权威性、创新性的刊物，又是集理论性、应用性、决策咨询、专业知识性、资政性为一体的刊物，突出理论与实践相结合。其主要功能有两个：一是服务于国家加强和创新社会治理，推进社会治理体系和治理能力现代化，建设和谐社会；一是服务于中国特色新型智库建设，为社会治理智库咨政建言、引导舆论、传承文明、学术创新、增建平台。这两方面功能既有机联系、密不可分，又将刊物定位明晰、内涵清楚。刊物的特色，除了刊物的定位，还包括刊物的内容和形式、装帧设计等，但最根本的是体现在内容上，刊物内容首先要有特色。作为一份智库期刊，就要及时准确地把握国内外社会发展形势和中央最新的决策部署，充分体现最前沿的学术理论和实践创新成果，紧紧围绕国家社会治理创新和社会体制改革，组织和发表有权威、高层次的文稿。还要把办刊宗旨和反映社会诉求有机结合，紧紧围绕改革开放和现代化建设中全局性、战略性、前瞻性问题，紧紧围绕经济社会发展中迫切需要回答的热点、难点、重点问题，有针对性地确定文稿主题，设定栏目，组织力量，撰写文稿，引导科研创新、学术创新，推出优秀成果。要着力推出一些有真知灼见、有重要理论价值和实践价值、影响力大的精品力作。还要重视社会学、公共管理学等学科建设，重视古今中外社会治理比较研究。凡是真正有见解、有创新、有价值的文稿，不分部门、不分地方，不论年龄辈分、不论职务级别，都要刊用。我们的杂志还应当成为推介实践新经验、举荐新人物的窗口。

（三）始终坚持实施质量兴刊战略。要致力于努力打造精品名刊。一个刊物，能不能自立于期刊之林，受到读者青睐，关键在于质量。质量是刊物的生命，是刊物成长进步的基石。能否拥有广阔的发展前景，关键取决于刊物的质量。刊物中的文章能否更有高度、更有深度、更有价值、更具有不可替代性，从而更有权威性、更有层次性、更有创新性、更有影响力，这种高度、深度、价值和不可替代性就是刊物的质量，这种权威性、层次性、创新性、影响力就是刊物的生命力、吸引力、竞争力。实施质量兴刊战略，就是抓住了刊物的命根子，《社会治理》杂志必须把这个战略贯穿办刊始终。实施质量兴刊战略，必须坚持站高看远，立足中国现实国情，同时放眼世界。要面向未来、面向现代化、面向信息化，准确把握世界发展潮流和中国社会变革发展大势，瞄准理论和实践前沿，组织和刊发高质量文章。实施质量兴刊战略，必须坚持求真务实，做到理论联系实际。特别是联系当前改革发展稳定的实际，体现问题导向、决策需求导向、人民期待导向，提倡以科学理论为指引，深入开展调查研究，掌握真实情况，反映客观规律，提供真知灼见。实施质量兴刊战略，必须弘扬科学精神，坚持百花齐放、百家争鸣的方针，唯真理是从，唯国运顿首，提倡不同学术观点、不同对策建议平等讨论、切磋；要旗帜鲜明地坚持真理，站在学术前沿，传播科学研究成果，对错误理论、错误观点，敢于发声，澄清谬误，明辨是非。可以定期组织讨论热点问题。

坚持不忘本来、吸收外来，守正出新、博采众长，树立与时代要求相契合的思想观念。这就要求编辑人员不断提高观察力、鉴别力，具有更大的理论勇气、更专业的知识水平、更高的学术素养、更强的创新精神。

（四）始终坚持全面创新传播形式。在互联网、信息化和新媒体急剧发展的今天，要增强刊物传播的针对性、普遍性、实效性，提高刊物的传播力、引导力、影响力、公信力，必须高度重视办刊理念、内容、体裁、形式、方法、手段、业态、体制、机制的全面创新。《社会治理》如何做到传统方式和新媒体融合发展，如何引入立体媒体的发展手段，需要我们深入思考、积极探索。我们要突出理论与实践兼顾的特色，打造理论界、学术界、实务界共建共享的信息平台、理论平台、创新平台，就必须把握受众需求分层化、多元化、移动化、伴随化的趋势和人际传播、多极传播、复合传播的新特征；就必须更加主动适应移动互联网时代的媒体融合趋势，充分运用多媒体技术和移动传播技术，搭建新媒体平台，实现高端传播；就必须突出智库的媒体特色，研究智库发声的特点、形式、方法、效果，注重用改革创新的办法办刊，把刊物办成打造新型社会治理智库的重要平台。

（五）始终坚持加强刊物队伍建设。正确的办刊宗旨、高质量的刊物，强大的传播力，归根结底要靠一支素质精良的编辑和营销人才队伍。目前，《社会治理》杂志社已初步形成了一支结构比较合理、战斗力比较强的团队，为刊物的稳定有序发展奠定了重要基础。不过，从长远发展来看，当前这个刊物与国家发展的新形势、新任务、新要求还不完全适应，与创建"国家级高端社会治理智库"的要求还有差距。这就要求我们必须坚持高标准、严要求，加快培养造就政治坚定、业务精湛、作风优良，全媒型、专家型队伍。要切实抓好组稿、审稿、编排、校对、印刷、发行、营销各个环节，特别要在求精求新上做文章。做到精心组稿、精心审稿、精心编辑、精心校对、精心印刷，精心求发展。要弘扬严谨求实的科学精神，弘扬优良学风和文风。毛泽东同志多次强调，"学风和文风也都是党的作风，都是党风。"① 要大力弘扬理论联系实际，求真务实的学风，倡导良好文风。要建立一支学习型编辑人才队伍，每一位编辑人员都要勤于学习、刻苦学习，要学习政治理论、学习政策法规、学习社会治理业务，还要学习语法修辞；都要重视调查研究，经常调研、深入调研，做到多想、深思，大胆探索创新，苦练内功提高自己，还要积极拓宽发展思路、创新传播能力，以适应实施"质量兴刊""特色兴刊"和创办精品名刊、扩大传播力影响力的需要。

三、对编委会成员的几点期望

作为一个年轻的刊物，《社会治理》未来的路还很漫长，任重而道远。我们要增强忧患意识和使命感。办好这个刊物要靠杂志社人员的不懈努力，也要靠编委会成员积极参与和热心指导。为此，提出几点期望。

（一）充分发挥聪明才智和经验智慧。我们邀请的编委多是我国社会领域理论界和实务界的知名领导、专家、学者，具有比较深的理论功底、丰富的知识经验和很强的社会责任感，是

---

① 《毛泽东选集（第三卷）》，人民出版社，1991年，第812页。

刊物的强大"智囊团"。希望各位编委勇于担当、不负众望、不辱使命，尽职尽责，尽心尽力，多出主意，多提建议。每期《社会治理》都送给编委，发现问题及时指正。今后将逐步实现编委会成员审阅稿件和通读每期刊物，同时，还要请各位编委抽出时间为杂志多撰写文章，提供精品力作。

（二）积极协助做好刊物发展相关工作。办好这个刊物需要部门、地方和社会多方面参与及合作。编委会是《社会治理》至为宝贵的资源。你们有广泛的人脉关系和交往能力，希望利用自己的影响为杂志发展集贤纳策，甚至出资出力，积极推动刊物扩大社会合作，拓宽发行渠道，不断扩大办刊实力和传播力。各位编委还要多多关注社会各界对这个刊物各方面工作的反映，及时转告，以利改进工作。杂志编辑部一定要认真向各位编委求教，充分听取各位编委的办刊思路、观点和意见。也请编委经常推荐好的文章。

（三）抓紧完善工作制度机制保障。要以编委会和编辑部为载体，加快建设和完善杂志社和刊物的各项管理制度，使得各项工作更加有章可循、有规可依，不断提高办刊的科学化、规范化和现代化水平。重点完善和优化刊物的文稿评审制度、编辑出版制度、同行合作交流制度、刊物发行推介制度等。编辑部要建立与编委会成员的常态沟通机制，定期邀请编委们为刊物的发展把脉问诊、献计献策。要特别重视发挥中国社会管理研究院作为专业化社会治理智库的载体作用，充分发挥社会治理智库教研人员的聪明才智，及时刊发他们咨政建言、科学研究、学术探索、社会服务等方面的优秀成果。要通过先进理念的引领和制度保障，不断增强办刊能力和发展后劲。

跃马扬鞭正当时。我国日益深化的社会变革呼唤着高质量的社会治理刊物。我相信，通过编委会和编辑部全体人员的共同努力，一定能够把《社会治理》这个重要刊物越办越好，办成我国社会治理智库的重要基地，办成享誉业内外国内外的精品名刊，为建设国家高端新型智库、推进国家社会治理现代化、实现中华民族伟大复兴的中国梦作出应有贡献。

《当代中国社会大事典（1978—2015）》总序[①]

（2016 年 3 月 25 日）

  1978 年，中国共产党召开的具有重大历史意义的十一届三中全会，开启了中国当代改革开放的历史新时期。从 1978 年到 2015 年的 38 年间，社会主义中国发生了翻天覆地的巨大变化。改革开放极大地解放和发展了生产力，使中国的经济持续快速发展，成为世界第二大经济体，也极大地推动了中国社会的全面进步，人民生活显著改善，社会事业蓬勃发展，城乡面貌日新月异。为了全面、系统地反映这一时期改革开放以来中国社会领域的理论创新、体制创新、政策创新和实践创新成果，真实记录这期间社会领域改革发展的演变脉络、重大事件和辉煌成就，以铭记当代中国社会变迁历史，弘扬改革创新精神，持续推进社会现代化建设，我们组织编写了这部大型文献图书——《当代中国社会大事典（1978—2015）》（以下简称《大事典》）。

  组织编写这部《大事典》是我于 2013 年 3 月提议，经有关

[①] 本文原载于《当代中国社会大事典（1978—2015）》1—4 卷，商务印书馆、华文出版社出版，2017 年 12 月第 1 版。

中央部门、地方、研究机构、高等院校负责同志和社会领域知名专家学者充分酝酿达成的共识，并成立了各有关方面领导、专家、研究人员参加的编委会，北京师范大学中国社会管理研究院作为社会治理智库承担具体协调和落实工作。我们组织编写这部《大事典》，主要有三个方面的考虑：一是国内外已出版了一系列反映中国改革开放30多年来历史进程和主要变化的鸿篇巨制，但多为经济领域的，社会领域的还较少。特别是尚无以"事典"这种特殊体例全面、系统地汇集改革开放以来中国社会领域历史演变，以及记述社会领域改革发展伟大成就的大型图书。这部《大事典》是一部集学术性、理论性、实践性和工具性于一体，并具有原创性和权威性的大型文献图书。二是社会领域改革发展是中国特色社会主义事业建设总体布局的重要组成部分，党和国家越来越重视，人民群众期盼越来越强烈，迫切需要一部集史料性与研究性为一体的对当代中国社会演变作出全面、系统、权威的汇总和阐释的书籍，以指导和推动相关方面的科研、教学和决策咨询服务工作，更好推进社会领域的改革发展，为实现中华民族伟大复兴的"中国梦"提供有力智力支持。三是在中央领导的关心和支持下，2013年5月，国家社会科学规划领导小组批准《中国社会管理创新研究信息库建设》为国家社科基金特别委托重大项目，承担单位为北京师范大学，我担任项目首席专家，这个信息库包括基础文献库、创新案例库、统计数据库、人才机构库、重大成果库等。编写《大事典》是"中国社会管理创新研究信息库建设"重大项目的一个重要内容，也是北京师范大学打造国家新型社会治理智库的重点工程。

编写《大事典》的总体设想是，先集中力量、集中时间编写出当代中国社会大事典的综合卷，同时组织北京等地编写出当代中国社会大事典的地方卷，通过示范和引导，争取逐步形成一套全国和地方的当代社会大事典系列大型图书。《大事典》（综合卷）从策划、立项到组织、编写、统改、审定，历经三年时间，规模宏大、内容丰富，是一项跨高校、科研机构、政府机关等多个单位联合攻关的集体智慧结晶。为了把《大事典》编写成为一部精品力作，我们专门成立了《大事典》编委会，并下设办公室。编委会成员由长期从事社会领域理论研究和实际工作的部门领导、知名专家学者组成，主要是进行总体设计、制订编写规范、确定遴选标准、审定编写内容、指导编写工作。编委会办公室具体负责《大事典》编写的组织协调、质量监控、信息交流、出版联络等事务。同时，我们还建立了《大事典》的质量保障和沟通协调机制。编写《大事典》遵循的基本原则是：（1）忠于史实。以事实为依据，实事求是，客观记录和描述各类社会改革发展事项、事件。（2）完整准确。以逻辑为导引，全面、准确反映各类社会事项、事件的来龙去脉，形成完整的逻辑结构和脉络。（3）简明实用。以致用为依归，秉持科学实证精神，严格遵循学术规范，力求行文简练平实、通俗易读，便于使用。

明确"当代中国社会"的内涵和边界，是编写这部《大事典》首先需要解决的问题。为此，我们着力把握以下几点：一是"当代中国"，一般指新中国成立以后的社会历史阶段，考虑到改革开放以来社会领域史料比较容易收集，也便于实际操作，所以决定先编写从1978年确定实行改革开放方针政策开始到2015年第十二个五年规划完成这38年社会改革发展中的大事要事。二是"中国社会"，一般是指与经济领域相对应的其他领域，都为"社会领域"。由此内涵所规定，本书所谓的"中国社会"大体包括了以下几个方面的内容：第一，社会结构和社会形态演变；第二，民主法制和社会规范建设；第三，以民生为重点的社会建设和社会事业发展；第四，社会关系、社会体制、社会管理、社会运行机制创新；第五，社会保障制度、社会治理体系和治理能力建设；第六，社会信用、公共安全和国家安全。按照这些内容，本部《大事典》全书共分为十二章，2400多个条目，总计约320万字，分为四卷本。第一章：改革开放以来中国社会发展概况综述。该章以国民经济和社会发展五年计划（规划）为主线，重点阐述了从"六五"到"十二五"期间我国社会改革和社会发展的重大决策、重大战略、重大事件，从总体上勾勒和展示了改革开放以来我国社会改革和社会发展波澜壮阔的演变历程和取得的巨大成就。第二章：社会结构变迁与社会体制改革。该章重点从社会结构变迁与体制变革之间的互动关系，对改革开放以来我国社会结构变迁和社会体制改革的关键节点、标志事件、典型现象、政策举措进行了系统梳理和阐述，从制度结构层面呈现我国社会领域的深刻变化及其改革成果。第三章：民主法制与社会规范。该章重点对我国社会主义民主政治制度建设、法治中国建设、社会信用体系建设、民族和宗教工作进行了系统梳理和阐述，反映了我国在民主政治和社会法制建设方面所取得的重大进步和成就。第四章：劳动就业与收入分配。该章重点对我国劳动就业、劳动关系、收入分配领域的重大事件、重要法律法规进行了系统梳理和阐释，反映了我国劳动就业和收入分配领域的深刻变化及其所取得的成就。第五章：公共服务与社会事业。该章重点对我国教育、文化、卫生、人口与计划生育、体育等领域的重要法律法规、重大工程、重大事件进行了系统梳理和阐述，全方位展示和呈现了我国在公共服务和社会事业领域取得的巨大进步。第六章：社会保障体系与公益慈善。该章重点对我国社会保险、社会救助、社会福利、公益慈善领域的重大法律法规政策、重大事件和重大工程进行了系统梳理和阐述，展现了我国在社会保障和公益慈善领域发生的巨大变化和取得的突出成就。第七章：社会工作与社区建设。该章重点对我国社会工作、社区建设、社会组织、志愿服务等领域的重大法律法规政策、重大事件、重大工程进行了全面梳理和阐述，呈现了我国社会领域核心要素不断发展、社会活力不断增强的生动局面。第八章：公共安全与应急管理。该章重点对我国社会治安防控体系与平安建设、食品安全与生产安全、应急管理与防灾减灾领域的重大法律法规、重大事件、重大工程进行了系统梳理和阐述，反映了我国在公共安全和应急管理建设上取得的重要进展和成就。第九章：网络社会与信息安全。该章重点围绕我国网络社会、网络基础设施、信息安全等领域的重大法律法规、重大事件、重大工程进行了全面系统梳理，展示了我国顺应网络社会迅猛发展及其带来的信息安全治理问题所取得的巨大成就。第十章：保障与提高人民生活水平。该章重点围绕与人民生活密切相关的消费、住房、精神文化、生活环境、健康领域的主要法律法规、政策措施、重要工程和重大进展等进行了梳理与阐述，呈现了我国人民群众生活水平显著提高的变化历程。第十一章：社会发展综合统计与国际比较。该章从社会统计的专业视野出发，对改革开放以来我国人口与就业统计、社会发展统计、宏观社会统计等内容进行了系统梳理和阐述，并选取"和谐社会""基本民生""创新能力""人文发展"等相关指标进行了社会发展成就的国际比较研究。第十二章：改革开放以来中国社会学发展大事记。该章以"大社会学"的视角，对改革开放以来中国社会学发展的重要事件、重要成果和重要制度建树进行了系统的梳理和阐述，是一部简明的当代中国社会学发展史。总之，统观这部《大事典》，可以从中领略到改革开放以来中国社会改革发展的生动画卷。

这部《大事典》兼具学术理论创新、实践经验总结、体制制度变迁综述等多方面的特征，并在功能定位、理论视角和研究方法上具有重要创新，主要体现在三个方面：（1）编写体例和编写规范创新。这部大型文献图书采用"事典"体例，是经过深入研究思考的。"事典"是一种特殊的体例。虽然"事典"是从"词典"演变而来，但二者在内容与功能上却有着明显区别："词典"通常只是收集各种相关语词并对其含义作出注明，是一种典型的语言工具书；而"事典"的收集对象则是特定领域的具体大"事项"与"事件"，需要对其产生背景、演变过程、主要内容和结果作出比较完整的叙述和阐释，有些事项、事件还需加以简短评价，可成为理论研究、政策研究和教科书编写的参考依据。《大事典》编写采用"事典"体例富有特色，全方位、全景式地阐释了当代中国有关社会领域改革发展新观点、新理论、新举措，重大决策、重大工程，重要法律法规、重要文献和重要事件，全面反映了改革开放以来中国社会领域所发生的学术创新、理论创新、政策创新、制度创新和实践创新成果，以及取得的巨大变化和辉煌成就，是一种写作体例和表达方式的创新。（2）编写视角和编写方法创新。《大事典》编写主要采用了历史学、社会学和制度学等跨学科的研究视角。不仅重视事件发生过程的陈述，而且重视导致事项、事件发生的历史背景及现实意义。重点考量这些现象发生背后的深层次动因，考量对社会变迁产生的影响，并对其深刻意义做以简要评述。跨学科研究方法的采用，使《大事典》突破了简单罗列和史料堆砌的现象。对于事件背景和意义的深入剖析，有助于《大事典》使用者更清楚地认识社会现象的本质和意义。（3）编写内容和框架设计创新。《大事典》紧密围绕完善和发展中国特色社会主义，涵盖了中国在社会建设、社会结构、社会形态、社会体制、社会治理和社会生活等多方面全方位的巨大变化，主要内容和框架设计别具一格，令人耳目一新。

当代中国社会领域改革发展与中国整个改革开放和社会主义现代化事业进程紧密相关、有机联系，根据我们研究，大致可以分为四个阶段：

——第一阶段（1978—1992 年）。党的十一届三中全会上，我们党深刻总结了新中国成立以来正反两方面的历史经验，果断地作出把党和国家的工作重点转移到社会主义现代化建设上来，并实行改革开放的伟大决策。以邓小平为核心的党中央领导集体成功地开创了中国特色的社会主义道路，提出了一系列社会领域改革发展的重要思想。包括：社会主义的本质是解放生产力，发展生产力，消灭剥削，消除两极分化，最终达到共同富裕；一手抓社会主义物质文明建设，一手抓社会主义精神文明；按照统筹兼顾的原则调节各种利益关系；正确处理改革发展稳定的关系，努力形成安定团结的政治环境和稳定的社会秩序。1982 年，党的十二大对社会发展特别是改善人民生活和控制人口问题给予高度重视，强调在综合平衡的基础上重点发展农业、能源和交通、教育和科学，改善人民生活，并提出实行计划生育的基本国策。同年 12 月，五届全国人大五次会议批准了《中华人民共和国国民经济和社会发展第六个五年计划》，自此，国家年度和中长期计划（规划）中增添了专门的社会发展内容，用"国民经济和社会发展计划"替代了以前的"国民经济发展计划"。"六五计划"把控制人口增长、促进劳动就业、提高居民收入和消费能力、扩大城乡建设和社会福利事业、发展文体卫生事业、保护环境、稳定社会秩序等都纳入了社会发展计划，并做了具体部署。1987年，党的十三大明确提出了分"三步走"基本实现现代化的发展战略：第一步，从1981年至1990年国民生产总值翻一番，解决人民的温饱问题；第二步，从1991年到20世纪末国民生产总值再翻一番，人民生活达到小康水平；第三步，到21世纪中叶，人均国民生产总值达到中等发达国家水平，人民生活比较富裕，基本实现现代化。这个"三步走"发展战略中，每一步都把经济发展目标与社会发展目标特别是人民生活水平有机地统一起来。这说明，党和国家开始重视社会领域的改革发展。

——第二阶段（1992—2002年）。1992年，党的十四大提出，我国经济体制改革的目标是建立社会主义市场经济体制，强调必须把发展生产力摆在首要位置，以经济建设为中心，加强社会主义民主法制和精神文明建设，推动社会全面进步。要积极建立待业、养老、医疗等社会保障制度，推进城镇住房制度改革。要不断改善人民生活，严格控制人口增长，加强环境保护。1993年，党的十四届三中全会通过的《中共中央关于建立社会主义市场经济体制若干问题的决定》提出，要建立多层次的社会保障制度，建立统一的社会保障管理机构，为城乡居民提供同我国国情相适应的社会保障，促进经济发展和社会稳定。要坚持以按劳分配为主体、多种分配方式并存的制度，体现效率优先、兼顾公平的原则。要坚持鼓励让一部分地区和一部分人先富起来，提倡先富带动和帮助后富，逐步实现共同富裕。1995 年召开的党的十四届五中全会上，明确提出"要把社会发展放在重要战略地位。努力控制人口增长，提高生活质量，扩大劳动就业，完善社会保障，加强环境保护，促进社会公正、安全、文明、健康发展。"①1997 年，党的十五大提出，要在改善物质生活的同时，充实精神生活，美化生活环境，提高生活质量。特别要改善居住、卫生、交通和通信条件，扩大服务性消费。实行保障城镇困难居民基本生活的政策。要加快扶贫攻坚力度，到 20 世纪末基本解决农村贫困人口的温饱问题。要正确看待新的社会阶层，注重协调不同社会阶层的利益关系，正确处理新形势下人民内部矛盾，维护社会稳定。这说明，党和国家越来越重视社会领域改革发展。

——第三阶段（2002—2012 年）。2002 年，党的十六大上提出了"经济更加发展、民主更加健全、科教更加进步、文化更加繁荣、社会更加和谐、人民更加殷实"②的发展指标，并提出了社会和谐思想。2004 年，党的十六届四中全会通过的《中共中央关于加强党的执政能力建设的决定》提出，要坚持最广泛最充分地调动一切积极因素，不断提高构建社会主义和谐社会的能力，不断增强全社会的创造活力，妥善协调各方面的利益关系，推进社会管理体制创新，加强和改进新形势下的群众工作，维护社会稳定。2006 年，在党的十六届六中全会通过的《中共中央关于构建社会主义和谐社会若干重大问题的决定》中，明确提出了构建社会主义和谐社会的指导思想、目标任务、工作原则和重大部署，这是指导和谐社会建设的纲领性文件。

① 《中共十四届五中全会在北京举行》，《人民日报》1995 年 9 月 29 日。
② 《党的十六大报告学习辅导百问》，党建读物出版社，2002 年，第 16 页。

中国特色社会主义的总体布局由原来的经济建设、政治建设、文化建设"三位一体"，进一步发展为包括社会建设在内的"四位一体"的新格局。自此以后，社会建设、社会和谐逐渐成为我国经济社会发展中的关键词。2007 年，党的十七大指出，要加快推进以改善民生为重点的社会建设，使全体人民学有所教、劳有所得、病有所医、老有所养、住有所居；要坚持以科学发展为主题，以加快转变经济发展方式为主线，把保障和改善民生作为加快转变经济发展方式的根本出发点和落脚点，创新社会管理机制，提高社会管理科学化水平，建设中国特色社会主义社会管理体系。这些表明，党对社会主义社会建设规律的认识不断深化，有力促进了中国社会领域的改革发展。

——第四阶段（2012—2015 年）。党的十八大以来，以习近平为总书记的新一届中央领导集体更加重视社会领域改革发展，从治国理政的战略高度，为社会领域改革发展构建起新的目标体系与美好愿景。2012 年，党的十八大提出，要在改善民生和创新管理中加强社会建设。加强社会建设，必须加快推进社会体制改革。2012 年 11 月 15 日，习近平同志担任党的总书记之后同中外记者见面时就强调："人民对美好生活的向往，就是我们的奋斗目标。"[①] 2013 年 3 月，习近平总书记在第十二届全国人民代表大会第一次会议上的讲话中指出："中国梦归根到底是人民的梦，必须紧紧依靠人民来实现，必须不断为人民造福"[②]；我们要"维护社会公平正义，在学有所教、劳有所得、病有所医、老有所养、住有所居上持续取得新进展，不断实现好、维护好、发展好最广大人民根本利益，使发展成果更多更公平

① 《十八大以来重要文献选编（上）》，中央文献出版社，2014 年，第 70 页。
② 《十八大以来重要文献选编（上）》，中央文献出版社，2014 年，第 235 页。

惠及全体人民，在经济社会不断发展的基础上，朝着共同富裕方向稳步前进"[①]。2013 年 11 月，党的十八届三中全会提出，全面深化改革的总目标是完善和发展中国特色社会主义制度，推进国家治理体系和治理能力现代化。要围绕更好保障和改善民生、促进社会公平正义，深化社会体制改革，改革收入分配制度，促进共同富裕，推进社会领域制度创新，推进基本公共服务均等化，加快形成科学有效的社会治理体制，确保社会既充满活力又和谐有序。2014 年 10 月，党的十八届四中全会提出，要增强全民法治观念，全面推进法治中国、法治政府和法治社会一体化建设。加快保障和改善民生、推进社会治理体制创新法律制度建设。推进多层次多领域依法治理，坚持系统治理、依法治理、综合治理、源头治理。2015 年 10 月，党的十八届五中全会提出，"十三五"时期是我国全面建成小康社会的历史决胜阶段，必须坚持创新、协调、绿色、开放、共享的发展理念；要加强和创新社会治理，推进社会治理精细化，构建全民共建共享的社会治理格局。这些表明，我们党和国家致力于让全体人民群众更好地共享改革发展成果，让人民群众拥有更多的"获得感""安全感"和"幸福感"，当代中国社会改革发展进入到一个全新阶段。

纵观改革开放以来，我国社会领域改革发展的伟大历程与演变轨迹，可以清楚看出以下四个鲜明特征：

——以保障改善民生为主线。我们党始终将保障改善民生作为立党之本、执政之基、力量之源。改革开放以来，特别是 21 新世纪以来，党和国家提出加强社会建设，一个根本着眼点

---

① 《十八大以来重要文献选编（上）》，中央文献出版社，2014 年，第 236 页。

就是对人民群众改善民生问题的深度关切。在邓小平理论中，强调社会主义的本质是解放和发展生产力，不断提高人民生活水平，实现共同富裕。在"三个代表"重要思想中，强调中国共产党要始终代表最广大人民群众的根本利益；在科学发展观中，强调要"以人为本"，促进人的全面发展；在习近平总书记系列重要讲话中，把解决民生问题作为全面建成小康社会的重中之重，不仅要让那些贫困群众真正过上幸福生活、实现全部脱贫，而且要让广大人民群众享有良好的教育、稳定的就业、公正的收入分配、安全的社会保障网、健康的生活环境、自由平等的发展空间，乃至民主的政治、文明的法制、个人的尊严与体面生活。在这个发展过程中，保障改善民生问题已然从早先的解决"温饱问题"向提高"生活质量"转变，成为加强社会建设贯穿的一条主线。从这个意义上来讲，中国特色社会主义社会建设的发展过程就是不断促进民生发展和提升的过程，使发展成果更多更好更公平地惠及全体人民。

——以体制机制创新为动力。在以往相当长一段时期内，社会领域存在着诸多根深蒂固的传统理念和陈旧思维以及体制桎梏，突出体现为传统的计划经济体制下的政府包办的"大一统模式"，这不仅给政府带来沉重负担，而且窒息了社会领域的活力。推进社会治理，加强社会建设，解决社会领域中的问题，就需要进行体制机制上的改革创新。改革开放以来我国社会领域之所以能够取得巨大成就与进步，就是因为紧紧抓住了体制机制改革创新这个"牛鼻子"，包括社会治理模式破除人民公社体制，改革城乡二元结构，实行社区建设，发展社会组织，逐步理顺政府、市场、社会之间关系，推进就业、分配、教育、医疗、社会保障等体制改革。通过对政府管理部门的调整和职能转变，促进我国社会事业发展；通过大力推动事业单位分类改革，更好地优化了事业单位的构成，强化了公益类事业单位的基本公共服务属性；通过建立和推广政府购买公共服务制度，撬动和激活了公共服务市场，使得公共服务的提供和传递更为高效、便捷和低廉；通过不断深化社会领域体制改革和管理创新，有力地推动了全国社会建设和社会发展。

——以法律制度建设为保障。改革开放以来，特别是20世纪90年代中期以来，党和政府逐步重视运用法治思维和法治方式加强社会建设、创新社会治理。这使得我国在教育、就业、收入分配、社会保障、社会组织、社区建设、医疗卫生、食品安全、扶贫、慈善、社会救助和妇女儿童、老年人、残疾人合法权益保护等领域制定了大量法律，还制定和实施了一系列的政策法规和规范性文件。比如，在基本法层面，包括：《教育法》《未成年人保护法》《妇女权益保障法》《老年人权益保障法》《残疾人保障法》《就业促进法》《劳动合同法》《食品安全法》《社会保险法》等。这些都有力地保障了我国社会领域改革发展的顺利推进。

——以公平正义为价值导向。公平正义是平衡社会关系的根本尺度，也是中国特色社会主义的基本标志。社会领域与公平正义最为相关。改革开放以来，党和国家把维护社会公平正义提高到社会主义本质的高度，作为发展和完善中国特色社会主义的根本要求。在建立和完善社会主义市场经济体制的背景下，强调正确处理按劳分配为主体和实行多种分配方式的关系，先后提出了"效率优先，兼顾公平"的原则，以及"注重社会公平，合理调整国民收入分配格局"的要求。2005年，党的十六届五中全会提出注重社会公平，特别要关注就业机会和分配过程的公平。2006 年，党的十六届六中全会提出在经济发展的基础上更加注重社会公平。2007 年，党的十七大提出：要把提高效率同促进公平结合起来；初次分配和再分配都要处理好效率和公平的关系，再分配更加注重公平。2012 年，党的十八大提出，加紧建设对保障社会公平正义具有重大作用的制度，逐步建立以权利公平、机会公平、规则公平为主要内容的社会公平保障体系，把维护社会公平正义摆到更加突出的位置。2014 年，党的十八届三中全会进一步指出，全面深化改革必须以促进社会公平正义、增进人民福祉为出发点和落脚点。2015 年，党的十八届五中全会再次强调，全面深化改革必须以促进社会公平正义、增进人民福祉为出发点和落脚点。这些表明，公平正义日益成为我国社会变革和发展的核心价值导向。

改革开放以来，我们党为形成和发展适应我国国情的社会理论和制度进行了不懈的探索和实践，取得了巨大的进步和成就，同时也积累了多方面十分宝贵的经验，这些经验对于继续深化社会领域改革发展有着重要的启示。

——坚持从中国基本国情出发。立足国情，从中国实际出发推进改革和建设，是我们党发展和完善中国特色社会主义的最重要经验。党的十一届三中全会以后，我们党正确分析国情，作出了我国正处于并将长期处于社会主义初级阶段的科学论断，强调一切要从社会主义初级阶段的实际出发来考虑问题、谋划改革发展。当代中国的基本国情，概括起来就是，建立了社会主义制度，但还不完善，人口多，生产力水平总体还不高，地域、城乡发展不平衡，经历过长期封建社会，从半殖民地半封建社会脱胎出来，旧社会遗留的思想文化还在发生这样或那样的影响。推进社会领域变革和建设，必须充分考虑我国当代社会政治制度的本质要求，必须充分考虑中国社会历史文化发展的优势和不足，必须充分考虑更好保障人民主体地位和权益，必须充分考虑社会建设规模和速度要与经济建设和国力水平相适应、相协调，必须充分考虑正确处理改革发展稳定关系，确保社会安定、国家长治久安。这些是推进社会领域变革和建设的内在要求，也是取得改革发展成功的重要前提。

——坚持中国特色社会主义根本方向。改革朝着什么方向前进，事关中国现代化事业的成败。"旗帜决定方向，道路决定命运"。举什么样的旗帜，就决定了要朝着什么方向前进。加强社会建设、创新社会治理、推进社会领域改革和发展，必须始终坚持中国特色社会主义的根本方向，坚持与社会主义市场经济改革相配合、相适应。社会建设和社会体制改革同经济建设和经济体制改革发展等其他方面体制改革一样，都是社会主义制度的自我完善和发展，而不是对社会主义制度的改弦更张。要以世界眼光和宽广胸怀学习和借鉴外国在社会建设中的一切有益做法，但是，绝不能照抄照搬别国经验、别国模式。必须自觉抵制各种错误思想和主张的影响，确保社会领域改革发展始终沿着中国特色社会主义道路前进。

——坚持解放思想和理论创新。解放思想和理论创新是推动社会领域改革发展的强大动力。中国特色社会主义实践的每一次历史性进展，都是解放思想、实事求是、与时俱进的结果，是马克思主义基本原理与中国具体实践相结合进行理论创新的结果。改革开放以来，我国社会改革发展所取得的举世瞩目成就，都得益于不断地推进党的社会建设理论创新，特别是摆脱了许多传统思想上的禁锢，包括不断克服忽视社会发展、解决经济建设"一手硬"、社会建设"一手软"的问题，实现更加重视社会建设和经济社会协调发展的转变；逐步改变传统计划经济的管理模式，向"服务型""协同型"的治理模式转变，正确处理"维权"和"维稳"的关系，将两者有机统一起来。这些问题，归根究底在于如何正确看待在发展社会主义市场经济、社会主义民主政治、社会主义先进文化的条件下政府、市场和社会三者之间的关系。改革开放38年来的历史经验表明，对政府、市场和社会三者之间关系的认识越清晰、越深刻，我们的改革举措和成效就越有力、越显著。我们必须坚持解放思想、与时俱进，敢于革故鼎新，勇于用时代发展要求审视社会领域现状，推进社会建设和社会发展的理念创新、实践创新、体制创新、制度机制创新，用新思路、新办法解决新问题，努力使社会改革和社会发展体现时代性、把握规律性、富有创新性。

——坚持问题意识和制度导向。加强社会建设、创新社会治理、推进社会体制改革，是一个解决当今中国社会领域问题的过程。我们国家当代发展的阶段性特征，决定了我们在进行社会领域变革和建设过程中面临着许多与中国以往别的时代、别的国家所不同的社会问题。特别是社会建设中与群众利益密切相关的问题比较突出。解决这些问题就是人民的期盼、时代的声音。这就要求必须树立强烈的问题意识，提出有针对性和有效地解决问题的思路与办法，而不能只是从概念出发，更不能从概念到概念。同时，必须坚持标本兼治，强化制度导向，着眼于建立和完善相关制度机制，推进改革措施，注重加强制度建设。因为，只有制度才具有全面性、根本性、长期性和稳定性。特别要靠法制，强化法治。要以坚定的中国特色社会主义制度自信推进国家社会治理体系和治理能力现代化，不断革除体制机制弊端，构建新的有效的具体制度，让我们的各项具体社会制度更加成熟、更加定型、更加有效。

——坚持继承本土传统和借鉴国际经验。社会建设和社会治理是人类社会制度文明的结晶。我国社会发展文明源远流长、博大精深，既要高度重视继承和弘扬我国传统的社会建设优秀文明成果，包括道德教化和重视家庭的作用，又要高度重视继承和发扬我们党在推动社会建设中长期形成的鲜明的政治优势、制度优势、组织优势以及群众工作优势。同时，随着经济全球化进程的日益加深，我国的改革发展越来越与世界紧密相连。推动社会变革和建设、创新社会治理是当今世界发展的共同趋势，世界各国都高度重视，并且积累了有益的经验和教训，值得我国认真研究、借鉴。我们应站在国家富强、人民幸福和民族复兴的高度，以战略眼光认清世界发展潮流，立足中国国情，大胆学习和借鉴人类社会发展文明的一切优秀成果，做到古为今用、外为中用。

——坚持顶层设计和基层探索相结合。既要从国家发展全局和战略高度，加强社会领域改革发展的顶层设计和宏观指导，又要大力倡导和鼓励基层实践创新。这就要从整体上系统研究社会改革发展的基本目标、任务、路线图和时间表，注重社会改革发展的系统性、整体性、协同性。从某种意义上说，社会领域改革发展比其他领域体制改革发展的复杂性和困难程度更大，需要以更大的勇气、更多的智慧和更强的能力攻坚克难。要继续鼓励地方大胆试验、勇于创新、敢于突破，充分尊重基层和群众的首创精神。近些年来，全国各地在社会建设和社会治理创新方面进行了许多积极的探索和实践，积累了不少值得重视的经验，要善于总结和推广社会改革发展创新中丰富的实践创造，及时推广新鲜经验。

——坚持中国共产党的坚强领导。社会改革发展是一项纷繁复杂、艰巨繁重的系统工程。要使这一巨大工程得以顺利推进，必须有领导、有组织、有秩序、分步骤地进行。中国共产党是中国特色社会主义事业的领导核心，而社会变革和建设是中国特色社会主义事业的重要组成部分。历史和实践雄辩地证明，在中国，没有中国共产党的领导，不可能把全国各族人民凝聚起来，不可能把国家治理好。加强党的领导是包括社会领域改革发展在内的中国特色社会主义现代化事业的根本保证。中国共产党的执政地位也决定了社会改革发展必须在党的领导下进行，这样才能使社会改革发展始终沿着正确方向前进。正是在党的坚强领导下，过去38年我国的社会改革发展才取得了始料不及的巨大成就。必须坚持加强和改善党的领导，充分发挥党的领导核心作用，以党的执政能力建设和先进性建设推动社会改革发展，以昂扬的改革创新精神不断推进社会改革发展。

这部《当代中国社会大事典（1978—2015）》的编写和问世，得到了多方面的关心支持和帮助。党中央有关领导作出批示并经全国社会科学基金领导小组批准，将"中国社会管理创新研究信息库建设"作为特别委托重大项目立项，直接推动了本部大事典的构想和启动。党中央、国务院有关部门、有关地方负责人，以及许多新型智库、高等院校、科研机构社会领域的专家学者积极参与编委会工作和亲自承担撰写、审改工作，付出了辛勤劳动。国家出版基金管理委员会批准列入2016年资助项目予以支持，商务印书馆、华文出版社有限公司承担出版任务。北京师范大学中国社会管理研究院赵秋雁、朱光明、尹栾玉、陈鹏、苑仲达等同志做了大量艰苦细致的具体落实工作。在此，一并表示诚挚的谢忱。

提高社会治理水平 决胜全面小康社会 [①]

（2016 年 7 月 17 日）

今天，"第六届中国社会治理论坛"在这里隆重举行。本届论坛以"创新社会治理，决胜全面小康"为主题，集中研讨社会治理与全面建成小康社会的理论和实践问题，这对于深入贯彻党的十八大和十八大以来中央全会以及国家"十三五"规划纲要精神，落实习近平总书记提出的"四个全面"战略布局，实现全面建成小康社会历史重任，具有重要的意义。到 2020 年全面建成小康社会，是我们党向人民、向历史作出的庄严承诺，是实现中华民族伟大复兴中国梦的关键一步，也是"十三五"时期我国各族人民的光荣使命。加强和创新社会治理，全面推进社会建设，是实现全面建成小康社会目标的重要任务和内在要求，决胜全面小康社会必须加强和创新社会治理，提高社会治理水平，加快社会建设，推进社会治理科学化、精细化、现代化。

---

① 本文系在第六届中国社会治理论坛上作的主旨演讲，全文发表在《社会治理》2016 年第 5 期，受到党中央主要领导重视并作出批示。

一、决胜全面小康社会对社会
治理提出的目标要求

"小康"是一个中国特色的概念，是指中华民族自古以来追求的理想社会状态。古代哲人在《礼记·礼运》中对这种社会状态作了形象描述。"小康"概念之用诸现代，是中国改革开放总设计师邓小平对传统中国小康思想作出的全新阐释，使用"小康""小康社会"来描述"中国式的现代化"。改革开放以来，我们党把建设和建成小康社会作为中国现代化发展战略和阶段性目标，几次党的代表大会都提出并不断完善、充实小康社会的丰富内涵和目标要求。作为我国古代人们不懈追求、当代人民美好愿景的"小康社会"，即将在我国全面建成。那么，全面建成小康社会的目标实现之时，我国的社会治理及其社会状态应是什么样的情景呢？对此有一个清晰的认识，有助于进一步明确决胜全面小康期间社会治理的目标任务。而要看清这样的情景，需要综合考虑几个方面因素，包括古代先人对小康社会的美好憧憬，当代人民群众在新的历史条件下的新期待，我们党和国家已经多次设计的宏伟蓝图和作出的庄严承诺，以及经济社会发展的现实情况包括存在的矛盾和问题。我们根据这些因素综合研判，总体看来，全面建成小康社会之时的中国社会治理及其社会状态，将会呈现以下七个方面"更加显著"的景象特征。

——"和谐社会"建设成效更加显著。就是进一步实现国家大治，政通人和；社会全面进步，民主更加完善、公平正义更多体现，全体社会成员各尽所能、各得其所，共建共享发展成果；区域城乡发展差距和居民收入财富差距缩小，消除绝对贫困现象；各项社会事业全面发展，社会保障制度实现全覆盖，更好实现古代先人们追求的"使老有所终，壮有所用，幼有所长，鳏寡孤独废疾者皆有所养"，进一步实现我们党多次重申的使广大人民群众"学有所教、业有所就、劳有所得、病有所医、老有所养、住有所居"；社会普遍崇德尚礼，笃亲兴仁，修身律己，尊长爱幼；更好实现政治清明、社会和谐、家庭和睦、人际和顺、心态和善、人与自然和谐相处；社会主义和谐社会建设迈出重大步伐。

——"平安社会"建设成效更加显著。就是人民群众安全感明显增强，普遍过上更为平安祥和的生活；人民安居乐业，社会安宁稳定；正气普遍得到伸张，邪恶坚决受到惩治，"盗窃乱贼"现象大为减少；立体化公共安全体系健全，维护公共安全能力提升，公共安全工作系统性、整体性、协同性显著增强，食品安全、交通安全、居住安全、环境安全等公共安全状况不断改善，整个社会秩序明显好转。

——"信用社会"建设成效更加显著。就是全社会诚信意识和信用水平普遍提高，自觉"讲信修睦"，诚实重诺，"欺骗诡异"现象减少；覆盖全社会征信系统基本建成，社会信用法律和标准体系逐步建立，信用基础设施和服务市场比较完善，信用监管体制不断健全，守信激励和失信惩戒机制全面发挥作用；政务诚信、商务诚信、社会诚信和司法公信建设取得显著进展；社会信用环境明显改善，信用文化和诚信社会蔚然兴起。

——"法治社会"建设成效更加显著。就是社会全面强化法治，社会生活进一步纳入法治化、规范化的轨道，社会活力不断迸发又依规有序运行；全社会法治观念和法治信仰普遍增强，宪法和法律得到更好实施和遵从；社会依法治理能力不断加强，社会公共法律服务体系和服务保障逐步完备，全社会进一步形成尊法、学法、信法、守法、用法和守法光荣、违法可耻的社会风尚。

——"健康社会"建设成效更加显著。就是全民健康水平进一步提升，国民整体素质普遍增强，人均预期寿命提高；覆盖城乡居民的基本医疗卫生制度逐步健全，比较完善的公共卫生和医疗服务体系普遍建立，人人享有基本医疗卫生服务，城乡卫生环境普遍改善，脏乱差现象明显减少；全民健身型社会基本建成。体魄健康的主要指标达到中等发达国家水平；社会道德建设全面推进，全社会成员心理素质和精神健康全面增强，社会风气明显净化，整个社会全面健康向前发展。

——"幸福社会"建设成效更加显著。就是发展更好造福人民，增进社会温馨，幸福指数全面提升；人民生活更加殷实，生活质量明显提高，家庭财产普遍增加，民主权利广泛享有，各项合法权益得到切实保障，精神生活丰富充实；人的尊严普遍受到尊重、不断全面发展；可以有更多获得感、成就感，生命价值得以更好实现；幸福环境全面营造，生活、劳动、生态环境不断改善，家庭美满安康，幸福诸要素生成机制不断扩大；"幸福快乐"变为人民群众的普遍追求，幸福体验感、满意度普遍增强。

——"社会治理现代化"建设成效更加显著。就是社会治理体系和社会治理能力现代化取得更大进展；社会体制改革不断深化，社会治理体系趋于完善，政府社会管理能力明显提高，多元社会主体参与治理格局进一步形成，中国特色社会治理基础制度更加完备、更加成熟、更加定型。

　　总之，到 2020 年全面建成小康社会之时，我国社会结构、社会形态将呈现更大的进步，社会治理科学化、精细化、现代化将有明显提升，社会建设和社会文明将达到更高的水平，并进一步探索出一条符合我国国情、体现时代要求、顺应人民期待的中国特色社会治理之路。实现这样的目标要求，我们这个历史悠久的文明古国和发展中社会主义大国将以更加辉煌的成就和更加崭新的面貌展现在世界人们面前，不仅成为政治文明更大进步、综合国力显著增强的国家，而且成为社会治理全面提升，社会文明更大发展、更加充满活力而又安定团结的国家，成为更加具有吸引力影响力亲和力、为人类社会文明进步作出更大贡献的国家。

　　当然，实现以上社会进步的美好愿景，不仅要靠加强和创新社会治理，努力实现社会善治，还需要统筹推进经济建设、政治建设、文化建设、社会建设、生态文明建设"五位一体"总体布局和协调推进"四个全面"战略布局，全方位加快推进社会主义现代化事业。这里需要指出，决胜全面小康社会，中国的社会治理和社会发展进步无疑会是巨大的。同时要看到，加强和创新社会治理必须充分考虑中国现阶段基本国情和社会经济发展水平，可以预见，全面小康社会建成之时，我国仍处于并将长期处于社会主义初级阶段的基本国情不会改变，我国还是发展中国家的国际经济地位不会改变，特别是当前国内仍然处于经济社会转型期、矛盾凸显期，国外环境错综复杂、不稳定不确定因素增加，我们面临的社会风险和挑战前所未有。这就决定了推进社会治理和社会建设，既要积极进取，又不能急于求成，不能脱离现阶段基本国情和当前的实际情况，去追求过高的目标要求。全面实现中国社会主义现代化，还有很长的路要走，还需要全体中国人民作长期艰苦奋斗。

二、决胜全面小康社会的社会治理主要任务

加强和创新社会治理，提高社会治理水平，实现全面建成小康社会的社会治理目标，必须完成多方面的任务，按照国家"十三五"规划的部署要求，特别需要着力抓好五大体系建设，即着力构建民生保障体系，着力完善社会治理体系，着力强化社会信用体系，着力健全公共安全体系，着力加强国家安全体系，要在这些方面取得实质性进展和明显成效，以更好地服务、推进和保障全面小康社会发展目标的实现。

（一）着力构建民生保障体系。更好保障和改善民生，是决胜全面小康社会的首要任务，也是加强和创新社会治理、提高社会治理水平的根本大计。创新社会治理必须从源头上预防和减少社会矛盾。古人云："仓廪实而知礼节，衣食足而知荣辱"，"天下顺治在民富，天下和静在民乐。"这也告诉我们，更好实现天下大治，建设和谐社会、平安社会、诚信社会和健康社会，从根本上说，是要提高保障和改善民生水平，并要以增进人民福祉、促进社会公平正义为出发点和落脚点，推动发展成果更多更公平惠及全体人民。因此，应切实做好保障和改善民生工作。

一要随着经济持续发展，逐步增加居民收入，确保到2020年城乡居民人均收入比2010年翻一番，特别要更多增加低收入人群的收入，使全国人民生活水平和质量普遍提高。

二要守住底线、突出重点，着重解决好教育、就业、收入分配、社会保障、医疗卫生、住房、食品安全等直接关系人民群众根本利益和现实利益的问题，让人民有更好的教育、更稳

定的工作、更满意的收入、更可靠的社会保障、更高水平的医疗服务、更舒适的居住条件、更优越的环境。

三要大力增加公共服务供给，尤其要着力促进基本公共服务均等化。目前，公共产品短缺，公共服务薄弱，供给模式落后，已成为民生的突出问题。要坚持普惠性、保基本、均等化、可持续的方向，提高公共产品和公共服务的供给能力，并根据民生的需求变化，特别是针对老弱病残群体和贫困人口的公共服务需求，调整公共政策，实行差别化社会政策，深化公共服务体制改革，创新公共服务方式，丰富公共产品，改善供给结构，提高供给质量，努力满足广大人民群众多样化、多层次公共服务需求。

四要完善社会保障体系，构筑全民最低生活水平的安全网。坚持全民覆盖、保障适度、权责清晰、运行高效，稳步提高社会保障等层次和水平。完善社会保障体系，实施全民参保计划，基本实现法定人员全覆盖。健全社会救助体系和公益慈善体系，积极推进城乡社会救助体系建设。特别要更加关注、关爱鳏寡孤独和老弱病残人员，健全以扶老、助残、爱幼、济困为重点的社会福利制度。这既是促进社会和谐稳定、建设平安社会的必然要求，也是提高我国社会文明程度的重要标志。一些发达国家对社会弱势群体和贫困人口的关照做法值得研究借鉴。我最近在英国见到社会各方面对残疾人和老人在公共服务方面的人文关怀相当完备周到，所有路口建筑物的出口和入口，都有无障碍通道，公共汽车门口都装置可以与路面平行直接对接的活动踏板；所有公共停车场、厕所都有残疾人停车区位、洗手间，并在明显位置；对残疾人、老年人、贫困人口都有各种各样的福利补贴。之所以这样做，就是使他们能够最大限度地融入主流社会，享受正常人的正常生活，从而全面促进社会和谐稳定和社会文明建设。重视解决好农村中的留守儿童、留守妇女、留守老年人生活问题，是我国推进工业化、现代化建设中特殊的社会治理任务，要加快农村民生保障和改善工作，提供更好的公共服务，使农村"三留守"人员生活得踏实、安全、无忧，这是各级政府的重大责任。

（二）着力完善社会治理体系。完善社会治理体系是决胜全面小康社会的重要任务，也是加强和创新社会治理、提高社会治理水平的关键。要进一步加强社会治理基础制度建设，构建全民共建共享的社会治理格局，关键是要按照完善党委领导、政府主导、社会协同、公众参与、法治保障的社会治理体制的要求，积极创新社会体制机制，特别要更加注重多方参与，在党委的统一领导下，更好发挥政府主导作用，更充分调动企事业单位、社会组织、人民群众参与社会治理的积极性和主动性，实现政府治理和社会调节、居民自治良性互动，促进社会公共事务全面发展。

一要提高政府社会治理能力和水平。各级政府应更加重视履行社会治理的职能职责，把改进和加强社会治理放到更加突出的地位，尽快改变目前政府社会治理功能不健全、职权范围不到位和协调机制不完善的状况。同时，要更新政府社会治理理念，创新政府社会治理方式，提升政府社会治理能力，尤其要强化政府法治意识和服务意识，善于更多地运用经济手段、技术手段和法治手段实施科学治理、精细治理、效能治理，寓管理于服务，以服务促管理。要加强源头治理、动态治理、应急处置和标本兼治。健全政府社会治理基本制度、推进社会治理标准化、规范化、程序化。

二要增强社区服务和管理能力。社会治理的重心在城乡社区，社区服务和管理能力增强了，社会治理的基础就坚实了。要加快城乡社区综合设施建设，充实服务和管理体系，提高社区工作者的素质和能力。同时，要完善城乡社区治理体制，依法厘清基层政府和社区组织权责边界，充分发挥社区功能作用，更好为群众提供周到、方便、精准有效的服务和管理。

三要重视发挥社会组织作用。据有关材料研究表明，经济发展程度与社会组织发展水平呈高度的相关性，发达国家的社会组织相当发达，它反映了现代社会治理结构对社会组织和社会部门的认知。总起来看，目前我国社会组织发育不足，发展无序现象比较严重，近来民政部清理了不少山寨社会组织；同时，社会组织管理体制不合理、治理结构不规范，严重制约着社会组织功能作用的有效发挥。应当在加强监管和规范的基础上，支持社会组织特别是非营利性公益社会组织的发展，大力培育发展社区社会组织。要深化社会组织管理体制改革，健全社会组织管理制度，正确处理政府、市场、社会三者关系，加快形成政社分开、权责明确、依法自治的现代社会组织体制和科学管理制度，激发社会组织内在活力和发展动力，促进社会组织真正成为提供服务、反映诉求、规范行为、促进和谐的重要力量。全面实施政社分开，如期实现行业协会商会与行政机关脱钩，健全法人治理结构；推进社会组织明确职责、依法自治、发挥作用。要在国家、政府、社会、社会组织、公众之间建立一种广泛平等的合作关系，构建开放型现代社会组织生态系统。积极引导、支持、推动社会组织参与社会治理，管理社会事务、提高公共服务、化解社会矛盾、维护社会秩序，为实现社会治理的目标任务发挥积极作用。要完善扶持社会组织发展的政策措施，支持社会组织提供公共服务，完善财政税收支持政策等。发达国家的社会企业比较发达，我们也要规范发展社会企业，发挥它们服务社会的功能和作用。

四要健全基层社会自治调节系统。基层社会组织的自我组织和自我管理，是维持社会和谐稳定和社会正常秩序的自动调节机制。要坚持扩大基层民主、自治权力，打造社会治理人人有责、人人尽责的命运共同体。要规范和提升居民自治和村民自治水平，夯实基层民主自治制度基础，使之更好地适应社会治理创新的发展趋势和要求。积极探索基层社会治理新途径、新形式，形成社会治理人人参与、人人共享的生动局面。要丰富基层自治内容和形式，努力实现民事民议、民事民办、民事民管，实现政府治理与基层群众自治的有效衔接和良性互动。

五要完善公众参与机制。鼓励和支持社会各方面参与，包括各类社会组织、企事业单位和公民个人参与社会治理，充分发挥多元主体各自应有的功能和作用，使多元主体良性互动，形成社会治理整体合力。完善公众参与治理的制度化渠道，依法保障公民知情权、参与权、决策权和监督权。

六要统筹各方面利益关系，妥善处理社会矛盾。适应我国社会结构和利益格局的发展变化，形成科学有效的权益保障和矛盾化解机制。健全利益表达、协调机制，引导群众依法行使权利、表达诉求、解决纠纷。完善行政复议、仲裁、诉讼等法定诉求表达机制，发挥人大代表、政协委员、人民团体、社会组织等的诉求表达功能。全面推行阳光信访，落实及时就地化解责任，完善涉法涉诉信访依法终结制度，切实维护群众利益和社会稳定。

（三）着力强化社会信用体系。强化社会信用体系，是实现全面建成小康社会的基础性任务，也是加强和创新社会治理、提高社会治理水平的重大举措。在许多发达国家，健全的社会信息体系发挥着重要作用，人们之所以不愿失信，不敢失信，是因为失信对读书、就业、创业、信贷、保险、税务、租车、出入境等都会造成影响，从而形成使人们必须守信的倒逼机制，有力维护了社会秩序和市场秩序。我们要学习借鉴经验，就必须加快建立健全一套符合我国国情，与国际惯例接轨，适应现代社会经济发展的社会信用体系。在决胜全面小康时期，特别要全面加快推进政务诚信、商务诚信、社会诚信和司法公信等重点领域建设，提高全社会诚信水平，大力建设诚信社会。

一要健全信用信息管理制度。全面实施自然人、法人和各类组织统一社会信用代码制度；制定全国统一的信用信息采集和管理标准；依法推进信用信息在采集、共享、使用、公开等环节的分类管理，确保信用信息主体的权益。健全用户信用信息保护制度，加强对用户个人隐私、商业秘密的保护。

二要强化社会信用信息共建共享机制。当前，我国信用数据库不足，更为关键的是信息孤岛现象严重。要加快部门、行业和地方信用信息整合，建立企业信用信息归集机制，完善全国信用信息共享平台，建设国家企业信用信息公示系统。依法推进全社会信用信息资源开放共享。建立健全覆盖全社会的以社会成员和组织信用信息的记录、整合和应用为重点的征集系统，面向全社会服务的征集机构体系及信用服务市场体系。

三要实施和健全守信激励和失信惩戒机制。目前，我国的社会信用体系发育程度比较低，信用秩序比较混乱，在重点领域的信用缺失现象还时有发生。要健全多部门、跨地区、跨行业联动响应和联合惩戒机制，建立各行业失信黑名单制度和市场退出机制，强化对守法诚信者的鼓励和对失信者的惩戒。这有利于让信用成为市场资源配置的重要考量因素，形成守信受益失信受限的局面，特别要构建"一处失信、处处受限""一时失信、长期受限"的信用惩戒大格局，让失信者寸步难行，付出巨大代价。

四要培育规范信用服务市场。建立公共信用服务机构和社会信用服务机构互为补充、信用信息基础服务和增值服务相辅相成的多层次信用服务组织体系。支持征信、信用评级机构规范发展，提高服务质量和国际竞争力，健全征信和信用服务市场监管体系。

近些年，党中央、国务院连续出台一系列相关政策和措施，包括党的十八届三中、四中、五中全会都明确要求，加强社会诚信体系建设；习近平总书记近日又主持中央全面深化改革领导小组会议制定有关文件，国务院发布了《社会信用体系建设规划纲要》和《关于社会诚信建设的指导意见》。这些都表明党和国家已把加快社会信用建设放到重要地位，加大了工作力度。只要认真贯彻落实这些决策部署，就一定会大大加快诚信社会、和谐社会、平安社会、健康社会建设步伐。

（四）着力健全公共安全体系。健全公共安全体系、提高维护公共安全能力，是决胜全面小康社会的紧迫任务，也是加强和创新社会治理、提高社会治理水平的重要方面。要牢固树立安全发展观，坚持人民利益至上，健全公共安全体系，为人民安居乐业、社会安定有序、国家长治久安编织全方位、立体化的公共安全网，打造公共安全人人有责、人人尽责的命运共同体，建设平安中国、平安社会，增强人民群众安全感。

一要全面提高安全生产水平。安全生产一头连着千家万户，一头连着经济社会发展，是人民安居乐业的重要保障。要建立"责任全覆盖、管理全方位、监管全过程"的安全生产综合治理体系，构建安全生产长效机制。坚持健全生产、运输、存储、销售、使用等全过程、无缝隙监管体系，把先进的理念、制度转化为程序上的硬约束，实现对各类安全生产风险自动识别、预警，预防和减少安全生产尤其是重特大事故的发生。

二要提升防灾减灾救灾能力。坚持以防为主、防抗救相结合的方针，坚持常态减灾和非常态救灾相统一，全面提高全社会抵御各种自然灾害的综合防范能力，健全防灾、减灾和救灾体制，完善灾害监测预警和防治应急体系。

三要创新社会治安防控体系。完善社会治安综合治理体制机制，加快建设社会治安防控体系，建设基础综合服务管理平台；构建群防群治、联防联治的社会治安防护网；健全网上网下综合防控管理体系，维护公共利益和国家网络信息安全。

四要完善应急安全管理体系。加强应急管理知识技能等方面的系统培训，提高社会各方面包括志愿者参与应急管理的能力，着力构建与公共安全风险相匹配、覆盖应急管理全过程和全社会共同参与的突发事件应急体系，提高对各类自然灾害和社会风险联动处置能力，确保应急治理体系有效运行。在人类社会各类风险高度集聚的今天，预警是维护公共安全的首要环节。要积极探索"人力＋科技""传统＋现代"的风险预警模式，提高对风险动态监测、实时预警能力，及时有效防范、化解管控各类风险。这方面要积极学习借鉴发达国家的有益做法和经验。

（五）着力加强国家安全体系。加强国家安全体系，是决胜全面小康社会的内在要求，也是确保国家安全的战略举措，必须作为加强和创新社会治理的重大任务。最重要的，是要深入贯彻总体国家安全观，实施国家安全战略，不断提高国家安全能力，保障国家稳定安全。

一要健全国家安全体系，实施国家全方位安全战略。制定和实施国家安全战略，既要重视国家外部安全，又要重视国家内部安全；既要重视国土安全，又要重视国民安全；既要重视传统安全，又要重视非传统安全；既要重视发展问题，又要重视安全问题；既要重视国家自身安全，又要重视国际共同安全。也就是要做到全面、全方位加强安全治理。

二要健全国家安全保障体制机制。坚持集中统一、高效权威的国家安全工作领导体制，发挥好国家安全委员会作为党中央领导下国家安全事务决策、协调"神经中枢"功能，研究制定、指导实施国家安全战略和有关重大方针政策，统筹协调国家安全重大事项和重要工作。制定实施政治、国土、经济、社会、资源、网络等重点领域国家安全政策，明确中长期重点领域安全目标和政策措施。对重要领域、重大改革、重大工程、重大项目、重大政策等都要进行安全风险评估，切实预防和化解国家安全风险。建立健全跨部门跨地区联合工作机制，依法严密防范和打击敌对势力渗透颠覆破坏活动。

实现决胜全面小康的社会治理目标，还需要完成其他多方面的重要任务，包括大力推进社会治理精细化、标准化、现代化建设，加强新型城镇化、信息化进程中流动人口增加、新业态发展、新媒体兴起条件下的社会治理创新，等等。这些都迫切需要深入研究，提出对策。我们还应系统研究决胜全面小康的社会治理各项目标、任务的具体标准体系、指标体系、考核体系、评价体系，并积极推动对决胜全面小康的社会治理进展状况的评估，以更加有力有效地推进中国特色社会治理和社会文明建设。

三、实现决胜全面小康社会
治理目标任务的关键路径

实现决胜全面小康社会治理的目标任务，需要抓住关键，选好路径，特别应当把握以下几个环节。

（一）坚持贯彻新的发展理念。党的十八届五中全会和国家"十三五"规划纲要都要求，实现全面建成小康社会，必须牢固树立和贯彻落实创新发展、协调发展、绿色发展、开放发展、共享发展的五大新发展理念。这集中体现了"十三五"期间决胜全面小康乃至更长时期我国的发展思路、发展方向、发展着力点，也是加强和创新社会治理的根本方向和要求。社会治理贯彻落实五大新发展理念，既要服务、推动、保障科学发展，促进实现更高质量的发展，又要体现全面提升社会治理自身能力和水平，努力实现社会善治、良治。

贯彻创新发展理念，就要注重用创新引领和推进社会治理，着力提升社会治理创新的能力和水平。要不断推进社会治理理念创新、体制创新、制度创新、方式创新和科技运用创新，运用创新思维、创新路径、创新方法、创新手段，全面推进社会治理科学化、精细化、现代化。按照以人为本和建设现代化社会的理念与要求，综合运用多种手段、多样形式引导、服务、组织、协调社会活动，彻底改变那种认为社会治理就是单纯用行政力量管控民众的传统理念和粗放做法。

贯彻协调发展理念，就要注重解决突出问题和薄弱环节，加强和补齐短板，着力全面提升加强社会治理和社会发展的能力和水平。多年来，发展不协调特别是社会发展滞后、基层社会治理落后和公共安全问题突出。社会治理应更好地服务于促进社会与经济协调发展、区域城乡协调发展、物质文明与精神文明协调发展，更好加强城乡基层社会治理和公共安全建设，着力增强社会治理的基础建设和提升治理整体效能。

贯彻绿色发展理念，就要注重推进人与自然和谐相处，着力提升社会治理对加强环境治理和保护的能力和水平。一些地方由于环境污染和破坏造成的社会矛盾有加剧之势，影响社会安定和群众身心健康，应切实以解决损害群众健康的突出环境问题为重点，依法加强生态环境和城乡环境的保护与治理，助力实现"既要金山银山，又要绿水青山"的发展方式和发展目标，使生态环境在群众生活中的幸福指数不断提升。

贯彻开放发展理念，就要注重把握全球治理与各国社会治理发展趋势，加强同外国开展社会治理研究合作交流，更好促进我国社会治理创新和社会文明进步；同时，运用求同存异、和而不同、和谐相处的智慧，彰显出"和谐、和睦、和平"的中国风范，助推"人类命运共同体"的形成。

贯彻共享发展理念，就要注重解决人民群众最关心最直接最现实的利益问题，着力提升社会治理全民共建共享的能力和水平。加强和创新社会治理必须以人民为中心，一切发展为了人民，一切发展依靠人民，发展成果由全体人民共享。国内外许多事实都表明，贫富差距过大，是最大的社会不安定、不稳定因素。目前，社会关注的一个突出问题是分配不公。如果财富分配悬殊，两极分化严重，势必会导致社会动荡，就不可能建设平安社会，更谈不上建设和谐社会。必须调整生产关系，完善收入分配制度，规范收入分配秩序，在经济发展的基础上，更加注重社会公平，着力提高低收入者收入水平，逐步扩大中等收入者比重，有效调节过高收入。我们看到，党和国家已经高度重视这个问题，特别是近年来出台了一系列坚决和有力的政策措施，包括突出加强农村和欠发达地区发展，特别是集中力量打好脱贫攻坚战，积极缩小居民收入差距和区域城乡发展差距。应进一步加大这方面的工作力度和制度安排，以更好促进社会公平正义，推进实现共同富裕目标。

（二）坚持深化改革攻坚。改革开放是决定当代中国命运的关键一招，也是实现我国"两个一百年"奋斗目标的关键一招。决胜全面小康，实现社会治理目标任务，必须继续全面深化和推进改革。要依靠深化改革，提供强大推动力，扫除社会治理和社会发展中体制机制障碍；要依靠深化改革，激发全社会创造活力，调动社会各方面参与社会治理积极性，加快社会发展；要依靠深化改革，加强各方共治合力，统筹使用相关资源、力量、手段，及时有效解决问题；要依靠深化改革，增添万众创新力，推动社会治理体制创新、制度创新、管理创新，促进社会治理体系高效运行。总之，只有全面深化改革和推进社会领域改革，才能显著提高社会治理水平，推动社会全面发展进步。在社会治理领域深化和推进改革更为复杂，难度也更大。例如，事业单位改革关乎社会治理改革全局，涉及利益关系调整，是有社会风险的改革。党中央、国务院在五年前就对这方面改革作出了全面部署，尽管这些年改革取得了不少成果，但总体看来，进展并不顺利，遇到的困难超乎预料，面临一系列亟待深入研究解决的新情况新问题。在深化和推进改革中，必须注重体制机制创新，致力于使中国特色社会治理制度更加成熟定型；

必须注重增进人民福祉、促进深化公平正义，让人民群众有更多的获得感；必须注重问题导向，直面矛盾，敢于啃硬骨头，敢于涉险滩，敢于向顽瘴痼疾开刀。要更好深化和推进改革，必须提倡和支持新的历史条件下的思想解放，在全社会形成想改革、敢改革、善改革的良好氛围。这样，才能真正打好社会治理领域改革的攻坚战。

（三）坚持法治德治并举。法律是治国之重器，也是治理社会之法宝。实现决胜全面小康社会的治理目标任务，必须注重依法治理，充分发挥法治引领、推动和保障作用，注重运用法治思维构建社会治理规则体系、标准体系，善于运用法治方式解决社会矛盾和问题。坚持法治国家、法治政府、法治社会一体建设。

要进一步加强社会领域立法工作，着力提高立法质量。虽然我国近些年社会领域法律法规建设取得较大进展，但仍不适应改革和发展新形势新任务的需要，应该深入开展调查研究，加快社会领域特别是社会治理方面的立法步伐，尤其要加大维护公共安全、净化社会风气、促进社会公平正义、规范社会组织发展、创新基层社会治理、保护优良民俗传统、优化网络社会治理的立法力度。建议抓紧研究制定《禁止奢侈法》《社会组织法》《家庭法》《民俗保护法》等。

同时，要强化严格执法、公正司法、提高法律执行力、司法公信力，大力推动立法、执法、司法、遵法和守法的普遍提升。特别要更好地促进保障人权、保护产权、规范公权。深化和完善执法、司法体制改革，包括推进执法、司法公开，提高执法司法透明度，推进严格、规范、公正、文明执法，加快建设公正、高效、权威的司法制度，切实维护和保障人民权益。

要深入开展法治和法治文化的宣传教育，不断增强全社会法治观念和法治意识，在全社会树立法律至上的基本信念和行为准则，显著提高全社会法治水平。全面建成小康社会，提升社会治理水平，既要靠法治，也要靠德治。推进社会治理现代化需要法律和道德共同发挥作用。高度文明的社会，必然是社会成员道德高尚的社会，和谐、公正、爱国、敬业、诚信、友善，都是一种道德境界、道德风范。中国特色社会治理建设，应该占领社会道德文明建设制高点。要一手抓法治，一手抓德治。大力加强社会主义精神文明建设，坚持培育和弘扬社会主义核心价值观，弘扬以爱国主义为核心的民族精神和以改革创新为核心的时代精神，形成全民族奋发向上的精神力量和团结和谐的精神纽带。特别要尊重和传承中华文明，善于从中华民族独特的世世代代形成和积累的优秀传统文明，包括思想、价值、审美、社情、民俗中汲取营养和智慧，延续文化基因，萃取思想精华和道德精髓。要深入挖掘和阐发中华优秀传统文明中讲仁爱、重民本、守诚信、崇正义、尚和合、求大同的时代价值，以及注重家庭、注重家教、注重家风的社会价值，弘扬我国传统文化中有利于社会和谐、有利于社会文明进步的道德精神。要更加重视继承和弘扬规范、激励、制约社会行为的"礼"文化。孔子说过，"不学礼，无以立"；荀子认为，"礼"是"道德之极""治辨之极""人道之极""人无礼不生，事无礼不成，国家无礼不宁"。"礼"文化的要义，就是特别强调道德建设。"礼"的核心思想，是绝恶于未萌，起教于微眇。在新的历史条件下，我们应继承"礼"文化的核心内核，丰富时代内涵，发扬光大"礼"文化，进一步彰显当代中国社会治理的鲜明特色。当然，要处理好继承与创造性发展的关系，重点做好创造性转化和创新性发展。我们应把加强法治建设和加强道德建设更好地结合起来，使法治和德治相得益彰，共同促进中国特色现代社会治理和现代社会文明的提升。

（四）坚持运用现代科技手段。当今世界，以互联网为代表的信息技术日新月异，引领了社会生产新变革，创造了人类生活新空间，拓展了社会活动新领域，提供了治国理政的新手段，极大地提高了人类认识世界、改造世界的能力。在这种新的历史背景和社会发展情势下，加强和创新社会治理，提高社会治理水平，必须创造性运用现代科技最新成果，特别是运用信息技术，提升社会治理智能化水平。无论是社会治理的宏观指导、决策部署、方案设计，还是微观活动、服务和管理，都要注重运用云计算、物联网、互联网、大数据等信息技术，对社会治理的构成要素、目标任务、重要措施和效能评估进行数字化、精细化、科学化的预测、研究。要深入开展基层信息采集、分析、处理工作，努力从多元、分散、碎片化的数据中发现趋势、找出规律，以及时采取有针对性的对策和措施。在善于学习借鉴国外先进信息技术的同时，积极提升社会治理信息技术自主开发能力和水平，高度重视维护我国社会信息安全。要加快制定社会治理领域信息技术系统和平台的行业标准，完善社会治理规则体系，坚持科学、理性、精细，推动社会治理与信息化特别是大数据技术高度融合，按照精、准、细、严的要求，把社会治理概念转化为标准、原则转化为程序，使各项工作都有章可循。近些年来，我国许多地方社会治理中运用网络技术、大数据技术，取得了明显社会效果，也积累了不少经验，需要认真总结和推广。

（五）坚持加强和改善党的领导。中国共产党的领导是中国特色社会主义最本质的特征，也是中国特色社会主义制度的最大优势。加强和创新社会治理，必须始终坚持党的领导。这就要求，在社会治理领域各个方面，包括社会治理体系建设、体制改革、管理制度创新等，都要全面贯彻党中央的决策部署和大政方针，以确保中国特色社会治理发展的社会主义方向。这就要求，在构建社会治理主体多元化、治理形式多样化的格局中，都要坚持党的统一领导，充分发挥各级党委总揽全局、协调各方的核心作用，以形成社会治理的合力。这就要求，各级党组织要更加重视社会建设和社会治理，从各方面支持加强和创新社会治理，包括选派高素质干部充实社会治理领域，协调相关资源支持社会治理建设。

坚持党的领导，还必须改善党的领导，不断顺应时代发展大势和人民群众新期待，不断提高党领导社会建设和社会治理的能力和水平，包括营造创新、向上、友善、包容、宽松的社会环境，为加强和创新社会治理提供空间。党的十八大以来，以习近平同志为总书记的党中央全面推进从严治党，扶正祛邪，正风肃纪，反腐惩恶，党的建设开创了新局面，党风呈现新气象，带动了政风、民风和社会风气的好转。要坚持用制度治党、管权、治吏，严明纪律和规矩，从源头上预防和治理"四风"，进一步解决形式主义、官僚主义、享乐主义和奢靡之风，进一步加强反腐败体制机制创新和制度保障，进一步治理党内作风和深层次问题，用党风的根本好转，更好推动政风、民风和整个社会风气进一步好转，为提高社会治理水平，逐步实现社会治理科学化、精细化、现代化，提供坚强的政治保证和组织保证。

充分发挥青年作用 加快建设信用社会 [①]

（2016 年 7 月 18 日）

近日，中央全面深化改革领导小组第二十五次会议审议通过了《关于加快推进失信被执行人信用监督、警示和惩戒机制建设的意见》，国务院发布了《关于社会诚信建设的指导意见》、共青团中央、国家发展改革委、中国人民银行联合发布了《青年信用体系建设规划（2016—2020 年）》，这些社会信用建设的里程碑事件，标志着我国信用体系建设进入了规范发展的快车道。当前，充分发挥青年作用，加快建设信用社会，尤为重要。

一、加快青年信用体系建设意义重大

我国是青年人口大国，广大青年的健康成长成才关系着国家经济社会发展全局和中华民族伟大复兴中国梦的实现。而加强青年信用体系建设，对于贯彻党中央的战略部署，引导、推动青年健康成长成才和发挥重要作用具有重大意义。

（一）加快推进青年信用体系建设，是贯彻落实党中央、国

[①] 本文发表于 2016 年 7 月 18 日《中国青年报》。

务院建设社会信用体系战略部署的关键。党中央、国务院高度重视社会信用体系建设。党的十八届四中全会明确提出，要"加强社会诚信建设，健全公民和组织守法信用记录，完善守法诚信褒奖机制和违法失信行为惩戒机制"①。五中全会进一步提出"加强思想道德建设和社会诚信建设"。国务院已颁发《社会信用体系建设规划纲要（2014—2020 年）》，全面部署了加快建设社会信用体系。《国民经济和社会发展第十三个五年规划纲要》专章"完善社会信用体系"，强调要"健全信用信息管理制度、强化信用信息共建共享、健全守信激励和失信惩戒机制、培育规范信用服务市场"。青年是当代社会的主力军，是国家的未来，青年时期也是人生观、价值观形成的关键时期，青年诚信，则人生诚信、社会诚信。因此，青年信用体系建设是社会信用体系建设的重要关键性工程。以加快青年信用体系建设为突破口，借助于青年的关键性、成长性和延展性，有利于逐步建立全民诚信体系和全国统一的信用体系。这是贯彻和落实党中央战略部署、建设"信用中国"的重要环节。

（二）加快推进青年信用体系建设，是推动青年践行社会主义核心价值观的重要举措。青年群体思想活跃、创造力强，但容易受外界影响。近些年来，青年群殴、抢劫、杀人甚至参加暴乱等事件频发，反映了部分青年价值观错乱、是非不清、政治立场不坚定等问题。习近平总书记强调，青年的价值取向决定了未来整个社会的价值取向。加强社会道德建设，青年是关键，青年讲诚信、讲道德将会形成强大的社会力量和带动作用，促进全社会自觉遵守心中的道德律令。青年信用体系建设通过

---

① 《〈中共中央关于全面推进依法治国若干重大问题的决定〉辅导读本》，人民出版社，2014 年，第 27—28 页。

不间断地记录青年的正面与负面信息、评价青年的诚信状况，引导青年注重品行、自我约束，有利于促进青年自觉践行社会主义核心价值观。

（三）加快推进青年信用体系建设，是增强团组织凝聚力和影响力的重要抓手。《中共中央关于加强和改进党的群团工作的意见》强调，新形势下群团工作只能加强，不能削弱；只能改进提高，不能停滞不前。习近平总书记也提出共青团工作必须解决好"提高团的吸引力和凝聚力、扩大团的工作有效覆盖面"①两大战略性课题。建设青年信用体系，是共青团深化改革、引领和服务青年的重大创新举措。共青团可以通过整合大量资源，帮助青年在求学、就业、创业、婚恋、融资、消费等方面获得信息，吸引更多优秀青年加入团组织和志愿者队伍，增强团组织和志愿者组织的凝聚力和影响力，扩大有效覆盖面。共青团还可以通过青年信用体系，实时了解青年的动态和需求，这有利于增强共青团工作的主动性、创造性，特别是有利于解决流动团员管理、网络舆情监督、团组织服务青年能力不足等难题。

（四）加快推进青年信用体系建设，可以为青年就业创业、促进青年成长成才提供重要平台。青年是最富有创造力和潜力的劳动者，也是最容易被市场风险和社会压力击垮的脆弱者。近年来，我国就业形势日趋复杂严峻，仅 2015 年城镇新成长劳动力就约有 1500 万人左右，包括高校毕业生和农村富余劳动力在内的青年成为劳动力市场的压力主体。北京师范大学社会治理智库"青年信用体系建设"课题组调查统计显示，赡（抚）

---

① 《十八大以来重要文献选编（中）》，中央文献出版社，2016 年。

养负担、就业住房贷款等（占比约77%）生活压力是击碎青年们梦想的主要原因，而继续教育、技术培训、创业指导、融资等（占比约40%）成为青年亟须社会帮助与指引的主要需求。"青年有信用，信用有价值"。加快青年信用体系建设，通过供给丰富完善的信用产品和应用服务，在青年最需要帮助时，提供解决创业融资难、信贷消费难、婚恋交友难等一系列制约青年成长发展问题的精准、有效的服务，成为青年成长成才、实现梦想的平台。

二、青年信用体系建设取得积极进展

党中央、国务院高度重视社会信用体系建设，为青年信用体系建设创造了良好的政策环境；以提高信用服务管理水平加强社会源头治理，夯实了青年信用体系建设的社会基础；信息电子化和大数据技术飞速发展，为青年信用体系建设提供了可靠的技术支撑；深入人心的"互联网＋"思维，为青年信用体系建设实现信息共建共享提供了有利的发展契机。

青年信用体系建设取得了积极进展。共青团中央、国家发展改革委和中国人民银行联合成立青年信用体系建设领导小组，初步建立了青年信用体系建设工作机制；共青团中央建设运营了青年信用体系建设先导工程"志愿中国"信息系统，青年信用信息系统建设稳步推进；《关于实施优秀青年志愿者守信联合激励加快推进青年信用体系建设的行动计划》正在征求有关部委意见，青年守信联合激励机制正在形成；北京、天津、江苏、浙江、福建、湖北、广东、宁夏和四川成都等9个试点地区在完善工作机制、归集信用信息、推进信用应用和开展诚信宣传等方面积极创新探索；成立"青年信用发展专项基金"、中青信投控股有限公司等推进青年信用体系建设，社会资本积极参与协同共治。

三、加快青年信用体系建设
需要把握的几个关键环节

（一）加强统筹规划，进一步做好青年信用体系顶层设计。青年信用体系建设是一项党政关心、社会关注、青年关切的战略性、全局性、系统性的宏大工程，进一步做好顶层设计非常重要。一是坚持统筹规划。针对青年信用体系建设的长期性、系统性和复杂性，立足解决整体性、长期性、基本性问题，制定出台《关于建设青年信用体系的指导意见》和《青年信用体系规划》，明确战略目标和主要任务，有计划、分步骤地组织实施。二是坚持突出重点。按照"四个全面"战略布局，坚持创新、协调、绿色、开放、共享的发展理念，形成覆盖全国青年的信用信息系统，开发信用应用产品和服务，建立健全青年守信联合激励和失信修复机制，在学习教育、志愿公益、就业创业、婚恋交友、信贷租赁、抚养赡养、医疗健康、出行旅游等重点领域提供精准服务，提升青年的诚信意识和信用水平。三是坚持创新发展。推进青年信用体系制度创新和技术创新，探索青年信用体系建设新理念、新方法、新模式，开创青年工作发展新局面。

（二）坚持公益为先，大力建设中国特色青年信用体系。加快青年信用体系建设要以实现引导青年积极践行社会主义核心价值观、服务青年成长发展、促进社会诚信建设的公益性目标为前提，积极探索社会参与建设的新模式，形成政府推动和市场化运作相结合的中国特色青年信用体系。一方面，要充分发挥政府在收集可靠信息与市场在应用产品开发方面的优势，挖掘信用在各方面的市场需求，积极拓展信用的应用空间，创造出更大的市场空间。另一方面，要积极创新运营模式，找准公益和效益的平衡点，不断提供丰富的公益性信用服务和市场化信用产品，并通过持续的创新创造引领市场的信用消费需求，保证青年信用体系公益性目的和持续运作能力。

（三）更加重视青年诚信文化建设，全方位、多视角地推进信用社会建设。要积极构建政府、社会共同参与的跨地区、跨部门、跨领域的合作机制，建立和完善青年信用体系建设工作督导评估机制，切实加强诚信教育文化建设，将诚信理念深植人心。要借助信息化手段进一步加强联系青年的能力，通过信用产品和应用服务进一步丰富服务青年成长发展的方式，通过诚信宣传教育进一步加大引导青年积极践行社会主义核心价值观的力度，团结青年在实现"两个一百年"奋斗目标、实现中华民族伟大复兴"中国梦"的历史征程中汇聚青春力量、谱写青春篇章。

关于深入推进青年诚信建设
创新工程的建议 ①

（2017 年 3 月 30 日）

青年诚信建设是一项党政关心、社会关注、青年关切的重大工程，党中央、国务院高度重视和大力支持。2015 年 6 月，中央领导对北京师范大学中国社会管理研究院（社会治理智库）报送的"关于加快青年信用体系建设的建议"作出重要批示，有力地推进了青年诚信体系建设的创新实践，在共青团中央、国家发改委、中国人民银行等单位的参与和支持下，取得了重要进展和良好效果。现根据近两年实践情况提出深入推进青年诚信建设创新发展的建议。

一、主要工作进展、效果和影响

2015 年 7 月以来，由团中央牵头，会同国家发改委、中国人民银行等，以优化政策环境、建设信息系统、推动试点应用

---

① 本文系北京师范大学中国社会管理研究院课题研究报告。课题首席专家为魏礼群，课题组组长为赵秋雁，主要成员有刘钢、谢琼、陈鹏等。党中央多位领导在此报告上作出批示，推进了"诚信活动"的开展。

和落实资金保障为工作着力点，按照"中央统筹、分步实施、试点先行、社会参与"的原则，青年信用体系建设取得了重要进展。

（一）纳入国家重大战略决策，完善相关政策环境。

一是由共青团中央、国家发展改革委、中国人民银行联合研究制定并发布《青年信用体系建设规划（2016—2020年）》（中青联发〔2016〕12号）作为系统推进青年群体诚信建设的总蓝图。

二是青年信用体系建设列入国务院重要文件《国务院关于建立完善守信联合激励和失信联合惩戒制度加快推进社会诚信建设的指导意见》（国发〔2016〕33号）明确提出："树立优秀青年志愿者等诚信典型""推动青年志愿者信用信息系统等项目建设"等。这既是落实《中共中央关于加强和改进党的群团工作的意见》的创新内容，也是落实中央全面深化改革领导小组办公室对社会信用体系建设规划纲要落实情况督导意见的重要举措。

三是共青团中央、国家发展改革委、中国人民银行等51部门共同发布《关于实施优秀青年志愿者守信联合激励加快推进青年信用体系建设的行动计划》（发改财金〔2016〕2012号），这是国内首个针对自然人、联合激励部门最多且政府企业社会组织多元主体参与的合作备忘录，是推动联合惩戒机制建设具有重要标志性意义的重大探索。

四是《普通高等学校学生管理规定》（教育部令第41号）特别强调，"要开展诚信教育，建立对失信行为的约束和惩戒机制"。《2017年普通高等学校招生工作规定》增加优惠政策：同等条件下优先录取经守信联合激励系统认定获得5A青年志愿者的考生。

五是进一步健全领导工作机制。经国务院批复同意，共青团中央加入社会信用体系建设部际联席会议，且与国家发展改革委、中国人民银行联合成立青年信用体系建设领导小组，统筹推进建设工作。

（二）加大数据采集、共享和应用力度，稳步推进信息系统建设。一方面，按照分三步建设的思路，已建成并运行青年信用体系的先导工程——"志愿中国"信息系统，归集整理5400万名志愿者相关信息；正在建设全国信用信息共享平台"二期"项目"青年守信联合激励系统"。另一方面，青年信用信息应用稳步推进，中国青年创新创业板正式开板。以"诚信双创"为重点，将信用评估作为创业企业和项目挂牌交易的前置审查环节，提升诚信创业项目、企业挂牌融资成功率和便捷度。

（三）扩大开展试点工作，推动青年诚信建设实践创新。北京、天津、江苏、浙江、福建、湖北、广东、宁夏和四川成都9个试点地区在完善工作机制、建设志愿服务信息系统、出台守信正向激励措施、开展诚信宣传等方面取得积极进展。日前，内蒙古、河南、重庆、四川、陕西、甘肃和新疆生产建设兵团7个地区申报第二批试点已获批复同意。

（四）广泛动员社会力量参与，落实建设资金保障。中国青年志愿者协会、中国青年创业就业基金会等社会组织发起成立"中国青年信用发展专项基金"，进行基础性、公益性投入；共青团中央与紫光集团签署成立战略合作关系，参照PPP模式推进青年信用体系建设。

（五）加强诚信文化宣传，正向引导社会舆论。举办中国青年诚信行动启动仪式，部署青年诚信宣传教育活动；开展

"信用中国"进大学校园活动，弘扬诚信文化、普及信用知识、推进信用应用；建立媒体联动机制，依托中央电视台、中国青年报等，进行多方面、多渠道宣传报道，营造良好的社会舆论氛围。

（六）深化青年信用体系研究，推动诚信理论创新。青年信用体系建设领导小组委托北京师范大学、清华大学、中国人民大学等开展有关研究，服务党政决策，推动学术创新，指导实践应用。其中，北京师范大学研究和组织申报的"青年信用体系建设研究"，荣获北京市第十四届哲学社会科学优秀成果二等奖。此外，还围绕青年信用体系建设的基础理论、重要政策和关键问题等相关研究，面向全社会公开征集《青年志愿者信用信息应用研究》等研究课题 33 个。

二、存在的问题和产生原因

最近，我们组织力量分别征求了国家发改委、共青团中央等部门和北京师范大学等高校专家学者的意见，并深入北京、广东、浙江、陕西等试点地区进行实地调研，一些方面反映，青年信用体系建设虽然取得了重要进展，但仍面临一系列亟待解决的问题。

（一）"重信用讲诚信"的氛围还不浓厚，不少青年诚信意识淡薄。主要成因：一是青年诚信教育缺失，重专业知识教育，弱诚信教育现象还比较普遍；二是青年诚信宣传比较薄弱，典型案例挖掘还不够；三是青年诚信文化作品创作比较少；四是全社会信用体系正在建设中，对青年守信者激励和失信者惩处的成效有待显现。

（二）信用数据分散、标准不一、共享不足，存在大量"信息孤岛"。主要原因：一是青年信用信息数据标准、采集标准、分类管理标准尚待完善；二是缺乏贯穿青年成长发展全过程、全领域信息采集制度；三是还未建立有效的信息归集和共享机制。

（三）财政支持力度不够，青年信用体系建设资金不足。要实现政府推动和市场化运作相结合的具有中国信用体系建设特色的模式，既要发挥市场作用，更要重视政府推动。当前，在中央层面，尚无青年信用体系建设专项财政安排；在地方层面，较多地方对青年信用体系建设重视还不够，没有提供相应财政支持。

（四）个人征信相关的制度障碍有待突破。个人信用是社会信用体系的核心和基础，亟待完善的个人征信相关制度包括信用数据知识产权保护、个人征信服务资质审批、个人信息保护等。

三、深入推进青年诚信建设创新工程的建议

加强诚信社会建设特别是青年诚信建设，对于贯彻党的十八大以来治国理政新理念新思路新战略，引导、推动青年健康成长成才和发挥重要作用具有重大意义。应在近两年已有良好势头的基础上，深入推进青年诚信建设创新发展，为此，提出如下建议。

（一）进一步完善顶层创新设计，加强组织领导和政策支持。一是建议中央有关部门从全面建设诚信社会的战略高度，将青年诚信建设作为重大创新工程，纳入社会主义核心价值观

教育和社会治理体系现代化建设的基础工程，大力推进青年诚信体系建设创新，将青年信用体系工作持续纳入社会信用体系建设工作重点；二是建议社会信用体系建设部际联席会议及相关各级各部门协调推动做好对青年诚信建设创新工程的政策支撑、资源保障、激励机制和信息共享工作；三是建议在各级政府分别设立财政专项资金，加大投入力度，为推进"志愿中国"信息系统、青年守信联合激励系统等青年信用信息平台提供支撑；四是建议人民银行尽快审批与公布个人征信服务资质机构。

（二）进一步完善数据归集机制，加强信用数据基础建设。开展诚信激励、失信惩戒，信息是基础。一是建议从学生时代开始，依托学校党团组织建立青少年信用档案，完善青年信用信息采集机制，采集基础信息、教育培训信息、奖惩信息等各类信息；二是尽快建立青年信用信息系统与社会信用信息共享平台共享交换青年信用信息的机制，加强教育、社保、婚姻等核心信息共享交换，丰富青年信用信息维度；三是依托"志愿中国"信息系统，继续强化青年信用基础信息、志愿服务信息的归集力度；依托"青年守信联合激励系统"，通过在教育、就业、创业、金融、租赁、出行等方面实施激励，丰富信用信息来源。

（三）进一步推动诚信基础理论和标准规范研究，突破关键难题。一是建议依托高水平智库机构和高校、科研机构，大力开展青年信用体系建设理论研究，形成一批具有较高学术水平的成果；二是建议联合相关部门研究制定青年信用信息采集标准、分类规范，建立青年信用信息共享交换目录；三是建议有关部门或智库按年度发布《中国青年信用发展报告》，持续评估青年信用体系建设的成效。

（四）进一步倡导诚信文化，加强宣传教育工作。一是建议将诚信教育纳入国民教育体系，研究制定《开展青年诚信教育的五年规划》，让诚信教育进教材、进课堂、进头脑，形成学校、家庭、社会"三位一体"的诚信教育格局；二是建议宣传主管部门组织动员主流媒体，加大公益广告投放力度，大力开展青年诚信建设宣传活动；三是建议中央宣传部、中央网信办、教育部、共青团中央等有关部门适时举办主题鲜明的宣教活动，如组织开展"诚信点亮中国"暨"信用中国"全国巡回接力活动，普及诚信知识，弘扬诚信文化，营造诚信风气；四是建议把诚信教育纳入高校思想政治工作的重要内容，并普遍建立信用档案，引导青年珍惜信用记录，推动形成以诚实守信为荣的诚信观念和自觉行动。

做一个敢于担当的人

——在北京师范大学社会学院 2017 届毕业生
毕业典礼上的寄语

（2017 年 6 月 22 日）

同学们、老师们、家长们、来宾们：

我很高兴参加社会学院 2017 届毕业典礼，分享毕业生们在人生旅途上跨越一个里程碑的快乐时刻。首先，我谨代表学院领导班子和全体师生员工，向圆满完成学业的毕业生们表示热烈的祝贺，向悉心指导你们的老师、辛勤培育你们的家人，致以衷心的感谢！

同学们！你们在北京师范大学学习的时光，正是学校奋力推进"双一流"建设、学校事业突飞猛进的新阶段。

北京师范大学党政领导顺应国家发展大势和时代潮流，先后作出加强社会治理智库建设和加强社会学学科建设的战略决策，于 2011 年 5 月成立北京师范大学中国社会管理研究院，又于 2015 年 3 月成立社会学院，一并推进新型智库建设和学科建设协同发展。几年来，全院师生紧紧围绕"建设国家高端社会治理智库和一流社会学学术重镇"的发展目标，凝心聚力，携手奋进，取得了引人注目的丰硕成果和显著进步。"北京师范大学中国社会管理研究院"作为新型专业化社会治理智库已经形成鲜明的品牌形象，受到社会的广泛认可，知名度和影响力不断提升，也为北京师范大学申请和建设国家高端智库作出了重要贡献。

在推进社会治理智库建设的同时，我们高度重视社会学专业人才的培养。正所谓："大学之大，乃学生之大。"学生是学校最活跃的主人、最亮丽的风景，培养学生也是最重要的任务。这些年，我们坚持把促进学生健康成长成才作为各项工作的重要出发点和落脚点，实施了一系列改革创新举措。主要包括：一是学生培养理念不断创新。全体教师勇于更新理念、总结经验，推出多样化教学成果。学院凭借质量保证体系的扎实推进，以优异成绩通过了教育部组织的本科教学评估。二是学生培养模式不断完善。学院实行研究生导师负责制及本科新生导师制改革，相关配套体系已经建立并逐步完善。硕士、博士研究生培养规模与质量都得到了较大提升。积极探索"优才优育培养""本硕博统筹培养""国际联合培养""教学、研究与实务合作培养""复合型人才培养"等多种人才培养模式。实施优质生源计划，推进名师工程，贯彻本、硕、博一体化国际教育战略，这些有力举措使学生培养质量得到提升。前不久，我院成立了北京师范大学社会工作硕士教育中心，这是培养社工精英人才的重大举措。三是学生培养效果日益彰显。学院学生在"挑战杯"全国大学生系列竞赛等重大比赛中屡创佳绩，共9人先后获得包括特等奖在内的奖项。在今年6月初刚刚结束的"挑战杯"首都大学生课外学术科技作品竞赛中，我院3名同学获得社会类特等奖，1人获得哲学类一等奖。本科生、研究生赴国外学术交流60多人次，发表科研论文30多篇。为社会输送了大批优秀人才，学生就业率与就业质量不断提高。近两年毕业生就业率保持100%。我院2013级社会工作本科班、2014级社会工作本科班先后获得北京市优秀班集体称号。四是学生思想政治工作取得实效。突出社会工作专业特点，即以社会问题为导向，引导积极思考，加强正向鼓励，抓住军训、寒暑假社会实践、实习等良好时机，取得显著的成效。同时，建立专业课、思政公共课与社会先进典型演讲相辅相成的多维共训模式、课上学习与课后走访相结合的双向激励模式，特别是校内理论研讨与校外社会实践相整合的拓展一贯模式，更是得到学校及上级领导的充分肯定。

同学们！你们是社会学院发展的见证者，更是推进社会学院发展的参与者。这几年，是北京师范大学社会学院正式成立、各项事业蒸蒸日上的时期。学院的发展凝结着同学们的辛劳、智慧，学院发展也为同学们成长提供了更好的平台。亲爱的同学们！社会学院是你们难以忘怀的人生驿站。你们经过这几年的艰辛努力，如一顷顷土地，从播种、耕耘到收获；如一块块璞玉，渐渐雕琢成器。我时时为这些所见所闻而受到感染和感动，我深切感受到了同学们对学院的无限眷恋，感受到了同学们对师长的深厚情谊，感受到了同学们之间的纯真友谊，更加感受到了同学们在伟大时代里将要放飞理想的激情和对成就事业的渴望。我乐见你们与学院共同快速成长。

同学们！大学时光如同白驹过隙，转瞬即逝。几年来，北师大社会学院的每一个角落都留下了你们奋斗的足迹、成长的记忆。如今看到同学们学业有成、即将奔赴各条战线建功立业，我们心中既充满了幸福和欣慰，同时也充满了对大家的留恋与牵挂。大学毕业是你们人生一段旅程的终点，也是你们人生又一段新旅程的起点。你们人生旅程还很漫长。在临别之际，我作为你们的师长，也作为你们的校友，纵有千言万语也难以表达对你们的祝福。我再三考虑，选择"做一个敢于担当的人"这一主题，与大家分享几点感悟与思考。

"担当"，成为我们这个时代迫切需要和普遍呼唤的一种可贵的精神与心智品质，是每一位社会学人理应具有的鲜明品格和崇高责任。所谓"担当"，就是接受并负起责任。在现实生活中，担当与人们关于责任、良心、价值、奉献、牺牲、勇气和才干等方面联系在一起，从而被赋予丰富的内涵。正如习近平总书记指出，做一个敢于担当的人，特别是敢于担当的领导干部，必须坚持原则、认真负责，面对大是大非敢于亮剑，面对矛盾敢于迎难而上，面对危机敢于挺身而出，面对失误敢于承担责任，面对歪风邪气敢于坚决斗争。这是对担当精神的科学阐释，指明了在什么情况下要敢于担当和怎样担当，具有很强的现实针对性，也值得我们每一位青年学子认真学习并努力践行。我想，作为一个社会学专业毕业的学生，不论你们走到哪里，也不论你做什么工作，都应当具有一种敢于担当的精神和品质。具体来说，有四种担当尤为重要：

——面对自我，敢于担当。同学们！当你们毕业离开学校，走入社会之后，首先面临的就是如何培养自己的自我担当精神。承担责任是对一个人价值的衡量。当一个人能够对自己负责时，他就具备了独立的人格和行为能力。"有志诚可嘉，及时宜自强。"要成为一个敢于担当之人，就要有自强不息的品格，欲担当重任，必自强不息。自强不息，要耐得住寂寞。非淡泊无以明志，非宁静难以致远。很多时候，没有寂寞的守望，也就没有成功的欢腾。能否耐住寂寞在一定程度上决定了一个人能否有所担当。同时，敢于担当之人，也要有脚踏实地的风范。担当本质上是一个实践问题。一个人必须从实干着眼，弄虚作假、哗众取宠、跟风作秀都不会有好的结果，务实才是真担当。一个人什么都可以舍弃，但不可以舍弃内心的真诚；什么都可以输掉，但不可以输掉自己的良心和担当！做一个敢于担当的人，会使你的人格更为高尚，生活更加精彩，人生更是丰盈。

——面对家庭，敢于担当。同学们！家庭始终是我们生命中不可或缺、至为重要的依托。从社会学的理论而言，每一个人在社会中都会扮演多重角色。你们在学校学习时，主要是作为子女的角色；而当你们毕业走上工作岗位之后，很快就会面临选择自己的人生伴侣、组建自己的家庭、生育自己的儿女，这个时候你们也就会担当为人父母的角色。赡养父母，抚育儿女，这是每个人对家庭都应担当的责任。这份担当同样是我们社会文明和谐中必不可少的重要组成部分。我们每个人，只有从巩固自身的家庭美德，从家教、家风、家学做起，才能更好地由此及彼地去爱他人，爱社会，爱国家。对家庭持有担当，不仅是一份责任，而且是一种美德。

——面对职业，敢于担当。同学们！当你们毕业之后，不论走上何种工作岗位，你们都将会面对一个单位、一个组织、一个集体的事业担当问题。职业岗位是每个人干事创业的平台，也是实现人生价值的舞台。每个人都要热爱自己的职业，对自己的工作要充满感情、热情和激情。一个人只有勤勉工作、爱岗敬业，才能做到干一行爱一行，钻研一行干好一行；才能尽力、尽责、尽智；也才能全力以赴，全身心投入。可以说，尽心尽责，兢兢业业，这是每个人对工作应担当的责任。干任何工作都是要承担一定的风险的，特别是当今社会矛盾复杂多变的环境，要干好事情，不可能一帆风顺、轻而易举，面对困难和挑战，不可回避，也不可退缩，而必须具有敢于冒风险、迎难而上、知难而进的精神，该豁出去的时候决不能犹豫，要一往无前、无所畏惧。一个敢于担当之人，就要有不怕艰险和勇担重责的魄力。

——面对社会，敢于担当。同学们！人的社会属性决定了每个人都要敢于社会担当，对社会、对国家、对民族有所奉献。古人有云："先天下之忧而忧，后天下之乐而乐"，"天下兴亡，匹夫有责"。一个勇于担当者，必定会自觉地把推动社会发展与进步视为己任。作为新时代的知识青年，每一个人都应始终把国家富强、民族振兴、人民幸福作为崇高使命，为全面建成小康社会、建设社会主义现代化强国、实现中华民族伟大复兴的中国梦而积极奋斗。一个人的才华和能力，只有奉献给国家和人民的光辉事业，才能真正实现人生的价值。只有那些能够勇于担当和甘于奉献的人，才有可能被赋予更多的使命，才有资格获得社会的尊重与尊严。

同学们！实现自我担当、家庭担当、职业担当和社会担当，既是一种荣耀，更是一种使命。作为成功者的标准，更为重要的是人品。而勇于担当的品质是最基本的人品。这就需要培养和具备"四种心"，即自信心、进取心、责任心和包容心。

——要有自信心。同学们！自信是一种发自内心的自我认定，是每个人的立身之本，是开拓事业的人格基础。有自信的人，可以化渺小为伟大，化平庸为神奇。一个自信的人，一定是有理想的人。理想是指路明灯，没有理想就没有坚定的方向，而没有明确方向，就没有前进的力量。一个自信的人，一定是有自知之明的人。认清自我，才能确保少走弯路，才能更好地接纳自我，在困难来临时，有勇气、有能力正确应对。一个自信的人，一定是注重学习的人。自信的基础在于能力，提高能力的根本在于学习。生命的全部意义在于不懈探索尚未知道的东西，在于不断增加更多的知识。大家即将告别大学的校园，但绝不可以告别学习。一个自信的人，一定是内心强大的人。要具有强大的内心，就需要加强自身的修炼，提升心志，管好情绪，"穷则独善其身，达则兼济天下"。希望大家能够跳出小我，开阔视野，涵养胸怀，自觉将个人的理想与祖国和民族的命运紧密联系在一起，在时代的洪流中勇立潮头，彰显你们的责任和担当。

——要有进取心。同学们！世上最快乐的事，莫过于为成功而进取。只要心怀追求目标，不懈进取，什么艰苦都能忍受，什么环境也都能适应。毕业之后，有的同学将走上工作岗位，有的同学选择继续深造，大家对于未来的向往，对于现实的抉择，都有着复杂而又充满青春活力的内心世界，我也许不能完全体会，但奋发进取的心态应该一致，都必须为自己的选择加满燃料，以青春筑梦，以进取圆梦，坚持植根向下、生长向上，成长为一颗立得直、站得稳、扛得住的顶梁之木，创造无愧于时代的业绩。同学们！如果这个世界上真有奇迹，那只是进取的另一个名字。因此，你必须不断进取。坚持既定目标，切勿左右摇摆。奔向未来的最好路径，就是直面现实，不畏困难，不怕挫折，砥砺奋进，在任何情况下都要有所作为，有所进步，有所攀登。

——要有责任心。同学们！作为党和国家培养出来的青年知识分子，自觉到祖国和人民最需要的地方去，是应有的追求。当你们步入海阔天空的社会大道，每个人都会有属于自己的志向，无论你志向何方，都希望你们铭记"责任"二字，体现出一个社会学子的责任心。每个人都应有这样的信心：人所能负的责任，我必能负；人所不能负的责任，我亦能负。希望你们无论驰骋九州，还是远跨重洋，都能够担负起历史重任，不因物欲横流而改变初心，不因困难挫折而放弃责任。责任面前，当仁不让，你的生命就会更有分量。

——要有包容心。同学们！包容是人性中最美丽的花朵，是一种崇高的境界，也是一种生存的智慧。它不仅蕴含着理解和原谅，更显示着气度和胸襟。人生因淡然而清雅，生命因宽容而伟大。过去的几年中，你们学习了很多专业知识和本领；走出校门，你们将面对更多新的挑战，学会合作，学会宽容，与人为善，结伴同行，你们的人生将会更加出彩。一个包容的人一定善于欣赏。世界是多样性的统一。对我们身边的人、身边的物、身边的事，要善于发现其美，欣赏其美，同时不要吝啬赞美。正像费孝通先生所说："各美其美，美人之美，美美与共，天下大同。"一个懂得包容的人一定胸襟宽广。海纳百川，有容乃大。要能听得进意见、批评甚至苛责，做一个心胸大度、心地宽厚的人！一个包容的人一定与人为善。希望你们在强大自己的同时，集聚向上向善的力量，包容他人、帮助他人，为推进社会文明进步作助力。

亲爱的同学们！今天的毕业典礼以后，你们中有不少人还会继续留在北师大，攻读硕士、博士学位，或者从事博士后研究。多数人将要离开北师大，到新的地方去学习、工作、生活。而无论走到哪里，"北师大"已经成为你们身上深深的烙印，社会学院将永远是你们温馨的家。欢迎并期待你们常回家看看！

最后，我衷心祝愿你们：毕业愉快、前程似锦！在浩瀚的社会海洋中，乘风破浪，扬帆远航，驶向成功之路！

党的十八大以来中国社会治理的新进展 [①]

（2017 年 7 月 2 日）

在党的十九大召开前夕，我们在这里举办"第七届中国社会治理论坛"，研讨我国社会治理的新进展，很有意义。党的十八大以来，以习近平同志为核心的党中央围绕坚持和发展中国特色社会主义、实现两个百年宏伟目标和中华民族伟大复兴的中国梦，举旗定向，谋篇布局，强基固本，攻坚克难，党和国家各项事业开新局、谱新篇，取得了举世瞩目的新成就、新进步。这里，我围绕本次论坛的主题，主要就党的十八大以来中国社会治理的新思想、新实践、新境界，讲一些个人看法，与大家分享交流。

一、五年来社会治理的新思想

党的十八大以来这五年，面对国内外政治、经济、社会发展的新形势、新任务、新要求，习近平同志以马克思主义的巨

[①] 本文系在"第七届中国社会治理论坛"开幕式上的主旨演讲。发表在《光明日报》2017 年 8 月 7 日，受到党中央主要领导重视并作出批示。

大理论勇气和政治远见卓识，提出了一系列相互联系、相互贯通的治国理政新理念新思想新战略，形成了系统完整、逻辑严密的科学理论体系，这是中国特色社会主义理论体系宝库中的新成果，是马克思主义中国化的新发展。其中，习近平同志提出的一系列加强和创新社会治理的新思想、新观点、新论断，是近五年来中国社会治理领域最为重要的创新性进展与创新性成果。我们初步学习和研究认为，习近平同志社会治理重要论述集中体现在以下 10 个方面：

（一）人民中心论。坚持以人民为中心，是习近平同志社会治理重要论述的根本政治立场。他深刻指出："社会治理，说到底，就是对人的服务和治理。"社会治理要以人为本，把人民放在心中最高位置，坚持全心全意为人民服务。"一切治理活动都要尊重人民主体地位，尊重人民首创精神，拜人民为师"。①习近平同志强调："检验我们一切工作的成效，最终都要看人民是否真正得到了实惠，人民生活是否真正得到了改善，人民权益是否真正得到了保障。"②加强和创新社会治理要随时随刻倾听人民呼声、回应人民期待。习近平同志的"人民中心论"，其核心是一切为了人民、一切依靠人民、为了人民的一切、一切接受人民检验。这样的"人民观"是在新的历史条件下创新社会治理的核心价值观，也是引领中国特色社会主义事业不断前进的新型治理观，是对马克思主义和毛泽东思想中关于"人民是历史的主人"这一重大科学论断的继承和发展。

---

① 《在庆祝中国人民政治协商会议成立 65 周年大会上的讲话》，《人民日报》2014 年 9 月 22 日。
② 《十八大以来重要文献选编（上）》，中央文献出版社，2014 年，第 697—698 页。

（二）民生为本论。以民生为本，是习近平同志社会治理重要论述的本质体现。他指出："民生是人民幸福之基、社会和谐之本。"①保障和改善民生对创新社会治理具有根本性作用和意义。习近平同志强调："民生连着民心，民心关系国运。"要"积极推动解决人民群众的基本民生问题，不断打牢和巩固社会和谐稳定的物质基础，从源头上预防和减少社会矛盾的产生。"②保一方平安、维护公共安全是民生的基本需求，也是社会治理的基本要求。习近平同志强调："平安是老百姓解决温饱后的第一需求，是极重要的民生，也是最基本的发展环境。"他还强调，公共安全是最基本的民生。生态环境是最普惠的民生福祉。正确处理维护人民群众权益和维护社会和谐稳定的关系是社会治理创新的根本要求。习近平同志指出："维权是维稳的基础，维稳的实质是维权。人心安定，社会才能稳定。对涉及维权的维稳问题，首先要把群众合理合法的利益诉求解决好。单纯维稳，不解决利益问题，那是本末倒置，最后也难以稳定下来。"这是充满唯物辩证法的创新社会治理重要思想观点。

（三）公平正义论。促进公平正义，是习近平同志社会治理重要论述的核心要义。他高度重视公平正义在社会治理中的核心作用和地位。一是强调健全社会公平保障制度。要实现规则公平，规则面前一视同仁；实现机会公平，机会面前人人相同；实现权利公平，公民基本权利一律平等。二是强调走共同富裕道路。要在经济社会不断发展的基础上，朝着共同富裕方

---

① 《习近平总书记系列重要讲话读本（2016年版）》，学习出版社、人民出版社，2016年，第212页。

② 《习近平总书记系列重要讲话读本（2016年版）》，学习出版社、人民出版社，2016年，第222—223页。

向稳步前进。要处理好效率和公平的关系，既要把"蛋糕"做大，也要把"蛋糕"分好。要深化收入分配制度改革，避免两极分化，"绝不能出现'富者累巨万，而贫者食糟糠'的现象"。要更加注重对特定人群特殊困难的精准帮扶，让所有人民群众都过上好日子。三是强调建立共建共享社会。共享社会是全体人民共享发展成果、全面共享发展成果、共建共享发展成果，"要使得人人共同享有人生出彩的机会，共同享有梦想成真的机会，共同享有同祖国和时代一起成长与进步的机会。"四是强调问题导向。习近平同志指出："要把促进社会公平正义、增进人民福祉作为一面镜子，审视我们各方面体制机制和政策规定，哪里有不符合促进社会公平正义的问题，哪里就需要改革。"要通过建立共建共享社会，让全体人民共有"获得感""安全感"和"幸福感"，真正让全体人民群众感受到实实在在的社会公平正义。

（四）法德共治论。法治和德治并举，是习近平同志社会治理重要论述的重要支柱。他强调："必须坚持依法治国和以德治国相结合，使法治和德治在国家治理中相互补充、相互促进、相得益彰"。[①]坚持一手抓法治、一手抓德治。法治是治国理政的基本方式，要发挥法治对社会治理的保障、服务和促进作用。牢固树立法治社会理念，坚持法治国家、法治政府与法治社会一体建设，善于用法治精神思考社会治理、用法治思维谋划社会治理、用法治方式破解社会治理难题，把社会治理的思想和行为全部纳入法治化轨道。习近平同志指出："培育和弘扬核心价值观，有效融合社会意识，是社会系统得以正常运转、社会

---

① 《坚持依法治国和以德治国相结合，推进国家治理体系和治理能力现代化》，《人民日报》2016年12月11日。

秩序得以有效维护的重要途径。"①人类社会发展的历史表明，对一个民族、一个国家来说，最深厚、最持久的力量是全社会一致认同的核心价值体系和核心价值观。坚持法德共治是社会治理领域的生动体现。

（五）体制创新论。创新体制机制，是习近平同志社会治理重要论述的显著标志。他深刻指出："加强和创新社会治理，关键在体制创新。"一是创新社会治理体制。社会治理体制创新是社会治理模式的根本创新。要建立健全党委领导、政府主导、社会协同、公众参与、法治保障的社会治理体制，确保社会既充满活力又和谐有序。二是创新社会治理方式。习近平同志指出："社会治理是一门科学"，从社会管理到社会治理是治理方式的重大转变。"治理和管理一字之差，体现的是系统治理、依法治理、源头治理、综合施策。""随着互联网特别是移动互联网发展，社会治理模式正在从单向管理转向双向互动，从线下转向线上线下融合，从单纯的政府监管向更加注重社会协同治理转变。我们要深刻认识互联网在国家管理和社会治理中的作用。"②三是创新社会治理机制。要建立健全党委领导和政府主导的维护群众权益机制、社会利益协调机制、预防和化解社会矛盾机制、社会风险评估机制、突发事件监测预警机制，保证社会治理的常态化、长效化、社会化、智能化。

（六）不忘本来论。传承发展中华传统美德和优秀文化，是习近平同志社会治理重要论述的鲜明特色。他深刻指出："不忘

①《习近平谈治国理政（第一卷）》，外文出版社，2014年，第163页。
②习近平：在十八届中央政治局第三十六次集体学习时的讲话，《人民日报》，2016年10月10日。

本来才能开辟未来，善于继承才能更好创新。"①中华文化是我们民族的根基和魂魄，我们必须从延续民族文化血脉中开拓前进。培育和弘扬社会主义核心价值观必须立足中华优秀传统文化，"抛弃传统、丢掉根本，就等于割断了自己的精神命脉。"优秀传统文化是创新社会治理最深厚的根基和源泉。在新的历史条件下对中华优秀传统文化进行创造性转化和创新性发展，将为推进社会治理现代化奠定最为深厚雄浑的力量。习近平同志特别注重家庭建设，他指出："不论时代发生多大变化，不论生活格局发生多大变化，我们都要重视家庭建设，注重家庭、注重家教、注重家风"，"使千千万万个家庭成为国家发展、民族进步、社会和谐的重要基点。"②培育和弘扬社会主义核心价值观，如果抛弃了优秀传统文化，就是放弃了根本，那无异于缘木求鱼。习近平同志对优秀传统文化的重视，实质上是强调了传统文化和核心价值观对中国特色社会治理的精神滋养和定向导航作用。

（七）群众工作论。加强和改进群众工作，是习近平同志社会治理重要论述的基本要义。他指出："社会管理主要是对人的服务和管理，说到底是做群众的工作。一切社会管理部门都是为群众服务的部门，一切社会管理工作都是为群众谋利益的工作，一切社会管理过程都是做群众工作的过程。从这个意义上说，群众工作是社会管理的基础性、经常性、根本性工作。"③由此可见，社会治理本质上就是做群众工作。党的群团

①《习近平谈治国理政（第一卷）》，外文出版社，2014年，第164页。
②《习近平关于全面建成小康社会论述摘编》，中央文献出版社，2016年，第121—122页。
③《习近平在省部级主要领导干部专题研讨班结业式上的讲话》，《人民日报》，2011年2月24日。

工作是党治国理政的一项经常性、基础性工作。要有效增强"政治性、先进性、群众性"，以更好地反映和服务人民群众的需要。思想政治工作是群众工作的重要形式，也是创新社会治理的重要方式。习近平同志关于社会治理中加强群众工作的重要论述，是在新的历史条件下创新发展了党的群众路线的基本思想。

（八）基层重心论。注重基层建设，是习近平同志社会治理重要论述的突出风格。他强调："基层不牢，地动山摇"，"基层就是社会的细胞，是构建和谐社会的基础。社会治理的重心必须落到城乡社区，社区服务和管理能力强了，社会治理的基础就实了。"①他还指出："深化拓展网格化管理，尽可能把资源、服务、管理放到基层，使基层有职有权有物，更好地为群众提供精准有效的服务和管理。"②对基层社会治理的高度重视，表明习近平同志具有强烈的问题意识、丰富的实践经验和深厚的为民情怀。

（九）总体安全论。树立总体安全观，是习近平同志社会治理重要论述的重大创新。他深刻指出："当前我国国家安全内涵和外延比历史上任何时候都要丰富，时空领域比历史上任何时候都要宽广，内外因素比历史上任何时候都要复杂，必须坚持总体国家安全观，以人民安全为宗旨，以政治安全为根本，以经济安全为基础，以军事、文化、社会安全为保障，以促进国际安全为依托，走出一条中国特色国家安全道路。"③传统的国

①《习近平关于全面深化改革论述摘编》，中央文献出版社，2014年，第101页。
②同上。
③《习近平谈治国理政（第一卷）》，外文出版社，2014年，第200—201页。

家安全观主要讲外部安全或对外安全，总体安全观则强调既要重视外部安全，又要重视内部安全。既要重视传统安全，又要重视非传统安全，构建完整的国家安全体系，特别是要注意防范和应对社会安全、科技安全、信息网络安全等新型安全形态。既要重视"国土安全"，又要重视"国民安全"。既要重视"国家发展"，又要重视"国家安全"。既重视自身安全，又重视共同安全，打造人类命运共同体，推动各方朝着互利互惠、共同安全的目标相向而行。

（十）党的领导论。全面加强党的领导，是习近平同志社会治理重要论述的灵魂。一是社会治理要充分发挥党总揽全局协调各方的领导核心作用。党的领导核心作用主要体现在：突出"加强"和"改善"，牢牢把握党领导社会治理的主动权；突出"牵头"和"抓总"，牢牢把握党领导社会治理的关键环节；突出"制度"和"规范"，牢牢把握党对社会治理的领导权。二是以党风政风好转带动社会风气的好转。坚持党要管党、从严治党、从严治吏，大力开展党风廉政建设，净化党风政风，带动和促进社会风气向上健康发展。三是提高党领导社会治理的能力。推进社会治理现代化，关键在于提升党的执政水平。党在社会治理中的领导核心作用需要通过党的基层组织来实现。党的基层组织扎根基层、服务基层，具有参与社会治理的天然优势。这就需要以党的执政能力建设和先进性建设推动社会领域改革发展。可以说，坚持党的领导是中国特色社会治理的最重要特征，也是中国社会治理文明屹立世界民族文明之林的根本保证。

通过以上梳理和阐述可以看出，习近平同志社会治理重要论述是一个层次分明、有机统一的系统理论，具有丰富的内涵和严谨的逻辑。习近平同志社会治理重要论述具有鲜明的人民立场以及充满历史唯物主义和辩证唯物主义的理论品质，不仅是对我们党过去成功经验的坚持和继承，而且是对当今社会实践的凝练和升华，也是对未来发展的引领和创新。习近平同志社会治理重要论述是推动社会领域改革发展、推进社会治理现代化的强大思想武器和行动指南。

二、五年来社会治理的新实践

党的十八大以来这 5 年，在中国特色社会主义理论体系特别是习近平同志治国理政新理念新思想新战略指引下，我国社会治理实践创新取得重大进展。按照全面建成小康社会、完善中国特色社会主义社会治理体系的目标要求，从宏观社会治理到微观社会治理，从各领域系统治理到城乡社区治理，都大力度全方位地深入推进，取得了新突破、新进展、新成效。这里仅举其荦荦大端，作个简要阐述。

（一）筑牢改善和保障民生工程。建设和谐社会、平安社会，形成全民共建共治共享的社会治理新格局，最重要的是保障和改善民生。以习近平同志为核心的党中央把保障和改善民生放在更加突出的位置，根据特定历史时期的需要，实行居民收入增长和经济增长同步、劳动报酬提高和劳动生产率提高同步的方针，普遍地持续增加城乡居民收入。同时，实行坚守底线、突出重点、完善制度、引导预期、注重机会公平的原则，构筑民生保障和改善工程。

一是实施脱贫攻坚战。党中央把贫困人口脱贫作为全面建成小康社会的底线任务和标志性指标，在全国范围全面打响了脱贫攻坚战。脱贫攻坚力度之大、规模之广、影响之深，前所未有。2015 年 11 月，党中央召开扶贫开发工作会议，发布《中共中央国务院关于打赢脱贫攻坚战的决定》，对脱贫攻坚作出全面部署。国务院印发"十三五"脱贫攻坚计划，细化落实中央决策部署。中办、国办出台 11 个配套文件。中央和国家机关有关部门出台 118 个政策文件或实施方案。实施"六个精准"和"五个一批"计划。通过建立一套行之有效的脱贫攻坚责任体系、政策体系、投入体系等，中央各项决策部署得到落实。2013—2016 年，农村贫困人口每年都减少超过 1000 万人，共5564 万人摆脱贫困，贫困地区面貌明显改善，也促进了社会和谐安定。

二是促进就业创业。就业是民生之本。坚持就业优先战略，实行更加积极的就业政策，创造更多就业岗位，鼓励以创业带动就业，着力解决结构性就业矛盾。这五年，在经济发展进入新常态、增长速度放缓的情况下，通过实施扶持就业政策，推行"大众创业，万众创新"，持续推进"放管服"改革，有力地激发了社会创造力，就业创业人员稳定增加，近 4 年来每年新增就业超过 1300 万人，为改善民生和维护社会稳定发挥了重要作用。

三是深化分配制度改革。为了促进发展成果由全体人民共享，实行一系列有利于缩小收入差距的政策，各地方普遍提高最低工资标准。同时，改革收入分配制度，完善初次分配机制，健全再分配调节机制，建立促进农民收入较快增长的长效机制，推动形成公开透明、公正合理的收入分配秩序，明显增加低收入劳动者收入，扩大中等收入者比重，多渠道增加居民财产性收入，并努力构建体现技能、知识价值的收入分配机制。

四是完善社会保障制度。近5年，我国社会保障制度在实现广覆盖、保基本、可持续的框架基础上，进一步打破城乡分割、单位双轨的坚冰，更多地体现了公平公正的原则。一是建立了全国统一的城乡居民基本养老保险制度。合并新型农村社会养老保险和城镇居民社会养老保险。目前，全国所有省级地区都制定了新的城乡居民社保实施意见，基本实现了制度名称、政策标准、经办服务、信息系统"四统一"。持续调高养老保险基础养老金标准。二是实施养老金并轨改革。实行了20多年的养老金双轨制正式废除，机关事业单位与企业都实行社会统筹与个人账户相结合的基本养老保险制度，养老金待遇与缴费而非职级挂钩。三是统筹推进社会救助。国务院颁布《社会救助暂行办法》，首次将救急难、疾病应急救助、临时救助等方针政策纳入法制安排，是我国统筹构建社会救助制度体系的标志。同时，支持慈善事业发展，广泛动员社会力量开展社会救济和社会互助、志愿服务活动。特别是《慈善法》的颁布与实施，是我国整个社会保障体系建设中具有里程碑意义的重大事件，将开启中国现代慈善事业的新时代。

五是改善住房保障。采取一系列政策措施，引导房地产业持续健康发展，控制房价过快上涨。加快推进棚户区和城乡危房改造工程。构建了包括公共租赁住房、棚户区改造、农村危旧房改造、住房公积金等在内的住房保障体系。实施公共租赁住房制度。明确提出从2014年起各地公共租赁住房和廉租住房并轨运行，并轨后统称为公共租赁住房，并把公租房扩大到城市非户籍人口。推进城镇住房法治化，规范城镇住房保障工作。

（二）推进社会治理基础性制度改革创新。教育、卫生、人口、户籍管理等制度是社会治理的重要基础性制度，与人民群众利益密切相关，是社会治理体系和社会文明进步的重要方面。为了促进社会公平正义，更好满足人民需求，国家采取了一系列重大决策部署和制度安排。

——在教育领域，大力促进教育公平制度建设。推动义务教育均衡发展，逐步推进中等职业教育免除学杂费，健全家庭经济困难学生资助体系，构建利用信息化手段扩大优质资源覆盖面的有效机制，逐步缩小区域、城乡、校际差距。健全政府补贴、政府购买服务、助学贷款、基金奖励、捐资激励等制度，鼓励社会力量兴办教育。推进考试招生制度改革。到 2020 年基本建立中国特色现代教育考试招生制度，形成分类考试、综合评价、多元录取的考试招生模式，健全促进公平、科学选才、监督有力的体制机制。从根本上解决教育领域的痼疾，满足人民对受到更好教育的需求。

——在医疗卫生领域，突出建立以提高人民健康水平为核心的现代医疗卫生事业制度。一是基本医疗保障制度覆盖全民。目前，我国基本医保覆盖 95% 以上人口，编织起全球最大的基本医疗保障网，世界卫生组织称赞"中国的医改成就举世瞩目"。二是完善大病保险和医疗救助制度。全面开展重特大疾病医疗救助，基本医保、大病保险、医疗救助、疾病应急救助、商业健康保险和慈善救助有效衔接。三是深化医药卫生体制改革，实行医疗、医保、医药联动，推进医药分开，实行分级治疗。破除公立医院以药养医机制。全面推进公立医院改革，优化医疗卫生机构布局。四是全面推进"健康中国"建设。2016年 10 月，党中央召开全国卫生与健康大会，中共中央、国务院印发《"健康中国 2030"规划纲要》，提出把健康摆在优先发展的战略地位，加快转变健康领域发展方式，全方位、全周期维护和保障人民健康，大幅提高健康水平，显著改善健康公平。这些是具有重大历史意义的决策和制度安排。

　　——在人口发展方面，完善计划生育制度。实施人口发展战略，促进人口均衡发展。全面实施一对夫妇可生育两个孩子的政策。"二孩"政策的颁布，是对我国 1983 年以来所实行的计划生育"一孩"政策的重大调整，关系到中华民族子孙后代的繁衍和持续性发展。同时，积极开展应对人口老龄化行动，构建以生育政策、就业制度、养老服务、社保体系、健康保障、人才培养、环境支持、社会参与等为支撑的人口老龄化应对体系，积极研究制定渐进式延迟退休年龄政策，加快健全养老服务体系和老年服务产业发展，开展全国养老院服务质量建设专项行动，实施老年教育发展规划等。人口政策的创新，是近 5年社会治理实践创新的重大标志。

　　——在户籍管理方面，建立全国城乡统一的户口登记制度。2014 年 7 月，国务院印发《关于进一步推进户籍制度改革的意见》，取消了农业户口与非农业户口性质区分，统一登记为居民户口，稳步推进城镇基本公共服务常住人口实现市民化。2016年 1 月，《居住证暂行条例》施行，"居住证"取代"暂住证"，并据此享受所在城市各类基本公共服务和各项便利。2016 年 9月，国务院印发《推动 1 亿非户籍人口在城市落户方案》，国务院各有关部门出台了一系列配套政策措施，着力解决广大农业转移人口最为关心的教育、就业、医疗、养老、住房保障以及农村"三权"等方面的实际问题。户籍制度改革是我国社会治理基础性制度的重大创新。

（三）构建国家安全体制。这是近 5 年加强和创新社会治理极具标志性的重大举措。国家安全是安国定邦的基础，也是社会稳定和社会进步的前提。为了应对日益复杂多样的国内外安全形势，落实总体国家安全观，党中央决定建立集中统一、高效权威的国家安全体制，采取了一系列重大举措。一是设立国家安全委员会。2013 年 11 月召开的十八届三中全会明确提出，要建立国家安全委员会，完善国家安全体制和国家安全战略，确保国家安全。2014 年 1 月，中共中央政治局会议决定正式成立国家安全委员会。国家安全委员会的主要职责是，加强对国家安全工作的集中统一领导，制定和实施国家安全战略，推进国家安全法治建设，制定国家安全工作方针政策，研究解决国家安全工作中的重大问题；同时，发挥应对重大突发事件的协调指挥作用。国家安全包含军事、安全、公安、司法、外交、金融等多方面的大安全体系，涵盖传统安全和非传统安全领域。成立国家安全委员会，是应对安全形势趋于严峻复杂的时代挑战作出的重要制度安排。二是制定《国家安全战略纲要》和《关于加强国家安全工作的意见》。规划了在新的形势下维护国家安全的指导思想、重大原则和重点任务，强调要做好各领域国家安全工作。三是修订并通过新的《国家安全法》。该法着眼于我国经济社会发展和保障国家安全的实际需要，明确了维护国家安全的职责与任务，国家安全制度，国家安全保障，公民、组织的义务与权利等方面的具体制度。国家安全委员会的成立、《国家安全战略纲要》和《国家安全法》的制定，对维护国家安全和社会安全已经并将起到十分重要的作用。

（四）健全公共安全体系。建设平安中国是加强和创新社会治理的首要目标，是决胜全面建成小康社会和全面建设社会主义现代化强国的基础性工程，更是全国人民的期盼。国泰才能民安。党的十八大以来，"平安建设"被提到了一个新的历史高度。围绕深入推进平安建设，健全公共安全体系，推出食品药品安全、安全生产、防灾减灾、社会治安防控和网络安全等方面的体制机制改革举措。成立了统一权威的食品安全监管机构，建立了严格的覆盖全过程的监管制度，出台了一系列食品药品安全、质量安全的政策措施。持续深化安全生产管理体制改革，建立隐患排查治理体系和安全预防控制体系，努力遏制重大安全生产事故。健全防灾减灾救灾体制。应急管理体系不断健全，应对危机与风险的能力明显提高。加强社会治安综合治理，创新立体化社会治安防控体系，制定和实施健全落实社会治安综合治理领导责任制，健全社会治安防控网，提高社会治安防控体系建设科技水平，依法严密防范和惩治各类违法犯罪活动，提高社会治安防控活动能力。社会治安综合治理迈出新步伐，社会矛盾化解工作实现新突破，加强和创新群众工作，健全重大决策社会稳定风险评估机制。完善网络和信息化管理领导体制，制定和实施网络安全战略，加强网络市场监管。适应互联网时代的要求，引导社会成员确立共同防控风险的理念；推进公共安全工作精细化，实现公共安全事务共同治理。面对当前我国公共安全事件易发多发的总体态势，编织全方位、立体化的公共安全网，并更加注重运用法律规范、道德教化、心理疏导等方式手段，提升了维护公共安全实效，平安中国建设取得重要新进展。

（五）加快社会诚信制度建设。推进诚信制度建设，既是建设和谐社会的重要任务，也是推进社会治理现代化的必然要求。

党的十八大以来，党和国家对社会诚信建设作出了一系列重要部署。国务院颁发《社会信用体系建设规划纲要（2014—2020年）》《关于推进诚信建设制度化的意见》，强调着力推进诚信制度建设。团中央、发改委、人民银行联合制定《青年信用体系建设规划（2016—2020）》。50个部门和一大批企业共同实施优秀青年志愿者守信联合激励行动计划。今年4月，中共中央、国务院颁发的《中长期青年发展规划（2016—2025）》中，将推进青年信用体系建设、倡导和培育青年诚信品格纳入青年发展事业总体布局。注重加强社会信息基础设施、基础制度、基础能力建设，加快推动统一社会信用代码制度，建立以公民身份号码为唯一代码、统一共享的国家人口基础信息库，健全相关方面的配套制度。建立公民统一社会信用代码制度、法人和其他组织统一社会信用代码制度。加强社会信用管理，建设全国统一的信用信息共享交换平台，建设并已上线运行"信用中国"网站，为社会公众查询、了解社会信用信息、社会信用体系建设工作动态提供渠道。积极探索完善守信联合激励和失信联合惩戒制度。

（六）加强城乡社区治理。城乡社区是社会治理的基本单元，也是社会治理体系中的基础部分。近5年来，党和政府更加重视城乡社区在社会治理中的重要作用，实施了一系列改革创新举措，使全国城乡社区治理水平明显提高。注重完善城乡社区治理体系，充分发挥基层党组织领导作用，有效发挥基层政府主导作用，努力发挥基层群众性自治组织基础作用，统筹发挥社会力量协同作用。注重提升城乡社区治理水平，提高社区服务供给能力，提升社区矛盾预防化解能力，增强社区信息化应用能力。各地普遍推行民主化、网络化、网格化、精细化管理，创新城乡居民全面服务管理新模式。畅通民主渠道，开展基层协商，推进城乡社区协商制度化、规范化和程序化。坚持因地制宜，突出特色，推动各地立足自身资源、条件、人文特色等实际，完善社区治理模式。完善市民公约、乡规民约等行为准则。许多城乡重视传播优秀传统文化，有些地方成立乡贤理事会，弘扬新乡贤文化，提高农村社会组织化水平，增强"自治组织"能力。大力开展乡风、村风、家风建设，通过加强古村落保护，编写族谱、家训等，传承向上向善的正能量。中央有关部门制定和实施一系列历史文化名城名镇名村和传统村落保护措施，有力地推动了中华优秀传统美德与文化的保护和创新发展，也促进了平安社会、和谐社会建设。

（七）促进社会组织健康发展。社会组织是社会治理不可或缺的重要力量，是公众和社会力量参与社会治理的重要载体，也是我国社会治理中的短板和难点。针对我国社会组织发展中的问题，党的十八届三中全会《决定》提出："正确处理政府和社会关系，加快实施政社分开，推进社会组织明确权责、依法自治、发挥作用。适合由社会组织提供的公共服务和解决的事项，交由社会组织承担。支持和发展志愿服务组织。"①几年来，中央有关部门制定和实施一系列清理、规范和支持社会组织发展的办法。推动行业协会商会与行政机关真正脱钩，致力于建立新型行业协会商会管理体制和运行机制，促进和引导行业协会商会自主运行、有序竞争、优化发展。这方面改革取得重要进展。2016年底，作为第一批脱钩试点的132家全国性行业协会商会实现与行政机关脱钩，完成脱钩试点的改革

---

① 《〈中共中央关于全面深化改革若干重大问题的决定〉辅导读本》，人民出版社，2013年，第50页。

目标。2016 年 6 月，第二批全国性行业协会商会脱钩试点名单（144 家）公布，第二批试点正在有序推进。2016 年 12 月，《行业协会商会综合监管办法（试行）》印发，至此总体方案规定的 10 个配套文件已全部出台，并形成了一个完整的政策体系框架。制定文件提出到 2020 年建立健全统一登记、各司其职、协调配合、分级负责、依法监管的社会组织管理体制，营造法制健全、政策完善、待遇公平的社会组织发展环境，构建结构合理、功能完善、诚信自律、有序竞争的社会组织发展格局，形成政社分开、权责明确、依法自治的现代社会组织体制。近些年来，从中央到地方各级政府都积极探索实行购买服务机制，重视发挥社会组织在引导社会成员参与风险评估、矛盾调解、社区矫正、青少年教育管理等方面的作用，取得了积极效果。

（八）创新社会治理方式。按照推进社会治理现代化的要求，积极探索社会治理方式创新，是近 5 年中国社会治理新实践的重要特征。一是以信息化建设为基础，不断提升社会治理的网络化与智能化。当今世界，以数字化、网络化、智能化为特征的信息化浪潮蓬勃兴起，没有信息化就没有国家和社会治理现代化。这几年，国家全面推进社会治理信息化建设。2014 年 2 月，中央网络安全和信息化领导小组成立，推动了国家网络安全和信息化建设。随后，印发《国家信息化发展战略纲要》，规范和指导未来 10 年国家信息化发展。制定《"十三五"国家信息化规划》，明确统筹实施网络强国战略、大数据战略、"互联网 +" 行动，整合集中资源力量，为推进国家与社会治理体系和治理能力现代化提供数字动力引擎。北京、上海和深圳等特大城市积极探索符合超大城市特点和规律的社会治理新路子，强化网络化、智能化管理，提高城市管理标准；贵阳等在城市社会治理中更多运用互联网、大数据等信息技术手段，大力推行基层治理信息化，打造"智慧社区"，不断提高城市社会治理科学化、精细化、智能化、现代化管理水平。二是以推行"全面依法治国"为契机，不断推进社会治理的法治化与制度化。党的十八大以来，我国开辟了全面依法治国、建设法治社会的新局面。近5年来，共制定、修改法律48部、行政法规42部、地方性法规2926部、规章3162部，同时通过"一揽子"方式先后修订法律57部、行政法规130部，启动了民法典编纂、颁布了民法总则，中国特色社会主义法律体系日益完备；高效的法治实施体系、严密的法治监督体系、有力的法治保障体系建设取得显著成效，对全面依法治国、依法治理社会发挥了重大推动作用。国务院制定了2020年基本建成法治政府的奋斗目标和行动纲领；先后取消、下放行政审批事项618项，彻底终结了非行政许可审批，激发了市场和社会活力。行政执法体制改革深入推进，公正文明执法水平明显提升。新一轮司法体制改革主体框架基本确立。司法责任制改革全面推开，以审判为中心的刑事诉讼制度改革深入推进，省以下地方法院、检察院人财物统一管理逐步推行。制定实施干预司法记录、通报和责任追究制度，设立知识产权法院、最高人民法院巡回法庭、跨行政区划法院检察院，实行立案登记制，废止劳教制度，一批重大冤假错案得到坚决纠正，司法职权配置不断优化，执法司法规范化建设进一步加强。司法质量、效率和公信力大幅提升，人民群众对公平正义的获得感明显增强。全民守法和法治社会建设迈出新步伐。设立国家宪法日，宪法宣誓制度普遍实施；更加重视社会矛盾纠纷的调解化解，多元化纠纷解决体系日益健全。领导干部带头尊法学法守法用法，运用法治思维和法治方式的能力与水平明显提高。

（九）加大环境保护与治理力度。治理环境污染，提高环境质量，事关人民生命安全和社会安定，是加强创新社会治理的重大任务。党中央、国务院更加重视环境保护与治理，着力推进解决影响人民群众身心健康和社会稳定的环境问题，建设美丽城市、美丽乡村，改善生活环境质量，消除社会风险隐患。党的十八届三中全会《决定》作出明确规定："必须建立系统完整的生态文明制度体系，实行最严格的源头保护制度、损害赔偿制度、责任追究制度，完善环境治理和生态修复制度，用制度保护生态环境。"[1] 国家"十三五"规划中对着力改善生态环境、形成政府企业公众共治的环境治理体系作出全面规划和部署。这几年，大力度地改革生态环境保护管理体制、改革环境治理基础制度，强化环境保护法治，开展环保督察巡视，推进污染物综合防治和环境治理，推行改水改厕、垃圾处理，建立严格监管所有污染物排放的环境保护组织制度体系；以打好大气、水、土壤污染防治三大战役为抓手，逐步构建与改善环境质量的工作体系；全面启动控制污染物排放等方面的强力监管和严格问责制。创新环保督察体制，决定建立环保督察机制。2016年7月，第一批中央环境保护督察工作全面启动，组建8个中央环境保护督察组，分别负责对8个省（自治区）开展环境保护督察工作。2017年起，用两年时间对全国31个省区市进行全部环保督察。通过中央环保督察不仅提升了地方党委政府的环保责任，而且推动解决了一大批环境问

①《〈中共中央关于全面深化改革若干重大问题的决定〉辅导读本》，人民出版社，2013年，第52页。

题，推动地方建立环保长效机制。各地普遍清理"散、乱、污企业"。国家旅游部门发起的"厕所革命"，在全国旅游系统大张旗鼓地推进，不仅有力地改变了当地旅游环境，也带动了全社会的"厕所革命"。江苏邳州市等许多地方还开展了创新公共空间治理行动，城乡人居环境明显改善，社会秩序和社会风气为之改观。

（十）全面加强党对社会治理的领导。全面加强党的领导，全面从严治党，是党的十八大以来治国理政的最鲜明特点，也是社会治理领域实践创新的最突出标志。党风决定政风、社风、民风。治国必先治党，治党必须从严，这是中国社会治理体系和治理能力现代化的重要制度与组织保障。实践表明，从严治党、惩治腐败是最大的社会治理，是理顺民心、实现党长期执政、确保社会长治久安的根本之举。5年来，从严治党的重大举措环环相扣，老虎、苍蝇、蚊虫一起打，惩治了一大批腐败分子，对端正党风发挥了重大作用，伸张了正气，刹住了歪风，赢得了党心民心，极大地带动了政风、社风、民风好转，也推动了社会治理创新发展。针对群团组织存在的突出问题，大刀阔斧地改革群团组织。中共中央召开党的群团工作会议，党中央制定并实施工会、共青团、妇联和文联等群团组织的改革方案，提出一系列改革部署和举措，有力地推动了群团组织改革的顺利进行，使群团组织更好践行群众路线、服务群众，更有效发挥党和政府联系人民群众的桥梁和纽带作用。这几年，还大力加强基层服务型党组织建设，使党的建设覆盖到各类企事业单位、各种社会组织、各个城乡基层，强化党组织的领导核心作用。这些措施，对全面加强党对社会治理的领导起到了重要作用。

三、五年来社会治理的新境界

党的十八大以来这 5 年，我国社会治理思想创新与实践创新发展，具有重大的现实意义和深远历史意义。这不仅有效助力如期实现全面建成小康社会的奋斗目标，而且开拓了中国特色社会主义社会治理的新境界。

（一）开拓了科学社会主义社会治理思想的新境界。以习近平同志为核心的党中央加强与创新社会治理的思想与实践，坚持以马克思列宁主义、毛泽东思想和中国特色社会主义理论为指导，深入观察和分析当今中国社会发展和社会变革中的新情况、新问题，提出了一系列社会治理新理念新思想新战略，在新的历史条件下把坚持、继承同发展、创新辩证地统一起来，继承和发展马克思主义和中国共产党历代领导集体的治国理政重要论述，使科学社会主义社会治理思想进入了新境界，达到了新高度。例如，以人民为中心的社会治理重要论述，不仅回答了社会治理为了谁、依靠谁的问题，还回答了社会治理的评判标准和行动准绳问题，提出了检验社会治理成效，最终都要看人民群众是否真正得到了实惠，人民群众生活是否真正得到了改善，人民群众合法权益是否得到了切实保障。这就将全心全意为人民服务的宗旨、一切为了人民的思想，内化为既有明确指向又贯穿于党的决策部署和方针政策并体现在实际行动中。又如，以民生为本的社会治理重要论述，从根本上纠正了以往那种重经济建设轻社会建设、重管控轻民生的倾向，并推动实施一大批普惠性、基础性、兜底性民生工程，着力形成改革发展与社会治理的最大公约数，有利于从根本上实现良政善治，促进社会和谐稳定和全面进步。这一系列创新性的社会治理重要论述和实践，大大丰富和发展了科学社会主义社会治理理论。

（二）开拓了传统社会管理向现代社会治理转变的新境界。"社会管理"转变为"社会治理"，由"管理"到"治理"虽然只有一字之差，但思想更深刻、内涵更丰富。"社会治理"更加突出了党委领导和政府主导下的多元社会主体共同参与、良性互动，有利于构建共建共治共享的社会治理新格局；更加突出以人为本和以人民为中心的社会治理创新思想，强化人民群众在社会治理中的主体地位、权益保障制度和首创精神；更加突出民主政治和法治思维、法治方式，社会治理要着眼于扩大人民民主，建设法治社会，提高社会治理民主化、法治化水平；更加突出系统治理、源头治理、综合治理，运用经济、法治、教育、行政等多种手段完善社会治理方式方法，标本兼治；更加突出全面加强党对社会治理的领导，以党的执政能力建设和先进性建设引领社会治理，以党风的根本好转推动政风、社会风气净化，以各级党组织自身建设为实现社会治理科学化、精细化、现代化提供坚强的领导核心与组织保证。这些标志着由传统的社会管理向适应时代发展要求的现代社会治理转变。

（三）开拓了中华优秀文化与现代社会文明相融合的新境界。我国有独特的历史、独特的文化、独特的国情，这就决定了社会治理创新发展的独特道路。习近平同志坚持立足中国国情，从中华文明中汲取智慧，博采古今中外一切优秀文明成果，坚守但不僵化、借鉴但不照搬，善于古为今用，洋为中用。这几年社会治理的实践创新，是在总结中国悠久的治理传统和历代中国共产党人治国理政经验教训，以及借鉴吸收人类社会现代优秀文明成果的基础上形成的，将中国传统社会治理模式进行创造性继承和创新性发展，将世界现代文明先进理念、有益作法进行分析鉴别和选择性吸收。更加重视法治与德治有机结合，法治德治并举，他律自律结合；更加重视发挥优秀传统道德文化的教化功能，发挥当代中国特色社会治理的最佳效果；更加重视家庭在社会治理中的基础地位，更多地发挥家庭的生育、婚姻、养老、教化等社会功能，并与现代社会文明进步质素融和发展。这些对优秀传统文化的高度重视，是对社会治理的文化价值维度的重大发展，开拓了现代社会治理文明与中华优秀传统文化融合的新境界，进一步凸显了中华优秀传统文化对中国特色社会治理的精神支撑与凝心聚力的作用。

（四）开拓了以打造人类命运共同体为导向的国际社会治理关系的新境界。近5年来的中国社会治理思想与社会实践创新，具有全球视野性、国际前瞻性、人类关怀性。倡导"和而不同"的价值理念，坚持正确义利观，推进构建人类命运共同体，开拓了国际社会治理的新境界。当今世界正在发生深刻复杂变化，和平与发展仍是时代主题，但是当前世界经济增长需要新动力，发展需要更加普惠平衡，贫富差距鸿沟需要弥合；热点地区持续动荡，恐怖主义蔓延肆虐；和平赤字、发展赤字、治理赤字，是摆在全人类面前的严峻挑战。习近平同志面对国际局势的深刻变化和世界各国同舟共济的客观要求，统筹国内国际两个大局、统筹发展安全两件大事，提出构建人类命运共同体，坚持对话协商、共建共享、合作共赢、交流互鉴、绿色低碳，以建设一个持久和平、普遍安全、共同繁荣、开放包容、清洁美丽的世界为目标，符合各国求和平、谋发展、促合作、要进步的真诚愿望和共同追求，我们要坚定不移维护世界和平、促进共同发展，推动构建以合作共赢为核心的新型国际关系。推动构建人类命运共同体，是对我国社会建设和社会治理的国际国内环境与时代特征进行科学分析与实践探索的伟大成果，为促进人类社会共同发展打开了新的视角和新的思路。

多元流动与社会治理 ①

（2017 年 12 月）

 纵观人类社会历史长河，人口流动是世界范围的普遍现象，人类一直处于不断迁移之中。当今世界，经济、政治深刻变化，以信息化为代表的科技进步日新月异。在这种形势下，社会运转急速加快。人口流动规模更大，频率更高，社会融合趋势更加明显。

 我国实行改革开放以来，随着工业化、城镇化、市场化、现代化进程加快，人口流动成为浩浩荡荡的潮流，大量的人口特别是青年人流动到北京这样的特大城市生存发展。他们之中有青年学生，有各类科技人才；还有在党政机关、企业工作的各类人员。不同身份背景的人每天在这座城市中学习、生活和工作，他们在这座城市中通过各种各样的形式彼此联系，相互交织，社会呈现出多元化的特性。同时，随着国家实施京津冀协同发展战略，北京市正在进行城市副中心建设，创建全国科技创新中心和疏解非首都核心功能。这也要求北京城市社会治

① 本文收入共青团北京市委员会、北京市青年研究会主编：《向上的力量——北京青年流动与创新发展》，人民出版社，2017 年 12 月版。

理模式必须进行创新。

多元化是北京青年群体一个显著的特点。多元群体是指不同种族、民族、宗教等各类人群生活在同一个城市社会中。多元社会具有更多的多样性和包容性，社会成员之间相互联系，彼此尊重。大量的外来人员占北京常住人口的很大部分，他们来自祖国的四面八方，所有的外地人都在为北京城市发展而辛勤工作。青年，则是这个群体中的重要部分。

人口流动性导致了城市的多元性和社会阶层性变化。目前，人们主要关注的是城市之间的流动、城乡之间的流动，以及乡镇之间的流动，这是社会的横向流动。横向流动是纵向流动的前提，成功实现横向流动，容易向社会阶层的更高层流动。外地青年来到北京，主要是为了实现自己的人生价值，追求更好的生活水平。当然，这个过程并不容易，不少青年需要忍受着简陋的住宿环境和拥挤的交通出行。时代的变迁，社会观念的转变以及交通运输的发达、信息网络的完善，为青年们成长、成才和创业创新提供了更好的条件。人口流动是无时无刻都在发生的，整个城市的多元社会结构也一直处于变动之中。

流动人口到城市追求美好生活的梦想，是推动社会全面进步的动力源泉，而获得感、幸福感不仅在于经济方面的满足，还在于社会和文化上的融合。我们知道，北京是一个非常具有包容性的城市，但随着外地人口源源不断地涌入，人口大量聚集，必然出现原住民和外地人之间的融合状态。这种状况也形成了一种独特的社会特征，即今日北京多元化、多阶层的局面。外来人员如何融入这个社会，成为一个值得关注的问题。北京的社会融入问题，多半是外来人口对于城市的认同感。

北京市由于人口的大量积聚，如今已经出现了一系列"大城市病"，包括各类资源紧张、交通拥堵、环境污染等问题。如何控制好由于不同背景的人们所带来的张力，如何缓解种种社会矛盾，这些都是新形势下需要思考的问题，需要提出与之相应的社会治理方式方法。

北京青年流动性所带来的城市发展与城市问题，需要辩证地看待，在解决问题的过程中创新社会治理，这是推进国家治理现代化的内在要求，是提高国家治理科学化水平的迫切需要。

将"社会管理"改为"社会治理"，由"管理"到"治理"，虽然只有一字之差，但含义更深刻，内容更丰富，要求更明确。社会管理往往强调政府自上而下的管理，而社会治理有三个方面更加突出：更加突出党委领导和政府主导下的多元社会主体共同参与，良性互动；更加突出民主与法治，注重运用协商民主、法治思维；更加突出源头治理，综合施策，标本兼治，健全机制，由传统的社会体制向适应时代发展要求的现代社会体制转变。

鉴于北京市青年的多元背景和社会阶层变动所带来的种种问题，北京创新社会治理需要着力抓好以下几个方面。

第一，创新社会治理理念。理念是行动的先导，正确的社会治理理念是实施有效治理的前提和基础。最重要的，是树立以人为本的治理理念。在进行疏解北京非首都核心功能的过程中，应当保障流动人口的合法权益，进行有序疏解，制定可行的政策，不能无故伤害一些青年群体的利益。

第二，创新社会治理主体。社会治理主体是实施社会治理的能动力量，不同的社会主体之间的相互关系构成了社会治理的基本格局。在新的社会治理格局中，党委领导是根本，政府主导是关键，社会协同是依托，公众参与是基础。各个主体，有机联系，不可分割。要重视发挥联系青年群体的共青团的作用，使青年人能够参与到社会治理的方方面面，为其提供相关的渠道来反映利益诉求。同时，在处理城市多元化所带来的问题时，应当充分听取流动青年的呼声，做到科学决策。

第三，创新社会治理方式。治理方式反映了社会治理行为的特点和规律。改进社会治理方式，不仅是创新社会治理体制的重要方面，而且是转变我国社会发展方式的必然要求。目前我国的社会治理体制仍然带有计划经济体制的痕迹和色彩。北京的多元性是经济社会发展的必然结果，多元化意味着人口数量增加和身份背景的多样化。这给社会治理增加了工作量，同时也需要新的治理方式解决新的问题。

第四，创新社会治理体系。构筑全面、有效、系统的供给、服务和保障体系，主要是扩大公共服务体系，推进教育、文化、卫生、体育等社会事业发展与体制创新，完善基本公共服务体系，健全公共安全体系。当前，北京公共服务方面主要是资源紧张，流动青年更加需要医疗、子女教育以及住房等的保障，政策的制定应对这些问题有更多关注。

每个城市正是因为生活在其中的人们不同而变得不一样。北京作为我国首都，吸引了无数青年来到这里拼搏、奋斗、创新，为这座城市的发展注入了强大的活力，提供了巨大的动力。正是人口的多元化，尤其是青年的多样性，使得这座特大城市能够在改革开放中不断繁荣发展。虽然这座城市仍然具有种种亟待解决的问题，但我们应当承认，北京是一座极具创造性和活力的蓬勃向上的现代化大城市。当代青年具有创造的无穷力量，具有顽强拼搏的巨大勇气，有抱负、有志气，敢于担当、锐意进取，正是这种奋发向上的可贵精神，使我们坚信：中国梦，必将实现，指日可待。

深入研究新时代中国特色社会主义
社会现代化问题 ①

（2018 年 1 月 18 日）

很高兴参加这次京津冀社会学界学习贯彻十九大精神座谈会，会议集中研讨"新时代中国特色社会主义社会现代化"问题，既是贯彻落实党的十九大精神的实际行动，也是加强中国社会学界同仁相互交流的学术盛会，很有意义。

不久前闭幕的党的十九大，作出中国特色社会主义进入了新时代的重大政治判断，把习近平新时代中国特色社会主义思想确立为党的指导思想，为我们党和国家事业发展进一步指明了方向。作为社会学理论研究和教育工作者，应深入学习领会和认真贯彻落实党的十九大精神，认清新时代，面向新征程，明确新使命，勇于新作为，为新时代中国特色社会主义谱写新篇章，创造新辉煌，积极贡献智慧和力量！

党的十九大根据新时代中国特色社会主义的历史方位及其要求，对决胜全面建成小康社会、开启全面建设社会主义现代

---

① 本文系 2018 年 1 月 18 日在新时代中国特色社会主义社会现代化研讨会暨京津冀社会学界学习贯彻十九大精神座谈会上的讲话。

化国家新征程，作出了重大决策部署和战略安排，绘制了实现中国社会主义现代化的宏伟目标、路线图、时间表。在到2020年全面建成小康社会的基础上，分两步走到本世纪中叶全面建成社会主义现代化强国。这个现代化强国的宏伟目标，既包括实现经济、政治、文化、生态文明现代化，也包括实现社会现代化。习近平总书记在十九大报告中，对加强社会建设、创新社会治理、推进社会现代化作出一系列重要论述和部署。在坚持和发展中国特色社会主义的前提下，全面实现中国社会主义现代化，是中国历史上最为广泛而深刻的社会变革，也是人类历史上最为宏大而独特的社会革命。这必将为中国社会学的创新发展和繁荣提供强大动力和广阔空间。

时代是思想之母，实践是理论之源。时代和实践是社会学发展的沃土和源泉。如果说40年来在改革开放进程中，中国社会学经历了恢复、新生和蓬勃发展的历史新时期，那么在中国特色社会主义新时代和实现社会主义现代化的新征程中，中国社会学又进入了创新发展和更大繁荣的历史新时代。可以说，随着中国特色社会主义进入新时代，中国特色社会学创新发展又迎来一个新的春天，必将开创社会学大发展、大繁荣的新境界。这是社会学界同仁施展才华、报效国家的难得良机，也是对社会学人应对难题、突破自我的能力考验。我们必须不忘初心，牢记使命，洞察时代风云，把握时代前进方向，紧密联系实际，积极为国家和人民述学立论，助推中国特色社会学大发展、大繁荣。

为此，我认为，在当前和今后时期，社会学研究和发展需要密切关注和深入研究一系列重要课题。这里仅列举几点：例如，什么是社会现代化、我们要实现什么样的中国特色社会主义的社会现代化、怎么样实现中国特色社会主义的社会现代化？习近平总书记指出，世界上没有完全相同的政治制度模式，政治制度不能脱离特定社会政治条件和历史文化传统来抽象判断，不能生搬硬套外国政治制度模式。[①]同样，可以断定，中国的社会现代化也不能生搬硬套别国的模式，必须符合中国国情，扎根中国土壤。再如，如何深入领会、准确把握和自觉运用习近平新时代中国特色社会主义思想研究和推进社会建设和社会治理创新，建设中国特色的社会现代化？如何认识和把握习近平新时代社会建设和社会治理重要论述的精神实质、丰富内涵和重大创新？如何以习近平新时代中国特色社会主义思想丰富和发展中国特色社会学，构建新型社会学和科学的逻辑框架和理论体系？如何将以人民为中心的思想贯穿到社会现代化建设全过程和各个领域？如何按照完善中国特色社会主义制度的要求，推进社会治理体系和社会治理能力现代化？如何把中华优秀传统文化与社会现代化建设有机结合起来？在实施乡村振兴战略中，如何提升乡村社会治理水平，促进乡村社会现代化？在推进城市化发展中，如何提升城市特别是特大城市社会现代化建设水平？面对互联网、人工智能飞快到来的新形势，如何推进社会建设和社会治理的理念创新、制度创新、方式创新、方法创新？完全可以相信，在中国特色社会主义新时代和实现社会主义现代化强国的进程中，在破解各类社会发展的难题中，中国社会学界应该而且能够大有作为！

我本人长期主要从事经济理论和政策研究，也一直重视社

---

① 参见习近平《决胜全面建成小康社会 夺取新时代中国特色社会主义伟大胜利——在中国共产党第十九次全国代表大会上的报告》，人民出版社，2017 年。

会理论和政策研究，努力推动中国社会学发展与建设。我与社会学界结缘由来已久，我国社会学界已过世的陆学艺、郑杭生等老领导、老专家都是我的良师益友，当今社会学界著名领军人物李培林、李强等，也都是我的好朋友。早在1993年在国家计委（现为"国家发改委"）工作时，我就受时任中国社会学会会长袁方同志委托，成立中国社会学会社会发展与社会保障研究会，并担任首任会长，组织社会学界专家和实际部门社会工作者包括李培林教授、宁吉喆博士等开展几个重大课题研究，取得一批重要研究成果，包括《转型时期中国社会发展战略构想研究》《中国社会保障制度基本模式研究》，并主持起草《全国社会发展纲要》等一批重要文件，为中国社会事业和社会学发展作出了积极努力。此后，在中央财经领导小组办公室、国务院研究室工作期间，也坚持研究社会发展中的理论和政策问题，提出过不少建议。近几年，我更是主要从事社会治理和社会学研究，又与社会学界专家一起为社会学学科建设向中央领导建言。2012年10月，我组织撰写《关于加强社会管理学科建设的建议》，2014年我又组织撰写《关于改革学科建制和提高社会学地位的建议》，都受到中央领导的重视，推进了社会学学科建设与发展。在进行社会学理论和社会工作实践中，我不断加深对社会学学科建设的认知和感情，越来越深刻认识到社会学学科的重要性，越来越热心社会治理智库建设和社会学学科建设。

开展百村社会治理调查 助力乡村振兴战略[①]

（2018 年 3 月）

  我们决定开展百村社会治理调查活动，并作为一个重大研究项目，目的在于深入、全面了解和研究当代中国乡村社会治理的现状、趋势，服务国家的战略要求和学校的学科建设，促进社会治理智库建设与交叉学科创新建设密切结合，协同发展。党的十九大开启了新时代中国特色社会主义发展的新征程。习近平总书记在大会报告中提出"实施乡村振兴战略"，这是着眼于决胜全面建成小康社会、全面建设社会主义现代化国家的重大战略选择。实施好这一战略，必须按照"产业兴旺、生态宜居、乡风文明、治理有效、生活富裕"的总要求，统筹推进"五位一体"建设，加快农业农村现代化。其中，加强乡村社会建设和社会治理是一项重大而艰巨的任务，对于全面推进国家建设和治理的现代化至关重要。北京师范大学中国社会管理研究院／社会学院（以下简称"中社院"）作为服务于国家战略要求的社会治理智库，应当义不容辞地担负起这个历史使命并有所作为。

---

① 本文刊载于《社会治理》杂志 2018 年第 5 期。

在实施国家"十三五"规划开局的 2016 年，为了服务决胜全面建成小康社会和推进社会治理现代化的决策部署，我们中社院提出了深入研究乡村社会治理问题，并决定开展"百村社会治理调查"活动。在充分听取各方面意见与论证的基础上，2017 年，"百村社会治理调查"项目正式启动。该项目作为北京师范大学培育国家高端智库的重要抓手，被列入学校交叉学科创新工程总任务之一，旨在作出有深厚度、有时代感、有应用性的科研成果，既服务于党和国家战略决策、推进乡村社会治理，又助力北师大创办新兴学科，加强交叉学科平台建设。

现在看来，我们决定开展百村社会治理的调查活动，与党的十九大精神高度契合，是十分正确的。这个项目上接党中央的乡村振兴战略，下接农村基层社会治理的现实，实施一年多来，取得了初步成果，也发现了一些问题。我们要认真梳理与总结项目进展的情况，以利于下一步工作的推进。

一、开展"百村社会治理调查"的时代背景

马克思主义认为，城市与乡村发展差距拉大，是特定历史阶段的必然趋势，而生产力发展到一定程度后，推动城乡融合发展和一体化又是社会发展进步的内在要求，实现城乡共同繁荣发展是终极的目标。中国共产党秉持马克思主义基本立场，历来高度重视农业、农村、农民问题，将其置于革命、建设和改革的首要问题。特别是党的十八大以来，以习近平同志为核心的党中央将解决"三农"问题作为全部工作的重中之重，办了很多顺民意、惠民生的好事，解决了很多农民群众牵肠挂肚的难事，城乡发展一体化迈出新步伐，农村社会焕发新气象。

党的十九大提出乡村振兴战略，回答了新时代乡村为什么要振兴、振兴什么、如何振兴、依靠谁振兴等一系列理论与实践问题，为新时代中国特色城乡融合发展和一体化发展指明了方向，是从根本上解决我国"三农"问题的新部署，是决胜全面建成小康社会进而全面建设社会主义现代化国家的新要求。

乡村振兴战略，是新时代解决"三农"问题的总抓手和行动纲领。乡村振兴的目标，是实现"产业兴旺、生态宜居、乡风文明、治理有效、生活富裕"。"产业兴旺"是首位，发展是第一要务，是乡村全面振兴的前提，要加快建立与完善现代化农业产业体系。"生态宜居"是核心，不仅要求环境美，更要求生态美与满足人民美好生活需要高度统一。"乡风文明"是境界，坚持物质文明与精神文明一起抓，这是乡村永续发展的支撑和智力支持。"治理有效"是关键，不仅要求加强和创新乡村社会治理方式，更要求治理效率的提升，要紧紧抓住乡村社会治理机制建设，把自治、法治、德治结合起来。"生活富裕"是根本。说到底，乡村振兴是为了让亿万农民生活得更美好，使农民在共建共治共享发展中有更多获得感。由此，产业兴旺、生态宜居、乡风文明、治理有效、生活富裕共同构成了乡村振兴的丰富内涵，它是一个系统工程，需要整体推动，才能相互促进、相得益彰。

在过去一个时期，中国现代化进程中工业化大大快于城市化，在一些地区城市繁荣与乡村衰败并存，乡村发展滞后成为中国现代化建设的突出"短板"。中国现代化不能走一些国家曾经走过的以乡村衰落换取工业化城市化突飞猛进的道路，而要开创一条城乡融合发展、共生共荣、各美其美的新路。这是解决当代中国社会主要矛盾的关键，也是新时代社会主义现代化建设的根本要求。因此，习近平总书记反复强调，任何时候都不能忽视农业、不能忘记农民、不能淡漠农村；中国要强，农业必须强；中国要美，农村必须美；中国要富，农民必须富。

搞好"百村社会治理调查"要全面认识乡村振兴战略的时代意义，并以此为遵循，认真总结我国改革开放40年正反两方面历史经验，深入研究在当代中国社会大变革中，各领域、各方面变革发展给乡村基层社会带来怎样广泛而深刻的影响，深入调查农村基层社会治理领域发生了哪些变化，农民的要求是什么，农村发展趋势又会怎样，如何正确引导乡村振兴，这些都需要深入调查研究并提出有效对策。

二、"百村社会治理调查"的主要任务和做法

随着改革开放和社会主义现代化建设的持续推进，当代中国乡村已经和正在发生历史性变化。村落的布局与环境、村落的形态与结构、村落的人口与教育、村落的组织与秩序、村落的文化活动与生活方式，都面临着新的挑战与抉择。本项目通过对一些乡村进行全面、系统、深入的调查，着重调研不同地区特定自然条件、生活环境、产业发展的乡村，调查历史传承发展与当代社会治理结合的情况，要全面掌握调查对象的历史变迁、改革开放以来的变化和现状、成绩与问题。总结新经验，发现新问题，探讨乡村推进社会治理现代化的路径，研究解决乡村社会治理问题的对策，着力研究基层现代社会治理变革的特点和规律。总结中华优秀传统文化与现代乡村社会对接、融合的途径，探索民族文化在基层传承的有效方式，探索传统文化资源、传统社会治理对实现乡村振兴的实践意义，构建有利

于现代乡村文明的治理模式。

经过一年多的工作，项目组探索了一套行之有效的工作思路，也积累了一些有益的工作经验。

（一）合理组建调查团队，充分发挥中青年作用。研究团队的组建是项目成功的重要保证。要优化调查力量，建立项目责任制。前阶段，一方面邀请了社会学、历史学、公共管理学、法学、经济学等不同学科具有深厚研究功底的专家学者参加项目组。另一方面，注重发挥中青年教学、研究人员的重要作用。在首批研究团队中，青年力量占 70% 以上，吸收了北京师范大学、中国社会科学院、中国人民大学等 11 所高校和科研单位的研究人员参加。具有一定研究能力的博士后、博士研究生等作为研究队伍的重要力量，通过参加项目工作，既丰富了对乡村变革发展实际情况的认识，又提高了进行具体调查研究的本领，增强了全面发展进步的素质与能力。

（二）精心选择调查地点，注重调研实际效果。项目调查工作本着积极进取、逐步推进的方针，2017 年在全国选择了 26 个村落，涵盖北京、黑龙江、内蒙古、河北、山西、陕西、宁夏、湖北、四川、贵州、江西、浙江、广东 13 个省（市、自治区），涉及非物质文化遗产传承与利用、优秀民俗传统与乡风文明建设、灾后重建、红色文化资源的挖掘和建设、生态环境保护与治理等多个有特色的村落。调研人员深入基层、深入群众，面对面了解实际情况，实地考察村落变化的面貌，倾听各方面人员的意见和诉求。一年多来，参与调研的校内外专家百余人，共进行田野调查 50 余次，形成一批重要成果，包括调查报告 26 份，发表研究论文 17 篇，还有 20 余篇调研成果有待印发。在一些特色乡村设立了"北京师范大学百村社会治理智库基地"，为深入、持续开展乡村治理调查建立了稳定的调研基地。

（三）重视数据收集管理，确保调查可持续性。当今社会变革广泛深刻，信息化发展日新月异，互联网、大数据普遍运用，全面、系统、即时掌握相关数据至关重要。中社院社会治理创新研究信息库建设，紧密配合，致力于打造原创的乡村大型统计数据库。项目组数据库开发团队将百村社会治理数据库规划为两个子系统，分别对项目产生的结构化数据（调查问卷数据）和非结构化数据（文档、图片、音视频）进行统一存储、管理和应用，既可满足本院本校的科学研究和教学使用，还可以服务社会各界特别是服务国家乡村治理的需求。所收集的数据将成为国家社科基金特别委托重大项目"中国社会管理创新研究信息库建设"的重要组成部分。

三、"百村社会治理调查"的预期目标和成果

开展百村社会治理调查的主要目的，是服务于党的乡村振兴战略落地，服务于农村基层社会的治理与建设，服务于学校交叉学科的创建。改革开放以来，随着工业化、城镇化、市场化进程加快，中国农村成为现代化进程中问题最集中、最复杂的地域。基层社会发展过程中出现的问题只有通过深入调查才能真切认知。例如，如何从各地实际情况出发提升乡村治理水平，如何把社会建设与社会治理有机结合起来，"空心村"如何治理，资本进入村庄后如何治理，村庄合并后如何治理，有传统文化特色和优势的村落如何继承创新发展，党的组织如何做到全覆盖和有力发挥作用，如何才能使自治、法治、德治结合

好，等等。这些问题已有不少地方进行了积极探索并取得了经验，新生事物大量涌现，但也有一些问题需要深入研究解决。

开展百村社会治理调查将产生以下重要成果。

一是为党政决策提供咨询服务。要通过深入的社会调查，形成一批有价值、高质量的资政建言成果，向党和政府提供决策咨询建议。我们中社院已经成为国家高端智库培育单位的重要组成，国家高端智库的核心要务就是为党和国家提供决策咨询服务。

二是推进理论创新和学术创新。推进社会治理的理论创新、学术创新，是建设高校智库的重要任务。社会治理既涉及社会学科，又涉及公共管理、民俗学、人类学、法学、历史学等多学科。运用多学科视角观察和研究问题，将会有效地推动社会治理理论创新和学术创新。

三是在交叉学科建设上作出成绩。新时代的社会治理需要发展交叉学科，包括推动社会学科、公共管理学科，以及民俗学、民族学、人类学等多学科融合发展。交叉学科建设致力于在传统学科的基础上产生新学科。期望通过百村社会治理调查在交叉学科建设创新上能够作出积极探索。

四是在社会实践中培养和锻炼人才。通过开展乡村社会治理调查，引导教师和学生走向社会、深入社会、了解社会，培养认知社会、洞察社会的能力和理论联系实际的能力。同时，要通过实施这一项目，吸引汇聚校内外教研人员特别是地方农村基层社会治理人才，在共同调查中提升社会治理的现代化水平。

五是搭建广泛和密切联系的合作平台。在开展百村社会治理项目活动中，将推动学校社会治理智库密切联系部门、地方、企业，聚力聚智，优势互补，平等合作，建立稳固联系，共同促进发展，携手助力农村社会治理现代化建设。

四、做好"百村社会治理调查"的希望和要求

搞好"百村社会治理调查"，必须以习近平新时代中国特色社会主义思想为指导，全面贯彻党的十九大精神和近年来党中央关于实施乡村振兴战略的部署，运用辩证唯物主义和历史唯物主义的立场、观点和方法，注重理论联系实际，坚持问题意识和应用导向，深入乡村做全面、系统、翔实的调查，并作出科学分析和研究，务求产生一批多样性有价值高质量的调查研究成果。为此，需要把握以下几个方面。

第一，调查点选择要兼顾典型性和普遍性。中国农村发展极不平衡，历史文化传统也存在很大差异。因此，村落选点要紧紧围绕本项目实施的目的，通盘考虑、审慎确定。着力研究当前中国乡村变革中的热点问题和普遍性问题，以发现、反映和解决乡村现代化进程中社会领域出现的新问题为目的，特别要考虑村落的地区布局和类型，尽可能兼顾到不同地区、各类村庄特色。本着"积极作为，量力而行，注重实效"的原则，选择好调查的村落。

第二，调查内容要做到"四个结合"。即定性调查和定量调查相结合、静态调查和动态调查相结合、人的调查和物的调查相结合、有形调查和无形调查相结合。在实际调查中，有的村落在改革开放前后有很大变化，这种变化不是单纯的数据分析可以体现的，要通过深入调查全面了解村落历史和变迁的过程。静态的调查内容包括历史遗留和传承下来的各类事物；动态的

调查内容可以包含村庄人口流动、村庄经济社会发展的不断变化等。人口结构变动是社会变动的重要体现，要重点调查分析。通过深入调查要能够发现规律性的东西；整个国家发生变化，各类村庄也会随之发生变化，时代变迁对村庄经济、政治、文化、社会、生态发展所产生的影响是深刻的。有形调查可以是能够看到的村史、具体制度；无形的是意识形态的东西，比如价值理念、宗族、民俗文化等，这些方面都要考虑到。不能仅仅搞信息数据调查。更要着眼于认识规律、把握趋势。

第三，调查设计要精心细致。只有做好整体设计，调查的方向、对象、重点内容、方法等才能清晰。百村社会治理调查不是一般的调查，要为国家、民族和社会治理现代化提供实证性研究成果。因此，必须全面设计相关调查内容。比如，社会建设中的平安社会、小康社会、法治社会、健康社会、智慧社会、和谐社会、环境社会等，都要考虑到。传统文化中的家族文化、村史和乡贤人物的作用，都要考虑到。人口变化方面，可以选择具有典型意义的"空心村"，调查其成因和对策。村史馆、文化站、信息图书馆等公共服务设施建设也都是社会治理的重要方面。通过调研，对每个调查的村庄都应撰写出改革开放以来的变化历程、主要成就、存在问题、做法经验、对策建议等。项目组还可以帮助有条件的村落设计并推进村史馆、文化站等建设。

第四，调查工作要力求全面系统和可持续。调查方式可以灵活多样，做到传统调查方式与现代调查方式相结合。一方面，传统的调查方式不可少，包括田野调查、走访、个别座谈、问卷调查、文献收集、不同时段的对比调查等。同时，也要充分利用信息化技术，包括录像、录音、统计、微信、微博互动，以及互联网、大数据等现代化技术手段。要重视走访不同阶层人员和不同年龄层次的人员，对村落情况进行全面系统的把握。调查问卷也要反映全面的动态情况，特别是反映改革开放以来的变化。要注重搞好具有社会治理典型经验的村落调研，注意发现新事物和新经验，通过举办研讨会等多种形式，总结和推介新经验。要建立动态调查机制，入选百村调查项目的村落，要实行跟踪调查，持续提供新情况，不断产出新成果。

第五，调查团队要组织落实。这个调查项目主体是北京师范大学社会治理智库团队，也要组织多方面人员与力量协同参加。要吸引校内外专家学者和青年研究人员参与。同时，可以与企业合作，包括利用他们已经在一些村里建立好的调查系统，请企业协助调查；企业可以在技术手段方面为社会治理调查提供有益的帮助；也可以接收企业提供的资金支持，包括招募本地人员协助调研，也可以考虑建立长期联系的调查基地。各方面调查人员要合理分工、密切合作，共建共享调研成果。

第六，调查成果要多样化和高质量。一是紧扣党的十九大提出的"乡村振兴战略"，抓紧形成一批决策咨询成果。决策要反映普遍规律和趋势，不能只反映个别现象。二是撰写村落调查综合报告和系列专项报告，包括综合性成果，以及针对具体村落的若干系列研究成果。要系统总结所调研村落的基本情况与分析报告，对每个调查村都应写出综合调研报告。三是举办研讨会、论坛和出版专著等。中国社会治理论坛每年举办一届，已经举办七届了，参加者既有党政干部，也有学界研究者，还有来自基层社区的工作者和一些企业家，大家围绕社会治理这个主题，从自己的研究领域出发来讨论和交流，收到了良好的效果。2018 年 7 月将举办第八届中国社会治理论坛，百村调查项目可以设一个专题分论坛,组织大家讨论乡村社会治理问题,提出建议。要提倡搞专题性、接地气的问题研究。四是在公开刊物和报纸上发表调研报告等文章。北师大《社会治理》杂志将开辟专栏,百村调查项目组有什么成果,可以随时发表。族谱、家训、地方乡贤发挥的作用等,都是用传统文化助力当代社会治理的好做法。可以研究建立什么样的激励机制,引导各类人才返乡,服务乡村振兴,反哺农村现代化建设,这是一个值得研究的重要课题。中国所追求的现代化,必须是农村和城市共同发展繁荣的现代化,绝不是城市锦上添花、乡村凋敝衰败的城乡分化景象。五是充实加强社会治理创新信息库建设,提供丰富扎实的基础数据。可以把调研成果纳入已创建的中国社会治理创新研究信息库,作为以后调查、研究、教学的参考资料。

第七,调查活动要做好统一保障工作。搞好调查研究工作,是智库研究的基础,也是智库建设的基石;同时,加强调查研究工作也是学科建设的重要平台,是建设一流大学的重要平台,是发现人才和培养人才的重要平台。我们中社院领导成员、各职能部门都要积极支持调查项目工作。要加强组织协调,智库研究和教学人员要尽可能多地组织起来,还可以适当组织一些学生主要是研究生参加。参加调研的学生在不影响学习的基础上,到一个村里去搞社会调查,这会对他们的成长进步更有帮助。还要从多方面争取支持,提供各种条件,保障调查活动持续有效地开展。

基层不牢、地动山摇。农村基层社会治理关乎中国社会主义现代化建设全局与进程,基层治理如果出现问题,国家发展就会遭遇挫折,必须将问题解决于萌芽状态。本项目要致力于为党为国家为人民作贡献的主旨，做好长期打算，持续不断搞下去。虽然项目调查初期还存在这样那样的问题，但办法总比困难多。只要大家不忘初心，坚定不移，认真搞好乡村社会治理调查，就一定能够在中国乡村振兴、在农村社会治理现代化进程中大有作为，作出积极的贡献。

着力打造新时代社会治理新格局 ①

（2018 年 3 月 28 日）

中国特色社会主义进入新时代，加强和创新社会治理也揭开了历史的新篇章。习近平总书记在党的十九大报告中，从统筹推进"五位一体"总体布局和协调推进"四个全面"战略布局的高度，对加强和创新社会治理进行了深刻阐述，明确提出打造共建共治共享的社会治理格局。这一新时代社会治理的新格局，是在新的历史条件下推进我国国家治理体系和治理能力现代化的客观要求，是解决新时代中国社会主要矛盾的必然选择，也是决胜全面建成小康社会、全面建设社会主义现代化国家的战略安排。

一、新时代社会治理新格局的丰富内涵

共建共治共享，是理解新时代社会治理新格局的三个关键

---

① 本文系 2018 年 3 月 28 日在北京师范大学中国教育与社会发展研究院主办、中国社会管理研究院／社会学院承办的第三届中英社会治理现代化研讨会上的主旨演讲，《光明日报》2018 年 4 月 26 日全文刊发。

词。党的十九大报告提出"提高保障和改善民生水平，加强和创新社会治理"①，并将"打造共建共治共享的社会治理格局"②作为一项重要任务。这样的部署既鲜明体现了社会治理以人民为中心的思想，又体现了加强和创新社会治理与保障和改善民生既互为前提又互相依存的辩证关系。加强和创新社会治理，必须牢固树立人民立场、坚持人民主体地位，切实把实现好、维护好、发展好最广大人民根本利益作为社会治理的出发点和落脚点，形成有效的社会治理、良好的社会秩序，使人民的获得感、幸福感、安全感更加充实、更有保障、更可持续。打造共建共治共享的社会治理新格局，既是加强和创新社会治理的目标要求，也是中国特色社会主义社会治理制度的根本特征。

共建共治共享，寓意深刻、内涵丰富。"共建"，就是要坚持人民主体地位，依靠全体人民共建发展成果。加强和创新社会治理，必须充分尊重人民的意志，反映人民的意愿，充分发挥人民群众创造历史的巨大智慧和决定力量。"共治"，就是要坚持依靠人民群众治理国家和社会，优化社会治理多元主体格局，支持人民群众参与社会治理，保证人民当家作主落到实处。"共享"，就是要坚持让全体人民共同享受发展和治理成果，着力解决好人民群众最关心、最直接、最现实的利益问题，朝着共同富裕目标不断迈进。可以说，共建共治共享的提出，凝聚了党的十八大以来党和全国人民社会治理探索的集体智慧，既

---

① 习近平：《决胜全面建成小康社会 夺取新时代中国特色社会主义伟大胜利——在中国共产党第十九次全国代表大会上的报告》，人民出版社，2017年，第44页。

② 习近平：《决胜全面建成小康社会 夺取新时代中国特色社会主义伟大胜利——在中国共产党第十九次全国代表大会上的报告》，人民出版社，2017年，第49页。

是对过去 5 年我国社会治理实践探索的科学总结，也是对未来社会治理创新发展提出的新任务、新目标。

共建共治共享，三者之间相互交融、相互促进。共建要以制度建设为基础，共治要以体制创新为关键，共享则要以公平正义为保障。只有形成共建共治共享的社会治理格局，才能使人民的获得感、幸福感、安全感更加充实、更有保障、更可持续。因此，共建共治共享的社会治理格局的形成，既决定着中国特色社会主义社会治理现代化的进程，也决定着国家长治久安、人民安居乐业美好愿景的实现。

二、构建社会治理新格局的重要进展

党的十八大以来，我国社会治理领域发生了深刻变革，以人民为中心打造共建共治共享的社会治理格局在实践中取得了重要进展。突出标志是：党的建设在社会各领域、各环节、各方面特别是在基层普遍增强，确保了加强和创新社会治理的正确政治方向。社会治理基础性制度在多个领域获得新突破，包括实施全面二孩政策，大病保险制度基本建立，完善社会救助制度，特别是养老金并轨改革、群团组织改革、户籍制度改革等取得一系列重大进展；更加重视人民主体地位，各地方积极探索新的历史条件下组织群众的新途径新办法，开创了群防群治新局面；深入推进基层自治，新型社区治理体系不断健全，并创新协商民主机制；不断提高社会治理法治化水平，加强信用管理等制度建设，促进社会治理制度化、规范化。

通过打造社会治理新格局，深入推进系统治理、依法治理、综合治理、源头治理，社会治理取得明显成效。尤其是着力解决社会普遍关注的社会发展难题和短板问题，脱贫攻坚取得决定性进展，5年内贫困人口减少6800多万人，易地扶贫搬迁830万人，贫困发生率由10.2%下降到3.1%；社会养老保险覆盖9亿多人，基本医疗保险覆盖13.5亿人，织就了世界上最大的社会保障网；13亿多人口的大国实现了比较充分就业；完善社会救助制度，近6000万低保人员和特困群众基本生活得到保障。社会治安形势实现较大好转，社会大局持续稳定，近几年群体性事件、严重暴力犯罪案件等明显下降，人民群众的获得感、幸福感、安全感普遍增强。

同时也应清醒看到，我国社会治理领域仍面临一系列严峻挑战和风险。国外一些不愿看到中国由大变强的势力渗透加剧，给我国社会治理增加新压力；国内经济风险隐患容易向社会、政治领域传导，给社会治理增加新难度；中华民族有史以来最为广泛而深刻的社会变革，给社会治理提出新课题；以信息化为代表的现代科技迅猛发展，给社会治理增添新变量；社会主要矛盾转化，人民群众日益增长的美好生活需要，给社会治理提出新要求。这些新形势、新任务、新要求，迫切需要我们进一步着力打造健全高效的共建共治共享社会治理新格局。

三、进一步打造社会治理新格局的关键环节

打造共建共治共享的社会治理新格局，是一个复杂系统工程，需要从多个方面、多个角度发力，并且形成合力。当前和今后一个时期，关键要抓好以下几个方面。

加强社会治理制度建设。最根本的，是要完善党委领导、政府负责、社会协同、公众参与、法治保障的社会治理体制。

全面加强党的领导，充分发挥中国特色社会主义制度优势，通过健全相关制度体系，使党的领导真正成为新时代中国特色社会主义社会治理体系的鲜明特征和根本保证。要充分发挥各级党委在社会治理中总揽全局、协调各方的领导作用，强化各级政府抓好社会治理的责任制，发挥好各级政府的公共服务、公共管理、公共安全等职责。同时，要引导和推动社会力量参与社会治理，努力形成社会治理人人参与、人人尽责的良好局面。进一步创新社会治理思路，鼓励和引导企事业单位、社会组织、人民群众积极参与社会治理。还要强化法治，充分发挥法治对社会治理的引领、规范和保障作用。总之，要通过不断加强制度建设，提高社会治理社会化、法治化、智能化、专业化水平。

加强预防和化解社会矛盾机制建设。目前，我国改革发展过程中仍然存在一些不和谐因素，各种社会矛盾和问题相互交织叠加。在这种情况下，要完善社会矛盾排查预警机制，努力做到早发现、早预防、早处置。特别要运用大数据技术、信息化手段，建立社会矛盾排查预警指标体系，汇聚整合各领域矛盾信息，运用数据分析模型，关联发掘重大热点难点问题和矛盾隐患，提高对各类社会矛盾的发现预警能力，形成集信息共享、部门联动、综合研判、跟踪督办、应急处置于一体的工作体系，及时排除、预警、化解、处置各类矛盾风险。还要完善重大决策社会稳定风险评估机制，从源头上预防和减少矛盾。

加强公共安全体系建设。随着经济社会发展和人民生活水平的提高，人们对公共安全提出了更高的要求。从某种意义上讲，公共安全是最大的民生。这就要求树立安全发展理念，弘扬生命至上、安全第一的思想，改革完善安全生产管理、防灾减灾救灾体制机制，坚决遏制重特大安全事故。要健全公共安全体系，加强预测预警预防，建立生产安全事故风险防控体系。要加大投入，不断提升防灾减灾救灾能力。要着力解决突出环境问题，构建政府为主导、企业为主体、社会组织和公众共同参与的环境治理体系。要健全国家安全体系，推动全社会形成维护国家安全的强大合力。

加强社会治安防控体系建设。随着工业化、城镇化、信息化的持续推进，我国社会治安形势出现了新情况新特点。必须深入推进平安中国建设，严密防范和坚决打击暴力恐怖活动，依法开展扫黑除恶专项斗争，惩治盗抢骗黄赌毒等违法犯罪活动，整治电信网络诈骗、侵犯公民个人信息、网络传销等突出问题，切实保护人民的人身权、财产权、人格权，维护国家安全和公共安全。

加强社会心理服务体系建设。加强社会心理服务，培育自尊自信、理性平和、积极向上的社会心态，是加强和创新社会治理的重要任务，也是建设和谐社会的重要方面。针对现代社会容易产生的各种情感、心理、精神性疾患，必须高度重视开展心理疏导、心理干预等手段，培训心理知识，指导心理健康，调节社会情绪，构筑社会心理防线，有效维护社会稳定。同时，要切实找准解决我国现实存在的社会心理问题之突破口，依托专业团体和专业人士，搭建社会心理综治工作平台，建设和完善社会心理服务、疏导、危机干预机制，不断提高社会心理服务的针对性和有效性。

加强社区治理体系建设。要不断推动社会治理重心向基层下移。特别要以提升组织力为重点，突出政治功能，把企业、农村、机关、学校、街道社区、社会组织等基层党组织建设成为宣传党的主张、贯彻党的决定、团结动员群众、推动改革发展的坚强战斗堡垒。要发挥社区社会组织的能动作用，不断健全城乡社区治理体系，健全自治、法治、德治相结合的乡村治理体系。大力推进诚信建设和志愿服务制度化。努力实现政府治理和社会调节、居民自治良性互动。要深化拓展网格化管理，尽可能把资源、服务、管理放到基层，使基层有能力更好地为群众提供精准有效的服务和管理，夯实社会治理的基石。

加强和改善党的全面领导。坚持全面从严治党，不断提高马克思主义政党的领导水平和执政能力，才能够为打造新时代共建共治共享社会治理格局提供根本保证。要加强党的政治领导，确保社会治理沿着正确方向前进；要加强党的思想领导，培育和践行社会主义核心价值观，凝聚社会共识，夯实社会治理的思想基础；要加强党的组织领导，充分发挥党总揽全局、协调各方的领导核心作用；要加强党的干部队伍建设，提高群众工作水平；要深入开展反腐败斗争，持之以恒正风肃纪，为加强和创新社会治理创造良好的政治环境和社会环境。习近平总书记在党的十九大报告中指出，"全面增强执政本领"，"既要政治过硬，也要本领高强"①。完全可以相信，在中国共产党的坚强领导下，我国加强和创新社会治理一定会不断取得新成效，共建共治共享的社会治理新格局必将不断完善并发挥更大的作用。

---

① 习近平：《决胜全面建成小康社会 夺取新时代中国特色社会主义伟大胜利——在中国共产党第十九次全国代表大会上的报告》，人民出版社，2017年，第68页。

党的十九大对社会治理的新部署新要求①

（2018 年 4 月 19 日）

今天，借此机会，我想结合学习领会党的十九大精神，对"社会体制蓝皮书"的编写，谈一些个人看法，与大家一起交流。

党的十九大报告高度重视社会治理创新和社会体制改革问题，不仅充分肯定了过去 5 年社会治理系统的历史性成就，而且明确指出了社会治理领域存在的问题，并对进一步推进社会治理创新、深化社会体制改革提出新要求、作出新部署。党的十九大对加强和创新社会治理提出的一系列新思想、新概括、新观点、新任务、新举措，形成了新时代中国特色社会主义社会治理的思想理论体系和基本方略。我认为，集中体现在如下八个方面。

一是更加明确了"民生"与"治理"的关系。党的十九大报告将"提高保障和改善民生水平"与"加强和创新社会治理"并列作为一大部分论述，体现了两者紧密结合、相互促进的关

① 本文系在《社会体制蓝皮书：中国社会体制改革报告 NO.6（2018）》一书新闻发布会上的讲话。

系。提高保障和改善民生水平，既是加强和创新社会治理的治本之策，又是加强和创新社会治理的出发点和落脚点。从根本上讲，加强和创新社会治理，就是要不断满足人民日益增长的美好生活需要，不断促进社会公平正义，形成有效的社会治理、良好的社会秩序，使人民的获得感、幸福感、安全感更加充实、更有保障、更可持续。

二是首次提出了构建社会治理的新格局。党的十九大报告提出打造共建共治共享的社会治理格局，将加强和创新社会治理定格在共建共治共享，深刻表明了社会体制改革创新的关键切入点在于一个"共"字，凸显了社会治理的公共性、多元性、协商性和共生性。所谓"共建"，就是社会多元主体共同参与建设；所谓"共治"，就是社会多元主体共同参与治理；所谓"共享"，就是社会多元主体共同参与分享成果。可以说，共建共治共享三者之间，既相互交融又互为促进，既是加强和创新社会治理的目标要求，也是中国特色社会主义社会治理制度的显著特征。

三是进一步丰富了社会治理体制的内涵。党的十八大报告提出，加快社会体制改革，必须加快形成"党委领导、政府负责、社会协同、公众参与、法治保障的社会管理体制"；党的十九大报告进一步强调了"完善党委领导、政府负责、社会协同、公众参与、法治保障"的"社会治理体制"。这从深层次上反映了我们党对社会治理体制和运行规律的理论创新和实践创新，更加准确揭示了社会治理各方主体的职能定位和角色作用。

四是突出强调了社会治理制度建设。党的十九大报告强调，"加强社会治理制度建设"，这就要求及时将社会治理创新实践中的重要原则、规则和规律加以制度化乃至法制化。特别是教育、卫生、人口、土地、社会保障、户籍管理、社会信用、民族宗教等制度都是社会治理的重要基础性制度，必须高度重视、不断改革创新，使之更好适应和服务经济社会发展的现实需要和人民群众日益增长的美好生活需要。

五是强化了社会治理的提升水平。相对于之前中央文献中提出的社会治理"科学化""精细化"而言，党的十九大报告进一步明确和强化了提高社会治理社会化、法治化、智能化、专业化的重要性和目标要求。所谓社会化，强调依靠社会力量参与社会治理，使其成为重要的社会治理主体；所谓法治化，强调的是法治；所谓智能化，突出强调社会治理要充分运用现代科技进步特别是大数据、移动互联网和人工智能等科技成果，依靠科技实现社会治理；所谓专业化，则强调的是要提高社会治理的专业化水平，培养专业人才，打造专业队伍，运用专业知识、技能实现社会治理。

六是确定了社会治理现代化的战略目标。党的十九大报告从更为长远的战略定位上，结合新时代中国特色社会主义基本实现社会主义现代化的总目标，提出到 2035 年基本形成现代社会治理格局的战略目标。并明确指出，现代社会治理格局的基本特征是：法治社会基本建成，国家治理体系和治理能力现代化基本实现，社会文明程度达到新的高度，人民生活更为宽裕，社会充满活力又和谐有序，生态环境根本好转，美丽中国目标基本实现。这为推进中国社会治理现代化绘制了具体可期的美好蓝图。

七是部署了新时代社会治理的重点任务。随着中国特色社会主义进入新时代，社会的主要矛盾发生了明显变化，社会治理面临的任务、预设的目标也有所变化。尤其是在国家的总任务由全面建成小康社会转变为全面建成社会主义现代化强国之后，党的十九大报告提出了至少以下方面的重点任务：一要加强预防和化解社会矛盾机制建设；二要健全公共安全体系；三要加强社会治安防控体系建设，保护人民人身权、财产权、人格权；四要加强社会心理服务体系建设；五要加强社区治理体系建设，发挥社会组织作用，推动社会治理重心向基层下移；六要健全自治、法治、德治相结合的乡村治理体系；七要推进诚信建设和志愿服务制度化，强化社会责任意识、规则意识、奉献意识；八要健全国家安全体系；九要实施健康中国战略；十要推动构建人类命运共同体。

八是指明了新时代加强和创新社会治理的路径。强调要抓住人民最关心最直接最现实的利益问题，既尽力而为，又量力而行，一件事情接着一件事情办，一年接着一年干。坚持人人尽责、人人享有；坚持底线、突出重点、完善制度、引导预期；坚持完善公共服务体系，保障人民群众基本生活，不断促进社会公平正义。

认真按照这些原则和路径办事，社会治理就会不断取得新成效，社会主义和谐社会建设也会不断取得新进展。党的十八大以来，我们党以全新的视野，深化对共产党执政规律、社会主义建设规律、人类社会发展规律的认识，进行艰辛理论探索，取得重大理论创新成果，形成了新时代中国特色社会主义思想。党的十九大将"加强和创新社会治理，维护社会和谐稳定"作为习近平新时代中国特色社会主义思想的重要内容。我们要全面领会和把握新时代社会治理的新思想新部署新要求，不断提高加强和创新社会治理、深化社会治理体制的自觉性和责任感。

2018年是全面贯彻党的十九大精神的开局之年，是中国改革开放 40 周年，也是决胜全面建成小康社会、实施"十三五"规划承上启下的关键一年。"社会体制蓝皮书"课题组要以党的十九大精神和庆祝改革开放 40 周年为统领，做好重点选题，产出高质量成果。具体而言，要着力从四个方面认真开展研究工作。

一是认真学习、贯彻落实党的十九大精神，深入研究习近平社会治理重要论述。上面讲过，党的十九大对新时代社会治理作出了重大决策部署，"社会体制蓝皮书"课题组要自觉学习、深入领会、准确运用习近平新时代中国特色社会主义思想去研究和推进社会治理创新和社会体制改革，服务推进新时代中国特色社会主义社会治理理论创新，为全面深化社会体制改革、建成现代社会治理格局提供理论指导。实践永无止境，理论创新永无止境。时代是思想之母，实践是理论之源。全面贯彻落实党的十九大提出的加强和创新社会治理、推进社会治理现代化，还需要不断深化现代社会治理的理论研究和探索，我们要以党的十九大精神为统领，提高政治站位、拓宽学术视野，系统总结和深入研究习近平社会治理重要论述，这也是我们"社会体制蓝皮书"课题组可以大有作为的研究高地。

二是深入开展、认真总结十八大以来社会治理实践创新及其经验。党的十八大以来，中国社会领域发生了一系列历史性变革、取得了重要的历史性成就，社会治理实践创新在全国各地纷纷涌现，遍布城市、乡村、企业、社区、社会组织，社会创造力和社会活力竞相迸发。全面系统梳理和总结各地的社会治理创新实践典型案例和经验做法，十分重要而又必要。北京师范大学中国社会管理研究院／社会学院已组织开展"百村社会治理调查"项目，对全国典型村庄的治理进行深度调查。"社会体制蓝皮书"课题组应该大力倡导实证社会调查精神，深入基层一线，深入调查研究，充分汇集和反映各地推进社会治理创新的宝贵实践和经验教训。这也会大大提升"社会体制蓝皮书"的学术品质，使其更加有血有肉、富有深厚的"地气"。

三是认真研究社会领域改革发展中的热点难点问题，提出具有针对性、可操作性、前瞻性的对策建议。"社会体制蓝皮书"在编写上一定要坚持问题导向，着力破解社会治理和社会体制改革领域的一些痼疾顽症，特别是针对决胜全面小康社会进程中的"防范化解重大风险、精准脱贫、污染防治"三大攻坚战，展开深入系统研究，提出及时有效的对策建议。同时，针对党的十九大报告提出的社会治理重点任务，要进行专项研究，提出具有针对性、时效性、可用管用的政策研究成果。这既是建设新型专业化社会治理智库的内在要求，也是发挥和彰显国家高端智库外脑作用的重要体现。

四是系统梳理、认真总结改革开放40周年的辉煌成就和历史经验，全面深刻分析当前面临的形势和任务。习近平总书记在2018年新年贺词中指出："2018年，我们将迎来改革开放40周年。改革开放是当代中国发展进步的必由之路，是实现中国梦的必由之路。""社会体制蓝皮书"的编写，也要紧扣改革开放40周年的重大历史契机，从多个角度、多个层次、多个体系，全面系统梳理和总结中国社会治理和社会体制改革的伟大历程、辉煌成就和宝贵经验。在此基础上，进一步全面深刻分析当前我国面临的国内外形势和趋势，提出相应的任务举措和实施路径。由此，"社会体制蓝皮书"可以成为宣传和推介改革开放40周年中国社会体制改革经验的一个重要平台和窗口。

做一个诚实守信的人

——在北京师范大学社会学院 2018 届毕业生
毕业典礼上的寄语

（2018 年 6 月 26 日）

同学们、老师们、家长们、来宾们：

今天，我们在这里欢聚一堂，隆重举行北京师范大学社会学院 2018 届毕业生的毕业典礼。首先，我谨代表学院领导班子和全体师生员工，向圆满完成学业的毕业生们表示热烈的祝贺！向悉心指导学生成长进步的老师们表示诚挚的感谢！向辛勤养育子女、前来出席毕业典礼的家长们致以亲切的问候！

党的十八大以来，中国特色社会主义进入新时代。同学们，你们是如此幸运地身处这样一个伟大的新时代，在北京师范大学这个百年学府里自由快乐地度过了人生一段十分美好的时光。你们注定将成为北师大社会学院卓越的、难以忘怀的一届毕业生。我们欣慰而又高兴地看到，你们这几年与新成立的社会学院相向同行、快速发展，你们不忘初心，牢记使命，励志励学，奋发向上，茁壮成长。在社会学知识的浩瀚海洋，在建设新型高端社会治理智库和一流社会学科的征程中，在一年一度的"中国社会治理论坛"台前幕后，在编写《中国社会治理通论》热烈讨论的会议现场，在《当代中国社会大事典（1978—2015）》大型文献编撰的第一线，在从事"百村社会治理调查"的多个田野地头，在"中国社会管理创新研究信息库"的持续建设中，在《习近平社会治理思想研究》等国家重大课题的研究团队里，在"诚信点亮中国"的推进会上，在"挑战杯""京师杯""国创"等各类竞赛以及"学生学术季""京师研究生论坛""假期返乡调查"等各项学术活动中，都处处闪耀着你们的身影。可以说，学院的每一个场所、每一项重要活动，都留下了你们奋斗的足迹、青春的活力和成长的记忆；学院的每一项业绩，每一个进步，都凝聚着你们的参与、付出和奉献。我常常为这些所见所闻而受到深深感动。

借此机会，我对你们为学院建设与发展所作出的积极贡献表示诚挚的感谢！在临别之际，我作为你们的师长，也作为你们的校友，纵有千言万语也难以表达对你们的祝福。在去年的社会学院毕业典礼上，我选择了"做一个敢于担当的人"为主题的寄语；今年，经过认真考虑，我选择以"做一个诚实守信的人"为主题，与大家分享交流一些感悟和看法。

同学们！你们即将步入当代纷纭复杂与生机勃发的社会，这个社会的基本元素是什么呢？我认为，就是诚信。诚信，是一切社会价值的根基，也是社会运行的基本规范。诚信，既是人生的命脉，也是才能的基础。所谓诚实守信，一是指真诚无妄，诚实无欺，尊重事实，实事求是；二是指信守诺言，讲求信誉，注重信用；三是指言行一致，言必行，行必果，表里如一。在我国传统伦理中，诚信被视为"国之大纲""政事之本""立德修业之基"。"君子修身，莫善于诚信。"国无诚信不兴，家无诚信不旺，人无诚信不立。"真诚换真心，诚信值千金"，"诚信是无形的资产"。这是现代人对诚信的理解和认同。今天，移动互联网浪潮把整个世界更加紧密地联系在了一起，提供了前所未有的、大量陌生人协同共事的平台，合作的范围和深度前所未有。而合作的基础，就是你的声誉，以及由此而产生的别人对你的信任。在这个互联互通的时代，在这个以"诚"和"信"为基本元素构建起来的社会中，诚信既是社会对个人的要求，也是个人对社会的责任与承诺。一个人只有坚守并践行诚信，才能在政治上坚定信仰，才能在社会上保持信誉，才能在人际关系间赢得信任。

同学们！作为一种可贵的心智品质，诚实守信在当代人们的社会生活中越来越重要。诚信无形，却可以经天纬地；诚信无色，却可以耀人眼目；诚信无味，却可以散发出醇厚的芬芳。无形、无色、无味的诚信，有着撼人心魄的无穷力量。

——"诚实守信"为立身之本。同学们！中华民族历来把诚实守信作为人之为人的一条重要准绳，作为一个人安身立命的根本。"人而无信，不知其可"，"人无信不立"。历史上，这些诚信箴言已然融入了国人的血脉，植入了民族的基因；今天，"诚信"二字，更是写入了社会主义核心价值观，成为了新时代共同遵循的价值标准。同学们！未来的人生路很长，希望你们"带着诚信走天下"。擦亮诚信铸造的金字招牌，瞄准安身立命的道德标尺，你们就跨进了成功的门槛。

——"诚实守信"为待人之道。同学们！诚实守信是个人走向社会的通行证，展示着你的人格和风貌，决定着他人对你的印象和认知，影响着他人与你的交往意愿和深度。坚守诚信，才能赢得别人的信赖和尊重，才能获得别人的支持和帮助。泥土的芳香熏陶了北京师范大学学子朴实勤劳、艰苦奋斗的务实作风，厚重的历史塑造了北京师范大学学子诚实守信、一诺千金的优良品行。同学们，有一句谚语说得好："如果你想走得快，就独自行动。如果你想走得远，就结伴而行。"希望你们以"诚信"为待人之道，广交朋友，包容互助，合作共赢，诚信致远。

——"诚实守信"为兴业之基。同学们！任何事业的成功之道，其最大奥妙和捷径，首推"诚信"二字。只有秉持诚实守信之道，才能真正做到取信于民、取信于国。俗话说："人缘就是人品。"做事先要做人，做人要有诚信。纵观古今中外一些取得巨大成就的历史人物，在他们的人生字典当中，最重要的就是诚信二字。因为诚信是他们的基本素质，为他们获得朋友信赖，渡过了人生难关，也为他们取得事业成就、赢得人生幸福奠定了坚实的基础。希望你们以诚信为修德、兴业之基，忠实履行自己承担的义务和责任。

习近平总书记在党的十九大报告中深刻指出："青年兴则国家兴，青年强则国家强。青年一代有理想、有本领、有担当，国家就有前途，民族就有希望。"青年是当代社会的主力军，是国家的未来、民族的希望，青年时期也是世界观、人生观、价值观形成的关键时期。青年能否快速成长进步，很关键的一点，就是要做到诚实守信。青年诚信，则人生诚信、社会诚信。青年讲诚信，将会形成强大的社会力量和带动作用，促进全社会自觉遵守心中的道德律令。同学们！在现实生活中，要做到诚实守信，真正成为一个诚实守信的人，并不是一件容易的事情。现在不少人忽略诚信的重要性，做事唯利是图，见利忘义，口是心非。古谚有云："诚信三冬暖，失信三伏寒。"失信、缺信、无信，必将给个人和社会带来沉重的代价。这就需要坚守，更需要坚持。尤其要做到以下四个关键方面。

一要忠诚老实。同学们！一个诚实守信的人，就要忠于国家，忠于人民，决不做有损于国家形象和人民利益的事情，坚决反对各种见利忘义、损人利己的行为，坚持实事求是，做老实人，讲老实话，办老实事。诚信不是简单的情感表达，而是一种真实的理性行为，要讲原则、守法纪。这就要求必须坚定理想、坚守信仰，敬畏规则，遵守规矩，守住底线，坚守秉性，远离虚浮，做到耐得住寂寞、扛得住诱惑、管得住小节，不为名利所累，不为世俗所羁，做一个正气浩然、风清气正、忠诚担当的人。

二要信守承诺。同学们！做一个诚实守信的人，就要信守承诺、一诺千金。对于每一个人而言，诚实守信的品格和声誉，需要经过长期的行为实践方能逐渐积累而成，而其破坏和损失则可能在一瞬之间。这就告诫我们，不可轻易许诺于人、失信于人，否则终将会付出沉重的代价。在学习工作中，要自觉地履行自己的职责，主动地承担起应该承担的各种社会义务，坚决做到不说空话、不说假话、不说谎话，做到言必践、行必果，成为一个襟怀坦荡、严守操行、信守诺言的人。

三要表里如一。同学们！做一个诚实守信的人，就要做到表里如一、言行一致。绝不能当面一套、背后一套，成为"两面人"。这就要求必须树立正确的世界观、人生观、价值观。在任何场合、任何时候和任何情况下，都做一个光明磊落的人、堂堂正正的人。坚决做到"三净"："手净"，不义之财坚决不取；"嘴净"，不该说的话坚决不说；"腿净"，不该去的地方坚决不去，切实做到表里一致。

四要躬身垂范。同学们！做一个诚实守信的人，就要做到躬身力行。对于每一个人而言，在不同的人生成长阶段，在不同的职业岗位，在不同的社会场域，担当不同的社会角色，都要严于律己，坚持从我做起，为人坦诚，敬事而信，让人感觉你真诚可信；特别是要注重言传身教，身体力行，率先垂范，做诚实守信的积极实践者、坚定维护者和示范引领者。

同学们！不管你们未来从事何种职业，我希望你们心中永远充满诚信精神，坚守诚信，践行诚信，使出自你口的每一句话语，由你承办的每一件事情，经得起良心的拷问，经得起大众的品评，经得起社会的推敲，经得起时间的检验。最终，化作你们人生的烙印。这将使你们无愧于"学为人师，行为世范"的北京师范大学校训。

总之，我真诚希望同学们坚信诚信的力量、奋斗的力量和坚持的力量，真正做一个诚实守信的新时代青年人！

最后，衷心祝愿同学们一帆风顺、前程似锦、幸福快乐！

推广枫桥经验 促进乡村社会治理现代化[①]

（2018 年 7 月）

党的十九大明确提出实施乡村振兴战略，既反映出时代进步的发展潮流，也体现了全国人民的共同愿望。大力实施乡村振兴战略，必须提高乡村社会治理现代化水平。

今年是我国改革开放 40 周年，也是毛泽东同志批示学习推广"枫桥经验"55 周年和习近平同志指示坚持发展"枫桥经验"15 周年。作为当代中国乡村社会治理的宝贵经验，"枫桥经验"已成为引领乡村社会治理创新的一面旗帜。其精神内涵的形成和不断丰富，生动展现了改革创新的时代精神。

一、乡村振兴离不开治理有效

实施乡村振兴战略是决胜全面建成小康社会、全面建设社会主义现代化国家的重大历史任务。十九大报告用"二十字"高度概括了乡村振兴的总要求，即"产业兴旺、生态宜居、乡

---

① 本文发表在《瞭望》杂志 2018 年第 46 期。

风文明、治理有效、生活富裕"。

提出"治理有效",强调的是提升治理体系和治理能力现代化水平。其中一个重要方面,就是要推进乡村社会治理现代化,提高乡村社会治理水平,实现有效治理、良好治理。

实现治理有效,是全面实施乡村振兴战略的必然要求。

一方面,实现乡村振兴,必须推进"五位一体"总体布局,全面提高农村现代化水平,发展生产力,改善人民生活,提高文明程度和治理水平,实现经济、政治、文化、社会、生态等各领域全面繁荣和发展。

另一方面,加强和创新社会治理必然要求生产关系和上层建筑相关环节的完善。社会治理有效才能更好促进生产力发展,使农村更加和谐安定,富有活力而有序运行,为农村全面振兴和繁荣提供制度保障。

实现治理有效,有助于破解我国农村面临的新老难题。

当前中国乡村社会治理面临着一系列挑战,新老问题交织。例如,在城市化进程中,大量农村青壮劳动力常年在外打工,房子、土地长期闲置,出现"空心村"现象,形成数量庞大的留守群体,乡村社会治理人才短缺、主体弱化。再如,经过多年努力,大多数农村基本公共服务得到大幅度提升。但由于历史欠账较多,目前农村的基本公共服务在总体上仍然短板,容易引发社会问题。有的乡村,党群干群关系紧张,不仅损害了党和政府的公信力和形象,也侵蚀了乡村社会治理的根基。

乡村社会治理是国家社会治理的重要基石。乡村社会治理有效,探索和完善有中国特色的乡村社会治理路径,关乎国家社会治理现代化进程。

二、"枫桥经验"的"六把钥匙"

55 年来，枫桥干部群众创造的"枫桥经验"的基本精神，一直焕发着旺盛的生命力。特别是 2003 年 10 月，习近平同志对坚持和发展"枫桥经验"作出重要指示，丰富和深化了"枫桥经验"的内涵，推动了这一经验在新的历史条件下的创新发展，有效提升了社会治理现代化水平。

"枫桥经验"既是多年来政法战线上的旗帜，也是新时代加强和创新社会治理的典范。其重要而宝贵的经验主要有六个方面：

其一，坚持和加强党的领导是政治灵魂。"枫桥经验"以基层党组织领导能力和实践效果，充分显示号召力、影响力和凝聚力，使党组织真正成为坚强的战斗堡垒，把中国特色社会主义政治优势与社会治理创新有机结合起来。

"枫桥经验"体现了基层党组织建设在乡村治理现代化进程中的中坚力量和引领作用，成为构建新时代党群干群和谐关系的经验样本，使党的领导真正落实落细。

其二，坚持重视和做好群众工作是根本法宝。一切为了群众，一切相信群众，充分发动群众，坚决依靠群众，并不断创新群众工作方法，这是"枫桥经验"的本质。

"枫桥经验"历久弥新，最根本的在于始终贯彻党的群众路线，坚持从群众中来，到群众中去。同时，根据不同时期社会发展变化，适时创新群众工作内容和方法。近年来，各类社会组织广泛动员和组织群众参与社会治理，亦取得显著效果。

其三，坚持预防和化解矛盾是思想精髓。"枫桥经验"，强调社会力量、社区力量，做到与民共解矛盾纠纷、共查安全隐患、共创平安建设，实现"小事不出村、大事不出镇、矛盾不上交"。

哪里有矛盾，哪里就有调解组织；哪里有纠纷，哪里就有调解工作。近年来，调解志愿者协会、"枫桥大妈"等民间调解组织，把调解工作做到最基层。通过抓源头、抓苗头、抓基础，将矛盾化解在基层，将问题解决在当地，将隐患消除在萌芽状态，实现了社会稳定和谐平安。

其四，坚持尊重和维护人民权益是核心要义。以理服人，这是"枫桥经验"最初、最成功的做法。在维护社会稳定过程中，坚持尊重和维护群众的基本权利和权益，坚持在维护群众利益中做好稳定工作。"枫桥经验"可贵就在于，始终把人民群众的利益放在最高位置，坚持维稳的实质就是维护群众利益。维护群众利益是抓源头、建制度、求长效的治本之举。

其五，坚持注重和加强平安建设是重大创新。平安，既是全体人民幸福安康的基本要求，也是改革发展的重要目的。"枫桥经验"将平安建设贯穿于社会治理的全过程、全领域，通过平安建设来编织安全网，使平安成为人民群众的重要民生福祉。

其六，坚持与时代同步伐是鲜明风格。根据时代发展变化，"枫桥经验"逐步升华，不断创新社会治理内涵与模式。由一般的自治活动到灵活多样的社区协商民主；由单一调解矛盾到多元主体调解；由条块分割管理到"四个平台"治理升级；由传统管控到"互联网＋"社会治理，全面提升社会治理的社会化、法治化、智能化、专业化水平。

三、逐步提升乡村治理现代化水平

"枫桥经验"最重要的启示是，坚持以习近平新时代中国特色社会主义思想为指导，科学把握社会治理的基本规律与运行机制，不断开拓新时代中国特色乡村社会治理的新局面。

一是创新社会治理理念。真正实现从传统社会管控向现代社会治理的转变，就应坚持系统治理、依法治理、源头治理、综合施策，实现治理主体从"单一主体"向"多元主体"的转变，治理环节从"事后处置"向"源头治理"的转变，治理方式由"被动应付"向"主动应对"的转变，治理手段从单一行政手段向法律、经济、道德等多种手段综合运用的转变，真正促进政府治理和社会自我调节、居民自治良性互动。

二是坚持以人民为中心的根本立场。有效的社会治理、良好的社会秩序，可使人民的获得感、幸福感和安全感更加充实、更有保障。加强和创新社会治理，就是要"让老百姓过上好日子"，包括提供更好的教育、更可靠的社会保障、更高水平的医疗卫生服务、更舒适的居住条件、更优美的环境。这是提升中国特色社会主义社会治理之路现代化水平的最好着力点。

三是构建共建共治共享的社会治理格局。坚持走中国特色社会主义的社会治理之路，应以良法善治为目标，以社会协同为路径，以改革创新为动力，推进体制创新、制度创新，构建在党的全面领导下，政府和社会多元主体共建共治共享的社会治理新格局，打造人人有责、人人尽责的命运共同体，提高社会治理社会化、法治化、智能化和专业化水平。

四是健全"三治融合"的社会治理体系。"三治融合"，即自治、法治、德治相融合的乡村治理体系，是加强乡村社会治理的重大创新。这要求健全完善村民自治制度，完善和发展基层民主，全面加强农村法治，推进法治乡村建设，提高基层干部依法办事的水平，引导广大农民群众自觉守法用法，用法律维护自身权益。充分发挥村规民约作用。推进思想道德建设和精神文明建设，弘扬优秀传统文化。

五是传承和弘扬乡村传统特色文化。乡村振兴和乡村治理，离不开文化的引领和滋养。应突出乡村特色、地方特色和民族特色。立足乡情、乡风、乡俗、乡愿，遵循乡村发展规律，保护好古村落、古村镇特色风貌，增强当地村民对自身文化的认同感、归属感，让传统美德扎根村民心灵深处。

六是坚持社会治理与其他治理相互结合。社会治理创新是一项长期复杂的系统工程，不是单项推进就可以一蹴而就的，必须与经济治理、文化治理、生态治理等紧密结合，相互促进、相辅相成，实现乡村治理的整体性提升。特别对于乡村社会而言，基层社会治理的创新，离不开基本的生产条件、基础设施、生态环境的支撑。同时，农村社会的和谐稳定、主体多元、活力充沛，也会为乡村的经济、文化、生态建设提供良好的环境条件和保障。这就要求在乡村社会治理中牢固树立整体观、系统观、协同观。

七是充分运用现代信息技术。如今，我国已形成规模巨大、构成复杂、形态多元的网络社会，不稳定、不确定性因素难以完全预料，社会治理难度加大。因此，必须高度重视运用现代信息技术，打造"互联网＋"社会治理模式，把精细化、标准化、智能化、专业化贯穿于社会治理全过程，把体制机制变革与现代科技应用深度融合起来，有效利用大数据、云计算、物联网、人工智能等信息化手段，不断提高社会治理的质量、效率和效能。

坚定走中国特色社会主义社会治理之路[①]

——改革开放 40 年社会治理变革回顾与前瞻

（2018 年 7 月 7 日）

在伟大的改革开放 40 周年前夕，我们在这里举办"第八届中国社会治理论坛"，以习近平新时代中国特色社会主义思想为指导，回顾总结 40 年来我国社会治理变革的历史进程、宝贵经验和重大成就，深入研讨新时代社会治理需要解决的重点问题，对于我们坚定走中国特色社会主义社会治理之路，站在新起点上再出发再奋进，推进社会治理体系和治理能力现代化，具有重要的意义。

一、40 年来中国社会治理变革的重大进展和历史性成就

1978 年，中国共产党十一届三中全会作出改革开放的重大

---

① 本文系在第八届中国社会治理论坛上作的主旨演讲，收入《改革开放 40 年大家谈》，人民出版社 2018 年 12 月版。

战略决策，开启了当代中国社会革命的历史新时期。40 年来，中国社会沧桑巨变，改革开放极大地解放和发展了社会生产力，也极大地推动和加快了社会全面发展，社会治理领域发生了广泛而深刻的变化。纵观 40 年的历史进程，我认为，中国社会治理领域变革大体经历了三个阶段。

第一阶段，从 1978 年党的十一届三中全会到 1992 年党的十四大，主要是冲破高度集中的计划经济体制和社会管理模式，放松社会领域管控，释放社会活力，让全社会活跃起来。这阶段社会治理变革的重要标志是：1982 年 12 月，五届全国人民代表大会第五次会议，修改《中华人民共和国宪法》，对国家的基本制度、根本任务、治理结构和主要原则都作出了新的规定，包括法治原则、尊重和保障人权原则，也包括改变农村人民公社"政社合一"体制，推进乡村政权建设。这些年通过改革生产流通体制、劳动人事制度，放松城市"单位制""街居制"管理，扩大企业、地方和城市管理权限，有力地推动了社会流动，特别是人口在城乡之间、农村之间、城市之间以及企业之间、行业之间的流动。与此同时，国家从宏观上重视社会建设。1980 年开始研究制定国家中长期发展计划时，就将前五个五年的"国民经济计划"改为"国民经济和社会发展计划"。从 1982 年实行国家第六个五年计划起，专门增加了社会发展的内容，对控制人口增长、促进劳动就业、提高居民收入，发展教育、文化、卫生和社会福利事业，稳定社会秩序等，都作出了具体安排部署。1987 年，党的十三大制定国家发展"三步走"战略中，每一步都把经济发展目标与社会发展目标有机地统一起来。这些表明，伴随改革开放大潮兴起的社会治理变革巨轮开始启动前行。

第二阶段，从 1992 年党的十四大到 2012 年党的十八大，主要是构建与社会主义市场经济体制相适应的社会治理基本框架，积极探索中国特色社会主义社会治理的新路子，进一步增强社会发展活力，开始致力于社会和谐发展。这阶段社会治理变革的重要标志是：1993 年 11 月党的十四届三中全会通过建立社会主义市场经济体制若干问题的决定，全面推动社会主义市场经济的改革，继续促进社会经济活跃发展；同时，重视社会和谐进步。2002 年党的十六大及以后的中央全会，将社会更加和谐作为现代化建设的重要目标提出，并系统阐述了构建社会主义和谐社会的重大思想和战略部署，2007 年党的十七大要求加快推进以改善民生为重点的社会建设，建设服务型政府，明确提出加强和创新社会管理、深化社会体制改革，推进就业、分配、教育、医疗、住房、社会保障等制度改革，着力加强公共服务体系、应急管理体系、公共安全体系以及社会组织体系建设，在城乡社区普遍推行网格化、网络化、精细化管理。这阶段，社会治理一些重要领域和关键环节的变革都取得了重要进展。

第三阶段，从 2012 年党的十八大到现在，主要是以习近平新时代中国特色社会主义思想为指导，全面深化社会治理变革，着力推进社会治理体系和社会治理能力现代化，推动社会充满活力又和谐有序运行。这阶段社会治理变革的重要标志是：2013 年 11 月党的十八届三中全会通过全面深化改革若干问题的决定，提出推进国家治理体系和治理能力现代化的总目标。党的十九大作出加强和创新社会治理的新部署，提出打造共建共治共享的社会治理格局。以习近平同志为核心的党中央采取了一系列新举措，大力度推动社会治理领域改革创新，取得了历史性新进展新成效。包括全面加强和改善党对社会治理的领导，从严治党、惩治腐败，以党风带政风、民风、社风；把保障和改善民生与加强和创新社会治理更紧密结合起来；着力统筹推进"五位一体"建设总体布局、协调推进"四个全面"战略布局；突出抓重点、补短板、强弱项，特别是集中力量打好防范化解重大风险、精准扶贫、污染防治的攻坚战，取得突破性进展。同时，持续推进教育、医疗、人口、户籍、社会保障等制度改革；构建国家安全体制，健全公共安全体系，加快社会信用体系建设，提升城乡社区治理水平，政法领域改革取得多方面新进展。这阶段，开拓了中国传统社会治理向现代社会治理转变的新境界。

经过 40 年改革开放的持续推进，我国社会治理领域变革取得历史性进展，概括起来说：一是基本实现了由传统社会管理体制向现代社会治理体制的重大转变，以往高度集中、统得过死的社会管理体制逐步转向中国特色社会主义社会治理体制。在党委统一领导下，政府、社会、市场、公众多元主体参与共建共治共享的社会治理格局初步确立。二是基本形成了一整套宏观社会治理基础性制度与微观社会治理运行机制，筑起了新型社会治理制度的"四梁八柱"和系列基石，现代社会治理制度建设取得突破性进展。三是基本构建了符合中国国情的新型社会治理体系和国家安全建设体系，包括社会组织体系、公共服务体系、公共安全体系、社会治安防控体系、社会信用体系、应急管理体系等，社会治理体系现代化建设迈出有力的步伐。四是基本改变了传统社会治理方式，综合运用经济、法律、道德、科技和行政等多种手段加强和创新社会治理，不断推进系统治理、源头治理、依法治理、综合治理，社会治理能力提升。

总之，就全国来说，中国特色社会主义社会治理创新全面推进，社会治理现代化建设深入展开。

40年来，社会治理领域深刻变革所取得的成效是多方面的，最为重要和最为显著的成就，就是始终保持了社会大局的稳定，从而有力保障和促进了经济社会全面发展。这不仅集中体现在改革开放40年来实现经济持续快速增长，我国经济已经由40年前占世界第七位跨越成为世界第二大经济体，全国人民由40年前难以过上温饱生活转变到即将享受全面小康生活，收入水平和消费质量显著提升，全体社会成员逐步朝着共同富裕方向迈进，而且突出体现在国家由40年前"文化大革命"的长时间动乱到逐步实现大治，和谐社会建设、平安社会建设、信用社会建设、法治社会建设、健康社会建设不断推进，全面建成小康社会之时的社会美好景象日益清晰地展现在世人面前。从国际上看，在加快现代化的进程中，社会转型极为艰难，相对应的社会体制、社会结构、社会形态的演变往往曲折复杂，充满矛盾和变数。而我国在长达40年急速和深刻的社会革命中，始终保持了整个社会的稳定和发展，特别是近几年严重犯罪案件明显降低，打破了犯罪率随着现代化推进必然升高的西方"魔咒"。今天的中国已成为世界上命案发案率最低的国家之一，人民群众的获得感、幸福感、安全感不断增强，这无疑是人类社会现代化建设史上的伟大奇迹。

二、深化对40年社会治理变革宝贵经验的研究

40年来，我国社会治理变革不仅取得了显著成效，而且在实践中积累了丰富经验，初步研究，以下七个方面尤为宝贵。

（一）坚持不断解放思想，推动社会治理理论创新。40年来，中国特色社会主义实践的每一次历史性进展，都是解放思想、实事求是、与时俱进的结果，是马克思主义基本原理与中国具体实践相结合进行理论创新的结果。从邓小平开创中国特色社会主义理论到形成"三个代表"重要思想、科学发展观，特别是习近平新时代中国特色社会主义思想，都为发展和完善中国特色社会主义提供了强大思想武器和行动指南。改革开放以来，我国社会治理变革取得的举世瞩目成就，也都得益于不断解放思想、坚持推进党的社会治理理论创新，特别是摆脱了许多不合时宜的传统思想和理念的禁锢，包括不断纠正以往实际工作中普遍存在的经济建设"一手硬"、社会建设"一手软"的问题；明确提出建设社会主义和谐社会的重大思想和进行社会体制改革的部署要求；社会治理相关理论经历了逐步深化和推进的过程，即从社会治安综合治理到社会管理再到社会治理现代化的发展过程。我们党勇于用世界眼光和时代发展要求审视社会领域现状，不断推进社会建设和社会治理的理论创新，坚持用新理论、新思路、新办法解决改革开放和现代化建设中的新问题，努力使社会治理变革体现时代性、符合规律性、富有创新性。这是最根本性的经验。

（二）坚持正确政治方向，开拓中国特色社会治理之路。改革朝着什么方向前进，关乎中国现代化事业的成败，关乎国家命运、人民幸福。"旗帜决定方向，道路决定命运"。举什么样的旗帜，就决定了要朝着什么方向前进。党的十一届三中全会以来，我们党始终高举中国特色社会主义伟大旗帜，带领全国人民开辟了中国特色社会主义道路，并在实践中不断完善和发展。改革开放40年的发展历程，就是从本国国情出发，守正创新，始终坚持和发展中国特色社会主义的过程。从根本上讲，社会建设和社会治理改革同经济建设和经济治理改革等其他方面改革一样，都是社会主义制度的自我完善和发展，而不是对社会主义制度的改弦更张。始终保持政治定力，既不走封闭僵化的老路，也不走改旗易帜的邪路。我们要以宽广胸怀研究与借鉴外国在社会建设和社会治理中一切有益的做法，但是，绝不能照抄照搬别国经验、别国模式。必须自觉抵制各种错误思想和主张的影响，确保社会治理变革发展始终沿着中国特色社会主义道路前进。

（三）坚持以人民为中心，依靠群众创新社会治理。这是改革开放 40 年来中国社会治理变革的动力源泉。人民是历史的创造者，群众是真正的英雄。坚持以人民为中心就是坚持人民主体地位。人民群众既是创造社会物质财富和精神财富的主体，也是进行社会治理变革的主体，人民群众的愿望、意志和力量决定着所处历史时期的生产关系、经济基础和上层建筑，从根本上决定历史发展的走向。改革开放 40 年来，之所以能取得社会治理变革一系列成就，就在于我们党始终坚持人民立场，把人民利益放在高于一切的位置去看待问题、处理问题。同时，广泛地动员和组织人民依法管理国家事务和社会事务，坚持走群众路线，社会治理一切为了群众、一切依靠群众。只有切实保障人民合法权益，充分发挥广大人民群众的积极性、主动性、创造性，才能真正实现有效社会治理。

（四）坚持全面深化改革，着力推进社会治理体制创新。加强和创新社会治理，关键在于不断深化改革，推进体制机制创新。在以往相当一段时期内，传统的政府包办的"大一统模式"，不仅给政府带来沉重负担，而且窒息了社会领域的活力。

加强社会建设，创新社会治理，解决社会领域中的问题，就必须进行体制机制改革创新。改革开放40年以来，加强和创新社会治理领域工作，就是紧紧抓住了体制机制改革创新这个"牛鼻子"，包括改革城乡二元结构，推行户籍制度改革，实行基层自治制度，创新社区治理体制，发展各类社会组织，发挥市场、社会力量的作用，不断推进就业、分配、教育、医疗、社会保障、住房等体制制度改革创新。通过转变政府职能，加强和改进政府社会管理，持续推进"放管服"改革，提高社会治理水平。通过推动事业单位分类改革，优化事业单位构成，强化公益类事业单位基本公共服务属性。通过建立政府购买公共服务制度，撬动和激活了公共服务市场。只有通过不断深化社会领域体制改革，才能更好推动社会治理现代化。

（五）坚持运用多种手段，不断创新社会治理方式。改进社会治理方式，不仅是创新社会治理体制的重要方面，而且是转变社会发展方式的必然要求。社会治理要讲究辩证法，既要管理又不能管得太死，要做到刚柔相济、宽严适度，使社会活跃起来而又要有序运行。坚持系统治理、依法治理、综合治理，努力实现社会治理由单一行政手段向多种手段综合并用转变。特别是在信息时代下的中国已经形成了规模巨大、构成复杂、形态多元的网络社会，其复杂性、风险性前所未有，不稳定、不确定性因素难以完全预料，这使得社会治理难度加大，必须高度重视运用现代信息技术，打造"互联网+"社会治理模式，把精细化、标准化、智能化、专业化贯穿于社会治理全过程，把体制机制变革与现代科技应用深度融合起来，有效利用大数据、云计算、物联网、人工智能等信息化手段，不断提高社会治理的质量、效率和效能。

（六）坚持统筹协调推进，构筑社会治理创新坚实基础。社会建设与社会治理是国家建设与治理的一部分。社会治理创新，离不开基本的社会条件、基础设施、文化建设等的支撑。只有推进经济建设，创造更多社会财富和物质条件，才能为社会建设和社会治理提供扎实的物质基础。改革开放40年来，正是随着中国经济持续快速发展，才使得社会建设和社会治理变革事业不断深入发展。从近些年来许多地方的实践看，社会治理体系和治理能力建设必须具有相应的物质基础和经济实力。同时，中国特色社会主义社会治理是一项长期复杂的系统工程，不是单项推进就可以一蹴而就的，而必须与中国特色社会主义经济治理、政治治理、文化治理、生态治理紧密结合，相互促进、相辅相成，实现中国特色社会主义国家治理的整体性提升。而社会和谐稳定、主体多元、活力充沛，也会为其他方面治理创新提供良好的条件和保障。这就要求在推进社会治理变革中牢固树立整体观、系统观、协同观。

（七）坚持加强和改善党的领导，充分发挥对社会治理的核心作用。中国特色社会主义最本质特征是中国共产党的领导。40年来包括社会治理领域变革的全部改革开放之所以取得巨大成就，从根本上说，是始终坚持党的领导、不断加强和改善党的领导的结果。历史和实践雄辩地证明，在当代中国，没有中国共产党的领导，不可能把全国各族人民凝聚起来，不可能把国家和社会治理好。社会治理改革是一项纷繁复杂、艰巨繁重的历史任务。要顺利推进这一重大任务，必须充分发挥党总揽全局协调各方的领导核心作用，牢牢把握社会治理的正确方向。中国共产党的执政地位也决定了深化社会治理改革必须在党的领导下进行。同时，要始终加强党的自身建设，自觉改善党的领导，不断增强党的政治领导力、思想引领力、群众组织力、社会号召力，不断提高党的领导水平，并以党的自我革命推动伟大的社会革命。这也是最为重要的经验。

以上七条，是对 40 年来社会治理领域变革发展基本经验的认识。归结起来说，就是坚定走中国特色社会主义社会治理之路，坚持在改革开放中充分发挥社会主义制度优越性和政治优势，正确把握社会运行和变革规律，妥善处理和协调各方面关系，有领导有秩序地把中国社会治理领域的变革发展不断推向前进。

三、新时代社会治理需要解决的重点问题

中国特色社会主义已进入新时代，这是我国发展新的历史方位。党的十九大明确提出了新时代改革开放和社会主义现代化建设的战略目标和任务，对推进社会治理现代化建设也作出了新的部署。我国社会治理变革正在路上，仍处于攻坚期，既有许多良好机遇，也面临一系列严峻挑战。综合考虑经济社会发展形势和社会治理各方面因素，当前和今后一个时期，中国特色社会主义社会治理变革需要着重解决以下七方面问题。

（一）以提高保障和改善民生水平为重点，不断增强人民群众获得感幸福感安全感。保障和改善民生，既是加强和创新社会治理的根本之策，又是加强和创新社会治理的出发点和落脚点。推进社会治理现代化建设，必须把更好保障和改善民生作为首要任务。我国社会主要矛盾已经转化为人民日益增长的美好生活需要和不平衡不充分的发展之间的矛盾。人民群众不仅对物质文化生活提出了更高的要求，而且在民主、法治、公平、

正义、安全、环境等方面的要求日益增长。目前，民生领域还有不少短板，脱贫攻坚任务繁重，城乡、区域发展和收入分配差距依然较大，一些群众在就业、教育、医疗、居住、养老等方面面临不少难题。这就要求，推进社会治理现代化建设需要紧紧围绕人民群众最关心最直接最现实的利益问题和对美好生活的向往，采取有力举措，包括健全保障和改善民生的制度体系、政策体系、服务体系，破除一切不合时宜的思想观念和体制机制弊端。特别要多谋民生之利、多解民生之忧，在幼有所育、学有所教、劳有所得、病有所医、老有所养、住有所居、弱有所扶上不断取得新进展，促进收入分配更合理、更有序。要完善公共服务体系，加强社会保障体系，健全公共安全体系，构筑社会治安防控体系，建设社会心理服务体系，不断促进社会公平正义，不断促进人的全面发展、全体人民共同富裕，使人民获得感幸福感安全感更加充实、更有保障、更可持续。

（二）以打造共建共治共享治理格局为重点，不断深化社会治理体制改革。打造共建共治共享的社会治理新格局，是推进社会治理现代化建设的战略目标，也是走中国特色社会主义社会治理之路的必然要求。近些年来，我们在构建社会治理新格局方面取得了重要进展。目前存在的突出问题是：各级社会治理部门职责不清，各自为战，条块分割，碎片化问题严重；社会事业和社会组织发展相对滞后，多元社会主体参与社会治理的积极性没有充分发挥出来，也没有形成合力；重管控、轻服务的情况还较为普遍。为此，要通过全面深化改革，加快建立健全党委领导、政府负责、社会协同、公众参与、法治保障的社会治理体制，构建在党的全面领导下政府和社会多元主体积极参与社会治理的制度、动力和路径。要充分发挥各级党委在社会治理中总揽全局、协调各方的领导作用，强化各级政府抓好社会治理的责任制，履行好各级政府公共服务、公共管理、公共安全等职责。要更加重视引导、推动广大群众和社会组织、企事业单位等社会力量参与社会治理，努力形成社会治理人人参与、人人尽责的良好局面。

（三）以加强"自治法治德治"为重点，不断构建社会治理支柱体系。自治、法治、德治，是社会治理现代化建设的三大支柱，必须发挥好这三者的特殊功能作用。基层社会实行自治制度，既是国家宪法规定的重要制度，又是坚持人民主体地位的基本要求。法治是社会治理的基本准则和手段，全面推行法治，是社会治理现代化的最重要标志。德治是社会发展的本质要求，引领社会治理的前进方向。"三治并举"已经形成社会共识。目前，在"三治融合"社会治理体系建设中，主要存在以下问题：一是基层群众参与意识不够强，积极性普遍不高；一些地方社区治理体系不健全，不少地方社区行政化色彩浓厚，体制机制不顺。二是社会领域立法数量不足、系统性不够；执法不严、司法不公问题还较突出；全社会的法治观念仍很薄弱。三是社会价值体系多元化，给思想道德建设带来不少挑战。进一步构建"三治并举"支柱体系，就要健全基层群众自治机制，增强基层社会自治功能，扩大群众参与治理的范围和途径，丰富自治内容和形式，加强基层民主制度建设，使之更好地适应和服务于社会治理创新的趋势和要求；就要加快社会领域立法进程，深化执法、司法体制改革，更好维护社会秩序，促进社会公平正义，深入开展法治社会宣传教育，在全社会树立法律至上的基本信念和行为准则；就要大力培育和弘扬社会主义核心价值观，继承和弘扬中华民族优秀传统文化，增强人们的认同感和归属感；还要做到自治、法治、德治相互融合、相互促进。

（四）以促进事业单位改革为重点，不断提升社会治理创新保障水平。科技、教育、文化、卫生等事业单位，是包括社会治理在内的社会建设的重要平台与依托，这个领域的改革发展直接影响着社会治理现代化建设的进程。多年来，各类事业单位改革做了不少工作，但进展滞后。目前，事业单位定位不准、职能不清、活力不足、效率不高等问题依然存在，既制约着自身发展，也影响着其他领域发展。加快事业单位改革势在必行。为此，一要深入推进简政放权，提高资源配置效率和公平性。二要加快实施政社分开，推进社会组织"去行政化"，激发社会组织活力。适合由社会组织提供的公共服务和解决的事项，尽量由社会组织依法提供和管理。三要理顺政事关系，实现政事分开。区分情况实施公益类事业单位改革，理顺面向社会提供公益服务的事业单位与主管部门的关系，加快推进管办分离，强化公益属性，破除逐利机制。要通过深化事业单位改革，为加强和创新社会治理、推进社会治理现代化建设提供合理、有效的基础性制度保障，不断增强社会治理的活力与动力。

（五）以加强城乡社区体系建设为重点，不断推进基层社会治理现代化。社区是社会治理的基本单元，在全部社会治理中地位重要。基础不牢，地动山摇。推进社会治理现代化，必须加快社区治理体系建设，推动社会治理重心向基层下移。随着工业化、城市化、市场化进程的加快，我国城乡社区治理出现一系列新情况新问题。在农村，不少地方出现"空心村"现象，农村社会治理人才短缺、主体弱化，公共服务短缺。在城市，不少社区治理体制机制不健全，居委会行政负担过重、职能权责不清、自治能力不足。只有加强城乡社区治理体系建设，才能全面提升基层社会治理水平。为此，一要在实施乡村振兴战略中，充分发挥农村社区作为基层群众性自治组织的作用，强化基层自治体系建设、矛盾化解体系建设、治安防控体系建设、社区服务体系建设，推进农村社会有效治理。二要完善社区综合治理机制，加强社区规范化建设，强化社区职能；改革社区政务服务机构设置，探索推行"大部制"；优化社区规模和服务空间；完善社区工作运行机制，完善社区多元治理体系，充分发挥各类社会组织参与社区治理的作用。三要加大社区治理的投入，建立良性合理的激励机制，培养高素质的社区建设人才队伍。四要加强社区文化建设，大力传播先进文化，弘扬传承优秀特色文化，营造社区温馨家园。五要总结推广新时代基层社会治理创新经验。要以"枫桥经验"为样本，与时俱进地创新社会治理内涵和模式，着力提升基层社会治理现代化水平。

（六）以提高"四化"水平为重点，不断加强社会治理能力现代化建设。提高社会治理社会化、法治化、智能化、专业化水平，是推进社会治理现代化的重要目标，也是提升社会治理能力的重要途径。社会治理必须依靠社会力量，"社会化"就要广泛动员全体社会成员，激发出强大的社会参与和自主能动力量；法治是社会治理常态化、长效化的根本保障，"法治化"就要坚持以法律和法理为准绳，保障社会在法治轨道上运行；智能治理是时代的重要特征，"智能化"就要构建智能化社会治理平台体系，实现精准、高效、便捷的新型社会治理；专业本领是社会治理本领的重要体现，"专业化"就要大力培养社会治理专业人才，用先进的理念、科学的态度、专业的方法、精细的标准，为加强和创新社会治理提供各种专业服务。要通过全面深化改革、推广现代科技应用为动力，大力推进信息化、智能化建设，突出加强社会安全治理、公共空间治理、网络社会治理，特别要提高预测预警预防各类风险能力，提高快速、高效、精准应对各类突发事件能力，更加注重加强制度建设，提高社会治理"四化"水平。

（七）以加强党的全面领导为重点，不断发挥中国特色社会主义制度的最大优势。中国共产党领导是中国特色社会主义制度的最大优势，推进社会治理现代化建设必须坚持加强党的全面领导，并不断提高马克思主义政党的领导水平和执政能力。要加强党的政治领导，确保社会治理沿着正确方向前进。要加强党的组织领导，充分发挥党在社会治理中总揽全局协调各方的领导核心作用。要深入开展反腐败斗争，持之以恒正风肃纪，为加强和创新社会治理创造良好的政治生态和社会环境。习近平总书记在党的十九大报告中指出，要"全面增强执政本领"，"既要政治过硬，也要本领高强。"①完全可以相信，在中国共产党的坚强领导下，我国社会治理现代化建设一定会不断取得新成效，在新时代决胜全面小康社会、全面建设社会主义现代化国家中发挥越来越大的作用。

---

① 《十九大报告辅导读本》，人民出版社，2017年，第67页。

新中国 70 年社会治理回顾与思考 [①]

（2019 年 1 月 13 日）

2019 年 10 月 1 日，中华人民共和国将迎来 70 周年华诞。2019 年的中国社会学会新春论坛暨京津冀社会学界座谈会，以"新中国 70 年社会治理回顾与思考"为主题，总结研究 70 年来我国社会建设、社会治理和社会学发展的历程与成就，很有意义。

习近平总书记指出："历史是一个民族、一个国家形成、发展及其盛衰兴亡的真实记录，是前人的'百科全书'，即前人各种知识、经验和智慧的总汇。"[②] "历史是最好的教科书。"[③] 学习和回顾中华人民共和国的历史，总结历史创造的成就和经验，思考历史留下的记忆和启示，对于我们更好认识现实、把握未来，在新时代坚持和发展中国特色社会主义，助推国家现代化和实现中华民族伟大复兴的中国梦，具有十分重要的意义。

---

① 本文系 2019 年 1 月 13 日在中国社会学会新春论坛暨京津冀社会学界举办"新中国 70 年社会治理回顾与思考"座谈会上的主题讲话，发表于《社会治理》2019 年第 2 期。

② 习近平：《领导干部要读点历史——在中央党校 2011 年秋季学期开学典礼上的讲话》，中共中央党校（国家行政学院）网。

③《习近平主持中共中央政治局第七次集体学习》，人民网，2013 年 6 月 26 日。

新中国成立以来的历史，以 1978 年底召开的党的十一届三中全会为标志进行历史阶段划分，可以划分为改革开放前 30 年的历史时期和改革开放后的历史时期。前一历史时期，是我国社会主义革命和建设时期；党的十一届三中全会以来的历史时期，是我国改革开放和社会主义现代化建设新时期，这个新时期的历史还没有结束，如果把这个历史时期以党的十八大为标志再做一个划分，则是进入新时代中国特色社会主义时期的历史。将这三个时期的历史贯通起来，也就是中华人民共和国成立以来的历史。

回顾新中国成立以来的光辉历程，是中国社会发展极不平凡的历史阶段。中华人民共和国的成立，推翻了帝国主义、封建主义和官僚资本主义的统治，结束了中国半殖民地半封建社会的历史，中国人民真正地站立起来，中国历史进入了一个新纪元，这为当代中国一切发展进步奠定了根本政治前提。在此基础上，中国共产党领导全国人民进行了两场伟大的社会革命。一场是社会主义革命和建设，这是在新中国成立后 30 年进行的。这一时期，我们完成了从新民主主义到社会主义的转变，走出了一条适合中国国情的社会主义改造道路，全面确立了社会主义的基本制度，我国现行的国体、政体、国家结构形式和政党制度就是在这个时候确立的；这个时期还开始全面社会主义建设，并取得了历史性的成就，到 1956 年第一个五年计划提前完成时，从前连铁钉都要进口的中国，第一次有了自己生产的飞机、机床与电子工业。另一场伟大的社会革命，是改革开放和社会主义现代化建设。这场社会革命，围绕完善和发展社会主义制度，全面、系统、深入地推进经济、政治、文化、社会、生态文明、军队和党的建设等各个领域的改革，全方位实行对外开放，不失时机推进工业化、信息化、城市化、现代化，大力解放和发展社会生产力，不断提高人民生活水平，城乡社会面貌大为改观，取得了举世瞩目的伟大成就。这两场伟大的社会革命相互联系、不可分割。前一场社会革命为后一场社会革命奠定基础、提供前提，后一场社会革命是前一场社会革命的历史演进和必然趋势。这是当代中国社会发展进步的历史大逻辑，也是科学社会主义不断发展创新的理论大逻辑。

新中国成立以来的社会变革和发展，创造了人类社会发展史上的奇迹。其中，最根本的标志和成就，就是创立、坚持和发展了中国特色社会主义。中国特色社会主义是由中国特色社会主义道路、中国特色社会主义理论体系、中国特色社会主义制度、中国特色社会主义文化"四位一体"所构成的，是改革开放以来党的全部理论与实践的主题。虽然中国特色社会主义开创于改革开放新时期、丰富发展于全面建成小康社会与社会主义现代化建设进程中，但它根植于新中国成立 70 年的长期奋斗，是我们党几代中央领导集体团结带领全党和全国各族人民历经千辛万苦、接力探索取得的。创造和发展中国特色社会主义，使中华民族实现了从"站起来"到"富起来"的伟大飞跃，迎来了中华民族从"富起来"到"强起来"的伟大飞跃，也为全面建成社会主义现代化强国、实现中华民族伟大复兴，奠定了根本的物质基础、政治基础、制度基础和理论基础。

新中国成立 70 年来，一路走来，奇迹屡创、成就辉煌，令世人叹服，但也历经了披荆斩棘、风风雨雨、曲折与坎坷。其间，饱尝了各种重大风险与困难，经受了许多艰辛探索和严重曲折的考验，也付出了多方面巨大的代价。我们要坚持以辩证唯物主义和历史唯物主义的立场、观点和方法，研究与看待新中国的历史，坚持实事求是、尊重历史的科学精神，分清主流与支流、本质与现象、成就与失误，总结正反两方面的经验，深入研究社会发展规律，从社会变革思考中汲取智慧，从理论上诠释中国道路、中国制度的历史必然，牢牢把握中国社会前行的方向与发展趋势，为人类社会现代化建设提供中国方案，这是中国为人类作出更大贡献的生动体现，也是中国理论工作者特别是社会学界的责任与使命。

新中国 70 年来的伟大变革和实践，为中国社会学的建设和发展提供了极为丰厚的土壤。历史和现实深刻表明，社会大变革的时代，一定是社会学大发展的时代。当代中国正经历着我国历史上最为广泛而深刻的社会变革，也正在进行着人类历史上最为宏大而独特的实践创新。这种前无古人的伟大实践，必将给社会学的理论创造、学术繁荣提供强大动力和广阔空间。正如习近平总书记所指出的："这是一个需要理论而且一定能够产生理论的时代，这是一个需要思想而且一定能够产生思想的时代。"[①]这就要求我们深刻认识和把握社会学学科的发展规律、本质特点和内在要求，挖掘新材料、发现新问题、提出新观点、探索新理论，助力构建具有中国特色、中国风格、中国气派的社会学学科体系、学术体系和话语体系。这从理论与实践的结合上提出了一系列重大课题，包括：社会学界如何在马克思主义特别是习近平新时代中国特色社会主义思想指导下研究和概括新中国 70 年的社会变革与发展史？改革开放前后两个时期和新时代的历史承继与伟大转折的理论与现实依据是什么？如何认识新中国 70 年中国社会建设和社会治理的发展历程、历史成就和经验教训？中国特色社会学如何既遵循人类社

---

① 《习近平在哲学社会科学工作座谈会上的讲话》，人民网，2016 年 5 月 18 日。

会发展的一般规律又植根于中国基本国情？这一根本原则如何在其学科体系、学术体系、话语体系的丰富内涵、精神特质与理论范式中充分体现？构建中国特色社会学的客观依据、制度支持、理论准备和人才队伍是否已经具备，短板与瓶颈又是什么？等等。这些问题的破解，必将推动中国特色社会学迈上新的台阶。可以相信，随着中国特色社会主义进入新时代，中国特色社会学创新发展又迎来一个新的春天，必将开创我国社会学大发展、大繁荣的新境界。为迎接新中国成立 70 周年，中国社会学界应该也可以大有作为。习近平总书记指出："只有以我国实际为研究起点，提出具有主体性、原创性的理论观点，构建具有自身特质的学科体系、学术体系、话语体系，我国哲学社会科学才能形成自己的特色和优势。"[1]社会学作为哲学社会科学的重要组成部分，也应坚持这一根本原则。正如已故著名社会学家费孝通先生所言："在中国泥土里培植中国的社会学。"[2]从这个角度而言，中国特色社会学，首要的就是扎根中国沃土，特别是全面、深入研究新中国 70 年来革命、建设和改革的伟大理论创新和实践创造。这里需要把握如下几点。

一是坚持以马克思主义和马克思主义中国化的科学理论为指导，坚持坚定正确的政治方向。任何学科建设、学理研究都有一个为了谁的问题，社会学学科也不例外。在社会学学科建设中，我们要坚持中国的基本国情与发展阶段，坚持最广大人民的根本利益，坚持国家治理体系与治理能力的现代化，坚持和谐社会建设与人的全面自由发展，这是中国特色社会学学科建设的根本，是必须始终坚持，不可动摇的。为了实践这一根

---

① 《习近平在哲学社会科学工作座谈会上的讲话》，人民网，2016 年 5 月 18 日。
② 费孝通：《重建社会学的又一阶段》，《社会》1986 年第 2 期。

本原则，我们还要解决如何做的问题，加强马克思主义社会学建设，亟须制定马克思主义社会学学科发展规划，努力把马克思主义社会学建设成为中国社会学的优势分支学科，发挥好马克思主义社会学的支撑引领作用。

二是立足基本国情和历史传统。"社会学"是"西学"，更应是"中学"。新中国70年，特别是改革开放40年以来，我国经济实现大发展、社会发生大变革，在这一过程中积累了独特发展经验，开辟了中国特色社会主义道路，为构建中国特色社会学提供了现实依据和历史根基。中国特色社会主义现代化蓬勃发展，呼唤着加快构建中国特色社会学。

三是坚持问题导向和实践品格。问题是创新的起点，也是创新的动力源。只有聆听时代的声音，回应时代的呼唤，认真研究解决重大而紧迫的问题，才能真正把握住历史脉络、找到发展规律，推动理论创新、学术创新、学科创新。中国社会学应围绕中国和世界发展面临的重大理论与实践问题，不断优化社会学学科体系，切实提升回应现实问题的学科能力。

四是坚持创新导向和原创战略。一方面，要发挥多学科、跨学科优势，加快发展具有重要现实意义的社会学新兴学科和交叉学科，比如社会治理学、社会政策学等；另一方面，要总结中国经验，勇于创新，不断概括出中国社会学的新概念、新范畴、新术语，打造中国化的社会学学术话语体系，解决长期以来社会学话语体系中"西强我弱"等问题。

北京师范大学中国社会管理研究院／社会学院成立8年来，积极探索高校智库建设与学科建设相结合的新路子。坚持双轮驱动，着力推进社会治理智库与社会学学科一体化建设，进行了一些积极探索，取得了重要的进展。2017年9月，中国社会管理研究院／社会学院作为北师大教育与社会发展研究院重要支柱被纳入国家高端智库试点培育单位；2018 年 3 月，国务院学位办正式公示了 2017 年全国学科授权点审核结果，北京师范大学社会学一级学科博士授权点获得通过，中国社会管理研究院／社会学院是主建单位。几年来，我们主要做了以下九个方面工作。一是向党和政府提供决策咨询建议。截至 2018 年 12 月，有 76 项决策咨询研究成果获得党和国家领导人重要批示，决策影响力不断提高。《党的十八大以来中国社会治理的新进展》等获得包括中央主要领导在内的多位领导同志重要批示。二是连续举办八届中国社会治理论坛。每届论坛都产生了一批高质量研究成果，社会影响力不断扩大。三是组织编撰和出版大型文献图书《当代中国社会大事典（1978—2015）》，四卷 320 多万字。这部大事典全景式记录了改革开放以来社会领域发生的历史性变革。目前，我们正在全国哲学社会科学规划办的支持下，组织编撰《当代中国社会大事典（1949—1978）》。四是组织编写《中国社会治理通论》。这本教材历时两年、十易其稿，已经交付出版社。五是建设中国社会管理创新研究信息库，开发和推出"当代中国社会治理百科"。六是创办我国首家社会治理领域的杂志《社会治理》，为理论界与实务部门创新社会治理与社会建设提供了平台。七是组织开展"百村社会治理调查"活动。八是推进社会学、公共管理学、历史学、经济学在内的交叉学科建设。九是开展国际合作交流，与英国相关大学机构联合举办三届"中英社会治理现代化研讨会"等，在国际上产生了较大影响。这些工作的开展和实施，今天在座的不少领导、专家、学者都给予了多方面的关心、支持和帮助！在此，我谨向你们表达诚挚的感谢！

做一个自强不息的人

——在北京师范大学社会学院 2019 届毕业生毕业典礼上的寄语

（2019 年 6 月 26 日）

同学们、老师们、家长们、来宾们：

大家下午好！

今天，我们在这里欢聚一堂，隆重举行北京师范大学社会学院 2019 届毕业生的毕业典礼，共同见证同学们毕业的荣耀时刻。首先，我谨代表中社院，向圆满完成学业的毕业生们表示热烈的祝贺！向悉心指导学生成长进步的老师们表示诚挚的感谢！向辛勤养育子女、前来出席毕业典礼的家长们致以亲切的问候！

今年的毕业典礼很特别，不在于仪式，而在于时刻。2019 年，是五四运动 100 周年，也是中华人民共和国成立 70 周年。前不久，习近平总书记在纪念五四运动 100 周年大会上的讲话中指出：新时代中国青年要树立远大理想，要热爱伟大祖国，要担当时代责任，要勇于砥砺奋斗，要练就过硬本领，要锤炼品德修为。同时，他还殷切希望：新时代中国青年要珍惜这个时代、担负时代使命，在担当中历练，在尽责中成长，让青春在新时代改革开放的广阔天地中绽放，让人生在实现中国梦的奋进追逐中展现出勇敢奔跑的英姿，努力成为德智体美劳全面发展的社会主义建设者和接班人！习总书记的重要讲话，激励着广大青年在新时代发扬五四精神，以青春之我、奋斗之我建功立业，为实现中华民族伟大复兴的中国梦贡献力量！

同学们，你们很幸运，你们在师大学习的这几年，正是中国特色社会主义进入新时代的美好时光，你们是名副其实的新时代中国青年。几年前，你们怀揣梦想和憧憬来到师大校园，珍惜宝贵时光，脚踏实地治学修身，努力向上，追求卓越，茁壮成长。此时此刻，作为你们的老师，我与你们的父母一样，深感欣慰。借此机会，在临别之际，我作为你们的师长，也作为你们的校友，纵有千言万语也难以表达对你们的祝愿和祝福。在近几年社会学院毕业典礼上，我都围绕立德树人这个教育的根本宗旨作寄语。2015 年 6 月 27 日在首届社会学院毕业典礼上以"做一个什么样的人"为主题、2017 年 6 月 22 日毕业典礼上以"做一个敢于担当的人"为主题、2018 年 6 月 26 日毕业典礼上以"做一个诚实守信的人"为主题，分别作了讲话。今年，我以"做一个自强不息的人"作寄语，与大家分享交流一些感悟和看法。

同学们！在你们即将开始又一段寻梦、筑梦、圆梦的旅途之际，我给大家这个寄语，是经过认真思考的。自强不息，这是人们耳熟能详的成语，也是一句砥砺奋进、言简意赅的格言。什么是自强不息？就是自觉地努力向上，永不松懈地奋斗。《周易》有云："天行健，君子以自强不息。"大自然永远处于周流不息、变动不居的运动变化过程中，人们应该效法大自然的刚健性格，永远不断地前进，这样，才能赋予有限的生命以永恒的价值。自强不息是最为可贵的精神和信仰。中华民族几千年来历经磨难，绘就了自强不息的辉煌画卷；新中国70年来，战胜各种艰难险阻，谱写了自强不息的壮丽凯歌。

古今中外无数事例都充分表明，只要坚持自强不息，就能不断获取力量、最终成就事业。这里很典型的例子，是中国古代的司马迁身遭腐刑之耻，忍辱负重，自强不息，写下了被誉为"史家之绝唱"的《史记》巨著，流芳千古。当代最杰出的理论物理学家史蒂芬·霍金，全身瘫痪，完全不能说话，在令人难以置信的艰难中，不屈不挠，通过坚持不懈研究发现了黑洞蒸发理论和量子宇宙论，成为一个科学名义下的巨人。他们用自己的一生，诠释了什么叫"自强"，什么叫"奋斗"。凝视这些先行者渐行渐远的背影，我们可以明白这样一个道理，那就是：唯自强者方能致远！

"自强不息"，是我最喜爱的格言，也是我的座右铭。几十年来，无论是家境穷困的求学时代，还是条件艰苦的边疆林海；无论是担子越来越重的工作岗位，还是要求越来越高的职责任务；无论是逆境，还是顺时，"自强不息"精神始终让我自励、自律、自强，顽强拼搏，不懈奋斗，使我能为国家和人民的事业尽责出力。我可以负责任地告诉大家一个深切体验，人生的道路从来都是山重水复，柳暗花明，向来都是风起云涌，惊涛拍岸；此中情形，恰如中国一句古语所说："不如意事常八九，可与人言无二三。"面对人生道路上的荆棘丛生、坎坷不平，唯有自强，才能克服苦难、战胜挑战，用好机遇、获得成功；唯有持续不懈的自励和坚守，才能踏石留印，抓铁有痕，完成一次又一次的自我超越，实现一次又一次的自我升华！

同学们！你们即将走向社会，承担起崇高的社会责任。社会是一张大考卷，它写满太多的难题；社会是一个大熔炉，它通过熊熊烈焰提炼真金。当今世界正处于百年未有的大变革时代，也是一个生存发展竞争异常激烈的时代。正所谓打铁还需自身硬，只有自己足够强大，才能让人生因梦想而伟大。在这个千帆竞发、百舸争流的时代，绝不能有丝毫犹豫游移、畏缩不前，也不能有半点骄傲自满、故步自封，必须勇立潮头，奋勇搏击。因此，希望大家把"自强不息"深深融入自己的脑海中，清晰刻印在人生的字典里。"自强不息"是你们走向社会、走向未来、走向成功的一种可贵品质和精神力量！只有坚持自强不息，方能选好人生的方向，方能迎接人生的挑战，不断超越自我。那么，我们又当如何做到自强不息呢？我认为，做一个自强不息的人，至少需要把握好以下三个方面。

——做一个自强不息的人，必须具有远大理想的初心。同学们！初心是奋斗的原动力，也是人生的定盘星。习近平总书记经常用一个比喻来勉励青年人，要扣好人生第一粒扣子。这"第一粒扣子"就是志存高远，树立正确的价值观和远大的理想，坚持不忘初心，牢记使命。北宋著名政治家范仲淹所云："先天下之忧而忧，后天下之乐而乐"；"不以物喜，不以己悲"。作为一个新时代青年，就应将自己的远大理想和追求，与实现国家现代化和中华民族伟大复兴的中国梦紧紧联系在一起。我衷心希望同学们在今后的日子里，能够一以贯之、始终坚持用自强不息来坚定自己的理想、锻造自己的风骨、强壮自己的人格。青年的人生目标会有不同，职业选择也有差异。既然选择了目标，便只顾风雨兼程。从现在开始，从这一刻开始，努力奋斗，拼搏进取。希望同学们既能脚踏实地，又能仰望星空；牢牢把住自己内心的坚守，这最终也将引导你们生命的航向，让理想信念在创业奋斗中升华，让生命在创新创造中闪光。可以说，自强不息，就是坚定的追求，无论顺境还是逆境，都对人生永葆积极向上、进取拼搏的热情和坚毅。

——做一个自强不息的人，必须具有坚如磐石的意志。同学们！人生的旅途不可能一帆风顺，一定会遇到各种各样的困难与挫折。每当此时，以什么样的心情和态度去对待，是百折不挠、积极进取、自强不息，还是动摇徘徊、消极沉沦、一蹶不振，往往决定着一个人的命运。《孟子》有云："天将降大任于斯人也，必先苦其心志，劳其筋骨，饿其体肤，空乏其身，行拂乱其所为，所以动心忍性，曾益其所不能。"这告诉我们，不断磨炼自己的意志和心境，让内心坚强坚韧，是多么重要！只有以坚忍不拔、坚如磐石的意志，应对一切困难和挫折，从困难和挫折中接受考验、汲取力量、获得激励，正确对待一时的成败得失，处优而不养尊，受挫而不短志，则目标可达、功业可就。可以说，自强不息，就是坚毅的种子，即使在艰难困苦的岩石下，依然能生根发芽，绽放出倔强的花朵。正所谓："艰难困苦，玉汝于成。"

——做一个自强不息的人，必须具有持之以恒的奋斗精神。同学们！每一代青年都有自己的际遇和机缘。奋斗是青春最亮丽的底色。幸福都是奋斗出来的，奋斗本身就是一种幸福。民族复兴的使命要靠奋斗来实现，人生理想的风帆要靠奋斗来扬起。奋斗就会有艰辛，艰辛孕育新发展。所有成功的背后都是苦苦堆积的坚持。只要你愿意，并且为之坚持奋斗，总有一天，你会活成自己喜欢的那个模样。奋斗不只是响亮的口号，而是要在做好每一件小事、完成每一项任务、履行每一项职责中见精神。奋斗的道路是强者坚强不屈的道路。强者，总是从挫折中不断奋起、愈挫愈勇、永不气馁、永不言败。可以说，自强不息，就是坚持的力量，任凭时光的冲刷，依然能聚合成巨大动能，所向披靡，无往不胜。

同学们！北京师范大学是百年学府，富有自强不息的宝贵精神和优良传统。今天大家毕业了，希望你们今后回想起母校时，感念的不止于她的传道授业解惑，更多在于中社院给予你们人生定位与价值塑造，你们在这里确立了拳拳初心、编织了美丽梦想，你们在这里开启了人生新的征程。希望大家用自己在母校熔铸的底色、底蕴和底气，扣好人生的第一粒纽扣，永远自强不息，勇于迎难而上，扛起使命担当，做一个最好的自己！凡我在处，即是师表、典范。

"乘风破浪会有时，直挂云帆济沧海。"衷心祝愿同学们在人生的大海中自强不息，乘风破浪，一帆风顺，前程似锦！

谢谢大家！

坚定不移推进社会治理现代化 [1]

——新中国 70 年社会治理现代化历程、进展与启示

（2019 年 7 月 6 日）

在迎接中华人民共和国 70 华诞之际，回顾新中国成立 70 年来社会治理现代化的历程、进展与经验，对于我们在新时代深入推进社会治理体系和治理能力现代化，全面建设社会主义现代化国家，具有十分重要的意义。

一、新中国 70 年社会治理现代化的道路与历程

新中国成立 70 年的历程，是在中国共产党领导下，坚持探索、完善和发展中国特色社会主义的历程，也是不断探索、推进和发展中国特色社会主义现代化的历程。在这个光辉历程中，持续深化社会领域变革、推进社会治理现代化，是一个十分重要的方面。新中国 70 年社会治理现代化建设是一个不可分割的

---

[1] 本文系 2019 年 7 月 6 日在第九届中国社会治理论坛上作的主旨演讲，受到党中央主要领导重视并作出批示。

延续过程。前30年的探索为中国社会治理现代化提供了重要理论准备和基本制度前提，后40年社会治理现代化的开拓与发展，是在前30年基础上的深刻变革与广泛创新。总的方向，都是在社会主义道路上探索和推进社会主义社会治理现代化。

1949年10月1日，中华人民共和国的成立，标志着中国历史发展的根本转折，开辟了中国社会发展的新纪元，广大劳动者由奴隶变成了国家和社会的主人。劳动人民掌握了国家政权，主宰了自己的命运，这为当代中国社会一切发展进步奠定了根本政治前提。

新中国成立以后，我们党领导全国人民有步骤地实现从新民主主义到社会主义的转变，在迅速恢复了国民经济和开展了有计划的经济建设的同时，大力革除旧社会弊制，禁烟禁毒，实行男女平等。建立新社会秩序，完成土地制度改革，开展"三反""五反"运动，巩固新生的政权，奠定了社会主义政治制度、经济制度、社会制度基础。这时社会治理没有清晰的概念与范畴，它的实施一方面内嵌于人民民主与法治建设中，一方面包含于"一化三改"的社会主义改造中。人民民主是中国共产党自成立之日起就孜孜以求的社会发展目标，成立的国家是人民共和国，中央政府与各级地方政府、法院、检察院、公安局都有明确的"人民"前缀，这充分体现了人民至上的社会理念。1954年《中华人民共和国宪法》的问世到之后的《全国人民代表大会组织法》《国务院组织法》《人民法院组织法》的实施，以及之前公布的《土地改革法》《惩治反革命条例》《婚姻法》，等等，从1949年到1957年，全国人大常委会、国务院及其部委颁发重要的法规性文献为1261件，密集的法律法规的出台为人民行使民主选举、民主决策、民主管理、民主监督权利提供了法治保障。土地改革使 3 亿多无地少地农民拥有了 7 亿多亩耕地，并免去了每年向地主缴纳 700 亿斤粮食的地租，千百年来受奴役、受压迫的劳苦大众第一次成了土地的主人；在城市没收官僚资本的深入推进，昔日的洋厂洋房成为国有资产，工人成为生产资料的所有者。这就从源头上保障了人民群众对发展成果的共同享有权。随着"一化三改"过渡时期总路线的实施，农村集体经济组织普遍建立，城镇职工以企业形式组织起来、居民在居委会中有序参政议事，昔日的一盘散沙整合成为了建设社会主义的坚定意志与社会力量。人民群众建设新社会、新生活的积极性与创造精神迸发出来。

随着实行计划经济体制，形成了国家全面管理社会和高度组织化的治理模式，对社会进行自上而下的整合与控制。在城市，实行单位制和街居制的社会管理模式。在农村组建合作社和人民公社，实行政社合一制度。社会资源以计划配置为主，社会整合以行政手段为主，社会事业发展由国家或集体包办，实行严格的户籍制规范和管理人口流动。这是新中国成立后 30 年社会管理的主要特征。在城市依托企业建立了医疗、教育、住房、养老、工伤、抚恤等在内的社会保障和公共服务制度；在农村建立了基础教育和合作医疗、五保户等保障制度。这条道路符合中国基本国情，可以最大限度地积累工业化所需的巨额资金，有力地避免了西方国家在工业化早期付出的巨大社会代价。特别是提倡集体主义精神，在各条战线树立典范，使先进事迹如春风化雨般滋养人们的灵魂，形成奉献、向上的积极社会心态，这是社会治理的重要使命。

这个时期社会管理模式，最大限度地整合了社会力量，把旧中国社会一盘散沙的状态汇聚成一个整体，国家具备强大的社会动员能力，有力地推进了社会主义改造和社会主义建设，在较短时间内奠定了比较完整的工业体系和国民经济体系。

这一时期社会管理体制的主要问题是权力过分集中，政企不分，政社不分，社会缺乏活力，特别是一段时期内片面追求"一大二公三调四平"，搞"阶级斗争为纲"，使我国的经济建设、社会建设遭遇挫折。特别是十年"文革"延缓了中国社会主义现代化建设的历史进程。

1978年12月召开党的十一届三中全会，决定实行改革开放的重大决策，党和国家工作重心转到经济建设上来，这也为中国社会治理现代化建设开辟了历史新时期。随着改革开放的深入推进和市场经济的发展，以增强社会活力为重点的改革逐步推开。1982年12月，第五次全国人民代表大会修改《中华人民共和国宪法》，对国家的基本制度、根本任务、治理结构和主要原则等都作出了新规定，包括实行法治原则、尊重和保护人权原则，也包括改变农村人民公社政社合一的体制，推进乡村政权建设。同时，通过改革生产流通体制、劳动人事制度，放松城市"单位制""街居制"，有力地推动了社会流动，特别是人口在城乡之间、农村之间、城市之间以及企业之间的流动。随着政府社会管理职能逐步加强，1992年党的十四大之后，加快转变政府职能成为一项迫切任务，在建立社会主义市场经济体制的背景下，政府的社会管理职能得到加强。1998年《国务院机构改革方案》首次明确提出各级政府承担着"社会管理"职能。2003年，"非典事件"的爆发，对政府职能转变起到重要推动作用。党的十六届三中全会明确指出，政府在继续搞好经济调节、加强市场监管的同时，更加注重履行"社会管理""公共服务"职能。由此，"社会管理"和"公共服务"作为政府的基本职能越来越受到高度重视，并在以后历次中央会议上得到进一步确认和强化。这一时期，社会治理变革主要进展包括，基层自治和社区组织不断完善，社会事业改革发展全面推进，社会组织逐步发展壮大，社会管理创新得到加强。

2012年11月党的十八大以来，中国社会治理现代化建设进入新时代。2013年党的十八届三中全会将推进国家治理体系和治理能力现代化确立为全面深化改革的总目标，首次将社会治理写进党的文献中。党的十九大作出加强和创新社会治理的新部署，提出打造共建共治共享的社会治理格局。在习近平新时代中国特色社会主义思想的指引下，全面深化社会治理变革，着力推进社会治理体系和社会治理能力现代化，推动社会充满活力又和谐有序运行。这一时期，党和国家采取了一系列新举措，大力推动社会治理领域改革创新，取得了历史性新进展新成效，开拓了社会治理的新境界。包括：筑牢改善和保障民生工程，推进社会治理基础性制度改革创新，构建国家安全体制，健全公共安全体系，加快社会诚信制度建设，加强城乡社区治理，促进社会组织健康发展，创新社会治理方式，加大环境保护与治理力度，全面加强党对社会治理的领导。因此，我国社会治理现代化建设进入新阶段。

二、新中国70年社会治理现代化的进展与成就

纵观70年的历史进程，中国社会治理变革和现代化建设取得历史性进展和成就，概括起来实现了七个重大转变。

（一）从理念看，实现从社会管制、管理到社会治理的重大转变。70年来，中国社会治理理念实现了从社会管制到社会管

理，再到社会治理的两次历史性飞跃。新中国成立之初，采取了以管制型为特征的社会治理理念，全社会纳入经济管理范畴，通过计划和行政手段实现社会生活的全面管理。改革开放之后，随着经济日趋活跃和各种矛盾增多，国家控制型理念越来越不适应，逐步改变为社会管理型理念，强调政府的社会管理职能。为适应建设和谐社会的要求，党的十八届三中全会上，将社会管理转变为社会治理。从管理到治理虽然是一字之差，却体现的是系统治理、依法治理、源头治理、综合施策，这为推进社会治理体系和治理能力现代化提供了思想引领和框架设计。

（二）从制度看，实现从控制型制度到社会治理型制度的转变。前30年，通过政治、经济和社会一体化的组织体系，维护政治、经济、社会秩序和运行。经过改革开放的实践探索和制度建设，逐步建立健全了现代社会的社会组织体系、公共服务体系、公共安全体系、城乡社区体系、社会治安防控体系、社会信用体系和应急管理体系，构筑了符合中国国情的新型社会治理体系，中国特色社会主义社会治理基础制度基本建立。

（三）从体制看，实现国家主导管理到多元社会主体共治的重大转变。新中国成立相当一段时期内，国家是政治、经济、社会生活的计划者和管理者，是社会管理的唯一主体，包揽社会管理及各类公共服务。改革开放以后，以往高度集中、统得过死的社会管理体制被打破，除了党和政府作为治理主体之外，还积极发挥各种社会力量的作用，基本形成在党委统一领导下，政府、社会、市场、公众多元主体共建共治共享的社会治理格局。

（四）从方式看，实现从单一行政手段向多种手段综合并用的重大转变。前30年，社会管理主要靠行政手段，通过行政控制来实现社会的整合。改革开放之后，从积极改进社会管理方式，到综合运用多种手段创新社会治理，不断推进系统治理、依法治理、民主治理、综合治理，加强善治、自治、德治、法治和科治。重视运用现代信息技术，打造"互联网+"社会治理模式，把体制机制变革与现代科技应用深度融合起来，现代社会治理能力不断提升。

（五）从结构看，实现从传统社会结构到现代社会结构的重大转变。70年来，随着中国政治、经济、文化领域的变革与发展，中国社会转型加快，社会结构中的阶层结构、人口结构、就业结构、收入结构等方面都发生了深刻的变化。中国社会已从农民占人口绝大多数的农业社会、乡村社会，逐步向工业化和现代化的社会转变，由封闭半封闭型社会向开放型社会转变。新生社会阶层迅速崛起，就业规模不断增加，就业结构持续优化，中等收入群体逐步发育和成长起来，人口老龄化社会已经到来，整个社会日益呈现多元化、复杂化、现代化的特征，社会治理现代化步伐加快。

（六）从运行看，实现从社会高度稳定到活力与秩序统一的重大转变。新中国成立后一段时期，中国社会秩序主要依靠政治动员、行政命令、典型示范来达到社会成员思想上的一致和行动上的统一，以维护社会秩序高度稳定，但社会活力严重不足。改革开放后一个时期，为社会注入了活力，但也出现无序运行状态。党的十八大之后，社会治理讲究辩证法，既要管理又防止管得太死，刚柔相济、宽严适度，推动社会迸发活力又和谐有序运行，现代社会治理趋于规范化、制度化、常态化。

（七）从民生看，实现由贫困到全面小康的伟大转变。民生是社会治理的集中体现。70年来，人民生活实现由贫困，逐步到温饱以致全面小康的转变。新中国成立之初，国家一穷二白，民不聊生。新中国逐步建立起独立国民经济体系的同时，逐步建立社会保障体系和民生保障体系。特别是改革开放40多年来，随着现代化事业的全面推进，人民生活不断改善、显著提升，人民安居乐业，就业保持相对稳定。教育卫生事业快速发展，已建成世界上最宏大的社会保障体系，人民健康水平普遍提高。精准脱贫成效显著，全面脱贫目标即将实现。全体人民正朝着实现共同富裕的目标迈进。和谐社会建设、平安社会建设、法治社会建设、信用社会建设、幸福社会建设的成效日趋显著，全面建成小康社会的美好景象日益清晰地展现在世人面前。

70年中国社会治理领域变革和现代化建设的重大成就，充分体现了中国特色社会主义制度优越性，充分显示了中国社会主义现代化建设的辉煌成就。当然，我们也应看到，新中国70年社会治理变革和现代化的道路是不平坦的，如同其他领域的变革和现代化建设一样，经历了艰辛探索，甚至挫折，走了不少弯路，蒙受了损失，有许多教训，需要深入总结。我们还应看到，社会治理现代化建设还面临着许多问题，实现既定目标，还任重道远。

三、新中国70年社会治理现代化的思考与启示

新中国成立70年以来，我国在社会变革和现代化建设方面进行了不懈探索，积累了正反两方面丰富经验，可以得到以下方面的重要启示。

（一）推进社会治理现代化，必须始终坚持党的全面领导。坚持中国共产党领导是中国特色社会主义最本质的特征，是中

国特色社会主义制度的最大优势，也是推进中国社会治理现代化的根本保证。新中国成立70年以来，中国社会治理变革始终是在党的领导下进行的，从而在广泛而深刻的社会转型中，保持了中国社会大局稳定发展。改革开放前30年，正是在党的领导下，建立了社会主义基本制度，为中国社会治理变革奠定了根本的社会制度和条件；逐步建立起一套适应计划经济体制的社会管理制度。改革开放40年以来，在党的领导下，我国逐步建立与社会主义市场经济相适应的社会管理体系，并实现了从"社会管理"到"社会治理"的历史性飞跃。党对社会治理的领导，不仅体现在政治、思想、组织领导上，而且突出体现在党的自身建设上，必须坚持正确领导，及时纠正偏差，必须坚持党要管党、全面从严治党，以党的先进性和纯洁性建设不断提升党的社会治理领导能力和水平，以党建引领社会治理实践是一条成功经验。

面向新时代，推进社会治理现代化必须进一步坚持党的全面领导，必须不断加强和改善党的领导，把党的领导贯穿于社会治理的全领域、全过程、全环节，让党的领导更加适应实践、时代、人民的要求。要坚决维护党中央权威和集中统一领导，确保社会治理的正确航向，调动一切积极因素，有效整合各种社会资源，提升党的基层组织的组织力、引领力，真正实现有效社会治理。

（二）推进社会治理现代化，必须坚持以人民为中心。坚持以人民为中心是推进中国社会治理现代化的根本立场。我国是社会主义国家，人民是国家的主人，是决定国家前途和命运的根本力量。社会治理以人民为中心，就是坚持人民利益至上，一切为了人民，把维护好发展好人民利益作为出发点和落脚点；

就是要尊重人民、依靠人民，把人民拥护不拥护、满意不满意为社会治理好坏的第一标准；就是坚持党的群众路线，相信群众，发动群众，带领群众，社会治理的决策部署和政策措施要听取群众意见，汇聚群众智慧。

新中国成立70年来的社会变革和社会发展历程，什么时候认真贯彻以人民为中心，什么时候就顺利；什么时候偏离以人民为中心，忘记了人民，脱离了人民，社会治理就会出问题。改革开放前30年是这样，改革开放后40年也是这样。只有一切从人民利益出发，充分发挥人民的主体作用，注重从人民群众的实践中汲取智慧，人民群众的主体性和创造性获得充分释放和展现，才能实现有效社会治理。

面向新时代，推进社会治理现代化必须进一步坚持以人民为中心，把握人民群众对美好生活的新期待，必须始终坚持关心人民群众的向往，尊重人民群众情感，从人民群众最关心最直接最现实的利益问题入手，完善制度设计，不断推动社会的全面进步和人的全面自由发展。

（三）推进社会治理现代化，必须坚持充分体现中国基本国情。坚持从中国实际出发，走符合我国国情的社会治理道路，这是新中国70年以来中国社会治理变革的一条基本经验。我们国家大，发展不平衡，具有悠久历史文明的东方大国，建立了社会主义制度但仍处于社会主义初级阶段。这些都是中国的基本国情，是我国推进社会治理现代化所面临的最大实际。什么时候脱离这个国情、脱离这个实际，社会治理现代化就会走弯路，甚至遭遇严重挫折。什么地方不从实际出发，社会治理就会出偏差。在推进社会治理现代化中，要充分考虑各地区和城乡的不同情况，因地制宜，分类指导，不搞一刀切、一个模式。

中华文明又有浓厚的革命文化、先进文化，延续几千年，是我国社会治理现代化建设始终具有的最突出优势。人民群众的美好生活需要与不均衡、不充分的发展之间的矛盾，是当前和今后一个时期中国社会主要矛盾，推进社会治理要有利于解决这个社会主要矛盾。

面向新时代，推进社会治理现代化必须进一步坚持立足基本国情，必须始终坚持在发展中保障和改善民生；必须大力弘扬和传承中华民族优秀传统文化，继承和传播革命文化、先进文化，不能割断文化传统和精神血脉；必须坚定不移走中国特色社会主义社会治理之路，善于把我国社会主义制度优势转化为社会治理优势，不断完善中国特色社会主义社会治理体系，着力提升全社会的文化自信和文明程度。我们要以世界眼光和宽广胸怀学习借鉴国外社会治理的一切有益做法，但是，绝不能照抄照搬别国做法、别国模式，必须自觉抵制各种错误思想和主张的影响，确保社会治理现代化沿着中国特色社会主义道路前进。

（四）推进社会治理现代化，必须坚持全面深化社会领域改革。深化改革是实现社会治理现代化的必由之路和强大动力。新中国成立后的前30年，实行高度统一、政社不分的社会管理模式，不仅给国家带来沉重负担，而且窒息了社会领域的活力，束缚了社会事业发展。改革开放40年来，在推进经济体制改革的同时，继续深化城乡二元结构改革，推行户籍制度改革，不断推进就业、分配、教育、医疗、社会保障、住房等制度改革，通过转变政府职能，创新社会管理，注意发挥市场和社会力量的作用，加快了社会治理现代化步伐。

面向新时代，必须坚持以深化改革为动力，破除妨碍社会治理现代化建设的各种体制制度障碍，不断开拓社会治理现代化更为广阔的道路。

（五）推进社会治理现代化，必须统筹社会建设和其他建设协同发展。社会治理现代化建设是一个系统性工程，是中国社会主义现代化建设的有机组成部分。必须与经济建设、政治建设、文化建设、社会建设和生态文明建设融为一体、相互适应、相互促进。这样，才能顺利推进社会治理现代化。改革开放前30年，社会建设和社会治理同其他方面变革和建设不协调，尤其是社会结构演进滞后于经济结构的变化，影响了社会治理现代化的进程。改革开放后40年，社会建设和社会治理不断与经济建设和治理、政治建设和治理、文化建设和治理、生态建设和治理密切联系、相互作用和相互支撑。经济建设，为社会治理的展开提供了物质基础；政治建设，为社会治理发展提供了正确方向引领；文化建设，为社会治理变革奠定了深厚的文化支撑；生态建设，为社会治理提供了生态环境。推进社会治理现代化不可能单独孤立地推进，而是需要在各项建设中密切结合、协调发展。

面向新时代，推进社会治理现代化必须更好统筹社会建设和其他建设、社会领域治理与其他领域治理，使各个领域建设与治理协同发展。特别要顺应现代化经济体系的总趋势，积极调整社会阶层结构、就业结构、城乡结构、分配结构，促进社会结构现代化。要始终坚持"一手抓物质文明，一手抓精神文明"，坚持"一手抓法制，一手抓民主"，坚持"一手抓法治，一手抓德治"，坚持"一手抓改革开放，一手抓打击违法犯罪"，坚持"一手抓制度文明，一手抓社会文明"，始终坚持两手抓、两手都要硬。在推进社会治理现代化的过程中，牢固树立整体观、系统观、协同观。

（六）推进社会治理现代化，必须提高现代社会治理能力。推进中国社会治理现代化，既需要创新和健全社会治理制度与治理体系，也需要提升现代社会治理能力，不断提升社会治理效能和水平。新中国成立70年特别是改革开放以来，我们党和国家的社会治理能力不断增强，治理社会的水平明显提升。但是，总体看还不适应日益广泛深刻的社会变革和发展的需要。

面对新时代，要以推进社会治理现代化为总目标，以提高党的领导力和政府负责力为重点，努力提高各级干部、各方面管理者的思想政治素质和善治本领，努力提高社会协同力、公众参与力和法治保障力，特别要创新社会治理方式，持续提高社会治理社会化、法治化、智能化、专业化水平。要通过各种形式动员和组织广大人民群众参与社会治理，切实发挥好基层群众组织的自我治理功能，让人民群众成为社会治理现代化建设的坚定支持者和推动者。要以法治理念、法治制度引导社会治理创新，加快社会法治建设，用法律规范人民在社会治理中的权利和义务关系。要顺应互联网时代的发展趋势，积极利用好大数据、云计算、人工智能等高新技术，推进社会治理科学化、精细化、高效化。要按照专业化标准化运用现代治理手段更好创新社会治理，加快专业化人才队伍建设和专业的群众工作队伍。

（七）推进社会治理现代化，必须打造现代社会治理新格局。打造现代社会治理新格局是现代化社会治理制度建设的必然要求，是推进中国社会治理现代化的基本目标。新中国成立70年以来，我国逐步探索现代社会治理格局。改革开放前30年，确立社会主义基本制度，从上到下普遍建立党组织，通过探索合作社和单位制，形成了社会治理系统和组织体系。改革开放后40年，随着市场经济发展带来社会利益格局的分化，社会主体多元化发展，社会治理中党组织、政府组织、市场组织、社会组织和人民群众共同发挥作用，开始形成共建共治共享社会治理新格局，但是这种新格局还不完善，需要积极推进社会治理格局创新发展。总体目标和要求，是进一步完善党委领导、政府负责、社会协同、公众参与、法治保障的社会治理体制，坚持在各级党委统一领导下，政府和社会多元主体共建共治，最大程度激发社会创造活力，充分释放一切积极因素和能量，形成人人参与、人人尽力、人人共享的命运共同体。要加快社会治理体系建设，包括建设公共服务体系、社会组织体系、公共安全体系、社会治安防控体系、社区治理体系和社会心理服务体系。

（八）推进社会治理现代化，必须正确处理社会治理过程中的几个基本关系。

社会治理是一门科学，要提高现代社会治理水平，必须把握社会治理的功能、目标和方法。社会治理的主要功能和目标是维护社会秩序、防范社会危机、化解社会矛盾、促进社会和谐，激发社会活力、发挥各方面积极性，推动社会进步、彰显社会公平正义，建设社会主义和谐社会。新中国前30年，社会治理以行政管控为主、政治动员为主、以社会稳定为主，社会缺乏活力和进取精神。改革开放之后，一度放开搞活，放松管理和思想道德建设，产生了不少消极社会后果。党的十八大之后，我们党校正了前进航向，纠正了某些偏差，使社会治理沿着正确方向前进。

面向新时代，推进社会治理现代化，要创新思维、辩证思维、底线思维，更加讲究科学方法，进一步处理好一些基本关系。一是处理好维稳与维权之间的关系。一般地说，维权是维稳的基础，维稳的实质是维权，要把人民群众合理合法的利益诉求解决好，从源头上实现社会的长期和谐稳定。二是处理好社会活力与社会秩序的关系。一个好的社会，既要充满活力，又要和谐有序。既不能管得太多，一潭死水，也不能放得太开，波涛汹涌，务求实现社会有序运行与社会活力迸发相统一、相协调。三是处理好法治德治自治之间的关系。法治是社会现代化的根本保障和主要标志，必须加强社会法治。道德是社会现代化的灵魂和根基，必须加强社会道德建设。自治是社会基层运行的基本方式和依托，必须完善城乡基层社会自治制度。要努力使法治、德治、自治三者良性互动、相互促进。只有正确认识和处理社会治理过程中的一些基本关系，才能使社会治理现代化建设得以持续、健康、顺利发展，达到既定的奋斗目标。

回望新中国成立 70 年中国社会治理现代化之路，尽管有不少坎坷、曲折，但毕竟取得了显著的进步。党的十八大以来，随着中国特色社会主义进入新时代，全面建成小康社会的宏伟目标即将实现，中华民族正着力从"站起来"到"富起来"再到"强起来"的伟大历史性转变，走向实现中华民族伟大复兴的"中国梦"。应当看到，我国正处于当今世界百年未有之大变局，面临的国际国内环境和形势愈益错综复杂。国外一些不愿看到中国由大变强的势力渗透加剧，给我国社会治理增加新压力；全面改革开放和现代化建设已进入滚石上山爬坡过坎的关键阶段，传统社会向现代社会转变和社会老龄化加快加深，给社会治理提出严峻挑战；以信息化为代表的现代科技迅猛发展，给社会治理增添新变量；社会矛盾和社会问题多重叠加，导致社会治理难度大大增加；社会主要矛盾转化，人民群众向往更加美好的生活，给社会治理提出新要求。这都给社会治理研究者提出一系列重大课题，也提供了大有作为的广阔舞台。我们愿与大家携手并进、团结合作，共同为推进中国社会治理现代化贡献智慧和力量！

深入开展"百村社会治理调查"工作^①

（2019 年 11 月 10 日）

同志们：

我们这次会议的主要任务是，交流情况、总结经验，找出不足、明确任务，坚守初心、不忘使命，把百村社会治理调查工作推向前进。作为"百村社会治理调查"项目的指导人，我应该履行责任。因为昨天我在主持一个重要会议，没有来听百村调查团队的讨论。课题组的发言讲得都很好，你们给我的材料都看过了。刚才萧放首席专家和鞠熙主任作了汇报，我根据最近两天学习党的十九届四中全会精神的思考和我们这次会议的讨论情况，我想讲的题目是："以党的十九届四中全会精神为指导，高质量地推进百村社会治理调查工作"，结合当前形势、重大要求，高质量地深入推进社会治理调查。

"百村社会治理调查"项目是服务党中央、国务院决策咨询，服务国家战略要求的重要任务，也是北京师范大学交叉学科建设的重要内容，是为创建"双一流"大学服务的。所以，

---

① 本文系在北京师范大学中国社会管理研究院／社会学院举办的"乡村振兴与社会治理"研讨会暨"百村社会治理调查"项目工作推进会上的讲话。

这个课题纳入了北京师范大学中国社会治理智库重大项目，同时 2018 年成为国家社会科学基金办公室重大委托项目"新中国 70 周年社会治理研究"的组成部分。也就是说，"百村社会治理调查"项目不仅是我们北京师范大学的项目，也是一个国家级课题任务。

刚才大家谈了不少很好的意见，我都赞同。下面，我想讲三个方面的问题。

一、以党的十九届四中全会精神为指导，深入开展"百村社会治理调查"项目工作

刚刚闭幕的党的十九届四中全会对推进国家治理体系建设和治理能力现代化作出了全面部署。在推进社会治理现代化方面有一系列重要的新论断新决策新部署，我作了初步学习和梳理，大体有以下十二个方面。

第一，党中央高度重视社会治理，第一次在党的文件中把社会治理问题作为单独的一部分，作为十三个坚持和完善中国特色社会主义制度、推进国家治理体系和治理能力现代化的一个重要方面。强调"社会治理是国家治理的重要方面"，更加突出了社会治理的重要性。

第二，将"共建共治共享"由原来的"治理格局"上升为"治理制度"。党的十九大报告表述的是"打造共建共治共享的社会治理格局"。这一次明确强调"坚持和完善共建共治共享的社会治理制度"。从治理格局上升到治理制度，涵义更深刻，制度更有全局性、长期性、稳定性和根本性。

第三，将以往的"社会治理体制"改为"社会治理体系"，

而且增加了"民主协商"和"科技支撑"。党的十八大要求"加快形成党委领导、政府负责、社会协同、公众参与、法治保障的社会管理体制"，在党的十七大基础上增加了"法治保障"，并把"社会管理格局"改为"社会管理体制"；党的十九大又将"社会管理体制"改为"社会治理体制"，这一次又改为"社会治理体系"，而且增加了"民主协商"和"科技支撑"。这个体系由原来的20个字变为28个字，内容更加丰富。

第四，第一次明确提出了"建设人人有责、人人尽责、人人享有的社会治理共同体"。建设"社会治理共同体"是在党的文件中第一次提出来的。社会共同体的思想，马克思在经典著作中有过表述。德国社会学家滕尼斯专门写了一本《共同体与社会》，他是从社会角度研究社会共同体。习近平总书记也提出了"构建人类命运共同体"。提出"建设社会治理共同体"，这是重大的理论问题，也是重大的实践问题。

以下几点和我们"百村社会治理调查"更有密切关系了。

第五，第一次明确提出了要"构建基层社会治理新格局"，"完善群众参与基层社会治理的制度化渠道"，"健全党组织领导的自治、法治、德治相结合的城乡基层治理体系"，强调了党组织领导。要求健全社区管理和服务机制，推行网格化管理和服务。

第六，第一次在党中央文件中提出"加快推进市域社会治理现代化"。城市范围既有市区也有乡村，要打通城乡接合部。

第七，突出提出"坚持和发展新时代'枫桥经验'"，并且把它放在"完善正确处理新形势下人民内部矛盾有效机制"的第一条。作为党中央文件，很少提到一个具体的单位、地区和机构名字，这次《决定》突出提出坚持和发展"枫桥经验"，意义非凡。去年 6 月，我们百村治理调查课题组到浙江诸暨枫桥镇实地调研，开了现场会议，会后形成了专题调研报告，就是"关于新时代坚持和发展'枫桥经验'的建议"，我们给中央主要领导报送后，获得重要批示；也给中央其他多位领导报送了，也都作了重要批示，为中央相关决策提供了重要参考。

第八，强调"注重发挥家庭家教家风在基层社会治理中的重要作用"。这是习近平总书记多次强调过的。前两年，我们编写《中国社会治理通论》一书，把"家庭家教家风"作为社会治理场域的一个重要组成部分，现在看来是符合中央决策的。家庭家教家风，光说家教不行，家庭是最基本的社会治理单元，这三个"家"是有机联系的整体。

第九，突出提出"完善农村留守儿童和妇女、老年人关爱服务体系"。中国必须走城乡共同繁荣、共同发展、共同富裕的道路。今年 7 月 6 日，在第九届中国社会治理论坛上，我不点名地批评了一些地方盲目大拆大建，有的县规划中没有农村了。现在有不少空心村，这些空心村怎么办？留守儿童和老人、妇女怎么办？这是乡村振兴战略必须解决好的问题。

第十，明确提出"健全充满活力的基层群众自治制度"，"着力推进基层直接民主制度化、规范化、程序化"。这个基层民主是直接民主，这是文件里明确提出来的。光有基层自治不行，还要有充满活力的基层自治。

第十一，突出提出"推进中华优秀传统文化传承发展工程"。这包括一些古镇、古城、古村落。更加强调保护和传承中华传统优秀文化。

第十二，进一步提出"完善城乡公共文化服务体系，优化城乡文化资源配置，推动基层文化惠民工程扩大覆盖面、增强实效性，健全支持开展群众性文化活动机制，鼓励社会力量参与公共文化服务体系建设"，"推动社会治理和服务重心向基层下移，把更多资源下沉到基层，更好提供精准化、精细化服务"。这里再次强调加强基层社会治理的问题。

这次党的十九届四中全会，指明了我们国家制度和国家治理现代化建设的根本方向，对我们开展乡村振兴与社会治理的调查工作具有十分重要的指导作用，我们要很好地学习领会中央精神，在实际工作中认真贯彻落实。

二、认真总结工作，肯定成绩，查找不足

百村社会治理调查项目是在 2016 年酝酿，2017 年启动，可以说具有相当的前瞻性。三年来，在各方面的关心、参与和支持下，项目组做了大量工作。总的来看，我们的项目进展是顺利的，不断取得新成效。已启动了三批，覆盖 23 个省市，涉及 66 个村，其中有 11 个村的调研结项了，其他项目正在推进。我看过已形成 9 个结项成果，一些成果质量比较高，特别是耿向东教授负责的南门村调查，感觉做了很多工作，非常扎实，可以形成一本著作。章飞燕撰写的《乡村治理与当代村落基层构建》，也写得不错。还有几篇成果都很好。我们已有 60 多篇调研报告和智库研究成果，还有 5 本书进入了出版流程，形成一批数据。前面已经讲过，我们的标志性成果就是《关于新时代坚持和发展"枫桥经验"的建议》，产生了服务中央领导决策的良好效果。还有 6 篇决策咨询报告通过"社会治理研究与建议"上报。这次研讨会有 12 篇论文，我看标题、框架、内容，都达到一定水准。

刚才，萧放教授讲的"四个坚持"。我认为这些既是我们工作的进展，又是我们的经验。坚持规划先行，工作有序开展；坚持完善机制，稳步推进工作；坚持智库建设与学科建设双轮推动；坚持调研工作与做好社会服务相结合，提升乡村治理水平。我们要好好总结工作经验。通过三年的工作，形成了一个热心于乡村社会治理调查的团队，在座30多位专家，来自二三十个单位，就是把我们的团队建立起来，这不是两年三年就搞完的。我原来的设想是持续地开展下去，说是百村社会治理调查，实际上可以不止百村，所以，这三年的工作应该予以充分肯定。

存在一些什么问题和不足呢？刚才大家讲了，有这么几个方面。

第一，工作进展不平衡，参差不齐。有的项目，例如杨共乐教授负责的枫桥研究，产生了重大成果；洪大用教授和黄家亮负责的定县翟城村研究等，也产生了较高质量的研究报告。也有的项目目前进展不够理想，没有按照原来的计划取得进展，有的还没有什么成果，有的产出的成果质量也不够高。

第二，有些调查项目工作不够深入，还有差距。我们原来的设想是要采取田野调查法、比较法，多搞一些现场录音、视频，收集大量数据资料，现在看这方面工作很薄弱。调查问卷要保留原始资料，有些是抢救性的，前些年有，今后可能也就没有了。我们的调查要深入乡村、深入农户和不同人群。

第三，调查成果不够多，品牌效应还没打出来。有些单位学习我们搞百村社会治理调查，品牌做得很好，我们的品牌效应没有打出来。过去费孝通先生等一些社会学家做过好多村庄调查，收效大，作用大，我原来也想在新形势下推进基层社会治理调查，解剖一些乡村变化，从中看出趋势性东西，搞个品牌出来，现在这个品牌还没有形成。我说的很容易，但是做起来不容易。特别是作为国家社科基金重大委托项目，我们现在做的还有差距，结项了不等于任务都完成好了。我们的社会管理信息库建设，数据没有充分发挥作用。要把百村社会治理调查数据收集好、储存好、运用好、挖掘好、利用好。

三、坚守初心，增强信心，继续高质量地做好百村社会治理项目调查工作

第一，加深认识，提高站位。我们这个调查项目的初心是服务于党和国家的决策、服务于国家实施乡村振兴战略，也服务于学校学科建设，包括社会学、公共管理学、历史学、交叉学科建设。我们要提高政治站位，增强使命感，以贯彻党的十九届四中全会精神为动力，继续坚守初心，不负使命。原来我们设想这个项目服务于推进社会治理现代化，调查工作必须着眼于乡村的历史变迁、现状、成就、问题、矛盾，把乡村干部群众提出的新想法、新建议、新经验整理出来，能看出当代中国农村变迁历史、现状及其发展趋势。下一步工作还是要坚持原来的想法。论文汇编中鞠熙写的一篇论文《一年一度的村落——空心化村中的共同体何以可能》，写得很好，邵凤丽写的《裴氏家训促进乡风文明建设的路径》，高忠严写的《乡村振兴视野下的村规民约实践与现代化转型》，这几篇文章我看大体符合我们原来的设计。希望其他的也这样做。

第二，稳步推进，分类指导。可以分三类情况：第一类，

已经结项的，再巩固提高；第二类，还没有做的，或者做得不够的，没有结项的，要抓紧时间按照今天会议的要求做好；第三类，适时适量开展一些新的项目，校内外有意愿、有能力做项目的，可以适当增加一些布点，原来计划三年做 100 个村，现在看要区别不同类型推进，关键是要保证质量，产出高质量成果。

大家在讨论中提出一个问题：就是怎么写决策咨询报告？感觉比较难，确实决策咨询报告很难写。写好咨询报告，首先，要把主题抓住，主线明确，布局合理。其次，要突出特色，写清楚项目调查背景，包括历史、现状、问题，调查对象有什么特色，变化得好为什么好，做了哪些工作，效果是什么，好的原因是什么，如果是差的，差的原因是什么。再次，写咨询建议，要提出能够有普遍意义的对策举措。我建议抓紧时间组织队伍写一篇综合性的咨询建议，就是中国特色社会主义制度在基层治理的实践及其启示。杨共乐教授刚才讲了"两性"：重新认识中国乡村的重要性和独特性。要抓住新时代赋予的机遇，从坚持社会主义制度和道路的角度来思考乡村治理，形成综合性研究成果。可以深入研究搞好乡村治理的必要性。我们绝不能同意那种完全消灭农村的做法，这是违反中央精神的，可以把现在违反中央精神的做法梳理下来，加以分析。要善于学习别人撰写调查报告的经验。好的调查报告可以向中央报，也可以向省市报。可以公开发表就公开发表，我们《社会治理》杂志已开辟了一个"社会治理"专栏。

调研成果可以是多方面的，有研究报告、论文、著作、视频，现在已经有了 9 个结项报告，要做好汇编出版工作，传播到社会上去，传给后人，要长远考虑。有的是可以单独出版，像南门村的调研成果可以单独出版。有的可以好几个村的调研成果汇编在一起出版。有的可以形成论文汇编，也作为一个系列，要注意分批次推出多样化成果。有的可以内部发行，有的可以公开出版。有的在报纸上、刊物上发表。还要注意把数据库建设做好，刚才李友梅会长讲得很重要。我们要留下一批数据、资料、图片，刚才你们参观的展览，那就很珍贵。

第三，面向中国实际，助推社会治理实践。我们这次会议上，同北京市朝阳区文旅局商议了开展合作，可以开现场会，可以选定一个好的题目合作调研，也可以在朝阳区建立调研基地。非物质文化遗产的调研，传统村落、古镇、传统文化怎么和当前社会治理结合起来，也是一篇大文章。撰写论文，开发教学案例，也是一种调研成果。中国特色社会主义社会学要研究农村治理，这样才能有生命力。中国社会学研究要有一个大的转变才行，绝不能"言必称希腊"，西方社会学中有益的东西我们要学习、借鉴，但是绝不能照抄照搬。中国特色社会学发展的根本出路在于中国特色社会主义理论研究与实践创新，扎根在中国大地上，包括学科建设、学术研究。要广交合作伙伴，与省市地方应该有更多合作，要走向更广阔领域。

第四，加强团队建设，培养更多人才。在萧放教授的带领下，鞠熙、贺少雅二位很辛苦，做了大量组织、协调、服务工作。要有相对稳定的队伍，如果人员不够，可以招聘百村社会治理调查人员，我们院内部的博士后、博士生都可以参与这项工作。我们要吸收国内外的、各个方面愿意参加这项调查的机构和人员。高校、研究机构、智库的人愿意参加，都可以吸收。这样可以锻炼干部、培养人才。我们要形成一个核心团队、外围团队，形成一个相对稳定的、高效的队伍。

希望大家凝心聚力、再接再厉、砥砺奋进，争取把百村社会治理调查项目工作做得更好，为坚持和发展中国特色社会主义制度，推进国家治理体系和治理能力现代化，全面实施乡村振兴战略，作出我们应有的贡献。

如何认识社会治理现代化 ①

（2020 年 1 月）

【摘要】社会治理现代化是整个国家治理现代化的重要方面，有着重大的政治意义、理论意义和实践意义。党的十九届四中全会在社会治理制度、社会治理体系、社会治理新境界等方面提出了诸多重大创新性要求，并在深入分析和准确把握当前和今后一个时期我国社会治理形势和环境的基础上，针对性地提出了一些新的重点任务和措施。

在庆祝新中国成立 70 周年之际、在"两个一百年"奋斗目标历史交汇期，党的十九届四中全会专题研究坚持和完善中国特色社会主义制度、推进国家治理体系和治理能力现代化问题并作出决定。用一次中央全会专门研究国家制度和国家治理问题，在我们党的历史上还是第一次。这体现了以习近平同志为核心的党中央治国理政丰富的政治智慧和强烈的历史担当，对决胜全面建成小康社会、全面建设社会主义现代化国家，确保国家制度和国家治理沿着正确方向前进、实现国家长治久安和

---

① 本文刊载于《前线》杂志，2020 年第 1 期。

中华民族伟大复兴的中国梦，具有重大而深远的意义。

这次全会通过的《中共中央关于坚持和完善中国特色社会主义制度、推进国家治理体系和治理能力现代化若干重大问题的决定》，从党和国家事业发展的全局和长远出发，准确把握我国国家制度和国家治理体系的演进方向和规律，既阐明了必须牢牢坚持的重大制度和原则，又部署了推进制度建设的重大任务和举措，既阐明了推进整个国家治理的方向、目标和制度等问题，又提出了各领域、各方面治理的部署和要求。其中，高度重视社会治理问题，并对推进社会治理现代化作出了一系列新决策、新部署、新要求，为我们在新时代持续推进社会治理现代化、提高社会治理水平进一步指明了前进方向和行动指南。

一、充分认识推进社会治理现代化的重大意义

党的十九届四中全会在我们党的历史上第一次突出强调："社会治理是国家治理的重要方面。"[1]也可以说，社会治理现代化是整个国家治理现代化的重要方面。这个重要论断，有着十分重大的政治意义、理论意义和实践意义。

从社会治理的功能作用看。社会治理是多元社会主体共同参与的，旨在规范和维持社会秩序、预防和化解社会矛盾、维护社会稳定、保障国家和社会安全、促进社会公平正义、协调社会关系、增进社会和谐、激发社会活力、推动社会进步的活

[1]《〈中共中央关于坚持和完善中国特色社会主义制度、推进国家治理体系和治理能力现代化若干重大问题的决定〉辅导读本》，人民出版社，2019年，第30页。

动。社会治理有效，才能使社会有序运转、国家大治安宁、人民安居乐业，为经济、政治、社会等各方面发展创造良好的环境和条件。否则，社会不可能正常运行，更不可能发展进步，还会造成社会混乱，甚至发生社会危机和倒退。社会治理是社会建设的重要组成部分，既是国家整个现代化建设的重要构成，也为其他方面现代化建设提供保障和基础。

从我们党的奋斗目标看。在坚持和完善中国特色社会主义制度基础上，实现国家现代化，全面建成社会主义现代化强大国家，必须推动中国特色社会主义制度更加成熟、更加定型，为党和国家事业发展、为人民幸福安康、为社会和谐稳定、为国家长治久安提供一套更完善、更科学、更规范、更管用的制度体系、治理体系、能力体系和充分反映中国特色、民族特点、时代特征的价值体系。而推进社会治理现代化、不断提升社会治理水平，则是全面实现社会主义现代化的重要内容和重要保障。

从新中国70年历史进程看。坚持推动社会治理领域变革和发展，不断推进社会治理现代化，坚决维护社会稳定和国家安全，是中国特色社会主义事业不断发展和取得伟大成功的重要经验。正是70年来我们党根据不同历史时期的客观条件和任务，采取相应的社会治理理念、体制、制度、手段和方法，才使我们国家长期保持政治稳定、社会团结、国家安宁，各个方面积极性得到充分发挥，也才创造了人类发展史上罕见的"经济快速发展和社会长期稳定"这两个伟大奇迹。当然，70年社会治理变革和现代化道路是不平坦的，经历了艰辛探索、甚至挫折，走了一些弯路，例如，十年"文化大革命"造成的内乱，延缓了包括社会治理现代化在内的整个现代化进程，有不少经验教训。

从我国发展面临形势看。新中国成立特别是改革开放以来，我国经济社会取得了中国几千年历史上前所未有的巨大发展与进步；同时，在前进中也出现了一系列新的社会矛盾和社会问题，存在着不少影响社会稳定和国家安全、影响社会文明和进步的因素。在今后前进道路上还将面临许多前所未有的挑战和风险。我们正处于世界百年未有之大变局，面临的国际国内环境愈益错综复杂，国外一些不愿看到中国由大变强的势力渗透加剧，给我国社会治理增加新压力；全面深化改革开放和现代化建设进入滚石上山、爬坡过坎的关键阶段，特别是传统社会向现代社会转变步伐加快，给社会治理提出许多新课题；以信息化为代表的科学技术迅猛发展，既为现代化建设带来新机遇，也给社会治理增加新难度；我国社会主要矛盾转化，人民群众向往更加美好的生活，给社会治理提出新要求。还要看到，与其他方面建设和治理相比，我国社会建设和治理还是一个短板。所以，更加重视社会治理，大力推进社会治理现代化，不仅是更好地解决现实社会矛盾和问题的迫切需要，也是应对今后国家现代化建设的过程中所面对的种种严峻矛盾和挑战的战略选择。

从我们党的初心和使命看，实现国家富强、民族振兴和人民幸福，这是我们党的初心和使命。坚守初心、担负使命，需要从经济、政治、文化、社会、生态等各个领域全面推进建设和改革创新。持续推进社会治理现代化，是社会建设和社会变革的重要内容。社会稳定和国家安全、民主和法治、公平和正义、社会充满活力与和谐有序运行，提高现代社会文明程度.是人民大众的美好之梦、幸福之梦，是实现中华民族伟大复兴的重要保障和标志，也是我们党和国家的初心所在、使命所在。只有切实加强和创新社会治理，才能更好地处理社会矛盾、协调社会利益、调节社会关系、规范社会行为、促进社会公平正义，使我国社会在深刻变革中生机勃勃又井然有序，使整个社会安定团结、和谐相处，国家长治久安、经济社会持续健康稳定发展，使广大人民群众更多地享受获得感、安全感、幸福感，更好地实现中华民族伟大复兴的中国梦。

总之，更加重视社会治理问题，推进社会治理现代化，这既是坚持和完善中国特色社会主义制度的内在要求，也是新时代推进国家治理现代化的一项重要紧迫任务。我们要以庆祝新中国成立 70 周年为新起点，不忘初心、牢记使命，坚定前进方向，大力推进社会治理制度创新和社会治理现代化。

二、深刻把握推进社会治理
现代化的重大创新要求

党的十九届四中全会在科学总结以往理论创新、实践创新、制度创新的基础上，全面把握坚持和发展中同特色社会主义制度的基本要求，深刻认识中国特色社会治理现代化建设的特点和规律，与时俱进地丰富了推进社会治理现代化的内涵，作出了许多新决策新部署，特别是在社会治理制度、社会治理体系、社会治理新境界方面，提出了重大创新性要求。

在社会治理制度方面，首次明确要求"坚持和完善共建共治共享的社会治理制度"。党的十九大明确提出"打造共建共治共享的社会治理格局"，这深刻表明了推进社会治理创新发展的切入点和聚焦点在一个"共"字上，凸显了社会治理的公共性、

多元性和共同性，这是治理理念和治理体制的重大创新，此次全会将"共建共治共享的社会治理格局"，又上升为"共建共治共享的社会治理制度"。"格局"一般为认知范围、布局、结构，而"制度"则是全社会必须共同遵守的价值标准和行为规范。制度问题更带有根本性、全局性、稳定性和长期性。由"格局"上升到"制度"，既更鲜明地体现了"坚持和发展中国特色社会主义制度"的本质要求，又更加鲜明地彰显了中国特色社会治理制度特征和运作模式。所谓"共建"，就是社会多元主体参与建设；所谓"共治"，就是社会多元主体共同参与治理；所谓"共享"，就是社会多元主体共同参与分享成果。"共建共治共享"之间相互交融，又互相促进。实现"共建共治共享"不仅要有思想共识，还必须建章立制，使之制度化、规范化、程序化，这为推进社会治理提出了更新更高的要求。我们推进社会治理现代化，应在坚持和完善共建共治共享的社会治理制度方面下更多的力气、花更大的功夫。

在社会治理体系方面，首次明确要求"加强和创新社会治理，必须完善党委领导、政府负责、民主协商、社会协同、公众参与、法治保障、科技支撑的社会治理体系"。这个决策将以往的"社会治理体制"上升为"社会治理体系"，并进一步丰富了内容，提出了新要求。党的十七大报告在加强社会建设的部署中，首次提出"要健全党委领导、政府负责、社会协同、公众参与的社会管理格局，健全社会管理体制"。党的十八大报告则提出：必须加快形成"党委领导、政府负责、社会协同、公众参与、法治保障的社会管理体制"，强调了法治在社会治理中的作用。党的十九大报告进一步提出："完善党委领导、政府负责、社会协同、公众参与、法治保障的社会治理体制，提高社会治理社会化、法治化、智能化、专业化水平。"①将"社会管理体制"变更为"社会治理体制"，并强调了社会治理的社会化、法治化、智能化、专业化。此次中央全会更加强调了"民主协商"和"科技支撑"的作用，明确将这两个方面作为"社会治理体系"的重要组成部分。这从更新视野、更深层次反映了我们党对中国特色社会治理的理论创新和实践创新，更科学、更准确地揭示了新时代社会治理的运行特点和规律。

把"民主协商"和"科技支撑"作为完善社会治理体系的重要内容，更好体现了习近平新时代中国特色社会主义思想，更好顺应了当代科技进步对社会治理变革提出的新要求。习近平总书记在党的十九大报告中提出："发挥社会主义协商民主重要作用。有事好商量，众人的事情由众人商量，是人民民主的真谛。协商民主是实现党的领导的重要方式，是我国社会主义民主政治的特有形式和独特优势。要推动协商民主广泛、多层、制度化发展，统筹推进政党协商、人大协商、政府协商、政协协商、人民团体协商、基层协商以及社会组织协商。加强协商民主制度建设，形成完整的制度程序和参与实践，保证人民在日常政治生活中有广泛持续深入参与的权利。"②"协商民主"，是中国特色社会主义民主制度的重要创新和重要标志。将"协商民主"作为加强和创新社会治理、完善社会治理体系的重要方面，这不仅将人民民主贯穿于、渗透到社会生活的全过程、全领域，更重要的是在国家意志和人民意愿间架起了桥梁。人民

---

① 习近平：《决胜全面建成小康社会 夺取新时代中国特色社会主义伟大胜利——在中国共产党第十九次全国代表大会上的报告》，人民出版社，2017年，第49页。
②《十九大报告辅导读本》，人民出版社，2017年，第37页。

的愿望通过民主协商的方式，能够得到合理、及时的表达；国家的意志通过民主协商更易于转化为人民的思想共识与行动自觉，更易于形成既有统一意志又有个人心情舒畅的政治局面。因此，将"协商民主"作为社会治理体系的有机构成，既是坚持和发展中国特色社会主义制度的内在要求，也是增强社会治理效能和效果的科学安排。这个决策是对近年来社会治理实践创新经验的科学总结和思想升华。

当今世界，以信息化为代表的现代科技革命已经并将继续广泛而深刻地改变人们的生活、工作、交往和思维方式，不断带来社会形态、社会结构、社会活动的新变化，同时也为创新社会治理提供了新动能、新机遇。运用科技手段加强和创新社会治理，把社会治理变革与现代科技应用深度融合起来，是提高社会治理效能和水平的紧迫任务和必由之路。

按照完善社会治理体系的要求，就要充分发挥各级党委在社会治理中总揽全局、协调各方的领导核心作用，同时强化各级政府抓好社会治理的责任制。中国特色社会主义最本质的特征是中国共产党领导，中国特色社会主义制度的最大优势是中国共产党领导，加强和创新社会治理必须加强和改善各级党委对社会治理的领导，同时积极发挥各级政府的社会治理职能，切实搞好公共服务、管理社会事务、维护社会安全、服务人民群众。要全面落实各级党委和政府社会治理的主体责任。

按照完善社会治理体系的要求，就要充分发挥全社会力量的作用，引领和推动社会各方面力量参与社会治理。要发展社会治理的民主制度，充分发挥广泛性、多层次、多形式民主的作用。鼓励和引导企事业单位、社会组织、人民群众积极参与社会治理，提高社会协同能力和公众参与能力。

按照完善社会治理体系的要求，就要充分发挥法治对社会治理的规范和保障作用。法治是社会治理现代化的根本保障和最重要的标志，必须全面加强社会法治建设，强化法治保障，要健全社会治理立法，做到公正司法、严格执法，把社会治理各个方面、各个环节都纳入法治化轨道。通过社会治理的制度化、规范化、法治化，稳定社会预期，增强社会信心，激发社会活力，提高社会效率。

按照完善社会治理体系的要求，就要充分发挥现代科技手段对社会治理的作用，大力推行"互联网＋"社会治理模式，积极利用好人工智能、大数据、云计算、区块链等信息技术，推进社会治理工作科学化、智能化、精细化、高效化。

在社会治理境界方面，首次明确要求"建设人人有责、人人尽责、人人享有的社会治理共同体"。这是我们党的文献中首次使用构建"社会治理共同体"的概念。在党的文献中，对动员和组织人民群众投入社会治理有过多次不同的表述。党的十七大报告对建设社会主义和谐社会的总要求，提出"和谐社会要靠全社会共同建设"，"努力形成社会和谐人人有责、和谐社会人人共享的生动局面"①。党的十八大报告在"加强和创新社会管理"的总要求中，提出"全党全国人民行动起来，就一定能开创社会和谐人人有责、和谐社会人人共享的生动局面"②。党的十九大报告进一步提出"坚持人人尽责、人人享有"③，努力形成人人参与、人人尽责的良好局面。此次，更加明确提出"建

---

① 《十七大报告辅导读本》，人民出版社，2007年，第40页。
② 《十八大报告辅导读本》，人民出版社，2012年，第39页。
③ 《十九大报告辅导读本》，人民出版社，2017年，第44页。

设人人有责、人人尽责、人人享有的社会治理共同体"①。这是开拓社会治理新境界的重大创新要求。所谓"共同体",一般是指人们在共同条件下,以特定形式和纽带联系起来的组织体。马克思在多部经典著作中,提出了"社会共同体"的思想,并阐述了这一共同体形成演进的逻辑过程,指明人类社会发展的趋向。1887年,德国社会学家滕尼斯所著《共同体与社会》一书中,运用这一概念强调社会组织内部成员之间既有紧密联系,又有着共同的意志,将组织视为具有强烈的归属感和认同感的团体和有机体。随着社会不断进步和人们思想理念创新,"共同体"被作为联系密切、相互依存、价值共识、遵守规范、利益相关和责任共担、和谐相处、共同发展的整体。

2013年,习近平总书记基于对当代世界发展现状和趋势的科学判断,以及中国与世界未来命运之间关系的深邃认识,创造性地提出和系统阐述了构建人类命运共同体的伟大理念,对近些年来推动全球共同治理发挥了重要作用。我们党提出建设"社会治理共同体",强调"人人有责、人人尽责、人人享有",明确规定了所有社会成员都是为了共同价值、共同规范、共同利益、共同发展而承担着社会治理的责任,在社会治理中都要有所担当、履行责任。这是要引导、鼓励全体社会成员积极参与社会治理,努力形成人人主动负责、人人尽到责任、人人共享治理成果的良好社会环境。"社会治理共同体"的提出,进一步凸显了人民的国家主体地位,有着共同的社会规范、价值理念、责任担当和利益追求。这样,新时代社会治理就会更好地

①《〈中共中央关于坚持和完善中国特色社会主义制度、推进国家治理体系和治理能力现代化若干重大问题的决定〉辅导读本》,人民出版社,2019年,第30页。

调动一切积极因素，开拓社会治理更加有效的新局面新境界。

党的十九属四中全会对加强和创新社会治理还有许多新概括、新思想、新观点、新要求，都丰富和升华了新时代社会治理的思想理论体系，必将对推进社会治理现代化的实践发挥重要作用。

三、着力抓好推进社会治理现代化的重点任务

坚持和完善中国特色社会主义制度、推进国家治理体系和治理能力现代化，是一项重大的战略任务，推进社会治理现代化也是一项重大的战略任务。党的十九届四中全会提出了总要求总目标，明确了指导思想和战略安排，需要有步骤地从多个方面、多个领域综合施策，采取措施，积极推进。这次全会在深入分析和准确把握当前和今后一个时期我国社会治理形势和环境的基础上，围绕确保人民安居乐业、社会安定有序和建设高水平的平安中国，有针对性地提出了一些新的重点任务和措施。

完善正确处理新形势下人民内部矛盾有效机制。我国现阶段社会矛盾，大量的、主要的是人民内部矛盾，正确处理新形势下的人民内部矛盾特别是涉及广大群众切身利益的矛盾，是保持社会安定、促进社会和谐发展的关键。当前，这方面治理机制存在的主要问题是，有些地方预防和化解矛盾纠纷的机制不健全，群众权益表达渠道不够畅通，不少矛盾长期得不到妥善解决，以致有的小问题积累成大问题，矛盾激化，影响社会稳定，必须采取有效措施。一要加快完善社会矛盾预警排查机制，尽量做到早发现、早预防、早处置，及时排除、预警、化

解各类矛盾隐患和风险。二要建立健全重大决策社会稳定风险评估机制，对涉及群众利益的重大决策在出台前或审批前，以及在实施中可能出现的影响社会稳定的因素，进行先期预测、分析和评估，以避免或减少可能出现的影响社会稳定的因素。三要建立健全维护群众权益机制，包括畅通、有序和规范的群众诉求表达、利益协调、权益保障机制。完善个人心理服务体系和危机干预机制，积极开展心理调节疏导工作。四要建立健全调处化解矛盾纠纷综合机制，积极完善人民调解、行政调解、司法调解联动工作体系，推动诉讼与调解、仲裁、行政裁决、行政复议等非诉讼方式有机衔接。完善信访制度，建立健全及时就地解决群众合理诉求机制，把涉法涉诉信访纳入法制轨道解决。这次全会《决定》强调，要"坚持和发展新时代'枫桥经验'"①，这个经验的本质，就是注重预防和化解矛盾，发动和依靠群众妥善解决矛盾，坚持矛盾不上交，做到"小事不出村、大事不出镇、矛盾不上交"。要使这个经验成为新形势下解决人民内部矛盾的有效机制和方式。

完善社会治安防控体系。社会治安综合防控体系，是社会治安综合治理的主要依托，也是建设更高水平的平安中国的重要支柱。坚持专群结合、群防群治，提高社会治理立体化、法治化、专业化、智能化水平。要以保护人民群众的人身权、财产权、人格权为重点，努力构建全方位的公共安全防控网络，提高预测预警预防各类风险能力，增强社会治安防控的整体性、协同性、精准性。要以"全域覆盖、全网共享、全时可用、全

---

① 《〈中共中央关于坚持和完善中国特色社会主义制度、推进国家治理体系和治理能力现代化若干重大问题的决定〉辅导读本》，人民出版社，2019年，第30页。

程可控"为目标，深入推进公共安全视频监控建设联网应用建设，加快实现联网集约化、联网规范化、应用智能化。要着力改革和加强城乡警务工作，依法打击和惩治黄赌毒黑拐骗等违法犯罪活动。

健全公共安全体制机制。这是建设平安社会、平安中国的重要平台和依托。要牢固树立安全发展观，坚持人民利益至上，健全公共安全体系，为人民安居乐业、社会安定有序、国家长治久安编织全方位、立体化的公共安全网，打造公共安全人人有责、人人尽责、人人受益的命运共同体。一要完善和落实安全生产责任和管理制度，建立健全"责任全覆盖、管理全方位、监管全过程"的安全生产综合治理体系，构建安全生产长效机制，全面实现对各类安全生产风险自动识别、预警，防止和减少安全生产事故尤其是重特大事故的发生。二要提升防灾减灾救灾能力。建立公共安全隐患排查和安全预防控制体系，坚持以防为主、防抗救相结合的方针，坚持常态减灾和非常态救灾相统一，全面提高整个社会抵御各种自然灾害的综合防范能力，健全防灾、减灾和救灾体制，完善灾害监测预警和防治应急体系。三要完善应急管理体制。在全社会加强应急管理知识技能的系统培训。不断提高社会所有成员和各个方面应急管理的能力，着力构建与公共安全风险相匹配、覆盖应急管理全过程和全社会共同参与的突发事件应急管理体系，确保应急管理体系有效运行。

构建基层社会治理新格局。习近平总书记指出："基层是一切工作的落脚点，社会治理的重心必须落实到城乡、社区。"[1]

---

[1]《习近平：社会治理的重心必须落实到城乡、社区》，人民网，2016年3月5日。

基础不牢，地动山摇。推进社会治理现代化，必须加快基层社会治理体系建设，构建现代社会基层治理新格局。随着工业化、城市化、市场化、现代化的深入发展，我国城乡基层出现一系列新情况新问题。在农村，不少地方出现"空心村"现象，农村社会治理人才短缺、主体弱化、公共服务不足。在城市，不少社区治理机制不健全，基层负担过重、职责不清、自治能力不足。针对存在的问题，必须完善群众参与基层社会治理的制度化渠道。一要健全党组织领导的自治、法治、德治相结合的城乡基层治理体系。健全充满活力的基层群众自治制度，在城乡社区治理、基层公共事务和公益事业中，广泛实行群众自我管理、自我服务、自我教育、自我监督．着力推进基层直接民主制度化、规范化、程序化，充分发挥法治保障作用和法治引领作用。二要健全城乡基层社区的管理服务机制，推行网格化管理和服务，尽量把资源、服务、管理放到基层，使基层有权有钱有物质手段，建设基层公共服务体系，更好地为群众提供精准有效的服务与管理。三要加强社区文化建设，营造社区温馨家园。还要注重发挥家庭家教家风在基层社会治理中的重要作用。

完善国家安全体系。这是加强和创新社会治理、维护国家安全的重大任务。最重要的是坚持总体国家安全观，实施国家安全战略，统筹发展和安全，不断提高国家安全能力，保障国家稳定和安全。一要健全国家安全体系，实施国家全方位安全战略。既要重视国家外部安全，又要重视国家内部安全；既要重视国土安全，又要重视国民安全；既要重视传统安全，又要重视非传统安全；既要重视国家自身安全，又要重视国际共同安全。也就是要做到全面、全方位加强安全治理。二要健全国家安全保障体制机制。坚持集中统一、高效权威的国家安全领导体制，建立健全国家安全法律制度体系。统筹协调国家安全重大事项和重要工作。制定和实施政治、国土、经济、社会、资源、网络等重点领域国家安全政策，建立健全国家安全风险研判、防控协同、防范化解机制。提高防范抵御国家安全风险的能力，坚决防范和严厉打击敌对势力的渗透、破坏、颠覆、分裂活动。

从根本上看，要加强和创新社会治理，坚持和完善社会治理制度，健全和完善社会治理体系，加快推进社会治理现代化，必须坚持和完善党的全面领导制度。新中国 70 年来的光辉历史充分证明，中国共产党始终是领导我国各项事业发展的核心力量，中国社会治理领域的变革和发展也始终是在党的领导下进行的。党的政治领导为社会治理指引着前进方向和价值体系，增强了社会治理的方向感和凝聚力；党的组织优势为社会治理提供了严密有效的组织体系和制度体系，确保社会治理的统一性、有序性；党的优良传统和品格，既敢于探索创新、开拓前进，又勇于坚持真理、修正错误。新中国成立后至改革开放前，正是在党的领导下，建立了社会主义制度，为中国社会治理现代化建设奠定了根本的社会制度、政治条件和组织体系，在艰辛探索中逐步建立起一套社会治理的具体制度。改革开放以后，又是在党的领导下，深刻总结以往的经验教训，逐步建立与发展社会主义市场经济相适应的社会治理重要制度体系。特别是党的十八大以来，突出以党建引领社会治理现代化进程，坚持党要管党、全面从严治党，以党的先进性和纯洁性建设不断提升党的社会治理领导能力和水平，推动了社会治理领域发生历史性变革，取得了历史性成就。

　　在新时代深入推进中国社会治理现代化，必须更加自觉地坚持党的全面领导，把加强和完善党的领导贯穿于社会治理的全领域、全过程、全环节，并要以彻底的自我革命精神，不断增强党的政治领导力、思想引领力、群众组织力和社会号召力。要深入开展反腐败斗争，持之以恒正风肃纪，为加强和创新社会治理创造良好的政治生态和社会环境。我们要坚决维护以习近平同志为核心的党中央权威和集中统一领导，确保社会治理现代化的正确航向，更好发挥党总揽全局、协调各方的领导核心作用，充分发挥基层党组织的战斗堡垒作用。完全可以相信，在中国共产党的坚强领导下，我国社会治理体系现代化和社会治理能力现代化建设一定会不断取得新进展，在全面建成小康社会、进而全面建设社会主义现代化国家中发挥越来越大的作用。

在庆祝中国社会科学院社会学研究所建所 40 周年暨"新时代中国社会学的使命 和担当"学术研讨会上的致辞

（2020 年 1 月 19 日）

尊敬的各位领导，各位来宾，同志们：

上午好！

很高兴参加今天庆祝中国社科院社会学研究所建所 40 周年暨"新时代中国社会学的使命和担当"学术研讨会。首先，我谨代表北京师范大学中国社会管理研究院／社会学院并以我个人的名义，向社会学所 40 华诞致以热烈的祝贺，向社会学所全体同仁和在座各位来宾致以新年的良好祝愿！

在现代社会科学体系中，社会学是基础性、综合性的学科，是研究和揭示社会运行特点和规律的一门学问，它以观察和解释社会现象、分析和处理社会矛盾、面对和解决社会问题、促进和实现社会和谐为宗旨和使命，对于推动人类社会文明进步具有极为重要的作用。中国社会学的历史与中国社会的变迁密切相关，在中国的社会变革中不断发展。新中国成立 70 年来，社会学发展经历了曲折的不平凡的道路。在 1978 年开启的改革开放伟大历史征程中，得到了恢复重建和快速发展。社会学的学科队伍迅速壮大，学科体系不断完善，学科发展深入推进，人才培养体系逐步健全，研究内容覆盖社会各个领域，在国家现代化建设和社会治理中发挥着越来越重要的作用。

中国社会科学院社会学研究所，是中国社会学在改革开放伊始得以恢复后最早成立起来的学术机构，是中国最顶级的社会学研究机构。建所40年来，开拓奋进，取得了引人注目的辉煌业绩和巨大进步。经过费孝通教授、陆学艺教授、景天魁教授、李培林教授和陈光金教授等为代表的几代社会学所同仁的艰苦努力，研究领域不断拓展，学术水平显著提升，产生了一大批富有价值、高质量的研究成果，开展了大量高水平有影响的学术活动，涌现了一大批优秀学者，培养了一大批社会专业人才，与国内外社会学界建立了广泛的学术合作联系，不仅把社会学所建设成享誉中外、具有重要影响力的国际级研究机构，而且为中国改革开放和现代化建设事业持续发展作出了突出贡献。你们不愧为中国社会学界推动社会理论创新和实践创新的排头兵、领军者。我们为你们取得的重大成就和进步感到十分欣慰和鼓舞。

我本人长期主要从事经济理论和政策研究，在实践中深知没有社会学知识很难做好经济工作，所以也一直重视社会理论和政策研究。1979年邓小平同志提出社会学需要赶快补课的时候，我就参加研究制定国家国民经济第六个五年计划，党中央决定将社会发展纳入国家计划，国家中长期规划和年度计划名称由以往的国民经济计划改为国民经济和社会发展计划，一直沿用至今。从那时起，我就开始研究社会发展中的理论与实践问题。我与社会学界结缘也由来已久。1993年在国家计委工作时，我就受时任中国社会学会会长袁方同志委托，成立中国社会学会社会发展与社会保障研究会并担任首任会长，邀请和组织社会学界陆学艺、李培林等专家和实际部门社会工作者开展重大课题研究，形成了一批为党中央、国务院决策服务的重要研究成果和颇有影响的学术著作。2011 年，我从领导岗位退下来以后，应北京师范大学党政领导邀请，到北京师范大学创办社会治理智库和加强社会学学科建设，探索在高校建设新型智库与学科建设相结合的新路子。这些年来，我们在智库建设和社会学学科建设方面都取得了重要进展。在开展社会学理论研究和社会工作实践中，我不断加深对社会学建设的认知和感情，越来越感到研究和推进社会学建设的极端重要性。

在从事社会发展和社会政策研究工作中，我最先关注的是费孝通教授的研究课题和理论文章，特别是他在 20 世纪 80 年代提出的"小城镇、大问题""离土不离乡"的城镇化道路以及苏南模式、温州模式等，都对我有很大的启示和影响。30 多年来，我先后与何建章教授、陆学艺教授、景天魁教授、李培林教授和陈光金教授等历任社会学所领导和李培林、李强、李友梅等全国社会学会领导有着很多的合作交流。在陆学艺教授、李培林教授、李强教授等社会学界专家的积极参与和支持下，2012 年 10 月，我组织撰写《关于加强社会管理学科建设的建议》，2014 年我又组织撰写《关于改革学科建制和提高社会学地位的建议》，都受到中央领导的重视和批示，推进了我国社会学学科建设与发展。我们还与社会学所一起联合举办了"中国社会治理论坛"，合作开展了国家社科基金重大项目的研究。我还邀请李培林同志担任我们院社会治理智库的首席专家，为我们院的发展出谋划策。实际上，我们与社会学所的合作只是社会学所在学术界所作贡献的一瞥。在多年的交往中，我深深感受到社会学所历任领导和许多知名专家都富有报国的情怀、渊博的知识、创新的精神、友善的态度和广阔的胸襟。相信在座的社会学界同仁都会与我有同样的经历和感受。

在中国特色社会主义新时代，中国社会学界面临的重大使命，是不断推进知识创新、理论创新、方法创新和实践创新，合力构建、发展和繁荣具有中国特色、中国风格、中国气派的社会学，以更好服务于坚持和发展中国特色社会主义、全面建设社会主义现代化强大国家，并有效提升我国的软实力与国际话语权，推进人类命运共同体建设。为此，我们必须坚持以马克思主义和马克思主义中国化的科学理论为指导，深入研究人类社会发展规律，植根于中国广袤大地和基本国情，继承中华民族优秀传统文化，善于总结丰富的实践经验，深刻把握未来发展趋势，研究借鉴国外社会学有益成果。特别重要的是，必须牢固树立人民是社会的主人、是历史的创造者的思想理念，坚持人民立场，坚持为人民做学问，推动建设人民向往的美好社会。今天研讨会的主题是"新时代中国社会学的使命和担当"。这个主题很好。时代是思想之母，实践是理论之源。时代和实践是社会学发展的沃土和源泉。新时代中国特色社会主义蓬勃发展和全面建设社会主义现代化国家的新征程，为中国社会学创新发展和繁荣进步提供着强大动力和广阔空间。我们要以习近平新时代中国特色社会主义思想为指引，准确把握新时代新特征、深入研究新时代新问题、及时总结新时代新经验，科学提出新时代新见解。除了观察、研究和总结新时代社会现代化建设一般趋势之外，更要关注不断快速发展的信息化技术进入社会活动的各个领域及其对社会学发展的深刻影响。相信社会学界同仁在新的时代，一定能够为我国社会现代化建设和中华民族伟大复兴贡献更多的智慧，积极为国家和人民述学立论。在中国特色社会主义新时代、全面建设社会主义现代化强国的进程中，在研究和破解各类社会发展的难题中，中国社会学界一定能够大有作为，中国社科院社会学研究所也必定能够继续发挥带头和引领作用！

我希望，这次社会学研究所建所 40 年庆祝活动，不仅是回顾过去的艰辛奋斗历程与辉煌成就，更是为合力构建中国特色社会学学术体系、学科体系和话语体系，担当起新时代赋予的新使命，进一步增进社会学界共识，凝心聚力，携手奋进。我们北京师范大学中国社会管理研究院/社会学院也非常愿意与中国社会科学院社会学研究所进一步开展多种形式的合作交流，共同助推中国特色社会学大繁荣大发展。我也愿意与社会学界朋友们一起，为发展中国特色社会学和推进中国社会现代化建设贡献自己余生的智慧与力量。

最后，祝愿中国社会科学院社会学所越办越好！祝这次学术研讨会圆满成功！

谢谢大家！

做一个知行合一的人

——致北京师范大学社会学院 2020 届毕业生的寄语

（2020 年 6 月 18 日）

亲爱的同学们：

你们在北京师范大学社会学院圆满完成了学业，即将奔赴各自美好憧憬的新征程。我首先代表中国社会管理研究院 / 社会学院并以我个人的名义，向大家致以热烈的祝贺和良好的祝愿！

2020 年的毕业季活动，是在新冠肺炎疫情在全球肆虐的情况下进行的，在这个非常特殊的时期，难以聚集作近距离告别，我们心中充满了对大家的无限留恋和殷切牵挂。

同学们，几年前，你们欣然选择了社会学院，这是一个很值得称道的选择。社会学既是基础性综合学科，又是实践性行动学科。这次人类与新冠肺炎疫情的艰辛斗争，更加凸显社会学的重要。我们欣慰而又高兴地看到，你们这几年与快速发展的社会学院相向同行、励志励学、奋发向上、茁壮成长。值此临别之际，我从社会学的基本特征和根本要义，思考了如何"做一个知行合一的人"作寄语，与大家分享、共勉。

"知行合一"意即认识事物的道理与实践中运用此道理密不可分。知是行之始，行是知之成。不仅要重视认识（"知"），还要重视实践（"行"），必须把"知"和"行"统一起来。"知行合一"是中华优秀传统文化的重要内容，也是做人做事的重要原则。习近平总书记高度重视学以致用和崇尚实践的"知行统一观"，要求"以知促行，以行求知"，做到"知行合一"。从本质上认识和理解"知"与"行"之间的相互关系，在实践中实现"知"和"行"有机的结合和贯通，十分重要，这可以使二者互相促进、相互提升。尤为可贵的是，要切实做到知要真知、行要真行，真正实现知行合一。

那么，如何做到知行合一呢？我认为，做一个知行合一的人，需要做到以下五个方面：

——勤于求知。就是勤于学习。古人有云："学如弓弩，才如箭镞。"同学们虽然毕业了，但这绝不意味着学习的结束，而是新的学习阶段的开始。即使走上工作岗位，坚持继续学习仍是一件十分重要的日常工作。只有学习，才能提高思想境界、增强素质修养，才能开阔思路、增长才干。要学习科学理论、学习业务知识、学习法律政策、学习岗位技能。当然，在工作岗位上的学习，跟学校里的学习会有很大的不同，更需要个人积极主动地围绕工作需要进行创造性、前瞻性的学习。在无垠的社会大课堂中，既要多读有字之书，也要多读无字之书，注重学习人生经验和各方面社会知识。这样，才能获得人生的不断成长和进步。生命的真谛在于勤学求知，博学多识，学无止境，学贵有恒。

——敏于观察。古谚有云："世事洞明皆学问，人情练达即文章。"从某种意义上讲，"世事洞明"和"人情练达"正是社会学研究的重要关切所在。对于社会学专业的毕业生而言，更应该努力做一个社会的"有心人"，敏于观察复杂多变、气象万千的社会世界，及时发现和捕捉社会涌现的新现象、新问题、新趋势，于细小之处见宏大，于表象之处见本质，于纷扰之处见秩序，于不公之处见良知。这样，才能准确把握社会跃动之脉搏和韵律。

——善于思考。清代思想家王夫之曾言："致知之途有二，曰学，曰思。"所学之知识，犹如含金的矿石，只有将其打碎并加以熔炼，才有可能化石为金。而这个熔炉，就是我们思索的大脑。"学而不思则罔"。这表明致知之途，就是要善于思考，多加思考。对于一个社会学专业的毕业生来说，更应当善于思考，独立思考，唯实求真。要多做调查研究，探求客观规律，充分发挥社会学的想象力，在个人困扰和公共议题之间建立起有效的关联，通过智识增进理性，努力看清和把握时代变迁的方向和趋势。

——勇于实践。《尚书》有云："非知之艰，行之惟艰。"这告诉人们：知道一个道理并不难，难的是把这个道理付之于实践，并取得成效。毛泽东在《实践论》中指出：只有实践，才能使人的认识开始发生，并使感性认识上升为理性认识。从这个角度来说，实践是检验真理的唯一标准。我们在学校学习到很多社会学的理论知识，唯有将之融入社会实践的大熔炉里方能百炼成钢，实现对个人和社会关系的通透性理解，真正做到深知、真知，并在学以致用上不断取得新成效。

——成于奋斗。习近平总书记说："只有奋斗的人生才称得上幸福的人生。"①这是人生箴言。艰难困苦，玉汝于成。没有艰辛就不是真正的奋斗。精彩人生，奋斗以成。对于新时代的青年而言，立志让人心中有阳光，奋斗让人脚下有力量。不论身处顺境，还是逆境，都应净化灵魂、磨砺意志，不畏艰难、顽强拼搏，不怕挫折、前行不止，在奋斗中释放青春的绚丽和激情。坚持以"爱国、励志、求真、力行"为指引，把自己的理想同祖国的前途、把自己的人生同民族的命运紧密联系在一起，扎根人民，奉献国家。俗话说："未经磨砺的青春，称不上美丽。"只有坚持知行合一、严谨务实、苦干实干，梦想才会成为青春腾飞的翅膀，人生的社会价值才能更好地实现，书写无愧于时代的华彩篇章。

人生路上，山高水长，任重道远。衷心祝愿大家知行合一、一帆风顺、前程似锦！

---

① 《习近平：只有奋斗的人生才称得上幸福的人生》，新华社每日电讯，2018年2月15日。

发展中国特色社会主义社会学 [①]

（2020 年 10 月 11 日）

很高兴参加在这里召开的"中国现代化新征程暨纪念费孝通诞辰 110 周年学术研讨会"。费孝通先生是中国著名的社会学家和社会活动家，为我国改革开放后社会学的重建和发展作出了重大贡献。纪念历史名人的最好行动，就是要把他未竟的事业继承和发展下去。在我国即将全面建成小康社会、开启全面建设社会主义现代化国家新征程的重大历史交汇点，举办这样的研讨会、纪念会，具有重要现实意义和深远意义。下面，我就中国现代化新征程中发展中国特色社会主义社会学的一些问题，谈几点初步思考。

一、发展中国特色社会主义社会学的重大意义

今年 8 月，习近平总书记在经济社会领域专家座谈会上指出："新时代改革开放和社会主义现代化建设的丰富实践是理论

---

① 本文系在江苏苏州吴江召开的"中国现代化新征程暨纪念费孝通诞辰 110 周年学术研讨会"上的主题演讲。

和政策研究的'富矿'，我国经济社会领域理论工作者大有可为"①，并明确提出："不断发展中国特色社会主义政治经济学、社会学。"②这里，第一次提出了发展中国特色社会主义社会学的重大任务。这个要求具有鲜明的时代意义、深刻的理论意义和重大的实践意义。

首先，这是在新时代新征程更好坚持和发展中国特色社会主义的必然要求。中国特色社会主义是不断向前发展的历史进程，新时代党和国家的重大历史使命就是坚持好、发展好中国特色社会主义。党的十八大以来，以习近平同志为主要代表的中国共产党人，顺应时代发展，从理论上和实践结合上系统回答了新时代坚持和发展什么样的中国特色社会主义、怎样坚持和发展中国特色社会主义这个重大时代课题，创立了习近平新时代中国特色社会主义思想。习近平总书记对我国社会领域改革发展提出一系列新观点新思想新论断，丰富和发展了马克思主义社会学理论，成为新时代中国特色社会主义思想的重要组成部分，有力引导了我国社会领域改革发展并取得了历史性成就。新时代新征程的中国特色社会主义现代化是经济、政治、文化、社会、生态文明全面建设、全面发展的现代化，推进社会建设和社会发展现代化，必然要求社会学与时俱进发展与创新。要求不断发展中国特色社会主义社会学，就是要坚定中国特色社会主义社会学的理论自觉和理论自信，不断形成社会学新的理论成果，更好地把中国特色社会主义全面推向前进。

其次，这是新时代新征程拓展社会发展新局面的迫切需要。

---

① 《习近平在经济社会领域专家座谈会上的讲话》，中国共产党新闻网，2020年8月25日。
② 同上。

总的说来，改革开放以后，我国社会主义现代化建设取得了历史性巨大成就，但长期以来存在着"一条腿长、一条腿短"，经济与社会发展不协调的状况。随着我国社会主要矛盾变化，人民对社会发展的需求更加突出；随着我国社会变革的加快，社会结构、社会关系、社会行为、社会心理等方面已经和必将发生深刻变化。这些对社会建设和社会治理都提出了新的更高要求，必然要求加快发展中国特色社会主义社会学，为推进社会领域改革发展，加强社会建设，创新社会治理，破解社会发展难题，提供有力的社会学理论支撑。

再次，这是新时代新征程现代化建设的重大课题。当今世界正经历百年未有之大变局，新冠肺炎疫情全球大流行加速了这个大变局的演进，世界进入动荡变革期。新一轮世界科技革命迅猛发展，正在广泛而深刻地改变人类社会面貌。我国在现代化建设新征程中必然推进工业化、信息化、城市化、现代化向纵深发展。这些对坚持和完善中国特色社会主义制度、推进国家治理体系和治理能力现代化，包括全面推进社会建设现代化、社会治理现代化，提出了新任务新要求，也必然要求更好地学习、研究和发展中国特色社会主义社会学，以更好地回答我国社会发展的理论和实践问题。时代是思想之母，实践是理论之源。实践在一个新的发展阶段，理论创新也必然要提升到一个新的水平。

二、发展中国特色社会主义社会学 需要研究把握的基本原则

中国特色社会主义社会学是一门研究和揭示中国特色社会主义社会发展、社会进步特点和规律的科学，应是既坚持马克

思主义社会学基本原理，又体现中国特色社会主义社会特色、时代特色、民族特色、实践特色的理论体系。我认为，推动发展中国特色社会主义社会学，需要研究把握以下基本原则。

（一）坚持以科学理论为指导。就是坚持以马克思主义和马克思主义中国化成果，特别是以习近平新时代中国特色社会主义思想为指导，这是中国特色社会主义社会学区别于其他什么社会学的根本标志。我们必须自觉运用马克思主义立场、观点、方法，观察、分析、研究和解决社会领域的各种矛盾和问题。这里最重要的是要充分体现党对一切工作的领导和坚持中国特色社会主义道路。中国特色社会主义最本质的特征是中国共产党领导，中国特色社会主义的最大优越性是中国共产党的领导，党是最高政治领导力量。中国特色社会主义是当代中国发展进步的根本方向和广阔道路。发展中国特色社会主义社会学也必须把握好这两个最重要的方面。这样，中国特色社会主义社会学发展才能始终坚持正确的方向。

（二）牢牢植根中国大地。就是坚持从国情出发，从中国实践中来，到中国实践中去。目前中国仍处于并将长期处于社会主义初级阶段的基本国情、中华民族悠久的历史和独树一帜的灿烂文化，是中国特色社会主义社会学根植发展的沃土。我们在研究推进社会学发展中，要使中国特色社会主义社会学学科体系、学术体系、话语体系符合中国实际，创造出更多具有中国特色的社会学新概念、新范畴、新表述，努力为拓展中国特色社会主义社会学新境界贡献自己的力量。

（三）彰显鲜明时代特征。就是中国特色社会主义社会学形成于改革开放历史新时期，发展于中国特色社会主义新时代。这个新时代是继续夺取中国特色社会主义伟大胜利的时代，是全面建设社会主义现代化强国的时代，是逐步实现全体人民共同富裕的时代，是实现中华民族伟大复兴的时代。在新时代发展中国特色社会主义社会学，必须面向新时代社会经济发展趋势、研究新时代社会矛盾现象和社会结构变化、服务新时代现代化建设的使命和任务。在实践创新、制度创新、政策创新中不断推动中国特色社会主义社会学理论体系的完善发展。

（四）坚持以人民为中心。就是坚定发展为了人民的根本立场，这是发展中国特色社会主义社会学的根本立场。历史活动是群众的活动，人民是历史的创造者，是社会发展的根本推动力，是真正的英雄。我们要始终坚持人民立场为根本立场，把为人民增进福祉为根本使命，要心向人民、扎根人民，要倾听人民诉求、反映人民创造，向群众学习、为人民述学立论。这是中国特色社会主义社会学根深叶茂、繁荣发展的根本之道。

（五）树立以人为本理念。就是把人的全面发展进步当作社会发展的根本目的。社会学本来就是研究人的学问，研究人的行为、人的交往、人的心理、人的发展等。以人为本是马克思主义的基本观点。马克思在《资本论》中提出，未来的新社会是"以每个人的全面而自由的发展为基本原则的社会形式"。党的科学发展观的本质和核心是以人为本。习近平总书记强调，现代化的本质是人的现代化。解放和发展社会生产力，实质上就是解放和发展人的创造活力和应对风险的能力。发展中国特色社会主义社会学要着眼于发展新型的人与人之间的社会关系，着眼于提高每个社会成员各方面素质和精神境界，着眼于尊重和保障人权和促进社会公平正义，着眼于营造人们平等参与、平等发展、充分发挥聪明才智的社会环境。

（六）倡导社会共同价值。就是致力于使全体社会成员树立社会共同价值理念和公共负责精神，弘扬和践行社会主义核心价值观。作为一种社会意识，价值观是一定社会的经济、政治和文化等状况的集中反映。社会主义核心价值观是当代中国精神的集中体现。要坚持和完善共建共治共享的社会治理制度，打造人人有责、人人尽责、人人享有的社会治理共同体，共同推动社会全面发展和进步，使全体社会成员逐步走共同富裕道路，加快建设社会主义和谐社会，向天下为公的大同社会迈进。

（七）全面推进改革创新。就是要坚持守正创新，推动不断开拓社会建设和社会治理现代化的新境界，建设一个既充满活力又有良好秩序的现代化社会。改革创新是当代中国社会发展进步的根本动力，研究和推动改革创新，也是中国特色社会主义社会学的鲜明品格。我们必须自觉地把继承和创新统一起来，始终不渝坚定正确方向，与时俱进完善和发展中国特色社会主义制度，着力固根基、扬优势、强弱项、补短板，使我国社会建设和社会治理制度体系不断系统完善、更加管用有效。在推动社会领域变革中，要坚持创新社会学的学科体系、学术体系和话语体系，创新社会学研究的理论范式和研究方法，使其不断与时俱进、自我革新，更好阐释和解答时代发展提出的各种社会现象、社会矛盾、社会问题。

（八）充分体现开放包容性。就是要以世界眼光和历史思维广泛研究人类社会变迁和社会发展的共同财富，全面把握国际社会学发展的前沿问题，善于借鉴各种有益的学术观点和研究方法。同时，对我国长期历史上形成的与社会学发展相关的基础知识、思想观点和良好治学方法，也都应该积极挖掘和借鉴，做到洋为中用、古为今用、去粗取精、去伪存真，正确地加以吸收、继承和创新发展。

三、发展中国特色社会主义社会学的主要路径

努力发展中国特色社会主义社会学，是新时代新发展阶段的重大课题，必须坚持辩证唯物主义和历史唯物主义的世界观、方法论，选择有效路径。

（一）坚持依靠学习科学理论来推动社会学发展。中国特色社会主义社会学是以科学理论为指导的，要助推发展中国特色社会主义社会学必须深入学习、研究和掌握马克思主义的社会学理论，包括我们党关于我国社会变革、社会发展、社会关系、社会结构、社会建设、社会治理的重要论述，特别是党的十八大以来习近平总书记关于社会建设、社会发展、社会体制改革、社会治理等一系列新观点、新思想、新要求。坚持用科学理论武装头脑和指导研究工作，树立清醒的理论自觉、坚定的政治信念、科学的思维方法。

（二）坚持深入总结和研究新中国成立以来社会发展的实践经验。新中国成立70年特别是改革开放以来，我们党团结带领全国人民在探索、开拓和发展中国特色社会主义道路上，不断进行社会变革、社会发展、社会建设、社会治理的伟大实践。在这些生动实践中有成功的经验，也有失误的教训，经验和教训都十分宝贵，应当作为新时代新征程不断发展中国特色社会主义社会学的丰富滋养。

（三）坚持问题导向的社会学鲜明品格。问题是时代的声音，也是创新的起点、创新的动力源。我国社会主义现代化建设即将进入一个新阶段，各种新老问题相互交织、叠加呈现，必须敢于正视问题、善于发现问题、深入研究问题，努力破解

社会发展和社会治理领域遇到的各种难题，在服务改革开放和社会主义现代化建设中推动中国特色社会主义社会学的更大发展。坚持问题导向的一个重要方面，就是要十分重视调查研究，深入实际、深入基层、深入群众。人民群众的社会实践，是我们获得正确认识的不竭源泉，也是检验和深化认识的根本路径。调查研究要在求实、求真、全面、深入上下大功夫。切实搞好调查研究，这是做好治学工作的基本功，也才能取得科学性、原创性、时代性的新成果。

（四）坚持运用科技手段研究社会问题和推动社会学发展。在人类社会进入互联网时代和智能社会的情况下，社会结构、社会行为、社会活动、社会心理、社会现象更加复杂多变，我们在继续运用传统手段、方法研究社会学的同时，要更加重视运用互联网、大数据、云计算、人工智能等信息化技术来统计、观察、分析、研究社会领域的变化，以便及时、全面、准确反映客观社会现象及其变动趋势，更好把握社会运行特点和规律，不断提高社会学研究的能力和水平。

（五）坚持加强社会学人才队伍建设。新时代发展中国特色社会主义社会学，最关键的，是要不断发现、培养、集聚大批专业化、高素质的从事社会工作和社会学研究的人才队伍。我国目前无论社会学研究还是社会学教学人才队伍都是不仅数量明显不足，而且结构也不合理，学科领军人物新老断档，急需发展领域的人才更是匮乏。因此，应该大力加强社会学研究和教学机构建设，大力加强社会学人才队伍建设，特别是加强领军人才和中青年骨干人才的培养。同时，建议国家提升社会学的学科地位，加大对社会学发展的支持力度，在全社会形成良好的社会学发展环境。这些是繁荣和发展中国特色社会主义社会学的希望之所在。

"京师社会调查丛书"总序

（2020 年 10 月）

在现代社会科学体系中，社会学是基础性、综合性学科，也是具有极强实践性、应用性的学科。社会学必须直面社会实践中凝练出的重大理论问题。中国特色社会主义社会学是对社会主义社会运行特点和规律的揭示与阐释，也是对社会主义社会实践的理性认识，是在这个基础上对社会学基本理论的创新性发展。以马克思主义的认识论和方法论研究社会变迁的实践，是中国社会学学科发展的源头活水；而中国的社会发展、社会建设、社会治理，也离不开社会学理论与时俱进、创新发展与有力支撑。

社会调查研究是社会学研究非常重要的方面。一直以来，社会调查都是中国社会学界的一个优良传统。中国社会学在近百年发展的历程中，一代代社会学人作实地调查、以实证性实验的科学精神和研究方法，立足国情、扎根本土，探索和发展具有中国特色的社会学理论和研究方法，从而孕育、形成、发展为比较完整的学科体系、学术体系和人才培养体系。

一

马克思主义认为，全部社会生活在本质上是实践的，只有人们的社会实践，才是人们对外界认识的真理性的标准。实践是理论的基础，实践高于（理论的）认识，因为它不但有普遍性的品格，而且还有直接现实性的品格；实践是理论的出发点和归宿点，对理论起决定作用，理论必须与实践紧密结合，理论也必须接受实践的检验，并随着实践的发展而发展。社会学是从变动着的社会系统整体出发，通过人们的社会关系和社会行为来研究社会的形态、结构、功能、演变规律。正是人类丰富的社会实践，尤其是工业革命以来经济社会和文化心理变迁催生、滋养了社会学。社会学拥有悠久深厚的社会调查传统。正确、有效的社会调查，是我们认识社会、发展社会学学科的不二法门。

中国的社会学学科发展和中国的革命实践一样，都是遵循着从实践的感性认知出发，进而跃升为理性认知，再回到实践去检验这样的正确认知路径。

20世纪上半叶，中国社会和中华民族陷入深重的灾难，许多革命家和知识分子投身于救国的大潮之中，力求准确把握和深刻认识变化中的中国社会，致力于探索国家救亡图存和民族振兴发展之道。以毛泽东为代表的共产党人，从社会革命的高度，开展了大量的社会调查，写出了影响深远的《中国社会各阶级的分析》《湖南农民运动考察报告》《寻乌调查》《兴国调查》等一系列著名的调查报告，有力地引领了中国革命的走向，这些都是社会学的经典文献。就是在那个时期，以李景汉、陶孟和、吴文藻和费孝通为代表的中国老一辈社会学家深入开展社会调查，产生了一大批优秀的社会调查研究成果。这固然由于他们受过系统严格的社会学训练，更在于他们有着正确的认识论和方法论：他们深入农村社会内部了解农民的生活实践，洞悉农村社会结构，把握社会前行的实际逻辑。

一边是革命家，一边是学院派；一边是社会调查与理论政策研究，一边是社会学调查与学理学术研究，两路人马有着鲜明的区别，然而都取得了巨大成功。他们的成功有着相同的原因。首先，他们的调查与研究目的都不是为了玩智力游戏，也不是简单地为了进行理论建构，他们都有着社会责任的历史担当，都是为了深刻认识中国社会、拯救中华民族于水火。其次，他们的研究都是从中国农村的实践出发，而不是把经典理论作为教条。再次，他们的研究都没有停留在感性认识的层面，没有简单地淹没于支离破碎的经验碎片之中，革命家是基于对社会现实和历史的全面分析，提炼出了中国社会革命的战略与策略，学院派则是在经验研究的基础上进行了有益的理论抽绎与建构。最后，他们的研究又都回归于社会实践进行了检验，并程度不同地引导着和影响着中国社会实践。

新中国成立后的一段时期，中国社会学没有得到应有的发展。实行改革开放之后，中国经济快速发展，社会发生深刻变革，社会学得到了迅速恢复和发展。中国社会学界紧扣时代脉搏，作出了一系列卓有成效的社会调查，例如费孝通的小城镇调查、雷洁琼的家庭调查、陆学艺主持的"百县市调查"，以及中国人民大学的"中国综合社会调查"（CGSS）、中国社会科学院的"中国社会状况综合调查"（CSS）、北京大学的中国家庭追踪调查（CFPS），近些年来北京师范大学的"百村社会治理调查"，等等。这些社会调查不仅有力地推动了中国社会学的理论建设、学科发展，也在不同程度上影响了国家决策和相关政策的制定与实施。

历史和现实深刻表明，社会大变革时代，一定是社会学科大发展的时代。当今世界正经历着百年未有之大变局；当代中国正进行着历史上最为广泛而深刻的社会变革，正经历着人类历史上最为宏大而独特的社会实践创新。这些都给包括社会学在内的社会科学繁荣发展提供了强大动力和广阔空间。如此巨大规模的世界变局，如此深刻的社会变革，如此丰富的社会实践，如此庞杂的社会问题，既是我们中国社会学人重大的学术研究和创新机遇，也是应尽的社会责任和历史担当。

二

社会学研究必须直面社会变迁中的真问题，社会调查也必须围绕社会变迁中的实际问题而展开。社会调查的范围涉及社会生产、生活的方方面面。当前和未来一段时期，以下方面尤其值得高度重视：

新一轮科技革命对人类社会的广泛和深刻影响。随着互联网、大数据、人工智能等新技术的兴起，社会生产方式、产业结构、产业形态、利益分配格局、生活模式、社会行为与社会运行状态、社会治理机制都在发生着深刻的变化。对这些问题展开深入调查，是我们面临的重要课题。

乡村社会变迁与乡村治理。改革开放尤其是进入 21 世纪以来，农民的生计模式发生了巨大变化，劳动力主要投放于非农就业，其对家庭的经济贡献占据主导地位。这使得农民的价值观念、家庭内部关系、农户之间关系、农村基层的建设状况，以及国家与乡村社会关系和乡村治理体系已经并将继续发生深刻的变化，如何完善相关的体制、制度、政策，如何推进农业农村现代化发展和深入实施乡村振兴战略等，都亟待调查研究。

城镇化与城市社会发展。在中国快速城镇化的进程中，城市的社会结构、社会组织、社会群体、人口流动、社会治理、社会行为、社会问题、生活方式、社会心理、社会关系，以及社会发展规律等方面，都迫切需要进行深入调查和研究。

单位、企业与劳工关系。传统单位制的变化与社会影响，企业与政府关系，企业与市场关系，企业与社区关系，企业内部运行机制，利益分配与保障体系，就业状况，新兴行业与新兴职业等，都需要调查研究。

家庭、婚姻、人口问题。在经济社会和文化价值体系深刻变化的情况下，家庭的规模与结构，代际关系、夫妻关系的变动，需要引起关注，尤其是生育意愿与生育行为、婚恋模式、同性恋、家庭暴力、家庭家教家风和婚姻的稳定性；抚养与教育、老龄社会治理、老龄人口养护等，都值得深入调查研究。

教育、医疗、健康、公共服务。这些是保障和改善民生的重点，也是推动基本公共服务均等化的重要内容；民生需求变化和改善供给结构，脱贫攻坚成果的巩固提升，相对贫困的治理等，都需要作为重要课题。

此外，城乡基层民主、法治、安全、诚信、环保、公平、正义等方面的问题和制度建设，以及优秀传统文化传承、智能社会发展与治理等，这些也都应该高度重视调查研究。

三

社会学人不仅仅是社会的生活者、观察者，还是思考者和理论的建构者。社会学的社会调查具有学术性、探索性，不仅仅是见闻的搜集、资料的获取、社会现状的了解，还要深入研究社会运行与发展的过程、逻辑与机理。因此，社会调查需要掌握科学方法。

树立问题意识。要围绕问题调查和搜集资料。资料看似搜集得丰富，但如果繁复琐碎，主次不分，"只见树木不见森林"，这样的资料用途有限，甚至可能是无效的信息，因为信息只有纳入到一定的社会事实的范畴内来思考和体悟才是有价值的。正是基于此，对于较大规模的调研，调查人员与项目设计者要做到认知的同构，并做到把调查与研究结合起来；否则，调查者便可能沦为"学术炮灰"，仅仅是个资料搜集员，主观能动性无法得到发挥，而研究者得到的仅仅是二手资料，缺乏厚重的质性感受，这样研究效果会大打折扣。

坚持整体性观念。社会生活的不同面向之间彼此交织、相互关联影响，从而构成一个社会的整体。任何一个系统只是更大系统中的子系统，只有在更大的系统中了解各个子系统之间的相互联系，才能对整个系统有深刻的理解。单从某一个方面切入可能会"盲人摸象"或过度阐释，发现各个部分之间的张力与悖论，能使我们迸发出知识与思想的火花。因此，当我们带着具体的问题、任务进行社会调查时，必须尽可能对相关的场域有整体性的理解；面对杂乱无章的现象，要善于抽丝剥茧、溯本求源、去伪存真、拂尘见金，深刻认识社会内部各部分之间的有机联系。80多年前，著名社会学家费孝通先生在江村做调研时，就成功地使用了这样的方法，这对于今天的社会调查研究仍有着很强的启迪意义。

解剖麻雀与全局分析。解剖麻雀就是进行典型个案调查，是要获得这一案例的全方面的知识，以求取得一个深入认识。在具体深入个案作性质判断的时候，可对其进行深描，以理解行动者背后的复杂动机。但是，解剖麻雀的最终目的是认识全局，以利于"解决问题"，调查就像"十月怀胎"，解决问题就像"一朝分娩"。如果我们只局限于个案的认识，就很难获得全局知识，甚至有可能出现"攻其一点、不及其余"的毛病。因此，在全面解剖麻雀的基础上，需要展开全局分析。在从个案调查到全局分析的过程中，理论指导非常关键。毛泽东同志进行农村调查，之所以能够把握农村全局，很重要的就是善于运用马克思主义的理论来解剖不同村庄的材料，让理论和具体实践有机结合起来。社会科学调查，之所以不同于一般社会调查，也在于它能够将社会科学理论运用于调查实践中，在具体个案调查中展开全局分析，从而见微知著、以小见大。

定性方法和定量方法。定性调查方法，主要是调查人员对调查对象作深入访谈来获取资料。这种调查方法的优点是，可以对调查对象进行详细、全面的深入了解，并根据具体情况及时调整访谈内容，在与调查对象的互动过程中展开深入调查思考。召开调查会的方法，是一种典型的定性调查。要做"讨论式"调查，就是调查人员和调查对象之间进行深度交流，让调查对象来帮助调查人员完成对事情的分析和认识。定性调查的缺点是，在有限时间内，只能对有限的人员进行访谈，并获取调查资料；同时，定性调查在资料汇总以后，在分析总结阶段对调查人员的素质要求很高，需要既能够掌握大量资料，又能从具体资料中归纳分析出普遍性的认知。定量方法往往需要以扎实的定性研究为预研究。定量研究主要是在获得质性感受的基础上，通过发放调查问卷和研究表格，从被调查对象收集资料，并进行集中分析和研究的方法。这种方法的优点是，能够进行大规模的标准化、规范化调查；其缺点是，只能收集到有限的数据和信息，很难根据不同调查对象进行随机应变和调整；同时，对调查人员和调查对象的知识水平等要求也较高。

此外，随着科学技术的发展，大数据等信息化技术成为调查研究的重要手段、技术。运用大数据作为社会调查的重要方法，可以对数据进行收集整理、分类识别、清洗净化，进而对诸多复杂社会问题展开分析研究。运用大数据等新技术进行调查研究的做法会越来越多。

四

北京师范大学社会学学科发端于 20 世纪初，底蕴深厚，大家云集。1919 年，我们党的创始人之一李大钊同志就在北京高等师范学校开设社会学课程。1930 年，学校成立社会学系；后来并入北京师范大学的辅仁大学，在 1943 年也设立了社会学系。北京师范大学和辅仁大学的社会学科聚集了一批名家，也培养了大量的优秀人才。曾经在两校社会学系任教的名家还有李达、黎锦熙、许德珩、黄凌霜、施存统、马哲民、李景汉、朱亦松、钟敬文、袁方等，这些名师大家先后为北京师范大学社会学科打造了创立和发展的基础。

改革开放以来，中国社会学恢复重建，北京师范大学社会学科也迎来了建设发展的历史机遇。1981 年，学校设立民俗学博士点；2001 年学校将原哲学院改建为哲学与社会学学院，成立社会学系，设立社会学硕士点和社会工作本科；2011 年，学校成立中国社会管理研究院；2015 年，学校将哲学与社会学学院的社会学系、文学院民俗学方向相关资源整合，成立社会学院，与中国社会管理研究院实行两个牌子、一套班子，致力于建设国家社会治理新型高端智库和社会学一流学术重镇；2017年，国务院学位委员会批准北京师范大学社会学院为社会学一级学科博士点；2019年，人力资源和社会保障部、全国博士后管理委员会批准北京师范大学在中国社会管理研究院／社会学院设立社会学博士后流动站；2020年初，中国社会管理研究院／社会学院成为国家批准的北京师范大学国家高端智库主要组成部分。

多年以来，北京师范大学中国社会管理研究院／社会学院的师生们，一方面阅读社会学及人文社会科学的经典理论，掌握基本知识、理论和方法；另一方面，深入农村、城市调研，产生了诸多科研成果。为了持续汇集和展示北京师范大学社会学教研人员和社会治理智库人员的社会调研成果，我们特编辑出版"京师社会调查丛书"。近年来，董磊明教授带领学生在深入农村调研的基础上完成了三本具有较高学术水平的著作，作为首批"京师社会调查丛书"出版。我们期待着有更多优质调查研究成果在此系列丛书中不断出版。我们也谨以此套丛书参与中国社会学、中国社会治理以及中国社会科学繁荣发展的进程之中，奉献给所有关心、关注中国社会发展与进步的人们。

全面建成小康社会与持续推进
社会治理现代化①

（2020 年 11 月 15 日）

第十届中国社会治理论坛以"全面建成小康社会与社会治理现代化"为主题，具有重要意义。我们国家即将全面建成惠及 14 亿多人口的小康社会，矗立起中华民族发展史、中国社会主义现代化建设史的一座重大里程碑。2021 年将开启全面建设社会主义现代化国家新征程，向 2035 年基本实现社会主义现代化目标迈进。刚刚闭幕的党的十九届五中全会通过的《中共中央关于制定国民经济和社会发展第十四个五年规划和二〇三五年远景目标的建议》，为我们国家在新时代新发展阶段指明了前进方向、绘就了宏伟蓝图。这是未来时期我国经济社会发展的行动纲领。我们一定要深入学习、认真贯彻落实。

这里，我仅就全面建成小康社会的社会治理重大标志性成就和在新发展阶段社会治理现代化建设面临的新课题新要求新任务谈一些看法，与大家分享交流。

---

① 本文系在第十届中国社会治理论坛上的主旨演讲，受到中央多位领导批示，发表在《前线》杂志 2021 年第 3 期。

一、全面建成小康社会的社会治理标志性成就和重大意义

"小康社会"是中华民族几千年来孜孜以求的社会理想。改革开放后，我们党用"小康社会"来诠释"中国式现代化"，把全面建成小康社会，作为我们党带领全国人民过上美好生活、建设社会主义现代化国家的阶段性奋斗目标。这个重要的阶段性目标将如期实现。习近平总书记在党的十九届五中全会上指出："明年上半年党中央将对全面建成小康社会进行系统评估和总结，然后正式宣布我国全面建成小康社会。"[①]其中，我国全面建成小康社会的社会治理景象也将为世人所瞩目，我初步研究认为，最为突出的重大标志性成就有以下几个方面。

（一）人民生活水平显著提高，困扰中华民族千百年的绝对贫困问题将历史性地画上句号，书写了人类发展史上的伟大奇迹。全国人民过上宽裕殷实生活，消除绝对贫困问题，是全面建成小康社会的最重要标志，也是社会治理取得重大成效的显著标志。自改革开放之初我们党提出小康社会的战略构想以来，就始终坚持在发展中保障和改善民生，努力提高人民生活水平和质量，在推进幼有所育、学有所教、业有所就、劳有所得、病有所医、住有所居、弱有所扶等方面不断取得新进展、新成效。当今之中国，全体人民生活实现整体性跃升，基本生活品充裕，吃穿用有余，公共服务普遍享有。城乡人民安居乐业，住房面积持续大幅增加，城镇失业率长期保持在较低水平，

---

①《〈中共中央关于制定国民经济和社会发展第十四个五年规划和二〇三五年远景目标的建议〉辅导读本》，人民出版社，2020年。

覆盖全民的多层次社会保障体系基本建成，个人财产不断增多，中等收入群体规模持续扩大。全国居民平均预期寿命 2019 年达到 77.3 岁，比世界平均预期寿命高近 5 岁。更为可贵的是，经过长期不懈的努力，特别是党的十八大以来，脱贫攻坚力度加大并取得决定性成就。到今年年底，现行标准下农村贫困人口将全部脱贫，贫困县全部摘帽的目标任务将如期实现。14 亿多中国人民在共同富裕道路上迈出坚实步伐，困扰中华民族千百年的绝对贫困问题即将历史性终结。

（二）社会治理理念和实践不断创新发展，开拓了传统社会管理向现代社会治理转变的新境界。随着中国特色社会主义理论和实践的不断丰富发展，党的社会治理理念和实践也不断与时俱进、创新发展，包括关于社会主义本质的新论断，关于建设社会主义和谐社会的新论述，关于以人为本的科学发展新理念，特别是党的十八大以来，习近平总书记对社会治理的系统论述，更加突出以人民为中心、人民至上；更加突出党的领导和党领导下多元社会主体共同参与良性互动；更加突出民主法治，扩大人民民主，建设法治社会；更加突出系统治理、源头治理、综合治理，努力把我国制度优势更好转化为治理效能；更加重视中华优秀传统文化与现代社会文明的深入融合。这些重大新思想、新理念对社会治理体制创新、机制创新、制度创新、政策创新、工作创新和方式方法创新起到了引领、指导作用，有力推动了社会治理实践全面加强和创新，从而也为全面建成小康社会创造了良好的社会环境。

（三）共建共治共享的社会治理制度逐步确立，社会治理现代化基础性制度不断改革创新。我们党经过长期的探索和实践，逐步确立了共建共治共享的社会治理制度。这种社会治理制度把加强党的全面领导作为根本保证、把以人民为中心作为根本立场、把民主和法治作为根本方式、把活力和秩序相统一作为根本目标。这是符合当代中国国情、符合社会主义运行规律的科学制度。同时，按照发展社会主义市场经济的要求，不断深化社会领域基础性制度改革创新，基本构筑了符合当代中国国情的新型社会治理基础性制度。包括创新人口制度、户籍制度、就业制度、土地制度、教育制度、医疗卫生制度、社会保障制度、收入分配制度，各项制度建设不断完善。新型城镇化扎实推进，人口流动合理有序。户籍制度改革取得了积极进展和显著成效。城乡、性别、身份、行业等一切影响平等就业的制度障碍逐渐消除。农村新型经营制度逐步完善，土地管理制度改革不断深化，教育领域综合改革持续深化，现代医疗卫生制度逐步健全。尤其是全国城乡以党建为统领的基层治理制度不断健全，网格化服务管理制度普遍建立。各领域各层次社会治理基础制度创新发展，为加强和创新社会治理，持续推进社会治理现代化提供了重要保障。

（四）全方位社会治理体系不断健全，为持续推进社会治理现代化奠定了坚实基础。多年来，围绕加强和创新社会治理，按照社会治理功能和内部联系，全面加强社会治理体系建设。最重要的，是逐步形成党委领导、政府负责、民主协商、社会协同、公众参与、法治保障、科技支撑的社会治理体系，向着建设人人有责、人人尽责、人人享有的社会治理共同体迈进。同时，各方面社会治理体系建设不断加强。社会组织体系、公共服务体系、公共安全体系、社会治安防控体系、应急管理体系、防灾减灾救灾体系、社会信用体系、社会心理服务体系等全方位推进。各方面社会治理体系的逐步建立，为维护社会秩序、提升社会文明程度发挥着重要作用。

（五）社会治理能力水平明显提升，制度优势转化为治理效能增强。我国社会治理方式发生了深刻变革。改革开放后特别是党的十八大以来，着力创新社会治理方式，注重综合运用经济、法治、道德、教育、行政、科技等多种手段加强和创新社会治理，标本兼治。特别是广泛运用信息化手段，大力推行基层"互联网＋服务管理"，打造"智慧城市""智慧社区"，借助大数据技术和现代信息化技术，建设政务平台，致力于"让信息多跑路，让群众少跑腿"。到2019年底，全国一体化政务服务平台已经与31个省区市及新疆生产建设兵团和40余个国务院部门连接，形成了覆盖省市县三级互联平台，服务功能延伸到乡镇、街道、社区、村落的服务网。数字技术赋能社会治理，提高了城乡社会治理的水平和效能，使人民群众得到了更多的实惠。

（六）平安中国建设取得重大进展，整个社会长期保持和谐稳定。"民以安为乐，国以安为兴"。当今之中国，国泰民安，社会安定有序。几十年来我国在创造世界罕见的经济快速发展奇迹的同时，也创造了整个社会长期稳定的奇迹。严重暴力犯罪案件连续十年呈下降趋势。联合国有关机构数据显示，多年来，我国每10万人中命案发生不到1起，低于英国、德国、美国、加拿大等西方发达国家，彻底打破了现代化进程必然伴随犯罪率升高的西方"魔咒"。特别是在当前国际乱局交织、局部冲突和动荡不断、个人极端事件频发的大背景下，能在国内社会发展和变革不断快速推进中保持总体稳定，可谓独一无二。之所以如此，就在于我们党和国家注重平安中国建设。一是逐步完善社会治安防控体系，织密治安防控的"天罗地网"。严密防范和坚决打击暴力恐怖活动，依法开展扫黑除恶专项斗争，查处了一批疑难复杂大要案。二是逐步健全公共安全体制机制，提升维护公共安全的实效。食品安全系统建立了严格的覆盖全过程的监管制度。安全生产管理建立了隐患排查治理体系和安全预防控制体系。构筑了隔离重大风险隐患的"防火墙"，防灾减灾救灾能力明显增强。三是逐步构建国家安全体制，把安全发展贯穿国家发展各领域和全过程。修订并贯彻新的《国家安全法》，为国家安全和社会安全筑牢"铜墙铁壁"。建立了集中统一、高效权威的国家安全领导体制和维护国家安全制度。

今年，突如其来的新冠肺炎严重疫情，是对国家治理体系和治理能力的大考，更是对社会治理体系和治理能力的大考。在防控新冠肺炎疫情过程中，我国共建共治共享的社会治理制度优势凸显，社会治理多个场域、多元主体、多种手段综合发力，整体效能有效迸发，在很短时间内就取得抗疫斗争重大战略成果。从社会治理场域看，城乡社区是疫情联防联控的第一线，也是外防输入、内防扩散最有效的防线。城乡社区采取综合防控措施，实施网格化、地毯式管理，联防联控，群防群控，有效控制了疫情扩散和传播。从社会治理主体看，多元主体扛起责任、勇挑重担，构筑起坚固防线。党的集中统一领导是凝聚同心抗疫的硬核力量，基层党组织充分发挥战斗堡垒作用，广大党员干部主动担当作为，积极投身抗疫战役；政府有效履责，及时施策，采取具有针对性的防控措施，千方百计保障人民群众健康安全和工作生活；社会组织充分发挥专业性和服务性优势，募集款物、驰援疫区，提供社会公共服务、心理疏解服务。广大人民群众自觉履行责任，居家隔离，减少出行，自我防护，自愿加入志愿者队伍，积极配合疫情防控工作。从社会治理手段看，多种方法齐上阵，运用科学抗疫，采取依法防控。数字技术赋能疫情防控，在疫情态势研判、精准防控中得到充分运用，为诊疗救治、新药研发、资源调配等提供了强大技术手段。在阻断疫情蔓延、有序推进复工复产上，各地严格执行疫情防控和应急处置法律法规，严格依法实施防控措施。依法依规解决疫情期间和疫情常态化下出现的矛盾纠纷，依法严惩扰乱医疗秩序、防疫秩序、市场秩序、社会秩序等破坏疫情防控的违法犯罪行为，保障社会有序运行。抗疫斗争，充分显示了中国共产党领导和中国特色社会主义制度的显著优势，充分显示了党和国家在多方面加强和创新社会治理的重大成效，我国社会治理体系和治理能力经受住了这次集中检验，最大限度地保护了人民生命安全和身体健康，为如期全面建成小康社会作出了重要贡献。

全面建成小康社会的社会治理进程及其标志性成就，具有极其重大的理论意义、历史意义、政治意义和世界意义。一是开拓了马克思主义理论新境界，将科学社会主义的理论原则与中国的国情有机结合起来，特别是习近平总书记关于加强和创新社会治理的重要论述，从理论与实践的结合上回答了什么是中国社会主义社会治理现代化，如何推进中国社会主义社会治理现代化的一系列重大问题，为持续推进中国社会治理现代化提供了科学理论指引。二是为创造世所罕见的经济快速发展奇迹和社会长期稳定奇迹提供了良好的社会条件与环境，为实现第一个百年奋斗目标，兑现党向人民和历史的庄严承诺作出了突出贡献。三是充分彰显了中国共产党的领导和中国特色社会主义制度的巨大优势，雄辩地证明我们党关于社会主义现代化建设的理论、路线和战略安排是完全正确的，为新时代新阶段全面建设社会主义现代化国家、继续推进社会治理现代化奠定了坚实基础，提供了宝贵经验。四是为世界上那些企望在加快发展、推进现代化建设中保持社会稳定、保持自身独立性的国家和民族提供了全新选择，为推进社会全面进步和社会治理现代化提供了中国方案，为全球社会治理贡献了中国智慧和中国力量。

二、我国新发展阶段社会治理现代化建设面临的新课题和新要求

中国社会主义现代化建设是不断向前发展的历史进程。以2021年实施国民经济和社会发展"十四五"规划为开端，我国将进入一个新的发展阶段。这个阶段是实现中华民族伟大复兴的关键时期，我国社会治理现代化面临着许多重大课题，并提出了更高要求。

（一）世界百年未有大变局对我国社会治理的影响。当今世界正在经历的百年未有大变局进入了加速演进阶段。和平与发展仍是当今世界的主题，但世界经济、科技、文化、安全、政治等各方面正在发生并将继续发生深刻调整。美国打压和遏制中国更加公开化、常态化。世界进入了动荡变革期，不确定性、不稳定性增强。这些对世界各国都会产生深刻的影响，也无疑会加大我国发展安全与社会稳定的难度，对社会治理和平安中国建设带来多方面不利影响。目前，新冠肺炎疫情还在许多国家蔓延，其发展趋势对世界各国和对我国的影响尚难预料，加之人类社会进入风险频发的严峻时期，社会治理如何做到预为之谋和化险为夷，维护国家安全、社会安定，是一个值得高度

重视和研究的重大课题。

（二）新一轮科技革命深入发展对我国社会治理的影响。日新月异的科技进步，在给人类社会带来便利、舒适、效率、品质的同时，也使社会生产方式、人们的工作方式、生活方式、思维方式发生着深刻变革，引发许多新的经济社会问题，增加了社会治理难度。特别是互联网技术的广泛运用，深刻改变了人们的交往方式，线上线下社会交融，经济社会领域中的黑天鹅、灰犀牛事件发生概率加大。如何适应这些深刻变化，实现更加充分、更高质量的就业，健全全覆盖、可持续的社保体系，完善公共卫生和疾控体系，促进人口长期均衡发展，化解社会矛盾，维护社会稳定，协调社会关系，是当前和今后一个时期我国社会治理的重要战略课题。

（三）我国进入新发展阶段对社会治理的影响。我国进入新发展阶段，社会发展和社会治理将面临一系列新形势新情况。正如习近平总书记指出："我们的事业越前进、越发展，新情况新问题就会越多，面临的风险和挑战就会越多，面对的不可预料的事情就会越多。"[1]从社会主要矛盾看，我国社会主要矛盾的转变是关系全局的历史性变化，对社会治理提出了许多新要求。人民对美好生活需求日益广泛，不仅对物质文化生活提出了更高要求，而且在民主、法治、公平、正义、安全、环境等方面的要求日益增多。从发展内涵看，进一步转变发展方式，推动全面高质量发展，实现更高质量、更有效率、更加公平、更可持续、更为安全的发展，社会发展和社会治理需要有更高质量更高水平。从社会结构演变看，我国社会结构正在发生深刻调

---

[1]《十八大以来重要文献选编（上）》，中央文献出版社，2014年，第114页。

整，人们的社会关系、社会观念、社会心理、社会行为方式正在发生全方位变化，深刻影响和变革着人们的社会交往方式和社会价值观念；中等收入群体的比重将不断提高，两头小中间大的橄榄型社会加快演进；城镇化水平将进一步提高，城乡结构进一步深度调整，城乡融合和城乡一体化发展进入新阶段；人口老龄化进一步加快加深，老龄人口会继续增多，而且少子化趋势日益明显。从现代化生产力趋势看，科学技术进步特别是信息化条件催生的新业态、新职业、新生产生活方式，使就业结构和职业结构呈现新变化；随着人工智能和数字技术的快速发展，网络社会、数字社会、智能社会、现实社会建设多向交融互构，整个社会运行的虚拟化和风险性进一步加大。如何适应未来时期现代化建设发展新阶段这些新特征新变化，迫切需要研究解决许多重大课题。

（四）新老矛盾交织叠加对我国社会治理的影响。全面深化改革正处于深水区、经济社会发展进入新阶段，各种矛盾叠加、风险隐患集聚。当前和今后一个时期，是我国各类矛盾和风险易发期，各种可以预见和难以预见的风险因素明显增多。各种老问题与新问题相互交织、相互影响，有些是长期没有得到解决的深层次性问题。特别是我国城乡、区域发展和收入分配差距较大，如果不有效遏制，不仅会导致差距进一步拉大，形成贫富鸿沟，还会引发一系列社会矛盾和利益冲突。此次新冠肺炎疫情给我国经济社会发展带来的巨大冲击表明，我国仍缺乏对现代风险社会的全面认知，预判风险、应对危机能力有待提高。如何提升非常态化的社会风险处理水平和危机应对能力，是社会治理现代化建设的重要环节。新媒体时代网络社会里的信息传播格局发生了彻底改变，加大了受众获取高质量有效信息的难度。虚拟社会与现实社会两者在互动过程中重塑社会伦理，使得传统的社会治理模式与方法在互联网社会空间里难以奏效。这些都将对未来社会治理提出一系列两难处理的重要课题。

综合以上对国内外形势的分析研判，可以看出，我国新的发展阶段对推进社会治理现代化建设提出了以下新要求。

一是必须增强推进社会治理现代化建设的自觉性。社会治理现代化建设是国家治理现代化建设的重要部分，而且是关联甚至是决定全面建设社会主义现代化国家总进程的重要部分。我们应该从更有力应对世界百年未有大变局、全球百年未遇大疫情影响和顺利实现中华民族伟大复兴战略全局的高度，更有效防范和应对各类风险，坚持落实国家安全观，把推进社会治理现代化建设放在更加突出的重要位置，要提高加强和创新社会治理、推进社会治理现代化的思想自觉、政治自觉和行动自觉。

二是必须增强推进社会治理现代化建设的全面性。社会治理关乎国家长治久安、政治安全清明、社会和谐安定、人民安乐康宁。应该用大社会观、大建设观，全面加强各领域、各方面、各层次社会治理体系现代化和治理能力建设，使社会运行中的各种风险、矛盾、问题、需求等全面进入治理范围，从而使现代社会治理成为一种全领域、全过程、全环节的综合性治理。

三是必须增强推进社会治理现代化建设的协同性。协同性是社会治理内部有机联系的必然要求。尤为重要的，是正确把握几个重要关系。第一，协同秩序与活力的关系。习近平总书记指出："一个现代化的社会，应该既充满活力又拥有良好秩序，呈现出活力和秩序有机统一。"①秩序与活力是社会治理的两个重要维度和有机统一的目标，两者只有协同推进，整个社会才能充满活力又和谐有序运行。在实践中不能把二者对立起来、顾此失彼。第二，协同维稳与维权的关系。一般地说，维权是维稳的基础，维稳的实质是维权。只有注重维护好人民群众的合法权益，才能真正实现社会稳定，必须努力实现维权与维稳相统一。要更加注重维护社会公平正义。第三，协同服务与管控的关系。社会治理的出发点和落脚点应是提供社会服务，解决人民群众和社会主体的需求问题。同时，施之以必要的规范化管控和行为约束，只强调管控而不改善服务，就违背了社会治理现代化要求，要把搞好服务与管理统一起来，寓管理于服务之中。第四，协同法治德治自治的关系。法治是社会治理现代化的主要标志和根本保障，必须全面厉行法治；德治是社会治理现代化的灵魂和根基，必须切实强化德治；自治是基层社会运行的基本依托和方式，必须真正实行自治。应当使三者有机联系、相互统一、协同运行，不可把三者割裂开来和对立起来。

四是必须增强推进社会治理现代化建设的创新性。创新性是社会治理现代化的动力源泉。社会治理面临的形势任务越是艰巨繁重，越是需要勇于创新。要准确地把握社会治理的科学内涵，进一步实现由传统社会管理向现代社会治理的转变；至关重要的，是围绕坚持人民至上和人民主体地位、坚持以人为本、促进人的全面发展和社会全面进步，创新和完善社会治理体制、机制和治理体系，创新和完善社会治理方式方法，创新和

---

① 《习近平：在经济社会领域专家座谈会上的讲话》，新华网，2020 年 8 月 25 日。

完善社会治理政策措施。更加注重激发社会力量、人民群众参与社会治理，着力打造更具活力、更有凝聚力、更显公平的社会治理共同体。

五是必须增强推进社会治理现代化建设的系统性。社会治理是个复杂的系统工程，既有国家层面的宏观社会治理，又有地域和市域的中观社会治理，还有城乡基层、企事业单位和家庭的微观社会治理，各层次、各方面社会治理密不可分、相互依存；同时，社会与经济、社会与政治、社会与文化等各领域也紧密关联。必须用系统观念、系统思维、系统方法统筹谋划、分类指导、周密组织，使各个层次、各方面、各要素系统互动、相互促进，整体推进国家社会治理现代化。

六是必须增强推进社会治理现代化建设的效能性。要着眼于充分发挥我国政治优势和制度优势，更加注重运用互联网等信息化手段，切实全面提高社会治理能力和本领，不断增强和提升社会治理的社会化、法治化、专业化、智能化水平，着力解决社会发展和社会治理进程中出现的各种实际问题，着力坚持常态化治理与应急性治理的有机衔接、有效应对。因此，推进社会治理现代化，既要看制度的系统性程度和成熟性程度，更要看制度是否管用，能否有效解决未来现代化进程中面临的各种矛盾、问题和风险挑战，能否有效促进社会的和谐稳定和全面发展进步。这应成为衡量社会治理现代化建设成效大小的最重要标准。

三、持续推进社会治理现代化的主要任务和路径

全面建成小康社会以后，推进社会治理体系和治理能力现

代化，仍任重道远，当前和未来时期尤其需要抓好以下主要任务，采取更为有力的举措。

（一）坚持以加强党对社会治理的全面领导为统领，确保社会治理现代化建设的正确方向。中国特色社会主义最本质的特征是中国共产党领导，中国特色社会主义制度的最大优势是中国共产党领导，推进社会治理现代化必须始终坚持党的全面领导。一是完善坚持党全面领导社会治理的体制机制，发挥党总揽全局、协调各方的领导核心作用，并把加强党的领导贯穿于社会治理的各领域、各环节、全过程。只有全面加强党对社会治理的领导，才能确保社会治理体系和治理能力现代化沿着正确方向顺利推进。二是坚持党要管党、全面从严治党，以党的先进性和纯洁性建设不断提升社会治理领导水平，坚持以优良的党风促政风带民风，以风清气正的政治生态引领社会生态。三是切实把加强和创新社会治理摆到治国理政更加突出位置，各级党组织要坚决贯彻党中央关于加强和创新社会治理的决策部署和各项方针政策，提高执行力，落实责任制。四是全面分析和准确判断世情国情党情的变化，解放思想、实事求是、与时俱进，遵循社会运行规律，把握时代脉搏，善于运用新思想新理念新办法解决新的实际问题。五是充分发挥乡镇（街道）、村（社区）党组织在基层社会治理中的领导作用，把党组织服务管理延伸到各个基层。

（二）坚持以保障和提高民生福祉为根本，着力增强人民群众的获得感、幸福感、安全感。这是从源头上解决社会矛盾、维护社会稳定、促进社会发展良性循环的根本之策。一是努力在发展中不断提高全体人民收入水平，注重改善分配结构，缩小收入分配差距，继续扩大中等收入群体，巩固和扩大脱贫成果，积极解决相对贫困问题，扎实推进共同富裕。二是千方百计稳定和扩大就业，实现更加充分更高质量就业。鼓励创业带动就业，破除妨碍劳动力、人才社会性流动的体制机制弊端，使人人都有通过辛勤劳动实现自身发展的机会。三是健全多层次社会保障体系，创新保障方式。统筹城乡社会救助体系，完善最低生活保障制度。健全老年人、残疾人关爱服务体系，积极探索老龄社会治理有效的路径。四是全面推进健康中国建设，筑牢国家公共卫生防护网，着力提高应对重大突发公共卫生事件的能力和水平，为保障人民生命安全和身体健康夯实制度基础。五是加快解决环境污染问题。特别应抓紧解决城市黑臭水体、垃圾处理、工矿企业污染、机动车排放污染等城市环境突出问题。要全面开展农村公共空间治理，大力推进垃圾污水治理、厕所革命、村容村貌提升等工作，推动农村人居环境明显改善。六是树立安全发展理念，健全公共安全体系，编织全方位、立体化的公共安全网，加强社会治安综合治理，打造社会治安防控体系，建设更高水平的平安中国。更加重视健全社会心理服务体系和疏导机制、危机干预机制，提高全民心理健康水平。

（三）坚持以创新和完善社会治理制度为保障，拓展共建共治共享的社会发展新局面。一是加强和完善社会治理体系建设。关键是要加快完善党委领导、政府负责、民主协商、社会协同、公众参与、法治保障、科技支撑的社会治理体系，完善在党的全面领导下政府和社会多元主体积极参与社会治理的制度和路径，更加重视引导、推动广大群众和社会组织、企事业单位等社会力量参与社会治理，加快建设人人有责、人人尽责、人人享有的社会治理共同体。二是构建群团组织助推社会治理现代化制度机制。充分发挥群团组织作为党和政府联系人民群众的桥梁和纽带作用，拓宽群团组织维护公共利益、救助困难群众、预防违法犯罪的制度化渠道。三是完善社会组织协同制度。要进一步规范发展社会组织，重点扶持发展城乡基层生活服务类、公益事业类、慈善互助类、专业调处类、治保维稳类等社会组织。要坚持党的领导与社会组织依法自治相统一，激发市场主体、社会组织参与社会治理的活力与动力。四是健全人民群众参与制度。要发展基层协商民主，推进基层直接民主制度化、规范化、程序化，依法保障人民群众知情权、参与权、表达权、监督权。加强流动人口、两新组织群众工作，构建基层党组织领导下的"群众自治圈""社会共治圈"。

（四）坚持以推进深层次改革为动力，加快完善社会治理现代化体制机制。按照系统治理、依法治理、综合治理、源头治理的现代治理要求，着力固根基、扬优势、补短板、强弱项，着力解决社会治理领域的突出问题，加快构建社会治理领域系统完备、科学规范、运行有序的制度体系。一是加快补齐社会治理体系的短板弱项，彻底破除一切妨碍社会治理现代化建设的体制机制，同时及时创建与未来社会生产力发展和社会和谐安定进步要求相适应的新体制机制，不断开拓社会治理现代化更为广阔的道路。二是坚持和完善人民当家作主制度，发展社会主义民主政治，使社会治理更好体现人民意志、保障人民权益、激发人民创造，确保人民依法通过各种途径和形式管理国家事务，管理社会事务。全面建设法治国家、法治政府、法治社会，健全有利于促进社会公平正义的法治保障制度。三是深入推进社会事业体制机制改革。加快科研、教育、卫生、文化、体育等事业单位改革步伐，进一步理顺政事关系，为推进社会治理现代化提供合理有效的基础性制度保障和智力支撑。四是坚持科学的改革方法论。注重改革的系统性、整体性、协同性，推动改革全面深化，确保总体效果、形成总体效应。

（五）坚持以全面加强和创新基层社会治理为重点，大力提升基层治理现代化水平。国家治理体系和治理能力的现代化很大程度体现在基层。社会治理的重心必须落实到城乡社区，着重提升基层治理水平。一是完善新时代新型基层社会治理框架，进一步健全基层社会治理体系，确保"平时好用，战时管用"。健全党组织领导的自治、法治、德治相结合的基层治理格局，推动实现政府治理和社会调节、居民自治良性互动。加强群众性自治组织规范化建设和自治机制建设，健全充满活力的基层群众自治制度。二是健全城乡社区治理体系。大力推动社会治理和服务重心向基层下移，把更多资源下沉到基层，推行网格化管理和服务，尽量把资源、服务、管理放到基层，建设基层公共服务体系，更好地为群众提供精准有效的服务与管理。三是完善城乡公共文化服务体系，优化城乡文化资源配置，健全支持开展群众性文化活动机制，鼓励社会力量参与公共文化服务体系建设。充分发挥德治教化作用，践行社会主义核心价值观，传承弘扬中华优秀传统文化，大力推进诚信文化、孝善文化建设。注重发挥家庭家教家风在基层社会治理中的重要作用。四是正确处理新形势下人民内部矛盾，坚持发展和推广新时代"枫桥经验"，健全基层矛盾化解机制。争取做到"小事不出村、大事不出镇、矛盾不上交"。健全社区建设制度，完善网格化服务管理体制。五是加强基层社会治理智能化建设，发挥互联网、大数据、人工智能的乘数效应，实现社区运行"一网统管"，社区服务"一网通办"。

（六）坚持以加强和创新市域社会治理为重要抓手，完善城乡社会治理现代化体系。市域是处于国家社会治理的中观层面，是上承国家宏观社会治理，下接基层微观社会治理的枢纽和区位。必须更加重视加强和创新市域社会治理，大力推进市域治理现代化。一是把市域社会治理现代化作为推进全部社会治理现代化的切入点和突破口，积极探索市域治理现代化新模式。要聚焦风险防控，着力防范政治安全、社会治安、重大矛盾纠纷、公共安全、网络安全等风险，及时把大矛盾大风险控制在市域、化解在市域，确保不外溢不扩散。二是鼓励各市域大胆探索，加强系统集成，打造社会治理现代化的集成体。要聚焦社会治理体制性机制性政策性难题、基层基础工作短板、影响市域安全稳定突出问题，精准发力、精准施策。三是努力探索市域社会治理的新方式、新路径。要坚持系统治理，把握社会治理的整体关联性，强化全要素协作配合，重视各方面任务的整合贯通，形成覆盖全面、触角灵敏、上下联动、各方协同的治理体系。坚持全程治理，完善事前事中事后全程治理机制，形成从源头到末梢的完整治理链条。要坚持源头治理，及早发现问题，及时采取有效对策，未雨绸缪，防患未然，力求用最少成本和代价解决问题。

（七）坚持以社会治理数字化为战略任务，全面提升社会治理智能化、现代化水平。运用新一代信息技术推动社会治理数字化转型，已经成为世界潮流和发展前沿。必须把开展数字化社会治理作为全面推进社会治理现代化建设的重大战略任务。一是建立平台型数字政府。加强数字政府顶层设计，从体制机制上破除部门藩篱，实现跨部门、跨地区、跨层级的业务协同，促进政务流程再造和公共服务创新；提高社会公众在公共服务领域的参与度。二是建立数字化公众治理渠道。各级政府要借助门户网站、社交媒体、自媒体等多样化互联网平台征集民意、汇聚民智，为公众参与社会治理提供新平台新方式，多样的数字化公共事务参与途径，推动形成社会各方联动融合、开放共治的新格局。三是开展关键技术的攻关和应用。打造数据驱动、人机协同、跨界融合的智能治理模式，推进智能治理基础建设。以大力发展数字化社会治安、数字化应急管理、数字化城市管理、数字化医疗和数字化医疗教育等作为优先部署应用的重点方向，开展应用示范项目。四是构建数字化社会治理新生态。为应对新一代信息技术所引发的标准缺失、伦理冲击和法律盲点等社会问题，要加强对新兴技术的标准体系研究，完善制定相关法律法规。五是加强网络社会治理，营造清朗的网络空间。要利用大数据等新技术新手段，通过敏感信息识别、情感分析和观点挖掘，识别潜在重大舆情风险。高度重视维护网络社会安全。

（八）坚持以提升社会治理能力建设为关键，全面增强社会治理现代化建设整体效能。推进社会治理现代化，必须始终注重提高现代社会治理能力，形成社会治理整体合力，不断增强社会治理整体效能。一是坚持把党的领导政治优势和中国特色社会主义制度优势转化为社会治理优势，贯穿到社会治理全过程、各环节。要尽快把各级干部、各方面管理者的思想政治素质、科学文化素质和工作本领都提高起来，共同推进社会治理能力现代化建设。二是不断提升政府负责能力和履职能力。各级政府要切实履行社会管理的重要职能，创新和完善社会治理的宏观调控制度体系、公共服务体系和社会政策体系，确保不断增加对社会建设和社会治理的投入和资源使用。三是尽快把党和国家机关、企事业单位、人民团体、社会组织等社会各方面的工作能力都提高起来，提高人民群众依法管理国家事务、经济社会文化事务、自身事务的能力。四是加快打造一支规模宏大的、专业化的社会治理人才队伍和专业工作队伍，用科学态度、先进理念和专业知识服务社会治理现代化建设。为此，建议国家大力加强社会治理领域人才队伍建设，优化和完善学科布局，加快社会治理和社会政策学科建设。五是将各个社会治理主体的合力转化成社会治理的效能。要尽快提高社会协同力、公众参与力和法治保障力，把社会治理的合力和优势发挥出来，持续提高社会治理社会化、法治化、智能化、专业化水平。

在清华大学"第二届中国社会治理与发展高层论坛"上的致辞

（2020 年 11 月 27 日）

各位领导、嘉宾、老师、同学们：

大家好！

非常高兴参加在清华大学举办的"第二届中国社会治理与发展高层论坛"。论坛以"科技赋能·智治社会——面向'中国之治'的社会治理现代化建设"为主题，很有意义。首先，我以清华大学社会治理与发展研究院学术委员会名誉主席的名义，并代表论坛协办单位北京师范大学中国社会管理研究院，向本届论坛的举办表示祝贺，向莅临论坛的各位领导和嘉宾表示欢迎和感谢。

本届论坛是在全党全国深入学习贯彻党的十九届五中全会精神的大背景下召开的。五中全会审议通过的"十四五"规划和 2035 年远景目标的建议中，对"提高社会建设水平""加强和创新社会治理""建设更高水平的平安中国"，作出了明确部署，这些是未来时期推进社会治理体系和治理能力现代化建设的重大任务和重要遵循。我们今天举办的论坛，既是社会治理领域的学术研讨会，也是贯彻落实党中央决策部署的实际行动。

社会治理是国家治理的重要组成部分，国家治理现代化离不开社会治理现代化。中国社会主义现代化建设是不断向前发展的历史进程，社会治理现代化建设也是不断推进的历史过程。经过长期不懈奋斗，我国即将全面建成小康社会，社会治理现代化建设也取得重大成就，包括：全国人民生活水平显著提高，困扰中华民族千百年的绝对贫困问题将历史性地画上句号，共建共治共享的社会治理制度逐步确立，社会治理体系不断健全，社会治理能力水平大为提升，平安中国建设取得重大进展。这一切，为我国持续推进国家治理和社会治理现代化奠定了坚实基础。

以实施"十四五"规划为开端，我国将迈入全面建设社会主义现代化国家的新发展阶段。新阶段新征程新形势，我国社会治理面临着许多重大课题，包括：当今世界正在经历百年未有大变局、全球百年不遇的新冠肺炎疫情仍在许多国家蔓延，这些对世界各国和我国都会产生多方面的深刻影响；新一轮科技革命和产业革命特别是互联网技术的广泛运用，给人类社会发展带来许多新机遇，也引发着许多新的经济社会问题，增加了社会治理的难度；我国社会主要矛盾变化，贯彻新发展理念、推动高质量发展，社会结构、社会关系、社会行为方式、社会心理等深刻变化，这些都给社会治理提出许多新课题新任务新要求。我们应该从更有力应对世界百年未有大变局、全球百年未遇大疫情和顺利实现中华民族伟大复兴战略全局的高度，从实现更有效防范和应对各类风险、建设更高水平平安中国的目标要求，提高加强和创新社会治理、推进社会治理现代化的自觉性主动性。

在我国未来新发展阶段，推进社会治理体系和治理能力现代化需要做好多方面工作，采取更为有力的举措。包括：坚持以加强党对社会治理的全面领导为统领，确保社会治理现代化建设的正确方向；坚持以创新和完善社会治理制度为保障，拓展共建共治共享的社会发展新局面；坚持以推进深层次改革为动力，加快完善社会治理现代化体制机制；坚持以全面加强和创新基层社会治理为重点，大力提升基层社会治理现代化水平；坚持以加强和创新市域社会治理为重要抓手，完善城乡社会治理现代化体系；坚持以社会治理数字化为战略任务，全面提升社会治理智能化水平；坚持以提升社会治理能力建设为关键，全面增强社会治理现代化建设的整体效能。要完成未来时期社会治理现代化建设的重大任务，既要加强理论创新、理念创新、学术创新，也要推进政策创新、实践创新、工作创新，需要更好地把理论和实践紧密结合起来，使之相互适应、互相促进，统一于中国特色社会主义现代化建设伟大事业之中。

清华大学社会治理与发展研究院由国家发展和改革委员会与清华大学共同发起，于2018年5月在北京正式成立。研究院坚持以习近平新时代中国特色社会主义思想为指导，围绕我国社会主义现代化进程中的理论和实践要求，着力于社会治理体系和治理能力现代化研究，推进国民经济和社会发展领域的理论探索和政策研究，致力于推动全面构建"共建、共享、共治"的社会治理格局，成为中国社会治理与发展领域的新型智库。这是高等学校与实际部门合作建设新型智库的重大体制创新。

研究院成立两年多来，做了大量工作，取得了一系列重要成果，为国家和地方相关政策的预研储备、研究制定、推进实施提供了智力支撑，在全国社会治理领域已经具有很好的学术影响力、社会影响力和决策影响力。

作为长期在国家宏观综合部门和社会治理与发展领域作研究的智库工作者,我应邀支持研究院的建设与发展,开展与国内外社会治理相关领域的科研与学术机构的合作。研究院将站在新的历史起点上,接续、传承和弘扬清华大学百年名校的优秀传统和声誉,这既是一份光荣的责任和任务,也是一份义不容辞的担当和使命。相信研究院在国家发改委及相关部委支持下,在清华大学"更创新、更国际、更人文"的战略要求下,将依托清华大学社科领域在国际国内的权威地位,进一步扩大研究队伍,完善承担重要课题与专项研究的工作机制,广泛参与社会治理和发展的重要课题,举办社会治理和发展及相关领域的研讨活动,提供更多有价值、高质量的研究成果,努力建成一流的专业化新型智库,为新时代中国特色社会主义事业不断发展作出积极的贡献。

今天应邀参加"科技赋能·智治社会——面向'中国之治'的社会治理现代化建设"的嘉宾,大都是来自地方政府、企业、高等院校有着社会治理理论研究和实践工作经验的领导、专家和学者,大家相互交流、深入研讨、分享成果,这对于深入推动社会治理现代化建设的研究与实际工作有着重要的启迪作用。希望把今天的论坛办成一次特色鲜明的智库盛宴。

最后,预祝论坛圆满成功!

推动黄河流域生态保护和高质量发展 ①

（2020 年 12 月 13 日）

在全国上下深入学习贯彻党的十九届五中全会精神、研究制定"十四五"规划和 2035 年远景目标的重要关键时刻，我们相聚在黄河入海口山东的泉城济南，举办黄河流域生态保护和高质量发展论坛，这既是学习贯彻习近平总书记重要讲话、指示和党中央重大决策部署的实际行动，也是贯彻落实党的十九届五中全会精神的重要活动，意义重大。刚才，干杰省长作了致辞，介绍了学习贯彻黄河流域生态保护和高质量发展国家战略的有关情况，对本次论坛提出了期望，提供了有力的指导。我谨代表中国区域经济 50 人论坛，对本次论坛的成功召开表示热烈祝贺，向前来参加论坛的各位领导和嘉宾表示诚挚欢迎！向关心、支持本次论坛的山东省领导和山东大学表示衷心感谢！

黄河是中华民族的母亲河，黄河及沿岸流域孕育了古老而伟大的中华文明，大力推动黄河流域生态保护和高质量发展，是事关中华民族伟大复兴和永续发展的千秋大计。习近平总书

---

① 本文系 2020 年 12 月 13 日在黄河流域生态保护和高质量发展论坛上的致辞。

记多次发表重要讲话、作出重要指示批示，党中央将黄河流域生态保护和高质量发展确定为国家重大战略。党的十九届五中全会通过的"十四五"规划和2035年远景目标的《建议》中，在"优化国土空间布局，推进区域协调发展和新型城镇化"部分，对"推动黄河流域生态保护和高质量发展"进一步作出明确部署和要求。这些为制定和实施相关规划方案、工作部署、深化研究，指明了方向，提供了重要遵循。

推动黄河流域生态保护和高质量发展具有深远历史意义和重大战略意义。提出和实施黄河流域生态保护和高质量发展战略，是习近平新时代中国特色社会主义思想的有机组成部分，是习近平生态文明思想的生动体现，是新时代新发展阶段构建区域协调发展国土空间格局的重大战略部署，是新时代我们党治国兴邦的历史性决策。保护好黄河流域生态环境，促进沿黄地区经济高质量发展，是我国新发展阶段贯彻新发展理念、形成新发展格局、实现新发展目标的必然要求。黄河流域横跨东、中、西部，是我国重要的生态安全屏障，也是人口活动和经济发展的重要区域。黄河一直水患频繁，流域生态环境脆弱，水资源保障形势严峻。黄河上中游七省区是发展不充分的地区，与东部和南部地区相比差距明显，扩大内需潜力巨大。受地理条件等制约，沿黄各省区经济联系历来不高，内生动力不足和协同发展机制不完善，文化遗产系统保护和精神内涵深入挖掘不足。因此，大力实施黄河流域生态保护和高质量发展战略，是协调黄河水沙关系、缓解水资源供需矛盾、保障黄河安澜的迫切需要；是践行绿水青山就是金山银山理念、防范和化解生态安全风险、建设美丽中国的现实需要；是强化全流域协同合作、扩大国内需求、畅通国内国际双循环、缩小东西方和南北方发展差距、走共同富裕道路的战略需要；是深化改革开放，激发沿黄地区经济社会活力和创造力的内在需要；是大力保护传承弘扬黄河文化、彰显中华文明、增强民族团结、增强文化自信的时代需要。在新时代中国特色社会主义事业不断发展的进程中，完全有能力有条件解决困扰中华民族几千年的黄河治理问题和实现黄河流域全面高质量发展。

通过学习领会习近平总书记讲话精神和中央决策部署要求，我们认为，贯彻落实好黄河流域生态保护和高质量发展战略需要着力把握好以下几个方面。

（一）坚持生态优先、绿色发展。黄河流域最大的问题是生态脆弱，环境污染积重较深。要牢固树立绿水青山就是金山银山的理念，顺应自然、尊重规律，从以往过度干预、过度利用向自然修复、休养生息转变，改变黄河流域生态脆弱的状况；优化国土空间开发格局，生态功能区重点保护好生态环境，不盲目追求经济总量；调整区域产业布局，把经济活动限定在资源和环境可承受范围内；发展新兴产业，推动清洁生产，坚定走绿色、可持续发展之路。

（二）坚持量水而行、节水优先。黄河流域最大矛盾是水资源短缺。要把水资源作为最大的刚性约束，坚持以水定城、以水定地、以水定人、以水定产、以水定项目，合理规划人口、城市和产业发展；统筹优化生产生活生态用水结构，积极推动用水方式由粗放低效向节约集约转变。

（三）坚持因地制宜、分类施策。黄河流域上中下游不同地区自然条件千差万别，生态建设重点各有不同，要高度重视分区分类推进保护和治理。各地区应找准定位，从实际出发，突出重点，发挥比较优势，积极探索富有地域特色的高质量发展新路子。要着力促进特色产业发展，培育经济增长极，打造开放通道，带动全流域高质量发展。例如，三江源、祁连山等生态功能重要的地区，主要是保护生态，涵养水源，创造更多生态产品；河套灌区、汾渭平原等粮食主产区要发展现代农业，把农产品质量提上去，为保障国家粮食安全作出贡献；沿黄河中心城市等经济发展条件好的地区，要集约发展，提高经济和人口承载能力；贫困地区要提高基础设施和公共服务水平，全力保障和改善民生。

（四）坚持统筹谋划、协同推进。黄河流域各地区应牢固树立黄河全流域"一盘棋"思想，注重保护和治理的系统性、整体性、协同性。要从全流域和生态系统整体性出发，坚持共同抓好大保护，协同推进大治理。特别要加强协同联动，统筹推进上中下游、干流支流、左右两岸的保护和治理，统筹推进堤防建设、河道整治、滩区治理、生态修复等重大工程，统筹水资源分配利用与产业布局、城乡建设等。

（五）坚持深化改革、扩大开放。深化改革和扩大开放并重，充分发挥市场在资源配置中的决定性作用，更好发挥政府作用，推动有效市场和有为政府更好结合。全面加强黄河综合治理体系和治理能力现代化建设，加快构建内外兼顾、陆海联动、东西互动、多向并进的黄河流域开放新格局。完善黄河流域管理体系，形成中央统筹协调、部门协同配合、局地抓好落实、各方衔接有力的管理体制，建立健全统分结合、协同联动的工作机制。加快形成和健全生态产品价值实现机制。着力优化沿黄河各省区营商环境，深度融入共建"一带一路"，健全区域开放合作机制。

（六）坚持尽力而为、量力而行。黄河流域生态保护和高质量发展是一项重大系统工程，涉及地域广、人口多、任务繁重艰巨。要积极进取、开拓创新，又要尽力而为、量力而行，坚持循序渐进、注重实效，绝不能犯急躁病、盲目大干快上。要保持历史耐心和战略定力，既要着眼长远，又要干在当下。要把握好有所为与有所不为、先为与后为、快为与慢为的关系，抓住每个阶段主要矛盾和矛盾主要方面，对当下急需的政策、工程和项目，要增强紧迫感和使命感，加快推进、力争早见成效；对需要长期推进的工作，要久久为功、一茬接着一茬干，经过长期艰苦奋斗，逐步把黄河流域生态保护和高质量发展的宏伟蓝图变为现实。

滔滔黄河，润泽齐鲁。黄河流域生态保护和高质量发展上升为国家重大战略，为山东"扬起龙头"，实现"走在前列、全面开创"提供了重大历史机遇。山东是经济大省、人口大省、产业大省，也是沿黄九省区中唯一地处东部并拥有广大开放地带的沿海省份，完全有基础、有条件、有责任发挥好山东半岛城市群对黄河流域的龙头作用，有力推动黄河流域生态保护和高质量发展这一重大国家战略落地落实。我们也相信，敢闯敢干、勤劳智慧的齐鲁人民，在山东省委省政府的带领下，一定能够彰显山东特色和比较优势，推动山东成为黄河流域生态保护的先行区、高质量发展的示范区、国内国际双循环格局中的新高地和流域协同治理的排头兵，在服务黄河流域生态保护和高质量发展国家战略中展现山东担当、贡献山东力量、打造山东样板。

黄河宁，天下平。习近平总书记指出，要加强黄河流域生态保护和高质量发展的重大问题研究，协调解决跨区域重大问题。中国区域经济50人论坛，是由长期从事区域发展理论、政策研究和实际工作的具有较大影响力的专家和青年新锐组成，旨在聚焦中国区域经济理论、政策和实践研究，提出促进区域协调发展的建议，推动国家区域发展战略的贯彻实施。成立几年来，开展了多层次、多类型的研讨活动和决策咨询研究，社会影响力不断扩大。作为致力于区域发展专业化新型智库机构——中国区域经济50人论坛将深入贯彻落实习近平总书记重要指示和重要讲话精神，积极加强与山东省和山东大学的合作，全力支持黄河发展论坛、黄河国家战略研究院建设，与各方携手并肩，合力推动黄河流域生态保护和高质量发展的相关重大理论问题、现实问题、政策问题研究，包括：要加强以"水"为核心的生态保护问题研究。黄河用仅占全国2%的水资源量，承担全国12%的人口、15%的耕地以及50多座大中城市的供水任务。推动黄河流域生态保护和高质量发展，尤其需要做好"水文章"。要加强以高质量发展为主题的区域发展问题研究。如何通过落实新发展理念、构建现代产业体系、优化空间发展格局，都需要进一步深化研究。要加强以流域治理为纽带的区域合作与协同发展问题研究。我们要联合高校、科研单位和智库的力量，加强合作，突出重点，深入研究，努力在加强生态保护治理、保障黄河长治久安、促进全流域高质量发展、改善人民群众生活、保护传承弘扬黄河文化等关键问题上不断取得新突破，有效服务于理论创新、政策创新和实践创新，早日让黄河成为造福人民的幸福河，使黄河流域在全面建设社会主义现代化国家中发挥重要支撑作用。

努力做一名优秀的社会学博士研究生[①]

（2020 年 12 月 17 日）

做好博士生、博士后培养工作是我们中国社会管理研究院 / 社会学院的一项重要职能和任务。今天，中社院举行博士生和博士后的座谈会。首先，我代表中社院向新入学的博士生和新进站的博士后人员表示欢迎，对大家到中社院学习和从事科研工作表示祝贺。

今年 7 月 29 日，召开了新中国成立以来第一次全国研究生教育会议。习近平总书记就研究生教育工作作出重要指示：中国特色社会主义进入新时代，即将在决胜全面建成小康社会的基础上，迈向建设社会主义现代化国家新征程，党和国家迫切需要造就大批德才兼备的高层次人才。总书记的重要指示为推动研究生教育改革发展指明了方向。我们召开这次座谈会的目的，就是贯彻落实习近平总书记的重要指示和全国研究生教育会议精神。

这次座谈会的主要任务是：听取大家对学习和研究工作的

---

① 本文系在北京师范大学中国社会管理研究院 / 社会学院博士生、博士后座谈会上的讲话。

想法和感悟，以及对中社院和导师的诉求与愿望；同时，我就如何搞好在校期间的学习和研究工作同大家作一些交流，希望大家充分利用在北师大的宝贵时光，圆满完成学习、科研任务，努力成为一名优秀的博士生（后）。

参加这次座谈会的，有中社院在校的博士生、博士后、院领导、博士生导师和相关老师。会议的开法，先有6位学生代表发言，然后自由发言；最后，我讲几点意见。

刚才，6位学生代表和一位自由发言的同学讲得都很好。下面，我主要讲一个问题，就是努力做一名优秀的社会学博士研究生，与大家交流。

第一，深刻认识社会学的学科内涵和学科体系。学科专业是研究生人才培养的基石。要成为合格的社会学科博士生（后），首先要认清社会学学科。在现代社会科学体系中，社会学具有自身独特的品质和内涵。它是一门基础性、综合性的学科，是关于"社会的学问"，是研究和揭示社会运行特点和发展规律的学问。社会学是从变动着的社会系统整体出发，通过描述和分析人们社会关系和社会行为的变化，来研究社会的形态、结构、功能、演变趋势。社会学也是一门具有极强实践性、应用性的学科，它以观察和解释社会现象、分析和处理社会矛盾、面对和解决社会问题、探索社会治理途径、手段和方法，促进社会和谐与进步为使命，对于推动人类社会文明发展具有十分重要的作用。

社会学于19世纪末从国外传入中国，其发展与中国社会变迁密切相关。中国社会学重视社会学理论的探讨，但更侧重应用社会学的研究。"问题导向"是中国特色社会学最鲜明的风格。当今世界，很少有哪个国家的社会学能够像我国社会学这样，把研究主题与本国社会亟须解决的重大理论和现实问题紧密联系起来，研究成果受到党和人民的高度关注。中国特色社会主义社会学是对社会主义社会运行特点和规律的揭示与阐释，也是对社会主义社会实践的理性认识，是在这个基础上对社会学基本理论的创新性发展。以马克思主义的立场、观点和方法研究社会变迁的实践，是中国社会学学科发展的源头活水；而中国的社会发展、社会建设、社会治理，也离不开社会学理论与时俱进、创新发展与有力支撑。总之，中国社会学学科发展与社会实践有机联系、相互促进、相辅相成。

第二，深刻认识从事社会学研究的重要意义。马克思主义认为，实践是理论的基础，即实践对理论起决定作用；同时，理论对实践有反作用，正确的理论对实践具有积极的指导作用。社会学理论与实践的关系也是这样。中国的社会学学科发展和中国的革命与建设实践历程充分证实了这一点。在中国民主革命时期，以毛泽东为代表的共产党人，从社会革命的高度，开展了大量的社会调查，写出了影响深远的《中国社会各阶级的分析》《湖南农民运动考察报告》等一系列社会调查报告，有力地引领了中国革命的走向，这些都是社会学的经典文献。新中国成立后的一段时期，社会学专业一度被取消，社会学没有得到应有的发展。这是那个时期社会建设被严重忽视的一个重要原因。

改革开放伊始，1979年邓小平同志提出几个社会科学领域需要赶快补课，其中就有社会学。随着经济快速发展、社会发生深刻变革，中国社会学得到了迅速恢复和发展。社会学的重建和发展也有力地推动了社会发展与变革。我本人长期主要从事经济理论和政策研究，在实践中深知没有社会学知识很难做好经济工作，所以也一直重视社会理论和社会政策研究。我曾参加国家国民经济和社会发展七个五年（六五、七五、八五、九五、十五、十一五、十二五）计划（规划）的研究制定。在研究制定第六个五年计划时，党中央决定将社会发展纳入国家计划，国家中长期规划和年度计划名称由以往的国民经济计划改为国民经济和社会发展计划，一直沿用至今。每个五年计划（规划）都不断加大社会发展的分量，内容越来越充实，有力地推进了社会建设与社会变革。

历史和现实深刻表明，社会大变革时代，一定是社会科学大发展的时代。当今世界正经历着百年未有之大变局；当代中国正进行着历史上最为广泛而深刻的社会变革，正经历着人类历史上最为宏大而独特的社会实践创新。我国社会主要矛盾变化和现代化建设新阶段使命提出新要求。这些都给包括社会学在内的社会科学繁荣发展提供了强大动力和广阔空间。同时，也为社会学人才提出了更大的社会需求。如果说40多年来改革开放的进程，是中国社会学恢复、新生和蓬勃发展的历史时期。那么在中国特色社会主义进入新的发展阶段，必将开创社会学大发展、大繁荣的新境界。不久前，在"十四五"规划座谈会上，习近平总书记明确提出了"不断发展中国特色社会主义社会学"的重大任务。这既是我们中国社会学人重大的学术研究和创新机遇，也是我们应尽的社会责任和历史担当。

大家选择了社会学专业，立志成为一名社会学的研究者，社会学的基本理论知识和研究方法将为你们一生受益受用。它不仅教你们如何深入地思考社会变迁，更能增强你们的社会行动能力。我相信，经过社会学的专业训练，积淀社会学独有的人格特质，你们会更加充满信心，即使处于复杂多变的环境，也可以很好地应对。

第三，深刻认识北师大社会学的历史传统与办学特点。北京师范大学社会学学科发端于20世纪初，底蕴深厚，大家云集。1919年，我们党的创始人之一李大钊同志就在北京高等师范学校开设社会学课程。1930年，学校成立社会学系；后来并入北京师范大学的辅仁大学，在1943年也设立了社会学系。北京师范大学和辅仁大学的社会学科聚集了一批名家，也培养了大量的优秀人才。曾经在两校社会学系任教的名家还有李达、黎锦熙、许德珩、黄凌霜、施存统、马哲民、李景汉、朱亦松、钟敬文、袁方等，这些名师大家先后为北京师范大学社会学科打造了创立和发展的基础。回顾这段历史，我们应为北京师范大学社会学科发展的光荣传统而自豪。

改革开放以后，随着中国社会学恢复重建，北京师范大学社会学科也迎来了建设发展的历史机遇。1981年，学校设立民俗学博士点；2001年学校将原哲学学院改建为哲学与社会学学院，成立社会学系，设立社会学硕士点和社会工作本科；2011年，学校成立中国社会管理研究院；2015年，学校将哲学与社会学学院的社会学系、文学院民俗学方向相关资源整合，成立社会学院，与中国社会管理研究院实行两个牌子、一套班子，致力于建设国家社会治理新型高端智库和社会学一流学术重镇；2017年，国务院学位委员会批准北京师范大学社会学院为社会学一级学科博士点；2019年，人力资源和社会保障部、全国博士后管理委员会批准北京师范大学在中国社会管理研究院/社会学院设立社会学博士后科研流动站，形成了从本科到博士后五个层次完整的人才培养体系。

总体来看，在过去一个较长时期内，北京师范大学社会学学科建设进展较为缓慢，基础较为薄弱，处于后进状态。近几年来，正值北京师范大学奋力推进"双一流"建设、学校发展突飞猛进的新阶段。与此同时，北京师范大学作出加强社会治理智库建设和加强社会学学科建设的战略决策，着力推进新型智库建设和学科建设"双轮驱动"、协同发展。可以说，近些年北京师范大学社会学发展的显著特征，就是学科建设与智库建设密切结合、相互促进。中社院瞄准"建设国家高端社会治理智库和一流社会学学术重镇"的发展目标，开拓创新，奋发作为，取得了引人注目的丰硕成果。社会治理智库建设不断取得突破，2017年成为国家高端智库培育单位。2020年初，中国社会管理研究院/社会学院成为国家批准的北京师范大学国家高端智库主要组成部分。"北京师范大学中国社会管理研究院"作为新型专业化社会治理智库已经形成鲜明的品牌形象，得到社会的广泛认可，知名度和影响力不断提升。

在推进社会治理智库建设同时，我们高度重视社会学学科建设。中社院成为北京师范大学社会学一级学科组建单位，通过理论社会学、应用社会学、社会管理与社会政策、社会工作、人类学、民俗学六个方向共同建构了一个研究社会的系统学科体系，形成了"以基础研究为前提、资政服务智库建设为重点、交叉创新研究为趋势"的发展特色。我院招收首届社会管理方向研究生和博士后，并在国内率先研发和开设了"社会管理概论"和"社会治理创新案例库"等突出社会治理特色的课程。我还组织编写出版了《中国社会治理通论》教材，并已应用于教学。

第四，深刻认识博士研究生阶段的重要性。博士和博士后制度是我国培养高层次创新型青年人才的一项重要制度。研生教育尤其是博士生和博士后的教育与培养，肩负着高层次人才培养和创新创造的重要使命，是国家发展、社会进步的重要基石。党中央、国务院高度重视研究生教育，将其作为国家发展战略的重要支撑。教育部先后出台了一系列针对研究生教育发展的文件、政策来加强、规范和提高研究生的培养。近日，教育部、国家发展改革委、财政部联合印发《关于加快新时代研究生教育改革发展的意见》，更好地促进研究生德智体美劳全面发展，切实提升研究生教育支撑引领经济社会发展能力。

博士研究生作为研究生教育的最高阶段，也是人生旅程中一个非常重要的阶段。从人生的整个研究生涯来看，能够有三到四年的时间就某一领域展开深入的研究，这是非常难得、非常宝贵的机会。这段时间的学习和研究训练，在很大程度上决定了你们未来发展的方向和高度。据资料，许多研究大家的博士论文，后来都成为经典之作。当然，读博士也并非一件容易的事情，也可以说是一种挑战。既然你们选择了读博或入站做博后，就应该珍惜、用好宝贵时光和良好机遇，要提高站位，瞄准高目标，要严格遵守学校的各种规章制度，按照学校要求按时完成学业，修完学分，达到毕业要求，力争成为一名优秀的博士毕业生。

为此，大家在校学习和科研工作需要从以下五个方面作出努力，概括为"五个学会"，也可以说是我对大家的期望。

第一，学会做人。就是做到德智体美劳全面发展，全面提高自身素质。这是党的教育方针的要求，也是立德树人教育的集中体现。德乃立身之本。做人首先要以德为先，要有正确的政治观念和良好的道德品质。当今世界，人们既享受着大发展带来的新奇与惊喜，又承受着社会转型伴随的迷茫和诱惑。这就使得"正心修身"变得愈发重要。关键是要顺应时代潮流，选择正确方向，坚定政治立场。在当代中国，就是要自觉坚持发展和完善中国特色社会主义。要注重道德品行修养，树立正确的人生观、价值观，努力做一个品德高尚、志存高远的人。要不断锤炼品德修养，陶冶道德情操，做个崇德守道的人。天下兴亡、匹夫有责。要坚定理想信念，忠诚于国家和人民的事业，与时代同步伐，与祖国齐奋进，与人民共命运。同时，要努力掌握应有的知识、技能，全面加强体育卫生、心理健康，拥有健康的体质，培养良好审美观和劳动观念，使各个方面素质都得到提高，为将来报效国家、服务社会打下坚实基础。

第二，学会求知。就是提升学习的能力，尽量获得广博知识。要勤于求知，刻苦求知。要通识，既要学专业知识，又学科学理论；既学社会学，又学哲学、政治经济学；既学社会科学，又学自然科学；既学传统学科，又学交叉学科。特别现在是"知识爆炸"的时代，新领域、新知识、新事物目不暇接，必须敏于学习、善于学习、坚持学习。不仅要通识，更要养成辨识性独立思考的学习能力，为终身学习打下基础。既要读书本"有字之书"，又要读实践"无字之书"，做一个学习的有心人。生命的真谛在于勤学求知，博学多识。只有多学，才能开阔思路，增强才干。坚持知行合一，要在"实践、认识、再实践、再认识"的螺旋式上升过程中不断增强本领，这是我们科学研究的成功经验。"知"是基础、是前提，"行"是重点、是关键，必须以"知"促"行"，以"行"促"知"，做到理论与实践密切结合。

第三，学会干事。就是努力提高解决实际问题的能力，增强就业创业的本领。坚持做到"想干事、能干事、真干事、干成事"。要干事就不能眼高手低，不要好高骛远。要增强社会责任感，培养实践能力，要把每一项活动都当作一次难得的历练、一次人生的积累。我最喜欢的格言是：天道酬勤，春华秋实。要从"说好每句话、办好每件事"做起。踏踏实实走好每一步，扎扎实实办好每一件事。俗话说："一分耕耘，一分收获"，"种瓜得瓜、种豆得豆"。实践出真知，一切真知都是从直接经验得到的。要积极参加社会实践，在实践中受锻炼、得提高。要善于与他人相处，多参加公益性活动，包括参与组织学术活动、论坛和会议；多参加社会调查，包括城乡社区调查、重点课题调查等。在学校学习中勇于实践，对将来步入社会干事创业至关重要。无论顺时还是逆境，都要坚持奋斗，成功的秘诀在于坚持。

第四，学会创新。就是树立创新意识，增强创新欲望、创新能力，产生创新成果。我从 1995 年就开始带博士生和博士后，到今天已经有 25 年了。我对学生一贯的要求是做到守正与创新相统一。守正是根本，要坚守科学理论的基本原理、精髓，坚守真理。创新是关键，学术研究的本质特征在于创新。顾名思义，"学"，就是由不知到知，不断有新的发现；"术"就是应用知识和技能，创造新价值新事物。只有勇于创新，才能不断有所发现、有所发明、有所创造，也才能适应新形势，解决新问题。要与时俱进，切实增强创新意识，树立创新思维，提高创新能力。要有敢为天下先的精神和气魄，革除因循守旧的观念，破除迷信权威的意识，克服懒惰懈怠的情绪，敢于冲破不合时宜的思想观念和传统做法的束缚，大胆探索，坚持用改革开放的精神和办法去认识问题、分析问题、解决问题。要敢于想别人之未想，善于谋别人之未谋，勇于提出新的观点和见解。

第五，学会写作。就是掌握写好博士论文的基本功，提高写作论文和出站报告的水平。大家在博士学习和入站工作期间，一件重要的事情，就是要努力完成一篇有价值、高质量博士论文或出站报告。近些年来，国家对博士论文和博士后出站报告要求越来越高，专门发文指导、规范和管理博士论文。如何写好博士论文，这是我一直关心的问题，也有指导写论文的经验教训。有的博士论文几经修改，有的多次修改还没过关。这里有基本功的问题，也有技巧方法问题。大体说来，一篇高质量论文的重要标志有几个方面：（1）原创性；（2）创新性；（3）题目合适；（4）结构框架合理；（5）思路清晰；（6）内容充实；（7）逻辑严密；（8）合乎规范。写好博士论文，我有以下几点想法。

一要选好题。选题是至关重要的。有一个好题目，就成功了一半。选好题目可以事半功倍，选不好题目可能劳而无功。选择题目有两个基本点要把握：一个是必须紧紧围绕党和国家发展的中心任务，为推进中国特色社会主义事业发展服务，为推进改革发展服务，为实现国家治理现代化服务，为社会建设现代化服务。选题站位要高、起点要高，目标追求也要高，要符合国家发展战略，把握国家未来发展趋势，也要考虑自己未来发展的方向，要将自己的命运和国家的命运紧密相连。另一个基本点是要聚焦问题，密切关注社会发展的重点、难点、热点问题，这也可以叫作问题导向。要善于用新视角观察问题、发现问题、选准问题。选题要避免一般化、表面化，主题要突出、主线要清晰。选题一般应该是自己熟悉的、有一定积累的方面。你们可以与导师商议、研讨，把自己的研究选题确定好。

二要做好社会调查。调查研究是做好各项工作的基本功，是谋事之基、成事之道，也是做好博士论文的基础。无论是社会学的大数据调查，还是人类学、民俗学的长期田野调查，无不凸显调查研究的重要性。做好调查研究，一是深入扎实。深入实际、深入基层、深入群众、深入实践活动中去，这样才能得到第一手材料，掌握真实情况。二是创新方法。传统的调查方式不可少，包括田野调查、走访、个别座谈、问卷调查、文献收集、不同时段的对比调查等。同时，也要充分利用信息化技术，包括录像、录音、统计、微信、微博互动，以及互联网、大数据等现代化技术手段。调查内容要做到"四个结合"。即定性调查和定量调查相结合、静态调查和动态调查相结合、人的调查和物的调查相结合、有形调查和无形调查相结合。中社院 2017 年启动了"百村社会治理调查"项目，已在全国 28 个省（市、自治区）的 76 个村落（社区）设置调研点，大家可以积极参加，充分利用相关的资源和调查数据。我在 2020 年 2 月出版了《怎样搞好调查研究》小册子，送给大家，希望对你们能有所帮助。

三要精心研究。对调查得到的材料，要加以科学分析和综合的研究。观察是调查的第一步，这是感性认识阶段，必须对掌握的材料进行加工，才能上升为理性认识。分析是进行加工的重要一步，就是把复杂的事物分解为几个组成部分，然后分别加以研究。研究是调查的升华，是由感性认识上升为理性认识的过程。不调查而研究，是无米之炊；只调查不研究，则是食而不化。通过从多方面运用分析与综合、归纳与演绎、具体与抽象的办法，以及比较、分类、统计、想象等手段，对调查中掌握的丰富材料加以科学分析，去粗取精、去伪存真、由此及彼、由表及里地思考，把握事物的本质，找出规律性和普遍性的东西。

四要做好撰写工作。博士论文是博士阶段学习的最终成果。无论调查多么深入、研究多么精心，如果博士论文写得不好，仍然达不到预期目的，拿不出精品成果。写好博士论文，一要搞好谋篇布局。要突出主题主线，观点鲜明，重点突出，框架合理，逻辑清晰。二要符合学术规范。博士论文符合学术共同体的基本要求，无论是文献、数据、论证，还是注释、引文、格式，都要严格遵循学术规范和要求。只有合乎学术规范才会得到同行的认可，才能更好彰显研究的价值。三是文字表达要精练。写博士论文不要搞过多的雕饰，要善于提炼、概括，当然也不能过于平淡或套话连篇，而要准确、鲜明、生动、朴实。四要反复修改提炼。优秀的博士论文是不断修改出来的。反复修改的过程，是思路不断清晰、分析不断深入、认识不断升华的过程，也是文字精雕细刻而臻于完美的过程。要想打造精品论文和报告，就要不厌其烦地修改。

博士论文的选题、调查、研究和撰写是相互联系的统一过程。在这个过程中，每个阶段虽各有侧重，但不可分割，也不可偏废。只有把握好各个环节，才能出精品力作。建议大家多看一些优秀博士论文和博士后出站报告，从中获取经验和启迪。

最后，我还想对在座的博士生导师们说几句话。培养德才兼备的高层次人才，必须提升导师队伍素质和水平。研究生导师队伍肩负着培养高层次人才的使命和重任，唯有自身思想过硬，本领高强，重品行，作表率，才能充分发挥立德树人典范作用。我们院博士生导师队伍总体是好的，是一支优秀的人才队伍。但也需要随着时代发展不断提升。北师大的校训是"学为人师，行为世范"。我们要恪守践行，要时刻以习近平总书记视察北师大时提出的做"有理想信念、有道德情操、有扎实知识、有仁爱之心"的"四有"好老师来严格要求自己。身教胜于言教。特别要重视养成高尚的道德情操，加强对科学前沿的探索研究，用新理论新知识更新教学内容，坚持做学术规范和维护学术道德的典范。

在指导学生工作中，要坚持高标准、严要求、勤沟通。要更好引领年轻学生胸怀远大理想，厚植家国情怀，紧跟时代，明辨方向，独立思考，求真务实，甘于奉献，努力成为将来能够担当民族复兴大任的时代新人。实际生活中要把握好两个方面：一方面，要尽职尽责，加强对博士生（后）的指导和督促，认真履行导师的职责。另一方面，要本着教学相长的精神，平等地与博士生（后）交流，尊重和听取他们合理的意见，体现"弟子不必不如师，师不必贤于弟子"的服从学术真理、平等待人的良好学风和作风。

最后，希望各位要珍惜在北师大中社院学习和工作的机会，要善于学习、勤奋学习、刻苦学习，树立良好的学风。要处理好学习和研究工作的关系，通过在学校期间的学习和研究，使自己思想境界有所提高、学识水平有所提高，科研能力有所提高，理论创新和实践创新的能力都有所提高。我们院也会尽力为博士生（后）们在学习、工作、生活上提供好的条件和环境。欢迎大家有什么要求和建议都及时提出来，我们会努力改进工作。让我们凝心聚力，为提高中社院博士研究生（博士后）工作水平而共同努力！

盛世建祠 兴家报国 [1]

（2020 年 12 月 25 日）

一、宗祠文化，历史悠久，文明徽印，中华基因。中华文明源远流长，在人类发展进程中有着独特的文明印记和内涵基因。宗祠文化，伴随着多元一体的中华文明蓬勃发展而产生、延续。她是中华文明历史长河中一支血脉川流，一枚独特的中华文明徽印。她伴随着中华文明长河绵延数千载，山重水复，奔流不息。据史料记载，宗祠肇始于周代，规范于宋代，兴盛于明、清。在过往的数千年岁月里，中华大地上的宗祠文化，历经沧海桑田的文明淬炼，犹如神州大地的满园春色，繁花似锦、争奇斗艳。更加难能可贵的是，宗祠文化的本质属性逐渐凝聚、淬火成钢，这种本质属性就是"链接世代族众血源根脉、传递爱国勤善务本美德"。正因为如此，宗祠文化才历经漫长岁月的洗礼，成长为中华文明的一枚"正能量基因"，汇入了推动中华文明生生不息的动力渊源，到达了"千淘万漉虽辛苦，吹尽狂沙始到金"的文明境界。

---

[1] 本文系 2020 年 12 月 25 日为《睢宁魏氏纪念册》所写前言。

二、宗祠作用，因世而变，淬炼洗礼，历久弥新。站在中华文明发展演进的历史高度审视，宗祠的作用从来不是孤立圈束家族的工具。宗祠，是国人心中血脉根源的圣殿，记录着家族的传承与辉煌，是弘扬良好家风、维系友爱亲情的纽带，堪称一方方独特的"中国印"。微观地看，宗祠大都崇尚"慎终追远、教化后世、重本务实、修身齐家"。历史地看，"有国才有家"，是千百年来世人从血与火洗礼中得出的结论。宗祠总是系于国运，从浩若星瀚、各具家风的宗祠，到凌烟阁上灿若明珠、世人顶礼的前贤志士祠堂，莫不如此。发展地看，伴随着波澜壮阔的中华民族伟大复兴进程，1949年新中国成立特别是改革开放以来，我国以惊人的意志和智慧，经过几代人艰苦卓绝奋斗，实现了从站起来、富起来到强起来的历史性跨越，全面建成了小康社会，开启了全面建设社会主义现代化强国的伟大征程；与此相伴，我国宗祠发展进入了一个新的历史阶段，突出特征是以宗祠为纽带，召唤海内外华人和游子，回乡寻根问祖、共建美好家园、分享国家快速发展机遇。这种盛况，超越了汉唐盛世，成为当今世界"百川归海"的历史性浪潮。这正是新时代各地兴建、复建宗祠的正确导向和强大动力源泉。正所谓"厚积美德成正气，遍溢清香了无痕"。

三、魏氏宗族，血脉渊远，家国情怀，仁人辈出。中华魏氏，源流久远绵长。《诗·魏风谱》：魏者，虞舜、夏禹所都之地也。《禹贡》记载，在冀州雷首之北、析城之西，周以封同姓焉。《广韵》记载："本自周武王母弟受封于毕，至毕万，仕晋封魏城，后因氏焉。据史料记载，毕万在晋献公时因战功卓著，于公元前661年封为大夫。此后，从其国名（封邑）为魏氏。"由此可知，毕万为魏氏之始祖。自此，其支脉为姬姓魏氏。公元前 445 年传至八世孙魏文侯都，列为诸侯。直至战国结束，作为诸侯国的魏国延续 242 年之久，共历"两侯七王"。战国末期，信陵君魏无忌之孙魏无知参加反秦，在刘邦手下谋事并荐举了陈平，被封为"高梁侯"（今临汾西北）。魏无知后裔中的一支迁徙至此。后人魏云成为江苏睢宁魏氏先祖。据传，明洪武六年（1373 年）山、林、树、木兄弟四人奉旨由山西洪洞大槐树迁至睢宁。四祖后世子孙渐繁，各自诗书传家、耕读为业，继承先辈光荣传统，精忠报国，勤勉持家。魏氏一族，古往今来，仁人志士辈出。一些远祖前贤，汇入了群星闪耀的历史天空。这些璀璨的群星昭示后人，"寄意苍生无今古，境界脱俗为仁人"。

四、魏氏宗祠，盛世兴建，缅怀先辈，导引来人。当今，我国正处于比以往任何时候都更接近实现中华民族伟大复兴的历史关头，正在以巨人的神采快速接近世界舞台中央。太平盛世，国家繁荣，家族兴旺，修建宗祠，旨在弘扬中华民族传统美德，不忘先人创业之艰辛，崇宗祀祖，端行修德，孝亲敬长。近年来，在当地人民政府的关怀支持下，兴建了具有传统风格又有时代特征的"魏氏宗祠"。这里是祭祀祖先、缅怀先贤、探寻文化血脉的场所，是魏氏家族的纪念馆；这里是外出游子维系亲情、眷恋故土的精神家园；这里是传承、是期待、是希望。我作为当代中国在京城国家中枢机构工作的魏氏一员，谨记先贤嘉言懿行，清廉勤政，忠于职守，夙夜在公，退岗不休，建设智库，报效国家长达 40 余年，回望岁月，俯仰不愧。我衷心希望：兴祠此举愈加激励具有悠久光荣历史的魏氏家族，勿忘缅怀先人、砥砺继往开来、传承导引后世，在新时代历史大潮中，以更加奋发有为的精神风貌、自强不息的坚强意志，传承好"济世为怀、家国一体、勤勉务本、崇德向善"的祖传家风，充分利用好宗祠文化资源，保证宗祠活动健康进行，让"魏氏宗祠"为助力中华民族伟大复兴、国家繁荣强盛、家乡美丽富饶、邻里安居乐业，发挥应有的积极作用。

积德行善为根本，报国济民当铭心。以此寄语后代、共勉传承。

明察世界变局 展望中国未来 [①]

（2020 年 12 月）

历史，大踏步迈进 21 世纪第二十个年头，71 年砥砺奋进，71 年春华秋实。中华人民共和国成立以来的 71 年，是不断创造伟大奇迹、彻底改变中华民族前途命运的 71 年。往者可鉴，来者可追。回望新中国 71 年不平凡的历程，我们能得到许多宝贵的历史启示，引导我们开启更为光辉的历程、创造更为伟大的奇迹。

2012 年，党的十八大描绘了到 2020 年实现全面建成小康社会、加快推进社会主义现代化的宏伟蓝图。

2017 年，党的十九大又明确规划了到本世纪中叶全面建成社会主义现代化强国的战略目标以及实现这一目标的战略步骤、战略任务，这是党中央高瞻远瞩、统筹规划国家未来发展大计的重大部署。全面建成社会主义现代化强国，成为全国各族人民共同的奋斗目标。

知之愈明，则行之愈笃；行之愈笃，则知之益明。上一个

---

① 本文系为易昌良博士所著的《预见未来：2049 中国综合国力研究》一书所写序言。该书由中信出版集团 2020 年 12 月出版。

百年是风云变幻的百年，人类经历沧桑巨变，形成了西方发达国家占据主导地位的国际格局。如今，我们看到世界正处于百年未有之大变局。面对这个大变局，我们需要认清变局的广度深度和总体趋势，明察世界在"变什么""怎么变"；还需要把中国放在大变局中来思考，认清自己的定位。在近两个世纪的历史跨度里，中国经历了世所罕见的苦难，也创造了举世瞩目的"中国奇迹"。如今，中华民族伟大复兴的时代画卷已然铺陈展开。正如习近平总书记指出，当前，我国处于近代以来最好的发展时期，世界处于百年未有之大变局，两者同步交织、相互激荡。我们既要有宏大深邃的视野，也要有落实落细的视角，从而认清世界和中国发展大势，找准历史坐标，把握战略定力，作出正确抉择。

综合国力，是一个国家所拥有的生存、发展以及对外部施加影响的各种资源、力量和条件的总和，包括：经济、政治、科技、军事、外交、文化、精神等实力，以及其赖以存在的地理环境、自然资源、人口等基础实力。综合国力，既包括自然因素，又包括社会因素；既包括物质因素，又包括精神因素，是各种因素、各个领域的总和，也是物质力量与精神力量的统一。

综合国力的大小强弱，反映着一个国家的发展水平，决定着它满足国民需求、解决国内问题的能力；同时，也在根本上决定着它在国际上的地位和作用。所以，每个国家，都不能不以增强自己的综合国力为追求的目标，也总是用各种方式，尽最大努力发展自己的综合国力。

综合国力不是静态的而是动态的。随着历史条件、内外环境的变化，都在不断地发生变化；综合国力由潜在形式向现实形式转化的情况不同，因而在一定时期综合国力的表现也就不同；综合国力的作用范围也经常变动，因而其构成和状态也有所不同。由于这种变动性，综合国力也是相对的。纵向，相对于国家自身不同的历史时期；横向，相对于特定时期国际体系中的其他国家。

当今世界，综合国力强弱的基础和条件往往突出地表现在国际竞争力上。所以，国际上已经比较普遍地重视对国际竞争力的测定，相应地，愈加重视国际竞争力的增强问题。

在不同的历史条件下，综合国力竞争的方式、规模、程度有不同的特点。随着经济全球化的迅猛发展，科学技术的日新月异，交通工具的日益发达，通信手段的不断改进，各个国家和民族之间的联系越来越紧密。一个国家的利益已经不仅仅限于自己的国境线之内，而是越来越多地表现在与外部世界的联系之中，包括经济的联系、政治的联系、科技的联系、文化的联系、军事的联系，等等。不同国家常常在这种相互联系中体现和实现着自己的利益。

因此，全球化的发展是一个必然的趋势。零和博弈已经过时，互利共赢方为正道。丛林法则早被唾弃，不能再重新拣起。尽管世界上仍然存有旧势力和旧思维，但人类文明必将继续前进而绝不能倒退。所以，不断增强本国的综合国力，必须以推动建立人类命运共同体为总体目标，妥善处理好国内发展与国际交往两者的关系。

中国的综合国力及其在世界上的排位，经历了复杂的历史变迁过程，在以往相当长的历史时期内，一直是比较强的，但遇到国内动荡和外敌入侵，也会受到很大影响。近代以后一段时期，由于封建专制制度的衰朽和外国列强的侵略，中国的综合国力大大落后于世界其他发达国家。

中华人民共和国成立后，迅速集中全国的资源，着力加快工业化发展，国家的经济实力快速上升，军事力量不断增强。但由于长期处于不利的国际环境中，加之由于"左"的错误，国家发展多次陷入困顿之中，综合国力受到很大影响。

1978 年底实行的改革开放，拨正了中国发展的航向。40 多年来，中国不断努力赶上世界潮流，综合国力逐步得到显著增强。国内生产总值由 3679 亿元增长到 2019 年的 99.09 万亿元。居民人均可支配收入由 171 元增加到 70892 元。人民军队维护国家主权、安全、发展利益的能力大为增强。中国的经济实力、科技实力和文化软实力大幅提升，我们比历史上任何时期都更接近、更有信心和能力实现中华民族伟大复兴的目标。中国日益走近世界舞台中央，成为世界和平的建设者、全球发展的贡献者、国际秩序的维护者。

易昌良博士在中央国家机关工作，行政事务繁忙，他挤出业余时间笔耕不辍，积极开展学术研究，著述颇丰。他的研究成果《预见未来：2049 中国综合国力研究》一书，围绕世界面临百年未有之大变局，从走向新时代的中国国力、站在新的历史方位上读懂综合国力研究入手，随后深刻揭示中国综合国力的显著优势和独特魅力，再从综合国力形成机制探索、新时代综合国力测算模型分析、全面测算 2049 年综合国力、中美综合国力对比、2049 年中国综合国力的预测分析和总体展望、未来 30 年中国综合国力目标实现的制约因素、致力于推动高质量发展、全面提升硬实力等方面展开，引述前人和当代学者大量的研究成果，分拣出中国综合国力测算模型并进行较为详细的解读。围绕模型的精华成分，在吸收并优化其合理内核的基础上提出适合本国国情的综合国力测算及预测模型，并在实践中以检验它的科学性、实用性，全方位阐述中国综合国力的丰富内涵及其体系，最后以"坚定文化自信，实现中华民族伟大复兴、加强对外交往，走进强国时代"收尾，实为浑然一体、线索清晰。读完该书，立体的、丰富的"2049中国综合国力研究"尽收眼底。全书平实而严谨的语言文字，彰显大变局时代推进变革的张力和伟力，为我们了解中国综合国力，总结经验教训，明晰未来目标，提供了打开门窗的一把钥匙。

这是一个创新的时代，我们正在改革中解难题、求发展；这是伟大的时代，全面深化改革正在书写画卷、唱响强音。闲来读读本书，让我们了解中国真实国情，认真地去搞清楚我们从哪里来，我们将走向何方。

中国进入新时代，全体中华儿女缪力同心，凝聚成共筑中国梦的磅礴力量，终将到达民族伟大复兴的光辉彼岸。21世纪中叶，中国特色社会主义现代化强国建成之日，也就是中华民族伟大复兴之时。

祝愿昌良在工作实践和理论研究两个方面都能取得更大的成就。

是为序。

大力提高数字政府建设水平 [1]

（2021 年 4 月 20 日）

  当今世界，人类社会信息化进程加快，将迎来数字时代。以数字化、网络化、智能化为特征的大数据、云计算、区块链、物联网技术快速发展，推动数字经济、数字社会蓬勃兴起。数据成为一种新资源、新要素。一个国家拥有数据多寡、数据利用水平决定着该国家的创造力和竞争力。在这种形势下，世界主要发达国家纷纷将数字技术广泛应用于政府管理服务，并制定实施推动政府数字化转型的战略和规划，从而加速了数字政府建设。数字政府是政府运用数字技术，各种智能终端、移动网络通信、人工智能等现代信息技术，对政务服务、经济发展、社会治理、生态保护等各个领域广泛获取信息、科学处理信息、充分利用信息，推动政府形成"用数据说话、用数据决策、用数据服务、用数据创新"的现代化治理模式。这是行政领域一场广泛而深刻的变革，是推进政府治理现代化的必经之路。

---

[1] 本文系为《数字政府建设》作的序言，该书由人民出版社 2021 年 5 月出版发行。

　　党中央、国务院高度重视信息化工作。特别是党的十八大以来，习近平总书记更加重视信息化和数字政府建设。2016年4月19日，习近平总书记在网络安全和信息化工作座谈会上明确指出："信息是国家治理的重要依据，要发挥其在这个进程中的重要作用。要以信息化推进国家治理体系和治理能力现代化。"在习近平总书记关于信息化建设和数字治理重要论述指引下，党中央、国务院及相关部门出台了一系列政策文件。2017年5月，国务院办公厅印发《政务信息系统整合共享实施方案》；2017年12月，中央网信办、国家发展改革委、工业和信息化部联合印发《关于开展国家电子政务综合试点的通知》；2018年6月，国务院办公厅印发《进一步深化"互联网＋政务服务"推进政务服务"一网、一门、一次"改革实施方案》；2018年7月，国务院印发《关于加快推进全国一体化在线政务服务平台建设的指导意见》等文件，都对推进数字政府建设提出了具体要求。党的十九大进一步提出了建设"网络强国、数字中国、智慧社会"的战略部署。党的十九届四中全会更加明确地提出："建立健全运用互联网、大数据、人工智能等技术手段进行行政管理的制度规则。推进数字政府建设。"特别是党的十九届五中全会提出："加强数字社会、数字政府建设，提升公共服务、社会治理等数字化智能化水平。"不久前颁布的《中华人民共和国国民经济和社会发展第十四个五年规划和2035年远景目标纲要》，专门单设一篇："加快数字化发展，建设数字中国"；更加明确地提出："迎接数字时代，激活数据要素潜能，推进网络强国建设，加快建设数字经济、数字社会、数字政府，以数字化转型整体驱动生产方式、生活方式和治理方式变革。"这些都清楚表明，我们党和国家对数字政府建设的认识不断深化，决策部署不断提出新要求。

近些年来，我国数字政府建设取得积极进展，各级政府都重视对数据的获取和统筹管理，努力发挥数据的作用。不少地方提出了数字政府建设指导文件和规划，在推进数字政府建设方面采取了有力举措，积极推进政务云、政务大数据、城市大脑等数字政府类项目建设。有些地方政府实现了从业务上网到服务上网的转变，不仅把政府的权力清单、事项实施清单、负面清单晒到网上，而且扎实推动数字政务服务。不论是"最多跑一次改革"的审批提速，还是"一网通办"的服务增效，都显示数字政府建设取得明显成效。

加快数字政府建设具有多方面意义。将数字技术广泛应用于政府管理和服务，有利于政府数据汇聚、共享和应用，实现办公自动化、政务公开化、运行程序规范化、决策科学化，大幅提升政府管理服务的效率和水平，公众足不出户就可以完成到政府部门的办事过程；有利于推动营商环境优化、引导制造业数字化转型，改进和加强市场监管，是推动经济社会高质量发展的重要抓手和引擎；有利于提升社会治理效能，可以快速发现和处置各种突发事件，做到社会治理精细化、现代化。数字政府建设还有利于全面准确掌握生态环境建设状况和发展趋势，推动"绿水青山就是金山银山"理念的落实，助力生态文明建设美丽中国。总之，加强数字政府建设是实施信息化战略的重中之重，在推进国家治理体系和治理能力现代化方面发挥着十分重要的作用。

目前，与世界发达国家相比，我国数字政府建设起步较晚，数据还没有充分发挥在提升政府治理中应有的作用。受行政体制及政务服务专业化不同的影响，我国公共治理数据融合程度不高，还存在"数据孤岛"现象。不论是横向部门之间，还是纵向层级之间，都缺乏打通数据的驱动力。尽管不少地方成立了大数据机构，但职能职责不统一，运行机制不健全。一些地方政务系统建成后的实际运行与设计初衷存在差距，功能不足。一些地方的城市大脑应用范围有限，仅局限在交通、社区管理等方面，对公共服务、产业发展、市场监管等领域涉及较少。数字政府知识普及不够，数字政府建设人才不足，影响着数字政府建设的进展和成效。

新发展阶段中提高数字政府建设水平，必须牢牢抓住数据生产力这个关乎全局的战略问题。要加快推动大数据与政府治理多方面的深度融合，通过政府带头数字化，对政务流程、组织架构、功能模块等进行数字化重塑，系统引领、推动经济调节、市场监管、社会管理、公共服务、环境治理、政府运行等方面的数字化转型。建设数字政府必须坚持"以人民为中心"的思想，要把建设人民满意的服务型政府作为数字政府建设的根本出发点和落脚点，从用户体验的视角优化政府服务的流程和顶层设计，充分反映公众的需求和社会期待，在建设数字化政府过程中广泛听取公众意见和建议。要建立健全国家公共数据资源体系，确保公共数据安全，推进数据跨部门、跨层级、跨地区汇聚融合，构建整体性的信息网络，坚持"联网为原则，不联网为例外"，推动网络通、系统通、证照通、业务通、数据通，实现各层级、各区域、各系统、各部门信息的共建共用，消除信息孤岛。要强化体制机制创新和管理创新、业务创新。要从政府机构设置、治理体系变革、资源配置机制等方面推进政府治理模式创新发展。要改变传统纵向管理组织模式和横向协调配合管理模式，建立跨区域、跨部门、跨层级、跨业务的一体化、一站式协同治理体系，全面推进政府运行方式、业务流程和服务模式数字化智能化，提高数字化政府服务效能。

习近平总书记指出：善于获取数据、分析数据、运用数据，是领导干部做好工作的基本功。广大干部和政府公务人员是数字政府建设的践行者、推进者，建设数字政府离不开各级政府及其工作人员的共同努力。建设数字政府不是简单的技术问题，而是如何运用权力的问题。数字政府建设要求领导干部和政府工作人员具有数字治理意识，具备"用数据说话、用数据决策、用数据管理、用数据创新"的能力，具有数据共享、纵览全局、分析预见的能力，具有事前服务、事前防范，确保数据安全保障的能力。各级领导干部要加强学习，提高对大数据知识和发展规律的把握能力。

编写《数字政府读本》的目的，就是让广大干部和社会各界人士更好了解数字政府建设的基本知识、重大意义和实施路径，为提高数字政府建设水平服务。该书紧密结合党和国家数字政府建设的战略安排，介绍数字政府建设的基本知识，特别是重点介绍数字政府建设对经济发展、政务服务、公共服务、社会治理、生态文明建设等方面的重要功能，全面展示数字政府建设对统筹推进"五位一体"总体布局和协同推进"四个全面"战略布局的重大意义。同时，该书还对如何建设数字政府、建设数字政府的条件和安全保障等作出通俗的阐释。该书对数字政府建设基本知识的介绍与成功实践案例的对照紧密结合，这便于广大读者理解和认知数字政府，也有利于广大干部和人民群众形成推动数字政府建设的共识和合力。如果这本书能在普及数字政府知识、加强数字政府建设方面发挥一些作用，就是该书编写者为全社会做的一件十分有意义的事。我们相信，在以习近平同志为核心的党中央坚强领导下，在各部门、各地方和社会各界积极参与和共同努力下，我国数字政府建设一定能够取得更大成效，为推动政府治理体系和治理能力现代化发挥更大的作用。

数字治理创新大有文章可作 [①]

（2021 年 5 月 9 日）

各位领导、各位专家，同志们：

上午好！

很高兴应邀参加在这里举办的中国社会治理研究会数字治理分会成立暨数字治理座谈会。中国社会治理研究会是我国从事社会治理理论和实践的综合性、创新性、权威性专业学术团体，成立几年来做了大量工作，取得了显著成绩，为研究和推进社会治理现代化发挥了积极作用。首先，我谨向中国社会治理研究会的新成员——数字治理分会的成立，表示衷心的祝贺！

中国社会治理研究会成立数字治理分会，是顺时应势之举。当今世界，社会信息化进程加快，以数字化、网络化、智能化为特征的大数据、物联网、云计算、区块链技术快速发展，推动数字经济、数字社会蓬勃发展。数字技术成为经济和社会发展的新资源、新要素、新动能，对经济社会发展产生着日益广泛而深刻的影响，人类将迎来全新的数字时代。

---

① 本文系在中国社会治理研究会数字治理分会成立暨数字治理座谈会上的致辞。

在这种全球范围处于数字技术驱动大变革的新形势下，世界主要发达国家纷纷将数字技术广泛应用于政府治理和社会治理。近些年来，我们党和国家高度重视实施大数据治国战略。习近平总书记指出，要"加快建设数字中国"，"运用大数据提升国家治理水平"。党的十九届五中全会提出，要"加大数字化发展""加强数字社会、数字政府建设，提升公共服务、社会治理等数字化智能化水平"。前不久颁布的国家"十四五"规划和2035年远景目标纲要中，专列一篇，对"加快数字化发展，建设数字中国"作出具体部署。研究数字治理理论和实践，建设数字中国将是一个重大的历史性任务。所以，我说，中国社会治理研究会数字治理分会的成立正当其时，应运而生。

数字治理就是通过数字化、智能化手段赋能，促使社会治理向更加高效、更加科学、更加透明、更加民主、更加多元、更加包容、更加精细的方向发展。通过数字化手段赋能，提升社会治理数字化智能化水平，不仅是更好地解决当前许多社会矛盾和问题的迫切需要，也是有效应对今后国家现代化建设过程中种种严峻风险和挑战的战略选择。

为了加快推进数字化社会治理并取得实效，需要深入研究解决许多问题。这里，我想就以下几点，简要讲一些看法。

（一）深入认识和把握数字治理的科学内涵及其要求。数字治理是数字技术、数字经济、数字社会、数字政府发展而产生的新型治理。涉及社会治理理念变革、治理方式转变、运行机制重构、政务流程优化、体制调整和资源整合，随着数字技术不断发展，数字治理的理念、结构和体系也会不断发展。作为一种新型的国家治理和社会经济治理，需要对传统的公共管理理论、社会建设理论进行创新发展，突出体现整体性治理理论、协同治理理论、网络化治理理论、数字治理理论，并使这些理论相融合，服务于经济社会高质量发展，助推中国特色社会主义事业。

（二）坚持和完善共建共治共享的社会治理制度。共建共治共享是中国特色社会主义的重要制度。这种社会治理制度把加强党的全面领导作为根本保证、把以人民为中心作为根本立场、把促进民生和法治作为根本方式、把实现活力和秩序相统一作为根本目标。特别要坚持党对社会治理全面领导的多元主体协同共治原则，尊重人民群众在治理中的主体地位，坚持信息惠民，提供更多普惠便捷、优质高效的数字服务，让人们共享信息化发展成果。要有效协调政府力量、社会力量、市场力量，激发社会活力，促进社会正义和有序运行。在研究和实施数字治理中，必须有利于更好体现这些重要制度的基本要求，有力推进共建共治共享社会治理制度建设。

（三）主动研究和服务数字治理战略规划和顶层设计。要牢牢把握数字中国建设的时代方位、主要目标和重点任务。应从新发展阶段全面建设社会主义现代化强国的战略高度和数字世界发展趋势，研究谋划数字治理的布局和体系。特别是对全局性的数字技术发展战略规划和大系统、大数据和大平台构建方面，要从组织框架和制度规范上加以研究谋划，以使数字化治理工具符合全面建设社会主义现代化国家的战略目标、价值追求和道德规范，确保数字治理沿着正确方向健康发展。

（四）善于运用系统视角和观念研究数字治理。数字治理是一项系统性、整体性工程，单一的运行逻辑、监管逻辑、技术逻辑、市场逻辑都无法解决数字化发展带来的复杂问题和挑战，必须用系统观念、系统思维、系统分析方法来研究数字治理问题。也就是要将数字化进程中发展问题、治理问题放在整个社会经济大系统中去观察、去研究，要从多方面、多角度对数字化发展产生的新情况，存在的问题、内在逻辑、平台治理、社会运行等问题进行深入研究，在综合考虑多方面因素的基础上，提出推动社会治理数字化智能水平的观点、见解或政策举措建议。

（五）注重把技术创新与制度创新有机结合起来。数字治理是公共管理、社会治理理论与数据技术相结合的产物。数字技术已经成为政府组织、社会结构调整和变革的赋能者，数字共享平台构建成为数字政府、数字社会建设的基本条件支撑，整体性协同运行成为数字治理功能发挥的重要动力保障，社会治理主体的治理理念、治理角色、治理方式必须随之相应转变。要把社会治理变革与数字技术应用深度融合起来，大力推行"互联网+"社会治理模式，积极利用好数字技术，推进社会治理工作科学化、智能化、精细化、高效化。

（六）着力提升数字社会治理效能和水平。推进数字社会治理的根本任务，在于提升社会治理效能和水平，将国家社会制度优势转化为治理效能。这需要深入研究加快数字社会建设步伐，推进新型基础设施建设，推动智慧城市与数字乡村建设，适应数字技术全面融入社会交往和日常生活新趋势，促进公共服务和社会运行方式创新，构筑全民畅享的数字生活。这需要提高数字政府建设水平，推动政府治理流程再造和模式优化，不断提高决策科学性和服务效率。这还需要营造良好数字生态，坚持放管并重，促进发展与规范管理相统一，构建数字规划体系，营造开放、健康、安全的数字生态，包括建立健全数据要素市场规则，营造规范有序的政策环境，加强网络安全保护，推动构建网络安全空间命运共同体。

总体来看，现在无论是理论上还是实践上，数字治理建设都处于初创阶段，数字治理技术创新、理论创新、制度创新、政策创新都有待于深入探索和积极开拓，这方面大有文章可作，前景十分广阔。在开启全面建设社会主义现代化国家新征程之际，中国社会治理研究会成立数字治理分会，是富有战略性、前瞻性迎接数字时代、建设数字中国的实际行动，对于深入研究数字社会治理，有力助推社会治理现代化，必将发挥正能量作用。我们希望数字治理分会成立后，要坚持以习近平新时代中国特色社会主义思想为指引，在中国社会治理研究会的统一领导下，紧紧围绕国家重大战略需求，顺应时代发展潮流，广泛吸纳人才，汇聚各方力量，坚持解放思想，敢于大胆探索，勇于开拓创新，坚持做到理论与实践相结合、知与行相统一，积极推进数字治理学术研究、理论研究和政策研究，坚持高起点、高标准、高要求，不断提供有价值、高质量研究成果，努力办出高水平、办出新特色、办出影响力，打造数字治理学术创新、理论创新和实践创新高地，为推动我国社会治理数字化智能化现代化建设作出应有的贡献。

最后，祝数字治理分会越办越好！祝数字治理座谈会圆满成功！

谢谢大家！

提高服务改革决策水平 推进国家治理现代化^①

（2021 年 5 月 13 日）

　　五年前，习近平总书记在哲学社会科学工作座谈会上指出："面对改革进入攻坚期和深水区、各种深层次矛盾和问题不断呈现、各类风险和挑战不断增多的新形势，如何提高改革决策水平、推进国家治理体系和治理能力现代化，迫切需要哲学社会科学更好发挥作用。"这一重要论述，从坚持和发展中国特色社会主义的全局高度，深刻分析了新时代全面深化改革面临的形势与任务，也为哲学社会科学在新的历史条件下助推全面深化改革指出了明确方向和要求，对哲学社会科学服务提高改革决策水平、推进国家治理体系和治理能力现代化寄予殷切厚望，具有十分重要的指导意义。

　　五年来，我国广大哲学社会科学工作者，认真学习领会和贯彻落实习近平总书记重要讲话精神，不负使命与重托，为全面深化改革、提高改革决策水平、推进国家治理体系和治理能力现代化，作出了积极贡献。坚持以习近平新时代中国特色社会主义思想为指引，解放思想、实事求是、与时俱进、求真务

———————

① 本文主要内容发表于 2021 年 5 月 13 日《光明日报》。

实，深入研究和回答全面深化改革面临的一系列理论和实践问题，深入研究和阐述推进国家治理体系和治理能力现代化的体制机制与领导本领，积极为党和人民述学立论、建言献策。特别是近些年一批国家新型高端智库快速成长壮大，紧紧围绕党和政府决策需求，倾听人民群众呼声，深入实际调查研究，产生了大批有见地、有价值、有质量、有操作性的智库研究成果，为相关改革决策和政策举措出台提供了重要依据与智力支持。

党的十八大以来，在习近平总书记亲自指挥下，党中央以前所未有的决心和力度，冲破思想观念束缚、冲破利益固化的藩篱，推动改革理论创新、制度创新、方法创新，推动许多领域实现历史性变革，各方面共推进2400多个改革方案，全面深化改革取得历史性伟大成就，许多改革思路、改革方案都凝聚了广大哲学社会科学工作者的智慧和心血。社会科学界围绕贯彻新发展理念、全面建成小康社会各项要求，为统筹推进"五位一体"总体布局、协调推进"四个全面"战略布局，打好化解重大风险、精准脱贫、污染防治攻坚战，提高各级领导干部抓改革、促发展、保稳定的决策力、执行力、组织力、协同力，阐发创新理论观点、服务党政决策、引导社会舆论、提高智力支持。我所在的北京师范大学中国教育与社会发展研究院，近几年认真履行国家高端智库职能，不仅积极承担中央宣传部国家高端智库理事会下达的研究任务，主动地接受党中央、国务院有关部委委托的研究课题，还坚持围绕推进教育现代化和社会治理现代化自行立项研究改革和发展中的重点问题、热点问题，5年来产生了260多项重要决策咨询研究成果，有许多成果受到了党和国家领导人的重视，被吸收到中央或有关部门政策法规文件中，对推进相关方面改革发挥了重要作用。在服务和推动改革的伟大实践中，许多科学理论研究和智库研究工作者得到快速成长，我国哲学社会科学工作人才队伍不断壮大，质量也明显提高。

全面深化改革是坚持和完善中国特色社会主义、推进国家治理体系和治理能力现代化的重大任务，是新发展阶段全面建设社会主义现代化国家的必然要求，必须义无反顾、坚定不移。与过去相比，全面深化改革又到了一个新的关头，在新的形势下面临许多新情况新问题。从国内看，改革仍处于攻坚期和深水区，各种深层次矛盾和问题不断呈现；我国进入新发展阶段，贯彻新发展理念、实现高质量发展，经济社会结构快速演变，新老矛盾交织叠加，对改革提出了许多新要求。从国外看，世界百年未有之大变局加速演进，全球进入动荡变革期，不确定不稳定性增强。百年不遇的新冠肺炎疫情还在许多国家蔓延，其发展趋势对世界各国和对我国的影响尚难预料。特别是以信息化为代表的新一轮科技革命深入发展，引发着许多新的经济社会问题，增加了国家治理的难度。这些都要求我们在推进改革的过程中，必须更加注重提高改革的科学性、预见性、效能性，必须更加注重改革的系统性、整体性、协同性，必须更加注重改革理论准备充分、政策举措得当、方法步骤缜密。这样，才能使有关改革措施取得预期的成效，经得起实践和历史的检验，才能推动各方面制度更加成熟更加定型，也才能不断推进国家治理体系和治理能力现代化。这些，都需要更大的勇气、智慧和本领。

在全面建设社会主义现代化国家新征程中，我们哲学社会科学工作者一定要更加深刻领会和坚决贯彻落实习近平总书记重要讲话精神，不辱使命、不负重托，在理论研究和决策咨询工作中，更好为不断提高改革决策水平、推进国家治理体系和治理能力现代化作出积极贡献。要紧紧围绕坚持和完善中国特色社会主义根本制度、基本制度、重要制度，并将显著制度优势转化为治理效能，紧紧围绕全面增强党的执政本领和各级领导班子、广大干部适应新时代要求，抓改革、促发展、保稳定的基本素质和能力，积极服务和推动理论创新，深入研究我国改革发展稳定重大理论和实践问题，帮助各级干部提高学习力、决策力、创新力、协调力、组织力、落实力和驾驭风险力，确实做到政治过硬、本领高强。为此，要坚持以马克思主义和马克思主义中国化成果特别是以习近平新时代中国特色社会主义思想为指导，自觉运用马克思主义立场、观点、方法观察、分析、研究和解决深化改革中的各种矛盾和问题，坚决抵制各种错误言论和主张。要坚持以人民为中心，聚焦人民需求和愿望，尊重群众首创精神，回应群众关切。要坚持问题导向，紧紧围绕深化改革、推进国家治理现代化中的理论问题、实践问题，深入调查研究，提出有针对性、有价值的创新思想、创新观点、创新方法、创新方案。要加强对改革发展的实践总结，从中发现新事物、新经验、新做法，挖掘新材料、提炼新观点、构建新理论，概括出有规律性的新实践。提高服务改革决策水平、助推国家治理体系和治理能力现代化，关键是要全面提高自身素质，坚定理想信念，崇尚"士以弘道"的价值追求，真正把做人、做事、做学问统一起来，做真善美的追求者和传播者，不畏艰辛，自强不息，努力在为祖国为人民立德立言、献计献策中成就自我、实现价值。

大力推进中国特色公共管理学科建设 [1]

（2021 年 6 月 19 日）

各位领导、各位专家、各位来宾：

上午好！

在举国上下欢庆中国共产党百年华诞之际，全国公共管理专业学位研究生教育指导委员会、中国人民大学公共管理学院举办"中国共产党百年与公共管理学科发展"高端论坛，回顾在党的领导下我国公共管理学科发展历程及成就，研讨中国特色公共管理学未来发展任务和路径，很有意义。这既是我国公共管理学界向党的百年华诞献礼的重要活动，也是推进我国公共管理学科创新发展的重要举措。我谨对本次论坛的举办，表示热烈祝贺！

我们党历来高度重视哲学社会科学。党的十八大以来，习近平总书记对哲学社会科学工作多次发表重要讲话，为加快发展中国特色哲学社会科学指明了方向、明确了任务、提供了遵循。作为哲学社会科学的重要组成部分，公共管理学科在党和国家事业发展中居于重要地位，发挥着重要作用。进一步建设

---

[1] 本文系在"中国共产党百年与公共管理学科发展"高端论坛上的致辞。

好、发展好中国特色公共管理学，对于新时代坚持和发展中国特色社会主义、推进国家治理体系和治理能力现代化，全面建设社会主义现代化国家，有着重要的现实意义和深远历史意义。

回顾百年历程，从根本上看，我国公共管理学的发展始终与中国共产党的治国理政思想发展和实践探索相伴前行。我们党在革命、建设、改革不同历史时期解决的公共管理实际问题、总结的宝贵经验，为中国特色公共管理学的构建和发展提供了扎实的实践基础和理论基石。新民主主义革命时期，我们党带领人民实现民族独立、人民解放，形成了一系列根据地政权建设和管理经验，中国特色公共管理学在这一过程中孕育和生根。社会主义革命和建设时期，我们党带领人民确立社会主义基本制度，取得了社会主义革命和建设的伟大成就，为探索建设中国特色社会主义道路积累了经验、提供了条件，为中国特色公共管理学的形成发展奠定了重要理论基础和实践基础。在改革开放新的伟大历史时期中，我们党带领人民开创、发展中国特色社会主义，为中国特色公共管理学走向成熟提供了广阔的理论与实践创新场域，中国特色公共管理学进入了迅速发展的快车道。党的十八大以来，以习近平同志为核心的党中央带领人民坚持、完善和发展中国特色社会主义，取得历史性成就，推动党和国家事业发生历史性变革，中国特色公共管理学进入了蓬勃发展的新时代。

几十年来，在广大理论工作者、实务工作者的共同努力下，我国公共管理学在学科构建、学术研究、人才培养和知识应用等方面都取得了长足进步。一是学科体系逐渐完善。在吸收借鉴国外公共管理理论有益成果和系统总结我国公共管理理论和实践的基础上，努力构建中国特色公共管理学的概念体系、理论体系和方法体系，建立起了中国特色公共管理学科的基本框架。二是人才队伍不断壮大。学科人才培养体制机制逐步完善，培养了一批又一批公共管理领域的研究型、应用型和复合型人才。三是研究成果被大量应用于公共管理实践。特别是近些年，在加强和完善党的全面领导、推进政府职能转变与行政体制改革、加快服务型政府和法治政府建设、创新和加强社会治理、加强风险与应急管理、抗击和防控新冠肺炎疫情等方面，形成了丰硕的研究成果，为推动改革发展发挥了重要作用。

同时，也要看到，我国公共管理学科发展还存在不少问题，包括学科边界和学科体系不够清晰，学科发展核心使命和重点内容不够明确，研究范式不够统一，知识创新能力不够强，理论与实践脱节的现象比较严重，人才培养定位、课程体系、教材体系和教学质量需要改进等。这些说明，中国特色公共管理学科仍在构建和完善过程中，大有文章可作。

时代是思想之母，实践是理论之源。当今世界，百年未有之大变局加速演进；以互联网、人工智能为代表的新一轮科技革命既有机遇也有挑战；我国全面建成小康社会，开启全面建设社会主义现代化国家新征程。在新的形势下，公共管理学科地位更加重要、任务更加繁重；同时，也为公共管理学发展提供了广阔空间。我们要深刻认识和正确把握公共管理学科的性质、定位和使命，深刻认识和正确把握中国特色公共管理制度的重大特征和发展规律，深刻认识和正确把握我国社会主义现代化建设进程的新需求和当代中国哲学社会科学的发展趋势，紧紧围绕新时代公共管理领域面临的重大理论和实践问题深入开展研究。积极服务国家战略，强化价值引领，聚焦核心使命，突出人文性，彰显创新性，增强系统性，提升科学性，大力推动中国特色公共管理学创新发展，为全面构建和发展具有中国特色、中国风格、中国气派的社会主义公共管理学作不懈努力，真正使公共管理学在坚持和发展中国特色社会主义过程中"不可替代、十分重要、大有可为"。

在此，我就新时代进一步建设和发展中国特色公共管理学科提出以下几点思考。

一是坚持以马克思主义为指导。习近平总书记指出："坚持以马克思主义为指导，是当代中国哲学社会科学区别于其他哲学社会科学的根本标志，必须旗帜鲜明加以坚持。"新时代加快构建和发展中国特色公共管理学科，要始终坚持马克思主义的指导地位，特别要坚持以习近平新时代中国特色社会主义思想这一马克思主义中国化最新成果为指引，自觉运用马克思主义立场、观点、方法观察、分析、研究公共管理领域的各种问题，坚定道路自信、理论自信、制度自信、文化自信，加快构建和完善中国特色公共管理学的学科体系、学术体系、知识体系、话语体系，深入研究核心命题、基本范畴、主要概念、理论基础和理论架构。

二是坚持以人民为中心研究导向。以人民为中心的思想，是中国共产党人的最鲜明价值取向，理所当然地也是中国特色公共管理学的根本价值属性。坚持以人民为中心，就要切实尊重人民的主体地位，把为人民谋幸福作为根本使命，逐步实现全体人民共同富裕目标，促进人的自由全面发展；就要依靠人民创造历史伟业，坚持党的群众路线，从群众中来，到群众中去，倾听人民呼声，充分反映人民需要和愿望。公共管理学工作者要坚持以人民为中心做学问，把学问写进群众心坎里。

三是坚持深入研究中国特色公共治理体系。中国特色社会主义的最本质特征和最大优势是中国共产党领导，中国共产党是社会主义事业的领导核心。发展中国特色公共管理学必须深入研究中国共产党的领导作用，充分体现党的全面领导，服务于加强和完善党的领导。最重要的，是深入研究党在公共管理领域中发挥作用的制度、机构、职能、流程和方式方法；深入研究党委、政府、市场、社会和公众在公共管理格局中的权限、义务、责任及各类社会主体的相互关系；深入研究在党的统一领导下各类社会主体发挥作用的具体制度和有效机制；深入研究综合运用政治、行政、法治、德治、科技等手段调节社会经济关系，从而最合理地管理和配置公共资源、最有效地组织和管理公共事务，最大限度地实现和保障公共利益，更好地促进社会公平正义和社会全面进步。这些是新时代建设和发展中国特色公共管理学需要深入研究的重大课题。

四是坚持立足中国实践、增强问题意识。中国独特的现代化道路，为中国特色公共管理学提供了深厚的实践基础。我们要坚定不移地沿着中国特色社会主义现代化道路走下去。新时代发展中国特色公共管理学，应该深入总结好、阐释好几十年来我国现代化建设已积累的宝贵经验，并密切跟踪研究中国未来现代化发展的理论和实践，不断丰富中国公共管理学的理论内涵和研究方法，深刻揭示中国公共治理的特征和发展规律。问题是时代的声音。我国社会主义现代化建设进入新阶段，国家治理面临着新环境、新任务、新要求。必须根据新情况新问题，进行战略性、超前性、针对性研究。在研究和解决重大现实问题中，创造解释性与引导性兼备的理论，取得科学性、原创性、时代性的新成果。

五是坚持拓宽研究视野和方法。习近平总书记强调："观察当代中国哲学社会科学，需要有一个宽广的视角，需要放到世界和我国发展大历史中去看。"我们要善于借鉴国外公共管理研究中的有益成果，密切关注国际公共管理领域研究前沿，积极探索研究重大国际问题和全球治理问题。同时，对我国长期历史上形成的管理文化和治学方法，也都应该积极加以研究和借鉴，努力做到古为今用、推陈出新。公共管理学在发展过程中，吸纳了政治学、经济学、行政学、社会学、心理学等多个学科的成果，进一步构建和发展中国特色公共管理学科，也需要不断吸收借鉴其他学科的理论成果和研究方法。还要重视运用大数据、人工智能等新技术手段，观察、分析社会发展新情况、新变化，不断更新研究途径、研究方法、分析技术，以提高理论研究的能力和水平。

六是坚持加强人才队伍建设。我国目前公共管理学研究和教学人才队伍数量明显不足，而且结构也不够合理。要大力培养专业化、高素质的从事公共管理领域研究、教学人才队伍。特别要加强领军人才和中青年骨干人才的培养。要完善优化人才培养评价体系，注重改进人才培养的内容与方法，做到理论与实践相结合，着力增强知识传播过程的有效性与创新性。

本次论坛聚集了我国公共管理学界的知名学者和精英人才，可以说是群英荟萃、名家齐聚。希望各位专家围绕论坛主题深入研讨，广泛交流，发表真知灼见，为新时代建设和发展中国特色公共管理学、推进国家治理体系和治理能力现代化贡献智慧和力量。

最后，祝本次论坛圆满成功！

谢谢大家！

做一个有创新精神的人

——在北京师范大学社会学院 2021 届毕业生 毕业典礼上的寄语

（2021 年 6 月 27 日）

亲爱的同学们、尊敬的老师们、来宾们：

大家下午好！

时光荏苒、斗转星移，又一个毕业季如约而至。今天的毕业典礼，有北京师范大学社会学院 2021 届毕业生和 2020 届毕业生代表参加。在举国上下欢庆中国共产党百年华诞之际，我们在这里举行毕业典礼，有着特殊的意义。首先，我谨代表学院向同学们奋力拼搏完成学业表示祝贺，向悉心教导你们的老师、辛勤培育你们的家人，致以诚挚的敬意和感谢！

几年前，你们怀揣美好梦想来到社会学院，在这里度过了人生中十分宝贵、永远难忘的青春岁月。这几年，你们是在我们国家、我们学校、我们学院创新发展的不平凡年代中完成学业、成长进步的。你们经历了党和国家隆重纪念改革开放 40 周年、新中国成立 70 周年、中国共产党诞生 100 周年；我国取得抗击新冠肺炎疫情伟大斗争的重大战略成果，"十三五"规划胜利完成，"十四五"时期已经开启；北京师范大学在创建世界"双一流"大学的进程中取得重要新进展；我们社会学院与中国社会管理研究院实行"一个实体、两块牌子"，既加强社会学建设，又加强智库建设，全面推进社会学学术重镇和国家高端社会治理智库建设都取得重大突破。这些重大活动、重大进展和重大突破都有你们的奋进足迹和辛勤付出。借此机会，我对你们为中社院的建设与发展作出的积极贡献表示衷心的感谢！

最近我一直在想，在今天这个场合给大家讲点什么。前几届社会学院的毕业典礼上，围绕"立德树人"这个主题，我曾经讲过关于理想、担当、守信、奋斗、知行合一等人生信念和价值追求，这既是给同学们提出的一些做人做事方面的希望，也是我自己经历中的一些感悟和体会。今天，我想与大家交流的话题是：做一个有创新精神的人。

首先讲为什么要有创新精神。从根本上说，人类发展的全部历史就是不断创新创造的历史，创新创造推进人类社会文明不断升华；中国共产党的百年史就是一部伟大创新史，理论创新、制度创新、实践创新为革命、建设、改革不断续写新篇章。习近平总书记说："创新是一个民族进步的灵魂，是一个国家兴旺发达的不竭动力，也是中华民族最深沉的民族禀赋。"古人也说过："周虽旧邦，其命维新。"创新精神是决定着一个国家、民族创新发展最直接的精神力量。当今之中国，创新成为新时代的最强音，创新已作为国家全部战略的核心，新时代、新阶段、新理念、新格局，都呼唤着创新和创新精神。作为新时代的青年人更需要有创新精神。正如古人所说，"苟日新，日日新，又日新"。创新精神是一个人进行创新活动必须具备的精神状态，包括创新意识、创新兴趣、创新胆量、创新决心，以及相关的创新思维，是唤醒、激励和发挥人的潜能的最重要精神。只有树立创新精神，才能顺应新时代发展的潮流，才能应对复杂多变的社会环境，才能自觉用新思维、新视角、新方法观察、分析新情况，正确认识和解决新问题，也才能使自己不断成长进步、成就事业、实现人生价值。总之，唯有树立创新精神，才会不负青春、不负韶华、不负梦想、不负未来！

那么，什么是创新精神呢？创新精神内涵丰富，其中包括以下几种精神。

——创新精神是敢为人先的精神。敢为人先就是想别人未想的事，干常人未敢干的事，勇敢地去闯、去试、去干。我们说，中国共产党的百年史是一部创新史，可以从多方面来看，中国共产党的成立是世界政党史上的重大创新；新民主主义革命理论的创立和新民主主义革命道路的开辟，是对马克思主义革命理论的重大创新；中国社会主义改造的巨大成功，是社会主义革命理论的重大创新实践；改革开放发展社会主义市场经济，是对社会主义道路的重大创新，等等。正是在创新精神的激越下，中国革命、建设、改革才取得了一个又一个伟大胜利，先后铸就了开天辟地、改天换地、翻天覆地、惊天动地的历史辉煌。同学们正值青春年华，应该敢字当头，奋勇争先，这样，才能在全面建设社会主义现代化国家新征程上走在前面，大有作为。

——创新精神是开拓进取的精神。开拓进取就是积极向上，继往开来，奋发有为。古人说："人无进取，不可立于世。"只有具备开拓进取的精神，才会使人朝气蓬勃、保持旺盛活力。大学毕业意味着开启新的人生旅途，前进道路上有坦途，也有障碍。勇于开拓进取，才能一往无前，不断开辟新天地，不断取得新业绩。具备开拓进取精神，也才能在危机中发现新机遇。

——创新精神是知难而进的精神。知难而进就是明知前进道路上有困难，也敢于迎难而上。面对困难，不回避、不畏缩，而是顽强拼搏，勇往直前。如果遇到困难或者失败就畏葸不前，不仅不会取得成功，还会丧失前进的动力和勇气。要学会在磨难中成长、在挑战中历练。

——创新精神是推陈出新的精神。推陈出新就是不墨守成规，不循规蹈矩，不迷信权威，敢于与时俱进，革故鼎新。要在前人的肩膀上，有所发现、有所发明、有所创造。"明者因时而变，知者随事而制。"面对新情况新问题，不能凭老办法办事，不能只在教科书中找答案，而是独立思考，开拓新思路、采取新办法，在破旧立新、推陈出新中创新实践活动。

怎样才能成为一个有创新精神的人？我想必须从以下几个方面作出努力。

——必须坚定理想信念。要成为有创新精神的人，崇高的理想信念是根基和灵魂。理想信念是黑暗中的明灯，能够照亮前行的路。创新犹如在荆棘中前行，在没有路的地方开出新路。只有那些理想信念坚定的人才能在创新道路上坚毅前行。"欲穷千里目，更上一层楼。"这两句名诗被作为追求理想境界的座右铭。登高才能望远，远眺才能看到新境界。走好新时代的长征路，更需要崇高的理想信念、矢志拼搏奋斗。坚定的理想信念要用初心使命来砥砺，必须树立共产主义远大理想和中国特色社会主义共同理想。坚定理想信念需要把握科学理论，那就要自觉学习马克思主义、毛泽东思想，学习中国特色社会主义理论，特别是学习习近平新时代中国特色社会主义思想。用科学理论武装头脑，指导实践、推动工作，成为新时代堪担重任的人。我希望你们志存高远、目光远大，做个理想信念坚定的人，为培养创新精神夯实思想基础。

——必须勇于责任担当。要成为有创新精神的人，勇于责任担当是最重要的心智品质。创新不仅是方法和技巧，更是使命和责任。负责任、勇担当、敢作为，不仅是时代使命，也是国家和人民的殷切期盼。有责任担当精神，才能勇于创新创业。有多大担当才能干多大事业，尽多大责任才会有多大成就。希望同学们要树立责任意识、担当意识，遇事不推诿、不躲避，勇于接受任务，主动承担责任。在大是大非面前敢于亮剑，面对危险敢于挺身而出，以强烈的使命感和责任感，争做新时代的担当者和奋斗者。

——必须具有丰富知识。要成为有创新精神的人，丰富知识是前提条件。创新不容易但也不神秘，任何人、任何情况下都可以创新。但创新不是沙上建塔，更不是空中楼阁，而是在继承前人的基础上有所创造、有所发展。这就需要加强专业知识的学习与积累，需要相关知识的博览与触类旁通。只有掌握多领域的知识，创新才能有坚实的阶梯和支点，也才能撬动创新创造的"大厦"。这说明，从事一项工作或一份事业的开拓创新，是对一个人综合素养的大考，从事社会建设事业，做好社会工作，需要扎实的社会学知识，还需要其他方面的丰富知识，这就应当拓宽学习领域，扩大知识面，多读书读好书。祝愿大家把读书学习相伴于人生旅途长过程，不断为增强创新精神打牢宽广的知识基础，做到厚积而薄发，行稳而致远。

——必须敢于创新实践。要成为有创新精神的人，躬行实践最为可贵。实践是创新创造的沃土良田，是创新创造的广阔舞台。重要的创新不是坐而论道，不是闭门造车，而是要到丰富多彩的实践中发现问题、解决问题，正是在破解悬而未决的谜团、认清发展变化的规律时，创新创造才能发生与实现。因此，一个富有创新精神的人，必然会勇于到实践中去、到人民群众中去、到改革发展的第一线去，特别是我们学习社会学专业的同学们，更应该运用社会学知识深入地观察社会现象，理性地分析社会矛盾，为加强和创新社会治理，提供解决问题的创新性思维和创新性方法。

——必须提升创新能力。要成为有创新精神的人，提升创新能力是重要环节。创新不能眼高手低，不能好高骛远，而是要脚踏实地，从小事做起，从现在做起，持之以恒，在历练中增长才干。重要创新往往不是一个人所为，而需要团队凝心聚力去实现。提升创新能力就要增强团队精神，在加强团结协作中实现创新发展、实现创新价值。创新能力还包括化危为机的能力。在复杂多变的现实社会中，往往机遇与挑战同时存在，挑战不会自动转为机遇，危机也不会自然转成机遇，这就需要开阔视野，拓展思路，善于运用新思维、新方法，求新求变求突破。

——必须培养坚强意志。要成为有创新精神的人，培养坚强意志是关键。大凡重要的创新，都注定是一个艰苦探索的过程，既要有第一个吃螃蟹的勇气，也要有"千磨万击还坚劲，任尔东西南北风"的气概，还要有百折不挠的坚强意志，不怕挫折和失败。否则，就有可能半途而废。凡是作出卓越贡献的创新人才，都会具有意志坚强的优秀品格，吾志所向，愈挫愈勇，越战越强。这就告诉我们，树立创新精神要不断历练自己的创新勇气和意志。希望同学们在各自未来的征程中锐意进取，在开拓创新中坚韧不拔，一旦选定奋斗目标，就义无反顾，不达目的，决不罢休。

同学们，千言万语，难以述说深深的离别之情；万语千言，难以表达真挚的祝福之意！今后，无论你们身居何处，无论你们从事何种职业，社会学院永远都是你们人生旅途中的港湾与后盾，老师永远都向你们敞开心扉、成为你们放飞理想的护卫者和助力者。这里永远是你们的家，期望你们华丽转身，常回家看看！

再见了！同学们，祝福你们，一帆风顺，鹏程万里，健康平安！

谢谢大家！

深刻认识和把握重大新思想新论断

——学习习近平总书记"七一"讲话的认识和体会

（2021 年 7 月 8 日）

我作为一名拥有 56 年党龄的老党员，参加了党中央举办的庆祝中国共产党成立 100 周年的系列活动，包括 6 月 28 日晚上在国家体育馆观看文艺演出《伟大征程》、7 月 1 日在天安门城楼上参加建党百年庆祝大会、7 月 1 日下午至 7 月 2 日中央举办的庆祝中国共产党成立 100 周年理论研讨会，感到很荣幸、很高兴、很亲切，也很受教育、很受鼓舞、很受鞭策。近一段时间，我认真学习了习近平总书记在建党百年庆祝大会上的重要讲话精神，下面谈几点初步认识和体会。

一、充分认识学习习近平总书记 重要讲话的重大意义

习近平总书记"七一"重要讲话，在中国共产党百年华诞的重大时刻和"两个一百年"历史交汇的关键节点，回望光辉

历史、擘画光明未来，是一篇马克思主义纲领性文献，是新时代中国共产党人不忘初心、牢记使命的政治宣言，是我们党团结带领人民以史为鉴、开创未来的行动指南。我们要把学习贯彻"七一"讲话精神作为当前和今后一个时期的一项重大政治任务，精心安排部署。要提高学习的自觉性、主动性，通过学习，深刻领会和把握讲话的重大意义、丰富内涵、核心要义、实践要求，切实把思想和行动统一到讲话精神上来。这样，才能坚定理想信念、坚定方向道路、坚定使命担当、坚定奋进新时代目标信心。

二、深刻领会和把握习近平总书记讲话一系列新的重大思想、重大观点、重大论断

习近平总书记重要讲话贯穿辩证唯物主义和历史唯物主义的世界观、方法论，提出了一系列新的重大思想、重大观点、重大论断，揭示了许多深刻道理。特别要深刻认识和把握以下十个方面。

一是深刻认识和把握"实现中华民族伟大复兴进入了不可逆转的历史进程"的重要论断。第一个百年目标已经实现，在中华大地上全面建成了小康社会，历史性地解决了绝对贫困问题。全面建成小康社会是中国共产党历史、中华人民共和国发展史、中华民族复兴史上的一个重要里程碑，为全面实现国家现代化和中华民族伟大复兴奠定了雄厚基础，迈出了决定性的一大步，这个历史大趋势不可逆转。我们党正带领全党、全国人民，开启迈向第二个百年目标的新进程，即实现中华民族伟大复兴。我们还要从"三个深刻改变"来深入理解"不可逆转"

的历史进程。习近平总书记在讲话中指出"三个深刻改变"："深刻改变了近代以后中华民族发展的方向和进程，深刻改变了中国人民和中华民族的前途和命运，深刻改变了世界发展的趋势和格局。"这既是对中国百年历史进程的科学论断，也是对中国实现未来发展目标的必胜信心。

二是深刻认识和把握"伟大的建党精神"。习近平总书记指出："一百年前，中国共产党的先驱们创建了中国共产党，形成了坚持真理、坚守理想，践行初心、担当使命，不怕牺牲、英勇斗争，对党忠诚、不负人民的伟大建党精神，这是中国共产党的精神之源。"这32个字思想丰富，意蕴深刻，在党的一百年历史上首次作出这样的精辟概括，需要加深学习和理解。党的伟大建党精神是我们的宝贵精神财富，是共产党人鲜明政治品格和风骨的生动结晶，是战胜一切艰难困苦和风险挑战的精神支柱和强大动力。我们要永远把伟大建党精神继承下去、发扬光大。

三是深刻认识和把握中国共产党一百年来的主题。习近平总书记提道："中国共产党一经诞生，就把为中国人民谋幸福、为中华民族谋复兴确立为自己的初心使命。一百年来，中国共产党团结带领中国人民进行的一切奋斗、一切牺牲、一切创造，归结起来就是一个主题：实现中华民族伟大复兴。"这里精辟概括了建党的初心使命和一百年进程。我们党诞生之际，中华民族正处于危难境地，复兴中华民族是党的神圣使命。我们党始终紧紧围绕这个主题矢志不移地奋斗，不怕牺牲，勇敢创造，不愧为中国工人阶级的先锋队、中国人民的先锋队、中华民族的先锋队。

四是深刻认识和把握马克思主义与中国实际相结合的新论断。习近平总书记在讲话中提出："以史为鉴、开创未来，必须继续推进马克思主义中国化。马克思主义是我们立党立国的根本指导思想，是我们党的灵魂和旗帜。""坚持把马克思主义基本原理同中国具体实际相结合、同中华优秀传统文化相结合，用马克思主义观察时代、把握时代、引领时代，继续发展当代中国马克思主义、21世纪马克思主义。"这要深入联系习近平总书记在党的十八大之后关于"文化自信"的系列论述加深理解。"两个相结合"的论述，把马克思主义中国化的境界提高到新高度，更加增强文化自信。我们要增强运用马克思主义立场、观点、方法深入挖掘、研究中国优秀传统文化，完善和发展中国特色社会主义。这里还提出一个重大论断："中国共产党为什么能，中国特色社会主义为什么好，归根到底是因为马克思主义行！"深刻揭示了我们党百年进程的真谛精髓和成功奥秘，进一步说明了马克思主义作为我们党灵魂与旗帜的真理性、科学性、引领性。中国共产党和中国特色社会主义以马克思主义及其不断创新的中国化理论成果为根本指导思想，这是指引前进方向道路的灯塔。用马克思主义的真理光芒照耀我们前行的路，就一定会不断取得新胜利。

五是深刻认识和把握以人民为中心思想的新论述。习近平总书记说："江山就是人民，人民就是江山。""中国共产党始终代表最广大人民根本利益，与人民休戚与共、生死相依，没有任何自己特殊的利益，从来不代表任何利益集团、任何权势团体、任何特权阶层的利益。""践行以人民为中心的发展思想，发展全过程人民民主，维护社会公平正义。"这里提出我们党不代表"任何""集团、团体、阶层"利益，是突出我们党的性质、宗旨，更有时代性、针对性、鲜明性。这里提出"发展全过程人民民主"的思想观点，彰显中国特色社会主义民主从理念到实际、从形式到内容、从过程到结果的统一性、完整性、实效性，更加充分体现"以人民为中心""人民至上"的思想，是对民主理论的重大贡献。

六是深刻认识和把握"创造了中国式现代化新道路""创造了人类文明新形态"的新思想、新论断。习近平总书记在"必须坚持和发展中国特色社会主义"这一"以史为鉴、开创未来"的经验启示中说："我们坚持和发展中国特色社会主义，推动物质文明、政治文明、精神文明、社会文明、生态文明协调发展，创造了中国式现代化新道路，创造了人类文明新形态。""创造了中国式现代化新道路"，这是一个重大论断，既强调中国实现现代化要走符合自己国情的道路，也突显中国现代化道路的世界意义。习近平总书记讲过，中国社会主义现代化有五大特征，即人口最多的现代化、全体人民共同富裕的现代化、物质文明和精神文明协调发展的现代化、人与自然和谐共生的现代化、和平发展的现代化。这些是中国式现代化新道路的显著特征。提出"创造了人类文明新形态"，这在我们党和国家文献中还是第一次。我们在坚持和发展中国特色社会主义过程中，推动物质文明、政治文明、精神文明、社会文明、生态文明协调发展，创造了人类文明新形态，即人类文明更丰富、更高级的形态，这个重大论断升华了对人类文明形态的新认识，对推进未来中华文明发展乃至世界文明发展，具有重大和深远的意义。

七是深刻认识和把握"不断推动构建人类命运共同体"的新思想新观点。习近平总书记指出："中国共产党将继续同一切爱好和平的国家和人民一道，弘扬和平、发展、公平、正义、民主、自由的全人类共同价值。"在当前的国际环境下，构建人类命运共同体的思想更加重要。构建人类命运共同体必然有人类的共同价值追求。这里提出 12 个字的人类共同价值，丰富了"人类命运共同体"的内涵，既高高举起了人类共同价值的旗帜，又与西方所谓"普世价值"明确划清了界限。

八是深刻认识和把握敢于斗争、善于斗争的重要论述。"以史为鉴、开创未来"，必须进行具有许多新的历史特点的伟大斗争。理论和实践都证明，这个论断高瞻远瞩，非常正确。新的征程上，我们必须增强忧患意识、始终居安思危。要统筹发展与安全、统筹中华民族伟大复兴战略全局和世界百年未有之大变局，深刻认识我国社会主要矛盾变化带来的新特征新要求，深刻认识错综复杂的国际环境带来的新矛盾新挑战，既敢于斗争又善于斗争，勇于战胜一切风险挑战。这样，我们才能永远立于不败之地。

九是深刻认识和把握新时代中国共产党"勇于自我革命"的重要论述。要不断推进党的建设新的伟大工程。习近平总书记强调："坚定不移推进党风廉政建设和反腐败斗争，坚决清除一切损害党的先进性和纯洁性的因素，清除一切侵蚀党的健康肌体的病毒，确保党不变质、不变色、不变味，确保党在新时代坚持和发展中国特色社会主义的历史进程中始终成为坚强领导核心。"以前讲过"不变质""不变色"，这次又加上"不变味"，更加表明在新形势下反对腐败的警惕性、坚定性。"勇于自我革命"是中国共产党区别于其他政党的显著标志，以"勇于自我革命"推动社会革命不断取得成功，是党的建设一个十分重要的经验。

十是深刻认识和把握踏上"新的赶考之路"的重要观点和论断。习近平总书记提出："过去一百年，中国共产党向人民、向历史交出了一份优异的答卷。现在，中国共产党团结带领中国人民又踏上了实现第二个百年奋斗目标新的赶考之路。"这里强调，中国共产党赶考始终在路上，任何时候任何情况下绝不能有丝毫的麻痹松懈。我们要坚决响应习近平总书记代表党中央发出的号召：牢记初心使命，坚定理想信念，践行党的宗旨，不懈努力，为党和人民争取更大光荣。

以上是我初步学习"七一"讲话后认识到的新的重大思想、重大观点和重大论断，讲话中还有许多新思想、新论述、新要求，都需要认真学习、深刻领会、准确把握。

三、切实用习近平总书记"七一"讲话精神武装头脑、指导工作

我们要按照中央办公厅通知的要求，把学习"七一"重要讲话精神作为理论武装工作的重中之重，作为党史教育的核心内容，组织专题学习和研讨，吃透精神实质，把握核心要义。要首先逐字逐句学懂弄通原文，同时学习报刊上的阐释文章，参加学习报告会，开拓学习思路，提高认知水平。要坚持理论联系实际的学风，在教学、科研、决策咨询工作中深化研究阐释，推出有深度的研究成果，把学习成果转化为奋进新征程、建功新时代的实际行动。